U0901320

2013
江苏统计年鉴

JIANGSU STATISTICAL YEARBOOK

（总第30期 №.30）

江 苏 省 统 计 局
国家统计局江苏调查总队 编

Compiled by
Jiangsu Provincial Statistics Bureau
Survey Office of the National Bureau of Statistics in Jiangsu

(京)新登字 041 号

图书在版编目(CIP)数据

江苏统计年鉴. 2013 : 汉英对照 / 江苏省统计局,国家统计局江苏调查总队编. -- 北京 : 中国统计出版社, 2013.8

ISBN 978-7-5037-6879-8

Ⅰ. ①江… Ⅱ. ①江… ②国… Ⅲ. ①统计资料—江苏省—2013—年鉴—汉、英 Ⅳ. ①C832.53-54

中国版本图书馆 CIP 数据核字(2013)第 169627 号

江苏统计年鉴-2013

作　　者 / 江苏省统计局　国家统计局江苏调查总队
责任编辑 / 佘竞雄　刘金成
执行编辑 / 刘学军
装帧设计 / 王素捷
出版发行 / 中国统计出版社
地　　址 / 北京市丰台区西三环南路甲 6 号
邮政编码 / 100073
电　　话 / 邮购(010)63376909　书店(010)68783171
网　　址 / http://csp.stats.gov.cn
印　　刷 / 南京人民印刷厂
经　　销 / 新华书店
开　　本 / 890 mm×1240 mm　1/16
字　　数 / 1514 千字
印　　张 / 50　2.75 彩页
版　　别 / 2013 年 7 月第 1 版
版　　次 / 2013 年 7 月第 1 次印刷
定　　价 / 460.00 元

本书附同版本 CD-ROM 一张,光盘内容以书面文字为准。

如有印装差错,由本社发行部调换。

《江苏统计年鉴-2013》

编委会和编辑人员

Jiangsu Statistical Yearbook – 2013

EDITORIAL BOARD AND EDITORIAL STAFF

编者说明

一、《江苏统计年鉴－2013》(以下简称《年鉴》)是一部全面、系统反映江苏省2012年及历史重要年份国民经济和社会发展情况的资料性年刊,收录了江苏省及各地区大量的经济社会发展统计信息。

二、《年鉴》分为二十二个部分:1. 综合,2. 国民经济核算,3. 人口、就业和职工工资,4. 人民生活,5. 固定资产投资,6. 价格指数,7. 财政、金融,8. 对外经济贸易,9. 能源、资源、环境,10. 农业,11. 工业,12. 建筑业,13. 运输、邮电,14. 批发零售、住宿餐饮和旅游,15. 教育、科技,16. 文化、体育、卫生,17. 公共管理、社会服务及其他,18. 城市经济与建设,19. 区域经济,20. 市县社会经济,21. 县(市)社会经济发展序列,22. 乡镇基本情况。另附录全国分省主要指标。为方便读者使用,各篇章前设有《简要说明》,对本篇章的主要内容、资料来源、统计范围、统计方法以及历史变动情况予以简要概述,篇末附有《主要统计指标解释》。

三、《年鉴》资料大部分来自年度统计报表,一部分来自抽样调查等。全国分省资料来自国家统计局出版的有关统计资料。

四、《年鉴》中所使用的度量衡单位均采用国际统一标准计量单位。

五、《年鉴》中国民经济行业分类按2011年国家标准《国民经济行业分类》(GB/T4754－2011)执行。

六、《年鉴》总量指标计算所采用的价格均为现行价格。

七、《年鉴》部分数据合计数或相对数由于单位取舍不同产生的计算误差未作机械调整。

八、《年鉴》表中"..."表示数据不足本表最小单位数;"空格"表示该项统计指标数据不详或无该项数据;"#"表示其中的主要项。

感谢国内外广大读者多年来对《年鉴》编辑出版工作的支持和帮助,欢迎继续提出宝贵意见,使《年鉴》的形式和内容更趋完善。

EDITOR'S NOTES

Ⅰ. *Jiangsu Statistical Yearbook 2013* (abbreviated as Yearbook hereafter) is an annual publication which provides comprehenisive and systematic data series about the national economy and social development in Jiangsu Province in 2012 and some selected data series in historically important years. It includes much statistical information on social and economic development in the province and in various regions.

Ⅱ. The Yearbook contatins the following twenty-two parts: 1. General Survey, 2. National Accounts, 3. Population, Employment and Wages, 4. People's Living Conditions, 5. Investment in Fixed Assets, 6. Price Indices, 7. Government Finance, Financial Intermediation, 8. Foreign Trade and Economic Cooperation, 9. Energy, Resource and Environment, 10. Agriculture, 11. Industry, 12. Construction, 13. Transport, Postal and Telecommunication Services, 14. Wholesale and Retail Trade, Hotels, Catering Services and Tourism, 15. Education, Science and Technology, 16. Culture, Sports and Public Health, 17. Public Management, Social Services and Others, 18. Urban Economy and Construction, 19. Regional Economy, 20. Social Economy of Cities and Counties, 21. Social Economy Development Alignment of Counties (Cities), 22. Basic Conditions of Villages and Towns, Appendix, Major Indicators by Region. To facilitate readers, the Brief Introduction at the beginning of each chapter provides a summary of the main contents of the chapter, data sources, statistical scope, statistical methods and historical changes. At the end of each chapter, Explanatory Notes on Main Statistical Indicators are included.

Ⅲ. The major data sources of this publication are obtained from annual statistical reports, and some from sample surveys. National major indicators grouped by provinces are obtained from relative statistical data published by the National Bureau of Statistics of China.

Ⅳ. The units of measurement used in the Yearbook are all internationally standard measurement units.

Ⅴ. The classification of national economic industry used in the Yearbook is the national standard of 2011's "The Classification on National Economic Industry", i. e. (GB/T4754 - 2011).

Ⅵ. The price used for gross indicator's calculating are current prise.

Ⅶ. Statistical dicrepancies due to rouding are not adjusted.

Ⅷ. In the Yearbook, "…" indicates that the figure is not large enough to be measured with the samllest unit in the table; (blank) indicates that the figure is not available, "#" indicates the major component items.

We express thanks to the general readers of domestic and abroad for supporting and helping the work of compilcation and publication of the Yearbook. We sincerely welcome conitinued valuable suggestions from the general readers so that the form and content of the Yearbook can be further improved.

目 录

CONTENTS

1 综 合

General Survey

2 国民经济核算

National Accounts

3 人口、就业和职工工资

Population, Employment and Wages

4 人民生活

People's Living Conditions

5　固定资产投资

Investment in Fixed Assets

6 价格指数

Price Indices

7 财政、金融

Government Finance, Financial Intermediation

8 对外经济贸易

Foreign Trade and Economic Cooperation

9　能源、资源、环境

Energy, Resource and Environment

10 农 业

Agriculture

11 工 业

Industry

12 建筑业
Construction

13 运输、邮电
Transport, Postal and Telecommunication Services

14 批发零售、住宿餐饮和旅游

Wholesale and Retail Trade, Hotels, Catering Services and Tourism

15 教育、科技

Education, Science and Technology

16　文化、体育、卫生

Culture, Sports and Public Health

17 公共管理、社会服务及其他

Public Management, Social Services and Others

18　城市经济与建设

Urban Economy and Construction

19 区域经济

Regional Economy

20 市县社会经济

Social Economy of Cities and Counties

21 县(市)社会经济发展序列

Social Economy Development Alignment of Counties(Cities)

22　乡镇基本情况

Basic Conditions of Villages and Towns

附录　全国分省主要指标

Appendix. Major Indicators by Region

1

综　合

General Survey

简 要 说 明

主要内容和资料来源

一、综合资料主要包括行政区划、国民经济和社会发展综合资料、基本单位统计资料以及私营个体统计资料四部分。

二、行政区划资料，由民政部门根据截止到上一年末全省行政区划变更情况整理提供。

三、国民经济综合资料是抽取全书的精华，通过对各篇章主要统计指标及其速度、结构、比例和效益等的加工计算，反映国民经济和社会发展的总体情况。

四、基本单位统计资料根据基本单位统计年报汇总整理。

五、私营个体统计资料，由工商行政管理部门整理提供。

Brief Introduction

Main Contents and Sources of Data

Ⅰ. This chapter consists of four parts: divisions of administrative areas, summary data on the national economy and social development, basic unit of statistics, private and individual statistics.

Ⅱ. Date about divisions of administrative areas is provided by Civil Affairs bureau which given the change of the administrative divisions end of year.

Ⅲ. Data on divisions of administrative areas in China are prepared and provided by the Ministry of Civil Affairs on the basis of the changes in the divisions of administrative areas as approved by the State Council at the end of the previous year.

Ⅳ. Date of basic unit is come from basic unit of statistics annual report. .

Ⅴ. Date of private and individual economy provided by Department of Business Administration.

综　合
GENERAL SURVEY

从数字看 2012 年的江苏
Jiangsu in Statistics　'2012

江 苏 的 地 位
Position of Jiangsu in the Country

地区生产总值	Gross Domestic Product	占全国	10.4%	10.4 percent of china
#第三产业	Tertiary Industry	占全国	10.2%	10.2 percent of china
人均地区生产总值	Per Capital GDP	高于全国	29898 元	Over 29898 yuan
全社会固定资产投资	Total Investment in Fixed Assets	占全国	8.6%	8.6 percent of china
社会消费品零售总额	Total Retail Sales of Consumer Goods	占全国	8.7%	8.7 percent of china
进出口总额	Total Imports and Exports	占全国	14.2%	14.2 percent of china
#出口总额	Total Exports	占全国	16.0%	16.0 percent of china
粮食产量	Output of Grain	占全国	5.7%	5.7 percent of china
钢材产量	Output of Steel	占全国	11.5%	11.5 percent of china
发电量	Output of Electricity	占全国	8.0%	8.0 percent of china
城镇居民人均可支配收入	Per Capita Disposable Income of Urban Residents	高于全国	5112 元	Over 5112 yuan
农村居民人均纯收入	Per Capita Net Income of Rural Residents	高于全国	4285 元	Over 4285 yuan

江 苏 的 人 口
Population of Jiangsu

年末常住人口	Permanent Population at Year - end	7919.98	万人	(10000 persons)
年末户籍人口	Registered Population at Year - end	7553.48	万人	(10000 persons)
从业人员	Employment	4759.53	万人	(10000 persons)
出生人口	Births	74.67	万人	(10000 persons)
死亡人口	Deaths	55.29	万人	(10000 persons)
结婚人数	Marriages	88.76	万对	(10000 couples)
离婚人数	Divorces	18.12	万对	(10000 couples)
人口密度	Density of Population	772	人/平方公里	(person/sq. km)
人口平均期望寿命(2010 年)	Life Expectancy(2010)	76.63	岁	(year)
男	Male	74.60	岁	(year)
女	Female	78.81	岁	(year)

江苏的经济发展
Economic Development of Jiangsu

		1979－2012年平均增长(%) 1979－2012 Average Annual Growth Rate(%)	2001－2012年平均增长(%) 2001－2012 Average Annual Growth Rate(%)
地区生产总值	Gross Domestic Product	12.5	12.8
第一产业	Primary Industry	4.7	3.7
第二产业	Secondary Industry	14.0	14.0
#工业	Industry	14.1	14.4
第三产业	Tertiary Industry	14.3	13.0
全社会固定资产投资	Total Investment in Fixed Assets	23.9	21.8
公共财政收入	Public Finance Revenue	14.4	23.9
货物运输量	Freight Traffic	8.5	8.1
社会消费品零售总额	Total Retail Sales of Consumer Goods	17.1	16.6
出口总额	Total Exports	21.7	23.6

江苏的一天
One Day in Jiangsu

地区生产总值	Gross Domestic Product	148.10	亿元	(100 million yuan)
第一产业	Primary Industry	9.37	亿元	(100 million yuan)
第二产业	Secondary Industry	74.31	亿元	(100 million yuan)
#工业	Industry	65.50	亿元	(100 million yuan)
第三产业	Tertiary Industry	64.43	亿元	(100 million yuan)
财政收入	Government Revenue	40.67	亿元	(100 million yuan)
货物运输量	Freight Traffic	633.68	万吨	(10000 tons)
竣工房屋面积	Floor Space of Residential Housing Completed	167.79	万平方米	(10000 sq. m)
社会消费品零售总额	Total Retail Sales of Consumer Goods	50.22	亿元	(100 million yuan)
出口总额	Total Exports	9.00	亿美元	(USD 100 million)
出版报纸	Newspapers Published	792.88	万份	(10000 copies)
邮寄函件	Letters Delivered	245.21	万件	(10000 pieces)

1－1 行 政 区 划（2012 年）
Administrative Divisions(2012)

单位:个 (unit)

市 名	City	各级市单位数 Number of Cities at All Levels	县级单位数 Number of Counties	县 County	县级市 Cities at County Level	市辖区 Districts Under the Jurisdiction of Cities
全 省	**Total**	**37**	**102**	**24**	**24**	**54**
南京市	Nanjing	1	13	2		11
无锡市	Wuxi	3	8		2	6
徐州市	Xuzhou	3	10	3	2	5
常州市	Changzhou	3	7		2	5
苏州市	Suzhou	5	9		4	5
南通市	Nantong	4	8	2	3	3
连云港市	Lianyungang	1	7	4		3
淮安市	Huaian	1	8	4		4
盐城市	Yancheng	3	9	5	2	2
扬州市	Yangzhou	3	6	1	2	3
镇江市	Zhenjiang	4	6		3	3
泰州市	Taizhou	5	6		4	2
宿迁市	Suqian	1	5	3		2

1－1 续表 Continued

单位:个 (unit)

市 名	City	镇 Town	乡 Township	街道办事处 Subdistrict Office	村民委员会 Village Committee	居民委员会 Neighbourhood Committee
全 省	**Total**	**836**	**95**	**349**	**15166**	**6328**
南京市	Nanjing	19		81	452	796
无锡市	Wuxi	32		51	657	593
徐州市	Xuzhou	113		41	2082	610
常州市	Changzhou	37		21	777	354
苏州市	Suzhou	55		40	1081	928
南通市	Nantong	82	2	23	1340	574
连云港市	Lianyungang	53	30	18	1438	238
淮安市	Huaian	91	24	11	1458	241
盐城市	Yancheng	99		13	1857	568
扬州市	Yangzhou	71	4	12	1021	352
镇江市	Zhenjiang	35		18	504	286
泰州市	Taizhou	74	6	16	1471	395
宿迁市	Suqian	75	29	4	1028	393

1－2　2007以来江苏经济社会发展情况

单位:亿元

指　　标	Item	2007	2008
年末总人口　（万人）	Total Population at Year－end　（10000 persons）	7723.13	7762.48
地区生产总值	Gross Domestic Product	26018.48	30981.98
第一产业	Primary Industry	1816.31	2100.11
第二产业	Secondary Industry	14471.26	16993.34
第三产业	Tertiary Industry	9730.91	11888.53
人均地区生产总值　（元）	Per Capita GDP　（yuan）	33837	40014
全社会固定资产投资	Total Investment in Fixed Assets	12268.07	15060.45
#房地产开发投资	Real Estate Davelopment	2515.91	3064.46
公共财政预算收入	Public Finance Budget Revenue	2237.73	2731.41
公共财政预算支出	Public Finance Budget Experditure	2553.72	3247.49
金融机构存款余额	Deposits of Banking System	30450.54	37017.48
#居民储蓄	Saving Deposits	13014.92	16721.18
金融机构贷款余额	Loans of Banking System	22092.10	26160.72
全部工业增加值	Added Value of all Industties	13105.24	15271.20
规模以上工业总产值	Gross Output Value of above Designated Size Industry	53316.38	67798.68
规模以上工业利税总额	Total Profits and Taxes of above Designated Size Industry	4423.16	6574.69
#利润总额	Total Profits	2765.77	3972.93
建筑业增加值	Added Value of Construction	1366.02	1722.14
社会消费品零售总额	Total Retail Sale of Consumer Goods	7985.90	9905.10
进出口总额　（亿美元）	Total Imports and Exports　（USD 100 million）	3496.71	3922.68
#出口	Exports	2037.33	2380.36
实际外商直接投资　（亿美元）	Actual Foreign Direct Investment（USD 100 million）	218.92	251.20
高等学校在校生数　（万人）	Students Enrollment in Institutions of Higher Education　（10000 persons）	147.23	157.26
R&D 经费支出	Internal Expenses of Research and Development	430.20	584.57
高新技术产业产值	Output Value in High－tech Industry	14689.96	18402.19
卫生机构床位数　（万张）	Hospital Beds　（10000 units）	22.00	23.51
执业(助理)医师数　（万人）	Doctors　（10000 persons）	11.87	11.97
在岗职工年平均工资　（元）	Average Wages of Staff and Workers Employed　（yuan）	27374	31667
人均储蓄存款余额　（元）	Per Capita Savings Deposit of Residents　（yuan）	16852	21541
城镇居民人均可支配收入　（元）	Per Capita Disposable Income of Urban Residents　（yuan）	16378	18680
农村居民人均纯收入　（元）	Per Capita Net Income of Rural Residents　（yuan）	6561	7357

Situation on Economic and Social Development of Jiangsu since 2007

(100 million yuan)

2009	2010	2011	2012	2008～2012 年 年均增长(%) Average Annual Growth Rate(%)
7810.27	7869.34	7898.80	7919.98	0.5
34457.30	41425.48	49110.27	54058.22	11.8
2261.86	2540.10	3064.78	3418.29	4.4
18566.37	21753.93	25203.28	27121.95	12.3
13629.07	17131.45	20842.21	23517.98	12.2
44253	52840	62290	68347	11.2
18949.88	23184.28	26693.82	32087.08	21.2
3338.50	4299.38	5567.94	6206.10	19.8
3228.78	4079.86	5148.92	5860.69	21.2
4017.36	4914.06	6221.72	7027.67	22.4
48850.29	58984.14	65723.56	75481.51	19.9
20080.63	23334.48	25914.74	30057.19	18.2
35296.73	42121.04	47868.30	54412.30	19.8
16464.94	19277.65	22280.61	23908.47	12.5
73200.03	92056.48	107680.68	120124.91	17.6
6794.67	9316.01	11038.45	11934.34	22.0
4099.58	5970.56	7074.44	7250.20	21.3
2101.43	2476.28	2922.67	3213.48	11.0
11484.10	13606.80	15988.38	18331.30	18.1
3388.32	4657.93	5397.59	5480.93	9.4
1992.43	2705.50	3126.23	3285.38	10.0
253.23	284.98	321.32	357.60	10.3
165.34	164.94	165.94	167.12	2.6
717.12	871.39	1071.96	1288.02	24.5
21987.23	30354.84	38377.76	45041.48	25.1
25.15	26.97	29.64	33.31	8.7
12.32	12.90	13.47	15.80	5.9
35890	40505	45987	51279	13.4
25711	29652	32808	37951	17.6
20552	22944	26341	29677	12.6
8004	9118	10805	12202	13.2

1－3 国民经济和社会发展总量与速度指标

指 标	Item	总量指标 1978	1990	2000	2010
人口与就业	**Population and Employment**				
人口 （万人）	**Population** （10000 persons）				
年末人口	Population at Year-end	5834.32	6766.90	7327.24	7869.34
城镇人口	Urban	800.77	1458.94	3040.81	4767.63
乡村人口	Rural	5033.55	5307.96	4286.43	3101.71
就业 （万人）	**Employment** （10000 persons）				
就业人数	Employment	2777.72	4225.02	4418.14	4754.68
#职工人数	Staff and Workers	581.50	879.85	673.25	710.58
#国有单位	State-owned Units	366.37	536.88	411.40	263.95
年末城镇登记失业人数	Unemployment Registered in Urban Area		22.52	30.36	40.65
宏观经济	**Macroeconomy**				
国民经济核算 （亿元）	**National Economic Accounting** （100 million yuan）				
地区生产总值	Gross Domestic Product	249.24	1416.50	8553.69	41425.48
第一产业	Primary Industry	68.71	355.17	1048.34	2540.10
第二产业	Secondary Industry	131.09	692.59	4435.89	21753.93
第三产业	Tertiary Industry	49.44	368.74	3069.46	17131.45
支出法地区生产总值	Gross Domestic Expenditures				
#最终消费	Final Consumption Expenditure	130.55	717.36	3710.72	17238.08
居民消费	Resident Consumption	115.15	608.29	2815.51	10942.82
政府消费	Government Consumption Expenditure	15.40	109.07	895.21	6295.26
资本形成总额	Gross Capital Formation	77.98	588.44	4044.78	21173.29
固定资本形成	Fixed Capital Formation	40.40	374.12	3225.42	20709.14
存货增加	Changes in Stock	37.58	214.32	819.36	464.15
固定资产投资 （亿元）	**Investment in Fixed Assets** （100 million yuan）				
全社会固定资产投资	Total Investment in Fixed Assets	21.75	356.30	2995.43	22020.73
#国有单位	State-owned Units	20.70	134.86	1200.01	4438.46
集体单位	Collective-owned Units	1.05	74.87	455.86	902.96
#房地产开发	Real Estale Development		11.71	358.72	4299.38
财政 （亿元）	**Public Finance** （100 million yuan）				
公共财政预算收入	Public Finance Budget Revenue	61.09	136.20	448.31	4079.86
公共财政预算支出	Public Finance Budget Experditure	28.38	100.97	591.28	4914.06

Aggregate Indicators on National Economic and Social Development and Their Indices and Growth Rate

Aggregate Data		速度指标 Indicies and Growth Rate							
		2012年比下列各年增长(%) Index (2012 as percentage of the following years)					年平均增长(%) Average Annual Growth Rate		
2011	2012	1978	1990	2000	2010	2011	1979 ~ 2012	1991 ~ 2012	2001 ~ 2012
7898.80	7919.98	35.7	17.0	8.1	0.6	0.3	0.9	0.7	0.7
4889.36	4990.09	523.2	242.0	64.1	4.7	2.1	5.5	5.7	4.2
3009.44	2929.89	-41.8	-44.8	-31.6	-5.5	-2.6	-1.6	-2.7	-3.1
4758.23	4759.53	71.3	12.7	7.7	0.1	0.0	1.6	0.5	0.6
774.39	792.62	36.3	-9.9	17.7	11.5	2.4	0.9	-0.5	1.4
276.86	280.92	-23.3	-47.7	-31.7	6.4	1.5	-0.8	-2.9	-3.1
41.45	40.47		79.7	33.3	-0.4	-2.4		2.7	2.4
49110.27	54058.22	5423.1	1473.0	323.0	22.2	10.1	12.5	13.3	12.8
3064.78	3418.29	373.7	153.0	54.7	8.8	4.6	4.7	4.3	3.7
25203.28	27121.95	8545.9	2042.2	381.1	24.1	11.1	14.0	14.9	14.0
20842.21	23517.98	9294.5	1786.1	335.5	21.9	9.7	14.3	14.3	13.0
20649.28	22714.57	5030.2	1673.2	375.0	26.7	11.8	12.3	14.0	13.9
13534.19	15385.57	3635.5	1285.8	323.4	31.4	14.6	11.2	12.7	12.8
7115.09	7329.00	17277.9	3876.2	530.3	18.2	6.7	16.4	18.2	16.6
25049.05	27258.07	8832.6	1393.4	306.9	21.2	9.7	14.1	13.1	12.4
24522.24	26415.45	18915.7	2254.1	403.1	21.1	9.5	16.7	15.4	14.4
526.81	842.62	211.4	-18.3	-61.8	9.8	2.5	3.4	-0.9	-7.7
26693.82	32087.08	147426.8	8905.6	971.2	45.7	20.2	23.9	22.7	21.8
5004.82	6036.07	29059.8	4375.8	403.0	36.0	20.6	18.2	18.9	14.4
1132.95	1388.49	132137.1	1754.5	204.6	53.8	22.6	23.5	14.2	9.7
5567.94	6206.10		52898.3	1630.1	44.3	11.5		33.0	26.8
5148.92	5860.69	9493.5	4203.0	1207.3	43.6	13.8	14.4	18.6	23.9
6221.72	7027.67	24662.8	6860.2	1088.6	43.0	13.0	17.6	21.3	22.9

指标	Item	总量指标 1978	1990	2000	2010
物价 （上年=100）	**Price （preceding year=100）**				
居民消费价格指数	General Consumer Price Index	100.1	103.2	100.1	103.8
商品零售价格指数	General Retail Price Index	100.2	102.3	98.6	103.2
工业生产者出厂价格指数	Ex-factory Price Index of Industrial Producers			101.1	107.3
利用外资 （亿美元）	**Utilization of Foreign Capital （USD 100 million）**				
合同外商直接投资	Contracted Foreign Direct Investment		2.44	106.11	568.33
实际外商直接投资	Actual Foreign Direct Investment		1.41	64.24	284.98
产 业	**Industry**				
农业	**Agriculture**				
农林牧渔业劳动力 （万人）	Number of Persons Engaged in Agriculture, Forestry, Animal Husbandry and Fishery （10000 persons）	2030.67	1714.49	1480.22	859.83
农林牧渔业总产值 （亿元）	Gross Output Value of Agriculture, Forestry, Animal Husbandry and Fishery （100 million yuan）	105.87	580.53	1869.73	4297.14
主要农产品产量 （万吨）	Output of Major Farm Products （10000 tons）				
粮食	Grain	2400.65	3264.15	3106.63	3235.10
棉花	Cotton	47.54	46.42	31.45	26.08
油料	Oil-bearing Crops	37.44	112.39	225.65	151.97
糖料	Sugar Crops	6.88	22.26	28.26	10.27
蚕茧	Silkworm Cocoons	2.63	12.00	9.01	7.91
猪牛羊肉	Pork, Beef and Mutton		158.38	227.41	223.91
水产品	Aquatic Products	39.76	118.25	308.79	460.44
工业	**Industry**				
全部工业增加值 （亿元）	Added Value of All Industties （100 million yuan）	117.10	634.13	3848.52	19277.65
主要工业产品产量 （万吨）	Output of Major Industrial Products （10000 tons）				
粗钢	Steel	54.51	190.18	617.16	6242.75
钢材	Rolled-steel	60.31	203.01	1401.83	9122.95
发电量 （亿千瓦小时）	Electricity （100 million kW·h）	126.42	404.47	909.69	3358.98
原煤	Coal	1707.02	2407.79	2479.02	2122.48
农用化肥（折100%）	Chemical Furtilizers	72.18	145.90	192.38	241.96
化学农药	Chemical Pesticide	4.92	4.51	17.23	61.76
水泥	Cement	444.10	1532.89	4599.52	15647.46
化学纤维	Chemical Fiber	2.11	40.76	190.99	1027.19
彩色电视机 （万台）	Color Television Sets （10000 units）	0.03	36.64	127.66	1766.89
家用电冰箱 （万台）	Household Refrigerators （10000 units）		83.18	285.17	812.49
建筑业	**Construction**				
建筑业企业职工平均人数 （万人）	Average Number of Employed Persons （10000 persons）		124.31	221.48	598.98
建筑业总产值 （亿元）	Gross Output Value （100 million yuan）		147.23	1546.17	12405.90
施工房屋面积 （万平方米）	Floor Space of Building Under Construction （10000 sq. m）		5240.98	21287.10	119036
竣工房屋面积 （万平方米）	Floor Space of Building Completed （10000 sq. m）		3307.93	12329.65	48560.07

Continued 1

Aggregate Data		速度指标 Indicies and Growth Rate							
		2012年比下列各年增长(%) Index (2012 as percentage of the following years)					年平均增长(%) Average Annual Growth Rate		
2011	2012	1978	1990	2000	2010	2011	1979 ~ 2012	1991 ~ 2012	2001 ~ 2012
105.3	102.6	487.4	175.6	33.9	8.0	2.6	5.3	4.7	2.5
104.6	102.1	346.4	111.9	18.1	6.8	2.1	4.5	3.5	1.4
106.2	97.1		97.2	23.9	3.1	-2.9		3.1	1.8
595.54	571.41		23303.1	438.5	0.5	-4.1		28.1	15.1
321.32	357.60		25243.7	456.7	25.5	11.3		28.6	15.4
821.69	796.03	-60.8	-53.6	-46.2	-7.4	-3.1	-2.7	-3.4	-5.0
5237.45	5808.81	589.5	247.1	65.0	9.2	4.8	5.8	5.8	4.3
3307.76	3372.48	40.5	3.3	8.6	4.2	2.0	1.0	0.1	0.7
24.68	22.04	-53.6	-52.5	-29.9	-15.5	-10.7	-2.2	-3.3	-2.9
144.05	146.95	292.5	30.8	-34.9	-3.3	2.0	4.1	1.2	-3.5
9.61	9.75	41.7	-56.2	-65.5	-5.0	1.5	1.0	-3.7	-8.5
7.07	6.83	159.7	-43.1	-24.2	-13.7	-3.4	2.8	-2.5	-2.3
226.76	228.84		44.5	0.6	2.2	0.9		1.7	0.1
475.97	493.74	1141.8	317.5	59.9	7.2	3.7	7.7	6.7	4.0
22280.61	23908.47	8892.3	2047.4	403.5	24.8	11.1	14.1	15.0	14.4
6838.77	7419.70	13511.6	3801.4	1102.2	18.9	8.5	15.5	18.1	23.0
9994.01	10989.18	18121.2	5313.1	683.9	20.5	10.0	16.5	19.9	18.7
3755.63	3928.35	3007.4	871.2	331.8	17.0	4.6	10.6	10.9	13.0
2100.27	2104.16	23.3	-12.6	-15.1	-0.9	0.2	0.6	-0.6	-1.4
243.70	267.15	270.1	83.1	38.9	10.4	9.6	3.9	2.8	2.8
75.83	72.61	1375.8	1510.0	321.4	17.6	-4.2	8.2	13.5	12.7
14899.69	16777.87	3677.9	994.5	264.8	7.2	12.6	11.3	11.5	11.4
1123.80	1274.95	60324	3027.9	567.5	24.1	13.4	20.7	16.9	17.1
1476.93	1431.88	4772833	3808.0	1021.6	-19.0	-3.1	37.3	18.1	22.3
1194.79	1103.16		1226.2	286.8	35.8	-7.7		12.5	11.9
607.55	700.96		463.9	216.5	17.0	15.4		8.2	10.1
15122.74	18423.55		12413.4	1091.6	48.5	21.8		24.5	22.9
145451	166779		3082.2	683.5	40.1	14.7		17.0	18.7
54650.20	61241.69		1751.4	396.7	26.1	12.1		14.2	14.3

指标	Item	总量指标 1978	1990	2000	2010
交通运输	**Transportation**				
货运量 (万吨)	Freight Traffic (10000 tons)	14626	49399	90436	188565
#铁路	Railways	3224	4235	4077	6374
公路	Highways	4488	27904	59056	123500
水运	Waterways	6557	15908	25902	48702
客运量 (万人)	Passenger Traffic (10000 persons)	25621	48339	107244	226627
#铁路	Railways	2752	4788	4891	9711
公路	Highways	18694	41850	101713	215850
水运	Waterways	4175	1701	514	590
港口货物吞吐量 (万吨)	Volume of Freight Handled at Seaports (10000 tons)	10183	17002	39200	158977
邮电通信业	**Postal and Telecommunications Services**				
邮电业务总量 (亿元)	Total Business Revenue (100 million yuan)	1.83	9.98	323.45	2194.60
函件 (亿件)	Number of Letters Delivered (100 million pieces)	1.63	3.30	5.74	9.36
年末固定电话用户 (万户)	Number of Eited Telephone Subseribers at Year-end (10000 househalds)			1138.06	2498.80
城市	Urban			535.43	1527.80
农村	Rural			602.63	971.00
年末移动电话用户 (万户)	Number of Mobile Telephone Subseribers at Year-end (10000 househalds)			619.50	5923.10
国内商业	**Domestic Trade**				
社会消费品零售总额 (亿元)	Total Retail Sales of Consumer Goods (100 million yuan)	84.79	515.43	2908.46	13606.80
对外经济贸易和旅游	**Foreign Trade and Tourism**				
进出口总额 (亿美元)	Total Imports and Exports (USD 100 million)	4.27	41.39	456.38	4657.93
进口	Imports	0.09	11.95	198.69	1952.43
出口	Exports	4.18	29.44	257.70	2705.50
接待海外旅游人数 (万人)	Number of International Tourists Received (10000 persons)	11.33	72.48	160.94	653.55
金融保险 (亿元)	**Banking and Insurance (100 million yuan)**				
金融机构存款	Deposits of Banking System	60.72	860.33	8400.75	58984.14
金融机构贷款	Loans of Banking System	115.29	1013.45	5967.66	42121.04
国内保险保费收入	Domestic Premium		9.31	132.03	1162.67
教育、科技、文化	**Education, Science and Technology and Culture**				
教育	**Education**				
高等学校本专科在校学生 (万人)	Students Enrollment in Institutions of Higher Education (10000 persons)	6.05	14.69	45.19	164.94
中等专业学校在校学生 (万人)	Students Enrollment in Specialized Secondary Schools (10000 persons)	3.84	13.99	43.62	68.30
普通中学在校学生 (万人)	Students Enrollment in Regular Secondary Schools (10000 persons)	385.85	281.97	373.64	368.61
小学在校学生 (万人)	Students Enrollment in Primary Schools (10000 persons)	868.90	612.29	718.55	398.78
科技	**Science and Technology**				
县以上科研机构数 (个)	Number of Scientific & Technological Research Institutions of County Level and Above (unit)		326	313	135
各类专业技术人员 (万人)	Scientific and Technical Personnel (10000 persons)	22.18	158.86	194.24	140.53

Continued 2

Aggregate Data		速 度 指 标 Indicies and Growth Rate							
2011	2012	2012 年比下列各年增长(%) Index (2012 as percentage of the following years)					年平均增长(%) Average Annual Growth Rate		
		1978	1990	2000	2010	2011	1979 ~ 2012	1991 ~ 2012	2001 ~ 2012
212594	231295	1481.4	368.2	155.8	22.7	8.8	8.5	7.3	8.1
7282	7223	124.0	70.6	77.2	13.3	-0.8	2.4	2.5	4.9
140803	153696	3324.6	450.8	160.3	24.5	9.2	11.0	8.1	8.3
54012	58639	794.3	268.6	126.4	20.4	8.6	6.7	6.1	7.0
247405	268371	947.5	455.2	150.2	18.4	8.5	7.2	8.1	7.9
10598	11757	327.2	145.6	140.4	21.1	10.9	4.4	4.2	7.6
235673	255358	1266.0	510.2	151.1	18.3	8.4	8.0	8.6	8.0
579	594	-85.8	-65.1	15.6	0.7	2.6	-5.6	-4.7	1.2
180683	195417	1819.1	1049.4	398.5	22.9	8.2	9.1	11.7	14.3
974.30	1120.37	61122	11126.2	246.4		15.0	20.8	23.9	10.9
9.45	8.95	449.1	171.2	55.9	-4.4	-5.3	5.1	4.6	3.8
2370.94	2387.20			109.8	-4.5	0.7			6.4
1392.53	1341.00			150.5	-12.2	-3.7			8.0
978.41	1046.20			73.6	7.7	6.9			4.7
6684.83	7471.40			1106.0	26.1	11.8			23.1
15988.38	18331.30	21520	3456.5	530.3	34.7	14.7	17.1	17.6	16.6
5397.59	5480.93	128112	13141.8	1100.9	17.7	1.5	23.4	24.9	23.0
2271.36	2195.55	2431295	18268.5	1005.0	12.5	-3.3	34.6	26.7	22.2
3126.23	3285.38	78411	11060.3	1174.9	21.4	5.1	21.7	23.9	23.6
737.33	791.54	6886	992.1	391.8	21.1	7.4	13.3	11.5	14.2
65723.56	75481.51	124211	8673.6	798.5	28.0	14.8	23.3	22.6	20.1
47868.30	54412.30	47096	5269.0	811.8	29.2	13.7	19.9	19.8	20.2
1200.02	1301.28		13877.2	885.6	11.9	8.4		25.2	21.0
165.94	167.12	2662.3	1037.6	269.8	1.3	0.7	10.3	11.7	11.5
63.59	63.12	1543.8	351.2	44.7	-7.6	-0.7	8.6	7.1	3.1
339.82	317.89	-17.6	12.7	-14.9	-13.8	-6.5	-0.6	0.5	-1.3
409.60	422.76	-51.3	-31.0	-41.2	6.0	3.2	-2.1	-1.7	-4.3
136	136		-58.3	-56.5	0.7	0.0		-3.9	-6.7
140.51	140.65	534.1	-11.5	-27.6	0.1	0.1	5.6	-0.6	-2.7

1-3 续表 3

指 标	Item	总量指标 1978	1990	2000	2010
#工程技术人员	Engineering Personnel	7.83	31.84	44.84	19.00
文化	**Culture**				
图书出版量 (亿册)	Books Published (100 million copies)	1.94	3.44	3.47	5.17
杂志出版量 (万册)	Magazines Issued (10000 copies)	535	4107	11008	10475
报纸出版量 (亿份)	Newspapers Issued (100 million copies)	2.45	8.27	23.34	27.12
家庭、生活、环境	**Family, People's Livelihood and Environment**				
家庭	**Family**				
总户数 (万户)	Total Househalds (10000 househalds)	1423.11	1806.78	2220.38	2564.59
城镇居民平均每户家庭人口 (人)	Average Household Size in Urban Areas (person)		3.34	3.07	2.79
农村居民平均每户家庭人口 (人)	Average Household Size in Rural Areas (person)		4.10	3.74	3.68
居住	**Housing**				
城镇居民人均住房建筑面积 (平方米)	Per Capita Net Floor Space of Urban Residents (sq. m)	5.7	17.29	25.54	33.39
农村居民人均住房面积 (平方米)	Per Capita Net Floor Space of Rural Residents (sq. m)	9.7	25.20	33.70	46.33
生活	**People's Livelihood**				
城镇居民人均可支配收入 (元)	Per Capita Annual Disposable Income of Urban Residents (yuan)	288	1464	6800	22944
农村居民人均纯收入 (元)	Per Capita Net Income of Rural Residents (yuan)	155	884	3595	9118
居民储蓄存款余额 (亿元)	Outstanding Amount of Saving Deposits (100 million yuan)	12.40	470.86	4456.83	23334.48
工资	**Wages and Welfare**				
工资总额 (亿元)	Total Wages of Staff and Workers (100 million yuan)	29.05	184.60	705.36	2841.33
职工平均工资 (元)	Average Wage of Staff and Workers (yuan)	513	2129	10299	40505
卫生	**Health Care**				
卫生机构数 (个)	Number of Health Care Organizations (unit)	9277	12366	12813	30961
#医院卫生院	Hospital and Commune Hospitals	2428	2491	2511	2433
床位数 (万张)	Number of Hospital Beds (10000 units)	12.29	16.45	17.31	26.97
#医院卫生院	Hospital and Commune Hospitals	11.07	14.54	16.18	24.74
卫生技术人员数 (万人)	Number of Medical Technical Personnels (10000 persons)	14.00	21.35	25.36	32.84
#医生	Doctors	5.70	9.94	11.44	12.90
市政建设	**Urban Civil Construction**				
自来水供水量 (亿吨)	Volume of Tap Water Supply (100 million tons)	3.51	25.67	35.34	48.28
排水管道长度 (公里)	Length of Sewer Pipelines (km)	1503	4099	11097	46867
年末实有道路长度 (公里)	Year-end Length of Paved Roads (km)	1893	5812	11011	31899
环境	**Environment**				
污染治理项目本年完成投资 (亿元)	Investment for the Pollution Treatment Projects Completed in this Year (100 million yuan)		2.48	13.11	18.60
工业废水排放量 (亿吨)	Volume of Industrial Waste Water Discharged (100 million tons)		24.24	20.19	26.38
工业二氧化硫排放量 (万吨)				84.33	100.25
工业烟(粉)尘排放量 (万吨)	Volume of Industrial Dust Removed (10000 tons)			37.47	45.00

Continued 3

Aggregate Data		速度指标 Indicies and Growth Rate							
2011	2012	2012年比下列各年增长(%) Index (2012 as percentage of the following years)					年平均增长(%) Average Annual Growth Rate		
		1978	1990	2000	2010	2011	1979 ~ 2012	1991 ~ 2012	2001 ~ 2012
19.82	19.79	152.7	-37.8	-55.9	4.1	-0.2	2.8	-2.1	-6.6
5.49	5.19	167.5	50.9	49.6	0.4	-5.5	2.9	1.9	3.4
11601	12559	2247.5	205.8	14.1	19.9	8.3	9.7	5.2	1.1
28.46	28.94	1081.2	249.9	24.0	6.7	1.7	7.5	5.9	1.8
2572.90	2588.23	81.9	43.3	16.6	0.9	0.6	1.8	1.6	1.3
2.82	2.79		-16.5	-9.1	0.0	-1.1		-0.8	-0.8
3.44	3.42		-16.6	-8.6	-7.1	-0.6		-0.8	-0.7
34.72	35.15	516.7	103.3	37.6	5.3	1.2	5.5	3.3	2.7
48.55	49.86	414.0	97.9	48.0	7.6	2.7	4.9	3.2	3.3
26341	29677	10204.5	1927.1	336.4	29.3	12.7	14.6	14.7	13.1
10805	12202	7772.3	1280.3	239.4	33.8	12.9	13.7	12.7	10.7
25914.74	30057.19	242297	6283.5	574.4	28.8	16.0	25.8	20.8	17.2
3548.29	4065.99	13896.5	2102.6	476.4	43.1	14.6	15.6	15.1	15.7
45987	51279	9895.9	2308.6	397.9	26.6	11.5	14.5	15.6	14.3
31680	31054	234.7	151.1	142.4	0.3	-2.0	3.6	4.3	7.7
2506	2543	4.7	2.1	1.3	4.5	1.5	0.1	0.1	0.1
29.64	33.31	171.0	102.5	92.4	23.5	12.4	3.0	3.3	5.6
27.30	30.77	178.0	111.6	90.2	24.4	12.7	3.1	3.5	5.5
35.05	39.61	182.9	85.5	56.2	20.6	13.0	3.1	2.8	3.8
13.47	15.80	177.2	59.0	38.1	22.5	17.3	3.0	2.1	2.7
47.70	49.28	1304.0	92.0	39.4	2.1	3.3	8.1	3.0	2.8
51735	56887	3684.9	1287.8	412.6	21.4	10.0	11.3	12.7	14.6
32491	34966	1747.1	501.6	217.6	9.6	7.6	9.0	8.5	10.1
42.78	55.87		2152.8	326.2	200.4	30.6		15.2	12.8
24.63	23.61		-2.6	16.9	-10.5	-4.1		-0.1	1.3
102.5	95.92			13.7	-4.3	-6.4			1.1
48.64	39.60			5.7	-12.0	-18.6			0.5

1-4 国民经济和社会发展结构指标
Structural Indicators on National Economic and Social Development

单位:% (%)

指标	Item	1978	2000	2005	2010	2011	2012
人口与就业	**Population and Employment**						
人口	**Population**						
城乡结构	Urban and Rural Structure						
城镇	Urban	13.7	41.5	50.5	60.6	61.9	63.0
乡村	Rural	86.3	58.5	49.5	39.4	38.1	37.0
性别结构	Sexual Structure						
男	Male	50.6	50.6	50.02	50.38	50.36	50.35
女	Female	49.4	49.4	49.98	49.62	49.64	49.65
就业	**Employment**						
产业结构	Industrial Structure						
第一产业	Primary Industry	69.7	42.8	30.9	22.3	21.5	20.8
第二产业	Secondary Industry	19.6	30.2	37.2	42.0	42.4	42.7
第三产业	Tertiary Industry	10.7	27.0	31.9	35.7	36.1	36.5
经济类型结构	Structures by Ownership						
城镇单位从业人员	Staff and Workers Employed in Urban Units	20.9	15.7	13.7	16.1	17.1	17.5
国有单位	State-owned	13.2	9.5	6.2	5.9	6.1	6.2
城镇集体单位	Collective-owned	7.7	2.7	0.8	0.6	0.7	0.6
其他单位	Others		3.5	6.7	9.5	10.3	10.6
城镇私营企业和个体从业人员	Urban Private Enterprises and Self-employed Workers	0.1	4.0	12.8	27.3	29.0	30.8
其他	Others	79.0	80.3	73.5	56.6	53.9	34.3
宏观经济	**Macro Economy**						
国民经济核算	**National Economic Accounting**						
地区生产总值产业结构	Industrial Structures						
第一产业	Primary Industry	27.6	12.2	7.9	6.1	6.3	6.3
第二产业	Secondary Industry	52.6	51.9	56.6	52.5	51.3	50.2
第三产业	Tertiary Industry	19.8	35.9	35.6	41.4	42.4	43.5
地区生产总值支出结构	Domestic Expenditures						
最终消费	Total Consumption	52.4	43.4	41.2	41.6	42.1	42.0
居民消费	Resident Consumption	46.2	32.9	28.7	26.4	27.6	28.5
政府消费	Government Consumption Expenditure	6.2	10.5	12.5	15.2	14.5	13.5
资本形成总额	Gross Capital Formation	31.3	47.3	50.9	51.1	51.0	50.4
固定资本	Fixed Capital Formation	16.2	37.7	47.8	50.0	49.9	48.9
存货增加	Changes in Stock	15.1	9.6	3.1	1.1	1.1	1.5
净出口	Net Exports	16.3	9.3	7.9	7.3	6.9	7.6
投资	**Investment**						
经济类型结构	Structure by Ownership						
国有经济	State-owned	95.2	40.1	23.8	20.1	19.0	19.0
集体经济	Collective-owned	4.8	15.2	5.1	4.2	4.3	4.4

1－4 续表1 Continued 1

单位:% (%)

指 标	Item	1978	2000	2005	2010	2011	2012
港澳台及外商投资经济	Hong Kong, Macao, Taiwan and Foreign Investment Economy		12.1	17.9	13.7	12.6	12.0
私营个体经济	Private and Individuals		10.9	30.0	35.9	36.8	38.1
其他经济	Others		21.7	23.2	26.1	27.3	26.5
资金来源结构	Structure of Funded Sources						
国家预算资金	State Budgetary Appropriation		2.5	0.7	1.1	1.1	1.2
国内贷款	Domestic Loans		16.3	13.8	12.6	12.3	12.5
利用外资	Foreign Investment		9.4	9.1	4.4	4.1	3.3
自筹资金	Fundraising		61.0	63.3	63.1	68.0	69.0
其他投资	Others		10.8	13.1	18.8	14.5	14.0
财 政	**Government Finance**						
公共财政预算支出结构	Structure of Public Finance Budgetary Expenditure						
#农林水事务	Operating Expenses of Agriculture, Forestry and Water	25.1	7.9	5.8	10.0	9.9	10.7
教育支出	Education	10.8	19.9	15.4	17.6	17.6	19.2
利用外资	**Utilization of Foreign Capital**						
实际外商直接投资结构	Structure of Foreign Direct Investment						
合资经营企业	Joint Venture Enterprises		35.4	18.9	16.6	16.5	16.2
合作经营企业	Cooperative Operation Enterprises		5.6	1.5	0.9	0.6	0.5
独资经营企业	Foreign Solely Funded Enterprises		59.0	79.0	80.1	82.1	80.7
外商投资股份制企业	Share Holding with Foreign Investment		0.04	0.7	2.3	0.8	2.6
产业经济	**Industrial Economy**						
农 业	**Agriculture**						
农林牧渔业产值结构	Structure of Gross Output Value						
农业	Farming	80.4	58.6	50.1	52.8	50.4	51.1
林业	Forestry	1.4	1.6	1.8	1.8	1.8	1.7
牧业	Animal Husbandry	15.8	23.0	23.2	21.5	22.7	21.1
渔业	Fishery	2.3	16.7	19.9	18.7	20.3	21.3
农林牧渔服务业	Service in Support of Agriculture			5.0	5.1	4.8	4.8
工 业	**Industry**						
工业产值按经济类型分	Grouped by Ownership						
#国有企业	State-owned	61.5	12.7	6.5	4.8	5.0	4.9
集体企业	Collective-owned	31.2	19.0	5.1	1.4	1.1	0.9
港澳台商投资企业	Enterprise Invested by Hong Kong, Macao and Taiwan Funds		9.1	11.8	10.9	11.5	11.3
外商投资企业	Enterprise Invested by Foreign Funds		18.6	28.7	28.8	28.5	25.9
工业产值按轻重分	Grouped by Light and Heavy Industry						
轻工业	Light Industry	52.4	43.2	31.2	26.6	24.7	25.8
重工业	Heavy Industry	47.6	56.8	68.8	73.4	75.3	74.2
建 筑 业	**Construction**						
建筑业总产值结构	Structure of Gross Output Value of Construction						

1-4 续表2 Continued 2

单位:% (%)

指 标	Item	1978	2000	2005	2010	2011	2012
国有经济	State - owned		24.4	19.8	9.7	9.3	8.7
地方	Local - owned		19.9	16.7	5.7	5.3	5.2
部属	Central - owned		4.4	3.1	4.1	4.0	3.5
城镇集体经济	Colletive - owned		24.4	3.5	5.4	6.3	5.9
乡镇企业及其它经济	Rural and Township Industry and Others		51.2	76.7	84.9	84.4	85.4
运 输 业	**Transportation**						
货运量结构	Structure of Freight Traffic						
#铁路	Railways	22.0	4.5	4.5	3.4	3.4	3.1
公路	Highways	30.7	65.3	67.6	65.5	66.2	66.5
水运	Waterways	44.8	28.6	25.9	25.8	25.4	25.4
对外经济贸易和旅游	**Foreign Trade and Tourism**						
出口商品结构	Structure of Exports						
#亚洲地区	Asia		51.3	45.4	39.2	42.0	45.9
欧洲地区	Europe		20.6	24.8	27.7	25.3	21.9
北美洲	North America		20.9	23.8	23.1	21.3	21.2
海外旅游人数结构	Structure of Tourists						
外国人	Foreigners	76.2	61.0	69.3	72.5	73.0	72.7
港澳同胞	Compatriots from Hongkong, Macao	23.8	16.8	11.9	9.8	9.9	9.0
台湾同胞	Compatriots from Taiwan		22.2	18.8	17.7	17.1	18.3
教育、科技、文化	**Education, Science and Culture**						
教 育	**Education**						
在校学生结构	Structure of Student Enrollment						
大学生	College and University Students	0.5	3.8	9.7	16.1	16.6	16.9
中学生	Secondary School Students	30.8	36.2	49.6	45.1	42.4	40.3
小学生	Primary School Students	68.7	60.0	40.6	38.8	41.0	42.8
专任教师结构	Full-time Teachers by Type						
大学	Colleges and Universities	3.0	5.8	10.5	15.1	15.4	15.6
中学	Secondary Schools	37.1	43.7	48.6	47.9	47.6	47.1
小学	Primary Schools	59.9	50.5	40.9	37.0	37.0	37.3
科 技	**Science and Technology**						
各类专业技术人员结构	Structure of Scientific and Technical Personnel						
#工程技术人员	Engineering Personnel	35.3	23.1	14.1	13.5	14.1	14.1
农业技术人员	Agriculture	6.1	2.4	2.1	1.9	2.0	1.9
科学研究人员	Scientific Research	5.5	0.9	1.2	1.1	1.2	1.3

1－4 续表3 Continued 3

单位:%　　　　　　　　　　　　　　　　　　　　　　　　　　　　　　　　　　(%)

指　　标	Item	1978	2000	2005	2010	2011	2012
卫生技术人员	Health Care	30.5	11.9	15.8	15.1	15.7	15.9
教学人员	Teaching	22.5	34.1	46.6	47.5	49.2	49.0
生活、环境	**People's Livelihood and Environment**						
生　活	**People's Livelihood**						
城镇居民消费结构	Consumption Structure of Urban Residents						
食品	Food	55.1	41.1	37.2	36.5	36.1	35.4
衣着	Clothing	13.8	9.2	9.3	10.2	10.6	10.2
居住	Residence		8.2	9.2	8.6	7.1	7.6
其他	Others		41.5	44.3	44.7	46.2	46.8
农村居民消费结构	Consumption Structure of Rural Residents						
食品	Food	62.1	43.5	44.0	38.1	38.5	37.4
衣着	Clothing	12.1	5.4	5.4	5.4	5.3	5.3
居住	Residence	13.6	18.9	14.4	17.9	17.1	17.1
其他	Others	12.1	32.2	36.2	38.6	39.1	40.2
卫　生	**Health Care**						
卫生机构构成	Structure of Health Care Institutions						
#医院卫生院	Hospitals and Commune Hospitals	26.2	19.6	16.2	7.9	7.9	8.2
门诊部	Clinics		0.8	2.4	1.7	2.2	2.6
妇幼保健院	Maternity and Child Care Institutions	0.9	0.9	0.7	0.3	0.3	0.4
疾病预防控制中心	Disease Protection and Controlling Centers	1.2	1.1	1.0	0.4	0.4	0.4
卫生技术人员构成	Structure of Medical Technical Personnels						
#执业医师	Doctors	40.7	45.1	42.3	39.3	38.4	40.0
注册护士	Registered Nurses	12.8	29.1	31.3	37.3	38.7	39.2
卫生机构床位数构成	Hospital Beds by Structures						
医院卫生院	Hospitals	90.1	93.5	94.1	91.7	92.1	92.4
疗养院、所	Sanatoriums (Stations)	1.1	3.2	2.5	0.8	0.9	0.8
其他卫生机构	Other Sanatation Organization	8.9	3.2	3.4	7.5	7.0	6.8
环　境	**Environment**						
污染治理项目投资结构	Uses of Funds in Pollution Treatment						
治理废水	Waste Water Treatment		49.8	20.9	40.0	35.5	17.8
治理废气	Waste Gas Treatment		41.9	73.1	38.7	33.4	65.8
治理固体废物	Solid Wastes Treatment		6.0	0.5	4.8	4.0	6.2
治理噪声	Noise Abatement		1.1	0.6	1.1	0.4	1.2
其他	Others		1.2	4.9	15.4	26.7	8.9

1-5 江苏国民经济占全国的比重（2012年）
Percentage of Jiangsu's National Economy in the Country (2012)

指　标	Item	全　国 Country	江　苏 Jiangsu	江苏占全国的比重(%) Percentage to the Country of Jiangsu(%)
土地面积 (万平方公里)	Land Area (10000 sq. km)	960	10.26	1.1
年末总人口 (万人)	Year-end Total Population (10000 persons)	135404	7919.98	5.8
地区生产总值 (亿元)	Domestic Gross Product (100 million yuan)	519322	54058.22	10.4
第一产业	Primary Industry	52377	3418.29	6.5
第二产业	Secondary Industry	235319	27121.95	11.5
第三产业	Tertiary Industry	231626	23517.98	10.2
人均生产总值 (元)	Per Capita GDP (yuan)	38449	68347	高29898元
公共财政预算收入 (亿元)	Public Finance Budget Revenue (100 million yuan)	117210	5860.69	5.0
固定资产投资(含农户)(亿元)	Investment in Fixed Assets(Including Farm Households)	374676	32087.08	8.6
#固定资产投资(不含农户)	Investment in Fixed Assets (Excluding Farm Households)	364835	31706.58	8.7
#房地产开发	Real Estate Development	71804	6206.10	8.6
社会消费品零售总额 (亿元)	Total Retail Sales of Consumer Goods (100 million yuan)	210307	18331.30	8.7
进出口总额 (亿美元)	Total Exports and Imports (USD 100 million)	38668	5480.93	14.2
#出　口	Exports	20489	3285.38	16.0
普通高等学校本专科在校生 (万人)	Students Enrollment in Institutions of Higher Education (10000 persons)	2391	167.12	7.0
卫生机构床位数 (万张)	Number of Beds of Health Care Institutions	572	33.31	5.8
卫生技术人员 (万人)	Medical Technical Personnel (10000 persons)	668	39.61	5.9
#执业(助理)医师	Practitioner (Assistant) Doctors	262	15.80	6.0
城镇非私营单位在岗职工年平均工资 (元)	Average Wages of Staff and Workers Employed (Excluded Private) (yuan)	47593	51279	高3686元
城镇居民人均可支配收入 (元)	Per Capita Disposable Income of Urban Residents (yuan)	24565	29677	高5112元
农村居民人均纯收入 (元)	Per Capita Net Income of Rural Residents (yuan)	7917	12202	高4285元
居民人均储蓄 (元)	Per Capita Savings Deposit of Residents (yuan)	29508	37951	高8443元
工农业主要产品产量 (万吨)	Output of Major Industrial and Agricultural Products (10000 tons)			
粮　食	Grain	58958	3372.48	5.7
棉　花	Cotton	684	22.04	3.2
油　料	Oil-bearing Crops	3437	146.95	4.3
粗　钢	Rough Steel	71716	7419.70	10.3
钢　材	Rolled Steel	95318	10989.18	11.5
发电量 (亿千瓦小时)	Electricity (100 million kW·h)	49378	3928.35	8.0
水　泥	Cement	22.1	1.68	7.6
农用化肥(折100%)	Chemical Fertilizers (convert into 100 %)	7296	267.15	3.7
化学纤维	Chemical Fibers	3800	1274.95	33.6
布 (亿米)	Cloth (100 million)	841	80.34	9.6
彩色电视机 (万台)	Colour Television Sets (10000 set)	12823	1431.88	11.2
汽　车 (万辆)	Moter Vehicles (10000 units)	1928	88.70	4.6

1-6 江苏的一天
One Day in Jiangsu

指　　　　标　　Item		1978	2000	2005	2010	2011	2012
每天创造的财富	**Daily Production**						
地区生产总值　（亿元）	Gross Domestic Product (100 million yuan)	0.68	23.43	50.96	113.49	134.55	148.10
第一产业	Primary Industry	0.19	2.87	4.00	6.96	8.40	9.37
第二产业	Secondary Industry	0.36	12.15	28.84	59.60	69.05	74.31
工　业	Industry	0.32	10.54	25.86	52.82	61.04	65.50
建筑业	Construction	0.04	1.61	2.97	6.78	8.01	8.80
第三产业	Tertiary Industry	0.14	8.41	18.12	46.94	57.10	64.43
#房地产业	Real Estate	0.02	0.82	2.19	7.13	7.53	8.20
财政收入　（亿元）	Government Revenue (100 million yuan)	0.17	2.37	8.56	32.17	38.68	40.67
粮　食　（万吨）	Grain (10000 tons)	6.58	8.51	7.77	8.86	9.06	9.24
猪牛羊肉　（吨）	Meat (ton)		6230	6633	6135	6213	6270
水产品　（吨）	Aquatic Products (ton)	1089	8460	10648	12615	13040	13527
粗　钢　（万吨）	Steel (10000 tons)	0.15	1.69	9.00	17.10	18.74	20.33
钢　材　（万吨）	Rolled-steel (10000 tons)	0.17	3.84	11.86	24.99	27.38	30.11
发电量　（亿千瓦小时）	Electricity (100 million kW · h)	0.35	2.49	4.90	9.20	10.29	10.76
原　煤　（万吨）	Coal (10000 tons)	4.68	6.79	7.72	5.82	5.75	5.76
水　泥　（万吨）	Cement (10000 tons)	1.22	12.60	26.24	42.87	40.82	45.97
布　（万米）	Cloth (10000 m)	385	924	1479	2424	1856	2201
每天消费量	**Daily Consumption**						
最终消费　（亿元）	Final Consumption (100 million yuan)	0.36	10.17	20.98	47.23	56.57	62.23
居民消费	Resident Consumption	0.32	7.71	14.63	29.98	37.08	42.15
城镇居民每人消费性支出　（元）	Per Capita Living Expenditure of Urban Residents (yuan)	0.76	14.58	23.62	39.33	45.98	51.58
#食品消费	Food Consumption	0.42	6.00	8.78	14.36	16.61	18.24
农村居民每人生活消费支出　（元）	Per Capita Living Expenditure of Rural Residents (yuan)	0.38	6.40	9.77	17.93	21.08	23.71
#食品消费	Food Consumption	0.24	2.79	4.30	6.83	8.10	8.86
政府消费	Government Consumption Expenditure	0.04	2.45	6.36	17.25	19.49	20.08
社会消费品零售总额　（亿元）	Total Retail Sales of Consumer Goods (100 million yuan)	0.23	7.97	15.71	37.28	43.80	50.22
每天其他经济活动	**Other Daily Economic Activities**						
货物运输量　（万吨）	Freight Traffic (10000 tons)	40.07	247.77	309.34	516.60	582.45	633.68
旅客运输量　（万人）	Passenger Traffic (10000 persons)	70.19	293.82	397.82	620.90	677.82	735.26
竣工房屋面积　（万平方米）	Floor Space of Housing Completed (10000 sq. m)		58.32	69.57	133.04	149.73	167.79
出版报纸　（万份）	Newspaper Published (10000 copies)	67.12	639.45	734.25	743.05	779.73	792.88
邮寄函件　（万件）	Letters Delivered (10000 pieces)	44.66	157.26	115.34	256.44	258.90	245.21
进出口总额　（万美元）	Total of Imports and Exports (USD 10000)	117	12504	62450	127614	147879	150162
#出口	Export	115	7060	33694	74123	85650	90010
实际外商直接投资　（万美元）	Actual Foreign Direct Investment (USD 10000)		1760	3611	7808	8803	9797
每天人口变动和婚姻	**Daily Population Changes and Marriages**						
出生人数　（人）	Births (person)	2483	1808	1886	2079	2072	2046
死亡人数　（人）	Deaths (person)	968	1299	1436	1470	1508	1515
结婚对数　（对）	Marriages (couple)		1365	1293	2074	2377	2432
离婚对数　（对）	Divorces (couple)		153	339	439	457	496

1－7 全省人均国民经济主要指标
Major Per Capita Indicators of Jiangsu National Economy

指标		Item		1978	2000	2005	2010	2011	2012
地区生产总值	（元）	Gross Domestic Product	（yuan）	430	11765	24616	52840	62290	68347
第一产业		Primary Industry		118	1442	1934	3240	3887	4322
第二产业		Secondary Industry		226	6101	13930	27748	31967	34291
工　业		Industry		202	5294	12494	24589	28260	30228
建筑业		Construction		24	808	1436	3159	3707	4063
第三产业		Tertiary Industry		85	4222	8751	21852	26436	29734
#房地产业		Real Estate		9	410	1058	3318	3485	3784
公共财政预算收入	（元）	Public Finance Budget Revenue	（yuan）	105	617	1751	5204	6531	7410
公共财政预算支出	（元）	Public Finance Budget Experditure	（yuan）	49	813	2215	6268	7892	8885
全社会固定资产投资	（元）	Total Investment in Fixed Assets	（yuan）	38	4120	11567	29573	33858	40568
#房地产开发		Real Estate Development			531	2045	5484	7062	7846
社会消费品零售额	（元）	Total Retail Sales of Consumer Goods	（yuan）	146	4001	7591	17356	20279	23177
进出口总额	（美元）	Total Imports and Exports	（USD）	7	628	3017	5941	6846	6930
#出　口		Exports		7	354	1628	3451	3965	4154
农村居民纯收入	（元）	Net Income of Rural Residents	（yuan）	155	3595	5276	9118	10805	12202
城镇居民可支配收入	（元）	Disposable Income of Urban Residents	（yuan）	288	6800	12319	22944	26341	29677
居民储蓄存款	（元）	Outstanding Amount of Saving Deposits of Urban and Rural Residents	（yuan）	21	6083	13944	29652	32808	37951
在校大学生数	（人/万人）	Number of Students Enrollment in Institution of Higher Education	（person/10000 persons）	10	65	153	210	227	211
医院病床数	（张/万人）	Hospital Beds	（bed/10000 persons）	19	22	24	31	35	39
卫生技术人员数	（人/万人）	Medical Technical Personnel	（person/10000 persons）	24	35	34	42	44	50
#执业医师		Doctors		10	16	14	16	17	20
主要工农业产品产量	（千克）	Output of Major Industrial and Agricultural Products	（kg）						
粮　食		Grain		414	427	375	413	420	426
棉　花		Cotton		8	4	4	3	3	3
油　料		Oil－Bearing Crops		6	31	29	19	18	19
粗　钢		Steel		9	85	435	796	867	938
原　煤		Coal		294	341	373	271	266	266
发电量	（千瓦小时）	Electricity	（kW·h）	218	1251	2368	4285	4764	4967

1－8 全省法人单位数及从业人员数
Number of Corporations and Empolyment

项 目	Item	法人单位数(个) Corporation Units (unit)		从业人员(万人) Employees (10000 persons)	
		2011	2012	2011	2012
合 计	**Total**	**984419**	**1109565**	**3288.24**	**3529.40**
按机构类型分	**Crouped by Type of Organization**				
企业	Enterprises	870237	989921	2969.44	3192.49
事业单位	Institutions	37389	37847	175.30	175.21
机关	Agencies & Organizations	10065	10003	56.76	57.09
社会团体	Social Organizations	17183	18002	17.71	19.23
民办非企业单位	Non-enterprise Units Run by NGO	11158	11733	21.65	22.39
基金会	Fund Organizations	162	165	0.11	0.11
居委会	Neighborhood Committee	6008	6048	5.91	5.92
村委会	Village Committee	16147	16072	16.04	15.77
其他组织机构	Others	16070	19774	25.33	41.19
按登记注册类型分	**Grouped by Type of Registration**				
内资	Inner Funded	954498	1078255	2754.58	2958.43
国有	State-owned	51598	52010	307.14	306.47
集体	Collective-owned	19944	20069	78.45	81.31
股份合作	Share Holding Cooperative	4411	4501	21.00	21.30
联营	Joint Ownership	995	1060	6.50	6.05
国有联营	State Joint-owned	142	145	0.61	0.75
集体联营	Collective Joint-owned	351	388	1.22	1.20
国有与集体联营	Stale-owned and Collective Joint Funded	201	212	1.20	1.07
其他联营	Other Joint Funded	301	315	3.47	3.03
有限责任公司	Limited Liability Co.,Ltd.	46440	54362	431.09	451.75
国有独资公司	State-owned Solely Funded Co.	558	677	13.92	19.24
其他有限责任公司	Other Responsibility Co.,Ltd.	45882	53685	417.16	432.51
股份有限公司	Share Holding Co.,Ltd.	10394	11443	131.93	139.52
私营	Private	736608	836509	1642.18	1773.47
私营独资	Private Solely Funded	182932	201335	335.13	359.22
私营合伙	Private Partnership	18072	19745	36.31	38.36
私营有限责任公司	Private Responsibility Co.,Ltd.	515544	593136	1204.98	1304.31
私营股份有限公司	Private Responsibility Co.,Ltd.	20060	22293	65.77	71.58
其他内资	Others	84108	98301	136.29	178.56

1－8 续表 Continued

项目	Item	法人单位数(个) Corporation Units (unit)		从业人员(万人) Employees (10000 persons)	
		2011	2012	2011	2012
港澳台商投资	Hong Kong, Macao and Taiwan Funded	11527	12066	193.33	212.72
与港澳台商合资经营	Join with Hong Kong, Macao and Taiwan Funded	3573	3703	58.14	64.30
与港澳台商合作经营	Cooperate with Hong Kong, Macao and Taiwan Funded	202	220	2.58	3.40
港澳台商独资	Hong Kong, Macao and Taiwan with Solely Funded	7312	7674	125.89	137.17
港澳台商投资股份有限公司	Hong Kong, Macao and Taiwan Share Holding Co., Ltd.	436	434	6.68	7.46
其他港、澳、台商投资	Others	4	35	0.03	0.38
外商投资	Foreign Funded	18394	19244	340.34	358.25
中外合资经营	Sino-foreign Joint Funded	5516	5696	92.19	99.04
中外合作经营	Sino-foreign Cooperative Funded	322	331	4.01	4.77
外资企业	Foreign Solely Funded	11847	12495	233.31	244.12
外商投资股份有限公司	Foreign Funded Share Holding Co., Ltd.	699	675	10.65	9.81
其他外商投资	Others	10	47	0.18	0.52
按行业分	**Grouped by Sector**				
农、林、牧、渔业	Farming, Forestry, Animal Husbandry and Fishery	20291	26845	50.09	68.40
采矿业	Mining and Quarrying	1078	1081	18.68	18.35
制造业	Manufacturing	351220	378197	1671.98	1806.80
电力、燃气及水的生产和供应业	Power, Gas and Water Production and Supply	2680	2832	19.07	22.06
建筑业	Construction	49113	56063	581.93	567.47
交通运输、仓储和邮政业	Transportation, Storage and Post	22128	26207	76.72	79.95
信息传输、计算机服务和软件业	Informaiton Transmmision, Computer Service and Software	18448	23410	28.84	35.74
批发和零售业	Wholesale and Retail Sales	267971	307338	258.31	291.25
住宿和餐饮业	Hotel and Catering	10924	12156	45.66	53.73
金融业	Banking	5111	5782	35.09	35.91
房地产业	Real Estate	27468	30339	55.24	61.13
租赁和商务服务业	Leasing and Commercial Services	65651	82954	90.89	109.33
科学研究、技术服务和地质勘查业	Scientific Research, Polytechnical Service and Geological Prospecting	21011	27757	34.00	43.61
水利、环境和公共设施管理业	Water Coservancy, Environment and Public Facility Management	6090	6815	18.01	19.19
居民服务和其他服务业	Resident Services and Others	16648	19048	21.20	24.03
教育	Education	16934	17860	106.32	106.76
卫生、社会保障和社会福利业	Health Care, Social Security and Social Welfare	10899	11333	45.64	47.17
文化、体育和娱乐业	Culture, Sports and Recreation	7394	9161	12.83	16.30
公共管理和社会组织	Public Management and Social Organizations	63360	64387	117.76	122.22

1-9 全省产业活动单位数及从业人员数
Number of Economic Activity Units and Employment

项目	Item	产业活动单位数(个) Economic Activity Units (unit)		从业人员(万人) Employees (10000 persons)	
		2011	2012	2011	2012
合　计	**Total**	**1065141**	**1196782**	**3357.45**	**3632.81**
按机构类型分	**Crouped by Type of Organization**				
企业	Enterprises	929648	1055791	3033.37	3288.95
事业单位	Institutions	47231	47658	177.92	178.72
机关	Agencies & Organizations	14265	14209	55.32	56.14
社会团体	Social Organizations	17742	18568	17.52	19.15
民办非企业单位	Non-enterprise Units Run by NGO	11089	11663	20.81	21.54
基金会	Fund Organizations	164	165	0.11	0.11
居委会	Neighborhood Committee	6037	6077	5.86	5.87
村委会	Village Committee	16142	16067	15.58	15.31
其他组织机构	Others	22823	26584	30.97	47.02
按登记注册类型分	**Grouped by Type of Registration**				
内资	Inner Funded	1029964	1159805	2816.46	3052.99
国有	State-owned	70592	71164	312.31	317.57
集体	Collective-owned	29395	29384	87.31	90.36
股份合作	Share Holding Cooperative	5329	5403	23.25	22.78
联营	Joint Ownership	1159	1241	6.34	6.06
国有联营	State Joint-owned	179	189	0.82	0.90
集体联营	Collective Joint-owned	387	430	1.13	1.17
国有与集体联营	Stale-owned and Collective Joint Funded	213	228	0.85	0.89
其他联营	Other Joint Funded	380	394	3.53	3.10
有限责任公司	Limited Liability Co.	54543	62935	443.54	469.19
国有独资公司	State-owned Solely Funded Co.	724	862	15.86	20.15
其他有限责任公司	Other Responsibility Co.,Ltd.	53819	62073	427.68	449.04
股份有限公司	Share Holding Co.,Ltd.	20327	21851	139.10	148.56
私营	Private	757832	862172	1664.42	1815.16
私营独资	Private Solely Funded	186213	205133	338.93	363.75
私营合伙	Private Partnership	18508	20252	36.60	38.92
私营有限责任公司	Private Responsibility Co.,Ltd.	532306	613506	1221.58	1339.27
私营股份有限公司	Private Responsibility Co.,Ltd.	20805	23281	67.30	73.22
其他内资	Others	90787	105655	140.19	183.33

1-9 续表 Continued

项　目	Item	产业活动单位数(个) Economic Activity Units (unit)		从业人员(万人) Employees (10000 persons)	
		2011	2012	2011	2012
港澳台商投资	Hong Kong, Macao and Taiwan Funded	13207	13910	193.79	214.78
与港澳台商合资经营	Join with Hong Kong, Macao and Taiwan Funded	3953	4119	59.13	66.35
与港澳台商合作经营	Cooperate with Hong Kong, Macao and Taiwan Funded	215	244	2.14	2.71
港澳台商独资	Hong Kong, Macao and Taiwan with Solely Funded	8582	9049	126.44	137.85
港澳台商投资股份有限公司	Hong Kong, Macao and Taiwan Share Holding Co., Ltd.	451	459	6.05	7.47
其他港、澳、台商投资	Others	6	39	0.03	0.39
外商投资	Foreign Funded	21970	23067	347.20	365.04
中外合资经营	Sino-foreign Joint Funded	7069	7296	94.49	102.48
中外合作经营	Sino-foreign Cooperative Funded	391	384	4.46	4.91
外资企业	Foreign Solely Funded	13629	14472	237.68	246.96
外商投资股份有限公司	Foreign Funded Share Holding Co., Ltd.	870	858	10.36	10.13
其他外商投资	Others	11	57	0.20	0.56
按行业分	**Grouped by Sector**				
农、林、牧、渔业	Farming, Forestry, Animal Husbandry and Fishery	20573	27153	50.17	68.64
采矿业	Mining and Quarrying	1126	1127	19.30	19.59
制造业	Manufacturing	353102	380433	1678.19	1816.54
电力、燃气及水的生产和供应业	Power, Gas and Water Production and Supply	3117	3289	19.63	22.59
建筑业	Construction	51701	59599	606.37	611.51
交通运输、仓储和邮政业	Transportation, Storage and Post	25899	30443	79.77	85.00
信息传输、计算机服务和软件业	Informaiton Transmmision, Computer Service and Software	22784	28098	31.59	39.69
批发和零售业	Wholesale and Retail Sales	294715	335708	269.17	301.95
住宿和餐饮业	Hotel and Catering	13418	15029	50.22	58.81
金融业	Banking	16129	17127	38.93	40.82
房地产业	Real Estate	29599	32874	58.20	63.49
租赁和商务服务业	Leasing and Commercial Services	68631	86982	95.46	117.22
科学研究、技术服务和地质勘查业	Scientific Research, Polytechnical Service and Geological Prospecting	21739	28744	35.24	45.03
水利、环境和公共设施管理业	Water Coservancy, Environment and Public Facility Management	6333	7077	18.17	19.60
居民服务和其他服务业	Resident Services and Others	17598	20190	21.73	24.88
教育	Education	18941	19902	106.80	107.89
卫生、社会保障和社会福利业	Health Care, Social Security and Social Welfare	22060	22479	47.47	49.10
文化、体育和娱乐业	Culture, Sports and Recreation	7755	9545	12.94	16.71
公共管理和社会组织	Public Management and Social Organizations	69921	70983	118.08	123.76

1－10　分地区私营企业情况（2012 年）
Private Enterprises by Region（2012）

单位:亿元　　(100 million yuan)

地　区	Region	户数（万户）Households（10000 units）	雇工人数（万人）Employees（10000 persons）	投资者人数（万人）Investors（10000 persons）	注册资金 Registered Capital	总产值 Total Output Value	销售总额 Total Sales Value
全　省	**Total**	**131.29**	**1429.23**	**233.22**	**42307.03**	**8192.88**	**10781.84**
南京市	Nanjing	16.40	133.08	34.10	4382.69	409.49	1559.55
无锡市	Wuxi	13.90	160.20	28.17	5300.39	2902.97	2254.19
徐州市	Xuzhou	8.58	91.92	13.62	1946.70	170.23	171.32
常州市	Changzhou	8.02	114.15	16.03	2504.09	673.55	337.19
苏州市	Suzhou	22.96	259.26	47.53	8464.68	1214.89	812.06
南通市	Nantong	20.12	168.55	30.03	5930.38	1377.41	2469.01
连云港市	Lianyungang	3.52	33.54	5.76	1184.27	192.25	693.30
淮安市	Huaian	4.28	52.91	6.79	1402.40	204.82	211.04
盐城市	Yancheng	11.79	117.73	16.44	3226.98	389.29	239.19
扬州市	Yangzhou	5.98	87.74	9.87	2324.81	30.33	189.27
镇江市	Zhenjiang	6.02	74.38	9.49	2864.51	130.77	134.93
泰州市	Taizhou	5.08	74.23	8.83	1715.05	270.45	659.92
宿迁市	Suqian	4.64	61.54	6.56	1060.08	226.43	1050.85

1－11　分地区个体工商业情况（2012 年）
Self-employment Business by Region（2012）

地　区	Region	户数（万户）Households（10000 units）	从业人数（万人）Employees（10000 persons）	资金数额（亿元）Capital（10000 million yuan）
全　省	**Total**	352.78	570.43	3224.40
南京市	Nanjing	27.74	58.32	227.84
无锡市	Wuxi	22.90	39.61	90.64
徐州市	Xuzhou	29.48	46.35	138.03
常州市	Changzhou	18.27	35.20	85.98
苏州市	Suzhou	41.50	80.61	251.43
南通市	Nantong	49.24	64.55	203.98
连云港市	Lianyungang	11.46	16.58	66.08
淮安市	Huaian	16.94	30.51	182.53
盐城市	Yancheng	57.14	67.18	1064.36
扬州市	Yangzhou	16.21	29.26	139.14
镇江市	Zhenjiang	16.30	33.83	375.04
泰州市	Taizhou	17.94	33.61	295.71
宿迁市	Suqian	27.66	34.82	103.64

1－12　私营企业基本情况（2012 年）

单位:亿元

行　业	Sector	户数（万户）Households (10000 units)	#城镇 Urban
总计	**Total**	**131.29**	**89.52**
农、林、牧、渔业	Agriculture, Forestry, Animal Husbandry and Fishery	3.05	1.01
采矿业	Mining	0.05	0.02
制造业	Manufacturing	43.86	22.82
电力、燃气及水的生产和供应业	Production and Supply of Electricity, Gas and Water	0.15	0.09
建筑业	Construction	7.34	6.09
交通运输、仓储和邮政业	Transport, Storage and Post	2.74	2.18
信息传输、计算机服务和软件业	Information Transmission, Computer Services and Software	2.62	2.34
批发和零售业	Wholesale and Retail Trades	48.04	34.59
住宿和餐饮业	Hotels and Catering Services	1.07	0.96
金融业	Financial Intermediation	0.32	0.27
房地产业	Real Estate	2.78	2.40
租赁和商务服务业	Leasing and Business Services	9.77	8.74
科学研究、技术服务和地质勘查业	Scientific Research, Technical Service and Geologic Prospecting	5.26	4.72
水利、环境和公共设施管理业	Management of Water Conservancy, Environment and Public Facilities	0.36	0.26
居民服务和其他服务业	Services to Households and Other Services	3.00	2.27
教育	Education	0.12	0.10
卫生、社会保障和社会福利业	Health, Social Security and Social Welfare	0.10	0.09
文化、体育和娱乐业	Culture, Sports and Entertainment	0.65	0.56
其他	Others		

Basic Conditions of Private Enterprises (2012)

(100 million yuan)

雇工人数 (万人) Employees (10000 persons)	#城镇 Urban	投资者人数 (万人) Investors (10000 persons)	#城镇 Urban	注册资金 Registered Capital	#城镇 Urban	总产值 Total Output Value	#城镇 Urban	销售总额或营业收入 Total Sales Value or Business Revenue	#城镇 Urban
1429.23	**896.36**	**233.22**	**168.37**	**42307.03**	**29374.23**	**8192.87**	**4725.85**	**10781.84**	**6315.67**
24.57	9.23	4.31	1.64	858.55	330.01	247.49	102.07	593.79	189.88
1.11	0.39	0.08	0.04	39.33	25.65	36.20	23.35	9.08	5.82
739.91	406.85	75.62	43.29	14517.59	8138.12	7187.93	4118.13	2341.34	566.55
1.96	1.20	0.30	0.19	119.89	77.47	211.71	118.03	164.11	103.98
168.27	105.29	14.57	11.84	3092.66	2204.38	509.54	364.27	684.36	479.13
25.89	18.80	5.30	4.19	742.52	592.58				
15.26	13.81	4.85	4.40	412.18	373.88				
246.26	170.83	79.94	61.05	9716.84	6780.61				
19.78	17.43	1.68	1.50	169.64	137.67				
4.91	4.16	0.77	0.63	1201.08	964.14			45.52	31.06
33.28	27.11	5.41	4.42	3358.84	2722.87			1372.92	996.12
62.45	52.31	21.19	18.84	5335.41	4830.11			198.94	159.54
47.47	39.26	11.67	10.42	2129.77	1749.03			76.11	64.32
4.42	3.16	0.79	0.60	155.22	107.99			67.99	50.03
26.59	20.47	5.23	3.99	330.11	230.35			360.64	232.32
1.17	0.94	0.21	0.18	8.96	6.69			6.59	5.59
2.02	1.76	0.18	0.15	20.76	18.55			54.29	37.82
3.89	3.36	1.11	0.99	97.54	84.02			56.35	51.83
0.01				0.14	0.11			356.84	324.26

1－13　个体工商业基本情况（2012 年）

单位:亿元

行　业	Sector	户数（万户）Households（10000 units）	#城镇 Urban
总计	**Total**	**352.78**	**230.66**
农、林、牧、渔业	Agriculture, Forestry, Animal Husbandry and Fishery	9.16	2.65
采矿业	Mining	0.03	0.01
制造业	Manufacturing	29.98	15.71
电力、燃气及水的生产和供应业	Production and Supply of Electricity, Gas and Water	0.06	0.03
建筑业	Construction	1.17	0.74
交通运输、仓储和邮政业	Transport, Storage and Post	8.84	6.73
信息传输、计算机服务和软件业	Information Transmission, Computer Services and Software	0.83	0.67
批发和零售业	Wholesale and Retail Trades	247.61	160.07
住宿和餐饮业	Hotels and Catering Services	18.42	15.43
金融业	Financial Intermediation	0.01	0.01
房地产业	Real Estate	0.67	0.64
租赁和商务服务业	Leasing and Business Services	4.27	3.57
科学研究、技术服务和地质勘查业	Scientific Research, Technical Service and Geologic Prospecting	1.25	0.96
水利、环境和公共设施管理业	Management of Water Conservancy, Environment and Public Facilities	0.05	0.04
居民服务和其他服务业	Services to Households and Other Services	27.64	20.94
教育	Education	0.12	0.11
卫生、社会保障和社会福利业	Health, Social Security and Social Welfare	0.30	0.27
文化、体育和娱乐业	Culture, Sports and Entertainment	2.33	2.04
其他	Others	0.04	0.03

Basic Conditions of Self-employment Business (2012)

(100 million yuan)

人业人数（万人）Employees (10000 persons)	#城镇 Urban	资金数额 Capital	#城镇 Urban	总产值 Total Output Value	销售总额或营业收入 Total Sales Value or Business Revenue	#城镇 Urban
570.43	**402.29**	**3224.40**	**2061.92**	**901.77**	**3143.24**	**1870.59**
13.49	4.56	162.18	53.11	22.55	30.07	17.25
0.13	0.04	0.75	0.21	6.07	4.67	3.39
78.26	44.33	329.27	172.58	759.32	181.78	90.77
0.12	0.07	0.99	0.47	8.52	11.45	9.15
2.79	1.98	18.34	9.12	105.31	94.67	64.34
10.96	8.61	69.35	52.36			
1.30	1.08	4.48	3.25			
348.38	243.00	2202.41	1412.55			
48.18	42.88	177.03	152.25			
0.01	0.01	0.11	0.09		0.33	0.20
1.16	1.11	3.54	3.37		36.74	21.94
7.39	6.39	39.34	31.17		39.09	32.70
2.35	1.99	7.44	6.14		9.30	6.47
0.15	0.12	0.72	0.53		3.60	3.17
49.98	40.83	180.02	138.71		693.66	158.63
0.27	0.26	1.06	0.88		3.26	3.06
0.67	0.62	2.74	2.54		5.29	4.52
4.78	4.37	24.54	22.54		18.64	15.60
0.05	0.04	0.09	0.05		10.86	6.13

主要统计指标解释

行政区划 指国家对行政区域的划分。根据有关法规规定,我国的行政区域划分如下:(1)全国分为省、自治区、直辖市;(2)省、自治区分为自治州、县、自治县、市;(3)自治州分为县、自治县、市;(4)县、自治县分为乡、民族乡、镇;(5)直辖市和较大的市分为区、县;(6)国家在必要时设立的特别行政区。

平均增长速度 平均增长速度表明社会经济现象在一个较长的时期内逐期平均增长变化的程度,它不能根据各个环比增长速度直接求得,但与平均发展速度之间存在着一定的数量关系:平均增长速度 = 平均发展速度 - 1。

平均发展速度是一种根据环比发展速度计算的序时平均数,由于各时期对比的基础不同,所以计算平均发展速度不能采用一般的序时平均数的计算方法,计算方法分为水平法和累计法。水平法,又称几何平均法,即将环比发展速度按连乘法用几何平均数公式计算。累计法,也称方程法,根据一段时期内各年发展水平总和与基期水平的关系,列出方程式计算平均发展速度。水平法着重考虑最后一年所达到的发展水平;累计法着重考虑整个时期累计发展水平的总量。

本《年鉴》内所列的平均增长速度,均用"水平法"计算。从某年到某年平均增长速度的年份,均不包括基期年在内。如1978年以来的平均增长速度是以1978年为基期计算的,则写为1979-2012年平均增长速度,其余类推。

企业(单位)登记注册类型 是以在工商行政管理机关登记注册的各类企业为划分对象,以工商行政管理部门对企业登记注册的类型为依据,将企业登记注册类型分为内资企业、港澳台商投资企业和外商投资企业三大类。内资企业包括国有企业、集体企业、股份合作企业、联营企业、有限责任公司、股份有限公司、私营公司和其他企业;港澳台商投资企业和外商投资企业分别包括合资经营企业、合作经营企业、独资经营企业和股份有限公司。对不在工商行政管理部门进行登记注册的行政机关、事业单位和社会团体,主要按其经费来源和管理方式进行划分。

国有企业 指企业全部资产归国家所有,并按《中华人民共和国企业法人登记管理条例》规定登记注册的非公司制的经济组织。不包括有限责任公司中的国有独资公司。

集体企业 指企业资产归集体所有,并按《中华人民共和国企业法人登记管理条例》规定登记注册的经济组织。

股份合作企业 指以合作制为基础,由企业职工共同出资入股,吸收一定比例的社会资产投资组建,实行自主经营,自负盈亏,共同劳动,民主管理,按劳分配与按股分红相结合的一种集体经济组织。

联营企业 指两个及两个以上相同或不同所有制性质的企业法人或事业单位法人,按自愿、平等、互利的原则,共同投资组成的经济组织。联营企业包括国有联营企业、集体联营企业、国有与集体联营企业和其他联营企业。

有限责任公司 指根据《中华人民共和国公司登记管理条例》规定登记注册,由两个以上、五十个以下的股东共同出资,每个股东以其所认缴的出资额对公司承担有限责任,公司以其全部资产对其债务承担责任的经济组织。有限责任公司包括国有独资公司以及其他有限责任公司。

股份有限公司 指根据《中华人民共和国公司登记管理条例》规定登记注册,其全部注册资本由等额股份构成并通过发行股票筹集资本,股东以其认购的股份对公司承担有限责任,公司以其全部资产对其债务承担责任的经济组织。

私营企业 指由自然人投资设立或由自然人控股,以雇佣劳动为基础的营利性经济组织。包括按照《公司法》、《合伙企业法》、《私营企业暂行条例》规定登记注册的私营有限责任公司、私营股份有限公司、私营合伙企业和私营独资企业。

其他企业 指上述企业之外的其他内资经济组织。

与港澳台商合资经营企业 指港澳台地区投资者与内地企业依照《中华人民共和国中外合资经营企业法》及有关法律的规定,按合同规定的比例投资设立、分享利润和分担风险的企业。

与港澳台商合作经营企业 指港澳台地区投资者与内地企业依照《中华人民共和国中外合作经营企业法》及有关法律的规定,依照合作合同的约定进行投资或提供条件设立、分配利润和分担风险的企业。

港澳台商独资经营企业 指依照《中华人民共和国外资企业法》及有关法律的规定,在内地由港澳台地区投资者全额投资设立的企业。

港澳台商投资股份有限公司 指根据国家有关规定,经原外经贸部依法批准设立,其中港、澳、台商的股本占公司注册资本的比例达25% 以上的股份有限公司。凡其中港、澳、台商的股本占公司注册资本的比例小于25%的,属于内资企业中的股份有限公司。

中外合资经营企业 指外国企业或外国人与中国内地企业依照《中华人民共和国中外合资经营企业法》及有关法律的规定,按合同规定的比例投资设立、分享利润和分担风险的企业。

中外合作经营企业 指外国企业或外国人与中国内地企业依照《中华人民共和国中外合作经营企业法》及有关法律的规

定，依照合作合同的约定进行投资或提供条件设立、分配利润和分担风险的企业。

外资企业 指依照《中华人民共和国外资企业法》及有关法律的规定，在中国内地由外国投资者全额投资设立的企业。

外商投资股份有限公司 指根据国家有关规定，经原外经贸部依法批准设立，其中外资的股本占公司注册资本的比例达25% 以上的股份有限公司。凡其中外资股本占公司注册资本的比例小于25%的，属于内资企业中的股份有限公司。

行政机关、事业单位和社会团体 参照企业登记注册类型，主要按其经费来源和管理方式划分。具体规定如下：

(1) 行政机关：包括国家机关和政党机关，原则上均列为"国有"。但有特殊规定的，如供销社等，则列为“集体”。

(2) 事业单位：包括经国家机构编制部门和有关业务主管部门批准成立的各类事业单位，不包括实行企业化管理的事业单位。事业单位的划分办法如下：

① 由国家财政预算拨款或列入财政预算外资金管理以及经费主要来源于国有主管部门或国有上级单位的事业单位，列为“国有”。

② 经费主要来源于集体单位的事业单位，列为“集体”。

③ 公民个人（或个人合伙）开办的事业单位，列为“私营”。

④ 上述以外的其他事业单位，如果其经费来源不明确，按管理方式进行归类。

(3) 社会团体：包括经民政部门批准成立以及未纳入社会团体管理条例范围的工会、妇联等各类社会团体。社会团体的划分办法如下：

① 未纳入民政部社会团体管理条例范围的工会、妇联、共青团、青联、工商联、科协、侨联等社会团体，国家拨款设立的基金会或基金管理组织以及经费主要来源于国有业务主管部门或国有上级单位的社会团体，列为“国有”。

② 经费主要来源于集体单位的社会团体，列为“集体”。

③ 公民个人（或个人合伙）开办的社会团体，划为“私营”。

④ 上述以外的其他社会团体，如果其经费来源不明确，改按管理方式进行归类。

Explanatory Notes on Main Statistical Indicators

Divisions of Administrative Areas refers to the division of administrative areas by the State. The relative laws stipulate that 1) the whole country is divided into provinces, autonomous regions and municipalities directly under the Central Government; 2) provinces and autonomous regions are further divided into autonomous prefectures, counties, autonomous counties and cities; 3) autonomous prefectures are further divided into counties, autonomous counties and cities; 4) counties and autonomous counties are further divided into townships, ethnic townships and towns; 5) municipalities directly under the Central Government and large cities are divided into districts and counties, 6) the State shall, when necessary, establish special administrative regions.

Average Annual Growth Rate shows the average growth rate of social and economic development during a longer period. It can not be directly calculated by chain based growth rate. The relation is:

Average Annual Growth Rate = Average Speed of Development - 1

Average speed of development is the time series average of speed which calculated by chain based. Because the reference bases during the different periods are not same, average speed of development can not be calculated by the general method. Level approach and accumulative approach for calculating average speed of development rate are applied. The "level approach", or the method of calculating the geometric average, is derived by the formula of geometric average of the chain - based speeds of development, or comparing the level of the last year of the interval with that of the beginning year; the other is called the "accumulative approach" or the "algebraic average", "equation" method, which is derived by the summation of the actual figure of each year in the interval divided by the figure in the base year. The level approach focuses on the level of the last year, while the accumulative approach emphasizes the aggregate development in the duration.

The average annual growth rates listed in the Yearbook are calculated by the level approach. The base year is not listed in the duration for which average annual growth rates are computed. For instance, the average annual growth rate of the 32 years since 1978 is shown as the average annual growth rate of 1979 - 2012 without showing the base year 1978.

Registration Status of Enterprises Enterprises are classified into 3 categories, namely domestic - funded enterprises, enterprises with investment from Hong Kong, Macau and Taiwan, and enterprises with foreign investment, according to the registration status of an enterprise in industrial and commercial administration agencies. Domestic - funded enterprises include State - owned enterprises, collective – owned enterprises, cooperative enterprises, joint ownership enterprises, limited liability corporations, share – holding corporations Ltd. , private enterprises and other enterprises. Included in the enterprises with investment from Hong Kong, Macau and Taiwan and enterprises with foreign investment are joint – venture enterprises, cooperative enterprises, sole investment enterprises and share – holding corporations Ltd. For government agencies, institutions and social organizations which are not registered in industrial and commercial administration agencies, they are classified mainly by their sources of funding and manner of management.

State – owned Enterprises refer to non – corporation economic units where the entire assets are owned by the State and which have been registered in accordance with the Regulation of the People's Republic of China on the Management of Registration of Corporate Enterprises. Not included from this category are solely State – funded corporations in the limited liability corporations.

Collective – owned Enterprises refer to economic units where the assets are owned collectively and which have been registered in accordance with the Regulation of the People's Republic of China on the Management of Registration of Corporate Enterprises.

Cooperative Enterprises refer to a form of collective economic units (enterprises) where capitals come mainly from employees as their shares, with certain proportion of capital from the outside, where production is organized on the basis of independent operation, independent accounting for profits and losses, joint work, democratic management, and a distribution system that integrates remuneration according to work with dividend according to capital share.

Joint Ownership Enterprises refer to economic units established by two or more corporate enterprises or corporate institutions of the same or different ownership, through joint investment on the basis of voluntary participation, equality, and mutual benefits. They include State joint ownership enterprises; collective joint ownership enterprises; joint State – collective enterprises; and other joint ownership enterprises.

Limited Liability Corporations refer to economic units established with investment from 2 – 50 investors and registered in accordance with the Regulation of the People's Republic of China on the Management of Registration of Corporations, each investor bearing limited liability to the corporation depending on its share of investment, and the corporation bearing liability to its debt to the maximum of its total assets. Limited liability corporations include solely State – funded limited liability corporations and other limited liability corporations.

Share – holding Corporations Ltd. refer to economic units registered in accordance with the Regulation of the People's Republic of China on the Management of Registration of Corporations, with total registered capital divided into equal shares and raised through issuing stocks. Each investor bears limited liability to the corporation depending on the holding of shares, and the corporation bears liability to its debt to the maximum of its total assets.

Private Enterprises refer to profit – making economic units invested and established by natural persons, or controlled by natural persons using employed labour. Included in this category are private limited liability corporations, private share – holding corporations Ltd. , private partnership enterprises and private – funded enterprises registered in accordance with the Company Law, the Law on Partnership Business and Interim Regulations on Private Enterprises .

Other Domestic – funded Enterprises refer to domestic – funded economic units other than those mentioned above.

Joint Venture Enterprises with Funds from Hong Kong, Macau and Taiwan are enterprises established by investors from Hong Kong, Macau and Taiwan with enterprises in the mainland of China in accordance with the Law of the People's Republic of China on Sino – foreign Equity Joint Ventures and other relevant laws, where the establishment of the investment and the sharing of profits and risks are stipulated under joint venture contracts.

Cooperative Enterprises with Funds from Hong Kong, Macau and Taiwan established by investors from Hong Kong, Macau and Taiwan with enterprises in the mainland of China in accordance with the Law of the People's Republic of China on Sino – foreign Contractual Joint Venture and other relevant laws, where the investment or provision of facilities and the sharing of profits and risks are stipulated under cooperative contracts.

Enterprises with Sole (exclusive) Investment from Hong Kong, Macau and Taiwan refer to enterprises established in the mainland of China with exclusive investment from investors from Hong Kong, Macau and Taiwan in accordance with the Law of the People's Republic of China on Wholly Foreign – owned Enterprises and other relevant laws.

Share – holding Corporations Ltd. with Investment from Hong Kong, Macau and Taiwan refer to share – holding corporations Ltd. established with the approval from the former Ministry of Foreign Trade and Economic Relations in line with relevant State regulations, where the share of investment from Hong Kong, Macau or Taiwan businessmen exceeds 25% of the total registered capital of the corporation. In case the share of investment from Hong Kong, Macau or Taiwan is less than 25% of the total registered capital, the enterprise is to be classified as domestic – funded share – holding corporation Ltd.

Joint Venture Enterprises with Foreign Investment refer to enterprises jointly established by foreign enterprises or foreigners with enterprises in the mainland of China in accordance with the Law of the People's Republic of China on Sino – foreign Equity Joint Ventures and other relevant laws, where the sharing of investment, profits and risks is stipulated under contract.

Cooperative Enterprises with Foreign Investment refer to enterprises jointly established by foreign enterprises or foreigners with enterprises in the mainland of China in accordance with the Law of the People's Republic of China on Sino – foreign Contractual Joint Venture and other relevant laws, where the investment or provision of facilities and the sharing of profits and risks are stipulated under cooperative contracts.

Enterprises with Sole (exclusive) Foreign Investment refer to enterprises established in the mainland of China with exclusive investment from foreign investors in accordance with the Law of the People's Republic of China on Wholly Foreign – owned Enterprises and other relevant laws.

Share – holding Corporations Ltd. with Foreign Investment refer to share – holding corporations Ltd. established with the approval from the former Ministry of Foreign Trade and Economic Relations in line with relevant State regulations, where the share of investment from foreign investors exceeds 25% of the total registered capital of the corporation. In case the share of foreign investment is less than 25% of the total registered capital, the enterprise is to be classified as domestic – funded share – holding corporation Ltd.

Government Agencies, Institutions and Social Organizations are classified into the following categories by source of funds and manner of management taking reference of the registration status of enterprises:

(1) Government agencies: include State and party agencies, classified in principle as State – owned. There are exceptions, such as supply and marketing cooperatives which are classified as collective – owned.

(2) Institutions: include institutions of various types established with the approval by organization and staffing departments of the government, but exclude institutions where enterprise management system is introduced. Institutions are further classified as follows:

(a) Institutions for which their main budgets are from government budget appropriations or extra – budget funds, or allocated from the budget of their competent government agencies. Such institutions are classified as state – owned.

(b) Institutions for which their budget mainly come from collective units. Such institutions are classified as collective – owned.

(c) Social institutions established by individual or a group of citizens, which are classified as private.

(d) Institutions other than those mentioned above for which their sources of budget are not clear. Such institutions are classified by the manner of management.

(3) Social organizations: include social organizations established with the approval from the Ministry of Civil Affairs, and organizations that are not covered by social organization management regulations such as trade unions, women's federations etc.. Social organizations are further classified as follows:

(a) Social organizations that are not covered by social organization management regulations of the Ministry of Civil Affairs such as trade unions, women federations, communist youth leagues, youth associations, industrial and commerce associations, scientist associations, overseas Chinese associations, etc., foundations and fund management organizations established with funds from the state, and social organizations whose funds mainly come from the budget of their competent government agencies. Such institutions are classified as State – owned.

(b) Social organizations for which their budget mainly come from collective units. Such institutions are classified as collective – owned.

(c) Social organizations established by individual or a group of citizens, which are classified as private.

(d) Social organizations other than those mentioned above for which their sources of budget are not clear. Such organizations are classified by the manner of management.

2

国民经济核算

National Accounts

简要说明

一、地区生产总值数据是根据不同产业部门、不同支出构成的特点和资料来源情况而采用不同方法计算的。

二、地区生产总值是一个价值量指标，其价值的变化受价格变化和物量变化两大因素影响。不变价地区生产总值是把按当期价格计算的地区生产总值换算成按某个固定期（基期）价格计算的价值，从而使两个不同时期的价值进行比较时，能够剔除价格变化的影响，以反映物量变化，反映生产活动成果的实际变动。地区生产总值指数就是根据两个时期不变价地区生产总值计算得到的。随着经济的不断发展，各行业的价格结构也会不断发生变化，为了更好的反映这种变化对于经济的影响，计算不变价地区生产总值需要每隔若干年调整一次基期。我国自开始核算地区生产总值以来，共有 1952 年、1957 年、1970 年、1980 年、1990 年、2000 年、2005 年、2010 年 8 个不变价基期，目前的基期是 2010 年。也就是说，2012 年的不变价地区生产总值是按照 2010 年价格计算的。由于计算不变价地区生产总值采用按不同基期分段计算，因此本年鉴中的不变价地区生产总值数据也按分段方式公布。

三、本年鉴所列分地区的数据来自各省辖市的国民经济核算资料。由于采取分级核算，各地区数据相加不等于全省总计。

Brief Introduction

Ⅰ. Data on GDP are computed based on different approaches in the light of the different features of various sectors, various expenditure structures and different data sources.

Ⅱ. Gross Domestic Product (GDP) is a measurement of value which changes depending on changes of price and production. GDP at constant prices converts the gross domestic product based on the current price into a value based on the price of the base period. When adjusted for price changes, the values of two different periods can be compared to reflect changes of both products and production activities. GDP index is derived from the constant-price GDPs of the two periods. As economy grows, changes will take place in the price structures of various industries, and the base period for the measurement of constant-price GDP thus needs to be adjusted every few years in order to better reflect the impact of price change on the economy. Since China started GDP calculation, eight constant-price base periods have been used, i. e., 1952, 1957, 1970, 1980, 1990, 2000, 2005 and 2010, and the current base period is 2010. That is to say, the 2012 GDP is calculated on the basis of the 2010 prices. As the calculation of constant-price GDP is based on different base periods, the constant-price GDP data in this yearbook shall also be announced in accordance with various periods.

Ⅲ. Regional data in this Yearbook are prepared from the national accounts data provided by the statistical bureaus of provincial cities. The sum of the regional data is not equal to the total provincial due to the decentralized accounting approach.

2-1 主要年份总产出

Total Output in Major Years

本表按当年价格计算 (at current price)

年份 Year	总产出 (亿元) Total Output (100 million yuan)	第一产业 Primary Industry	第二产业 Secondary Industry	#工业 Industry	第三产业 Tertiary Industry
1952	81.54	31.87	27.19	25.53	22.48
1955	100.53	36.22	35.77	32.82	28.54
1957	114.15	36.81	44.63	41.01	32.71
1962	133.12	40.15	56.38	53.36	36.59
1965	192.52	57.27	97.49	88.08	37.76
1970	273.85	71.33	149.65	135.47	52.87
1975	412.28	91.66	260.23	235.28	60.39
1976	438.59	100.71	271.19	247.59	66.69
1977	487.98	89.16	326.37	297.12	72.45
1978	566.85	105.87	378.99	337.65	81.99
1979	661.26	145.25	427.36	386.05	88.65
1980	750.12	138.45	515.71	467.82	95.96
1981	816.27	153.62	557.41	504.94	105.24
1982	897.85	188.11	593.52	534.87	116.22
1983	1014.55	206.86	679.67	600.70	128.02
1984	1239.44	253.82	836.02	745.36	149.60
1985	1642.70	288.55	1157.52	1036.67	196.63
1986	1960.44	332.66	1380.16	1235.38	247.62
1987	2472.22	380.25	1771.85	1590.31	320.12
1988	3409.56	497.95	2370.81	2152.93	540.80
1989	3839.67	522.25	2713.50	2507.42	603.92
1990	4208.23	580.53	2978.51	2764.10	649.19
1991	4820.22	580.93	3416.59	3161.60	822.70
1992	6862.87	673.82	5089.59	4673.57	1099.46
1993	10245.27	875.37	7757.28	7096.46	1612.62
1994	14163.89	1358.50	10601.01	9826.50	2204.38
1995	17699.96	1721.35	13053.11	11995.30	2925.50
1996	20304.53	1953.13	14764.02	13425.15	3587.38
1997	22314.78	2096.40	16342.27	14703.65	3876.11
1998	23433.26	2129.05	16967.90	15163.56	4336.31
1999	24578.40	2108.71	17714.22	15779.09	4755.47
2000	27034.80	2115.39	19714.71	17653.76	5204.71
2001	29832.61	2174.81	21753.49	19595.68	5904.31
2002	32550.33	1953.50	23884.16	21386.23	6712.67
2003	38729.25	2115.88	28971.95	25882.11	7641.42
2004	46972.13	2417.63	35900.90	32068.53	8653.60
2005	56754.26	2577.02	43289.06	39088.19	10888.18
2006	67730.81	2707.13	51931.76	47205.03	13091.92
2007	83861.75	3064.84	64753.63	59576.71	16043.28
2008	99579.13	3590.64	76269.91	69486.28	19718.58
2009	107849.20	3772.77	82149.29	73871.63	21927.14
2010	127976.43	4257.14	95967.85	86320.41	27751.45
2011	157421.13	5237.45	116098.73	104736.44	36084.95
2012	170950.28	5808.82	123754.96	111202.28	41386.50

2-2 主要年份总产出指数

Indices of Total Output in Major Years

按可比价格计算，1952年=100 (at constant price with 100 in 1952)

年份 Year	总产出 Total Output	第一产业 Primary Industry	第二产业 Secondary Industry	#工业 Industry	第三产业 Tertiary Industry
1952	100.0	100.0	100.0	100.0	100.0
1955	120.0	113.0	134.3	129.7	123.6
1957	127.0	109.1	169.4	165.9	132.1
1962	121.8	93.4	200.8	208.5	121.4
1965	181.6	139.7	372.6	365.0	129.2
1970	263.7	166.3	653.9	651.2	179.4
1975	390.0	204.4	1164.8	1165.2	207.2
1976	420.8	212.3	1267.0	1285.1	232.1
1977	463.9	191.0	1524.5	1543.0	249.8
1978	544.0	232.1	1776.6	1755.8	285.4
1979	598.9	257.4	1983.5	2000.3	291.2
1980	671.6	243.2	2380.5	2417.9	304.9
1981	732.4	262.4	2589.9	2618.8	342.2
1982	802.5	301.5	2796.8	2820.2	376.6
1983	908.5	319.4	3242.2	3211.5	415.6
1984	1090.8	371.9	3955.8	3959.1	477.5
1985	1379.6	383.5	5250.3	5280.7	599.0
1986	1595.5	407.5	6115.4	6161.6	731.7
1987	1912.0	420.2	7474.4	7631.1	906.9
1988	2399.8	448.1	9385.3	9590.3	1288.2
1989	2492.6	449.6	9671.7	10036.5	1422.0
1990	2697.8	460.9	10591.2	11042.5	1502.8
1991	3046.2	455.7	12110.4	12642.3	1807.0
1992	4267.8	515.0	18038.4	18864.6	2272.0
1993	5746.6	573.1	25197.1	26795.1	2887.9
1994	7334.3	642.4	33172.0	35831.4	3354.0
1995	8708.7	730.4	39686.3	42818.5	3903.8
1996	10008.5	803.0	45823.2	49213.2	4471.4
1997	11314.1	856.4	52098.2	55704.5	5035.8
1998	12441.1	885.7	57347.6	61113.7	5676.1
1999	13612.6	925.5	62773.5	66941.5	6330.8
2000	14939.2	959.6	68961.7	73797.1	7079.4
2001	16383.3	988.4	75650.7	81472.0	7946.8
2002	18049.8	1013.1	83613.8	89782.1	8878.3
2003	20560.9	1005.0	96748.4	103967.7	9976.2
2004	23692.0	1065.3	112553.6	121434.3	11356.7
2005	27127.3	1096.2	130562.2	141713.8	13048.9
2006	31413.4	1143.4	152104.9	165521.7	15071.5
2007	36188.3	1178.8	175985.4	193991.4	17437.7
2008	41001.3	1231.9	199039.5	220568.2	20227.7
2009	46167.5	1302.9	224536.5	247654.0	22853.3
2010	52233.8	1404.4	254107.3	280780.2	26026.1
2011	58130.7	1462.5	283540.3	314841.1	28985.6
2012	64234.4	1529.8	314446.2	349473.6	31884.2

2-3 主要年份地区生产总值
Gross Domestic Product in Major Years

本表按当年价格计算 (at current price)

年份 Year	地区生产总值(亿元) Gross Domestic Product (100 million yuan)	第一产业 Primary Industry	第二产业 Secondary Industry	工业 Industry	建筑业 Construction	第三产业 Tertiary Industry	#金融业 Financial Intermediation	#房地产业 Real Estate	人均地区生产总值(元) Per Capita GDP (yuan)
1952	48.41	25.49	8.53	7.63	0.90	14.39			131
1955	58.96	29.69	11.29	10.06	1.23	17.98			150
1957	65.11	29.94	14.40	12.51	1.89	20.77			157
1962	69.20	29.10	17.34	15.69	1.65	22.76			161
1965	95.10	41.20	30.26	26.87	3.39	23.64			208
1970	129.23	51.03	46.16	42.33	3.83	32.04			249
1975	184.16	67.59	79.61	72.70	6.91	36.96			329
1976	187.97	62.38	85.04	78.48	6.56	40.55			332
1977	202.40	53.22	105.35	97.15	8.20	43.83			353
1978	249.24	68.71	131.09	117.10	13.99	49.44	10.43	5.50	430
1979	298.55	104.04	141.14	126.25	14.89	53.37	10.27	5.42	509
1980	319.80	94.24	167.41	151.22	16.19	58.15	11.52	6.08	541
1981	350.02	109.39	178.01	161.11	16.90	62.62	12.32	6.50	586
1982	390.17	135.15	185.52	168.09	17.43	69.50	13.74	7.25	645
1983	437.65	150.41	210.81	191.52	19.29	76.43	14.47	7.64	716
1984	518.85	179.00	250.39	228.58	21.81	89.46	15.52	8.19	843
1985	651.82	195.66	339.56	307.89	31.67	116.60	18.91	11.93	1053
1986	744.94	224.26	376.32	337.77	38.55	144.36	25.56	13.50	1193
1987	922.33	246.86	493.69	443.23	50.46	181.78	25.14	14.59	1462
1988	1208.85	319.18	586.82	526.92	59.90	302.85	47.44	21.25	1891
1989	1321.85	324.18	657.06	599.91	57.15	340.61	65.45	24.72	2038
1990	1416.50	355.17	692.59	634.13	58.46	368.74	72.53	27.02	2109
1991	1601.38	345.14	793.92	725.83	68.09	462.32	77.81	33.51	2353
1992	2136.02	393.82	1119.26	1017.94	101.32	622.94	109.27	43.89	3106
1993	2998.16	490.59	1598.05	1451.97	146.08	909.52	140.04	73.03	4321
1994	4057.39	683.98	2186.77	2002.22	184.55	1186.64	187.37	95.23	5801
1995	5155.25	866.24	2715.26	2467.63	247.63	1573.75	244.65	134.95	7319
1996	6004.21	989.18	3074.12	2754.80	319.32	1940.91	291.71	178.79	8471
1997	6680.34	1035.80	3411.86	3016.44	395.42	2232.68	318.08	211.22	9371
1998	7199.95	1047.16	3640.10	3157.69	482.41	2512.69	322.33	253.14	10049
1999	7697.82	1037.37	3920.15	3387.99	532.16	2740.30	330.25	272.34	10695
2000	8553.69	1048.34	4435.89	3848.52	587.37	3069.46	349.49	298.15	11765
2001	9456.84	1094.48	4907.46	4270.90	636.56	3454.90	353.41	326.74	12879
2002	10606.85	1110.44	5604.49	4880.09	724.40	3891.92	368.86	371.09	14369
2003	12442.87	1162.45	6787.11	6004.65	782.46	4493.31	392.11	447.47	16743
2004	15003.60	1367.58	8437.99	7514.39	923.60	5198.03	440.50	534.17	20031
2005	18598.69	1461.51	10524.96	9440.18	1084.78	6612.22	492.40	799.73	24616
2006	21742.05	1545.05	12282.89	11097.64	1185.25	7914.11	653.25	1017.91	28526
2007	26018.48	1816.31	14471.26	13105.24	1366.02	9730.91	1054.25	1365.71	33837
2008	30981.98	2100.11	16993.34	15271.20	1722.14	11888.53	1298.48	1626.13	40014
2009	34457.30	2261.86	18566.37	16464.94	2101.43	13629.07	1596.98	2025.39	44253
2010	41425.48	2540.10	21753.93	19277.65	2476.28	17131.45	2105.92	2600.95	52840
2011	49110.27	3064.78	25203.28	22280.61	2922.67	20842.21	2600.11	2747.89	62290
2012	54058.22	3418.29	27121.95	23908.47	3213.48	23517.98	3136.51	2992.82	68347

2-4 主要年份地区生产总值构成

Composition of Gross Domestic Product in Major Years

本表按当年价格计算,单位:% (at current price, %)

年份 Year	地区生产总值 Gross Domestic Product	第一产业 Primary Industry	第二产业 Secondary Industry	工业 Industry	建筑业 Construction	第三产业 Tertiary Industry	#金融业 Financial Intermediation	#房地产业 Real Estate
1952	100.0	52.7	17.6	15.8	1.9	29.7		
1955	100.0	50.4	19.1	17.1	2.1	30.5		
1957	100.0	46.0	22.1	19.2	2.9	31.9		
1962	100.0	42.1	25.0	22.6	2.4	32.9		
1965	100.0	43.3	31.8	28.3	3.6	24.9		
1970	100.0	39.5	35.7	32.8	3.0	24.8		
1975	100.0	36.7	43.2	39.5	3.8	20.1		
1976	100.0	33.2	45.2	41.8	3.5	21.6		
1977	100.0	26.3	52.0	48.0	4.0	21.7		
1978	100.0	27.6	52.6	47.0	5.6	19.8	4.2	2.2
1979	100.0	34.8	47.3	42.3	5.0	17.9	3.4	1.8
1980	100.0	29.5	52.3	47.3	5.1	18.2	3.6	1.9
1981	100.0	31.3	50.8	46.0	4.8	17.9	3.5	1.9
1982	100.0	34.6	47.6	43.1	4.5	17.8	3.5	1.9
1983	100.0	34.4	48.2	43.8	4.4	17.4	3.3	1.7
1984	100.0	34.5	48.3	44.1	4.2	17.2	3.0	1.6
1985	100.0	30.0	52.1	47.2	4.9	17.9	2.9	1.8
1986	100.0	30.1	50.5	45.3	5.2	19.4	3.4	1.8
1987	100.0	26.8	53.5	48.1	5.5	19.7	2.7	1.6
1988	100.0	26.4	48.5	43.6	5.0	25.1	3.9	1.8
1989	100.0	24.5	49.7	45.4	4.3	25.8	5.0	1.9
1990	100.0	25.1	48.9	44.8	4.1	26.0	5.1	1.9
1991	100.0	21.5	49.6	45.3	4.3	28.9	4.9	2.1
1992	100.0	18.4	52.4	47.7	4.7	29.2	5.1	2.1
1993	100.0	16.4	53.3	48.4	4.9	30.3	4.7	2.4
1994	100.0	16.9	53.9	49.3	4.5	29.2	4.6	2.3
1995	100.0	16.8	52.7	47.9	4.8	30.5	4.7	2.6
1996	100.0	16.5	51.2	45.9	5.3	32.3	4.9	3.0
1997	100.0	15.5	51.1	45.2	5.9	33.4	4.8	3.2
1998	100.0	14.5	50.6	43.9	6.7	34.9	4.5	3.5
1999	100.0	13.5	50.9	44.0	6.9	35.6	4.3	3.5
2000	100.0	12.2	51.9	45.0	6.9	35.9	4.1	3.5
2001	100.0	11.6	51.9	45.2	6.7	36.5	3.7	3.5
2002	100.0	10.5	52.8	46.0	6.8	36.7	3.5	3.5
2003	100.0	9.3	54.6	48.3	6.3	36.1	3.2	3.6
2004	100.0	9.1	56.3	50.1	6.2	34.6	2.9	3.6
2005	100.0	7.9	56.6	50.8	5.8	35.6	2.6	4.3
2006	100.0	7.1	56.5	51.0	5.5	36.4	3.0	4.7
2007	100.0	7.0	55.6	50.4	5.3	37.4	4.1	5.2
2008	100.0	6.8	54.8	49.3	5.6	38.4	4.2	5.2
2009	100.0	6.5	53.9	47.8	6.1	39.6	4.6	5.9
2010	100.0	6.1	52.5	46.5	6.0	41.4	5.1	6.3
2011	100.0	6.3	51.3	45.4	5.9	42.4	5.3	5.6
2012	100.0	6.3	50.2	44.2	6.0	43.5	5.8	5.5

2-5 不变价地区生产总值
Gross Domestic Product at Constant Price

单位:亿元 (100 million yuan)

年份 Year	地区生产总值 Gross Domestic Product	第一产业 Primary Industry	第二产业 Secondary Industry	工业 Industry	建筑业 Construction	第三产业 Tertiary Industry
	按1980年价格计算 Price Base Year=1980					
1980	328.21	100.50	169.56	153.37	16.19	58.15
1981	363.85	113.44	181.85	164.56	17.29	68.56
1982	399.66	131.53	192.41	174.63	17.78	75.72
1983	448.78	140.98	221.82	202.11	19.71	85.98
1984	519.29	159.22	261.51	231.60	29.91	98.56
1985	609.14	157.88	334.88	304.52	30.36	116.38
1986	672.32	166.33	367.10	331.25	35.85	138.89
1987	762.72	167.11	433.55	388.62	44.93	162.06
1988	912.08	174.37	510.67	459.37	51.30	227.04
1989	934.74	169.42	512.97	468.94	44.03	252.35
1990	981.59	171.16	540.61	496.73	43.88	269.82
	按1990年价格计算 Price Base Year=1990					
1990	1438.00	358.93	710.33	651.87	58.46	368.74
1991	1557.32	344.81	773.85	709.30	64.55	438.66
1992	1955.77	381.53	1020.73	928.13	92.60	553.51
1993	2342.88	391.25	1258.98	1143.28	115.70	692.65
1994	2728.74	411.73	1545.47	1410.47	135.00	771.54
1995	3148.95	467.66	1795.09	1626.27	168.82	886.20
1996	3533.97	503.88	2016.78	1803.53	213.25	1013.31
1997	3956.46	529.04	2271.40	2007.33	264.07	1156.02
1998	4392.36	540.19	2546.93	2224.12	322.81	1305.24
1999	4835.68	565.06	2834.48	2477.67	356.81	1436.14
2000	5346.92	587.06	3163.06	2779.95	383.11	1596.80
	按2000年价格计算 Price Base Year=2000					
2000	8553.69	1048.34	4435.89	3848.52	587.37	3069.46
2001	9422.01	1079.79	4921.27	4291.02	630.25	3420.95
2002	10521.02	1109.48	5593.98	4887.48	706.50	3817.56
2003	11954.29	1107.82	6557.21	5757.45	799.76	4289.26
2004	13717.60	1174.20	7679.60	6782.27	897.33	4863.80
2005	15703.94	1207.73	8907.14	7914.15	992.99	5589.08
	按2005年价格计算 Price Base Year=2005					
2005	18598.69	1461.51	10524.96	9440.18	1084.78	6612.22
2006	21377.34	1534.28	12205.31	11004.68	1200.63	7637.75
2007	24571.11	1581.10	14097.03	12836.96	1260.07	8892.98
2008	27691.48	1644.32	15960.65	14595.62	1365.03	10086.51
2009	31139.06	1717.84	17963.59	16339.82	1623.77	11457.63
2010	35099.55	1801.27	20311.56	18513.90	1797.66	12986.72
	按2010年价格计算 Price Base Year=2010					
2010	41425.48	2540.10	21753.93	19277.65	2476.28	17131.45
2011	45969.83	2642.02	24296.18	21648.83	2647.35	19031.63
2012	50626.87	2763.55	26982.69	24062.67	2920.02	20880.63

2-6 主要年份地区生产总值指数
Indices of Gross Domestic Product in Major Years

按可比价格计算，上年=100 (at constant price, preceding year=100)

年份 Year	地区生产总值指数 Gross Domestic Product	第一产业 Primary Industry	第二产业 Secondary Industry	工业 Industry	建筑业 Construction	第三产业 Tertiary Industry	#金融业 Financial Intermediation	#房地产业 Real Estate	人均地区生产总值指数 Per Capita GDP
1952									
1955	111.1	114.7	101.7	101.9	100.7	107.0			108.6
1957	100.4	101.8	100.5	95.5	130.9	97.6			98.2
1962	93.2	101.5	73.5	72.8	80.8	94.0			91.9
1965	107.1	101.3	130.8	120.8	241.7	103.1			104.7
1970	114.9	107.1	136.5	137.5	130.6	110.1			112.3
1975	106.1	102.1	115.6	117.1	105.4	99.2			104.8
1976	101.0	87.3	112.0	113.7	98.8	111.3			99.8
1977	106.3	86.7	123.9	123.8	125.3	107.1			105.1
1978	124.6	132.1	124.6	123.3	135.7	113.9			123.2
1979	112.0	122.9	107.1	108.0	100.4	105.7	96.4	96.5	110.8
1980	104.8	89.5	118.2	119.7	105.2	101.6	104.5	104.7	103.9
1981	110.9	112.9	107.2	107.3	106.8	117.9	117.1	117.1	109.8
1982	109.8	115.9	105.8	106.1	102.8	110.4	111.0	111.0	108.5
1983	112.3	107.2	115.3	115.7	110.9	113.5	108.8	108.7	111.1
1984	115.7	112.9	117.9	114.6	151.8	114.6	114.6	114.7	114.9
1985	117.3	99.2	128.1	131.5	101.5	118.1	101.1	120.9	116.6
1986	110.4	105.4	109.6	108.8	118.1	119.3	130.3	109.1	109.5
1987	113.4	100.5	118.1	117.3	125.3	116.7	91.1	100.2	112.2
1988	119.6	104.3	117.8	118.2	114.2	140.1	158.6	122.4	118.0
1989	102.5	97.2	100.5	102.1	85.8	111.1	136.4	114.9	101.0
1990	105.0	101.0	105.4	105.9	99.7	106.9	109.5	108.1	101.4
1991	108.3	96.1	108.9	108.8	110.4	119.0	104.8	118.3	106.9
1992	125.6	110.6	131.9	130.9	143.5	126.2	133.1	117.9	124.3
1993	119.8	102.5	123.3	123.2	124.9	125.1	113.3	149.8	118.7
1994	116.5	105.2	122.8	123.4	116.7	111.4	111.9	108.1	115.6
1995	115.4	113.6	116.2	115.3	125.1	114.9	118.1	125.0	114.6
1996	112.2	107.7	112.3	110.9	126.3	114.3	115.4	123.7	111.5
1997	112.0	105.0	112.6	111.3	123.8	114.1	113.5	121.5	111.3
1998	111.0	102.1	112.1	110.8	122.2	112.9	103.9	123.8	110.5
1999	110.1	104.6	111.3	111.4	110.5	110.0	104.8	111.2	109.6
2000	110.6	103.9	111.6	112.2	107.4	111.2	109.8	107.5	109.5
2001	110.2	103.0	110.9	111.5	107.3	111.5	102.8	109.7	109.1
2002	111.7	102.8	113.7	113.9	112.1	111.6	105.9	112.6	111.1
2003	113.6	99.9	117.2	117.8	113.2	112.4	106.8	112.0	112.9
2004	114.8	106.0	117.1	117.8	112.2	113.4	107.5	109.5	113.9
2005	114.5	102.9	116.0	116.7	110.7	114.9	118.9	124.6	113.5
2006	114.9	105.0	116.0	116.6	110.7	115.5	121.3	119.3	113.9
2007	114.9	103.1	115.5	116.7	105.0	116.4	138.6	117.3	113.9
2008	112.7	104.0	113.2	113.7	108.3	113.4	112.0	109.0	111.9
2009	112.4	104.5	112.5	112.0	119.0	113.6	128.1	127.3	111.8
2010	112.7	104.9	113.1	113.3	110.7	113.3	117.0	108.9	112.0
2011	111.0	104.0	111.7	112.3	106.9	111.1	106.2	101.1	110.3
2012	110.1	104.6	111.1	111.1	110.3	109.7	114.7	108.6	109.8

2-7 主要年份地区生产总值定基指数

Fixed-base Indices of Gross Domestic Product in Major Years

按可比价格计算 (at constant price)

年份 Year	地区生产总值指数 Gross Domestic Product	第一产业 Primary Industry	第二产业 Secondary Industry	工业 Industry	建筑业 Construction	第三产业 Tertiary Industry	#金融业 Financial Intermediation	#房地产业 Real Estate	人均地区生产总值指数 Per Capita GDP
1952	100.0	100.0	100.0	100.0	100.0	100.0			100.0
1955	118.9	115.9	133.5	132.0	142.1	121.6			111.3
1957	121.9	111.0	174.3	166.0	223.2	131.0			108.8
1962	103.8	84.6	202.6	212.1	146.3	118.0			89.2
1965	147.6	125.6	375.0	371.4	396.8	126.4			119.1
1970	200.9	148.7	663.6	671.7	615.8	176.0			143.1
1975	277.5	188.4	1179.3	1216.2	961.1	198.1			182.9
1976	280.3	164.4	1320.2	1382.9	949.5	220.4			182.5
1977	297.9	142.5	1636.2	1711.7	1189.5	236.0			191.8
1978	371.3	188.3	2038.8	2110.7	1613.7	268.8	100.0	100.0	236.3
1979	415.9	231.3	2183.9	2279.2	1620.0	284.1	96.4	96.5	261.8
1980	436.0	207.0	2580.8	2729.0	1704.2	288.6	100.8	101.0	272.0
1981	483.3	233.6	2767.9	2928.1	1820.0	340.2	118.0	118.3	298.6
1982	530.9	270.9	2928.6	3107.3	1871.6	375.8	131.0	131.2	323.9
1983	596.1	290.3	3376.3	3596.3	2074.7	426.7	142.4	142.7	360.0
1984	689.8	327.9	3980.4	4121.0	3148.4	489.1	163.3	163.6	413.7
1985	809.2	325.1	5097.1	5418.5	3195.8	577.6	165.1	197.8	482.3
1986	893.1	342.5	5587.5	5894.1	3773.7	689.3	215.1	215.8	528.1
1987	1013.2	344.1	6598.9	6914.9	4729.5	804.3	196.1	216.1	592.7
1988	1211.6	359.1	7772.8	8173.8	5400.0	1126.7	311.0	264.6	699.5
1989	1241.7	348.9	7807.8	8344.1	4634.7	1252.4	424.3	304.2	706.4
1990	1303.9	352.5	8228.5	8838.6	4618.9	1339.1	464.7	328.7	716.5
1991	1412.1	338.6	8964.3	9617.3	5100.1	1593.0	487.2	388.7	765.9
1992	1773.4	374.7	11824.1	12584.4	7316.4	2010.0	648.4	458.2	951.7
1993	2124.4	384.2	14584.0	15501.6	9141.5	2515.3	734.9	686.3	1130.0
1994	2474.3	404.3	17902.7	19124.4	10666.4	2801.8	822.5	741.7	1305.8
1995	2855.3	459.2	20794.3	22050.4	13338.5	3218.2	971.5	926.8	1496.3
1996	3204.5	494.8	23362.4	24453.8	16849.0	3679.8	1121.5	1146.9	1668.6
1997	3587.6	519.5	26311.9	27217.1	20864.3	4198.0	1273.4	1393.8	1857.4
1998	3982.8	530.5	29503.6	30156.5	25505.3	4739.9	1323.5	1726.2	2051.6
1999	4384.8	554.9	32834.6	33594.4	28191.7	5215.3	1387.2	1919.0	2248.4
2000	4848.4	576.5	36640.9	37692.9	30269.7	5798.7	1523.3	2062.3	2461.4
2001	5340.5	593.8	40650.2	42026.9	32479.2	6462.7	1566.0	2262.3	2685.1
2002	5963.5	610.1	46206.8	47868.6	36409.2	7212.0	1658.4	2547.4	2982.4
2003	6775.9	609.2	54163.2	56389.2	41215.2	8103.1	1771.2	2853.1	3366.1
2004	7775.4	645.7	63434.3	66426.5	46243.2	9188.5	1904.3	3124.1	3832.3
2005	8902.8	664.4	73583.7	77519.7	51191.3	10557.6	2264.2	3892.7	4349.7
2006	10229.3	697.7	85357.1	90388.0	56668.7	12194.0	2746.5	4643.9	4956.0
2007	11753.5	719.3	98587.5	105482.8	59502.1	14193.8	3806.6	5447.3	5646.4
2008	13246.1	748.1	111601.0	119933.9	64440.8	16095.8	4263.4	5937.6	6319.6
2009	14895.3	781.5	125606.1	134266.2	76655.5	18283.8	5463.4	7560.6	7066.6
2010	16787.0	819.8	142060.5	152123.7	84864.6	20723.8	6389.5	8233.7	7911.1
2011	18628.5	852.7	158662.2	170835.1	90727.2	23022.5	6785.7	8327.9	8725.9
2012	20510.0	891.9	176273.7	189797.8	100072.1	25255.6	7783.2	9044.1	9581.0

2-8 分行业地区生产总值
Gross Domestic Product by Sector

本表按当年价格计算,单位:亿元 (at current price, 100 million yuan)

行业	Sector	2005	2008	2009	2010	2011	2012
地区生产总值	**Gross Domestic Product**	**18598.69**	**30981.98**	**34457.30**	**41425.48**	**49110.27**	**54058.22**
第一产业	Primary Industry	1461.51	2100.11	2261.86	2540.10	3064.78	3418.29
农、林、牧、渔业	Agriculture, Forestry, Animal Husbandry and Fishery	1461.51	2100.11	2261.86	2540.10	3064.78	3418.29
农业	Farming	918.16	1213.69	1355.07	1556.23	1809.83	2031.27
林业	Forestry	26.25	36.81	39.79	43.90	51.22	55.24
畜牧业	Animal Husbandry	225.69	371.60	355.46	373.37	476.74	490.53
渔业	Fishery	220.10	369.71	399.32	444.90	584.38	682.30
农、林、牧、渔服务业	Services in Support of Agriculature	71.31	108.30	112.22	121.70	142.61	158.95
第二产业	Secondary Industry	10524.96	16993.34	18566.37	21753.93	25203.28	27121.95
工业	Industry	9440.18	15271.20	16464.94	19277.65	22280.61	23908.47
采矿业	Mining	176.15	321.68	229.26	275.80	296.27	327.45
制造业	Manufacturing	8846.22	14318.30	15430.81	18101.33	20978.51	22393.82
电力、燃气及水的生产和供应业	Production and Supply of Electricity, Gas and Water	417.81	631.22	804.87	900.52	1005.83	1187.20
建筑业	Construction	1084.78	1722.14	2101.43	2476.28	2922.67	3213.48
第三产业	Tertiary Industry	6612.22	11888.53	13629.07	17131.45	20842.21	23517.98
交通运输、仓储和邮政业	Transport, Storage and Post	798.11	1346.26	1423.25	1768.30	2127.93	2352.40
信息传输、计算机服务和软件业	Information Transmmission, Computer Service and Software	294.20	503.63	526.52	605.28	910.86	1103.84
批发和零售业	Wholesale and Retail Trades	1870.57	3115.09	3579.81	4447.50	5341.39	5704.66
住宿和餐饮业	Hotels and Catering Services	299.13	584.67	678.36	710.98	919.13	1045.21
金融业	Financial Intermediation	492.40	1298.48	1596.98	2105.92	2600.11	3136.51
房地产业	Real Estate	799.73	1626.13	2025.39	2600.95	2747.89	2992.82
租赁和商务服务业	Leasing and Business Services	225.44	504.89	555.72	868.34	1191.29	1415.19
科学研究、技术服务和地质勘查业	Scientific Research, Technical Services and Geologic Prospecting	124.08	271.66	308.84	365.17	496.42	612.53
水利、环境和公共设施管理业	Management of Water Conservancy, Environment and Public Facilities	86.83	134.58	154.49	215.34	280.76	321.98
居民服务和其他服务业	Services to Households and Other Services	240.92	276.60	293.65	447.86	568.78	685.95
教育	Education	545.75	741.79	869.51	1022.72	1217.21	1420.47
卫生、社会保障和社会福利业	Healthcare, Social Security and Social Welfare	207.17	374.68	416.40	500.72	664.54	731.58
文化、体育和娱乐业	Culture, Sports and Entertainment	96.01	128.99	150.17	220.80	268.01	302.99
公共管理和社会组织	Public Management and Social Organizations	531.88	981.08	1049.98	1251.57	1507.89	1691.85

2-9 分行业地区生产总值构成
Composition of Gross Domestic Product by Sector

本表按当年价格计算,单位:%　　　　(at current price,%)

行业	Sector	2005	2008	2009	2010	2011	2012
地区生产总值	**Gross Domestic Product**	**100.0**	**100.0**	**100.0**	**100.0**	**100.0**	**100.0**
第一产业	Primary Industry	7.9	6.8	6.5	6.1	6.3	6.3
农、林、牧、渔业	Agriculture, Forestry, Animal Husbandry and Fishery	7.9	6.8	6.5	6.1	6.3	6.3
农业	Farming	4.9	3.9	3.9	3.8	3.7	3.8
林业	Forestry	0.1	0.1	0.1	0.1	0.1	0.1
畜牧业	Animal Husbandry	1.2	1.2	1.0	0.9	1.0	0.9
渔业	Frishery	1.2	1.2	1.2	1.1	1.2	1.2
农、林、牧、渔服务业	Services in Support of Agriculture	0.4	0.3	0.3	0.3	0.3	0.3
第二产业	Secondary Industry	56.6	54.8	53.9	52.5	51.3	50.2
工业	Industry	50.8	49.3	47.8	46.5	45.4	44.2
采矿业	Mining	0.9	1.0	0.7	0.7	0.6	0.6
制造业	Manufacturing	47.6	46.2	44.8	43.7	42.7	41.4
电力、燃气及水的生产和供应业	Production and Supply of Electricity, Gas and Water	2.2	2.0	2.3	2.2	2.0	2.2
建筑业	Construction	5.8	5.6	6.1	6.0	5.9	6.0
第三产业	Tertiary Industry	35.6	38.4	39.6	41.4	42.4	43.5
交通运输、仓储和邮政业	Transport, Storage and Post	4.3	4.3	4.1	4.3	4.3	4.4
信息传输、计算机服务和软件业	Information Transmission, Computer Services and Software	1.6	1.6	1.5	1.5	1.8	2.0
批发和零售业	Wholesale and Retail Trades	10.1	10.1	10.4	10.7	10.9	10.6
住宿和餐饮业	Hotels and Catering Services	1.6	1.9	2.0	1.7	1.9	1.9
金融业	Financial Intermediation	2.6	4.2	4.6	5.1	5.3	5.8
房地产业	Real Estate	4.3	5.2	5.9	6.3	5.6	5.5
租赁和商务服务业	Leasing and Business Services	1.2	1.6	1.6	2.1	2.4	2.6
科学研究、技术服务和地质勘查业	Scientific Research, Technical Services and Geologic Prospecting	0.7	0.9	0.9	0.9	1.0	1.1
水利、环境和公共设施管理业	Management of Water Conservancy, Environment and Public Facilities	0.5	0.4	0.4	0.5	0.6	0.6
居民服务和其他服务业	Services to Households and other Services	1.3	0.9	0.9	1.1	1.2	1.3
教育	Education	2.9	2.4	2.5	2.5	2.5	2.6
卫生、社会保障和社会福利业	Health Care, Social Security and Social Welfare	1.1	1.2	1.2	1.2	1.3	1.4
文化、体育和娱乐业	Culture, Sports and Entertainment	0.5	0.4	0.4	0.5	0.5	0.6
公共管理和社会组织	Public Management and Social Organizations	2.9	3.2	3.0	3.0	3.1	3.1

2-10 主要年份按收入法计算的地区生产总值

Income Approach Components of Gross Domestic Product in Major Years

本表按当年价格计算 (at current price)

年份 Year	地区生产总值(亿元) Gross Domestic Product (100 million yuan)	劳动者报酬 Compensation of Employees	生产税净额 Net Taxes on Production	固定资产折旧 Depreciation of Fixed Assets	营业盈余 Operating Surplus	占地区生产总值比重(%) Composition of Gross Domestic Product(%) 劳动者报酬 Compensation of Employees	生产税净额 Net Taxes on Production	固定资产折旧 Depreciation of Fixed Assets	营业盈余 Operating Surplus
1978	249.24	116.91	31.79	19.98	80.56	46.9	12.8	8.0	32.3
1980	319.80	152.29	45.96	23.90	97.65	47.6	14.4	7.5	30.5
1985	651.82	321.08	89.26	48.80	192.68	49.3	13.7	7.5	29.6
1990	1416.50	693.86	192.85	186.92	342.87	49.0	13.6	13.2	24.2
1991	1601.38	731.05	183.38	217.55	469.40	45.7	11.5	13.6	29.3
1992	2136.02	1015.80	268.62	280.87	570.73	47.6	12.6	13.1	26.7
1993	2998.16	1288.09	466.67	322.64	920.76	43.0	15.6	10.8	30.7
1994	4057.39	1827.96	590.40	440.18	1198.86	45.1	14.6	10.8	29.5
1995	5155.25	2427.68	684.68	624.90	1417.99	47.1	13.3	12.1	27.5
1996	6004.21	2840.19	774.39	739.10	1650.53	47.3	12.9	12.3	27.5
1997	6680.34	3162.19	889.95	871.54	1756.66	47.3	13.3	13.0	26.3
1998	7199.95	3372.60	942.41	981.85	1903.09	46.8	13.1	13.6	26.4
1999	7697.82	3531.22	998.28	1083.95	2084.36	45.9	13.0	14.1	27.1
2000	8553.69	3914.44	1107.55	1226.26	2305.44	45.8	12.9	14.3	27.0
2001	9456.84	4332.91	1229.29	1384.14	2510.50	45.8	13.0	14.6	26.5
2002	10606.85	4828.99	1390.24	1516.35	2871.27	45.5	13.1	14.3	27.1
2003	12442.87	5629.45	1732.06	1742.17	3339.18	45.2	13.9	14.0	26.8
2004	15003.60	6056.96	2357.46	2142.36	4446.81	40.4	15.7	14.3	29.6
2005	18598.69	7597.91	2622.82	3034.54	5343.42	40.9	14.1	16.3	28.7
2006	21742.05	8850.32	3370.48	3249.67	6271.58	40.7	15.5	14.9	28.8
2007	26018.48	9684.74	4317.14	3565.59	8451.01	37.2	16.6	13.7	32.5
2008	30981.98	12520.61	4912.90	4141.55	9406.92	40.4	15.9	13.4	30.4
2009	34457.30	15019.10	5420.70	4674.05	9343.45	43.6	15.7	13.6	27.1
2010	41425.48	17141.63	6278.34	5483.65	12521.86	41.4	15.2	13.2	30.2
2011	49110.27	20523.13	7272.03	6588.02	14727.09	41.8	14.8	13.4	30.0
2012	54058.22	22867.66	7862.22	7209.94	16118.40	42.3	14.6	13.3	29.8

2-11 分行业按收入法计算的地区生产总值(2012年)
Income Approach Components of Gross Domestic Product by Sector(2012)

本表按当年价格计算,单位:亿元 (at current price, 100 million yuan)

行业	Sector	增加值 Value Added	劳动者报酬 Compensation of Employees	生产税净额 Net Taxes on Production	固定资产折旧 Depreciation of Fixed Assets	营业盈余 Operating Surplus
地区生产总值	**Gross Domestic Product**	**54058.22**	**22867.66**	**7862.22**	**7209.94**	**16118.40**
第一产业	Primary Industry	3418.29	3368.00		50.29	
农、林、牧、渔业	Agriculture, Forestry, Animal Husbandry and Fishery	3418.29	3368.00		50.29	
第二产业	Secondary Industry	27121.95	9399.70	4631.70	3847.25	9243.30
工业	Industry	23908.47	7521.22	4188.76	3718.29	8480.20
采矿业	Mining	327.45	123.00	78.08	52.25	74.12
制造业	Manufacturing	22393.82	7175.56	3930.75	3284.85	8002.66
电力、燃气及水的生产和供应业	Production and Supply of Electricity,Gas and Water	1187.20	222.66	179.93	381.19	403.42
建筑业	Construction	3213.48	1878.48	442.94	128.96	763.10
第三产业	Tertiary Industry	23517.98	10099.96	3230.52	3312.40	6875.10
交通运输、仓储和邮政业	Transport, Storage and Post	2352.40	1164.01	169.13	429.02	590.24
信息传输、计算机服务和软件业	Information Transmission, Computer Service and Software	1103.84	324.92	62.85	214.49	501.58
批发和零售业	Wholesale and Retail Trades	5704.66	2072.35	1744.10	283.96	1604.25
住宿和餐饮业	Hotels and Catering Services	1045.21	875.17	83.27	52.43	34.34
金融业	Financial Intermediation	3136.51	636.14	312.92	71.36	2116.09
房地产业	Real Estate	2992.82	291.68	583.51	1319.38	798.25
租赁和商务服务业	Leasing and Business Services	1415.19	568.29	136.06	184.55	526.29
科学研究、技术服务和地质勘查业	Scientific Research, Technical Services and Geologic Prospecting	612.53	307.48	39.57	53.11	212.37
水利、环境和公共设施管理业	Management of Water Conservancy, Environment and Public Facilities	321.98	174.95	12.61	97.14	37.28
居民服务和其他服务业	Services to Households and Other Services	685.95	374.31	45.63	53.01	213.00
教育	Education	1420.47	1194.74	5.03	188.99	31.71
卫生、社会保障和社会福利业	Healthcare, Social Security and Social Welfare	731.58	560.57	3.76	80.99	86.26
文化、体育和娱乐业	Culture, Sports and Entertainment	302.99	142.30	21.36	49.68	89.65
公共管理和社会组织	Public Management and Social Organizations	1691.85	1413.05	10.72	234.29	33.79

2-12 三次产业贡献率

Share of the Contributions of the Three Strata of Industry to the Increase of the GDP

本表按可比价格计算,单位:% (at constant price,%)

年份 Year	地区生产总值 Gross Domestic Product	第一产业 Primary Industry	第二产业 Secondary Industry	#工业 Industry	第三产业 Tertiary Industry
1990	100.0	3.7	59.0	59.3	37.3
1991	100.0	-11.8	53.2	48.1	58.6
1992	100.0	9.2	62.0	54.9	28.8
1993	100.0	2.6	61.5	55.6	35.9
1994	100.0	5.3	74.2	69.2	20.5
1995	100.0	13.3	59.4	51.4	27.3
1996	100.0	9.4	57.6	46.0	33.0
1997	100.0	5.9	60.3	48.2	33.8
1998	100.0	2.6	63.2	49.7	34.2
1999	100.0	5.6	64.9	57.2	29.5
2000	100.0	4.3	64.3	59.1	31.4
2001	100.0	3.6	55.9	51.0	40.5
2002	100.0	2.7	61.2	54.3	36.1
2003	100.0	-0.1	67.2	60.7	32.9
2004	100.0	3.8	63.6	58.1	32.6
2005	100.0	1.7	61.8	57.0	36.5
2006	100.0	2.7	60.5	56.5	36.8
2007	100.0	1.5	59.7	57.9	38.8
2008	100.0	2.1	60.4	57.7	37.4
2009	100.0	2.1	58.1	50.6	39.8
2010	100.0	2.1	59.3	54.9	38.6
2011	100.0	2.2	56.0	52.2	41.8
2012	100.0	2.6	57.7	51.8	39.7

注:产业贡献率指各产业增加值增量与GDP增量之比。

a) Industrial contribution ration refers to the proportion of the increment of the value-added of each industry to the increment of GDP.

2－13　三次产业对地区生产总值增长的拉动

Contribution of the Three Strata of Industry to GDP Growth

本表按可比价格计算，单位：%　　　　(at constant price, %)

年份 Year	地区生产总值 Gross Domestic Product	第一产业 Primary Industry	第二产业 Secondary Industry	#工业 Industry	第三产业 Tertiary Industry
1990	5.0	0.2	2.9	3.0	1.9
1991	8.3	－1.0	4.4	4.0	4.9
1992	25.6	2.4	15.8	14.1	7.4
1993	19.8	0.5	12.2	11.0	7.1
1994	16.5	0.9	12.2	11.4	3.4
1995	15.4	2.1	9.1	7.9	4.2
1996	12.2	1.2	7.0	5.6	4.0
1997	12.0	0.7	7.2	5.8	4.1
1998	11.0	0.3	6.9	5.5	3.8
1999	10.1	0.6	6.5	5.8	3.0
2000	10.6	0.5	6.8	6.3	3.3
2001	10.2	0.4	5.7	5.2	4.1
2002	11.7	0.3	7.2	6.3	4.2
2003	13.6	0.0	9.1	8.3	4.5
2004	14.8	0.6	9.4	8.6	4.8
2005	14.5	0.2	9.0	8.3	5.3
2006	14.9	0.4	9.0	8.4	5.5
2007	14.9	0.2	8.9	8.6	5.8
2008	12.3	0.3	7.4	7.1	4.6
2009	12.4	0.3	7.2	6.3	4.9
2010	12.7	0.3	7.5	7.0	4.9
2011	11.0	0.2	6.2	5.7	4.6
2012	10.1	0.3	5.8	5.2	4.0

注：三次产业拉动指 GDP 增长速度与各产业贡献率之乘积。

a) Contribution of the three strata of industry to GDP growth refers to the growth rate of GDP multiplied by the contribution share of every industry.

2-14 分市地区生产总值
Gross Domestic Product by Region

本表按当年价格计算,单位:亿元　　(at current price, 100 million yuan)

地区	Region	地区生产总值 Gross Domestic Product 2005	2006	2007	2008	2009	2010	2011	2012
按省辖市分	**by Cities**								
南京	Nanjing	2451.94	2822.80	3340.05	3814.62	4230.26	5130.65	6145.52	7201.57
无锡	Wuxi	2808.84	3310.88	3879.70	4460.62	4991.72	5793.30	6880.15	7568.15
徐州	Xuzhou	1226.65	1464.74	1747.86	2118.84	2390.16	2942.14	3551.65	4016.58
常州	Changzhou	1308.18	1585.11	1913.50	2266.32	2519.93	3044.89	3580.99	3969.87
苏州	Suzhou	4138.21	4900.63	5850.11	7078.09	7740.20	9228.91	10716.99	12011.65
南通	Nantong	1483.79	1788.39	2163.69	2593.13	2872.80	3465.67	4080.22	4558.67
连云港	Lianyungang	495.64	594.96	700.54	825.83	941.13	1193.31	1410.52	1603.42
淮安	Huaian	572.42	676.62	812.44	992.25	1121.75	1388.07	1690.00	1920.91
盐城	Yancheng	1058.10	1233.22	1441.12	1688.28	1917.00	2332.76	2771.33	3120.00
扬州	Yangzhou	982.17	1125.23	1357.21	1645.89	1856.39	2229.49	2630.30	2933.20
镇江	Zhenjiang	881.89	1044.83	1258.55	1491.83	1672.08	1987.64	2311.45	2630.42
泰州	Taizhou	861.56	1037.08	1222.32	1446.29	1660.92	2048.72	2422.61	2701.67
宿迁	Suqian	392.38	480.46	585.61	721.09	826.85	1064.09	1320.83	1522.03
按区域分	**by Region**								
苏南	Southern Jiangsu	11589.07	13664.25	16241.92	19111.48	21154.19	25185.39	29635.09	33381.66
苏中	Mid Jiangsu	3327.53	3950.70	4743.22	5685.31	6390.12	7743.88	9133.14	10193.54
苏北	Northern Jiangsu	3745.19	4450.00	5287.57	6346.29	7196.89	8920.37	10744.32	12182.94

2-14 续 表1 Continued 1

本表按当年价格计算,单位:亿元 (at current price, 100 million yuan)

地 区	Region	第一产业增加值 Value-added of the Primary Industry 2005	2006	2007	2008	2009	2010	2011	2012
按省辖市分	**by Cities**								
南 京	Nanjing	102.00	109.55	115.28	119.4	129.18	142.29	164.28	185.06
无 锡	Wuxi	52.12	60.02	69.55	86.8	93.62	104.94	122.98	137.22
徐 州	Xuzhou	174.24	190.05	207.58	232.0	249.90	282.82	334.54	382.46
常 州	Changzhou	59.62	66.07	74.32	84.5	91.75	99.78	111.78	126.37
苏 州	Suzhou	91.71	104.15	115.18	133.6	142.82	155.79	177.75	195.08
南 通	Nantong	163.90	176.29	186.80	219.3	236.47	266.22	287.21	319.09
连云港	Lianyungang	101.31	112.71	126.64	142.3	154.46	182.60	204.11	232.40
淮 安	Huaian	123.42	131.17	142.50	159.5	170.97	195.97	223.46	247.98
盐 城	Yancheng	254.13	270.45	287.82	306.3	330.40	374.21	416.83	456.13
扬 州	Yangzhou	94.77	100.99	111.48	134.1	144.88	161.37	184.54	205.19
镇 江	Zhenjiang	38.69	40.19	51.17	70.3	75.05	81.53	100.77	115.77
泰 州	Taizhou	94.89	102.00	112.93	123.8	133.70	151.65	175.11	191.75
宿 迁	Suqian	102.09	112.63	128.69	147.8	159.60	187.09	209.72	226.80
按区域分	**by Region**								
苏 南	Southern Jiangsu	344.14	379.98	425.50	494.6	532.42	584.33	677.56	759.50
苏 中	Mid Jiangsu	353.56	379.28	411.21	477.2	515.05	579.24	646.86	716.03
苏 北	Northern Jiangsu	755.19	817.01	893.22	987.9	1065.33	1222.69	1388.65	1545.77

2－14 续 表2 Continued 2

本表按当年价格计算，单位：亿元 (at current price, 100 million yuan)

地区	Region	第二产业增加值 Value-added of the Secondary Industry 2005	2006	2007	2008	2009	2010	2011	2012
按省辖市分	**by Cities**								
南 京	Nanjing	1199.48	1359.94	1607.22	1771.28	1930.66	2327.86	2760.84	3170.78
无 锡	Wuxi	1700.98	1980.48	2276.61	2576.54	2836.38	3208.79	3728.12	4012.03
徐 州	Xuzhou	620.14	756.49	909.33	1105.76	1249.04	1490.92	1777.04	1968.52
常 州	Changzhou	799.05	954.45	1135.13	1317.05	1429.73	1683.68	1950.84	2100.76
苏 州	Suzhou	2681.54	3152.03	3632.03	4257.90	4547.12	5253.81	5957.74	6502.25
南 通	Nantong	828.79	992.10	1209.96	1451.63	1607.50	1908.56	2221.48	2414.11
连云港	Lianyungang	209.77	265.82	318.71	378.49	435.61	545.07	654.28	736.14
淮 安	Huaian	258.39	311.53	379.99	472.40	541.48	647.10	794.18	889.20
盐 城	Yancheng	457.21	552.84	668.49	808.37	923.74	1096.55	1306.26	1472.87
扬 州	Yangzhou	543.56	629.81	764.92	924.70	1042.03	1229.34	1427.87	1554.46
镇 江	Zhenjiang	533.57	631.51	744.47	878.95	973.08	1120.63	1272.39	1419.54
泰 州	Taizhou	477.85	585.56	694.02	828.34	943.07	1125.85	1308.21	1434.53
宿 迁	Suqian	166.25	211.35	263.87	329.53	382.86	479.14	614.48	716.85
按区域分	**by Region**								
苏 南	Southern Jiangsu	6914.62	8078.41	9395.46	10801.72	11716.97	13594.77	15669.93	17205.36
苏 中	Mid Jiangsu	1850.20	2207.47	2668.90	3204.67	3592.60	4263.75	4957.56	5403.10
苏 北	Northern Jiangsu	1711.76	2098.03	2540.39	3094.55	3532.73	4258.78	5146.24	5783.58

本表按当年价格计算,单位:亿元 (at current price, 100 million yuan)

地区	Region	全部工业增加值 Value-added of the Industry 2005	2006	2007	2008	2009	2010	2011	2012
按省辖市分	**by Cities**								
南　京	Nanjing	1043.58	1181.94	1412.22	1532.2	1640.53	2005.21	2390.51	2748.46
无　锡	Wuxi	1592.55	1861.11	2154.25	2427.7	2651.53	2986.52	3463.12	3717.88
徐　州	Xuzhou	527.93	647.50	787.01	952.7	1065.28	1268.61	1509.82	1666.62
常　州	Changzhou	719.95	875.04	1047.61	1209.4	1301.63	1530.86	1768.91	1900.55
苏　州	Suzhou	2520.33	2978.55	3442.20	4025.3	4265.47	4916.49	5555.33	6055.10
南　通	Nantong	677.09	821.31	1021.80	1219.6	1319.43	1568.49	1840.41	1992.11
连云港	Lianyungang	166.77	212.26	258.57	303.7	341.75	431.84	517.82	583.31
淮　安	Huaian	216.07	258.50	321.53	399.8	450.33	537.00	661.15	737.20
盐　城	Yancheng	392.68	476.02	577.04	699.5	789.95	935.51	1111.50	1258.22
扬　州	Yangzhou	469.91	554.62	682.03	821.5	913.61	1074.61	1240.87	1344.66
镇　江	Zhenjiang	482.11	579.60	688.29	809.4	896.63	1039.78	1175.63	1309.54
泰　州	Taizhou	405.79	502.29	601.65	723.3	825.35	981.02	1132.27	1237.05
宿　迁	Suqian	125.96	163.33	211.35	264.7	305.01	386.37	502.57	589.82
按区域分	**by Region**								
苏　南	Southern Jiangsu	6358.52	7476.24	8744.57	10004.0	10755.79	12478.86	14353.50	15731.53
苏　中	Mid Jiangsu	1552.79	1878.22	2305.47	2764.4	3058.39	3624.12	4213.55	4573.82
苏　北	Northern Jiangsu	1429.41	1757.61	2155.50	2620.4	2952.32	3559.33	4302.86	4835.17

2－14 续 表4 Continued 4

本表按当年价格计算，单位：亿元 (at current price, 100 million yuan)

地区	Region	第三产业增加值 Value-added of the Tertiary Industry 2005	2006	2007	2008	2009	2010	2011	2012
按省辖市分	**by Cities**								
南京	Nanjing	1150.46	1353.31	1617.55	1923.94	2170.42	2660.49	3220.41	3845.73
无锡	Wuxi	1055.74	1270.38	1533.54	1797.28	2061.72	2479.57	3029.05	3418.90
徐州	Xuzhou	432.28	518.20	630.95	781.08	891.22	1168.40	1440.07	1665.60
常州	Changzhou	449.51	564.59	704.05	864.77	998.45	1261.43	1518.37	1742.74
苏州	Suzhou	1364.97	1644.45	2102.91	2686.59	3050.26	3819.31	4581.50	5314.32
南通	Nantong	491.10	620.00	766.93	922.20	1028.84	1290.89	1571.53	1825.47
连云港	Lianyungang	184.56	216.43	255.19	305.04	351.06	465.64	552.13	634.88
淮安	Huaian	190.61	233.92	289.95	360.35	409.30	545.00	672.36	783.73
盐城	Yancheng	346.76	409.93	484.81	573.61	662.86	862.00	1048.24	1191.00
扬州	Yangzhou	343.84	394.43	480.81	587.09	669.48	838.78	1017.89	1173.55
镇江	Zhenjiang	309.63	373.13	462.92	542.58	623.95	785.48	938.29	1095.11
泰州	Taizhou	288.82	349.52	415.37	494.15	584.15	771.22	939.29	1075.39
宿迁	Suqian	124.03	156.48	193.06	243.76	284.39	397.86	496.63	578.38
按区域分	**by Region**								
苏南	Southern Jiangsu	4330.31	5205.86	6420.96	7815.16	8904.80	11006.28	13287.61	15416.80
苏中	Mid Jiangsu	1123.77	1363.95	1663.11	2003.44	2282.47	2900.88	3528.72	4074.41
苏北	Northern Jiangsu	1278.24	1534.96	1853.96	2263.84	2598.83	3438.90	4209.43	4853.59

2－14　续　表 5　Continued 5

本表按当年价格计算,单位:亿元　　　　(at current price, 100 million yuan)

地　区	Region	人均地区生产总值(元) Per Capita GDP (yuan)							
		2005	2006	2007	2008	2009	2010	2011	2012
按省辖市分	**by Cities**								
南　京	Nanjing	36112	40072	45743	50855	55290	65273	76263	88525
无　锡	Wuxi	51034	57899	65570	73733	81146	92167	107437	117357
徐　州	Xuzhou	13861	16666	20003	24350	27514	34084	41407	46877
常　州	Changzhou	32116	37809	44452	51746	56890	67327	77485	85040
苏　州	Suzhou	55667	62526	69151	78875	83696	93043	102129	114029
南　通	Nantong	20138	24545	29991	36199	40231	48083	56005	62506
连云港	Lianyungang	10873	13149	15611	18505	21144	26987	32119	36470
淮　安	Huaian	11468	13671	16612	20500	23277	28861	35181	39992
盐　城	Yancheng	13529	15939	18879	22359	25553	31640	38222	43172
扬　州	Yangzhou	21719	25102	30435	36858	41406	49786	58950	65691
镇　江	Zhenjiang	29881	35076	41848	49235	54732	64284	73981	83651
泰　州	Taizhou	18309	22256	26530	31386	35711	44118	52396	58378
宿　迁	Suqian	7901	9766	12078	15091	17460	22525	27839	31827
按区域分	**by Region**								
苏　南	Southern Jiangsu	43320	49202	56025	63845	69278	79501	90622	101370
苏　中	Mid Jiangsu	20050	24048	29133	35014	39263	47422	55788	62208
苏　北	Northern Jiangsu	12009	14392	17281	20922	23835	29774	36094	40914

2－15 分市地区生产总值指数
Indices of Gross Domestic Product by Region

按可比价格计算，上年＝100　　　　(at constant price, preceding year＝100)

地　区	Region	地区生产总值指数 Indices of Gross Domestic Product							
		2005	2006	2007	2008	2009	2010	2011	2012
按省辖市分	**by Cities**								
南　京	Nanjing	115.1	115.1	115.7	112.1	111.5	113.1	112.0	111.7
无　锡	Wuxi	115.1	115.3	115.3	112.4	111.6	113.2	111.6	110.1
徐　州	Xuzhou	114.3	115.1	115.3	113.5	113.9	114.0	113.5	113.2
常　州	Changzhou	115.1	115.2	115.6	112.4	111.7	113.1	112.2	111.5
苏　州	Suzhou	115.3	115.8	116.1	113.2	111.5	113.3	112.0	110.1
南　通	Nantong	115.4	115.7	116.2	113.3	114.0	113.0	112.1	111.8
连云港	Lianyungang	114.2	115.1	115.1	113.1	113.6	113.6	113.0	112.7
淮　安	Huaian	114.3	114.9	115.2	113.4	114.2	113.8	113.2	113.1
盐　城	Yancheng	114.3	115.0	115.0	113.2	113.4	113.6	112.8	112.7
扬　州	Yangzhou	115.1	115.2	115.7	113.4	113.8	113.5	112.2	111.7
镇　江	Zhenjiang	115.0	115.2	115.5	112.7	113.7	113.3	112.3	112.8
泰　州	Taizhou	115.0	115.2	115.5	113.9	113.8	113.5	112.1	112.5
宿　迁	Suqian	114.7	115.3	115.5	113.9	113.5	113.7	112.8	113.0
按区域分	**by Region**								
苏　南	Southern Jiangsu	115.2	115.4	115.7	112.6	111.7	113.2	111.9	110.8
苏　中	Mid Jiangsu	115.2	115.4	115.9	113.5	114.0	113.3	112.1	112.0
苏　北	Northern Jiangsu	114.3	115.1	115.2	113.4	113.8	113.8	113.1	113.0

2－15 续 表1 Continued 1

按可比价格计算，上年＝100 （at constant price，preceding year＝100）

地区	Region	第一产业增加值指数 Primary Industry 2005	2006	2007	2008	2009	2010	2011	2012
按省辖市分	**by Cities**								
南京	Nanjing	102.7	104.0	103.6	102.7	104.1	104.1	104.1	104.9
无锡	Wuxi	104.2	106.3	105.6	103.8	106.6	104.3	104.4	104.6
徐州	Xuzhou	104.0	104.3	104.1	105.8	105.5	104.2	104.5	105.1
常州	Changzhou	105.0	105.0	103.5	104.2	104.7	104.3	103.9	104.7
苏州	Suzhou	100.2	103.4	104.2	103.6	104.5	104.1	104.1	104.4
南通	Nantong	102.8	104.3	103.4	104.1	104.2	104.0	103.7	104.6
连云港	Lianyungang	103.3	108.2	107.9	105.8	104.0	105.1	104.0	105.7
淮安	Huaian	104.2	105.0	105.0	105.0	104.3	104.6	104.1	104.3
盐城	Yancheng	106.8	105.2	104.0	104.3	104.0	104.3	103.8	104.0
扬州	Yangzhou	106.0	104.8	105.0	105.0	105.1	104.5	104.0	105.2
镇江	Zhenjiang	103.1	107.3	102.2	105.9	104.5	104.5	105.5	105.2
泰州	Taizhou	104.4	104.6	104.4	104.5	104.6	104.5	104.3	104.4
宿迁	Suqian	102.6	104.3	106.2	106.0	105.6	105.3	104.3	104.3
按区域分	**by Region**								
苏南	Southern Jiangsu	102.8	104.7	103.9	103.7	104.7	104.2	104.3	104.7
苏中	Mid Jiangsu	104.0	104.5	104.1	104.5	104.6	104.3	104.0	104.7
苏北	Northern Jiangsu	104.6	105.3	105.0	105.2	104.6	104.6	104.1	104.6

2-15 续 表2 Continued 2

按可比价格计算，上年=100 (at constant price, preceding year=100)

地区	Region	第二产业增加值指数 Secondary Industry							
		2005	2006	2007	2008	2009	2010	2011	2012
按省辖市分	**by Cities**								
南 京	Nanjing	117.9	115.4	115.9	109.6	110.1	113.6	112.3	111.9
无 锡	Wuxi	115.7	115.5	114.9	111.7	108.2	113.1	111.6	109.3
徐 州	Xuzhou	115.0	117.8	117.7	114.0	114.6	115.7	114.6	114.5
常 州	Changzhou	116.3	115.8	116.2	112.1	110.8	113.2	112.2	111.7
苏 州	Suzhou	115.3	115.8	115.6	112.2	109.8	113.3	111.5	107.8
南 通	Nantong	119.1	117.8	118.3	113.7	115.4	113.7	112.4	112.4
连云港	Lianyungang	119.9	118.8	118.3	114.8	115.9	116.9	115.6	114.3
淮 安	Huaian	119.5	119.1	118.8	115.0	116.5	116.5	115.2	115.4
盐 城	Yancheng	118.6	119.6	119.1	116.0	115.8	116.8	114.8	115.2
扬 州	Yangzhou	117.3	116.9	117.0	113.9	114.5	114.6	112.6	112.1
镇 江	Zhenjiang	115.1	115.6	115.9	112.3	111.9	113.8	112.7	113.1
泰 州	Taizhou	117.2	117.0	117.2	114.1	114.4	114.5	112.5	113.1
宿 迁	Suqian	121.3	121.3	119.8	117.1	115.7	117.5	116.6	116.9
按区域分	**by Region**								
苏 南	Southern Jiangsu	115.9	115.6	115.6	111.6	109.8	113.3	111.8	109.8
苏 中	Mid Jiangsu	118.0	117.3	117.6	113.8	114.9	114.2	112.5	112.5
苏 北	Northern Jiangsu	117.9	119.0	118.5	115.1	115.5	116.4	115.1	115.1

2－15 续 表3 Continued 3

按可比价格计算，上年＝100 （at constant price，preceding year＝100）

地区	Region	全部工业增加值指数 Industry							
		2005	2006	2007	2008	2009	2010	2011	2012
按省辖市分	**by Cities**								
南　京	Nanjing	118.0	115.9	117.6	109.9	109.3	114.4	112.9	111.0
无　锡	Wuxi	115.5	115.9	115.7	112.1	107.6	113.2	111.7	109.0
徐　州	Xuzhou	114.1	117.9	120.0	115.0	113.5	116.1	115.6	114.4
常　州	Changzhou	116.5	116.2	117.3	112.6	110.4	113.3	112.6	111.7
苏　州	Suzhou	115.6	116.3	116.1	112.7	109.5	113.3	111.7	107.4
南　通	Nantong	119.6	119.2	120.9	115.1	113.8	114.3	112.9	112.3
连云港	Lianyungang	119.5	120.8	119.0	116.3	114.9	117.8	117.3	115.4
淮　安	Huaian	119.3	118.1	119.5	117.3	115.5	117.4	116.3	116.1
盐　城	Yancheng	118.7	119.1	120.0	117.8	115.3	117.0	115.0	115.7
扬　州	Yangzhou	117.8	118.1	119.2	114.7	114.8	114.8	113.0	111.8
镇　江	Zhenjiang	115.7	117.3	117.0	113.2	111.7	114.9	113.0	112.7
泰　州	Taizhou	118.1	118.2	119.4	115.9	114.7	114.6	112.9	113.2
宿　迁	Suqian	120.8	120.5	122.9	117.8	115.2	119.3	118.4	117.5
按区域分	**by Region**								
苏　南	Southern Jiangsu	116.1	116.2	116.4	112.1	109.3	113.6	112.1	109.4
苏　中	Mid Jiangsu	118.7	118.6	120.0	115.2	114.3	114.5	112.9	112.4
苏　北	Northern Jiangsu	117.4	118.9	120.1	116.5	114.6	117.0	116.0	115.4

2－15 续 表4 Continued 4

按可比价格计算，上年＝100 （at constant price，preceding year＝100）

地区	Region	第三产业增加值指数 Tertiary Industry							
		2005	2006	2007	2008	2009	2010	2011	2012
按省辖市分	**by Cities**								
南　京	Nanjing	113.4	115.7	116.4	115.3	113.5	113.0	112.3	111.8
无　锡	Wuxi	114.8	115.5	116.4	113.8	117.1	113.7	111.8	111.3
徐　州	Xuzhou	117.9	115.7	116.1	115.4	115.6	114.2	114.5	113.4
常　州	Changzhou	114.7	115.5	116.0	113.7	114.1	113.6	112.8	111.6
苏　州	Suzhou	116.7	116.8	117.8	115.8	114.5	113.7	112.9	113.5
南　通	Nantong	114.4	115.7	116.2	115.0	114.3	113.6	113.2	112.3
连云港	Lianyungang	114.9	114.8	115.1	114.7	115.2	113.3	113.4	113.3
淮　安	Huaian	114.6	115.6	116.1	115.5	115.8	114.1	114.3	113.2
盐　城	Yancheng	114.2	115.9	116.6	114.4	115.2	113.6	114.0	112.9
扬　州	Yangzhou	114.3	115.4	116.2	114.5	115.0	113.9	113.2	112.1
镇　江	Zhenjiang	116.6	115.4	116.4	113.9	117.7	113.4	112.6	113.0
泰　州	Taizhou	115.4	115.6	116.1	115.9	115.0	113.9	113.1	113.0
宿　迁	Suqian	116.6	116.3	116.5	114.7	115.1	113.0	112.3	112.0
按区域分	**by Region**								
苏　南	Southern Jiangsu	115.1	115.9	116.8	114.8	115.1	113.5	112.5	112.3
苏　中	Mid Jiangsu	114.6	115.6	116.2	115.1	114.7	113.8	113.2	112.5
苏　北	Northern Jiangsu	115.9	115.7	116.1	115.0	115.4	113.8	113.9	113.1

2-16 分市地区生产总值构成

Composition of Gross Domestic Product by Region

本表按当年价格计算,单位:%　　(at current price, %)

地 区	Region	第一产业增加值 Value-added of the Primary Industry							
		2005	2006	2007	2008	2009	2010	2011	2012
按省辖市分	**by Cities**								
南 京	Nanjing	4.2	3.9	3.5	3.1	3.1	2.8	2.7	2.6
无 锡	Wuxi	1.9	1.8	1.8	1.9	1.9	1.8	1.8	1.8
徐 州	Xuzhou	14.2	13.0	11.9	10.9	10.5	9.6	9.4	9.5
常 州	Changzhou	4.6	4.2	3.9	3.7	3.6	3.3	3.1	3.2
苏 州	Suzhou	2.2	2.1	2.0	1.9	1.8	1.7	1.7	1.6
南 通	Nantong	11.0	9.9	8.6	8.5	8.2	7.7	7.0	7.0
连云港	Lianyungang	20.4	18.9	18.1	17.2	16.4	15.3	14.5	14.5
淮 安	Huaian	21.6	19.4	17.5	16.1	15.2	14.1	13.2	12.9
盐 城	Yancheng	24.0	21.9	20.0	18.1	17.2	16.0	15.0	14.6
扬 州	Yangzhou	9.6	9.0	8.2	8.1	7.8	7.2	7.0	7.0
镇 江	Zhenjiang	4.4	3.8	4.1	4.7	4.5	4.1	4.4	4.4
泰 州	Taizhou	11.0	9.8	9.2	8.6	8.0	7.4	7.2	7.1
宿 迁	Suqian	26.0	23.4	22.0	20.5	19.3	17.6	15.9	14.9
按区域分	**by Region**								
苏 南	Southern Jiangsu	3.0	2.8	2.6	2.6	2.5	2.3	2.3	2.3
苏 中	Mid Jiangsu	10.6	9.6	8.7	8.4	8.1	7.5	7.1	7.0
苏 北	Northern Jiangsu	20.2	18.4	16.9	15.6	14.8	13.7	12.9	12.7

2－16 续 表1 Continued 1

本表按当年价格计算，单位：%　　(at current price, %)

地区		第二产业增加值 Value-added of the Secondary Industry							
Region		2005	2006	2007	2008	2009	2010	2011	2012
按省辖市分	**by Cities**								
南 京	Nanjing	48.9	48.2	48.1	46.4	45.6	45.4	44.9	44.0
无 锡	Wuxi	60.6	59.8	58.7	57.8	56.8	55.4	54.2	53.0
徐 州	Xuzhou	50.6	51.6	52.0	52.2	52.3	50.7	50.0	49.0
常 州	Changzhou	61.1	60.2	59.3	58.1	56.7	55.3	54.5	52.9
苏 州	Suzhou	64.8	64.3	62.1	60.2	58.7	56.9	55.6	54.1
南 通	Nantong	55.9	55.5	55.9	56.0	56.0	55.1	54.4	53.0
连云港	Lianyungang	42.3	44.7	45.5	45.8	46.3	45.7	46.4	45.9
淮 安	Huaian	45.1	46.0	46.8	47.6	48.3	46.6	47.0	46.3
盐 城	Yancheng	43.2	44.8	46.4	47.9	48.2	47.0	47.1	47.2
扬 州	Yangzhou	55.3	56.0	56.4	56.2	56.1	55.1	54.3	53.0
镇 江	Zhenjiang	60.5	60.4	59.2	58.9	58.2	56.4	55.0	54.0
泰 州	Taizhou	55.5	56.5	56.8	57.3	56.8	55.0	54.0	53.1
宿 迁	Suqian	42.4	44.0	45.1	45.7	46.3	45.0	46.5	47.1
按区域分	**by Region**								
苏 南	Southern Jiangsu	59.7	59.1	57.8	56.5	55.4	54.0	52.9	51.5
苏 中	Mid Jiangsu	55.6	55.9	56.3	56.4	56.2	55.1	54.3	53.0
苏 北	Northern Jiangsu	45.7	47.1	48.0	48.8	49.1	47.7	47.9	47.5

2-16 续 表2 Continued 2

本表按当年价格计算,单位:% (at current price, %)

地 区	Region	2005	2006	2007	2008	2009	2010	2011	2012
		第三产业增加值 Value-added of the Tertiary Industry							
按省辖市分	**by Cities**								
南 京	Nanjing	46.9	47.9	48.4	50.4	51.3	51.9	52.4	53.4
无 锡	Wuxi	37.6	38.4	39.5	40.3	41.3	42.8	44.0	45.2
徐 州	Xuzhou	35.2	35.4	36.1	36.9	37.3	39.7	40.5	41.5
常 州	Changzhou	34.4	35.6	36.8	38.2	39.6	41.4	42.4	43.9
苏 州	Suzhou	33.0	33.6	35.9	38.0	39.4	41.4	42.7	44.2
南 通	Nantong	33.1	34.7	35.4	35.6	35.8	37.2	38.5	40.0
连云港	Lianyungang	37.2	36.4	36.4	36.9	37.3	39.0	39.1	39.6
淮 安	Huaian	33.3	34.6	35.7	36.3	36.5	39.3	39.8	40.8
盐 城	Yancheng	32.8	33.2	33.6	34.0	34.6	37.0	37.8	38.2
扬 州	Yangzhou	35.0	35.1	35.4	35.7	36.1	37.6	38.7	40.0
镇 江	Zhenjiang	35.1	35.7	36.8	36.4	37.3	39.5	40.6	41.6
泰 州	Taizhou	33.5	33.7	34.0	34.2	35.2	37.6	38.8	39.8
宿 迁	Suqian	31.6	32.6	33.0	33.8	34.4	37.4	37.6	38.0
按区域分	**by Region**								
苏 南	Southern Jiangsu	37.4	38.1	39.5	40.9	42.1	43.7	44.8	46.2
苏 中	Mid Jiangsu	33.8	34.5	35.1	35.2	35.7	37.5	38.6	40.0
苏 北	Northern Jiangsu	34.1	34.5	35.1	35.7	36.1	38.6	39.2	39.8

2-17 按支出法计算的地区生产总值

本表按当年价格计算

年 份 Year	地 区 生产总值 (亿元) Gross Domestic Product (100 million yuan)	最终消费 Final Consumption Expenditures	居民消费 Household Consumption Expenditures	农村居民 Rural Household	城镇居民 Urban Household
1978	249.24	130.55	115.15	76.11	39.04
1980	319.80	175.47	154.72	105.13	49.59
1985	651.82	353.72	300.86	219.98	80.88
1989	1321.85	662.01	557.60	386.40	171.20
1990	1416.50	717.36	608.29	403.29	205.00
1991	1601.38	835.07	656.99	423.60	233.39
1992	2136.02	960.21	735.62	459.99	275.63
1993	2998.16	1251.08	984.44	569.94	414.50
1994	4057.39	1721.45	1350.89	782.19	568.70
1995	5155.25	2250.66	1806.43	1029.92	776.51
1996	6004.21	2721.84	2218.68	1314.01	904.67
1997	6680.34	3020.94	2417.77	1390.51	1027.26
1998	7199.95	3161.88	2513.52	1370.53	1142.99
1999	7697.82	3339.79	2594.18	1328.04	1266.14
2000	8553.69	3710.72	2815.51	1338.46	1477.05
2001	9456.84	4141.92	3027.67	1373.31	1654.36
2002	10606.85	4801.91	3475.13	1505.92	1969.21
2003	12442.87	5484.04	3909.55	1440.63	2468.92
2004	15003.60	6227.21	4429.02	1369.38	3059.64
2005	18598.69	7658.70	5339.09	1588.27	3750.82
2006	21742.05	9045.90	6236.42	1801.63	4434.79
2007	26018.48	10933.70	7328.19	2079.04	5249.15
2008	30981.98	12843.37	8425.61	2285.87	6139.74
2009	34457.30	14375.40	9235.38	2479.34	6756.04
2010	41425.48	17238.08	10942.82	2676.41	8266.41
2011	49110.27	20649.28	13534.19	3105.75	10428.44
2012	54058.22	22714.57	15385.57	3481.14	11904.43

Gross Domestic Product by Expenditure Approach

(at current price)

政府消费 Government Consumption Expenditures	资本形成总额 Gross Capital Formation	固定资本形成 Fixed Capital Formation	存货增加 Changes in Inventories	货物和服务净出口 Net Export of Goods and Services
15.40	77.98	40.40	37.58	40.71
20.75	97.44	58.25	39.19	46.89
52.86	271.42	193.25	78.17	26.68
104.41	528.44	336.24	192.20	131.40
109.07	588.44	374.12	214.32	110.70
178.08	694.80	461.98	232.82	71.51
224.59	1069.20	747.29	321.91	106.61
266.64	1589.93	1201.41	388.52	157.15
370.56	2018.95	1434.95	584.00	316.99
444.23	2479.30	1756.88	722.42	425.29
503.16	2798.62	2062.17	736.45	483.75
603.17	2925.28	2295.97	629.31	734.12
648.36	3321.44	2642.29	679.15	716.63
745.61	3554.26	2842.65	711.61	803.77
895.21	4044.78	3225.42	819.36	798.19
1114.25	4393.21	3543.16	850.05	921.71
1326.78	4808.67	3994.23	814.44	996.27
1574.49	6182.38	5480.80	701.58	776.45
1798.19	7957.76	6972.68	985.08	818.63
2319.60	9462.30	8888.80	573.45	1477.70
2809.50	10721.70	10069.30	652.43	1974.40
3605.50	12504.50	11727.90	776.61	2580.30
4417.76	15017.72	14038.68	979.04	3120.89
5140.02	17571.90	17137.99	433.91	2510.00
6295.26	21173.29	20709.14	464.15	3014.11
7115.09	25049.05	24522.24	526.81	3411.94
7329.00	27258.07	26415.45	842.62	4085.58

2－18 按支出法计算的地区生产总值指数

Indices of Gross Domestic Product by Expenditure Approach

按可比价格计算,1952 年 = 100 （at constant price with 100 in 1952）

年 份 Year	地区生产总值指数 Gross Domestic Product	最终消费 Final Consumption Expenditures	居民消费 Household Consumption Expenditure	农村居民 Rural Household	城镇居民 Urban Household	政府消费 Government Consumption Expenditures	资本形成总额 Gross Capital Formation	固定资本形成 Fixed Capital Formation	存货增加 Changes in Inventories
1952	100.0	100.0	100.0	100.0	100.0	100.0	100.0	100.0	100.0
1978	371.3	367.6	352.3	290.1	607.8	545.3	695.7	593.2	847.1
1980	436.0	468.4	448.7	379.7	732.2	696.3	809.3	811.3	806.4
1985	809.2	824.0	757.4	693.7	1022.5	1595.0	2156.6	2573.0	1541.6
1989	1241.7	1000.3	885.3	757.8	1411.2	2331.2	3610.7	3998.6	3037.7
1990	1303.9	1063.7	949.6	791.9	1601.7	2383.2	4161.1	4791.5	3229.8
1991	1412.1	1162.8	992.5	806.8	1754.9	3246.0	4472.4	5230.2	3389.1
1992	1773.4	1493.5	1253.9	988.1	2337.9	4462.1	5534.2	7583.6	3054.8
1993	2124.4	1787.9	1518.0	1122.8	3114.8	5103.7	6603.7	9239.5	3450.0
1994	2474.3	2095.2	1772.7	1324.5	3585.7	6068.9	7772.3	10860.6	4074.8
1995	2855.3	2422.4	2027.1	1514.1	4102.3	7331.8	9053.4	12381.0	5022.8
1996	3204.5	2670.9	2261.5	1757.6	4311.6	7711.4	10229.2	14289.6	5367.3
1997	3587.6	2944.6	2444.1	1850.0	4851.4	9193.2	11375.3	16021.8	5834.1
1998	3982.8	3250.8	2677.4	1930.6	5686.3	10441.6	12662.2	18662.4	5645.7
1999	4384.8	3593.4	2889.2	1970.4	6573.2	12530.4	13870.1	20698.5	5922.1
2000	4848.4	3970.6	3107.9	1974.7	7632.5	15034.2	15272.9	22421.1	6900.9
2001	5340.5	4420.0	3371.3	2038.8	8640.9	18080.3	16765.7	24392.9	7841.6
2002	5963.5	4993.8	3714.3	2119.8	9963.0	21867.4	18721.5	28445.5	7294.1
2003	6775.9	5667.9	4176.3	2025.7	12455.3	25417.8	21744.0	35873.5	5035.9
2004	7775.4	6452.9	4780.6	1967.3	15489.1	28542.9	25319.8	41206.1	6550.7
2005	8902.8	7391.4	5459.3	2101.1	18199.6	32947.9	28664.5	50217.2	3093.4
2006	10229.3	8581.4	6212.7	2330.1	20929.6	40097.6	32047.0	56193.1	3449.2
2007	11753.5	9963.0	7045.2	2586.4	23943.5	48999.3	35956.7	62823.8	4049.3
2008	13246.1	11328.0	7806.0	2777.8	26840.6	58505.2	39768.1	68603.6	5312.7
2009	14895.3	13038.5	8875.5	3138.9	30598.3	68743.6	45812.9	83010.4	2353.5
2010	16787.0	14889.9	10011.5	3229.9	35677.6	80155.0	51264.6	93137.7	2403.0
2011	18633.6	16870.3	11483.2	3481.9	41707.1	88811.7	56647.4	103010.3	2573.6
2012	20515.5	18861.0	13159.8	3924.0	48046.6	94762.1	62142.2	112796.2	3168.1

2－19 按支出法计算的地区生产总值构成

Composition of Gross Domestic Product by Expenditure Approach

本表按当年价格计算，单位：%　　　　(at current price, %)

年份 Year	地区生产总值 Gross Domestic Product	最终消费 Final Consumption Expenditures	居民消费 Household Consumption Expenditures	农村居民 Rural Household	城镇居民 Urban Household	政府消费 Government Consumption Expenditures	资本形成总额 Gross Capital Formation	固定资本形成 Fixed Capital Formation	存货增加 Changes in Inventories	货物和服务净出口 Net Export of Goods and Services
1978	100.0	52.4	46.2	30.5	15.7	6.2	31.3	16.2	15.1	16.3
1980	100.0	54.9	48.4	32.9	15.5	6.5	30.5	18.2	12.2	14.7
1985	100.0	54.3	46.2	33.8	12.4	8.1	41.6	29.6	12.0	4.1
1989	100.0	50.1	42.2	29.2	13.0	7.9	40.0	25.4	14.5	9.9
1990	100.0	50.6	42.9	28.5	14.5	7.7	41.5	26.4	15.1	7.8
1991	100.0	52.1	41.0	26.5	14.6	11.1	43.4	28.8	14.5	4.5
1992	100.0	45.0	34.4	21.5	12.9	10.5	50.1	35.0	15.1	5.0
1993	100.0	41.7	32.8	19.0	13.8	8.9	53.0	40.1	13.0	5.2
1994	100.0	42.4	33.3	19.3	14.0	9.1	49.8	35.4	14.4	7.8
1995	100.0	43.7	35.0	20.0	15.1	8.6	48.1	34.1	14.0	8.2
1996	100.0	45.3	37.0	21.9	15.1	8.4	46.6	34.3	12.3	8.1
1997	100.0	45.2	36.2	20.8	15.4	9.0	43.8	34.4	9.4	11.0
1998	100.0	43.9	34.9	19.0	15.9	9.0	46.1	36.7	9.4	10.0
1999	100.0	43.4	33.7	17.3	16.4	9.7	46.2	36.9	9.2	10.4
2000	100.0	43.4	32.9	15.6	17.3	10.5	47.3	37.7	9.6	9.3
2001	100.0	43.8	32.0	14.5	17.5	11.8	46.5	37.5	9.0	9.7
2002	100.0	45.3	32.8	14.2	18.6	12.5	45.3	37.7	7.7	9.4
2003	100.0	44.1	31.4	11.6	19.8	12.7	49.7	44.0	5.6	6.2
2004	100.0	41.5	29.5	9.1	20.4	12.0	53.0	46.5	6.6	5.5
2005	100.0	41.2	28.7	8.5	20.2	12.5	50.9	47.8	3.1	7.9
2006	100.0	41.6	28.7	8.3	20.4	12.9	49.3	46.3	3.0	9.1
2007	100.0	42.0	28.2	8.0	20.2	13.9	48.1	45.1	3.0	9.9
2008	100.0	41.5	27.2	7.4	19.8	14.3	48.5	45.3	3.2	10.1
2009	100.0	41.7	26.8	7.2	19.6	14.9	51.0	49.7	1.3	7.3
2010	100.0	41.6	26.4	6.5	20.0	15.2	51.1	50.0	1.1	7.3
2011	100.0	42.1	27.6	6.3	21.2	14.5	51.0	49.9	1.1	6.9
2012	100.0	42.0	28.5	6.5	22.0	13.5	50.4	48.9	1.5	7.6

主要统计指标解释

可比价格 指计算各种总量指标所采用的扣除了价格变动因素的价格,可进行不同时期总量指标的对比。按可比价格计算总量指标有两种方法:一种是直接用产品产量乘某一年的不变价格计算;另一种是用价格指数进行缩减。

不变价格 指以同类产品某年的平均价格作为固定价格,用于计算各年的产品价值。按不变价格计算的产品价值消除了价格变动因素,不同时期对比可以反映生产的发展速度。新中国成立后,随着工农业产品价格水平的变化,国家统计局先后六次制定了全国统一的工业产品不变价格和农业产品不变价格。从 1952 年到 1957 年使用 1952 年工(农)业产品不变价格,从 1957 年到 1970 年使用 1957 年不变价格,从 1971 年到 1980 年使用 1970 年不变价格,从 1981 年到 1990 年使用 1980 年不变价格,从 1991 年到 2000 年使用 1990 年不变价格,从 2001 年到 2005 年使用 2000 年不变价格,从 2006 年到 2010 年使用 2005 年不变价格,目前使用的是 2010 年不变价。

国内生产总值(GDP) 指一个国家所有常住单位在一定时期内生产活动的最终成果。国内生产总值有三种表现形态,即价值形态、收入形态和产品形态。从价值形态看,它是所有常住单位在一定时期内生产的全部货物和服务价值超过同期中间投入的全部非固定资产货物和服务价值的差额,即所有常住单位的增加值之和;从收入形态看,它是所有常住单位在一定时期内创造并分配给常住单位和非常住单位的初次收入分配之和;从产品形态看,它是所有常住单位在一定时期内最终使用的货物和服务价值与货物和服务净出口价值之和。在实际核算中,国内生产总值有三种计算方法,即生产法、收入法和支出法。三种方法分别从不同的方面反映国内生产总值及其构成。对于地区,GDP 中文名称为“地区生产总值”。

支出法国内生产总值 指一个国家所有常住单位在一定时期内用于最终消费、资本形成总额,以及货物和服务的净出口总额,它反映本期生产总值的使用及构成。对于地区,名称为“支出法地区生产总值”。

最终消费 指常住单位在一定时期内对于货物和服务的全部最终消费支出,也就是常住单位为满足物质、文化和精神生活的需要,从本国经济领土和国外购买的货物和服务的支出;不包括非常住单位在本国经济领土内的消费支出。最终消费分为居民消费和政府消费。

居民消费 指常住住户对货物和服务的全部最终消费支出。居民消费按市场价格计算,即按居民支付的购买者价格计算。购买者价格是购买者取得货物所支付的价格,包括购买者支付的运输和商业费用。居民消费除了直接以货币形式购买货物和服务的消费之外,还包括以其他方式获得的货物和服务的消费支出,即所谓的虚拟消费支出。居民虚拟消费支出包括以下几种类型:单位以实物报酬及实物转移的形式提供给劳动者的货物和服务;住户生产并由本住户消费了的货物和服务,其中的服务仅指住户的自有住房服务;金融机构提供的金融媒介服务;保险公司提供的保险服务。

政府消费 指政府部门为全社会提供公共服务的消费支出和免费或以较低价格向住户提供的货物和服务的净支出。前者等于政府服务的产出价值减去政府单位所获得的经营收入的价值,政府服务的产出价值等于它的经常性业务支出加上固定资产折旧;后者等于政府部门免费或以较低价格向住户提供的货物和服务的市场价值减去向住户收取的价值。

资本形成总额 指常住单位在一定时期内获得的减去处置的固定资产加存货的变动,包括固定资本形成总额和存货增加。

固定资本形成总额 指常住单位购置、转入和自产自用的固定资产,扣除固定资产的销售和转出后的价值,分有形固定资产形成总额和无形固定资产形成总额。有形固定资产形成总额包括一定时期内完成的建筑工程、安装工程和设备工器具购置(减处置)价值,以及土地改良、新增役、种、奶、毛、娱乐用牲畜和新增经济林木价值。无形固定资产形成总额包括矿藏的勘探、计算机软件、娱乐和文学艺术品原件等获得减处置。

存货增加 指常住单位存货实物量变动的市场价值,即期末价值减期初价值的差额。存货增加可以是正值,也可以是负值;正值表示存货上升,负值表示存货下降。它包括生产单位购进的原材料、燃料和储备物资等存货,以及生产单位生产的产成品、在制品等存货等。

货物和服务净出口 指货物和服务出口减货物和服务进口的差额。出口包括常住单位向非常住单位出售或无偿转让的各种货物和服务的价值;进口包括常住单位从非常住单位购买或无偿得到的各种货物和服务的价值。由于服务活动的提供与使用同时发生,因此服务的进出口业务并不发生出入境现象,一般把常住单位从国外得到的服务作为进口,非常住单位从本国得到的服务作为出口。货物的出口和进口都按离岸价格计算。

Explanatory Notes on Main Statistical Indicators

Comparable Prices refer to prices that are used to remove the factors of price change in calculating economic aggregates, so as to facilitate comparison of aggregates over time. Two methods are used for calculating economic aggregates at comparable prices: 1. Multiplying the output of products by their constant prices of certain year;2. Deflation of data at current prices by relevant price index.

Constant Price refers to the average price of a given product in certain year, which is used for comparison of output value over time. As the output value at constant prices removes the factor of price changes, it reflects the trend of production development over time. Since 1949, with the changes in general price level, National Bureau of Statistics has issued nationally unified constant prices six times: the 1952 constant prices for 1952 – 1957; the 1957 constant prices for 1957 – 1970; the 1970 constant prices for 1971 – 1980; the 1980 constant prices for 1981 – 1990; the 1990 constant prices for 1991 – 2000; the 2000 constant prices for 2001 – 2005; the 2005 constant prices for 2006 – 2010, the 2010 constant prices for now.

Gross Domestic Product (GDP) refers to the final products of all resident units in a country during a certain period of time. Gross domestic product is expressed in three different forms, i. e. value, income, and products respectively. The form of value refers to the total value of all products and services produced by all resident units during a certain period of time minus total value of intimidate input of materials and services of the nature of non-fixed assets or the summation of the value-added of all resident units; the form of income includes all the income created by all resident units and distributed primarily to all resident and non-resident units; the form of products refers to the value of all final goods and services for final use by all resident units plus the value of net exports of goods and services during a given period of time. In the practice of national accounting, gross domestic product is calculated with three approaches, i. e. production approach, income approach, and expenditure approach, which reflect gross domestic product and its composition from different aspects. The Chinese meaning of "GDP" is "Gross Regional Product" as to the certain region.

GDP Calculated with Expenditure Approach refers to total expenditure on final consumption, total capital formation and net export of goods and services by resident units of a country in a certain period of time. It reflects the composition of GDP by its use.

Final Consumption refers to the total expenditure of resident units on final consumption of goods and services in a certain period, namely the expenditure of the resident units for purchases of goods and services from domestic economic territory and abroad to meet the requirements of material, cultural and spiritual life. It excludes the expenditure of non-resident units on consumption in the economic territory of the country. The final consumption is classified into household consumption and government consumption.

Households Consumption refers to the total expenditure of resident households on the final consumption of goods and services. The households consumption is calculated at market prices, namely the purchasers prices which the households pay; the purchasers prices of goods are the prices the households pay when they obtain the goods, including the transport and commercial expenses paid by the households. In addition to the consumption of goods and services bought by the households directly with money, the expenditure on goods and services obtained by the households in other ways, i. e. the so-called imputed expenditure on consumption, is also included in the households consumption. The imputation expenditure of the households on consumption includes the following types: (a) the goods and services provided to the households by the units in the form of payment in kind and transfer in kind; (b) the goods and services produced and consumed by the households themselves, in which the services refer only to the services provided by the residential buildings owned by the households; (c) the services of financial intermediary provided by the financial institutions; (d) the insurance services provided by the insurance companies.

Government Consumption refers to the expenditure on the consumption of the public services provided by the government to the whole society and the net expenditure on the goods and services provided by the government to the households at free charge or lower prices. The former equals to the output value of the government services minus the value of operating income obtained by the government departments. (The output value of the government services equals to its current operating expenditure plus depreciation of fixed assets). The latter equals to the market value of the goods and services provided by the government free of charge or at low prices to the households minus the value received by the government from the households.

Total Capital Formation refers to the fixed assets acquired minus those disposed and the change in inventory, including the total fixed assets formation and the increase in inventory.

Total Fixed Capital Formation refers to the value of fixed assets purchased, transferred in by the resident units and those produced and used by themselves deducting the value of fixed assets sold and transferred out. It can be classified into total tangible assets formation and total intangible assets formation. The total tangible assets formation include the value of the construction projects, installation projects completed and the equipment, apparatus and instruments purchased as well as the value of land improved, the value of draught animals, breeding stock, milk, wool and recreational animals and the newly increased economic forest in a certain period. The total intangible assets formation includes the prospecting of minerals, the acquisition of computer software, the originals of recreational works and works of literature and arts minus the disposal of them. Increase in Inventory refers to the market value of the change in inventory, i. e. the difference of value between the beginning and the end of the period. The increase in inventory can be positive or negative. A positive value indicates the increase in inventory while a negative value indicates the decrease in stock. The inventory includes the raw materials, fuels and reserve materials purchased by the production units as well as the inventory of finished products, semi-finished products, work in progress. etc.

Increase in Inventory refers to the market value of the change in inventory, i. e. The difference of value between the beginning and the end of the period. The increase in inventory can be positive or negative. A positive value indicates the increase in inventory while a negative value indicates the decrease in stock. The inventory includes the materials, fuels and reserve materials purchased by the production units as well as the inventory of finished products, semi-finished products, work-in-progress, ect.

Net Export of Goods and Services refers to the difference of the exports of goods and services minus the imports of goods and services. The imports include the value of various goods and services sold or gratuitously transferred by the resident units to the non-resident units. The imports include the value of various goods and services purchased or gratuitously acquired by the resident units from the non-resident units. Because the provision of services and the use of them happen simultaneously, the import and export of services do not appear to have the phenomena of crossing the border of the country. The acquisition of services by the resident units from abroad is usually treated as import while the acquisition of services by non-resident units in this country is usually treated as export. The export and import of goods are calculated at FOB.

3

人口、就业和职工工资

Population, Employment and Wages

简要说明

一、本篇资料主要内容

本篇资料反映我省2012年及历年人口就业和职工工资方面的基本情况。

二、本篇资料来源

1. 人口资料：表3－1、表3－2、表3－3为年末主要人口推算数据，其中2001－2009年数据根据第六次人口普查作了修订；表3－4为公安户籍资料；表3－5为六次人口普查主要数据；表3－6为年末常住人口推算数据；表3－7至3－9为2012年人口变动情况抽样调查样本数据；表3－10为2012年劳动力调查样本数据。

2. 就业基本情况及分组资料、职工工资总额等资料，根据《劳动统计报表制度》、《劳动力调查制度》等搜集资料，加工整理。

3. 私营企业及个体工商业就业人员，由工商行政管理部门提供。城镇登记失业人数，由人力资源和社会保障部门整理提供。

三、本篇统计调查方法

1. 人口资料采用抽样调查方法和人口普查资料进行整理。

2. 城镇单位（不含私营个体）统计资料采用全面调查方法；劳动力调查采用抽样调查方法；私营企业和个体工商户资料利用行政登记资料进行汇总。

Brief Introduction

I. Main Contents

Data in this chapter show the basic condition of the population, employment and wages in 2012 as well as previous years for the province.

II. Sources of Data

1. Data on population: Data in tables 3－1, 3－2 and 3－3 are estimated from the main population at year-end, figures for 2001－2009 have been revised in line with the data from the sixth National Population Census; data in table 3－4 are household registered population; data in table 3－5 present the main results from the sixth national population censuses from department of public security; data in table 3－6 are estimation of permanent population at year-end; data in tables 3－7 to 3－9 are the data of change of population sampling survey in 2012; data in table 3－10 are the data of labor sampling survey in 2012.

2. Data on basic conditions of employment, data by groups, total wage bills of staff and workers are collected and compiled through *The Reporting Form System on Labour Statistics*, *The Sample Survey System on Labour Force*.

3. Data on the number of employed persons in private enterprises and self-employed individuals are provided by the administration for industry and commerce.

III. Methodology of Survey

1. Data on population are collected by sampling survey and compiled according to the population censuses.

2. A complete reporting is used in the employed persons in urban units (excluded private and individual units); the sampling survey on labour force are conducted using sampling methods; statistics on private enterprises and self-employed individuals are collected and compiled on basis of administrative registering records.

3－1　全省人口数、户数(常住)

Population and Households(Permanent)

年　份 Year	总户数(万户) Households(10000 households)	总人口(万人) Total Population(10000 persons)	按性别分 Grouped by Sex				平均每户人数(人/户) Average Family Size(person/households)	年平均人口(万人) Average Annual Population(10000 persons)	人口密度(人/平方公里) Density of Population(person/sq. km)
			男 Male		女 Female				
			人口数(万人) Population(10000 persons)	比重(%) Proportion	人口数(万人) Population(10000 persons)	比重(%) Proportion			
1990	1806.78	6766.90	3443.68	50.89	3323.22	49.11	3.75		660
1991	1859.70	6843.70	3451.96	50.44	3391.74	49.56	3.68	6805.30	667
1992	1957.85	6911.20	3483.24	50.40	3427.96	49.60	3.53	6877.45	674
1993	1893.28	6967.27	3513.59	50.43	3453.68	49.57	3.68	6939.24	679
1994	1923.44	7020.54	3534.09	50.34	3486.45	49.66	3.65	6993.91	684
1995	2066.09	7066.02	3589.56	50.80	3476.46	49.20	3.42	7043.28	689
1996	2014.21	7110.16	3610.72	50.78	3499.44	49.22	3.53	7088.09	693
1997	2133.69	7147.86	3628.08	50.76	3519.78	49.24	3.35	7129.01	697
1998	2087.92	7182.46	3643.21	50.72	3539.26	49.28	3.44	7165.16	700
1999	2121.51	7213.13	3656.05	50.69	3557.08	49.31	3.40	7197.80	703
2000	2220.38	7327.24	3710.28	50.64	3616.96	49.36	3.30	7270.19	714
2001	2314.00	7358.52	3724.81	50.62	3633.71	49.38	3.18	7342.88	717
2002	2350.96	7405.50	3752.03	50.67	3653.47	49.33	3.15	7382.01	722
2003	2345.19	7457.70	3775.26	50.62	3682.44	49.38	3.18	7431.60	727
2004	2388.23	7522.95	3811.87	50.67	3711.08	49.33	3.15	7490.33	733
2005	2463.60	7588.24	3795.64	50.02	3792.60	49.98	3.08	7555.59	740
2006	2485.61	7655.66	3829.47	50.02	3826.19	49.98	3.08	7621.95	746
2007	2507.51	7723.13	3863.09	50.02	3860.03	49.98	3.08	7689.40	753
2008	2504.03	7762.48	3883.33	50.03	3879.15	49.97	3.10	7742.81	756
2009	2519.44	7810.27	3908.18	50.04	3902.09	49.96	3.10	7786.38	761
2010	2564.59	7869.34	3964.31	50.38	3905.03	49.62	3.07	7839.80	767
2011	2572.90	7898.80	3977.69	50.36	3921.11	49.64	3.07	7884.07	770
2012	2588.23	7919.98	3987.91	50.35	3932.07	49.65	3.06	7909.40	772

3-2 全省市、镇、乡村人口数及其构成

City, Town, Country Population and It's Composition

单位:万人 (10000 persons)

年份 Year	总人口数 Total Population	#城镇人口 Urban		市 City		镇 Town		乡村 Rural	
		人口数 Population	占总人口% Proportion	人口数 Population	占总人口% Proportion	人口数 Population	占总人口% Proportion	人口数 Population	占总人口% Proportion
1978	5834.32	800.77	13.7	570.14	9.8	230.63	3.9	5033.55	86.3
1980	5938.19	901.78	15.2	636.41	10.7	265.37	4.5	5036.41	84.8
1985	6213.48	1099.79	17.7					5113.69	82.3
1990	6766.90	1458.94	21.6	1043.45	15.4	415.49	6.1	5307.96	78.5
1991	6843.70	1587.74	23.2	1163.43	17.0	424.31	6.2	5255.96	76.8
1992	6911.20	1643.72	23.8	1182.59	17.1	461.13	6.7	5267.48	76.2
1993	6967.27	1673.58	24.0	1199.26	17.2	474.32	6.8	5293.69	76.0
1994	7020.54	1733.01	24.7	1255.58	17.9	477.43	6.8	5287.53	75.3
1995	7066.02	1929.09	27.3	1331.30	18.8	597.79	8.5	5136.93	72.7
1996	7110.16	1942.50	27.3	1328.18	18.7	614.32	8.6	5167.66	72.7
1997	7147.86	2133.64	29.9	1465.31	20.5	668.33	9.4	5014.22	70.1
1998	7182.46	2262.47	31.5	1537.05	21.4	725.42	10.1	4919.99	68.5
1999	7213.13	2520.09	34.9	1685.84	23.4	834.25	11.6	4693.04	65.1
2000	7327.24	3040.81	41.5	1868.45	25.5	1172.36	16.0	4286.43	58.5
2001	7358.52	3134.73	42.6	1927.93	26.2	1206.80	16.4	4223.79	57.4
2002	7405.50	3310.25	44.7	2028.37	27.4	1281.89	17.3	4095.25	55.3
2003	7457.70	3487.97	46.8	2137.38	28.7	1350.59	18.1	3969.73	53.2
2004	7522.95	3624.56	48.2	2174.73	28.9	1449.82	19.3	3898.39	51.8
2005	7588.24	3832.06	50.5	2307.80	30.4	1524.26	20.1	3756.18	49.5
2006	7655.66	3973.29	51.9	2392.85	31.3	1580.44	20.6	3682.37	48.1
2007	7723.13	4108.70	53.2	2474.33	32.0	1634.37	21.2	3614.43	46.8
2008	7762.48	4215.17	54.3	2538.45	32.7	1676.72	21.6	3547.31	45.7
2009	7810.27	4342.51	55.6	2619.43	33.5	1723.08	22.1	3467.76	44.4
2010	7869.34	4767.63	60.6	3012.38	38.3	1755.25	22.3	3101.71	39.4
2011	7898.80	4889.36	61.9	3095.45	39.2	1793.91	22.7	3009.44	38.1
2012	7919.98	4990.09	63.0	3160.07	39.9	1830.02	23.1	2929.89	37.0

3－3 全省人口自然变动
Natural Change of Population

单位:万人 (10000 persons)

年 份 Year	出 生 Birth		死 亡 Death		自然增长 Natural Growth	
	人 数 Population	出生率（‰） Birth Rate	人 数 Population	死亡率（‰） Death Rate	人 数 Population	自然增长率(‰) Natural Growth Rate
1978	90.62	15.63	35.32	6.09	55.30	9.54
1979	85.79	14.63	34.31	5.85	51.48	8.78
1980	86.90	14.69	38.87	6.57	48.03	8.12
1981	100.58	16.83	37.18	6.22	63.40	10.61
1982	99.42	16.43	34.77	5.75	64.65	10.68
1983	73.17	11.97	36.39	5.95	36.78	6.02
1984	64.09	10.42	36.32	5.90	27.77	4.52
1985	67.11	10.84	36.35	5.87	30.76	4.97
1986	82.38	13.20	36.19	5.80	46.19	7.40
1987	97.27	15.42	36.50	5.79	60.77	9.63
1988	102.46	16.03	37.65	5.89	64.81	10.14
1989	111.27	17.15	36.31	5.60	74.96	11.55
1990	137.96	20.54	43.86	6.53	94.10	14.01
1991	116.03	17.05	44.23	6.50	71.80	10.55
1992	108.04	15.71	46.49	6.76	61.55	8.95
1993	96.94	13.97	45.87	6.61	51.07	7.36
1994	96.38	13.78	47.98	6.86	48.40	6.92
1995	86.77	12.32	46.20	6.56	40.57	5.76
1996	85.84	12.11	46.64	6.58	39.20	5.53
1997	81.47	11.43	48.76	6.84	32.71	4.59
1998	78.60	10.97	49.01	6.84	29.59	4.13
1999	75.58	10.50	49.95	6.94	25.63	3.56
2000	66.01	9.08	47.40	6.52	18.61	2.56
2001	66.31	9.03	48.61	6.62	17.70	2.41
2002	67.69	9.17	51.60	6.99	16.09	2.18
2003	67.18	9.04	52.24	7.03	14.94	2.01
2004	70.78	9.45	53.93	7.20	16.85	2.25
2005	69.81	9.24	53.12	7.03	16.70	2.21
2006	71.34	9.36	53.96	7.08	17.38	2.28
2007	72.05	9.37	54.36	7.07	17.69	2.30
2008	72.32	9.34	54.51	7.04	17.81	2.30
2009	74.36	9.55	54.43	6.99	19.93	2.56
2010	76.31	9.73	53.94	6.88	22.37	2.85
2011	75.61	9.59	55.03	6.98	20.58	2.61
2012	74.67	9.44	55.29	6.99	19.38	2.45

3-4 全省人口数、户数(户籍)

Population and Households (Registered)

年份 Year	总户数(万户) Households (10000 households)	总人口(万人) Total Population (10000 persons)	按性别分 Grouped by Sex				平均每户人数(人/户) Average Family Size (person/households)	年平均人口(万人) Average Annual Population (10000 persons)	人口密度(人/平方公里) Density of Population (person/sq. km)
			男 Male		女 Female				
			人口数(万人) Population (10000 persons)	比重(%) Proportion	人口数(万人) Population (10000 persons)	比重(%) Proportion			
1949	838.00	3512.00	1778.80	50.65	1733.20	49.35	4.19		342
1952	888.00	3739.00	1891.60	50.59	1847.40	49.41	4.21	3697.50	364
1957	985.51	4182.71	2087.06	49.90	2095.65	50.10	4.24	4136.05	408
1962	1089.51	4333.74	2155.01	49.70	2178.73	50.30	3.98	4288.57	422
1965	1110.13	4623.74	2319.92	50.17	2303.82	49.83	4.17	4567.75	451
1970	1215.28	5252.09	2635.02	50.17	2617.07	49.83	4.32	5185.36	512
1975	1315.55	5636.12	2842.86	50.44	2793.26	49.56	4.28	5600.91	549
1980	1471.76	5938.19	3003.75	50.58	2934.44	49.42	4.03	5915.37	579
1981	1518.91	6010.24	3047.66	50.71	2962.58	49.29	3.96	5974.22	586
1982	1554.78	6088.94	3093.60	50.81	2995.34	49.19	3.92	6049.59	593
1983	1574.46	6134.99	3122.06	50.89	3012.93	49.11	3.90	6111.97	598
1984	1597.81	6171.43	3143.01	50.93	3028.42	49.07	3.86	6153.21	602
1985	1633.62	6213.48	3168.25	50.99	3045.23	49.01	3.80	6192.46	606
1986	1681.10	6269.90	3199.18	51.02	3070.72	48.98	3.73	6241.69	611
1987	1736.98	6348.00	3241.71	51.07	3106.29	48.93	3.65	6308.95	619
1988	1834.32	6438.27	3289.49	51.09	3148.78	48.91	3.51	6393.14	628
1989	1903.71	6535.85	3339.10	51.09	3196.75	48.91	3.43	6487.06	637
1990	1956.89	6671.73	3406.33	51.06	3265.40	48.94	3.41	6618.80	650
1991	1987.55	6733.87	3439.29	51.07	3294.58	48.93	3.39	6702.80	656
1992	2015.17	6767.49	3457.77	51.09	3309.72	48.91	3.36	6750.68	660
1993	2034.87	6800.69	3476.26	51.12	3324.43	48.88	3.34	6784.09	663
1994	2055.96	6831.28	3491.72	51.11	3339.56	48.89	3.32	6815.99	666
1995	2085.96	6868.42	3509.59	51.10	3358.83	48.90	3.29	6849.85	669
1996	2113.07	6908.13	3528.95	51.08	3379.19	48.92	3.27	6888.28	673
1997	2146.87	6948.36	3537.04	50.90	3411.32	49.10	3.24	6928.25	677
1998	2186.70	6983.09	3565.55	51.06	3417.54	48.94	3.19	6965.73	681
1999	2221.70	7009.09	3577.71	51.04	3431.37	48.96	3.15	6996.09	683
2000	2268.56	7069.28	3602.92	50.97	3466.36	49.03	3.12	7039.19	689
2001	2300.83	7097.00	3616.16	50.95	3480.84	49.05	3.08	7083.14	692
2002	2323.06	7127.33	3631.10	50.95	3496.23	49.05	3.07	7112.17	695
2003	2344.84	7163.93	3646.60	50.90	3517.33	49.10	3.06	7145.63	698
2004	2359.61	7206.05	3663.62	50.84	3542.43	49.16	3.05	7184.99	702
2005	2382.21	7252.88	3686.09	50.82	3566.79	49.18	3.04	7229.47	707
2006	2390.18	7317.72	3715.24	50.77	3602.48	49.23	3.06	7285.30	713
2007	2390.55	7354.08	3733.67	50.77	3620.41	49.23	3.08	7335.90	717
2008	2399.15	7388.63	3750.38	50.77	3638.25	49.23	3.08	7371.36	720
2009	2403.89	7419.23	3765.32	50.75	3653.91	49.25	3.09	7403.93	723
2010	2417.01	7466.59	3787.73	50.73	3678.86	49.27	3.09	7442.91	728
2011	2425.11	7514.25	3811.84	50.73	3702.41	49.27	3.10	7490.42	732
2012	2417.30	7553.48	3832.55	50.74	3720.93	49.26	3.12	7533.87	736

3-5 全省历次人口普查主要数据

Major Data of All Previous Provincial Population Census

指标	Item	1953	1964	1982	1990	2000	2010
总人口 （万人）	Total Population (10000 persons)	3767.29	4452.21	6052.11	6705.68	7304.36	7866.09
男	Male	1888.95	2242.71	3076.75	3412.32	3698.20	3962.67
女	Female	1878.34	2209.50	2975.36	3293.36	3606.16	3903.42
性别比 （女性为100）	Sex Ratio (Female = 100)	100.6	101.5	103.4	103.6	102.6	101.5
家庭户规模 （人/户）	Family Size (person/household)	4.19	4.09	3.91	3.66	3.25	2.94
各年龄组人口 （万人）	Population by Age Group (10000 persons)						
0—14岁	Aged 0—14	1414.86	1772.66	1753.75	1592.47	1434.20	1023.35
15—64岁	Aged 15—64	2183.21	2514.48	3962.69	4657.93	5224.32	5986.88
65岁及以上	Aged 65 and Over	169.22	165.07	335.67	455.28	645.84	855.86
民族人口 （万人）	Population by Ethnicity (10000 persons)						
汉族	Han Nationality	3760.92	4443.90	6041.08	6690.37	7278.37	7827.60
占总人口比重 （%）	Proportion (%)	99.8	99.8	99.8	99.8	99.6	99.5
少数民族	Minority Nationalities	6.37	8.31	11.03	15.28	25.99	38.49
占总人口比重 （%）	Proportion (%)	0.2	0.2	0.2	0.2	0.4	0.5
每十万人拥有的各种受教育程度人口（人）	Population with Various Education Attainments per 100000 Persons (person)						
大专及以上	Junior College and Above		386	639	1474	3919	10820
高中和中专	Senior Secondary School and Technical Secondary School		1470	6981	8670	13079	16150
初中	Junior Secondary School		5236	20049	26426	36365	38676
小学	Primary School		26588	32613	34791	32882	24196
城乡人口 （万人）	Population by Residence (10000 persons)						
城镇人口	Urban Population	556.81	660.26	957.22	1446.85	3086.24	4737.15
乡村人口	Rural Population	3210.48	3791.95	5094.89	5258.83	4218.12	3128.94
平均预期寿命 （岁）	Average Life Expectancy (age)			69.49	71.62	74.13	76.63
男	Male			67.35	69.46	71.88	74.60
女	Female			71.56	73.82	76.47	78.81

注：2010年数据取自人口普查计算机汇总资料。

a) Data of 2010 are gathered from the tabulation data of population census.

3-6 按地区分常住人口

Population by Region

单位:万人 (10000 persons)

地区	Region	2011 总人口 Total	2011 城镇人口 Urban Population	2011 城镇人口比重(%) Proportion	2012 总人口 Total	2012 城镇人口 Urban Population	2012 城镇人口比重(%) Proportion
全　省	**Total**	**7898.80**	**4889.36**	**61.90**	**7919.98**	**4990**	**63.0**
按省辖市分	by Cities						
南京市	Nanjing	810.91	646.54	79.73	816.10	655	80.2
无锡市	Wuxi	643.22	464.60	72.23	646.55	471	72.9
徐州市	Xuzhou	857.26	475.18	55.43	856.41	486	56.7
常州市	Changzhou	464.97	303.16	65.20	468.68	310	66.2
苏州市	Suzhou	1051.87	750.09	71.31	1054.91	763	72.3
南通市	Nantong	728.91	419.85	57.60	729.73	428	58.7
连云港市	Lianyungang	438.61	233.12	53.15	440.69	240	54.4
淮安市	Huaian	480.34	249.97	52.04	480.30	257	53.5
盐城市	Yancheng	723.74	390.82	54.00	721.63	403	55.8
扬州市	Yangzhou	446.30	258.41	57.90	446.72	263	58.8
镇江市	Zhenjiang	313.43	197.53	63.02	315.48	203	64.2
泰州市	Taizhou	462.60	262.81	56.81	462.98	268	57.9
宿迁市	Suqian	476.64	237.28	49.78	479.80	245	51.0
按区域分	by Regions						
苏　南	Southern Jiangsu	3284.40	2361.92	71.91	3301.72	2402	72.7
苏　中	Mid Jiangsu	1637.81	941.07	57.46	1639.43	959	58.5
苏　北	Northern Jiangsu	2976.59	1586.37	53.29	2978.83	1629	54.7

注:表中数据为年末常住人口推算数据。

a) Data in the table are estimation of permanent population at year－end.

3－7 全省人口年龄构成情况(2012 年 11 月 1 日零时)
Composition of Population Grouped by Age (0 o'clock on November 1,2012)

单位:人 (person)

年龄组 Age Group	总人口 Total	#女 Female	市镇 Urban	市 City	镇 Town	乡村 Rural
合 计(Total)	**393518**	**196659**	**280357**	**169888**	**110469**	**113161**
0—4	17943	8087	12303	6751	5552	5640
5—9	18324	8227	12844	7044	5800	5480
10—14	15511	7000	11139	6144	4995	4372
15—19	21585	10219	15918	9841	6077	5667
20—24	32620	16460	24286	16304	7982	8334
25—29	28757	14898	22048	14668	7380	6709
30—34	29551	15059	23559	15914	7645	5992
35—39	29797	15024	23171	14564	8607	6626
40—44	39704	20298	29150	17171	11979	10554
45—49	37467	19048	26158	15234	10924	11309
50—54	23347	11698	16184	9678	6506	7163
55—59	29307	14566	19213	11291	7922	10094
60—64	23288	11753	15062	8749	6313	8226
65—69	16101	7992	10249	5722	4527	5852
70—74	12083	6057	7655	4333	3322	4428
75—79	9107	4793	5746	3172	2574	3361
80—84	5572	3243	3517	2035	1482	2055
85—89	2472	1551	1548	913	635	924
90 及以上 (90 and over)	982	686	607	360	247	375

注：本表是 2012 年人口变动情况抽样调查样本数据，抽样比为 4.97‰。
a) Data in this table is 2012 population changes sample survey, sampling ratio 4.97‰.

3-8 全省人口受教育程度情况（2012年11月1日零时）
Educated Situation of Population (0 o'clock on November 1,2012)

单位:人 (person)

项目 Item		6岁及以上人口合计 Aged 6 and Over	不识字或识字很少 Illiterate or Nearly Illiterate	小学 Primary Shool	初中 Junior Secondary Shool	高中 Senior and Specialized Secondary Shool	大专及以上 College and Above
合计	**Total**	**371662**	**19325**	**91522**	**144931**	**68119**	**47765**
男	Male	184837	4762	40737	74977	38330	26031
女	Female	186825	14563	50785	69954	29789	21734
按城乡分	Grouped by City and Country						
城镇	City	265303	10772	55873	99183	55705	43770
男	Male	132669	2606	25084	50486	30687	23806
女	Female	132634	8166	30789	48697	25018	19964
乡村	Country	106359	8553	35649	45748	12414	3995
男	Male	52168	2156	15653	24491	7643	2225
女	Female	54191	6397	19996	21257	4771	1770

注：本表是2012年人口变动情况抽样调查样本数据，抽样比为4.97‰。
a) Data in the table are the data of change of population by 4.97‰ sampling survey in 2012.

3-9 全省15岁及以上人口的婚姻状况（2012年11月1日零时）
Marriage Status of Population Aged 15 and Over (0 o'clock on November 1,2012)

单位:人 (person)

年龄组 Age Group	未婚 Never Married	初婚有配偶 First Married	再婚有配偶 Re-married	离婚 Divorce	丧偶 Widowed
合计 (Total)	**55035**	**258933**	**4818**	**3802**	**19152**
15—19	21083	474	6	19	3
20—24	23238	9268	39	62	13
25—29	6407	22004	148	180	18
30—34	1362	27316	368	451	54
35—39	531	28132	503	540	91
40—44	491	37466	803	699	245
45—49	414	35041	829	663	520
50—54	269	21541	491	415	631
55—59	396	26520	582	344	1465
60—64	266	20437	418	185	1982
65及以上(65 and over)	578	30734	631	244	14130

注：本表是2012年人口变动情况抽样调查样本数据，抽样比为4.97‰。
a) Data in the table are the data of change of population by 4.97‰ sampling survey in 2012.

3-10 全省16岁及以上人口经济活动情况（2012年11月10日零时）

Condition of Economic Activities of Age 16 and Above Population(0 o'clock on November 10,2012)

单位:人 (person)

年龄组 Age Group	16岁及以上人口 16 aged and Above Population			经济活动人口 Economically-active Population			非经济活动人口 Non Economically-active Population		
	小计 Total	男 Male	女 Female	小计 Total	男 Male	女 Female	小计 Total	男 Male	女 Female
合计 (Total)	**15105**	**7532**	**7573**	**10710**	**5773**	**4937**	**4395**	**1759**	**2636**
16—19	699	349	350	73	45	28	626	304	322
20—24	1204	648	556	845	462	383	359	186	173
25—29	1068	538	530	1009	522	487	59	16	43
30—34	1081	535	546	1024	521	503	57	14	43
35—39	1231	574	657	1176	565	611	55	9	46
40—44	1795	902	893	1707	887	820	88	15	73
45—49	1831	926	905	1694	894	800	137	32	105
50—54	1228	585	643	971	553	418	257	32	225
55—59	1509	771	738	1012	642	370	497	129	368
60—64	1189	593	596	597	338	259	592	255	337
65及以上 (65 and over)	2270	1111	1159	602	344	258	1668	767	901

注：本表是2012年劳动力抽样调查样本数据，抽样比为0.22‰。

a) Data in the table are the data of change of labour by 0.22‰ sampling survey in 2012.

3－11 就业基本情况 Employment

指标	Item	1995	2000	2005	2010	2011	2012
从业人员合计 （万人）	**Total Number of Employed Persons (10000 persons)**	**4385.17**	**4418.14**	**4578.75**	**4754.68**	**4758.23**	**4759.53**
第一产业	Primary Industry	2057.08	1890.96	1414.83	1060.29	1023.02	989.98
第二产业	Secondary Industry	1407.64	1335.16	1703.29	1996.97	2017.49	2032.32
第三产业	Tertiary Industry	920.45	1192.02	1460.62	1697.42	1717.72	1737.23
从业人员构成 （%）	**Composition of Employed Persons (%)**						
第一产业	Primary Industry	46.9	42.8	30.9	22.3	21.5	20.8
第二产业	Secondary Industry	32.1	30.2	37.2	42.0	42.4	42.7
第三产业	Tertiary Industry	21.0	27.0	31.9	35.7	36.1	36.5
城镇从业人员 （万人）	**Employed Persons in Urban Units (10000 persons)**	**1119.33**	**1655.00**	**2133.58**	**2809.58**	**2869.51**	**2922.38**
#城镇单位从业人员	Urban Employed Persons	926.48	693.09	628.82	763.75	811.28	830.94
国有单位	State-owned Units	581.88	421.75	283.75	281.21	291.00	295.99
城镇集体单位	Urban Collective Owned Units	277.71	117.94	38.70	30.31	31.20	30.19
其他单位	Others	66.89	153.41	306.37	452.23	489.08	504.76
内资单位	Domestic Funded	29.63	102.03	176.27	243.52	267.27	278.43
股份合作单位	Cooperative Units		17.84	8.31	6.31	7.25	7.41
联营单位	Joint Ownership Units	11.92	5.45	1.78	1.10	1.16	1.54
有限责任公司	Limited Liability Corporations		47.07	88.09	106.90	114.96	119.53
股份有限公司	Share-holding Corporations Ltd.		30.66	52.88	59.27	69.91	67.80
其他	Others		0.99	25.21	69.95	73.99	82.15
港澳台商投资单位	Units with Funds from Hong Kong, Macao & Taiwan	19.27	20.00	50.38	65.03	68.72	73.08
外商投资单位	Foreign Funded Units	17.99	31.38	79.72	143.68	153.08	153.25
私营企业	Private Enterprises	65.89	96.57	397.20	958.85	1007.62	1064.73
个体	Self-employed Individuals		81.18	189.20	338.45	374.21	402.29
职工人数 （万人）	**Number of Staff and Workers (10000 persons)**	**915.98**	**673.25**	**602.93**	**710.58**	**774.39**	**792.62**
国有单位	State-owned Units	576.24	411.40	273.43	263.95	276.86	280.92
城镇集体单位	Urban Collective-owned Units	273.96	114.85	36.84	27.35	27.77	27.59
其他单位	Units of Other Types of Ownership	65.78	147.00	292.67	419.28	469.76	484.11
城镇单位女性从业人员 （万人）	**Number of Employed Female Persons in Urban Units (10000 persons)**	**375.50**	**270.20**	**264.94**	**319.03**	**335.23**	**338.55**
年末城镇登记失业人数 （万人）	**Number of Registered Unemployed Persons in Urban Areas (year-end) (10000 persons)**	**20.13**	**30.36**	**41.63**	**40.65**	**41.45**	**40.47**
年末城镇登记失业率 （%）	**Registered Unemployment Rate in Urban Areas (year-end) (%)**	**2.0**	**3.2**	**3.6**	**3.16**	**3.22**	**3.14**

3－12 从 业 人 数

Number of Employed Persons

单位:万人 (10000 persons)

年 份 Year	从业人数 Total Number of Employed Persons	#城镇单位职工人数 Number of Staff and Workers in Urban Units	国有单位 State-owned Units	城镇集体单位 Urban Collective-owned Units	其他单位 Other Uuits	#城镇单位其他从业人员 Others Employed Persons in Urban Areas	#城镇私营及个体从业人员 Employed Persons in Urban Private Enterprises and Individual Units
1978	2777.72	581.50	366.37	215.13			1.62
1980	2821.03	644.15	401.98	242.17			2.75
1985	3262.97	782.44	468.80	305.39	8.25		11.86
1989	3519.83	867.55	525.24	324.73	17.58		19.10
1990	4225.02	879.85	536.88	323.34	19.63		23.57
1991	4272.97	899.27	551.52	324.91	22.84		21.92
1992	4315.12	904.09	562.69	313.81	27.59		23.63
1993	4339.81	914.73	574.02	293.57	47.14	12.81	37.11
1994	4362.76	909.83	571.39	277.27	60.67	11.04	52.99
1995	4385.17	915.98	576.24	273.96	65.78	10.50	65.89
1996	4386.97	905.52	575.48	256.91	73.13	10.79	72.80
1997	4388.79	893.74	577.54	239.61	76.59	11.29	90.12
1998	4389.92	752.76	471.52	161.85	119.39	16.41	129.89
1999	4390.71	717.12	445.27	139.03	132.82	18.99	150.34
2000	4418.14	673.25	411.40	114.85	147.00	19.84	177.75
2001	4436.45	625.83	377.40	90.34	158.09	22.35	232.79
2002	4472.84	590.32	329.96	67.11	193.25	25.33	240.61
2003	4499.97	579.10	304.98	52.58	221.54	29.41	352.60
2004	4537.07	575.08	281.03	41.11	252.94	31.77	446.86
2005	4578.75	602.93	273.43	36.83	292.67	25.89	586.40
2006	4628.95	645.71	268.41	33.58	343.72	33.66	722.30
2007	4677.88	667.27	268.54	33.12	365.62	35.41	828.61
2008	4700.96	668.29	264.31	31.45	372.53	39.35	1019.13
2009	4726.54	673.74	263.26	28.15	382.32	47.61	1147.08
2010	4754.68	710.58	263.95	27.35	419.28	53.17	1297.30
2011	4758.23	774.39	276.86	27.77	469.76	36.89	1381.83
2012	4759.53	792.62	280.92	27.59	484.11	38.32	1467.02

注：1. 从1990年开始从业人数为推算数。
2. 1998年以前的职工人数包括在岗职工人数和下岗职工人数(下同)。
3. 1998年开始的职工人数为在岗职工人数,不包括离开本单位仍保留劳动关系的职工人数(下同)。

a) Since 1990, the number of employed persons was the estimated figure.
b) Before 1998, the number of staff and workers included employed and laid off personnels. (The same as in the following tables)
c) Since 1998, the number of staff and workers included employed personnels, excluded staff and workers who had left self units, but still remained the labor relationship. (The same as in the following tables)

3－13 分地区从业人数

单位:万人

地 区 Region		2010			
		从业人数 Total Number of Employed Persons	第一产业 Primary Industry	第二产业 Secondary Industry	第三产业 Tertiary Industry
全 省	**Total**	**4754.7**	**1060.3**	**1997.0**	**1697.4**
按省辖市分	by Cities				
南京市	Nanjing	441.7	48.5	151.1	242.1
无锡市	Wuxi	382.3	18.6	222.7	141.0
徐州市	Xuzhou	485.9	197.8	130.6	157.5
常州市	Changzhou	274.6	32.2	146.7	95.7
苏州市	Suzhou	687.5	26.0	427.9	233.6
南通市	Nantong	474.0	125.5	211.1	137.4
连云港市	Lianyungang	251.7	88.3	74.9	88.5
淮安市	Huaian	282.4	88.9	82.0	111.5
盐城市	Yancheng	454.7	155.4	135.2	164.1
扬州市	Yangzhou	269.3	55.6	121.4	92.3
镇江市	Zhenjiang	189.3	24.9	91.9	72.5
泰州市	Taizhou	284.3	76.9	117.6	89.8
宿迁市	Suqian	277.0	121.7	83.9	71.4
按区域分	by Regions				
苏 南	Southern Jiangsu	1975.4	150.2	1040.3	784.9
苏 中	Mid Jiangsu	1027.6	258.0	450.1	319.5
苏 北	Northern Jiangsu	1751.7	652.1	506.6	593.0

Number of Employed Persons by Region

(10000 persons)

2011				2012			
从业人数 Total Number of Employed Persons	第一产业 Primary Industry	第二产业 Secondary Industry	第三产业 Tertiary Industry	从业人数 Total Number of Employed Persons	第一产业 Primary Industry	第二产业 Secondary Industry	第三产业 Tertiary Industry
4758.2	**1023.0**	**2017.5**	**1717.7**	**4759.5**	**990.0**	**2032.3**	**1737.2**
446.8	48.2	150.0	248.6	451.8	49.1	151.1	251.6
386.0	18.4	223.1	144.5	389.1	18.2	223.8	147.1
483.0	189.1	136.5	157.4	478.7	180.4	140.3	158.0
277.7	32.0	147.5	98.2	280.9	31.7	148.2	101.0
691.0	25.6	427.1	238.3	694.3	25.3	427.1	241.9
473.0	121.7	212.8	138.5	468.9	114.5	214.1	140.3
249.8	84.3	77.2	88.3	249.2	83.0	77.7	88.5
281.0	85.1	84.4	111.5	280.4	83.8	84.9	111.7
450.8	148.2	139.1	163.5	447.7	140.1	143.1	164.5
265.9	53.4	120.5	92.0	265.8	52.6	120.8	92.4
190.3	24.6	91.7	74.0	192.0	24.4	92.1	75.5
284.7	74.8	119.1	90.8	284.4	72.8	119.3	92.3
278.2	117.6	88.5	72.1	276.4	114.1	89.8	72.5
1991.8	148.8	1039.4	803.6	2008.1	148.7	1042.3	817.1
1023.6	249.9	452.4	321.3	1019.1	239.9	454.2	325.0
1742.8	624.3	525.7	592.8	1732.4	601.4	535.8	595.2

3－14 分三次产业的从业人数

Number of Employed Persons by Three Types of Industries

单位:万人 (10000 persons)

年 份 Year	从业人数 Total Number of Employed Persons	第一产业 Primary Industry	第二产业 Secondary Industry	第三产业 Tertiary Industry	构 成 (%) Composition (%) 第一产业 Primary Industry	第二产业 Secondary Industry	第三产业 Tertiary Industry
1978	2777.72	1937.06	544.57	296.09	69.7	19.6	10.7
1980	2821.03	1987.28	546.48	287.27	70.4	19.4	10.2
1985	3262.97	1738.09	1065.75	459.13	53.2	32.7	14.1
1989	3519.83	1714.69	1215.40	589.74	48.7	34.5	16.8
1990	4225.02	2389.25	1212.58	623.19	56.6	28.7	14.7
1991	4272.97	2405.68	1226.34	640.95	56.3	28.7	15.0
1992	4315.12	2337.93	1270.80	706.39	54.2	29.4	16.4
1993	4339.81	2228.06	1325.38	786.37	51.4	30.5	18.1
1994	4362.76	2131.65	1375.14	855.97	48.9	31.5	19.6
1995	4385.17	2057.08	1407.64	920.45	46.9	32.1	21.0
1996	4386.97	2014.06	1397.25	975.66	45.9	31.9	22.2
1997	4388.79	1981.54	1382.03	1025.22	45.1	31.5	23.4
1998	4389.92	1946.49	1341.12	1102.31	44.3	30.6	25.1
1999	4390.71	1908.64	1330.39	1151.68	43.5	30.3	26.2
2000	4418.14	1890.96	1335.16	1192.02	42.8	30.2	27.0
2001	4436.45	1832.25	1375.30	1228.90	41.3	31.0	27.7
2002	4472.84	1744.41	1453.67	1274.76	39.0	32.5	28.5
2003	4499.97	1615.49	1547.99	1336.49	35.9	34.4	29.7
2004	4537.07	1506.31	1633.35	1397.42	33.2	36.0	30.8
2005	4578.75	1414.83	1703.29	1460.62	30.9	37.2	31.9
2006	4628.95	1323.88	1777.52	1527.55	28.6	38.4	33.0
2007	4677.88	1230.28	1857.12	1590.48	26.3	39.7	34.0
2008	4700.96	1179.94	1889.79	1631.23	25.1	40.2	34.7
2009	4726.54	1120.19	1942.61	1663.74	23.7	41.1	35.2
2010	4754.68	1060.29	1996.97	1697.42	22.3	42.0	35.7
2011	4758.23	1023.02	2017.49	1717.72	21.5	42.4	36.1
2012	4759.53	989.98	2032.32	1737.23	20.8	42.7	36.5

3－15 城镇单位从业人员数（2012 年）
Number of Employed Persons in Urban Units (2012)

单位:万人 (10000 persons)

项　　　目	Item	从业人员年末人数 Number of Employed Persons at Year-end	在岗职工 Employed	其他从业人员 Others
总　　计	**Total**	**830.94**	**792.62**	**38.32**
按登记注册类型分	Grouped by Status of Registration			
国有单位	State-owned Units	295.99	280.92	15.08
城镇集体单位	Urban Collective-owned Units	30.19	27.59	2.59
其他单位	Other Units	504.76	484.11	20.65
内资单位	Domestic Funded	278.43	261.76	16.67
股份合作单位	Cooperative Units	7.41	7.07	0.34
联营单位	Joint Ownership Units	1.54	1.46	0.08
有限责任公司	Limited Liability Corporations	119.53	113.34	6.19
股份有限公司	Share-holding Corporations Ltd.	67.80	62.66	5.14
其他	Others	82.15	77.24	4.91
港、澳、台商投资单位	Units with Funds from Hong Kong, Macao and Taiwan	73.08	72.18	0.90
外商投资单位	Foreign Funded Units	153.25	150.17	3.08
按企业、事业、机关分	Grouped by Enterprises, Institutions and Agencies			
企业	Enterprises	604.92	579.97	24.95
事业	Institutions	167.24	156.95	10.29
机关	Agencies & Organizations	57.81	54.78	3.03
按国民经济行业分组(2011)	Grouped by Sector			
农、林、牧、渔业	Agriculture, Forestry, Animal Husbandry and Fishery	8.60	8.21	0.39
采矿业	Mining	12.83	12.63	0.20
制造业	Manufacturing	359.67	355.03	4.64
电力、热力、燃气及水生产和供应业	Production and Supply of Electricity, Gas and Water	12.87	12.72	0.15
建筑业	Construction	69.50	61.61	7.89
批发和零售业	Wholesale and Retail Trades	33.48	32.51	0.97
交通运输、仓储和邮政业	Traffic, Transport, Storage and Post	30.61	30.04	0.57
住宿和餐饮业	Hotels and Catering Services	11.94	10.02	1.92
信息传输、软件和信息技术服务业	Information Transmission, Computer Services and Software	10.79	10.58	0.20
金融业	Financial Intermediation	29.36	23.17	6.19
房地产业	Real Estate	8.23	7.68	0.54
租赁和商务服务业	Leasing and Business Services	12.32	11.57	0.75
科学研究和技术服务业	Scientific and Fednical Services	12.78	12.23	0.55
水利、环境和公共设施管理业	Management of Water Conservancy, Environment and Public Facilities	13.27	11.32	1.95
居民服务、修理和其他服务业	Services to Households and Other Services	1.26	1.22	0.04
教育	Education	88.85	84.91	3.93
卫生和社会工作	Health and Social Work	41.12	37.59	3.52
文化、体育和娱乐业	Culture, Sports and Entertainment	6.07	5.67	0.40
公共管理、社会保障和社会组织	Public Administralion, Social Secarily and Organization	67.39	63.89	3.50

注:本表城镇单位数据不含私营单位(下相关表同)。

a) Data of employed persons in urban units do not include those fo private enterprises. The same applies to the table following.

3－16 分市城镇单位从业人员数（2012 年）

单位：万人

项 目	Item	南京 Nanjing	无锡 Wuxi	徐州 Xuzhou
总 计	**Total**	**147.39**	**88.09**	**63.52**
按登记注册类型分	Grouped by Status of Registration			
国有单位	State-owned Units	54.13	17.77	41.52
城镇集体单位	Urban Collective-owned Units	4.92	1.22	2.86
其他单位	Other Units	88.34	69.10	19.13
内资单位	Domestic Funded	54.45	35.6	15.69
股份合作单位	Cooperative Units	1.35	0.66	0.17
联营单位	Joint Ownership Units	0.35	0.03	0.09
有限责任公司	Limited Liability Corporations	23.82	14.89	5.52
股份有限公司	Share-holding Corporations Ltd.	9.97	5.76	7.52
其他	Others	18.96	14.25	2.40
港、澳、台商投资单位	Units with Funds from Hong Kong, Macao and Taiwan	9.47	6.03	2.23
外商投资单位	Foreign Funded Units	24.42	27.47	1.21
按企业、事业、机关分	Grouped by Enterprises, Institutions and Agencies			
企业	Enterprises	112.98	70.63	38.63
事业	Institutions	26.86	12.87	18.39
机关	Agencies & Organizations	7.35	4.55	6.34
按国民经济行业分	Grouped by Sector			
农、林、牧、渔业	Agriculture, Forestry, Animal Husbandry and Fishery	0.39	0.19	1.53
采矿业	Mining	0.58		7.87
制造业	Manufacturing	53.55	47.38	14.32
电力、热力、燃气及水生产和供应业	Production and Supply of Electricity, Gas and Water	2.15	1.20	1.78
建筑业	Construction	14.84	8.01	2.15
批发和零售业	Wholesale and Retail Trades	10.51	3.68	2.40
交通运输、仓储和邮政业	Traffic, Transport, Storage and Post	8.90	2.04	4.61
住宿和餐饮业	Hotels and Catering Services	4.27	2.41	0.26
信息传输、软件和信息技术服务业	Information Transmission, Computer Services and Software	3.63	0.81	0.64
金融业	Financial Intermediation	3.80	2.43	2.26
房地产业	Real Estate	2.29	0.70	0.44
租赁和商务服务业	Leasing and Business Services	4.67	0.88	0.38
科学研究和技术服务业	Scientific and Fednical Services	5.29	1.18	1.01
水利、环境和公共设施管理业	Management of Water Conservancy, Environment and Public Facilities	2.04	0.78	1.50
居民服务、修理和其他服务业	Services to Households and Other Services	0.41	0.16	0.07
教育	Education	13.04	6.30	10.40
卫生和社会工作	Health and Social Work	6.00	3.52	4.54
文化、体育和娱乐业	Culture, Sports and Entertainment	2.01	0.52	0.42
公共管理、社会保障和社会组织	Public Administralion, Social Secarity and Organization	9.03	5.90	6.94

Number of Employed Persons in Urban Units by Region(2012)

(10000 persons)

常州 Changzhou	苏州 Suzhou	南通 Nantong	连云港 Lianyun gang	淮安 Huaian	盐城 Yancheng	扬州 Yanzhou	镇江 Zhenjiang	泰州 Taizhou	宿迁 Suqian
48.86	133.65	68.48	35.50	42.73	53.82	42.93	40.67	40.94	24.37
15.61	23.77	21.96	16.65	18.08	24.67	19.18	15.56	14.11	12.98
1.41	2.69	2.50	1.89	1.60	1.66	3.17	1.93	4.00	0.34
31.84	107.18	44.01	16.96	23.05	27.49	20.59	23.18	22.83	11.06
18.7	30.79	23.75	11.7	12.32	20.85	14.12	13.25	16.28	10.92
1.01	0.99	1.11	0.42	0.29	0.29	0.39	0.25	0.42	0.06
0.16	0.11	0.09	0.03	0.11	0.03	0.02	0.01	0.52	
10.87	14.83	7.98	5.76	5.73	6.41	8.37	6.05	6.01	3.29
3.69	7.25	6.26	3.47	3.03	6.95	2.60	3.37	4.98	2.95
2.97	7.62	8.31	2.03	3.16	7.18	2.74	3.57	4.35	4.62
7.17	18.24	7.13	1.88	8.00	2.72	2.70	5.30	2.15	0.05
5.97	58.15	13.14	3.37	2.73	3.92	3.77	4.62	4.39	0.08
35.59	110.93	50.08	22.55	28.21	34.84	29.69	29.71	27.97	13.12
9.75	16.40	13.68	9.66	11.05	13.82	8.83	7.61	9.56	8.74
3.50	6.32	4.68	3.29	3.30	5.08	4.37	3.34	3.24	2.47
0.06	0.07	1.05	1.61	0.95	2.23	0.06	0.14	0.23	0.10
0.03			0.73	0.45	0.50	2.22	0.21		0.24
22.42	88.28	31.19	8.90	17.67	16.95	15.48	19.78	16.25	7.49
0.67	1.18	1.01	0.95	0.91	0.93	0.42	0.75	0.62	0.31
3.59	4.22	7.29	3.59	3.24	7.09	6.02	2.83	3.72	2.90
2.12	3.77	1.64	1.44	1.26	1.84	1.10	1.35	1.86	0.51
1.91	2.73	2.18	1.83	1.01	1.33	1.02	1.51	1.12	0.42
0.81	1.73	0.37	0.20	0.28	0.45	0.39	0.42	0.33	0.03
0.45	1.41	0.62	0.44	0.42	0.56	0.64	0.27	0.58	0.31
2.00	4.31	3.32	1.64	1.44	2.56	1.43	1.70	1.69	0.79
0.46	0.98	0.54	0.46	0.37	0.34	0.41	0.56	0.55	0.12
0.81	0.82	0.87	0.48	0.40	1.18	0.51	0.42	0.88	0.02
0.68	0.85	0.50	0.57	0.25	0.47	0.56	0.82	0.51	0.10
0.88	1.25	0.81	0.90	1.30	0.93	0.74	0.77	0.69	0.68
0.10	0.09	0.07	0.07	0.02	0.08	0.09	0.06	0.04	0.01
4.79	7.80	7.67	5.18	6.35	7.41	5.39	3.59	5.10	5.81
2.85	5.29	3.66	2.07	2.16	3.05	2.25	1.98	2.53	1.20
0.44	0.68	0.47	0.19	0.20	0.35	0.21	0.25	0.21	0.11
3.79	8.18	5.21	4.24	4.04	5.56	4.00	3.28	4.02	3.22

3－17 分细行业城镇单位从业人员数（2012 年）

Number of Employed Persons in Urban Units by Sector in Detail(2012)

单位:万人 (10000 persons)

项目	Item	合计 Total	#在岗职工 Employed	国有单位 State-owned Units	城镇集体单位 Urban Collective-owned Units	其他单位 Other Units
总计	**Total**	**830.94**	**792.62**	**295.99**	**30.19**	**504.76**
按企业、事业、机关分	Grouped by Enterprises, Institutions and Agencies					
企业	Enterprises	604.92	579.97	84.30	19.87	500.76
事业	Institutions	167.24	156.95	153.80	10.28	3.15
机关	Agencies & Organizations	57.81	54.77	57.78	0.03	
按国民经济行业分	Grouped by Sector					
农、林、牧、渔业	Agriculture, Forestry, Animal Husbandry and Fishery	8.60	8.21	8.17	0.07	0.36
农业	Farming	6.87	6.54	6.72	0.04	0.12
林业	Forestry	0.48	0.44	0.46		0.02
畜牧业	Animal Husbandry	0.32	0.31	0.29	0.01	0.01
渔业	Fishery	0.13	0.12	0.08	0.01	0.04
农、林、牧、渔服务业	Service in Support of Agriculture	0.80	0.78	0.62	0.02	0.16
采矿业	Mining	12.83	12.63	7.57	0.09	5.17
制造业	Manufacturing	359.67	355.03	16.49	6.29	336.89
农副食品加工业	Processing of Food from Agricultural Products	4.89	4.75	0.18	0.05	4.66
食品制造业	Manufacture of Food	4.10	4.02	0.15	0.05	3.90
酒、饮料和精制茶制造业	Manufacture of Beverage	6.59	6.52	0.38	0.02	6.19
烟草制品业	Manufacture of Tobacco	0.62	0.62	0.62		
纺织业	Manufacture of Textile	25.68	25.40	0.40	0.27	25.01
纺织服装、服饰业	Manufacture of Textile Wearing, Apparel, Footwear and Caps	25.22	24.83	0.75	0.26	24.21
皮革、毛皮、羽毛及其制品和制鞋业	Manufacture of Leather, Fur, Feather and Related and saps	4.91	4.88	0.09	0.04	4.78
木材加工和木、竹、藤、棕、草制品业	Processing of Timber, Manufacture of Wood, Bamboo, Rattan, Palm and Straw Products	2.71	2.71	1.05	0.01	1.65
家具制造业	Manufacture of Furniture	1.72	1.72		0.03	1.70
造纸和纸制品业	Manufacture of Paper and Paper Products	4.62	4.58	0.30	0.07	4.26
印刷和记录媒介复制业	Printing, Reproduction of Recording Media	2.40	2.35	0.23	0.13	2.05
文教、工美、体育和娱乐用品制造业	Manufacture of Articles For Culture, Education and Sport Activities	6.30	6.25	0.04	0.30	5.97
石油加工、炼焦和核燃料加工业	Processing of Petroleum, Coking, Processing of Nuclear Fuel	1.32	1.31	0.07	0.01	1.24
化学原料和化学制品制造业	Manufacture of Raw Chemical Materials and Chemical Products	23.93	23.64	1.73	0.63	21.58
医药制造业	Manufacture of Medicines	8.98	8.85	0.17	0.61	8.20
化学纤维制造业	Manufacture of Chemical Fibers	4.69	4.67		0.04	4.65
橡胶和塑料制品业	Rubber and plastic Products	7.61	7.49	0.12	0.26	7.23
非金属矿物制品业	Manufacture of Non-metallic Mineral Products	10.30	10.19	0.69	0.18	9.43
黑色金属冶炼和压延加工业	Smelting and Pressing of Ferrous Metals	10.92	10.77	0.04	0.05	10.84
有色金属冶炼和压延加工业	Smelting and Pressing of Non-ferrous Metals	2.97	2.93	0.04	0.10	2.84

3－17　续表　1　Continued 1

单位:万人 (10000 persons)

项　　目	Item	合计 Total	#在岗职工 Employed	国有单位 State-owned Units	城镇集体单位 Urban Collective-owned Units	其他单位 Other Units
金属制品业	Manufacture of Metal Products	11.92	11.79	0.17	0.36	11.40
通用设备制造业	Manufacture of General Purpose Machinery	24.08	23.58	3.15	0.51	20.42
专用设备制造业	Manufacture of Special Purpose Machinery	14.37	14.11	0.66	0.44	13.27
汽车制造业	Manufacture of Automobile	13.87	13.65	1.32	0.14	12.41
铁路、船舶、航空航天和其他运输设备制造业	Manufacture of Railroad, marihe Aviation and other Transport Equipment	12.75	12.63	2.17	0.13	10.46
电气机械和器材制造业	Manufacture of Electrical Machinery and Equipment	28.68	28.45	1.36	0.95	26.36
计算机、通信和其他电子设备制造业	Manufacture of Communication Equipment, Computers and Other Electronic Equipment	84.37	83.38	0.16	0.38	83.82
仪器仪表制造业	Manufacture of instrumentation	7.61	7.52	0.38	0.15	7.09
其他制造业	Other Manufacturing	1.18	1.16	0.09	0.02	1.08
废弃资源综合利用业	Manufacture of Recycling and Disposal of waste	0.24	0.23		0.09	0.15
金属制品、机械和设备修理业	Manufacture of Metal Prodults, machinery and Eauipment Repair	0.09	0.09		0.02	0.07
电力、热力、燃气及水生产和供应业	Production and Supply of Electricity, Gas and Water	12.87	12.72	7.00	0.38	5.49
电力、热力的生产和供应业	Production and Supply of Electric Power and Heat Power	8.87	8.82	5.28	0.23	3.36
燃气生产和供应业	Production and Supply of Gas	1.00	0.99	0.05	0.01	0.94
水的生产和供应业	Production and Supply of Water	3.00	2.91	1.67	0.14	1.19
建筑业	Construction	69.50	61.61	6.54	5.41	57.55
房屋建筑业	Housing Construction	49.40	43.23	1.92	4.33	43.14
土木工程建筑业	Civil Engineering Construction	12.24	11.03	3.54	0.93	7.77
建筑安装业	Architectural Installation	4.54	4.28	0.89	0.13	3.52
建筑装饰和其他建筑业	Other Construction	3.32	3.07	0.19	0.02	3.12
批发和零售业	Wholesale and Retail Trades	33.48	32.51	4.79	1.64	27.05
批发业	Wholesale Trade	12.95	12.63	2.86	0.86	9.23
零售业	Retail Trade	20.52	19.88	1.94	0.78	17.81
交通运输、仓储和邮政业	Traffic, Transport, Storage and Post	30.61	30.05	16.63	1.25	12.73
铁路运输业	Railway Transport	3.53	3.46	3.24	0.11	0.19
道路运输业	Road Transport	13.85	13.56	5.03	0.78	8.03
水上运输业	Water Transport	4.90	4.85	1.34	0.20	3.37
航空运输业	Air Transport	1.03	1.02	0.88	0.01	0.14
管道运输业	Transport Via Pipeline	1.54	1.53	1.52		0.02
装卸搬运和运输代理业	Handling and agency	1.25	1.21	0.42	0.12	0.71
仓储业	Storage	0.77	0.74	0.50	0.02	0.25
邮政业	Post	3.74	3.67	3.70	0.01	0.03
住宿和餐饮业	Hotels and Catering Services	11.94	10.02	1.77	0.32	9.85
住宿业	Hotel	6.41	5.98	1.54	0.24	4.62
餐饮业	Catering Services	5.53	4.04	0.23	0.08	5.22
信息传输、软件和信息技术服务业	Information Transfer、Software and IT Services	10.79	10.58	2.78	0.08	7.92
电信、广播电视和卫星传输服务	Telecommunications、Satellites Radio and Television Services	7.12	6.94	2.70	0.07	4.36
互联网和相关服务	Internet and Relatiue Services	0.27	0.28	0.04	0.02	0.21
软件和信息技术服务业	Software and IT Services	3.39	3.37	0.04		3.35

3－17　续表 2　Continued 2

单位:万人　(10000 persons)

项　目	Item	合　计 Total	#在岗职工 Employed	国　有单　位 State-owned Units	城镇集体单　位 Urban Collective-owned Units	其　他单　位 Other Units
金融业	Financial Intermediation	29.36	23.17	9.19	2.30	17.87
货币金融服务业	Nonetary and Financial	16.91	16.66	6.16	2.30	8.45
资本市场服务业	Capital Markets	0.77	0.76	0.09		0.68
保险业	Insurance	11.42	5.50	2.90		8.52
其他金融业	Other Financial Activities	0.25	0.25	0.04		0.21
房地产业	Real Estate	8.23	7.68	1.68	0.23	6.31
#房地产开发经营	Development and Management of Real Estate	4.94	4.71	0.64	0.10	4.20
租赁和商务服务业	Leasing and Business Services	12.32	11.57	5.54	1.61	5.17
租赁业	Leasing	0.93	0.92	0.03		0.89
商务服务业	Business Services	11.39	10.66	5.51	1.60	4.28
科学研究和技术服务业	Scientific and Fednical Services	12.78	12.23	8.96	0.20	3.63
研究和试验发展	Research and Experimental Development	4.11	3.99	3.31	0.01	0.78
专业技术服务业	Professional Technical Services	7.26	6.88	4.42	0.15	2.69
科技推广和应用服务业	Promation and application of secscence	1.41	1.36	1.22	0.03	0.16
水利、环境和公共设施管理业	Management of Water Conservancy, Environment and Public Facilities	13.27	11.32	9.68	2.05	1.54
水利管理业	Management of Water Conservancy	3.92	3.40	3.39	0.09	0.44
生态保护和环境治理业	Ecological Protection and Enviromental	0.39	0.29	0.31	0.02	0.07
公共设施管理业	Management of Public Facilities	8.96	7.63	5.98	1.95	1.03
居民服务、修理和其他服务业	Services to Households and Other Services	1.26	1.23	0.55	0.21	0.50
居民服务业	Services to Households	0.59	0.56	0.35	0.16	0.07
机动车、电子产品和日用产品修理业	Vehicle、Electronics and Daiy Maintenance	0.30	0.30	0.06	0.03	0.22
其他服务业	Other Services	0.37	0.37	0.14	0.02	0.21
教　育	Education	88.85	84.91	85.48	0.63	2.75
卫生和社会工作	Health and Social Work	41.12	37.59	31.17	7.01	2.93
卫　生	Health	40.06	36.59	30.17	6.96	2.93
社会工作	Social work	1.05	1.01	1.00	0.05	0.01
文化、体育和娱乐业	Culture, Sports and Entertainment	6.07	5.67	4.80	0.23	1.04
新闻和出版业	Journalism and Publishing Activities	1.12	1.09	0.88	0.01	0.23
广播、电视、电影和影视录音制作业	Radio、TV、Movie and Video Recording	2.27	2.12	2.01	0.03	0.22
文化艺术业	Cultural and Art Activities	2.05	1.86	1.58	0.18	0.29
体　育	Sports Activities	0.30	0.26	0.26		0.03
娱乐业	Entertainment	0.33	0.32	0.07		0.26
公共管理、社会保障和社会组织	Public Administration、Social Security and Organization	67.39	63.89	67.18	0.21	
中国共产党机关	Organs of Communist Party of China	1.50	1.48	1.50		
国家机构	Government Agencies	64.15	60.75	64.00	0.15	
人民政协、民主党派	People's Political Consultative Conference and Democratic Parties	0.29	0.29	0.29		
社会保障	Social Security	0.62	0.59	0.57	0.04	
群众社团、社会团体和其他成员组织	Mass、Society and other Groups	0.80	0.76	0.78	0.02	

3－18 分行业城镇单位女性从业人员数(2012 年)

Number of Employed Women in Urban Units by Sector (2012)

单位:万人 (10000 persons)

行业	Sector	女性从业人数 Number of Emloyed Women	国有单位 State-owned Units	城镇集体单位 Urban Collective-owned Units	其他单位 Other Units
总计	**Total**	**338.55**	**121.60**	**12.76**	**204.19**
农、林、牧、渔业	Agriculture, Forestry, Animal Husbandry and Fishery	3.41	3.26	0.02	0.14
采矿业	Mining	3.58	2.29	0.03	1.27
制造业	Manufacturing	153.82	5.25	2.76	145.81
电力、热力、燃气及水生产和供应业	Production and Supply of Electricity, Gas and Water	3.38	1.80	0.09	1.49
建筑业	Construction	10.43	1.56	1.01	7.86
批发和零售业	Wholesale and Retail Trades	18.11	1.74	0.71	15.66
交通运输、仓储和邮政业	Traffic, Transport, Storage and Post	9.81	6.07	0.40	3.35
住宿和餐饮业	Hotels and Catering Services	6.69	0.97	0.19	5.53
信息传输、软件和信息技术服务业	Information Transmission, Computer Services and Software	4.44	1.13	0.03	3.28
金融业	Financial Intermediation	15.15	4.40	0.90	9.84
房地产业	Real Estate	2.95	0.60	0.10	2.25
租赁和商务服务业	Leasing and Business Services	3.93	1.45	0.43	2.06
科学研究和技术服务业	Scientific Research and Technical Service	3.75	2.66	0.06	1.04
水利、环境和公共设施管理业	Management of Water Conservancy, Environment and Public Facilities	5.25	3.62	1.11	0.53
居民服务、修理和其他服务业	Services to Households and Other Services	0.43	0.16	0.09	0.18
教育	Education	46.48	44.47	0.51	1.50
卫生和社会工作	Health and Social Work	25.79	19.87	4.11	1.82
文化、体育和娱乐业	Culture, Sports and Entertainment	2.69	2.00	0.10	0.60
公共管理、社会保障和社会组织	Public Administration、Social Security and Organization	18.44	18.32	0.12	

3-19 城镇失业人数及失业率

Number of Urban Unemployed Persons and Unemployed Rate

单位:万人 (10000 persons)

年份 Year	下岗失业人员就业、再就业人数 Reemployees	年末尚有失业人数 Unemployment Registered at Year-end	年末城镇登记失业率(%) Registered Unemployment Rate at Year-end
1979	54.70	34.30	5.4
1980	32.78	20.29	3.1
1985	15.25	7.15	0.9
1990	28.06	22.52	2.4
1991	23.33	18.68	2.0
1992	21.43	18.81	2.0
1993	20.64	19.43	2.0
1994	22.19	19.58	2.0
1995	21.49	20.13	2.0
1996	20.78	22.34	2.2
1997	21.40	23.80	2.4
1998	21.61	24.26	2.6
1999	21.57	26.57	2.9
2000	27.01	30.36	3.4
2001	34.94	36.14	3.6
2002	39.96	42.17	4.2
2003	54.46	41.84	4.1
2004	60.22	42.90	3.9
2005	62.92	41.63	3.6
2006	68.65	40.40	3.4
2007	81.89	39.26	3.19
2008	92.19	41.09	3.25
2009	52.00	40.74	3.22
2010	60.93	40.65	3.16
2011	66.11	41.45	3.22
2012	66.71	40.47	3.14

3-20 职工工资总额及指数

Total Wage Bill of Staff and Workers and Related Index

年份 Year	绝对数(亿元) Total Wage Bill(100 million yuan)				指数(以上年为100) Index (preceding year = 100)			
	全部职工 Total	国有单位 State-owned units	城镇集体单位 Urban Collective-owned units	其他单位 Other Types of Ownership	全部职工 Total	国有单位 State-owned units	城镇集体单位 Urban Collective-owned units	其他单位 Other Types of Ownership
1978	29.05	19.84	9.21		110.7	110.8	110.6	
1979	33.10	22.46	10.64		113.9	113.2	115.5	
1980	41.63	27.99	13.64		125.8	124.6	128.2	
1981	44.13	29.60	14.53		106.0	105.8	106.5	
1982	48.14	32.35	15.79		109.1	109.3	108.7	
1983	50.78	34.41	16.37		105.5	106.4	103.7	
1984	67.28	43.34	23.25	0.69	132.5	126.0	142.0	
1985	86.17	55.10	30.09	0.98	128.1	127.1	129.4	142.0
1986	105.56	67.93	36.28	1.35	122.5	123.3	120.6	137.8
1987	121.26	78.09	41.30	1.87	114.9	115.0	113.8	138.5
1988	152.53	99.17	50.60	2.76	125.8	127.0	122.5	147.6
1989	165.38	108.56	53.05	3.77	108.4	109.5	104.8	136.6
1990	184.60	123.25	56.70	4.65	111.6	113.5	106.9	123.3
1991	204.43	136.26	62.05	6.12	110.7	110.6	109.4	131.6
1992	251.51	170.85	71.64	9.02	123.0	125.4	115.4	147.4
1993	328.21	221.91	85.85	20.45	130.5	129.9	119.8	226.7
1994	450.44	312.56	103.32	34.56	137.2	140.8	120.3	169.0
1995	541.62	369.10	126.57	45.95	120.2	118.1	122.5	132.9
1996	595.72	411.30	128.61	55.81	110.0	111.4	101.6	121.5
1997	635.44	446.95	124.86	63.63	106.7	108.7	97.1	114.0
1998	628.49	422.35	99.49	106.65	103.0	101.8	92.9	131.3
1999	666.28	443.41	91.90	130.97	106.0	105.0	92.4	122.8
2000	705.36	463.63	82.98	158.75	105.9	104.6	90.3	121.2
2001	758.55	498.61	71.42	188.52	107.5	107.5	86.1	118.8
2002	813.09	506.06	60.42	246.61	107.2	101.5	84.6	130.8
2003	917.33	540.59	53.51	323.23	112.8	106.8	88.6	131.1
2004	1050.35	591.38	48.20	410.77	114.5	109.4	90.1	127.1
2005	1252.06	672.70	48.80	530.56	119.2	113.8	101.2	129.2
2006	1520.39	768.86	52.55	698.97	121.4	114.3	107.7	131.7
2007	1806.65	896.36	61.72	848.57	118.8	116.6	117.5	121.4
2008	2132.45	1035.56	72.33	1024.57	118.0	115.5	117.2	120.7
2009	2403.32	1196.05	75.78	1131.49	112.7	115.5	104.8	110.4
2010	2841.33	1344.25	85.33	1411.75	118.2	112.4	112.6	124.8
2011	3548.29	1569.23	102.31	1876.75	124.9	116.7	119.9	132.9
2012	4065.99	1758.24	119.59	2188.16	114.6	112.0	116.9	116.6

注:1998年起职工工资为在岗职工工资,不包括离开本单位仍保留劳动关系的职工的生活补助费(下同)。

a) Since 1998, the wage bill of staff and workers was for employed personnels, excluded living expense subsidies of the personnels who had left self units, but still remained labor relationship(the same as in the following tables).

3－21 城镇单位从业人员工资总额(2012年)
Total Wages of Employed Persons in Urban Units (2012)

单位:亿元 (100 million yuan)

项目	Item	从业人员工资总额 Annual Total Wages	在岗职工 Employed	其他从业人员 Others Employed Persons in Urban Areas
总计	**Total**	**4205.91**	**4065.99**	**139.91**
按登记注册类型分	**Grouped by status of Registration**			
国有单位	State-owned Units	1801.43	1758.24	43.19
城镇集体单位	Urban Collective-owned Units	126.35	119.59	6.76
其他单位	Other Units	2278.13	2188.16	89.97
内资单位	Domestic Funded	1240.44	1187.97	52.47
股份合作单位	Cooperative Units	29.49	28.57	0.92
联营单位	Joint Ownership Units	4.85	4.62	0.22
有限责任公司	Limited Liability Corporations	519.36	500.70	18.66
股份有限公司	Share-holding Corporations Ltd.	385.81	369.15	16.66
其他	Others	300.94	284.92	16.02
港、澳、台高投资单位	Units with Funds from Hong Kong, Macao and Taiwan	300.91	295.03	5.88
外商投资单位	Foreign Funded Units	736.78	705.16	31.62
按企业、事业、机关分	**Grouped by Enterprises, Institutions and Agencies**			
企业	Enterprises	2799.52	2699.30	100.21
事业	Institutions	985.88	954.13	31.76
机关	Agencies & Organizations	416.22	408.42	7.79
按国民经济行业分	**Grouped by Sector**			
农、林、牧、渔业	Agriculture, Forestry, Animal Husbandry and Fishery	22.91	22.15	0.76
采矿业	Mining	66.36	65.90	0.46
制造业	Manufacturing	1555.27	1514.47	40.80
电力、热力、燃气及水生产和供应业	Production and Supply of Electricity, Gas and Water	103.92	103.16	0.77
建筑业	Construction	252.06	226.76	25.30
批发和零售业	Wholesale and Retail Trades	135.40	132.79	2.61
交通运输、仓储和邮政业	Transport, Storage and Post	149.74	148.18	1.56
住宿和餐饮业	Hotels and Catering Services	36.70	33.90	2.79
信息传输、软件和信息技术服务业	Information Transfer、Software and IT Services	84.86	84.07	0.79
金融业	Financial Intermediation	261.79	244.18	17.61
房地产业	Real Estate	43.34	41.32	2.03
租赁和商务服务业	Leasing and Business Services	48.00	46.04	1.96
科学研究和技术服务业	Scientific Research and Technical Service	96.80	94.23	2.57
水利、环境和公共设施管理业	Management of Water Conservancy, Environment and Public Facilities	53.17	49.12	4.05
居民服务、修理和其他服务业	Services of Households and other Services	5.81	5.70	0.11
教育	Education	529.82	517.38	12.44
卫生和社会工作	Health and Social Work	249.63	236.42	13.21
文化、体育和娱乐业	Culture, Sports and Entertainment	35.50	34.43	1.07
公共管理、社会保障和社会组织	Public Administration、Social Security and Organization	474.82	465.81	9.01

3-22 制造业城镇单位从业人员工资总额(2012年)

Total Wages of Manufacturing Employees in Urban Units (2012)

单位:亿元 (100 million yuan)

行业	Sector	合计 Total	#在岗职工 Employed	国有单位 State-owned Units	城镇集体单位 Urban Collective-owned Units	其他单位 Other Units
制造业总计	**Total of Manufacturing Industry**	**1555.27**	**1514.47**	**79.42**	**20.26**	**1455.59**
农副食品加工业	Processing of Food from Agricultural Products	17.79	17.40	0.32	0.17	17.30
食品制造业	Manufacture of Food	16.29	15.87	0.61	0.12	15.56
酒、饮料和精制茶制造业	Manufacture of Beverage	22.59	22.45	1.44	0.04	21.11
烟草制品业	Manufacture of Tobacco	7.44	7.44	7.44		
纺织业	Manufacture of Textile	89.31	88.25	1.51	0.60	87.21
纺织服装、服饰业	Manufacture of Textile Wearing, Apparel, Footwear and Caps	80.92	80.14	2.87	0.60	77.45
皮革、毛皮、羽毛及其制品和制鞋业	Manufacture of Leather, Fur, Feather and Related and saps	16.60	16.41	0.24	0.20	16.16
木材加工和木、竹、藤、棕、草制品业	Processing of Timber, Manufacture of Wood, Bamboo, Rattan, Palm and Straw Products	9.08	9.05	3.55	0.03	5.50
家具制造业	Manufacture of Furniture	7.88	7.60		0.07	7.81
造纸和纸制品业	Manufacture of Paper and Paper Products	23.83	22.66	1.65	0.16	22.02
印刷业和记录媒介的复制	Printing, Reproduction of Recording Media	11.11	10.57	0.87	0.28	9.97
文教、工美、体育和娱乐用品制造业	Manufacture of Articles For Culture, Education and Sport Activities	19.59	19.41	0.08	0.93	18.58
石油加工、炼焦和核燃料加工业	Processing of Petroleum, Coking, Processing of Nuclear Fuel	8.44	8.33	0.33	0.05	8.05
化学原料和化学制品制造业	Manufacture of Raw Chemical Materials and Chemical Products	109.15	106.60	7.22	2.49	99.45
医药制造业	Manufacture of Medicines	33.82	32.96	0.27	1.90	31.66
化学纤维制造业	Manufacture of Chemical Fibers	21.17	20.96	0.01	0.12	21.04
橡胶和塑料制品业	Rubber and plastic Products	33.19	32.07	0.60	0.73	31.85
非金属矿物制品业	Manufacture of Non-metallic Mineral Products	40.47	39.84	4.19	0.49	35.79
黑色金属冶炼和压延加工业	Smelting and Pressing of Ferrous Metals	51.42	50.89	0.12	0.15	51.15
有色金属冶炼和压延加工业	Smelting and Pressing of Non - ferrous Metals	13.06	12.76	0.11	0.29	12.66
金属制品业	Manufacture of Metal Products	52.91	51.95	1.46	1.17	50.28
通用设备制造业	Manufacture of General Purpose Machinery	116.90	111.36	14.15	1.61	101.14
专用设备制造业	Manufacture of Special Purpose Machinery	63.98	61.79	3.17	1.38	59.43
汽车制造业	Manufacture of Automobile	70.52	68.55	7.39	0.45	62.67
铁路、船舶、航空航天和其他运输设备	Manufacture of Railroad, Marine Aviation and other Transport Equipment	64.64	63.79	11.93	0.52	52.19
电气机械和器材制造业	Manufacture of Electrical Machinery and Equipment	130.39	127.78	4.85	3.23	122.32
计算机、通信和其他电子设备制造业	Manufacture of Communication Equipment, Computers and Other Electronic Equipment	383.02	368.95	1.11	1.51	380.40
仪器仪表制造业	Manufacture of instrumentation	34.37	33.37	1.67	0.41	32.28
其他制造业	Other	3.63	3.56	0.25	0.06	3.32
废弃资源综合利用业	Manufacture of Recycling and Disposal of waste	1.27	1.24		0.43	0.84
金属制品、机械和设备修理业	Manufacture of Metal Prodults, Machinery and Eauipment Repair	0.47	0.45		0.10	0.37

3-23 职工平均工资及指数

Average Wage of Staff and Workers and Related Indices

年份 Year	绝对数（元） Absolute Figure (yuan)				指数（以上年为100） Index (preceding year = 100)			
	全部职工 Total	国有单位 State-owned Units	城镇集体单位 Urban Collective-owned Units	其他单位 Others	全部职工 Total	国有单位 State-owned Units	城镇集体单位 Urban Collective-owned Units	其他单位 Others
1978	513	563	432		108.2	108.9	107.5	
1979	565	618	478		110.3	109.8	110.9	
1980	667	721	578		117.8	116.7	120.7	
1981	672	718	594		100.7	99.6	102.8	
1982	703	748	626		104.6	104.2	105.4	
1983	723	768	643		102.8	102.7	102.7	
1984	931	1003	820	1012	128.8	130.6	127.5	
1985	1135	1211	1015	1237	121.9	120.7	123.8	122.2
1986	1327	1430	1166	1468	116.9	118.1	114.9	118.7
1987	1471	1581	1295	1639	110.9	110.6	111.1	111.6
1988	1796	1936	1564	2059	122.1	122.5	120.8	125.6
1989	1918	2082	1639	2185	106.8	107.5	104.8	106.1
1990	2129	2331	1776	2444	111.0	111.9	108.4	111.9
1991	2302	2501	1932	2773	108.1	107.3	108.8	113.5
1992	2800	3057	2292	3370	121.6	122.2	118.6	121.5
1993	3615	3896	2937	4434	129.1	127.4	128.1	131.6
1994	4974	5491	3728	5827	137.6	140.9	126.9	131.4
1995	5943	6441	4621	7137	119.5	117.3	124.0	122.5
1996	6603	7186	4990	7740	111.1	111.6	108.0	108.4
1997	7108	7745	5183	8376	107.6	107.8	103.9	108.2
1998	8256	8872	6033	8867	105.7	106.3	101.3	102.5
1999	9171	9855	6452	9763	111.1	111.1	106.9	110.1
2000	10299	11109	6962	10698	112.3	112.7	107.9	109.6
2001	11842	12917	7543	11790	115.0	116.3	108.3	110.2
2002	13509	15030	8638	12633	114.1	116.4	114.5	107.2
2003	15712	17502	9836	14656	116.3	116.4	113.9	116.0
2004	18202	20876	11350	16346	115.8	119.3	115.4	111.5
2005	20957	24659	13064	18468	115.1	118.1	115.1	113.0
2006	23782	28722	15550	20691	113.5	116.5	119.0	112.0
2007	27374	33411	18837	23641	115.1	116.3	121.1	114.3
2008	31667	39325	22929	27067	115.7	117.7	121.7	114.5
2009	35890	45446	27022	29901	113.3	115.6	117.9	110.5
2010	40505	51245	31502	34260	112.9	112.8	116.6	114.6
2011	45987	57002	37302	40028	113.5	111.2	118.4	116.8
2012	51279	62913	43835	45008	111.5	110.4	117.5	112.4

3-24 职工平均工资指数
Average Wage Indices of Staff and Workers

1978年=100 (100 in 1978)

年份 Year	全部职工 Total		国有单位 State-owned Units		城镇集体单位 Urban Collective-owned Units		其他单位 Others	
	平均货币工资指数 Index of Average Wage	平均实际工资指数 Index of Average Real Wage	平均货币工资指数 Index of Average Wage	平均实际工资指数 Index of Average Real Wage	平均货币工资指数 Index of Average Wage	平均实际工资指数 Index of Average Real Wage	平均货币工资指数 Index of Average Wage	平均实际工资指数 Index of Average Real Wage
1978	100.0	100.0	100.0	100.0	100.0	100.0		
1979	110.3	109.5	109.8	109.0	110.9	110.1		
1980	130.0	121.7	128.1	119.9	133.8	125.3		
1981	130.0	118.3	128.1	116.6	133.8	121.7		
1982	137.0	122.3	132.9	118.7	144.9	129.4		
1983	140.9	132.7	136.4	128.4	148.8	140.1		
1984	181.5	154.9	178.2	152.0	189.8	161.9	100.0	100.0
1985	221.2	174.9	215.1	170.0	235.0	185.8	122.2	111.5
1986	258.7	189.2	254.0	185.8	269.9	197.4	145.1	124.4
1987	286.7	189.7	280.8	185.8	299.8	198.4	162.0	125.7
1988	350.1	189.0	343.9	185.7	362.0	195.5	203.5	128.8
1989	373.9	174.1	369.8	172.2	379.4	176.6	215.9	117.8
1990	415.0	189.8	414.0	189.3	411.1	188.0	241.5	127.4
1991	448.7	190.5	444.2	188.6	447.2	189.9	274.0	134.2
1992	545.8	213.2	543.0	212.1	530.6	207.3	333.0	149.9
1993	704.7	231.9	692.0	227.7	679.9	223.7	438.1	166.1
1994	969.6	254.6	675.3	256.1	863.0	226.6	575.8	174.2
1995	1158.5	261.7	1144.0	258.5	1069.7	241.7	705.2	183.6
1996	1287.1	262.5	1276.4	260.3	1155.1	235.5	764.8	179.7
1997	1385.6	278.9	1375.7	276.9	1199.8	241.5	827.7	192.0
1998	1609.4	324.1	1575.8	317.3	1396.5	281.2	876.2	203.4
1999	1787.7	365.1	1750.4	357.5	1493.5	305.0	964.7	227.1
2000	2007.6	410.1	1973.2	403.0	1611.6	329.2	1057.1	215.9
2001	2308.4	471.0	2294.3	468.1	1746.1	356.3	1165.0	237.7
2002	2545.6	525.2	2669.6	550.8	1999.5	412.5	1248.3	257.5
2003	3062.8	629.6	3108.7	639.0	2276.9	468.0	1448.2	297.7
2004	3548.2	703.3	3708.0	735.0	2627.3	520.8	1615.2	320.2
2005	4085.2	793.1	4379.9	850.3	3024.1	587.1	1824.9	354.3
2006	4635.9	885.8	5101.6	974.8	3599.5	687.8	2044.6	390.7
2007	5336.1	980.5	5934.5	1090.4	4360.4	801.2	2336.1	429.2
2008	6172.9	1078	6984.9	1219.9	5307.6	926.9	2674.6	467.1
2009	6996.1	1226.7	8072.1	1415.4	6255.1	1096.7	2954.6	518.1
2010	7895.7	1336.3	9102.1	1540.6	7292.1	1234.1	3385.4	573.0
2011	8964.3	1443.5	10124.7	1630.5	8634.7	1390.4	3955.3	637.0
2012	9995.9	1568.8	11174.6	1754.0	10147.0	1592.5	4447.4	698.1

注:其他单位以1984年为100。
a) Other units with 100 in 1984.

3-25 城镇单位从业人员平均工资(2012年)
Average Wage of Employed Persons in Urban Units (2012)

单位:元 (yuan)

项目	Item	从业人员年平均工资 Annual Average Wage	在岗职工平均工资 Annual Average Wage of Staff and Workers	其他从业人员年均工资 Annual Average Wage of Others
总计	**Total**	**50639**	**51279**	**37161**
按登记注册类型分	**Grouped by Type of Registreration**			
国有单位	State-owned Units	61221	62913	29225
城镇集体单位	Urban Collective-owned Units	42368	43835	26612
其他单位	Other Units	44978	45008	44246
内资单位	Inner Funded	45045	45794	32869
股份合作单位	Share Holding Cooperative Units	39098	39488	29890
联营单位	Joint-owned Co., Ltd.	36399	36819	29397
有限责任公司	Responsibility Co., Ltd.	43882	44506	31894
股份有限公司	Share Holding Co., Ltd.	57853	59597	35092
其他	Others	36942	37255	32131
港、澳、台商投资单位	Hong Kong, Macao and Taiwan Funded	39973	39684	62991
外商投资单位	Foreign Funded	47276	46268	92003
按企业、事业、机关分	**Grouped by Character of the Units**			
企业	Enterprises	46186	46408	40912
事业	Institutions	59385	61197	31431
机关	Government Agencies	72446	75018	25901
按国民经济行业分	**Grouped by Sector**			
农、林、牧、渔业	Farming, Forestry, Animal Husbandry and Fishery	26300	26682	18578
采矿业	Mining and Quarrying	50963	51298	26367
制造业	Manufacturing	42641	42095	82324
电力、热力、燃气及水生产和供应业	Production and Supply of Electricity, Gas and Water	80246	80693	46011
建筑业	Construction	37619	38125	33618
批发和零售业	Wholesale and Retail Trade	40887	41327	26533
交通运输、仓储和邮政业	Transportation, Storage and Post	49167	49567	27834
住宿和餐饮业	Hotel and Catering Industry	30586	33837	14119
信息传输、软件和信息技术服务业	Information Transfer、Software and IT Services	80340	81138	39363
金融业	Banking	92156	107699	30708
房地产业	Real Estate	53489	54584	37968
租赁和商务服务业	Leasing and Commercial Services	38421	39186	26361
科学研究和技术服务业	Scientific Research and Technical Service	76548	77994	45562
水利、环境和公共设施管理业	Management of Water Conservancy, Environment and Public Facilities	40233	43585	20805
居民服务、修理和其他服务业	Services of Households and other Services	45981	46535	28761
教育	Education	59912	61155	32468
卫生和社会工作	Health and Social Work	61735	63900	38426
文化、体育和娱乐业	Culture, Sports and Recreation	58582	60765	27183
公共管理、社会保障和社会组织	Public Administralion, Social Secarily and Organization	70908	73360	25992

3-26 分细行业城镇单位从业人员平均工资(2012年)

Average Wage of Employed Persons in Urban Units by Sector in Detail(2012)

单位:元 (yuan)

项目	Item	合计 Total	#在岗职工 Employed	国有单位 State-owned Units	城镇集体单位 Urban Collective-owned Units	其他单位 Other Units
总计	**Total**	**50639**	**51279**	**61221**	**42368**	**44978**
按企业、事业、机关分	**Grouped by Enterprises, Institutions and Agencies**					
企业	Enterprises	46186	46408	55078	39254	44969
事业	Institutions	59387	61197	60401	48286	45929
机关	Agencies & Organizations	72446	75008	72449	70000	
按国民经济行业分	**Grouped by Sector**					
农、林、牧、渔业	Agriculture, Forestry, Animal Husbandry and Fishery	26303	26687	25862	45714	32222
农业	Farming	25057	25361	24868	30000	35000
林业	Forestry	24167	24667	23913		30000
畜牧业	Animal Husbandry	33750	34516	34000	10000	50000
渔业	Fishery	27692	28333	27500	50000	25000
农、林、牧、渔服务业	Service in Support of Agriculture	35250	35513	34127	70000	33125
采矿业	Mining	50968	51324	53907	33333	46904
制造业	Manufacturing	42642	42096	49025	32468	42525
电力、热力、燃气及水生产和供应业	Production and Supply of Electricity, Gas and Water	80247	80712	89252	39211	71442
电力、热力生产和供应业	Production and Supply of Electric Power and Heat Power	92581	92803	102477	42609	80324
燃气生产和供应业	Production and Supply of Gas	56667	57629	64000	20000	56559
水的生产和供应业	Production and Supply of Water	50774	51354	47771	35000	57009
建筑业	Construction	37621	38124	51566	36673	36025
房屋建筑业	Housing Construction	35185	35261	43234	36355	34679
土木工程建筑业	Civil Engineering Construction	42928	44591	53361	38696	38499
建筑安装业	Architectural Installation	45835	46234	61744	33333	42209
建筑装饰和其他建筑业	Other construction	43097	43916	62632	35000	41903
批发和零售业	Wholesale and Retail Trades	40882	41329	47724	25449	40623
批发业	Wholesale Trade	48211	48677	55158	26932	48082
零售业	Retail Trade	36283	36650	36615	23974	36771
交通运输、仓储和邮政业	Transport, Storage and Post	49176	49559	55015	39756	42469

3-26 续 表 Continued 1

单位:元 (yuan)

项 目 Item		合 计 Total	#在岗职工 Employed	国有单位 State-owned Units	城镇集体单位 Urban Collective-owned Units	其他单位 Other Units
铁路运输业	Railway Transport	62006	62514	62685	28182	70000
道路运输业	Road Transport	42150	42557	43586	41974	41264
水上运输业	Water Transport	45172	45419	55970	31500	41853
航空运输业	Air Transport	106600	106500	115233	30000	55385
管道运输业	Transport Via Pipeline	67551	67808	67103		100000
装卸搬运和运输代理业	Handling and agency	46032	46694	46744	50000	44789
仓储业	Storage	48052	47895	48800	40000	47600
邮政业	Post	46757	46896	46557	60000	70000
住宿和餐饮业	Hotels and Catering Services	30583	33832	33184	28485	30172
住宿业	Hotel	33935	34395	33590	29600	34286
餐饮业	Catering Services	26763	32982	30435	26250	26559
信息传输、软件和信息技术服务业	Information Transfer、Software and IT Services	80360	81149	56812	45000	89145
电信、广播电视和卫星传输服务	Telecommunications、Satellites Radio and Television Services	63771	64581	56530	34286	68847
互联网和相关服务	Internet and Relatiue Services	64074	63704	60000	60000	64762
软件和信息技术服务业	Software and IT Services	116991	116951	72500		117178
金融业	Financial Intermediation	92147	107663	79353	80667	100384
货币金融服务业	Nonetary and Financial	109692	110876	92197	80622	130766
资本市场服务业	Capital Markets	98052	98553	95556		98382
保险业	Insurance	64024	98150	49927		68908
其他金融业	Other Financial Activities	126400	125200	102500		130952
房地产业	Real Estate	53506	54571	54311	46522	53548
#房地产开发经营	Development and Management of Real Estate	64547	64698	65469	37000	65049
租赁和商务服务业	Leasing and Business Services	38431	39174	37418	31083	41510
租赁业	Leasing	43118	42903	23333		43556
商务服务业	Business Services	38054	38854	37495	30955	41104
科学研究和技术服务业	Scientific and Fednical Services	76522	78013	72790	51579	87171
研究和试验发展	Research and Experimental Development	90000	90759	86942	60000	103038
专业技术服务业	Professional Technical Services	72081	73885	65239	48000	84885

单位:元 (yuan)

项目	Item	合计 Total	#在岗职工 Employed	国有单位 State-owned Units	城镇集体单位 Urban Collective-owned Units	其他单位 Other Units
科技交流和推广服务业	Services of Science and Technology Exchanges and Promotion	60709	61544	62033	66667	46250
水利、环境和公共设施管理业	Management of Water Conservancy, Environment and Public Facilities	40219	43585	44342	26453	32532
水利管理业	Management of Water Conservancy	45396	48853	47574	31111	31591
生态保护和环境治理业	Ecological Protection and Enviromental	47105	53793	49000	20000	41429
公共设施管理业	Management of Public Facilities	37702	40844	42295	26166	32330
居民服务、修理和其他服务业	Services to Households and Other Services	46111	46721	56364	37619	38400
居民服务业	Services to Households	50339	51786	58000	37059	44286
机动车、电子产品和日用产品修理业	Vehicle、Electronics and Daiy Maintenance	34516	34194	36667	30000	35000
其他服务业	Other Services	47838	48333	56667	35000	40000
教育	Education	59914	61156	60430	45806	46937
卫生和社会工作	Health and Social Work	61728	63897	64820	54591	46354
卫生	Health	61693	63875	64861	54603	46215
社会工作	Social Work	62952	65253	64343	42000	40000
文化、体育和娱乐业	Culture, Sports and Entertainment	58581	60705	59563	42609	57019
新闻和出版业	Journalism and Publishing Activities	75044	76273	73034	30000	84783
广播、电视、电影和影视录音制作业	Radio、TV、Movie and Video Recording	55000	56651	56219	33333	46818
文化艺术业	Cultural and Art Activities	55172	57849	56433	45556	54286
体育	Sports Activities	56333	61538	60000		43333
娱乐业	Entertainment	49706	50303	63333		48148
公共管理、社会保障和社会组织	Public Administration、Social Security and Organization	70911	73366	70944	60000	
中国共产党机关	Organs of Communist Party of China	78278	78859	78278		
国家机构	Government Agencies	70739	73233	70761	61333	
人民政协、民主党派	People's Political Consultative Conference and Democratic Parties	89655	89310	89655		
社会保障	Social Security	58413	61552	58793	67500	
群众社团、社会团体和其他成员组织	Mass、Society and other Groups	74051	76800	75065	35000	

3－27 分市城镇单位在岗职工平均工资（2012 年）

单位：元

项目	Item	南京 Nanjing	无锡 Wuxi	徐州 Xuzhou
总计	**Total**	**60404**	**56883**	**44070**
按登记注册类型分	Grouped by Status of Registration			
国有单位	State-owned Units	74560	85446	47890
城镇集体单位	Urban Collective-owned Units	43474	60411	35540
其他单位	Other Units	52611	49452	37076
内资单位	Domestic Funded	55218	51803	37617
股份合作单位	Cooperative Units	38178	56127	31452
联营单位	Joint Ownership Units	43505	41572	25792
有限责任公司	Limited Liability Corporations	57790	49958	30024
股份有限公司	Share-holding Corporations Ltd.	80829	80136	46914
其他	Others	39403	41736	27725
港、澳、台商投资单位	Units with Funds from Hong Kong, Macao and Taiwan	40599	47835	36672
外商投资单位	Foreign Funded Units	51712	46843	31146
按企业、事业、机关分	Grouped by Enterprises, Institutions and Agencies			
企业	Enterprises	55409	49573	43199
事业	Institutions	73459	80855	43946
机关	Agencies & Organizations	90849	102802	49871
按国民经济行业分	Grouped by Sector			
农、林、牧、渔业	Agriculture, Forestry, Animal Husbandry and Fishery	32824	51730	19036
采矿业	Mining	35643		55788
制造业	Manufacturing	46859	46903	36312
电力、热力、燃气及水生产和供应业	Production and Supply of Electricity, Gas and Water	77635	86998	68811
建筑业	Construction	44781	36848	33882
批发和零售业	Wholesale and Retail Trades	50740	40344	26696
交通运输、仓储和邮政业	Traffic, Transport, Storage and Post	67696	49887	40370
住宿和餐饮业	Hotels and Catering Services	36595	33995	23317
信息传输、软件和信息技术服务业	Information Transfer、Software and IT Services	114451	80946	39283
金融业	Financial Intermediation	140124	132260	71757
房地产业	Real Estate	58318	56001	40790
租赁和商务服务业	Leasing and Business Services	42257	64167	40261
科学研究和技术服务业	Scientific and Fednical Services	93953	82060	50622
水利、环境和公共设施管理业	Management of Water Conservancy, Environment and Public Facilities	54009	59162	35886
居民服务、修理和其他服务业	Services of Households and other Services	41835	67886	41205
教育	Education	69923	82320	44544
卫生和社会工作	Health and Social Work	80244	75560	49525
文化、体育和娱乐业	Culture, Sports and Entertainment	68261	61860	35750
公共管理、社会保障和社会组织	Public Administralion, Social Secarily and Organization	87363	98495	48807

Average Wage of Employed Persons in Urban Units by Region (2012)

(yuan)

常州 Changzhou	苏州 Suzhou	南通 Nantong	连云港 Lianyungang	淮安 Huaian	盐城 Yancheng	扬州 Yanzhou	镇江 Zhenjiang	泰州 Taizhou	宿迁 Suqian
55764	**57622**	**49399**	**44124**	**41966**	**40357**	**44689**	**47626**	**42985**	**36624**
73912	88461	68887	49535	51456	49231	53754	62087	55814	43956
56293	63844	50892	37499	34851	41900	36401	42475	38758	35331
46807	51283	39778	39248	34763	32618	37578	38665	35961	28083
48406	59459	41587	41796	34548	32297	38186	40467	36944	28087
42859	47133	30464	49695	28412	30560	30053	41439	33258	20154
41375	32891	42207	35975	28884	27114	26376	31204	34518	
42672	54661	39546	41918	33708	29821	33954	39996	30505	30827
72256	88179	53375	46131	38359	35078	56960	47863	47082	30701
43060	43692	37188	33921	33209	31930	34341	35387	35103	24851
42271	44381	35251	32226	35123	29966	36685	33887	32174	23805
47454	49482	39236	35224	34588	36142	36017	39341	34455	30593
48300	52026	42325	39921	36815	34598	39825	40317	37698	30467
74023	81413	65193	48723	49536	48871	54120	63892	50873	40709
81856	103631	80854	58888	60353	57649	58983	77980	66376	54402
45691	54326	25352	26872	21358	27114	19614	75767	23756	38269
41331			34151	35947	30547	55200	37177		26320
44022	47716	37514	32277	34311	31259	35987	37856	34096	27316
86084	83461	107536	83056	80150	91436	80667	69659	68840	50879
33307	43565	41370	39635	31944	31655	34979	41648	35860	28133
44771	47350	34615	41445	33302	28889	38224	33201	27037	27629
46909	55336	40715	43891	33109	33007	30623	38963	33992	27966
35063	38173	29529	23502	29597	26651	29160	27423	25847	24033
91225	83628	65197	45987	48246	45661	59070	54271	58182	48381
112702	133104	102872	79356	80730	74515	75609	80684	95837	66253
54194	87438	49816	41012	43602	36949	51332	49785	37514	38066
40470	53479	26363	40410	31367	23138	27439	46530	25991	26855
76674	107583	73345	58193	48787	46670	57332	53294	52314	45960
45713	55846	39514	33295	42118	33782	40564	44743	40248	25743
39885	63677	47302	53666	30957	39283	33532	44952	44845	24184
76763	82032	66558	52155	49156	54458	56234	68886	52162	42960
76584	80180	63867	45049	54719	46477	57935	63434	49309	39289
76031	67519	68910	49557	50978	41768	41062	55092	52102	40012
81450	99952	79408	55349	58455	55579	57711	75800	64555	50513

3-28 制造业城镇单位从业人员平均工资（2012年）
Average Wage of Employed Persons in Manufacturing of Urban Units (2012)

单位：元 (yuan)

项目	Item	合计 Total	#在岗职工 Employed	国有单位 State-owned Units	城镇集体单位 Urban Collective-owned Units	其他单位 Other Units
制造业总计	**Total of Manufacturing Industry**	42642	42096	49025	32468	42525
农副食品加工业	Processing of Food from Agricultural Products	36455	36943	17778	42500	37124
食品制造业	Manufacture of Food	38511	38426	40667	24000	38610
酒、饮料和精制茶制造业	Manufacture of Beverage	35519	35805	37895	20000	35479
烟草制品业	Manufacture of Tobacco	120000	120000	120000		
纺织业	Manufacture of Textile	34337	34325	35116	23077	34443
纺织服装、服饰业	Manufacture of Textile Wearing, Apparel, Footwear and Caps	31796	31865	37763	23077	31703
皮革、毛皮、羽毛及其制品和制鞋业	Manufacture of Leather, Fur, Feather and Related and saps	32742	32560	26667	50000	32713
木材加工及木、竹、藤、棕、草制品业	Processing of Timber, Manufacture of Wood, Bamboo, Rattan, Palm and Straw Products	34923	34942	37368	30000	33537
家具制造业	Manufacture of Furniture	44520	42938		23333	44629
造纸和纸制品业	Manufacture of Paper and Paper Products	50274	48316	55000	26667	50389
印刷和记录媒介复制业	Printing, Reproduction of Recording Media	45533	44412	36250	23333	48164
文教、工美、体育和娱乐用品制造业	Manufacture of Articles For Culture, Education and Sport Activities	30899	30859	26667	30000	31018
石油加工、炼焦和核燃料加工业	Processing of Petroleum, Coking, Processing of Nuclear Fuel	63459	64077	47143	50000	64400
化学原料和化学制品制造业	Manufacture of Raw Chemical Materials and Chemical Products	45328	44846	41257	39524	45851
医药制造业	Manufacture of Medicines	39189	38776	16875	31148	40280
化学纤维制造业	Manufacture of Chemical Fibers	42681	42951		30000	42764
橡胶和塑料制品业	Rubber and plastic Products	43160	42365	42857	28077	43690
非金属矿物制品业	Manufacture of Non-metallic Mineral Products	38764	38567	60725	27222	37437
黑色金属冶炼和压延加工业	Smelting and Pressing of Ferrous Metals	45545	45723	30000	30000	45629
有色金属冶炼和压延加工业	Smelting and Pressing of Non-ferrous Metals	43533	43254	27500	29000	44266
金属制品业	Manufacture of Metal Products	43016	42722	85882	32500	42719
通用设备制造业	Manufacture of General Purpose Machinery	47482	46246	49824	32200	47528
专用设备制造业	Manufacture of Special Purpose Machinery	44741	44010	46618	32093	45057
汽车制造业	Manufacture of Automobile	50734	50110	55564	28125	50500
铁路、船舶、航空航天和其他运输设备	Manufacture of Railroad, Marine Aviation and other Transport Equipment	50343	50387	54725	40000	49563
电气机械和器材制造业	Manufacture of Electrical Machinery and Equipment	44608	44092	36194	35495	45337
计算机、通信和其他电子设备制造业	Manufacture of Communication Equipment, Computers and Other Electronic Equipment	44408	43324	69375	40811	44377
仪器仪表制造业	Manufacture of instrumentation	44348	43564	42821	27333	44709
其他制造业	Other	28810	28480	27778	30000	28621
废弃资源综合利用业	Manufacture of Recycling and Disposal of waste	48846	49600		47778	49412
金属制品、机械和设备修理业	Manufacture of Metal Prodults, Machinery and Eauipment Repair	47000	45000		33333	52857

3－29 城镇私营单位从业人员平均工资
Average Wage of Employed Persons in Urban Private Units

单位:元 (yuan)

行业	Sector	2011	2012
总计	**Total**	**27500**	**32069**
农、林、牧、渔业	Farming, Forestry, Animal Husbandry and Fishery	23187	26974
采矿业	Mining	24032	27956
制造业	Manufacturing	27684	32020
电力、热力、燃气及水生产和供应业	Production and Supply of Electricity, Gas and Water	28316	30331
建筑业	Construction	29461	32435
批发和零售业	Wholesale and Retail Trade	26315	31261
交通运输、仓储和邮政业	Transportation, Storage and Post	27615	31778
住宿和餐饮业	Hotel and Catering Industry	25388	28282
信息传输、软件和信息技术服务业	Information Transfer, Software and IT Services	31875	38178
金融业	Banking	29360	34809
房地产业	Real Estate	29256	32984
租赁和商务服务业	Leasing and Commercial Services	27860	33849
科学研究和技术服务业	Scientific Research and Technical Service	31947	37866
水利、环境和公共设施管理业	Management of Water Conservancy, Environment and Public Facilities	26504	31329
居民服务、修理和其他服务业	Services of Households and other Services	26183	30309
教育	Education	27662	32264
卫生和社会工作	Health and Social Work	30710	33202
文化、体育和娱乐业	Culture, Sports and Recreation	26187	29752

主要统计指标解释

人口数　指一定时点、一定地区范围内的有生命的个人的总和。

年度统计的年末人口数指每年 12 月 31 日 24 时的人口数。年度统计的全国人口总数内未包括台湾省和港澳同胞以及海外华侨人数。

城镇人口和乡村人口

1952－1989 年城镇人口是指市辖区内和县辖镇的全部人口;乡村人口是指县辖乡人口。

1990－1999 年城镇人口是指设区的市的区人口和不设区的市所辖的街道人口以及不设区的市所辖镇的居民委员会人口和县辖镇的居民委员会人口;乡村人口是除上述两种人口以外的全部人口。

2000－2005 年人口普查和 2000 年以后城镇人口:市人口是指设区市的人口密度在 1500 人/平方公里以上的市区人口和人口密度不足 1500 人的区政府驻地和区辖其他街道人口,以及政府驻地的城市建设延伸到的周边乡镇人口;不设区市的市政府驻地和市辖其他街道人口,以及政府驻地的城市建设延伸到的乡镇人口。镇人口是指镇政府驻地和镇辖其他居委会人口,以及镇政府驻地的城区建设延伸到周边村民委员会人口。乡村人口是指除上述人口以外的全部人口。

2006 年至今的城镇人口分为城区人口和镇区人口。其中,城区人口,包括街道办事处所辖的居民委员会(社区委员会),及城市公共设施、居住设施等连接到的其他居民委员会(社区委员会)和村民委员会的人口。镇区人口,包括镇所辖的居民委员会(社区委员会),镇的公共设施、居住设施等连接到的村民委员会,以及常住人口在 3000 人以上独立的工矿区、开发区、科研单位、大专院校、农场、林场等特殊区域中的人口。乡村人口是指除上述人口以外的全部人口。

出生率(又称粗出生率)　指在一定时期内(通常为一年)一定地区的出生人数与同期内平均人数(或期中人数)之比。一般用千分率表示。本资料中的出生率指年出生率,其计算公式为:

出生率＝年出生人数/年平均人数×1000‰

式中:出生人数指活产婴儿,即胎儿脱离母体时(不管怀孕月数),有过呼吸或其他生命现象。年平均人数指年初、年底人口数的平均数,也可用年中人口数代替。

死亡率(又称粗死亡率)　指在一定时期内(通常为一年)一定地区的死亡人数与同期内平均人数(或期中人数)之比,一般用千分率表示。本资料中的死亡率指年死亡率,其计算公式为:

死亡率＝年死亡人数/年平均人数×1000‰

人口自然增长率　指在一定时期内(通常为一年)人口自然增加数(出生人数减死亡人数)与该时期内平均人数(或期中人数)之比,一般用千分率表示。计算公式为:

人口自然增长率＝(本年出生人数－本年死亡人数)/年平均人数×1000‰

文盲率　指常住人口中 15 岁及以上不识字人口所占比重。

从业人员　指从事一定社会劳动并取得劳动报酬或经营收入的人员,包括在岗职工、再就业的离退休人员、私营业主、个体户主、私营和个体就业人员、乡镇企业就业人员、农村就业人员、其他就业人员(包括民办教师、宗教职业者、现役军人等)。这一指标反映了一定时期内全部劳动力资源的实际利用情况,是研究我国基本国情国力的重要指标。

各单位的从业人员　指在各级国家机关、政党机关、社会团体及企业、事业单位中工作,取得工资或其他形式的劳动报酬的全部人员。包括在岗职工、再就业的离退休人员、民办教师以及在各单位中工作的外方人员和港澳台方人员、兼职人员、借用的外单位人员和第二职业者。不包括离开本单位仍保留劳动关系的职工。各单位的就业人员反映了各单位实际参加生产或工作的全部劳动力。

城镇私营和个体从业人员　城镇私营就业人员指在工商管理部门注册登记,其经营地址设在县城关镇(含城关镇)以上的私营企业就业人员;包括私营企业投资者和雇工。城镇个体就业人员指在工商管理部门注册登记,并持有城镇户口或在城镇长期居住,经批准从事个体工商经营的就业人员;包括个体经营者和在个体工商户劳动的家庭帮工和雇工。

城镇登记失业人员　指在劳动年龄(16 周岁至退休年龄)内,有劳动能力无业而要求就业,并在当地就业服务机构进行失业登记的城镇常住人员。

国有单位职工　指在国有经济单位及其附属机构工作,并由其支付工资的各类人员。

城镇集体单位职工　指在城镇集体经济单位及其管理部门工作,并由其支付工资的各类人员。

其他单位职工　指在联营经济、股份制经济、外商投资经济、港、澳、台投资经济单位工作,并由其支付工资的各类人员。

职工工资总额　指各单位在一定时期内直接支付给本单位全部职工的劳动报酬总额。工资总额的计算原则应以直接支付给职工的全部劳动报酬为根据。各单位支付给职工的劳动报酬以及其他根据有关规定支付的工资,不论是计入成本的还是不计入成本的,不论是按国家规定列入计征奖金税项目的,还是未列入计征奖金税项目的,不论是以货币形式支付的还是以实物形式支付的，均包括在工资总额内。

职工平均工资 指企业、事业、机关单位的职工在一定时期内平均每人所得的货币工资额。它表明一定时期职工工资收入的高低程度，是反映职工工资水平的主要指标。计算公式为：

职工平均工资 = 报告期实际支付的全部职工工资总额/报告期全部职工平均人数

职工平均工资指数 指报告期职工平均工资与基期职工平均工资的比率，是反映不同时期职工货币工资水平变动情况的相对数。计算公式为：

职工平均工资指数 = 报告期平均工资/基期职工平均工资 × 100%

职工平均实际工资指数 职工平均实际工资指扣除物价变动因素后的职工平均工资。职工平均实际工资指数是反映实际工资变动情况的相对数，表明职工实际工资水平提高或降低的程度。计算公式为：

职工平均实际工资指数 = 报告期平均工资指数/报告期城镇居民消费价格指数 × 100%。

Explanatory Notes on Main Statistical Indicators

Total Population refers to the total number of people alive at a certain point of time within a given area.

The annual statistics on total population is taken at midnight, the 31st of December, not including residents in Taiwan province, Chinese compatriots in Hong Kong and Macao and overseas Chinese.

Urban Population and Rural Population

From 1952 to 1989 urban population refers to the population of municipal districts and towns under the administration of counties; rural population refers to the population of townships under the administration of counties. From 1990 to 1999 rural population is composed of the population of districts of cities divided into districts, the population of sub – district offices under the cities not divided into districts, the population of neighborhoods of towns under the administration of cities not divided into districts and the population of neighborhoods of towns under the administration of counties; rural population is the population other than those mentioned above. Rural population from 2000 to 2005: city population is composed of the population of districts of cities divided into districts with population density at more than 1500 people per square kilometer, the population of places where the district governments are stationed and other sub – district offices under the administration of the district with population density at less than 1500 people per square kilometer, and the population of circumjacent townships where are the extending areas of city construction of the places where the governments are stationed; the population of places where the city (not divided into districts) governments are stationed and other sub – district offices under the administration of the city, and the population of circumjacent townships where are the extending areas of city construction of the places where the governments are stationed. Town population refers to the population of places where town governments are stationed and other neighborhood committees under the administration of the towns, and the population of circumjacent villagers' committees where are the extending areas of town construction of the places where the town governments are stationed. Rural population is the population other than those mentioned above. From 2006 to now urban population is composed of city population and town population. City population includes the population of neighborhood committees (community committees) under the administration of sub – district offices and the population of other neighborhood committees (community committees) and villagers' committees connected through city common facilities and residence facilities. Town population includes the population of neighborhood committees (community committees) under the administration of towns and the population of villagers' committees connected through town common facilities and residence facilities, and the population of special areas with more than 3000 permanent residents, such as independent mining areas, development zones, research institutes, universities and colleges, farms, forestry centers and so on. Rural population is the population other than those mentioned above.

Birth Rate or (Crude Birth Rate) refers to the ratio of the number of births to the average population (or mid-period population) during a certain period of time (usually a year) which is often expressed in ‰. Birth rate in the chapter refers to annual birth rate. The following formula is used: Birth Rate = Number of Births/Average Number of Population × 1000‰

Number of births refers to live births i. e. the births when babies had showed any vital phenomena regardless of the length of pregnancy.

Annual Average Number of Population is the average of the number of population at the beginning of the year and that at the end of the year. Sometimes it is substituted for with the mid year population.

Death Rate (or Crude Death Rate) refers to the ratio of the number of deaths to the average population (or mid-period population) during a certain period of time (usually a year) which is often expressed in ‰. Death rate in the chapter refers to annual death rate. The following formula is used:

Death Rate = Number of Deaths/Annual Average Number of Population × 1000‰

Natural Growth Rate of Population refers to the ratio of natural increase in population (number of births minus number of deaths) in a certain period of time (usually a year) to the average population (or mid-period population) of the same period which is often expressed in ‰. The following formulas are applied:

Natural Growth of Population = (Number of Births − Number of Deaths)/Average Number of Population × 1000‰

Natural Growth Rate of Population = Birth Rate-Death Rate

Illiteracy Rate refers to the percentage of illiterate population to total aged 15 and over of resilent population.

Employed Persons refer to the persons who are engaged in social working and receive remuneration payment or earn business income, including total staff and workers, re-employed retirees, employers of private enterprises, self-employed workers, employees in private enterprises and individual economy, employees in township enterprises, employed persons in the rural areas, and other employed persons (including teachers in the schools run by the local people, people engaged in religious profession and the servicemen, etc.). This indicator reflects the actual utilization of total labour force during a certain period of time and is often used for the research on China's economic situation and national power.

Persons Employed in Various Units refer to all the persons working in government agencies of various levels, political and party organization, social organizations, enterprises and institutions, and receiving wages or other forms of payment. They include fully-employed staff and workers, re-employed retirees, teachers in schools run by the local people, foreigners and Chinese compatriots from Hong Kong, Macao, and Taiwan working in various units, part-time employees, employees of other units working temporarily at current posts, and employees holding the second job, but exclude staff and workers who have left their working units while keeping their labour contract (employment relation) unchanged. This indicator reflects the total number of laborers actually engaged in production or other operations in various units.

Persons Employed in Private Enterprises and Self-Employed Individuals in Urban Areas Persons employed in private enterprises refer to the persons employed in the private enterprises which have been registered at the departments of industrial and commercial administration and are situated at a county town (i. e. a town' where the county government is located) for business operation or at urban areas with the level higher than a county town. The self-employed individuals in urban areas refer to persons who hold the certificates of residence in urban areas or have resided in the urban areas for a long time and have been registered at the departments of industrial and commercial administration and approved to be engaged in individual industrial or commercial business, including self-employed persons as well as helpers and hired labourers who work in the individual households engaged in industrial or commercial business.

Registered Urban Unemployed Persons The registered unemployed persons in urban areas refer to the persons who are registered as permanent residents in the urban areas, aged within the range of working age, capable to labour, unemployed but desirous to be employed and have been registered at the local employment service agencies to apply for a job.

Staff and Workers in State-owned Economic Units refer to the persons who work in the state-owned economic units or their attached units and are listed in their payrolls.

Staff and Workers of Collective Owned Units in Urban Areas refer to the persons who work in collective owned units in urban areas and their administration departments and receive payment therefrom.

Staff and Workers in Units of Other types of Ownership refer to those who work in (and receive payment therefrom) enterprises and institutions of joint ownership, share holding, foreign ownership, and ownership by entrepreneurs from Hong Kong, Macao, and Taiwan.

Total Wages of Staff and Workers refer to the total remuneration payment to staff and workers in various units during a certain period of time. The calculation of total wages is based on the total remuneration payment to the staff and workers. Therefore, all the wages and salaries and other payments to staff and workers are included in the total wages regardless of their sources, category, and forms (in kind or cash). (Total wages of staff and workers in this yearbook include only total wages of fully employed staff and workers, excluding the living allowances distributed to those who have left their working units while keeping their labor contract/employment relation unchanged).

Average Wage of Staff and Workers refers to the average wage in money terms per person during a certain period of time for staff and workers in enterprises, institutions, and government agencies, which reflects the general level of wage income during a certain period of time and is calculated as follows:

Average Wage of Staff and Workers = Total Wages of Staff and Workers at the Report Period/Average Number of Staff and Workers at the Report Period.

Average Wage Indices of Staff and Workers refers to the ratio of average wage of staff and workers in the report period to that in the base period, which reflects the change of wage of staff and workers at the different period. It is calculated as follows:

Average Wage Indices of Staff and Workers = Average Wage of Staff and Workers at the Report Period/Average Wage of Staff and Workers at the Base Period × 100%

Average Real Wage Indices of Staff and Workers average real wage of staff and workers refers to the average wage of staff and workers after removing the effects of the price changes and average real wage indices of staff and workers refers to the change of real wage, which reflects the relative increasing or decreasing level of real wage of staff and workers, which is calculated as follows:

Average Real Wage Indices of Staff and Workers = Average Wage Indices of Staff and Workers at the Report Period/Urban Consumer Price Indices at the Report Period × 100%

4

人民生活

People's Living Conditions

简 要 说 明

一、本篇资料的主要内容

本篇资料反映我省人民生活现状及变化情况，分为城镇居民生活和农村居民生活两部分。

二、城镇居民生活状况资料来源

城镇居民生活状况的数据来源于城镇住户调查，是对城镇居民家庭抽样调查汇总的结果。调查内容主要包括家庭人口及其构成、家庭现金收支、主要商品购买数量及支出金额、劳动就业状况、居住状况和耐用消费品的拥有量等。

三、城镇住户调查方法

城镇住户调查采用分层随机抽样的方法确定。调查户的抽选工作分两步进行。第一步进行一次性的大样本调查；第二步从大样本调查中抽出一个小样本，作为经常性调查户，开展记账工作。

大样本调查每三年进行一次，其目的主要是为经常性调查提供抽样框和为经常性调查数据评估提供基础资料。在大样本调查中，各调查市、县采取分层、二(多)阶段、与大小成比例(PPS方法)的随机等距方法选取调查样本。即先按区分层，在层内按照PPS方法随机等距抽选调查社区/居委会，在抽中社区/居委会内随机等距抽选调查住宅。部分大城市根据需要可以采用三阶段抽样，即先抽选社区/居委会，再抽选调查小区，最后抽选调查住宅。对选出的大样本或一相样本开展调查，取得调查户家庭人口、就业人口、收入等辅助资料，然后，根据这些资料进行分组，从中按比例抽出一个小样本也称二相样本，作为经常性调查户，开展日记账工作。

四、农村居民生活资料来源

农村居民生活状况的数据来源于农村住户抽样调查。主要内容包括农村居民家庭基本情况、住房情况、收入、生活消费支出、主要消费品消费量、耐用消费品拥有量等。

五、农村住户调查方法

农村住户调查综合运用多种抽样方法确定住户调查网点。农村住户调查在95%的概率把握程度下要求抽样误差不得超过±3%。为保证农村住户调查资料的准确性，调查户设置现金和实物两本帐，并聘请辅助调查员帮助做好记账工作，及时核实、汇总住户调查资料。

为解决调查户的厌烦情绪及样本老化问题，增强抽样调查网点的代表性，更加准确、及时地反映农村社会经济情况，农村住户调查网点实行样本轮换制度，每五年为一个周期。

Brief Introduction

Ⅰ. Main Contents

Data in this chapter show the people's living conditions in Jiangsu, consisting of two parts, on the life of urban and rural households respectively.

Ⅱ. Sources of Data on the Living Conditions of Urban Residents

Data on the living condition of urban residents come from the data collected through a sample survey on the urban households. The main contents of the survey include persons in the household and the household composition; cash income and expenditure of the household; quantity of major commodities purchased and expenditure; the employment of household members; the housing condition; and the possession of durable consumer goods.

Ⅲ. Methodology for Urban Household Survey

Sample cities and towns in urban areas are selected by using stratified random sampling method. The selection of sample households in urban areas is done by two steps: the first step is to have a one-off large sample survey; the second step is to select a small sample from the large sample to be used as regular sample households for diaries.

The large sample survey is conducted for every three years; the objective is to provide sample frame for regular surveys and basic information for data evaluation of regular surveys. In the large sample survey, samples in sample cities and towns are selected by systematic sampling method schemes, such as two – phase sampling and stratifying method, two – stage (multi) method and probability proportional to size (PPS) method. Namely, stratification is done at district level, and then PPS systematic sampling method is used to select sample communities/resident's committees, finally the same method is used to select dwellings from the selected districts/resident's committees. In some large cities, three – stage sampling method is used. First, the communities/resident's committees are selected. Secondly, sample districts are selected. Thirdly, sample dwellings are selected. A survey will be conducted to the large samples or the first phase samples to collect relevant information on household population, persons employed, income and so on. Then grouping is made based on the information collected, small samples or the second phase samples are selected according to proportions which are regular sample households to keep diary.

Ⅳ. Sources of Data on the Living Conditions of Rural Residents

Data on the living conditions of rural residents come from data collected through the sample survey on rural households. The main contents of the survey include the basic condition of rural households, housing conditions, income, consumption expenditure, consumption of major consumer goods and the quantity of durable consumer goods owned.

Ⅴ. Methodology for Rural Household Survey

Sample survey on rural households use a combination of various sampling approaches. It is required that the sampling error should not exceed ± 3%, with a confidence probability as 95%. In order to ensure the accuracy of the survey data on the rural households, two accounts are designed for the respondent households: the cash account and the account on goods in kind. Assistant enumerators have been recruited to help the households keep good accounts and to check on a timely fashion and to and tabulate the data from the survey.

In order to overcome the tedium of respondent households and to ensure that the sample is accurately representative over time and reflects the changing rural social and economic situation, a rotation sampling scheme is implemented. A complete cycle of rotation is 5 years.

4－1 人民生活水平情况
Basic Statistics on People's Living Standard

指 标	Item	2000	2005	2010	2011	2012
就业	**Employment**					
农村居民家庭每户整半劳动力（人）	Average Number of Full/semi Laborer Per Rural Household (person)	2.62	2.66	2.66	2.55	2.53
每一农村劳动力负担人数（人）	Number of Dependents Per Laborer of Rural Household (person)	1.43	1.41	1.38	1.35	1.35
城镇居民家庭每户就业人口（人）	Average Number of Employed Persons per Urban Household (person)	1.65	1.42	1.41	1.45	1.42
每一城镇就业者负担人数（人）	Number of Dependents per Laborer of Urban Household (person)	1.86	2.06	1.98	1.94	1.96
城镇登记失业率（%）	Registered Urban Unemployment Rate (%)	3.2	3.6	3.16	3.22	3.14
收入与支出	**Income and Expenditure**					
城镇居民人均可支配收入（元）	Per Capita Disposable Income of Urban Households (yuan)	6800	12319	22944	26341	29677
城镇居民生活消费支出（元）	Per Capita Consumption Expanditure of Urban Households (yuan)	5323	8622	14357	16782	18825
农村居民人均纯收入（元）	Per Capita Net Income of Rural Households (yuan)	3595	5276	9118	10805	12202
农村居民生活消费支出（元）	Per Capita Living Expenditure of Rural Households (yuan)	2337	3567	6543	7693	8655
职工年平均工资（元）	Annual Average Wage of Workers and Staff (yuan)	10299	20957	40505	45987	51279
人均储蓄存款余额（元）	Per Capita Balance of Saving Deposit (yuan)	6083	13944	29652	32808	37951
生活质量	**Life Quality**					
居民家庭恩格尔系数（%）	Household's Engle Coefficient (%)					
城镇居民	Urban	41.1	37.2	36.5	36.1	35.4
农村居民	Rural	43.5	44.0	38.1	38.5	37.4
人均住房面积（平方米）	Per Capita Floor Space of Residential Building (sq. m)					
城镇人均建筑面积	Per Capita Building Space in Urban Areas	25.54	28.76	33.39	34.72	35.15
农村人均住房面积	Per Capita Living Space in Rural Areas	33.70	38.59	46.33	48.55	49.86
交通状况	**Traffic**					
城市每万人拥有公共汽（电）车（辆）	Number of Public Transportation Vehicles Per 10000 Persons (unit)	10.6	9.1	11.2	11.3	11.3
城市人均拥有道路面积（平方米）	Per Capita Area of Paved Roads in City (sq. m)	10.6	16.3	21.3	21.9	22.4
城镇每百户拥有家用汽车（辆）	Number of Automabiles Per 100 Urban Households (unit)		4.29	13.83	23.92	26.18
农村每百户拥有摩托车（辆）	Number of Motor－cycles Per 100 Rural Households (unit)	28.50	52.74	63.26	57.00	57.80

4-1 续表 1 Continued 1

指标	Item	2000	2005	2010	2011	2012
邮电通信水平	**Level of Postal and Telecommunication**					
每一邮政局所服务面积（平方公里）	Average Area Served by Every Post Office (sq. km)		35.8	40.4	40.9	41.5
固定电话普及率（部/百人）	Popularization Rate of Fixed Telephones (unit/100 persons)	15.5	40.9	32.4	30.1	30.0
移动电话普及率（部/百人）	Rate Popularization of Mobil-telephones (unit/100 persons)	8.5	34.1	76.7	85.0	95.0
城市公用事业	**Public Utilities in Urban Areas**					
用水普及率（%）	Coverage Rate of Urban Population with Access to Tap Water (%)	99.2	96.3	99.6	99.6	99.7
燃气普及率（%）	Coverage Rate of Urban Population with Access to Gas (%)	95.8	93.3	99.1	99.0	99.4
人均公园绿地面积（平方米）	Per Capita Public Green Land Area (sq. m)	8.1	10.3	13.3	13.3	13.6
文化、教育和卫生	**Culture, Education and Healthcare**					
文化	Culture					
广播综合人口覆盖率（%）	Radio Coverage of Population (%)	99.6	99.7	100.0	100.0	100.0
电视综合人口覆盖率（%）	TV Coverage of Population (%)	99.5	99.6	99.9	99.9	99.9
城镇每百户拥有彩色电视机（台）	Numberof Color TV Sets Owned per 100 Households in Urban Areas (unit)	124.5	153.2	170.7	171.8	173.5
农村每百户拥有彩色电视机（台）	Numberof Color TV Sets Owned per 100 Households in Rural Areas (unit)	53.9	104.7	142.1	142.1	140.8
每百户家用电脑拥有量（台）	Number of Computers Owned per 100 Households (unit)					
城镇	Urban Areas	10.65	46.35	81.36	96.94	100.3
农村	Rural Areas		2.88	11.0	15.8	24.9
居民家庭文教娱乐支出比重（%）	Percentage of Household Expenditure on Culture, Recreation and Education (%)					
城镇	Urban Areas	12.60	14.94	14.86	16.06	16.35
农村	Rural Areas	11.51	13.43	13.88	13.84	13.98
教育	Education					
升学率（%）	Enrollment Rate (%)					
学龄儿童入学率	Enrollment Rate of School-age Chidren	99.8	99.8	99.9	99.9	100.0
小学毕业生升学率	Enrollment Rate of Primary School Graduates	97.2	99.8	100.0	100.0	100.0
初中毕业生升学率	Enrollment Rate of Junior Secondary School Graduates	68.5	89.6	97.5	97.7	98.0
每万人口在校学生数（人）	Number of Students per 10000 Persons (person)					
大学生数	University (or college) Students	61.7	155.2	209.6	210.1	228.6

指标	Item	2000	2005	2010	2011	2012
中学生数	Secondary School Students	592.3	793.3	588.1	536.3	401.4
小学生数	Primary School Students	980.7	649.6	506.8	518.6	533.8
平均每一教师负担学生（人）	Average Number of Students Supported by a Teacher (person)					
大学	University (or college)	13.7	18.4	17.4	17.3	17.1
中学	Secondary School	17.3	19.0	14.3	13.2	12.5
小学	Primary School	24.9	18.6	16.0	16.4	16.7
卫生	Public Health					
每万人拥有病床（张）	Number of Hospital Beds per 10000 Persons (unit)	22.1	25.6	31.5	34.6	38.8
每万人拥有医生数（人）	Number of Doctors per 10000 Persons (person)	15.6	15.0	16.4	17.1	19.9
居民家庭医疗保健支出比重（%）	Percentage of Household Expenditure on Medicine and Healthcare (%)					
城镇	Urban Areas	5.53	6.72	5.61	5.74	5.62
农村	Rural Areas	5.54	5.57	5.54	5.77	5.90
社会保障、社区服务和治安	**Social Security, Community Service and Public Security**					
社会保障	Social Security					
参加基本养老保险职工人数（万人）	Number of Workers Joining Basic Pension Insurance (10000 persons)	646.6	952.3	1503.4	1659.6	1796.7
参加失业保险人数（万人）	Number of Workers Joining Unemployment Insurance (10000 persons)	757.0	838.5	1153.8	1238.2	1332.2
参加基本医疗保险人数（万人）	Number of Workers Joining Basic Medicine Insurance (10000 persons)	235.5	1123.1	1848.3	2012.4	2155.5
参加新型农村合作医疗人数（万人）	Number of Persons Joining New-type Rural Cooperative Medical Treatment (10000 persons)		3870	4380	4374	4089
城镇居民最低生活保障人数（万人）	Number of Urban Residents Supported by Lowest Life Security Line (10000 persons)	7.4	42.3	42.81	40.94	37.01
农村居民最低生活保障人数（万人）	Number of Rural Residents Supported by Lowest Life Security Line (10000 persons)	18.4	87.2	139.4	141.71	138.07
社区服务	Community Service					
城镇社区服务设施（个）	Number of Urban Community Service Facilities (unit)	18065	24550	17092	6167	5660
城镇便民利民服务网点（个）	Number of Convenience Stores in Urban Area (unit)	42503	71447	107657	79940	72424
社会治安	Social Public Security					
公安机关刑事案件立案数（起）	Number of Criminal Cases Registered (file)	274010	424166	410319	405143	403123
公安机关治安案件受理数（起）	Number of Public Security Cases Accepted by Public Security Organs (case)	205280	1130791	1224213	936236	904086
交通事故发生数（起）	Number of Traffic Accidents (times)	54307	27690	13947	13434	13300
火灾事故发生数（起）	Number of Fire Accidents (times)	11156	19249	5299	4715	7753

4-2 农村居民家庭人均收入及恩格尔系数

Per Capita Annual Income and Engle Coefficient of Rural Households

年份 Year	农村居民家庭人均纯收入 Per Capita Net Income of Rural Houselds				农村居民家庭恩格尔系数(%) Engle Coefficient of Rural Households	城乡居民收入比(以农民收入为1) Income Ratio of Urban and Rural Residents (1 for a Rural Resident)
	绝对数(元) Value (yuan)	名义增长(%) Nominal Growth Rate(%)	实际增长(%) Real Growth Rate(%)	实际增长指数(1978年=100) Real Income Index(100 in 1978)		
1978	155			100.0	62.3	1.86
1979	200			127.5	59.9	
1980	218			150.1	58.0	1.99
1981	258	18.4	17.3	176.1	56.9	1.74
1982	309	19.8	18.6	208.9	55.5	1.57
1983	357	15.4	15.4	241.1	55.3	1.40
1984	448	25.6	21.0	291.7	53.0	1.40
1985	493	10.0	0.5	293.2	52.1	1.55
1986	561	13.9	6.7	312.8	49.5	1.62
1987	627	11.6	3.7	324.4	48.4	1.60
1988	797	27.2	4.8	340.0	46.1	1.53
1989	876	9.9	-7.3	315.1	50.2	1.57
1990	884	0.9	6.3	335.0	52.3	1.66
1991	921	4.2	-5.8	315.6	56.1	1.76
1992	1061	15.2	10.3	348.1	54.7	2.02
1993	1267	19.4	3.0	358.5	50.2	2.19
1994	1832	44.6	6.0	380.0	54.8	2.06
1995	2457	34.1	9.5	416.1	54.8	1.89
1996	3029	23.3	12.6	468.6	51.2	1.71
1997	3270	7.9	4.4	489.2	48.9	1.76
1998	3377	3.3	4.5	511.2	47.8	1.78
1999	3495	3.5	5.3	538.3	44.7	1.87
2000	3595	2.9	3.5	557.1	43.5	1.89
2001	3785	5.3	4.0	579.4	42.6	1.95
2002	3996	5.6	5.9	613.6	40.0	2.05
2003	4239	6.1	5.2	645.5	41.4	2.18
2004	4754	12.1	7.2	692.0	44.2	2.20
2005	5276	11.0	8.4	750.1	44.0	2.33
2006	5813	10.2	8.4	813.1	41.8	2.42
2007	6561	12.9	7.7	875.7	41.6	2.50
2008	7357	12.1	6.2	930.0	41.3	2.54
2009	8004	8.8	9.4	1017.4	39.2	2.57
2010	9118	13.9	9.2	1111.0	38.1	2.52
2011	10805	18.5	11.9	1243.2	38.5	2.44
2012	12202	12.9	10.1	1368.4	37.4	2.43

4－3　城镇居民家庭人均收入及恩格尔系数
Per Capita Annual Income and Engle Coefficient of Urban Households

年　份 Year	城镇居民家庭人均可支配收入 Per Capita Disposal Income of Urban Households				城镇居民家庭恩格尔系数（%） Engle Coefficient of Urban Households（%）
	绝对数（元） Value（yuan）	名义增长（%） Nominal Growth Rate(%)	实际增长（%） Real Growth Rate(%)	实际增长指数（1978年=100） Real Income Index(100 in 1978)	
1978	288			100.0	55.1
1979					
1980	433			141.4	55.1
1981	448	3.4	1.0	142.8	55.9
1982	484	8.0	7.1	152.9	58.2
1983	498	2.9	2.1	156.2	58.6
1984	626	25.7	20.7	188.5	56.3
1985	766	22.3	11.6	210.4	52.5
1986	910	18.8	11.8	235.1	51.2
1987	1005	10.4	-0.1	234.8	52.0
1988	1218	21.2	-1.1	232.2	50.8
1989	1372	12.6	-2.9	225.5	53.9
1990	1464	6.7	3.2	232.6	55.5
1991	1623	10.9	3.0	239.5	55.7
1992	2138	31.8	21.1	290.0	53.9
1993	2774	29.7	9.3	316.9	49.4
1994	3779	36.2	8.8	344.7	50.1
1995	4634	22.6	5.5	363.7	51.9
1996	5186	11.9	1.0	367.3	51.0
1997	5765	11.2	9.7	403.1	47.7
1998	6018	4.4	4.4	420.8	45.1
1999	6538	8.6	10.2	463.7	44.1
2000	6800	4.0	4.0	482.3	41.1
2001	7375	8.5	8.3	522.5	39.7
2002	8178	10.9	12.7	588.8	40.4
2003	9263	13.3	12.3	661.0	38.3
2004	10482	13.2	9.1	721.3	40.0
2005	12319	17.5	15.2	831.1	37.2
2006	14084	14.3	12.5	935.2	36.0
2007	16378	16.3	11.7	1044.7	36.7
2008	18680	14.1	8.5	1133.5	37.9
2009	20552	10.0	10.5	1252.5	36.3
2010	22944	11.6	7.8	1350.2	36.5
2011	26341	14.8	9.2	1474.4	36.1
2012	29677	12.7	9.9	1620.4	35.4

4－4 城镇居民家庭基本情况
Basic Conditions of Urban Households

指标	Item	2000	2005	2010	2011	2012
基本情况	**Basic Conditions**					
调查户数（户）	Number of Households Surveyed (household)	2600	5000	5100	5100	5100
平均每户家庭人口（人）	Average Household Size (person)	3.07	2.92	2.79	2.82	2.79
平均每户就业人口（人）	Average Number of Employed Persons Per Household (person)	1.65	1.42	1.41	1.45	1.42
平均每一就业人口负担人数（人）	Number of Dependents per Employee (person)	1.86	2.06	1.98	1.94	1.96
平均每户就业面（%）	Proportion of Employment per Household (%)	53.70	48.63	50.54	51.40	50.90
平均每人建筑面积（平方米）	Average Building Space per Capita (sq. m)	25.54	28.76	33.39	34.72	35.15
平均每人使用面积（平方米）	Average Living Floor Space per Capita (sq. m)	19.20	21.69	25.05	26.05	26.37
人均家庭总收入（元）	**Per Capita Annual Income (yuan)**		**13330**	**25116**	**28972**	**32519**
#可支配收入	**Disposable Income**	**6800**	**12319**	**22944**	**26341**	**29677**
最低收入户	Lowest Income Households	2771	3355	6943	8497	10052
低收入户	Low Income Households	3844	5179	10411	12644	14756
中等偏下户	Lower Middle Income Households	4930	7260	14149	16856	19404
中等收入户	Middle Income Households	6350	10295	19246	22479	25402
中等偏上户	Upper Middle Income Households	8230	14401	26141	30386	34220
高收入户	High Income Households	10791	19984	36459	41272	45967
最高收入户	Highest Income Households	14949	33699	61765	67126	73555
人均家庭总支出（元）	**Per Capita Annual Expenditure (yuan)**		**11898**	**20139**	**23191**	**26129**
#消费性支出	Per Capita Consumption Expenditure	5323	8622	14357	16782	18825
食品	Food	2190	3206	5243	6061	6658
衣着	Clothing	492	804	1466	1772	1916
居住	Residence	436	795	1234	1188	1437
家庭设备用品及服务	Household Facilities, Articles and Services	570	587	1026	1194	1288
医疗保健	Healthcare and Medical Services	294	579	806	962	1058
交通通讯	Transport and Communications	392	1051	1935	2262	2690
教育文化娱乐服务	Recreation, Education and Cultural Services	671	1288	2133	2696	3078
杂项商品和服务	Miscellaneous Goods and Services	277	312	514	647	700
借贷支出	Debit and Credit Expenditure	1347	3798	9923	11188	13163
#存入储蓄款	Savings Deposit	1021	3083	9207	10130	12022
购买有价证券	Buying Securities	32	25	24	30	20

4-5 城镇居民家庭人均收入支出情况(2012年)

单位:元

指标	Item	全省调查户平均水平 Average	最低收入户占10% Lowest Income Households (first decile group)	#更低收入户占5% Poor Households (first five percent group)
家庭总收入	Per Capita Annual Total Income	32519.10	11204.91	9440.82
#可支配收入	Disposable Income	29676.97	10052.36	8320.71
#工资性收入	Income from wages and Salaries	19602.05	7114.39	5562.26
工资及补贴收入	Wages and Subsidies	19391.46	7018.88	5413.70
其他劳动收入	Other Labor Income	210.58	95.51	148.57
经营净收入	Net Income from Household Operations	3421.90	1020.53	977.01
财产性收入	Income from Properties	689.96	114.58	113.81
#利息收入	Interest	160.61	33.12	23.56
转移性收入	Income from Transfers	8805.20	2955.41	2787.74
#养老金或离退休金	Pensions for Retirees	7559.72	2214.37	1905.88
#出售财物收入	Income from Selling Properties	456.69	149.50	1.83
借贷收入	Debit and Credit Income	7952.26	2198.49	2063.45
#提取储蓄存款	Drawing Money from Bank	7260.83	1970.42	1955.70
家庭总支出	Expenditures	26128.62	10614.50	9083.47
消费性支出	Expenditures for Consumption	18825.28	8135.55	6703.82
购房与建房支出	Expenses on Purchase of Housing and Construction	1282.91	360.55	363.73
转移性支出	Expenses on Transfers	3238.74	1113.16	1024.32
财产性支出	Expenses on Properties	334.07	13.16	21.02
社会保障支出	Expenses on Social Security	2447.62	992.09	970.59
#借贷支出	Debit and Credit Expenditure	13163.35	2260.24	1844.70
#存入储蓄款	Savings Deposit	12021.95	2169.39	1703.56
购买有价证券	Buying Securities	20.21		
消费性支出中:	Among Consumptive Expenditures			
食品	Food	6658.37	3597.89	3104.03
#粮食	Grain	442.90	366.60	361.55
淀粉及薯类	Starches and Tubers	62.70	58.59	60.68
干豆类及豆制品	Beans and Bean Products	95.14	89.97	88.30
油脂类	Oil and Fats	134.40	116.96	118.93
肉类	Meat	941.34	666.55	579.60
禽类	Poultry	374.48	212.45	173.57
蛋类	Eggs	128.98	98.90	90.44
水产品类	Aquatic Products	542.92	281.66	249.26

Per Capita Income and Expenditure of Urban Households (2012)

(yuan)

按收入水平分组 Grouped by Level of Income					
低收入户占10% Low Income Households (second decile group)	中等偏下户占20% Lower Middle Income Households (second quintile group)	中等收入户占20% Middle Income Households (third quintile group)	中等偏上户占20% Upper Middle Income Households (fourth quintile group)	高收入户占10% High Income Households (ninth decile group)	最高收入户占10% Highest Income Households (tenth decile group)
16337.89	21324.50	27642.41	37522.54	50373.51	80389.51
14756.29	19403.57	25401.64	34220.17	45967.34	73554.81
10460.23	12894.36	15781.02	23710.09	30751.71	51689.59
10267.26	12759.08	15661.68	23513.82	30435.36	51055.37
192.97	135.28	119.34	196.27	316.36	634.22
1580.01	2321.79	2396.80	3442.63	4425.67	11726.94
216.08	304.64	359.00	736.60	1547.79	2403.93
31.53	48.84	92.39	143.44	343.26	679.95
4081.56	5803.72	9105.60	9633.21	13648.34	14569.04
3325.36	5068.33	8255.98	8535.55	12327.13	12711.25
2.62	3.06	200.45	295.26	782.45	2831.74
2677.87	4029.79	5088.00	9489.61	14299.05	25006.02
2548.26	3735.66	4759.72	8805.46	12431.12	22764.66
14353.45	17691.43	21736.05	30253.40	41213.92	60068.57
11069.86	13692.78	16611.17	22250.73	27913.64	38813.29
251.12	282.33	416.87	1358.29	2956.28	5529.11
1552.42	1877.77	2558.91	3329.31	5619.30	9251.40
70.35	115.38	170.86	362.85	876.62	1178.58
1409.70	1723.18	1978.23	2952.21	3848.07	5296.20
3738.53	6142.07	9546.17	15307.78	22019.65	45220.32
3457.63	5640.62	8839.58	13902.80	19433.40	41695.29
	0.54	25.55	8.85	60.99	78.69
4803.56	5745.27	6705.06	7511.00	8771.66	10167.83
389.41	431.17	469.85	456.76	506.99	465.52
57.08	61.51	65.06	63.36	68.57	63.99
91.40	97.14	99.23	94.06	98.63	91.39
116.33	141.71	146.41	138.31	135.09	126.32
850.72	935.06	998.10	1006.15	1077.57	982.55
289.35	352.78	419.59	420.99	480.97	403.22
116.16	127.43	136.29	134.11	150.14	133.88
379.96	497.85	603.06	603.96	719.05	691.30

单位:元

指标	Item	全省调查户平均水平 Average	最低收入户占10% Lowest Income Households (first decile group)	#更低收入户占5% Poor Households (first five percent group)
蔬菜类	Vegetables	662.97	440.37	413.59
调味品	Condiments	76.37	53.54	51.56
糖类	Sugar	57.90	23.06	21.60
烟草类	Tobacco	386.30	167.93	128.52
酒类	Liquor	236.59	120.02	90.02
饮料	Beverages	108.82	36.80	28.84
干鲜瓜果类	Dried and Fresh Melons and Fruits	513.86	232.72	205.51
糕点	Cake	130.17	53.11	46.18
奶及奶制品	Milk and Processed Products	303.81	135.64	108.23
其他食品	Other Food	127.26	56.43	41.56
衣着	Clothing	1915.97	667.95	537.14
#服装	Garments	1438.02	475.31	378.57
衣着材料	Clothing Materials	16.21	6.02	7.90
鞋类	Shoes	388.24	160.54	126.50
其他衣着用品	Other Clothing	62.32	22.80	20.68
居住	Residence	1437.08	836.66	628.26
#租赁房房租	Rent	55.40	45.08	31.71
水	Water	119.07	72.78	69.99
电	Electricity	442.61	287.99	268.01
家庭设备用品及服务	Facilities, Articales and Services	1288.42	430.13	363.89
耐用消费品	Durable Consumer Goods	487.45	156.07	117.80
室内装饰品	Articles for Interior Decoration	24.33	1.55	1.23
床上用品	Bed Articles	129.77	29.55	22.26
家庭日用杂品	Household Articles for Daily Use	533.96	228.21	209.38
家具材料	Furniture Materials	10.59		
家庭服务	Household Services	102.32	14.76	13.23
医疗保健	Hualth Care and Medical Services	1058.11	560.03	529.09
#药品费	Expenses of Medicine	405.29	280.56	263.82
滋补保健品	Health Care product	246.07	31.52	22.08
医疗费	Medical Expenses	369.27	238.11	237.74
交通和通讯	Transport and Communications	2689.51	731.16	499.09
#交通费	Transport	246.40	78.77	60.16
电信费	Telecommunications	598.83	305.19	259.87
教育文化娱乐服务	Recreation, Education and Cultural Services	3077.76	1146.53	926.99
文化娱乐用品	Recreation Articales	670.60	152.80	125.31
文化娱乐服务	Recreation Services	1295.52	215.55	139.45
教育	Education	1111.65	778.17	662.24
杂项商品和服务	Miscellaneous Goods and Services	700.06	165.19	115.32

Continued

(yuan)

按收入水平分组 Grouped by Level of Income					
低收入户占10% Low Income Households (second decile group)	中等偏下户 占20% Lower Middle Income Households (second quintile group)	中等收入户 占20% Middle Income Households (third quintile group)	中等偏上户 占20% Upper Middle Income Households (fourth quintile group)	高收入户 占10% High Income Households (ninth decile group)	最高收入户 占10% Highest Income Households (tenth decile group)
550.80	628.37	723.37	722.76	786.22	743.67
61.25	75.45	80.03	82.95	85.38	91.41
33.34	41.87	52.66	67.33	76.52	132.16
238.97	337.84	381.73	437.42	583.66	606.30
154.18	169.05	210.14	261.69	328.31	515.50
63.07	90.49	98.87	124.02	167.06	211.54
327.63	413.74	512.29	607.01	740.60	834.26
92.90	101.51	126.65	152.58	191.53	218.71
219.43	245.60	306.70	362.17	424.40	463.31
95.46	106.78	122.86	140.74	162.18	234.09
1087.29	1356.03	1628.87	2263.90	2961.25	4266.61
775.27	983.38	1196.89	1707.63	2265.89	3341.46
12.44	10.57	19.60	19.46	22.18	24.11
255.24	313.98	349.93	445.12	557.08	745.62
38.08	40.67	51.65	77.51	101.20	130.95
855.07	1039.08	1234.80	1627.52	2329.84	2717.85
44.58	38.07	51.41	67.41	63.62	90.37
84.18	102.07	119.30	139.87	145.92	176.17
336.71	405.37	432.31	479.18	558.24	645.98
691.00	854.69	1087.65	1550.71	2102.79	2894.91
236.47	295.87	400.54	593.85	894.91	1091.29
3.92	9.95	9.49	45.15	58.40	54.99
72.48	91.29	109.49	155.08	222.36	284.86
350.79	399.85	497.25	637.08	705.20	1062.73
2.93	7.13	9.07	9.80	34.36	18.79
24.40	50.60	61.80	109.76	187.56	382.25
675.49	742.97	1116.25	1145.69	1607.44	1858.77
322.46	340.26	407.11	443.57	534.87	561.62
89.94	116.91	232.04	292.99	452.07	661.30
247.13	265.91	453.15	350.03	558.17	548.53
1033.39	1639.54	2129.30	3651.98	3981.81	6852.68
143.39	160.34	185.00	292.41	365.44	647.30
437.03	537.61	540.89	690.62	770.81	1002.65
1651.34	1909.77	2221.94	3688.09	5083.59	7804.60
312.55	409.07	567.46	826.44	1212.24	1550.80
510.86	606.62	858.91	1575.68	2259.40	4211.42
827.93	894.09	795.57	1285.97	1611.96	2042.38
272.74	405.41	487.30	811.85	1075.26	2250.03

4－6 城镇居民家庭人均购买主要商品数量(2012 年)

单位:千克

项目	Item	全省调查户平均水平 Average	最低收入户占10% Lowest Income Households (first decile group)	#更低收入户占5% Poor Households (first five percent group)
食用植物油	Edible Vegetable Oil	8.40	7.96	8.08
猪肉	Pork	22.86	17.34	15.10
牛肉	Beef	2.08	1.57	1.12
羊肉	Mutton	0.79	0.49	0.35
鸡鸭	Chicken and Duck	10.39	7.80	6.45
鲜蛋	Fresh Eggs	11.41	10.03	9.31
鱼	Fish	13.98	10.64	10.00
虾	Shrimp	3.38	1.84	1.62
鲜菜	Fresh Vegetables	118.49	99.02	96.09
白酒	Liquor	1.89	2.08	1.79
啤酒	Beer	2.73	2.63	1.98
茶叶	Tea	0.22	0.08	0.06
鲜果	Fresh Fruits	35.22	21.48	20.13
鲜瓜	Fresh Melons	18.66	14.84	13.60
糕点	Cake	6.07	3.15	2.84
鲜乳品	Fresh Dairy Products	17.46	9.21	6.43
奶粉	Milk Powder	0.58	0.23	0.24
酸奶	Yagurt	2.93	1.14	0.98
服装 (件)	Garment (piece)	8.77	4.57	3.76

Per Capita Annual Purchases of Major Commodities of Urban Households by Level of Income (2012)

(kg)

按收入水平分组 Grouped by Level of Income					
低收入户占10% Low Income Households (second decile group)	中等偏下户占20% Lower Middle Income Households (second quintile group)	中等收入户占20% Middle Income Households (third quintile group)	中等偏上户占20% Upper Middle Income Households (fourth quintile group)	高收入户占10% High Income Households (ninth decile group)	最高收入户占10% Highest Income Households (tenth decile group)
8.01	9.20	9.08	8.32	7.87	7.03
20.84	23.10	24.62	24.21	25.84	21.42
1.82	2.08	2.13	2.22	2.46	2.21
0.62	0.77	0.83	0.97	1.02	0.72
9.65	10.58	11.31	10.97	11.68	9.38
11.06	11.73	11.91	11.50	12.47	10.37
11.77	14.09	15.32	14.52	16.23	13.91
2.55	3.24	3.82	3.77	4.26	3.74
112.08	118.97	128.30	121.39	126.22	113.06
2.07	2.00	1.74	1.81	1.80	1.81
3.20	2.79	2.67	2.86	2.28	2.56
0.13	0.23	0.24	0.26	0.28	0.26
27.77	31.13	36.10	38.95	45.56	47.89
16.05	18.14	18.83	20.10	22.33	19.89
5.12	5.13	5.98	7.25	8.03	8.18
13.07	14.25	17.30	20.51	25.15	24.62
0.96	0.38	0.55	0.66	0.65	0.81
1.91	2.45	3.05	3.43	3.80	5.02
6.59	7.20	8.39	10.62	11.78	13.17

4-7 城镇居民家庭平均每百户年末耐用品拥有量(2012 年)

项目	Item	全省调查户平均水平 Average	最低收入户占10% Lowest Income Households (first decile group)	#更低收入户占5% Poor Households (first five percent group)
摩托车 (辆)	Motorcycle (unit)	20.09	22.55	21.96
助力车 (辆)	Hand Car (unit)	80.52	83.03	78.46
家用汽车 (辆)	Automobile (unit)	26.18	5.24	2.04
洗衣机 (台)	Washing Machine (set)	101.90	95.47	93.33
电冰箱柜 (台)	Refrigerator (set)	101.92	90.41	82.89
彩色电视机 (台)	Color TV Set (set)	173.47	141.69	136.28
家用电脑 (台)	Computer (set)	100.30	60.94	53.45
组合音响 (套)	Hi-Fi Stereo Component System (set)	22.43	10.04	7.54
摄像机 (台)	Vedio Camera (set)	10.76	2.88	2.55
照相机 (架)	Camera (set)	50.77	12.62	7.76
钢琴 (架)	Pianoe (set)	3.46	0.13	
其他中高档乐器 (件)	Other Medium and High-Grade Musical Instrument (unit)	4.51	1.44	1.14
微波炉 (台)	Microwave Oven (set)	91.67	70.74	70.41
空调器 (台)	Air Conditioner (set)	198.21	115.76	104.57
淋浴热水器 (台)	Water Heater for Shower (set)	101.26	82.45	78.08
消毒碗柜 (台)	Disinfection Cupboard (set)	9.39	2.72	1.09
洗碗机 (台)	Dishwasher (set)	0.65	0.28	0.36
健身器材 (件)	Ealth Equipment (unit)	6.31	1.17	0.96
固定电话 (部)	Fixed Telephone (set)	82.81	70.74	65.26
移动电话 (部)	Mobile Telephone (set)	215.68	193.77	182.76

Ownership of Durable Consumer Goods per 100 Urban Households at Year-end by Level of Income (2012)

收入水平分组 Grouped by Level of Income					
低收入户占10% Low Income Households (second decile group)	中等偏下户占20% Lower Middle Income Households (second quintile group)	中等收入户占20% Middle Income Households (third quintile group)	中等偏上户占20% Upper Middle Income Households (fourth quintile group)	高收入户占10% High Income Households (ninth decile group)	最高收入户占10% Highest Income Households (tenth decile group)
26.90	23.30	18.01	20.91	15.00	13.95
93.64	96.68	83.04	75.89	68.65	54.93
6.76	15.07	19.72	33.48	41.70	63.28
100.77	101.42	100.98	103.13	103.68	106.95
97.48	99.81	101.59	104.23	108.01	109.56
151.83	162.05	172.06	182.91	194.62	203.16
80.38	88.42	93.16	111.02	122.14	143.71
14.95	16.40	21.52	27.96	27.75	36.07
6.51	4.93	8.86	13.72	18.23	21.87
28.62	37.43	44.33	65.60	72.44	88.54
1.44	1.39	2.09	4.62	7.36	8.19
2.86	3.42	3.63	5.06	5.60	10.04
84.93	92.06	93.63	94.72	98.72	98.55
147.35	168.61	192.26	220.62	246.41	285.91
91.72	95.75	102.23	108.08	106.26	115.69
3.53	4.79	6.67	11.78	16.00	22.22
	0.73	0.44	0.81	0.95	1.20
2.12	3.88	4.00	9.35	7.90	15.61
75.13	79.36	83.44	85.90	89.68	92.04
218.33	218.64	200.14	222.88	224.93	233.68

4-8 城镇居民家庭平均每人购买主要商品数量
Per Capita Annual Purchases of Major Commodities in Urban Households

单位:公斤 (kg)

项目	Item	1995	2000	2005	2010	2011	2012
大米	Rice	71.28	56.16	50.33	47.06	44.08	43.74
面粉	Flour	10.60	5.74	6.25	5.58	5.37	5.42
植物油	Edible Vegetable Oil	7.31	8.60	8.62	8.22	8.44	8.40
鲜菜	Fresh Vegetables	112.30	105.01	104.70	121.55	115.34	118.49
猪肉	Pork	19.86	19.71	20.98	21.86	21.19	22.86
牛羊肉	Beef and Mutton	1.40	1.77	2.37	2.42	2.70	2.87
蛋类	Eggs	10.14	11.87	10.71	10.75	11.82	12.68
鱼虾	Fish and Shrimp	14.31	15.89	15.30	16.80	16.13	17.36
鲜瓜果	Fresh Melons&Fruits	45.39	47.42	51.87	54.44	47.32	53.88
糕点	Cake	3.11	3.01	3.73	5.09	5.31	6.07
鲜酸奶	Yogurt	4.19	12.04	22.00	20.16	19.03	20.39
服装 （件）	Garments (piece)	4.82	5.81	6.95	8.11	8.74	8.77

4-9 城镇居民家庭平均每百户年末耐用品拥有量
Ownership of Major Durable Consumer Goods per 100 Urban Households at Year-end

项目	Item	1995	2000	2005	2010	2011	2012
洗衣机 （台）	Washing Machines (set)	95.35	96.15	99.38	102.08	101.04	101.90
电冰箱柜 （台）	Refrigerators (set)	71.35	90.06	96.47	99.36	100.70	101.92
摩托车 （辆）	Motorcycles (unit)	6.77	27.28	27.42	21.59	18.56	20.09
彩色电视机 （台）	Color TV Sets (set)	85.22	124.45	153.19	170.66	171.79	173.47
空调器 （台）	Air Conditioners (set)	10.53	45.90	123.92	170.61	195.96	198.21
家用电脑 （台）	Computers (set)		10.65	46.35	81.36	96.94	100.30
健身器材 （件）	Health Equipment (set)		5.09	5.59	5.46	6.20	6.31
固定电话 （部）	Fixed Telephones (set)			130.79	109.29	83.10	82.81
移动电话 （部）	Mobile Telephones (set)		25.47	120.61	183.26	210.87	215.68
家用汽车 （辆）	Automobile (unit)			4.29	13.83	23.92	26.18

4－10 农村居民家庭基本情况
Basic Conditions of Rural Households

指　　标	Item	2000	2005	2010	2011	2012
调查户数　（户）	**Number of Households Surveyed (household)**	**3400**	**3400**	**3400**	**5000**	**5000**
调查户人口　（人）	**Residents Surveyed (person)**					
常住人口	Permanent Residents	12711	12712	12499	17204	17088
平均每户常住人口	Average Numbe of Permanent Residents per Household	3.74	3.74	3.68	3.44	3.42
平均每户整、半劳动力	Average Number of Full/Semi Labour Force per Household	2.62	2.66	2.66	2.55	2.53
平均每个劳动力负担人口（包括劳动力本人）	Average Number of Dependents per Labour Force(including the laborer-self)	1.43	1.41	1.38	1.35	1.35
人均住房面积　（平方米）	**Per Capita Floor Space of Houses (sq. m)**	**33.7**	**38.6**	**46.3**	**48.6**	**49.9**
平均每人全年收入　（元）	**Per Capita Annual Income (yuan)**					
总收入	Total Revenue	4542	6682	11139	13367	15069
纯收入	Net Income	3595	5276	9118	10805	12202
现金收入	Cash Income	3674	6035	10231	12421	14306
按人均纯收入水平分组的户数占调查总户数的比重(%)	**Percentage of Households Grouped by Per Capita Annual Net Income (%)**					
1000 元以下	Below 1000 yuan	2.9	1.6	1.6	1.7	1.8
1000—2000 元	1000—2000 yuan	17.1	6.6	2.4	3.1	2.6
2000—3000 元	2000—3000 yuan	26.8	14.1	4.5	4.7	4.8
3000—4000 元	3000—4000 yuan	21.0	18.0	8.1	7.0	5.2
4000—5000 元	4000—5000 yuan	12.2	14.7	8.7	7.4	6.0
5000—6000 元	5000—6000 yuan	20.0	11.5	10.2	7.5	5.7
6000—8000 元	6000—8000 yuan		15.4	17.9	14.0	12.3
8000—10000 元	8000—10000 yuan		8.8	14.2	11.6	10.5
10000 元以上	10000 yuan and Over		9.3	32.4	43.0	51.3
平均每人全年支出　（元）	**Per Capita Annual Expenditures (yuan)**					
总支出	Total Expenditure	3434	5281	9164	11047	12397
#家庭经营性费用支出	Expenditure for Household Operations	678	1185	1605	2032	2302
购置生产性固定资产支出	Purchase of Productive Fixed Assets Expenditures	29	141	164	182	137
生活消费支出	Expenses on Household Consumption	2338	3567	6543	7693	8655
财产性支出	Expenses on Properties	15	6	51	9	9
转移性支出	Expenses on Transfers	272	347	765	1101	1266
现金支出	Cash Expenditure	2970	4776	8587	10569	11941
#生产费用	Productive Costs	667	1261	1723	2162	2411
税费支出	Taxes and Fees	97	33	35	30	29
生活消费支出	Expenses on Household Consumption	1922	3138	6042	7309	8263

4－11 农村居民家庭平均每人总收入和纯收入
Annual per Capita Revenue and Net Income of Rural Households

单位:元 (yuan)

指标	Item	2000	2005	2010	2011	2012
总收入	**Total Revenue**	**4542**	**6682**	**11139**	**13367**	**15069**
工资性收入	Wages Income	1663	2786	4896	5747	6474
在非企业组织中劳动的收入	Non-enterprise Units	284	354	569	603	668
在本乡地域内劳动得到的收入	Income from Labour in Native Region	903	1474	2775	3303	3762
#在本地企业劳动得到的收入	Local Enterprises	740	1251	2350	2788	3172
外出从业得到的收入	Income from Labour in Non-native Region	477	958	1552	1840	2044
家庭经营收入	Income from Household Operations	2636	3471	5068	6107	6793
财产性收入	Income from Properties	48	150	399	476	562
转移性收入	Income from Transfers	195	275	775	1036	1239
纯收入	**Net Income**	**3595**	**5276**	**9118**	**10805**	**12202**
工资性收入	Wages Income	1663	2786	4896	5747	6474
家庭经营收入	Household Operations	1771	2125	3215	3781	4181
农业收入	Farming		946	1324	1514	1656
林业收入	Forestry		40	74	76	79
牧业收入	Animal Husbandry		257	202	261	286
渔业收入	Fishery		136	245	306	351
工业收入	Industry		148	357	435	479
建筑业收入	Construction		104	140	167	181
交通运输邮电业收入	Transport and Post		189	268	270	297
批零贸易餐饮业收入	Wholesale and Retail Trade and Catering Services		205	464	576	650
社会服务业收入	Social Services		62	76	110	122
文教卫生业收入	Education, Culture and Health Care		3	18	15	20
其他家庭经营收入	Income from Other Household Operations		36	48	50	61
财产性收入	Income from Properties	48	150	399	476	562
转移性收入	Income from Transfers	113	215	608	801	984

4-12 农村居民家庭平均每人生活消费支出
Per Capita Rural Household Living Expenditures

单位:元 (yuan)

指 标	Item	2000	2005	2010	2011	2012
生活消费支出	**Total Consumption Expenditure**	**2338**	**3567**	**6543**	**7693**	**8655**
食品	Food	1018	1569	2492	2958	3233
主食	Staple Food	260	307	380	408	411
副食及其他食品	Non-Staple Food and Others	670	1031	1631	2017	2212
在外饮食	Food Consumption Outside	88	231	480	534	610
衣着	Clothing	127	191	350	408	463
居住	Residence	442	513	1171	1319	1481
#住房装饰	Housing Decoration	54	100	163	250	316
家庭设备用品及服务	Household Facilities, Articles and Services	115	168	328	412	472
交通和通讯	Transport and Communications	156	364	786	917	1088
文化教育娱乐用品及服务	Cultural, Educational and Recreational Articles and Services	269	479	908	1064	1210
医疗保健	Healthcare and Medical Services	130	199	362	444	511
其他商品和服务	Miscellaneous Goods and Services	83	85	147	171	196

4-13 农村居民家庭房屋情况
Housing Conditions of Rural Household

指 标		2000	2005	2010	2011	2012
平均每人住房	**Per Capita Housing Conditions**					
人均住房价值 (元)	Per Capita Value of Houses (yuan)	9398	15463	25843	30495	32398
人均住房面积 (平方米)	Per Capita Floor Space of Houses (sq. m)	33.7	38.6	46.3	48.6	49.9
按住房类型分	Grouped by Type of Houses					
#楼房面积	Per Capita Floor Space of Storied Buildings	19.7	25.5	31.71	32.3	32.8
砖瓦平房面积	Per Capita Floor Space of Brick and Wood Bungalow	13.5	12.7	14.39	16.3	16.9
按住房结构分	Grouped by House Structure					
#钢筋混凝土结构	Reinforced Concrete Structure	8.4	21.6	26.9	25.0	25.2
砖木结构	Brick and Wood Structure	24.8	16.6	19.3	23.6	24.6
平均每人本年新建房屋	**Houses Newly Built per Capita This Year**					
新建(购)住房每平方米价值 (元)	Value of per Square of the Rooms Newly Built (yuan)	353	563	904	1051	1054
人均新建(购)住房面积 (平方米)	Per Capita Floor Space of Houses Newly Built (sq. m)	1.14	0.85	0.95	1.11	0.91
#钢筋混凝土结构	Reinforced Concrete Structures	0.43	0.66	0.66	0.94	0.77
砖木结构	Brick and Wood Structures	0.69	0.19	0.28	0.14	0.14
#楼房	Storied Buildings	0.75	0.69	0.79	0.91	0.81

4－14 不同收入组农村居民家庭基本情况(2012年)
Basic Condition of Rural Household Grouped by Income(2012)

指标	Item	低收入户 Low Income Households	中低收入户 Low-medium Income Households	中等收入户 Medium Income Households	中高收入户 Upper-medium Income Households	高收入户 High Income Households
平均每户常住人口 (人)	Average Number of Permanent Residents per Household (person)	3.6	3.7	3.5	3.3	3.0
平均每户整、半劳动力(人)	Average Number of Full/Semi Labour Force per Household (person)	2.4	2.6	2.6	2.5	2.4
平均每个劳动力负担人口 (人)	Average Number of Dependents per Labour Force (person)	1.49	1.40	1.34	1.29	1.24
平均每人总收入 (元)	Per Capita Total Income (yuan)	5917	9058	12798	17621	33793
#现金收入	Cash Income	5239	8296	12007	17071	32991
平均每人总支出 (元)	Per Capita Total Expenditure (yuan)	8364	9165	11062	13168	22015
#现金支出	Cash Expenditure	4236	7734	11668	17333	34447
平均每人纯收入 (元)	Per Capita Net Income (yuan)	3860	7293	10680	15291	27072
工资性收入	Wages Income	1942	4125	6512	9592	13381
家庭经营收入	Income from Other Household Operations	1299	2287	3066	3990	10218
财产性收入	Income from Properties	122	208	262	588	1632
转移性收入	Income from Transfers	497	673	841	1121	1840

4－15 不同收入组农村居民家庭平均每人生活消费支出(2012年)
Per Capita Living Expenditure of Rural Household Grouped by Income(2012)

单位:元 (yuan)

指标	Item	低收入户 Low Income Households	中低收入户 Low-medium Income Households	中等收入户 Medium Income Households	中高收入户 Upper-medium Income Households	高收入户 High Income Households
生活消费支出	**Total Consumption Expenditures**	**5989**	**6601**	**7936**	**9403**	**14453**
食品	Food	2435	2458	2897	3722	5016
衣着	Clothing	314	303	447	558	758
居住	Residence	952	1137	1578	1354	2576
家庭设备用品及服务	Household Facilities, Articles and Services	351	332	407	533	802
交通和通讯	Transport and Communications	570	937	854	1175	2089
文化教育娱乐用品及服务	Cultural, Educational and Recreational Articles and Services	817	851	998	1366	2207
医疗保健	Healthcare and Medical Services	439	450	560	482	648
其他商品和服务	Miscellaneous Goods and Services	111	133	197	213	358
生活消费现金支出	**Total Cash Consumption Expenditures**	**5590**	**6181**	**7523**	**9020**	**14123**
食品	Food	2057	2064	2497	3352	4698
衣着	Clothing	314	303	447	558	758
居住	Residence	931	1112	1564	1342	2565
家庭设备用品及服务	Household Facilities, Articles and Services	351	332	406	533	802
交通和通讯	Transport and Communications	570	937	854	1175	2089
文化教育娱乐用品及服务	Cultural, Educational and Recreational Articles and Services	817	851	998	1366	2207
医疗保健	Healthcare and Medical Services	439	450	560	482	648
其他商品和服务	Miscellaneous Goods and Services	111	133	197	213	358

4－16 农村居民家庭平均每人主要消费品消费量
Rural Household per Capita Consumption on Major Consumer Goods

单位:公斤 (kg)

指标	Item	2000	2005	2010	2011	2012
粮食(原粮)	Grain (Unprocessed Grains)	288.1	208.6	176.7	158.0	159.8
#稻谷	Rice	188.2	147.1	129.4	114.5	115.6
小麦	Wheat	72.5	45.4	35.0	35.8	38.4
蔬菜及其制品	Fresh Vegetables and processed products	115.7	108.9	107.0	93.2	92.2
植物油	Edible Vegetable Oil	8.9	7.8	7.0	7.8	7.5
动物油	Edible Animal Oil	0.7	0.3	0.2	0.1	0.2
肉类及其制品	Meat and Processed Products	17.8	23.0	24.0	23.5	23.4
#猪肉	Pork	11.5	12.8	12.9	12.7	12.8
牛羊肉	Beef and Mutton	0.8	1.3	1.3	1.3	1.2
家禽	Poultry	4.4	5.6	6.2	5.7	5.4
蛋类及其制品	Eggs and Processed Products	8.2	6.4	6.8	6.4	6.9
水产品及其制品	Aquatic Products	7.7	10.0	11.2	10.5	10.4
#鱼类	Fishes	6.8	8.2	9.2	8.8	8.3
虾、贝、蟹类	Shrimp, Shellfish and Crab	0.5	1.2	1.4	1.2	1.6
水果(含果用瓜)	Fruit(including melon fruits)	21.1	18.0	9.1	10.2	12.1
食糖	Sugar	1.5	1.2	1.2	1.1	1.0
酒	Liquor	7.4	11.2	11.5	10.6	10.7

4－17 农村居民家庭年末平均每百户耐用消费品拥有量
Rural Household Year-end Possession of Durable Consumer Goods per 100 Households

指标		Item		2000	2005	2010	2011	2012
彩色电视机	(台)	Color TV Sets	(set)	53.9	104.7	142.1	142.1	140.8
影碟机	(台)	Video Disc Players	(set)	11.2	30.1	40.6	30.0	24.0
电话机	(部)	Telephones	(set)	51.4	89.4	90.9	84.2	83.7
移动电话	(部)	Mobile Telephones	(set)	9.1	78.0	171.0	183.1	199.5
洗衣机	(台)	Washing Machines	(set)	46.1	67.9	91.5	90.6	92.4
电冰箱	(台)	Refrigerators	(set)	19.9	36.0	59.3	66.9	71.4
抽油烟机	(台)	Exhaust Fans	(set)	5.1	12.6	24.1	30.8	35.5
自行车	(辆)	Bicycles	(unit)	175.4	162.1	159.9	153.1	148.3
摩托车	(辆)	Motorcycles	(unit)	28.5	52.7	63.3	57.0	57.8
空调机	(台)	Air Conditioners	(set)	5.4	22.2	47.4	56.6	64.9
照相机	(架)	Cameras	(set)	4.0	6.7	12.5	12.0	12.2
热水器	(台)	Water Heater for Shower	(set)	11.1	32.1	62.6	71.4	80.5
家用电脑	(台)	Computer	(set)	–	2.9	11.0	15.8	24.9
家用汽车	(辆)	Aatomobile	(unit)	0.5	1.1	3.0	4.0	5.9

4-18 按纯收入分组农村居民家庭购买商品数量(2012年)

Annual Purchases of Commodities in Rural Households by Level of Net Income(2012)

单位:公斤 (kg)

指标	Item	全省平均 Average	低收入户 Low Income Households	中低收入户 Low-medium Income Households	中等收入户 Medium Income Households	中高收入户 Upper-medium Income Households	高收入户 High Income Households
平均每人购买	**Per Capita Perchases of Commodities**						
粮食(原粮)	Grain(Unprocessed Grain)	61.0	47.4	53.0	58.7	67.0	83.7
食用植物油	Edible Vegetable Oil	7.1	6.3	6.8	6.9	7.4	8.2
动物油	Animal Oil	0.2	0.2	0.2	0.2	0.1	0.1
蔬菜	Vegetables	28.7	20.5	23.3	28.3	32.7	41.6
豆制品 (元)	Beans and Bean Products (yuan)	33.0	31.7	32.9	31.9	35.0	33.8
猪肉	Pork	12.5	9.7	10.3	12.0	14.6	16.8
牛羊肉	Beef and Mutton	1.1	0.8	1.0	1.1	1.3	1.6
家禽	Poultry	4.1	3.0	2.8	3.9	4.7	6.5
鲜蛋	Fresh Eggs	4.8	4.1	4.0	4.9	5.2	6.0
水产品	Aquatic products	9.8	7.3	7.9	8.5	11.0	15.2
食糖	Sugar	1.0	0.9	0.9	1.0	1.1	1.3
卷烟 (盒)	Cigarettes (pack)	31.5	24.2	25.3	29.3	36.9	44.6
酒	Liquor	9.8	8.3	8.3	9.7	11.0	12.0
茶叶	Tea	0.1	0.1	0.1	0.1	0.1	0.2
水果(含果用瓜)	Fruits(including melon fruits)	12.2	10.5	10.6	12.0	12.9	15.7
服装 (件)	Garments (piece)	4.1	3.1	3.2	4.2	4.7	5.6
鞋 (双)	Shoes (pair)	2.1	1.8	1.8	2.2	2.3	2.3
平均每户购买	**Per Household Perchases of Commodities**						
水泥	Cement	304.2	275.5	277.4	326.8	214.1	427.2
木材(立方米)	Timber (cu. m)	0.1	0.0	0.0	0.0	0.1	0.1

4－18 续 表 Continued

单位:公斤 (kg)

指标	Item	全省平均 Average	低收入户 Low Income Households	中低收入户 Low-medium Income Households	中等收入户 Medium Income Households	中高收入户 Upper-medium Income Households	高收入户 High Income Households
钢材	Steel	18.0	18.7	17.0	25.4	12.9	16.0
水泥预制件 (件)	Cement Prefabricated Components (piece)	4.0	2.8	10.9	0.6	0.4	5.2
砖瓦 (块)	Brisks and Tiles (piece)	350.6	373.1	276.2	374.8	269.0	460.0
化肥	Chemical Fertilizers	549.4	588.8	702.1	606.1	472.4	377.6
饼肥	Cake Fertilizers	1.1	0.9	1.7	1.4	1.1	0.3
农药 (元)	Chemical Insecticide (yuan)	328.3	313.1	404.3	367.9	324.1	231.8
农用薄膜	Plastic Film for Agricultural Use	1.8	0.8	1.6	2.3	2.8	1.7
平均每百户购买	**Per 100 Households Perchases of Commodities**						
彩色电视机(台)	Color TV Sets (set)	9.0	5.9	7.0	7.7	9.4	14.9
收录机 (台)	Radio Cassette Players (set)	2.9	2.0	2.7	3.8	3.1	3.1
照相机 (架)	Cameras (set)	1.0	1.0	0.6	1.0	1.0	1.5
洗衣机 (台)	Washing Machines (set)	4.6	3.0	4.2	5.1	4.9	5.6
电风扇 (台)	Electric Fans (set)	14.2	11.2	11.3	16.5	16.0	16.0
电冰箱 (台)	Refrigerators (set)	5.9	4.3	5.3	5.9	6.9	7.1
空调机 (台)	Air Conditioners (set)	6.9	5.8	4.8	6.2	7.0	10.7
油烟机 (台)	Exhaust Fans (set)	1.2	0.8	1.0	0.6	1.7	2.1
热水器 (台)	Water Heaters for Shower (set)	3.2	3.0	2.5	3.2	3.6	3.7
微波炉 (台)	Microwave Stoves (set)	2.4	1.5	0.9	3.1	2.9	3.5
自行车 (辆)	Bicycles (unit)	3.9	3.9	4.5	4.1	3.7	3.2
电动自行车(辆)	Power-driven Bicycles (unit)	17.5	16.0	17.7	19.5	18.2	15.9
摩托车 (辆)	Motorcycles (unit)	1.3	1.0	1.2	2.3	1.0	1.1
电话 (部)	Telephones (set)	4.1	4.2	3.8	4.0	3.5	5.0

4－19 分地区城镇居民家庭基本情况(2012 年)

指标	Item	苏南 Southern Jiangsu	苏中 Mid Jiangsu	苏北 Northern Jiangsu
基本情况	**Basic Conditions**			
调查户数 （户）	Number of Households Surveyed (household)	4620	2140	4220
平均每户家庭人口 （人）	Average Household Size (person)	2.79	2.88	2.98
平均每户就业人口 （人）	Average Number of Employed Persons Per Household (person)	1.46	1.53	1.53
平均每一就业人口负担人数 （人）	Number of Dependents per Employee (person)	1.91	1.89	1.94
平均每户就业面 （%）	Proportion of Employment per Household (%)	52.4	53.0	51.5
平均每人现住房建筑面积 （平方米）	Average Building Space per Capita (sq. m)	35.7	39.0	36.5
人均家庭总收入 （元）	**Per Capita Annual Income (yuan)**	**39542**	**29529**	**22367**
#人均可支配收入	Per Capita Disposable Income	35827	27095	20822
#工资性收入	Wages and Subsidies	24637	17984	13128
经营净收入	Net Income from Household Operations	3697	3771	3527
财产性收入	Income from Properties	1263	588	433
转移性收入	Income from Transfers	9944	7186	5278
人均家庭总支出 （元）	**Per Capita Annual Expenditure (yuan)**	**32046**	**22617**	**18629**
#消费性支出	Expenditures for Consumption	22786	17103	13837
食品	Food	7823	6084	4907
衣着	Clothing	2255	2019	1598
居住	Residence	1620	1264	1063
家庭设备用品及服务	Facilities, Articales and Services	1515	1118	929
医疗保健	Hualth Care and Medical Services	1218	835	751
交通通讯	Transport and Communications	3488	2187	1709
教育文化娱乐服务	Recreation, Education and Cultural Services	3904	2968	2385
杂项商品和服务	Miscellaneous Goods and Services	962	629	494

Basic Conditions of Urban Households by Region(2012)

南京 Nanjing	无锡 Wuxi	徐州 Xuzhou	常州 Changzhou	苏州 Suzhou	南通 Nantong	连云港 Lianyun gang	淮安 Huaian	盐城 Yancheng	扬州 Yanzhou	镇江 Zhenjiang	泰州 Taizhou	宿迁 Suqian
1560	650	1060	620	1190	800	620	800	1100	720	600	620	640
2.72	2.71	2.90	2.74	2.87	2.78	2.89	2.93	2.96	3.01	2.92	2.92	3.29
1.45	1.34	1.49	1.39	1.52	1.48	1.44	1.55	1.54	1.64	1.64	1.49	1.68
1.87	2.02	1.95	1.97	1.89	1.88	2.00	1.89	1.92	1.83	1.78	1.95	1.96
53.5	49.6	51.4	50.7	52.9	53.2	49.9	52.8	52.0	54.5	56.1	51.2	51.1
32.3	36.4	35.0	37.5	36.1	39.8	37.4	35.5	37.2	37.4	39.1	39.3	38.9
38926	**39435**	**23565**	**36116**	**43388**	**30974**	**22449**	**22559**	**23518**	**28174**	**32458**	**28553**	**17787**
35092	35663	21716	33326	39079	28292	20816	20950	21941	25712	30045	26574	16991
25250	22656	14327	21668	27620	19080	12970	13113	13304	17184	20522	17019	10606
2923	3907	2851	4985	3725	3698	2943	4000	4026	3590	3657	4065	4136
824	1003	403	867	2172	695	357	393	603	557	468	450	334
9929	11868	5985	8596	9871	7501	6179	5053	5584	6843	7811	7019	2711
31668	**32491**	**18785**	**28725**	**35291**	**24456**	**18391**	**19340**	**20412**	**21471**	**25011**	**20807**	**14864**
22446	23000	13730	20918	25157	17858	12726	14458	15430	16492	17897	16499	11864
7827	8010	4820	7229	8371	6211	4689	5126	5288	6037	6589	5927	4438
2261	2103	1594	2228	2370	2156	1405	1540	1817	1950	2192	1871	1494
1320	2107	1166	1227	1858	1238	1040	1060	1153	1217	1155	1352	731
1605	1593	968	1229	1562	1160	942	964	946	1010	1304	1156	776
1386	1273	824	1430	1037	865	734	801	782	827	902	794	519
2858	3419	1554	3618	4397	2595	1532	1713	2171	1714	2068	2001	1432
4290	3536	2330	3214	4567	3048	1980	2777	2629	3065	2870	2745	2080
899	959	474	743	997	587	403	479	644	673	818	652	394

4－20 分地区农村居民家庭基本情况(2012年)

指标	Item	苏南 Southern Jiangsu	苏中 Mid Jiangsu	苏北 Northern Jiangsu
调查户数 (户)	**Number of Households Surveyed (household)**	**3100**	**2500**	**5270**
调查户人口 (人)	**Residents Surveyed (person)**			
常住人口	Permanent Residents	10170	8433	19271
平均每户常住人口	Average Numbe of Permanent Residents per Household	3.3	3.4	3.7
平均每户整、半劳动力	Average Number of Full/Semi Labour Force per Household	2.5	2.6	2.6
平均每个劳动力负担人口(包括劳动力本人)	Average Number of Dependents per Labour Force(including the laborer-self)	1.3	1.3	1.4
人均住房面积 (平方米)	**Per Capita Floor Space of Houses (sq. m)**	**63.1**	**54.5**	**44.0**
人均家庭总收入 (元)	**Per Capita Annual Income (yuan)**	**20083**	**15956**	**13890**
人均纯收入 (元)	**Per Capita Net Income (yuan)**	**17160**	**12877**	**10502**
#工资性收入	Wages Income	11321	7504	5219
家庭经营收入	Income from Household Operations	3730	4207	4530
财产性收入	Income from Properties	889	325	185
转移性收入	Income from Transfers	1220	841	568
人均总支出 (元)	**Per Capita Annual Expenditure (yuan)**	**16945**	**13347**	**10593**
#家庭经营性费用支出	Expenditure for Household Operations	2261	2502	2941
购置生产性固定资产支出	Purchase of Productive Fixed Assets Expenditures	138	160	243
生活消费支出	Expenses on Household Consumption	12427	9301	6660
食品	Food	4438	3281	2432
衣着	Clothing	897	591	430
居住	Residence	1491	1296	982
家庭设备用品及服务	Household Facilities, Articles and Services	704	553	402
交通和通讯	Transport and Communications	1715	955	633
文化教育娱乐用品及服务	Cultural, Educational and Recreational Articles and Services	2202	1710	1226
医疗保健	Healthcare and Medical Services	715	643	431
其他商品和服务	Miscellaneous Goods and Services	265	273	124
财产性支出	Expenses on Properties	6	15	10
转移性支出	Expenses on Transfers	2076	1344	700
#现金支出	Cash Expenditure	16573	12852	10203
#生产费用	Productive Costs	2382	2628	3109
税费支出	Taxes and Fees	31	22	22
生活消费支出	Expenses on Household Consumption	12123	8857	6339

Basic Conditions of Rural Households by Region(2012)

南京 Nanjing	无锡 Wuxi	徐州 Xuzhou	常州 Changzhou	苏州 Suzhou	南通 Nantong	连云港 Lianyun gang	淮安 Huaian	盐城 Yancheng	扬州 Yangzhou	镇江 Zhenjiang	泰州 Taizhou	宿迁 Suqian
790	**450**	**1300**	**520**	**890**	**1100**	**770**	**920**	**1430**	**700**	**450**	**700**	**850**
2574	1412	4701	1601	3165	3548	3055	3772	4304	2571	1419	2314	3439
3.3	3.1	3.6	3.1	3.6	3.2	4.0	4.1	3.0	3.7	3.2	3.3	4.0
2.5	2.4	2.6	2.3	2.6	2.5	2.8	2.9	2.4	2.7	2.5	2.6	2.7
1.3	1.3	1.4	1.3	1.4	1.3	1.4	1.4	1.3	1.4	1.3	1.3	1.5
59.3	**67.6**	**45.6**	**60.3**	**68.3**	**54.6**	**42.1**	**43.3**	**45.1**	**50.1**	**56.2**	**56.9**	**42.3**
17425	**20245**	**14143**	**19860**	**23542**	**16851**	**12368**	**12261**	**16976**	**15305**	**17114**	**15169**	**11969**
14786	**18509**	**10762**	**16737**	**19396**	**13231**	**9589**	**9838**	**11898**	**12686**	**14518**	**12493**	**9495**
9494	13295	4815	11099	12564	7418	5300	5427	5536	8074	8777	7145	5125
3777	2954	5162	3504	4105	4477	3689	3748	5383	3821	4247	4125	3772
575	776	226	950	1389	397	191	131	200	196	412	324	145
940	1484	559	1183	1338	939	409	532	779	595	1083	900	453
14940	**16526**	**10617**	**16574**	**20216**	**14625**	**9496**	**9534**	**12770**	**12195**	**14413**	**12406**	**9420**
1983	979	3030	2617	3115	2863	2398	2119	4455	2424	2145	2035	1907
80	16	270	61	340	166	198	112	262	154	96	155	333
11114	12795	6742	12027	14381	9839	6210	6493	6998	8714	10530	8990	6594
4147	4655	2411	4337	4875	3546	2259	2409	2543	3180	3857	2974	2479
838	900	555	885	996	574	425	326	402	635	801	580	368
1408	1700	954	1401	1599	1345	1041	1060	955	1143	1253	1348	946
660	560	379	846	771	563	427	333	469	574	623	521	388
1250	1629	739	1530	2439	1109	512	573	636	754	1311	893	619
2079	2364	1248	1840	2643	1820	1127	1194	1288	1585	1816	1651	1219
473	745	366	913	762	658	331	460	511	569	636	681	479
259	242	91	275	296	223	90	139	192	275	233	342	95
6	0	5	12	9	18	27	1	19	0	0	24	0
1710	2735	554	1855	2285	1704	655	794	948	880	1626	1193	537
14386	16178	10409	16184	20048	14121	9206	8876	12201	11605	13891	12002	9149
2016	976	3146	2656	3466	2993	2569	2120	4679	2544	2217	2160	2222
47	1	12	1	68	32	8	15	32	19	16	8	41
10647	12557	6574	11693	14251	9383	5955	5951	6541	8173	10064	8642	6361

主要统计指标解释

家庭总收入 指调查户中生活在一起的所有家庭成员在调查期得到的工薪收入、经营净收入、财产性收入、转移性收入的总和,不包括借贷收入。收入的统计标准以实际发生的数额为准,无论收入是补发还是预发,只要是调查期得到的都应如实计算,不作分摊。

可支配收入 指调查户可用于最终消费支出和其它非义务性支出以及储蓄的总和,即居民家庭可以用来自由支配的收入。它是家庭总收入扣除交纳的个人所得税、个人交纳的社会保障费以及调查户的记账补贴后的收入。计算公式为:

可支配收入 = 家庭总收入 - 交纳的个人所得税 - 个人交纳的社会保障支出 - 记账补贴

消费支出 指调查户用于本家庭日常生活的全部支出,包括食品、衣着、家庭设备用品及服务、医疗保健、交通和通讯、娱乐教育文化服务、居住、杂项商品和服务八大类等。

农村居民家庭纯收入 指农村常住居民家庭总收入中,扣除从事生产和非生产经营费用支出、缴纳税款和上交承包集体任务金额以后剩余的,可直接用于进行生产性、非生产性建设投资、生活消费和积蓄的那一部分收入。农村居民家庭纯收入包括从事生产性和非生产性的经营收入,在外人口寄回带回和国家财政救济、各种补贴等非经营性收入;既包括货币收入,又包括自产自用的实物收入。但不包括向银行、信用社和向亲友借款等属于借贷性的收入。

农村居民家庭生活消费支出 指农村常住居民家庭用于日常生活的全部开支,是反映和研究农民家庭实际生活消费水平高低的重要指标。

Explanatory Notes on Main Statistical Indicators

Total Income of Households refers to the sum of incomes of all members living in a same family. The total incomes include wage income, net income of operation, property income, transferred income; exclude debit and credit incomes. The calculating of total incomes is based on the value actually occurred during the period of investigation. So long as the incomes are obtained during the period of in visitation, all the incomes are included in the total incomes, regardless the incomes are re-issued or issued in advance. and don't to be shared.

Disposable Income refers to the sum of final consumption expenditure, non-obligation expenditure and saving deposits of the sample households. They are the incomes which can be freely allocated by household after some deducting. The deducting include the payment of individual taxes, payment of individual social security costs and subsidies of keeping account offered to sample households.

The formula is:

Disposable income = Total income of household-individual taxes payment-individual social security costs payment-subsidies of keeping account.

Consumption Expenditure refers to all of the daily expenditures of sample households, include food, clothing, home equipments and articles and services, medicine and health care, means of transportation and telecommunications, recreation, education, culture and services, residence, and miscellaneous goods and services etc. eight categories.

Net Income of Rural Households refers to the total income of the permanent residents of the rural households during a year after the deduction of the expenses for productive and non-productive business operation, the payment for taxes and the payment for collective units for their contracted tasks, which can then be spent for investments in productive and non-productive construction, for consumption in daily life and for savings deposit. The net income of the rural households includes not only the income from the productive and non-productive business operation, but also includes the income from the non-business operation, such as the money remitted or brought back by the members of the household who are in other places, the government relief payment and various subsidies. It includes not only the money income, but also the income in kind. But the income borrowing from banks, friends and relatives is excluded.

Expenditure of Rural Households for Consumption refers to total expenses of rural households on daily life, including expenses on food, clothing, housing, fuel, articles for daily use, and expenses on cultural life and services. This indicator is used to show the actual consumption level of peasants.

5

固定资产投资

Investment in Fixed Assets

简 要 说 明

一、本篇资料的主要内容

本篇资料通过对一定时期全社会建造和购置固定资产活动的数量方面的描述，反映报告期内固定资产投资的规模和速度、固定资产投资的结构和比例关系、固定资产投资的资金来源及固定资产投资的效果等。

二、本篇资料的统计范围

固定资产投资统计的范围包括：城乡建设项目投资，房地产开发投资，国防、人防建设项目投资及农户投资。

三、本篇的资料来源

固定资产投资统计调查。

四、本篇的统计调查方法

全面统计报表。

Brief Introduction

Ⅰ. Main Contents

Statistics in this chapter describe activities on the construction and purchase of fixed assets of the whole country during a given period of time, and reflect the size, growth, structure, ratio, financing and results of the investment in fixed assets during the reference period.

Ⅱ. Scope of Statistics

Statistics on the investment in fixed assets cover investments in capital construction projects in urban and rural areas, investments in real estate development, as well as investments in national defence projects and civil defence projects, and rural household investment.

Ⅲ. Sources of Data

Data on investments in fixed assets are from surveys conducted.

Ⅳ. Methodology of Data Collection

Data on investments in fixed assets are collected by the system of reporting form with complete enumeration.

5-1 固定资产投资主要指标

Major Indicators of Investment in Fixed Assets

指 标	Item	2000	2005	2010	2011	2012
投资总额 （亿元）	**Total Investment （100 million yuan）**	**2995.43**	**8739.71**	**21643.02**	**26314.66**	**31706.58**
按经济类型分	Grouped by Ownership					
国有经济	State Owned Units	1200.01	2077.97	4348.46	5004.82	6022.51
集体经济	Collective Owned Units	455.86	445.16	902.96	1132.95	1393.13
私营个体经济	Private Individuals	326.08	2623.60	7778.02	9696.87	12074.90
联营经济	Joint-Ownership	14.12	7.39	11.83	58.12	74.66
股份制经济	Share Holding Co. Lid.	94.19	395.59	934.63	1305.12	1645.86
有限责任公司	Limited Liability Corporations	93.54	1457.32	4215.32	5187.19	5738.63
港澳台投资经济	Funds from Hong Kong, Macao and Taiwan	125.59	589.17	1263.87	1368.34	1599.75
外商投资经济	Foreign Investment	237.63	979.46	1706.07	1935.06	2218.49
其他经济	Others	448.41	164.05	481.86	626.18	938.66
按资金来源分	Grouped by Sources of Funds					
国家预算内资金	State Budget	73.42	67.60	273.00	344.87	448.05
国内贷款	Domestic Loans	489.04	1264.49	3231.05	3751.24	4658.42
利用外资	Foreign Investment	281.17	836.19	1135.69	1241.65	1216.78
自筹资金	Self-raising Fund	1827.79	5826.89	16186.61	20652.57	25824.05
其他资金来源	Others	324.01	1205.90	4839.81	4394.19	5262.67
按构成分	Grouped by Composition of Funds					
建筑安装工程	Construction and Installation	1817.08	4879.72	11804.76	14569.44	17913.03
设备工器具购置	Purchase of Equipments and Instruments	867.74	2544.36	6436.57	8112.05	9756.39
其他费用	Others	310.61	1315.63	3401.70	3633.17	4037.16
按产业分	Grouped by Industry					
#住宅	Residential Buildings	580.13	1298.75	3453.96	4515.78	4842.52
第一产业	Primary Industry	116.20	45.42	131.79	155.20	205.23
第二产业	Secondary Industry	1358.56	4872.12	11518.55	13927.20	16631.07
第三产业	Tertiary Industry	1520.67	3822.17	9992.68	12232.25	14870.28
新增固定资产 （亿元）	**Newly Increased Fixed Assets （100million yuan）**		**7353.67**	**15376.53**	**18858.51**	**23327.46**
房屋建筑面积 （万平方米）	**Floor Space of Building （10000 sq. m）**					
施工面积	Floor Space Under Construction	17417.62	35712.52	67120.33	81473.45	93565.19
#住宅	Residential Buildings	11273.48	16594.76	28487.84	33720.86	37150.80
竣工面积	Floor Space Completed	13471.88	17838.93	24490.56	27670.93	32938.72
#住宅	Residential Buildings	9323.98	7860.33	7619.06	7948.57	9301.97
商品房销售面积 （万平方米）	**Floor Space of Commercializ Buildings Sold （10000 sq. m）**	**1740.93**	**5135.55**	**9485.47**	**7970.49**	**9019.18**

注：1. 自筹投资中含发行债券部分（下同）。
2. 从2003年开始，资金来源为可用于投资的资金到位数（下同）。
3. 从2004年开始，水利业投资从第一产业调到第三产业（下同）。
4. 从2010年开始，投资总额中不含农户投资（下同）。

a) Fund raising included bond publishing(so did as follows).
b) Since 2003, the sources of finance was available for investment(so did as follows).
c) Since 2004, the investment for water conservancy was transferred from primary industry to tertiary industry(so did as follows).
d) Since 2010, the investment of farm households was not included in the total investment.

5-2 固定资产投资额
Investment in Fixed Assets

单位:亿元 (100 million yuan)

年 份 Items	投资额 Investment	#工业投资 Industrial Investment	#房地产开发 Real Estate Davelopment	#国有经济 State-owned	#集体经济 Collective-owned	#私营个体 Private Individuals	#外商及港澳台商投资 Hong Kong, Macao, Taiwan and Foreign Funds
1978	21.75			20.70	1.05		
1979	26.75			25.52	1.23		
1980	34.73			34.73	3.08		
“六五”时期 The Period of the Sixth Five-year plan	**564.89**			**242.73**	**156.57**		
1981	60.50			26.09	17.81		
1982	76.21			35.58	20.85		
1983	105.27			46.79	21.41		
1984	130.98			53.84	37.44		
1985	191.93			80.43	59.06		
“七五”时期 The Period of the Seventh Five-year plan	**1606.75**			**642.46**	**377.21**		
1986	241.23			100.97	61.28		
1987	317.12			128.43	80.35		
1988	371.87			154.04	93.45		
1989	320.23			124.16	67.26		
1990	356.30		11.71	134.86	74.87		
“八五”时期 The Period of the Eighth Five-year plan	**5307.18**		**554.92**	**1944.32**	**1788.50**		
1991	439.98		17.22	172.09	109.87		
1992	711.70		30.42	288.00	276.16		
1993	1144.20		114.01	403.67	493.12		
1994	1331.13		152.42	477.86	418.27		
1995	1680.17		240.85	602.70	491.08		300.22
“九五”时期 The Period of the Ninth Five-year plan	**12426.20**		**1463.68**	**4912.01**	**2288.90**		**2124.97**
1996	1949.53		232.62	708.60	465.21		399.99
1997	2203.09		241.55	826.60	447.94		437.25
1998	2535.50		300.24	1031.96	457.36		514.23
1999	2742.65		330.55	1144.84	462.53	148.23	410.28
2000	2995.43		358.72	1200.01	455.86	326.08	363.22
“十五”时期 The Period of the Tenth Five-year plan	**28055.30**	**10495.83**	**4583.38**	**8790.13**	**2018.49**	**6453.90**	**4719.01**
2001	3302.96	684.83	414.36	1285.71	400.36	528.38	378.17
2002	3849.24	905.69	544.13	1422.06	297.56	769.90	568.77
2003	5335.80	1667.65	809.96	1998.19	456.98	932.11	972.88
2004	6827.59	2104.28	1269.78	2006.20	418.43	1599.91	1230.56
2005	8739.71	5133.38	1545.15	2077.97	445.16	2623.60	1568.63
“十一五”时期 The Period of the Eleventh Five-year plan	**79534.10**	**42558.47**	**15124.96**	**14898.12**	**3136.70**	**27735.48**	**12592.54**
2006	10071.42	5347.13	1906.71	2144.93	441.57	3049.30	1756.83
2007	12268.07	6599.08	2515.91	2092.57	453.28	4125.86	2301.12
2008	15060.45	8246.27	3064.46	2494.77	539.99	5268.79	2838.43
2009	18949.88	10167.44	3338.50	3677.11	753.73	6872.67	2681.77
2010	23184.28	12342.54	4299.38	4488.74	948.13	8418.86	3014.39
2010(新口径)(New Statistical Scale)	21643.02	11442.06	4299.38	4348.46	902.95	7778.03	2969.94
“十二五”时期 The Period of the Twelveth Five-year plan							
2011	26314.66	13771.12	5567.94	5004.82	1132.95	9696.87	3303.41
2012	31706.58	16544.02	6206.10	6022.51	1393.13	12074.90	3818.24

注:房地产开发投资统计制度从1990年开始建立,城乡私营个体投资统计制度从1999年开始建立。

a) The statitistical system of real estate development investment was established in 1990, while that of the urban and rural private and individual investment was established in 1999.

5－3 按登记注册类型分固定资产投资
Investment in Fixed Assets by Registration Status

单位:亿元 (100 million yuan)

指标	Item	2011 投资额 Investment	2011 #工业投资 Industrial Investment	2012 投资额 Investment	2012 #工业投资 Industrial Investment
总计	**Total**	**26314.66**	**13771.12**	**31706.58**	**16544.02**
内资企业	Domestic Funded Enterprises	22972.55	11339.94	27847.30	13813.35
国有企业	State-owned Enterprises	4543.89	879.94	5556.01	1042.48
集体企业	Collective-owned Enterprises	1039.47	91.42	1309.73	131.16
股份合作企业	Cooperative Enterprises	85.13	49.35	70.57	27.54
联营企业	Joint Ownreship Enterprises	97.88	30.52	129.84	63.17
国有联营	State Joint Ownership Enterprises	31.41	8.19	42.34	15.88
集体联营	Collective Joint Ownership Enterprises	8.35	1.02	12.84	3.10
国有与集体联营	Joint State-collective Enterprises	33.33	6.80	43.96	19.66
其他联营企业	Other Joint Ownership Enterprises	24.79	14.52	30.70	24.54
有限责任公司	Limited Liability Corporations	5616.72	2677.50	6162.78	2901.81
国有独资公司	State Sole Funded Corporations	429.52	108.37	424.15	60.66
其他有限责任公司	Other Limited Liability Corporations	5187.19	2569.13	5738.63	2841.15
股份有限公司	Share-holding Corporations Ltd.	1305.12	825.45	1645.86	1043.66
私营企业	Private Enterprises	9658.18	6518.74	12033.86	8213.71
其他企业	Others Enterprises	626.18	267.01	938.66	389.83
港、澳、台商投资企业	Enterprises with Funds from Hong Kong, Macao and Taiwan	1368.34	815.29	1599.75	917.43
合资经营企业	Joint-venture Enterprises	498.85	265.09	550.28	265.35
合作经营企业	Cooperative Enterprises	42.89	12.01	33.46	7.01
独资企业	Enterprises with Sole Fund	766.76	498.85	895.28	574.74
股份有限公司	Share-holding Corporations Ltd.	59.85	39.35	93.91	58.95
其他港澳台商投资	Other Hong Kong, Macao Taiwan Investment			26.81	11.38
外商投资企业	Foreign Funded Enterprises	1935.06	1602.77	2218.49	1802.15
合资经营企业	Joint-venture Enterprises	678.01	567.37	733.57	578.96
合作经营企业	Cooperative Enterprises	31.59	15.45	29.02	12.98
独资企业	Enterprises with Sole Fund	1168.13	970.42	1397.34	1163.55
股份有限公司	Share-holding Corporations Ltd.	57.33	49.54	53.03	44.22
其他外商投资	Others			5.53	2.45
个体经营	Individuals	38.70	13.12	41.04	11.09
个体户	Self-employed Individuals	28.29	6.08	36.63	9.25
个人合伙	Partnership Individuals	10.40	7.04	4.41	1.84

5-4 按资金来源和构成分固定资产投资
Investment in Fixed Assets by Sources of Finance and Use of Funds

年份 Year	按资金来源分 Grouped by Sources of Funds				
	国家预算内资金 State Budget	国内贷款 Domestic Loans	利用外资 Foreign Investment	自筹资金 Self-raising	其他资金来源 Others
投资额(亿元) Investment (100 million yuan)					
1985	17.25	36.79	3.98	64.45	69.46
1986	18.74	43.52	12.71	73.27	92.99
1987	21.46	63.15	19.15	85.66	127.71
1988	17.23	69.94	27.77	106.30	150.63
1989	16.80	41.74	19.91	91.66	150.12
1990	15.02	45.47	15.92	106.47	173.42
1991	16.38	84.77	20.41	290.13	28.29
1992	24.73	189.49	40.56	378.30	78.62
1993	17.85	253.80	89.48	649.95	133.12
1994	17.54	242.93	151.96	744.20	174.50
1995	25.83	270.16	228.89	880.02	275.27
1996	24.01	282.88	335.16	1001.29	306.19
1997	29.63	293.66	390.59	1199.29	289.92
1998	49.46	331.83	413.66	1406.39	334.16
1999	62.91	399.36	309.02	1639.01	332.35
2000	73.42	489.04	281.17	1827.79	324.01
2001	69.97	524.51	326.22	1977.97	404.29
2002	54.48	735.30	421.21	2237.73	400.52
2003	92.61	1141.99	579.51	2999.19	587.42
2004	81.30	1233.07	641.66	4201.29	928.38
2005	67.60	1264.49	836.19	5826.89	1205.90
2006	66.59	1445.16	874.82	6800.90	1590.15
2007	135.20	1561.06	1255.85	8522.18	2398.08
2008	153.86	1818.06	1394.98	10624.51	2210.27
2009	278.79	2774.45	1114.78	14064.93	4350.16
2010	282.11	3343.47	1154.87	17553.37	4912.63
2010(新口径)(New Statistical Scale)	273.00	3231.05	1135.69	16186.61	4839.81
2011	344.87	3751.24	1241.65	20652.57	4394.19
2012	448.05	4658.42	1216.78	25824.05	5262.67
构成(%) Composition(%)					
1985	9.0	19.1	2.1	33.6	36.2
1990	4.2	12.8	4.5	29.9	48.6
1995	1.5	16.1	13.6	52.4	16.4
1996	1.2	14.5	17.2	51.4	15.7
1997	1.3	13.3	17.7	54.5	13.2
1998	1.9	13.1	16.3	55.5	13.2
1999	2.3	14.6	11.3	59.7	12.1
2000	2.5	16.3	9.4	61.0	10.8
2001	2.1	15.9	9.9	59.9	12.2
2002	1.4	19.1	11.0	58.1	10.4
2003	1.7	21.2	10.7	55.5	10.9
2004	1.1	17.4	9.1	59.3	13.1
2005	0.7	13.8	9.1	63.3	13.1
2006	0.6	13.4	8.1	63.1	14.8
2007	1.0	11.3	9.0	61.4	17.3
2008	0.9	11.2	8.6	65.6	13.6
2009	1.2	12.3	4.9	62.3	19.3
2010	1.0	12.3	4.2	64.4	18.0
2010(新口径)(New Statistical Scale)	1.1	12.6	4.4	63.1	18.9
2011	0.9	10.6	3.7	53.3	15.9
2012	1.1	12.3	4.1	68.0	14.5

5-4 续 表 Continued

年 份 Year	按构成分 Grouped by Use of Funds		
	建筑安装工程 Construction and Installation	设备工器具 Purchases of Equipments and Instruments	其他费用 Others
投资额(亿元) **Investment (100 million yuan)**			
1985	149.40	34.41	8.12
1986	187.33	43.82	10.08
1987	240.92	60.61	15.60
1988	281.34	73.71	16.82
1989	256.23	52.25	11.75
1990	284.24	53.70	18.36
1991	347.72	71.33	20.93
1992	408.59	257.45	45.66
1993	651.17	395.34	97.69
1994	775.84	437.87	117.42
1995	983.24	536.48	160.45
1996	1151.16	600.59	197.78
1997	1307.24	688.66	207.19
1998	1503.62	755.02	276.86
1999	1682.72	746.75	313.18
2000	1817.08	867.74	310.61
2001	1901.68	967.21	434.07
2002	2091.15	1160.08	598.01
2003	2906.59	1510.59	918.62
2004	3886.52	1928.66	1012.41
2005	4879.72	2544.36	1315.63
2006	5624.16	2944.50	1502.76
2007	6804.65	3558.53	1904.89
2008	8310.70	4587.89	2161.86
2009	10454.05	5901.61	2594.22
2010	12601.51	7054.33	3528.44
2010(新口径)(New Statistical Scale)	11804.76	6436.57	3401.70
2011	14569.44	8112.05	3633.17
2012	17913.03	9756.39	4037.16
构成(%) Composition(%)			
1985	77.9	17.9	4.2
1990	80.0	15.1	4.9
1995	58.5	31.9	9.6
1996	59.0	30.8	10.2
1997	59.3	31.3	9.4
1998	59.3	29.8	10.9
1999	61.4	27.2	11.4
2000	60.6	29.0	10.4
2001	57.6	29.3	13.1
2002	54.3	30.1	15.6
2003	54.5	28.3	17.2
2004	56.9	28.3	14.8
2005	55.8	29.1	15.1
2006	55.9	29.2	14.9
2007	55.5	29.0	15.5
2008	55.2	30.5	14.3
2009	55.2	31.1	13.7
2010	54.4	30.4	15.2
2010(新口径)(New Statistical Scale)	54.5	29.7	15.7
2011	44.9	24.5	12.9
2012	55.4	30.8	13.8

5－5 按构成分固定资产投资（2012年）
Investment in Fixed Assets by Use of Funds(2012)

单位：亿元 （100 million yuan）

行业	Sector	投资额 Investment	建筑工程 Construction	安装工程 Installation	设备工器具购置 Purchase of Equipment and Instruments	其他 Others
总计	**Total**	**31706.58**	**16291.14**	**1621.88**	**9756.39**	**4037.16**
农、林、牧、渔业	Agriculture, Forestry, Animal Husbandry and Fishery	205.23	130.06	11.04	44.79	19.35
农业	Farming	101.70	63.56	6.26	20.91	10.97
林业	Forestry	12.42	7.24	0.58	2.55	2.05
畜牧业	Animal Husbandry	32.73	17.55	2.40	10.70	2.08
渔业	Fishery	20.37	14.67	0.69	3.40	1.61
农、林、牧、渔服务业	Service in Support of Agriculture	38.01	27.05	1.11	7.23	2.63
采矿业	Mining	87.75	48.80	4.59	28.16	6.20
煤炭开采和洗选业	Mining and Washing of Coal	17.91	5.34	1.61	10.54	0.41
石油和天然气开采业	Extraction of Petroleum and Natural Gas	28.20	20.13	0.43	2.90	4.74
黑色金属矿采选业	Mining and Processing of Ferrous Metal Ores	9.03	6.47	0.46	2.01	0.08
有色金属矿采选业	Mining and Processing of Non-ferracs Metal Ores	9.39	2.84	0.10	6.01	0.44
非金属矿采选业	Mining and Processing of Nonmetal Ores	22.94	14.02	1.99	6.41	0.53
开采辅助活动	Auxiliary Mining	0.28			0.28	
其他采矿业	Mining of Other Ores					
制造业	Manufacturing	15597.56	5485.93	810.33	8281.81	1019.49
农副食品加工业	Processing of Food from Agricultural Products	348.09	138.70	17.17	157.19	35.02
食品制造业	Manufacture of Food	157.89	59.61	7.44	77.35	13.50
酒、饮料和精制茶制造业	Manufacture of Beverage	87.32	42.52	3.12	32.84	8.84
烟草制品业	Manufacture of Tobacco	11.16	4.24	0.10	6.05	0.77
纺织业	Manufacture of Textile	762.73	253.37	33.37	441.80	34.20
纺织服装、服饰业	Manufacture of Textile Wearing, Apparel, Footwear and Caps	295.02	105.86	14.57	160.49	14.10
皮革、毛皮、羽毛及其制品和制鞋业	Manufacture of Leather, Fur, Feather and Related Products	83.12	36.32	6.91	33.02	6.87
木材加工和木、竹、藤、棕、草制品业	Processing of Timber, Manufacture of Wood, Bamboo, Rattan, Palm and Straw Products	244.77	102.59	16.06	110.04	16.08
家具制造业	Manufacture of Furniture	106.49	43.03	7.16	49.87	6.43
造纸和纸制品业	Manufacture of Paper and Paper Products	170.38	60.48	9.56	92.25	8.09
印刷和记录媒介复制业	Printing, Reproduction of Recording Media	79.44	28.46	4.61	41.60	4.77
文教、工美、体育和娱乐用品制造业	Manufacture of Articles For Culture, Education and Sport Activities	123.86	51.71	5.43	60.55	6.18
石油加工、炼焦和核燃料加工业	Processing of Petroleum, Coking, Processing of Nuclear Fuel	117.99	27.40	19.31	60.33	10.95
化学原料和化学制品制造业	Manufacture of Raw Chemical Materials and Chemical Products	1641.42	502.12	125.97	899.81	113.53
医药制造业	Manufacture of Medicines	319.91	128.26	15.65	149.01	26.99
化学纤维制造业	Manufacture of Chemical Fibers	222.67	63.21	6.69	146.30	6.46
橡胶和塑料制品业	Rubber and Plastic	446.13	157.22	25.86	236.35	26.70
非金属矿物制品业	Manufacture of Non－metallic Mineral Products	912.23	317.30	49.47	494.84	50.62
黑色金属冶炼和压延加工业	Smelting and Pressing of Ferrous Metals	527.36	171.77	32.24	285.36	38.00
有色金属冶炼和压延加工业	Smelting and Pressing of Non－ferrous Metals	261.07	103.81	14.10	126.76	16.39

5－5 续 表 1 Continued 1

单位:亿元 (100 million yuan)

行业	Sector	投资额 Investment	建筑工程 Construction	安装工程 Installation	设备工器具购置 Purchase of Equipment and Instruments	其他 Others
金属制品业	Manufacture of Metal Products	862.80	316.47	44.05	455.55	46.72
通用设备制造业	Manufacture of General Purpose Machinery	1496.75	563.19	64.12	776.70	92.73
专用设备制造业	Manufacture of Special Purpose Machinery	1499.92	609.11	73.54	728.85	88.42
汽车制造业	Manufacture of Automobile	782.56	249.48	32.86	454.86	45.36
铁路、船舶、航空航天和其他运输设备制造业	Manufacture of Railroad, Marine Aviation and other Transport Equipment	430.51	161.43	25.14	202.49	41.45
电气机械和器材制造业	Manufacture of Electrical Machinery and Equipment	1560.06	535.27	74.38	853.71	96.70
计算机、通信和其他电子设备制造业	Manufacture of Communication Equipment, Computers and Other Electronic Equipment	1430.01	381.42	53.95	887.49	107.15
仪器仪表制造业	Manufacture of Instrumentation	361.63	129.81	19.53	185.01	27.29
其他制造业	Other Manufacturing	187.96	114.66	5.31	43.22	24.78
废弃资源综合利用业	Manufacture of Recycling and Disposal of Waste	43.36	17.80	1.92	21.83	1.80
金属制品、机械和设备修理业	Manufacture of Metal Products, Machinery and Equipment Repair	22.95	9.30	0.74	10.28	2.63
电力、热力、燃气及水生产和供应业	Production and Supply of Electricity, Gas and Water	858.71	289.92	98.81	407.75	62.24
电力、热力生产和供应业	Production and Supply of Electric Power and Heat Power	623.11	160.55	77.73	336.58	48.26
燃气生产和供应业	Production and Supply of Gas	63.24	29.39	6.68	24.92	2.24
水的生产和供应业	Production and Supply of Water	172.36	99.98	14.40	46.25	11.73
建筑业	Construction	87.04	53.94	6.22	21.71	5.17
房屋建筑业	Housing Construction	20.90	12.41	1.52	4.99	1.98
土木工程建筑业	Civil Engineering Construction	50.62	34.06	3.22	11.31	2.03
建筑安装业	Building Installation	4.80	2.24	0.91	1.11	0.54
建筑装饰和其他建筑业	Other Construction	10.72	5.23	0.57	4.30	0.63
批发和零售业	Wholesale and Retail Trades	727.03	473.25	33.68	106.15	113.95
批发业	Wholesale Trades	231.25	151.92	11.71	45.35	22.27
零售业	Retail Trades	495.78	321.33	21.97	60.80	91.69
交通运输、仓储和邮政业	Transport, Storage and Post	1383.00	950.07	28.78	178.07	226.08
铁路运输业	Railway Transport	10.83	9.78		0.10	0.95
道路运输业	Road Transport	805.61	568.69	12.17	59.88	164.86
水上运输业	Water Transport	256.25	163.87	4.41	66.35	21.62
航空运输业	Air Transport	20.16	16.49	0.08	1.60	1.99
管道运输业	Transport Via Pipelines	4.83	3.25	0.68	0.73	0.17
装卸搬运和运输代理业	Loading, Unloading and Other Transport Services	65.79	42.17	2.77	16.31	4.55
仓储业	Storage	215.50	143.68	7.84	32.40	31.58
邮政业	Post	4.04	2.13	0.83	0.71	0.36
住宿和餐饮业	Hotels and Catering Services	494.92	329.14	29.59	64.15	72.04
住宿业	Hotels	305.83	205.05	18.19	35.28	47.31
餐饮业	Catering Services	189.09	124.09	11.40	28.88	24.72
信息传输、软件和信息技术服务业	Information Transfer、Software and IT Services	271.23	113.47	56.28	79.16	22.33
电信、广播电视和卫星传输服务	Telecommunications、Satellites Radio and Television Services	89.74	16.51	40.21	30.01	3.01
互联网和相关服务	Internet and Relatiue Services	22.06	14.69	0.59	2.63	4.15
软件和信息技术服务业	Software and IT Services	159.43	82.27	15.48	46.51	15.17

5-5 续 表 2 Continued 2

单位:亿元 (100 million yuan)

行业	Sector	投资额 Investment	建筑工程 Construction	安装工程 Installation	设备工器具购置 Purchase of Equipment and Instruments	其他 Others
金融业	Financial Intermediation	97.85	62.23	4.93	9.36	21.33
货币金融服务	Monetary and financial	52.42	32.84	3.95	6.39	9.24
资本市场服务	Capital Markets	18.02	13.21	0.24	1.79	2.78
保险业	Insurance	2.02	0.65	0.19	0.27	0.91
其他金融业	Other Financial Activities	25.39	15.53	0.55	0.91	8.39
房地产业	Real Estate	7604.09	5201.15	386.58	179.41	1836.93
房地产业	Real Estate	7604.09	5201.15	386.58	179.41	1836.93
租赁和商务服务业	Leasing and Business Services	690.13	493.16	25.13	50.90	120.94
租赁业	Leasing	3.80	0.63	0.16	2.99	0.02
商务服务业	Business Services	686.33	492.53	24.97	47.92	120.92
科学研究和技术服务业	Scientific Research and Technical Services	337.97	220.45	7.99	64.67	44.86
研究和试验发展	Research and Experimental Development	93.82	63.73	1.18	14.78	14.13
专业技术服务业	Professional Technical Services	105.44	58.02	2.77	34.27	10.38
科技推广和应用服务业	Promation and Application of Science	138.72	98.70	4.04	15.62	20.35
水利、环境和公共设施管理业	Management of Water Conservancy, Environment and Public Facilities	2014.32	1546.86	65.95	83.61	317.90
水利管理业	Management of Water Conservancy	201.42	149.78	5.12	13.24	33.28
生态保护和环境治理业	Ecological Protection and Enviromental	81.15	52.65	2.15	8.65	17.70
公共设施管理业	Management of Public Facilities	1731.75	1344.43	58.68	61.72	266.91
居民服务、修理和其他服务业	Services to Households and Other Services	113.81	77.90	3.87	20.47	11.56
居民服务业	Services to Households	75.82	54.07	2.27	11.83	7.64
机动车、电子产品和日用产品修理业	Vehicle、Electronics and Dairy Maintenance	17.67	8.01	1.28	6.40	1.99
其他服务业	Other Services	20.33	15.82	0.32	2.25	1.94
教育	Education	326.90	261.21	10.45	27.13	28.11
教育	Education	326.90	261.21	10.45	27.13	28.11
卫生和社会工作	Health and Social Work	166.04	106.44	7.43	32.36	19.81
卫生	Health	136.43	86.09	6.70	29.18	14.46
社会工作	Social Work	29.61	20.35	0.73	3.17	5.35
文化、体育和娱乐业	Culture, Sports and Entertainment	343.42	214.14	18.22	51.57	59.49
新闻和出版业	Journalism and Publishing Activities	9.00	7.29	0.73	0.16	0.82
广播、电视、电影和影视录音制作业	Broadcasting, Movies, Television and Audiovisual Activities	46.35	25.60	2.43	10.03	8.29
文化艺术业	Cultural and Art Activities	134.26	82.69	5.13	11.47	34.98
体育	Sports Activities	56.38	42.41	3.04	7.44	3.50
娱乐业	Entertainment	97.43	56.16	6.90	22.47	11.90
公共管理、社会保障和社会组织	Public Management and Social Organization	299.58	233.03	12.00	25.16	29.39
中国共产党机关	Organs of Communist Party of China	4.30	2.68	0.26	0.38	0.98
国家机构	Government Agencies	195.43	147.26	7.04	18.05	23.08
人民政协、民主党派	People's Political Cousultative Conference and Remocratic Parlies					
社会保障	Social Security	22.18	19.94	0.62	1.63	
群众团体、社会团体和其他成员组织	Non-governmental Organizations, Social Organizations and Relighion Organizations	24.29	18.86	1.79	2.42	1.22
基层群众自治组织	Grass Roots Self-governing Organizataions	53.38	44.29	2.29	2.69	4.11

5-6 按建设性质分固定资产投资（2012年）
Investment in Fixed Assets by Type of Construction(2012)

单位:亿元 (100 million yuan)

行业	Sector	投资额 Investment	#新建 New Construction	#扩建 Expansion	#改建 Reconstruction
总计	**Total**	**31706.58**	**13672.97**	**6925.52**	**3698.70**
农、林、牧、渔业	Agriculture, Forestry, Animal Husbandry and Fishery	205.23	143.73	50.64	10.29
农业	Farming	101.70	78.05	18.76	4.73
林业	Forestry	12.42	8.49	3.93	
畜牧业	Animal Husbandry	32.73	22.99	9.09	0.66
渔业	Fishery	20.37	15.27	3.91	1.18
农、林、牧、渔服务业	Service in Support of Agriculture	38.01	18.92	14.94	3.72
采矿业	Mining	87.75	25.53	39.28	22.53
煤炭开采和洗选业	Mining and Washing of Coal	17.91	6.39	7.32	4.20
石油和天然气开采业	Extraction of Petroleum and Natural Gas	28.20		21.32	6.88
黑色金属矿采选业	Mining and Processing of Ferrous Metul Ores	9.03	4.48	3.19	1.36
有色金属矿采选业	Mining and Processing of Non-ferrous Metal Ores	9.39	8.25	1.02	
非金属矿采选业	Mining and Processing of Nonmetal Ores	22.94	6.41	6.44	10.09
开采辅助活动	Auxiliary Mining	0.28			
其他采矿业	Mining of Other Ores				
制造业	Manufacturing	15597.56	7096.19	4528.57	2985.05
农副食品加工业	Processing of Food from Agricultural Products	348.09	222.56	82.36	40.22
食品制造业	Manufacture of Food	157.89	79.64	41.95	29.58
酒、饮料和精制茶制造业	Manufacture of Beverage	87.32	42.24	35.31	9.34
烟草制品业	Manufacture of Tobacco	11.16		0.41	8.55
纺织业	Manufacture of Textile	762.73	300.58	265.63	150.51
纺织服装、服饰业	Manufacture of Textile Wearing, Apparel, Footwear and Caps	295.02	109.59	103.32	72.70
皮革、毛皮、羽毛及其制品和制鞋业	Manufacture of Leather, Fur, Feather and Related Products	83.12	54.28	19.08	7.58
木材加工和木、竹、藤、棕、草制品业	Processing of Timber, Manufacture of Wood, Bamboo, Rattan, Palm and Straw Products	244.77	150.92	62.72	28.58
家具制造业	Manufacture of Furniture	106.49	62.84	31.42	9.09
造纸和纸制品业	Manufacture of Paper and Paper Products	170.38	75.13	52.08	29.58
印刷和记录媒介复制业	Printing, Reproduction of Recording Media	79.44	22.81	23.97	27.14
文教、工美、体育和娱乐用品制造业	Manufacture of Articles for Culture, Education and Sport Activities	123.86	52.62	38.66	22.71
石油加工、炼焦和核燃料加工业	Processing of Petroleum, Coking, Processing of Nuclear Fuel	117.99	37.02	45.48	33.48
化学原料和化学制品制造业	Manufacture of Raw Chemical Materials and Chemical Products	1641.42	746.99	413.66	408.33
医药制造业	Manufacture of Medicines	319.91	168.43	71.79	64.77
化学纤维制造业	Manufacture of Chemical Fibers	222.67	77.10	97.13	33.37
橡胶和塑料制品业	Rubber and Plastic	446.13	205.93	128.96	78.46
非金属矿物制品业	Manufacture of Non-metallic Mineral Products	912.23	463.12	241.82	164.60
黑色金属冶炼和压延加工业	Smelting and Pressing of Ferrous Metals	527.36	149.92	116.86	243.50
有色金属冶炼和压延加工业	Smelting and Pressing of Non-ferrous Metals	261.07	131.98	73.68	46.52

单位:亿元 (100 million yuan)

行业	Sector	投资额 Investment	#新建 New Construction	#扩建 Expansion	#改建 Reconstruction
金属制品业	Manufacture of Metal Products	862.80	390.31	282.20	151.85
通用设备制造业	Manufacture of General Purpose Machinery	1496.75	657.74	457.43	273.39
专用设备制造业	Manufacture of Special Purpose Machinery	1499.92	703.30	509.57	205.97
汽车制造业	Manufacture of Automobile	782.56	380.01	228.58	103.55
铁路、船舶、航空航天和其他运输设备制造业	Manufacture of Railroad, Marine Aviation and other Transport Equipment	430.51	188.67	150.61	65.96
电气机械和器材制造业	Manufacture of Electrical Machinery and Equipment	1560.06	784.77	428.98	232.14
计算机、通信和其他电子设备制造业	Manufacture of Communication Equipment, Computers and Other Electronic Equipment	1430.01	545.68	328.37	343.65
仪器仪表制造业	Manufacture of Instrumentation	361.63	161.53	98.32	79.56
其他制造业	Other Manufacturing	187.96	103.00	68.67	11.36
废弃资源综合利用业	Manufacture of Recycling and Disposal of Waste	43.36	21.05	15.54	6.75
金属制品、机械和设备修理业	Manufacture of Metal Products, Machinery and Equipment Repair	22.95	6.42	14.06	2.25
电力、热力、燃气及水生产和供应业	Production and Supply of Electricity, Gas and Water	858.71	355.12	283.40	201.65
电力、热力生产和供应业	Production and Supply of Electric Power and Heat Power	623.11	238.68	205.25	166.99
燃气生产和供应业	Production and Supply of Gas	63.24	42.97	15.27	4.61
水的生产和供应业	Production and Supply of Water	172.36	73.47	62.88	30.04
建筑业	Construction	87.04	57.59	16.75	3.87
房屋建筑业	Housing Construction	20.90	14.30	3.49	1.05
土木工程建筑业	Civil Engineering Construction	50.62	35.15	8.96	2.00
建筑安装业	Building Installation	4.80	3.68	1.05	0.08
建筑装饰和其他建筑业	Other Construction	10.72	4.46	3.25	0.75
批发和零售业	Wholesale and Retail Trades	727.03	544.42	153.62	17.09
批发业	Wholesale Trades	231.25	167.05	54.08	4.73
零售业	Retail Trades	495.78	377.36	99.54	12.36
交通运输、仓储和邮政业	Transport, Storage and Post	1383.00	929.97	263.91	147.06
铁路运输业	Railway Transport	10.83	10.29	0.53	
道路运输业	Road Transport	805.61	522.36	154.31	120.34
水上运输业	Water Transport	256.25	174.54	42.12	10.06
航空运输业	Air Transport	20.16	2.60	17.56	
管道运输业	Transport Via Pipelines	4.83	2.15	0.95	1.73
装卸搬运和运输代理业	Loading, Unloading and Other Transport Services	65.79	51.40	11.74	1.81
仓储业	Storage	215.50	164.34	35.92	12.15
邮政业	Post	4.04	2.29	0.78	0.96
住宿和餐饮业	Hotels and Catering Services	494.92	319.90	147.45	22.75
住宿业	Hotels	305.83	215.76	83.23	5.35
餐饮业	Catering Services	189.09	104.14	64.21	17.40
信息传输、软件和信息技术服务业	Information Transfer、Software and IT Services	271.23	137.48	97.68	31.59
电信、广播电视和卫星传输服务	Telecommunications、Satellites Radio and Television Services	89.74	36.90	45.59	5.08
互联网和相关服务	Internet and Relatiue Services	22.06	19.10	0.81	2.16
软件和信息技术服务业	Software and IT Services	159.43	81.48	51.28	24.35

5-6 续 表 2 Continued 2

单位:亿元 (100 million yuan)

行业	Sector	投资额 Investment	#新建 New Construction	#扩建 Expansion	#改建 Reconstruction
金融业	Financial Intermediation	97.85	74.67	20.13	2.79
货币金融服务	Monetary and financial	52.42	37.94	12.49	1.73
资本市场服务	Capital Markets	18.02	11.23	5.73	1.06
保险业	Insurance	2.02	1.46	0.56	
其他金融业	Other Financial Activities	25.39	24.04	1.35	
房地产业	Real Estate	7604.09	1152.00	212.20	17.63
房地产业	Real Estate	7604.09	1152.00	212.20	17.63
租赁和商务服务业	Leasing and Business Services	690.13	558.97	120.42	5.59
租赁业	Leasing	3.80	2.09	0.46	
商务服务业	Business Services	686.33	556.88	119.95	5.59
科学研究和技术服务业	Scientific Research and Technical Services	337.97	235.19	58.56	33.87
研究和试验发展	Research and Experimental Development	93.82	64.43	20.08	6.47
专业技术服务业	Professional Technical Serrices	105.44	56.23	20.91	24.46
科技推广和应用服务业	Promation and Application of Science	138.72	114.54	17.56	2.93
水利、环境和公共设施管理业	Management of Water Conservancy, Environment and Public Facilities	2014.32	1193.20	643.86	154.97
水利管理业	Management of Water Conservancy	201.42	76.86	99.60	23.29
生态保护和环境治理业	Ecological Protection and Enviromental	81.15	46.57	20.95	11.42
公共设施管理业	Management of Public Facilities	1731.75	1069.78	523.30	120.26
居民服务、修理和其他服务业	Services to Households and Other Services	113.81	69.58	34.42	3.86
居民服务业	Services to House Holds	75.82	49.27	19.52	2.51
机动车、电子产品和日用产品修理业	Vehicle、Electronics and Dairy Maintenance	17.67	6.19	9.19	0.85
其他服务业	Othe Services	20.33	14.12	5.70	0.50
教育	Education	326.90	211.46	85.97	9.52
教育	Education	326.90	211.46	85.97	9.52
卫生和社会工作	Health and Social Work	166.04	106.58	38.07	2.57
卫生	Health	136.43	85.98	32.46	1.34
社会工作	Social Work	29.61	20.60	5.61	1.24
文化、体育和娱乐业	Culture, Sports and Entertainment	343.42	256.83	66.37	13.30
新闻和出版业	Journalism and Publishing Activities	9.00	5.83	3.17	
广播、电视、电影和影视录音制作业	Broadcasting, Movies, Television and Audiovisual Activities	46.35	27.86	12.98	4.82
文化艺术业	Cultural and Art Activities	134.26	102.47	28.01	2.37
体育	Sports Activities	56.38	44.89	6.73	1.84
娱乐业	Entertainment	97.43	75.78	15.48	4.27
公共管理、社会保障和社会组织	Public Management and Social Organization	299.58	204.54	64.23	12.74
中国共产党机关	Organs of Communist Party of China	4.30	4.30		
国家机构	Government Agencies	195.43	119.73	46.89	11.94
人民政协、民主党派	People's Political Cousultative Conference and Remocratic Parlies				
社会保障	Social Security	22.18	22.18		
群众团体、社会团体和其他成员组织	Non-governmental Organizations, Social Organizations and Religion Organizations	24.29	18.15	4.77	0.18
基层群众自治组织	Grass Roots Self-governing Organizations	53.38	40.19	12.57	0.62

5－7 按隶属关系和注册类型分固定资产投资(2012年)

单位:亿元

行业	Sector	投资额 Investment	中央 Central Investment	地方 Local Investment
总计	**Total**	**31706.58**	**546.33**	**31160.25**
农、林、牧、渔业	Agriculture, Forestry, Animal Husbandry and Fishery	205.23		205.23
农业	Farming	101.70		101.70
林业	Forestry	12.42		12.42
畜牧业	Animal Husbandry	32.73		32.73
渔业	Fishery	20.37		20.37
农、林、牧、渔服务业	Service in Support of Agriculture	38.01		38.01
采矿业	Mining	87.75	25.87	61.88
煤炭开采和洗选业	Mining and Washing of Coal	17.91		17.91
石油和天然气开采业	Extraction of Petroleum and Natural Gas	28.20	23.22	4.98
黑色金属矿采选业	Mining and Processing of Ferrous Metul Ores	9.03	0.60	8.42
有色金属矿采选业	Mining and Processing of Non-ferrous Metal Ores	9.39		9.39
非金属矿采选业	Mining and Processing of Nonmetal Ores	22.94	2.05	20.89
开采辅助活动	Auxiliary Mining	0.28		0.28
其他采矿业	Mining of Other Ores			
制造业	Manufacturing	15597.56	193.95	15403.61
农副食品加工业	Processing of Food from Agricultural Products	348.09	7.97	340.12
食品制造业	Manufacture of Food	157.89		157.89
酒、饮料和精制茶制造业	Manufacture of Beverage	87.32		87.32
烟草制品业	Manufacture of Tobacco	11.16		11.16
纺织业	Manufacture of Textile	762.73		762.73
纺织服装、服饰业	Manufacture of Textile Wearing, Apparel, Footwear and Caps	295.02	0.50	294.52
皮革、毛皮、羽毛及其制品和制鞋业	Manufacture of Leather, Fur, Feather and Related Products	83.12		83.12
木材加工和木、竹、藤、棕、草制品业	Processing of Timber, Manufacture of Wood, Bamboo, Rattan, Palm and Straw Products	244.77		244.77
家具制造业	Manufacture of Furniture	106.49		106.49
造纸和纸制品业	Manufacture of Paper and Paper Products	170.38	0.06	170.32
印刷和记录媒介复制业	Printing, Reproduction of Recording Media	79.44		79.44
文教、工美、体育和娱乐用品制造业	Manufacture of Articles For Culture, Education and Sport Activities	123.86		123.86
石油加工、炼焦和核燃料加工业	Processing of Petroleum, Coking, Processing of Nuclear Fuel	117.99	43.52	74.47
化学原料和化学制品制造业	Manufacture of Raw Chemical Materials and Chemical Products	1641.42	41.19	1600.23
医药制造业	Manufacture of Medicines	319.91		319.91
化学纤维制造业	Manufacture of Chemical Fibers	222.67	2.23	220.43
橡胶和塑料制品业	Rubber and Plastic	446.13		446.13
非金属矿物制品业	Manufacture of Non-metallic Mineral Products	912.23	10.96	901.27
黑色金属冶炼和压延加工业	Smelting and Pressing of Ferrous Metals	527.36	24.57	502.80
有色金属冶炼和压延加工业	Smelting and Pressing of Non-ferrous Metals	261.07		261.07

Investment in Fixed Assets by Jurisdiction of Management and Registration Status (2012)

(100 million yuan)

内　资 Domestic Funds	港澳台商投资 Funds from Hong Kong, Macao and Taiwan	外商投资 Foreign Funded	国有控股 State-holding	集体控股 Collective-holding	私人控股 Private-holding
27847.30	**1599.75**	**2218.49**	**6944.99**	**1978.84**	**17480.34**
197.64	2.09	1.16	25.60	29.56	134.14
98.53	0.58	0.98	9.80	14.28	64.64
11.81	0.02	0.18		0.43	11.97
30.89	0.63		1.46	0.48	29.67
19.24	0.31		7.98	1.53	10.86
37.16	0.55		6.35	12.85	17.00
86.74	0.05	0.96	41.59	7.29	34.49
17.91			4.11	6.03	5.36
28.20			28.20		
9.03			1.75	0.30	6.97
9.39					9.39
21.93	0.05	0.96	7.53	0.96	12.48
0.28					0.28
12947.56	853.44	1785.47	823.63	321.46	11546.28
315.86	13.17	17.34	16.81	0.93	296.89
123.68	14.37	19.85	2.22	2.80	114.15
58.94	8.39	19.83	18.31	2.65	29.34
11.16			11.16		
710.99	25.51	25.81	2.24	3.79	699.29
260.54	19.31	15.09	1.21	1.62	260.12
73.55	1.25	8.01		0.22	74.28
229.29	4.42	11.05	0.29		227.82
99.45	2.43	4.61			92.35
140.57	14.89	14.74	6.09	0.35	133.48
74.09	2.52	2.50	1.20	1.13	68.90
116.02	2.82	5.03	1.79		114.36
108.51	2.36	7.12	51.85		54.20
1224.54	136.80	280.09	105.29	13.91	1083.45
261.49	24.86	33.28	3.17	11.50	260.55
192.47	16.30	13.89	9.78	0.87	184.04
385.32	11.28	49.53	4.59	0.61	367.36
839.43	28.44	43.73	16.73	12.26	772.52
484.84	20.88	21.64	28.78	78.45	356.81
230.50	7.30	23.27	7.36	7.15	201.81

单位:亿元

行业	Sector	投资额 Investment	中央 Central Investment	地方 Local Investment
金属制品业	Manufacture of Metal Products	862.80	0.30	862.50
通用设备制造业	Manufacture of General Purpose Machinery	1496.75	8.22	1488.53
专用设备制造业	Manufacture of Special Purpose Machinery	1499.92	6.88	1493.04
汽车制造业	Manufacture of Automobile	782.56	2.72	779.83
铁路、船舶、航空航天和其他运输设备制造业	Manufacture of Railroad, Marine Aviation and other Transport Equipment	430.51	17.85	412.66
电气机械和器材制造业	Manufacture of Electrical Machinery and Equipment	1560.06	5.81	1554.25
计算机、通信和其他电子设备制造业	Manufacture of Communication Equipment, Computers and Other Electronic Equipment	1430.01	9.78	1420.23
仪器仪表制造业	Manufacture of Instrumentation	361.63	10.32	351.32
其他制造业	Other Manufacturing	187.96		187.96
废弃资源综合利用业	Manufacture of Recycling and Disposal of Waste	43.36	1.06	42.30
金属制品、机械和设备修理业	Manufacture of Metal Products, Machinery and Equipment Repair	22.95		22.95
电力、热力、燃气及水生产和供应业	Production and Supply of Electricity, Gas and Water	858.71	173.99	684.72
电力、热力的生产和供应业	Production and Supply of Electric Power and Heat Power	623.11	169.87	453.24
燃气生产和供应业	Production and Supply of Gas	63.24	3.30	59.94
水的生产和供应业	Production and Supply of Water	172.36	0.82	171.54
建筑业	Construction	87.04	5.38	81.66
房屋建筑业	Housing Construction	20.90	0.30	20.60
土木工程建筑业	Civil Engineering Construction	50.62	5.08	45.54
建筑安装业	Building Installation	4.80		4.80
建筑装饰和其他建筑业	Other Construction	10.72		10.72
批发和零售业	Wholesale and Retail Trades	727.03	1.82	725.21
批发业	Wholesale Trades	231.25	0.02	231.23
零售业	Retail Trades	495.78	1.80	493.99
交通运输、仓储和邮政业	Transport, Storage and Post	1383.00	19.53	1363.46
铁路运输业	Railway Transport	10.83		10.83
道路运输业	Road Transport	805.61	1.63	803.98
水上运输业	Water Transport	256.25	6.48	249.77
航空运输业	Air Transport	20.16	0.40	19.76
管道运输业	Transport Via Pipelines	4.83	0.08	4.75
装卸搬运和运输代理业	Loading, Unloading and Other Transport Services	65.79		65.79
仓储业	Storage	215.50	10.95	204.56
邮政业	Post	4.04		4.04
住宿和餐饮业	Hotels and Catering Services	494.92	0.16	494.76
住宿业	Hotels	305.83		305.83
餐饮业	Catering Services	189.09	0.16	188.92
信息传输、软件和信息技术服务业	Information Transfer、Software and IT Services	271.23	19.00	252.23
电信、广播电视和卫星传输服务	Telecommunications、Satellites Radio and Television Services	89.74	6.38	83.37
互联网和相关服务	Internet and Relatiue Services	22.06	1.89	20.17
软件和信息技术服务业	Software and IT Services	159.43	10.73	148.69

5 - 7 Continued 1

(100 million yuan)

内　资 Domestic Funds	港澳台商投资 Funds from Hong Kong, Macao and Taiwan	外商投资 Foreign Funded	国有控股 State-holding	集体控股 Collective-holding	私人控股 Private-holding
776.92	33.78	50.64	8.15	22.48	734.09
1283.34	62.29	149.58	49.71	24.43	1189.14
1333.41	32.31	134.00	82.21	33.82	1196.39
541.07	26.32	213.86	38.08	10.73	489.75
369.65	19.57	40.08	42.30	2.85	326.44
1316.24	80.76	162.23	67.00	20.17	1196.33
849.48	215.29	365.13	132.36	26.50	661.72
296.45	18.06	46.80	38.10	2.45	243.02
183.11	1.81	3.05	72.50	39.77	69.22
41.67	0.68	1.01	4.36		35.83
14.97	5.31	2.68			12.63
779.06	63.94	15.72	519.12	46.77	177.86
570.15	45.86	7.10	407.63	33.50	101.03
49.72	8.36	5.17	10.76	0.55	36.76
159.19	9.72	3.45	100.72	12.71	40.07
84.34	0.80	1.16	31.26	6.47	38.01
20.48			4.82	2.69	12.83
50.62			23.83	3.48	14.27
4.80			1.70		3.10
8.44	0.80	1.16	0.92	0.29	7.82
681.23	13.22	28.75	82.20	21.34	494.78
225.29	2.79	1.70	22.61	6.67	174.42
455.93	10.43	27.05	59.59	14.67	320.35
1326.78	16.50	32.61	931.41	57.34	308.39
10.83			9.27		1.56
803.34	0.98	1.29	711.39	20.40	53.46
234.58	5.15	9.72	130.11	10.70	94.30
20.16			20.06		0.10
3.10	1.73		2.51		0.59
61.90	2.47	1.12	11.34	5.02	41.39
188.84	6.17	20.49	44.53	21.21	115.17
4.04			2.20		1.84
463.56	3.11	20.35	80.87	43.65	326.26
285.15	1.24	17.12	49.60	19.81	211.97
178.41	1.87	3.23	31.27	23.84	114.29
242.37	17.51	11.36	130.51	8.69	96.88
65.21	14.66	9.88	63.31	0.25	2.49
19.56	2.50		12.00	1.91	5.65
157.60	0.35	1.48	55.20	6.54	88.73

单位:亿元

行业	Sector	投资额 Investment	中央 Central Investment	地方 Local Investment
金融业	Financial Intermediation	97.85	7.52	90.33
货币金融服务	Monetary and financial	52.42	7.52	44.90
资本市场服务	Capital Markets	18.02		18.02
保险业	Insurance	2.02		2.02
其他金融业	Other Financial Activities	25.39		25.39
房地产业	Real Estate	7604.09	37.12	7566.97
房地产业	Real Estate	7604.09	37.12	7566.97
租赁和商务服务业	Leasing and Business Services	690.13		690.13
租赁业	Leasing	3.80		3.80
商务服务业	Business Services	686.33		686.33
科学研究和技术服务业	Scientific Research and Technical Services	337.97	17.95	320.02
研究和试验发展	Research and Experimental Developmant	93.82	4.46	89.35
专业技术服务业	Professional Technical Serrices	105.44	12.81	92.63
科技推广和应用服务业	Promation and Application of Science	138.72	0.67	138.04
水利、环境和公共设施管理业	Management of Water Conservancy, Environment and Public Facilities	2014.32	15.22	1999.09
水利管理业	Management of Water Conservancy	201.42	5.01	196.41
生态保护和环境治理业	Ecological Protection and Enviromental	81.15		81.15
公共设施管理业	Management of Public Facilities	1731.75	10.22	1721.53
居民服务、修理和其他服务业	Services to Households and Other Services	113.81		113.81
居民服务业	Services to Households	75.82		75.82
机动车、电子产品和日用产品修理业	Vehicle、Electronics and Dairy Maintenance	17.67		17.67
其他服务业	Other Services	20.33		20.33
教育	Education	326.90	25.52	301.38
教育	Education	326.90	25.52	301.38
卫生和社会工作	Health and Social Work	166.04		166.04
卫生	Health	136.43		136.43
社会工作	Social Work	29.61		29.61
文化、体育和娱乐业	Culture, Sports and Entertainment	343.42	0.27	343.15
新闻和出版业	Journalism and Publishing Activities	9.00		9.00
广播、电视、电影和影视录音制作业	Broadcasting, Movies, Television and Audiovisual Activities	46.35		46.35
文化艺术业	Cultural and Art Activities	134.26	0.27	133.99
体育	Sports Activities	56.38		56.38
娱乐业	Entertainment	97.43		97.43
公共管理、社会保障和社会组织	Public Management and Social Organization	299.58	3.03	296.56
中国共产党机关	Organs of Communist Party of China	4.30		4.30
国家机构	Government Agencies	195.43	2.53	192.91
人民政协、民主党派	People's Political Cousultative Conference and Remocratic Parlies			
社会保障	Social Security	22.18	0.50	21.68
群众团体、社会团体和其他成员组织	Non-governmental Organizations, Social Organizations and Religion Organizations	24.29		24.29
基层群众自治组织	Grass Roots Self-governing Organizations	53.38		53.38

(100 million yuan)

内 资 Domestic Funds	港澳台商投资 Funds from Hong Kong, Macao and Taiwan	外商投资 Foreign Funded	国有控股 State-holding	集体控股 Collective-holding	私人控股 Private-holding
95.19	0.49	1.62	68.09	9.83	17.29
50.97	0.30	1.15	39.02	4.04	7.68
17.00		0.47	6.93	1.65	8.51
1.85	0.17		1.85		0.17
25.37	0.02		20.29	4.14	0.94
6738.07	593.88	271.41	1645.90	679.20	3556.86
6738.07	593.88	271.41	1645.90	679.20	3556.86
651.35	25.24	13.19	320.06	76.42	243.23
3.27	0.53				3.27
648.08	24.71	13.19	320.06	76.42	239.97
313.75	3.27	20.95	171.53	46.28	92.16
82.24	1.64	9.95	38.28	14.53	28.24
96.05		9.39	42.03	24.04	35.57
135.47	1.63	1.62	91.22	7.71	28.35
2001.45	2.30	10.02	1358.80	379.69	196.38
194.44	0.80	6.18	164.13	20.99	9.51
79.49		1.66	58.28	8.35	12.02
1727.51	1.50	2.18	1136.39	350.35	174.84
112.24			26.85	26.32	53.17
74.57			19.31	18.00	34.55
17.35			3.02	0.80	12.25
20.33			4.52	7.52	6.37
324.74	1.10	0.90	221.91	65.72	25.88
324.74	1.10	0.90	221.91	65.72	25.88
163.19	1.12	1.57	113.01	26.23	16.79
134.31	0.55	1.57	92.39	22.13	13.22
28.87	0.57		20.62	4.10	3.56
338.51	1.70	1.26	163.22	53.81	103.69
9.00			7.99	1.01	
46.27			13.67	18.35	14.33
134.11		0.15	102.61	17.77	9.62
55.90		0.20	28.38	8.39	18.80
93.23	1.70	0.91	10.57	8.29	60.94
299.55		0.03	189.42	72.78	17.80
4.30				0.60	3.00
195.43			148.13	38.00	4.99
22.18			17.47	2.78	
24.26		0.03	7.16	5.00	3.71
53.38			16.66	26.41	6.10

5-8 按行业分施工投产项目个数（2012年）
Number of Projects Under Construction and Putinto Use by Sector(2012)

行业	Sector	施工项目（个）Number of Projects under Construction (unit)	#新开工 Number of Proiects Started this Year	全部建成投产项目（个）Number of Projects Completed and Put into Use (unit)	项目建成投产率（%）Rate of Construction Projects Completed and Put into Use(%)
总　计	**Total**	**39314**	**29652**	**29199**	**74.27**
农、林、牧、渔业	Agriculture, Forestry, Animal Husbandry and Fishery	659	480	496	75.27
农业	Farming	324	222	252	77.78
林业	Forestry	43	35	33	76.74
畜牧业	Animal Husbandry	130	105	91	70.00
渔业	Fishery	53	33	43	81.13
农、林、牧、渔服务业	Service in Support of Agriculture	109	85	77	70.64
采矿业	Mining	76	67	60	78.95
煤炭开采和洗选业	Mining and Washing of Coal	12	10	10	83.33
石油和天然气开采业	Exctraction of Petroleum and Natural Gas	9	8	9	100.00
黑色金属矿采选业	Mining and Processing of Ferrous Metal Ores	11	9	9	81.82
有色金属矿采选业	Mining and Processing of Non-ferrous Metal Ores	4	2	2	50.00
非金属矿采选业	Mining and Processing of Nonmetal Ores	40	38	30	75.00
开采辅助活动	Auxiliary Mining				
其他采矿业	Mining of Other Ores				
制造业	Manufacturing	25102	19602	19709	78.52
农副食品加工业	Processing of Food from Agricultural	621	482	473	76.17
食品制造业	Manufacture of Food	285	224	215	75.44
酒、饮料和精制茶制造业	Manufacture of Beverage	107	75	74	69.16
烟草制品业	Manufacture of Tobacco	5	2		
纺织业	Manufacture of Textile	2103	1792	1734	82.45
纺织服装、服饰业	Manufacture of Textile Wearing, Apparel, Footwear and Caps	888	724	775	87.27
皮革、毛皮、羽毛及其制品和制鞋业	Manufacture of Leather, Fur, Feather and Related Products	170	140	135	79.41
木材加工和木、竹、藤、棕、草制品业	Processing of Timber, Manufacture of Wood, Bamboo, Rattan, Palm and Straw Products	527	455	440	83.49
家具制造业	Manufacture of Furniture	237	190	183	77.22
造纸和纸制品业	Manufacture of Paper and Paper Products	265	207	215	81.13
印刷和记录媒介复制业	Printing, Reproduction of Recording Media	171	145	143	83.63
文教、工美、体育和娱乐用品制造业	Manufacture of Articles For Culture, Education and Sport Activities	300	251	252	84.00
石油加工、炼焦及核燃料加工业	Processing of Petroleum, Coking, Processing of Nuclear Fuel	59	38	40	67.80
化学原料和化学制品制造业	Manufacture of Raw Chemical Materials and Chemical Products	1715	1290	1338	78.02
医药制造业	Manufacture of Medicines	431	325	305	70.77
化学纤维制造业	Manufacture of Chemical Fibers	276	221	225	81.52
橡胶和塑料制品业	Rubber and Plastic	896	713	712	79.46
非金属矿物制品业	Manufacture of Non－metallic Mineral Products	1635	1272	1281	78.35
黑色金属冶炼和压延加工业	Smelting and Pressing of Ferrous Metals	611	447	484	79.21
有色金属冶炼和压延加工业	Smelting and Pressing of Non-ferrous Metals	371	290	267	71.97

5－8 续 表1 Continued 1

行　　业 Sector		施工项目（个）Number of Projects under Construction (unit)	#新开工 Number of Projects Started this Year	全部建成投产项目（个）Number of Projects Completed and Put into Use (unit)	项目建成投产率（%）Rate of Construction Projects Completed and Put into Use(%)
金属制品业	Manufacture of Metal Products	1681	1312	1342	79.83
通用设备制造业	Manufacture of General Purpose Machinery	3044	2397	2392	78.58
专用设备制造业	Manufacture of Special Purpose Machinery	2472	1921	1873	75.77
汽车制造业	Manufacture of Automobile	901	693	683	75.80
铁路、船舶、航空航天和其他运输设备制造业	Manufacture of Railroad, Marine Aviation and other Transport Equipment	507	359	382	75.35
电气机械和器材制造业	Manufacture of Electrical Machinery and Equipment	2213	1649	1712	77.36
计算机、通信和其他电子设备制造业	Manufacture of Communication Equipment, Computers and Other Electronic Equipment	1655	1252	1311	79.21
仪器仪表制造业	Manufacture of Instrumentation	587	458	449	76.49
其他制造业	Other Manufacturing	252	193	186	73.81
废弃资源综合利用业	Manufacture of Recycling and Disposal of Waste	72	54	57	79.17
金属制品、机械和设备修理业	Manufacture of Metal Products, Machinery and Equipment Repair	45	31	31	68.89
电力、热力、燃气及水生产和供应业	Production and Supply of Electricity, Gas and Water	729	487	482	66.12
电力、热力生产和供应业	Production and Supply of Electric Power and Heat Power	365	233	235	64.38
燃气生产和供应业	Production and Supply of Gas	71	48	47	66.20
水的生产和供应业	Production and Supply of Water	293	206	200	68.26
建筑业	Construction	224	184	142	63.39
房屋建筑业	Housing Construction	61	50	32	52.46
土木工程建筑业	Civil Engineering Construction	111	88	69	62.16
建筑安装业	Building Installation	16	14	11	68.75
建筑装饰和其他建筑业	Other Construction	36	32	30	83.33
批发和零售业	Wholesale and Retail Trades	1155	861	862	74.63
批发业	Wholesale Trades	422	302	329	77.96
零售业	Retail Trades	733	559	533	72.71
交通运输、仓储和邮政业	Transport, Storage and Post	1073	637	620	57.78
铁路运输业	Railway Transport	11	3	6	54.55
道路运输业	Road Transport	565	314	323	57.17
水上运输业	Water Transport	133	77	64	48.12
航空运输业	Air Transport	6	4	1	16.67
管道运输业	Transport Via Pipelines	5	3	3	60.00
装卸搬运和运输代理业	Loading, Unloading and Other Transport Services	80	53	65	81.25
仓储业	Storage	259	171	147	56.76
邮政业	Post	14	12	11	78.57
住宿和餐饮业	Hotels and Catering Services	726	591	562	77.41
住宿业	Hotels	390	300	285	73.08
餐饮业	Catering Services	336	291	277	82.44
信息传输、软件和信息技术服务业	Information Transfer、Software and IT Services	340	269	246	72.35
电信、广播电视和卫星传输服务	Telecommunications、Satellites Radio and Television Services	81	65	66	81.48
互联网和相关服务	Internet and Relatiue Services	21	17	12	57.14
软件和信息技术服务业	Software and IT Services	238	187	168	70.59

5－8 续 表2 Continued 2

行 业 Sector		施工项目（个）Number of Projects under Construction (unit)	#新开工 Number of Proiects Started this Year	全部建成投产项目（个）Number of Projects Completed and Put into Use (unit)	项目建成投产率（%）Rate of Construction Projects Completed and Put into Use(%)
金融业	Financial Intermediation	140	102	101	72.14
货币金融服务	Monetary and financial	92	67	68	73.91
资本市场服务	Capital Markets	29	20	20	68.97
保险业	Insurance	4	3	3	75.00
其他金融业	Other Financial Activities	15	12	10	66.67
房地产业	Real Estate	1546	966	884	57.18
房地产业	Real Estate	1546	966	884	57.18
租赁和商务服务业	Leasing and Business Services	679	478	415	61.12
租赁业	Leasing	11	10	9	81.82
商务服务业	Business Services	668	468	406	60.78
科学研究和技术服务业	Scientific Research and Technical Services	442	318	274	61.99
研究和试验发展	Research and Experimental Developmant	129	88	59	45.74
专业技术服务业	Professional Technical Serrices	175	142	141	80.57
科技推广和应用服务业	Promation and Application of Science	138	88	74	53.62
水利、环境和公共设施管理业	Management of Water Conservancy, Environment and Public Facilities	3902	2825	2631	67.43
水利管理业	Management of Water Conservancy	350	258	250	71.43
生态保护和环境治理业	Ecological Protection and Enviromental	105	77	75	71.43
公共设施管理业	Management of Public Facilities	3447	2490	2306	66.90
居民服务、修理和其他服务业	Services to Households and Other Services	258	215	212	82.17
居民服务业	Services to Households	169	138	133	78.70
机动车、电子产品和日用产品修理业	Vehicle、Electronics and Dairy Maintenance	51	44	45	88.24
其他服务业	Other Services	38	33	34	89.47
教育	Education	720	511	434	60.28
教育	Education	720	511	434	60.28
卫生和社会工作	Health and Social Work	307	172	187	60.91
卫生	Health	235	118	140	59.57
社会工作	Social Work	72	54	47	65.28
文化、体育和娱乐业	Culture, Sports and Entertainment	457	330	292	63.89
新闻和出版业	Journalism and Publishing Activities	7	2	2	28.57
广播、电视、电影和影视录音制作业	Broadcasting, Movies, Television and Audiovisual Activities	42	33	25	59.52
文化艺术业	Cultural and Art Activities	153	102	85	55.56
体育	Sports Activities	89	57	60	67.42
娱乐业	Entertainment	166	136	120	72.29
公共管理、社会保障和社会组织	Public Management and Social Organization	779	557	590	75.74
中国共产党机关	Organs of Communist Party of China	4	4	2	50.00
国家机构	Government Agencies	477	307	351	73.58
人民政协、民主党派	People's Political Cousultative Conference and Remocratic Parlies				
社会保障	Social Security	16	12	13	81.25
群众团体、社会团体和其他成员组织	Non-governmental Organizations, Social Organizations and Religion Organizations	77	57	50	64.94
基层群众自治组织	Grass Roots Self-governing Organizations	205	177	174	84.88

5-9 国有单位固定资产投资
Investment of State-owned Units in Capital Construction

指标	Item	2011 合计 Total	2011 #房地产开发 Real Estate Development	2012 合计 Total	2012 #房地产开发 Real Estate Development
建设项目	**Construction Projects**				
施工项目（个）	Number of Projects Under Construction (unit)	5350		5741	
全部建成投产项目（个）	Total Projects Completed and Put into Use (unit)	3136		3490	
建成项目投产率（%）	Rate of Projects Completed and Put into Use (%)	58.6		60.8	
建设周期（年）	Construction Cycle (year)	1.71		1.64	
资金来源（亿元）	**Sources of Funds (100 million yuan)**				
国家预算内资金	State Budget	307.90		375.40	
国内贷款	Domestic Loans	1103.57	249.97	1454.72	441.89
利用外资	Foreign Investment	3.32		16.36	
自筹资金	Secf - raising Funds	3486.55	242.13	4299.60	290.80
其他资金	Others	403.44	227.29	503.49	282.41
投资总额（亿元）	**Total Investment (100 million yuan)**	**5004.82**	**575.14**	**6022.51**	**720.76**
按构成分	Grouped by Use of Funds				
#建筑工程	Construction	3346.64	383.78	4066.09	542.56
安装工程	Installation	218.36	13.13	272.20	23.28
设备工具器具购置	Purchase of Equipment and Instruments	617.00	7.87	714.01	10.09
按产业分	Grouped by Industry				
第一产业	Primary Industry	13.14		23.56	
第二产业	Secondary Industry	1072.10		1145.94	
第三产业	Tertiary Industry	3919.58	575.14	4853.00	720.76
#住宅	Residential Buildings	632.89	445.14	731.48	529.46
按建设性质分	Grouped by Type of Construction				
#新建	New Construction	2501.20		3302.19	
扩建	Expension	1094.69		1331.93	
改建	Reconstruction	732.43		535.17	
房屋建筑面积（万平方米）	**Floor Space of Buildings (10000 sq. m)**				
施工面积	Floor Space Under Construction	11604.56	4228.05	14850.27	5284.89
#住宅	Residential Buildings	5043.93	3511.21	5946.12	4322.88
竣工面积	Floor Space Completed	3193.05	809.07	4652.41	1400.69
#住宅	Residential Buildings	1217.44	686.90	1766.51	1220.36

注：建设周期按项目个数计算。

a) Construction cycle was calculated by the number of construction projects.

5－10 房地产开发投资主要指标
Major Indicaotrs of Real Estate Investment

指 标 Item		2000	2005	2010	2011	2012
投资完成额 （亿元）	**Investment Completed This Year （100 million yuan）**	**358.72**	**1545.15**	**4299.38**	**5567.94**	**6206.10**
按构成分	Grouped by Use of Funds					
#建筑安装工程	Construction and Installation Projects	255.81	1091.29	2897.21	3748.60	4402.07
设备工器具购置	Purchase of Equipment and Instruments	3.34	12.53	41.09	175.32	140.42
按工程用途分	Grouped by Use of Project					
#住宅	Residential Buidlings	260.79	1133.06	3158.46	4094.03	4354.63
#90 平方米以下	Below 90 Square Meters			733.15	909.70	1009.50
#140 平方米以上	Above 140 Square Meters			744.76	1233.58	1047.26
办公楼	Office Buildings	21.59	54.27	154.61	204.57	260.10
商业营业用房	Houses for Business Use	48.48	217.02	611.08	737.26	976.08
其他	Others	27.86	140.81	375.23	532.08	615.29
按资金来源分	Grouped by Sources of Funds					
国内贷款	Domesitc Loans	88.01	392.73	1515.66	1629.96	1890.71
利用外资	Foreign Investment	5.82	33.16	92.76	84.69	61.57
自筹投资	Self－raising Funds	101.34	614.76	2031.38	2635.02	3087.53
其他投资	Others	195.48	998.18	4382.54	3960.87	4817.07
房屋建筑面积 （万平方米）	**Floor Space of Building （10000 sq. m）**					
施工面积	Floor Space Under Construction	4268.45	15619.26	35106.90	40500.27	45097.54
#住宅	Residential Buidlings	3348.36	12385.98	26347.13	30260.37	33412.17
竣工面积	Floor Space Completed	2143.22	5500.12	8696.28	8448.24	9848.40
#住宅	Residential Buildings	1774.80	4497.68	6553.53	6476.75	7687.13
商品房销售情况 （万平方米）	**Sale of Commercialized Buildings （10000 sq. m）**					
房屋销售面积	Floor Space of Commercialized Buildings	1740.93	5135.55	9485.47	7970.49	9019.18
#住宅	Residential Buildings	1555.97	4523.14	8112.37	6767.25	7923.37
#90 平方米以下	Below 90 Square Meters			1583.11	1321.68	1578.85
#140 平方米以上	Above 140 Square Meters			1816.86	1364.77	1267.87

注：1. 本表资金来源均为资金到位数。

2. 2011 年开始，将以前 140 平方米及以上改为 144 平方米及以上。

a）The funds sources of this table were all available for investment.

b）The high－grade residential area standard has been changed to 144 square meters and above.

5－11 房地产开发企业经营情况
Operating Statistics on Enterprises for Real Estate Development

指 标	Item	2000	2005	2010	2011	2012
企业个数 （个）	**Number of Enterprises (unit)**	**1930**	**3810**	**6070**	**6402**	**6357**
内资	Domestic Funded	1636	3384	5450	5777	5762
#国有	State－owned Enterprises	585	248	252	268	280
集体	Collective－owned Enterprises	482	192	124	115	96
港澳台商投资	Enterprises with Funds from Hong Kong, Macao and Taiwan	197	277	352	365	363
外商投资	Foreign Funded	97	149	268	260	232
平均从业人数 （万人）	**Average Number of Employed Persons (10000 persons)**	**5.74**	**8.47**	**13.17**	**15.02**	**15.89**
内资	Domestic Funded		7.54	11.61	13.27	14.11
#国有	State－owned Enterprises		0.63	0.59	0.74	0.83
集体	Collective－owned Enterprises		0.33	0.19	0.21	0.15
港澳台商投资	Enterprises with Funds from Hong Kong, Macao and Taiwan		0.59	0.87	1.03	1.08
外商投资	Foreign Funded		0.34	0.69	0.73	0.69
土地开发及购置 （万平方米）	**Land Development and Purchase (10000 sq. m)**					
本年完成开发土地面积	Land Space Developed This Year	886.59	1827.36			
本年土地成交价款 （亿元）	Total Value of Land Purchased (100 million yuan)		319.02	613.85	693.21	776.89
待开发土地面积	Land Space Pending Development	928.335	3981.34	3798.79	4504.81	4887.33
本年购置土地面积	Land Space Purchased This Year	1395.98	2848.80	2055.71	2693.67	3071.00
资产负债 （亿元）	**Assets and Liabilities (100 million yuan)**					
实收资本	Capital Held		953.90	4061.51	5170.66	5908.99
#国家资本金	State Capital		86.75	447.96		
资产总计	Total Assets	1201.82	5679.81	19791.32	25313.85	30590.01
累计折旧	Total Depreciation	13.25	34.48	128.74	162.20	181.33
#本年折旧	Depreciation This Year	2.75	8.45	33.70	45.21	46.91
负债总计	Total Liabilities	958.47	4343.07	14233.81	18543.27	22398.13
所有者权益	Owners' Equity	243.36	1336.74	5557.51	6770.58	8191.88
资产负债率 （%）	Assets Liability Ratio (%)					
经营情况 （亿元）	**Operating Statistics (100 million yuan)**					
经营总收入	Total Revenue	294.00	1279.25	5384.70	5085.84	5854.69
土地转让收入	Land Transferred	3.19	15.18	14.22	100.45	102.04
商品房屋销售收入	Commercialized Buildings Sold	274.84	1225.33	5280.77	4844.92	5553.63
房屋出租收入	Houses Leased	3.50	5.19	28.68	44.83	46.49
其他收入	Others	12.47	33.55	61.03	95.64	152.53
经营税金及附加	Operating Tax and Extra Charges	13.11	79.89	413.99	415.78	506.78
营业利润	Operating Profit	8.73	112.96	793.91	639.29	562.73

5-12 按登记注册类型分房地产开发投资(2012 年)

单位:亿元

项　　目		总 计 Total	内 资 Domestic Funds	国 有 State-owned	集 体 Collective-owned
企业个数　　(个)	**Number of Enterprises　　(unit)**	**6357**	**5762**	**235**	**73**
本年完成投资	**Investment Completed This Year**	**6206.10**	**5353.34**	**627.34**	**63.47**
按构成分	Grouped by Use of Funds				
建筑工程	Construction Projects	4052.60	3536.01	475.64	52.37
安装工程	Installation Projects	349.46	298.63	16.71	3.45
设备工器具购置	Pruchase of Equipment and Instruments	140.42	117.72	7.82	2.42
其他费用	Others Expenses	1663.61	1400.98	127.18	5.23
按构成用途分	Grouped by Use of Project				
住宅	Residential Buildings	4354.63	3742.97	460.10	49.34
#90 平方米以下	Below 90 Square Meters	1009.50	888.84	216.66	8.97
140 平方米以上	Above 140 Square Meters	1047.26	840.89	47.10	3.66
别墅、高档公寓	Villas, High - grade Apartments	470.16	370.96	11.79	0.00
办公楼	Office Buidings	260.10	227.08	18.52	0.85
商业营业用房	Buidings for Business Use	976.08	863.83	60.82	7.82
其他	Others	615.29	519.47	87.90	5.46
本年新增固定资产	**Newly Increased Fixed Assets This Year**	**3734.05**	**3200.32**	**411.74**	**31.26**
资金来源	**Sources of Funds**	**12288.42**	**10291.46**	**1052.51**	**93.03**
本年资金来源合计	Total of Funds This Year	2431.52	1846.86	166.15	5.08
上年末结余资金	Balance of Founds Last Year	9856.89	8444.59	886.36	87.95
本年资金来源小计	Subtotal Funds This Year	1890.71	1717.95	394.15	9.71
国内贷款	Domestic Loans	61.57	4.90		
利用外资	Foreign Investment	54.79	4.90		
自筹资金	Self-raising Funds	3087.53	2774.85	253.84	50.40
#自有资金	Self-owned	1215.92	1116.05	160.27	37.89
其他资金来源	Others	4817.07	3946.90	238.37	27.84
#定金及预收款	Bargain Money and Pre-received Money	2990.52	2422.02	143.86	15.72

Investment in Real Estate Development by Registration Status(2012)

(100 million yuan)

股份合作 Cooperative Enterprises	联　营 Joint Ownership	国有独资公司 State Sole Funded	其它有限责任公司 Other Limited Liability Corporations	股份有限公司 Share Holding Co., Ltd.	私　营 Private	其　它 Other
22	**5**	**43**	**1729**	**253**	**3274**	**128**
20.47	7.81	88.11	1933.74	220.87	2281.69	109.84
13.72	7.00	62.42	1216.67	158.23	1503.31	46.65
1.19		6.58	110.65	13.09	140.18	6.78
0.29		2.27	40.77	7.16	55.19	1.81
5.27	0.81	16.84	565.65	42.38	583.02	54.60
14.81	6.82	64.59	1330.07	163.19	1585.65	68.40
1.10	0.30	16.27	277.34	34.48	321.42	12.31
3.58	2.48	9.17	326.19	24.64	391.25	32.81
4.64	0.10	2.02	152.84	7.46	163.78	28.34
1.10		6.45	114.81	6.78	77.23	1.35
3.75	0.60	5.89	297.29	36.31	441.69	9.65
0.81	0.39	11.18	191.57	14.60	177.12	30.44
18.45		**21.67**	**1203.89**	**149.42**	**1319.95**	**43.94**
49.82	**10.68**	**148.49**	**3941.09**	**443.86**	**4342.04**	**209.94**
1.96	2.90	24.62	764.78	65.93	770.18	45.27
47.86	7.77	123.87	3176.32	377.93	3571.86	164.67
5.00	1.38	46.86	590.92	69.26	559.90	40.77
			4.90			
			4.90			
27.08	1.34	35.92	910.89	141.40	1270.86	83.12
6.05	0.30	17.44	315.65	52.01	519.58	6.87
15.78	5.05	41.09	1669.60	167.27	1741.11	40.79
10.84	2.84	24.55	1066.16	89.47	1042.88	25.70

单位:亿元

指 标 Iteam		港澳台商投资 Funds from Hong Kong, Macao and Taiwan	合资经营 Joint-venture Enterprises	合作经营 Cooperative Enterprises
企业个数 （个）	**Number of Enterprises (unit)**	**363**	**148**	**12**
本年完成投资	**Investment Completed This Year**	**587.74**	**261.67**	**19.66**
按构成分	Grouped by Use of Funds			
建筑工程	Construction Projects	347.47	144.18	10.95
安装工程	Installation Projects	34.98	15.33	3.43
设备工器具购置	Pruchase of Equipment and Instruments	16.19	7.52	3.14
其他费用	Others Expenses	189.10	94.64	2.14
按构成用途分	Grouped by Use of Project			
住宅	Residential Buildings	420.56	180.98	11.05
#90 平方米以下	Below 90 Square Meters	84.60	28.03	3.02
140 平方米以上	Above 140 Square Meters	154.48	66.08	4.69
别墅、高档公寓	Villas, High－grade Apartments	70.15	31.63	
办公楼	Office Buidings	24.55	14.16	
商业营业用房	Buidings for Business Use	79.87	32.95	7.99
其他	Others	62.76	33.58	0.62
本年新增固定资产	**Newly Increased Fixed Assets This Year**	**271.86**	**107.84**	**13.74**
资金来源	**Sources of Funds**	**1312.65**	**530.87**	**39.42**
本年资金来源合计	Total of Funds This Year	378.28	143.23	18.14
上年末结余资金	Balance of Founds Last Year	934.37	387.64	21.28
本年资金来源小计	Subtotal Funds This Year	105.95	32.11	2.20
国内贷款	Domestic Loans	36.64	4.23	
利用外资	Foreign Investment	29.86	4.08	
自筹资金	Self-raising Funds	233.28	122.59	2.95
#自有资金	Self-owned	70.65	25.31	0.58
其他资金来源	Others	558.49	228.71	16.13
#定金及预收款	Bargain Money and Pre-received Money	372.52	149.50	10.34

(100 million yuan)

独资公司 Enterprises with Sole Fund	股份有限公司 Share Holding Co., Ltd.	其他港澳台商投资 Other Funds from Hong Kong, Macao and Taiwan	外商投资 Foreign Inveslment	合资经营 Joint-venture Enterprises	合作经营 Cooperative Enterprises	独资公司 Enterprises with Sole Fund	股份有限公司 Share Holding Co., Ltd.	其他外商投资 Other Foreign Inveslment
197	**4**	**2**	**232**	**95**	**11**	**123**	**3**	
271.56	**20.62**	**14.23**	**265.01**	**100.49**	**14.72**	**149.00**	**0.81**	
172.61	15.37	4.36	169.13	63.96	8.67	95.69	0.81	
15.59	0.64	15.85	6.14	2.51	7.20			
5.26	0.26		6.51	2.07	2.09	2.35		
78.10	4.34	9.87	73.53	28.31	1.46	43.76		
203.05	19.09	6.39	191.10	71.32	12.40	106.58	0.81	
37.84	9.32	6.39	36.06	13.54	3.88	18.32	0.31	
81.39	2.32		51.89	14.67	4.00	33.22		
38.52			29.04	14.28	1.31	13.45		
9.26		1.13	8.47	4.07	0.11	4.29		
38.35	0.56	0.01	32.39	13.23	1.84	17.32		
20.90	0.97	6.71	33.06	11.87	0.37	20.81		
146.36	**3.92**		**261.88**	**74.32**	**15.85**	**171.71**		
693.06	**26.90**	**22.39**	**684.31**	**244.75**	**44.58**	**392.32**	**2.66**	
204.51	10.79	1.61	206.38	74.17	22.12	109.17	0.92	
488.55	16.11	20.78	477.93	170.58	22.46	283.15	1.74	
53.04	2.00	16.60	66.82	22.56	3.07	41.18		
32.41			20.03			20.03		
25.78			20.03			20.03		
103.84		3.90	79.40	31.01	0.04	48.36		
44.77			29.22	15.20		14.02		
299.26	14.11	0.28	311.68	117.01	19.36	173.57	1.74	
205.04	7.37	0.28	195.97	70.58	13.64	110.69	1.06	

主要统计指标解释

固定资产投资 是以货币表现的建造和购置固定资产活动的工作量，它是反映固定资产投资规模、速度、比例关系和使用方向的综合性指标。全社会固定资产投资按登记注册类型可分为国有、集体、个体、联营、股份制、外商、港澳台商、其他等。全社会固定资产投资总额分为城镇项目投资、农村建设项目投资和房地产开发投资三个部分。

城镇和农村建设项目投资 指城镇和农村各种登记注册类型的企业、事业、行政单位及个体户进行的计划总投资500万元及500万元以上建设项目的投资。

房地产开发投资 指房地产开发公司、商品房建设公司及其他房地产开发法人单位和附属于其他法人单位实际从事房地产开发或经营的活动单位统一开发的包括统代建、拆迁还建的住宅、厂房、仓库、饭店、宾馆、度假村、写字楼、办公楼等房屋建筑物和配套的服务设施，土地开发工程（如道路、给水、排水、供电、供热、通讯、平整场地等基础设施工程）的投资；不包括单纯的土地交易活动。

固定资产投资的资金来源 根据固定资产投资的资金来源不同，分为国家预算内资金、国内贷款、利用外资、自筹资金和其他资金来源。

（1）国家预算内资金：分为财政拨款和财政安排的贷款两部分。包括中央财政的基本建设基金、专项支出、收回再贷、贴息资金，财政安排的挖潜改造和新产品试制支出、城建支出、商业部门简易建筑支出、不发达地区发展基金等资金中用于固定资产投资的资金；地方财政中由国家统筹安排的资金等。

（2）国内贷款：指报告期内企、事业单位向银行及非银行金融机构借入的用于固定资产投资的各种国内借款。包括银行利用自有资金及吸收的存款发放的贷款、上级主管部门拨入的国内贷款、国家专项贷款（包括煤代油贷款、劳改煤矿专项贷款等）、地方财政专项资金安排的贷款、国内储备贷款、周转贷款等。

（3）利用外资：指报告期收到的用于固定资产建造和购置投资的境外资金（包括设备、材料、技术在内）。计算利用外资时，需要折算成人民币，折算中所使用的外汇汇率按现汇计算，即按使用外汇时的汇率计算。包括外商直接投资、对外借款及外商其他投资。不包括我国自有外汇资金。

（4）自筹资金：指固定资产投资单位报告期收到的，由各地区、各部门及企业、事业单位筹集用于固定资产投资的预算外资金，包括中央各部门、各级地方和企业、事业单位的自有资金。

（5）其他资金：指在报告期收到的除以上各种资金之外其他用于固定资产投资的资金。包括社会集资、个人资金、无偿捐赠的资金及其他单位拨入的资金等。

固定资产投资按国民经济行业分 按建设项目建成投产后的主要产品或主要用途及社会经济活动性质来确定。一般情况下，一个建设项目或一个企业、事业单位只能属于一种国民经济行业。

固定资产投资按建设性质分 建设项目的性质一般分为新建、扩建、改建、迁建、恢复。

（1）新建：一般是指从无到有、“平地起家”新开始建设的单位。有的单位原有的基础很小，经过建设后其新增加的固定资产价值超过原有固定资产价值（原值）三倍以上的也算新建。

（2）扩建：一般是指为扩大原有产品的生产能力，在厂内或其他地点增建主要生产车间（或主要工程）、独立的生产线或分厂的企业；事业单位和行政单位在原单位增建业务用房（如学校增建教学用房、医院增建门诊部或病床用房、行政机关增建办公楼等）也作为扩建。

（3）改建：一般是指现有企业、事业单位为了技术进步，提高产品质量，增加花色品种，促进产品升级换代，降低消耗和成本，加强资源综合利用和三废治理、劳保安全等，采用新技术、新工艺、新设备、新材料等对现有设施、工艺条件进行技术改造或更新（包括相应配套的辅助性生产、生活福利设施）。有的企业为充分发挥现有生产能力，进行填平补齐而增建不增加本单位主要产品生产能力的车间等，也属于改建。

固定资产投资按构成分 固定资产投资活动按其工作内容和实现方式分为建筑安装工程，设备、工具、器具购置，其他费用三个部分。

（1）建筑安装工程（建筑安装工作量）：指各种房屋、建筑物的建造工程和各种设备、装置的安装工程。包括各种房屋建造工程，各种用途设备基础和各种工业窑炉的砌筑工程；为施工而进行的各种准备工作和临时工程以及完工后的清理工作等；铁路、道路的铺设，矿井的开凿及石油管道的架设等；水利工程；防空地下建筑等特殊工程；以及各种机械设备的安装工程；为测定安装工程质量，对设备进行的试运工作。在安装工程中，不包括被安装设备本身的价值。

（2）设备、工具、器具购置：指购置或自制达到固定资产标准的设备、工具、器具的价值，固定资产的标准按财务部门规定。新建单位、扩建单位的新建车间按照设计和计划要求购置或自制的全部设备、工具、器具，不论是否达到固定资产标准均计入“设备、工具、器具购置”中。

(3)其他费用:指在固定资产建造和购置过程中发生的,除建筑安装工程和设备、工具、器具购置以外的各种应摊入固定资产的费用。

施工项目 指报告期内曾进行建筑或安装工程施工活动的建设项目,包括报告期内新开工项目、报告期以前开工跨入报告期继续施工的项目以及报告期施过工并在报告期内全部建成投产或停缓建的项目。

全部建成投产项目 工业项目是指设计文件规定形成生产能力的主体工程及其相应配套的辅助设施全部建成,经负荷试运转,证明具备生产设计规定合格产品的条件,并经过验收鉴定合格或达到竣工验收标准,与生产性工程配套的生活福利设施可以满足近期正常生产的需要,正式移交生产的建设项目。非工业项目是指设计文件规定的主体工程和相应的配套工程全部建成,能够发挥设计规定的全部效益,经验收鉴定合格或达到竣工验收标准,正式移交使用的建设项目。

房屋建筑面积 指从房屋外墙线算起的各层平面面积的总和,包括可供使用的有效面积和房屋结构(如柱、墙)占用的面积。多层建筑按各层(包括地下室)面积总和计算。

住宅建筑面积 指施工和竣工房屋建筑面积中供居住用的施工和竣工房屋建筑面积。

施工面积 指报告期内施工的全部房屋建筑面积。包括本期新开工的面积、上期跨入本期继续施工的房屋面积、上期停缓建在本期恢复施工的房屋面积、本期竣工的房屋面积及本期施工后又停缓建的房屋面积。

竣工面积 指在报告期内房屋建筑按照设计要求已全部完工,达到住人和使用条件,经验收鉴定合格,正式移交使用单位的建筑面积。

房屋建筑面积竣工率 指一定时期内房屋竣工面积占同期房屋施工面积的比率。它是从房屋建筑施工速度的角度反映投资效果和建筑业经济效益的指标。

新增固定资产 指通过投资活动所形成的新的固定资产价值,包括已经建成投入生产或交付使用的工程价值和达到固定资产标准的设备、工具、器具的价值及有关应摊入的费用。它是以价值形式表示的固定资产投资成果的综合性指标,可以综合反映不同时期、不同部门、不同地区的固定资产投资成果。

建设项目投产率 指一定时期内全部建成投入生产项目个数与同期正式施工项目个数的比率。它是从项目建设速度的角度反映投资效果的指标。

建设周期 是指报告期(年)所有正式施工项目全部建成平均需要的时间,它是从宏观角度反映建设速度的指标。建设周期的计算方法有两种:

(1)按建设项目计算:建设周期=报告期正式施工项目个数/报告期全部建成投产项目个数

(2)按投资额计算:建设周期=报告期正式施工项目计划总投资之和/报告期正式施工项目完成投资之和。

Explanatory Notes on Main Statistical Indicators

Investment in Fixed Assets refers to the volume of activities in construction and purchases of fixed assets of the whole country expressed in monetary terms, it is a comprehensive indicator which shows the size, pace, proportional relations and use direction of the investment in fixed assets. Total investment in fixed assets in the whole country includes, by type of ownership, the investment by State – owned units, collective – owned units, individuals, joint ownership units, share – holding units, as well as investments by entrepreneurs from foreign countries and from Hong Kong, Macao and Taiwan, and by other units. The investment in fixed assets in the whole country is classified into the following three parts: investment in urban projects, rural construction projects and real estate development.

Urban and Rural Investment in Construction Projects refers to construction projects involving a total planned investment of 5 million yuan and over by enterprises of various types of ownership, institutions, administrative units and individuals in urban and rural areas.

Investment in Real Estate Development It includes the investment by the real estate development companies, commercial buildings construction companies and other real estate development units of various types of ownership in the construction of house buildings, such as residential buildings, factory buildings, warehouses, hotels, guesthouses, holiday villages, office buildings, and the complementary service facilities and land development projects, such as roads, water supply, water drainage, power supply, heating, telecommunications, land leveling and other projects of infrastructure. It excludes the activities in simple land transactions.

Sources of Funds for Investment in Fixed Assets state budgetary appropriation, domestic loans, foreign investment, self-raised funds, and others.

(1) Fund from the State budget consists of budgetary appropriation and loans from the State budget. More specifically, it includes, from the budget of the central government, capital construction fund, special expenses, loans from repayment, discount fund,

expenses on innovation and trial production of new products, expenses on urban construction, expenses on temporary construction from business departments, development fund for less developed areas, as well as local budgetary fund transferred from the central budget.

(2) Domestic loans refer to various funds borrowed by enterprises and institutions from banks and non-bank financial institutions during the reference period for the purpose of investment in fixed assets, including loans issued by banks from their self-owned funds and deposit, loans appropriated by higher responsible authorities, special loans by government (including loan for replacing petroleum with coal, special loan for reform through labor coal mines), loans arranged by local government from special funds, domestic reserve loan, and working loan, etc.

(3) Foreign investment refers to foreign funds received during the reference period for the construction and purchase of investment in fixed assets (covering equipment, materials and technology). In calculating the utilization of foreign capital, foreign currencies are converted into Chinese RMB applying the current exchange rate when the foreign capitals are actually used. It includes foreign borrowings (loans from foreign governments and international financial institutions, export credit, commercial loans from foreign banks, issue of bonds and stocks overseas), foreign direct investment and other foreign investments.

(4) Self – raised funds refer to extra – budgetary funds for investment in fixed assets received during the reference period by investing units from central government ministries, local governments, enterprises and institutions, including their self – raised funds.

(5) Others refer to funds for investment in fixed assets received from sources other than those listed above, including funds raised from society and individuals, donations, and funds transferred from other units.

Investment in Fixed Assets by Sector In general, one project or one enterprise or institution can only be classified into one sector.

Investment in Fixed Assets by Types of Construction The construction projects in general can be classified by the type of construction into new construction, expansion, reconstruction, moving and resumption.

(1) New construction in general refers to newly constructed units. In the case in which the value of the original fixed assets is quite small, and the value of newly added fixed assets exceeds the original ones by three times, the expansion construction is considered as new construction.

(2) Expansion refers to construction of new major production workshop or independent production line within a factory or in other locations, or construction of a branch factory so as to increase the production capacity of the original products. Newly constructed business houses in institutions and administrative organizations (such as the newly constructed teaching buildings in schools, clinics or bed building in hospitals, and office buildings in administrative agencies, etc.) are also classified as expansion.

(3) Reconstruction refers to technical innovation and transformation of the existing equipment and technical conditions undertaken by enterprises and institutions for the purposes of technological advancement, improvement in product quality, enlarging variety of products, promoting new generation of products, reducing production consumption and cost, promoting comprehensive utilization of resources, strengthening treatment of waste gas, waste water and solid wastes, and safety in production, etc. through application of new technologies and techniques, use of new equipment and new materials (including accessory facilities for production or for living and welfare purposes). Construction of new workshops for improving existing production capacity rather than increasing production capacity is also considered as reconstruction.

Investment in Fixed Assets by Structure refers to the three major parts of investment activities, i. e. construction and installation, purchase of equipment and instrument, and other expenses.

(1) Construction and installation (work volume of construction and installation) refers to the construction of various houses and buildings and installation of various kinds of equipment and instruments, including construction of various houses, equipment foundations and industrial kilns and stoves, preparation works for project construction, and clearing up works post project construction, pavement of railways and roads, drilling of mines and putting up of oil pipes, construction of projects of water conservancy, construction of underground air-raid shelters and construction of other special projects, installation of various machinery equipment, testing operation for pre-testing the quality of installation projects. The value of equipment installed is not included in the value of installation projects.

(2) Purchase of equipment and instruments refers to the total value of equipment, tools, and vessels purchased or self-produced which come up to standards for fixed assets. Equipment, tools and vessels purchased or self produced for new workshops by newly established or expanded units are categorized as "purchase of equipment and instruments" no matter whether they come up to the standards for fixed assets or not.

(3) Other expenses refer to expenses occurring during the construction or purchase of fixed assets other than construction, installation or purchase of equipment and instruments.

Projects under Construction refer to projects having construction and installation activities undertaken in the reference period, including projects started in the reference period, or continued from the previous pound, or completed and put into production or suspended in the reference period.

Projects Completed and Put into Use Industrial projects refer to the major projects and accessory facilities completed which result in forming production capacity and have been checked and accepted while the living and welfare facilities have been completed and can ensure normal production and formally put into production. Non-industrial projects refer to the major projects and accessory facilities completed which possess the designed capacity and have been checked, accepted and formally put into production.

Floor Space of Buildings under Construction refers to total floor space in each story of buildings calculated from the outside line of building walls, including both usable space and the space occupied by constructions like pillars or walls. The floor space of multi-story buildings includes the total floor space of each story (including basement).

Floor Space of Residential Buildings refers to the floor space of the residential buildings among the total space of buildings under construction or completed.

Floor Space under Construction refers to total floor space of all buildings under construction during the reference period, including floor space of newly started buildings during the reference period, floor space of construction extended from the previous period to the current period, floor space of construction suspended during the previous period and resumed in the current period, floor space of construction completed in the current period, and floor space of construction started and then suspended in the current period.

Floor Space of Buildings Completed refers to the floor space of buildings completed in the reference period, which have come up to the designed standards and have been put into use.

Completion Rate of Floor Space of Buildings refers to the ratio of the floor space of buildings completed in certain period of time to the floor space of buildings under construction in the same period which reflects the investment result and economic efficiency of the construction industry from the angle of the speed of project construction.

Newly Increased Fixed Assets refer to the newly increased value of fixed assets through investment, including the value of projects completed and put into production, the value of equipment, tools, and vessels considered as fixed assets, as well as the relevant expenses as investment in fixed assets. This is a comprehensive indicator of investment in fixed assets, reflecting the achievements of investment in fixed assets in different periods, different sectors, and different regions.

Rate of Construction Projects Completed and Put into Use refers to the ratio of the number of construction projects completed and put into use in certain period of time to the number of projects under construction in the same period. This reflects the investment efficiency from the angle of the speed of projects construction.

Construction cycle refers to how longtime it will be taken in average that all the projects formally under construction can be completed in reference year. This indicator reflect the speed of construction in view of macrocosm.

There are two formulas in calculating the construction cycle:

(1) By the number of construction projects

Construction cycle = number of projects formally under construction in reference period (year) / number of all the projects are completed and put in production in reference period (year)

(2) By the value of investment

Construction cycle = total investment plan for the projects formally under construction in reference period (year) / total fulfihnent of investment on the projects formally under construction in reference period (year).

价格指数
Price Indices

简 要 说 明

一、本篇资料的主要内容

本篇价格指数资料，反映生产、流通、消费与投资等环节的价格变动趋势和变动幅度。主要包括居民消费价格指数、商品零售价格指数、农业生产资料价格指数、工业生产者价格指数、固定资产投资价格指数和房地产价格指数等。

二、本篇的资料来源

价格指数编制由国家统计局江苏调查总队组织实施。各市、县调查队依据国家统计局统一制定的价格统计调查制度向基层采集原始数据汇总后上报。

三、居民消费、商品零售价格指数

编制居民消费、商品零售价格指数的资料采用抽样调查和重点调查相结合的方法取得，即在全省选择不同经济区域和分布合理的地区，以及有代表性的商品作为样本，对其市场价格进行定期调查，以样本推断总体。编制过程按下列几个步骤进行：

1. 选择调查地区和调查点。调查地区按照经济区域和地区分布合理等原则，选出具有代表性的大、中、小城市和县作为国家的调查地区，在此基础上选定经营规模大、商品种类多的商场（包括集市和服务网点）作为调查点。

2. 选择代表商品和代表规格品。代表商品是选择那些消费量大、价格变动有代表性的商品；代表规格品的确定是根据商品零售资料和城市居民、农村居民的消费支出记帐资料，按照有关规定筛选的。筛选原则：(1)与社会生产和人民生活关系密切；(2)消费（销售）数量（金额）大；(3)市场供应稳定；(4)价格变动趋势有代表性；(5)所选的代表规格品之间差异大。

目前，居民消费价格调查按用途划分为8大类，262个基本分类，各地每月调查600种以上规格产品价格；商品零售价格按用途划分为16个大类，229个基本分类，各地每月调查500种以上的规格产品价格。

3. 价格调查方式。采用派员直接到调查点登记调查，同时聘请辅助调查员协助登记调查。

4. 权数的确定。商品零售价格指数的计算权数主要根据社会商品零售额资料确定；居民消费价格指数的计算权数根据城乡居民家庭消费支出构成确定。

四、工业生产者价格指数

工业生产者价格包括工业企业产品第一次出售时的出厂价格（下简称工业生产者出厂价格）和原材料、燃料、动力购进价格（下简称工业生产者购进价格）。

工业生产者价格调查采用重点调查与典型调查相结合的调查方法。重点调查将全部年主营业务收入2000万元以上（2010年以前为500万元以上）的企业列为调查对象；典型调查是把年主营业务收入2000万元以下（2010年以前为500万元以下）的企业作为抽样对象。

1. 代表企业的选择原则：(1)按工业行业选择调查企业，各中类行业原则上都要有调查企业。(2)大型企业应尽量都选上（或占相当大比重）。(3)选择生产稳定、正常的企业作为调查对象。

2. 代表产品的选择原则：(1)按工业行业选择基本分类和代表产品。(2)选择对国计民生影响大的产品。(3)选择生产较为稳定的产品。(4)选择有发展前景的产品。(5)选择具有地方特色的产品。

目前《工业生产者出厂价格调查目录》包括11000多种工业产品，并将其划分为1700多个基本分类。工业生产者购进价格调查项目由上述出厂调查目录的大部分和部分农副产品两部分组成，包括6000多种调查产品，确定为900多个基本分类。

3. 价格调查方式。采用企业报表形式。

4. 权数的确定。工业生产者出厂价格统计中，小类及小类以上的权数资料来源于工业统计中分行业工业销售产值数据资料；基本分类的权数资料来源于独立的工业企业产品权数调查。工业生产者购进价格统计中，基本分类及以上分类的权数资料主要来源于独立的工业企业产品权数调查，小类及小类以上的权数还可以参照相应行业的出厂权数和分行业的投入产出数据资料。权数一般五年更换一次。

五、固定资产投资价格指数

固定资产投资价格调查采用重点调查与典型调查相结合的方法。固定资产投资价格调查所涉及的价格是构成固定资产投资额实体的实际购进价格或结算价格。调查的内容包括构成当年建筑工程实体的钢材、木材、水泥、地方建材（如砖、瓦、灰、沙、石等)、化工材料(如油漆等)等主要建筑材料价格;作为活劳动投入的劳动力价格(单位工资)和建筑机械使用费;设备工器具购置和其他费用投资价格。

固定资产投资价格调查样本的选择遵循以下原则:

1. 选择建筑安装工程调查点的原则:(1)样本单位应具有一定覆盖面;(2)投资经济活动代表性强;(3)兼顾不同经济类型;(4)选择重点工程;(5)兼顾国民经济各门类及不同工程类别。

2. 选择其他费用调查点的原则:在选择其他费用调查点时,所遵循的原则与建筑安装工程调查点的原则基本相同,特别是要注意选择那些投资额大的工程。但由于其他费用不易取得,所以在实际操作过程中,应同时在建设单位、施工单位开展重点调查,并辅以典型调查(从管理部门取得资料)。

3. 价格调查方式。采用企业报表和调查员走访相结合的方式。

4. 权数的确定。固定资产投资价格指数的计算权数是建筑安装工程、设备工器具购置和其他费用三者前三年投资完成额的平均比重。

六、房地产价格指数

从广义上讲,房地产是房产与地产的总称。因此房地产价格调查的内容主要包括以下几个部分:

1. 住宅销售价格。从进入房地产市场的渠道看,住宅销售价格包括新建住宅和二手住宅两部分。

2. 住宅租赁价格。住宅租赁价格包括经济适用住房、廉租住房和商品住宅三部分。

3. 土地交易价格。土地交易价格包括居住用地、工业用地、商业营业用地和其他用地四部分。

4. 物业服务价格。物业服务价格包括经济适用住房和商品住宅两部分。

新建住宅价格调查,在2010年以前采用重点调查与典型调查相结合的方法,从2011年开始,采用全面调查的方法。二手住宅价格调查采用重点调查与典型调查相结合的方法。

调查方式采用报表与走访相结合的方式。

Brief Introduction

Ⅰ. Main Contents

Data on price indices in this chapter show the changing trends and the change rates in the prices of production, trade, consumption and investment, including mainly consumer price indices, retail price indices, price indices for means of agricultural production, producer price indices for farm products, price indices for investment in fixed assets, and price indices for real estate.

Ⅱ. Sources of Data

Compilation of statistics on price indices is organized by the Survey Office of the National Bureau of Statistics in Jiangsu. The selected cities and counties collect data from the grassroots units in accordance with the scheme of price survey system stipulated by the NBS, tabulate them and report them to the higher agencies.

Ⅲ. Consumer Price Indices and Retail Price Indices

Data for compilation of the consumer price indices and the retail price indices in Jiangsu are collected through a combination of sample surveys and surveys of key units. Areas distributed in different economic regions are selected as the sample areas and representative commodities are selected as the sample commodities. Regular surveys are conducted to collect data on their market prices. Population parameters are inferred on the basis of the sample data. Following are major steps in the process of calculation of the price indices:

(1) The selection of areas and survey points: Based on such principles as regional economic features and reasonable geographic distribution, representative sample areas for the national survey are selected which include large, medium and small cities and counties. When the sample areas have been selected, large-scale shops and markets (including fairs and service outlets) with wide variety of commodities are selected as survey points.

(2) The selection of representative commodi-

ties and their specifications or varieties: The representative commodities selected are those consumed in large quantity and representative in price changes. The representative specifications or varieties are determined according to the data on the retail sales of commodities and the consumption expenditure account data of the residents of urban households and rural households; and selection follows the related instructions. The principles for selection are: (a) The commodities are closely related to social production and people's living conditions; (b) They are consumes (or sold) in large quantities (or large values); (c) The market supply is stable; (d) The changes of their prices are representative in trend; (e) There is great heterogeneity among the specifications or varieties selected.

At present, data are collected on 600 and more specifications each month under 262 basic headings in 8 categories in the consumer price surveys. For the retail price surveys, data are collected on more than 500 specifications each month under 229 basic headings in 16 categories.

(3) Method of data collection: Enumerators are sent to the survey points to take the records of the prices. Assistant enumerators are recruited to assist the survey work.

(4) Determination of the weights: The weights for calculation of the retail price indices are determined mainly according to the total retail sales of commodities. The weights for calculation of the consumer price indices are determined according to the composition of the consumption expenditures of urban and rural households.

Ⅳ. Producer Price Indices for Manufactured Goods

Producer prices for manufactured goods refer to the ex-factory price of manufactured goods when they are first sold. The survey program is a combined use of the key units' survey and typical units' survey methods. Key units refer to those non-State-owned industrial enterprises with annual revenue above 5 million yuan. Typical units refer to the industrial enterprises with annual sale revenue below 5 million yuan.

(1) Principles for selecting the representative enterprises:

(a) Enterprises to be covered in the survey are selected by industrial sectors. In principle, every branch should have enterprises selected; (b) All (or a majority of) large-sized enterprises should be selected; (c) Enterprises selected should be those with normal and stable production; (d) Different types of ownership should be considered in selecting enterprises.

(2) Principle for the selection of representative goods:

(a) The goods are selected by industrial sectors; (b) The selected goods should have great impact on the national economy and people's living conditions; (c) The production of the goods selected are relatively more stable; (d) The prospects of the goods selected are promising; (e) The goods selected are typical to the place in question.

The current List of Manufactured Goods for the survey includes over 4,000 goods (including 7,500 specifications or varieties). The industrial sales value of the industries represented by these goods accounts for more than 70 percent of total industrial sales value of all the country.

(3) Method of data collection: The method of reporting forms by enterprises is adopted.

(4) Determination of the weights: The weights for calculation of the producer price indices for manufactured goods are determined according to the total sales value of manufactured goods. Data from the industrial census are used for the calculation. If census data are not available for the reference year, industrial statistical data and statistical data from other agencies will be used to estimate the weights. The weights are replaced every five years.

Ⅴ. Price Indices for Investment in Fixed Assets

Data on prices of investment in fixed assets are collected by a program involving the combined use of surveys on key units and surveys on typical units. The prices collected in the surveys of investment in fixed assets are the actual purchasing prices or settlement prices of entities of investment in fixed assets. The survey content includes the prices of main construction materials that constitute the architectural engineering entity in the year, such as steel, timber, cement, local construction materials (such as brick, tile, calcareous ashes, sand, stone, etc.), chemical materials (such as oil paint, etc.), the price of labor force as input (wages), prices for renting of building machinery and equipment, the purchasing price of equipment, tools and instruments and the prices of others investments.

The following principles should be followed in selecting the sample for the price survey of investment in fixed assets:

(1) Principles for selecting the survey points of construction and installation: (a) Sample units should have a good coverage; (b) The economic activity of investment should have strong representativeness; (c) Different economic types of ownership should be considered; (d) key projects should be selected; (e) Attention should be given to various sectors of the national economy and types of projects.

(2) Principles for selecting price survey points of other fees: The principles for selecting survey points of others fees is in general the same as that of construction and installation, with special attention being paid to selecting projects with huge investment value. Since it is not easy to obtain the other fees, during the actual data gathering operations, survey on key construction owner units and building units is to conducted concurrently with survey on typical units (with information from administration units)

(3) Method of price survey: A combination of enterprises reporting system and enumerator visits method.

(4) Determination of the weights: The weights for calculation of the price indices for investment in fixed assets are determined according to the average proportion of construction and installation, purchase of equipment, tools and instruments and other investments in the 3 preceding years.

Ⅵ. Price Indices for Real Estate

In the broad sense real estate refers to properties in terms of both buildings and land. Therefore, the price survey on real estate covers the following items:

1) Sale prices of houses. In terms of the types of houses sold at the market, sale prices of houses include the prices for commercialized houses and for second-hand houses.

2) Renting price of houses. Included in this category are prices for renting residential housing, office buildings, buildings for business or recreational purposes, buildings for industrial or storage purposes, and housing for other purposes.

3) Transaction prices of land. Included in this category are prices for the transaction of land used for residential housing, for industrial and storage purposes, for business or recreational purposes and for other uses.

4) Property management price. Included in this category are prices for residential housing, office buildings, buildings for business or recreational purposes, and buildings for industrial or storage purposes.

New housing price Survey before 2010 using the key survey and typical method of combining. Beginning of 2011, take a comprohensive survey. Second – hand housing prices using a combiration of approaches fouse on investigation and sampling surveys. The mothod including reports and visition.

6-1 各种价格指数
Price Indices

上年=100 (preceding year=100)

年份 Year	居民消费价格指数 Consumer Price Index	城市 Urban	农村 Rural	商品零售价格指数 Retail Price Index	工业生产者出厂价格指数 Producer Price Index for Manufactured Goods	工业生产者购进价格指数 Purchasing Price Index	固定资产投资价格指数 Price Index for Investment in Fixed Assets
1979	101.0	100.7	101.3	101.3			
1980	105.6	105.7	105.6	105.8			
1981	101.5	102.3	100.9	101.4			
1982	100.9	100.9	101.0	100.9			
1983	100.4	100.8	100.0	100.1			
1984	103.0	104.1	102.1	102.5			
1985	109.5	109.6	109.4	109.5			
1986	107.1	106.4	107.7	107.1			
1987	109.2	110.5	107.7	109.3			
1988	121.9	122.6	121.4	122.3			
1989	117.1	116.0	118.5	116.8			
1990	103.2	103.4	103.0	102.3			
1991	104.9	107.7	101.9	104.8	103.2	107.0	104.5
1992	106.6	108.8	104.4	105.1	103.8	110.2	112.1
1993	118.2	118.7	117.3	115.9	118.5	125.7	138.8
1994	123.2	125.3	121.7	123.6	121.4	120.1	114.6
1995	115.8	116.2	115.3	114.3	114.2	117.3	107.4
1996	109.3	110.8	107.1	106.8	100.6	103.9	103.2
1997	101.7	101.3	102.0	99.3	97.9	97.9	99.2
1998	99.4	100.0	99.0	98.2	94.5	91.4	98.8
1999	98.7	98.6	98.8	96.9	96.1	94.4	98.3
2000	100.1	100.0	100.1	98.6	101.1	107.1	101.2
2001	100.8	100.1	101.5	98.9	99.1	99.5	100.8
2002	99.2	98.4	100.2	98.4	97.6	98.6	101.3
2003	101.0	100.9	101.2	99.8	102.3	106.5	104.3
2004	104.1	103.7	104.6	102.2	106.5	116.3	109.3
2005	102.1	102.0	102.4	100.3	102.6	107.6	100.9
2006	101.6	101.6	101.7	100.8	101.5	106.4	101.2
2007	104.3	104.1	104.8	102.9	102.6	105.0	104.9
2008	105.4	105.2	105.6	104.9	104.6	115.0	110.0
2009	99.6	99.6	99.5	98.9	95.2	91.9	97.7
2010	103.8	103.6	104.3	103.2	107.3	112.8	105.1
2011	105.3	105.1	105.9	104.6	106.2	108.9	106.8
2012	102.6	102.6	102.6	102.1	97.1	95.8	98.6

6-2 各种价格定基指数
Fixed-base Price Indices

年份 Year	居民消费价格指数（1978年=100） Consumer Price Index (1978=100)	城市 Urban	农村 Rural	商品零售价格指数（1978年=100） Retail Price Index (1978=100)	工业生产者出厂价格指数（1990年=100） Producer Price Index for Manufactured Goods (1990=100)	工业生产者购进价格指数（1990年=100） Purchasing Price Index (1990=100)	固定资产投资价格指数（1990年=100） Price Index for Investment in Fixed Assets (1990=100)
1979	101.0	100.7	101.3	101.3			
1980	106.7	106.4	107.0	107.7			
1981	108.3	108.9	107.9	108.7			
1982	109.2	109.9	109.0	109.7			
1983	109.7	110.7	109.0	109.8			
1984	113.0	115.3	111.3	112.5			
1985	123.7	126.4	121.8	123.2			
1986	132.5	134.4	131.1	131.9			
1987	144.7	148.6	141.2	144.2			
1988	176.3	182.1	171.5	176.4			
1989	206.5	211.3	203.2	206.0			
1990	213.1	218.5	209.3	210.7			
1991	223.5	235.3	213.3	220.9	103.2	107.0	104.5
1992	238.3	256.0	222.6	232.1	107.1	117.9	117.1
1993	281.7	303.9	261.2	269.0	126.9	148.2	162.6
1994	347.0	380.7	317.8	332.5	154.1	178.0	186.3
1995	401.8	442.4	366.5	380.1	176.0	208.8	200.1
1996	439.2	490.2	392.5	405.9	177.0	216.9	206.5
1997	446.7	496.6	400.3	403.1	173.3	212.4	204.9
1998	444.0	496.6	396.3	395.8	163.8	194.1	202.4
1999	438.2	489.6	391.6	383.5	157.4	183.3	199.0
2000	438.7	489.6	392.0	378.1	159.1	196.3	201.4
2001	442.2	490.1	397.8	373.9	157.7	195.3	203.0
2002	438.6	482.2	398.6	368.0	153.9	192.6	205.6
2003	443.0	486.5	403.4	367.3	157.4	205.2	214.4
2004	461.2	504.5	422.0	375.4	167.6	238.6	234.3
2005	470.9	514.6	432.1	376.5	171.9	256.8	236.4
2006	478.4	522.8	439.5	379.5	174.5	273.2	239.2
2007	499.0	544.3	460.6	390.5	179.0	286.7	250.9
2008	525.9	572.6	486.4	409.6	187.2	329.7	276.0
2009	523.8	570.3	484.0	405.1	178.2	303.0	269.7
2010	543.7	590.8	504.8	418.1	191.2	341.8	283.5
2011	572.7	621.1	534.7	437.4	203.1	372.2	302.8
2012	587.4	637.0	548.5	446.4	197.2	356.6	298.6

6－3 主要年份居民消费价格指数
Consumer Price Indices in Major Years

上年＝100 (preceding year＝100)

类别	Item	2005	2008	2009	2010	2011	2012
居民消费价格总指数	**General Consumer Price Index**	**102.1**	**105.4**	**99.6**	**103.8**	**105.3**	**102.6**
食品	Food	103.9	113.0	100.9	107.4	111.8	104.7
粮食	Grain	100.0	106.1	104.4	115.2	111.1	102.3
淀粉及制品	Starches and Tubers	111.0	107.8	104.8	104.7	113.8	105.5
干豆类及豆制品	Bean and Its Products	100.7	135.3	97.7	108.0	106.6	103.1
油脂	Oil or Fat	92.4	125.1	75.7	103.3	113.7	104.2
肉禽及其制品	Meat, Poultry and their Processed Products	104.3	120.4	91.2	103.0	120.8	102.5
蛋	Eggs	104.3	104.0	100.8	107.4	115.0	97.0
水产品	Aquatic Products	105.4	112.0	102.2	110.9	110.5	108.4
菜	Vegetables	114.8	108.3	117.1	117.2	102.1	109.0
#鲜 菜	Fresh Vegetables	116.2	107.1	118.1	117.7	101.6	110.1
调 味 品	Flavoring	100.8	103.7	103.2	104.6	108.0	108.1
糖	Sugar	103.1	105.6	103.2	108.6	110.9	105.2
茶及饮料	Tea and Beverages	100.0	103.5	101.8	101.2	104.3	104.1
干鲜瓜果	Dried and Fresh Fruits and Melons	98.1	110.9	106.9	113.0	114.4	98.2
#鲜 瓜 果	Fresh Fruits	97.5	108.0	110.1	112.8	114.4	97.1
糕点饼干面包	Cake, Biscuit and Bread	100.4	110.2	102.4	101.5	109.8	103.6
液体乳及乳制品	Milk and Its Products	100.7	120.0	100.9	104.1	109.3	105.4
在外用膳食品	Dining Out	104.2	109.9	102.7	103.7	110.3	106.9
其他食品	Others	103.3	111.5	100.4	101.7	107.5	104.3
烟酒及用品	Tobacco, Liquor and Articals	100.6	102.9	101.7	102.4	104.0	103.9
烟草	Tobacco	100.4	100.5	100.2	100.2	100.1	100.1
酒	Liquor	100.8	107.7	103.8	106.8	111.3	110.5
衣着	Clothing	98.6	100.5	99.0	100.7	103.4	103.6
服 装	Garments	98.5	100.7	99.7	100.8	103.9	103.5

6－3 续 表 Continued

上年＝100 (preceding year＝100)

类 别	Item	2005	2008	2009	2010	2011	2012
衣着材料	Clothing Material	100.2	106.8	102.9	105.0	111.3	105.1
鞋袜帽	Footgear and Hats	97.8	99.4	96.8	100.2	101.5	103.8
衣着加工服务费	Clothing Manufacturing Services	104.1	103.6	101.9	104.0	107.0	107.5
家庭设备用品及维修服务	Household Facilities and Articles	100.2	104.1	101.3	100.1	104.4	103.6
耐用消费品	Durable Consumer Goods	99.5	102.2	98.6	98.3	103.6	102.7
室内装饰品	Interior Decorations	100.0	101.4	99.9	100.4	102.4	101.8
床上用品	Bed Articles	99.7	102.0	98.3	101.7	103.4	103.3
家庭日用杂品	Daily Use Household Articles	100.0	107.2	104.6	99.9	102.4	102.8
家庭服务及加工维修服务	Household Services, Processing and Repairing Services	104.2	106.6	106.6	107.7	116.0	110.6
医疗保健和个人用品	Health Care and Personal Articles	100.2	102.5	100.7	102.9	103.1	101.3
医疗保健	Health Care	99.4	101.4	100.8	102.4	101.9	100.6
个人用品及服务	Personal Articals and Services	101.9	105.1	100.4	104.0	105.2	102.5
交通和通信	Transportation and Communication	98.4	98.6	96.7	99.8	100.8	99.8
交通	Transportation	100.8	100.9	96.8	101.7	102.5	100.4
通信	Communication	96.2	95.3	96.5	96.7	97.7	98.5
娱乐教育文化用品及服务	Recreation, Education and Culture Articles and Services	102.2	99.0	99.9	101.6	100.6	99.9
文娱用耐用消费品及服务	Durable Consumer Goods for Recreational Use and Services	93.0	87.6	87.3	91.5	91.2	93.0
教育	Education	105.1	100.6	102.3	102.7	102.3	100.8
文化娱乐类	Cultural and Recreational Articals	102.3	102.3	103.1	102.5	101.0	101.0
旅游	Tourism	100.3	101.4	99.5	107.3	103.5	101.6
居住	Residence	104.4	104.2	97.5	105.0	104.1	102.4
建房及装修材料	Building and Docorative Material	104.3	106.9	98.4	105.4	106.9	100.6
住房租金	Renting	101.6	102.4	100.3	106.0	103.9	103.6
自有住房	Private Housing	104.2	102.2	86.3	103.7	104.0	102.7
水、电、燃料	Water, Electricity and Fuels	105.0	103.9	97.4	104.5	102.1	102.1
消费品价格指数	Consumption Goods	101.8	106.8	99.3	103.9	106.4	102.9
服务项目价格指数	Service	103.2	101.2	100.2	103.6	103.1	101.9

6－4 居民消费价格分类指数（2012 年）
Consumer Price Indices by Category（2012）

上年＝100 (preceding year＝100)

类别	Item	全省 Total	城市 Urban	农村 Rural
居民消费价格总指数	**General Consumer Price Index**	**102.6**	**102.6**	**102.6**
食品	Food	104.7	104.9	104.1
粮食	Grain	102.3	102.0	102.7
淀粉及制品	Starches	105.5	105.7	105.2
干豆类及豆制品	Bean and Its Products	103.1	103.7	101.5
油脂	Oil or Fat	104.2	104.0	104.5
肉禽及其制品	Meat, Poultry Cheir Processing Products and	102.5	103.3	100.6
蛋	Eggs	97.0	97.9	95.2
水产品	Aquatic Products	108.4	107.9	109.6
菜	Vegetables	109.0	109.0	108.9
#鲜菜	Fresh Vegetables	110.1	110.1	109.9
调味品	Flavoring	108.1	108.0	108.3
糖	Sugar	105.2	104.4	107.3
茶及饮料	Tea and Beverages	104.1	104.4	103.5
干鲜瓜果	Dried and Fresh Fruits and Melons	98.2	97.4	100.7
#鲜瓜果	Fresh Fruits	97.1	96.4	99.2
糕点饼干面包	Cake, Biscuit and Bread	103.6	103.3	104.2
液体乳及乳制品	Milk and Its Products	105.4	106.3	102.3
在外用膳食品	Dining Out	106.9	107.0	106.6
其它食品	Others	104.3	104.4	103.7
烟酒及用品	Tobacco, Liquor and Articals	103.9	103.8	103.9
烟草	Tobacco	100.1	100.0	100.3
酒	Liquor	110.5	111.0	109.5
衣着	Clothing	103.6	103.4	104.3
服装	Garments	103.5	103.4	103.8

6－4 续 表 Continued

上年＝100 (preceding year＝100)

类 别	Item	全省 Total	城市 Urban	农村 Rural
衣着材料	Clothing Material	105.1	105.2	104.8
鞋袜帽	Footgear and Hats	103.8	103.2	105.5
衣着加工服务	Clothing Manufacturing Services	107.5	107.7	107.1
家庭设备用品及维修服务	Household Facilities and Articles	103.6	103.9	102.8
耐用消费品	Durable Consumer Goods	102.7	102.9	102.1
室内装饰品	Interior Decorations	101.8	102.3	100.8
床上用品	Bed Articles	103.3	103.5	102.7
家庭日用杂品	Daily Use Household Articles	102.8	102.8	102.9
家庭服务及加工维修服务	Household Services, Processing and Repairing Services	110.6	111.1	107.8
医疗保健和个人用品	Health Care and Personal Articles	101.3	101.2	101.6
医疗保健	Health Care	100.6	100.4	101.1
个人用品及服务	Personal Articals and Services	102.5	102.4	102.7
交通和通讯	Transportation and Communication	99.8	99.6	100.1
交通	Transportation	100.4	100.2	101.0
通信	Communication	98.5	98.4	98.6
娱乐教育文化用品及服务	Recreation, Education and Culture Articles and Services	99.9	99.7	100.4
文娱用耐用消费品及服务	Durable Consumer Goods for Recreational Use and Services	93.0	93.1	92.9
教育	Education	100.8	100.4	101.6
文化娱乐用品	Cultural and Recreational Articals	101.0	100.9	101.4
旅游	Tourism	101.6	101.3	102.8
居住	Residence	102.4	102.4	102.3
建房及装修材料	Building and Docorative Material	100.6	100.7	100.4
住房租金	Renting	103.6	103.6	103.3
自有住房	Private Housing	102.7	102.6	103.1
水、电、燃料	Water, Electricity and Fuels	102.1	102.0	102.3

6-5 商品零售价格分类指数（2012 年）
Retail Price Indices by Categories (2012)

上年=100 (preceding year=100)

类别	Item	全省 Total	城市 Urban	农村 Rural
商品零售价格指数	**General Retail Price Index**	**102.1**	**102.0**	**102.3**
食品	Food	104.7	105.0	104.0
饮料烟酒	Beverages, Tobacco and Liquor	103.7	103.8	103.5
服装鞋帽	Garments, Shoes, Hats	103.8	103.7	104.3
纺织品	Textiles	104.6	104.9	103.7
家用电器音像器材	Household Appliances, Music and Video Equipment	98.9	98.9	98.9
文化办公用品	Cultural and Office Appliances	97.2	96.9	98.2
日用品	Articles for Daily Use	102.8	102.9	102.4
体育娱乐用品	Sports and Recreation Arcticles	101.7	101.9	100.9
交通、通信用品	Transportation and Communicatior Appliances	96.7	96.3	98.2
家具	Furniture	104.0	105.2	101.3
化妆品	Cosmetics	103.5	103.7	102.9
金银珠宝	Gold, Silver and Jewelry	101.8	101.9	101.3
中西药品及医保用品	Traditional Chinese and Western Medicines and Health Care Articles	100.8	100.6	101.4
书报杂志电子出版物	Books, Newspapers, Magazines and Electronic Publications	101.4	101.5	101.3
燃料	Fuels	103.4	103.2	104.0
建筑材料五金电料	Building Materials and Hardware	99.4	99.2	99.9
农业生产资料类	**Means of Agricultural Production General Price Index**	**104.6**		
农用手工工具	Farm Handtools	104.7		
饲料	Forage	104.9		
产品畜	Production Livestock	100.3		
半机械化农具	Semi-mechanized Farm Tools	100.6		
机械化农具	Mechanized Farm Machinery	100.9		
化学肥料	Chemical Fertilizer	105.4		
农药及农药械	Pesticide and Its Appliances	101.2		
化学农药	Chemical Pesticide	101.1		
农药械	Pesticide Appliances	102.7		
农用机油	Oil for Farm Machinery	104.6		
其他农业生产资料	Other Means of Agricultural Production	104.2		
农业生产服务	Service for Agricultural Prodcution	107.7		

6-6 工业生产者出厂价格指数
Industrial Producer Price Indices for Manufactured Goods

上年=100 (preceding year=100)

类别	Item	2000	2005	2010	2011	2012
工业生产者出厂价格指数	**Industrial Producer Price Indices for Manufactured Goods**	**101.1**	**102.6**	**107.3**	**106.2**	**97.1**
轻工业	Light Industry	97.9	100.3	104.9	107.4	98.1
以农产品为原料	Using Farm Products as Raw Materials	97.1	100.9	107.3	109.1	99.2
以非农产品为原料	Using Non-Farm Products as Raw Materials	99.5	100.1	103.6	104.7	96.1
重工业	Heavy Industry	102.8	105.4	109.7	105.8	96.8
采掘	Mining and Quarrying	102.2	121.6	125.0	112.4	98.1
原料	Raw Materials	110.9	109.7	113.8	108.3	96.5
加工	Manufacturing	96.7	102.1	107.4	104.9	96.9
生产资料	Means of Production	103.0	103.2	108.2	106.3	96.4
采掘	Mining and Quarrying	101.9	121.9	124.4	112.4	98.1
原料	Raw Materials	110.8	108.9	114.3	109.1	95.4
加工	Manufacturing	97.3	100.9	106.3	105.5	96.7
生活资料	Consumer Goods	96.6	100.5	103.1	105.4	100.4
食品	Food	89.6	99.9	105.6	110.2	100.5
衣着	Clothing	100.9	102.9	103.2	104.6	104.0
一般日用品	Daily-use Articles	98.5	101.2	102.1	105.7	98.4
耐用消费品	Durable Consumer Goods	95.6	98.2	100.8	100.8	99.2

6-7 分部门工业生产者出厂价格指数
Industrial Producer Price Indices by Industry for Manufactured Goods

上年=100 (preceding year=100)

类别	Item	2000	2005	2010	2011	2012
工业生产者出厂价格指数	**Industrial Producer Price Indices by Industry for Manufactured Goods**	**101.1**	**102.6**	**107.3**	**106.2**	**97.1**
冶金工业	Metallurgical Industry	104.1	103.5	112.6	110.2	92.5
电力工业	Power Industry	106.1	106.0	100.5	101.1	100.8
煤炭及炼焦工业	Coal Industry	94.0	116.1	116.8	107.2	92.0
石油工业	Petroleum Industry	144.4	119.6	127.3	119.4	101.7
化学工业	Chemical Industry	105.2	105.8	113.8	108.7	94.3
机械工业	Machine Building Industry	95.8	100.0	102.9	102.4	98.4
建筑材料工业	Building Materials Industry	99.2	95.4	105.5	111.6	96.6
森林工业	Timber Industry	97.1	103.0	101.3	103.3	103.6
食品工业	Food Industry	89.4	99.6	105.1	109.9	101.0
纺织工业	Textile Industry	101.8	101.5	111.7	112.7	95.0
缝纫工业	Tailoring Industry	102.0	103.3	103.2	104.5	104.1
皮革工业	Leather Industry	102.5	101.5	101.8	104.0	103.3
造纸工业	Paper Industry	104.9	101.8	107.9	106.1	97.6
文教艺术用品工业	Cultural, Educational and Handicrafts Articles	103.4	102.2	101.1	101.0	100.1
其他工业	Others	102.6	100.8	104.0	108.0	101.8

6－8 分行业工业生产者出厂价格指数
Industrial Producer Price Indices by Sector for Manufactured Goods

上年＝100 (preceding year＝100)

类 别	Item	2005	2009	2010	2011	2012
工业生产者出厂价格指数	**Industrial Producer Price Indices by Sector for Manufactured Goods**	**102.6**	**95.2**	**107.3**	**106.2**	**97.1**
煤炭开采和洗选业	Mining and Washing of Coal	125.3	86.6	119.9	105.0	91.1
石油和天然气开采业	Extraction of Petroleum and Natural Gas	141.1	67.2	148.9	132.2	98.6
黑色金属矿采选业	Mining and Processing of Ferrous Metal Ores	115.9	78.3	124.1	114.5	84.4
有色金属矿采选业	Mining and Processing of Non-Ferrous Metal Ores	120.5	87.3	155.5	130.9	86.3
非金属矿采选业	Mining and Processing of Nonmetal Ores	106.4	97.1	105.0	111.5	104.3
农副食品加工业	Processing of Food from Agricultural Products	99.0	94.2	107.0	113.0	100.2
食品制造业	Processing of Foodstuff	101.6	104.3	102.9	107.4	101.7
饮料制造业	Manufacture of Beverages	99.9	99.8	102.1	106.0	103.6
烟草制品业	Manufacture of Tobacco	100.9	102.3	101.3	100.0	101.9
纺织业	Manufacture of Textile	101.5	96.5	110.7	112.4	95.9
纺织服装、鞋、帽制造业	Manufacture of Textile Wearing Apparel, Footware, and Caps	103.7	100.5	103.3	103.1	104.5
皮革、毛皮、羽毛(绒)及其制品业	Manufacture of Leather, Fur, Feather and Related Products	101.8	98.5	103.0	104.4	103.4
木材加工及木、竹、藤、棕、草制品业	Processing of Timber, Manufacture of Wood, Bamboo, Rattan, Palm and Straw Products	103.1	95.3	101.2	103.8	103.8
家具制造业	Manufacture of Furniture	101.6	101.6	100.2	102.5	102.5
造纸及纸制品业	Manufacture of Paper and Paper Products	101.8	94.7	107.9	106.1	97.6
印刷业和记录媒介的复制	Printing, Reproduction of Recording Media	101.3	100.2	100.3	102.4	100.2
文教体育用品制造业	Manufacture of Articles for Culture, Education and Sport Activities	103.4	100.7	101.7	107.7	102.8
石油加工、炼焦及核燃料加工业	Processing of Petroleum. Coking, Processing of Nuclear Fuel	117.3	91.4	126.0	120.3	101.4

6－8 续 表 Continued

上年＝100 (preceding year＝100)

类 别	Item	2005	2009	2010	2011	2012
化学原料及化学制品制造业	Manufacture of Raw Chemical Materials and Chemical Products	109.0	91.4	116.7	109.5	94.1
医药制造业	Manufacture of Medicines	100.0	101.5	105.4	103.6	94.4
化学纤维制造业	Manufacture of Chemical Fibers	106.5	92.7	116.1	111.2	87.7
橡胶制品业	Manufacture of Rubber	103.0	101.2	105.8	110.6	101.9
塑料制品业	Manufacture of Plastics	102.5	95.8	103.5	104.5	98.2
非金属矿物制品业	Manufacture of Non-ferrous Metals	95.8	97.9	105.1	110.9	96.9
黑色金属冶炼及压延加工业	Smelting and Pressing of Ferrous Metals	103.2	88.2	114.5	112.1	89.6
有色金属冶炼及压延加工业	Smelting and Pressing of Non-ferrous Metals	109.1	86.5	118.9	111.9	92.2
金属制品业	Manufacture of Metal Products	102.8	95.2	102.4	104.4	99.0
通用设备制造业	Manufacture of General Purpose Machinery	101.6	97.9	100.3	104.2	99.6
专用设备制造业	Manufacture of Special Purpose Machinery	100.2	100.3	101.3	102.2	100.9
交通运输设备制造业	Manufacture of Transport Equipment	99.2	100.0	102.3	101.1	99.4
电气机械及器材制造业	Manufacture of Electrical Machinery and Equipment	103.6	94.7	107.2	105.6	95.9
通信设备、计算机及其他电子设备制造业	Manufacture of Communication Equipment, Computers and Other Electronic Equipment	97.3	93.5	102.4	100.4	98.1
仪器仪表及文化、办公用机械制造业	Manufacture of Measuring Instruments and Machinery for Cultural Activity and Office Work	98.8	104.4	99.6	98.2	99.8
工艺品及其他制造业	Manufacture of Artwork and Other Manufacturing	100.1	99.0	104.8	110.5	102.1
废弃资源和废旧材料回收加工业	Recycling and Disposal of Waste	121.0	112.4	100.7	113.5	95.2
电力、热力的生产和供应业	Production and Supply of Electric Power and Heat Power	106.0	104.1	100.6	100.8	101.2
燃气生产和供应业	Production and Supply of Gas	101.3	88.6	109.7	106.1	100.7
水的生产和供应业	Production and Supply of Water	106.7	105.1	106.5	102.1	101.0

6－9 工业生产者购进价格指数
Industrial Purchasing Price Index

上年＝100 (preceding year＝100)

类别	Item	2000	2005	2010	2011	2012
工业生产者购进价格指数	**Industrial Purchasing Price Index**	**107.1**	**107.6**	**112.8**	**108.9**	**95.8**
燃料动力类	Fuel and Power	112.4	113.2	119.6	110.7	99.1
黑色金属材料类	Ferrous Metal	105.4	106.7	110.3	108.5	92.1
有色金属材料和电线类	Non-Ferrous Metal and Wire	109.9	120.4	118.4	112.1	91.8
化工原料类	Chemical Materials	121.1	109.8	117.0	110.8	91.6
木材及纸浆类	Timber and Pulp	98.6	103.3	111.3	101.2	101.9
建筑材料及非金属矿类	Construction Materials and Non-Metal Mining Industry	97.9	94.2	103.1	113.3	96.0
其他工业原材料、半成品类	Other Industrial Raw Materials and Semi-Finished Products	102.1	105.4	103.4	104.2	97.0
农副产品类	Farm and Sideline Products	98.0	97.4	110.8	117.6	101.3
纺织原料类	Textile Raw Materials	100.8	102.4	107.6	114.4	97.9

6－10 固定资产投资价格指数
Price Index for Investment in Fixed Assets

上年＝100 (preceding year＝100)

类别	Item	2000	2005	2010	2011	2012
总指数	**Index**	**101.2**	**100.9**	**105.1**	**106.8**	**98.6**
建筑安装工程	Construction and Installation	102.4	99.6	106.9	110.4	97.9
设备、器具	Equipments, Tools and Instruments	97.8	100.5	101.7	101.2	98.2
其他费用	Others	102.6	106.5	105.6	105.2	102.2

6-11 房地产价格指数
Real Estate Price Index

上年=100 (preceding year=100)

类别	Item	2007	2008	2009	2010	2011	2012
新建住宅	New Residential						
南京	Nanjing	108.3	103.6	99.2	110.4	101.3	98.5
无锡	Wuxi	105.3	105.8	101.0	106.1	102.3	99.2
徐州	Xuzhou	108.0	104.0	96.5	107.3	103.6	99.0
扬州	Yangzhou	106.2	105.0	101.8	106.1	104.2	99.3
二手住宅	Second-hand Residential						
南京	Nanjing	105.0	102.4	103.3	104.8	99.8	96.8
无锡	Wuxi	106.8	110.1	101.0	103.5	104.1	100.1
徐州	Xuzhou	104.0	101.4	101.4	103.1	99.6	97.7
扬州	Yangzhou	103.9	105.0	99.1	105.4	103.0	96.9
土地交易总计	Total Land Transactions						
南京	Nanjing	103.9	103.6	102.6	104.6	102.3	100.3
无锡	Wuxi	117.3	106.1	95.9	106.9	104.9	102.5
徐州	Xuzhou	105.7	101.9	102.7	109.6	108.9	101.5
扬州	Yangzhou	102.9	105.0	103.4	105.4	102.6	100.6
居住用地	Residential Land						
南京	Nanjing	104.0	104.6	103.3	106.0	101.9	100.6
无锡	Wuxi	114.5	105.5	94.8	109.1	104.3	101.9
徐州	Xuzhou	105.7	102.0	105.1	117.0	112.0	102.8
扬州	Yangzhou	103.6	105.9	103.9	107.4	102.1	99.8
住宅租赁总计	Total Residential Tenancies						
南京	Nanjing	104.2	102.3	100.8	105.0	103.4	102.3
无锡	Wuxi	106.6	102.6	101.2	104.9	106.9	101.6
徐州	Xuzhou	101.6	102.7	101.7	105.7	104.2	102.6
扬州	Yangzhou	101.3	102.1	100.8	105.9	106.2	98.8
商品住宅租赁	Commercial Residential Rental						
南京	Nanjing	104.2	102.4	100.9	105.5	103.5	102.6
无锡	Wuxi	106.6	102.6	101.2	105.2	107.4	101.5
徐州	Xuzhou	101.6	102.4	101.7	105.9	104.3	102.9
扬州	Yangzhou	101.3	102.2	100.7	106.5	107.2	98.7
住宅物业服务总计	Total Residential Property Services						
南京	Nanjing	103.1	100.5	99.3	100.6	100.7	101.7
无锡	Wuxi	100.0	100.0	100.1	105.9	100.0	100.5
徐州	Xuzhou	102.0	100.3	100.0	100.2	100.4	100.2
扬州	Yangzhou	100.0	100.0	100.0	100.0	108.0	108.0
商品住宅物业服务	Commercial Residential Property Services						
南京	Nanjing	103.1	100.6	99.2	100.7	100.8	101.9
无锡	Wuxi	100.0	100.0	100.1	100.1	100.0	100.5
徐州	Xuzhou	102.0	100.4	100.0	100.2	100.5	100.3
扬州	Yangzhou	100.0	100.0	100.0	100.0	108.9	108.9

主要统计指标解释

商品零售价格指数 是反映城乡商品零售价格变动趋势的一种经济指数。零售物价的调整变动直接影响到城乡居民的生活支出和国家的财政收入，影响居民购买力和市场供需平衡，影响消费与积累的比例。因此，计算零售价格指数，可以从一个侧面对上述经济活动进行观察和分析。

居民消费价格指数 是反映一定时期内城乡居民所购买的生活消费品价格和服务项目价格变动趋势和程度的相对数，是对城市居民消费价格指数和农村居民消费价格指数进行综合汇总计算的结果。利用居民消费价格指数，可以观察和分析消费品的零售价格和服务价格变动对城乡居民实际生活费支出的影响程度。

城市居民消费价格指数 是反映城市居民家庭所购买的生活消费品价格和服务项目价格变动趋势和程度的相对数。城市居民消费价格指数可以观察和分析消费品的零售价格和服务项目价格变动对职工货币工资的影响，作为研究职工生活和确定工资政策的依据。

农村居民消费价格指数 是反映农村居民家庭所购买的生活消费品价格和服务项目价格变动趋势和程度的相对数。农村居民消费价格指数可以观察农村消费品的零售价格和服务项目价格变动对农村居民生活消费支出的影响，直接反映农民生活水平的实际变化情况，为分析和研究农村居民生活问题提供依据。

工业生产者价格指数 是反映工业产品价格变化趋势和变动幅度的统计指标，是工业企业的产品价格在不同时间和空间条件下平均变动的相对数。工业生产者价格包括工业品第一次出售时的出厂价格和企业作为中间投入的原材料、燃料、动力购进价格，简称为工业生产者出厂价格和工业生产者购进价格。工业生产者价格指数是进行国民经济核算和经济管理的重要依据。

固定资产投资价格指数 是反映固定资产投资价格变动趋势和程度的相对数。固定资产投资额由建筑安装工程投资完成额，设备、工器具购置投资完成额和其他费用投资完成额三部分组成。编制固定资产投资价格指数应首先分别编制上述三部分投资的价格指数，然后采用加权算术平均法求出固定资产投资价格总指数。

编制固定资产投资价格指数可以准确地反映固定资产投资中涉及的各类商品和取费项目价格变动趋势和变动幅度，消除按现价计算的固定资产投资指标中的价格变动因素，真实地反映固定资产投资的规模、速度、结构和效益，为国家制定、检查固定资产投资计划并提高宏观调控水平，为完善国民经济核算体系提供科学的、可靠的依据。

房地产价格指数 是反映一定时期内房地产价格变动趋势和程度的相对数。利用房地产价格指数，可以对一定区域内房地产商品的价格走向、升降趋势进行观察和分析，为市场调控提供依据。国家统计局现行统计制度中，房地产价格指数包括销售价格指数、房屋租赁价格指数、物业管理价格指数和土地交易价格指数。

Explanatory Notes on Main Statistical Indicators

Retail Price Index reflects the general change in retail prices of commodities. The change and adjustment in retail prices directly affect the living expenditure of urban and rural residents, government revenue, purchasing power of residents and the equilibrium of market supply and demand, and the ratio of consumption to accumulation. Therefore, the calculation of retail price index is useful to analyze the changes of the above economic activities.

Consumer Price Index reflects the trend of changes in prices of consumer goods and services purchased by urban and rural residents, and is a composite index derived from the urban consumer price index and the rural consumer price index. Consumer price index can be used to analyze the impact of consumer price change on actual expenditure for living cost of urban and rural residents.

Urban Consumer Price Index reflects the trend and degree of changes in prices of consumer goods and services purchased by urban households. It can be used to observe and analyze the impact of price changes in consumer goods and services on money wages ot staff and workers, and provide basis for policy making concerning the living cost and wages of staff and workers.

Rural Consumer Price Index reflects the trend and degree of changes in prices of consumer goods and services purchased by rural households. It can be used to observe the impact of change in retail prices of consumer goods and service prices in rural areas on living expenditure of rural households, and to show the changes in the living standard of peasants. It provides basis for analysis and research on condition of life in rural areas.

Industrial Producer Price Index roflects the trend and manitude of response changes in the prices of industrial prouducts. It is the price of the industrial enterprises in the different time and space in relative number. This index including industrial products for the first time and as an intermediate input of raw materials full and power purchase. It is an important basis for the national accounts and economic management.

Price Index for Investment in Fixed Assets reflects the trend and degree of changes in prices of investment in fixed assets. The investment in fixed assets consists of three componen, namely the investment in construction and installation, the investment in purchases of equipment and instrument, and the investment in other items. Price index of investment in fixed assets is calculated as the weighted arithmetic mean of the price indices of the three components of investment in fixed assets.

Real Estate Price Index reflects the relative number of the trends and extent of changes in real estate prices during a given period. It is can observed and analyzed the trend movements of real estate. In pational Bureau of Statistics, real estate price indices including the housing sales price index the rental price index, property price index and price index of and transactions.

Removing the factor of price change in the aggregates of investment at current prices, this indicator shows the changes in the prices of commodities and fees involved in the investment of fixed assets, and can be used to observe the actual size, growth, structure, and efficiency of investment in fixed assets and provides reliable and scientific data for government planning, management, decision making, and further improving the current national accounting system.

7

财政、金融

Government Finance, Financial Intermediation

简 要 说 明

本篇主要反映财政收支的基本情况及金融、证券和保险业的发展情况。

一、财政部分的主要内容、资料来源和口径说明

财政统计资料主要内容：一是财政收支历年统计数据，二是财政收支的主要构成项目。

资料来源：财政相关统计资料由江苏省财政厅提供，资料基础为财政决算表。其中，有关财政收支方面的资料根据财政决算收支总表、财政决算收入明细表、财政决算支出明细表的数据加工整理编制。

财政统计资料口径变动说明：财政预算外资金从1982年开始建立统计制度，1993年实施新的财务通则和会计准则，国营企业更新改造资金、大修理基金等不再作为预算外资金。从1997年起，财政部将政府预算收支科目分为两部分，即：将纳入预算管理的政府性基金收支及原属预算外的地方税费附加收支称为财政基金预算收支，原来的财政预算收支改称为财政一般预算收支。2007年财政收支科目实施了较大改革，特别是财政支出项目口径变化很大。

二、金融部分的主要内容和资料来源

金融统计资料主要内容：反映我省金融、证券和保险业发展情况。由四个部分构成：一是金融机构金融活动情况，二是金融机构、人员情况，三是保险业务情况，四是直接融资情况。

资料来源：金融机构金融活动情况和金融机构、人员情况由人民银行南京分行提供；保险业务情况由中国保险监督管理委员会江苏监管局提供；直接融资情况由中国证券监督管理委员会江苏监管局提供。

Brief Introduction

The data in this chapter present the government revenue and expenditure situation. Also present the development of financial, securities and insurance industries.

Ⅰ. Main Contents, Sources of Data and Diameter Description of Government Revenue

Financial Statistics main including the revenue and expenditure statistics over the years, the main component of revenue and expenditure project.

The data is provided by of the Finance Department of Jiangsu province. The base data from the financial balance sheets. Among them, information about revenue and expenditure of the total balance sheet based on financial accounts, financial accounts of income schedule, schedule of expenditures of financial accounts data processing order preparation.

Data on the extra-budgetary funds have been collected in accordance with the statistical reporting scheme since 1982. In 1993, new general financial rules and accounting standards were implemented. As a result, the innovation fund and the major repair fund in the state-owned enterprises were no longer listed as extra-budgetary funds. Starting from 1997, government funds have been reclassified into budget management and have not been included in the extra-budgetary revenue and expenditure.

In 2007, financial renvenve and expenditure subject a large reform especially the caliber charges of financial support for projects.

Ⅱ. Main Contents and Sources of Data of Finance

Data in this chapter show the development of Jiangsu province's financial, securities and insurance industries. (1) the financial activities of the financial institutions; (2) the Situation of Financial

Institutions and Personnel; (3) the situation regarding the insurance business ; (4) the situation regarding direct financing.

Financial situation of financial institutions and institutions, personnel provided by the People's Bank of China, Nanjing Branch. Major indicator of Insurance Business provided by China Insurance Regulatory Commission ,Jiangsu Branch. Basic Information of direct finacing provided b by the China Securities Regulatory Commission, Jiangsu province.

7-1 历年财政收支
Financial Revenue and Expenditure over the Years

单位:亿元 (100 million yuan)

年份 Year	财政总收入 Government Revenue	#公共财政预算收入 Public Finance Budget Revenue	#税收收入 Taxes	公共财政预算支出 Public Finance Budget Expenditure	财政总收入占地区生产总值的比重(%) Percentage of Government Revenue to GDP(%)	公共财政预算收入占地区生产总值的比重(%) Percentage of Budget Revenue to GDP(%)
1978	61.09	61.09	35.93	28.38	24.5	24.5
1979	59.28	59.28	38.33	32.06	19.9	19.9
1980	62.45	62.45	41.36	28.95	19.5	19.5
1981	63.04	63.04	44.64	23.79	18.0	18.0
1982	66.61	66.61	49.84	24.63	17.1	17.1
1983	73.63	73.63	54.57	32.29	16.8	16.8
1984	76.28	76.28	61.79	39.15	14.7	14.7
1985	89.00	89.00	80.32	50.53	13.7	13.7
1986	98.73	98.73	87.29	66.16	13.3	13.3
1987	107.17	107.17	94.96	68.00	11.6	11.6
1988	117.96	117.96	107.74	81.45	9.8	9.8
1989	126.39	126.39	122.82	92.25	9.6	9.6
1990	136.20	136.20	130.96	100.97	9.6	9.6
1991	143.29	143.29	125.91	128.18	8.9	8.9
1992	152.31	152.31	145.49	125.86	7.1	7.1
1993	221.30	221.30	220.05	163.87	7.4	7.4
1994	293.41	136.62	121.05	200.17	7.2	3.4
1995	350.08	172.64	146.39	253.49	6.8	3.3
1996	427.99	223.17	184.65	310.94	7.1	3.7
1997	512.93	255.59	210.56	364.36	7.7	3.8
1998	579.90	296.58	244.20	424.90	8.1	4.1
1999	680.23	343.36	314.26	484.65	8.8	4.5
2000	865.00	448.31	409.14	591.28	10.1	5.2
2001	1064.99	572.15	523.84	729.64	11.3	6.1
2002	1483.68	643.70	565.30	860.25	14.0	6.1
2003	1968.92	798.11	690.53	1047.68	15.8	6.4
2004	2216.41	980.43	833.64	1312.04	14.8	6.5
2005	3124.83	1322.68	1107.27	1673.40	16.8	7.1
2006	3935.87	1656.68	1389.13	2013.25	18.1	7.6
2007	5591.29	2237.73	1894.77	2553.72	21.5	8.6
2008	7109.72	2731.41	2278.71	3247.49	22.9	8.8
2009	8404.99	3228.78	2654.75	4017.36	24.4	9.4
2010	11743.22	4079.86	3312.61	4914.06	28.3	9.8
2011	14119.85	5148.92	4124.62	6221.72	28.8	10.5
2012	14843.89	5860.69	4782.59	7027.67	27.5	10.8

注:财政总收入为公共财政预算收入、基金收入、上划中央四税之和。

a) Provincial financial revenue is the sum of public finance budget revenue, fund revenue and four kinds of taxes to the central government.

7-2 公共财政收支

Public Financial Budget Revenue and Expenditure

单位:亿元 (100 million yuan)

指标	Item	2009	2010	2011	2012
公共财政预算收入	**Public Finance Budget Revenue**	**3228.78**	**4079.86**	**5148.91**	**5860.69**
税收收入	Taxes	2654.75	3312.61	4124.62	4782.59
增值税	Value Added Tax	516.59	562.60	650.80	708.75
营业税	Business Taxes	833.86	1023.92	1260.60	1659.67
企业所得税	Company Income Tax	407.85	554.43	731.17	745.88
个人所得税	Personal Income Tax	140.21	180.94	237.74	224.22
城市维护建设税	Urban Maintenance and Development Tax	134.66	164.81	270.82	309.93
房产税	Tax on Real Estates	80.99	92.11	121.39	160.88
土地增值税	Value Added Tax on Land	98.17	170.36	256.97	317.17
耕地占用税	Tax on Use of Arable Land	42.66	58.98	54.33	57.96
契税	Tax on Contracts	245.45	324.72	319.78	332.84
其他各项税收	Others	154.31	179.75	221.02	265.29
非税收入	Non-tax Income	574.03	767.25	1024.29	1078.10
专项收入	Special Project Income	91.33	107.37	160.76	179.34
行政事业性收费收入	Income from Administrative Fees	159.68	224.57	321.22	375.31
罚没收入	Penalty and Cofiscatory Income	77.19	89.31	97.53	98.51
国有资本经营收入	Profit from State-owned Assets	184.78	257.53	285.63	234.91
其他各项收入	Other Income	61.05	88.47	159.15	190.03
上划中央收入	**Turn Over Revenue to the Central Government**	**2641.94**	**3134.39**	**3800.57**	**3922.35**
消费税	Consumption Tax	293.18	361.21	431.46	2080.03
增值税	Value Added Tax	1565.89	1705.21	1964.85	453.30
企业所得税	Company Income Tax	572.56	796.56	1047.65	1052.69
个人所得税	Personal Income Tax	210.31	271.41	356.61	336.34
公共财政预算支出	**Public Finance Budget Expenditure**	**4017.36**	**4914.06**	**6221.72**	**7027.67**
一般公共服务	General Public Service	568.48	631.24	748.45	820.43
公共安全	Public Security	284.75	326.80	371.40	407.78
教育	Education	680.63	865.36	1093.22	1350.61
科学技术	Science and Technology	117.02	150.35	213.40	257.24
文化体育与传媒	Culture, Sports and Media	77.18	88.67	116.86	150.90
社会保障和就业	Social Security and Employment	299.17	364.48	481.65	557.77
医疗卫生	Medical Treatment and Healthcare	198.21	249.69	349.86	418.14
节能环保	Envionment Protection	147.60	139.89	170.37	193.83
城乡社区事务	Operating Expenses of Urban and Rural Communities	474.93	624.53	812.06	858.13
农林水事务	Operating Expenses of Agriculture, Forestry and Water	403.27	489.16	618.13	754.09
交通运输	Transport	230.87	276.00	391.69	436.58
资源勘探电力信息等事务	Operating Expenses of Industry, Commerce and Financial Intermediation		262.96	294.39	283.18
其他各项支出	Others	224.63	444.92	560.24	538.99

7-3 分市财政收支(2012年)

单位:亿元

指标	Item	南京 Nanjing	无锡 Wuxi	徐州 Xuzhou	常州 Changzhou
公共财政预算收入	**Public Finance Budget Revenue**	**733.02**	**658.03**	**366.76**	**378.99**
税收收入	Taxes	602.79	540.01	284.14	303.89
增值税	Value Added Tax	95.63	107.47	34.64	51.57
营业税	Business Taxes	190.30	158.10	106.90	83.81
企业所得税	Company Income Tax	93.01	88.64	20.01	40.67
个人所得税	Personal Income Tax	38.70	31.60	8.41	19.90
城市维护建设税	Urban Maintenance and Development Tax	53.70	40.44	21.72	20.46
房产税	Tax on Real Estates	22.85	21.84	6.75	11.41
土地增值税	Value Added Tax on Land	45.39	24.61	33.63	21.37
耕地占用税	Tax on Use of Arable Land	3.68	6.91	2.05	4.55
契税	Tax on Contracts	30.06	26.12	25.19	27.93
其他各项税收	Others	29.47	34.28	24.84	22.22
非税收收入	Non-tax Income	130.22	118.02	82.62	75.10
专项收入	Special Project Income	26.99	20.61	12.76	10.89
行政事业性收费收入	Income from Administrative Fees	43.02	18.57	29.60	21.45
罚没收入	Penalty and Cofiscatory Income	10.01	9.94	8.06	6.24
国有资本经营收入	Profit from State-owned Assets	21.95	66.51	19.89	2.93
其他各项收入	Other Income	28.25	2.38	12.31	33.60
上划中央收入	**Turn Over Revenue to the Central Government**	**694.24**	**507.78**	**230.87**	**246.38**
消费税	Consumption Tax	210.46	9.94	89.82	3.75
增值税	Value Added Tax	286.22	317.48	98.43	151.78
企业所得税	Company Income Tax	139.51	132.96	30.02	61.00
个人所得税	Personal Income Tax	58.05	47.40	12.62	29.85
公共财政预算支出	**Public Finance Budget Expenditure**	**769.66**	**648.61**	**530.05**	**391.22**
一般公共服务	General Public Service	83.68	62.97	53.10	42.56
公共安全	Public Security	48.60	41.06	27.73	22.86
教育	Education	124.99	115.89	111.59	66.11
科学技术	Science and Technology	35.00	29.49	12.59	18.93
文化体育与传媒	Culture, Sports and Media	20.88	16.77	5.44	10.02
社会保障和就业	Social Security and Employment	74.07	46.82	50.52	41.66
医疗卫生	Medical Treatment and Healthcare	45.34	34.16	39.40	22.79
节能环保	Envionment Protection	15.81	33.21	13.38	15.13
城乡社区事务	Operating Expenses of Urban and Rural Communities	144.75	100.31	70.13	64.63
农林水事务	Operating Expenses of Agriculture, Forestry and Water	51.01	44.82	81.91	28.61
交通运输	Transport	28.48	29.28	11.38	11.27
资源勘探电力信息等事务	Operating Expenses of Industry, Commerce and Financial Intermediation	47.90	37.19	21.19	8.07
其他各项支出	Others	49.15	56.64	31.68	38.57

Financial Revenue and Expenditure by Region (2012)

(100 million yuan)

苏州 Suzhou	南通 Nantong	连云港 Lianyungang	淮安 Huaian	盐城 Yancheng	扬州 Yanzhou	镇江 Zhenjiang	泰州 Taizhou	宿迁 Suqian
1204.33	**419.72**	**208.94**	**233.61**	**312.78**	**225.00**	**215.48**	**223.62**	**158.13**
1023.88	339.51	160.92	180.93	251.38	180.61	174.12	179.73	130.07
208.92	45.38	16.59	18.50	27.50	28.79	23.35	35.41	13.50
256.10	132.74	67.33	70.80	91.47	59.64	66.97	55.44	47.20
190.02	42.77	13.09	11.36	21.95	19.71	20.05	25.46	16.02
56.64	19.50	3.70	5.08	8.32	6.12	6.99	7.13	5.13
70.71	20.55	8.34	12.93	14.13	11.52	11.42	13.32	6.70
48.04	10.62	3.39	7.85	8.37	5.88	4.80	4.73	3.13
60.48	18.26	11.42	19.45	30.79	14.49	15.81	11.00	10.36
8.75	4.26	0.21	2.88	4.89	4.32	4.72	4.20	6.53
69.60	26.43	24.16	19.46	30.26	18.78	10.18	11.30	13.36
54.61	19.00	12.69	12.61	13.69	11.36	9.83	11.74	8.14
180.46	80.21	48.02	52.68	61.40	44.39	41.36	43.89	28.06
40.51	11.69	6.27	6.75	9.69	6.56	6.32	8.93	4.04
37.73	30.89	32.74	25.20	17.09	13.97	14.16	15.57	8.85
12.86	7.94	3.89	6.40	6.41	4.86	4.15	4.42	6.05
44.71	16.11	1.95	7.01	17.41	16.47	14.02	5.09	0.54
44.65	13.59	3.16	7.31	10.81	2.54	2.72	9.88	8.58
992.87	**228.27**	**75.59**	**137.31**	**150.10**	**131.54**	**111.07**	**169.13**	**86.62**
10.06	4.31	3.02	57.89	24.82	7.72	2.16	14.04	15.33
612.82	130.55	47.39	54.75	79.87	85.07	68.35	106.21	39.56
285.03	64.16	19.64	17.05	32.92	29.57	30.07	38.19	24.04
84.97	29.25	5.55	7.63	12.49	9.18	10.49	10.70	7.69
1113.47	**513.01**	**312.55**	**339.86**	**473.48**	**284.80**	**235.25**	**300.90**	**272.40**
138.43	66.10	36.72	45.27	63.31	40.20	29.22	40.29	28.11
75.49	30.55	14.52	17.75	22.69	19.13	17.49	18.65	10.86
180.70	113.79	57.40	66.73	93.60	55.04	46.01	58.37	63.43
66.59	14.37	7.49	7.44	16.12	9.81	10.24	5.82	7.17
24.94	11.40	4.34	5.83	8.68	5.98	4.04	7.64	3.42
101.61	40.70	20.62	29.25	38.78	20.23	16.75	25.86	28.94
55.29	36.65	17.03	23.56	36.87	18.63	14.57	23.76	17.93
41.80	10.04	7.22	6.96	10.74	6.74	9.82	7.42	8.12
183.00	42.17	54.73	38.36	44.58	33.94	31.90	30.53	17.95
86.56	62.90	43.15	50.42	66.54	35.87	22.26	39.46	47.67
47.87	8.55	21.14	7.84	8.93	9.20	6.93	6.51	6.00
36.50	13.18	9.61	22.50	33.66	11.22	9.95	12.68	10.36
74.70	62.59	18.57	17.94	28.98	18.79	16.06	23.91	22.43

7-4 历年金融机构存贷款
The Balance of Deposits of Financial Institutions over the Years

单位:亿元 (100 million yuan)

年份 Year	金融机构各项存款余额(本外币) The Balance of Deposits of Financial Institutions(RMB and Foreign Currency)	#居民储蓄 Household Savings	金融机构各项贷款余额(本外币) Financial Institutions, the LoanBalance (RMB and Foreign Currency)	金融机构各项存款余额(人民币) The Balance of Deposits of Financial Institutions (RMB)	#居民储蓄 Household Savings	金融机构各项贷款余额(人民币) Financial Institutions, the Loan Balance (RMB)
1978				60.72	12.40	115.29
1979				78.31	16.68	129.70
1980				95.55	23.72	159.11
1981				124.54	30.42	195.33
1982				146.21	40.60	217.87
1983				171.12	56.93	242.28
1984				221.68	74.76	333.40
1985				247.12	99.35	387.06
1986				372.62	139.59	528.83
1987				443.44	193.68	659.29
1988				517.81	231.85	742.10
1989				640.84	331.86	835.56
1990				860.33	471.18	1013.45
1991				1136.51	617.61	1230.49
1992				1422.61	766.11	1480.80
1993				1797.33	964.22	1777.80
1994				2481.10	1352.57	2218.15
1995				3500.49	1922.33	2875.39
1996				4706.36	2581.06	3840.74
1997				5674.94	3101.89	4452.46
1998				6578.80	3656.46	5063.57
1999				7470.43	4131.98	5535.15
2000				8400.75	4456.83	5967.66
2001				9700.68	5172.83	6671.74
2002				11881.19	6276.20	8234.58
2003				15378.49	7638.18	11299.55
2004				18211.02	8863.10	13480.98
2005	22821.57	10860.60	16282.60	22001.44	10581.27	15396.59
2006	26722.83	12454.90	19383.65	25860.47	12183.47	18485.02
2007	31337.99	13213.11	23265.83	30450.54	13014.92	22092.10
2008	38063.38	16916.74	27081.06	37017.48	16721.18	26160.72
2009	50061.85	20303.67	36846.34	48850.29	20080.63	35296.73
2010	60583.07	23533.13	44180.21	58984.14	23334.48	42121.04
2011	67638.75	26111.82	50283.52	65723.56	25914.74	47868.30
2012	78109.00	30285.44	57652.84	75481.51	30057.19	54412.30

7-5 金融机构本外币存贷款年末余额
Deposits and Loans of Financial Institutions at Year-end (RMB and Foreign Currency)

单位:亿元 (100 million yuan)

指标	Item	2010	2011	2012
各项存款	**The Deposits**	**60583.07**	**67638.75**	**78109.00**
#单位存款	Unit Deposits	35380.66	38982.01	44510.93
#活期存款	Demand Deposits	13693.00	13680.09	14910.90
定期存款	Time Deposits	8135.66	9646.37	12269.46
通知存款	Notice Deposits	1679.97	1733.07	1751.09
保证金存款	Margin Deposits	6265.73	7788.09	8459.54
个人存款	Individual Deposits	23574.97	26446.99	30847.59
#储蓄存款	Savings Deposits	23489.57	26111.82	30285.44
财政性存款	Fiscal Deposits	603.57	638.69	772.23
临时性存款	Temporary Deposits	195.72	199.21	199.21
委托存款	Trust Deposits	230.79	202.12	146.77
其他存款	Other Deposits	618.69	1169.72	1632.25
各项贷款	**Loans**	**44180.21**	**50283.52**	**57652.84**
#境内贷款	Domestic Loans	44019.56	50130.17	57430.50
#短期贷款	Short-term Loans	19306.57	23257.14	27967.92
#个人贷款及透支	Personal Loans and Overdrafts	2306.53	2968.87	3413.92
#个人消费贷款	Loans for Personal Consumption	323.75	431.48	495.14
单位普通贷款及透支	Units of Ordinary Loans and Overdrafts	14940.43	17499.66	20413.93
#经营贷款	Business Loans	14577.78	17141.53	20011.90
中长期贷款	Long-term Loans	23433.32	25459.51	27492.54
#个人贷款	Personal Loans	7243.62	8244.59	9297.55
#个人消费贷款	Loans for Personal Consumption	6323.41	7108.32	8016.96
单位普通贷款	The Unit Normal Loans	13962.66	14563.91	14998.14
#经营贷款	Business Loans	2681.81	2611.24	2485.52
融资租赁	Finance Leases	68.22	98.71	140.41
票据融资	Bill Financing	1197.89	1300.82	1757.67
各项垫款	The Advances	13.55	13.98	71.96

注:表中2010年末数据为2011年年初数。
a) Data of the end of 2010 refer to early 2011.

7-6 金融机构人民币存贷款年末余额
Deposits and Loans of Financial Institutions at Year-end(RMB)

单位:亿元 (100 million yuan)

指标	Item	2010	2011	2012
各项存款	**The Deposits**	**58984.14**	**65723.56**	**75481.51**
#单位存款	Unit Deposits	33995.00	37299.96	42152.63
#活期存款	Demand Deposits	12845.72	12780.91	13875.74
定期存款	Time Deposits	7850.47	9326.89	11787.09
通知存款	Notice Deposits	1523.81	1557.38	1565.16
保证金存款	Margin Deposits	6171.62	7511.86	7827.45
个人存款	Individual Deposits	23374.55	26239.72	30608.52
#储蓄存款	Savings Deposits	23297.60	25914.74	30057.19
财政性存款	Fiscal Deposits	603.36	638.69	772.23
临时性存款	Temporary Deposits	176.33	177.22	173.80
委托存款	Trust Deposits	229.19	201.41	146.53
其他存款	Other Deposits	614.36	1166.56	1627.79
各项贷款	**Loans**	**42121.04**	**47868.30**	**54412.30**
#境内贷款	Domestic Loans	42120.18	47817.11	54361.84
#短期贷款	Short-term Loans	17689.03	21338.26	25331.98
#个人贷款及透支	Personal Loans and Overdrafts	2308.61	2968.62	3413.56
#个人消费贷款	Loans for Personal Consumption	328.14	431.22	494.78
单位普通贷款及透支	Units of Ordinary Loans and Overdrafts	14451.65	16976.63	19920.39
#经营贷款	Business Loans	13991.67	16631.71	19537.21
中长期贷款	Long-term Loans	23163.45	25067.34	27062.87
#个人贷款	Personal Loans	7285.87	8244.38	9297.24
#个人消费贷款	Loans for Personal Consumption	6419.82	7108.11	8016.66
单位普通贷款	The Unit Normal Loans	13816.01	14318.05	14688.03
#经营贷款	Business Loans	2809.36	2535.34	2354.89
融资租赁	Finance Leases	68.22	98.71	140.41
票据融资	Bill Financing	1167.02	1300.55	1757.43
各项垫款	The Advances	9.86	12.26	69.16

注:表中2010年末存款数据为2011年年初数。

a) The deposits of the end of 2010 refer to early 2011.

7-7 金融机构外汇存贷款年末余额
Deposits and Loans of Financial Institutions at Year-end (Foreign Currency)

单位:亿美元 (100 million yuan)

指标	Item	2010	2011	2012
各项存款	**The Deposits**	**241.43**	**303.95**	**418.02**
#单位存款	Unit Deposits	209.22	266.95	375.20
#活期存款	Demand Deposits	127.94	142.71	164.69
定期存款	Time Deposits	43.06	50.70	76.74
通知存款	Notice Deposits	23.58	27.88	29.58
保证金存款	Margin Deposits	14.21	43.84	100.56
个人存款	Individual Deposits	30.27	32.90	38.04
#储蓄存款	Savings Deposits	28.99	31.28	36.31
临时性存款	Temporary Deposits	2.93	3.49	4.04
委托存款	Trust Deposits	0.24	0.11	0.04
其他存款	Other Deposits	0.65	0.50	0.71
各项贷款	**Loans**	**310.93**	**373.31**	**515.56**
#境内贷款	Domestic Loans	300.71	367.10	488.21
#短期贷款	Short-term Loans	253.26	304.54	419.37
#个人贷款及透支	Personal Loans and Overdrafts	0.02	0.04	0.06
#个人消费贷款	Loans for Personal Consumption	0.02	0.04	0.06
单位普通贷款及透支	Units of Ordinary Loans and Overdrafts	82.43	83.01	78.52
#经营贷款	Business Loans	81.98	80.91	75.52
中长期贷款	Long-term Loans	46.83	62.24	68.36
#个人贷款	Personal Loans		0.03	0.05
#个人消费贷款	Loans for Personal Consumption		0.03	0.05
单位普通贷款	The Unit Normal Loans	23.09	39.02	49.34
#经营贷款	Business Loans	8.18	12.05	20.78
融资租赁	Finance Leases			
票据融资	Bill Financing	0.06	0.04	0.04
各项垫款	The Advances	0.55	0.27	0.45

注:表中2010年末数据为2011年年初数。
a) Data of the end of 2010 refer to early 2011.

7-8 分地区金融机构本外币存贷款年末余额(2012 年)

单位:亿元

指　标	Item	南京 Nanjing	无锡 Wuxi	徐州 Xuzhou	常州 Changzhou
各项存款	**The Deposits**	**16540.43**	**10740.38**	**3403.00**	**5789.88**
#单位存款	Unit Deposits	11006.45	6640.90	1526.82	3097.45
#活期存款	Demand Deposits	3672.21	1960.26	649.98	1047.71
定期存款	Time Deposits	3241.68	1859.95	317.48	853.21
通知存款	Notice Deposits	401.38	284.12	27.88	100.36
保证金存款	Margin Deposits	1509.02	1557.32	348.95	676.19
个人存款	Individual Deposits	4654.52	3843.63	1813.08	2547.27
#储蓄存款	Savings Deposits	4532.02	3763.82	1800.75	2489.97
财政性存款	Fiscal Deposits	297.54	42.48	39.53	44.45
临时性存款	Temporary Deposits	73.02	18.53	15.38	17.42
委托存款	Trust Deposits	50.18	22.33	0.50	12.96
其他存款	Other Deposits	458.72	172.50	7.69	70.33
各项贷款	**Loans**	**13079.32**	**8024.00**	**2059.26**	**4018.21**
#境内贷款	Domestic Loans	12938.04	8018.76	2059.14	4017.60
#短期贷款	Short - term Loans	4664.63	4376.06	1177.49	2277.82
#个人贷款及透支	Personal Loans and Overdrafts	450.25	287.72	223.80	211.78
#个人消费贷款	Loans for Personal Consumption	127.70	43.62	12.38	28.76
单位普通贷款及透支	Units of Ordinary Loans and Overdrafts	3623.60	3360.77	838.93	1704.95
#经营贷款	Business Loans	3509.70	3330.63	825.32	1676.65
中长期贷款	Long - term Loans	7777.40	3282.36	783.69	1620.92
#个人贷款	Personal Loans	1613.04	959.92	418.71	641.51
#个人消费贷款	Loans for Personal Consumption	1433.82	842.94	342.74	545.88
单位普通贷款	The Unit Normal Loans	4687.70	1889.02	268.91	904.60
#经营贷款	Business Loans	759.97	388.85	57.97	138.59
融资租赁	Finance Leases	140.41			
票据融资	Bill Financing	345.62	349.78	88.13	112.79
各项垫款	The Advances	9.99	10.56	9.83	6.07

Deposits and Loans of Financial Institutions at Year-end by Region (RMB and Foreign Currency) (2012)

(100 million yuan)

苏州 Suzhou	南通 Nantong	连云港 Lianyungang	淮安 Huaian	盐城 Yancheng	扬州 Yangzhou	镇江 Zhenjiang	泰州 Taizhou	宿迁 Suqian
18796.06	**6478.01**	**1538.04**	**1521.41**	**2716.87**	**3365.22**	**2903.48**	**3076.17**	**1240.04**
11824.56	2680.41	756.75	688.98	1137.84	1588.68	1506.75	1456.25	599.09
3452.52	877.04	334.40	404.22	544.72	607.62	527.19	503.85	329.19
3393.85	752.41	148.67	86.66	242.80	445.86	386.17	419.59	121.13
614.17	111.74	26.25	13.59	28.06	69.14	35.52	28.03	10.85
2253.79	540.02	134.35	106.27	216.11	270.11	404.25	324.39	118.77
6034.07	3635.84	732.79	812.74	1532.15	1723.82	1325.01	1566.82	625.85
5845.91	3605.65	727.44	808.97	1523.40	1705.76	1308.93	1550.76	622.07
197.25	25.45	28.50	14.98	28.91	21.15	16.82	8.52	6.66
26.68	13.11	2.82	3.99	7.56	6.09	6.74	4.88	2.99
42.07	4.67	0.16	0.07	0.48	6.61	2.38	4.34	0.02
671.44	118.53	17.02	0.65	9.93	18.87	45.78	35.36	5.42
14877.84	**4001.62**	**1285.20**	**1190.46**	**1856.11**	**2042.98**	**2128.23**	**2080.66**	**1008.93**
14805.25	4001.05	1285.02	1190.39	1856.05	2042.42	2127.50	2080.57	1008.69
6843.28	2299.19	677.28	551.89	968.35	1098.20	1256.13	1229.65	547.94
754.35	331.23	143.52	129.65	185.64	172.79	129.48	206.39	187.34
133.93	52.51	11.14	6.62	12.46	18.98	14.91	19.88	12.24
4724.23	1692.21	452.27	386.04	677.17	796.11	952.64	886.52	318.50
4673.05	1603.98	424.06	384.30	653.72	794.07	941.13	881.91	313.38
7596.64	1603.41	580.50	590.28	762.00	869.73	826.78	758.89	439.94
2689.29	473.97	290.72	355.35	410.09	435.39	295.68	379.17	334.70
2385.14	380.41	245.08	306.40	350.08	368.18	251.12	289.39	275.79
4194.62	967.12	268.28	227.77	304.72	405.50	448.95	333.09	97.87
657.61	117.50	54.03	26.79	52.15	99.23	76.16	44.41	12.28
339.81	97.56	24.30	46.83	124.64	73,90	43.25	90.83	20.23
25.52	0.88	2.95	1.39	1.06	0.60	1.33	1.19	0.58

7-9 分地区金融机构人民币存贷款年末余额(2012 年)

单位:亿元

指标	Item	南京 Nanjing	无锡 Wuxi	徐州 Xuzhou	常州 Changzhou
各项存款	**The Deposits**	**16131.41**	**10293.40**	**3364.47**	**5604.90**
#单位存款	Unit Deposits	10686.83	6231.27	1494.56	2931.00
#活期存款	Demand Deposits	3474.73	1808.61	624.43	963.36
定期存款	Time Deposits	3194.06	1800.58	312.56	798.49
通知存款	Notice Deposits	395.12	246.92	26.69	95.71
保证金存款	Margin Deposits	1444.30	1396.04	348.35	656.96
个人存款	Individual Deposits	4583.88	3810.49	1806.87	2529.86
#储蓄存款	Savings Deposits	4465.37	3731.83	1794.72	2473.27
财政性存款	Fiscal Deposits	297.54	42.48	39.53	44.45
临时性存款	Temporary Deposits	57.40	14.34	15.33	16.77
委托存款	Trust Deposits	50.05	22.33	0.50	12.95
其他存款	Other Deposits	455.71	172.50	7.69	69.86
各项贷款	**Loans**	**12314.41**	**7467.03**	**2047.23**	**3832.80**
#境内贷款	Domestic Loans	12310.15	7465.00	2047.11	3832.18
#短期贷款	Short-term Loans	4288.05	3866.03	1165.90	2095.36
#个人贷款及透支	Personal Loans and Overdrafts	450.22	287.63	223.79	211.74
#个人消费贷款	Loans for Personal Consumption	127.67	43.53	12.37	28.72
单位普通贷款及透支	Units of Ordinary Loans and Overdrafts	3469.49	3301.03	836.00	1698.15
#经营贷款	Business Loans	3374.45	3270.90	822.39	1669.86
中长期贷款	Long-term Loans	7528.05	3238.80	783.25	1618.67
#个人贷款	Personal Loans	1612.93	959.91	418.71	641.51
#个人消费贷款	Loans for Personal Consumption	1433.71	842.92	342.74	545.88
单位普通贷款	The Unit Normal Loans	4505.27	1858.54	268.47	904.58
#经营贷款	Business Loans	666.28	381.49	57.53	138.59
融资租赁	Finance Leases	140.41			
票据融资	Bill Financing	345.46	349.75	88.13	112.79
各项垫款	The Advances	8.19	10.41	9.83	5.37

Deposits and Loans of Financial Institutions at Year - end by Region(RMB)(2012)

(100 million yuan)

苏州 Suzhou	南通 Nantong	连云港 Liangyungang	淮安 Huaian	盐城 Yancheng	扬州 Yangzhou	镇江 Zhenjiang	泰州 Taizhou	宿迁 Suqian
17663.50	**6297.19**	**1503.66**	**1502.79**	**2699.33**	**3310.84**	**2850.51**	**3032.63**	**1226.87**
10758.48	2517.71	726.36	672.47	1124.92	1542.87	1461.92	1417.27	586.97
3039.64	823.33	322.56	396.66	534.18	581.89	497.01	485.35	323.99
3158.42	712.66	140.10	80.12	242.29	434.11	379.61	413.21	120.88
501.49	101.83	26.25	11.46	28.06	66.90	35.23	25.01	4.48
1952.37	487.51	124.37	105.98	214.23	266.77	396.44	315.64	118.48
5972.01	3617.97	728.89	810.64	1528.06	1715.38	1317.18	1562.50	624.80
5787.75	3588.06	723.59	806.86	1519.33	1697.51	1301.36	1546.53	621.02
197.25	25.45	28.50	14.98	28.91	21.15	16.82	8.52	6.66
23.26	12.87	2.73	3.99	7.02	6.03	6.43	4.64	2.99
41.98	4.66	0.16	0.07	0.48	6.61	2.38	4.34	0.02
670.53	118.53	17.02	0.65	9.93	18.81	45.78	35.36	5.42
13626.86	**3832.14**	**1196.58**	**1173.18**	**1831.44**	**2006.50**	**2073.29**	**2007.97**	**1002.86**
13585.90	3831.57	1196.41	1173.11	1831.39	2005.94	2072.56	2007.88	1002.62
5716.80	2140.56	603.01	535.48	946.57	1065.82	1209.43	1157.10	541.87
754.21	331.21	143.51	129.64	185.63	172.78	129.47	206.38	187.33
133.79	52.50	11.14	6.62	12.46	18.96	14.90	19.87	12.24
4509.49	1668.74	443.86	386.04	676.03	791.04	943.44	878.57	318.49
4458.31	1580.51	415.66	384.30	652.58	789.00	931.93	873.96	313.37
7503.97	1592.57	566.16	589.41	759.12	865.61	818.55	758.76	439.94
2689.12	473.97	290.72	355.35	410.09	435.39	295.67	379.17	334.70
2384.97	380.41	245.08	306.40	350.08	368.18	251.12	289.39	275.79
4119.38	959.57	266.13	226.91	303.26	402.11	442.86	333.09	97.87
632.68	117.50	54.03	26.79	50.89	98.06	74.37	44.41	12.28
339.76	97.56	24.30	46.83	124.64	73.90	43.25	90.83	20.23
25.38	0.88	2.95	1.39	1.06	0.60	1.33	1.19	0.58

7-10 分地区金融机构外汇存贷款年末余额(2012 年)

单位:亿美元

指标	Item	南京 Nanjing	无锡 Wuxi	徐州 Xuzhou	常州 Changzhou
各项存款	**The Deposits**	**65.07**	**71.11**	**6.13**	**29.43**
#单位存款	Unit Deposits	50.85	65.17	5.13	26.48
#活期存款	Demand Deposits	31.42	24.13	4.06	13.42
定期存款	Time Deposits	7.58	9.45	0.78	8.70
通知存款	Notice Deposits	1.00	5.92	0.19	0.74
保证金存款	Margin Deposits	10.30	25.66	0.10	3.06
个人存款	Individual Deposits	11.24	5.27	0.99	2.77
#储蓄存款	Savings Deposits	10.60	5.09	0.96	2.66
财政性存款	Fiscal Deposits				
临时性存款	Temporary Deposits	2.49	0.67	0.01	0.10
委托存款	Trust Deposits	0.02	0.00		0.00
其他存款	Other Deposits	0.48	0.00	0.00	0.08
各项贷款	**Loans**	**121.69**	**88.61**	**1.91**	**29.50**
#境内贷款	Domestic Loans	99.89	88.10	1.91	29.50
#短期贷款	Short - term Loans	59.91	81.14	1.84	29.03
#个人贷款及透支	Personal Loans and Overdrafts	0.00	0.01	0.00	0.01
#个人消费贷款	Loans for Personal Consumption	0.00	0.01	0.00	0.01
单位普通贷款及透支	Units of Ordinary Loans and Overdrafts	24.52	9.50	0.47	1.08
#经营贷款	Business Loans	21.52	9.50	0.47	1.08
中长期贷款	Long - term Loans	39.67	6.93	0.07	0.36
#个人贷款	Personal Loans	0.02	0.00		
#个人消费贷款	Loans for Personal Consumption	0.02	0.00		
单位普通贷款	The Unit Normal Loans	29.02	4.85	0.07	0.00
#经营贷款	Business Loans	14.91	1.17	0.07	
融资租赁	Finance Leases				
票据融资	Bill Financing	0.03	0.00		
各项垫款	The Advances	0.29	0.02		0.11

Deposits and Loans of Financial Institutions at Year – end by Region (Foreign Currency) (2012)

(USD 100 million)

苏州 Suzhou	南通 Nantong	连云港 Lianyungang	淮安 Huaian	盐城 Yancheng	扬州 Yangzhou	镇江 Zhenjiang	泰州 Taizhou	宿迁 Suqian
180.19	**28.77**	**5.47**	**2.96**	**2.79**	**8.65**	**8.43**	**6.93**	**2.09**
169.61	25.88	4.83	2.63	2.06	7.29	7.13	6.20	1.93
65.69	8.55	1.88	1.20	1.68	4.09	4.80	2.94	0.83
37.46	6.33	1.36	1.04	0.08	1.87	1.04	1.01	0.04
17.93	1.58		0.34		0.36	0.05	0.48	1.01
47.96	8.35	1.59	0.05	0.30	0.53	1.24	1.39	0.05
9.87	2.84	0.62	0.33	0.65	1.34	1.25	0.69	0.17
9.25	2.80	0.61	0.33	0.65	1.31	1.20	0.67	0.17
0.54	0.04	0.01	0.00	0.09	0.01	0.05	0.04	0.00
0.01	0.00				0.00			
0.15	0.00	0.00	0.00		0.01			0.00
199.03	**26.96**	**14.10**	**2.75**	**3.92**	**5.80**	**8.74**	**11.56**	**0.97**
193.99	26.96	14.10	2.75	3.92	5.80	8.74	11.56	0.97
179.22	25.24	11.82	2.61	3.47	5.15	7.43	11.54	0.97
0.02	0.00	0.00	0.00	0.00	0.00	0.00	0.00	0.00
0.02	0.00	0.00	0.00	0.00	0.00	0.00	0.00	0.00
34.16	3.73	1.34		0.18	0.81	1.46	1.27	0.00
34.16	3.73	1.34		0.18	0.81	1.46	1.27	0.00
14.74	1.73	2.28	0.14	0.46	0.65	1.31	0.02	
0.03		0.00	0.00	0.00	0.00	0.00		
0.03		0.00	0.00	0.00	0.00	0.00		
11.97	1.20	0.34	0.14	0.23	0.54	0.97		
3.97				0.20	0.19	0.28		
0.01								
0.02								

7－11　分行业金融机构贷款年末余额

行　　业	Sector	本外币（亿元） RMB and Foreign Currency （100 million yuan）		
		2010	2011	2012
总　　计	**Total**	**42743.01**	**48665.72**	**55900.17**
农、林、牧、渔业	Agriculture, Forestry, Animal Husbandry and Fishery	411.89	584.54	915.00
采矿业	Mining	47.88	53.19	62.65
制造业	Manufacturing	10694.57	13351.59	15821.34
电力、热力、燃气及水生产和供应业	Production and Supply of Electricity, Gas and Water	1444.92	1538.19	1612.77
建筑业	Construction	1293.83	1769.66	2374.62
批发和零售业	Wholesale and Retail Trades	3748.17	4454.30	5229.39
交通运输、仓储和邮政业	Transport, Storage and Post	2936.28	3033.82	3377.03
住宿和餐饮业	Hotels and Catering Services	200.75	251.02	353.83
信息传输、软件和信息技术服务业	Information Transfer, Software and IT Services	95.32	138.44	168.67
金融业	Financial Intermediation	124.09	133.94	293.03
房地产业	Real Estate	3037.71	3284.49	3749.14
租赁和商务服务业	Leasing and Business Services	3797.22	3834.58	4107.14
科学研究和技术服务业	Scientific and Technical Services	73.31	86.98	104.34
水利、环境和公共设施管理业	Management of Water Conservancy, Environment and Public Facilities	4092.26	3683.33	3520.44
居民服务、修理和其他服务业	Services to Households and Other Services	152.51	171.69	150.84
教育	Education	425.27	396.14	404.51
卫生和社会工作	Health and Social Work	196.48	253.50	349.60
文化、体育和娱乐业	Culture, Sports and Entertainment	86.21	108.84	204.90
公共管理、社会保障和社会组织	Public Management and Social Organization	238.04	181.42	167.16

注：本表不含票据融资、非银行金融机构的委托贷款以及外资银行的数据。

Loans of Financial Institutions at Year – end by Sector

人民币(亿元) RMB (100 million yuan)			外汇(亿美元) Foreign Currency (USD 100 million)		
2010	2011	2012	2010	2011	2012
40781.85	**46372.30**	**52659.87**	**296.13**	**363.98**	**515.52**
411.20	584.19	914.49	0.10	0.06	0.08
39.44	52.79	61.91	1.27	0.06	0.12
9608.31	11824.17	13590.36	164.02	242.41	354.94
1360.45	1440.63	1545.92	12.75	15.48	10.64
1290.76	1769.05	2372.22	0.46	0.10	0.38
3141.21	3989.32	4583.52	91.65	73.79	102.76
2893.71	2996.54	3335.86	6.43	5.92	6.55
200.38	251.01	353.83	0.06	0.00	
90.58	132.66	167.83	0.72	0.92	0.13
74.85	94.32	258.57	7.44	6.29	5.48
3035.74	3284.20	3748.51	0.30	0.05	0.10
3789.53	3822.21	4084.06	1.16	1.96	3.67
72.94	85.96	103.79	0.06	0.16	0.09
4086.27	3679.16	3505.41	0.90	0.66	2.39
152.00	170.60	147.81	0.08	0.17	0.48
425.27	396.14	404.51			
194.15	251.43	348.15	0.35	0.33	0.23
86.15	108.84	204.90	0.01		
238.04	181.42	167.01			0.02

a) This table do not include bill financing, trust loans of non-banking financial institutions and data from foreign banks.

7-12 金融机构人员情况表

Number of Institutions and Staff and Workers of Banking Organizations

指 标	Item	2005	2008	2009	2010	2011	2012
机构数（家）	**Number of Institutions (unit)**	**9662**	**8882**	**8872**	**11425**	**11661**	**12029**
#国有商业银行	State-owned Commercial Banks	5124	4595	4561	4561	4641	4768
政策性银行	Banks of Budgetary Subsidies	91	94	94	92	93	93
其他商业银行	Other Commercial Banks	1081	652	694	736	768	832
农村合作银行	Rural Cooperative Banks	105	730	846	715	330	71
农村商业银行	Rural Commercial Banks	705	704	766	1283	1975	2692
农村信用社	Rural Credit Cooperatives	2474	1605	1397	1073	677	269
财务公司	Financial Companies	3	4	5	6	7	9
信托投资公司	Trusted Investment Agencies	5	4	4	4	4	4
租赁公司	Rent Companies	3	1	1	1	1	1
职工人数（人）	**Number of Staff and Workers (person)**	**147533**	**154994**	**162202**	**179177**	**191572**	**204366**
#国有商业银行	State-owned Commercial Banks	84802	87085	89035	92892	96267	99346
政策性银行	Banks of Budgetary Subsidies	2096	2150	2171	2126	2165	2254
其他商业银行	Other Commercial Banks	22710	19400	21923	24390	27527	30973
农村合作银行	Rural Cooperative Banks	1118	8411	10250	8982	4279	917
农村商业银行	Rural Commercial Banks	6761	7527	8888	15278	25937	36592
农村信用社	Rural Credit Cooperatives	25413	19333	17077	13411	8694	3989
财务公司	Financial Companies	48	51	102	126	177	227
信托投资公司	Trusted Investment Agencies	181	155	173	222	242	285
租赁公司	Rent Companies	37	51	62	78	93	112

注：机构数为营业网点数。

a) The Insititution means business department.

7－13 保险业务主要指标

Major Indicators of Insurance Business

指　标	Item	2005	2008	2009	2010	2011	2012
保费收入　（亿元）	**Premium （100 million yuan）**	**437.34**	**775.45**	**907.73**	**1162.67**	**1200.02**	**1301.28**
财产险	Property Insurance	93.64	181.11	228.39	311.91	379.92	440.92
#企业财产保险	Enterprise Property Insurance	13.91	20.90	22.26	28.22	33.66	36.71
家庭财产保险	Household Property Insurance	1.00	1.30	1.41	1.62	1.89	2.36
机动车辆保险	Motor Vehicle Insurance	64.40	133.26	173.56	236.92	285.03	328.91
人身意外伤害险	Accident Injury Insurance	10.89	18.31	20.40	25.96	31.08	35.20
健康险	Health Insurance	24.37	47.79	39.45	44.39	47.93	59.29
寿险	Life Insurance	308.43	528.19	619.49	780.41	741.09	765.87
各项赔款和给付（亿元）	**Claim and Payment （100 million yuan）**	**118.83**	**267.02**	**273.53**	**251.78**	**324.41**	**386.97**
财产险	Property Insurance	53.30	121.19	127.41	134.41	178.49	240.08
#企业财产保险	Enterprise Property Insurance	5.94	23.07	10.94	9.78	14.06	16.91
家庭财产保险	Household Property Insurance	0.30	0.36	0.32	0.35	0.48	0.59
机动车辆保险	Motor Vehicle Insurance	40.76	88.93	104.12	109.88	146.61	191.94
人身意外伤害险	Accident Injury Insurance	3.29	5.37	5.92	7.01	8.36	10.02
健康险	Health Insurance	9.04	11.12	15.31	17.99	28.60	17.85
寿险	Life Insurance	53.21	129.54	124.89	92.38	108.95	119.03
保险公司数　（家）	**Number of Insurance Co. （unit）**	**29**	**64**	**69**	**76**	**86**	**90**
#财产保险公司	Property Insurance Co.	13	25	27	32	38	39
人寿保险公司	Life Insurance Co.	10	39	42	44	48	51
#中资保险公司	Chinese-Funded Co.	22	47	50	52	59	63
外资保险公司	Foreign-Funded Co.	7	17	19	24	27	27
保险公司分支机构（家）	**Branches of Insurance Co. （unit）**	**4033**	**5300**	**5770**	**5600**	**5881**	**5718**
从业人员数　（万人）	**Number of Staff and Workers （10000 persons）**	**14.72**	**22.00**	**23.50**	**22.70**	**23.05**	**22.80**

7-14 江苏辖区证券市场基本情况
Basic Information of Securities Markets within Jiangsu

指　　标	Item	2000	2005	2010	2011	2012
上市公司数（家）	Number of Listed Companies (unit)	58	90	169	214	236
#A股	A Shares	56	88	164	203	231
#B股	B Shares	5	2	5	5	5
辅导企业数（家）	Number of Guidance Enterprises (unit)	60	104	153	204	244
证券公司数（家）	Number of Securities Companies (unit)	6	7	5	6	6
证券营业部数（家）	Number of Securities Business Departments (unit)	147	202	306	331	365
证券交易服务部数（家）	Number of Securities Trading Service Departments (unit)	0	57	0	0	0
期货经纪公司（家）	Number of Futures Broker Companies (unit)	12	12	11	11	11
期货经纪公司营业部（个）	Number of Trading Offices of Futures Broker Companies (unit)		23	74	87	101
证券投资咨询机构数（家）	Number of Securities Investment Consultative Institutions (unit)	4	3	3	3	2
证券从业人员数（人）	Number of Staff and Workers in Securities (person)	3366	3925	9278	11381	11280
期货从业人员数（人）	Number of Staff and Workers in Futures (person)	309	570	1821	2199	2336
证券投资者开户数（万户）	Number of Accounts of Securities Investors (10000 accounts)	241	330	666	700	737
期货投资者开户数（户）	Number of Accounts of Futures Investors (account)	2306	15606	135600	159100	195338
上市公司募集资金总额（亿元）	Total Capital Volume Collected by Listed Companies (100 million yuan)	88.61	16.68	791.77	670	343.55
发行	Issuing	55.32	8.82	470.70	477	135
配股	Share Right Issued	21.07		54.78	9.03	5.71
增发	Adding Shares Issue	12.22	7.86	194.89	137.28	82.46
公司债	Debenture			14.20	47.00	120.30
上市公司总资产（亿元）	Total Assets of Listed Companies (100 million yuan)	1098.82	2407.00	10259.40	11036.57	12489.34
上市公司净资产（亿元）	Net Assets of Listed Companies (101 million yuan)	691.61	1075.00	3628.08	4103.76	4360.70
上市公司总股本（亿股）	Total Capital Shares of Listed Companies (100 million yuan)	251.67	362.47	899.01	1136.70	1250.60
市价总值（亿元）	Total Market Value (100 million yuan)	2532.66	1729.44	13824.31	10514.50	11394.27
上市公司净利润（亿元）	Net Profit of Listed Companies (100 million yuan)	59.36	72.44	447.72	474.63	525.25
上市公司每股平均收益（元）	Per Share Income of Listed Companies (yuan)	0.27	0.19	0.51	0.48	0.42
证券经营机构证券交易量（亿元）	Trading Volume of Securities Business Institutions (100 million yuan)	8412.00	3902.00	76897.17	59694.48	41877.16
期货经营机构代理交易量（亿元）	Proxy Trading Volume of Futures Business Institutions (100 million yuan)	786.00	9825.00	215753.23	178479.60	197158.93

主要统计指标解释

财政收入 指国家财政参与社会产品分配所取得的收入,是实现国家职能的财力保证。按我省口径,财政总收入为公共财政预算收入、基金收入和上划中央四税之和。

财政支出 国家财政将筹集起来的资金进行分配使用,以满足经济建设和各项事业的需要。

存款 指企业、机关、团体或居民根据资金必须收回的原则,把货币资金存入银行或其他信用机构保管并取得一定利息的一种信用活动形式。它是银行信贷资金的主要来源。

贷款 指银行或其他信用机构根据资金必须归还的原则,按一定利率,为企业、个人等提供资金的一种信用活动形式。

保险公司 经保险监管机构批准设立,并依法登记注册经营保险业务的公司。

保险金额 保险人承担赔偿或者给付保险金责任的最高限额。

保费 投保人为取得保险保障,按保险合同约定向保险人支付的费用。

赔款 保险人对保险事故造成的损失,根据合同约定向被保险人或受益人给予的经济补偿。

给付 人身保险合同中,保险人向被保险人或受益人给付保险金的行为。包括死伤医疗给付、满期给付和年金给付。死伤医疗给付指因人寿保险及长期健康保险业务的被保险人在保险期内发生保险责任范围内的保险事故,保险公司按保险合同约定支付给被保险人(或受益人)的保险金。满期给付指因人寿保险业务的被保险人生存至保险期满,保险公司按保险合同约定支付给被保险人的满期保险金。年金给付指保险公司因年金保险业务的被保险人生存至规定的年龄,按保险合同约定支付给被保险人的给付金额。

Explanatory Notes on Main Statistical Indicators

Government Revenue refers to income for the government finance through participating in the distribution of social products. It is the financial guarantee to ensure government functioning. In our province, total financial revenue is the sum of public finance budgetary revenue, funds budgetary revenue and four taxes turned over to central government.

Government Expenditure refers to the distribution and use of the funds which the government finance has raised, so as to meet the needs of economic construction and various causes.

Deposit is a form of credit by which enterprises, institutions, organizations or residents can put money into banks and other credit institutions for safekeeping and interest earning under the principle of freedrawal. Deposits are major sources of credit funds of banks.

Loan is a form of credit by which banks and other credit institutions provide funds at certain interest rate to enterprises and individual in the light of the principle of unconditional repayment.

Insurance Companies refer to commercial insurance companies of various forms registered by law and established with the approval of insurance regulatory agencies.

Amount Insured refers to the maximum that the insurant will get for the claim of the case insured.

Premium is the fee paid by the insurant to the insurer to obtain the obligation of compensation from the insurance within the agreed terms.

Settled Claim is the compensation paid by the insurer to the insurant or beneficiary for the loss of the insurance accident in accordance with the insurance contract.

Payment is the behavior that the insurer pays insured amount to the insurant or the beneficiary according to the personal insurance contract. It includes payment for death, injury or medical treatment, payment at maturity and annuity payment. Payment for death, injury or medical treatment refers to the money paid to the insurant (or the beneficiary) in accordance with the life or health insurance contract when the insurant encounters accidents within the insured period covered in the contract. Payment at maturity refers to the payment to the insurant in accordance with the life insurance contract at the end of the insured period. Annuity payment refers to the payment to the insurant in accordance with the life insurance contract when the insurant under the annuity insurance lives to the specified age.

8

对外经济贸易

Foreign Trade and Economic Cooperation

简 要 说 明

本篇资料综合反映江苏的对外贸易、利用外资、对外直接投资、对外经济合作的历年概况，重点反映对外经济贸易的近期发展状况。

一、对外贸易部分

对外贸易统计的主要内容包括：进出口货物的品种、数（重）量、金额、国别（地区）、经营单位、境内目的地、境内货源地、贸易方式、关别等项目。

对外贸易统计的资料来源于海关总署，调查方法是全面调查。

历年出口商品分类金额和历年进口商品分类金额按照联合国《国际贸易标准分类》（SITC）进行统计。进出口商品分类金额按照海关合作理事会制定的《商品名称和编码协调制度》（HS）目录进行统计。

对各国（地区）进出口总额表中，出口货物按中华人民共和国关境外最终目的国（地区），进口货物按中华人民共和国关境外原产国（地区）统计。进出口总额分别按境内经营单位所在地和目的地、货源地列示。经营单位所在地是指江苏省境内进出口企业报关注册的登记地；境内货源地是指出口货物在江苏省境内的产地或原始发货地。

二、利用外资统计部分

利用外资统计的主要内容包括：对外借款、外商直接投资和外商其他投资、外商投资企业登记注册情况。

统计范围是凡经工商行政管理机关核准登记，在江苏省境内所有利用外资的单位和部门，经批准设立的中外合资经营企业、合作经营企业、外资企业、外商投资股份制企业、合作开发项目等具有法人资格的独立核算企业（包括港澳台地区投资企业），在华从事经营活动的外国及港澳台地区企业及外国公司在江苏境内设立的分支机构。

利用外资统计的资料来源于商务部门，其中，外商投资企业的登记注册情况资料来源于工商行政管理部门，调查方法是全面调查。

三、对外经济合作部分

对外经济合作统计的主要内容包括：对外承包工程、对外劳务合作的合同数、合同金额、完成营业额等。

统计范围是对外承包工程、对外劳务合作。

该制度统计单位是经各级商务主管部门批准的从事对外承包和劳务合作业务并具有法人地位的对外承包劳务企业。

资料来源是商务部门，调查方法是全面调查。

四、对外直接投资部分

对外直接投资统计的内容主要包括：境内投资主体的基本情况、境外企业的基本情况等。

统计范围主要包括境内投资主体通过直接投资在境外设立的各类公司型企业和非公司型企业。

资料来源是商务部门，调查方法是全面调查。

五、其他

历年人民币对美元、日元、港币的年平均汇价，资料来源于国家外汇管理局，各年的年平均汇价是根据当年国家外汇管理局公布的每日汇价进行加权平均计算而得出的。

Brief Introduction

Data in this chapter provide summary data of Jiangsu's foreign trade, utilization of foreign capital, overseas direct investment, contracted projects and labour cooperation with foreign countries or territories over the years, focusing on the recent situation of foreign trade and economic cooperation.

Ⅰ. Foreign Trade

Data on foreign trade include: varieties of imports and exports, amount (weight), value, countries (regions), imports and exports corporations, destination within territory, origin of goods within territory, mode of trade, types of tariffs and so on.

Sources of data on foreign trade are from the General Administration of Customs of the People's Republic of China through a comprehensive reporting system.

Customs statistics in value terms for both imports and exports are compiled according to the classifications of *UN Standard International Trade Classification* (*SITC*). However, the *Harmonized Commodity Description and Coding System* (*HS*) stipulated by the Customs Cooperation Council is also used in the classification of the import and export commodities.

In the table on total imports and exports with related countries and regions, the export commodities are calculated at the Customs of the countries (regions) of destination and the import commodities are calculated at the Customs of the countries (regions) of origin. The total values of the import and export commodities are calculated respectively at the provinces where the import or export corporations are situated and at the provinces of destination or provinces of origin within the border of Jiangsu. The province where the import or export corporations are situated refers to the province where the import or export corporations have applied to and have been registered at the Customs. The province of origin within the border of Jiangsu refers to the province where the export commodities are produced or originally delivered.

Ⅱ. Statistics on Utilization of Foreign Capitals

Utilization of foreign capitals includes: foreign loans, foreign direct investments and other foreign investments, and the basic condition of registration of foreign funded enterprises.

The statistics cover all the units and departments which have utilized foreign capital and all the Sino-foreign joint ventures, Sino-foreign cooperative enterprises, ventures exclusively with foreign investment, foreign-funded stock companies, Sino-foreign cooperative development projects and other corporate enterprises (including the enterprises funded by the entrepreneurs from Hong Kong, Macao and Taiwan) with independent accounting system which have been approved by the Chinese government to set up in the boundary of Jiangsu

Data on utilization of foreign capitals are from departments of commerce, of which, data on basic condition of registration of foreign funded enterprises are from industrial and commercial administrations through comprehensive reporting system.

Ⅲ. Foreign Economic Cooperation

Data on foreign economic cooperation include: number of contracted foreign projects and foreign labour services cooperation, contracted volume, complete business turnover and so on.

The statistics cover contracted projects, labour services cooperation.

The statistical unit in the scheme is the corporate enterprise engaged in contracted projects and labour services cooperation with foreign countries and has been approved by the department of commerce at various levels.

Data on foreign economic cooperation are from departments of commerce through a comprehensive reporting system.

Ⅳ. Overseas Direct Investment

Contents of statistics on overseas direct investment include basic situation of domestic investors and overseas enterprises they invest in.

The statistics cover overseas corporate and non-corporate enterprises of various forms established by domestic investors through their investment operation.

Data on foreign economic cooperation are from departments of commerce through a comprehensive reporting system.

Ⅴ. Others

The average exchange rates of RMB yuan to US dollar, Japanese yen and Hong Kong dollar over the years come from the State Administration of Exchange Control. The annual average exchange rate is calculated as the weighted mean of the daily exchange rates provided by the State Administration of Foreign Exchange in the year.

8-1 对外经济主要指标

Major Indicators of Foreign Trade and Economic Cooperation

单位:亿美元 (USD 100 million)

指标	Item	2000	2005	2010	2011	2012
进出口总额	**Total Imports and Exports**	**456.38**	**2279.41**	**4657.93**	**5397.59**	**5480.93**
进口总额	Total Import	198.68	1049.59	1952.42	2271.36	2195.55
初级产品	Primary Goods	24.33	97.08	279.60	377.63	329.81
工业制成品	Manufactured Goods	174.35	952.51	1672.83	1893.73	1816.88
出口总额	Total Exports	257.70	1229.82	2705.50	3126.23	3285.38
初级产品	Primary Goods	8.40	15.77	43.74	61.33	54.86
工业制成品	Manufactured Goods	249.30	1214.05	2661.76	3064.90	3189.55
合同外商直接投资项目（个）	**Number of Projects for Contracted Foreign Direct Investment （unit）**	**2645**	**7126**	**4661**	**4496**	**4156**
合同外商直接投资	**Total Amount of Contracted Foreign Direct Investment**	**106.11**	**464.39**	**568.33**	**595.54**	**571.41**
实际外商直接投资	**Total Amount of Actual Foreign & Regions Direct Investment**	**64.23**	**131.83**	**284.98**	**321.32**	**357.60**
外商投资企业基本情况	**Registered Foreign-funded Enterprises**					
年底登记户数（户）	Number of Registered Enterprises （unit）	18192	33321	39207	52959	50461
投资总额	Total Investment	774.80	2657.28	5081.06	5728.51	6250.00
注册资本	Registered Capital	419.64	1321.32	2738.99	3050.09	3301.38
对外经济合作	**Economic Cooperation with Foreign Countries & Regions**					
合同金额	Contracted Value					
对外承包工程	Contracted Projects	5.85	29.01	54.47	59.49	71.98
对外劳务合作	Labor Services	3.94	4.05	7.60	6.49	6.20
完成营业额	Value of Turnover Fulfilled					
对外承包工程	Contracted Projects	4.97	25.11	51.98	59.92	64.68
对外劳务合作	Labor Services	3.03	6.81	7.69	7.36	7.74
境外投资情况	**Overseas Investment**					
新批项目数（个）	Newly Approved projects （unit）	34	160	408	505	572
贸易型项目	Trade	8	82	162	213	243
非贸易型项目	Nontrade	26	78	246	292	329
中方协议金额（万美元）	Protocol Fund from China （USD 10000）	1783	20504	217613	360154	504547
贸易型项目	Trade	209	4214	61064	101672	154336
非贸易型项目	Nontrade	1574	16291	156549	258483	350210

注:本表进出口额按 HS 统计,初级产品、工业制成品按 SITC 统计。

a) Data of imports and exports are counted by HS, data of Primary goods and manufactured goods are counted by SITC.

8-2 人民币对主要外币年平均汇价(中间价)
Average Exchange Rate of RMB Yuan Against Main Convertible Currencies (Middle Price)

单位:人民币元 (RMB yuan)

年份 Year	100美元 100 US Dollars	100日元 100 Japanese Yen	100港元 100 Hong Kong Dollars	100欧元 100 Euro
1985	293.66	1.2457	37.57	
1986	345.28	2.0694	44.22	
1987	372.21	2.5799	47.74	
1988	372.21	2.9082	47.70	
1989	376.51	2.7360	48.28	
1990	478.32	3.3233	61.39	
1991	532.33	3.9602	68.45	
1992	551.46	4.3608	71.24	
1993	576.20	5.2020	74.41	
1994	861.87	8.4370	111.53	
1995	835.10	8.9225	107.96	
1996	831.42	7.6352	107.51	
1997	828.98	6.8600	107.09	
1998	827.91	6.3488	106.88	
1999	827.83	7.2932	106.66	
2000	827.84	7.6864	106.18	
2001	827.70	6.8075	106.08	
2002	827.70	6.6237	106.07	800.58
2003	827.70	7.1466	106.24	936.13
2004	827.68	7.6552	106.23	1029.00
2005	819.17	7.4484	105.30	1019.53
2006	797.18	6.8570	102.62	1001.90
2007	760.40	6.4632	97.46	1041.75
2008	694.51	6.7427	89.19	1022.27
2009	683.10	7.2986	88.12	952.70
2010	676.95	7.7279	87.13	897.25
2011	645.88	8.1050	82.97	900.11
2012	631.25	7.9037	81.38	810.67

8-3 对外贸易进出口总额
Total Imports and Exports

单位:亿美元 (USD 100 million)

年份 Year	海关进出口总额(经营单位) Total Import and Export Value by Customs (Running Unit)			海关进出口总额(目源地) Total Import and Export Value by Customs (Goods Destination or Original Place)		
	合计 Total	进口 Imports	出口 Exports	合计 Total	进口 Imports	出口 Exports
1985	19.87	4.01	15.86			
1986	24.12	5.42	18.70			
1987	28.73	7.56	21.17			
1988	34.58	10.41	24.17			
1989	38.43	13.07	25.36			
1990	41.39	11.95	29.44			
1991	53.10	18.85	34.25			
1992	69.62	29.60	40.02			
1993	91.29	44.77	46.52	107.75	59.81	47.94
1994	117.59	50.73	66.86	122.47	52.86	69.61
1995	162.78	64.96	97.82	180.05	79.42	100.63
1996	206.88	90.87	116.01	222.17	102.92	119.25
1997	236.21	95.32	140.89	252.93	108.82	144.11
1998	264.26	107.75	156.51	281.66	122.09	159.57
1999	312.61	129.52	183.09	328.62	142.80	185.82
2000	456.38	198.68	257.70	491.98	228.17	263.81
2001	513.55	224.77	288.78	544.84	250.91	293.93
2002	703.05	318.25	384.80	745.09	354.80	390.29
2003	1136.70	545.30	591.40	1213.37	617.26	596.11
2004	1708.57	833.60	874.97	1794.72	913.67	881.05
2005	2279.41	1049.59	1229.82	2384.86	1138.75	1246.11
2006	2839.95	1235.77	1604.19	2990.58	1360.67	1629.91
2007	3496.71	1459.38	2037.33	3723.93	1646.19	2077.74
2008	3922.68	1542.32	2380.36	4304.81	1852.62	2452.19
2009	3388.32	1395.89	1992.43	3659.94	1585.99	2073.95
2010	4657.93	1952.42	2705.50	4987.59	2173.02	2814.58
2011	5397.59	2271.36	3126.23	5813.74	2568.98	3244.77
2012	5480.93	2195.55	3285.38	5887.95	2545.48	3342.47

8－4　按贸易方式和经济类型分的进口额
Total Imports by Type of Trade and Ownership

单位:万美元　　　　(USD 10000)

项　目	Item	1995	2000	2005	2006	2007
进口总额	**Total**	**649637**	**1986857**	**10495916**	**12357660**	**14593773**
按贸易方式分	**Grouped by Type of Trade**					
#一般贸易	Ordinary Trade	111328	805495	2567227	2826514	3604815
来料加工装配贸易	Assembling Trade with Provided Raw Material	59356	177242	2206083	2606088	2917612
进料加工贸易	Processing Trade with Raw Material	275754	760323	4281335	4795488	5547911
加工贸易进口设备	Processing and Assembling with Equipments Provided	920	3250	16598	25603	22320
外商投资企业作为投资进口的设备、物品	Import Equipments As Investment	194066	205002	713437	808564	742184
出料加工贸易	Processing Trade Providing Raw Material	6	245	323	365	1225
易货贸易	Barter Trade	273	14			
保税监管场所进出境货物	Bonded Inbounded and Outbound Goods	6454	19877	480551	809748	1127876
海关特殊监管区域物流货物	Areas under Special Customs Supervision Logistics Goods		13505	149628	213943	322018
按经济类型分	**Grouped by Ownership**					
#国有企业	State-owned Enterprises	156154	341580	724622	668662	725334
集体企业	Collective-owned Enterprises	6571	69063	295997	267035	312123
私营企业	Private Enterprise					
外商投资企业	Foreign-funded Enterprises	485810	1572744	9051633	10739914	12458678
#中外合作	Sino-Foreign Cooperative	21967	19324	46125	97208	143808
中外合资	Sino-Foreign Joint Funded	342411	688667	1988967	2392255	2780454
外商独资	Foreign Funded	121432	864753	7016541	8250451	9534416

8－4　续表　Continued

单位:万美元　　　　(USD 10000)

项　目	Item	2008	2009	2010	2011	2012
进口总额	**Total**	**15423221**	**13958895**	**19524242**	**22713585**	**21955510**
按贸易方式分	**Grouped by Type of Trade**					
#一般贸易	Ordinary Trade	4313955	4514236	6661871	8808975	7973301
来料加工装配贸易	Assembling Trade with Provided Raw Material	2502028	1991927	3029632	2584198	2070277
进料加工贸易	Processing Trade with Raw Material	5901443	5081375	6259631	6846520	6544109
加工贸易进口设备	Processing and Assembling with Equipments Provided	27646	8862	24046	12439	7228
外商投资企业作为投资进口的设备、物品	Import Equipments as Investment	760534	424921	540942	543889	402209
出料加工贸易	Processing Trade Providing Raw Material		3360	10011	1264	3938
易货贸易	Barter Trade	6770				
保税监管场所进出境货物	Bonded Inbounded and Outbound Goods	1383328	1485333	1316980	1423321	1382722
海关特殊监管区域物流货物	Areas under Special Customs Supervision Logistics Goods	367591	324387	1438972	2235781	3326683
按经济类型分	**Grouped by Ownership**					
#国有企业	State-owned Enterprises	832382	825041	1233789	1687688	1701424
集体企业	Collective-owned Enterprises	429304	441059	630165	882131	644130
私营企业	Private Enterprise				3115689	4274827
外商投资企业	Foreign-funded Enterprises	12860466	11308167	15487958	17016200	15320624
#中外合作	Sino-Foreign Cooperative	142576	61254	83739	151522	155013
中外合资	Sino-Foreign Joint Funded	3112895	2707401	3741557	4448230	4119048
外商独资	Foreign Funded	9604995	8539512	11662662	12416448	11046563

8-5 按贸易方式和经济类型分的出口额
Total Exports by Type of Trade and Ownership

单位:万美元 (USD 10000)

项	目 Item	1995	2000	2005	2006	2007
出口总额	**Total**	**978166**	**2576979**	**12298215**	**16041885**	**20373279**
按贸易方式分	**Grouped by Type of Trade**					
#一般贸易	Ordinary Trade	591604	1211041	4063266	5315091	7052593
来料加工装配贸易	Assembling Trade with Provided Raw Material	62605	230389	2136794	2823576	3413599
进料加工贸易	Processing Trade with Raw Material	322281	1134768	6068317	7789884	9642835
出料加工贸易	Processing Trade Providing Raw Material	61	208	212	343	1759
易货贸易	Barter Trade	226				36
保税监管场所进出境货物	Bonded Inbounded and Outbound Goods	282	178	18072	72862	158951
海关特殊监管区域物流货物	Areas under Special Customs Supervision Logistics Goods		175	6584	12295	70212
按经济类型分	**Grouped by Ownership**					
#国有企业	State-owned Enterprises	658499	978705	1437264	1579037	1774933
集体企业	Collective-owned Enterprises	26014	142478	424385	446692	488119
私营企业	Private Enterprise					
外商投资企业	Foreign-funded Enterprises	293481	1445478	9422831	12361846	15562540
#中外合作	Sino-Foreign Cooperative	8481	22813	50670	94802	152958
中外合资	Sino-Foreign Joint Funded	200544	577231	2004875	2398139	2846005
外商独资	Foreign Funded	84456	845434	7367286	9868906	12563577

8-5 续表 Continued

单位:万美元 (USD 10000)

项	目 Item	2008	2009	2010	2011	2012
出口总额	**Total**	**23803627**	**19924278**	**27055014**	**31262305**	**32853789**
按贸易方式分	**Grouped by Type of Trade**					
#一般贸易	Ordinary Trade	9201196	7089419	9893423	12623974	13954791
来料加工装配贸易	Assembling Trade with Provided Raw Material	1993047	1461254	2366301	2225413	2140849
进料加工贸易	Processing Trade with Raw Material	12203499	10799402	13614392	14993058	13879105
出料加工贸易	Processing Trade Providing Raw Material		1687	8547	650	3674
易货贸易	Barter Trade	6831		3		
保税监管场所进出境货物	Bonded Inbounded and Outbound Goods	281161	495398	798224	622100	275183
海关特殊监管区域物流货物	Areas under Special Customs Supervision Logistics Goods	88332	26062	290044	714457	2471844
按经济类型分	**Grouped by Ownership**					
#国有企业	State-owned Enterprises	2079459	1737839	2432073	2650599	2758608
集体企业	Collective-owned Enterprises	710286	390355	536210	610920	692981
私营企业	Private Enterprise				6454030	8908287
外商投资企业	Foreign-funded Enterprises	17495986	14664056	19231877	21521089	20468393
#中外合作	Sino-foreign Cooperative	141916	73288	86417	115562	103405
中外合资	Sino-foreign Joint Funded	3405400	2575758	3792282	4694500	4548370
外商独资	Foreign Funded	13948670	12015010	15353178	16711028	15816618

8－6　进口商品分类总额
Total Value of Imports by Category of Commodities

单位:万美元　　　　　　　　　　　　　　　　　　　　　　　　　　　　　　　　　　　(USD 10000)

项　　目	Item	2000	2005	2006	2007	2008
进口总额	**Total**	**1986857**	**10495916**	**12357660**	**14593773**	**15423221**
初级产品	**Primary Goods**	**243306**	**970816**	**1138881**	**1493142**	**1993119**
#食品及活动物	Food and Live Animals	6992	28847	32247	48453	49737
饮料及烟类	Beverages and Tobacco	24	44	180	454	876
非食用原料(燃料除外)	Non-edible Raw Materials	199534	808066	904846	1228874	1667081
矿物燃料、润滑油及有关原料	Mineral Fuels, Lubricants and Related Materials	32777	107273	138831	134069	154693
动植物油、脂及蜡	Animal and Vegetable Oils, Fats and Wax	3979	26586	62777	81292	120732
工业制成品	**Manufactured Goods**	**1743551**	**9525099**	**11218779**	**13100631**	**13430102**
#化学成品及有关产品	Chemicals and Related Products	305997	1326580	1504635	1956188	2200862
按原料分类的制成品	Manufactured Goods Grouped by Raw Materials	361815	971346	1110503	1377498	1390178
机械及运输设备	Machinery and Transport Equipments	968560	5290062	6515826	7314232	7228022
杂项制品	Miscellaneous Products	106909	1933346	2082266	2445768	2603823

8－6　续表　Continued

单位:万美元　　　　　　　　　　　　　　　　　　　　　　　　　　　　　　　　　　　(USD 10000)

项　　目	Item	2009	2010	2011	2012
进口总额	**Total**	**13958895**	**19524242**	**22713585**	**21955510**
初级产品	**Primary Goods**	**1937040**	**2795967**	**3776321**	**3298097**
#食品及活动物	Food and Live Animals	52912	90348	139635	151494
饮料及烟类	Beverages and Tobacco	1557	2360	4462	5286
非食用原料(燃料除外)	Non-edible Raw Materials	1500036	2156528	2964063	2505048
矿物燃料、润滑油及有关原料	Mineral Fuels, Lubricants and Related Materials	239178	357542	454514	462749
动植物油、脂及蜡	Animal and Vegetable Oils, Fats and Wax	143357	189189	213646	173522
工业制成品	**Manufactured Goods**	**12021855**	**16728275**	**18937265**	**18168778**
#化学成品及有关产品	Chemicals and Related Products	2078178	3065531	3934639	3708609
按原料分类的制成品	Manufactured Goods Grouped by Raw Materials	1279222	1586613	1834901	1725394
机械及运输设备	Machinery and Transport Equipments	6518946	9279548	10117268	9814610
杂项制品	Miscellaneous Products	2140468	2790729	3043768	2911090

注:本表进口总额按 HS 统计,其余按 SITC 统计。

a) Data of total imports are counted by HS, the others are counted by SITC.

8－7 出口商品分类总额
Total Value of Exports by Category of Commodities

单位:万美元 (USD 10000)

项目	Item	2000	2005	2006	2007	2008
出口总额	**Total**	**2576979**	**12298215**	**16041885**	**20373279**	**23803627**
初级产品	**Primary Goods**	**83977**	**157683**	**210543**	**252819**	**323717**
#食品及活动物	Food and Live Animals	44048	72218	94228	116740	138288
饮料及烟类	Beverages and Tobacco	109	814	718	685	645
非食用原料(燃料除外)	Non-edible Raw Materials	25181	52379	71289	99299	129786
矿物燃料、润滑油及有关原料	Mineral Fuels, Lubricants and Related Materials	14026	29711	38236	31964	49857
动植物油、脂及蜡	Animal and Vegetable Oils, Fats and Wax	613	2561	6072	4131	5141
工业制成品	**Manufactured Goods**	**2493002**	**12140532**	**15831342**	**20120460**	**23479910**
#化学成品及有关产品	Chemicals and Related Products	193596	657343	817431	1099562	1500565
按原料分类的制成品	Manufactured Goods Grouped by Raw Materials	490649	1805190	2450890	3235587	3967489
机械及运输设备	Machinery and Transport Equipments	969493	7014182	9486590	11932832	13647960
杂项制品	Miscellaneous Products	839264	2661011	3072220	3842907	4353787

8－7 续表 Continued

单位:万美元 (USD 10000)

项目	Item	2009	2010	2011	2012
出口总额	**Total**	**19924278**	**27055014**	**31262305**	**32853789**
初级产品	**Primary Goods**	**296382**	**437429**	**613281**	**548632**
#食品及活动物	Food and Live Animals	147728	192966	208191	207354
饮料及烟类	Beverages and Tobacco	630	253	417	528
非食用原料(燃料除外)	Non-edible Raw Materials	103407	174192	250927	209821
矿物燃料、润滑油及有关原料	Mineral Fuels, Lubricants and Related Materials	40931	66033	148631	122658
动植物油、脂及蜡	Animal and Vegetable Oils, Fats and Wax	3687	3986	5115	8272
工业制成品	**Manufactured Goods**	**19627896**	**26617586**	**30649025**	**31895531**
#化学成品及有关产品	Chemicals and Related Products	1175260	1667929	2273585	2160801
按原料分类的制成品	Manufactured Goods Grouped by Raw Materials	2623471	3781028	4847150	5105959
机械及运输设备	Machinery and Transport Equipments	11944616	16448028	17880782	18079423
杂项制品	Miscellaneous Products	3871165	4704451	5625714	6547831

注:本表出口总额按 HS 统计,其余按 SITC 统计。

a) Data of total exports are counted by HS, the others are counted by SITC.

8－8 进出口商品细分类总额（2012 年）

Value of Imports and Exports by Category of Commodities（2012）

单位：万美元 （USD 10000）

项目	Item	进出口总额 Total Improts and Exports Value	进口 Imports	出口 Exports
总　计	**Total**	**53911039**	**21466875**	**32444163**
初级产品	**Primary Goods**	**3846730**	**3298097**	**548632**
食品及活动物	**Food and Live Animal**	**358847**	**151494**	**207354**
活动物	Live Animals	335	57	278
肉及肉制品	Meat and Related Products	39633	35988	3645
乳品及蛋品	Dairy Products and Eggs	10756	9843	913
鱼、甲壳及软体类动物及其制品	Fish, Shellfish Products	10625	1286	9339
谷物及其制品	Cereals and Related Products	17370	3891	13479
蔬菜及水果	Vegetables and Fruits	156861	62930	93931
糖、糖制品及蜂蜜	Sugar, Sugar Products and Natural Honey	9477	2811	6666
咖啡、茶、可可、调味料及其制品	Coffee, Tea, Cocoa, Spices and Related Products	23194	9658	13535
饲料（不包括未碾磨谷物）	Forage	41701	7274	34426
杂项食品	Miscellaneous Food	48896	17754	31141
饮料及烟类	**Beverages and Tobacco**	**5814**	**5286**	**528**
#饮料	Beverages	5814	5286	528
非食用原料（燃料除外）	**Non-edible Materials**	**2714868**	**2505048**	**209821**
生皮及生毛皮	Raw Hides and Raw Furs	20007	19943	64
油籽及含油果实	Oil Seeds and Oil-bearing Fruits	2156	1964	192
生橡胶（包括合成橡胶及再生橡胶）	Raw Rubber	133050	113205	19846
软木及木材	Cork and Wood	164274	154226	10048
纸浆及废纸	Paper Pulp and Paper Waste	369045	367699	1346
纺织纤维（羊毛条除外）及其废料	Textile Fiber and Waste	526483	408420	118063
天然肥料及矿物（煤、石油及宝石除外）	Natural Fertilizers and Minerals	87690	79980	7710
金属矿砂及金属废料	Metallic Ore and Metallic Waste	1348232	1341653	6579
其他动、植物原料	Other Raw Materials of Animals and Plants	63931	17958	45973
矿物燃料、润滑油及有关原料	**Mineral Fuels, Lubricants and Related Materials**	**585406**	**462749**	**122658**
煤、焦炭及煤砖	Coal, Coke and Coal Brick	143393	142096	1297
石油、石油产品及有关原料	Petroleum, Petroleum Products and Related Materials	372731	270393	102338
天然气及人造气	Natural Gas and Man-made Gas	69283	50260	19023
动植物油、脂	**Animal and Vegetable Oils and Wax**	**181794**	**173522**	**8272**
动物油、脂	Animal Oil, Fat	8466	877	7589
植物油、脂	Vegetable Oil, Fat	168204	167806	398
已加工的动植物油、脂及动植物蜡	Processed Animal and Vegetable Oils, Fats and Wax	5125	4840	285

8－8 续表 Continued

单位:万美元 (USD 10000)

指标	Item	进出口总额 Total Improts and Exports Value	进口 Imports	出口 Exports
工业制成品	**Manufactured Goods**	**50064309**	**18168778**	**31895531**
化学成品及有关产品	**Chemicals and Related Products**	**5869411**	**3708609**	**2160801**
有机化学品	Organic Chemicals	2862562	2012740	849821
无机化学品	Inorganic Chemicals	302788	129348	173440
染料、鞣料及着色料	Dye, Tanning Material and Colouring Materials	150843	53410	97432
医药品	Pharmaceutical Products	372927	205330	167597
精油、香料及盥洗、光洁制品	Essential Oils, Perfumed Materials, Toilet Preparations, Bright and clean products	123372	41209	82164
制成肥料	Finished Fertilizers	51670	7062	44608
初级形状的塑料	Primary Shaped Plastics	913267	588722	324545
非初级形状的塑料	Non-primary Shaped Plastics	478286	322901	155385
其他化学原料及产品	Other Chemical Materials and Related Products	613695	347887	265809
按原料分类的制成品	**Manufactured Goods Grouped by Materials**	**6831353**	**1725394**	**5105959**
皮革、皮革制品及已鞣毛皮	Leather and Related Products and Tanned Furs	43781	30989	12792
橡胶制品	Rubber and Related Products	318189	90253	227937
软木及木制品(家具除外)	Cork and Wooden Products	295671	4839	290832
纸及纸板;纸浆、纸及纸板制品	Paper and Paperboard; Articles of Paper Pulp, of Paper or Paperboard	323141	60839	262302
纺纱、织物、制成品及有关产品	Textile Fabrics, Textile Materials and Related Pro－	2008390	267832	1740558
非金属矿物制品	Non-metalic Mineral Products	500887	141125	359762
钢铁	Iron and Steel	1370004	355123	1014881
有色金属	Nonferrous Metal	753689	511254	242435
金属制品	Metallic Products	1217601	263141	954459
机械及运输设备	**Machinery and Transport Equipment**	**27894033**	**9814610**	**18079423**
动力机械及设备	Power-driven Machinery and Related Equipment	912169	332485	579685
特种工业专用机械	Special Industrial Machinery of Particular Use	1463033	780929	682104
金工机械	Metalworking Machinery	464815	335424	129391
通用工业机械设备及零件	Equipment and Accessories for General Industrial	2151670	797875	1353796
办公用机械及自动数据处理设备	Machinery for Office Use and Automatic Data－processing Equipment	6153778	1004819	5148959
电信及声音的录制及重放装置设备	Telecommunication and Recorders	3453357	699633	2753724
电力机械、器具及其电气零件	Electronic Machinery, Equipment and Accessories	11121453	5573390	5548063
陆路车辆(包括气垫式)	Overland Vehicles	1120275	220113	900161
其他运输设备	Other Transport Equipment	1053484	69943	983541
杂项制品	**Miscellaneous Products**	**9458921**	**2911090**	**6547831**
活动房屋;卫生、水道、供热及照明装置	Movable Houses, Public Health, Waterway, Heat Supply and Lighting Installation	217990	11022	206968
家具及其零件;褥垫及类似填充制品	Furniture and Accessories, Beddings and Filler Products and Similar Products for Stuffing	635702	13053	622649
旅行用品、手提包及类似品	Travel Articles, Handbag and Similar Articles	232459	2035	230425
服装及衣着附件	Garments and Clothing Accessories	2331194	25644	2305550
鞋靴	Parts of Footwear	290808	42550	248258
专业、科学及控制用仪器和装置	Instruments and Equipment for Professional, Scien－tific and Control Use	3827074	2135433	1691641
摄影器材、光学物品及钟表	Photographic and Optical Equipment and Clocks	590336	375795	214541
杂项制品	Miscellaneous Products	1333358	305559	1027799

8-9 进出口商品主要国家和地区
Imports and Exports Value by Countries and Regions

单位:万美元 (USD 10000)

国别(地区) Countries (Regions)		2011			2012		
		进出口 Imports and Exports	进口 Imports	出口 Exports	进出口 Imports and Exports	进口 Imports	出口 Exports
亚洲	**Asia**	**29223183**	**16091179**	**13132005**	**30539608**	**15659134**	**14880475**
#巴林	Bahrain	12879	5930	6949	27264	12708	14556
孟加拉国	Bangladesh	223288	5868	217421	219700	5732	213968
缅甸	Myanmar	33832	2387	31444	52556	2647	49909
柬埔寨	Cambodia	48772	1128	47644	55887	2888	52999
塞浦路斯	Cyprus	10919	25	10895	12455	40	12415
中国香港	Hong Kong	2440180	84940	2355240	3434786	62464	3372322
印度	India	1026262	217142	809120	1018024	218599	799425
印度尼西亚	Indonesia	796378	332091	464286	859025	352614	506411
伊朗	Iran	306738	152095	154643	214154	94966	119189
以色列	Israel	112459	23508	88951	120942	26111	94832
日本	Japan	6690128	3627964	3062164	6316594	3234361	3082234
科威特	Kuwait	71523	48602	22922	86402	62459	23943
中国澳门	Macao	5960	412	5548	10928	299	10629
马来西亚	Malaysia	1642019	1221910	420109	1341845	823962	517884
巴基斯坦	Pakistan	121438	15733	105705	122484	22177	100307
菲律宾	Philippines	435994	271687	164307	491638	296308	195329
卡塔尔	Qatar	45322	30171	15152	45774	26617	19157
沙特阿拉伯	Saudi Arabia	456494	286987	169506	546928	307179	239750
新加坡	Singapore	1174781	502619	672162	1278294	497759	780535
韩国	Korea, Rep.	5664190	3997918	1666272	5489324	3849879	1639445
斯里兰卡	Sri Lanka	36099	1216	34883	32813	1303	31510
叙利亚	Syria	22467	44	22423	13464	113	13351
泰国	Thailand	1111347	636506	474841	1188625	623253	565372
土耳其	Turkey	336083	19922	316161	335360	26005	309355
阿拉伯联合酋长国	United Arab Emirates	434022	17865	416157	430680	29582	401098
越南	Vietnam	452064	120115	331949	500951	117880	383071
中国台湾省	Taiwan Province	3933848	3108297	825551	4092319	3035596	1056723
非洲	**Africa**	**984537**	**178348**	**806189**	**1166170**	**177397**	**988773**
#喀麦隆	Cameroon	11440	5551	5889	12551	5408	7143
埃及	Egypt	82967	5536	77430	95814	3103	92712
加蓬	Gabon	4136	2330	1806	7896	2983	4912
摩洛哥	Morocco	34705	4414	30291	41162	4617	36545
尼日利亚	Nigeria	113915	1155	112761	102535	1741	100793
南非	South Africa	280079	83586	196492	313302	84748	228554
欧洲	**Europe**	**10753391**	**2834348**	**7919042**	**9689022**	**2595336**	**7093686**
#比利时	Belgium	425543	98767	326776	375134	92031	283103
丹麦	Denmark	138304	26220	112084	121301	26857	94444
英国	United Kindom	915851	138531	777320	888006	136007	751999

8－9 续表 Continued

单位:万美元 (USD 10000)

国别（地区）	Countries (Regions)	2011 进出口 Imports and Exports	2011 进口 Imports	2011 出口 Exports	2012 进出口 Imports and Exports	2012 进口 Imports	2012 出口 Exports
德国	Germany	2664900	1046573	1618327	2268822	986299	1282523
法国	France	669825	170788	499038	622462	169128	453335
爱尔兰	Ireland	50749	10814	39935	47264	8637	38627
意大利	Italy	893355	229392	663963	626054	218782	407271
荷兰	Netherlands	1733803	145387	1588416	1588013	136629	1451384
希腊	Greece	51267	4705	46561	61825	9989	51836
葡萄牙	Portugal	42173	7151	35022	47863	6136	41727
西班牙	Spain	346508	53621	292887	305987	55648	250338
奥地利	Austria	121616	87588	34028	114815	80314	34501
芬兰	Finland	228672	61140	167532	272894	60078	212816
匈牙利	Hungary	134379	24640	109740	149589	25831	123758
挪威	Norway	106489	53810	52679	79845	34911	44934
波兰	Poland	251257	27301	223956	277378	27606	249772
罗马尼亚	Romania	71886	6464	65422	69956	6609	63347
瑞典	Sweden	349099	211678	137421	320619	198366	122253
瑞士	Switzerland	242636	177953	64683	155368	96532	58836
俄罗斯联邦	Russia Fed.	609421	127915	481506	642255	95078	547177
乌克兰	Ukraine	132707	36979	95729	129899	41691	88209
捷克	Czech Rep.	289204	37800	251404	195311	31861	163450
拉丁美洲	**Latin America**	**2822108**	**886775**	**1935333**	**3047393**	**853895**	**2193499**
#阿根廷	Argentina	249293	91764	157529	215627	73663	141964
巴西	Brazil	1091944	489769	602175	1122814	456346	666467
智利	Chile	257722	115738	141984	273147	96442	176705
哥伦比亚	Colombia	93321	4038	89284	102893	5157	97736
危地马拉	Guatemala	18044	424	17620	15628	368	15260
墨西哥	Mexico	465306	69618	395688	540531	82596	457935
巴拿马	Panama	197723	207	197516	222896	97	222800
秘鲁	Peru	87934	21029	66906	108510	29133	79377
乌拉圭	Uruguay	55792	32940	22852	73508	42228	31280
委内瑞拉	Venezuela	107192	9557	97635	149648	9357	140291
北美洲	**North America**	**8466580**	**1795035**	**6671544**	**8591719**	**1719274**	**6872445**
#加拿大	Canada	737511	271357	466154	777420	281039	496382
美国	United States	7722154	1523678	6198476	7814228	1438235	6375993
大洋洲	**Oceania**	**1725242**	**927064**	**798178**	**1774017**	**949141**	**824875**
#澳大利亚	Australia	1535361	842268	693093	1556174	867472	688702
新西兰	New Zealand	120933	62339	58594	126025	62169	63857
巴布亚新几内亚	Papua New Guinea	18909	14583	4326	17618	11235	6384
附:东南亚国家联盟	Association of Southeast－Asia Nations	5701316	3090452	2610864	5788037	2718532	3069505
欧洲联盟	European Union	9611914	2428259	7183655	8622198	2317401	6304797
亚太经济合作组织	Asia-Pacific Economic Cooperation	37213145	18266347	18946798	38717687	17711305	21006382

8－10 主要商品进口数量和金额
Major Import Commodities in Volume and Value

商品名称 Item				2011 数量 Volume	2011 金额(千美元) Value (USD 1000)	2012 数量 Volume	2012 金额(千美元) Value (USD 1000)
冻鱼	(吨)	Frozen Fish	(ton)	1380	4899	1102	2961
鲜、干水果及坚果	(吨)	Fresh, Dried Fruits and Nuts	(ton)	5434	8051	17904	13079
谷物及谷物粉	(万吨)	Cereals and Cereal Powder	(10000 tons)	24	80111	63	198546
大豆	(万吨)	Soybean	(ton)	550	3103045	490	2956463
食用植物油	(万吨)	Edible Vegetable Oil	(10000 tons)	110	1246825	84	985837
食糖	(万吨)	Sugar	(10000 tons)	1	5452	1	5728
酒类	(千升)	Alcohol	(kiloliter)	16102	46846	16660	52464
饲料用鱼粉	(万吨)	Fish Powder for Forage	(10000 tons)	1	17731	1	17334
纸烟	(万条)	Cigarette	(10000 carton)	3	330		
天然橡胶(包括胶乳)	(万吨)	Natural Rubber	(10000 tons)	14	642180	14	465173
合成橡胶(包括胶乳)	(吨)	Synthetic Rubber	(ton)	222840	768099	189997	662849
原木	(万立方米)	Log	(10 kilostere)	725	1384174	615	1077559
锯材	(万立方米)	Wood Sawn	(10 kilostere)	153	376627	169	419723
胶合板及类似多层板	(万立方米)	Veneer	(10 kilostere)		2807	1	4021
纸浆	(万吨)	Paper Pulp	(10000 tons)	344	2915224	388	2804441
羊毛	(吨)	Wool	(ton)	154561	1617604	167804	1580255
毛条	(吨)	Woolen Yarn	(ton)	931	9268	1569	15498
棉花	(万吨)	Cotton	(10000 tons)	61	1672405	93	2059527
二醋酸纤维丝束	(吨)	Acetate	(ton)	259	1571	143	845
纺织用合成纤维	(万吨)	Synthietic Fibre for Spinning	(10000 tons)	9	297688	8	238434
人造纤维短纤	(吨)	Man-made Fibre	(ton)	12082	40798	9548	39206
铁矿砂及其精矿	(万吨)	Iron Ores	(10000 tons)	5675	10026494	6649	8991728
锰矿砂及其精矿	(万吨)	Manganese Ores	(10000 tons)	62	121791	31	49415
铜矿砂及其精矿	(万吨)	Copper Ores	(10000 tons)	2	49888	19	453501
铬矿砂及其精矿	(万吨)	Chrome Ores	(10000 tons)	90	249201	74	170584
氧化铝	(万吨)	Alumina	(10000 tons)	20	91162	82	299931
煤及褐煤	(万吨)	Coal and Brown Coal	(10000 tons)			1270	1420857
成品油	(万吨)	Petroleum Products Refined	(10000 tons)	162	1736999	100	1188189
液化石油气及其他烃类气	(万吨)	Liquefied Petroleum Gas	(10000 tons)	26	231499	51	502595
甲苯	(吨)	Toluene	(ton)	216102	232956	145025	170947
二甲苯	(万吨)	Xylene	(10000 tons)	96	1354702	160	2408280

商品名称 Item		2011		2012	
		数量 Volume	金额（千美元）Value（USD 1000）	数量 Volume	金额（千美元）Value（USD 1000）
苯乙烯 （吨）	Styrene （ton）	2010709	2837058	1867274	2715331
乙二醇 （吨）	Glycol （ton）	3455722	4052232	4018003	4136043
异氰酸酯 （吨）	Isocyanic Ester （ton）	22514	80334	19166	70325
对苯二甲酸 （吨）	Telephthalic Acid （ton）	2470110	3130135	1937371	2108052
己内酰胺 （吨）	Caprolactam （ton）	125250	405388	144218	372464
医药品 （吨）	Pharmaceuticals （ton）	6871	1783178	8504	2053298
美容化妆品及护肤品 （吨）	Cosmetics and Skin Care Products （ton）	2657	44673	3603	73982
肥料 （万吨）	Fertilizer （10000 tons）	35	154259	16	70695
合成有机染料 （吨）	Synthetic Organic Dyeing （ton）	3847	39302	3663	36250
钛白粉 （吨）	Titanium Dioxide （ton）	12083	40104	5855	22738
聚合物油漆及清漆 （吨）	Polymer Paint and Varnish （ton）	19446	113334	17891	104627
感光材料	Sensitization Material		54495		57217
初级形状的塑料 （万吨）	Primary-shape Plastic （10000 tons）	223	5464319	228	5220928
初级形状的聚乙烯 （吨）	Primary-shape Polythene （ton）	320495	535337	382857	585148
初级形状的线型低密度聚乙烯（吨）	Primary-shape Line-type Low-density Polythene （ton）	126745	192194	134519	201166
初级形状的聚丙烯 （吨）	Primary-shape Polypropylene （ton）	246543	423670	265985	420165
初级形状的聚苯乙烯聚合物（吨）	Primary-shape Polystyrene （ton）	430801	983109	401000	854511
ABS 树脂 （吨）	ABS Colophony （ton）	222976	581457	179993	437739
初级形状的聚氯乙烯 （吨）	Primary-shape PVC （ton）	175405	232744	163960	202965
初级形状的聚酯 （吨）	Primary-shape Polyester （ton）	202494	680547	179519	578891
聚酯切片 （吨）	Polyester Slice （ton）	28786	50730	26076	47086
聚酰胺切片 （吨）	Polyamide Slice （ton）	72256	275637	79104	260760
非泡沫塑料的板、片、膜、箔 （吨）	Non-foam Plastic Board, Slice, Film and Foil （ton）	240631	2485103	202513	2107446
废塑料 （万吨）	Waste Plastic （10000 tons）	74	620420	84	666294
农药 （吨）	Pesticides （ton）	10146	138996	13350	192580
牛皮革及马皮革 （吨）	Cowskin and Horse Leather （ton）	24467	224731	41066	281530
废纸 （万吨）	Waste Paper （10000 tons）	373	983476	403	872550
纸及纸板（未切成形的） （万吨）	Paper and Paper Board （10000 tons）	45	610589	41	550296
纺织纱线、织物及制品	Textile Yarn, Textile and Their Products		2637066		2696676
服装及衣着附件	Garments and Clothing Accessories		244782		258347
玻璃纤维及其制品 （吨）	Fiberglass （ton）	40577	235960	47413	234058
钻石 （千克）	Diamond （kg）	8	3155	31	2074
废金属 （万吨）	Waste Metal （10000 tons）	369	2667731	246	1909217
钢坯及粗锻件 （万吨）	Billet and Crude Forgings （10000 tons）	27	252925	9	125452

商品名称 Item		2011		2012	
		数量 Volume	金额（千美元）Value (USD 1000)	数量 Volume	金额（千美元）Value (USD 1000)
钢材 （万吨）	Rolled Steel （10000 tons）	244	3765285	205	2912597
钢铁制标准紧固件 （吨）	Iron and Steel Standard Solidity Articles （ton）	35756	426290	35644	409090
未锻造的铜及铜材 （吨）	Copper and its Material （ton）	319999	3272676	350833	3284016
未锻造的铝及铝材 （吨）	Aluminium and its Material （ton）	131491	922808	157537	970761
钢铁或铝制结构体及其部件（吨）	Iron and Steel and Aluminium Units and Parts （ton）	29523	113452	33227	146196
蒸汽锅炉及过热水锅炉 （台）	Steam Boiler （set）	79	7966	74	7560
活塞式内燃机的零件 （吨）	Parts of Piston Internal-combustion Engine （ton）	25636	433423	33998	436690
液泵及液体提升机 （台）	Hydraulic Pumps and Lifters （set）	11972464	722705	11739599	615147
制冷设备用压缩机 （万台）	Compressors for Refrigerating Equipment （10000 sets）	190	174336	167	145616
空气调节器 （台）	Air Conditioners （set）	3959	27895	3785	21144
冷冻机和制冷设备 （台）	Refrigerating Equipment （set）	96903	116257	111562	123615
非家用型水的过滤、净化机器（台）	Non-household Water Purify Machines （set）	21731	23958	18159	35770
饮料及液体食品灌装设备 （台）	Beverage Filling Equipment （set）	106	62498	42	83170
机械提升搬运装卸设备及零件	Machine Lifting, Transporting and Loading and Unloading Equipment and Accessories		737569		775119
建筑及采矿用机械及零件	Construction and Mining Machinery and Spare Parts		1309063		722538
食品、饮料工业用加工机械及零件	Food Processing Machinery and Spare Parts		68962		39500
制造纸及纸制品用机械及零件	Paper and Related Articles Production Machinery		180875		283586
印刷、装订机械及零件	Printing and Bookbinding Machinery		970747		896831
纺织机械及零件	Textile Machinery		1598786		1388766
工业用缝纫机 （台）	Industrial Use Sewing Machine （set）	6274	11996	3736	8304
金属加工机床 （台）	Machine Tools （set）	22909	2804173	22493	2648678
加工中心 （台）	Machining Center （set）	8771	998889	10875	1123139
金属轧机及零件	Metal Rolling Machine and Accessories		107618		90587
橡胶或塑料加工机械及零件	Rubber and Plastic Processing Machinery		923653		812455
型模及金属铸造用型箱 （吨）	Metal Forging Molds （ton）	3069	312719	2393	317507
阀门 （万套）	Valves （10000 sets）	4049	862710	4211	801507
自动数据处理设备及其部件（万台）	Automatic Data Processing Machines and Accessories （10000 sets）	19243	5082299	15644	5350654
自动数据处理设备的零件 （吨）	Accessories of Automatic Data Processing Machines （ton）	22639	3629043	25867	3879472
制造单晶柱或晶圆用的机器及装置 （台）	Crystal Pole Making Machine （set）	2584	1514897	716	198577
制造半导体器件或集成电路用的机器及装置 （台）	Semiconductor and IC Making Machine （set）	3654	2585320	1655	945863
制造平板显示器用的机器及装置 （台）	Flat Display Making Machine （set）	1984	611699	687	116862
电动机及发电机 （万台）	Electric Motors and Generators （10000 sets）	9396	511351	6941	559224
发电机组及旋转式变流机 （台）	Electric Moter Set and Converters （set）	1755	219016	2834	218021
变压、整流、电感器及零件	Transformer, Recitifier, Inductance and Accessories		1816112		1700415

商品名称 Item		2011		2012	
		数量 Volume	金额(千美元) Value (USD 1000)	数量 Volume	金额(千美元) Value (USD 1000)
蓄电池 (万个)	Accumulator (10000 units)	98285	1905347	77451	1358140
电话机 (台)	Telephone (set)	2594405	699767	4924074	842722
数字式程控电话或电报交换机(台)	Digital Program-controlled Telephone or Telegraph Exchange (set)	216	840	83	455
无线电导航雷达及遥控设备(台)	Radio Navigation Radar and Remote Device (set)	2636156	95440	2881795	66147
电视摄像机、数字照相机及视频摄录一体机 (万台)	TV Camera, Digital Camera and Video Creator (10000 sets)	2900	278789	4159	1396971
声音录制或重放设备 (万台)	Audio Recorder and Playback Device (10000 sets)		336		51
收音设备(包括收录音组合机及整套散件) (万台)	Radio Device (10000 sets)	2	1622	12	2900
电视机(包括整套散件) (万台)	TV set (10000 sets)		134		616
电视、收音机及无线电讯设备的零附件 (吨)	TV sets, Radio and Spare Parts of Wireless Dispatch Equipments (ton)	10289	1578701	8969	1598944
电容器 (吨)	Capacitor (ton)	9132	1730220	7968	1333344
电阻器 (吨)	Resistor (ton)	2528	329728	2577	321892
印刷电路 (万块)	Printing Circuits (10000 board)	837202	2295798	1089487	2530809
通断保护电路装置及零件	Electrical Apparatus and Spare Parts for Switching or Protecting Electrical Cursuits		3737815		3444716
电视显像管 (万只)	Kinescope (10000 units)		60		
彩色数据/图形显示管 (万只)	Color Digital/Graph Display (10000 units)				
二极管及类似半导体器件(百万个)	Diodes and Similar Semi Conductors (million)	56030	4071462	56882	4099170
集成电路 (百万个)	IC (million)	48610	32502425	63380	36175862
电线和电缆 (吨)	Electric Wire and Cable (ton)	30291	702885	28565	701616
汽车(包括整套散件) (辆)	Automobile (set)	5424	456255	2931	236309
装有引擎的汽车底盘 (台)	Moter Underpan with Engine (set)	444	32375	272	19832
汽车零件	Parts of Motor Vehicles		1946925		1783231
航空器零件 (吨)	Aerostat Parts (ton)	143	31859	171	33865
船舶 (艘)	Watercrafts (unit)	179	15194	147	13875
液晶显示板 (万个)	Liquid Crystal Display Panel (10000 board)	62111	16620265	67198	15139147
医疗仪器及器械	Medical Instruments and Appliances		334694		361233
计量检测分析自控仪器及器具	Automatic Instruments of Measuring, Examining and Analysing and Related Apparatus		3530162		3785403
手表 (万只)	Watch (10000 sets)	2	674	1	262
印刷品 (吨)	Printed Matter (ton)	4357	256877	6305	213393
塑料制品 (吨)	Plastic Products (ton)	82825	959989	82538	967381
农产品	Agricultural Products		10714249		10925493
机电产品	Electronic Mechanical Products		131991219		128880366
高新技术产品	New and High Technology Products		91035943		92173887

8－11 主要商品出口数量和金额
Major Export Commodities in Volume and Value

商品名称		Item		2011 数量 Volume	2011 金额（千美元）Value（USD 1000）	2012 数量 Volume	2012 金额（千美元）Value（USD 1000）
冻鸡	（吨）	Frozen Chicken	（ton）				
水海产品	（万吨）	Aquatic and Seawater Products	（10000 tons）	3	114601	5	214336
谷物及谷物粉	（万吨）	Cereals and Cereal Powder	（10000 tons）	1	2346		2072
蔬菜	（万吨）	Vegetables	（10000 tons）	54	597186	57	593748
鲜、干水果及坚果	（万吨）	Fresh, Dried Fruits and Nuts	（10000 tons）	1	8215	1	8512
食用油籽	（万吨）	Edible Oil Seeds	（10000 tons）		4182		4649
食用植物油	（吨）	Edible Vegetable Oil	（ton）	1144	2905	1548	3888
食糖	（吨）	Sugar	（ton）	1136	1327	1184	1297
天然蜂蜜	（吨）	Natural Honey	（ton）	7945	14754	9792	18005
茶叶	（吨）	Tea	（ton）	5281	11156	4231	10847
猪肉罐头	（吨）	Canned Pork	（ton）	2195	5960	2439	7251
蘑菇罐头	（吨）	Canned Mushroom	（ton）	7301	10848	5825	8032
啤酒	（万升）	Beer	（10 kiloliter）	303	2048	334	2251
肠衣	（吨）	Casings	（ton）	29701	214680	28532	236294
填充用羽毛；羽绒	（吨）	Feathers and Down for Stuffing	（ton）	4926	60062	4363	81183
中药材及中式成药	（吨）	Chinese Medical Materials and Medicaments of Chinese Type	（ton）			8041	31309
肥料	（万吨）	Fertilizer	（10000 tons）	116	415420	143	472045
锯材	（立方米）	Wood Sawn	（stere）	7661	5539	11104	5880
胶合板及类似多层板	（万立方米）	Veneer	（10 kilostere）	410	1532986	425	1712148
印刷品	（吨）	Printed Matter	（ton）	25176	147186	35159	226829
生丝	（吨）	Raw Silk	（ton）	1747	88260	2092	100939
煤及褐煤	（万吨）	Coal and Brown Coal	（10000 tons）			7	12966
成品油	（万吨）	Petroleum Products Refined	（10000 tons）	133	847588	91	668195
氧化铝	（吨）	Alumina	（ton）	39810	17123	9824	5323
氧化锌及过氧化锌	（吨）	Zinc Oxide and Zinc Peroxide	（ton）	1358	4444	1398	3509
合成有机染料	（吨）	Synthetic Organic Dyeing	（ton）	43892	293598	51428	317960
医药品	（吨）	Pharmaceuticals	（ton）	100426	1919028	105038	1675972
美容化妆品及护肤品	（吨）	Cosmetics and Skin Care Products	（ton）	7827	108939	7537	99189
口腔及牙齿清洁剂	（吨）	Mouth and Teech Detergent	（ton）	7081	20724	6806	23711
洗衣粉	（吨）	Detergent Powder	（ton）	13735	6654	13334	9843
烟花、爆竹	（吨）	Firework and Cracker	（ton）	2933	6236	2707	6342

商品名称 Item		2011		2012	
		数量 Volume	金额（千美元）Value (USD 1000)	数量 Volume	金额（千美元）Value (USD 1000)
新的充气橡胶轮胎（万条）	New Pneumatic Rubber Tyres (10000 units)	4779	1646515	4154	1626450
家用或装饰用木制品（万吨）	Wooden Products for Domestic Use and Decoration (10000 tons)	2	46969	1	42655
纸及纸板(未切成形的)（万吨）	Paper and Paper Board (10000 tons)	180	1941123	173	1952451
纺织纱线、织物及制品	Textile Yarn Thread, Woven Goods and Related Products		17775259		17552625
水泥及水泥熟料（万吨）	Cement (10000 tons)	64	31764	42	21969
平板玻璃（万平方米）	Plate Glass (10 kilostere)	3070	149026	2239	96189
玻璃制品（吨）	Glass Products (ton)	229846	420288	257582	695488
家用陶瓷（万吨）	Pottery Ware for Household Use (10000 tons)	8	125683	10	160220
珍珠、钻石、宝石及半宝石	Pearl, Gem and Semi-gem		5581		3274
生铁及镜铁（万吨）	Pig Iron and Spiegeleisen (10000 tons)	61	306795	11	54578
铁合金（万吨）	Ferroalloy (10000 tons)	4	400398	5	215113
钢坯及粗锻件（万吨）	Billet and Crude Forgings (10000 tons)		456		188
钢材（万吨）	Rolled Steel (10000 tons)	864	9590499	1060	9833094
废钢（吨）	Waste Steel (ton)	24930	12699	710	295
未锻造的铜及铜材（吨）	Copper and its Material (ton)	69524	597575	73381	592900
未锻造的铝及铝材（万吨）	Aluminium and its Material (10000 tons)	54	1697313	55	1697122
未锻造的锰（吨）	Manganese (ton)	253	1175	214	814
钢铁或铜制标准紧固件（万吨）	Standard Infrangible Articles made of Steel or Copper (10000 tons)	27	621479	24	603802
不锈钢厨具、餐具等家用器具(吨)	Kitchenware, Tableware and Home Appliances Made of Stainless Steel (ton)	10455	69671	9991	62697
餐桌、厨房及其他家用搪瓷器(吨)	Porcelain and Pottery Ware for Table, Kitchen and Other Household Use (ton)	6277	12624	4424	9213
手用或机用工具（万吨）	Hand Tools and Tools for Machines (10000 tons)	21	1151826	21	1279206
电扇（万台）	Electric Fans (10000 sets)	2554	128917	2775	141343
空气调节器（万台）	Air Conditioners (10000 sets)	195	456726	220	536858
冰箱（万台）	Refrigerators (10000 sets)	419	866853	425	957463
洗衣机（万台）	Washing Machines (10000 sets)	587	1153455	664	1436939
纺织机械及零件	Textile Machinery		547232		587087
家用型缝纫机（万台）	Ordinary Sewing Machines (10000 sets)	169	75678	133	64465
工业用缝纫机（万台）	Industrial Sewing Machines (10000 sets)	12	33632	11	35668
金属加工机床（万台）	Machine Tools for Processing Metal (10000 sets)	232	573486	204	621993
电子计算器(包括具有计算功能的袖珍数据记录重现机)（万台）	Electron Calculators (10000 sets)	296	8424	653	16443
自动数据处理设备及其部件(万台)	Automatic Data Processing Machines and Accessories (10000 sets)	41031	51315359	38184	46215364

商品名称	Item	2011 数量 Volume	2011 金额（千美元）Value（USD 1000）	2012 数量 Volume	2012 金额（千美元）Value（USD 1000）
自动数据处理设备的零件（万吨）	Accessories of Automatic Data Processing Machines （10000 tons）	8	5897882	7	5476983
打印机（包括多功能一体机）（万台）	Printers（including Multi Function Printers）（10000 sets）	732	2418161	352	2336931
液晶显示板 （万个）	Liquid Crystal Display Panel （10000 board）	39200	10649760	40539	12262701
轴承 （万套）	Bearings （10000 sets）	67123	564165	64307	552746
电动机及发电机 （万台）	Electric Motors and Generators （10000 sets）	14984	1416852	24359	1601094
变压器 （万个）	Transformers （10000）	5934	178961	5421	227522
静止式变流器 （万个）	Static Converters （10000 sets）	46695	2001466	98620	2234620
原电池 （万个）	Primary Cells and Batteries （10000 sets）	23339	17581	39700	22812
蓄电池 （万个）	Accumulator （10000 sets）	48211	1876518	38080	1765756
电话机 （万台）	Telephone （10000 sets）	2080	1291300	1830	1960843
扬声器 （万个）	Loudspeakers （10000 sets）	18533	355258	16327	456720
激光唱机 （万台）	Laser Phonographs （10000 sets）	4	2800		332
录、放像机 （万台）	Video Cassette Recorders （10000 sets）	166	131222	81	50003
声音录制或重放设备 （万台）	Audio Recorder and Playback Device （10000 sets）	126	59496	99	53183
收音设备（包括收录音组合机及整套散件） （万台）	Radio Device （10000 sets）	317	159596	445	148208
电视机（包括整套散件）（万台）	TV sets （10000 sets）	1185	3828585	806	2257262
录放音、像机及唱机的零附件	Accessories of Videorecorder, Camera and Gramophone		82084		37199
电视、收音机及无线电讯设备的零附件 （吨）	TV sets, Radio and Spare Parts of Wireless Dispatch Equipments （ton）	165547	3067959	110287	2217153
电容器 （吨）	Capacitor （ton）	19624	1236477	16846	967443
印刷电路 （百万块）	Printing Circuits （10000 board）	6096	2787877	6489	3412663
通断保护电路装置及零件	Electrical Apparatus and Spare Parts for Switching or Protecting Electrical Cursuits		2463555		2977437
节能灯 （百万只）	Energy-saving Lights （million）	69	75357	75	83591
二极管及类似半导体器件（百万个）	Diodes and Similar Semi Conductors （million）	66489	15116737	64250	9644684
集成电路 （百万个）	IC （million）	25962	8931424	43516	18892674
电线和电缆 （万吨）	Electric Wire and Cable （ton）	24	2137633	25	2290298
集装箱 （万个）	Containers （million）	46	2156548	32	1527185
汽车和汽车底盘 （万辆）	Motor Vehicles and Chassis （10000 sets）	3	748875	3	1055191
汽车零件	Parts of Motor Vehicles		3882880		4410720
摩托车 （万辆）	Motorcycles （10000 sets）	125	555019	95	487339

商品名称		Item		2011 数量 Volume	2011 金额（千美元）Value（USD 1000）	2012 数量 Volume	2012 金额（千美元）Value（USD 1000）
自行车	（万辆）	Bicycles	（10000 sets）	892	706626	1043	890954
摩托车及自行车的零件		Parts of Motorcycles and Bicycles			571808		647487
船舶	（艘）	Watercrafts	（unit）	15142	10357978	16535	8603469
照相机	（万架）	Cameras	（10000 sets）	2618	1851778	2448	2320972
医疗仪器及器械		Medical Instruments and Appliances			1009230		1214194
手表	（万只）	Watches	（10000 sets）	861	7962	1738	28272
日用钟	（万只）	Clocks	（10000 sets）	823	15990	1336	46499
家具及其零件		Furniture and its Parts			2640776		4349556
床垫、寝具及类似品		Beddings, Bedclothing and Similar Products			1745408		1876930
灯具、照明装置及类似品		Lamps and Lanterns, Lighting Installation and Similar Products			807021		1793666
旅行用品及箱包	（千克）	Travel Articles, Suitcases and Handbags and Similar Articles	（kg）	188506732	1469639	216278881	2275547
体育用具及设备		Physical Appliances and Equipments			818622		1019296
服装及衣着附件		Garments and Clothing Accessories			23094950		23639535
鞋类		Footware			1842474		2534267
塑料制品	（万吨）	Plastic Products	（10000 tons）	97	2598703	115	3876967
玩具		Toys			973172		1032697
游戏机	（万台）	Recreational Machines	（10000 sets）	242	165995	523	252940
圣诞用品	（吨）	Christmas Articles		8928	61026	17470	242414
足球、篮球、排球	（万个）	Footballs, Basketballs and Volleyballs	（10000 units）	3688	74024	4152	90355
打火机	（百万个）	Lighters	（million）	103	9929	109	11409
艺术品、收藏品及古董		Artworks, Collections and Antiques			3630		29889
贵金属或包贵金属的首饰		Noble Metals			21363		13489
伞	（万把）	Umbrellas	（10000 units）	1244	46809	1111	48800
竹编结品	（吨）	Bamboo-work	（ton）	829	3460	653	3192
藤编结品	（吨）	Bine-work	（ton）	48	528	25	259
草编结品	（吨）	Grass-work	（ton）	340	2006	246	1287
柳编结品	（吨）	Wickerwork	（ton）	1275	6348	943	4823
农产品		Farm Products			2812297		3066677
机电产品		Electronic Mechanical Products			207745492		217504537
高新技术产品		New and High Technology Products			129439608		131555112

8－12 合同外商直接投资项目

Number of Contracted Projects of Foreign Direct Investment

单位:个 (unit)

指标	Item	2012 年止累计 2012 Year end Accumulated	2000	2005	2010	2011	2012
合计	**Total**	**106367**	**2645**	**7126**	**4661**	**4496**	**4156**
合资经营企业	Joint Venture Enterprises	48056	1119	1749	934	932	721
合作经营企业	Cooperative Enterprises	3032	116	112	26	29	15
独资经营企业	Foreign Solely Funded	55235	1410	5259	3696	3531	3414
外商投资股份制企业	Share Holding with Foreign Investment	44		6	5	4	6

8－13 合同外商直接投资金额

Value of Contracted Projects of Foreign Direct Investment

单位:万美元 (USD 10000)

指标	Item	2012 年止累计 2012 Year end Accumulated	2000	2005	2010	2011	2012
合计	**Total**	**60811572**	**1061059**	**4643882**	**5683321**	**5955372**	**5714109**
合资经营企业	Joint Venture Enterprises	11850297	348861	602054	801993	980904	743004
合作经营企业	Cooperative Enterprises	1457132	55431	73794	65786	34123	32100
独资经营企业	Foreign Solely Funded	47163491	656767	3949724	4764618	4889203	4869617
外商投资股份制企业	Share Holding with Foreign Investment	340652		18310	50924	51142	69388

8-14 实际外商直接投资金额
Actual Value of Foreign Direct Investment

单位:万美元 (USD 10000)

指标	Item	1985~2012	1990	1995	2000	2005	2006
合　计	**Total**	**28912009**	**14110**	**478058**	**642358**	**1318339**	**1743140**
合资经营企业	Joint Venture Enterprises	7001075	13787	332166	227369	248652	364883
合作经营企业	Cooperative Enterprises	640595	249	27684	35755	19130	21722
独资经营企业	Foreign Solely Funded	20961105	74	118208	378946	1041074	1356017
外商投资股份制企业	Share Holding with Foreign Investment	309234			288	9483	518

8-14 续表 Continued

单位:万美元 (USD 10000)

指标	Item	2007	2008	2009	2010	2011	2012
合　计	**Total**	**2189206**	**2512001**	**2532298**	**2849777**	**3213173**	**3575956**
合资经营企业	Joint Venture Enterprises	342890	435198	404788	474350	597420	577193
合作经营企业	Cooperative Enterprises	23355	20293	36554	24697	25950	19118
独资经营企业	Foreign Solely Funded	1819913	2048174	2030215	2283780	2554283	2887099
外商投资股份制企业	Share Holding with Foreign Investment	3048	8336	60741	66950	35520	92546

8－15 按行业分外商直接投资(2012 年)
Foreign Direct Investment Grouped by Sector(2012)

单位:万美元 (USD 10000)

行业 Item		项 目(个) Number of Projects(unit)	合同外资 Contracted Foreign Capital	实际外资 Actual Foreign Investment
总 计	**Total**	**4156**	**5714109**	**3575956**
农、林、牧、渔业	Agriculture, Forestry, Animal Husbandry and Fishery	282	274033	148365
采矿业	Mining	3	6524	6385
制造业	Manufacturing	2246	3759928	2232844
农副食品加工业	Processing of Food from Agricultural Products	18	26646	19691
食品制造业	Manufacture of Food	25	49757	38441
饮料制造业	Manufacture of Beverage	3	14726	27900
烟草制品业	Manufacture of Tobacco			
纺织业	Manufacture of Textile	65	87200	57709
纺织服装、鞋、帽制造业	Manufacture of Textile Wearing, Apparel, Footwear and Caps	190	146701	94034
皮革、毛皮、羽毛(绒)及其制品业	Manufacture of Leather, Fur, Feather and Related Products	13	10407	9378
木材加工及木、竹、藤、棕、草制品业	Processing of Timber, Manufacture of Wood, Bamboo, Rattan, Palm and Straw Products	14	9892	7174
家具制造业	Manufacture of Furniture	26	29190	14080
造纸及纸制品业	Manufacture of Paper and Paper Products	30	76790	51984
印刷业和记录媒介的复制	Printing, Reproduction of Recording Media	1	1265	4767
文教体育用品制造业	Manufacture of Articles For Culture, Education and Sport Activities	31	36565	16137
石油加工、炼焦及核燃料加工业	Processing of Petroleum, Coking, Processing of Nuclear Fuel	1	9943	5597
化学原料及化学制品制造业	Manufacture of Raw Chemical Materials and Chemical Products	75	236001	227889
医药制造业	Manufacture of Medicines	26	66153	45349
化学纤维制造业	Manufacture of Chemical Fibers	10	53586	11976
橡胶制品业	Manufacture of Rubber	17	26551	21178
塑料制品业	Manufacture of Plastics	54	63792	49086
非金属矿物制品业	Manufacture of Non－metallic Mineral Products	69	118245	92595
黑色金属冶炼及压延加工业	Smelting and Pressing of Ferrous Metals	1	7729	14018
有色金属冶炼及压延加工业	Smelting and Pressing of Non-ferrous Metals	21	44103	27365
金属制品业	Manufacture of Metal Products	112	204083	102202

8－15 续 表 Continued

单位:万美元 (USD 10000)

行业	Item	项目(个) Number of Projects(unit)	合同外资 Contracted Foreign Capital	实际外资 Actual Foreign Investment
通用设备制造业	Manufacture of General Purpose Machinery	444	668949	320504
专用设备制造业	Manufacture of Special Purpose Machinery	238	337113	174091
交通运输设备制造业	Manufacture of Transport Equipment	157	383211	229967
电气机械及器材制造业	Manufacture of Electrical Machinery and Equipment	245	520077	290337
通信设备、计算机及其他电子设备制造业	Manufacture of Communication Equipment, Computers and Other Electronic Equipment	276	435418	247752
仪器仪表及文化、办公用机械制造业	Manufacture of Measuring Instruments and Machinery for Cultural Activity and Office Work	36	49848	19449
工艺品及其他制造业	Manufacture of Artwork and Other Manufacturing	47	43716	10677
废弃资源和废旧材料回收加工业	Recycling and Disposal of Waste	1	2270	1530
电力、燃气及水的生产和供应业	Production and Supply of Electricity, Gas and Water	15	36909	25110
建筑业	Construction	56	100351	45601
交通运输、仓储和邮政业	Transport, Storage and Post	61	160497	67549
信息传输、计算机服务和软件业	Information Transmission, Computer Services and Software	182	77052	27212
批发和零售业	Wholesale and Retail Trades	627	333207	174639
住宿和餐饮业	Hotels and Catering Services	61	23745	16215
金融业	Financial Intermediation	35	44535	41749
房地产业	Real Estate	83	488599	587029
租赁和商务服务业	Leasing and Business Services	236	234658	111921
科学研究、技术服务和地质勘查业	Scientific Research, Technical Service and Geologic Prospecting	178	52400	37013
水利、环境和公共设施管理业	Management of Water Conservancy, Environment and Public Facilities	48	81552	41606
居民服务和其他服务业	Services to Households and Other Services	26	10489	9459
教育	Education	2	82	8
卫生、社会保障和社会福利业	Health, Social Security and Social Welfare	3	13061	113
文化、体育和娱乐业	Culture, Sports and Entertainment	12	16487	3138

8 – 16 按国家或地区分外商直接投资

Foreign Direct Investment by Countries or Regions

单位:万美元 (USD 10000)

国家或地区 Countries or Regions		2005			2010		
		项 目(个) Number of Projects (unit)	合同外资 Contracted Foreign Capital	实际投资 Actual Invest-ment	项 目(个) Number of Projects (unit)	合同外资 Contracted Foreign Capital	实际投资 Actual Invest-ment
合 计	**Total**	**7126**	**4643882**	**1318339**	**4661**	**5683321**	**2849777**
亚 洲	**Asia**	**4653**	**2749773**	**715551**	**3484**	**4332511**	**1945291**
#中国香港	Hong Kong	1988	1301538	295406	1700	2776039	1400580
中国澳门	Macao	37	12026	3745	19	13884	4748
中国台湾省	Taiwan Province	1105	512826	60802	849	663852	152086
印度尼西亚	Indonesia	22	21779	2320	12	5720	4958
日本	Japan	528	328382	170088	322	294315	102853
马来西亚	Malaysia	69	44243	15555	38	29079	11163
菲律宾	Philippines	13	9630	4187	14	17509	5028
新加坡	Singapore	252	175204	70505	177	268024	128730
韩国	Korea, Rep.	447	254894	80475	260	194801	103416
泰国	Thailand	43	37735	2190	4	3688	1966
非 洲	**Africa**	**149**	**101808**	**30123**	**141**	**91718**	**47199**
欧 洲	**Europe**	**629**	**334925**	**119772**	**345**	**283685**	**172465**
#比利时	Belgium	13	6058	2189	5	–2566	223
丹麦	Dermark	11	6948	1571	15	7173	2813
英国	United Kindom	116	54032	13564	58	59479	30816
德国	Germany	129	50687	36479	78	74869	26775
法国	France	62	29522	16971	27	51545	25352
爱尔兰	Ireland	4	3105	649	2	82	4
意大利	Italy	72	41808	5853	35	29321	16196
卢森堡	Luxembourg	7	7418	4473	3	2536	1467
荷兰	Netherlands	44	51993	13632	21	–2782	25494
希腊	Greece	1	20	22	1	1	107
葡萄牙	Portugal			161		1000	750
西班牙	Spain	38	20118	7131	26	11775	9267
芬兰	Finland	7	2225	282	8	6116	3164
瑞士	Switzerland	23	12032	6747	11	–1373	8533
拉丁美洲	**Latin America**	**545**	**595994**	**258338**	**141**	**283432**	**304028**
北美洲	**North America**	**881**	**478601**	**83693**	**427**	**284416**	**142528**
#加拿大	Canada	170	63601	8556	90	55482	36319
美国	United States	701	389834	70904	332	225003	92252
大洋洲	**Oceania**	**406**	**290006**	**66932**	**174**	**189701**	**77397**
#澳大利亚	Australia	138	70698	8003	60	64902	13235

单位:万美元 (USD 10000)

国家或地区	Countries or Regions	2011 项目(个) Number of Projects (unit)	2011 合同外资 Contracted Foreign Capital	2011 实际投资 Actual Investment	2012 项目(个) Number of Projects (unit)	2012 合同外资 Contracted Foreign Capital	2012 实际投资 Actual Investment
合计	**Total**	**4496**	**5955372**	**3213173**	**4156**	**5714109**	**3575956**
亚洲	**Asia**	**3293**	**4677857**	**2355932**	**3090**	**4364040**	**2592795**
#中国香港	Hong Kong	1731	2973015	1670260	1664	2829218	1796399
中国澳门	Macao	10	13337	13351	14	21132	13699
中国台湾省	Taiwan Province	730	671987	111615	650	595599	161733
印度尼西亚	Indonesia	8	4835	1771	10	8518	2616
日本	Japan	352	351610	243619	303	398127	263670
马来西亚	Malaysia	43	93737	8619	20	31224	13170
菲律宾	Philippines	16	18330	2101	11	12040	8393
新加坡	Singapore	124	305198	203235	136	207994	207120
韩国	Korea, Rep.	211	188648	81757	195	188849	99482
泰国	Thailand	4	10371	3914	7	1317	3763
非洲	**Africa**	**98**	**59215**	**44849**	**66**	**34193**	**48139**
欧洲	**Europe**	**355**	**288666**	**157802**	**310**	**339534**	**205055**
#比利时	Belgium	4	3979	1607	10	1242	323
丹麦	Dermark	8	4249	1598	14	4599	2285
英国	United Kindom	51	41390	17641	44	59423	11483
德国	Germany	95	49681	33866	79	105621	71079
法国	France	27	47832	22788	23	20969	22416
爱尔兰	Ireland	1	195	416	1	2741	1443
意大利	Italy	32	21046	9337	35	26006	8592
卢森堡	Luxemboury	7	4431	2394	6	11024	8074
荷兰	Netherlands	23	37129	28278	17	39352	33273
希腊	Greece	2	1002	1			
葡萄牙	Portugal	1	746	431	1	-246	2
西班牙	Spain	25	21405	7077	16	8960	12191
芬兰	Finland	7	3674	8272	9	12074	7125
瑞士	Switzerland	14	7804	9700	15	20458	9534
拉丁美洲	**Latin America**	**168**	**197142**	**300580**	**99**	**260726**	**241940**
北美洲	**North America**	**434**	**294265**	**115419**	**436**	**294167**	**149450**
#加拿大	Canada	113	97608	19432	96	70883	34510
美国	United States	318	193449	86737	335	208212	85784
大洋洲	**Oceania**	**172**	**143314**	**90035**	**176**	**174972**	**91564**
#澳大利亚	Australia	51	48408	12961	58	43789	16003

8-17 年末登记外商投资企业行业分布情况(2012 年)

Sector Distribution Registered of Foreign-funded Enterprises at the Year-end(2012)

行业	Sector	企业数(个) Number of Registered Enterprises (unit)	投资总额(万美元) Total Investment (USD 10000)	注册资本(万美元) Registered Capital (USD 10000)	#外方 Capital Invested by Foreign Partner
总计	**Total**	**50461**	**62499990**	**33013797**	**28030215**
农、林、牧、渔业	Agriculture, Forestry, Animal Husbandry and Fishery	833	759961	526825	491903
采矿业	Mining	23	142169	66909	60651
制造业	Manufacturing	30932	44138736	22038999	18811175
电力、燃气及水的生产和供应业	Production and Supply of Electricity, Gas and Water	475	1405701	554116	364512
建筑业	Construction	585	891980	570058	492844
交通运输、仓储和邮政业	Transport, Storage and Post	1931	1206178	628499	504591
信息传输、计算机服务和软件业	Information Transmission, Computer Services and Software	2496	720168	388925	342420
批发和零售业	Wholesale and Retail Trades	4287	1270322	727639	665797
住宿和餐饮业	Hotels and Catering Services	1814	536183	314491	266963
金融业	Financial Intermediation	617	187088	157665	88338
房地产业	Real Estate	1718	5458518	3727860	3319862
租赁和商务服务业	Leasing and Business Services	1936	1438566	1072819	946226
科学研究、技术服务和地质勘查业	Scientific Research, Technical Service and Geologic Prospecting	2078	3531737	1801421	1296815
水利、环境和公共设施管理业	Management of Water Conservancy, Environment and Public Facilities	111	397608	191068	164301
居民服务和其他服务业	Services to Households and Other Services	422	205396	118973	107208
教育	Education	21	5851	4494	4039
卫生、社会保障和社会福利业	Health, Social Security and Social Welfare	19	91093	46834	36923
文化、体育和娱乐业	Culture, Sports and Entertainment	152	112634	76131	65597
其他	Other	11	100	71	51

8-18 对外承包工程和劳务合作

Contracted Projects and Labor Services Cooperation with Foreign Countries

年 份 Year	合 同 数(份) Number of Contracts (unit)	合同金额(万美元) Contracted Value (USD 10000)	实际完成营业额(万美元) Value of Business Fulfilled (USD 10000)	年末在外人数(人) Number of Persons Abroad at the Year-end(person)
对外承包工程 Contracted Projects				
1985	13	262		
1990	32	3571	3521	881
1995	101	19495	19774	2946
1996	148	24040	22725	3298
1997	239	34599	31011	5997
1998	224	38224	34878	5784
1999	273	52110	34636	7403
2000	306	58544	49722	8616
2001	513	71200	62747	8320
2002	587	133743	105403	10992
2003	642	174201	142671	13449
2004	3317	213267	188958	21073
2005	1853	290079	251095	30211
2006	4975	426788	376509	38432
2007	922	400569	344919	41268
2008	791	432043	388434	34945
2009	727	449596	433249	36739
2010	968	544726	519838	35987
2011	891	594909	599171	35484
2012	1009	719844	646755	35615
对外劳务合作 Labor Cooperation				
1985	75	2704		
1990	45	475	525	390
1995	205	8591	6120	5260
1996	163	12253	6287	9068
1997	188	13022	7454	9049
1998	427	24250	17271	17439
1999	523	29286	26538	25012
2000	754	39394	30293	34426
2001	911	48689	45316	56852
2002	622	37401	49989	62670
2003	597	33444	53984	65576
2004	421	31322	56974	69984
2005	464	40451	68056	70049
2006	467	41243	58843	73984
2007	506	51874	71087	75924
2008	461	56072	71304	66240
2009	1625	53793	74555	63045
2010	1055	76040	76864	59778
2011		64883	73590	53864
2012		62021	77438	51234

注：合同数口径2007年起调整，在国内承包的外资项目不再作为对外承包工程。

a) “Contracted projects” are adjusted from 2007, foreign funded projects contracted in domestic are no longer “contracted projects with foreign countries”.

8-19 开发区基本情况

名　称	Name	业务总收入（亿元）Total Business Income (100 million yuan)		
		2010	2011	2012
总计	**Total**	**92701.08**	**122594.41**	**151790.33**
国家级	**State Level**	**45588.28**	**63410.81**	**89969.78**
南通经济技术开发区	Nantong Economic & Technological Development Area	1593.53	2041.86	2435.81
连云港经济技术开发区	Lianyungang Economic and Technological Development Zone	920.86	1255.46	1635.24
昆山经济技术开发区	Kunshan Economic & Technical Development Zone	5476.36	6223.57	6441.80
苏州工业园区	Suzhou Industrial Park	4897.83	5907.33	6444.03
南京经济技术开发区	Nanjing Economic and Technological Development Zone	2054.28	2568.08	3250.82
张家港保税港区	Zhangjiagang Free Trade Zone	3505.41	4600.49	5020.34
镇江经济技术开发区	Zhenjiang Economic and Technological Development Zone	1642.70	2258.70	2846.19
扬州经济技术开发区	Yangzhou Economic and Technological Development Zone	1855.15	2568.35	3492.96
徐州经济技术开发区	Xuzhou Economic and Technological Development Zone	1517.56	1916.74	2970.91
淮安经济技术开发区	Huaian Economic and Technological Development Zone	1307.99	1830.43	2201.21
盐城经济技术开发区	Yancheng Economic and Technological Development Zone	1152.84	1810.75	1881.37
江宁经济技术开发区	Jiangning Economic and Technological Development Zone	1524.35	2012.40	2620.42
常熟经济技术开发区	Changshu Economic and Technological Development Zone	1816.97	2382.62	2512.03
吴江经济技术开发区	Wujiang Economic and Technological Development Zone	1289.48	1484.44	1508.80
太仓港经济技术开发区	Taicang Port Economic and Technological Development Zone	1376.40	1603.21	1799.15
锡山经济技术开发区	Xishan Economic and Technological Development Zone	1125.05	1383.81	1741.71
张家港经济技术开发区	Zhangjiagang Economic and Technological Development Zone	1526.20	1925.12	2159.14
海安经济技术开发区	Haian Economic and Technological Development Zone	1192.28	1676.81	2152.78
南京高新技术产业开发区	Nanjing New & High Technology Industry Development Zone	1424.64	1450.70	1741.98
常州高新技术产业开发区	Changzhou New & High Technology Industry Development Zone	2869.84	3602.24	4038.90
苏州高新技术产业开发区	Suzhou New & High Technology Industry Development Zone	2593.24	3126.22	3255.03
无锡高新技术产业开发区	Wuxi New & High Technology Industry Development Zone	4448.86	5206.61	5356.98
宜兴环保科技工业园	Yixing Industrial Park for Environmental Science & Technology	424.23	549.09	900.82
泰州医药高新技术产业开发区	Taizhou Medical Hi-tech Development Zone	695.28	919.87	1200.81
昆山高新技术产业开发区	Kunshan New & High Technology Industry Development Zone	2187.52	2453.27	2703.50
江阴高新技术产业开发区	Jiangyin New & High Technology Industry Development Zone	1580.10	1888.18	2507.47
武进高新技术产业开发区	Wujin New & High Technology Industry Development Zone	1600.75	1782.12	1974.21
徐州高新技术产业开发区	Xuzhou New & High Technology Industry Development Zone	618.54	840.44	1233.62
无锡太湖国家旅游度假区	Wuxi Taihu Lake National Tourist Resort	121.48	128.77	134.56
苏州太湖国家旅游度假区	Suzhou Taihu Lake National Tourist Resort	267.88	312.50	362.91
宿迁经济技术开发区	Suqian Economic and Technological Development Zone	269.59	361.49	1111.95
宜兴经济技术开发区	Yixing Economic and Technological Development Zone	578.70	1475.37	1802.84
吴中经济技术开发区	Wuzhong Economic and Technological Development Zone	1022.02	1695.44	1859.37

Basic Conditions of Development Zones

公共财政预算收入（万元）Local General Budget Revenue（10000 yuan）			进出口总额（万美元）Total Value of Import and Export（USD 10000）			出口总额（万美元）Export Value（USD 10000）			实际外商直接投资额（万美元）Actual Value of Foreign Direct Investment（USD 10000）		
2010	2011	2012	2010	2011	2012	2010	2011	2012	2010	2011	2012
16006869	**21863951**	**28542821**	**35868205**	**40875429**	**43437968**	**20272496**	**23222185**	**25450537**	**2223299**	**2432944**	**2803642**
7813448	**11161548**	**16430932**	**29080316**	**34045424**	**37383980**	**15826948**	**18493618**	**21288743**	**1182958**	**1337782**	**1665606**
248487	281152	330848	335998	415312	430240	174026	230667	249712	47572	47699	52414
216738	269635	329988	203987	263625	319007	71793	107431	130257	34394	34542	18561
527031	659506	676902	6848579	6974098	7035512	4594446	4428219	4590520	67318	67506	73268
1331800	1643008	1850006	7327783	7133125	7898442	3408277	3545483	4205021	204426	227054	209673
260108	336063	431255	1044809	1167002	1365320	403327	490981	641101	28233	45832	53541
223753	189998	320174	1131713	1423529	1385784	251677	297510	274719	40315	33954	30187
205005	310234	481027	325613	419015	378648	108181	136448	145114	77584	52595	70812
375444	457488	533000	339948	441548	460662	232790	290960	378413	52753	32458	43421
225057	426000	518122	254572	331144	365409	134966	168215	242862	55165	57028	60373
303681	424198	468304	107482	153786	193218	62088	86513	132476	30027	51989	32726
197288	339127	492201	156771	229606	219216	48712	67737	78517	13681	16741	33126
398978	555470	769315	552913	766761	757332	305764	403524	439619	68208	47357	80059
280453	354383	370698	997501	1143755	1167312	648144	730382	678358	48429	48017	70523
224289	234020	299976	1467667	1664434	1691862	722291	810586	889786	57068	44065	50305
347579	422459	471845	599433	886635	1028539	268328	371017	436593	62138	25934	53493
179737	219222	317794	229782	251813	291485	143742	162964	206490	37285	33935	40700
315126	403832	461985	584165	693685	688241	415890	512123	519608	18275	34445	41472
174278	248520	328290	86597	105918	98284	72662	88438	79938	10910	15824	26037
140126	149057	221658	251234	318006	131873	131929	186522	104868	9993	23508	10130
560813	730151	826645	838805	1062044	1069169	501652	627081	694932	64983	104439	91503
571002	710317	820365	2826106	3136485	3151669	1789802	1989452	2021990	69967	73775	83389
831991	1044700	1119929	3085465	3503046	3541905	1690316	1854487	1885471	125254	120855	147057
78246	116967	232913	29656	45422	42069	27105	42893	40223	10213	4436	11093
124415	169240	188715	99028	118286	109815	74392	97908	85429	24005	27418	16359
389459	443284	470117	827386	924382	837518	433813	532203	479161	47654	50653	41500
170550	212672	416491	410831	542586	469802	227864	308212	266609	15174	25205	34635
240597	304327	415873	243789	293464	285560	179283	192005	175379	49585	77418	60674
124794	162302	293547	12120	18853	26576	8482	13562	22156	4222	15138	7186
51684	53865	64580	10514	14644	12203	5045	6551	5592	907	2113	1033
47600	5500	56000	16786	21650	21840	6412	7549	7645	4809	4229	3080
68520	90604	189856	62257	37277	43474	38337	23026	26476	7220	7989	4889
118603	212263	245025	122741	127024	218952	104560	106257	159910	20201	3445	9685
227382	273670	322942	329704	573575	761724	218684	428440	410667	30598	39037	35936

名 称 Name		业务总收入（亿元）Total Business Income (100 million yuan)		
		2010	2011	2012
苏州浒墅关经济技术开发区	Suzhou Xushuguan Economic and Technological Development Zone	514.17	649.85	788.37
海门经济技术开发区	Haimen Economic and Technological Development Zone	1425.02	1897.11	2207.74
如皋经济技术开发区	Rugao Economic and Technological Development Zone	738.26	1048.33	1345.26
靖江经济技术开发区	Jingjiang Economic and Technological Development Zone	1428.00	1860.40	2328.73
省级	**Provincial Level**	**47112.80**	**59183.61**	**61820.54**
南京化学工业园区	Nanjing Chemical Industrial Park	1063.80	1404.04	1839.61
南京浦口经济开发区	Nanjing Pukou Economic Development Zone	321.08	417.53	605.71
六合经济开发区	Liuhe Economic Development Zone	285.12	357.17	669.83
溧水经济开发区	Lishui Economic Development Zone	304.00	376.39	608.78
高淳经济开发区	Gaochun Economic Development Zone	260.41	348.58	466.15
南京栖霞经济开发区	Nanjing Xixia Economic Development Zone	104.63	141.25	212.39
南京雨花经济开发区	Nanjing Yuhua Economic Development Zone	69.42	93.00	269.85
南京江宁滨江经济开发区	Nanjing Jiangning Binjiang Economic Development Zone	200.31	253.05	338.74
南京白下高新技术产业园区	Nanjing Baixia High - tech Zone	73.31	90.99	134.25
无锡蠡园高新技术产业园区	Wuxi Liyuan New & High Technology Industry Development Zone	395.33	500.36	561.89
无锡惠山经济开发区	Wuxi Huishan Economic Development Zone	391.78	472.89	830.67
宜兴陶瓷产业园区	Yixing Pottery and Porcelain Industry Zone	113.29	118.80	205.19
无锡经济开发区	Wuxi Economic Development Zone	58.62	55.06	319.84
无锡硕放工业园区	Wuxi Shuofang Economic Development Zone	336.85	450.14	462.52
江阴临港经济开发区	Jiangyin Lingang Economic Development Zone	2016.14	2846.01	3099.68
常熟高新技术产业开发区	Changshu New & High Technology Industry Development Zone	513.94	631.58	744.40
汾湖高新技术产业开发区	Fenhu New & High Technology Industry Development Zone	653.19	798.20	860.46
苏州相城经济开发区	Suzhou Xiangcheng Economic Development Zone	277.65	340.64	730.27
昆山花桥经济开发区	Kunshan Huaqiao Economic Development Zone	553.87	649.22	809.79
常州天宁经济开发区	Changzhou Tianning Economic Development Zone	948.55	1079.30	1228.06
常州戚墅堰经济开发区	Changzhou Qishuyan Economic Development Zone	255.41	282.07	321.58
溧阳经济开发区	Liyang Economic Development Zone	973.87	1377.81	1650.31
金坛经济开发区	Jintan Economic Development Zone	559.71	721.73	751.41
常州钟楼经济开发区	Zhonglou Economic Development Zone	639.16	706.64	827.36
武进经济开发区	Wujin Economic Development Zone	115.29	157.32	204.51
常州滨江经济开发区	Changzhou Binjiang Economic Development Zone	66.46	84.08	114.72
丹阳经济开发区	Danyang Economic Development Zone	852.90	1235.51	1667.94
扬中经济开发区	Yangzhong Economic Development Zone	279.48	405.31	486.37
句容经济开发区	Jurong Economic Development Zone	250.85	432.25	652.19
丹徒经济开发区	Dantu Economic Development Zone	315.89	426.45	511.73
镇江京口工业园区	Zhenjiang Jingkou Industrial Park	116.59	264.99	317.98

Continued 1

公共财政预算收入（万元） Local General Budget Revenue（10000 yuan）			进出口总额（万美元） Total Value of Import and Export（USD 10000）			出口总额（万美元） Export Value（USD 10000）			实际外商直接投资额（万美元） Actual Value of Foreign Direct Investment（USD 10000）		
2010	2011	2012	2010	2011	2012	2010	2011	2012	2010	2011	2012
126065	144975	164381	219808	211801	366892	113151	106558	195153	6552	9257	23194
176010	279701	413649	88549	124290	133946	61950	84138	91549	27343	10052	10689
97850	157520	235416	36959	108022	126519	32430	78658	92334	9777	6729	9955
152018	213279	281100	268763	354091	257961	201996	280065	204095	16511	14290	22928
8193421	**10702403**	**12111889**	**6787889**	**6830005**	**6053988**	**4445548**	**4728567**	**4161794**	**1040341**	**1095162**	**1138036**
94507	254231	454856	71825	113914	105309	27272	62162	53672	28233	19884	49440
71808	91511	153055	17198	24216	27429	11931	19180	20679	20765	11656	5767
65955	95852	186039	40767	54482	92839	39130	51797	70792	2508	8525	5789
90032	115907	180280	14502	27171	20429	13407	24710	18468	11376	10516	15124
24867	29648	42183	27827	37263	34825	23602	34916	33549	1356	2068	411
14462	18452	25644	20235	18493	17364	11541	10723	8887	5161	1233	9471
17945	19704	36214	2339	1573	1206	2082	1357	1137	5184	6949	1998
25590	37999	75600	3729	3821	16583	2862	3093	12075	820	2137	10300
14592	15775	18828	38830	52591	63791	32763	45898	54908	3705	6000	10037
59083	72216	74589	47741	52424	49950	33488	38496	37346	1954	1821	3385
77869	97412	230265	39031	47878	47633	31650	36977	37562	4043	4448	9203
4986	18889	59570	11416	9737	43605	10583	8959	40216	205	4647	3603
99196	47804	48160	27377	29470	32960	22225	23094	26813	1352	858	1983
43279	56263	69004	11616	11640	8934	4174	5233	4228	4390	4660	1055
246130	307346	326419	288159	453562	484437	151463	191771	158269	21779	5489	16867
123665	164968	193421	217503	270660	345378	111819	151937	237448	28527	37391	29670
133327	176029	195497	120386	146766	148108	83888	100057	108402	11607	20057	22028
55597	68693	136022	104013	105260	261090	73688	73279	153088	4879	4301	3702
217308	221284	275178	135479	157853	179584	68806	79960	94589	6105	16314	19796
228847	301280	339096	83729	110450	94165	71415	85813	81239	23709	25290	8185
48510	59850	67097	17201	26878	28869	14414	18534	25622	6252	2970	2352
170512	239012	285619	35233	72809	74864	28142	60813	52569	9320	11479	43046
75230	98800	92886	103044	102590	66572	84172	81500	56793	25423	14760	30907
100537	162979	156996	105006	122637	123022	82475	102845	101057	7388	28594	15929
32040	46478	70624	10951	16962	23058	9136	13597	19598	7702	9703	15287
9412	11116	13203	23530	32067	44701	7118	12237	13216	1368	7562	5451
87909	162957	205204	47125	193931	215215	38612	149094	171980	8127	25520	32506
58483	102136	122747	32469	48208	20573	15071	15111	15083	7842	12974	12116
54242	95133	140583	23447	32699	37147	14143	22666	26601	11119	32270	20078
67892	98501	119935	28592	39386	30126	23376	32199	26266	1947	8270	8905
34538	55261	79685	21704	8531	17496	18499	6060	6904	4435	7217	11981

8-19 续表2

名 称	Name	业务总收入（亿元）Total Business Income（100 million yuan）		
		2010	2011	2012
镇江高新技术产业开发区	Zhenjiang New & High Technology Industry Development Zone	221.56	400.59	287.44
南通崇川经济开发区	Nantong Chongchuan Economic Development Zone	509.07	624.21	1016.27
南通高新技术产业园区	Nantong New & High Technology Industry Development Zone	1027.57	1459.16	1896.90
如东经济开发区	Rudong Economic Development Zone	811.09	1135.62	1500.91
南通港闸经济开发区	Nantong Gangzha Economic Development Zone	460.87	603.13	709.89
启东经济开发区	Qidong Economic Development Zone	702.41	982.89	1179.47
启东吕四港经济开发区	Qidong Lvsi Port Economic Development Zone	446.25	601.50	686.50
海门工业园区	Haimen Industrial Park	410.91	688.12	898.05
泰兴经济开发区	Taixing Economic Development Zone	656.93	950.87	1287.51
姜堰经济开发区	Jiangyan Economic Development Zone	483.52	650.80	836.93
兴化经济开发区	Xinghua Economic Development Zone	257.12	380.93	505.89
泰州海陵工业园区	Taizhou Hailing Industrial Park	159.77	415.29	490.63
泰州高港高新技术产业园区	Taizhou Gaogang New & High Technology Industry Development Zone	286.98	366.58	1310.65
江阴-靖江工业园区	Jiangyin&Jingjiang Industrial Park	414.08	565.11	565.76
仪征经济开发区	Yizheng Economic Development Zone	665.55	934.53	1198.69
高邮经济开发区	Gaoyou Economic Development Zone	458.16	775.20	982.31
宝应经济开发区	Baoying Economic Development Zone	431.76	687.41	872.61
江都经济开发区	Jiangdu Economic Development Zone	700.00	1015.00	1465.51
扬州维扬经济开发区	Yangzhou Weiyang Economic Development Zone	247.93	329.98	579.35
扬州高新技术产业开发区	Yangzhou New & High Technology Industry Development Zone	631.08	970.49	1233.52
扬州化学工业园区	Yangzhou Chemical Industrial Park	248.79	800.45	990.02
扬州广陵经济开发区	Yangzhou Guangling Economic Development Zone			793.08
淮安工业园区	Huaian Industrial Park	163.35	238.13	284.28
淮安经济开发区	Huaian Economic Development Zone	171.78	330.86	409.96
淮安高新技术产业开发区	Huaian New & High Technology Industry Development Zone	248.15	376.94	492.06
金湖经济开发区	Jinhu Economic Development Zone	175.22	236.90	320.05
盱眙经济开发区	Xuyi Economic Development Zone	230.10	410.71	538.98
洪泽经济开发区	Hongze Economic Development Zone	192.75	279.50	342.68
涟水经济开发区	Lianshui Economic Development Zone	249.91	322.26	455.14
射阳经济开发区	Sheyang Economic Development Zone	277.21	380.32	478.50
阜宁经济开发区	Funing Economic Development Zone	315.63	413.93	579.62
大丰经济开发区	Dafeng Economic Development Zone	338.01	473.78	550.13
响水经济开发区	Xiangshui Economic Development Zone	257.32	360.87	240.77
亭湖经济开发区	Tinghu Economic Development Zone	344.83	449.25	451.68
盐城高新技术产业开发区	Yancheng New & High Technology Industry Development Zone	268.90	469.46	655.75
东台经济开发区	Dongtai Economic Development Zone	235.61	309.87	805.05

Continued 2

公共财政预算收入（万元）Local General Budget Revenue（10000 yuan）			进出口总额（万美元）Total Value of Import and Export（USD 10000）			出口总额（万美元）Export Value（USD 10000）			实际外商直接投资额（万美元）Actual Value of Foreign Direct Investment（USD 10000）		
2010	2011	2012	2010	2011	2012	2010	2011	2012	2010	2011	2012
29093	63799	51390	35548	42537	36979	20874	30835	25240	3610	4660	13151
37668	135699	189979	130385	362299	502974	44292	220717	303368	2679	10970	10081
162115	235066	303689	56520	54427	227567	44054	41785	202520	5890	6586	10394
97318	121500	173602	35773	58921	67489	31864	53165	59016	5138	3121	11676
72592	163006	210847	84900	129583	227894	73156	110147	185001	3463	2397	10825
107048	146560	175872	214774	219613	179917	152875	157627	123128	11419	9681	18775
55079	65670	88564	3349	4982	4681	3259	4949	4646	4895	2296	4242
15109	51805	70122	17238	21413	27577	17225	21199	26748	5392	904	911
69738	98553	141985	104346	144111	169870	50464	71718	80094	13505	18842	20811
44512	59913	77685	28161	32469	38449	21543	25898	28139	11509	11133	9765
57208	83995	112416	22814	31892	43501	14733	21643	35809	10154	10131	12139
19025	60750	81367	22373	29672	26594	14130	17838	17660	6054	13788	5657
35002	49381	205484	155742	137777	97890	86317	68869	48121	9449	11547	22646
52633	80475	96225	48390	27795	14005	33398	13146	6826	14325	10295	3135
94740	156367	162132	19681	29810	21444	16598	26296	18222	11241	25138	10406
74950	138700	196839	19517	24206	27027	18758	22967	25759	12231	19188	10485
79185	122690	154113	24384	54264	56524	17384	40319	43640	13966	12917	13006
155600	188891	225600	55862	83350	86221	49954	75932	80321	20226	19079	17739
36425	47250	76688	16031	26178	28620	15417	24294	25675	7425	17336	6469
47523	146229	186590	131742	145065	75115	116993	129105	71210	16586	18660	28903
38900	59170	75939	37752	44484	61515	13676	18324	24073	8327	13038	22830
		155500			99358			82004			18438
13791	22524	37559	11240	14263	27749	10420	12853	26587	3824	5967	4330
26748	50299	76895	11568	14841	25198	10604	13435	23739	6444	8289	16681
67166	98985	99659	19820	31102	30660	9383	10933	18708	12099	7977	18229
26638	47215	66154	11071	13867	29513	9779	13487	29032	11280	8420	13795
18264	76564	100697	8010	10038	43588	4964	6956	41236	10263	15387	44066
34059	48678	60197	10357	6370	17039	9478	6058	12258	7222	15043	19617
53875	76465	98544	12406	19746	31268	10655	16623	28625	8029	16141	16048
36590	56605	87086	7469	8734	11826	6872	8269	11250	6759	7777	9162
43183	110542	176366	13888	18234	15589	12166	15601	13163	7334	13350	14351
76896	118974	159919	22061	26729	36430	14864	17450	24973	8924	14075	15249
42867	67986	66151	2150	40405	44751	2043	30087	35137	3953	5695	11327
54614	67392	70460	4551	16669	14878	4443	16202	14592	4262	8317	11404
47436	119425	164888	8218	15896	34897	2325	4019	22022	4407	7926	12797
45047	60870	197261	11427	17466	15302	9521	15546	13276	10528	12644	19335

8－19 续表3

名　称	Name	业务总收入（亿元）Total Business Income（100 million yuan）		
		2010	2011	2012
滨海经济开发区	Binhai Economic Development Zone	227.56	406.05	600.51
建湖经济开发区	Jianhu Economic Development Zone	351.13	425.41	682.35
丰县经济开发区	Fengxian Economic Development Zone	255.14	440.17	600.51
徐州工业园区	Xuzhou Industrial Park	266.19	505.28	695.67
新沂经济开发区	Xinyi Economic Development Zone	255.94	625.10	1040.21
睢宁经济开发区	Suining Economic Development Zone	167.87	333.06	499.61
沛县经济开发区	Peixian Economic Development Zone	287.75	632.28	1001.35
邳州经济开发区	Pizhou Economic Development Zone	301.55	616.41	1036.27
徐州泉山经济开发区	Xuzhou QuanshanEconomic Development Zone			36.56
东海经济开发区	Donghai Economic Development Zone	156.35	258.59	378.87
赣榆经济开发区	Ganyu Economic Development Zone	215.90	334.64	470.95
连云经济开发区	Lianyun Economic Development Zone	115.28	178.69	235.29
海州经济开发区	Haizhou Economic Development Zone	111.90	135.20	191.40
灌云经济开发区	Guanyun Economic Development Zone	108.10	160.30	217.12
连云港化学工业园区	Lianyungang Chemical Industrial Park	177.03	225.60	312.80
连云港徐圩经济开发区	Lianyungang Xuwei Economic Development Zone			37.40
宿城经济开发区	Sucheng Economic Development Zone	158.68	295.70	144.16
沭阳经济开发区	Shuyang Economic Development Zone	202.66	377.86	585.58
泗洪经济开发区	Sihong Economic Development Zone	170.60	181.56	268.85
宿迁高新技术产业开发区	Suqian New & High Technology Industry Development Zone	175.35	256.38	299.28
泗阳经济开发区	Siyang Economic Development Zone	212.61	308.48	434.15
苏州宿迁工业园区	Suzhou Suqian Port Industrial Park			51.19
南京珍珠泉旅游度假区	Nanjing Pearl Spring Tourist Resort	1.00	1.30	1.64
溧阳天目湖旅游度假区	Liyang Tianmuhu Lake Tourist Resort	93.82	116.49	119.64
淀山湖旅游度假中心	Dianshanhu Lake Tourist Resort	15.08	19.92	20.41
阳澄湖旅游度假中心	Yangchenghu Tourist Resort	26.80	15.84	29.73
无锡太湖山水城旅游度假区	Wuxi Taihu Lake Mountain,Water and City Tourist Resort	351.95	380.49	436.21
南通外向型农业综合开发区	Nantong Exported－oriented Integrated Agriculture Development Zone	318.91	319.01	474.30
赣榆海洋经济开发区	Ganyu Ocean Economic Development Zone	31.37	43.61	63.94
大丰海洋经济开发区	Dafeng Ocean Economic Development Zone	287.59	393.87	414.78
南通苏通科技产业园区	Nantong Su-Tong Science & Technology Park	6.54	0.00	43.08

注：2012年有10个原省级开发区升格为国家级开发区。

公共财政预算收入（万元）Local General Budget Revenue（10000 yuan）			进出口总额（万美元）Total Value of Import and Export（USD 10000）			出口总额（万美元）Export Value（USD 10000）			实际外商直接投资额（万美元）Actual Value of Foreign Direct Investment（USD 10000）		
2010	2011	2012	2010	2011	2012	2010	2011	2012	2010	2011	2012
65859	102068	134238	12592	15485	21086	12310	14897	19505	5594	7831	12590
67792	121535	188345	12161	16562	23614	11449	15683	21063	7192	12465	8255
59562	84628	126243	5655	6077	13747	4797	5359	13720	3291	3016	6081
53160	100998	178925	13451	24641	39647	8177	9681	13077	7049	11153	15227
45470	158370	238331	22750	24679	40896	14297	19826	25074	4214	6199	18010
36620	92508	118411	17662	31302	53810	7898	18314	31455	2119	9275	11676
74420	121875	176790	8272	26096	37542	7981	25790	36960	7801	8658	12261
67297	152337	253692	22883	34121	80324	20171	31029	77148	3945	12991	11846
		9836									300
35071	63683	87786	14820	24613	23298	12040	18049	18362	15016	4150	9154
33832	48361	65456	3879	8326	8736	3642	5466	5158	7781	2313	5712
60177	93274	121756	67224	80178	154489	30652	42841	53553	5109	5323	5019
19369	19494	30100	8580	11729	13213	7759	10603	9162	2841	13	4124
24780	36294	49116	7688	9639	9542	6827	8708	8518	8745	560	726
37068	45200	53423	2715	3391	5686	2402	3176	5414	6486	276	1758
		15400									1300
61534	85508	170341	1005	22272	36278	955	17374	33673	2317	1571	5132
83743	112841	201620	14131	20924	51746	11419	16524	46471	4189	3665	7050
64200	68805	141292	12292	11260	34326	11617	10906	33251	1129	30	6083
82251	99760	152575	3903	31004	40644	2851	27576	30394	525	2477	4652
78542	105792	151310	19840	43871	40681	17867	42731	39229	1759	1927	5337
		27325			283			46			10100
4187	3518	4423									120
21607	23006	25607	4058	7053	8443	3105	6409	8004	3455	4210	2163
6031	8819	9623	818		1197	779		1138	138	1294	149
5188	5201	5606	600	401	108	470	322	102	1203	614	1744
45304	50150	58952	8698	16301	14533	7982	9854	10691	7654	15226	4215
19595	19733	36600	5347	6596	21995	4106	4713	3867	19292	21642	10640
8894	13270	20560	1708	2717	3413	1699	2709	3405	4083	289	29
85060	121680	85890	8137	11322	12569	7509	10520	11677	10230	10852	13041
10712	15055	23354			4981			803		3685	8295

a) There were ten former provincial development zone upgraded to the state level development zones in 2012.

8－20 境外投资情况
Information of Overseas Investment

指　　标	Item	2000	2005	2010	2011	2012
新批项目数　　（个）	**Number of Newly Approved Projects (unit)**	**34**	**160**	**408**	**505**	**572**
#企业	Enterprise	32	132	360	443	528
#子公司	Sub-enterprise	28	111	326	410	501
独资子公司	Joint Venture Enterprise	19	88	269	343	390
合资子公司	Solely Funded Enterprise	9	23	57	67	111
联营公司	Joint Ownership Enterprise	4	21	34	33	27
#国有及国有控股企业	State-owned Enterprise	13	31	39	34	60
集体企业	Collective-owned Enterprise	2	4	5	3	4
民营企业	Private Enterprise	19	104	269	369	383
外资企业	Foreign Funded Enterprise		21	95	99	125
机构	Institution	2	28	48	62	44
#参股并购类项目	Projects of Share Participating and Merging		17	47	64	83
风险投资类项目	Venture Investment Projects		5	2	9	13
#贸易型项目	Trade Projects	8	82	162	213	243
非贸易型项目	Nontrade Projects	26	78	246	292	329
#境外加工贸易项目	Projects of Overseas Processing Trade	15	21	41	32	33
境外资源开发项目	Projects of Overseas Resource Development		5	7	18	33
中方协议金额　　（万美元）	**Protocol Fund from China　　(USD 10000)**	**1783**	**20504**	**217613**	**360154**	**504547**
#企业	Enterprise	1759	20194	216646	359239	504089
#子公司	Sub-enterprise	1702	14058	211877	351789	491387
独资子公司	Joint Venture Enterprise	1256	10688	191032	315587	393106
合资子公司	Solely Funded Enterprise	446	3370	20846	36202	98281
联营公司	Joint Ownership Enterprise	57	6136	4769	7450	12702
#国有及国有控股企业	State-owned Enterprise	668	5105	39	27271	84488
集体企业	Collective-owned Enterprise	91	505	5	1495	2185
民营企业	Private Enterprise	1024	14168	269	251638	320725
外资企业	Foreign Funded Enterprise		726	95	79750	97149
机构	Institution	24	310	967	915	458
#参股并购类项目	Projects of Share Participating and Merging		6425	46726	49129	99294
风险投资类项目	Venture Investment Projects		347	137	8899	13522
#贸易型项目	Trade Projects	209	4214	61064	101672	154336
非贸易型项目	Nontrade Projects	1574	16291	156549	258483	350210
#境外加工贸易项目	Projects of Overseas Processing Trade	1142	3232	30787	14760	34988
境外资源开发项目	Projects of Overseas Resource Development		4131	3202	39067	61756

8－21　境外投资主要国别地区情况
Information of Overseas Investment to Main Countries or Regions

国家(地区)	Country(Region)	2010 新批项目数(个) Number of Newly Approved Projects (unit)	2010 中方协议投资(万美元) Protocol Fund from China (USD 10000)	2011 新批项目数(个) Number of Newly Approved Projects (unit)	2011 中方协议投资(万美元) Protocol Fund from China (USD 10000)	2012 新批项目数(个) Number of Newly Approved Projects (unit)	2012 中方协议投资(万美元) Protocol Fund from China (USD 10000)
全　部	**Total**	**408**	**217613**	**505**	**360154**	**572**	**504547**
亚洲	**Asia**	**221**	**105722**	**289**	**186727**	**292**	**268443**
孟加拉国	Bangladesh	4	2340	9	1344	5	1802
文莱	Brunei	1	210	2	150		
缅甸	Burma	1	102			4	560
柬埔寨	Cambodia	3	510	8	1763	16	23703
朝鲜	North Korea			2	777		
中国香港	Hong Kong	92	72695	123	133581	139	169810
印度	India	9	1813	11	1831	15	3115
印度尼西亚	Indonesia	7	2343	12	8511	12	25175
伊朗	Iran	2	152	1	50	3	1151
以色列	Israel					1	27
日本	Japan	22	1952	22	2131	21	3221
约旦	Jordan						
老挝	Laos	2	360	3	2700	2	1000
中国澳门	Macao	3	66			1	8
马来西亚	Malaysia	3	2950	6	2647	4	395
蒙古	Mongolia	2	10	3	390	2	1400
尼泊尔	Nepal			1	50	1	1000
阿曼	Oman			1	42		
巴基斯坦	Pakistan	1	60	2	185		
菲律宾	Philippines	3	700	1	5	3	1200
卡塔尔	Qatar			1	150	1	100
沙特阿拉伯	Saudi Arabia	2	880	4	455	6	3818
新加坡	Singapore	14	6965	21	9699	19	10238
韩国	Korea	7	229	10	1515	11	8360
叙利亚	Syria			1	5		
泰国	Thailand	7	4847	11	3611	4	5510
土耳其	Tether			3	3285	1	
阿拉伯联合酋长国	United Arab Emirates	5	989	4	511	6	2276
越南	Vietnam	19	2400	10	1620	5	3826
中国台湾	Taiwan Province	8	1513	10	1441	9	729
哈萨克斯坦	Kazakhstan			3	205	1	20
吉尔吉斯斯坦	Kyrgyzstan	1	1000	1	8000		
土库曼斯坦	Turkmenistan	2	300				
乌兹别克斯坦	Uzbekistan	1	336	3	73		

8－21 续 表 1 Contiued 1

国家(地区) Country(Region)		2010		2011		2012	
		新批项目数(个) Number of Newly Approved Projects (unit)	中方协议投资(万美元) Protocol Fund from China (USD 10000)	新批项目数(个) Number of Newly Approved Projects (unit)	中方协议投资(万美元) Protocol Fund from China (USD 10000)	新批项目数(个) Number of Newly Approved Projects (unit)	中方协议投资(万美元) Protocol Fund from China (USD 10000)
非洲	**Africa**	**28**	**11229**	**41**	**37015**	**43**	**36689**
阿尔及利亚	Airily	1	50	2	5	1	100
安哥拉	Angola	2	125	2	900	2	75
乍得	Chad			1	400		
喀麦隆	Cameroon	1	748			1	
贝宁	Benin					3	136
埃及	Egypt	3	1485			1	980
赤道几内亚	Guinea	1	50			1	788
埃塞俄比亚	Ethiopia	4	4982	9	8854	3	1498
加纳	Ghana	1	300				
加蓬	Gabon					1	128
几内亚	Guinea			2	17800		
肯尼亚	Kenya	1	200	5	1065	1	15
利比亚	Libya	1	975				
马里	Mali			1	100	6	2880
毛里塔尼亚	Mauritania			1	20	1	50
毛里求斯	Mauritius	2	100			2	2578
摩洛哥	Morocco			2	305		
莫桑比克	Mozambique			1	20		
纳米比亚	Namibia	1	50	1	100	1	3000
尼日利亚	Nigeria	4	572	1	5	6	6471
塞内加尔	Senegal	1	50				
南非	South Africa	1	900	4	262	6	1683
苏丹	Sudan	1	200	1	5		
乌干达	Uganda					2	500
坦桑尼亚	Tanzania	1	－158	1	500	1	988
民主刚果	Democratic Congo			1		1	1220
赞比亚	Zambia	2	600	5	6574	1	8000
津巴布韦	Zimbabwe			1	100	1	3500
欧洲	**Europe**	**62**	**39628**	**60**	**40845**	**81**	**51940**
比利时	Belgium	2	60	2	3020	2	530
丹麦	Denmark	2	14			1	14
英国	United Kingdom	8	2366	5	1265	7	1928
德国	Germany	14	7230	17	7085	24	21367
法国	France	2	1085	5	2728	5	1651
爱尔兰	Ireland	1	100				
意大利	Italy	8	20649	3	311	4	3900
卢森堡	Luxembourg	1	466	5	16170	5	15604

国家(地区)	Country(Region)	2010 新批项目数(个) Number of Newly Approved Projects (unit)	2010 中方协议投资(万美元) Protocol Fund from China (USD 10000)	2011 新批项目数(个) Number of Newly Approved Projects (unit)	2011 中方协议投资(万美元) Protocol Fund from China (USD 10000)	2012 新批项目数(个) Number of Newly Approved Projects (unit)	2012 中方协议投资(万美元) Protocol Fund from China (USD 10000)
荷兰	Netherlands	6	374	6	1223	11	2411
西班牙	Spain	1	2800	1	60	2	246
奥地利	Austria					1	1
保加利亚	Bulgaria	1	967	1	760	1	707
芬兰	Finland	1	49				
匈牙利	Hungary	1	100	1			
列支敦士登	Liechtenstein			1	1523		
挪威	Norway	1	68	1	40	1	2
波兰	Poland	1	100	1	5	3	969
罗马尼亚	Romania	1	100				
瑞典	Sweden			2	90	1	35
瑞士	Switzerland	2	1000	4	6295	2	1150
立陶宛	Lithuania					1	
阿塞拜疆	Azerbaijan			1	250		
白俄罗斯	White Russia	1	20			2	833
俄罗斯联邦	the Russian Federation	6	622	4	20	5	775
捷克	Czech	1	1358			1	-350
乌克兰	Ukraine					1	50
斯洛伐克	Slovakia					1	120
塞尔维亚	Serbia	1	100				
拉丁美洲	**Latin America**	**12**	**11459**	**22**	**37805**	**33**	**43162**
阿根廷	Argentina			1	5		
巴哈马	Bahamas			1	735		
巴西	Brazil	1	5			3	821
开曼群岛	Cayman Islands	2	8057	4	2705	9	4835
智利	Chili	1	50	2	780	2	304
哥伦比亚	Colombia			1	5	1	700
厄瓜多尔	Ecuador			1	5		
墨西哥	Mexico	2	105	1	1000	3	3827
巴拉圭	Paraguay	1	1980				
英属维尔京群岛	British Virgin Islands	5	1262	11	32570	10	27040
伯利兹	Belize					1	35
玻利维亚	Bolivia					2	600
美国	United States	62	29467	62	21464	93	42678
百慕大群岛	Bermuda	1	450	1	124		
大洋洲	**Oceania**	**10**	**13401**	**19**	**20836**	**18**	**44084**
澳大利亚	Australia	9	12901	17	15136	16	42816
斐济	Fiji			1	5500		
新西兰	New Zealand	1	500				
萨摩亚	Samoa					2	1268
其他国家(地区)	Other Countries(Regions)			1	200		

8－22 分行业境外投资情况
Information of Overseas Investment by Sector

行　　业	Sector	2011 新批项目数（个）Number of Newly Approved Projects (unit)	2011 中方协议投资（万美元）Protocol Fund from China (USD 10000)	2012 新批项目数（个）Number of Newly Approved Projects (unit)	2012 中方协议投资（万美元）Protocol Fund from China (USD 10000)
总　计	**Total**	**505**	**360154**	**572**	**504547**
第一产业	**Primary Industry**	**5**	**4772**	**14**	**23286**
农、林、牧、渔业	Farming, Forestry, Animal Husbandry and Fishery	5	4772	14	23286
农业	Farming	3	2572	4	4440
林业	Forestry	1	2000	4	10367
畜牧业	Animal Husbandry	1	200	5	8430
渔业	Fishery			1	50
第二产业	**Secondary Industry**	**158**	**151148**	**175**	**150560**
采矿业	Mining	12	32961	15	33260
黑色金属矿采选业	Mining and Processing of Ferrous Metal Ores	2	680	2	3810
有色金属矿采选业	Mining and Processing of Non-ferrous Metal Ores	7	22050	11	28950
非金属矿采选业	Mining and Processing of Nonmetal Ores	1	7900	1	500
其他采矿业	Other Mining	2	2331	1	
制造业	Manufacturing	115	63865	124	72820
农副食品加工业	Processing of Food from Agricultural Products	3	530	2	550
食品制造业	Manufacture of Food	2	138	1	65
饮料制造业	Manufacture of Beverage			1	50
纺织业	Manufacture of Textile	3	800	4	6464
纺织服装、鞋、帽制造业	Manufacture of Textile Wearing, Apparel, Footwear and Caps	12	2727	14	7141
皮革、毛皮、羽毛（绒）及其制品业	Manufacture of Textile, Fur, Feather and Related Products			1	190
木材加工及木、竹、藤、棕、草制品业	Processing of Timber, Manufacture of Wood, Bamboo, Rattan, Palm and Straw Products	6	1750	1	300
家具制造业	Manufacture of Furniture	1	350		
造纸及纸制品业	Manufacture of Paper and Paper Products			3	525
印刷业和记录媒介的复制	Printing, Reproduction of Recording Media	1	590	2	308
文教体育用品制造业	Manufacture of Articles For Culture, Education and Sport Activities	1	1500	1	160
石油加工、炼焦及核燃料加工业	Processing of Petroleum, Coking, Processing of Nuclear Fuel	1	11000	1	30
化学原料及化学制品制造业	Manufacture of Raw Chemical Materials and Chemical Products	8	5522	7	15295
医药制造业	Manufacture of Medicines	4	375	3	2277
化学纤维制造业	Manufacture of Chemical Fibers	1	570	3	2460
橡胶制品业	Manufacture of Rubber	5	1921	1	370
塑料制品业	Manufacture of Plastics	6	1615	5	1545
非金属矿物制品业	Manufacture of Non-metallic Mineral Products	1	500		
黑色金属冶炼及压延加工业	Smelting and Pressing of Ferrous Metals	3	9516	4	6598
有色金属冶炼及压延加工业	Smelting and Pressing of Non-ferrous Metals	1		4	1520
金属制品业	Manufacture of Metal Products	12	2474	4	470
通用设备制造业	Manufacture of General Purpose Machinery	7	6782	9	2166
专用设备制造业	Manufacture of Special Purpose Machinery	12	4362	12	8075
交通运输设备制造业	Manufacture of Transport Equipment	6	5654	11	2475
电气机械及器材制造业	Manufacture of Electrical Machinery and Equipment	8	1005	10	5448
通信设备、计算机及其他电子设备制造业	Manufacture of Communication Equipment, Computers and Other Electronic Equipment	8	2380	13	6327
仪器仪表及文化、办公用机械制造业	Manufacture of Measuring Instruments and Machinery for Cultural Activity and Office Work	1	80	2	320

行 业 Sector		2011		2012	
		新批项目数（个）Number of Newly Approved Projects (unit)	中方协议投资（万美元）Protocol Fund from China (USD 10000)	新批项目数（个）Number of Newly Approved Projects (unit)	中方协议投资（万美元）Protocol Fund from China (USD 10000)
工艺品及其他制造业	Manufacture of Artwork and Other Manufacturing			3	1250
废弃资源和废旧材料回收加工业	Recycling and Disposal of Waste	2	1725	2	441
电力、燃气及水的生产和供应业	Production and Supply of Electricity, Gas and Water	14	35868	16	40314
电力、热力的生产和供应业	Production and Supply of Electric Power and Heat Power	14	35868	16	40314
建筑业	Construction	17	18455	20	4167
房屋和土木工程建筑业	Construction of Building & Civil Engineering	9	17435	12	1176
建筑安装业	Building Installation	4	400	1	1000
建筑装饰业	Building Decoration				
其他建筑业	Other Construction	4	620	7	1991
第三产业	Tertiary Industry	342	204234	383	330701
交通运输、仓储和邮政业	Transport, Storage and Post	8	6010	5	9805
道路运输业	Road Transport	2	250		
水上运输业	Warter Transport	4	5160	2	9500
装卸搬运和其他运输服务业	Loading, Unloading and Other Transport Services			2	205
仓储业	Storage	2	600	1	100
信息传输、计算机服务和软件业	Information Transmission, Computer Services and Software	16	17588	20	7597
电信和其他信息传输服务业	Information Transmission	1	980	1	980
计算机服务业	Computer Services	5	15594	2	3100
软件业	Software	10	1014	17	3517
批发和零售业	Wholesale and Retail Trades	176	86699	203	89584
批发业	Wholesale Trades	161	84524	201	89434
零售业	Retail Trads	15	2175	2	150
住宿和餐饮业	Hotels and Catering Services	3	11500	2	3100
住宿业	Hotels	3	11500	1	3000
餐饮业	Catering Services			1	100
金融业	Financial Intermediation			3	2080
其他金融活动	Other Financial Activities			3	2080
房地产业	Real Estate	9	28176	10	41140
房地产业	Real Estate	9	28176	10	41140
租赁和商务服务业	Leasing and Business Services	100	44576	102	158432
租赁业	Leasing	2	2001	1	642
商务服务业	Business Services	98	42575	101	157790
科学研究、技术服务和地质勘查业	Scientific Research, Technical Services and Geologic Prospecting	22	6202	27	12682
研究与试验发展	Research and Experimental Development	15	5555	17	6107
专业技术服务业	Professional Technical Services	3	402	2	202
科技交流和推广服务业	Services of Science and Technology Exchanges and Promotion	4	245	8	6373
居民服务和其他服务业	Services to Households and Other Services	5	400	10	6201
其他服务业	Other Services	5	400	10	6201
教育	Education	1	70		
教育	Education	1	70		
文化、体育和娱乐业	Culture, Sports and Entertainment	2	3013	1	80
广播、电视、电影和音像业	Broadcasting, Movies, Television and Audiovisual Activities			1	80
体育	Sports	1	13		
娱乐业	Entertainment	1	3000		

8－23 分地区境外投资情况
Information of Overseas Investment by Region

地 区 Region		2011		2012	
		新批项目数（个）Number of Newly Approved Projects (unit)	中方协议投资（万美元）Protocol Fund from China (USD 10000)	新批项目数（个）Number of Newly Approved Projects (unit)	中方协议投资（万美元）Protocol Fund from China (USD 10000)
全 省	**Total**	**505**	**360154**	**572**	**504547**
苏 南	Southern Jiangsu	334	240886	432	336480
苏 中	Middle Jiangsu	123	63707	98	94161
苏 北	Northern Jiangsu	32	45638	42	73906
南京市	Nanjing	53	58827	83	91775
无锡市	Wuxi	76	64776	85	92036
徐州市	Xuzhou	10	12095	19	60860
常州市	Changzhou	49	44457	51	25107
苏州市	Suzhou	138	70048	187	122163
南通市	Nantong	52	45110	54	79882
连云港市	Lianyungang	8	29458	5	1520
淮安市	Huaian	2	602	3	2304
盐城市	Yancheng	6	2694	9	8692
扬州市	Yangzhou	42	6179	14	1771
镇江市	Zhenjiang	18	2778	26	5399
泰州市	Taizhou	29	12419	30	12507
宿迁市	Suqian	6	788	6	530

主要统计指标解释

进出口总额　海关进出口总额指实际进出我国国境的货物总金额。包括对外贸易实际进出口货物,来料加工装配进出口货物,国家间、联合国及国际组织无偿援助物资和赠送品,华侨、港澳台同胞和外籍华人捐赠品,租赁期满归承租人所有的租赁货物,进料加工进出口货物,边境地方贸易及边境地区小额贸易进出口货物(边民互市贸易除外),中外合资企业、中外合作经营企业、外商独资经营企业进出口货物和公用物品,到、离岸价格在规定限额以上的进出口货样和广告品(无商业价值、无使用价值和免费提供出口的除外),从保税仓库提取在中国境内销售的进口货物,以及其他进出口货物。进出口总额用以观察一个国家在对外贸易方面的总规模。我国规定出口货物按离岸价格统计,进口货物按到岸价格统计。

商品经营单位所在地进、出口额　指所在地海关注册登记的有进出口经营权的企业实际进、出口额。

商品目的地进口额和商品货源地出口额　目的地进口额指进口货物的消费、使用或最终抵运地的实际进口额,货源地出口额是指出口货物的产地或原始发货地的实际出口额。

外商直接投资　指外国企业和经济组织或个人(包括华侨、港澳台胞以及我国在境外注册的企业)按我国有关政策、法规,用现汇、实物、技术等在我国境内开办外商独资企业、与我国境内的企业或经济组织共同举办中外合资经营企业、合作经营企业或合作开发资源的投资(包括外商投资收益的再投资)。

对外承包工程　指各对外承包公司以招标议标承包方式承揽的下列业务:(1)承包国外工程建设项目,(2)承包我国对外经援项目,(3)承包我国驻外机构的工程建设项目,(4)承包我国境内利用外资进行建设的工程项目,(5)与外国承包公司合营或联合承包工程项目时我国公司分包部分,(6)对外承包兼营的房屋开发业务。对外承包工程的营业额是以货币表现的本期内完成的对外承包工程的工作量,包括以前年度签订的合同和本年度新签订的合同在报告期内完成的工作量。

对外劳务合作　指以收取工资的形式向业主或承包商提供技术和劳动服务的活动。我国对外承包公司在境外开办的合营企业,中国公司同时又提供劳务的,其劳务部分也纳入劳务合作统计。劳务合作营业额按报告期内向雇主提交的结算数(包括工资、加班费和奖金等)统计。

Explanatory Notes on Main Statistical Indicators

Total Imports and Exports at Customs　refer to the value of commodities imported into and exported from the boundary of China. They include the actual imports and exports through foreign trade, imported and exported goods under the processing and assembling trades and materials, supplies and gifts as aid given gratis between governments and by the United Nations and other international organizations, and contributions donated by overseas Chinese, compatriots in Hong Kong and Macao and Chinese with foreign citizenship, leasing commodities owned by tenant at the expiration of leasing period, the imported and exported commodities processed with imported materials, commodities trading in border areas(excluding mutual exchange goods), the imported and exported commodities and articles for public use of the Sino-foreign joint ventures, cooperative enterprises and ventures exclusively with foreign own investment. Also included are import or export of samples and advertising goods for whose CIF or FOB value are beyond the permitted ceiling (excluding goods of no trading or use value and free commodities for export), imported goods sold in China from bonded warehouses and other imported or exported goods. The indicator of the total imports and exports at customs can be used to observe the total size of external trade in a country. In accordance with the stipulation of the Chinese government, imports are calculated at CIF, while exports are calculated at FOB.

Import Export Value by Location of Chinas Foreign Trade Managing Units　refers to actual value of imports and exports carried out by corporations which have been registered by the local customhouse and are vested with fight to run import export business.

Import Value of Commodities by the Places of their Destination and Export Value of Commodities by the Places of their Origin in China: The former indicator refers to the value of import commodities of the places of their consumption, utilization or the places of their final destination. The latter indicator refers to the value of export commodities of the places of their origin or the places of the commodities dispatched.

Direct Investment by Foreign Entrepreneurs　refers to the investments inside China by foreign enterprises and economic organizations or individuals (including overseas Chinese, compatriots from Hong Kong and Macao, and Chinese enterprises registered abroad), following the relevant policies and laws of China, for the establishment of ventures exclusively with foreign own investment, Sino-foreign joint ventures and cooperative enterprises or for co-operative exploration of resources with enterprises or economic organizations in China. It includes the re investment of the foreign entrepreneurs with the profits gained from the investment. Foreign direct investment of 2005 was the volume affirmed by the Commercial Department.

Contracted Projects with Foreign Countries refer to projects undertaken by Chinese contractors (project contracting companies) through bidding process. They include: (1) overseas civil engineering construction projects financed by foreign investors; (2) overseas projects financed by the Chinese government through its foreign aid programs; (3) construction projects of Chinese diplomatic missions, trade offices and other institutions stationed abroad; (4) construction projects in China financed by foreign investment; (5) sub – contracted projects to be taken by Chinese contractors through a joint umbrella project with foreign contractor(s); (6) housing development projects. The business income from international contracted projects is the work volume of contracted projects completed during the reference period, expressed in monetary terms, including completed work on projects signed in previous years.

Service Cooperation with Foreign Countries refers to the activities of providing technology and labor services to employers or contractors in the forms of receiving salaries and wages. Labor services providing by contractual joint ventures of Chinese international contracting corporations should be included in the statistics of service co – operation with foreign countries. The business income of labor service co operation is the income in the form of wages and salaries, overtime pay, bonuses and other remuneration received from the employers during the reference period.

9

能源、资源、环境

Energy, Resource and Environment

简 要 说 明

一、本篇资料的主要内容

本篇主要反映我省自然资源状况、能源消费、环境保护事业发展情况。

自然资源状况包括地理位置、面积、河流、资源、气象等数据资料。

能源消费包括综合能源平衡表、规模以上工业企业主要能源品种消费量等。

环境保护事业发展情况主要包括污染排放与处理情况、生态环境保护情况等。

二、本篇资料的统计范围

本篇资料的统计范围为全社会。

三、本篇的资料来源

自然状况根据有关历史资料进行整理和编辑。

气象、水资源、环境保护事业发展情况分别由气象、水利、环保等部门提供。

能源消费数据来自历年能源平衡表及相关能源统计年报。

Brief Introduction

I. Main Contents

This chapter contains information that reflects natural resource conditions, energy consumption and the development of environment protection.

Data on natural resource cover geographic location, area, rivers and lakes, resource and meteorological phenomena, etc.

Data on energy cover aggregate balance sheet of energy and major energy consumption of above designated industrial enterprises, etc. Data on the development of environment protection mainly include discharge and treatment of pollution, ecological and environmental protection, etc.

II. Sources of Data

The scope of data in this chapter is the whole country.

III. Sources of Data

Data on natural conditions are compiled in accordance with historical information.

Data on meteorological phenomena, water resources, development of environment protection are provided respectively by meteorology, water conservancy and environment protection ministry.

Data on energy consumption are from the energy balance sheets over the years and relevant energy statistics annals.

自 然 概 况

位　　置

江苏简称苏，位于我国大陆东部沿海中心，介于东经116°18′—121°57′，北纬30°45′—35°20′之间。东濒黄海，西连安徽，北接山东，东南与浙江和上海毗邻。

江苏地处美丽富饶的长江三角州，平原辽阔，主要有苏南平原，江淮平原、黄淮平原和东部滨海平原，自然条件优越，经济基础较好。

面　　积

全省面积10.26万平方公里，占全国总面积的1.1%。其中平原面积7.06万平方公里，水面面积1.73万平方公里。海岸线长954公里。

河　　流

全省境内河川交错，水网密布，长江横穿东西400多公里，大运河纵贯南北690公里，西南部有秦淮河，北部有苏北灌溉总渠、新沭河、通扬运河等。有大小湖泊290多个，全国五大淡水湖，江苏得其二，太湖和洪泽湖象两面大明镜，分别镶嵌在水乡江南和苏北平原。

资　　源

江苏以地形地势低平，河湖众多为特点，平原、水面所占比例之大，在全国居首位，成为江苏一大地理优势。水产资源丰富，有广阔的海涂、浅海，东部沿海渔场面积达15.4万平方公里，其中包括著名的吕泗、海州湾等四大渔场，盛产黄鱼、带鱼、昌鱼、虾类、蟹类及贝藻类等。江苏也是全国河蟹、鳗鱼苗的主要产地。内陆水面2600多万亩，养殖面积858万亩，有淡水鱼类140余种，已利用的有40多种。矿产资源分布广泛，品种较多，已发现的有133种。能源矿产主要有煤炭、石油和天然气；非金属矿产有硫、磷、钠盐、水晶、兰晶石、蓝宝石、金刚石、高岭土、石灰石、石英砂、大理石、陶瓷粘土；金属矿产有铁、铜、铅、锌、银、金、锶、锰等。粘土类矿产、建材类矿产、化工原料矿产、冶金辅助原料矿产、特种用途矿产和有色金属矿产，是江苏矿产资源的优势。

气　　候

全省气候具有明显的季风特征，处于亚热带向暖温带过渡地带，大致以淮河—灌溉总渠一线为界，以南属亚热带湿润季风气候，以北属暖温带湿润季风气候。全省气候温和，雨量适中，四季分明。

Natural Resources

Location

Jiangsu (Short for Su) lies in the east of the country. It is situated in the center of the costal area, between 116°18′—121°57′E and 30°45′—35°20′N, with Yellowsea on the east, Anhui province on the west, Shandong on the north, and Zhejiang and Shanghai as its neighbours on the southeast.

Jiangsu seats on the beautiful and abundant Yangtze River Delta. Composed of vast plains, mainly South-Su, Jianghuai, Huanghuai and eastern plain by the sea, the province provides favorable natural conditions and good economic bases.

Area

The area of Jiangsu is 102.6 thousand square kilometres, occupied 1.1 % of the total national area, among which 70.6 thousand square kilometres are plain areas, 17.3 thousand square kilometres are water surface. The coastline of the province is as long as 954 kilmetres.

Rivers and Lakes

In Jiangsu, there are rivers crisscrossing throughout the province, and distributes the network of waterways. The Yangtze River travels the whole area of Jiangsu, from west to east, for more than 400 kilometres. The Grand Canal flows south to north for 690 kilometres. There are Qinhuai River in the southeast of Jiangsu, Subei general irrigation canal, Xinshu River and Tongyang canal etc. in the north part. Among the 290 lakes of varying size in Jiangsu, the Taihu Lake and Hongzehu Lake are both listed among the national "Five Large Fresh Water Lakes", like two bright mirrors inlaid respectively into the southern region of the Changjiang River and Subei Plain.

Resources

The province is characteristic of topographical features in low and flat terrains, with numerous rivers and lakes. The proportion of plain and watersurface area is so large that it ranks the first in China and become a geographical superiority proportion. There are plentiful aquatic resources, vast shallow sea beaches and epeiric seas. There are 154 thousand square kilometres of fishing grounds on the eastern coastal area, composed of the four famous fishing grounds such as Lusi and Haizhouwan etc. , abound in yellow croaker, hairtail, butterfish, shrimp and crab, and shellfish and algae. Jiangsu is also a main production area of crabs and young eels in the country. There are more than 26 million mu of interior water surface, with 8580 thousand mu of aquatic farm. Among 140 kinds and more of flesh water fishes, over 40 are utilized. Numerous varieties of mineral resources are widely dispersed, 133 kinds of them have been discovered. The main sources of energy and minerals dispersed in Jiangsu are coal, petroleum and natural gas. Nonmetallic minerals contain sulphur, phosphorus, sodium, crystal, dyanite, sapphire, diamond, kaolin, limestone, quartzite, marble and pottery clay. Metallic minerals contain iron, copper, lead, zinc, silver, gold, strontium and manganese. The minerals as clay, construction materials, sand, chemical raw materials, metallurgical assistance raw materials, special purpose minerals and non-ferrous metal minerals become a mineral superiority of Jiangsu.

Climate

Located in a transition area from subtripical zone to temperature zone, Jiangsu shows a distinct characteristic of monsoon. Taking the Huaihe river to general irrigation canal as an approximate line of demarcation, the climate to the south of the line belongs to monsoon of tropical moist zone, while the climate to the north of the line belongs to monsoon of warm moist zone. Jiangsu has a warm climate, with moderate rainfall and distinct seasons.

9－1　主要城市月平均气温（2012 年）
Monthly Average Temperature of Major Cities (2012)

单位:摄氏度　　　　　　　　　　　　　　　　　　　　　　　　　　　　　　（℃）

市　名 City	1 月 Jan	2 月 Feb	3 月 Mar	4 月 Apr	5 月 May	6 月 June	7 月 July	8 月 Aug	9 月 Sept	10 月 Oct	11 月 Nov	12 月 Dec	年平均气温 Yearly Average
南京市 Nanjing	2.9	3.0	9.0	17.9	21.9	25.5	29.4	28.1	22.3	18.3	10.0	3.5	16.0
无锡市 Wuxi	3.6	3.6	9.5	18.1	21.9	25.4	29.8	28.7	23.1	18.7	11.0	4.8	16.5
徐州市 Xuzhou	0.6	2.2	7.9	17.1	23.1	26.1	29.0	26.5	21.6	17.1	8.0	0.5	15.0
常州市 Changzhou	3.4	3.3	9.1	17.8	21.9	25.2	29.5	28.4	22.9	18.8	10.6	4.2	16.3
苏州市 Suzhou	4.3	4.1	9.7	18.0	21.9	25.2	30.0	29.1	23.8	19.7	11.9	5.7	17.0
南通市 Nantong	2.7	2.9	8.1	16.3	20.6	23.7	28.5	28.1	22.0	18.1	10.3	4.2	15.5
连云港市 Lianyungang	-0.2	0.8	6.4	15.1	20.9	23.8	27.9	26.2	21.1	16.5	7.7	1.2	14.0
淮安市 Huaian	1.2	1.9	7.5	16.7	21.6	24.8	28.3	26.8	21.2	16.7	8.4	1.9	14.8
盐城市 Yancheng	1.5	1.8	6.9	15.5	20.8	23.4	27.8	27.3	21.4	17.4	8.9	2.6	14.6
扬州市 Yangzhou	2.5	2.7	8.7	17.7	22.1	25.3	29.3	27.9	22.2	18.2	9.7	3.4	15.8
镇江市 Zhenjiang	3.0	2.8	8.8	17.7	22.0	25.3	29.1	28.0	22.6	18.6	10.3	3.8	16.0
泰州市 Taizhou	2.5	2.7	8.2	17.1	21.6	24.9	29.0	28.0	22.2	18.4	10.0	3.6	15.7
宿迁市 Suqian	0.7	1.8	7.6	16.7	22.1	25.0	28.4	26.5	21.2	16.8	8.0	1.4	14.7

9－2　主要城市月降水量（2012 年）
Monthly Precipitation of Major Cities (2012)

单位:毫米　　　　　　　　　　　　　　　　　　　　　　　　　　　　　　（mm）

市　名 City	1 月 Jan	2 月 Feb	3 月 Mar	4 月 Apr	5 月 May	6 月 June	7 月 July	8 月 Aug	9 月 Sept	10 月 Oct	11 月 Nov	12 月 Dec	全年累计 Yearly Total
南京市 Nanjing	21.0	73.3	79.3	56.2	62.4	17.8	176.4	198.3	68.7	54.6	42.8	66.4	917.2
无锡市 Wuxi	45.4	82.8	134.9	79.2	89.7	26.0	293.9	318.5	92.8	17.9	111.6	83.3	1376.0
徐州市 Xuzhou	1.6	8.7	67.4	32.2	5.4	38.4	158.3	116.2	114.1	9.4	40.6	48.1	640.4
常州市 Changzhou	35.1	65.2	100.0	80.5	82.6	77.4	240.5	381.3	40.5	23.4	85.3	96.5	1308.3
苏州市 Suzhou	71.6	85.3	147.9	56.5	133.4	110.8	154.0	215.5	92.1	37.3	117.6	86.1	1308.1
南通市 Nantong	16.8	68.3	107.1	97.6	35.9	49.0	197.3	118.0	66.0	21.3	97.4	102.0	976.7
连云港市 Lianyungang	1.2	9.0	55.5	46.0	1.4	106.0	386.5	362.1	116.5	4.0	41.0	49.6	1178.8
淮安市 Huaian	0.3	14.0	77.3	28.9	21.3	68.5	313.0	122.0	121.8	17.3	73.3	58.6	916.3
盐城市 Yancheng	0.5	10.1	82.4	57.6	22.1	27.4	327.0	76.1	81.8	15.0	64.0	71.4	835.4
扬州市 Yangzhou	11.0	43.8	96.0	41.7	38.2	12.0	195.1	202.6	90.6	17.2	44.3	71.4	863.9
镇江市 Zhenjiang	16.6	66.0	83.3	35.0	38.7	13.5	305.1	293.6	80.0	44.4	55.6	80.6	1112.4
泰州市 Taizhou	10.1	50.6	90.9	52.2	37.9	5.5	282.4	210.5	75.7	17.7	64.5	81.4	979.4
宿迁市 Suqian	0.0	5.7	67.8	41.5	6.0	113.5	223.7	173.7	207.9	1.8	39.6	57.7	938.9

9－3 水资源总量（2012 年）
Water Resources（2012）

单位:亿立方米 （100 million cu. m）

项目	Item	水资源总量 Total	地表水资源量 Surface Water Volume	地下水资源量 Underground Water Volume	地下水与地表水重复计算量 Duplicated Computation Volume of Surface Water and Underground Water	年降水量 Annual Precipitation
合计	Total	**492.40**	**398.96**	**115.13**	**21.68**	**1031.69**
按流域区域分	by Drainage Area					
淮河流域	Drainage Area of Huaihe River	275.30	211.77	76.38	12.85	605.11
王家坝至中渡区	from Wangjiaba to Zhongdu	45.76	34.05	12.84	1.13	91.36
中渡以下	below Zhongdu	161.41	136.55	32.04	7.18	317.79
沂沭泗河区	Yishusi River District	68.13	41.17	31.49	4.53	195.96
长江流域	Drainage Area of Yangtze River	217.10	187.19	38.75	8.84	426.58
湖口以下干流	below Hukou	107.16	89.33	19.74	1.91	211.56
太湖流域	Drainage Area of Taihu Lake	109.93	97.85	19.02	6.94	215.02
按行政区域分	by Administrative Areas					
南 京 市	Nanjing	36.02	30.96	6.42	1.36	70.19
无 锡 市	Wuxi	37.59	34.18	4.51	1.10	58.26
徐 州 市	Xuzhou	32.23	15.86	17.31	0.94	86.14
常 州 市	Changzhou	29.38	26.35	3.69	0.66	51.00
苏 州 市	Suzhou	32.06	27.76	8.16	3.86	88.66
南 通 市	Nantong	50.64	42.41	8.92	0.69	101.00
连云港市	Lianyungang	16.39	10.95	6.64	1.20	52.97
淮 安 市	Huaian	58.88	46.78	16.10	4.00	110.74
盐 城 市	Yancheng	73.65	60.34	17.28	3.97	152.12
扬 州 市	Yangzhou	39.26	34.03	5.53	0.30	77.52
镇 江 市	Zhenjiang	21.49	19.59	3.97	2.07	41.44
泰 州 市	Taizhou	33.13	27.80	5.48	0.15	65.24
宿 迁 市	Suqian	31.67	21.95	11.10	1.38	76.41

9－4 农村自然灾害情况
Basic Siatistics on Rural Natural Disaster

单位:千公顷 （1000 hectares）

指标	Item	2000	2005	2007	2008	2009	2010	2011	2012
受灾面积	Area Covered	3411.68	2139.50	1642.00	483.70	1001.63	1070.93	1810.60	1406.45
#旱 灾	Drought	1196.87	225.94	70.47		466.51	522.99	1261.69	219.46
水 灾	Flood	175.59	781.97	719.39	93.80	151.86	316.37	290.39	156.86

9-5 综合能源平衡表
Aggregate Balance Sheet of Energy

单位:万吨标准煤 (10000 tons standardized coal)

项目	Item	2000	2005	2007	2008
可供消费的能源总量	**Total Energy**				
一次能源生产量	Primary Energy Output	1996.86	2267.63	2405.84	2489.40
回收能	Retrieved	136.24	356.07	641.62	883.24
进口量	Imported	708.45	2315.38	2441.19	2226.54
出口量	Exported	48.20	186.52	70.43	97.34
年初年末库存差额	Stock Changes in the Year	13.21	-19.73	-128.23	-200.66
能源消费总量	**Total Energy Consumption**	**8612.43**	**17167.39**	**20948.04**	**22232.23**
在总量中:	of This Total:				
农、林、牧、渔、水利业	Farming Forestry, Animal Husbandry, Fishery and Water Conservancy	400.39	321.59	330.16	330.89
工业	Industry	6743.95	14020.33	17307.23	18133.51
建筑业	Constlructlion	41.34	204.68	227.77	232.93
交通运输、仓储及邮电通讯业	Transportantion, Storage, Post and Telecommunication	358.52	899.45	1058.69	1201.71
批发和零售贸易餐饮业	Wholesale and Retail and Catering Trade	169.94	249.86	293.51	341.13
其他	Others	209.38	373.21	476.52	538.59
生活消费	Residential Consumption	688.91	1098.27	1254.16	1453.47
在总量中:	of This Total:				
终端消费	Final Consumption	8220.49	16311.17	20008.61	21245.30
#工业	Industry	6352.00	13164.12	16367.80	17146.59
损失量	Loss	269.36	653.43	748.50	803.13

9－5 续 表 Continued

单位:万吨标准煤 (10000 tons standardized coal)

项	目 Item	2009	2010	2011	2012
可供消费的能源总量	**Total Energy**				
一次能源生产量	Primary Energy Output	2618.54	2771.96	2627.41	2751.62
回收能	Retrieved	1039.79	884.86	128.43	137.68
进口量	Imported	2806.18	3267.83	3142.29	3226.63
出口量	Exported	205.33	176.89	318.74	164.53
年初年末库存差额	Stock Changes in the Year	－26.50	－377.43	－119.56	150.92
能源消费总量	**Total Energy Consumption**	**23709.28**	**25773.70**	**27588.97**	**28849.84**
在总量中:	of This Total:				
农、林、牧、渔、水利业	Farming Forestry, Animal Husbandry, Fishery and Water Conservancy	360.96	394.68	451.96	515.26
工业	Industry	19260.23	20597.82	22013.25	22636.42
建筑业	Constlructlion	249.09	281.22	328.45	355.74
交通运输、仓储及邮电通讯业	Transportantion, Storage, Post and Telecommunication	1254.10	1462.56	1566.30	1701.85
批发和零售贸易餐饮业	Wholesale and Retail and Catering Trade	366.74	400.80	442.59	500.34
其他	Others	628.20	753.80	850.81	937.38
生活消费	Residential Consumption	1589.96	1882.82	1935.61	2202.85
在总量中:	of This Total:				
终端消费	Final Consumption	22667.03	24267.83	26031.34	27243.10
#工业	Industry	18218.00	19976.78	20455.61	21029.68
损失量	Loss	826.90	954.20	985.96	963.63

9-6 规模以上工业企业主要能源消费量
Major Energy Consumption of above Designated Industrial Enterprises

单位:万吨 (10000 tons)

名称	Item	2005	2007	2008	2009	2010	2011	2012
煤炭	Coal	16490.60	20000.28	21487.96	22323.72	24786.52	27509.83	28289.84
焦炭	Coke	1562.66	2270.20	2356.47	2519.04	2784.16	3151.45	3169.66
原油	Crude Oil	2250.86	2444.20	2305.25	2652.49	2992.16	2974.73	2942.17
汽油	Gasoline	32.07	40.98	43.68	44.60	47.54	41.24	38.37
煤油	Kerasene	3.75	4.04	3.31	2.24	2.53	1.91	1.97
柴油	Diesel Oil	117.88	114.00	121.51	108.36	111.37	105.08	96.13
燃料油	Fuel Oil	212.52	177.44	138.58	116.47	110.60	87.32	70.71
液化石油气	LPG	53.40	43.37	45.56	44.64	38.03	42.03	33.39

9-7 规模以上工业企业平均每天主要能源消费量
Average Daily Energy Consumption of above Designated Industrial Enterprises

单位:吨 (ton)

名称	Item	2005	2007	2008	2009	2010	2011	2012
煤炭	Coal	451797	547953	588711	611609	679083	753694	775064
焦炭	Coke	42813	62197	64561	69015	76278	86341	86840
原油	Crude Oil	61667	66964	63158	72671	81977	81499	80607
汽油	Gasoline	879	1123	1197	1222	1302	1130	1051
煤油	Kerasene	103	111	91	61	69	52	54
柴油	Diesel Oil	3230	3123	3329	2969	3051	2879	2634
燃料油	Fuel Oil	5822	4861	3797	3191	3030	2392	1937
液化石油气	LPG	1463	1188	1248	1223	1042	1152	915

9-8 江苏电网生产经营综合情况
General Production and Business of Jiangsu Power Grid

指 标 名 称	Item	2005	2008	2009
发电装机 (万千瓦)	Power Generation Capacity (10000 kW)	4270	5442	5650
发电量 (亿千瓦时)	Power Generation (100 million kW·h)	2120.00	2887.26	2984.31
统调发电最高负荷(万千瓦)	Maximum Controlled Power Generation Load (10000 kW)	3215.7	4328.2	4479.5
统调发电平均负荷率 (%)	Average Controlled Power Generation Load Rate (%)	89.67	89.30	90.36
全社会用电量 (亿千瓦时)	Total Electricity Consumption (100 million kW·h)	2193.45	3118.32	3313.99
第一产业	among it: Primary Industry (100 million kW·h)	29.12	23.34	25.45
第二产业	Secondary Industry (100 million kW·h)	1793.34	2529.68	2660.16
#工业	Industry (100 million kW·h)	1771.28	2502.70	2631.28
第三产业	Tertiary Industry (100 million kW·h)	170.27	269.57	304.44
统调用电最高负荷(万千瓦)	Maximum Controlled Electricity Consumption Load (10000 kW)	3319.3	4726.7	5229.7
统调用电平均负荷率 (%)	Average Controlled Electricity Consumption Load Rate (%)	88.94	89.00	89.61
电源固定资产投资 (亿元)	Investment in Fixed Assets in Power Supply (100 million yuan)	289.02	59.08	93.06
电网固定资产投资 (亿元)	Investment in Fixed Assets in Power Grid (100 million yuan)	166.02	300.46	321.29
新增110千伏及以上输电能力 (公里)	Newly Increased Capacity of 110 kV and above Power Transmission (km)	5188	6502	5987
新增110千伏及以上变电能力 (万千伏安)	Newly Increased Capacity of 110 kV and above Power Transformation (10000 kW)	1863	3750	4091
新投发电装机 (万千瓦)	Newly Increased Power Generation Capacity (10000 kW)	1450.50	349.16	303.90

9-8 续 表 Continued

指 标 名 称	Item	2010	2011	2012
发电装机 (万千瓦)	Power Generation Capacity (10000 kW)	6458	6992	7532
发电量 (亿千瓦时)	Power Generation (100 million kW·h)	3499.29	3932.92	4158.37
统调发电最高负荷(万千瓦)	Maximum Controlled Power Generation Load (10000 kW)	5302.6	5815.3	5820.0
统调发电平均负荷率 (%)	Average Controlled Power Generation Load Rate (%)	90.99	91.41	91.39
全社会用电量 (亿千瓦时)	Total Electricity Consumption (100 million kW·h)	3864.37	4281.62	4580.90
第一产业	among it: Primary Industry (100 million kW·h)	28.36	33.01	37.96
第二产业	Secondary Industry (100 million kW·h)	3085.35	3424.64	3605.58
#工业	Industry (100 million kW·h)	3052.12	3385.19	3562.48
第三产业	Tertiary Industry (100 million kW·h)	361.04	415.76	468.51
统调用电最高负荷(万千瓦)	Maximum Controlled Electricity Consumption Load (10000 kW)	6033.7	6627.5	6856.6
统调用电平均负荷率 (%)	Average Controlled Electricity Consumption Load Rate (%)	90.22	90.77	90.97
电源固定资产投资 (亿元)	Investment in Fixed Assets in Power Supply (100 million yuan)	103.89	172.13	220.05
电网固定资产投资 (亿元)	Investment in Fixed Assets in Power Grid (100 million yuan)	296.95	330.71	368.70
新增110千伏及以上输电能力 (公里)	Newly Increased Capacity of 110 kV and above Power Transmission (km)	5210	6291	6726
新增110千伏及以上变电能力 (万千伏安)	Newly Increased Capacity of 110 kV and above Power Transformation (10000 kW)	4061	3828	3432
新投发电装机 (万千瓦)	Newly Increased Power Generation Capacity (10000 kW)	864.80	618.47	670.84

9-9 全社会用电情况
Basic Situation of Total Electricity Consumption

单位:亿千瓦时 (100 million kW·h)

项目	Item	2005	2008	2009	2010	2011	2012
全社会用电量	**Total**	**2193.45**	**3118.32**	**3313.99**	**3864.37**	**4281.62**	**4580.90**
按产业分	Grouped by Type of Industry						
第一产业	Primary Industry	29.12	23.34	25.45	28.36	33.01	37.96
第二产业	Secondary Industry	1793.34	2529.68	2660.16	3085.35	3424.64	3605.58
第三产业	Tertiary Industry	170.27	269.57	304.44	361.04	415.76	468.51
按行业分	Grouped by Sector						
农林牧渔水利业	Farming, Forestry, Animal Husbandry, Fishery and Water Conservancy	29.12	23.34	25.45	28.36	33.01	37.96
#排灌	Irrigation	12.05	7.56	8.44	8.94	10.17	10.85
工业	Industry	1771.28	2502.70	2631.28	3052.12	3385.19	3562.48
#轻工业	Light Industry	519.99	612.33	640.56	725.64	795.72	867.46
重工业	Heavy Industry	1251.29	1890.37	1990.73	2326.48	2589.48	2695.02
#制造业	Manufacturing	1745.07	1998.23	2090.27	2447.56	2719.94	2902.94
#纺织业	Manufacture of Textile	228.39	298.69	309.01	340.06	366.68	398.56
化学原料和化学制品制造业	Chemical Raw Materials and Chemical Products	210.26	282.74	287.34	311.38	328.08	371.35
非金属矿物制品业	Manufacture of Non-metallic Mineral Products	118.77	151.02	154.33	172.91	190.28	186.99
黑色金属冶炼和压延加工业	Smelting and Pressing of Ferrous Metals	224.90	341.65	343.37	388.12	424.59	428.99
通用及专用设备制造业	Ordinary and Special Purpose Equipment	67.39	124.09	132.72	178.23	215.80	225.89
建筑业	Construction	22.06	26.98	28.88	33.23	39.45	43.09
交通运输、仓储和邮政业	Transportation, Post and Telecommunication	16.45	22.89	25.40	31.01	39.99	47.24
信息传输、计算机服务和软件业	Information Transmission, Computer Service and Software	9.01	15.25	17.70	20.80	25.42	30.00
商业、住宿和餐饮业	Commerce, Hotel and Catering Industry	55.52	83.42	93.64	108.25	121.00	137.28
金融、房地产、商务及居民服务业	Banking, Real Estate, Commercial and Residents' Service	27.72	53.62	62.66	78.92	93.91	110.36
公共事业及管理组织	Public undertaking and Management Organizations	61.58	94.38	105.05	122.05	135.46	143.63
城乡居民生活用电	Electricity Consumption by Urban and Rural Residents	200.72	295.74	323.93	389.62	408.21	468.86
城镇居民	Urban Area	102.18	146.17	159.26	194.26	201.34	230.64
乡村居民	Rural Area	98.54	149.57	164.67	195.36	206.87	238.22

9-10 分地区全社会用电量
Electricity Consumption by Region

单位:亿千瓦时 (100 million kW·h)

地区	Region	2005	2008	2009	2010	2011	2012
全 省	**Total**	**2193.45**	**3118.32**	**3313.99**	**3864.37**	**4281.62**	**4580.90**
苏 南	**Southern Jiangsu**	**1429.59**	**2000.92**	**2097.90**	**2403.82**	**2627.72**	**2737.87**
南京市	Nanjing	246.67	310.79	337.05	373.66	399.74	424.96
镇江市	Zhenjiang	97.18	137.69	144.92	164.22	184.09	193.47
常州市	Changzhou	182.66	237.33	255.41	291.19	331.66	351.51
无锡市	Wuxi	337.05	466.69	480.57	550.64	580.60	578.01
苏州市	Suzhou	566.04	848.42	879.94	1024.10	1131.63	1189.93
苏 中	**Mid Jiangsu**	**316.61**	**466.10**	**502.04**	**577.40**	**643.67**	**686.72**
扬州市	Yangzhou	82.04	116.99	129.16	151.09	167.22	173.63
泰州市	Taizhou	95.74	145.57	155.43	176.61	195.68	211.31
南通市	Nantong	138.83	203.55	217.45	249.70	287.30	301.79
苏 北	**Northern Jiangsu**	**322.18**	**483.61**	**549.83**	**672.60**	**796.00**	**908.96**
徐州市	Xuzhou	120.18	172.00	202.44	246.01	287.30	318.57
淮安市	Huaian	59.05	89.70	95.82	111.77	126.37	134.78
宿迁市	Suqian	25.90	45.60	53.89	72.69	94.03	114.34
盐城市	Yancheng	76.26	118.39	131.64	158.63	184.58	225.31
连云港市	Lianyungang	40.80	57.92	66.03	83.52	103.71	115.97

注：各市用电量中未包括网损、大厂厂用电量和江河抽水电量(下同)。

a) Begion Electricity consumption are not included network losses, qiont plant and river pumping pouser consumption.

9-11 分地区工业用电量
Industrial Electricity Consumption by Region

单位:亿千瓦时 (100 million kW·h)

地区	Region	2005	2008	2009	2010	2011	2012
全 省	**Total**	**1771.28**	**2502.70**	**2631.28**	**3052.12**	**3385.19**	**3562.48**
苏 南	**Southern Jiangsu**	**1168.80**	**1624.04**	**1685.72**	**1916.54**	**2095.47**	**2142.30**
南京市	Nanjing	173.53	207.70	223.75	242.66	256.84	265.64
镇江市	Zhenjiang	79.96	112.48	117.14	131.81	148.95	151.62
常州市	Changzhou	145.20	192.09	205.41	231.82	267.21	277.88
无锡市	Wuxi	286.55	393.45	400.88	455.00	476.28	464.51
苏州市	Suzhou	483.56	718.32	738.54	855.25	946.19	982.66
苏 中	**Mid Jiangsu**	**243.06**	**359.33**	**383.84**	**436.74**	**489.32**	**510.97**
扬州市	Yangzhou	60.32	85.49	93.72	109.96	122.04	123.20
泰州市	Taizhou	77.59	117.64	124.71	138.94	155.13	164.81
南通市	Nantong	105.15	156.19	165.41	187.84	212.15	222.96
苏 北	**Northern Jiangsu**	**234.35**	**351.66**	**397.50**	**488.30**	**586.17**	**661.87**
徐州市	Xuzhou	91.61	132.69	156.85	191.90	225.91	246.08
淮安市	Huaian	45.10	68.47	71.28	81.75	92.09	95.50
宿迁市	Suqian	15.87	29.41	34.61	48.81	66.04	79.90
盐城市	Yancheng	54.34	84.71	93.42	111.86	132.29	164.49
连云港市	Lianyungang	27.43	36.37	41.34	53.99	69.84	75.91

9-12 主要发电厂发电情况
Electricity Production of Major Power Plants

厂名 Item		2011		2012	
		装机容量（万千瓦）Installed Capacity (10000 kW)	发电量（亿千瓦时）Electricity Production (100 million kW·h)	装机容量（万千瓦）Installed Capacity (10000 kW)	发电量（亿千瓦时）Electricity Production (100 million kW·h)
全省总计	**Total**	**6992**	**3932.92**	**7532**	**4158.37**
#统调发电厂	Unified Planning Power Plant	6241	3610.77	6792	3813.49
非统调发电厂	Non-unified Planning Power Plant	750	322.14	739	344.88
(一)国网新源公司	**State Grid Xinyuan Co.**	**100**	**9.87**	**100**	**9.35**
华东宜兴抽水蓄能有限公司	East China Yixing Pumped Storage Power Co., Ltd.	100	9.87	100	9.35
(二)中国国电集团公司	**China Guodian Group Co.**	**892**	**503.34**	**1011**	**549.38**
中国国电集团谏壁发电厂	China Guodian Jianbi Power Plant	232	119.02	332	166.60
国电江苏谏壁发电有限公司	Guodian Jiangsu Jianbi Power Co., Ltd.	66	39.44	66	35.71
江阴苏龙热电有限公司	Jiangyin Sulong Thermal Power Co., Ltd.	122	74.77	122	71.72
国电常州发电有限公司	Guodian Changzhou Power Co., Ltd.	126	76.69	126	78.20
国电宿迁热电有限公司	Guodian Suqian Thermal Power Co., Ltd.	27	13.42	27	15.77
国电泰州发电有限公司	Guodian Taizhou Power Co., Ltd.	200	126.16	200	122.94
天生港发电有限公司	Tianshenggang Power Co., Ltd.	66	42.72	66	40.60
(三)中国华能集团公司	**China Huaneng Group Co.**	**731**	**495.96**	**835**	**475.37**
华能(苏州工业园区)发电有限责任公司	Huaneng (Suzhou Industrial Park) Power CO., Ltd.	64	41.35	64	41.44
华能太仓发电有限责任公司	Taicang Power Co., Ltd. of Huaneng Group	126	84.37	126	75.28
华能南通发电厂	Nantong Power Plant of Huaneng Group	140	93.21	140	84.06
华能南京发电厂	Naijing Power Plant of Huaneng Group	64	39.81	64	38.27
华能南京金陵发电有限责任公司(燃机)	Nanjing Jinling Power Co., Ltd. of Huaneng Group(Combustion Generating)	78	37.40	78	37.88
华能南京金陵发电有限责任公司(煤机)	Nanjing Jinling Power Co., Ltd. of Huaneng Group(Coal machine)	100	115.26	200	115.38
华能淮阴第二发电有限责任公司	Huaiyin second Power Co., Ltd. of Huaneng Group	132	73.70	132	71.52
(四)中国电力投资集团公司	**China Power Investment Group Co.**	**283**	**152.55**	**281**	**140.22**
江苏常熟发电有限公司	Jiangsu Changshu Power Co., Ltd.	132	76.13	132	76.28
江苏阚山发电有限公司	Jiangsu Kanshan Power Co., Ltd.	120	72.56	120	58.56
(五)中国大唐集团公司	**China Datang Group Co.**	**528**	**288.10**	**528**	**298.18**
江苏徐塘发电有限公司	Jiangsu Xutang Power Co., Ltd.	130	66.41	130	57.32
江苏大唐国际吕四港发电有限公司	Jiangsu Datang Lvsi Power Co., Ltd.	264	154.65	264	157.58
大唐南京发电厂	Datang Nanjing Power Plant	132	66.98	132	83.04
(六)中国华电集团公司	**China Huadian Group Co.**	**487**	**224.09**	**559**	**255.00**
江苏华电扬州发电有限公司	Jiangsu Huadian Yangzhou Power Co., Ltd.	88	37.77	88	30.85
上海华电电力发展有限公司	Shanghai Huadian Power Development Co., Ltd.	124	67.45	130	73.52
中国华电集团公司望亭发电厂	Wangting Power Plant of China Huadian Group	66	39.68	66	41.88
江苏华电集团望亭天然气发电有限公司	Jiangsu Huadian Wangting Natural Gas Power Co., Ltd.	78	36.02	78	40.84

厂 名	Item	2011		2012	
		装机容量(万千瓦) Installed Capacity (10000 kW)	发电量(亿千瓦时) Electricity Production (100 million kW·h)	装机容量(万千瓦) Installed Capacity (10000 kW)	发电量(亿千瓦时) Electricity Production (100 million kW·h)
江苏华电戚墅堰发电有限公司(燃机)	Jiangsu Huadian Qishuyan Power Co., Ltd(Combustion Generating)	78	40.02	78	37.95
江苏华电戚墅堰热电有限公司	Jiangsu Huadian Qishuyan Thermal Power Co., Ltd.	40	1.32	40	15.38
江苏华电仪征热电有限公司	Jiangsu Huadian Yizheng Thermal Power Co., Ltd.	0	0.00	66	12.39
(七)江苏省国信集团公司	**Jiangsu Province Guoxin Group Co.**	**543**	**274.17**	**664**	**321.59**
新海发电有限公司	Xinhai Power Co., Ltd.	66	40.39	166	44.00
盐城发电有限公司	Yancheng Power Co., Ltd.	53	16.57	41	11.24
江苏淮阴发电有限责任公司	Jiansu Huaiying Power Co., Ltd.	66	30.56	66	40.74
江苏射阳港发电有限责任公司	Jiansu Sheyanggang Power Co., Ltd.	74	17.17	66	37.99
扬州第二发电有限责任公司	Yangzhou No. 2 Power Co., Ltd.	126	81.43	126	72.93
江苏国信扬州发电有限公司	Yanzhou Power Co., Ltd. of Jiangsu Province Guoxin Group	126	76.32	126	83.14
江苏国信淮安燃气发电有限公司	Huaian Power Co., Ltd. of Jiangsu Province Guoxin Group	0	0.00	36	19.89
(八)华润集团公司	**Huarun Group Co.**	**892**	**603.90**	**951**	**588.00**
#华润电力(常熟)有限公司	Huarun(Changsu)Power Co., Ltd.	195	125.78	195	120.87
江苏镇江发电有限公司	Jiangsu Zhenjiang Power Co.,Ltd.	154	98.31	153	97.28
徐州华润电力有限公司	Xuzhou Huarun Power Co., Ltd.	128	68.33	128	62.73
南京华润热电有限公司	Nanjing Huarun Thermal Power Co., Ltd.	66	45.93	66	34.96
徐州华鑫发电有限公司	Xuzhou Huaxing Power Co., Ltd.	66	34.06	66	33.70
江苏南热发电有限责任公司	Jiangsu Nanjing Thermal Power Co., Ltd.	60	62.72	120	64.50
铜山华润电力有限公司	Tongshan Huarun Power Co., Ltd.	200	118.56	200	125.28
(九)省内其他电厂	**Other Plant Invested by Other Co.**	**2536**	**1380.93**	**2602**	**1521.29**
江苏利港电力有限公司	Jiangsu Ligang Power Co., Ltd.	144	80.52	144	76.91
江阴利港发电股份公司	Jiangyin Ligang Power Co., Ltd.	126	138.03	126	102.88
太仓港协鑫发电有限公司	Taicanggang Xiexin Power Co., Ltd.	157	93.49	157	86.33
国华太仓发电有限责任公司	Guohua Taicang Power Co., Ltd.	126	83.80	126	82.69
张家港沙洲电力有限公司	Zhangjiagang Shazhou Power Co., Ltd.	126	83.01	126	80.25
张家港华兴电力有限公司	Zhangjiagang Huaxing Power Co., Ltd.	78	41.32	78	41.05
苏州工业园区蓝天燃机热电有限公司	Suzhou Lantian Internal-combustion Thermal Power Co., Ltd.	36	22.99	36	24.30
国华徐州发电有限公司	Guohua Xuzhou Power Company	244	33.95	200	138.51
江苏徐矿综合利用发电有限公司	Jiangsu Xukuang comprehensive utilization Power Co., Ltd.	60	35.18	60	35.99
江苏国华陈家港发电有限公司	Jiangsu Guohua Chenjiagang Power Co., Ltd.	0	0	132	59.57
江苏核电有限公司	Jiangsu Nuclear Power Co., Ltd.	200	160.71	200	162.41

9－13 环境保护基本情况

Basic Statistics on Environmental Protection

项目	Item	2000	2005	2010	2011	2012
环保系统建设情况	**Construction of Environmental Agencies**					
机构数 （个）	Number of Agencies （unit）	873	587	727	645	670
#监测站	Monitoring Station	122	100	110	101	102
监察机构	Supervising Administrative Center	272	173	152	140	147
人员数 （人）	Number of Staff and Workers （person）	7433	8631	10240	9943	11405
#监测站人员	Monitoring Personnel	2574	3098	3564	3461	3480
监察机构人员	Supervising Administrative Personnel	1714	2435	2992	2761	2976
污染排放与处理利用情况	**Discharge and Treatment of Pollution**					
废水	**Waster Water**					
工业废水排放量 （亿吨）	Industrial Waste Water Emission （100 million tons）	20.19	29.63	26.38	24.63	23.61
城镇生活污水排放量 （亿吨）	Volume of Urban Domestic Sewage Emission （100 million tons）	14.74	22.31	29.17	34.63	36.18
集中式治理设施污水排放量 （亿吨）	Volume of Centralized Sewage Treatment Facilities （100 million tons）				0.02	0.03
化学需氧量排放量 （万吨）	Volume of COD （10000 tons）	65.38		78.80	124.62	119.70
#工业源	Industry	24.14		25.63	23.93	23.14
农业源	Agriculture				39.93	38.77
城镇生活源	Urban Life	41.24		53.17	60.23	57.25
集中式治理设施	Centralized Sewage Treatment Facilities				0.53	0.54
氨氮排放量 （万吨）	Ammonia Emissions （10000 tons）			6.3	15.72	15.31
#工业源	Industry			1.5	1.67	1.63
农业源	Agriculture				3.99	3.91
城镇生活源	Urban Life			4.8	9.99	9.70
集中式治理设施	Centralized Sewage Treatment Facilities				0.07	0.07
废气	**Waste Gas**					
二氧化硫排放量 （万吨）	Volume of Sulphur Dioxide Emission （10000 tons）	89.05	137.34	105.05	105.38	99.20
#工业源	Industry	84.33	131.24	100.25	102.50	95.92
城镇生活源	Urban Life	4.72	6.1	4.80	2.85	3.25
集中式治理设施	Centralized Sewage Treatment Facilities				0.02	0.03
氮氧化物排放量 （万吨）	Nitraqen Oxicles （10000 tons）				153.57	147.96
#工业源	Industry				119.56	113.36
城镇生活源	Urban Life				0.62	0.65

项 目	Item	2000	2005	2010	2011	2012
机动车	Motor				33.35	33.90
集中式治理设施	Centralized Sewage Treatment Facilities				0.04	0.05
烟(粉)尘排放量(万吨)	Volume of Soot Emission (10000 tons)	65.28	80.7	48.64	52.74	44.32
#工业源	Industry	63.15	78.09	45.02	48.64	39.60
城镇生活源	Urban Life	2.13	2.61	3.62	1.2	1.85
机动车	Motor				2.88	2.85
集中式治理设施	Centralized Sewage Treatment Facilities				0.02	0.02
工业固体废物 (万吨)	**Industrial Solid Waste (10000 tons)**					
一般工业固体废物产生量	General Industrial Solid Waste	3038.19	5757.37	9063.83	10475.50	10224.44
一般工业固体废物综合利用量	Comprehensive Utilization of General Industrial Solid Waste	2598.40	5986.51	8760.59	9997.24	9341.57
#综合利用往年贮存量	Storage Capacity Utilization in previous years			49.44	59.61	34.32
一般工业固体废物综合利用率	Comprehensive rate of General Industrial Solid Waste			96.13	94.89	91.06
污染治理投资情况	**Pollution Control investment**					
工业污染防治施工项目本年完成投资 (亿元)	Inuestment of Cndustrial pollution Contral in this year (100 million yuan)	13.11	38.95	18.60	42.78	55.87
废水治理项目	Waste Water	6.53	8.16	7.44	15.20	9.96
废气治理项目	Waste Gas	5.49	28.46	7.19	14.28	36.79
工业固体废物治理项目	General Industrial Solid Waste	0.79	0.20	0.90	1.70	3.49
噪声治理项目	Noice Abatement	0.14	0.22	0.20	0.17	0.65
其它治理项目	Others	0.16	1.91	2.87	11.44	4.98
当年完成环保验收项目环保投资 (亿元)	Inuestment Acleptanle of the project in this year (100 million yuan)				198.48	327.62
自然生态保护与建设情况	**Natural Ecological Protection**					
自然保护区个数 (个)	Number of Natural Reserves (unit)	23	40	29	31	31
#国家级自然保护区	Natural		2	3	4	4
自然保护区面积 (万公顷)	Areas of Natural Reserves (10000 hectares)	59.55	85.15	56.71	56.64	56.64
自然保护区面积占辖区面积 (%)	Rate of area (%)	5.8	6.8	5.5	5.5	5.5

9－14 重点调查工业污染排放及处理利用情况(2011 年)

项 目 Item		工 业 企业数 (个) Number of Industrial Enterprises (unit)	工 业 锅炉数 (台) Industrial Boiler (unit)	工 业 锅炉蒸 吨数 (蒸吨) Industrial Boiler (steam tons)
总 计	**Total**	**11291**	**7137**	**250073**
煤炭开采和洗选业	Mining and Washing of Coal	24	41	290
石油和天然气开采业	Extraction of Petroleum and Natural Gas	2	34	65
黑色金属矿采选业	Mining and Processing of Ferrous Metal Ores	10	1	1
有色金属矿采选业	Mining and Processing of Non－ferrous Metals Ores	3		
非金属矿采选业	Mining and Processing of Nonmetal Ores	7	3	10
开采辅助活动	Mining Activities	1	2	8
农副食品加工业	Processing of Food from Agricultural Products	501	340	1623
食品制造业	Manufacture of Food	153	116	630
酒、饮料和精制茶制造业	Manufacture of Beverage	180	142	973
烟草制品业	Manufacture of Tobacco	3	7	47
纺织业	Manufacture of Textile	1920	1577	12926
纺织服装、服饰业	Manufacture of Textile Wearing, Apparel, Footwear and Caps	96	64	233
皮革、毛皮、羽毛及其制品和制鞋业	Manufacture of Textile, Fur, Feather and Related Products	65	50	166
木材加工和木、竹、藤、棕、草制品业	Processing of Timber, Manufacture of Wood, Bamboo, Rattan, Palm and Straw Products	301	316	511
家具制造业	Manufacture of Furniture	9	4	7
造纸和纸制品业	Manufacture of Paper and Paper Products	212	224	8603
印刷和记录媒介复制业	Printing, Reproduction of Recording Media	27	14	39
文教、工美、体育和娱乐用品制造业	Manufacture of Articles For Culture, Education and Sport Activities	38	18	32
石油加工、炼焦及核燃料加工业	Processing of Petroleum, Coking, Processing of Nuclear Fuel	77	65	742
化学原料和化学制品制造业	Manufacture of Raw Chemical Materials and Chemical Products	1761	1336	13688

Major Survey of Industrial Pollution Discharge and Treatment Utilization(2011)

工业窑炉数（座） Number of Industrial Kiln Stove (unit)	工业废水排放量（万吨） Total Volume of Industrial Waste Water Discharged (10000 tons)	#直接排入环境的 Dischanged Directly into the Environment	工业源化学需氧量排放量（吨） Volume of COD of Industry(ton)	工业源氨氮排放量（吨） Volume of Ammonia Emission of Industry(ton)	工业废气排放量（亿立方米） Total Volume of Industrial Waste Gas Emission (100 million cu. m)
4439	**222855.67**	**148936.75**	**216093**	**15366**	**48182.49**
	3545.66	3459.12	2885	210	7.55
	2.99	2.99	1		1.71
3	365.36	365.36	224	25	3.26
2	74.54	74.54	98	10	0.63
	211.46	211.46	216	18	19.94
	0.14	0.14	0		0.37
13	5911.91	5399.41	17642	1004	178.42
4	2026.08	1200.87	2705	153	35.95
6	7796.18	5686.17	17052	1229	70.78
	79.05		32	4	17.12
52	60885.85	27126.24	47509	3083	445.40
	1181.33	905.85	1007	85	8.34
4	901.44	569.27	1607	164	15.97
7	187.32	155.32	228	5	239.28
	30.28	29.92	30	2	0.21
	19541.08	17736.32	22348	1197	827.54
2	84.01	25.78	72	6	11.08
17	219.35	198.73	226	11	6.70
164	6337.69	6059.48	4756	448	897.01
335	50031.57	37207.13	46258	4553	2545.50

项 目 Item		工 业 企业数 (个) Number of Industrial Enterprises (unit)	工 业 锅炉数 (台) Industrial Boiler (unit)	工 业 锅炉蒸吨数 (蒸吨) Industrial Boiler (steam tons)
医药制造业	Manufacture of Medicines	298	199	670
化学纤维制造业	Manufacture of Chemical Fibers	116	215	4607
橡胶和塑料制品业	Manufacture of Rubber	194	200	1464
非金属矿物制品业	Manufacture of Non-metallic Mineral Products	1397	154	828
黑色金属冶炼和压延加工业	Smelting and Pressing of Ferrous Metals	423	163	3157
有色金属冶炼和压延加工业	Smelting and Pressing of Non-ferrous Metals	249	68	172
金属制品业	Manufacture of Metal Products	1261	294	553
通用设备制造业	Manufacture of General Purpose Machinery	381	107	237
专用设备制造业	Manufacture of Special Purpose Machinery	152	16	35
汽车制造业	Manufacture of Transport Equipment	134	59	172
铁路、船舶、航空航天和其他运输设备制造业	Manufacture of Transport Equipment	125	42	93
电气机械和器材制造业	Manufacture of Electrical Machinery and Equipment	301	112	296
计算机、通信和其他电子设备制造业	Manufacture of communications and other electronic equipment	432	283	634
仪器仪表制造业	Manufacture of Measuring Instruments and Machinery for Cultural Activity and Office Work	59	21	29
其他制造业	Manufacture of Artwork and Other Manufacturing	59	27	174
废弃资源综合利用业	Recycling and Disposal of Waste	74	20	160
金属制品、机械和设备修理业	Manufacture of Metal Products, Machinery and Equipment Repair	4	1	
电力、热力生产和供应业	Production and Supply of Electric Power and Heat Power	238	800	196186
燃气生产和供应业	Production and Supply of Gas	2	2	12
水的生产和供应业	Production and Supply of Water	1		

工业窑炉数（座）Number of Industrial Kiln Stove (unit)	工业废水排放量（万吨）Total Volume of Industrial Waste Water Discharged (10000 tons)	#直接排入环境的 Dischanged Directly into the Environment	工业源化学需氧量排放量（吨）Volume of COD of Industry(ton)	工业源氨氮排放量（吨）Volume of Ammonia Emission of Industry(ton)	工业废气排放量（亿立方米）Total Volume of Industrial Waste Gas Emission (100 million cu. m)
8	4752.07	3641.68	5516	507	61.63
35	7135.36	5487.10	8136	481	484.88
9	1487.57	862.74	1693	91	264.34
1203	2301.62	1975.07	2000	140	4920.14
956	14163.90	12496.81	9779	347	16704.41
300	1503.17	985.83	1162	73	423.79
671	5913.74	3881.46	5266	381	1894.51
213	2099.82	1229.56	1866	114	254.60
146	666.80	373.99	569	25	122.40
93	1539.15	831.75	1261	63	335.28
48	1707.90	1544.27	1671	140	219.19
29	1963.08	688.83	1288	71	327.96
80	12992.15	4460.65	7986	480	1697.69
5	502.32	304.18	435	18	22.79
10	435.38	316.71	336	23	14.09
16	306.81	247.88	340	45	73.59
	22.16	21.33	20	3	0.48
7	3863.80	3148.85	1817	150	15027.04
1	27.60		14	1	0.10
	34.00		31	1	

项 目 Item		工业源二氧化硫排放量(吨) Volume of Sulphur Dioxide Emission of Industry (ton)	工业源氮氧化物排放量(吨) Volume of Nitraqen Oxicles Emission of Industry (ton)	工业烟(粉)尘排放量(吨) Volume of Dust Emission of Industry(ton)
总 计	**Total**	**966957**	**1148113**	**457005**
煤炭开采和洗选业	Mining and Washing of Coal	551	215	257
石油和天然气开采业	Extraction of Petroleum and Natural Gas	299	41	100
黑色金属矿采选业	Mining and Processing of Ferrous Metal Ores	166	54	196
有色金属矿采选业	Mining and Processing of Non－ferrous Metals Ores	17	16	55
非金属矿采选业	Mining and Processing of Nonmetal Ores	313	63	244
开采辅助活动	Mining Activities	41	10	16
农副食品加工业	Processing of Food from Agricultural Products	5889	1505	4980
食品制造业	Manufacture of Food	4062	1273	2675
酒、饮料和精制茶制造业	Manufacture of Beverage	7196	1806	4004
烟草制品业	Manufacture of Tobacco	3	15	3
纺织业	Manufacture of Textile	40890	12522	18578
纺织服装、服饰业	Manufacture of Textile Wearing, Apparel, Footwear and Caps	1003	218	774
皮革、毛皮、羽毛及其制品和制鞋业	Manufacture of Textile, Fur, Feather and Related Products	510	132	188
木材加工和木、竹、藤、棕、草制品业	Processing of Timber, Manufacture of Wood, Bamboo, Rattan, Palm and Straw Products	6595	1088	39075
家具制造业	Manufacture of Furniture	3	1	59
造纸和纸制品业	Manufacture of Paper and Paper Products	36772	29453	6434
印刷和记录媒介复制业	Printing, Reproduction of Recording Media	213	58	133
文教、工美、体育和娱乐用品制造业	Manufacture of Articles For Culture, Education and Sport Activities	162	41	870
石油加工、炼焦及核燃料加工业	Processing of Petroleum, Coking, Processing of Nuclear Fuel	42265	18850	7586
化学原料和化学制品制造业	Manufacture of Raw Chemical Materials and Chemical Products	98645	54106	34476

一般工业固体废物产生量（万吨） Industrial Solid Waste Residue Produced (10000 tons)	一般工业固体废物综合利用量（万吨） Volume of Industrial Solid Wastes Utilizd in a Comprehensive Way (10000 tons)	#综合利用往年贮存量 Storage Capacity of Comprehensive Utilization in Previous Years	一般工业固体废物处置量（万吨） Volume of Industrial Solid Wastes Treated (10000 tons)	#处置往年贮存量 Storage Capacity Treated in Previous Years	一般工业固体废物贮存量（万吨） Volume of Industrial Solid Wastes Accumulated (1000 tons)	一般工业固体废物倾倒丢弃量（万吨） Volume of General Industrial Solid Waste Disposal Discarding (10000 tons)
9953.95	**9488.17**	**59.61**	**322.81**	**17.44**	**220.02**	**0.00**
323.73	323.73		16.00	16.00		
0.01	0.01					
77.02	52.02		2.65		22.35	
6.64	6.64					
63.99	64.89	5.95	0.05		5.00	
0.11	0.11					
34.39	31.86		2.53		0.00	
69.52	67.93		1.59			
86.91	85.32		1.59			
1.09	0.46		0.63			
131.26	100.17	0.28	31.25		0.11	
1.71	1.57		0.13			
3.47	1.82		1.64			
13.21	13.11		0.10			
0.27	0.26		0.01			
230.43	218.89	1.19	12.73			
0.75	0.42		0.33			
0.65	0.61		0.04			
70.68	69.28	0.10	0.23		1.27	
667.51	593.62	13.02	47.43	1.41	40.89	

项 目	Item	工业源二氧化硫排放量(吨) Total Volume of Sulphur Dioxide Removed (ton)	工业源氮氧化物排放量(吨) Volume of Nitraqen Oxicles Emission of Industry (ton)	工业烟(粉)尘排放量(吨) Volume of Industrial Dust Emission (ton)
医药制造业	Manufacture of Medicines	3049	790	1480
化学纤维制造业	Manufacture of Chemical Fibers	22401	19121	6456
橡胶和塑料制品业	Manufacture of Rubber	4274	1999	1912
非金属矿物制品业	Manufacture of Non－metallic Mineral Products	59798	102478	96583
黑色金属冶炼和压延加工业	Smelting and Pressing of Ferrous Metals	125418	73721	106387
有色金属冶炼和压延加工业	Smelting and Pressing of Non－ferrous Metals	4890	1191	8662
金属制品业	Manufacture of Metal Products	10894	4443	10231
通用设备制造业	Manufacture of General Purpose Machinery	3275	1262	5380
专用设备制造业	Manufacture of Special Purpose Machinery	676	409	2024
汽车制造业	Manufacture of Transport Equipment	681	578	4568
铁路、船舶、航空航天和其他运输设备制造业	Manufacture of Transport Equipment	516	271	4836
电气机械和器材制造业	Manufacture of Electrical Machinery and Equipment	1660	1041	977
计算机、通信和其他电子设备制造业	Manufacture of communications and other electronic equipment	1317	1533	786
仪器仪表制造业	Manufacture of Measuring Instruments and Machinery for Cultural Activity and Office Work	66	23	282
其他制造业	Manufacture of Artwork and Other Manufacturing	653	－174	284
废弃资源综合利用业	Recycling and Disposal of Waste	458	790	364
金属制品、机械和设备修理业	Manufacture of Metal Products, Machinery and Equipment Repair	0	22	37
电力、热力生产和供应业	Production and Supply of Electric Power and Heat Power	481312	817136	85032
燃气生产和供应业	Production and Supply of Gas	16	10	15
水的生产和供应业	Production and Supply of Water			

9－14　Continued 3

一般工业固体废物产生量（万吨）Industrial Solid Waste Residue Produced（10000 tons）	一般工业固体废物综合利用量（万吨）Volume of Industrial Solid Wastes Utilizd in a Comprehensive Way（10000 tons）	#综合利用往年贮存量 Storage Capacity of Comprehensive Utilization in Previous Years	一般工业固体废物处置量（万吨）Volume of Industrial Solid Wastes Treated（10000 tons）	#处置往年贮存量 Storage Capacity Treated in Previous Years	一般工业固体废物贮存量（万吨）Volume of Industrial Solid Wastes Accumulated（1000 tons）	一般工业固体废物倾倒丢弃量（万吨）Volume of General Industrial Solid Waste Disposal Discarding（10000 tons）
12.07	10.98	0.10	1.19	0.00	0.00	
91.67	83.91		4.41		3.36	
14.97	14.02		0.95	0.00	0.00	
353.35	347.01	0.03	6.36		0.02	
3438.23	3304.00		14.35		119.88	
45.51	33.60	0.00	9.30	0.00	2.62	
129.71	122.41	0.00	7.31	0.00	0.00	0.00
23.98	18.96		5.02		0.00	
12.06	11.04		1.02			
49.99	48.81		1.18		0.00	
76.32	73.85		2.22	0.01	0.25	
8.30	6.79	0.03	1.53		0.01	
32.64	15.66	0.01	16.93	0.02	0.08	
1.00	0.76		0.24			0.00
1.52	1.39	0.00	0.13			
60.94	60.04		0.90			
0.02	0.02		0.00		0.00	
3817.52	3701.51	38.90	130.73		24.17	
0.02	0.02					
0.04			0.04			

9－15 重点调查工业污染排放及处理利用情况(2012 年)

项　目 Item		工　业 企业数 (个) Number of Industrial Enterprises (unit)	工　业 锅炉数 (台) Industrial Boiler (unit)	工　业 锅炉蒸 吨数 (蒸吨) Industrial Boiler (steam tons)
总　计	**Total**	**11107**	**6940**	**238980**
煤炭开采和洗选业	Mining and Washing of Coal	23	35	236
石油和天然气开采业	Extraction of Petroleum and Natural Gas	2	34	65
黑色金属矿采选业	Mining and Processing of Ferrous Metal Ores	10	1	1
有色金属矿采选业	Mining and Processing of Non－ferrous Metals Ores	5	1	2
非金属矿采选业	Mining and Processing of Nonmetal Ores	7	5	10
开采辅助活动	Mining Activities	1	2	8
农副食品加工业	Processing of Food from Agricultural Products	476	326	1626
食品制造业	Manufacture of Food	164	121	646
酒、饮料和精制茶制造业	Manufacture of Beverage	180	143	1007
烟草制品业	Manufacture of Tobacco	3	7	47
纺织业	Manufacture of Textile	1891	1526	7582
纺织服装、服饰业	Manufacture of Textile Wearing, Apparel, Footwear and Caps	103	69	238
皮革、毛皮、羽毛及其制品和制鞋业	Manufacture of Textile, Fur, Feather and Related Products	65	46	144
木材加工和木、竹、藤、棕、草制品业	Processing of Timber, Manufacture of Wood, Bamboo, Rattan, Palm and Straw Products	296	303	577
家具制造业	Manufacture of Furniture	13	4	11
造纸和纸制品业	Manufacture of Paper and Paper Products	207	207	8703
印刷和记录媒介复制业	Printing, Reproduction of Recording Media	29	17	35
文教、工美、体育和娱乐用品制造业	Manufacture of Articles For Culture, Education and Sport Activities	36	11	22
石油加工、炼焦及核燃料加工业	Processing of Petroleum, Coking, Processing of Nuclear Fuel	74	59	3132
化学原料和化学制品制造业	Manufacture of Raw Chemical Materials and Chemical Products	1770	1290	14355

Major Survey of Industrial Pollution Discharge and Treatment Utilization(2012)

工业窑炉数（座）Number of Industrial Kiln Stove (unit)	工业废水排放量（万吨）Total Volume of Industrial Waste Water Discharged (10000 tons)	#直接排入环境的 Dischanged Directly into the Environment	工业源化学需氧量排放量（吨）Volume of COD of Industry(ton)	工业源氨氮排放量（吨）Volume of Ammonia Emission of Industry(ton)	工业废气排放量（亿立方米）Total Volume of Industrial Waste Gas Emission (100 million cu. m)
4508	**218621.94**	**144256.45**	**212043**	**15268**	**48623.27**
	3940.81	3771.51	3089	118	16.76
	2.99	2.99	2		1.71
1	430.13	430.13	296	20	2.05
	11.76	11.76	7	1	0.08
	118.88	118.88	123	20	3.69
	0.14	0.14	0		0.33
6	6861.98	6137.14	16386	1024	131.27
4	3088.60	2199.38	2996	191	64.35
5	9171.30	6928.24	15801	1220	68.59
	67.57		27	4	34.14
96	60115.21	28302.29	48630	3247	513.79
	820.36	574.85	836	53	9.55
4	712.44	496.68	1478	163	6.65
7	240.87	216.88	254	9	251.38
	52.80	31.21	71	5	9.58
2	18363.40	16593.64	22388	1095	721.10
2	105.56	50.86	108	7	12.99
14	215.55	185.32	239	12	5.27
207	5716.80	1804.71	5044	571	850.78
335	48129.03	35097.09	45903	4402	2864.91

9－15 续 表 1

项 目 Item		工 业企业数（个）Number of Industrial Enterprises（unit）	工 业锅炉数（台）Industrial Boiler（unit）	工 业锅炉蒸吨数（蒸吨）Industrial Boiler（steam tons）
医药制造业	Manufacture of Medicines	306	199	699
化学纤维制造业	Manufacture of Chemical Fibers	117	227	4500
橡胶和塑料制品业	Manufacture of Rubber	194	193	1324
非金属矿物制品业	Manufacture of Non－metallic Mineral Products	1275	158	841
黑色金属冶炼和压延加工业	Smelting and Pressing of Ferrous Metals	396	160	3917
有色金属冶炼和压延加工业	Smelting and Pressing of Non－ferrous Metals	223	55	154
金属制品业	Manufacture of Metal Products	1253	302	528
通用设备制造业	Manufacture of General Purpose Machinery	377	98	223
专用设备制造业	Manufacture of Special Purpose Machinery	184	40	88
汽车制造业	Manufacture of Transport Equipment	127	59	270
铁路、船舶、航空航天和其他运输设备制造业	Manufacture of Transport Equipment	119	43	93
电气机械和器材制造业	Manufacture of Electrical Machinery and Equipment	297	112	310
计算机、通信和其他电子设备制造业	Manufacture of communications and other electronic equipment	437	269	499
仪器仪表制造业	Manufacture of Measuring Instruments and Machinery for Cultural Activity and Office Work	58	19	28
其他制造业	Manufacture of Artwork and Other Manufacturing	66	33	99
废弃资源综合利用业	Recycling and Disposal of Waste	59	13	68
金属制品、机械和设备修理业	Manufacture of Metal Products, Machinery and Equipment Repair	13	7	50
电力、热力生产和供应业	Production and Supply of Electric Power and Heat Power	249	744	186833
燃气生产和供应业	Production and Supply of Gas	1	2	12
水的生产和供应业	Production and Supply of Water			

工业窑炉数（座）Number of Industrial Kiln Stove (unit)	工业废水排放量（万吨）Total Volume of Industrial Waste Water Discharged (10000 tons)	#直接排入环境的 Dischanged Directly into the Environment	工业源化学需氧量排放量（吨）Volume of COD of Industry (ton)	工业源氨氮排放量（吨）Volume of Ammonia Emission of Industry (ton)	工业废气排放量（亿立方米）Total Volume of Industrial Waste Gas Emission (100 million cu. m)
7	5076.50	3954.07	6525	595	114.87
37	6784.31	5737.55	7458	380	511.37
8	1652.45	1034.14	1370	89	171.62
1134	2539.45	2167.56	1892	119	4497.12
978	10397.10	9489.39	6958	258	17010.56
332	1115.75	719.00	837	61	359.88
661	5750.41	4073.50	5229	327	1883.45
250	2254.81	1422.43	1973	110	219.15
118	907.47	540.56	724	42	205.66
100	1368.46	680.70	1278	80	263.75
42	1836.18	1558.62	1666	147	200.74
36	2186.51	786.41	1352	93	353.35
76	13587.59	5464.25	7865	550	1524.92
6	486.14	327.53	440	22	10.49
9	755.17	383.54	464	21	16.85
19	395.83	250.07	320	45	45.48
1	19.95	16.69	63	7	1.28
11	3315.70	2670.76	1927	158	15663.67
					0.10

项 目 Item		工业源二氧化硫排放量(吨) Volume of Sulphur Dioxide Emission of Industry (ton)	工业源氮氧化物排放量(吨) Volume of Nitraqen Oxicles Emission of Industry (ton)	工业烟(粉)尘排放量(吨) Volume of Dust Emission of Industry(ton)
总 计	**Total**	**896472**	**1096842**	**375003**
煤炭开采和洗选业	Mining and Washing of Coal	1291	653	597
石油和天然气开采业	Extraction of Petroleum and Natural Gas	299	41	61
黑色金属矿采选业	Mining and Processing of Ferrous Metal Ores	101	16	149
有色金属矿采选业	Mining and Processing of Non - ferrous Metals Ores	3	1	1
非金属矿采选业	Mining and Processing of Nonmetal Ores	257	47	218
开采辅助活动	Mining Activities	47	6	10
农副食品加工业	Processing of Food from Agricultural Products	5788	1468	3212
食品制造业	Manufacture of Food	4463	1460	2787
酒、饮料和精制茶制造业	Manufacture of Beverage	7542	1972	3791
烟草制品业	Manufacture of Tobacco	5	13	57
纺织业	Manufacture of Textile	42131	13216	17650
纺织服装、服饰业	Manufacture of Textile Wearing, Apparel, Footwear and Caps	896	189	591
皮革、毛皮、羽毛及其制品和制鞋业	Manufacture of Textile, Fur, Feather and Related Products	538	198	227
木材加工和木、竹、藤、棕、草制品业	Processing of Timber, Manufacture of Wood, Bamboo, Rattan, Palm and Straw Products	5989	1031	28888
家具制造业	Manufacture of Furniture	98	17	118
造纸和纸制品业	Manufacture of Paper and Paper Products	41265	30487	6132
印刷和记录媒介复制业	Printing, Reproduction of Recording Media	149	42	110
文教、工美、体育和娱乐用品制造业	Manufacture of Articles For Culture, Education and Sport Activities	131	26	757
石油加工、炼焦及核燃料加工业	Processing of Petroleum, Coking, Processing of Nuclear Fuel	36927	20477	5974
化学原料和化学制品制造业	Manufacture of Raw Chemical Materials and Chemical Products	93450	53119	31590

一般工业固体废物产生量（万吨）Industrial Solid Waste Residue Produced (10000 tons)	一般工业固体废物综合利用量（万吨）Volume of Industrial Solid Wastes Utilizd in a Comprehensive Way (10000 tons)	#综合利用往年贮存量 Storage Capacity of Comprehensive Utilization in Previous Years	一般工业固体废物处置量（万吨）Volume of Industrial Solid Wastes Treated (10000 tons)	#处置往年贮存量 Storage Capacity Treated in Previous Years	一般工业固体废物贮存量(万吨) Volume of Industrial Solid Wastes Accumulated (1000 tons)	一般工业固体废物倾倒丢弃量（万吨）Volume of General Industrial Solid Waste Disposal Discarding (10000 tons)
9935.43	**9061.95**	**34.15**	**621.60**	**16.09**	**302.10**	**0.01**
391.76	298.76		16.00	16.00	93.00	
0.01	0.01					
77.90	73.80		2.65		1.45	
18.33	15.70		0.02		2.61	
49.99	45.63		0.05		4.31	
0.07	0.07					
33.07	32.01		1.05	0.00	0.00	
39.36	38.47	0.31	1.19			
80.58	79.29	0.78	2.07			
1.16	0.07		1.09			
138.59	110.50	0.70	28.68	0.00	0.12	
1.75	1.53		0.22			
2.15	1.56		0.58			
11.23	11.18	0.06	0.10			
0.44	0.43	0.00	0.00	0.00		
220.53	211.47		9.06			
0.68	0.23		0.44			
0.35	0.32		0.03		0.00	
62.76	61.92	0.00	0.79	0.00	0.06	
645.41	573.92	19.28	39.60	0.01	51.18	

项　　目 Item		工业源二氧化硫排放量(吨) Volume of Sulphur Dioxide Emission of Industry (ton)	工业源氮氧化物排放量(吨) Volume of Nitraqen Oxicles Emission of Industry (ton)	工业烟(粉)尘排放量(吨) Volume of Dust Emission of Industry(ton)
医药制造业	Manufacture of Medicines	3750	809	1265
化学纤维制造业	Manufacture of Chemical Fibers	19157	17676	3762
橡胶和塑料制品业	Manufacture of Rubber	4454	1893	1589
非金属矿物制品业	Manufacture of Non－metallic Mineral Products	58726	105536	67129
黑色金属冶炼和压延加工业	Smelting and Pressing of Ferrous Metals	115570	73418	86912
有色金属冶炼和压延加工业	Smelting and Pressing of Non－ferrous Metals	4313	1275	8643
金属制品业	Manufacture of Metal Products	10462	4569	8732
通用设备制造业	Manufacture of General Purpose Machinery	2941	1238	5163
专用设备制造业	Manufacture of Special Purpose Machinery	989	450	2118
汽车制造业	Manufacture of Transport Equipment	708	411	3924
铁路、船舶、航空航天和其他运输设备制造业	Manufacture of Transport Equipment	501	216	2997
电气机械和器材制造业	Manufacture of Electrical Machinery and Equipment	1688	1003	850
计算机、通信和其他电子设备制造业	Manufacture of communications and other electronic equipment	976	1404	624
仪器仪表制造业	Manufacture of Measuring Instruments and Machinery for Cultural Activity and Office Work	15	9	104
其他制造业	Manufacture of Artwork and Other Manufacturing	672	148	221
废弃资源综合利用业	Recycling and Disposal of Waste	403	188	469
金属制品、机械和设备修理业	Manufacture of Metal Products, Machinery and Equipment Repair	67	35	99
电力、热力生产和供应业	Production and Supply of Electric Power and Heat Power	429693	762072	77465
燃气生产和供应业	Production and Supply of Gas	16	10	15
水的生产和供应业	Production and Supply of Water			

一般工业固体废物产生量（万吨） Industrial Solid Waste Residue Produced (10000 tons)	一般工业固体废物综合利用量（万吨） Volume of Industrial Solid Wastes Utilizd in a Comprehensive Way (10000 tons)	#综合利用往年贮存量 Storage Capacity of Comprehensive Utilization in Previous Years	一般工业固体废物处置量（万吨） Volume of Industrial Solid Wastes Treated (10000 tons)	#处置往年贮存量 Storage Capacity Treated in Previous Years	一般工业固体废物贮存量（万吨） Volume of Industrial Solid Wastes Accumulated (1000 tons)	一般工业固体废物倾倒丢弃量（万吨） Volume of General Industrial Solid Waste Disposal Discarding (10000 tons)
11.25	9.60	0.00	1.67	0.05	0.02	0.01
81.22	77.55	0.54	3.46	0.00	0.76	
13.17	11.54	0.02	1.66		0.00	
354.17	351.02	3.12	6.22	0.00	0.05	
3614.57	3120.28		370.14	0.00	124.15	
37.81	28.20		9.61			
127.61	122.31	0.01	5.31	0.01	0.01	0.00
21.30	15.79		5.50		0.01	
7.02	6.27	0.08	0.82			
16.39	15.15		1.24		0.00	
74.99	73.16		1.58		0.25	
10.43	9.09		1.33	0.00	0.01	
33.89	18.32	0.01	15.59	0.01	0.01	
0.99	0.86		0.12		0.01	
2.47	1.74		0.74			
10.29	10.23		0.06			
1.36	1.03		0.33		0.00	
3740.39	3632.97	9.24	92.58		24.08	

主要统计指标解释

气候 指地球与大气之间长期能量交换与质量交换所形成的一种自然环境状态,它是多种因素综合作用的结果。气候既是人类生活和生产的环境要素之一,又是供给人类生活和生产的重要资源。气温、降水、湿度等气象要素的多年平均值是用来描述一个地区气候状况的主要参数,而各种气象要素某年、某月的平均值(或总量)则可以反映出该时期天气气候状况的重要特征。

自然资源 指人类可以直接从自然界获得,并用于生产和生活的物质资源。自然资源一般可以分成可再生资源和非再生资源两大类。可再生资源指在较短时间内可以再生、可以循环利用的资源,包括土地资源、水资源、气候资源、生物资源和海洋资源等。非再生资源指在使用后不能再生的资源,包括矿产资源和地热能源。

耕地面积 指经过开垦用以种植农作物并经常进行耕耘的土地面积。包括种有作物的土地面积、休闲地、新开荒地和抛荒未满三年的土地面积。

水资源 水在自然界中以固体、液体和气态三种聚集状态存在,分布于海洋、陆地(包括土壤)以及大气之中,通过水循环形成水资源。水资源包括经人类控制并直接可供灌溉、发电、给水、航运、养殖等用途的地表水和地下水,以及江河、湖泊、井、泉、潮汐、港湾和养殖水域等。水资源是发展国民经济不可缺少的重要自然资源。

地表水和地下水 陆地上的水因空间分布不同,分为地表水和地下水。地表水指分别存在于河流、湖泊、沼泽、冰川和冰盖等水体中水分的总称,又称陆地水。地下水指储存在地面以下饱和岩土孔隙、裂隙及溶洞中的水。

矿产资源 矿产指由地质作用形成,富集于地壳中或出露于地表达到工农业利用要求的有用矿物。矿产是一种重要的自然资源,是社会发展的重要物质基础。

矿产保有储量 指探明的矿产储量(包括工业储量和远景储量),扣除已开采部分和地下损失量后的年末实有储量。

气温 指空气的温度,我国一般以摄氏度(℃)为单位表示。气象观测的温度表是放在离地面约1.5米处通风良好的百叶箱里测量的,因此,通常说的气温指的是离地面1.5米处百叶箱中的温度。其统计计算方法为:

月平均气温是将全月各日的平均气温相加,除以该月的天数而得。

年平均气温是将12个月的月平均气温累加后除以12而得。

降水量 指从天空降落到地面的液态或固态(经融化后)水,未经蒸发、渗透、流失而在地面上积聚的深度。其统计计算方法为:

月降水量是将全月各日的降水量累加而得。

年降水量是将12个月的月降水量累加而得。

能源生产总量 指一定时期内,全国一次能源生产量的总和。该指标是观察全国能源生产水平、规模、构成和发展速度的总量指标。一次能源生产量包括原煤、原油、天然气、水电、核能及其他动力能(如风能、地热能等)发电量,不包括低热值燃料生产量、生物质能、太阳能等的利用和由一次能源加工转换而成的二次能源产量。

能源消费总量 指一定时期内,全国各行业和居民生活消费的各种能源的总和。该指标是观察能源消费水平、构成和增长速度的总量指标。能源消费总量包括原煤和原油及其制品、天然气、电力,不包括低热值燃料、生物质能和太阳能等的利用。能源消费总量分为终端能源消费量、能源加工转换损失量和能源损失量三部分。

(1) 终端能源消费量:指一定时期内,全国生产和生活消费的各种能源在扣除了用于加工转换二次能源消费量和损失量以后的数量。

(2) 能源加工转换损失量:指一定时期内,全国投入加工转换的各种能源数量之和与产出各种能源产品之和的差额。该指标是观察能源在加工转换过程中损失量变化的指标。

(3) 能源损失量:指一定时期内,能源在输送、分配、储存过程中发生的损失和由客观原因造成的各种损失量,不包括各种气体能源放空、放散量。

工业废水排放量 指经过企业厂区所有排放口排到企业外部的工业废水量。包括生产废水、外排的直接冷却水、超标排放的矿井地下水和与工业废水混排的厂区生活污水,不包括外排的间接冷却水(清污不分流的间接冷却水应计算在内)。

工业废气排放量 指企业厂区内燃料燃烧和生产工艺过程中产生的各种排入空气的含有污染物的气体总量,按标准状态〔273K,101325Pa〕计算。

工业二氧化硫排放量 指企业在燃料燃烧和生产工艺过程中排入大气的二氧化硫数量。

工业烟尘排放量 指企业厂区内燃料燃烧产生的烟气中夹带的颗粒物数量。

工业粉尘排放量 指企业在生产工艺过程中排放的颗粒物重量,如钢铁企业的耐火材料粉尘、焦化企业的筛焦系统粉尘、烧结机的粉尘、石灰窑的粉尘、建材企业的水泥粉尘等。不包括电厂排入大气的烟尘。

工业固体废物产生量 指企业在生产过程中产生的固体状、半固体状和高浓度液体状废弃物的总量,包括危险废物、冶炼废渣、粉煤灰、炉渣、煤矸石、尾矿、放射性废物和其他废物等;不包括矿山开采的剥离废石和掘进废石(煤矸石和呈酸性或碱性的废石除外)。酸性或碱性废石指采掘的废石其流经水、雨淋水的pH值小于4或pH值大于10.5者。

工业固体废物处置量 指将固体废物焚烧或者最终置于符合环境保护规定要求的场所,并不再回取的工业固体废物量(包括当年处置往年的工业固体废物累计贮存量)。处置方法有填埋(其中危险废物应安全填埋)、焚烧、专业贮存场(库)封场处理、深层灌注、回填矿井等。

工业固体废物排放量 指将所产生的固体废物排到固体废物污染防治设施、场所以外的数量,不包括矿山开采的剥离废石和掘进废石(煤矸石和呈酸性或碱性的废石除外)。

Explanatory Notes on Main Statistical Indicators

Climate refers to the natural environmental status formed by the long-term exchange of energy and mass between the earth and the air, and is the results of interaction of many factors. Climate is both one of the environment factors and the important resources for the living and production activities of the human being. The average values across several years of meteorological factors such as temperature, rainfall and humidity are used as important parameters to describe the climate of a region, while the average values (or total values) of a given year or month of meteorological factors reflect the key characteristics of climate for that period of time.

Natural Resources refer to material resources that could be obtained from the nature by human being and used for production and living. Natural resources in general can be classified as renewable resources and non-renewable resources. Renewable resources refer to resources that could be renewed and recycled during a relatively short period of time, including land resource, water resource, climate resource, biology resource and marine resource. Non-renewable resources include resources that could not be renewed, such as minerals and geothermal resource.

Area of Cultivated Land refers to area of land reclaimed for the regular cultivation of various farm crops, including crop-cover land, fallow, newly reclaimed land and land laid idle for less than 3 years.

Water Resource Water exists in the nature in solid, liquid and gaseous states, is distributed in the ocean, land (including earth) and air, and constitutes the water resource through the circulation of water. Water resource includes the surface water and underground water that is controlled by the human being for irrigation, power-generation, water supply, navigation and cultivation. It also includes rivers, lakes, wells, springs, tides, gulf and water area for cultivation. Water resource as an important natural resource is indispensable for the development of the national economy.

Surface Water and Underground Water Water on earth can be divided into surface water and underground water according to its distribution. Surface water refers to moisture exists in rivers, lakes, swamps, glaciers, icecaps and so on. It is also called land water. The underground water refers to water deposited underground in the cranny and the hole of saturated rock soil and in the water-eroded cave.

Mineral Resources refer to useful minerals that can be used for industrial or agricultural purposes enriched in lithosphere or on earth due to the geological process. Minerals are important natural resources, and important material base for social development.

Ensured Mineral Reserves refer to the actual mineral reserves, which equal to the proven mineral reserves (including industrial reserves and prospective reserves) minus extracted parts and underground losses.

Temperature refers to the air temperature. China uses centigrade as the unit. The thermometry used for weather observation is put in a breezy shutter, which is 1.5 meters high from the ground. Therefore, the commonly used temperature refers to the temperature in the breezy shutter 1.5 meters away from the ground. The calculation method is as follows:

Monthly average temperature is the summation of average daily temperature of one month divided by the actual days of that particular month.

Annual average temperature is the summation of monthly average of a year divided by 12 months.

Volume of Precipitation refers to the deepness of liquid state or solid state(thawed) water falling from the sky to the ground that has not been evaporated, infiltrated or run off. The calculation method is as follows:

Monthly precipitation is the summation of daily precipitation of a month.

Annual precipitation is the summation of 12 months precipitation of a year.

Total Energy Production refers to the total production of primary energy by all energy producing enterprises in the country in a given period of time. It is a comprehensive indicator to show the level, scale, composition and pace of development of energy production of the country. The production of primary energy includes that of coal, crude oil, natural gas, hydro-power and electricity generated by nuclear energy and other means such as wind power and geothermal power. However, it does not include the production of fuels of low calorifrc value, bio-energy, solar energy and secondary energy converted from primary energy.

Total Energy Consumption refers to the total consumption of energy of various kinds by the production sectors and the households in the country in a given period of time. It is a comprehensive indicator to show the scale, composition and pace of increase of energy consumption. Total energy consumption includes that of coal, crude oil and their products, natural gas and electricity. However, it does not include the consumption of fuel of low calorific value, bio-energy and solar energy. Total energy consumption can be divided into three parts: end-use energy consumption; loss during the process of energy conversion; and energy loss.

(1) End-use Energy Consumption: It refers to the total energy consumption by the production sectors and the households in the country (region) in a given period of time. It does not include the consumption during the conversion of primary energy into secondary energy and the loss in the process of energy conversion.

(2) Loss During the Process of Energy Conversion: It refers to the total input of various kinds of energy for conversion, minus the total output of various kinds of energy in the country in a given period of time. It is an indicator to show the loss that occurs during the process of energy conversion.

(3) Energy Loss: It refers to the total of the loss of energy during the course of energy transport, distribution and storage and the loss caused by any objective reason in a given period of time. The loss of various kinds of gas due to gas discharges and stocktaking is not included.

Volume of Industrial Waste Water Discharged refers to the volume of industrial waste water discharged, through all outlets, to the outside of industrial enterpises, including waste water produced, direct-cooling water, underground water from mines that does not meet the standard of discharge, and the domestic sewage mixed up with industrial waste water when discharged, but excluding discharged indirect-cooling water.

Volume of Waste Water Industrial Gas Emission refers to waste gas emitted from burning of fuels and from production process in the area of the factory, and is measured by(273 k, 101325 Pa) under standard condition.

Volume of Industrial Sulphur Dioxide Discharged refers to the volume of sulphur dioxide discharged to the air in the process of fuel burning or in the production process.

Volume of Industrial Soot Discharged refers to the volume of solid soot in the smoke discharged in the process of fuel burning in the area of the factory.

Industrial Dust Discharged refers to the total weight of solid dust discharged by industrial enterprises in the production process, such as dust of refractory materials from iron plants, dust from coke-screening system or from sintering machines of coking plant, dust from lime kilns, cement dust from building material enterprises, ect., but excluding smoke and dust discharged from power plants.

Volume of Industrial Solid Wastes Produced refer to the total volume of solid, semi-solid or high concentration liquid residue produced by industrial enterprises in their production process, including dangerous wastes, residues from melting, slag, powdered, coalash, gangue, chemical residues, tailings, radiative residues, but excluding stripped or dug stones in mining(except gangue and acid or alkali stones which are stone washed or soaked by water with a pH value smaller than 4 or larger than 10.5).

Volume of Industrial Solid Wastes Treated refers to the solid wastes disposed of in a non-recoverable place that meet the requirment of environmental protection, such as burying(the dangerous wastes should be buried safely), burning, piling in designated sites, pouring water into the deep strata, filling of old mines, ect. (including treatment of solid wastes piled up in the previous years).

Volume of Industrial Solid Wastes Discharged refers to the volume of industrial solid wastes produced and discharged at the places outside the special facilities or special sites for preventing against pollution, excluding stripped or dug stones in mining(excep gangue and acid or alkali waste stones).

10

农 业

Agriculture

简 要 说 明

一、本篇资料的主要内容及统计范围

本篇资料反映我省农业生产和农村经济的基本情况，内容主要包括农业机械拥有量、农林牧渔业产值、主要农产品产量、水利设施与除涝治碱、农村居民家庭拥有生产性固定资产、国营农场、乡镇企业基本情况等方面的统计资料。

农业统计范围包括全社会除军马生产及农业科研机构进行的农业生产以外的所有农业生产活动。包括：农村各种经济组织和农户经营的农林牧渔业生产活动；各种专业性农、林、牧、渔场的农业生产活动；国家各级机关、团体、学校、部队进行的农业生产活动；集体所有制的乡、镇、村办农场的农业生产活动；以及工矿企业经营的农、林、牧、渔业生产活动。

1. 农业：指对各种农作物的种植活动。包括谷物、豆类、薯类、棉花、油料、糖料、麻类、烟叶、蔬菜、园艺作物、水果、坚果、饮料和香料作物、中草药及其他作物的种植。

2. 林业：包括林木的栽培（不包括茶园、桑园和果园的栽培、管理和收获等活动），木材和竹材的采运，林产品的采集。

3. 畜牧业：包括牲畜饲养和放牧，家禽饲养以及野生动物的捕猎和饲养。

4. 渔业：包括水生动物和海藻类植物的养殖和捕捞。

5. 农、林、牧、渔服务业：指对农、林、牧、渔业生产活动进行的各种支持性服务，但不包括各种科学技术和专业性技术服务活动。

二、本篇的资料来源及统计调查方法

1. 农业生产基本情况：根据《农林牧渔业统计报表制度》、《农业产值和价格综合统计报表制度》、《县城社会经济基本情况统计报表制度》的有关资料整理提供。

《农林牧渔业统计报表制度》为全面报表，由各级统计部门根据当地实际情况，采取抽样调查、重点调查或全面调查的办法搜集资料并逐层上报，或利用同级业务部门统计资料上报。如林业生产情况、渔业生产情况等指标取自同级业务部门的统计资料。

《县城社会经济基本情况统计报表制度》主要对乡、村基本情况每年进行一次全面调查。

2. 农户家庭固定资产根据《农村住户调查方案》的有关资料整理提供。

3. 国营农场基本情况资料主要取材于农垦系统汇总的统计报表，统计方法为逐级上报、全面汇总。

4. 灌溉、水库和除涝、治水、治碱情况及各地区水利设施和除涝、治碱面积资料，主要来源于水利部门汇总的统计报表。资料收集以县为基本统计单位，采取逐级汇总上报的方式。有些特殊指标如灌区数、大型水库、跨县的中小型水库，由市直接统计，上报省水利厅。

Brief Introduction

Ⅰ. Main Contents and Statistical Scopes

The data in this chapter show the basic conditions of agricultural production and rural economy, including mainly quantity of agricultural machinery, output of agriculture, forestry, animal husbandry and fishery, output of major products, facilities of water conservancy and efforts to eliminate waterlogging and combat alkalinity, productive fixed assets owned by rural households, basic conditions of State-owned farms.

Statistics on agriculture cover all agricultural production activities except horse raising for military purpose and agricultural production activities undertaken by agriculture research institutions. Including agriculture statistics are production activities in agriculture, forestry, animal husbandry and fishery undertaken by rural economic units of various types and by rural households; production activities of farms specializing in agriculture, forestry, animal husbandry and fishery; production activities in agriculture undertaken by government agencies, institutions, schools and military units; production activities in agriculture undertaken by collective farms run by townships and villages; and production activities in agriculture, forestry, animal husbandry and fishery undertaken by manufacturing and mining enterprises.

(1) Agriculture: refers to cultivation of farm crops, including cereals, beans, tuber crops, cotton, oil-bearing crops, sugar crops, hemp, tobacco leaves, vegetables, gardening plants, fruits, nuts, crops for beverages and spices, medicinal herbs and other farm crops.

(2) Forestry: includes the planting of trees (excluding the operations of planting, management and harvesting on tea plantations, mulberry fields and orchards), cutting and transport of timber and bamboo and collection of forest products.

(3) Animal husbandry: includes the raising and grazing of domestic animals and poultry, and the hunting and raising of wild animals.

(4) Fishery: includes cultivation and catching of aquatic animals and seaweed.

(5) Services in support of agriculture, forestry, animal husbandry and fishery: include supporting services to production activities in agriculture, forestry, animal husbandry and fishery but do not include activities of science and technology and professional services.

Ⅱ. Data Sources and Survey Methods

(1) Data on agricultural production come from the Statistical Reporting Form System on Agriculture, Forestry, Animal Husbandry and Fishery; the Statistical Reporting System on Agricultural Output and Prices; Statistical Reporting System on Basical Social Economy of Country.

Statistical Reporting Form System on Agriculture, Forestry, Animal Husbandry and Fishery is a comprehensive reporting program. Data required in this reporting program are collected by statistical offices at all levels by means of sample surveys, surveys of key units or complete enumeration depending on the local circumstances, or estimated by using information from other government agencies at the same level. For instance, some data on forestry and fishery are obtained from statistics data collected by other government agencies at the same level.

Statistical Reporting System on Basical Social Econorny of Country is conducted every year to collect information on the basic conditions of all towns, townships and villages, and a complete enumeration in administratively designated towns.

(2) Data on fixed assets, cultivated land and sales of farm products of rural households are collected and compiled by the Department of Rural Social and Economic Survey through the System of Rural Household Survey.

(3) Data on the basic conditions of the State-owned farms come from the statistical reports tabulated by the Bureau of Reclamation. Data are collected from the grassroots units in accordance with the statistical reporting scheme whereby reporting is done level by level for aggregation.

(4) Data on irrigation and reservoirs, data on efforts to eliminate water-logging, to prevent floods by water control and to combat alkalinity as well as data on the facilities of water conservancy and the area of water-logging eliminated and the improved area of saline-alkaline land come mainly from statistical reports of the Ministry of Water Resources. The statistical scope includes provinces, autonomous regions and municipalities directly under the Central Government. Data are collected from individual counties in accordance with the statistical reporting system and are tabulated and reported level by level. Data on some special indicators, such as the number of irrigated areas, large reservoirs and the medium-sized and small reservoirs that cut across counties are collected directly by the prefectures and reported to the provincial departments of water resources.

10-1 农业基本情况
Basic Statistics of Agriculture

指标	Item	1995	2000	2005	2010	2011	2012
乡村户数 (万户)	Rural Households (10000 units)	1516.85	1496.27	1505.88	1483.26	1466.28	1444.65
乡村劳动力 (万人)	Rural Laborers (10000 persons)	2773.04	2688.03	2662.50	2670.68	2652.65	2620.82
按性别分	Grouped by Sex						
男	Male	1424.43	1382.49	1384.61	1401.55	1390.26	1373.68
女	Female	1348.61	1305.54	1277.89	1269.13	1262.39	1247.14
按行业分	Grouped by Sector						
农林牧渔业	Agriculture, Forestry, Animal Husbandry, Fishery	1541.33	1480.22	1058.28	859.83	821.69	796.03
#农业	Farming	1326.54	1270.58	885.40	707.28	672.09	643.16
工业	Industry	531.78	436.81	598.52	773.89	790.79	798.46
建筑业	Construction	227.39	252.02	316.38	367.42	372.52	377.65
交通运输、仓储业和邮电通讯业	Transport, Storage, Post and Telecommunication	92.33	89.06	107.76	111.74	113.15	114.55
批发、零售贸易业、餐饮业	Wholesale, Retail Sales and Catering Services	73.04	104.81	156.12	199.60	208.22	213.40
金融、保险业	Banking and Insurance	2.11	2.50	5.88	8.36	9.49	9.69
房地产、社会服务业	Real Estate and Social Services	15.61	22.78	37.24	37.23	37.39	37.35
卫生、体育、社会福利业	Healthcare, Sports and Social Welfare	9.69	10.24	11.19	12.89	13.63	13.90
教育、文化、艺术和广播电视事业	Education, Culture, Arts, Broadcasting and Television	15.50	14.13	14.43	15.93	16.74	17.09
科学研究和综合技术服务事业	Scientific Research and Ploytechnical Services	2.00	2.07	3.04	3.20	3.53	3.65
乡经济组织管理	Rural Economic Management	17.37	15.87	12.46	12.08	11.94	12.23
其他	Others	244.89	257.52	341.20	268.51	253.56	226.82
农业机械总动力 (万千瓦)	Total Power of Agricultural Machinery (10000 kW)	2226.95	2925.29	3135.33	3937.34	4106.11	4214.64
化肥施用量 (万吨)	Consumption of Chemical Fertilizers (10000 tons)	292.77	335.45	340.81	341.11	337.21	330.94
农村用电量 (亿千瓦小时)	Electricity Consumed in Rural Areas (100 million kW·h)	238.16	314.60	825.10	1472.89	1606.83	1696.41
农作物总播种面积 (千公顷)	Sown Area of Farm Crops (1000 hectares)	7909.01	7944.87	7641.20	7619.58	7663.25	7651.57
#粮食	Grain Crops	5755.15	5304.31	4909.48	5282.36	5319.20	5336.57
主要农产品产量 (万吨)	Output of Major Farm Products (10000 tons)						
粮食	Grain	3286.30	3106.63	2834.59	3235.10	3307.76	3372.48
棉花	Cotton	56.16	31.45	32.27	26.08	24.68	22.04
油料	Oil-bearing	159.46	225.65	215.99	151.97	144.05	146.95
肉类产量	Meat	231.85	328.87	352.34	366.64	375.92	396.52
水产品产量	Aquatic Products	219.47	308.79	388.66	460.44	475.97	493.74

10-2 灌溉、水库和除涝、治水、治碱情况
Irrigation, Reservoirs, Flood Prevention, Water and Soil Conservation and Improvement of Saline-alkaline Land

2012		1990	2000	2005	2010	2011
年底灌区数　（处）	Number of Irrigated Areas at year-end (set)	185	189	200	217	172
50万亩以上	500000 Units of Area and Over	13	4	6	5	5
30-50万亩	300000—500000 Units of Area		23	23	31	24
灌区有效灌溉面积（万亩）	Effective Irrigated Area (10000 units of area)	1541.14	1278.09	1510.02	1751.06	1469.07
50万亩以上	500000 Units of Area and Over	478.50	161.82	252.53	212.58	212.48
30-50万亩	300000—500000 Units of Area		531.45	506.43	705.33	531.01
水库　（座）	Number of Reservoirs (unit)	1143	912	917	910	907
大型水库	Large Reservoir	80	8	8	8	8
中型水库	Medium-sized Reservoir	40	42	42	42	42
小型水库	Small Reservoir	1095	862	867	860	857
水库库容量　（亿立方米）	Capacity of Reservoirs (100million cu. m)	190.17	189.05	189.13	189.18	189.08
大型水库	Large Reservoir	167.14	167.22	167.15	167.27	167.27
中型水库	Medium-sized Reservoir	12.13	11.90	11.88	11.92	11.93
小型水库	Small Reservoir	10.90	9.93	10.10	9.99	9.88
节水灌溉面积　（千公顷）	Water-saving Irrigated Area (1000 hectares)		1180.07	1423.50	1627.93	1733.33
除涝面积　（千公顷）	Flooded or Waterlogged Area (1000 hectares)	4073.95	2793.28	2794.81	2802.51	2778.25
水土流失治理面积（千公顷）	Area of Soil Erosion under Control (1000 hectares)	1026.79	1076.87	863.56	1155.27	1110.23
治碱面积　（千公顷）	Improved Area of Saline-alkaline Land (1000 hectares)	948.16	683.50	701.29		
堤防长度　（公里）	Total Length of Dikes (km)	49786.65	55132.63	51030.09	52261.72	51852.69
堤防保护面积　（千公顷）	Area of Land Protected by Dikes (1000 hectares)	3799.09	3514.23	3625.53	3494.30	3355.19

注：大型水库库容：1亿立方米以上；中型水库库容：1千万至1亿立方米；小型水库库容：10万至1千万立方米。

a) Large-scale reservior capacity: 100 million steres and above; Medium-scale reservior capacity: 10 to 100 million steres; Small-scale reservior capacity: 100000 to 1000000 steres.

10－3 主要年份农林牧渔业总产值

Gross Output Value of Agriculture, Forestry, Animal Husbandry and Fishery in Major Years

当年价格,单位:亿元 (at current price,100 million yuan)

年份 Year	农林牧渔业总产值 Total	农业 Farming	林业 Foresty	畜牧业 Animal Husbandry	渔业 Fishery	农林牧渔服务业 Services in Support of Agriculture
1949	22.59	19.41	…	3.02	0.16	
1952	31.87	26.14	0.03	5.00	0.70	
1957	36.81	30.10	0.22	5.25	1.24	
1962	40.15	34.19	0.32	4.48	1.16	
1965	57.27	47.02	0.63	8.25	1.37	
1970	71.33	57.08	0.85	11.76	1.64	
1975	91.66	72.17	1.47	15.55	2.47	
1976	100.71	82.53	1.31	14.86	2.01	
1977	89.16	73.05	1.25	12.90	1.96	
1978	105.87	85.17	1.48	16.78	2.44	
1979	145.25	114.26	2.03	25.77	3.19	
1980	138.45	105.98	1.94	26.65	3.88	
1981	153.62	119.90	2.00	27.11	4.61	
1982	188.11	145.69	1.96	35.80	4.66	
1983	206.86	160.38	3.30	36.66	6.52	
1984	253.82	193.28	4.33	47.17	9.04	
1985	288.55	201.85	4.63	66.54	15.53	
1986	332.66	235.07	5.15	69.83	22.61	
1987	380.25	257.90	6.02	87.95	28.38	
1988	497.95	310.20	7.29	140.49	39.97	
1989	522.25	325.02	7.02	148.13	42.08	
1990	580.53	362.46	7.94	160.78	49.35	
1991	580.93	354.42	7.55	168.30	50.66	
1992	673.82	411.33	9.93	188.64	63.92	
1993	875.37	518.55	14.61	236.81	105.40	
1994	1335.23	777.94	18.38	390.70	148.21	
1995	1686.78	986.15	21.42	475.67	203.54	
1996	1693.76	1062.39	23.48	368.54	239.35	
1997	1816.37	1085.26	22.56	430.57	277.98	
1998	1849.20	1096.88	24.16	435.51	292.65	
1999	1837.43	1095.13	26.13	413.95	302.22	
2000	1869.73	1096.02	30.17	430.53	313.01	
2001	1956.10	1142.66	30.76	448.51	334.17	
2002	2011.48	1165.49	36.29	456.02	353.68	
2003	1952.20	981.25	31.49	458.87	371.56	109.03
2004	2417.63	1242.41	40.16	563.44	449.47	122.15
2005	2576.98	1291.06	45.27	599.14	511.86	129.65
2006	2718.61	1416.91	54.26	544.48	543.39	159.57
2007	3064.72	1542.53	58.88	704.38	579.00	179.94
2008	3590.64	1746.83	64.92	916.46	665.75	196.69
2009	3816.02	1948.20	70.79	873.97	719.25	203.81
2010	4297.14	2269.56	78.12	923.25	805.25	220.95
2011	5237.45	2640.95	92.81	1190.50	1060.44	252.74
2012	5808.81	2966.72	99.74	1226.18	1235.40	280.77

10－4 主要年份农林牧渔业总产值指数
Indices of Gross Output Value of Agriculture, Forestry, Animal Husbandry and Fishery in Major Years

按可比价格计算，上年＝100　　　　(at constant price with 100 in preceding year)

年份 Year	农林牧渔业总产值指数 Total	农业 Farming	林业 Forestry	畜牧业 Animal Husbandry	渔业 Fishery	农林牧渔服务业 Services in Support of Agriculture
1949						
1952	117.4	110.0		141.9	306.1	
1957	103.4	99.2	553.8	128.4	106.9	
1962	101.1	97.5	98.2	135.2	94.9	
1965	105.7	100.5	168.0	141.7	95.6	
1970	107.2	107.1	67.2	109.4	124.2	
1975	100.9	99.5	98.0	107.1	104.0	
1976	103.9	105.1	121.1	93.4	94.4	
1977	89.9	89.5	99.2	93.0	101.9	
1978	121.5	123.4	84.5	115.6	98.8	
1979	110.9	108.5	105.0	131.8	110.3	
1980	94.5	91.9	99.5	102.1	118.2	
1981	107.9	109.7	95.3	99.3	115.4	
1982	114.9	113.0	106.0	123.8	105.2	
1983	105.9	107.2	110.8	98.2	99.6	
1984	116.4	106.3	117.8	118.2	124.1	
1985	103.1	99.0	107.9	117.1	126.3	
1986	106.3	106.6	97.3	100.6	134.9	
1987	103.1	103.3	104.8	101.2	108.1	
1988	106.6	104.8	93.8	114.4	108.9	
1989	100.3	100.6	94.4	99.5	101.7	
1990	102.5	101.1	97.4	106.7	107.9	
1991	98.9	95.9	90.0	105.2	101.2	
1992	113.0	113.7	119.1	110.5	115.6	
1993	111.3	106.2	124.1	114.0	134.8	
1994	112.1	108.0	112.4	117.5	119.0	
1995	113.6	112.9	117.0	110.8	124.0	
1996	107.4	108.7	107.4	103.1	111.8	
1997	107.7	106.4	92.6	110.9	109.5	
1998	104.0	103.0	109.9	104.2	107.2	
1999	105.2	105.9	100.0	103.5	106.5	
2000	105.0	103.1	119.9	107.5	107.4	
2001	104.5	105.0	99.1	102.4	106.7	
2002	103.8	102.3	115.8	103.9	108.0	
2003	101.0	94.3	120.0	102.8	106.6	130.0
2004	107.8	113.8	109.4	97.7	109.7	107.0
2005	103.7	101.1	107.5	103.6	110.7	104.0
2006	104.9	105.4	115.7	101.2	106.8	106.0
2007	103.1	102.6	109.9	100.7	104.4	108.3
2008	104.5	103.2	104.7	107.1	105.4	102.6
2009	104.6	103.3	105.2	106.6	105.2	104.0
2010	104.4	103.8	105.6	105.3	104.5	105.1
2011	104.2	104.3	104.0	102.7	104.4	107.6
2012	104.8	104.5	102.8	105.3	104.4	107.8

10 – 5 主要年份农林牧渔业总产值定基指数
Fixed-base Indices of Gross Output Value of Agriculture, Forestry, Animal Husbandry and Fishery in Major Years

按可比价格计算,1949 年 = 100 (at constant price with 100 in 1949)

年 份 Year	农林牧渔业总产值指数 Total	农 业 Farming	林 业 Forestry	畜牧业 Animal Husbandry	渔 业 Fishery	农林牧渔服务业 Services in Support of Agriculture
1949	100.0	100.0		100.0	100.0	
1952	144.2	135.7	100.0	166.5	612.2	
1957	157.4	151.4	900.0	159.0	563.4	
1962	134.7	134.1	1387.5	106.8	407.3	
1965	201.4	190.7	2162.5	224.6	534.1	
1970	239.7	232.5	1487.5	255.0	575.6	
1975	294.7	281.6	2487.5	322.3	819.5	
1976	306.2	296.1	3012.5	301.1	773.2	
1977	275.4	264.9	2987.0	280.1	787.8	
1978	334.6	326.8	2525.0	323.9	778.0	
1979	371.1	354.7	2650.0	426.8	858.5	
1980	350.7	326.0	2637.5	435.8	1014.6	
1981	378.4	357.7	2512.5	432.6	1170.7	
1982	434.8	404.2	2662.5	535.6	1231.7	
1983	460.6	433.3	2950.0	525.9	1226.8	
1984	536.3	460.6	3475.0	621.5	1522.0	
1985	553.1	456.1	3750.0	727.9	1922.0	
1986	587.7	486.4	3650.0	732.5	2592.7	
1987	605.9	502.4	3825.0	741.1	2802.4	
1988	646.1	526.3	3587.5	847.5	3051.2	
1989	648.3	529.4	3387.5	843.1	3102.4	
1990	664.6	535.2	3300.5	899.3	3346.3	
1991	657.1	513.3	2971.7	946.3	3385.3	
1992	742.5	583.6	3538.2	1045.7	3913.7	
1993	826.4	619.6	4391.5	1191.6	5275.3	
1994	926.3	668.9	4936.8	1400.2	6278.5	
1995	1052.7	755.4	5774.3	1551.0	7785.4	
1996	1130.6	821.0	6204.0	1599.2	8707.8	
1997	1217.1	873.5	5746.0	1773.5	9532.8	
1998	1265.6	899.4	6313.9	1847.5	10219.7	
1999	1331.1	952.4	6312.3	1911.5	10883.6	
2000	1397.9	981.6	7566.8	2055.1	11688.1	
2001	1461.5	1030.6	7500.2	2103.9	12474.9	
2002	1516.9	1053.8	8681.6	2186.3	13475.4	100.0
2003	1532.8	994.0	10415.4	2248.1	14369.5	130.0
2004	1653.0	1131.5	11389.9	2196.7	15768.3	139.1
2005	1714.2	1143.9	12245.5	2275.4	17448.0	144.6
2006	1798.2	1205.6	14168.0	2302.7	18634.5	153.3
2007	1853.2	1236.7	15569.2	2319.0	19458.1	166.1
2008	1936.8	1276.4	16294.7	2483.0	20510.8	170.5
2009	2024.9	1318.4	17144.7	2646.0	21573.2	177.4
2010	2113.6	1368.5	18104.8	2786.9	22552.0	186.5
2011	2201.6	1427.5	18836.2	2863.4	23554.6	200.8
2012	2307.0	1491.7	19371.5	3015.0	24591.8	216.5

10－6　农林牧渔业分项产值
Gross Output Value of Agriculture, Forestry, Animal Husbandry and Fishery by Branch

按当年价格计算，单位：亿元　　(at current price, 100million yuan)

指　标	Item	2005	2007	2008	2009	2010	2011	2012
农林牧渔业总产值	**Total**	**2576.98**	**3064.72**	**3590.64**	**3816.02**	**4297.14**	**5237.45**	**5808.81**
农业产值	**Farming**	**1291.06**	**1542.53**	**1746.83**	**1948.20**	**2269.56**	**2640.95**	**2966.72**
谷物及其他作物	Planting	722.50	804.80	855.24	903.10	993.21	1140.33	1261.04
#谷物	Cercal	495.04	573.66	610.62	668.23	736.25	876.60	948.87
薯类	Tubers	28.41	27.15	28.95	29.53	34.00	36.07	41.27
豆类	Beans	24.16	26.05	35.50	37.15	37.01	37.74	39.55
棉花	Cotton	57.31	68.31	53.38	46.07	80.75	72.72	93.78
油料	Oil-bearing	64.06	52.95	75.91	70.44	66.49	71.92	89.43
蔬菜园艺作物	Vegetables and Gardening Crops	454.17	593.91	735.20	870.12	1074.92	1258.82	1440.13
#蔬菜(含菜用瓜、食用菌)	Vegetable (include melons、Edible Mushroom)	391.98	521.31	662.94	796.42	989.12	1165.18	1265.38
水果、坚果、饮料和香料作物	Fresh Fruits, Nuts, Beverage and Perfume Crops	100.04	127.13	145.11	168.18	192.72	232.25	254.31
#水果、坚果(含果用瓜)	Fresh Fruits, Nuts (include melons)	87.70	103.29	116.24	139.04	158.26	196.50	213.57
中药材	Chinese Herbal Medicine	14.35	16.68	11.28	6.79	8.71	9.55	11.25
林业产值	**Forestry**	**45.27**	**58.88**	**64.92**	**70.79**	**78.12**	**92.81**	**99.74**
林木的培育和种植	Afforestation	29.68	37.48	46.06	49.83	58.89	70.42	73.65
竹木采运	Cutting and Transportation of Bamboos and Timber	6.66	11.50	8.44	8.82	10.98	13.37	16.01
林产品	Forest Products	8.93	9.90	10.42	12.14	8.25	9.02	10.08
牧业产值	**Animal Husbandry**	**599.14**	**704.38**	**916.46**	**873.97**	**923.25**	**1190.50**	**1226.18**
牲畜饲养	Livestock Raising	54.43	40.94	49.52	56.06	59.59	73.81	92.56
#牛	Cattle and Buffaloes	7.13	5.36	5.84	7.23	8.16	10.24	11.86
羊	Sheep and Goats	29.24	13.60	22.60	24.94	25.62	32.52	46.44
猪的饲养	Hogs Raising	240.53	280.11	422.09	348.47	364.96	470.12	464.84
家禽饲养	Poultry Raising	239.50	309.56	379.23	403.49	425.35	545.43	540.46
#肉禽	Live Animal and Poultry Products	116.18	156.70	183.59	195.39	245.86	316.81	326.65
禽蛋	Poultry Eggs	121.73	150.65	191.48	203.60	177.20	225.73	210.05
狩猎和捕捉动物	Hunting	1.87	2.13	2.18	2.81	1.46	1.86	1.96
其他畜牧业	Other Animal Husbandry	62.81	71.64	63.43	63.15	71.90	99.28	126.36
渔业产值	**Fishery**	**511.86**	**579.00**	**665.75**	**719.25**	**805.25**	**1060.44**	**1235.40**
海水产品	Seawater Aquatic Products	123.76	146.06	176.06	188.04	207.77	279.56	344.21
内陆水域水产品	Freshwater Aquatic Products	388.10	432.94	489.69	531.21	597.48	780.88	891.19
农林牧渔服务业产值	**Services in Support of Agriculture**	**129.65**	**179.94**	**196.69**	**203.81**	**220.95**	**252.74**	**280.77**

10－7　农作物播种面积

单位：千公顷

年　份 Year	总播种面积 Total Sown Areas	粮食作物 Grain Crops	#小　麦 Wheat	#稻　谷 Rice	#薯　类 Tubers	#玉　米 Corn	#大　豆 Soybeans
1978	8582.74	6310.93	1412.82	2661.18	478.29	445.01	345.36
1980	8248.93	6090.25	1519.47	2676.15	332.02	386.21	236.47
1985	8557.84	6432.44	2170.39	2431.11	282.45	659.62	317.93
1989	8384.33	6454.51	2353.54	2419.67	248.16	501.15	309.39
1990	8259.18	6363.02	2399.19	2454.44	221.65	461.01	244.67
1991	8091.70	6202.77	2364.93	2351.40	214.51	426.44	177.81
1992	8234.63	6180.77	2366.23	2447.27	192.59	421.14	192.28
1993	8032.29	6029.66	2281.66	2278.44	201.00	472.37	270.67
1994	7861.76	5748.78	2114.26	2168.36	179.46	458.95	255.41
1995	7909.01	5755.15	2150.35	2250.31	166.71	461.98	201.32
1996	7914.10	5877.42	2216.26	2335.91	180.59	467.83	179.49
1997	7966.78	5994.43	2341.37	2377.62	169.61	439.00	217.44
1998	8058.28	5946.26	2314.95	2369.70	162.67	473.49	220.83
1999	8023.43	5828.52	2251.70	2398.45	156.89	454.31	210.41
2000	7944.87	5304.31	1954.60	2203.46	158.26	423.16	249.19
2001	7777.42	4886.66	1712.81	2010.25	146.01	429.81	244.37
2002	7797.40	4882.58	1715.85	1982.05	143.75	436.53	243.44
2003	7681.49	4659.47	1620.45	1840.93	134.20	451.90	241.68
2004	7668.98	4774.59	1601.17	2112.90	114.17	389.11	216.42
2005	7641.20	4909.48	1684.44	2209.33	100.16	370.24	214.80
2006	7385.16	5110.80	1912.67	2216.00	76.27	378.17	213.00
2007	7407.73	5215.59	2039.12	2228.07	67.73	391.21	222.73
2008	7510.27	5267.10	2073.12	2232.55	66.17	398.51	232.77
2009	7558.15	5272.04	2077.61	2233.24	66.55	399.84	232.98
2010	7619.58	5282.36	2093.07	2234.16	61.26	403.70	226.90
2011	7663.25	5319.20	2112.41	2248.63	59.43	414.34	219.71
2012	7651.57	5336.57	2132.56	2254.22	60.15	418.90	210.46

Total Sown Areas of Farm Crops

(1000 hectares)

经济作物 Economic Crops	#棉　花 Cotton	#油菜籽 Rape-seeds	#花　生 Peanuts	#芝　麻 Sesame	#黄红麻 Jute and Ambary Hemp	#甘　蔗 Sugar-cane	#甜　菜 Beet-roots	#烤　烟 Flue-cured Tobacco	其他作物 Others
905.84	589.99	156.46	65.49	10.60	20.71	0.75	6.91	7.05	1365.97
957.04	631.00	169.58	83.79	4.61	11.51	0.35	5.78	2.17	1201.64
1302.77	592.24	442.64	134.11	12.85	24.78	4.11	4.39	3.47	822.63
1194.62	535.19	459.12	116.39	6.29	5.14	3.92	2.09	9.47	735.20
1188.41	572.13	440.81	108.71	5.85	5.16	3.35	2.23	5.63	707.75
1202.48	550.61	482.80	102.95	4.79	4.57	3.18	0.73	5.16	686.45
1350.29	673.43	483.78	107.36	7.14	3.99	3.83	0.70	7.39	703.57
1143.39	517.65	458.30	125.42	8.65	5.20	5.50	1.31	2.02	859.24
1225.86	534.57	516.59	146.52	6.65	2.15	4.57	0.70	0.87	887.12
1268.75	564.90	530.66	148.66	7.54	1.31	3.95	0.17	1.17	885.11
1132.24	485.91	498.00	123.55	9.19	0.89	3.66	0.87	1.44	904.44
1063.10	438.74	473.93	117.25	13.66	0.79	3.46	1.51	2.61	909.25
1063.32	416.16	468.94	141.39	16.23	0.54	3.25	0.52	0.09	1048.70
1006.41	261.99	518.83	177.25	20.62	0.41	4.20	0.15	0.01	1188.50
1227.97	295.27	650.50	227.90	18.20	0.20	5.16	0.07	0.02	1412.59
1347.53	383.99	681.04	230.21	15.53	0.36	5.75	0.40	…	1543.23
1255.19	311.35	668.08	223.63	15.00	0.32	6.08	0.38	…	1659.63
1315.37	369.50	683.03	214.52	12.70	0.31	5.98	0.29	…	1706.65
1356.65	409.62	689.86	218.59	11.91	0.16	4.89	0.12	…	1537.74
1237.36	368.27	660.50	174.29	11.92	0.18	4.10	0.02		1494.36
1007.48	330.40	525.47	130.60	11.38	0.04	1.39	0.01		1266.88
876.25	326.93	434.36	95.71	10.59	0.02	1.18	0.00		1315.89
883.86	300.47	454.49	101.58	11.26	0.02	1.59	0.00	0.02	1359.31
862.07	252.34	476.27	105.50	11.44	0.05	2.00	0.02	0.04	1424.04
824.77	235.68	460.08	103.39	10.80		1.70	0.08	0.24	1512.45
806.93	239.25	441.28	100.21	10.71	0.02	1.63		0.04	1537.12
712.58	170.63	421.31	95.90	10.39		1.62	0.03	0.03	1602.42

10－8 主要农作物种植结构
Planting Structure of Major Farm Crops

单位:%　　　　(%)

项　目	Item	2005	2007	2008	2009	2010	2011	2012
农作物总播种面积	**Total Sown Area of Farm Crops**	**100.00**	**100.00**	**100.00**	**100.00**	**100.00**	**100.00**	**100.00**
粮食作物	**Grain Crops**	**64.25**	**70.41**	**70.13**	**69.75**	**69.33**	**69.41**	**69.74**
谷物	Cereal	58.42	63.15	64.68	64.40	64.14	64.29	64.76
稻谷	Rice	28.91	30.08	29.73	29.55	29.32	29.34	29.46
小麦	Wheat	22.04	27.53	27.60	27.49	27.47	27.57	27.87
玉米	Corn	4.85	5.29	5.31	5.29	5.30	5.41	5.47
其它谷物	Other Cereal	2.62	2.27	2.04	2.08	2.05	1.97	1.96
豆类	Soybeans	4.52	4.34	4.57	4.47	4.38	4.35	4.19
#大豆	Sonja	2.81	3.01	3.10	3.08	2.98	2.87	2.75
杂豆	Miscellaneous Beans	0.19	0.18	0.17	0.18	0.18	0.17	0.17
薯类	Tubers	1.31	0.91	0.88	0.88	0.80	0.78	0.79
油料作物	**Oil-bearing Crops**	**11.08**	**7.30**	**7.56**	**7.85**	**7.54**	**7.21**	**6.90**
#花生	Peanuts	2.28	1.29	1.35	1.40	1.36	1.31	1.25
油菜籽	Rapeseeds	8.64	5.86	6.05	6.30	6.04	5.76	5.51
芝麻	Sesame	0.16	0.14	0.15	0.15	0.14	0.14	0.14
棉花	**Cotton**	**4.82**	**4.41**	**4.00**	**3.34**	**3.09**	**3.12**	**2.23**
麻类	**Fiber Crops**	**0.02**	**0.02**	**0.02**	**0.01**	**0.01**	**0.01**	**0.01**
糖料	**Sugar Crops**	**0.05**	**0.02**	**0.02**	**0.03**	**0.02**	**0.02**	**0.02**
#甘蔗	Sugarcane	0.05	0.02	0.02	0.03	0.02	0.02	0.02
烟叶	**Tobacco**	**0.01**	…	…	…	…	…	…
药材	**Medicinal Materials**	**0.19**	**0.05**	**0.16**	**0.17**	**0.15**	**0.16**	**0.15**
蔬菜、瓜类	**Vegetables and Melon**	**17.26**	**15.76**	**16.24**	**16.97**	**17.94**	**18.28**	**19.17**
#蔬菜	Vegetables	15.63	14.07	14.56	15.18	16.14	16.44	17.30
其他农作物	**Other Farm Crops**	**2.31**	**2.03**	**1.87**	**1.88**	**1.91**	**1.78**	**1.78**
#青饲料	Succulence	0.58	0.54	0.46	0.37	0.39	0.37	0.38

10 -9 主要农作物播种面积和产量(2012 年)
Total Sown Areas of Farm Crops and Output (2012)

指标	Item	播种面积(千公顷) Sown Area (1000 hectares)	单位面积产量(千克/公顷) Per Hectare Output (kg/hectare)	总产量(吨) Total Output (ton)
农作物总播种面积	**Total Sown Area of Farm Crops**	**7651.57**		
粮食作物	**Total Grain and Soybeans**	**5336.57**	**6320**	**33724828**
夏粮	Summer Grain	2377.21	4810	11435176
小麦	Wheat	2132.56	4918	10487557
元麦	Hull-less Barley	2.68	3615	9688
大麦	Barley	145.11	4904	711585
蚕豌豆	Horsebean and Pea	96.86	2337	226346
秋粮	Autumn Grain	2959.36	7532	22289652
稻谷	Rice	2254.22	8429	19000691
#中稻和一季晚稻	Early Rice	2254.22	8429	19000691
#籼稻	Among Rice: Long-grained Nonglutinous Rice	290.30	7182	2085063
玉米	Corn	418.90	5495	2301960
高粱	Sorghum	0.03	2500	75
谷子	Millet	0.04	1475	59
薯类	Tubers	60.15	6534	393042
大豆	Soybeans	210.46	2628	553089
其他秋粮	Others	15.56	2618	40736
经济作物	**Economic Crops**	**712.58**		
棉花	Cotton	170.63	1292	220424
油料	Oil-bearing Crops	527.67	2785	1469468
#花生	Peanuts	95.90	3756	360200
油菜籽	Rapeseed	421.31	2590	1091272
芝麻	Sesame	10.39	1715	17815
麻类	Fiber Crops	0.73	2758	2013
#黄麻	Jute			
苎　麻	Ramee	0.71	2448	1738
糖类	Sugar Crops	1.65	59110	97531
#甘蔗	Sugarcane	1.62	60019	97231
烟叶	Tobacco Crops	0.04	2025	81
药材	Medicinal Materials	11.46		
其他经济作物	Others	0.40		
#薄荷	Mint	0.40	205	82
其他农作物	**Others**	**1602.42**		
#蔬菜	Vegetable	1323.41	37665	49845992
瓜果类	Melon and Fruits Crops	143.47	35879	5147541
绿肥	Organic Fertilizer	8.95		

10-10 主要农产品产量
Output of Major Farm Crops

单位:万吨 (10000 tons)

年份 Year	粮食 Grain	夏粮 Summer Grain	秋粮 Autumn Grain	棉花 Cotton	油料 Oil-bearing Grops	#花生 Peanuts	#油菜籽 Rape-seeds
1949	748.50	217.00	531.50	2.81	15.94	11.82	3.60
1952	997.55	277.85	719.70	9.28	21.68	14.38	6.00
1957	1063.60	274.85	788.75	15.01	25.07	19.81	4.93
1962	965.35	280.65	684.70	8.21	10.27	6.38	3.52
1965	1442.75	379.85	1062.90	26.44	21.68	13.87	7.41
1970	1705.15	415.50	1289.65	32.82	21.67	10.31	10.87
1975	2056.85	524.40	1532.45	45.48	29.64	11.73	17.63
1978	2400.65	677.30	1723.35	47.54	37.44	13.60	23.06
1980	2417.95	873.60	1544.35	41.81	38.64	14.50	23.93
1985	3126.52	1064.46	2062.06	47.91	108.78	34.13	73.11
1989	3282.80	1033.00	2249.80	48.47	99.91	31.25	67.72
1990	3264.15	1143.46	2120.69	46.42	112.39	30.12	81.41
1991	3035.51	1032.43	2003.08	55.71	114.06	28.12	85.32
1992	3320.55	1251.19	2069.36	52.74	127.33	30.51	95.88
1993	3279.70	1152.60	2127.10	42.90	125.71	37.66	87.04
1994	3124.05	1105.29	2018.76	45.71	133.59	44.80	87.77
1995	3286.30	1073.46	2212.84	56.16	159.46	48.43	109.54
1996	3476.35	1200.95	2275.40	53.75	147.50	39.65	106.34
1997	3563.79	1226.91	2336.88	50.75	141.93	39.53	100.53
1998	3415.12	864.22	2550.90	46.19	115.63	48.90	64.26
1999	3559.03	1195.96	2363.07	24.60	184.04	63.25	117.89
2000	3106.63	899.75	2206.88	31.45	225.65	79.75	142.99
2001	2942.05	821.44	2120.61	46.05	232.53	84.09	145.81
2002	2907.05	758.18	2148.87	36.28	217.03	83.71	130.81
2003	2471.85	729.29	1742.56	29.10	199.45	51.57	145.74
2004	2829.06	807.24	2021.82	50.28	238.38	69.12	167.32
2005	2834.59	844.42	1990.17	32.27	215.99	55.46	158.67
2006	3096.03	1017.12	2078.91	35.52	176.47	45.51	129.00
2007	3132.24	1070.70	2061.54	34.75	145.08	33.84	109.46
2008	3175.49	1094.50	2080.99	32.60	150.29	35.57	112.81
2009	3230.10	1103.20	2126.90	25.55	162.23	38.67	121.69
2010	3235.10	1105.33	2129.77	26.08	151.97	37.70	112.44
2011	3307.76	1117.18	2190.58	24.68	144.05	37.00	105.25
2012	3372.48	1143.52	2228.97	22.04	146.95	36.02	109.13

10－11 人均占有主要农产品产量
Per Capita Output of Major Farm Products

单位:千克/人 (kg/person)

年份 Year	粮食产量 Grain	棉花产量 Cotton	油料产量 Oil-bearing Grops	生猪饲养量（头/人） Output of Raising Hogs (head/person)	猪、牛、羊肉产量 Output of Pork, Beef and Mutton	水产品产量 Output of Aquatic Products
1952	270.0	2.5	5.9	0.24		4.6
1957	257.0	3.7	6.1	0.34		6.9
1962	225.0	1.9	2.4	0.22		4.5
1965	316.0	5.8	4.8	0.46		5.5
1970	329.0	6.4	4.2	0.50		5.2
1975	367.0	8.1	5.3	0.60		6.5
1978	414.0	8.2	6.5	0.60		6.9
1980	408.5	7.1	6.6	0.70	18.1	7.2
1985	505.0	7.8	17.6	0.64	22.4	10.9
1989	506.1	7.5	15.4	0.60	23.3	17.0
1990	486.0	6.9	16.7	0.59	23.6	17.6
1991	446.1	8.2	16.8	0.59	24.0	17.3
1992	482.8	7.7	18.5	0.61	25.1	19.6
1993	472.6	6.2	18.1	0.62	25.8	22.7
1994	446.7	6.5	19.1	0.65	28.5	25.8
1995	466.6	8.0	22.6	0.69	30.9	31.2
1996	490.4	7.6	20.8	0.51	24.7	34.7
1997	499.9	7.1	19.9	0.57	26.2	37.3
1998	476.6	6.4	16.1	0.63	29.2	39.4
1999	494.5	3.4	25.6	0.63	29.9	41.2
2000	427.3	4.3	31.0	0.66	31.3	42.5
2001	400.8	6.3	31.7	0.67	32.2	43.7
2002	394.6	4.9	29.5	0.67	32.6	45.4
2003	334.4	3.9	27.0	0.68	33.1	46.4
2004	381.3	6.8	32.1	0.66	32.7	49.3
2005	380.3	4.3	29.0	0.66	32.5	52.1
2006	412.1	4.7	23.5	0.63	28.4	53.0
2007	412.8	4.6	19.1	0.52	25.5	53.9
2008	415.1	4.3	19.6	0.56	26.7	55.4
2009	419.5	3.3	21.1	0.59	28.0	57.6
2010	415.0	3.3	19.5	0.59	28.7	59.1
2011	419.6	3.1	18.3	0.59	28.8	60.4
2012	426.4	2.8	18.6	0.61	30.3	62.4

10－12 蚕、茶、果生产情况
Statistics on Silkworm Cocoons, Tea and Fruits

单位:万吨 (10000 tons)

指标	Item	1995	2000	2005	2010	2011	2012
蚕茧产量 (万吨)	Silkworm Cocoons (10000 tons)	18.62	9.01	10.59	7.91	7.07	6.83
茶叶产量 (万吨)	Tea (10000 tons)	1.06	1.20	1.21	1.49	1.44	1.54
红毛茶	Black Tea	0.13	0.18	0.14	0.24	0.24	0.25
绿毛茶	Green Tea	0.91	0.90	1.01	1.23	1.18	1.27
其他茶	Others	0.02	0.12	0.06	0.02	0.02	0.02
水果产量 (万吨)	Fruits (10000 tons)	101.35	176.44	202.18	237.03	267.60	281.22
#苹果	Apples	32.16	69.53	55.28	56.63	61.67	60.12
柑桔	Citrus	4.57	4.27	5.20	5.36	5.00	5.80
梨	Pears	24.30	39.01	55.62	66.91	72.97	74.82
葡萄	Grapes	5.79	8.77	15.30	33.19	39.12	48.57
桃子	Peaches	17.74		31.87	45.70	49.79	55.57
枇杷	Loquats	0.74		0.64	0.84	0.99	1.17
红枣	Dates	0.18	0.25	1.00	0.97	1.17	1.34
柿子	Persimmons	7.11	19.41	12.10	5.23	13.36	14.62
桑园面积 (千公顷)	Area of Mulberry Plantations (1000 hectares)	228.49	88.12	88.37	55.76	54.22	53.17
茶园面积 (千公顷)	Area of Tea Plantations (1000 hectares)	19.29	19.93	24.56	32.36	32.42	34.04
#当年采摘面积	Picked Area in the Year	10.37	15.47	20.17	27.60	27.33	28.82
果园 (千公顷)	Area of Orchards (1000 hectares)	157.75	153.33	191.85	191.51	202.98	209.83
#苹果园	Apples	84.46	49.57	38.44	34.02	35.84	34.33
柑桔园	Citrus	2.01	3.25	3.88	3.59	3.40	3.54
梨园	Pears	22.89	38.60	47.26	37.80	39.46	39.42
葡萄园	Grapes	3.93	5.93	11.44	21.65	25.43	31.15

10－13 林业生产情况
Statistics on Forestry

指　　标	Item	1995	2000	2005	2010	2011	2012
造林面积（千公顷）	Area of forestation (1000 hectares)	27.20	51.25	54.67	89.89	57.29	57.34
用材林	Timber Forests	12.44	40.83	14.20	4.69	7.60	10.12
经济林	By-product Forests	11.30	7.28	7.69	6.58	7.68	10.01
防护林	Protection Forests	3.36	2.95	32.77	78.62	41.08	36.82
其他林	Others	0.10	0.19	0.01		0.93	0.39
林产品产量（吨）	Output of Forestry Products (ton)						
油茶籽	Tea-oil Seeds	18	38	170	15	4	61
竹笋干	Bamboo Shoots	1254	1279	686	7739	2794	3140
板栗	Chestnut	7156	13514	20535	26805	26255	26065
白果	Ginkgo	5303	8729	12000	33518	34228	39455
育苗面积（千公顷）	Area of Seedlings (1000 hectares)	8.89	16.56	79.34	112.57	109.44	86.96
当年苗木产量（亿株）	Output of Seedlings in this year (100 million units)			18.00	29.07	79.03	50.24
幼林抚育作业面积（千公顷次）	Young Growth Works Areas (1000 hectares-times)	125.36	103.57	244.42	318.76	197.67	107.23
成林抚育实际面积（千公顷）	Adult Growth Actual Areas (1000 hectares)	89.87	117.43	251.21	483.44	441.48	338.72
林木种子采集量（吨）	Output of Forestry Seeds Picking (ton)	203	177	320	468	1315	1602
木材采伐量（万立方米）	Output of Timber Cutting (10000 cu. m)	153.02	136.16	57.90	150.70	166.14	173.00
竹材采伐量（万根）	Bamboo Cutting (10000 units)	732.38	646.60	555.00	391.90	359.11	627.00
四旁植树（万株）	Planting (10000 units)	14633	12435	13445	12184	9476	10964

10－14 畜牧业生产情况
Statistics on Livestock

指标	Item	1995	2000	2005	2010	2011	2012
牲畜年末头数 （万头）	**Livestock (Year-end) (10000 units)**						
大牲畜	Large Animals	123.27	74.51	73.88	40.90	39.25	36.40
牛	Cattle and Buffaloes	99.06	59.14	64.61	35.70	34.05	32.06
#良种及改良乳牛	Fine improved Various Cows	2.93	6.75	16.11	22.10	21.47	20.87
马	Horses	2.48	1.40	1.35	0.38	0.38	0.31
驴	Donkeys	18.79	12.57	6.39	3.73	3.73	2.98
骡	Mules	2.94	1.40	1.53	1.09	1.09	1.05
猪	Hogs	2118.97	2015.42	1927.20	1728.52	1745.49	1775.17
羊	Sheep and Goats	1273.89	1022.97	1174.99	411.15	415.57	400.61
山羊	Goats	1211.16	994.39	1155.17	401.30	405.69	391.24
绵羊	Sheep	62.73	28.58	19.82	9.80	9.88	9.37
畜禽产品产量	**Output of Livestock and Poultry Products**						
猪牛羊出栏头数 （万头）	Hogs, Sheep and Goats (10000 units)						
当年肉猪出栏头数	Hogs	2754.90	2787.35	2974.88	2847.03	2878.23	3043.12
当年出售和自宰的肉用牛	Cattle and Buttaloes Sold and Killed in the Year	35.62	27.43	30.71	18.71	19.36	18.82
当年出售和自宰的肉用羊 （万只）	Sheep and Goats Sold and Killed in the Year (10000 units)	1724.38	1372.40	1569.06	672.48	663.73	687.96
肉类产量 （万吨）	Output of Meat (10000 tons)	316.95	328.87	352.34	366.64	375.92	396.52
猪肉	Pork	195.82	206.54	218.54	213.06	215.86	228.84
牛肉	Beef	5.43	5.12	5.71	3.48	3.58	3.47
羊肉	Mutton	16.54	15.75	17.88	7.37	7.32	7.61
禽肉	Poultry	84.33	96.51	104.60	132.67	138.87	146.08
其他畜禽产品产量 （吨）	Others (ton)						
牛奶产量	Milk	99948	255223	566204	572836	591700	612980
绵羊毛产量	Sheep's Wool	2305	1104	640	350	326	340
山羊毛产量	Goat's Wool	71	17	32	1	1	9
蜂蜜	Honey	7275	7116	7079	5079	4116	3975
禽蛋 （万吨）	Poultry Eggs (10000 tons)	175.32	181.38	182.01	190.57	194.86	197.20

10－15　水产品产量
Output of Aquatic Products

指　　标	Item	1995	2000	2005	2010	2011	2012
水产品产量　（万吨）	**Output of Aquatic Products (10000 tons)**	**219.47**	**308.79**	**388.66**	**460.44**	**475.97**	**493.74**
海水产品	Seawater Aquatic Products	65.08	90.87	113.43	136.44	142.08	148.48
按生产性质分	Grouped by Nature						
天然生产	Naturally Grown	56.70	66.00	58.28	57.93	57.84	57.98
人工养殖	Artificially Cultured	8.38	24.87	55.15	78.51	84.24	90.50
按类别分	Grouped by Category						
鱼类	Fish	37.71	47.33	45.04	38.87	39.52	40.89
甲壳类	Shrimp, Prawn and Crab	10.74	12.92	15.44	20.13	21.50	22.21
贝类	Shellfish	16.23	29.78	51.08	67.60	72.09	76.04
藻类	Algae	0.40	0.84	1.87	2.99	2.60	2.42
按主要品种分	Among Seawater Aquatic						
大黄鱼	Big Yellow Croaker	0.04	0.31	0.09	0.05	0.02	0.06
小黄鱼	Little Yellow Croaker	4.06	4.35	4.29	3.09	3.38	3.54
带鱼	Hairtail	14.30	8.51	9.99	6.22	6.25	5.73
墨鱼	Cuttlefish	0.31	0.20	0.14	0.22		1.30
淡水产品	Freshwater Aquatic Products	154.39	217.92	275.23	324.00	333.88	345.26
按生产性质分	Grouped by Nature						
天然生产	Naturally Grown	25.47	29.68	32.91	33.24	33.37	33.42
人工养殖	Artificially Cultured	128.92	188.24	242.32	290.76	300.51	311.84
按类别分	Grouped by Category						
鱼类	Fish	139.34	183.06	211.90	238.11	245.58	253.80
甲壳类	Shrimp, Prawn and Crab	9.73	31.50	54.48	69.93	72.11	75.27
贝类	Shellfish	5.32	3.36	8.85	11.68	12.23	12.23
水产养殖面积　（千公顷）	**Aquatic Raise Areas (1000 hectares)**	**555.23**	**705.99**	**813.59**	**750.08**	**769.40**	**771.18**
淡水养殖面积	Freshwater Area for Breeding	467.29	561.81	640.64	557.65	568.33	571.83
海水养殖面积	Seawater Area for Breeding	87.94	144.18	172.95	192.43	201.07	199.35

10－16 农业现代化情况
Statistics on Agricultural Modernization

指标	Item	1995	2000	2005	2010	2011	2012
农业机械化情况	**Statistics on Agricultural Machinery**						
机耕面积 （千公顷）	Ploughed Area by Tractors (1000 hectares)	3639.43	4096.55	3923.66	5537.78	5622.49	5845.67
机播面积 （千公顷）	Sown Area by Tractors (1000 hectares)	1730.23	1822.72	2123.44	3259.80	3476.19	3887.94
#机播小麦面积	Sown Area of Wheat by Tractors	1661.56	1611.65	1700.87	1850.47	1934.98	2026.10
机械植保面积 （千公顷）	Planting Protection Area by Tractors (1000 hectares)	2730.54	4573.06	4653.00	5202.20	5116.25	5400.50
机械收获面积 （千公顷）	Harvest Area by Tractors (1000 hectares)	1194.21	2971.78	3787.42	4790.50	4903.66	4896.87
农村电气化情况	**Electrification of Rural Area**						
农村用电量 （亿千瓦小时）	Electricity Consumed in Rural Areas (100 million kW·h)	238.16	314.60	825.10	1472.89	1606.83	1696.41
农用物资使用情况	**Agricultural Product Material Used**						
化肥施用量(折纯量) （万吨）	Consumption of Chemical Fertilizers (pure) (10000 tons)	292.77	335.45	340.81	341.11	337.21	330.94
每亩耕地施用化肥(折纯量) （千克）	Per Mu Consumption of Chemical Fertilizers(pure) (kg)	43.80	44.57	47.46	48.51	48.83	48.03
农用塑料薄膜使用量 （万吨）	Plastic Film (10000 tons)	5.35	6.51	7.20	10.02	10.64	11.26
农用柴油使用量 （万吨）	Diesel Oil (10000 tons)	59.17	75.98	78.76	97.48	99.96	102.97
农药使用量 （万吨）	Agricultural Chemical Insecticides (10000 tons)	8.87	9.15	10.33	9.01	8.65	8.37
农田水利情况	**Irrigation and Water Conservancy**						
有效灌溉面积 （千公顷）	Effective Irrigation Area (1000 hectares)	3832.78	3900.85	3817.67	3819.74	3817.92	
#机电排灌面积	Electrical Irrigation Area	3803.50	3727.55	3543.06	3447.68	3390.48	
占有效灌溉面积的比重 （%）	Electrical Irrigation Area Rate in Effective Irrigation Area (%)	99.2	95.6	92.8	90.3	88.8	
机电井数 （万眼）	Number of Electrical Wells (10000 units)	4.75	4.62	4.09	3.74	3.78	

注：机播小麦面积2009年及以前为机播三麦面积口径。

a) The data of Sown Area of Wheat by Tractors in 2009 and befor refers to Sown Area of Three－wheat by Tractors.

10－17 主要农业机械和农产品加工机械年底拥有量
Agricultural Machinery and Machinery for Processing Farm Products at Year-end

年 份 Year	农业机械总动力（万千瓦） Total Power of Agricultural Machinery (10000 kW)	农用小型及手扶拖拉机（万台） Small and Walking Agricultural Tractors (10000 units)	农用排灌动力机械（万千瓦） Machinery for Agricultural Drainage and Irrigation (10000 kW)	农用水泵（万台） Agricultural Water Pumps (10000 units)	联合收割机（台） Combine Harvesters (unit)
1978	855.16	19.25	363.73	29.20	295
1980	1113.05	25.61	442.48	36.18	478
1985	1675.06	49.16	450.27	37.75	687
1989	2212.37	70.02	475.95	40.29	1821
1990	2004.77	71.65	490.83	39.63	2411
1991	1966.61	72.64	492.88	40.73	3583
1992	2016.07	72.41	494.57	41.55	5964
1993	2081.75	73.52	501.35	41.59	7279
1994	2161.40	74.98	507.66	42.63	8604
1995	2226.95	75.04	508.91	43.36	12063
1996	2297.43	76.53	515.99	44.84	20074
1997	2499.69	83.32	538.66	50.63	27656
1998	2594.83	83.87	553.73	52.20	33343
1999	2767.89	86.78	577.99	54.07	42266
2000	2925.29	88.89	576.25	65.62	48821
2001	2957.93	89.42	618.72	58.09	52025
2002	2983.89	89.75	604.04	59.74	56151
2003	3029.10	87.46	567.79	58.81	58645
2004	3052.51	86.71	599.71	56.88	61115
2005	3135.33	90.11	609.08	61.93	69569
2006	3278.53	91.37	606.00	62.00	77100
2007	3392.44	89.95	431.40	59.09	78498
2008	3630.86	120.44	601.83	59.80	85327
2009	3810.57	123.32	612.87	60.42	90979
2010	3937.34	122.84	630.46	59.29	98511
2011	4106.11	123.41	642.41	63.49	103500
2012	4214.64	98.71	664.80	66.29	118078

年　份 Year	机动脱粒机 （万台） Motorized Huller （10000 units）	机动喷雾（粉）器 （万部） Motorized Duster （10000 units）	大中型拖拉机配套农具 （万件） Large and Mediumsized Tractor Towing Farm Machinery （10000 units）	小型拖拉机配套农具 （万件） Small Tractor Towing Farm Machinery （10000 units）
1978	32.96	2.01	2.45	33.99
1980	40.99	4.33	3.23	53.58
1985	68.51	5.51	3.38	111.15
1989	86.36	7.08	3.29	112.49
1990	89.42	9.49	3.42	118.26
1991	92.29	11.35	3.91	122.40
1992	93.37	12.37	4.16	122.33
1993	94.80	12.63	4.30	124.66
1994	98.32	13.28	4.37	125.50
1995	105.22	17.08	4.69	127.74
1996	105.01	19.64	5.68	129.22
1997	121.42	26.55	7.00	138.63
1998	123.80	29.10	7.69	143.08
1999	124.52	31.59	8.51	148.41
2000	129.69	33.26	8.62	152.45
2001	120.16	35.17	8.39	151.48
2002	111.45	34.54	8.17	145.02
2003	93.56	34.99	7.84	145.70
2004	91.45	34.88	7.52	144.45
2005	73.95	37.41	8.08	143.64
2006	75.00	39.50	8.37	144.68
2007	59.00	41.39	9.13	143.07
2008	43.62	50.27	11.01	163.43
2009	38.00	53.50	13.29	170.91
2010	33.19	57.32	16.41	168.83
2011	20.92	61.92	19.17	173.59
2012	18.39	67.11	19.83	155.64

10－18 农村居民家庭平均每户生产性固定资产原值(年底数)

Original Value of Productive Fixed Assets per Rural Household (Year-end)

单位:元 (yuan)

年份 Year	合计 Total	役畜和产品畜 Draught and Commodity Animals	大中型铁木农具 Large and Medium-sized Wooden and Iron Farm Tools	农林牧渔业机械 Machinery for Farm, Forestry, Animal Husbandry and Fishery	工业机械 Industrial Machinery	交通运输、仓储及邮政业 Transport, Storage, Post and Telecommunication	生产用房 Building for Productive Purpose
1985	424.0	67.1	21.6	46.6	9.2	66.8	182.2
1989	816.9	84.8	26.3	146.8	37.4	177.7	295.8
1990	840.7	89.4	33.2	168.7	27.6	159.7	307.2
1991	1107.9	102.0	42.0	224.8	39.5	169.5	478.2
1992	1284.5	114.1	73.6	232.0	53.4	200.3	555.1
1993	1482.0	123.9	101.2	317.1	42.8	232.0	664.5
1994	1658.2	200.3	115.1	405.0	54.3	221.8	592.2
1995	1845.6	221.3	132.5	469.9	85.0	285.8	595.2
1996	2828.9	230.6	93.3	794.1	200.4	409.9	1014.6
1997	3265.5	194.8	100.3	930.5	138.2	677.4	1133.5
1998	3158.9	168.2	116.0	923.6	153.4	526.0	1133.2
1999	3034.9	160.0	81.4	969.9	138.8	594.6	1011.3
2000	4293.8	139.3	291.0	1088.0	430.3	800.4	1544.7
2001	4810.2	137.4	211.7	1143.2	297.6	883.0	1658.6
2002	5044.8	143.8	231.5	1313.2	466.8	906.8	1554.3
2003	5623.8	174.8	239.7	1283.0	444.2	990.5	1876.9
2004	5975.6	188.3	216.5	1353.8	580.6	946.1	2054.6
2005	7134.6	161.3	172.8	1176.6	848.5	1701.7	2017.8
2006	7734.2	152.2	186.9	1349.1	840.3	1642.1	2331.7
2007	8225.8	246.3	201.9	1403.6	805.4	1706.4	2505.8
2008	9027.0	214.7	204.9	1540.3	1015.1	1789.7	2805.5
2009	10298.1	220.7	232.5	1603.7	961.0	1822.6	3302.9
2010	11782.1	172.3	189.9	1897.2	1559.8	1628.3	3382.4
2011	13686.2	365.2	199.2	1979.6	1607.8	2029.2	3866.8
2012	14368.5	265.2	232.5	2033.6	2281.0	2010.5	4037.9

10－19 农村居民家庭平均每百户拥有主要生产性固定资产数量(年底数)

Number of Major Productive Fixed Assets Possessed per 100 Rural Household (Year-end)

年份 Year	汽车(辆) Trucks (unit)	大中型拖拉机(台) Large and Medium-sized Agricultural Tractors (set)	小型及手扶拖拉机(台) Small and Walking Agricultural Tractors (set)	机动脱粒机(台) Motorized Hullers (set)	农用水泵(台) Agricultural Water Pumps (set)	役畜(头) Draught Animals (head)	产品畜(头) Commodity Animals (head)
1985	0.03	0.01	3.21	2.96	0.70	8.42	18.46
1989	0.10	0.18	6.21	5.45	1.18	8.85	13.41
1990	0.04	0.12	6.37	6.10	1.32	9.07	10.73
1991	0.04	0.07	7.77	9.40	1.41	8.11	19.26
1992	0.06	0.06	8.40	12.51	3.10	6.65	21.26
1993	0.01	0.09	8.63	27.52	6.12	9.07	21.38
1994	0.03	0.27	9.27	14.43	3.33	9.32	20.12
1995	0.09	0.29	10.31	14.05	2.53	10.17	20.38
1996	0.44	0.41	12.04	18.98	7.95	8.73	26.68
1997	0.55	0.26	13.65	21.05	8.32	5.84	18.56
1998	0.75	0.33	15.14	24.08	8.46	4.81	21.94
1999	0.99	1.43	15.85	22.84	8.59	6.22	18.79
2000	1.03	0.49	18.11	24.20	13.23	6.60	26.85
2001	1.03	0.48	19.64	26.59	15.21	4.44	23.09
2002	1.07	0.60	19.38	26.89	16.09	4.68	21.59
2003	1.32	0.85	19.60	25.95	16.94	4.89	22.56
2004	1.26	1.12	17.41	24.90	17.68	3.16	17.94
2005	2.02	0.97	16.99	12.29	17.36	3.66	16.59
2006	2.04	1.21	17.74	13.85	17.84	2.71	17.85
2007	2.10	1.46	17.31	12.03	19.86	2.03	22.44
2008	2.13	1.03	17.02	10.85	20.05	1.76	23.59
2009	2.28	1.21	17.11	10.26	19.07	1.59	21.53
2010	1.82	0.97	18.02	8.74	17.97	1.32	14.15
2011	3.09	1.32	18.68	4.72	16.58	1.58	31.48
2012	3.66	1.28	19.89	5.62	18.23	2.56	23.76

10－20　农业主要经济效益指标
Main Indicators on Economic Benefit of Agriculture

指　　　标	Item	1995	2000	2005	2010	2011	2012
每个农林牧渔业劳动力创造的	**Per Laborer Creating**						
农林牧渔业总产值（元）	Gross Output Value of Agriculture, Forestry, Animal Husbandry and Fishery (yuan)	10943.67	12526.54	23500.48	49502.22	62294.20	71814.83
粮食产量　（公斤）	Output of Grain (kg)	2131.12	2081.33	2584.97	3726.78	3934.25	4169.42
棉花产量　（公斤）	Output of Cotton (kg)	36.44	21.07	29.42	30.05	29.35	27.25
油料产量　（公斤）	Output of Oil-bearing Crops (kg)	103.46	151.18	196.97	175.07	171.34	181.67
肉类产量　（公斤）	Output of Meat (kg)	198.46	220.88	321.31	422.37	447.12	490.22
水产品产量（公斤）	Output of Aquatic Products (kg)	142.39	206.88	354.43	530.42	566.06	610.42
每亩耕地创造的	**Per Mu Cultivated Land Creating**						
农林牧渔业总产值（元）	Gross Output Value of Agriculture, Forestry, Animal Husbandry and Fishery (yuan)	2527.97	2488.80	3593.83	6110.76	7583.40	8431.00
农林牧渔业增加值（元）	Value Added of Agriculture, Forestry, Animal Husbandry and Fishery (yuan)	1271.42	1372.59	2038.18	3612.17	4437.55	4961.36

注:产值、增加值均为现行价格。
a) Both output value and value-added are caculated at current prices.

10－21 乡镇企业主要指标（2012年）

单位:亿元

指标	Item	企业个数（个）Number of Enterprises (unit)	从业人员（万人）Employees (10000 persons)
总 计	Total	739631	1722.63
按登记注册类型分组	Grouped by status of Registration		
内资企业小计	Domestic Funded Enterprises	720635	1457.92
集体企业	Collective-owned Enterprises	2613	18.82
股份合作企业	Cooperative Enterprises	5840	11.59
联营企业	Joint Ownership Enterprises	2667	5.84
有限责任公司	Limited Liability Corporations	99659	316.90
股份有限公司	Share-holding Co. Ltd.	13906	64.51
私营企业	Private Enterprises	595950	1040.25
港、澳、台商投资企业	Enterprises with Funds from Hong Kong, Macao and Taiwan	8312	115.51
外商投资企业	Foreign Funded Enterprises	10684	149.20
按国民经济行业分组	**Grouped by Sector**		
农业企业	Enterprises in Rural Areas	3908	14.35
工业	Industry	390641	1281.14
采矿业	Mining	863	6.38
制造业	Manufacturing	388593	1269.83
电力、燃气及水的生产和供应业	Production and Distribution of Electricity, Gas and Water	1185	4.93
建筑业	Construction	11029	125.81
#资质等级企业	Qualified Enterprises	3757	77.53
交通运输仓储业	Transport and Storage	56505	47.15
批发零售业	Wholesale and Retail Sales	151196	117.55
住宿及餐饮业	Hotels and catering	47590	55.61
#餐饮业	Catering	26675	36.19
居民服务、其他服务业和娱乐业	Services to Household, Other Services and Entertainment	53029	49.94
其他	Others	25733	31.08

Basic Statistics on Township and Village Collective Enterprises (2012)

(100 million yuan)

总产值（现价）Total Output Value	营业收入 Business Revenue	利润总额 Total Profits	上交税金 Taxes	劳动者报酬 Earning
113548.99	**111966.52**	**6630.06**	**3593.72**	**5075.81**
93349.18	92261.12	5293.06	2985.09	4073.68
2902.82	2855.45	151.47	69.18	68.08
1203.25	1119.16	46.77	37.67	29.91
207.10	222.37	13.62	5.49	13.51
24804.40	25036.96	1391.22	773.55	962.70
6265.75	6035.02	295.71	179.78	271.03
57965.88	56992.17	3394.27	1919.42	2728.45
8723.50	8491.67	602.62	257.12	412.76
11476.30	11213.72	734.38	351.51	589.37
339.96	330.55	24.15	12.21	25.88
93467.41	90622.25	5197.36	2886.08	3636.12
284.66	240.26	20.02	14.60	16.05
92198.58	89408.01	5086.60	2816.49	3594.76
984.17	973.98	90.75	55.00	25.31
5179.08	4616.11	309.47	171.65	535.72
2058.29	1930.85	123.05	66.28	230.43
1392.87	1405.53	105.80	73.54	149.39
8803.88	10305.79	608.96	255.25	377.99
1277.03	1252.90	105.81	56.00	120.41
686.50	694.98	63.37	30.14	68.57
1457.16	1739.31	111.54	58.60	113.23
1631.60	1694.07	166.97	80.40	117.08

10－22 国有农场基本情况

Basic Statistics on State Farms

指　标	Item	2005	2007	2008	2009	2010	2011	2012
农场数　（个）	Number of Farms　（unit）	18	18	18	18	18	18	18
职工人数　（万人）	Number of Staff and Workers　（10000 persons）	7.13	6.82	6.66	6.53	6.63	6.48	6.19
耕地面积　（千公顷）	Cultivated Area　（1000 hectares）	64.26	65.31	73.86	72.92	73.11	72.86	71.43
农业机械总动力　（万千瓦）	Total Power of Agricultural Machinery　（10000 kW）	36.62	45.20	43.80	44.33	46.39	47.89	45.22
农业机械拥有量　（台、辆）	Ownership of Agricultural Machinery　（unit）							
大中型农用拖拉机	Large and Medium-sized Agricultural Tractors	2222	2814	3329	3542	3737	3606	3475
小型及手扶拖拉机	Small and Walking Agricultural Tractors	3392	2707	2630	2606	2011	1820	1528
农用排灌动力机械	Machinery for Agricultural Drainage and Irrigation	1545	1429	1350	1273	1224	1102	702
联合收割机	Combine Harvesters	1564	1977	2070	2076	2096	2029	1933
农用载重汽车	Trucks for Agricultural Use	146	106	113	113	118	88	151
农用化肥施用量　（万吨）	Consumption of Chemical Fertilizers　（10000 tons）	13.76	14.45	14.40	14.24	14.71	13.14	13.80
农业总产值　（亿元）	Gross Agricultural Output Value　（100 million yuan）	25.21	30.04	34.08	40.69	45.10	51.44	53.40
农作物总播种面积　（千公顷）	Sown Area of Farm Crops　（1000 hectares）	116.59	127.95	137.22	137.77	137.47	136.36	148.36
粮食作物	Grain	95.49	115.59	123.39	128.14	125.60	122.44	123.22
棉　花	Cotton	11.25	4.01	3.19	0.96	0.22	0.29	0.23
油　料	Oil-bearing Crops	2.73	0.82	1.12	1.17	0.09	0.07	0.05
年底实有桑园面积　（公顷）	Area of Mulberry Plantations（year-end）　（hectare）	213	240	253	250	250	239	231
年底实有果园面积　（公顷）	Area of Orchards（year-end）　（hectare）	105	138	176	178	203	206	260
主要农产品产量	Output of Major Farm Products							
粮食作物　（万吨）	Grain　（10000 tons）	68.70	84.33	95.02	98.17	86.68	91.05	94.34
棉　花　（万吨）	Cotton　（10000 tons）	0.87	0.56	0.46	0.15	0.32	0.45	0.22
油　料　（万吨）	Oil-bearing Crops　（10000 tons）	0.75	0.25	0.32	0.31	0.23	0.21	0.14
水　果　（万吨）	Fruits　（10000 tons）	0.12	0.15	0.17	0.26	0.19	0.36	0.28
畜牧业、渔业生产	Production of Animal Husbandry and Fishery							
大牲畜年底头数　（万头）	Number of Large Animals（year-end）　（10000 heads）	0.26	0.33	0.35	0.48	0.42	0.46	0.57
猪年底头数　（万头）	Number of Hogs　（10000 heads）	4.17	5.09	6.54	7.58	7.65	8.19	8.42
羊年底只数　（万只）	Number of Sheep and Goats Sheep　（10000 heads）	1.46	1.28	1.22	1.23	1.33	1.21	1.22
畜产品产量　（万吨）	Output of Livestock Products　（10000 tons）							
猪牛羊肉	Pork, Beef and Mutton	3.75	5.07	6.26	6.83	7.83	7.87	7.69
#猪　肉	Pork	1.18	1.33	1.67	1.70	2.08	2.16	2.10
牛　奶	Milk	0.46	0.68	0.70	0.76	0.76	0.82	0.88
禽　蛋	Poultry Eggs	0.32	0.65	0.83	0.71	0.97	1.22	1.48
羊　毛	Sheep Wool							
水产品总产量（万吨）	Output of Aquatic Products　（10000 tons）	2.43	2.71	3.23	4.03	4.55	4.66	4.78

注：本表为农垦系统数据。

a) Data in this table are from farming system.

主要统计指标解释

农林牧渔业总产值 指以货币表现的农、林、牧、渔业全部产品和对农业生产进行各种支持性服务活动的总量,它反映一定时期内农业生产总规模和总成果。从2003年开始农林牧渔业总产值执行新的国民经济行业分类标准,包括农业、林业、牧业、渔业、农林牧渔服务业,不再包括农民兼营商品性工业。农林牧渔业总产值中的农、林、牧、渔四业的计算方法通常是按农、林、牧、渔业产品及其副产品的产量分别乘以各自单位产品价格求得,现行价格从2003年开始使用生产价格调查的价格;少数生产周期较长,当年没有产品或产品产量不易统计的,则采用间接方法匡算其产值;然后将四业产品产值与农林牧渔服务业相加即为农林牧渔业总产值。1957年以前的农林牧渔业总产值中包括了厩肥和农民自给性手工业(如农民自制衣服、鞋、袜,自己从事粮食初步加工等)。1958年及以后,林业中增加了村及村以下竹木采伐产值;牧业中取消了厩肥产值;副业中取消了农民自给性手工业产值,增加了村及村以下办的工业产值;渔业中增加了海洋捕捞水产品产值。1980年及以后,在副业中增加了农民家庭兼营工业商品部分的产值。从1984年起村及村以下工业产值划归工业。从1993年起取消副业,将野生动物的捕猎划入牧业、野生植物采集和农民家庭兼营商品性工业划归农业,从2003年起不再包括农民家庭兼营商品性工业产值。1996年第一次农业普查以后,由于畜牧业产品年报数据与普查数据之间存在一定的差距,国家统计局农调总队对畜牧业年报数据与普查数据进行衔接,相应的畜牧业产值进行调整。

粮食产量 指全社会的产量。包括国有经济经营的、集体统一经营的和农民家庭经营的粮食产量,还包括工矿企业办的农场和其他生产单位的产量。粮食除包括稻谷、小麦、玉米、高粱、谷子及其他杂粮外,还包括薯类和豆类。其产量计算方法,豆类按去豆荚后的干豆计算;薯类(包括甘薯和马铃薯,不包括芋头和木薯)1963年以前按每4公斤鲜薯折1公斤粮食计算,从1964年开始改为按5公斤鲜薯折1公斤粮食计算。城市郊区作为蔬菜的薯类(如马铃薯等)按鲜品计算,并且不作粮食统计。其他粮食一律按脱粒后的原粮计算。

棉花产量 指全社会的产量。包括春播棉和夏播棉。产量按皮棉计算。

油料产量 指全部油料作物的生产量。包括花生、油菜籽、芝麻、向日葵籽、胡麻籽(亚麻籽)和其他油料。不包括大豆、木本油料和野生油料。花生以带壳干花生计算。

水产品产量 指人工养殖的水产品和天然生长的水产品的捕捞量。包括海水的鱼类、虾蟹类、贝类和藻类以及内陆水域的鱼类、虾蟹类和贝类,不包括淡水水生植物。

猪、牛、羊肉产量 指当年出栏并已屠宰、除去头蹄下水后带骨肉(即胴体重)的重量。

期初(末)畜禽存栏头(只)数 指报告期初(末)农村各种合作经济组织和国营农场、农民个人、机关、团体、学校、工矿企业、部队等单位以及城镇居民饲养的大牲畜、猪、羊、家禽等畜禽的存栏数。

耕地面积 是指年初可用来种植农作物并经常进行耕种、能够正常收获的土地。包括当年实际耕种的熟地、当年新开荒地、休闲不满三年随时可以复耕的地和当年休闲地以及以种植农作物为主并附带种植桑树、茶树、果树和其他林木的土地、沿海、沿湖地区已围垦利用的"海涂"、"湖田"等面积。不包括临时种植农作物的坡度在25度以上的陡坡地、在河套、湖畔、库区临时开发的成片或零星土地,属于专业性的桑园、茶园、果园、果木苗圃、林地、芦苇地、天然或人工草地面积、也不包括已列为国家和省(区、市)退耕计划但临时耕种的土地。

农作物播种面积 指实际播种或移植有农作物的面积。凡是实际种植有农作物的面积,不论种植在耕地上还是种植在非耕地上,均包括在农作物播种面积中。在播种季节基本结束后,因遭灾而重新改种和补种的农作物面积,也包括在内。

有效灌溉面积 指具有一定的水源,地块比较平整,灌溉工程或设备已经配套,在一般年景下当年能够进行正常灌溉的耕地面积。在一般情况下,有效灌溉面积应等于灌溉工程或设备已经配备,能够进行正常灌溉的水田和水浇地面积之和。

农用化肥施用量 指本年内实际用于农业生产的化肥数量,包括氮肥、磷肥、钾肥和复合肥。化肥施用量要求按折纯量计算数量。折纯量是指把氮肥、磷肥、钾肥分别按含氮、含五氧化二磷、含氧化钾的百分之一百成份进行折算后的数量。复合肥按其所含主要成分折算。

农业机械总动力 指主要用于农、林、牧、渔业的各种动力机械的动力总和。包括耕作机械、排灌机械、收获机械、农用运输机械、植物保护机械、牧业机械、林业机械、渔业机械和其他农业机械[内燃机按引擎马力折成瓦(特)计算、电动机按功率折成瓦(特)计算]。不包括专门用于乡、镇、村、组办工业、基本建设、非农业运输、科学试验和教学等非农业生产方面用的动力机械与作业机械。

农林牧渔业劳动力 指全社会直接参加农林牧渔业生产活动的劳动力。

Explanatory Notes on Main Statistical Indicators

Gross Output Value of Farming, Forestry, Animal Husbandry and Fishery refers to the total value of products of farming, forestry, animal husbandry and fishery and various supporting service activities for agricultural production, which reflects the total scale and result of agricultural production during a given period. Since 2003, the total output value of farming, forestry, animal husbandry and fishery is counted with new classified standard of the national economy, including the service industry serving for agricultural production, while excluding the output value of commercialized handicraft products. Gross output value of farming, forestry, animal husbandry, fishery and the value of service industry is obtained by first multiplying the output of each product with its price, resulting in the output value of each single item. Since 2003, the current price is used by the investigated production price. For a small number of products, annual output of which is not available or difficult to get due to the long production growing process involved, the output value is estimated through an indirect approach. The sum of output value of all products of farming, forestry, animal husbandry, fishery and service activities for them is then equal to the gross output value of agriculture. Prior to 1957, Chinas gross agricultural output value included barnyard manure and handicraft products for self consumption (clothes, shoes, stockings, and initial grain processing undertaken by peasants). Since 1958, cutting and felling of bamboo and trees by villages and other cooperative organizations under villages have been included in forestry; value of barnyard manure has been excluded from animal husbandry; self consumed handicrafts has been excluded from sideline occupations, while the output value of industries run by villages and cooperative organizations under village had been included in sideline occupations and the output value of fish catches by motor fishing boats has been added to fishery. Since 1980, the value of handicraft products made for sale by individuals in households had been added to sideline occupations. Since 1984, industries run by villages and under villages have been included in the sector of industry. Since 1993, the subdivision of sideline occupations has been canceled, and the hunting of wild animals has been classified into animal husbandry, and the gathering of wild plants and commodity industryrun by rural household have been included infarming. Since 2003, the output value of commercialized handicraft products, as the farmer's household sideline occupation, don't include in farming anymore. The first agriculture census of China in 1996 revealed some discrepancy between the production of animal products from the annual reports and that from the census. Efforts were made by the Rural Socio – economic Survey Organization of NBS to adjust the output value of animal husbandry to make the figures from the annual reports consistent with the census data.

Grain Output refers to the grain production in the whole country including grains produced by state farms, collective units, industrial enterprises and mines. Grain includes rice, wheat, corn, sorghum, millet and other miscellaneous grains as well as tubers and beans. Output of beans refers to dry beans without pods. The output of tubers (sweet potatoes and potatoes, not including taros and cassava) was converted into that of grain at the ratio 4: 1, e. 4 kilograms of fresh tubers was equivalent to 1 kilogram of grain up to 1963. Since 1964 the ratio for conversion has been 5: 1. Tubers supplied as vegetables (such as potatoes) in cities and suburbs are calculated as fresh vegetables and their output is not included in the output of grain. Output of all other grains refers to husked grain.

Cotton Output refers to the cotton production in the whole country including cotton sown in spring and in autumn. Output is measured as the weight of ginned cotton.

Output of Oil-bearing Crops refers to the total production of oil bearing crops of various kinds, including peanuts, (dry, in shell) rapeseeds, sesame, sunflower seeds, flax seeds, and other oil bearing crops. Soybeans, oil-bearing woody plants, and wild oil-bearing crops are not included.

Output of Aquatic Products refers to catches of both artificially cultured and naturally grown aquatic products, including fish, shrimps, crabs and shellfish in sea and inland water as well as seaweed. Freshwater plants are not included.

Output of Pork, Beef, and Mutton refers to the meat of slaughtered hogs, cattle, sheep and goats with head, feet, and offal taken away.

Number of Livestock or Poultry in Stock at Beginning (or End) refers to the total number of large animals, pigs, sheep, fowls, etc. raised by rural cooperative organizations, state farms, rural individuals, government agencies, schools, industrial and mining enterprises, army, and urban residents at the beginning (or end) of the reference period.

Regularly Cultivated Land refers to farmland among the total land resources which is exclusively used for farming and is under regular cultivation with harvest in normal years. Included are currently cultivated land, land that has been abandoned or put in idle for less than 3 years and could be re-used for cultivation at any time, and new-claimed land that has been put into cultivation for more than 3 years. Excluded under this category are steep slope land over 25 degrees under temporary cultivation, land (large or small plots) that is claimed along river bends, lake sides or banks of reservoirs, as well as land that has been designated under the "Green for Grain" programmes of the state and provincial governments but is still temporarily under cultivation.

Sown Area of Crops refers to area of land sown or transplanted with crops regardless of being in cultivated area or non cultivated area. Area of land re-sown due to natural disasters is also included.

Irrigated Area refers to areas that are effectively irrigated, level land which has water source and complete sets of irrigation facilities to lift and move adequate water for irrigation purpose under normal conditions. Under normal conditions, irrigated area is the sum of watered fields and irrigated fields where irrigation systems or equipment have been installed for regular irrigation purpose.

Consumption of Chemical Fertilizers in Agriculture refers to the quantity of chemical fertilizers applied in agriculture in the year, including nitrogenous fertilizer, phosphate fertilizer, potash fertilizer, and compound fertilizer. The consumption of chemical fertilizers is required in calculation to convert the gross weight into weight containing 100% effective component (e. g. 100% nitrogen content in nitrogenous fertilizer, 100% phosphorous pentoxide contents in phosphate fertilizer, 100% potassium oxide contents in potash fertilizer). Compound fertilizer is converted with its major component.

Total Power of Farm Machinery refers to total mechanical power of machinery used in farming, forestry, animal husbandry, and fishery, including ploughing, irrigation and drainage, harvesting, transport, plant protection, stock breeding, forestry and fishery. The power of internal combustion engines is required to convert horsepower into watts and the power of electric motors is required to beconverted into watts. Machinery employed for non agricultural purposes, such as the machines used in township run and village – run industry, construction, non agricultural transport, scientific experiments and teaching, is excluded.

Labour Force Engaged in Farming, Forestry, Animal Husbandry and Fishery refers to the total laborers who are directly engaged in production of farming, forestry, animal husbandry and fishery.

11 工业

Industry

简要说明

一、本篇资料的主要内容

本篇资料反映我省工业经济方面的基本情况，包括：

1. 全省规模以上工业企业主要经济指标，以及按企业登记注册类型、轻重工业、企业规模、工业行业大类分组的主要经济指标和经济效益指标；

2. 国有及国有控股、私营、外商投资和港澳台商投资工业企业按工业行业大类分组的主要经济指标和经济效益指标；

3. 大中型工业企业按工业行业大类分组的主要经济指标和经济效益指标；

4. 主要工业产品产量等。

二、本篇资料的统计范围

本篇资料的统计范围1998年至2006年为全部国有及年主营业务收入在500万元以上非国有工业企业。2007至2010年为年主营业务收入在500万元以上工业企业（即规模以上工业企业）。本篇资料中工业行业分类按2002年《国民经济行业分类标准》划分；企业大中小型划分按2003年《统计上大中小型企业划分办法（暂行）》标准执行。

三、本篇的资料来源和统计调查方法

本篇工业企业统计数据主要是根据工业统计年度报表中有关资料整理汇总的。

Brief Introduction

I. Main Contents

Data in this chapter reflect the basic conditions of the industrial sector in Jiangsu:

(1) Main economic indicators of industrial enterprises above designated size; as well as their main economic indicators and efficiency indicators classified by type of registration, by light and heavy industries, by size of enterprise, by branch of industry .

(2) Main economic indicators and efficiency indicators of State - owned industrial enterprises and enterprises where the State holds the majority of shares; private industrial enterprises, foreign - funded industrial enterprises and enterprises funded by entrepreneurs from Hong Kong, Macao and Taiwan classified by branch of industry.

(3) Main economic indicators and efficiency indicators of large and medium - sized industrial enterprises classified by branch of industry.

(4) Output of key industrial products.

II. Scopes of Statistics

The scopes of industrial statistics are all State - owned industrial enterprises and non - State - owned industrial enterprises with revenue from principal business over 5 million yuan from 1998 to 2006. From 2007 to 2010, the scopes of industrial statistics are all industrial enterprises with revenue from principal business over 5 million yuan, (or the industrial enterprises above designated size). Data by branch of industry this chapter are based on the 2002's National Industrial Classification of all Economic Activities, and data by size of enterprise are based on the 2003's Preliminary Standards of Enterprises by Size.

III. Sources of Data and Methods of Survey

The data on enterprises statistics in this Chapter are collected mainly based on the relevant data in the annual industrial statistics reporting forms.

11－1 1998—2012 年规模以上工业企业主要经济指标

Main Indicators of Industrial Enterprises above Designated Size(1998—2012)

单位:亿元 (100 million yuan)

年份 Year / 地区 Region	企业单位数(个) Number of Enterprises (unit)	工业总产值 Gross Industrial Output Value	主营业务收入 Revenue from Principal Business	利润总额 Total Profits	利税总额 Total Profits and Taxes	应收账款净额 Accounts Receivalble	产成品 Finished Goods
1998	17957	8053.03	7375.45	151.51	491.61	1238.11	584.21
1999	18001	8915.44	8256.12	234.07	623.42	1360.48	617.49
2000	18309	10452.87	9971.01	370.03	833.65	1496.80	666.81
2001	19684	11747.83	11247.52	419.85	942.60	1583.56	707.66
2002	21476	13865.86	13534.77	554.21	1128.57	1848.48	734.00
2003	23862	18034.60	18019.97	793.98	1474.09	2420.45	845.99
2004	27123	24836.47	24492.28	1111.42	1939.56	3025.34	1164.41
2005	32224	32707.09	32098.48	1384.64	2387.07	4056.66	1298.38
2006	36319	41410.40	41015.28	1906.91	3168.41	4954.52	1527.95
2007	41841	53316.38	52594.30	2765.77	4423.16	6287.46	1916.52
2008	45818	67798.68	66481.84	3972.93	6574.69	7239.07	2484.95
2009	60817	73200.03	71724.90	4099.58	6794.67	8316.41	2676.61
2010	64136	92056.48	91077.41	5970.56	9316.01	10261.18	3042.05
2011	43368	107680.68	107030.09	7074.44	11038.45	11885.97	3655.22
2012	45859	120124.91	119286.78	7250.20	11934.34	13577.65	3986.09
南京市 Nanjing	2593	11437.80	11283.26	604.44	1372.78	1313.65	318.36
无锡市 Wuxi	5248	14446.85	14191.69	878.69	1261.48	2415.41	687.53
徐州市 Xuzhou	2859	8882.29	8837.26	743.38	1319.96	601.03	194.04
常州市 Changzhou	3869	8970.30	9097.95	443.77	730.30	1232.95	369.65
苏州市 Suzhou	10444	28745.54	28998.80	1252.70	1817.39	4588.02	1231.96
南通市 Nantong	4941	9890.12	9690.95	786.59	1160.15	858.13	302.34
连云港市 Lianyungang	1388	3413.38	3346.45	273.20	423.96	215.64	75.39
淮安市 Huaian	1941	3952.61	3953.91	209.13	378.48	199.65	68.96
盐城市 Yancheng	2816	5554.35	5561.88	396.91	690.89	329.73	141.22
扬州市 Yangzhou	2560	7198.48	7037.79	498.81	865.25	550.07	141.88
镇江市 Zhenjiang	2446	6105.69	5975.34	363.11	567.37	614.21	190.62
泰州市 Taizhou	2531	7127.29	6918.60	538.06	900.98	582.77	202.74
宿迁市 Suqian	2236	2248.28	2213.14	250.83	346.38	118.49	72.07

注：本表 2011 年起统计范围为年主营业务收入 2000 万元以上企业，2010 年及以前为 500 万元以上企业。下同。

a) Data of 2011 in this table covers industrial enterprises with annual revenue over 2000 million yuan, data of 2010 and before covers those over 500 million yuan. The same below.

11－2　规模以上工业企业单位数和产销总值(2012 年)

Number of Industrial Enterprises above Designated Size and Their Total Value of Gross Output and Sales (2012)

单位:亿元　　(100 million yuan)

项　目	Item	企业单位数(个) Number of Enterprises (unit)	工业总产值(现价) Gross Industrial Output Value (current price)	#新产品产值 Output Value of New Products	工业销售产值(现价) Value of Industrial Products Sold (current price)	#出口交货值 Delivery Value for Export
总　计	**Total**	**45859**	**120124.91**	**17954.94**	**118705.46**	**23137.75**
按登记注册类型分	**Grouped by Status of Registration**					
内资企业	Domestic Funded Enterprises	34683	75421.42	9744.04	74538.52	4494.81
国有企业	State－owned Enterprises	312	5915.16	500.67	5881.90	92.25
集体企业	Collective－owned Enterprises	407	1083.55	59.85	1053.61	22.68
股份合作企业	Cooperative Enterprises	207	481.77	31.54	470.32	14.66
联营企业	Joint Ownership Enterprises	33	68.22	9.83	66.11	8.08
有限责任公司	Limited Liability Corporations	3834	16895.97	3085.16	16802.14	1174.55
#国有独资	State Sole Funded Corporatios	51	1338.57	364.76	1333.38	96.08
股份有限公司	Share－holding Corporations Ltd.	874	6431.50	1604.60	6345.90	572.21
私营企业	Private Enterprises	28325	43381.80	4301.47	42758.01	2550.31
其他企业	Other Enterprises	691	1163.45	150.92	1160.53	60.06
港、澳、台商投资企业	Enterprises with Funds from Hong Kong, Macao and Taiwan	3994	13567.76	2318.74	13348.40	4522.73
外商投资企业	Foreign Funded Enterprises	7182	31135.73	5892.17	30818.54	14120.21
按轻重工业分	**Grouped by Light & Heavy Industries**					
轻工业	Light Industry	17263	31035.10		30629.55	5713.08
重工业	Heavy Industry	28596	89089.81		88075.91	17424.67
按企业规模分	**Grouped by Size of Enterprises**					
大型企业	Large Enterprises	1196	48321.79	11671.56	47885.77	15174.82
中型企业	Medium－sized Enterprises	5932	26996.10	3889.91	26636.86	4475.54
小微型企业	Small Enterprises	38731	44807.02	2393.48	44182.83	3487.39
按行业分	**Grouped by Sector**					
采矿业	Mining	154	720.08	18.02	711.55	2.93
煤炭开采和洗选业	Mining and Washing of Coal	16	313.27	1.43	310.41	0.01

单位:亿元 (100 million yuan)

项目	Item	企业单位数(个) Number of Enterprises (unit)	工业总产值(现价) Gross Industrial Output Value (current price)	#新产品产值 Output Value of New Products	工业销售产值(现价) Value of Industrial Products Seld (current price)	#出口交货值 Delivery Value for Export
石油和天然气开采业	Extraction of Petroleum and Natural Gas	2	91.58		91.57	
黑色金属矿采选业	Mining and Processing of Ferrous Metal Ores	21	91.21	3.63	90.38	
有色金属矿采选业	Mining and Processing of Non-ferrous Metals Ores	7	11.02	1.37	11.28	2.36
非金属矿采选业	Mining and Processing of Nonmetal Ores	107	207.40	11.51	202.33	0.55
开采辅助活动	Mining Activities	1	5.60	0.07	5.57	
其他采矿业	Mining of Other Ores					
制造业	Manufacturing	45291	114918.17	17931.50	113513.34	23121.23
农副食品加工业	Processing of Food from Agricultural Products	1476	3313.04	118.29	3281.63	90.29
食品制造业	Manufacture of Food	338	636.87	54.20	618.75	79.89
酒、饮料和精制茶制造业	Manufacture of Beverage	185	863.44	68.40	857.39	3.29
烟草制品业	Manufacture of Tobacco	5	440.44	8.00	440.70	
纺织业	Manufacture of Textile	4848	5997.36	629.87	5913.59	775.82
纺织服装、鞋、帽制造业	Manufacture of Textile Wearing, Apparel, Footwear and Caps	2579	3396.48	493.24	3357.60	874.05
皮革、毛皮、羽毛(绒)及其制品业	Manufacture of Textile, Fur, Feather and Related Products	585	729.65	36.42	713.15	220.03
木材加工及木、竹、藤、棕、草制品业	Processing of Timber, Manufacture of Wood, Bamboo, Rattan, Palm and Straw Products	1294	1599.90	105.16	1584.94	173.45
家具制造业	Manufacture of Furniture	217	220.42	20.24	217.77	92.60
造纸及纸制品业	Manufacture of Paper and Paper Products	632	1259.49	137.38	1244.08	126.82
印刷业和记录媒介的复制	Printing, Reproduction of Recording Media	520	501.09	69.00	498.40	62.75
文教、工美、体育和娱乐用品制造业	Manufacture of Articles For Culture, Education and Sport Activities	1011	1156.22	102.34	1143.12	351.06
石油加工、炼焦及核燃料加工业	Processing of Petroleum, Coking, Processing of Nuclear Fuel	121	2040.78	106.97	2031.04	55.69
化学原料及化学制品制造业	Manufacture of Raw Chemical Materials and Chemical Products	3784	13164.77	1745.53	12974.94	1047.76

11－2 续 表 2 Continued 2

单位:亿元 (100 million yuan)

项目 Item		企业单位数(个) Number of Enterprises (unit)	工业总产值(现价) Gross Industrial Output Value (current price)	#新产品产值 Output Value of New Products	工业销售产值(现价) Value of Industrial Products Sold (current price)	#出口交货值 Delivery Value for Export
医药制造业	Manufacture of Medicines	661	2293.68	438.54	2240.73	202.47
化学纤维制造业	Manufacture of Chemical Fibers	866	2441.51	472.88	2417.23	221.46
橡胶和塑料制品业	Manufacture of Rubber	1838	2239.43	211.41	2212.43	454.45
非金属矿物制品业	Manufacture of Non－metallic Mineral Products	2422	3574.82	206.76	3527.35	171.93
黑色金属冶炼及压延加工业	Smelting and Pressing of Ferrous Metals	1585	9515.85	1137.80	9460.26	453.03
有色金属冶炼及压延加工业	Smelting and Pressing of Non－ferrous Metals	1006	3380.87	296.17	3350.42	131.26
金属制品业	Manufacture of Metal Products	3023	4753.78	486.87	4681.23	494.09
通用设备制造业	Manufacture of General Purpose Machinery	3887	6565.67	975.31	6468.95	1083.79
专用设备制造业	Manufacture of Special Purpose Machinery	2653	4447.23	746.23	4368.01	795.75
汽车制造业	Manufacture of Transport Equipment	1277	4570.51	630.87	4512.95	338.73
铁路、船舶、航空航天和其他运输设备制造业	Manufacture of Transport Equipment	937	3732.05	734.40	3689.29	1075.10
电气机械及器材制造业	Manufacture of Electrical Machinery and Equipment	3745	12716.06	2986.67	12518.96	1974.80
计算机、通信和其他电子设备制造业	Manufacture of communications and other electronic equipment	2594	16176.85	4428.96	16049.59	11458.94
仪器仪表制造业	Manufacture of Measuring Instruments and Machinery for Cultural Activity and Office Work	890	2594.00	473.69	2558.36	264.39
其他制造业	Manufacture of Artwork and Other Manufacturing	145	236.62	7.72	237.41	46.29
废弃资源综合利用业	Recycling and Disposal of Waste	137	329.01	1.44	313.04	0.66
金属制品、机械和设备修理业	Manufacture of Metal Products, Machinery and Equipment Repair	30	30.29	0.75	30.02	0.58
电力、燃气及水的生产和供应业	**Production and Supply of Electricity, Gas and Water**	**414**	**4486.66**	**5.43**	**4480.58**	**13.59**
电力、热力的生产和供应业	Production and Supply of Electric Power and Heat Power	237	4070.83	3.42	4068.98	
燃气生产和供应	Production and Supply of Gas	76	302.50	0.12	301.10	13.59
水的生产和供应业	Production and Supply of Water	101	113.33	1.89	110.51	

11－3　规模以上工业企业主要经济指标(2012 年)

单位:亿元

项　目	Item	资产总计 Total Assets	流动资产 Current Assets	应收账款 Accounts Receivalble
总　计	**Total**	**84550.41**	**46483.24**	**13577.65**
按登记注册类型分	**Grouped by Status of Registration**			
内资企业	Domestic Funded Enterprises	51831.14	27981.43	7345.07
国有企业	State－owned Enterprises	6360.79	2025.91	340.67
集体企业	Collective－owned Enterprises	779.65	495.25	93.56
股份合作企业	Cooperative Enterprises	300.76	196.03	43.86
联营企业	Joint Ownership Enterprises	49.48	24.79	7.53
有限责任公司	Limited Liability Corporations	14659.65	7636.19	1747.04
#国有独资	State Sole Funded Corporatios	2061.36	1068.23	331.07
股份有限公司	Share－holding Corporations Ltd.	5893.21	3383.31	814.53
私营企业	Private Enterprises	23083.92	13811.05	4178.20
其他企业	Other Enterprises	703.68	408.90	119.69
港、澳、台商投资企业	Enterprises with Funds from Hong Kong, Macao and Taiwan	10822.54	6007.80	1873.31
外商投资企业	Foreign Funded Enterprises	21896.73	12494.01	4359.27
按轻重工业分	**Grouped by Light & Heavy Industries**			
轻工业	Light Industry	20667.63	11623.67	2761.17
重工业	Heavy Industry	63882.78	34859.57	10816.49
按企业规模分	**Grouped by Size of Enterprises**			
大型企业	Large Enterprises	38036.48	19741.27	5132.56
中型企业	Medium－sized Enterprises	20137.27	10997.34	3273.26
小微型企业	Small Enterprises	26376.65	15744.63	5171.83
按行业分	**Grouped by Sector**			
采矿业	**Mining**	**1064.13**	**322.34**	**48.76**
煤炭开采和洗选业	Mining and Washing of Coal	576.99	173.70	26.32
石油和天然气开采业	Extraction of Petroleum and Natural Gas	224.81	36.74	6.53
黑色金属矿采选业	Mining and Processing of Ferrous Metal Ores	45.69	25.53	4.80
有色金属矿采选业	Mining and Processing of Non－ferrous Metals Ores	13.21	6.50	0.37
非金属矿采选业	Mining and Processing of Nonmetal Ores	199.50	78.37	10.14
开采辅助活动	Mining Activities	3.93	1.50	0.58
其他采矿业	Mining of Other Ores			
制造业	**Manufacturing**	**76955.81**	**44776.83**	**13307.12**
农副食品加工业	Processing of Food from Agricultural Products	1344.52	737.07	118.53
食品制造业	Manufacture of Food	480.82	255.60	58.74
酒、饮料和精制茶制造业	Manufacture of Beverage	754.09	398.74	36.08
烟草制品业	Manufacture of Tobacco	441.75	351.33	6.40
纺织业	Manufacture of Textile	3836.47	2196.56	506.22
纺织服装、服饰业	Manufacture of Textile and apparol	11983.00	1120.78	257.56

Main Economic Indicators of above Designated Size Industrial Enterprises(2012)

(100 million yuan)

存货 Inventory	#产成品 Finished Goods	固定资产原价 Original value of Fixed Assets	固定资产合计 Original value	负债合计 Total Liabilities	所有者权益 Owners' Equities	#实收资本 Paid-in Capital
10589.80	**3986.09**	**47419.48**	**27740.05**	**48417.22**	**36064.93**	**18568.59**
6358.96	2492.58	27270.82	16725.45	30838.58	20942.74	8943.56
472.73	88.29	5720.86	3285.69	3860.80	2499.35	988.41
107.51	36.58	287.53	166.56	443.32	335.15	158.49
51.26	28.09	118.18	63.10	193.82	106.93	40.74
7.81	3.48	23.77	18.22	25.96	23.52	7.64
1742.91	657.08	7751.45	5008.68	9373.17	5279.24	2183.46
238.53	80.57	802.87	626.28	1379.98	681.39	248.18
783.33	293.26	2327.96	1457.25	2836.52	3056.12	1006.42
3102.88	1338.87	10664.60	6518.78	13663.04	9381.66	4414.21
90.52	46.93	376.47	207.19	441.93	260.78	144.21
1371.80	497.47	6801.20	3647.16	6065.50	4751.53	2903.53
2859.04	996.04	13347.45	7367.44	11513.14	10370.66	6721.50
2942.13	1216.66	10396.72	6318.38	11346.81	9299.89	4625.71
7647.67	2769.43	37022.75	21421.66	37070.41	26765.04	13942.88
4555.65	1545.43	23583.98	13127.93	22098.97	15937.51	6629.42
2630.19	1041.01	11403.24	6839.86	11296.17	8840.94	4895.76
3403.95	1399.65	12432.26	7772.25	15022.08	11286.48	7043.37
59.63	**21.76**	**792.84**	**528.59**	**613.81**	**449.91**	**237.82**
34.58	13.81	363.19	282.99	359.96	216.99	58.35
7.18	0.33	309.38	155.67	107.50	117.31	121.45
4.39	1.69	12.63	11.23	27.12	18.57	6.44
0.48	0.16	3.46	2.92	8.04	5.17	1.27
12.60	5.58	101.38	74.11	107.84	91.30	48.76
0.41	0.19	2.82	1.66	3.35	0.58	1.54
10420.88	**3961.55**	**39946.89**	**23128.76**	**43500.62**	**33387.98**	**17268.23**
258.40	112.26	871.18	416.80	813.51	528.51	257.84
60.99	26.77	225.51	162.30	262.75	217.81	123.75
112.50	32.85	282.11	199.44	338.27	415.81	175.16
129.63	3.19	97.72	47.27	53.09	388.67	15.82
646.16	295.25	2074.98	1221.21	2350.55	1480.21	784.11
316.61	145.83	807.61	518.60	1106.92	868.35	367.61

11－3 续 表1

单位:亿元

项目 Item		资产总计 Total Assets	流动资产 Current Assets	应收账款 Accounts Receivalble
皮革、毛皮、羽毛及其制品和制鞋业	Manufacture of Textile, Fur, Feather and footwear Products	291.39	186.53	49.01
木材加工和木、竹、藤、棕、草制品业	Processing of Timber, Manufacture of Wood, Bamboo, Rattan, Palm and Straw Products	573.82	313.28	66.28
家具制造业	Manufacture of Furniture	159.08	91.07	22.38
造纸和纸制品业	Manufacture of Paper and Paper Products	1519.88	681.56	169.45
印刷和记录媒介复制业	Printing, Reproduction of Recording Media	480.79	264.56	92.75
文教、工美、体育和娱乐用品制造业	Manufacture of Culture, Education, Arts, Crafts Sports and Enterfaiment Supplies	543.12	314.81	85.04
石油加工、炼焦和核燃料加工业	Processing of Petroleum, Coking, Processing of Nuclear Fuel	711.91	372.66	74.17
化学原料和化学制品制造业	Manufacture of Raw Chemical Materials and Chemical Products	8741.93	4379.32	1100.54
医药制造业	Manufacture of Medicines	1500.30	891.69	261.56
化学纤维制造业	Manufacture of Chemical Fibers	1996.07	1007.39	141.17
橡胶和塑料制品业	Manufacture of Rubber and Plastics	1587.53	903.76	332.40
非金属矿物制品业	Manufacture of Non－metallic Mineral Products	2974.46	1664.67	578.48
黑色金属冶炼和压延加工业	Smelting and Pressing of Ferrous Metals	6468.84	3267.55	401.02
有色金属冶炼和压延加工业	Smelting and Pressing of Non－ferrous Metals	1565.54	1078.95	293.02
金属制品业	Manufacture of Metal Products	3031.64	1844.79	616.46
通用设备制造业	Manufacture of General Purpose Machinery	5659.97	3571.55	1216.27
专用设备制造业	Manufacture of Special Purpose Machinery	3784.08	2474.71	803.65
汽车制造业	Manufacturing of Transport Equipment	2929.15	1762.05	579.24
铁路、船舶、航空航天和其他运输设备制造业	Manufacture of Railroad, Marine, Aviation and other Transport Equipment	3363.58	2019.75	412.23
电气机械和器材制造业	Manufacture of Electrical Machinery and Equipment	8961.80	5825.67	2223.31
计算机、通信和其他电子设备制造业	Manufacture of Computer Communications and other Electronic Equipment	8982.02	5364.07	2354.04
仪器仪表制造业	Manufacture of Instrumentation	1926.24	1187.34	371.03
其他制造业	Other Manufacturing	80.51	39.07	11.85
废弃资源综合利用业	Manufacture of Recycling and Disposal of Waste	263.10	200.42	65.14
金属制品、机械和设备修理业	Manufacture of Metal Products, Machinery and Equipment Repair	18.41	9.53	3.08
电力、燃气及水的生产和供应业	**Production and Supply of Electricity, Gas and Water**	**6530.47**	**1384.07**	**221.77**
电力、热力的生产和供应业	Production and Supply of Electric Power and Heat Power	5253.60	891.48	190.76
燃气生产和供应	Production and Supply of Gas	436.95	190.65	22.80
水的生产和供应业	Production and Supply of Water	839.91	301.94	8.22

11－3 Continued 1

(100 million yuan)

存货 Inventory	#产成品 Finished Goods	固定资产原价 Original value of Fixed Assets	固定资产合计 Original value	负债合计 Total Liabilities	所有者权益 Owners' Equities	#实收资本 Paid-in Capital
54.48	18.11	147.76	74.74	157.78	133.53	75.18
79.90	42.27	299.28	189.52	269.24	292.44	119.23
25.48	8.69	72.40	46.44	83.98	74.97	55.05
109.57	39.47	1015.20	567.56	793.41	726.34	573.38
45.01	18.47	271.06	159.03	264.20	216.59	110.89
86.22	38.57	261.08	163.13	292.52	250.39	133.38
141.09	36.42	384.41	227.36	442.34	269.57	161.88
1027.49	434.56	5623.58	3188.52	4726.85	4003.35	2197.78
171.18	69.07	608.35	431.17	640.04	859.96	296.21
291.08	143.78	1087.15	722.24	1253.73	742.16	405.71
227.97	95.92	935.58	542.33	757.52	827.18	516.15
262.62	110.76	1596.71	972.43	1787.98	1186.09	680.16
834.87	330.99	4050.06	2514.67	4274.12	2193.04	871.30
223.83	83.02	517.79	337.02	1013.23	548.67	344.99
454.72	175.36	1332.84	834.92	1706.16	1324.44	690.93
885.08	340.21	2144.65	1394.32	3102.54	2555.80	1134.19
649.04	216.42	1619.36	902.56	2092.92	1690.31	890.87
341.35	138.66	1319.05	825.52	1700.33	1228.16	731.68
533.80	76.93	1345.31	907.89	2056.61	1306.93	494.38
1019.82	461.01	3613.95	2001.97	5108.82	3849.43	1987.59
1085.89	340.28	6414.57	2961.52	4843.84	4129.97	2652.04
291.24	92.99	785.26	509.63	960.14	965.52	351.43
12.18	5.13	47.24	31.18	35.98	44.35	15.13
41.25	27.86	80.53	49.12	199.86	62.42	50.63
1.42	0.45	14.59	8.34	11.39	7.02	3.77
109.29	**2.78**	**6679.75**	**4082.70**	**4302.79**	**2227.04**	**1062.55**
89.67	1.07	5929.22	3490.63	3493.49	1759.47	824.30
10.97	0.78	216.39	182.11	270.04	166.91	85.38
8.65	0.93	534.14	409.97	539.26	300.66	152.87

单位:亿元

项 目 Item		主营业务收入 Revenue from Principal Business	主营业务成本 Cost of Principle Business
总 计	**Total**	**119286.78**	**103160.90**
按登记注册类型分	**Grouped by Status of Registration**		
内资企业	Domestic Funded Enterprises	75036.82	64647.60
国有企业	State - owned Enterprises	5888.14	5022.07
集体企业	Collective - owned Enterprises	1071.30	970.80
股份合作企业	Cooperative Enterprises	465.50	403.36
联营企业	Joint Ownership Enterprises	69.97	61.99
有限责任公司	Limited Liability Corporations	17271.13	14829.08
#国有独资	State Sole Funded Corporatios	1315.12	1090.19
股份有限公司	Share - holding Corporations Ltd.	6370.26	5208.29
私营企业	Private Enterprises	42768.57	37172.39
其他企业	Other Enterprises	1131.96	979.61
港、澳、台商投资企业	Enterprises with Funds from Hong Kong, Macao and Taiwan	13392.62	11747.27
外商投资企业	Foreign Funded Enterprises	30857.34	26766.04
按轻重工业分	**Grouped by Light & Heavy Industries**		
轻工业	Light Industry	30877.22	25970.06
重工业	Heavy Industry	88409.57	77190.84
按企业规模分	**Grouped by Size of Enterprises**		
大型企业	Large Enterprises	48418.52	42201.55
中型企业	Medium - sized Enterprises	26825.08	22701.83
小微型企业	Small Enterprises	44043.18	38257.53
按行业分	**Grouped by Sector**		
采矿业	**Mining**	**726.69**	**537.73**
煤炭开采和洗选业	Mining and Washing of Coal	322.85	240.46
石油和天然气开采业	Extraction of Petroleum and Natural Gas	91.57	37.26
黑色金属矿采选业	Mining and Processing of Ferrous Metal Ores	92.20	82.85
有色金属矿采选业	Mining and Processing of Non - ferrous Metals Ores	11.20	8.01
非金属矿采选业	Mining and Processing of Nonmetal Ores	203.30	164.74
开采辅助活动	Mining Activities	5.57	4.41
其他采矿业	Mining of Other Ores		
制造业	**Manufacturing**	**114062.25**	**98634.96**
农副食品加工业	Processing of Food from Agricultural Products	3272.70	2884.49
食品制造业	Manufacture of Food	627.48	497.54
酒、饮料和精制茶制造业	Manufacture of Beverage	853.21	594.64
烟草制品业	Manufacture of Tobacco	440.75	91.45
纺织业	Manufacture of Textile	5928.34	5277.41
纺织服装、服饰业	Manufacture of Textile and apparol	3399.14	2901.82

(100 million yuan)

主营业务税金及附加 Taxes and Other Charges on Principle Business	利润总额 Total Profits	利税总额 Total Profits and Taxes	应交增值税 Value Added Tax Payable	全部从业人员年平均人数(万人) Annual Average Employed Persons (10000 persons)
975.37	**7250.20**	**11934.34**	**3708.77**	**1131.77**
777.63	4571.38	7924.54	2575.53	676.18
332.55	263.95	846.67	250.17	26.21
4.66	62.07	98.80	32.06	9.59
1.97	32.38	51.38	17.03	4.97
0.34	3.52	6.06	2.20	0.74
94.94	889.18	1489.75	505.63	132.00
14.78	53.60	109.29	40.91	13.42
118.59	500.84	915.65	296.22	51.82
218.24	2744.87	4402.67	1439.56	439.36
6.35	74.57	113.57	32.65	11.51
47.20	783.43	1192.76	362.12	163.20
150.54	1895.38	2817.04	771.12	292.39
406.61	2061.97	3520.60	1052.01	393.81
568.75	5188.23	8413.74	2656.76	737.96
578.00	2667.75	4709.49	1463.74	382.87
135.30	1950.93	2965.35	879.12	321.93
262.07	2631.51	4259.50	1365.92	426.97
32.53	**59.77**	**140.83**	**48.52**	**15.76**
7.10	28.27	61.11	25.75	8.86
21.85	10.05	39.87	7.97	2.38
0.34	3.68	8.20	4.18	0.82
0.15	2.09	3.17	0.93	0.17
3.05	15.05	27.51	9.42	3.50
0.05	0.64	0.97	0.28	0.03
923.84	**6865.14**	**11263.85**	**3474.88**	**1101.49**
14.12	210.83	313.44	88.48	19.32
3.72	45.61	73.80	24.48	8.45
25.17	153.84	220.43	41.41	8.38
249.24	82.56	389.72	57.92	0.63
24.36	310.11	512.13	177.67	91.22
19.11	231.37	363.35	112.88	75.56

单位:亿元

项 目 Item		主营业务收入 Revenue from Principal Business	主营业务成本 Cost of Principle Business
皮革、毛皮、羽毛及其制品和制鞋业	Manufacture of Textile, Fur, Feather and footwear Products	715.37	627.76
木材加工和木、竹、藤、棕、草制品业	Processing of Timber, Manufacture of Wood, Bamboo, Rattan, Palm and Straw Products	1590.35	1346.45
家具制造业	Manufacture of Furniture	217.58	189.89
造纸和纸制品业	Manufacture of Paper and Paper Products	1255.99	1069.61
印刷和记录媒介复制业	Printing, Reproduction of Recording Media	494.48	410.64
文教、工美、体育和娱乐用品制造业	Manufacture of Culture, Education, Arts, Crafts Sports and Entertaiment Supplies	1147.86	992.68
石油加工、炼焦和核燃料加工业	Processing of Petroleum, Coking, Processing of Nuclear Fuel	2018.40	1794.82
化学原料和化学制品制造业	Manufacture of Raw Chemical Materials and Chemical Products	13128.08	11432.32
医药制造业	Manufacture of Medicines	2279.74	1479.35
化学纤维制造业	Manufacture of Chemical Fibers	2499.74	2279.50
橡胶和塑料制品业	Manufacture of Rubber and Plastics	2199.53	1882.19
非金属矿物制品业	Manufacture of Non－metallic Mineral Products	3531.20	3018.25
黑色金属冶炼和压延加工业	Smelting and Pressing of Ferrous Metals	9693.28	8895.87
有色金属冶炼和压延加工业	Smelting and Pressing of Non－ferrous Metals	3393.56	3097.07
金属制品业	Manufacture of Metal Products	4688.80	4053.08
通用设备制造业	Manufacture of General Purpose Machinery	6463.48	5385.01
专用设备制造业	Manufacture of Special Purpose Machinery	4353.12	3608.11
汽车制造业	Manufacturing of Transport Equipment	4504.27	3701.31
铁路、船舶、航空航天和其他运输设备制造业	Manufacture of Railroad, Marine, Aviation and other Transport Equipment	3547.12	3044.94
电气机械和器材制造业	Manufacture of Electrical Machinery and Equipment	12547.72	10744.77
计算机、通信和其他电子设备制造业	Manufacture of Computer Communications and other Electronic Equipment	16141.30	14703.44
仪器仪表制造业	Manufacture of Instrumentation	2551.42	2123.75
其他制造业	Other Manufacturing	236.89	206.98
废弃资源综合利用业	Manufacture of Recycling and Disposal of Waste	310.32	272.68
金属制品、机械和设备修理业	Manufacture of Metal Products, Machinery and Equipment Repair	31.03	27.12
电力、燃气及水的生产和供应业	**Production and Supply of Electricity, Gas and Water**	**4497.85**	**3988.21**
电力、热力的生产和供应业	Production and Supply of Electric Power and Heat Power	4080.12	3668.16
燃气生产和供应	Production and Supply of Gas	308.53	248.86
水的生产和供应业	Production and Supply of Water	109.19	71.19

11－3 Continued 2

(100 million yuan)

主营业务税金及附加 Taxes and Other Charges on Principle Business	利润总额 Total Profits	利税总额 Total Profits and Taxes	应交增值税 Value Added Tax Payable	全部从业人员年平均人数（万人）Annual Average Employed Persons (10000 persons)
3.60	37.49	68.64	27.54	16.05
12.41	137.27	217.05	67.37	19.26
1.15	9.07	17.47	7.25	4.80
4.36	72.80	114.10	36.94	11.66
2.50	36.48	54.90	15.91	9.28
6.00	68.97	114.12	39.16	22.34
108.97	37.30	286.54	140.27	3.13
87.93	797.72	1275.50	389.85	68.92
16.37	244.06	385.71	125.28	17.58
5.52	100.23	159.37	53.63	18.01
11.57	131.91	211.06	67.58	33.73
22.16	226.14	389.73	141.42	38.45
25.96	284.43	522.82	212.43	41.97
9.36	151.17	228.06	67.53	13.92
21.71	293.59	472.48	157.18	50.50
31.25	466.28	707.94	210.41	74.33
21.67	330.10	495.61	143.84	53.58
81.31	372.85	610.23	156.07	36.56
20.37	306.37	454.05	127.32	41.95
49.61	810.03	1269.86	410.23	103.23
27.78	688.75	979.20	262.67	188.42
13.79	204.78	311.76	93.19	24.76
1.24	14.50	25.79	10.05	3.53
1.25	7.15	16.19	7.78	1.46
0.28	1.39	2.79	1.11	0.49
19.00	**325.29**	**529.66**	**185.37**	**14.52**
16.79	274.05	463.81	172.96	10.31
1.38	42.91	51.24	6.95	1.43
0.83	8.33	14.61	5.45	2.77

11－4 规模以上工业企业主要经济效益指标（2012 年）

单位:%

项 目 Item		企业亏损面 Percentage of Loss Making Enterprises	产值利税率 Percentage of Profit and Tax to Output Value
总 计	**Total**	**13.14**	**9.93**
按登记注册类型分	**Grouped by Status of Registration**		
内资企业	Domestic Funded Enterprises	10.11	10.51
国有企业	State－owned Enterprises	18.27	14.31
集体企业	Collective－owned Enterprises	10.57	9.12
股份合作企业	Cooperative Enterprises	9.66	10.66
联营企业	Joint Ownership Enterprises	12.12	8.88
有限责任公司	Limited Liability Corporations	13.46	8.82
#国有独资	State Sole Funded Corporatios	33.33	8.16
股份有限公司	Share－holding Corporations Ltd.	11.78	14.24
私营企业	Private Enterprises	9.52	10.15
其他企业	Other Enterprises	9.55	9.76
港、澳、台商投资企业	Enterprises with Funds from Hong Kong, Macao and Taiwan	21.63	8.79
外商投资企业	Foreign Funded Enterprises	23.09	9.05
按轻重工业分	**Grouped by Light & Heavy Industries**		
轻工业	Light Industry	12.79	11.34
重工业	Heavy Industry	13.36	9.44
按企业规模分	**Grouped by Size of Enterprises**		
大型企业	Large Enterprises	8.78	9.75
中型企业	Medium－sized Enterprises	14.60	10.98
小微型企业	Small Enterprises	13.06	9.51
按行业分	**Grouped by Sector**		
采矿业	**Mining**	**10.39**	**19.56**
煤炭开采和洗选业	Mining and Washing of Coal	12.50	19.51
石油和天然气开采业	Extraction of Petroleum and Natural Gas	50.00	43.54
黑色金属矿采选业	Mining and Processing of Ferrous Metal Ores	33.33	8.99
有色金属矿采选业	Mining and Processing of Non－ferrous Metals Ores	28.57	28.73
非金属矿采选业	Mining and Processing of Nonmetal Ores	3.74	13.27
开采辅助活动	Mining Activities	0.00	17.32
其他采矿业	Mining of Other Ores		
制造业	**Manufacturing**	**13.14**	**9.80**
农副食品加工业	Processing of Food from Agricultural Products	6.44	9.46
食品制造业	Manufacture of Food	14.79	11.59
酒、饮料和精制茶制造业	Manufacture of Beverage	15.14	25.53
烟草制品业	Manufacture of Tobacco	0.00	88.48
纺织业	Manufacture of Textile	12.56	8.54
纺织服装、服饰业	Manufacture of Textile and apparol	11.71	10.70

Main Indicators on Economic Benefit of above Designated Size Industrial Enterprises(2012)

(%)

销售利税率 Percentage of Profit and Tax to Sales	资金利税率 Percentage of Profit and Tax to capital	资产负债率 Assets Liability Ratio	流动资产周转次数(次/年) Times of Turnover of Circulating Funds (times/year)	成本费用利润率 Ratio of Profits to Industrial Cost	产品销售率 Proportion of Products Sold	总资产贡献率 Ratio of Total Assets to Industrial Output Value
10.00	**16.08**	**57.26**	**2.57**	**6.53**	**98.82**	**15.42**
10.56	17.73	59.50	2.68	6.56	98.83	16.86
14.38	15.94	60.70	2.91	4.98	99.44	14.41
9.22	14.93	56.86	2.16	6.03	97.24	13.99
11.04	19.83	64.45	2.37	7.45	97.62	19.03
8.66	14.09	52.46	2.82	5.32	96.91	13.41
8.63	11.78	63.94	2.26	5.47	99.44	11.87
8.31	6.45	66.94	1.23	4.27	99.61	6.64
14.37	18.92	48.13	1.88	8.65	98.67	16.63
10.29	21.66	59.19	3.10	6.90	98.56	20.83
10.03	18.43	62.80	2.77	7.08	99.75	17.39
8.91	12.35	56.05	2.23	6.22	98.38	12.01
9.13	14.18	52.58	2.47	6.58	98.98	13.68
11.40	19.62	54.90	2.66	7.25	98.69	18.31
9.52	14.95	58.03	2.54	6.28	98.86	14.48
9.73	14.33	58.10	2.45	5.91	99.10	13.57
11.05	16.62	56.10	2.44	7.87	98.67	16.04
9.67	18.11	56.95	2.80	6.40	98.61	17.60
19.38	**16.55**	**57.68**	**2.25**	**9.35**	**98.81**	**14.01**
18.93	13.38	62.39	1.86	9.68	99.09	11.22
43.54	20.72	47.82	2.49	16.69	99.99	18.37
8.89	22.30	59.36	3.61	4.19	99.09	19.57
28.28	33.61	60.85	1.72	22.87	102.34	24.00
13.53	18.04	54.05	2.59	8.11	97.56	15.03
17.41	30.71	85.24	3.71	13.09	99.46	25.67
9.88	**16.59**	**56.53**	**2.55**	**6.46**	**98.78**	**15.90**
9.58	27.16	60.51	4.44	6.97	99.05	24.68
11.76	17.66	54.65	2.45	7.82	97.15	16.59
25.83	36.85	44.86	2.14	22.52	99.30	29.94
88.42	97.77	12.02	1.25	75.06	100.06	87.14
8.64	14.98	61.27	2.70	5.53	98.60	15.18
10.69	22.16	55.82	3.03	7.34	98.86	19.65

单位:%

项　　目 Item		企业亏损面 Percentage of Loss Making Enterprises	产值利税率 Percentage of Profit and Tax to Output Value
皮革、毛皮、羽毛及其制品和制鞋业	Manufacture of Textile, Fur, Feather and footwear Products	12.65	9.41
木材加工和木、竹、藤、棕、草制品业	Processing of Timber, Manufacture of Wood, Bamboo, Rattan, Palm and Straw Products	2.86	13.57
家具制造业	Manufacture of Furniture	20.74	7.93
造纸和纸制品业	Manufacture of Paper and Paper Products	13.13	9.06
印刷和记录媒介复制业	Printing, Reproduction of Recording Media	13.85	10.96
文教、工美、体育和娱乐用品制造业	Manufacture of Culture, Education, Arts, Crafts Sports and Enterfaiment Supplies	9.40	9.87
石油加工、炼焦和核燃料加工业	Processing of Petroleum, Coking, Processing of Nuclear Fuel	14.88	14.04
化学原料和化学制品制造业	Manufacture of Raw Chemical Materials and Chemical Products	12.68	9.69
医药制造业	Manufacture of Medicines	10.74	16.82
化学纤维制造业	Manufacture of Chemical Fibers	27.48	6.53
橡胶和塑料制品业	Manufacture of Rubber and Plastics	13.49	9.42
非金属矿物制品业	Manufacture of Non－metallic Mineral Products	12.88	10.90
黑色金属冶炼和压延加工业	Smelting and Pressing of Ferrous Metals	17.79	5.49
有色金属冶炼和压延加工业	Smelting and Pressing of Non－ferrous Metals	18.39	6.75
金属制品业	Manufacture of Metal Products	11.08	9.94
通用设备制造业	Manufacture of General Purpose Machinery	11.81	10.78
专用设备制造业	Manufacture of Special Purpose Machinery	11.99	11.14
汽车制造业	Manufacturing of Transport Equipment	13.78	13.35
铁路、船舶、航空航天和其他运输设备制造业	Manufacture of Railroad, Marine, Aviation and other Transport Equipment	13.02	12.17
电气机械和器材制造业	Manufacture of Electrical Machinery and Equipment	13.03	9.99
计算机、通信和其他电子设备制造业	Manufacture of Computer Communications and other Electronic Equipment	23.21	6.05
仪器仪表制造业	Manufacture of Instrumentation	8.88	12.02
其他制造业	Other Manufacturing	9.66	10.90
废弃资源综合利用业	Manufacture of Recycling and Disposal of Waste	19.71	4.92
金属制品、机械和设备修理业	Manufacture of Metal Products, Machinery and Equipment Repair	16.67	9.20
电力、燃气及水的生产和供应业	**Production and Supply of Electricity, Gas and Water**	**15.22**	**11.81**
电力、热力的生产和供应业	Production and Supply of Electric Power and Heat Power	16.88	11.39
燃气生产和供应	Production and Supply of Gas	6.58	16.94
水的生产和供应业	Production and Supply of Water	17.82	12.90

11－4 Continued 1

(%)

销售利税率 Percentage of Profit and Tax to Sales	资金利税率 Percentage of Profit and Tax to capital	资产负债率 Assets Liability Ratio	流动资产周转次数(次/年) Times of Turnover of Circulating Funds (times/year)	成本费用利润率 Ratio of Profits to Industrial Cost	产品销售率 Proportion of Products Sold	总资产贡献率 Ratio of Total Assets to Industrial Output Value
9.59	26.27	54.15	3.84	5.57	97.74	25.09
13.65	43.17	46.92	5.08	9.53	99.06	39.94
8.03	12.70	52.79	2.39	4.37	98.80	11.78
9.08	9.13	52.20	1.84	6.15	98.78	8.94
11.10	12.96	54.95	1.87	7.97	99.46	12.52
9.94	23.88	53.86	3.65	6.42	98.87	22.32
14.20	47.76	62.13	5.42	2.00	99.52	41.95
9.72	16.85	54.07	3.00	6.50	98.56	16.18
16.92	29.16	42.66	2.56	12.02	97.69	26.42
6.38	9.21	62.81	2.48	4.18	99.01	10.05
9.60	14.60	47.72	2.43	6.41	98.79	14.45
11.04	14.78	60.11	2.12	6.87	98.67	14.48
5.39	9.04	66.07	2.97	3.06	99.42	10.07
6.72	16.11	64.72	3.15	4.69	99.10	16.18
10.08	17.63	56.28	2.54	6.72	98.47	17.22
10.95	14.26	54.82	1.81	7.78	98.53	13.52
11.39	14.67	55.31	1.76	8.22	98.22	14.23
13.55	23.58	58.05	2.56	9.26	98.74	21.63
12.80	15.51	61.14	1.76	9.41	98.85	14.22
10.12	16.22	57.01	2.15	6.94	98.45	15.56
6.07	11.76	53.93	3.01	4.48	99.21	11.36
12.22	18.37	49.85	2.15	8.77	98.63	16.98
10.89	36.71	44.68	6.06	6.60	100.33	33.64
5.22	6.49	75.96	1.55	2.47	95.15	8.04
8.99	15.60	61.86	3.26	4.72	99.11	16.97
11.78	**9.69**	**65.89**	**3.25**	**7.74**	**99.86**	**9.91**
11.37	10.58	66.50	4.58	7.18	99.95	10.84
16.61	13.75	61.80	1.62	15.63	99.54	12.54
13.38	2.05	64.20	0.36	7.41	97.51	2.76

11-5 国有控股工业企业主要经济指标（2012年）

单位:亿元

项　目	Item	单位数（个）Number of Enterprises (unit)	资产总计 Total Assets	流动资产 Current Assets
总　计	**Total**	**895**	**15030.74**	**6031.17**
按登记注册类型分	**Grouped by Status of Registration**			
内资企业	Domestic Funded Enterprises	772	13352.23	5333.73
国有企业	State-owned Enterprises	312	6360.79	2025.91
集体企业	Collective-owned Enterprises			
股份合作企业	Cooperative Enterprises	5	28.28	15.98
联营企业	Joint Ownership Enterprises	12	27.71	14.00
有限责任公司	Limited Liability Corporations	365	5363.06	2523.60
#国有独资	State Sole Funded Corporatios	51	2061.36	1068.23
股份有限公司	Share-holding Corporations Ltd.	70	1542.31	744.06
私营企业	Private Enterprises			
其他企业	Other Enterprises	8	30.08	10.18
港、澳、台商投资企业	Enterprises with Funds from Hong Kong, Macao and Taiwan	47	372.50	127.41
外商投资企业	Foreign Funded Enterprises	76	1306.01	570.02
按轻重工业分	**Grouped by Light & Heavy Industries**			
轻工业	Light Industry	235	1964.44	1058.71
重工业	Heavy Industry	660	13066.30	4972.46
按企业规模分	**Grouped by Size of Enterprises**			
大型企业	Large Enterprises	139	10562.09	4187.28
中型企业	Medium-sized Enterprises	268	2746.41	1135.40
小微型企业	Small Enterprises	488	1722.24	708.49
按行业分	**Grouped by Sector**			
采矿业	**Mining**	**32**	**943.53**	**271.13**
煤炭开采和洗选业	Mining and Washing of Coal	5	558.30	168.19
石油和天然气开采业	Extraction of Petroleum and Natural Gas	2	224.81	36.74
黑色金属矿采选业	Mining and Processing of Ferrous Metal Ores	3	20.56	12.55
有色金属矿采选业	Mining and Processing of Non-ferrous Metals Ores	3	6.34	1.91
非金属矿采选业	Mining and Processing of Nonmetal Ores	19	133.52	51.74
开采辅助活动	Mining Activities			
其他采矿业	Mining of Other Ores			
制造业	**Manufacturing**	**701**	**8989.54**	**4776.64**
农副食品加工业	Processing of Food from Agricultural Products	33	162.46	117.15
食品制造业	Manufacture of Food	15	56.48	23.66
酒、饮料和精制茶制造业	Manufacture of Beverage	9	81.16	44.74
烟草制品业	Manufacture of Tobacco	5	441.75	351.33
纺织业	Manufacture of Textile	25	160.97	71.88
纺织服装、服饰业	Manufacture of Textile and apparol	24	34.48	22.00

Main Economic Indicators of State Shareholding Industrial Enterprises(2012)

(100 million yuan)

应收账款 Accounts Receivalble	存货 Inventory	#产成品 Finished Goods	固定资产原价 Original Value of Fixed Assets	固定资产合计 Original value	负债合计 Total Liabilities	所有者权益 Owners' Equities
1329.36	**1440.75**	**364.26**	**10768.41**	**6540.72**	**9404.77**	**5625.33**
1183.81	1262.58	320.94	9483.85	5725.98	8384.64	4966.95
340.67	472.73	88.29	5720.86	3285.69	3860.80	2499.35
5.51	6.53	3.37	9.61	7.17	21.34	6.94
3.06	5.10	2.59	16.27	12.54	18.97	8.74
642.53	554.25	163.53	2793.27	1900.03	3642.51	1720.55
331.07	238.53	80.57	802.87	626.28	1379.98	681.39
188.49	221.40	62.77	925.05	508.31	822.10	720.21
3.55	2.57	0.39	18.79	12.24	18.92	11.16
23.62	49.30	8.48	301.45	206.17	245.57	126.93
121.94	128.87	34.84	983.11	608.57	774.56	531.45
84.14	278.75	46.96	953.22	637.16	953.83	1010.61
1245.22	1161.99	317.30	9815.19	5903.57	8450.94	4614.71
897.24	1068.89	244.43	7617.51	4493.34	6445.29	4116.79
271.85	231.96	68.93	1991.91	1268.19	1811.73	934.68
160.27	139.91	50.90	1159.00	779.19	1147.75	573.85
37.45	**50.52**	**17.02**	**720.16**	**481.66**	**548.35**	**395.18**
25.27	33.40	13.20	348.46	270.42	346.88	211.42
6.53	7.18	0.33	309.38	155.67	107.50	117.31
1.95	2.22	0.60	2.80	3.89	12.84	7.72
0.06	0.13	0.05	1.10	1.82	5.03	1.31
3.64	7.60	2.85	58.43	49.86	76.09	57.43
1155.00	**1307.98**	**346.31**	**4550.28**	**2756.35**	**5460.50**	**3529.05**
13.07	40.69	7.83	60.75	38.37	109.95	52.51
3.97	5.89	1.09	27.73	20.39	42.60	13.88
5.18	24.35	6.25	27.29	20.42	43.47	37.69
6.40	129.63	3.19	97.72	47.27	53.09	388.67
12.50	23.76	8.58	80.69	50.17	87.88	73.09
3.33	2.86	1.68	14.14	9.19	14.54	19.94

11－5 续 表1

单位:亿元

项　　目	Item	单位数(个) Number of Enterprises (unit)	资产总计 Total Assets	流动资产 Current Assets
皮革、毛皮、羽毛及其制品和制鞋业	Manufacture of Textile, Fur, Feather and footwear Products			
木材加工和木、竹、藤、棕、草制品业	Processing of Timber, Manufacture of Wood, Bamboo, Rattan, Palm and Straw Products			
家具制造业	Manufacture of Furniture			
造纸和纸制品业	Manufacture of Paper and Paper Products	6	31.38	13.44
印刷和记录媒介复制业	Printing, Reproduction of Recording Media	20	26.46	12.61
文教、工美、体育和娱乐用品制造业	Manufacture of Culture, Education, Arts, Crafts Sports and Enterfaiment Supplies	4	4.09	1.99
石油加工、炼焦和核燃料加工业	Processing of Petroleum, Coking, Processing of Nuclear Fuel	11	300.96	131.24
化学原料和化学制品制造业	Manufacture of Raw Chemical Materials and Chemical Products	76	1526.73	613.28
医药制造业	Manufacture of Medicines	19	97.96	55.10
化学纤维制造业	Manufacture of Chemical Fibers	11	154.78	58.67
橡胶和塑料制品业	Manufacture of Rubber and Plastics	10	29.55	19.75
非金属矿物制品业	Manufacture of Non－metallic Mineral Products	61	337.37	153.53
黑色金属冶炼和压延加工业	Smelting and Pressing of Ferrous Metals	18	677.39	210.12
有色金属冶炼和压延加工业	Smelting and Pressing of Non－ferrous Metals	11	35.71	24.66
金属制品业	Manufacture of Metal Products	26	129.62	76.62
通用设备制造业	Manufacture of General Purpose Machinery	55	1290.99	816.59
专用设备制造业	Manufacture of Special Purpose Machinery	47	414.03	299.47
汽车制造业	Manufacturing of Transport Equipment	35	629.25	350.28
铁路、船舶、航空航天和其他运输设备制造业	Manufacture of Railroad, Marine, Aviation and other Transport Equipment	41	751.97	408.29
电气机械和器材制造业	Manufacture of Electrical Machinery and Equipment	55	466.06	291.66
计算机、通信和其他电子设备制造业	Manufacture of Computer Communications and other Electronic Equipment	50	813.25	372.42
仪器仪表制造业	Manufacture of Instrumentation	30	318.43	222.05
其他制造业	Other Manufacturing			
废弃资源综合利用业	Manufacture of Recycling and Disposal of Waste	2	14.52	12.72
金属制品、机械和设备修理业	Manufacture of Metal Products, Machinery and Equipment Repair	2	1.72	1.37
电力、燃气及水的生产和供应业	**Production and Supply of Electricity, Gas and Water**	**162**	**5097.67**	**983.40**
电力、热力的生产和供应业	Production and Supply of Electric Power and Heat Power	94	4198.79	626.49
燃气生产和供应	Production and Supply of Gas	15	233.95	104.17
水的生产和供应业	Production and Supply of Water	53	664.93	252.74

(100 million yuan)

应收账款 Accounts Receivalble	存货 Inventory	#产成品 Finished Goods	固定资产原价 Original Value of Fixed Assets	固定资产净值 Net Value of Fixed Assets	负债合计 Total Liabilities	所有者权益 Owners' Equities
1.42	5.66	1.47	30.02	12.74	14.18	17.20
4.96	1.90	0.84	21.00	10.55	11.65	14.81
0.73	0.76	0.40	2.75	1.46	1.72	2.37
14.65	96.38	10.27	203.81	97.55	197.00	103.96
72.70	193.87	57.52	1369.61	638.54	780.31	746.42
12.21	12.88	6.40	40.35	29.49	36.18	61.78
5.86	14.84	7.05	103.37	71.58	82.38	72.40
2.43	12.77	3.19	15.67	7.65	17.48	12.08
35.57	19.85	9.25	170.59	122.06	230.49	106.88
22.87	47.32	12.96	436.89	306.50	501.64	175.75
2.54	11.56	1.78	11.62	8.97	23.61	12.10
26.89	24.68	8.99	57.60	36.33	71.23	58.38
304.47	188.08	83.53	290.82	216.81	830.45	460.54
117.77	54.14	14.12	127.92	77.25	294.82	119.21
79.92	73.57	27.96	332.73	194.20	455.95	173.30
100.53	121.55	13.84	339.83	250.78	492.52	259.45
150.88	64.58	22.02	176.73	127.78	324.44	141.62
71.04	96.55	20.20	420.72	298.31	543.09	270.16
81.55	39.56	15.82	88.84	61.26	186.03	132.40
0.97	0.09	0.07	0.55	0.46	12.28	2.25
0.60	0.20		0.52	0.26	1.50	0.22
136.91	**82.25**	**0.93**	**5497.97**	**3302.71**	**3395.93**	**1701.10**
125.58	71.54	0.12	4949.88	2885.59	2804.63	1393.52
4.87	3.97	0.22	126.98	105.21	152.03	81.92
6.46	6.74	0.59	421.11	311.91	439.27	225.66

11－5 续 表 2

单位:亿元

项 目 Item		#实收资本 Paid-in capital	主营业务收入 Revenue from Principal Business	主营业务成本 Cost of Principle Business
总 计	**Total**	**2740.05**	**13273.83**	**11331.27**
按登记注册类型分	**Grouped by Status of Registration**			
内资企业	Domestic Funded Enterprises	2213.10	11744.97	10000.21
国有企业	State－owned Enterprises	988.41	5888.14	5022.07
集体企业	Collective－owned Enterprises			
股份合作企业	Cooperative Enterprises	5.23	49.33	43.92
联营企业	Joint Ownership Enterprises	2.39	44.36	40.13
有限责任公司	Limited Liability Corporations	882.36	3847.85	3246.50
#国有独资	State Sole Funded Corporatios	248.18	1315.12	1090.19
股份有限公司	Share－holding Corporations Ltd.	324.84	1869.30	1604.92
私营企业	Private Enterprises			
其他企业	Other Enterprises	9.88	45.99	42.66
港、澳、台商投资企业	Enterprises with Funds from Hong Kong, Macao and Taiwan	121.89	322.73	288.84
外商投资企业	Foreign Funded Enterprises	405.06	1206.13	1042.22
按轻重工业分	**Grouped by Light & Heavy Industries**			
轻工业	Light Industry	277.36	1475.15	926.12
重工业	Heavy Industry	2462.69	11798.68	10405.15
按企业规模分	**Grouped by Size of Enterprises**			
大型企业	Large Enterprises	1656.09	9784.47	8373.75
中型企业	Medium－sized Enterprises	668.48	2137.41	1794.40
小微型企业	Small Enterprises	415.47	1351.95	1163.11
按行业分	**Grouped by Sector**			
采矿业	**Mining**	**215.30**	**475.65**	**328.15**
煤炭开采和洗选业	Mining and Washing of Coal	56.82	280.94	206.81
石油和天然气开采业	Extraction of Petroleum and Natural Gas	121.45	91.57	37.26
黑色金属矿采选业	Mining and Processing of Ferrous Metal Ores	1.50	31.51	28.34
有色金属矿采选业	Mining and Processing of Non－ferrous Metals Ores	0.41	1.11	0.81
非金属矿采选业	Mining and Processing of Nonmetal Ores	35.13	70.52	54.92
开采辅助活动	Mining Activities			
其他采矿业	Mining of Other Ores			
制造业	**Manufacturing**	**1773.90**	**9079.17**	**7645.69**
农副食品加工业	Processing of Food from Agricultural Products	18.18	301.80	275.37
食品制造业	Manufacture of Food	7.10	58.86	45.29
酒、饮料和精制茶制造业	Manufacture of Beverage	8.88	72.59	32.05
烟草制品业	Manufacture of Tobacco	15.82	440.75	91.45
纺织业	Manufacture of Textile	27.41	108.63	99.79
纺织服装、服饰业	Manufacture of Textile and apparol	6.52	36.10	28.69

11－5 Continued 2

(100 million yuan)

主营业务税金及附加 Taxes and Other Charges on Principle Business	利润总额 Total Profits	利税总额 Total Profits and Taxes	应交增值税 Value Added Tax Payable	全部从业人员年平均人数（万人） Annual Average Employed Persons (10000 persons)
475.88	**660.91**	**1700.70**	**563.91**	**77.88**
467.01	563.76	1552.81	522.03	69.45
332.55	263.95	846.67	250.17	26.21
0.22	2.52	5.04	2.30	0.27
0.20	1.83	3.45	1.42	0.35
37.38	215.99	376.20	122.84	33.40
14.78	53.60	109.29	40.91	13.42
96.56	78.33	319.69	144.80	8.97
0.11	1.14	1.76	0.50	0.25
1.56	18.18	30.16	10.42	2.99
7.30	78.98	117.74	31.46	5.45
264.57	159.94	520.72	96.20	12.83
211.30	500.97	1179.98	467.71	65.06
441.58	420.31	1297.77	435.88	54.44
16.97	160.93	248.63	70.73	16.55
17.33	79.68	154.30	57.30	6.89
29.74	**38.35**	**102.06**	**33.97**	**12.91**
6.71	23.78	52.56	22.07	8.51
21.85	10.05	39.87	7.97	2.38
0.14	0.20	1.24	0.90	0.40
0.01	−0.02	0.08	0.08	0.06
1.03	4.33	8.31	2.95	1.56
430.79	**396.01**	**1196.32**	**369.52**	**54.49**
0.58	4.28	7.77	2.90	0.85
0.72	2.69	5.78	2.37	0.68
10.98	25.71	43.48	6.79	1.03
249.24	82.56	389.72	57.92	0.63
0.52	4.68	9.03	3.83	1.97
0.16	2.64	4.28	1.47	1.00

单位:亿元

项 目	Item	#实收资本 Paid-in capital	主营业务收入 Revenue from Principal Business	主营业务成本 Cost of Principle Business
皮革、毛皮、羽毛及其制品和制鞋业	Manufacture of Textile, Fur, Feather and footwear Products			
木材加工和木、竹、藤、棕、草制品业	Processing of Timber, Manufacture of Wood, Bamboo, Rattan, Palm and Straw Products			
家具制造业	Manufacture of Furniture			
造纸和纸制品业	Manufacture of Paper and Paper Products	10.91	43.25	37.51
印刷和记录媒介复制业	Printing, Reproduction of Recording Media	7.95	18.17	15.24
文教、工美、体育和娱乐用品制造业	Manufacture of Culture, Education, Arts, Crafts Sports and Enterfaiment Supplies	1.23	5.63	4.85
石油加工、炼焦和核燃料加工业	Processing of Petroleum, Coking, Processing of Nuclear Fuel	89.16	1146.45	1024.69
化学原料和化学制品制造业	Manufacture of Raw Chemical Materials and Chemical Products	475.22	1876.40	1696.59
医药制造业	Manufacture of Medicines	20.01	93.77	66.01
化学纤维制造业	Manufacture of Chemical Fibers	46.64	114.58	87.35
橡胶和塑料制品业	Manufacture of Rubber and Plastics	9.21	30.36	25.77
非金属矿物制品业	Manufacture of Non - metallic Mineral Products	70.70	220.63	183.28
黑色金属冶炼和压延加工业	Smelting and Pressing of Ferrous Metals	97.05	465.57	466.67
有色金属冶炼和压延加工业	Smelting and Pressing of Non - ferrous Metals	11.33	181.69	164.46
金属制品业	Manufacture of Metal Products	34.61	149.48	126.14
通用设备制造业	Manufacture of General Purpose Machinery	85.97	814.91	683.98
专用设备制造业	Manufacture of Special Purpose Machinery	68.05	270.33	230.87
汽车制造业	Manufacturing of Transport Equipment	181.12	890.66	776.49
铁路、船舶、航空航天和其他运输设备制造业	Manufacture of Railroad, Marine, Aviation and other Transport Equipment	132.68	535.70	460.21
电气机械和器材制造业	Manufacture of Electrical Machinery and Equipment	73.07	489.15	411.66
计算机、通信和其他电子设备制造业	Manufacture of Computer Communications and other Electronic Equipment	228.23	507.07	439.53
仪器仪表制造业	Manufacture of Instrumentation	44.54	200.62	166.02
其他制造业	Other Manufacturing			
废弃资源综合利用业	Manufacture of Recycling and Disposal of Waste	2.12	4.13	4.03
金属制品、机械和设备修理业	Manufacture of Metal Products, Machinery and Equipment Repair	0.19	1.90	1.70
电力、燃气及水的生产和供应业	**Production and Supply of Electricity, Gas and Water**	**750.84**	**3719.00**	**3357.43**
电力、热力的生产和供应业	Production and Supply of Electric Power and Heat Power	611.16	3548.91	3236.40
燃气生产和供应	Production and Supply of Gas	44.23	99.69	77.49
水的生产和供应业	Production and Supply of Water	95.45	70.40	43.54

(100 million yuan)

主营业务税金及附加 Taxes and Other Charges on Principle Business	利润总额 Total Profits	利税总额 Total Profits and Taxes	应交增值税 Value Added Tax Payable	全部从业人员年平均人数（万人） Annual Average Employed Persons (10000 persons)
0.22	2.70	4.71	1.79	0.41
0.11	1.10	1.97	0.76	0.82
0.03	0.38	0.66	0.25	0.06
98.37	6.14	229.83	125.32	1.06
41.65	33.00	119.32	44.67	7.51
0.63	8.73	14.51	5.15	1.27
0.49	17.94	22.40	3.98	1.02
0.29	2.10	3.66	1.27	0.91
1.13	18.35	28.68	9.20	2.08
0.14	-24.15	-22.18	1.83	1.58
0.12	2.72	3.78	0.94	0.22
0.62	12.30	18.07	5.15	1.31
2.78	51.24	75.12	21.10	6.13
0.98	16.69	23.61	5.94	2.51
15.37	30.55	63.25	17.34	5.15
1.97	36.47	50.96	12.52	6.70
1.43	24.06	43.78	18.28	2.83
1.11	14.12	23.25	8.01	5.04
1.12	18.98	30.42	10.33	1.69
0.02	-0.01	0.34	0.33	0.01
0.01	0.04	0.12	0.07	0.03
15.35	**226.56**	**402.33**	**160.42**	**10.48**
14.28	207.72	376.03	154.02	7.77
0.50	16.24	19.10	2.35	0.53
0.56	2.60	7.21	4.04	2.18

11－6 国有控股工业企业主要经济效益指标（2012 年）

单位:%

项 目	Item	企业亏损面 Percentage of Loss Making Enterprises	产值利税率 Percentage of Profit and Tax to Output Value
总 计	**Total**	**19.44**	**12.95**
按登记注册类型分	**Grouped by Status of Registration**		
内资企业	Domestic Funded Enterprises	18.65	13.40
国有企业	State－owned Enterprises	18.27	14.31
集体企业	Collective－owned Enterprises		
股份合作企业	Cooperative Enterprises	20.00	10.11
联营企业	Joint Ownership Enterprises	16.67	8.05
有限责任公司	Limited Liability Corporations	20.27	10.28
#国有独资	State Sole Funded Corporatios	33.33	8.16
股份有限公司	Share－holding Corporations Ltd.	12.86	17.06
私营企业	Private Enterprises		
其他企业	Other Enterprises	12.50	3.53
港、澳、台商投资企业	Enterprises with Funds from Hong Kong, Macao and Taiwan	23.40	9.34
外商投资企业	Foreign Funded Enterprises	25.00	9.63
按轻重工业分	**Grouped by Light & Heavy Industries**		
轻工业	Light Industry	20.00	35.55
重工业	Heavy Industry	19.24	10.11
按企业规模分	**Grouped by Size of Enterprises**		
大型企业	Large Enterprises	11.51	13.39
中型企业	Medium－sized Enterprises	19.40	11.98
小微型企业	Small Enterprises	21.72	11.26
按行业分	**Grouped by Sector**		
采矿业	**Mining**	**15.63**	**21.83**
煤炭开采和洗选业	Mining and Washing of Coal	0.00	19.42
石油和天然气开采业	Extraction of Petroleum and Natural Gas	50.00	43.54
黑色金属矿采选业	Mining and Processing of Ferrous Metal Ores	33.33	4.00
有色金属矿采选业	Mining and Processing of Non－ferrous Metals Ores	33.33	7.23
非金属矿采选业	Mining and Processing of Nonmetal Ores	10.53	11.35
开采辅助活动	Mining Activities		
其他采矿业	Mining of Other Ores		
制造业	**Manufacturing**	**20.26**	**13.35**
农副食品加工业	Processing of Food from Agricultural Products	24.24	2.58
食品制造业	Manufacture of Food	13.33	10.40
酒、饮料和精制茶制造业	Manufacture of Beverage	44.44	55.69
烟草制品业	Manufacture of Tobacco	0.00	88.48
纺织业	Manufacture of Textile	28.00	9.08
纺织服装、服饰业	Manufacture of Textile and apparol	8.33	15.39

Main Indicators on Economic Benefit of State Shareholding Industrial Enterprises(2012)

(%)

销售利税率 Percentage of Profit and Tax to Sales	资金利税率 Percentage of Profit and Tax to Capital	资产负债率 Assets Liability Ratio	流动资产周转次数(次/年) Times of Turnover of Circulating Funds (times/year)	成本费用利润率 Ratio of Profits to Industrial Cost	产品销售率 Proportion of Products Sold	总资产贡献率 Ratio of Total Assets to Industrial Output Value
12.81	**13.53**	**62.57**	**2.20**	**5.41**	**99.70**	**12.53**
13.22	14.04	62.80	2.20	5.23	99.87	12.84
14.38	15.94	60.70	2.91	4.98	99.44	14.41
10.21	21.76	75.46	3.09	5.39	98.15	19.60
7.78	13.01	68.46	3.17	4.32	96.33	13.82
9.78	8.50	67.92	1.52	5.96	100.42	8.39
8.31	6.45	66.94	1.23	4.27	99.61	6.64
17.10	25.53	53.30	2.51	4.54	100.31	21.85
3.82	7.84	62.88	4.52	2.57	99.38	6.52
9.34	9.04	65.92	2.53	5.87	99.76	9.93
9.76	9.99	59.31	2.12	7.05	98.00	10.08
35.30	30.71	48.55	1.39	15.04	98.84	26.96
1	10.85	64.68	2.37	4.49	99.80	10.36
13.26	14.95	61.02	2.34	4.68	99.56	13.34
11.63	10.34	65.97	1.88	8.16	100.49	10.68
11.41	10.37	66.64	1.91	6.29	99.46	10.55
21.46	**13.56**	**58.12**	**1.75**	**9.27**	**98.91**	**11.57**
18.71	11.98	62.13	1.67	9.33	99.38	10.04
43.54	20.72	47.82	2.49	16.69	99.99	18.37
3.93	7.54	62.45	2.51	0.65	99.30	8.18
6.90	2.06	79.37	0.58	-1.39	101.62	1.41
11.79	8.18	56.99	1.36	6.58	95.61	7.54
13.18	**15.88**	**60.74**	**1.90**	**4.78**	**99.64**	**14.22**
2.57	4.99	67.68	2.58	1.51	98.48	4.55
9.82	13.12	75.43	2.49	4.79	99.17	13.86
59.90	66.72	53.56	1.62	61.57	94.53	53.92
88.42	97.77	12.02	1.25	75.06	100.06	87.14
8.32	7.40	54.59	1.51	4.30	101.60	6.68
11.85	13.71	42.18	1.64	7.86	103.47	12.03

11－6 续 表1

单位:%

项 目 Item		企业亏损面 Percentage of Loss Making Enterprises	产值利税率 Percentage of Profit and Tax to Output Value
皮革、毛皮、羽毛及其制品和制鞋业	Manufacture of Textile, Fur, Feather and footwear Products		
木材加工和木、竹、藤、棕、草制品业	Processing of Timber, Manufacture of Wood, Bamboo, Rattan, Palm and Straw Products		
家具制造业	Manufacture of Furniture		
造纸和纸制品业	Manufacture of Paper and Paper Products	16.67	10.61
印刷和记录媒介复制业	Printing, Reproduction of Recording Media	20.00	10.73
文教、工美、体育和娱乐用品制造业	Manufacture of Culture, Education, Arts, Crafts Sports and Enterfaiment Supplies	25.00	11.08
石油加工、炼焦和核燃料加工业	Processing of Petroleum, Coking, Processing of Nuclear Fuel	27.27	19.63
化学原料和化学制品制造业	Manufacture of Raw Chemical Materials and Chemical Products	25.00	6.56
医药制造业	Manufacture of Medicines	0.00	17.33
化学纤维制造业	Manufacture of Chemical Fibers	18.18	18.51
橡胶和塑料制品业	Manufacture of Rubber and Plastics	10.00	9.65
非金属矿物制品业	Manufacture of Non－metallic Mineral Products	22.95	12.21
黑色金属冶炼和压延加工业	Smelting and Pressing of Ferrous Metals	66.67	－5.58
有色金属冶炼和压延加工业	Smelting and Pressing of Non－ferrous Metals	9.09	2.55
金属制品业	Manufacture of Metal Products	7.69	12.19
通用设备制造业	Manufacture of General Purpose Machinery	27.27	9.14
专用设备制造业	Manufacture of Special Purpose Machinery	6.38	8.71
汽车制造业	Manufacturing of Transport Equipment	34.29	7.54
铁路、船舶、航空航天和其他运输设备制造业	Manufacture of Railroad, Marine, Aviation and other Transport Equipment	14.63	8.39
电气机械和器材制造业	Manufacture of Electrical Machinery and Equipment	14.55	8.84
计算机、通信和其他电子设备制造业	Manufacture of Computer Communications and other Electronic Equipment	20.00	4.82
仪器仪表制造业	Manufacture of Instrumentation	13.33	15.21
其他制造业	Other Manufacturing		
废弃资源综合利用业	Manufacture of Recycling and Disposal of Waste	50.00	7.94
金属制品、机械和设备修理业	Manufacture of Metal Products, Machinery and Equipment Repair	0.00	5.87
电力、燃气及水的生产和供应业	**Production and Supply of Electricity, Gas and Water**	**16.67**	**10.84**
电力、热力的生产和供应业	Production and Supply of Electric Power and Heat Power	13.83	10.64
燃气生产和供应	Production and Supply of Gas	0.00	18.75
水的生产和供应业	Production and Supply of Water	26.42	9.68

11－6 Continued 1

(%)

销售利税率 Percentage of Profit and Tax to Sales	资金利税率 Percentage of Profit and Tax to Capital	资产负债率 Assets Liability Ratio	流动资产周转次数(次/年) Times of Turnover of Circulating Funds (times/year)	成本费用利润率 Ratio of Profits to Industrial Cost	产品销售率 Proportion of Products Sold	总资产贡献率 Ratio of Total Assets to Industrial Output Value
10.88	17.97	45.20	3.22	6.60	100.08	15.88
10.82	8.49	44.03	1.44	6.22	103.07	7.86
11.64	18.99	42.04	2.83	7.09	96.99	16.49
20.05	100.46	65.46	8.74	0.59	100.28	77.59
6.36	9.53	51.11	3.06	1.82	99.38	9.22
15.47	17.15	36.93	1.70	10.30	97.21	15.23
19.55	17.20	53.23	1.95	18.31	95.88	16.14
12.07	13.37	59.14	1.54	7.09	98.31	16.42
13.00	10.41	68.32	1.44	8.91	98.70	9.91
-4.76	-4.29	74.06	2.22	-4.92	100.48	-2.19
2.08	11.24	66.12	7.37	1.64	118.49	12.03
12.09	16.00	54.96	1.95	8.95	98.60	14.77
9.22	7.27	64.33	1.00	6.64	99.91	6.73
8.73	6.27	71.21	0.90	6.45	97.85	6.71
7.10	11.62	72.46	2.54	3.62	95.90	10.42
9.51	7.73	65.50	1.31	7.21	100.34	7.45
8.95	10.44	69.61	1.68	5.28	101.78	10.70
4.59	3.47	66.78	1.36	2.87	99.74	4.13
15.16	10.74	58.42	0.90	10.14	98.33	9.68
8.20	2.57	84.53	0.32	-0.33	97.79	2.47
6.24	7.26	87.08	1.38	2.02	100.00	7.44
10.82	**9.39**	**66.62**	**3.78**	**6.45**	**99.94**	**9.72**
10.60	10.71	66.80	5.66	6.21	100.03	10.98
19.16	9.12	64.98	0.96	18.15	98.90	8.88
10.24	1.28	66.06	0.28	3.37	96.83	2.12

11－7 私营工业企业主要经济指标（2012 年）

单位：亿元

项目	Item	单位数（个）Number of Enterprises (unit)	资产总计 Total Assets	流动资产 Current Assets
总计	Total	28325	23083.92	13811.05
按登记注册类型分	**Grouped by Status of Registration**			
私营独资企业	Private Solely Funds Enterprises	4525	1999.18	1031.21
私营合伙企业	Private Partnership Enterprises	423	233.55	126.49
私营有限责任公司	Private Limited Liabieity Corporations	22465	19053.48	11594.06
私营股份有限公司	Private Share Holding Co., Ltd.	912	1797.71	1059.29
按轻重工业分	**Grouped by Light & Heavy Industries**			
轻工业	Light Industry	11029	6755.92	3859.60
重工业	Heavy Industry	17296	16328.00	9951.45
按企业规模分	**Grouped by Size of Enterprises**			
大型企业	Large Enterprises	243	4953.15	2840.64
中型企业	Medium－sized Enterprises	2365	5551.93	3158.96
小微型企业	Small Enterprises	25717	12578.85	7811.45
按行业分	**Grouped by Sector**			
采矿业	**Mining**	**82**	**38.80**	**14.90**
煤炭开采和洗选业	Mining and Washing of Coal	9	2.67	1.14
石油和天然气开采业	Extraction of Petroleum and Natural Gas			
黑色金属矿采选业	Mining and Processing of Ferrous Metal Ores	9	12.29	4.28
有色金属矿采选业	Mining and Processing of Non－ferrous Metals Ores	2	1.12	1.00
非金属矿采选业	Mining and Processing of Nonmetal Ores	62	22.72	8.48
开采辅助活动	Mining Activities			
其他采矿业	Mining of Other Ores			
制造业	**Manufacturing**	**28182**	**22918.97**	**13754.57**
农副食品加工业	Processing of Food from Agricultural Products	1083	480.50	244.68
食品制造业	Manufacture of Food	163	100.63	58.22
酒、饮料和精制茶制造业	Manufacture of Beverage	91	79.00	37.90
烟草制品业	Manufacture of Tobacco			
纺织业	Manufacture of Textile	3533	1893.14	1111.15
纺织服装、服饰业	Manufacture of Textile and apparol	1462	893.77	489.88
皮革、毛皮、羽毛及其制品和制鞋业	Manufacture of Textile, Fur, Feather and footwear Products	349	107.51	67.27
木材加工和木、竹、藤、棕、草制品业	Processing of Timber, Manufacture of Wood, Bamboo, Rattan, Palm and Straw Products	1120	349.45	176.95
家具制造业	Manufacture of Furniture	122	66.76	37.86
造纸和纸制品业	Manufacture of Paper and Paper Products	407	249.08	148.22

Main Economic Indicators of Private Industrial Enterprises(2012)

(100 million yuan)

应收账款 Accounts Receivalble	存货 Inventory	#产成品 Finished Goods	固定资产原价 Original Value of Fixed Assets	固定资产合计 Original value	负债合计 Total Liabilities
4178.20	**3102.88**	**1338.87**	**10664.60**	**6518.78**	**13663.04**
316.25	223.49	101.46	1199.83	725.55	1022.82
44.94	26.43	12.69	143.87	68.92	133.88
3525.15	2592.11	1108.62	8539.45	5278.33	11595.96
291.86	260.85	116.10	781.45	445.98	910.38
986.24	1005.40	469.55	3425.74	2037.39	4125.87
3191.96	2097.48	869.32	7238.85	4481.39	9537.17
595.34	741.07	311.19	2328.85	1397.50	2932.08
891.39	759.87	330.67	2855.44	1689.23	3220.82
2691.47	1601.94	697.01	5480.31	3432.05	7510.14
5.66	**2.88**	**1.75**	**24.40**	**15.72**	**17.03**
0.36	0.38	0.23	1.87	0.92	1.31
2.29	0.50	0.37	6.02	4.35	6.24
0.22	0.09	0.09	0.03	0.03	1.05
2.80	1.91	1.05	16.48	10.42	8.42
4163.31	**3096.03**	**1336.50**	**10540.94**	**6433.71**	**13570.08**
47.00	73.84	34.98	363.22	167.19	237.23
12.17	19.84	10.63	41.00	32.15	55.69
6.19	13.49	4.83	38.04	27.23	42.67
274.68	310.14	153.61	985.89	584.74	1256.59
110.87	151.93	72.41	379.34	227.73	509.72
19.97	17.61	6.74	55.25	29.93	63.72
36.74	43.77	19.58	177.77	121.99	135.56
7.08	9.27	3.53	30.02	18.43	42.51
45.79	30.73	11.42	128.58	74.58	159.71

单位:亿元

项　目	Item	单位数(个) Number of Enterprises (unit)	资产总计 Total Assets	流动资产 Current Assets
印刷和记录媒介复制业	Printing, Reproduction of Recording Media	340	244.50	133.48
文教、工美、体育和娱乐用品制造业	Manufacture of Culture, Education, Arts, Crafts Sports and Enterfaiment Supplies	592	243.33	135.78
石油加工、炼焦和核燃料加工业	Processing of Petroleum, Coking, Processing of Nuclear Fuel	66	69.47	40.92
化学原料和化学制品制造业	Manufacture of Raw Chemical Materials and Chemical Products	2090	2237.05	1306.87
医药制造业	Manufacture of Medicines	302	267.17	155.78
化学纤维制造业	Manufacture of Chemical Fibers	704	873.88	492.42
橡胶和塑料制品业	Manufacture of Rubber and Plastics	1056	445.22	270.50
非金属矿物制品业	Manufacture of Non－metallic Mineral Products	1658	1444.55	858.72
黑色金属冶炼和压延加工业	Smelting and Pressing of Ferrous Metals	1214	1589.90	878.13
有色金属冶炼和压延加工业	Smelting and Pressing of Non－ferrous Metals	695	826.40	595.30
金属制品业	Manufacture of Metal Products	2077	1525.54	953.25
通用设备制造业	Manufacture of General Purpose Machinery	2448	1536.68	922.87
专用设备制造业	Manufacture of Special Purpose Machinery	1619	1369.37	890.15
汽车制造业	Manufacturing of Transport Equipment	645	576.31	348.35
铁路、船舶、航空航天和其他运输设备制造业	Manufacture of Railroad, Marine, Aviation and other Transport Equipment	528	808.44	442.31
电气机械和器材制造业	Manufacture of Electrical Machinery and Equipment	2298	3034.23	2030.49
计算机、通信和其他电子设备制造业	Manufacture of Computer Communications and other Electronic Equipment	851	773.16	457.45
仪器仪表制造业	Manufacture of Instrumentation	474	709.77	403.50
其他制造业	Other Manufacturing	103	60.29	28.79
废弃资源综合利用业	Manufacture of Recycling and Disposal of Waste	74	54.87	32.57
金属制品、机械和设备修理业	Manufacture of Metal Products, Machinery and Equipment Repair	18	9.00	4.80
电力、燃气及水的生产和供应业	**Production and Supply of Electricity, Gas and Water**	**61**	**126.16**	**41.59**
电力、热力的生产和供应业	Production and Supply of Electric Power and Heat Power	41	106.00	32.05
燃气生产和供应	Production and Supply of Gas	13	13.89	6.10
水的生产和供应业	Production and Supply of Water	7	6.27	3.44

11 - 7 Continued 1

(100 million yuan)

应收账款 Accounts Receivalble	存货 Inventory	#产成品 Finished Goods	固定资产原价 Original Value of Fixed Assets	固定资产合计 Original value	负债合计 Total Liabilities
46.28	23.92	10.37	121.28	74.37	160.76
38.56	36.41	16.61	120.39	77.00	142.22
9.47	12.20	3.57	30.91	21.31	45.99
364.17	270.21	119.21	1041.83	627.71	1310.12
51.39	35.84	15.61	119.40	82.29	131.39
80.64	120.69	59.17	429.24	292.80	580.82
110.12	53.76	24.48	214.29	126.18	262.06
332.27	126.02	51.09	704.30	413.52	909.35
192.81	230.37	113.02	1008.83	551.82	991.42
158.89	95.30	38.49	218.34	146.49	574.37
326.61	215.06	85.10	613.02	387.87	926.83
327.13	218.73	83.13	708.26	441.93	839.59
288.38	218.71	79.79	526.20	333.29	822.53
118.46	72.63	29.42	247.97	156.66	340.42
125.76	122.91	34.79	399.55	276.07	514.86
736.91	365.00	172.44	1089.49	648.90	1669.61
163.71	91.67	39.59	354.35	228.98	423.41
113.63	96.97	36.27	315.47	216.15	354.35
9.50	8.42	4.14	37.05	24.27	26.10
6.65	9.82	2.25	36.47	18.30	34.67
1.47	0.76	0.26	5.17	3.87	5.81
9.24	**3.96**	**0.62**	**99.27**	**69.34**	**75.93**
7.82	2.79	0.25	90.26	62.10	62.25
1.14	0.75	0.10	7.46	6.12	10.23
0.27	0.43	0.28	1.55	1.12	3.45

单位:亿元

项　　目 Item		所有者权益 Owners' Equities	#实收资本 Paid-in capital	主营业务收入 Revenue from Principal Business
总　计	Total	9381.66	4414.21	42768.57
按登记注册类型分	**Grouped by Status of Registration**			
私营独资企业	Private Solely Funds Enterprises	966.65	428.63	5480.52
私营合伙企业	Private Partnership Enterprises	98.92	45.55	544.57
私营有限责任公司	Private Limited Liabieity Corporations	7429.28	3639.45	34431.42
私营股份有限公司	Private Share Holding Co. , Ltd.	886.81	300.57	2312.06
按轻重工业分	**Grouped by Light & Heavy Industries**			
轻工业	Light Industry	2618.93	1222.57	12813.10
重工业	Heavy Industry	6762.72	3191.64	29955.47
按企业规模分	**Grouped by Size of Enterprises**			
大型企业	Large Enterprises	2021.06	654.52	7297.37
中型企业	Medium－sized Enterprises	2331.04	969.81	9728.12
小微型企业	Small Enterprises	5029.55	2789.87	25743.08
按行业分	**Grouped by Sector**			
采矿业	**Mining**	**21.44**	**10.32**	**112.78**
煤炭开采和洗选业	Mining and Washing of Coal	1.32	0.33	11.94
石油和天然气开采业	Extraction of Petroleum and Natural Gas			
黑色金属矿采选业	Mining and Processing of Ferrous Metal Ores	6.05	1.01	13.55
有色金属矿采选业	Mining and Processing of Non－ferrous Metals Ores	0.07	0.25	5.95
非金属矿采选业	Mining and Processing of Nonmetal Ores	14.01	8.73	81.33
开采辅助活动	Mining Activities			
其他采矿业	Mining of Other Ores			
制造业	**Manufacturing**	**9309.99**	**4370.23**	**42573.28**
农副食品加工业	Processing of Food from Agricultural Products	241.06	100.16	1538.53
食品制造业	Manufacture of Food	44.77	22.85	181.00
酒、饮料和精制茶制造业	Manufacture of Beverage	36.34	18.90	143.26
烟草制品业	Manufacture of Tobacco			
纺织业	Manufacture of Textile	633.16	328.17	3177.09
纺织服装、服饰业	Manufacture of Textile and apparol	382.28	145.58	1593.63
皮革、毛皮、羽毛及其制品和制鞋业	Manufacture of Textile, Fur, Feather and footwear Products	43.67	22.63	331.03
木材加工和木、竹、藤、棕、草制品业	Processing of Timber, Manufacture of Wood, Bamboo, Rattan, Palm and Straw Products	202.24	80.93	1214.72
家具制造业	Manufacture of Furniture	24.18	15.54	109.58
造纸和纸制品业	Manufacture of Paper and Paper Products	89.24	47.76	465.19

(100 million yuan)

主营业务成本 Cost of Principle Business	主营业务税金及附加 Taxes and Other Charges on Principle Business	利润总额 Total Profits	利税总额 Total Profits and Taxes	应交增值税 Value Added Tax Payable	全部从业人员年平均人数（万人）Annual Average Employed Persons (10000 persons)
37172.39	**218.24**	**2744.87**	**4402.67**	**1439.56**	**439.36**
4749.81	35.74	390.81	629.65	203.10	55.75
472.50	3.10	37.03	61.99	21.86	6.07
29989.88	167.53	2149.85	3457.54	1140.16	355.98
1960.20	11.86	167.18	253.49	74.45	21.56
11263.68	66.05	739.26	1220.41	415.10	174.84
25908.70	152.19	2005.61	3182.26	1024.46	264.52
6347.11	27.25	491.40	779.42	260.77	59.48
8277.05	53.65	740.08	1156.16	362.43	115.97
22548.23	137.33	1513.39	2467.09	816.36	263.90
95.41	**1.31**	**7.69**	**14.71**	**5.71**	**1.35**
10.67	0.06	0.66	1.21	0.49	0.08
11.10	0.09	0.49	1.48	0.90	0.27
5.60		0.19	0.49	0.30	0.01
68.04	1.16	6.35	11.53	4.01	0.99
37011.70	**216.42**	**2726.66**	**4374.96**	**1431.89**	**437.33**
1357.72	8.82	98.92	150.78	43.04	11.17
154.94	1.03	12.25	19.52	6.24	2.33
118.46	4.17	11.57	21.27	5.53	1.44
2841.05	14.03	155.75	268.62	98.84	51.88
1381.27	8.39	102.99	164.64	53.26	35.04
293.12	1.98	16.93	30.81	11.90	7.06
1035.93	9.06	113.16	174.05	51.83	14.35
95.24	0.72	6.59	11.09	3.78	1.83
405.79	2.28	25.82	43.03	14.93	5.09

单位:亿元

项目	Item	所有者权益 Owners' Equities	#实收资本 Paid-in capital	主营业务收入 Revenue from Principal Business
印刷和记录媒介复制业	Printing, Reproduction of Recording Media	83.74	36.94	264.17
文教、工美、体育和娱乐用品制造业	Manufacture of Culture, Education, Arts, Crafts Sports and Enterfaiment Supplies	100.99	43.65	606.27
石油加工、炼焦和核燃料加工业	Processing of Petroleum, Coking, Processing of Nuclear Fuel	23.48	12.08	188.36
化学原料和化学制品制造业	Manufacture of Raw Chemical Materials and Chemical Products	922.98	425.62	4816.55
医药制造业	Manufacture of Medicines	135.70	54.34	622.39
化学纤维制造业	Manufacture of Chemical Fibers	292.88	135.72	1308.29
橡胶和塑料制品业	Manufacture of Rubber and Plastics	180.33	96.21	900.30
非金属矿物制品业	Manufacture of Non - metallic Mineral Products	534.88	267.61	2087.96
黑色金属冶炼和压延加工业	Smelting and Pressing of Ferrous Metals	596.83	283.25	3321.65
有色金属冶炼和压延加工业	Smelting and Pressing of Non - ferrous Metals	250.05	135.92	1918.76
金属制品业	Manufacture of Metal Products	597.92	296.21	2807.87
通用设备制造业	Manufacture of General Purpose Machinery	695.75	344.34	2512.92
专用设备制造业	Manufacture of Special Purpose Machinery	546.45	273.24	2024.83
汽车制造业	Manufacturing of Transport Equipment	235.23	98.58	952.93
铁路、船舶、航空航天和其他运输设备制造业	Manufacture of Railroad, Marine, Aviation and other Transport Equipment	293.54	114.12	1307.34
电气机械和器材制造业	Manufacture of Electrical Machinery and Equipment	1362.36	676.60	5324.25
计算机、通信和其他电子设备制造业	Manufacture of Computer Communications and other Electronic Equipment	348.41	147.63	1334.81
仪器仪表制造业	Manufacture of Instrumentation	354.83	121.09	1194.38
其他制造业	Other Manufacturing	34.12	8.12	190.51
废弃资源综合利用业	Manufacture of Recycling and Disposal of Waste	19.39	14.79	118.89
金属制品、机械和设备修理业	Manufacture of Metal Products, Machinery and Equipment Repair	3.19	1.64	15.83
电力、燃气及水的生产和供应业	**Production and Supply of Electricity, Gas and Water**	**50.22**	**33.65**	**82.51**
电力、热力的生产和供应业	Production and Supply of Electric Power and Heat Power	43.74	28.34	63.73
燃气生产和供应	Production and Supply of Gas	3.66	3.69	8.87
水的生产和供应业	Production and Supply of Water	2.82	1.62	9.91

(100 million yuan)

主营业务成本 Cost of Principle Business	主营业务税金及附加 Taxes and Other Charges on Principle Business	利润总额 Total Profits	利税总额 Total Profits and Taxes	应交增值税 Value Added Tax Payable	全部从业人员年平均人数(万人) Annual Average Employed Persons (10000 persons)
226.48	1.16	15.51	24.43	7.77	4.51
523.29	3.21	39.39	64.78	22.17	10.12
178.85	0.66	3.31	6.90	2.93	0.66
4193.69	23.22	318.85	508.93	166.87	29.22
526.82	3.64	56.10	85.74	26.00	4.83
1208.50	2.56	43.09	81.17	35.52	8.83
782.15	4.61	53.02	87.70	30.07	12.50
1793.09	14.48	136.50	234.25	83.27	21.69
2962.52	12.94	187.90	294.53	93.69	19.88
1742.64	5.73	95.66	140.69	39.30	7.89
2433.60	13.73	173.52	289.20	101.95	28.45
2122.04	13.83	165.48	274.57	95.26	32.40
1691.81	11.46	147.75	233.12	73.92	24.80
809.17	4.55	62.91	100.42	32.96	13.24
1105.71	9.01	106.98	166.15	50.16	13.49
4597.04	25.86	371.56	576.84	179.42	41.93
1135.76	6.82	96.79	149.04	45.43	18.67
1007.32	6.48	89.40	139.03	43.14	10.54
167.63	1.07	12.21	21.57	8.29	2.43
106.65	0.74	5.93	10.46	3.79	0.78
13.43	0.18	0.84	1.64	0.61	0.27
65.27	**0.51**	**10.52**	**13.00**	**1.97**	**0.68**
49.95	0.44	8.87	10.81	1.51	0.53
7.15	0.03	0.53	0.78	0.22	0.09
8.17	0.04	1.13	1.42	0.25	0.06

11-8 私营工业企业主要经济效益指标（2012年）

单位：%

项目	Item	企业亏损面 Percentage of Loss Making Enterprises	产值利税率 Percentage of Profit and Tax to Output Value
总　计	**Total**	**9.52**	**10.15**
按登记注册类型分	**Grouped by Status of Registration**		
私营独资企业	Private Solely Funds Enterprises	4.73	11.39
私营合伙企业	Private Partnership Enterprises	7.80	11.02
私营有限责任公司	Private Limited Liabieity Corporations	10.47	9.89
私营股份有限公司	Private Share Holding Co. , Ltd.	10.86	10.89
按轻重工业分	**Grouped by Light & Heavy Industries**		
轻工业	Light Industry	9.96	9.39
重工业	Heavy Industry	9.24	10.47
按企业规模分	**Grouped by Size of Enterprises**		
大型企业	Large Enterprises	4.12	10.61
中型企业	Medium - sized Enterprises	7.78	11.73
小微型企业	Small Enterprises	9.73	9.42
按行业分	**Grouped by Sector**		
采矿业	**Mining**	**7.32**	**12.84**
煤炭开采和洗选业	Mining and Washing of Coal	22.22	9.89
石油和天然气开采业	Extraction of Petroleum and Natural Gas		
黑色金属矿采选业	Mining and Processing of Ferrous Metal Ores	22.22	10.56
有色金属矿采选业	Mining and Processing of Non - ferrous Metals Ores	50.00	8.22
非金属矿采选业	Mining and Processing of Nonmetal Ores	1.61	14.00
开采辅助活动	Mining Activities		
其他采矿业	Mining of Other Ores		
制造业	**Manufacturing**	**9.53**	**10.13**
农副食品加工业	Processing of Food from Agricultural Products	3.97	9.59
食品制造业	Manufacture of Food	11.04	10.54
酒、饮料和精制茶制造业	Manufacture of Beverage	7.69	14.80
烟草制品业	Manufacture of Tobacco		
纺织业	Manufacture of Textile	11.27	8.32
纺织服装、服饰业	Manufacture of Textile and apparol	8.69	10.28
皮革、毛皮、羽毛及其制品和制鞋业	Manufacture of Textile, Fur, Feather and footwear Products	9.74	9.18
木材加工和木、竹、藤、棕、草制品业	Processing of Timber, Manufacture of Wood, Bamboo, Rattan, Palm and Straw Products	1.70	14.21
家具制造业	Manufacture of Furniture	12.30	9.93
造纸和纸制品业	Manufacture of Paper and Paper Products	9.83	9.10

Main Indicators on Economic Benefit of Private Industrial Enterprises(2012)

(%)

销售利税率 Percentage of Profit and Tax to Sales	资金利税率 Percentage of Profit and Tax to capital	资产负债率 Assets Liability Ratio	流动资产周转次数(次/年) Times of Turnover of Circulating Funds (times/year)	成本费用利润率 Ratio of Profits to Industrial Cost	产品销售率 Proportion of Products Sold	总资产贡献率 Ratio of Total Assets to Industrial Output Value
10.29	**21.66**	**59.19**	**3.10**	**6.90**	**98.56**	**20.83**
11.49	35.84	51.16	5.31	7.78	98.51	33.26
11.38	31.72	57.33	4.31	7.34	98.28	28.54
10.04	20.49	60.86	2.97	6.70	98.61	19.94
10.96	16.84	50.64	2.18	7.88	98.02	15.45
9.52	20.70	61.07	3.32	6.15	98.65	19.98
10.62	22.05	58.41	3.01	7.23	98.53	21.18
10.68	18.39	59.20	2.57	7.28	98.93	17.52
11.88	23.85	58.01	3.08	8.29	98.46	22.51
9.58	21.94	59.70	3.30	6.28	98.50	21.39
13.04	**48.03**	**43.89**	**7.57**	**7.48**	**98.05**	**39.86**
10.15	58.82	49.17	10.46	5.86	98.16	46.48
10.88	17.10	50.80	3.17	3.87	97.05	13.67
8.27	47.76	93.89	5.96	3.33	100.00	47.54
14.17	60.98	37.08	9.59	8.68	98.06	52.87
10.28	**21.67**	**59.21**	**3.10**	**6.89**	**98.56**	**20.84**
9.80	36.61	49.37	6.29	6.94	98.73	33.45
10.78	21.60	55.34	3.11	7.30	99.52	21.09
14.85	32.66	54.01	3.78	9.02	98.98	28.81
8.45	15.84	66.38	2.86	5.16	98.43	16.22
10.33	22.94	57.03	3.25	6.91	98.52	20.05
9.31	31.70	59.27	4.92	5.43	98.33	30.54
14.33	58.22	38.79	6.86	10.36	98.98	51.39
10.12	19.70	63.67	2.89	6.45	97.84	17.99
9.25	19.31	64.12	3.14	5.93	98.35	19.52

11-8 续 表1

单位:%

项 目 Item		企业亏损面 Percentage of Loss Making Enterprises	产值利税率 Percentage of Profit and Tax to Output Value
印刷和记录媒介复制业	Printing, Reproduction of Recording Media	11.18	9.00
文教、工美、体育和娱乐用品制造业	Manufacture of Culture, Education, Arts, Crafts Sports and Enterfaiment Supplies	5.24	10.58
石油加工、炼焦和核燃料加工业	Processing of Petroleum, Coking, Processing of Nuclear Fuel	15.15	3.64
化学原料和化学制品制造业	Manufacture of Raw Chemical Materials and Chemical Products	8.52	10.46
医药制造业	Manufacture of Medicines	7.28	13.50
化学纤维制造业	Manufacture of Chemical Fibers	26.56	6.12
橡胶和塑料制品业	Manufacture of Rubber and Plastics	8.05	9.58
非金属矿物制品业	Manufacture of Non - metallic Mineral Products	9.83	11.12
黑色金属冶炼和压延加工业	Smelting and Pressing of Ferrous Metals	15.82	8.75
有色金属冶炼和压延加工业	Smelting and Pressing of Non - ferrous Metals	16.12	7.26
金属制品业	Manufacture of Metal Products	9.05	10.15
通用设备制造业	Manufacture of General Purpose Machinery	8.78	10.68
专用设备制造业	Manufacture of Special Purpose Machinery	7.97	11.26
汽车制造业	Manufacturing of Transport Equipment	7.29	10.36
铁路、船舶、航空航天和其他运输设备制造业	Manufacture of Railroad, Marine, Aviation and other Transport Equipment	9.47	12.48
电气机械和器材制造业	Manufacture of Electrical Machinery and Equipment	9.09	10.72
计算机、通信和其他电子设备制造业	Manufacture of Computer Communications and other Electronic Equipment	9.75	10.97
仪器仪表制造业	Manufacture of Instrumentation	5.91	11.36
其他制造业	Other Manufacturing	4.85	11.31
废弃资源综合利用业	Manufacture of Recycling and Disposal of Waste	12.16	8.87
金属制品、机械和设备修理业	Manufacture of Metal Products, Machinery and Equipment Repair	16.67	10.43
电力、燃气及水的生产和供应业	**Production and Supply of Electricity, Gas and Water**	**9.84**	**15.78**
电力、热力的生产和供应业	Production and Supply of Electric Power and Heat Power	9.76	17.07
燃气生产和供应	Production and Supply of Gas	7.69	8.53
水的生产和供应业	Production and Supply of Water	14.29	14.18

11－8 Continued 1

(%)

销售利税率 Percentage of Profit and Tax to Sales	资金利税率 Percentage of Profit and Tax to capital	资产负债率 Assets Liability Ratio	流动资产周转次数(次/年) Times of Turnover of Circulating Funds (times/year)	成本费用利润率 Ratio of Profits to Industrial Cost	产品销售率 Proportion of Products Sold	总资产贡献率 Ratio of Total Assets to Industrial Output Value
9.25	11.76	65.75	1.98	6.25	98.50	11.67
10.68	30.44	58.45	4.47	6.99	98.56	28.26
3.66	11.09	66.20	4.60	1.79	98.62	11.40
10.57	26.31	58.56	3.69	7.14	98.94	24.62
13.78	36.02	49.18	4.00	9.92	98.09	33.60
6.20	10.34	66.46	2.66	3.42	98.73	11.62
9.74	22.11	58.86	3.33	6.31	98.74	21.34
11.22	18.41	62.95	2.43	7.03	98.44	17.80
8.87	20.60	62.36	3.78	6.02	98.76	20.43
7.33	18.97	69.50	3.22	5.27	97.95	18.89
10.30	21.56	60.75	2.95	6.65	98.33	21.09
10.93	20.12	54.64	2.72	7.10	98.31	19.43
11.51	19.05	60.07	2.27	7.93	98.39	18.75
10.54	19.88	59.07	2.74	7.14	98.36	19.08
12.71	23.13	63.69	2.96	9.04	99.09	21.87
10.83	21.53	55.03	2.62	7.55	98.47	20.60
11.17	21.71	54.76	2.92	7.85	98.60	20.77
11.64	22.44	49.92	2.96	8.20	98.48	20.73
11.32	40.65	43.29	6.62	6.91	100.40	37.45
8.80	20.57	63.19	3.65	5.27	98.93	20.95
10.34	18.90	64.55	3.30	5.69	98.69	20.47
15.76	**11.72**	**60.19**	**1.98**	**14.50**	**98.66**	**12.33**
16.96	11.48	58.73	1.99	16.03	98.72	12.44
8.77	6.37	73.63	1.45	6.25	98.60	6.65
14.28	31.01	55.06	2.88	12.86	98.32	22.99

11－9 外商投资和港澳台商投资工业企业主要经济指标（2012 年）

单位:亿元

项　目	Item	单位数（个）Number of Enterprises (unit)	资产总计 Total Assets	流动资产 Current Capitals
总　计	**Total**	**11176**	**32719.27**	**18501.81**
按登记注册类型分	**Grouped by Status of Registration**			
与港澳台商合资经营	Joint－venture Enterprises with Hong Kong Macao and Taiwan	1529	4518.26	2385.29
与港澳台商合作经营	Cooperative Enterprises with Hong Kong, Macao and Taiwan	60	177.13	126.53
港澳台商独资	Enterprises with Sole Funds from Hong Kong, Macao and Taiwan	2307	5562.21	3234.42
港澳台商投资股份有限公司	Share Holding with Hong Kong, Macao and Taiwan Investment	82	530.28	241.94
其他港澳台投资	Other Share Hold with Hong Kong. Macao and Taiwan Investment	16	34.67	19.62
中外合资经营	Joint－venture Enterprises with Foreign Funded	2227	7397.10	3928.73
中外合作经营	Chinese－foreign Cooperative Enterprises	116	259.66	134.08
外资企业	Foreign Solely Funded	4722	13402.77	8048.75
外商投资股份有限公司	Share Holding with Foreign Investment	94	807.34	368.45
其他外商投资	Others	23	29.86	14.01
按轻重工业分	**Grouped by Light & Heavy Industries**			
轻工业	Light Industry	4164	8015.16	4438.05
重工业	Heavy Industry	7012	24704.12	14063.75
按企业规模分	**Grouped by Size of Enterprises**			
大型企业	Large Enterprises	610	14688.62	8134.55
中型企业	Medium－sized Enterprises	2518	9036.98	5028.29
小微型企业	Small Enterprises	8048	8993.67	5338.97
按行业分	**Grouped by Sector**			
采矿业	**Mining**	**8**	**15.41**	**7.22**
煤炭开采和洗选业	Mining and Washing of Coal			
石油和天然气开采业	Extraction of Petroleum and Natural Gas			
黑色金属矿采选业	Mining and Processing of Ferrous Metal Ores	4	6.01	3.51
有色金属矿采选业	Mining and Processing of Non－ferrous Metals Ores			
非金属矿采选业	Mining and Processing of Nonmetal Ores	3	5.47	2.21
开采辅助活动	Mining Activities	1	3.93	1.50
其他采矿业	Mining of Other Ores			
制造业	**Manufacturing**	**11035**	**31359.30**	**18143.39**
农副食品加工业	Processing of Food from Agricultural Products	171	603.63	352.18
食品制造业	Manufacture of Food	100	266.34	135.97
酒、饮料和精制茶制造业	Manufacture of Beverage	51	161.72	65.54
烟草制品业	Manufacture of Tobacco			
纺织业	Manufacture of Textile	846	1053.13	621.01
纺织服装、服饰业	Manufacture of Textile and apparol	866	523.06	311.30

Main Economic Indicators of Industrial Enterprises with Hong Kong, Macao, Taiwan and Foreign Funds (2012)

(100 million yuan)

应收账款 Accounts Receivalble	存　货 Inventory	#产成品 Finished Goods	固定资产原价 Original Value of Fixed Assets	固定资产合　计 Original value	负债合计 Total Liabilities	所有者权益 Owners' Equities
6232.58	**4230.84**	**1493.51**	**20148.66**	**11014.60**	**17578.64**	**15122.19**
596.39	630.82	206.66	2363.11	1600.18	2761.46	1756.41
40.70	25.36	17.40	45.94	32.09	116.13	61.00
1160.91	676.45	257.02	4019.67	1791.58	2889.98	2667.67
65.62	33.86	13.68	355.15	215.08	281.97	248.32
9.69	5.31	2.71	17.33	8.23	15.96	18.13
1087.05	835.79	311.60	4641.91	2617.06	3954.03	3442.33
36.34	38.09	7.27	168.85	97.70	145.31	114.35
3128.24	1916.34	657.45	7971.10	4396.19	7060.84	6329.74
103.00	65.94	18.85	547.36	245.97	340.60	466.73
4.63	2.88	0.86	18.24	10.52	12.36	17.51
1230.51	1084.31	411.12	4376.20	2622.85	4225.74	3786.78
5002.07	3146.53	1082.38	15772.45	8391.74	13352.91	11335.41
2879.19	1698.79	520.47	10256.69	5070.46	8161.72	6526.90
1601.22	1243.18	470.05	5362.36	3171.89	4772.73	4264.16
1752.17	1288.87	502.98	4529.60	2772.26	4644.19	4331.14
1.36	**1.57**	**0.94**	**13.19**	**6.49**	**8.91**	**6.51**
0.14	0.97	0.62	2.18	1.76	2.68	3.33
0.65	0.19	0.13	8.19	3.08	2.87	2.60
0.58	0.41	0.19	2.82	1.66	3.35	0.58
6151.86	**4203.40**	**1491.51**	**18908.75**	**10232.00**	**16768.09**	**14572.78**
50.59	120.45	39.84	214.69	151.55	404.51	198.84
31.33	27.72	12.53	131.44	93.92	130.73	135.61
12.20	21.44	6.26	121.91	83.12	86.98	74.74
144.59	185.89	84.31	591.62	336.77	589.03	462.28
80.43	76.18	28.85	266.40	156.01	273.17	249.75

11－9 续 表1

单位：亿元

项 目	Item	单位数（个）Number of Enterprises (unit)	资产总计 Total Assets	流动资产 Current Capitals
皮革、毛皮、羽毛及其制品和制鞋业	Manufacture of Textile, Fur, Feather and footwear Products	185	163.56	107.97
木材加工和木、竹、藤、棕、草制品业	Processing of Timber, Manufacture of Wood, Bamboo, Rattan, Palm and Straw Products	77	96.57	63.98
家具制造业	Manufacture of Furniture	80	86.30	50.03
造纸和纸制品业	Manufacture of Paper and Paper Products	142	1184.61	488.33
印刷和记录媒介复制业	Printing, Reproduction of Recording Media	104	155.87	89.64
文教、工美、体育和娱乐用品制造业	Manufacture of Culture, Education, Arts, Crafts Sports and Enterfaiment Supplies	332	237.18	141.11
石油加工、炼焦和核燃料加工业	Processing of Petroleum, Coking, Processing of Nuclear Fuel	17	94.57	61.98
化学原料和化学制品制造业	Manufacture of Raw Chemical Materials and Chemical Products	953	3750.50	1770.59
医药制造业	Manufacture of Medicines	165	573.96	349.87
化学纤维制造业	Manufacture of Chemical Fibers	86	562.32	215.52
橡胶和塑料制品业	Manufacture of Rubber and Plastics	580	926.92	502.69
非金属矿物制品业	Manufacture of Non－metallic Mineral Products	378	745.92	394.33
黑色金属冶炼和压延加工业	Smelting and Pressing of Ferrous Metals	171	1124.45	532.23
有色金属冶炼和压延加工业	Smelting and Pressing of Non－ferrous Metals	178	444.83	288.88
金属制品业	Manufacture of Metal Products	576	996.45	573.17
通用设备制造业	Manufacture of General Purpose Machinery	904	1892.21	1229.31
专用设备制造业	Manufacture of Special Purpose Machinery	683	1672.70	1080.78
汽车制造业	Manufacturing of Transport Equipment	462	1488.85	900.92
铁路、船舶、航空航天和其他运输设备制造业	Manufacture of Railroad, Marine, Aviation and other Transport Equipment	231	1664.00	1058.63
电气机械和器材制造业	Manufacture of Electrical Machinery and Equipment	870	3105.16	1983.68
计算机、通信和其他电子设备制造业	Manufacture of Computer Communications and other Electronic Equipment	1495	7066.22	4287.27
仪器仪表制造业	Manufacture of Instrumentation	249	521.09	326.77
其他制造业	Other Manufacturing	34	16.78	8.86
废弃资源综合利用业	Manufacture of Recycling and Disposal of Waste	44	173.33	147.06
金属制品、机械和设备修理业	Manufacture of Metal Products, Machinery and Equipment Repair	5	7.06	3.80
电力、燃气及水的生产和供应业	**Production and Supply of Electricity, Gas and Water**	**133**	**1344.56**	**351.20**
电力、热力的生产和供应业	Production and Supply of Electric Power and Heat Power	73	927.36	243.57
燃气生产和供应	Production and Supply of Gas	41	285.81	88.20
水的生产和供应业	Production and Supply of Water	19	131.38	19.42

11 -9 Continued 1

(100 million yuan)

应收账款 Accounts Receivalble	存　货 Inventory	#产成品 Finished Goods	固定资产原价 Original Value of Fixed Assets	固定资产合　计 Original value	负债合计 Total Liabilities	所有者权益 Owners' Equities
26.25	33.65	9.52	82.60	38.93	81.48	82.11
14.92	18.61	9.05	42.81	24.42	49.96	46.51
14.69	15.21	4.90	40.39	26.37	38.37	47.93
115.20	67.92	23.96	830.97	463.40	589.24	595.37
32.05	15.25	5.28	97.26	57.39	65.96	89.92
37.91	39.00	16.33	117.34	69.75	115.38	121.72
16.58	17.19	12.56	53.49	28.15	50.59	43.99
521.87	403.71	189.11	2646.59	1566.93	1994.67	1748.75
89.03	75.30	26.70	234.92	150.75	258.03	315.72
21.97	74.52	30.58	405.24	261.67	320.67	241.64
181.43	144.74	57.88	636.01	361.96	397.55	529.38
148.57	73.24	32.70	503.16	293.13	379.40	366.52
89.54	160.22	59.48	749.96	506.47	760.35	364.10
92.08	72.30	23.98	200.37	121.87	247.49	196.70
188.45	153.35	58.82	517.27	313.11	492.84	503.34
407.89	351.35	121.29	808.69	519.52	895.18	996.77
337.19	312.53	100.28	850.27	419.22	835.99	836.25
317.46	168.65	68.86	703.43	451.07	771.20	717.66
157.90	276.21	21.48	585.59	380.26	948.55	715.45
823.89	325.20	140.67	1536.74	775.58	1839.16	1265.90
2024.47	845.43	256.17	5632.39	2398.68	3745.85	3313.49
114.19	94.68	24.55	262.33	152.87	250.42	270.68
2.04	3.24	0.83	8.53	5.74	8.09	8.57
55.89	29.63	24.57	28.70	20.31	142.41	30.92
1.25	0.59	0.16	7.64	3.06	4.87	2.19
79.36	**25.86**	**1.06**	**1226.71**	**776.11**	**801.65**	**542.91**
59.92	13.93	0.59	932.54	528.03	576.32	351.05
19.07	8.99	0.46	177.95	150.22	153.88	131.93
0.37	2.94		116.23	97.85	71.46	59.93

单位:亿元

项目	Item	#实收资本 Paid-in Capital	主营业务收入 Revenue from Principal Business	主营业务成本 Cost of Principle Business
总 计	**Total**	**9625.03**	**44249.96**	**38513.31**
按登记注册类型分	**Grouped by Status of Registration**			
与港澳台商合资经营	Joint-venture Enterprises with Hong Kong Macao and Taiwan	986.35	4953.46	4302.65
与港澳台商合作经营	Cooperative Enterprises with Hong Kong, Macao and Taiwan	25.27	228.78	179.09
港澳台商独资	Enterprises with Sole Funds from Hong Kong, Macao and Taiwan	1758.71	7675.26	6845.48
港澳台商投资股份有限公司	Share Holding with Hong Kong, Macao and Taiwan Investment	119.41	472.77	363.20
其他港澳台投资	Other Share Hold with Hong Kong. Macao and Taiwan Investment	13.80	62.34	56.86
中外合资经营	Joint-venture Enterprises with Foreign Funded	1851.94	9884.88	8401.17
中外合作经营	Chinese-foreign Cooperative Enterprises	79.89	292.51	252.96
外资企业	Foreign Solely Funded	4505.85	19981.37	17564.87
外商投资股份有限公司	Share Holding with Foreign Investment	269.42	654.22	509.66
其他外商投资	Others	14.40	44.37	37.37
按轻重工业分	**Grouped by Light & Heavy Industries**			
轻工业	Light Industry	2525.76	11003.91	9314.73
重工业	Heavy Industry	7099.27	33246.05	29198.57
按企业规模分	**Grouped by Size of Enterprises**			
大型企业	Large Enterprises	3615.82	21545.39	19187.00
中型企业	Medium-sized Enterprises	2859.45	11096.25	9386.87
小微型企业	Small Enterprises	3149.75	11608.32	9939.43
按行业分	**Grouped by Sector**			
采矿业	**Mining**	**5.69**	**28.01**	**23.99**
煤炭开采和洗选业	Mining and Washing of Coal			
石油和天然气开采业	Extraction of Petroleum and Natural Gas			
黑色金属矿采选业	Mining and Processing of Ferrous Metal Ores	3.53	12.87	12.21
有色金属矿采选业	Mining and Processing of Non-ferrous Metals Ores			
非金属矿采选业	Mining and Processing of Nonmetal Ores	0.61	9.57	7.37
开采辅助活动	Mining Activities	1.54	5.57	4.41
其他采矿业	Mining of Other Ores			
制造业	**Manufacturing**	**9300.29**	**43491.13**	**37902.03**
农副食品加工业	Processing of Food from Agricultural Products	114.49	974.01	855.76
食品制造业	Manufacture of Food	78.39	295.86	219.20
酒、饮料和精制茶制造业	Manufacture of Beverage	74.82	173.89	134.19
烟草制品业	Manufacture of Tobacco			
纺织业	Manufacture of Textile	329.50	1408.16	1232.06
纺织服装、服饰业	Manufacture of Textile and apparol	140.60	1070.69	927.64

(100 million yuan)

主营业务税金及附加 Taxes and Other Charges on Principle Business	利润总额 Total Profits	利税总额 Total Profits and Taxes	应交增值税 Value Added Tax Payable	全部从业人员年平均人数（万人） Annual Average Employed Persons (10000 persons)
197.74	**2678.81**	**4009.79**	**1133.24**	**455.59**
18.05	306.81	475.68	150.83	50.84
1.77	25.53	35.53	8.24	1.98
24.44	396.67	601.61	180.51	103.88
2.80	52.88	76.74	21.06	5.08
0.15	1.55	3.19	1.48	1.42
91.44	750.68	1176.29	334.16	71.88
1.22	18.37	28.44	8.86	3.91
55.12	1052.30	1512.30	404.88	209.43
2.61	70.66	95.49	22.22	6.68
0.14	3.38	4.52	0.99	0.49
43.76	700.08	1084.45	340.60	144.19
153.98	1978.73	2925.34	792.64	311.39
75.83	1189.97	1760.29	494.49	202.28
45.38	789.91	1155.28	319.99	147.34
76.54	698.93	1094.22	318.76	105.97
0.19	**2.56**	**4.17**	**1.43**	**0.14**
0.04	0.34	1.00	0.62	0.03
0.09	1.58	2.20	0.53	0.08
0.05	0.64	0.97	0.28	0.03
193.96	**2569.02**	**3869.08**	**1106.09**	**452.23**
1.88	55.81	82.94	25.25	3.98
1.82	26.85	41.84	13.17	4.06
4.30	12.87	24.57	7.40	1.74
5.19	85.30	129.92	39.43	20.25
5.67	62.45	104.66	36.55	28.76

单位:亿元

项 目	Item	#实收资本 Paid-in Capital	主营业务收入 Revenue from Principal Business	主营业务成本 Cost of Principle Business
皮革、毛皮、羽毛及其制品和制鞋业	Manufacture of Textile, Fur, Feather and footwear Products	49.25	342.86	297.90
木材加工和木、竹、藤、棕、草制品业	Processing of Timber, Manufacture of Wood, Bamboo, Rattan, Palm and Straw Products	29.29	162.86	136.90
家具制造业	Manufacture of Furniture	37.68	99.87	87.72
造纸和纸制品业	Manufacture of Paper and Paper Products	506.24	674.73	564.18
印刷和记录媒介复制业	Printing, Reproduction of Recording Media	56.20	151.17	116.52
文教、工美、体育和娱乐用品制造业	Manufacture of Culture, Education, Arts, Crafts Sports and Enterfaiment Supplies	76.46	416.00	360.59
石油加工、炼焦和核燃料加工业	Processing of Petroleum, Coking, Processing of Nuclear Fuel	15.65	246.15	206.98
化学原料和化学制品制造业	Manufacture of Raw Chemical Materials and Chemical Products	1179.77	4392.15	3800.57
医药制造业	Manufacture of Medicines	136.27	668.35	391.93
化学纤维制造业	Manufacture of Chemical Fibers	179.06	610.21	537.65
橡胶和塑料制品业	Manufacture of Rubber and Plastics	374.83	1051.20	891.48
非金属矿物制品业	Manufacture of Non－metallic Mineral Products	273.75	734.53	624.97
黑色金属冶炼和压延加工业	Smelting and Pressing of Ferrous Metals	278.82	1624.90	1496.59
有色金属冶炼和压延加工业	Smelting and Pressing of Non－ferrous Metals	161.71	836.15	769.55
金属制品业	Manufacture of Metal Products	292.34	1213.66	1048.77
通用设备制造业	Manufacture of General Purpose Machinery	525.54	2182.32	1792.47
专用设备制造业	Manufacture of Special Purpose Machinery	472.16	1568.50	1288.91
汽车制造业	Manufacturing of Transport Equipment	419.61	2395.24	1889.84
铁路、船舶、航空航天和其他运输设备制造业	Manufacture of Railroad, Marine, Aviation and other Transport Equipment	241.89	1393.74	1211.38
电气机械和器材制造业	Manufacture of Electrical Machinery and Equipment	799.90	4034.31	3491.17
计算机、通信和其他电子设备制造业	Manufacture of Computer Communications and other Electronic Equipment	2278.80	13855.53	12764.27
仪器仪表制造业	Manufacture of Instrumentation	139.62	718.87	593.85
其他制造业	Other Manufacturing	6.67	37.23	31.16
废弃资源综合利用业	Manufacture of Recycling and Disposal of Waste	29.13	149.77	130.42
金属制品、机械和设备修理业	Manufacture of Metal Products, Machinery and Equipment Repair	1.85	8.19	7.42
电力、燃气及水的生产和供应业	**Production and Supply of Electricity, Gas and Water**	**319.06**	**730.83**	**587.28**
电力、热力的生产和供应业	Production and Supply of Electric Power and Heat Power	199.39	479.24	389.31
燃气生产和供应	Production and Supply of Gas	70.42	233.46	185.40
水的生产和供应业	Production and Supply of Water	49.24	18.13	12.58

(100 million yuan)

主营业务税金及附加 Taxes and Other Charges on Principle Business	利润总额 Total Profits	利税总额 Total Profits and Taxes	应交增值税 Value Added Tax Payable	全部从业人员年平均人数（万人） Annual Average Employed Persons (10000 persons)
1.43	18.41	34.01	14.18	8.10
1.30	13.97	21.61	6.33	2.18
0.36	2.02	5.63	3.24	2.76
1.45	38.78	57.97	17.75	5.06
0.91	16.04	22.30	5.35	3.00
1.99	21.68	37.45	13.78	10.24
8.62	20.66	37.22	7.93	0.45
14.11	290.97	426.47	121.39	18.14
5.75	91.33	137.15	40.08	5.63
1.40	40.74	54.11	11.97	4.61
5.81	62.14	98.11	30.15	17.35
3.66	36.65	68.03	27.72	9.07
2.74	30.08	70.53	37.71	6.43
2.36	33.24	52.49	16.88	3.34
4.59	73.59	112.96	34.78	14.55
9.64	186.10	255.56	59.82	23.46
5.90	126.09	174.12	42.13	19.57
64.00	257.09	417.78	96.69	15.09
6.57	145.64	200.39	48.19	17.74
10.98	221.49	355.80	123.33	38.69
18.10	540.77	758.81	199.93	158.69
3.06	58.71	82.79	21.02	8.00
0.13	1.77	3.32	1.43	0.96
0.20	-2.27	0.18	2.26	0.30
0.03	0.08	0.36	0.25	0.06
3.58	**107.24**	**136.54**	**25.72**	**3.22**
2.36	68.12	89.95	19.47	1.76
1.08	35.33	41.79	5.38	1.08
0.14	3.79	4.80	0.87	0.39

11－10 外商投资和港澳台商投资工业企业主要经济效益指标（2012 年）

单位：%

项目	Item	企业亏损面 Percentage of Loss Making Enterprises	产值利税率 Percentage of Profit and Tax to Output Value
总　计	**Total**	**22.57**	**8.97**
按登记注册类型分	**Grouped by Status of Registration**		
与港澳台商合资经营	Joint－venture Enterprises with Hong Kong Macao and Taiwan	17.79	9.42
与港澳台商合作经营	Cooperative Enterprises with Hong Kong, Macao and Taiwan	16.67	15.25
港澳台商独资	Enterprises with Sole Funds from Hong Kong, Macao and Taiwan	24.27	7.77
港澳台商投资股份有限公司	Share Holding with Hong Kong, Macao and Taiwan Investment	18.29	16.00
其他港澳台投资	Other Share Hold with Hong Kong. Macao and Taiwan Investment	43.75	5.02
中外合资经营	Joint－venture Enterprises with Foreign Funded	16.03	11.65
中外合作经营	Chinese－foreign Cooperative Enterprises	16.38	9.74
外资企业	Foreign Solely Funded	26.56	7.55
外商投资股份有限公司	Share Holding with Foreign Investment	27.66	14.44
其他外商投资	Others	8.70	9.92
按轻重工业分	**Grouped by Light & Heavy Industries**		
轻工业	Light Industry	20.29	9.90
重工业	Heavy Industry	23.92	8.67
按企业规模分	**Grouped by Size of Enterprises**		
大型企业	Large Enterprises	11.80	8.09
中型企业	Medium－sized Enterprises	21.92	10.37
小微型企业	Small Enterprises	23.58	9.26
按行业分	**Grouped by Sector**		
采矿业	**Mining**	**25.00**	**14.94**
煤炭开采和洗选业	Mining and Washing of Coal		
石油和天然气开采业	Extraction of Petroleum and Natural Gas		
黑色金属矿采选业	Mining and Processing of Ferrous Metal Ores	50.00	7.86
有色金属矿采选业	Mining and Processing of Non－ferrous Metals Ores		
非金属矿采选业	Mining and Processing of Nonmetal Ores		22.99
开采辅助活动	Mining Activities		17.32
其他采矿业	Mining of Other Ores		
制造业	**Manufacturing**	**22.67**	**8.80**
农副食品加工业	Processing of Food from Agricultural Products	19.30	8.69
食品制造业	Manufacture of Food	21.00	13.96
酒、饮料和精制茶制造业	Manufacture of Beverage	29.41	13.97
烟草制品业	Manufacture of Tobacco		
纺织业	Manufacture of Textile	18.20	9.13
纺织服装、服饰业	Manufacture of Textile and apparol	16.86	9.72

Main Indicators on Economic Benefit of Industrial Enterprises with Hong Kong, Macao, Taiwan and Foreign Funds (2012)

(%)

销售利税率 Percentage of Profit and Tax to Sales	资金利税率 Percertage of Profit and Tax to Capital	资产负债率 Assets Liability Ratio	流动资产周转次数(次/年) Times of Turnover of Circulating Funds (times/year)	成本费用利润率 Ratio of Profits to Industrial Cost	产品销售率 Proportion of Products Sold	总资产贡献率 Ratio of Total Assets to Industrial Output Value
9.06	**13.58**	**53.73**	**2.39**	**6.47**	**98.80**	**13.13**
9.60	11.94	61.12	2.08	6.61	98.46	12.14
15.53	22.40	65.56	1.81	12.59	98.16	20.26
7.84	11.97	51.96	2.37	5.47	98.33	11.33
16.23	16.79	53.17	1.95	12.54	98.71	15.31
5.11	11.44	46.03	3.18	2.52	97.52	11.38
11.90	17.97	53.45	2.52	8.32	99.34	16.98
9.72	12.27	55.96	2.18	6.72	100.57	12.33
7.57	12.15	52.68	2.48	5.57	98.79	11.94
14.60	15.54	42.19	1.78	12.15	98.71	12.59
10.18	18.41	41.38	3.17	8.28	98.68	16.30
9.86	15.36	52.72	2.48	6.82	98.85	14.41
8.80	13.03	54.05	2.36	6.36	98.78	12.71
8.17	13.33	55.56	2.65	5.86	98.93	12.73
10.41	14.09	52.81	2.21	7.68	98.50	13.71
9.43	13.49	51.64	2.17	6.47	98.84	13.19
14.91	**30.44**	**57.79**	**3.88**	**10.11**	**99.75**	**28.05**
7.79	19.05	44.64	3.67	2.73	99.77	17.87
23.02	41.61	52.49	4.32	19.94	99.89	40.93
17.41	30.71	85.24	3.71	13.09	99.46	25.67
8.90	**13.64**	**53.47**	**2.40**	**6.31**	**98.78**	**13.18**
8.51	16.46	67.01	2.77	6.23	99.36	14.17
14.14	18.20	49.08	2.18	9.92	95.06	16.36
14.13	16.53	53.79	2.65	8.18	99.93	15.65
9.23	13.56	55.93	2.27	6.46	98.30	13.84
9.78	22.40	52.23	3.44	6.23	99.09	21.23

单位:%

项 目	Item	企业亏损面 Percentage of Loss Making Enterprises	产值利税率 Percentage of Profit and Tax to Output Value
皮革、毛皮、羽毛及其制品和制鞋业	Manufacture of Textile, Fur, Feather and footwear Products	18.38	9.67
木材加工和木、竹、藤、棕、草制品业	Processing of Timber, Manufacture of Wood, Bamboo, Rattan, Palm and Straw Products	18.18	13.19
家具制造业	Manufacture of Furniture	36.25	5.60
造纸和纸制品业	Manufacture of Paper and Paper Products	23.24	8.64
印刷和记录媒介复制业	Printing, Reproduction of Recording Media	20.19	15.01
文教、工美、体育和娱乐用品制造业	Manufacture of Culture, Education, Arts, Crafts Sports and Enterfaiment Supplies	15.66	8.99
石油加工、炼焦和核燃料加工业	Processing of Petroleum, Coking, Processing of Nuclear Fuel	23.53	14.80
化学原料和化学制品制造业	Manufacture of Raw Chemical Materials and Chemical Products	22.88	9.62
医药制造业	Manufacture of Medicines	15.76	20.32
化学纤维制造业	Manufacture of Chemical Fibers	38.37	9.80
橡胶和塑料制品业	Manufacture of Rubber and Plastics	24.14	9.14
非金属矿物制品业	Manufacture of Non-metallic Mineral Products	21.16	9.25
黑色金属冶炼和压延加工业	Smelting and Pressing of Ferrous Metals	29.82	4.23
有色金属冶炼和压延加工业	Smelting and Pressing of Non-ferrous Metals	29.21	6.30
金属制品业	Manufacture of Metal Products	20.66	9.26
通用设备制造业	Manufacture of General Purpose Machinery	19.14	11.60
专用设备制造业	Manufacture of Special Purpose Machinery	22.84	10.79
汽车制造业	Manufacturing of Transport Equipment	20.78	16.67
铁路、船舶、航空航天和其他运输设备制造业	Manufacture of Railroad, Marine, Aviation and other Transport Equipment	21.65	13.48
电气机械和器材制造业	Manufacture of Electrical Machinery and Equipment	23.79	8.67
计算机、通信和其他电子设备制造业	Manufacture of Computer Communications and other Electronic Equipment	32.11	5.47
仪器仪表制造业	Manufacture of Instrumentation	14.86	11.55
其他制造业	Other Manufacturing	26.47	8.99
废弃资源综合利用业	Manufacture of Recycling and Disposal of Waste	38.64	0.11
金属制品、机械和设备修理业	Manufacture of Metal Products, Machinery and Equipment Repair	40.00	4.82
电力、燃气及水的生产和供应业	**Production and Supply of Electricity, Gas and Water**	**13.53**	**18.74**
电力、热力的生产和供应业	Production and Supply of Electric Power and Heat Power	20.55	18.59
燃气生产和供应	Production and Supply of Gas	4.88	18.47
水的生产和供应业	Production and Supply of Water	5.26	25.97

(%)

销售利税率 Percentage of Profit and Tax to Sales	资金利税率 Percertage of Profit and Tax to Capital	资产负债率 Assets Liability Ratio	流动资产周转次数(次/年) Times of Turnover of Circulating Funds (times/year)	成本费用利润率 Ratio of Profits to Industrial Cost	产品销售率 Proportion of Products Sold	总资产贡献率 Ratio of Total Assets to Industrial Output Value
9.92	23.15	49.82	3.18	5.71	97.12	22.10
13.27	24.44	51.73	2.55	9.43	99.90	23.49
5.64	7.37	44.46	2.00	2.07	99.86	6.90
8.59	6.09	49.74	1.38	6.05	98.89	6.18
14.75	15.17	42.31	1.69	11.92	100.90	14.75
9.00	17.76	48.65	2.95	5.50	99.52	16.77
15.12	41.30	53.49	3.97	9.54	96.92	40.68
9.71	12.78	53.18	2.48	7.10	97.98	12.74
20.52	27.40	44.96	1.91	15.94	98.34	24.30
8.87	11.34	57.03	2.83	7.12	102.56	11.18
9.33	11.35	42.89	2.09	6.30	98.99	11.50
9.26	9.90	50.86	1.86	5.31	99.69	10.14
4.34	6.79	67.62	3.05	1.91	98.88	8.29
6.28	12.78	55.64	2.89	4.15	98.81	12.85
9.31	12.74	49.46	2.12	6.46	99.18	12.38
11.71	14.61	47.31	1.78	9.29	98.42	13.96
11.10	11.61	49.98	1.45	8.71	97.89	11.12
17.44	30.90	51.80	2.66	12.51	99.44	28.73
14.38	13.93	57.00	1.32	11.40	98.05	12.42
8.82	12.89	59.23	2.03	5.82	97.95	12.62
5.48	11.35	53.01	3.23	4.08	99.29	10.97
11.52	17.26	48.06	2.20	8.92	98.89	16.55
8.93	22.76	48.22	4.20	5.12	100.59	21.12
0.12	0.11	82.16	1.02	－1.65	91.91	2.32
4.39	5.24	68.99	2.16	0.93	100.99	6.70
18.68	**12.11**	**59.62**	**2.08**	**16.74**	**99.81**	**11.71**
18.77	11.66	62.15	1.97	16.27	99.76	11.41
17.90	17.53	53.84	2.65	17.34	99.95	15.77
26.49	4.10	54.39	0.93	20.86	99.12	5.06

11－11 大中型工业企业主要经济指标(2012 年)

单位:亿元

项目	Item	单位数(个) Number of Enterprises (unit)	资产总计 Total Assets	流动资产 Current Assets
总 计	**Total**	**7128**	**58173.76**	**30738.60**
按登记注册类型分	**Grouped by Status of Registration**			
内资企业	Domestic Funded Enterprises	4000	34448.15	17575.77
国有企业	State－owned Enterprises	149	5793.33	1810.11
集体企业	Collective－owned Enterprises	45	611.59	382.17
股份合作企业	Cooperative Enterprises	33	204.55	128.87
联营企业	Joint Ownership Enterprises	7	19.48	11.14
有限责任公司	Limited Liability Corporations	756	11752.54	6063.15
#国有独资	State Sole Funded Corporatios	29	1994.00	1049.42
股份有限公司	Share－holding Corporations Ltd.	328	5183.52	2960.12
私营企业	Private Enterprises	2608	10505.08	5999.60
其他企业	Other Enterprises	74	378.07	220.60
港、澳、台商投资企业	Enterprises with Funds from Hong Kong, Macao and Taiwan	1104	7637.88	4081.81
外商投资企业	Foreign Funded Enterprises	2024	16087.72	9081.03
按轻重工业分	**Grouped by Light & Heavy Industries**			
轻工业	Light Industry	2761	13935.60	7677.32
重工业	Heavy Industry	4367	44238.15	23061.28
按行业分	**Grouped by Sector**			
采矿业	**Mining**	**45**	**979.04**	**292.75**
煤炭开采和洗选业	Mining and Washing of Coal	8	574.71	172.73
石油和天然气开采业	Extraction of Petroleum and Natural Gas	2	224.81	36.74
黑色金属矿采选业	Mining and Processing of Ferrous Metal Ores	5	31.27	17.93
有色金属矿采选业	Mining and Processing of Non－ferrous Metals Ores	2	8.19	4.88
非金属矿采选业	Mining and Processing of Nonmetal Ores	28	140.06	60.47
开采辅助活动	Mining Activities			
其他采矿业	Mining of Other Ores			
制造业	**Manufacturing**	**6995**	**52205.11**	**29544.75**
农副食品加工业	Processing of Food from Agricultural Products	100	671.31	370.42
食品制造业	Manufacture of Food	65	290.72	139.87
酒、饮料和精制茶制造业	Manufacture of Beverage	39	584.12	322.03
烟草制品业	Manufacture of Tobacco	4	437.60	349.73
纺织业	Manufacture of Textile	612	2065.74	1139.14
纺织服装、服饰业	Manufacture of Textile and apparol	634	1462.22	823.78
皮革、毛皮、羽毛及其制品和制鞋业	Manufacture of Textile, Fur, Feather and footwear Products	136	159.32	104.92
木材加工和木、竹、藤、棕、草制品业	Processing of Timber, Manufacture of Wood, Bamboo, Rattan, Palm and Straw Products	105	245.55	145.35
家具制造业	Manufacture of Furniture	35	64.90	35.94
造纸和纸制品业	Manufacture of Paper and Paper Products	62	1205.91	495.28

Main Economic Indicators of Big and Medium Size Industrial Enterprises (2012)

(100 million yuan)

应收账款 Accounts Receivalble	存货 Inventory	#产成品 Finished Goods	固定资产原价 Original Value of Fixed Assets	固定资产合计 Original value	负债合计 Total Liabilities	所有者权益 Owners' Equities
8405.82	**7185.85**	**2586.44**	**34987.22**	**19967.80**	**33395.14**	**24778.45**
3925.41	4243.88	1595.92	19368.16	11725.46	20460.69	13987.40
301.58	432.43	73.55	5351.39	3021.53	3479.46	2313.87
53.73	88.51	27.96	218.82	126.38	339.81	271.78
23.62	35.57	21.37	76.13	42.87	138.01	66.53
4.18	2.64	0.79	4.09	3.26	9.64	9.85
1307.31	1436.90	543.08	6234.67	4048.42	7584.08	4168.46
326.99	234.96	79.34	766.56	594.86	1332.58	661.42
689.66	692.04	258.77	2054.29	1284.47	2499.70	2683.82
1486.73	1500.94	641.86	5184.29	3086.73	6152.91	4352.10
58.60	54.86	28.53	244.49	111.79	257.08	120.99
1254.88	965.77	319.81	5257.16	2713.08	4347.34	3290.55
3225.53	1976.19	670.71	10361.90	5529.26	8587.12	7500.51
1646.61	1959.60	780.38	6925.33	4240.90	7479.26	6456.28
6759.20	5226.25	1806.06	28061.89	15726.90	25915.89	18322.17
42.40	**54.52**	**18.93**	**743.45**	**496.89**	**561.68**	**417.37**
26.00	34.29	13.67	362.06	282.30	358.67	216.04
6.53	7.18	0.33	309.38	155.67	107.50	117.31
4.38	2.96	0.73	5.93	6.06	18.45	12.82
0.08	0.33	0.05	2.68	2.22	3.40	4.78
5.41	9.77	4.15	63.40	50.65	73.65	66.41
8228.20	**7051.42**	**2566.80**	**28764.85**	**16254.36**	**29515.82**	**22689.13**
50.15	137.40	58.53	410.85	190.97	449.44	221.87
28.56	32.13	12.87	144.62	107.93	171.07	119.65
22.55	82.65	21.29	187.67	125.81	246.21	337.91
6.31	129.32	2.96	94.88	45.60	52.65	384.95
213.90	352.28	154.40	1135.09	672.68	1210.15	855.59
177.35	244.57	114.03	521.62	348.13	831.02	631.20
28.62	31.09	10.70	77.65	36.21	85.41	73.92
30.89	35.15	22.42	133.06	71.25	133.56	111.99
10.19	11.87	3.56	32.56	21.40	29.33	35.57
100.00	74.50	27.13	867.64	467.10	611.50	594.41

单位:亿元

项 目	Item	单位数(个) Number of Enterprises (unit)	资产总计 Total Assets	流动资产 Current Assets
印刷和记录媒介复制业	Printing,Reproduction of Recording Media	58	222.61	112.04
文教、工美、体育和娱乐用品制造业	Manufacture of Culture, Education, Arts, Crafts Sports and Enterfaiment Supplies	178	271.51	153.48
石油加工、炼焦和核燃料加工业	Processing of Petroleum,Coking,Processing of Nuclear Fuel	22	535.78	244.36
化学原料和化学制品制造业	Manufacture of Raw Chemical Materials and Chemical Products	417	5431.52	2526.28
医药制造业	Manufacture of Medicines	132	1093.03	670.40
化学纤维制造业	Manufacture of Chemical Fibers	94	1643.36	789.22
橡胶和塑料制品业	Manufacture of Rubber and Plastics	217	811.27	423.91
非金属矿物制品业	Manufacture of Non－metallic Mineral Products	233	1272.89	600.31
黑色金属冶炼和压延加工业	Smelting and Pressing of Ferrous Metals	185	5489.59	2676.05
有色金属冶炼和压延加工业	Smelting and Pressing of Non－ferrous Metals	94	603.53	378.80
金属制品业	Manufacture of Metal Products	296	1433.12	855.22
通用设备制造业	Manufacture of General Purpose Machinery	482	3587.51	2278.04
专用设备制造业	Manufacture of Special Purpose Machinery	399	2237.69	1486.33
汽车制造业	Manufacturing of Transport Equipment	288	2054.70	1241.35
铁路、船舶、航空航天和其他运输设备制造业	Manufacture of Railroad, Marine, Aviation and other Transport Equipment	213	2875.26	1724.25
电气机械和器材制造业	Manufacture of Electrical Machinery and Equipment	669	6329.89	4020.80
计算机、通信和其他电子设备制造业	Manufacture of Computer Communications and other Electronic Equipment	991	7730.65	4576.68
仪器仪表制造业	Manufacture of Instrumentation	199	1318.83	823.90
其他制造业	Other Manufacturing	26	49.54	22.78
废弃资源综合利用业	Manufacture of Recycling and Disposal of Waste	6	22.04	12.58
金属制品、机械和设备修理业	Manufacture of Metal Products, Machinery and Equipment Repair	4	3.40	1.49
电力、燃气及水的生产和供应业	**Production and Supply of Electricity, Gas and Water**	**88**	**4989.60**	**901.10**
电力、热力的生产和供应业	Production and Supply of Electric Power and Heat Power	46	4211.22	642.14
燃气生产和供应	Production and Supply of Gas	13	156.78	62.36
水的生产和供应业	Production and Supply of Water	29	621.60	196.61

(100 million yuan)

应收账款 Accounts Receivalble	存货 Inventory	#产成品 Finished Goods	固定资产原价 Original Value of Fixed Assets	固定资产合计 Original value	负债合计 Total Liabilities	所有者权益 Owners' Equities
39.51	19.28	7.83	130.68	76.59	108.11	114.50
38.05	45.22	21.74	131.68	81.67	146.91	124.60
45.41	102.68	17.05	333.46	199.09	344.70	191.08
547.11	616.37	244.34	3868.97	2134.29	2943.51	2488.01
207.06	116.84	45.32	405.08	294.11	446.93	646.03
84.94	241.10	116.19	938.92	621.93	1013.28	630.08
150.15	126.12	52.88	549.86	323.27	357.78	453.49
135.72	115.00	45.36	778.67	483.59	713.21	559.68
228.92	690.90	262.58	3636.32	2240.73	3647.52	1842.07
93.27	98.77	36.61	258.23	166.68	365.15	238.38
257.06	229.26	86.98	653.60	398.26	788.72	644.40
770.64	548.58	229.11	1263.10	823.17	2018.54	1568.97
460.56	403.62	129.90	1030.73	515.73	1279.36	958.33
364.98	242.59	102.06	960.91	583.78	1225.33	829.37
305.72	455.21	55.77	1135.42	769.59	1766.73	1108.53
1520.08	713.11	326.95	2597.37	1454.92	3657.83	2671.96
2053.84	933.60	283.20	5882.63	2609.33	4187.91	3542.74
246.81	208.18	70.50	560.52	359.90	646.22	672.61
7.64	7.41	3.42	27.57	20.49	20.19	29.36
1.88	6.22	0.92	13.44	8.26	15.56	6.48
0.33	0.40	0.17	2.08	1.91	2.01	1.39
135.22	**79.90**	**0.72**	**5478.92**	**3216.54**	**3317.64**	**1671.96**
124.30	68.92	0.07	4963.14	2818.93	2830.40	1380.82
6.89	5.36	0.27	86.95	65.42	97.00	59.78
4.04	5.62	0.38	428.83	332.19	390.24	231.36

单位:亿元

项 目	Item	#实收资本 Paid-in Capital	主营业务收入 Revenue from Principal Business	主营业务成本 Cost of Principle Business
总 计	**Total**	**11525.23**	**75243.60**	**64903.37**
按登记注册类型分	**Grouped by Status of Registration**			
内资企业	Domestic Funded Enterprises	5049.95	42601.96	36329.50
国有企业	State－owned Enterprises	856.16	5516.08	4708.69
集体企业	Collective－owned Enterprises	136.82	641.40	591.72
股份合作企业	Cooperative Enterprises	26.59	251.20	218.02
联营企业	Joint Ownership Enterprises	2.59	29.77	27.45
有限责任公司	Limited Liability Corporations	1507.69	13107.58	11228.00
#国有独资	State Sole Funded Corporatios	231.70	1278.70	1057.64
股份有限公司	Share－holding Corporations Ltd.	837.53	5437.90	4418.65
私营企业	Private Enterprises	1624.33	17025.49	14624.16
其他企业	Other Enterprises	58.24	592.55	512.81
港、澳、台商投资企业	Enterprises with Funds from Hong Kong, Macao and Taiwan	1870.71	9352.16	8222.79
外商投资企业	Foreign Funded Enterprises	4604.57	23289.48	20351.09
按轻重工业分	**Grouped by Light & Heavy Industries**			
轻工业	Light Industry	2870.08	18154.44	14875.29
重工业	Heavy Industry	8655.15	57089.16	50028.09
按行业分	**Grouped by Sector**			
采矿业	**Mining**	**216.60**	**563.22**	**398.05**
煤炭开采和洗选业	Mining and Washing of Coal	58.07	311.82	230.57
石油和天然气开采业	Extraction of Petroleum and Natural Gas	121.45	91.57	37.26
黑色金属矿采选业	Mining and Processing of Ferrous Metal Ores	1.65	64.71	57.65
有色金属矿采选业	Mining and Processing of Non－ferrous Metals Ores	0.71	4.42	1.72
非金属矿采选业	Mining and Processing of Nonmetal Ores	34.73	90.70	70.85
开采辅助活动	Mining Activities			
其他采矿业	Mining of Other Ores			
制造业	**Manufacturing**	**10624.69**	**70952.51**	**61138.41**
农副食品加工业	Processing of Food from Agricultural Products	95.88	1250.07	1105.49
食品制造业	Manufacture of Food	65.01	362.14	276.21
酒、饮料和精制茶制造业	Manufacture of Beverage	130.20	622.97	405.42
烟草制品业	Manufacture of Tobacco	11.92	439.68	90.51
纺织业	Manufacture of Textile	387.89	2711.89	2406.85
纺织服装、服饰业	Manufacture of Textile and apparol	245.01	2127.07	1787.74
皮革、毛皮、羽毛及其制品和制鞋业	Manufacture of Textile, Fur, Feather and footwear Products	41.83	371.89	321.64
木材加工和木、竹、藤、棕、草制品业	Processing of Timber, Manufacture of Wood, Bamboo, Rattan, Palm and Straw Products	28.78	518.89	427.54
家具制造业	Manufacture of Furniture	22.95	90.68	80.50
造纸和纸制品业	Manufacture of Paper and Paper Products	475.83	729.18	613.90

(100 million yuan)

主营业务税金及附加 Taxes and Other Charges on Principle Business	利润总额 Total Profits	利税总额 Total Profits and Taxes	应交增值税 Value Added Tax Payable	全部从业人员年平均人数（万人） Annual Average Employed Persons (10000 persons)
713.30	**4618.68**	**7674.84**	**2342.85**	**704.80**
592.10	2638.80	4759.27	1528.37	355.18
325.40	238.83	795.51	231.27	23.96
2.42	39.84	59.03	16.78	5.60
0.88	18.19	27.63	8.56	2.80
0.12	0.76	1.61	0.73	0.37
71.75	628.74	1072.17	371.68	96.62
14.64	54.44	109.05	39.97	13.15
107.38	436.94	804.95	260.63	45.06
80.90	1231.48	1935.59	623.20	175.45
3.23	44.02	62.78	15.53	5.32
30.32	553.57	837.45	253.55	124.91
90.88	1426.31	2078.11	560.93	224.71
340.46	1306.43	2308.94	662.05	228.52
372.84	3312.25	5365.90	1680.80	476.28
30.96	**48.39**	**121.11**	**41.76**	**14.57**
7.04	27.69	60.04	25.31	8.81
21.85	10.05	39.87	7.97	2.38
0.23	2.79	5.97	2.94	0.66
0.14	1.92	2.67	0.60	0.14
1.70	5.94	12.57	4.93	2.57
667.05	**4333.59**	**7143.68**	**2143.04**	**679.31**
4.70	77.85	120.20	37.64	6.92
2.20	26.91	44.61	15.50	5.27
21.10	132.76	186.33	32.47	6.60
249.23	82.53	389.67	57.90	0.61
10.80	146.69	241.67	84.19	45.84
11.84	161.96	243.83	70.02	46.98
2.05	21.18	39.03	15.80	9.69
4.57	40.73	68.84	23.55	6.90
0.29	2.06	5.60	3.25	2.43
1.84	44.98	67.24	20.43	5.40

11－11 续 表 3

单位:亿元

项目	Item	#实收资本 Paid-in Capital	主营业务收入 Revenue from Principal Business	主营业务成本 Cost of Principle Business
印刷和记录媒介复制业	Printing, Reproduction of Recording Media	45.27	211.26	168.48
文教、工美、体育和娱乐用品制造业	Manufacture of Culture, Education, Arts, Crafts Sports and Enterfaiment Supplies	56.04	515.84	442.32
石油加工、炼焦和核燃料加工业	Processing of Petroleum, Coking, Processing of Nuclear Fuel	126.28	1468.18	1303.21
化学原料和化学制品制造业	Manufacture of Raw Chemical Materials and Chemical Products	1293.49	7169.48	6258.94
医药制造业	Manufacture of Medicines	166.82	1484.99	827.54
化学纤维制造业	Manufacture of Chemical Fibers	319.93	1918.22	1744.05
橡胶和塑料制品业	Manufacture of Rubber and Plastics	272.46	949.79	800.66
非金属矿物制品业	Manufacture of Non－metallic Mineral Products	299.52	1115.34	931.57
黑色金属冶炼和压延加工业	Smelting and Pressing of Ferrous Metals	640.41	7872.38	7243.54
有色金属冶炼和压延加工业	Smelting and Pressing of Non－ferrous Metals	124.87	1062.53	952.59
金属制品业	Manufacture of Metal Products	267.01	1981.03	1692.84
通用设备制造业	Manufacture of General Purpose Machinery	559.23	3456.39	2839.72
专用设备制造业	Manufacture of Special Purpose Machinery	446.18	2300.87	1893.00
汽车制造业	Manufacturing of Transport Equipment	481.01	3025.91	2522.03
铁路、船舶、航空航天和其他运输设备制造业	Manufacture of Railroad, Marine, Aviation and other Transport Equipment	373.03	2816.19	2419.78
电气机械和器材制造业	Manufacture of Electrical Machinery and Equipment	1227.53	8208.19	6932.39
计算机、通信和其他电子设备制造业	Manufacture of Computer Communications and other Electronic Equipment	2205.58	14351.53	13140.97
仪器仪表制造业	Manufacture of Instrumentation	200.32	1613.26	1327.00
其他制造业	Other Manufacturing	7.06	150.14	132.02
废弃资源综合利用业	Manufacture of Recycling and Disposal of Waste	6.89	51.48	45.51
金属制品、机械和设备修理业	Manufacture of Metal Products, Machinery and Equipment Repair	0.46	5.07	4.45
电力、燃气及水的生产和供应业	**Production and Supply of Electricity, Gas and Water**	**683.93**	**3727.87**	**3366.91**
电力、热力的生产和供应业	Production and Supply of Electric Power and Heat Power	548.61	3557.93	3244.38
燃气生产和供应	Production and Supply of Gas	24.39	106.68	84.04
水的生产和供应业	Production and Supply of Water	110.93	63.27	38.49

(100 million yuan)

主营业务税金及附加 Taxes and Other Charges on Principle Business	利润总额 Total Profits	利税总额 Total Profits and Taxes	应交增值税 Value Added Tax Payable	全部从业人员年平均人数(万人) Annual Average Employed Persons (10000 persons)
1.16	21.38	29.60	7.06	4.10
2.59	30.64	51.29	18.05	11.51
87.10	13.76	217.68	116.82	2.39
59.96	428.33	698.84	210.55	36.68
11.22	168.24	273.00	93.53	11.09
3.84	80.62	126.52	42.06	12.75
5.49	64.62	99.18	29.06	16.40
6.15	84.30	138.63	48.18	15.12
18.99	211.74	397.18	166.46	28.32
4.07	51.34	81.81	26.40	5.97
8.16	139.72	220.89	73.00	22.39
14.69	275.31	395.71	105.72	36.68
10.40	196.97	280.30	72.94	28.02
48.31	225.60	369.45	95.54	24.41
16.06	259.07	376.85	101.72	33.07
30.29	585.48	905.26	289.49	68.84
20.34	605.65	840.84	214.84	165.86
8.74	139.96	210.21	61.52	16.39
0.62	9.28	16.62	6.72	2.06
0.21	3.72	6.36	2.43	0.47
0.05	0.20	0.46	0.21	0.18
15.29	**236.70**	**410.05**	**158.05**	**10.92**
14.17	214.34	379.94	151.42	8.11
0.63	19.27	22.89	2.99	0.84
0.49	3.09	7.23	3.65	1.97

11－12 大中型工业企业主要经济效益指标（2012 年）

单位:%

项目	Item	企业亏损面 Percentage of Loss Making Enterprises	产值利税率 Percentage of Profit and Tax to Output Value
总　计	**Total**	**13.62**	**10.19**
按登记注册类型分	**Grouped by Status of Registration**		
内资企业	Domestic Funded Enterprises	8.67	11.22
国有企业	State－owned Enterprises	16.11	14.42
集体企业	Collective－owned Enterprises	8.89	9.10
股份合作企业	Cooperative Enterprises	6.06	10.60
联营企业	Joint Ownership Enterprises	14.29	6.18
有限责任公司	Limited Liability Corporations	12.04	8.46
#国有独资	State Sole Funded Corporatios	20.69	8.38
股份有限公司	Share－holding Corporations Ltd.	7.32	14.65
私营企业	Private Enterprises	7.44	11.25
其他企业	Other Enterprises	9.46	10.29
港、澳、台商投资企业	Enterprises with Funds from Hong Kong, Macao and Taiwan	18.66	8.86
外商投资企业	Foreign Funded Enterprises	20.65	8.87
按轻重工业分	**Grouped by Light & Heavy Industries**		
轻工业	Light Industry	13.40	12.73
重工业	Heavy Industry	13.76	9.38
按行业分	**Grouped by Sector**		
采矿业	**Mining**	**6.67**	**21.78**
煤炭开采和洗选业	Mining and Washing of Coal	0.00	19.89
石油和天然气开采业	Extraction of Petroleum and Natural Gas	50.00	43.54
黑色金属矿采选业	Mining and Processing of Ferrous Metal Ores	20.00	9.40
有色金属矿采选业	Mining and Processing of Non－ferrous Metals Ores	0.00	64.03
非金属矿采选业	Mining and Processing of Nonmetal Ores	3.57	13.24
开采辅助活动	Mining Activities		
其他采矿业	Mining of Other Ores		
制造业	**Manufacturing**	**13.68**	**10.06**
农副食品加工业	Processing of Food from Agricultural Products	5.00	9.40
食品制造业	Manufacture of Food	13.85	12.20
酒、饮料和精制茶制造业	Manufacture of Beverage	28.21	29.64
烟草制品业	Manufacture of Tobacco	0.00	88.74
纺织业	Manufacture of Textile	13.89	8.85
纺织服装、服饰业	Manufacture of Textile and apparol	12.62	11.57
皮革、毛皮、羽毛及其制品和制鞋业	Manufacture of Textile, Fur, Feather and footwear Products	13.24	10.25
木材加工和木、竹、藤、棕、草制品业	Processing of Timber, Manufacture of Wood, Bamboo, Rattan, Palm and Straw Products	2.86	13.30
家具制造业	Manufacture of Furniture	31.43	6.06
造纸和纸制品业	Manufacture of Paper and Paper Products	11.29	9.21

Main Indicators on Economic Benefit of Big and Medium Size Industrial Enterprises (2012)

(%)

销售利税率 Percentage of Profit and Tax to Sales	资金利税率 Percentage of Profit and Tax to Capital	资产负债率 Assets Liability Ratio	流动资产周转次数(次/年) Times of Turnover of Circulating Funds (times/year)	成本费用利润率 Ratio of Profits to Industrial Cost	产品销售率 Proportion of Products Sold	总资产贡献率 Ratio of Total Assets to Industrial Output Value
10.20	**15.14**	**57.41**	**2.45**	**6.60**	**98.94**	**14.43**
11.17	16.24	59.40	2.42	6.70	99.07	15.34
14.42	16.46	60.06	3.05	4.82	99.51	14.79
9.20	11.61	55.56	1.68	6.38	96.24	10.97
11.00	16.09	67.47	1.95	7.72	96.72	15.47
5.42	11.19	49.45	2.67	2.64	100.07	9.88
8.18	10.60	64.53	2.16	5.09	99.79	10.92
8.53	6.63	66.83	1.22	4.47	99.69	6.78
14.80	18.96	48.22	1.84	8.86	98.44	16.54
11.37	21.30	58.57	2.84	7.85	98.66	20.16
10.59	18.89	68.00	2.69	8.05	100.98	17.90
8.95	12.32	56.92	2.29	6.29	98.43	11.89
8.92	14.22	53.38	2.56	6.55	98.93	13.68
12.72	19.37	53.67	2.36	7.89	98.71	17.72
9.40	13.83	58.58	2.48	6.20	99.02	13.39
21.50	**15.34**	**57.37**	**1.92**	**9.88**	**98.75**	**13.12**
19.26	13.20	62.41	1.81	9.84	99.13	11.07
43.54	20.72	47.82	2.49	16.69	99.99	18.37
9.22	24.87	59.00	3.61	4.54	99.30	20.94
60.35	37.54	41.55	0.91	76.36	107.11	31.76
13.86	11.31	52.58	1.50	7.06	95.64	10.25
10.07	**15.60**	**56.54**	**2.40**	**6.57**	**98.90**	**14.88**
9.62	21.41	66.95	3.37	6.73	98.67	18.83
12.32	18.00	58.84	2.59	7.98	96.86	16.62
29.91	41.61	42.15	1.93	27.84	99.59	32.46
88.63	98.57	12.03	1.26	75.76	100.12	87.96
8.91	13.34	58.58	2.38	5.72	98.60	13.58
11.46	20.81	56.83	2.58	8.27	99.02	17.85
10.49	27.66	53.61	3.54	6.09	97.09	25.98
13.27	31.78	54.39	3.57	8.63	99.20	30.78
6.18	9.76	45.19	2.52	2.33	98.85	8.89
9.22	6.99	50.71	1.47	6.55	98.85	6.93

单位:%

项目 Item		企业亏损面 Percentage of Loss Making Enterprises	产值利税率 Percentage of Profit and Tax to Output Value
印刷和记录媒介复制业	Printing, Reproduction of Recording Media	10.34	13.82
文教、工美、体育和娱乐用品制造业	Manufacture of Culture, Education, Arts, Crafts Sports and Enterfaiment Supplies	9.55	9.88
石油加工、炼焦和核燃料加工业	Processing of Petroleum, Coking, Processing of Nuclear Fuel	18.18	14.74
化学原料和化学制品制造业	Manufacture of Raw Chemical Materials and Chemical Products	10.31	9.80
医药制造业	Manufacture of Medicines	9.09	18.40
化学纤维制造业	Manufacture of Chemical Fibers	20.21	6.88
橡胶和塑料制品业	Manufacture of Rubber and Plastics	16.13	10.13
非金属矿物制品业	Manufacture of Non－metallic Mineral Products	17.17	12.19
黑色金属冶炼和压延加工业	Smelting and Pressing of Ferrous Metals	15.14	5.18
有色金属冶炼和压延加工业	Smelting and Pressing of Non－ferrous Metals	10.64	7.91
金属制品业	Manufacture of Metal Products	10.14	10.99
通用设备制造业	Manufacture of General Purpose Machinery	10.58	11.30
专用设备制造业	Manufacture of Special Purpose Machinery	10.28	11.89
汽车制造业	Manufacturing of Transport Equipment	13.54	12.51
铁路、船舶、航空航天和其他运输设备制造业	Manufacture of Railroad, Marine, Aviation and other Transport Equipment	9.86	12.69
电气机械和器材制造业	Manufacture of Electrical Machinery and Equipment	11.66	10.92
计算机、通信和其他电子设备制造业	Manufacture of Computer Communications and other Electronic Equipment	24.12	5.86
仪器仪表制造业	Manufacture of Instrumentation	6.03	12.80
其他制造业	Other Manufacturing	7.69	11.20
废弃资源综合利用业	Manufacture of Recycling and Disposal of Waste	0.00	12.16
金属制品、机械和设备修理业	Manufacture of Metal Products, Machinery and Equipment Repair	25.00	9.14
电力、燃气及水的生产和供应业	**Production and Supply of Electricity, Gas and Water**	**12.50**	**11.02**
电力、热力的生产和供应业	Production and Supply of Electric Power and Heat Power	10.87	10.70
燃气生产和供应	Production and Supply of Gas	0.00	22.11
水的生产和供应业	Production and Supply of Water	20.69	10.79

Continued

(%)

销售利税率 Percentage of Profit and Tax to Sales	资金利税率 Percentage of Profit and Tax to Capital	资产负债率 Assets Liability Ratio	流动资产周转次数(次/年) Times of Turnover of Circulating Funds (times/year)	成本费用利润率 Ratio of Profits to Industrial Cost	产品销售率 Proportion of Products Sold	总资产贡献率 Ratio of Total Assets to Industrial Output Value
14.01	15.69	48.57	1.89	11.29	99.34	14.13
9.94	21.81	54.11	3.36	6.33	98.97	20.31
14.83	49.09	64.34	6.01	1.01	99.65	42.50
9.75	14.99	54.19	2.84	6.38	98.57	14.57
18.38	28.30	40.89	2.22	12.80	97.57	25.48
6.60	8.97	61.66	2.43	4.40	99.19	9.78
10.44	13.27	44.10	2.24	7.32	98.81	13.27
12.43	12.79	56.03	1.86	8.13	98.68	12.18
5.05	8.08	66.44	2.94	2.80	99.64	9.29
7.70	15.00	60.50	2.80	5.15	100.58	15.16
11.15	17.62	55.04	2.32	7.64	98.62	17.01
11.45	12.76	56.27	1.52	8.64	98.63	11.93
12.18	14.00	57.17	1.55	9.36	97.98	13.63
12.21	20.24	59.64	2.44	8.18	98.55	18.70
13.38	15.11	61.45	1.63	10.06	98.92	13.74
11.03	16.53	57.79	2.04	7.72	98.39	15.65
5.86	11.70	54.17	3.14	4.43	99.29	11.25
13.03	17.76	49.00	1.96	9.56	98.57	16.71
11.07	38.41	40.75	6.59	6.65	101.27	35.24
12.35	30.50	70.60	4.09	7.72	96.39	30.51
9.09	13.55	59.13	3.41	4.14	100.95	14.91
11.00	**9.96**	**66.49**	**4.14**	**6.74**	**99.88**	**9.95**
10.68	10.98	67.21	5.54	6.41	99.93	10.88
21.45	17.91	61.87	1.71	20.13	100.18	15.37
11.42	1.37	62.78	0.32	4.37	96.78	2.28

11－13 主要年份工业主要产品产量
Output of Main Industrial Products in Major Years

年份 Year	原煤（万吨） Coal（100000 tons）	发电量（亿千瓦时） Electricity（100 million kW·h）	钢材（万吨） Rolled Steel（10000 tons）	水泥（万吨） Cement（10000 tons）	农用化肥（万吨） Chemical Fertilizer（10000 tons）	布（亿米） Cloth（100 million m）	化学纤维（万吨） Chemical Fiber（10000 tons）	汽车（辆） Motor Vehicles（units）
1949	81.49	1.98	0.03	3.10	0.38	2.32		
1952	113.21	4.10	0.19	36.90	1.32	6.10		
1957	193.11	7.08	0.27	80.70	3.63	6.97		
1962	462.70	15.43	6.19	58.60	10.09	3.20		452
1965	485.66	25.78	18.48	103.00	20.25	6.76	0.54	2350
1970	699.17	49.96	18.36	163.12	28.21	9.60	0.52	7472
1975	1143.75	81.80	44.09	274.16	41.82	11.68	0.88	13932
1978	1707.02	126.42	60.31	444.10	72.18	14.06	2.11	15079
1980	1690.00	156.32	104.87	629.00	111.61	17.97	3.26	19624
1985	2193.85	234.48	145.18	1116.90	121.71	21.05	12.52	24474
1990	2407.79	404.47	203.01	1532.89	145.90	28.91	40.76	46291
1991	2470.55	441.20	247.76	1823.18	147.33	27.01	48.15	64045
1992	2457.76	481.15	387.51	2275.59	144.63	29.04	55.09	101009
1993	2505.53	536.84	466.02	2660.50	133.69	30.19	66.18	124334
1994	2503.44	631.90	674.19	3087.38	153.09	32.71	78.09	129957
1995	2650.72	700.41	787.89	3966.42	191.85	48.90	102.20	125197
1996	2606.52	756.87	795.58	4040.28	184.30	34.55	105.94	110157
1997	2506.01	777.00	856.79	4031.73	187.98	40.46	139.11	104801
1998	2378.53	754.27	933.63	3856.30	170.12	31.72	140.94	89828
1999	2291.97	787.06	1170.25	4378.32	171.27	31.76	170.06	91300
2000	2479.02	909.69	1401.83	4599.52	192.38	33.74	190.99	90636
2001	2451.14	986.64	1754.13	5135.59	187.62	32.91	219.75	97682
2002	2593.58	1116.56	2274.56	6035.29	205.02	37.28	261.22	168248
2003	2760.40	1277.88	2876.80	7225.14	190.90	37.61	303.76	212566
2004	2747.03	1539.49	3749.91	7993.22	227.22	42.74	377.81	243750
2005	2817.56	1789.53	4328.32	9579.15	284.63	53.97	458.49	305726
2006	3047.53	2216.40	5816.26	10880.77	254.66	64.95	665.14	274820
2007	2480.20	2674.43	7276.33	11787.42	259.93	64.20	803.35	269387
2008	2428.09	2776.85	7364.13	12683.21	255.83	74.55	790.67	330257
2009	2397.44	2928.21	7859.69	14434.14	317.34	78.97	894.50	506188
2010	2122.48	3358.98	9122.95	15647.46	241.96	88.46	1027.19	728700
2011	2100.27	3755.63	9994.01	14899.69	243.70	67.73	1123.80	803758
2012	2104.16	3928.35	10989.18	16777.87	267.15	80.34	1274.95	886959

11－14 规模以上工业企业主要产品生产、销售、库存（2012年）
Main Indicators on Economic Benefit of above Designated Size Industrial Enterprises(2012)

单位:万吨 （10000 tons）

产品名称	Item	年初库存 Stock at Year-beginning	本年生产 Production This Year	本年销售 Sales This Year	年末库存 Stock at Year-end
原煤	Coal	42.55	2104.16	606.85	23.57
天然原油	Crude Oil	1.39	194.53	185.28	1.40
原盐	Salt	56.57	742.68	722.53	72.65
精制食用植物油	Refined Edible Vegetable Oil	40.83	474.88	478.39	36.00
乳制品	Dairy Products	5.30	128.32	129.30	4.22
罐头	Canned Food	1.20	12.62	10.86	2.97
卷烟（亿支）	Cigartetes (100 million pieces)	3.30	1006.19	1004.52	4.96
化学纤维	Chemical Fiber	49.80	1274.95	1236.68	66.37
纱	Yarn	24.64	451.31	439.73	31.50
布（亿米）	Cloth (100 million m)	3.66	80.34	80.13	3.60
#棉布	Pure Cotton Cloth	1.64	47.81	47.41	1.83
棉混纺布(混纺交织布)	Blend Cloth	0.54	10.27	10.22	0.55
绒线(毛线)	Knitting Wool	1.35	13.28	13.24	1.39
毛机织物(呢绒)（亿米）	Woollen Goods (100 million m)	0.29	2.90	2.87	0.32
蚕丝	Raw Silk	0.04	2.27	2.25	0.04
蚕丝及交织机织物(含蚕丝≥50%)（亿米）	Silk Textiles (Silk≥50%) (100 million m)	0.09	0.84	0.83	0.09
人造板（万立方米）	Manmade Board (10000 cu. m)	83.13	4005.65	3974.32	114.33
汽油	Gasoline	5.02	344.39	331.52	2.20
煤油	Kerosene	1.31	231.63	178.28	1.70
燃料油	Fuel Oil	5.27	283.97	278.61	5.26
焦炭	Coke	51.11	2048.37	901.98	71.14
硫酸(折100%)	Sulphuric Acid(100%)	5.21	397.27	348.49	5.71
浓硝酸(折100%)	Concentrated Nitric Acid(100%)	0.52	40.26	31.85	0.79
氢氧化钠(烧碱)(折100%)	Caustic Soda (Sodium Hydroxide) (100%)	5.15	414.61	345.19	44.10
碳酸钠(纯碱)	Soda Ash(Sodium Carhonate)	5.50	338.34	337.26	5.04
农用化学肥料(折纯)	Chemical Fertilizers(100%)	3.78	267.15	265.06	5.40
#氮肥(折含N 100%)	Nitrogen(N100%)	2.57	246.89	245.54	3.87
磷肥(折合P2O5 100%)	Phosphate(P205 100%)	1.20	20.26	19.51	1.53
化学农药原药(折有效成分100%)	Chemical Pesticides (100% effectiveness)	3.56	72.61	65.40	7.00
乙烯	Ethylene	0.61	132.51	7.50	0.54
合成洗涤剂	Synthetic Detergents	0.27	13.73	13.41	0.58
化学药品原药(化学原料药)	Chemical Medicines	0.55	11.44	11.30	0.56

11－14 续 表

单位:万吨 (10000 tons)

产品名称 Item		年初库存 Stock at Year-beginning	本年生产 Production This Year	本年销售 Sales This Year	年末库存 Stock at Year-end
橡胶轮胎外胎(轮胎外胎) (万条)	Tires (10000 turige)	711.68	10725.78	10311.02	1115.88
水泥	Cement	220.48	16777.87	16704.96	293.04
平板玻璃 (万重量箱)	Peain Glass (10000 wtcases)	468.38	6459.43	6397.82	474.94
生铁	Pig Iron	27.44	5871.95	1538.63	28.52
粗钢	Crude Steel	93.57	7419.70	2385.95	95.05
钢材	Rolled Steel	296.49	10989.18	10791.03	293.05
铁合金	Iron Alloy	2.47	110.57	107.43	5.48
十种有色金属	Ten Kinds of Nonferrous Metal	0.85	57.65	57.76	0.74
工业锅炉 (万蒸发量吨)	Industrial Boiler (10000 steam-tons)	0.22	3.21	3.16	0.27
金属切削机床 (万台)	Metal-cutting Machine Tools (10000 units)	0.61	8.57	8.44	0.73
#数控机床	Digital Machine Tools	0.18	2.44	2.51	0.19
大中型拖拉机 (万台)	Large and Medium Tractors (10000 units)	1.18	8.66	8.99	0.85
汽车 (万辆)	Motor Vechicles (10000 units)	3.24	88.70	87.96	3.98
#轿车	Cars	0.65	45.54	44.70	1.48
载货汽车	Trucks	0.48	10.90	10.60	0.79
摩托车整车 (万辆)	Motorcycles (10000 units)	6.45	160.98	162.27	5.15
两轮脚踏自行车 (万辆)	Bicycles (10000 units)	30.47	686.12	685.38	31.21
家用洗衣机 (万台)	Household Washing Machines (10000 units)	77.89	1177.09	1065.91	188.84
家用吸尘器 (万台)	Vacuum Cleaners (10000 units)	120.81	3571.61	3571.45	120.97
家用电冰箱 (万台)	Household Refrigerators (10000 units)	39.16	1103.16	1100.05	41.93
家用电风扇 (万台)	Electric Fans (10000 units)	22.52	187.35	187.31	22.56
房间空气调节器 (万台)	Air conditioners (10000 units)	6.75	495.95	494.47	8.27
家用吸排油烟机 (万台)	Range Hoods (10000 units)	2.00	26.44	24.48	3.96
程控交换机 (万线)	Programcontrollecl Switchboards (10000 lines)	0.00	4.64	4.64	0.00
#数字程控交换机	Digital Programcontrolled Switchboards	0.00	4.64	4.64	0.00
微型电子计算机 (万台)	Micro Computers (10000 units)	33.27	8862.07	8851.08	44.14
#笔记本计算机	Notebook PCS	25.67	7487.47	7480.13	32.88
打印机 (万台)	Printers (10000 units)	3.66	265.29	265.66	3.30
集成电路 (亿块)	Integrated Circuits (100 million pieces)	7.52	292.59	290.52	9.51
彩色电视机 (万台)	Color TV Sets (10000 units)	21.90	1431.88	1446.45	7.32
照相机 (万台)	Cameras (10000 units)	51.36	2917.00	2887.31	81.05
#数码照相机	Digital Cameras	46.79	2713.02	2688.56	71.25

主要统计指标解释

工业 指从事自然资源的开采,对采掘品和农产品进行加工和再加工的物质生产部门。具体包括:(1)对自然资源的开采,如采矿、晒盐、森林采伐等(但不包括禽兽捕猎和水产捕捞);(2)对农副产品的加工、再加工,如粮油加工、食品加工、缫丝、纺织、制革等;(3)对采掘品的加工、再加工,如炼铁、炼钢、化工生产、石油加工、机器制造、木材加工等,以及电力、自来水、煤气的生产和供应等;(4)对工业品的修理、翻新,如机器设备的修理、交通运输工具(包括小卧车)的修理等。

1984 年以前农村的村及村以下办工业归属农业,1984 年以后划归工业。

国有及国有控股企业 指国有企业加上国有控股企业。国有企业是指企业全部资产归国家所有,并按《中华人民共和国企业法人登记管理条例》规定登记注册的非公司制的经济组织。1957 年以前的公私合营和私营工业,后均改造为国营工业,1992 年改为国有工业,这部分工业的资料不单独分列时,均包括在国有企业内。国有控股企业是对混合所有制经济的企业进行的"国有控股"分类。它是指这些企业的全部资产中国有资产(股份)相对其他所有者中的任何一个所有者占资(股)最多的企业。该分组反映了国有经济控股情况。

集体企业 指企业资产归集体所有,并按《中华人民共和国企业法人登记管理条例》规定登记注册的经济组织。是社会主义公有制经济的组成部分。包括城乡所有使用集体投资举办的企业,以及部分个人通过集资自愿放弃所有权并依法经工商行政管理机关认定为集体所有制的企业。

股份合作企业 指以合作制为基础,由企业职工共同出资入股,吸收一定比例的社会资产投资组建,实行自主经营,自负盈亏,共同劳动,民主管理,按劳分配与按股分红相结合的一种集体经济组织。

联营企业 指两个及两个以上相同或不同所有制性质的企业法人或事业单位法人,按自愿、平等、互利的原则,共同投资组成的经济组织。联营企业包括:国有联营企业指国有企业与国有企业间的联营;集体联营企业指集体企业与集体企业间的联营;国有与集体联营企业指国有企业与集体企业间的联营。

有限责任公司 指根据《中华人民共和国公司登记管理条例》规定登记注册,由两个以上,五十个以下的股东共同出资,每个股东以其所认缴的出资额对公司承担有限责任,公司以其全部资产对其债务承担责任的经济组织。

有限责任公司包括国有独资公司以及其他有限责任公司。

股份有限公司 指根据《中华人民共和国企业法人登记管理条例》规定登记注册,其全部注册资本由等额股份构成并通过发行股票筹集资本,股东以其认购的股份对公司承担有限责任,公司以其全部资产对其债务承担责任的经济组织。

私营企业 指由自然人投资设立或由自然人控股,以雇佣劳动为基础的营利性经济组织。包括按照《公司法》、《合伙企业法》、《私营企业暂行条例》规定登记注册的私营有限责任公司、私营股份有限公司、私营合伙企业和私营独资企业。

港、澳、台商投资企业 指企业注册登记类型中的港、澳、台资合资、合作、独资经营企业和股份有限公司之和。

外商投资企业 指企业注册登记类型中的中外合资、合作经营企业、外资企业和外商投资股份有限公司之和。

"三资"企业 系指港、澳、台商投资企业和外资企业的简称。

轻工业 指主要提供生活消费品和制作手工工具的工业。按其所使用的原料不同,可分为两大类:(1)以农产品为原料的轻工业,是指直接或间接以农产品为基本原料的轻工业。主要包括食品制造、饮料制造、烟草加工、纺织、缝纫、皮革和毛皮制作、造纸以及印刷等工业;(2)以非农产品为原料的轻工业,是指以工业品为原料的轻工业。主要包括文教体育用品、化学药品制造、合成纤维制造、日用化学制品、日用玻璃制品、日用金属制品、手工工具制造、医疗器械制造、文化和办公用机械制造等工业。

重工业 是指为国民经济各部门提供物质技术基础的主要生产资料的工业。按其生产性质和产品用途,可以分为下列三类:(1)采掘(伐)工业,是指对自然资源的开采,包括石油开采、煤炭开采、金属矿开采、非金属矿开采和木材采伐等工业;(2)原材料工业,指向国民经济各部门提供基本材料、动力和燃料的工业。包括金属冶炼及加工、炼焦及焦炭、化学、化工原料、水泥、人造板以及电力、石油和煤炭加工等工业;(3)加工工业,是指对工业原材料进行再加工制造的工业。包括装备国民经济各部门的机械设备制造工业、金属结构、水泥制品等工业,以及为农业提供的生产资料如化肥、农药等工业。

根据上述划分原则,修理业中以重工业产品为修理作业对象的划为重工业,反之划为轻工业。

工业总产值 是以货币表现的工业企业在一定时期内生产的已出售或可供出售工业产品总量,它反映一定时间内工业生产的总规模和总水平。它包括:在本企业内不再进行加工,经检验、包装入库(规定不需包装的产品除外)的成品价值,对外加工费收入,自制半成品、在产品期末初差额价值。工业总产值采用"工厂法"计算,即以工业企业作为一个整体,按企业工业生产活动的最终成果来计算,企业内部不允许重复计算,不能把企业内部各个车间(分厂)生产的成果相加。但在企业之间、行业之间、地区之间存在着重复计算。

轻重工业总产值的划分是按"工厂法"计算的,即一个工业企业生产的主要产品性质属于轻工业,则该企业的全部总产值作为轻工业总产值;如它的主要产品性质属于重工业,则该企业的全部总产值作为重工业总产值。

工业增加值 是指工业行业在报告期内以货币表现的工业生产活动的最终成果。

实收资本 指企业实际收到的投资人投入的资本。按投资主体可分为国家资本、集体资本、法人资本、个人资本、港澳台资本和外商资本等。

资产总计 指企业拥有或控制的能以货币计量的经济资源。包括各种财产、债权和其他权利。资产按其流动性划分为流动资产、长期投资、固定资产、无形及递延资产和其他资产。

(1)流动资产 指企业可以在一年内或者超过一年的一个生产周期内变现或耗用的资产合计。包括现金及各种存款、短期投资、应收及预付款项、存货等。

(2)固定资产 指企业固定资产净值、固定资产清理、在建工程、待处理固定资产损失所占用的资金合计。

(3)无形资产 指企业长期使用而没有实物形态的资产。包括专利权、非专利技术、商标权、著作权、土地使用权、商誉等。

负债合计 指企业承担的能以货币计量,将以资产或劳务偿付的债务。负债一般按偿还期长短分为流动负债和长期负债、递延税项等。

(1)流动负债 指企业在一年内或者超过一年的一个营业周期内需要偿还的债务合计,其中包括短期借款、应付及预收款项、应付工资、应交税金和应交利润等。

(2)长期负债 指企业在一年以上或者超过一年的一个营业周期以上需要偿还的债务合计,其中包括长期借款、应付债务、长期应付款项等。

所有者权益 指企业投资人对企业净资产的所有权。企业净资产等于企业全部资产减去全部负债后的余额,其中包括投资者对企业的最初投入,以及资本公积金、盈余公积金和未分配利润,对股份制企业即为股东权益。

固定资产原价 指企业在建造、购置、安装、改建、扩建、技术改造某项固定资产时所支出的全部货币总额。它一般包括买价、包装费、运杂费和安装费等。

固定资产净值 是指固定资产原价减去历年已提折旧额后的净额。

流动资产 是指可以在一年或者超过一年的一个营业周期内变现或者耗用的资产,包括现金及各种存款、短期投资、应收及预付货款、存货等。

主营业务收入 指企业销售商品、提供劳务及让渡资产信用权等日常活动中所产生的收入。

主营业务成本 指企业销售商品、提供劳及让渡资产信用权等日常活动而发生的实际成本。

主营业务税金及附加 企业日常活动应负担的税金及附加,包括营业税、消费税、城市维护建设税、资源税、土地增值税和教育费附加等。

利润总额 指企业实现的利润。

应交增值税 指企业在报告期内应交纳的增值税额。

资产负债率 该指标既反映企业经营风险的大小,也反映企业利用债权人提供的资金从事经营活动的能力。计算公式为:

资产负债率=负债总额/资产总额×100%

工业成本费用利润率 指在一定时期内实现的利润与成本费用之比,是反映工业生产成本及费用投入的经济效益指标,同时也是反映降低成本的经济效益的指标。计算公式为:

工业成本费用利润率(%)=利润总额/成本及费用总额×100%

流动资产周转次数 指在一定时期内流动资产完成的周转次数,反映流动资产的周转速度。计算公式为:

流动资产周转次数=产品销售收入/全部流动资产平均余额

产品销售率 指报告期工业销售产值与同期全部工业总产值之比,是反映工业产品已实现销售的程度,分析工业产销衔接情况,研究工业产品满足社会需求程度的指标。计算公式为:

产品销售率(%)=工业销售产值/工业总产值(现价)×100%

Explanatory Notes on Main Statistical Indicators

Industry refers to the material production sector which is engaged in extraction of natural resources and processing or reprocessing of minerals and agricultural products, including (1) extraction of natural resources, such as mining, salt production, logging (but not including hunting and fishing); (2) processing and reprocessing of farm and sideline produces, such as rice husking, flour milling, wine making, oil pressing, cotton ginning, silk reeling, spinning and weaving, and leather making; (3) manufacture of industrial products, such as steel making, iron smelting, chemicals manufacturing, petroleum processing, machine building, timber processing; water and gas production and electricity generation and supply; (4) repairing of industrial products such as the repairing of machinery and means of transport (including cars).

Prior to 1984, the rural industry runed by villages and cooperative organizations under village was classified into agriculture. Since 1984, it has been grouped into industry.

(1) **State-owned and State-share holding Enterprises** State-owned enterprises refer to industrial enterprises where the means of production are all owned by the state. Joint state-private industries and private industries, which existed before 1957, have been transformed into state run industries. Statistics on these enterprises has been included in the state-owned industries since 1992 when separation of data was no longer necessary. State-share holding Enterprises refers to classification of "state-share holding" to the mixed-owned enterprises, which indicate that among the total assets of enterprises, the state assets (share) occupying the most part (share) than any other enterprises. Such group reflects the condition of share-holding of the state-owned economy.

(2) **Collective-owned Enterprises** refer to industrial enterprises where the means of production are owned collectively. It is part of sociolist public economy. It including urban and rural enterprises invested by collectives and some enterprises which were formerly owned privately but have been registered in industrial and commercial administration agency as collective units through raising fund from the public.

(3) **Share-holding Cooperative Enterprises** refer to economic units set up on cooperative basis, with funding partly from members of the enterprise and partly from outside investment, where the operation and management is decided by the members who also participate in the production. And the distribution of income is based both on work (labour input) and on shares (capital input).

(4) **Joint – operation enterprises** refer to economic units that established by joint investment by two or more corporate enterprises or institutions of the same or different types of ownership on voluntary, equal and mutual-beneficial basis. They include:

a) state-owned joint-operation enterprises (joint operation between state-owned enterprises);

b) collective joint-operation enterprises (joint operation between collective enterprises);

c) state-collective joint-operation enterprises (joint operation between state and collective enterprises).

(5) **Limited Liability Corporations** refer to economic units registered in accordance with the Regulation of the People's Republic of China on the Management of Registration of Corporations, with capitals from 2 to 49 investors, each investor bears limited liability to the corporation depending on the holding of shares, and the corporation bears liability to its debt to the maximum of its total assets. Limited Liability corporations State-owned Enterprises and othe limited liabliliy corporations.

(6) **Share-holding Corporations Ltd.** refer to economic units registered in accordance with the Regulation of the People's Republic of China on the Management of Registration of Corporate Enterprises, with total registered capitals divided into equal shares and raised through issuing stocks. Each investor bears limited liability to the corporation depending on the holding of shares, and the corporation bears liability to its debt to the maximum of its total assets.

(7) **Private Enterprises** refer to economic units invested or controlled (by holding the majority of the shares) by natural persons who hire labours for profit-making activities. Included in this category are private limited liability corporations, private share-holding corporations Ltd., private partnership enterprises and private sole investment enterprises registered in accordance with the Corporation Law, Partnership Enterprise Law and Tentative Regulation on Private Enterprises.

(8) **Enterprises with Funds form Hong Kong, Macao and Taiwan** refers to all industrial enterprises registered as the joint-venture, cooperative, sole (exclusive) investment industrial enterprises and limited liability corporations with funds from Hong Kong, Macao and Taiwan.

(9) **Foreign Funded Enterprises** refers to all industrial enterprises registered as the joint-venture, cooperative, sole (exclusive) investment industrial enterprises and limited liability corporations with foreign funds.

Sino-foreign Joint Vontures inculding Enterpries with Funds form Hong Kong, Macao and Taiwon, Foreign Funded Enterpries.

Light Industry refers to the industry that produces consumer goods and hand tools. It consists of two categories, depending on the materials used:

(1) Industries using farm products as raw materials. These are branches of light industry which directly or indirectly use farm products as basic raw materials, including the manufacture of food and beverages, tobacco processing, textile, clothing, fur and leather manufacturing, paper making, printing, etc.

(2) Industries using non farm products as raw materials. These are branches of light industry which use manufactured goods as raw-materials, including the manufacture of cultural, educational articles and sports goods, chemicals, synthetic fiber, chemical products for

daily use, glass products for daily use, metal products for daily use, hand tools, medical apparatus and instruments, and the manufacture of cultural and clerical machinery.

Heavy Industry refers to the industry which produces capital goods, and provides various sectors of the national economy with necessary material and technical basis. It consists of the following three branches according to the purpose of production or the use of products:

(1) Mining, quarrying and logging industry refers to the industry that extracts natural resources. Including extraction of petroleum, coal, metal and non – metal ores and logging.

(2) Raw materials industry refers to the industry that provides various sectors of the national economy with raw materials, fuels and power. It includes smelting and processing of metals, coking and coke chemistry, chemical materials and building materials such as cement, plywood, and power, petroleum refining and coal dressing.

(3) Manufacturing industry refers to the industry that processes raw materials. It includes machine building industry which equips sectors of the national economy, industries of metal structure and cement products, industries producing means of agricultural production, such as chemical fertilizers and pesticides.

According to the above principle of classification, the repairing trades which are engaged primarily in repairing products of heavy industry are classified into heavy industry while these engaged in repairing products of light in – dustry are classified into light industry.

Gross Industrial Output Value is the total volume of industrial products sold or available for sale in value terms which reflects the total achievements and overall scale of industrial production during a given period. It includes the value of the finished products, which are not to be further processed in the enterprises and have been inspected, packed and put in storage, the value of industrial services rendered to other units, and the changes in the value of the semi – finished products and products in process between the be – ginning and closing of the period. The gross industrial output value is calculated with "factory method". No double calculations are to be made within the same enterprise. However, double counting does occur among different enterprises.

Output value of light and heavy industries is based on the "factory" method. If the major products of an industrial enterprise are classified as light industry products, the entire gross output value of that enterprise is classified into the light industry; the same principle applies to heavy industry.

Value – added of Industry refers to the final results of industrial production of the industrial trade in money terms during the reporting period.

Acctually Received Capital refer main management capital actually received by enterprises used for long – term circulation, including state capital, collective capital, individual capital, Hong Kong Macao Taiwan capital and foreign capital.

Total Assets refer to all economic resources, owned or controlled by enterprises, that could be measured in monetary terms, including properties, creditors equity and other economic rights of all forms. Classified by the degree of equitability, total assets include current assets, long term investment, fixed assets, intangible assets and deferred assets, and other assets.

(1) Current assets (working capital) refer to assets which can be cashed in or spent or consumed in an operating cycle of one year or over one year, including cash, all kinds of deposits, short term investment, receivables, advance payment, stock, etc.

(2) Fixed assets refer to the net value of fixed assets, elearance of fixed assets, project under construction, fixed assets losses in suspense. These are corporations' fund holdings.

(3) Intangible assets refer to the assets without material form used by enterprises over a long time, such as patents, non – patent technologies, trade marks, copyright, land use right, business reputation, etc.

Total Liabilities refer to the debts, measured in monetary terms, that enterprises are responsible for repayment in the form of cash, assets or labour. Classified by terms of repayment, liability include liquid liabilities and long-term liabilities.

(1) Liquid liabilities (also called quick liabilities or immediate liabilities) refer to enterprises' total debt payable within an operating cycle of one year or over one year, including short term loans, payable and advance payments, wages payable, taxes payable and profit payable, etc.

(2) Long term liabilities refers to total debt payable within an operating cycle of one year or over one year, including long-term loans, payable liabilities, long-term payable, etc.

Creditors' Equity refers to investors ownership of net assets of the enterprise. It is equal to the total assets of the enterprise minus its total liabilities, including the primary input from investors, capital accumulation fund, surplus accumulation fund and undistributed profit. It is the shareholder's equity in share-holdting companies.

Original Value of Fixed Assets refers to the original value of all fixed assets owned by industrial enterprises, calculated at the cost paid at the time of purchase, installation, reconstruction, expansion, technical innovation and transformation of the said assets, which includes expenses on purchase, package, transportation, and installation, etc.

Net Value of Fixed Assets is obtained by deducting depreciation over years from the original value of fixed assets.

Working Capital (Current Current) refers to assets which can be cashed in or spent or consumed in an operating cycle of one year or over one year, which includes cash, various deposits, short term investment, and receivable payments, and advance payments, stock, etc.

Major Business Revenue refer to the revenue from the sales of products, service provided and transferring the usage right of assets ect in daily activities.

Cost of Major Business refers to the actual cost of products of industrial enterprises, service provided and transferring the usage right of assets ect in daily activities.

Tax and extra of Major Business refers to the tax and extra, including city maintenance and construction tax, operation tax, consumption tax, resources tax, extra charges for education and tax on land value added, which should be born by the enterprises.

Total Profits refer to the profits gained by the enterprises.

Value-added Tax Payable refers to the amount of the value added tax which should be paid by the enterprises in the reporting period.

Ratio of Debts to Assets reflect both the operation risk and the capability of the enterprise in making use of the capital from the creditors. It is calculated as follows:

Ratio of debts to assets (%) = (Total debts/total assets) × 100%

Ratio of Profits to Total Industrial Costs refers to the ratio of profits realized in a given period to the total costs in the same period, which reflects the economic efficiency of input cost and is calculated as follows:

Ratio of Profits to Total Industrial Cost (%) = (Total Profits/Total Costs) × 100%

Turnover of Working Capital refers to the number of times of turnover of working capital in a given period of time, which reflects the speed of the turnover of working capital and is calculated as follows:

Turnover of Working Capital (%) = (Sales Revenue of Products)/(Average Balance of Total Working Capital) × 100%

Ratio of Sales to Gross Output Value refers to the sales of industrial products to the gross industrial output value during the reference period, and is important in reflecting the linkage between production and sales and the extent of the needs of the society that has been met by the supply of industrial products. It is calculated as follows:

Ratio of Sales to Gross Output Value = [Industrial sales/Gross industrial output value (at current prices)] × 100%

12

建筑业

Construction

简 要 说 明

一、本篇资料的主要内容

本篇资料反映我省建筑业概况和发展情况。包括建筑业企业基本情况和生产经营情况。主要指标有企业个数、从业人员数、建筑业总产值、房屋建筑面积、利润税金、劳动生产率等。

二、本篇资料的统计范围

根据建筑业发展的实际情况，建筑业统计范围从2002年年报起由原具有建筑业资质等级四级及四级以上的独立核算的建筑业企业调整为具有建筑业资质的独立核算建筑业企业。

三、本篇的资料来源及统计调查方法

本篇建筑业企业统计数据是根据国家统计局制定的《建筑业统计报表制度》整理汇总的。建筑业统计报表是各级统计部门根据当地实际情况采取全面调查的方法布置、收集。

Brief Introduction

I. Main Contents

Data in this chapter show the general situation and the development of the construction industry in Jiangsu. They cover the situation of production and management of the construction enterprises, including the number of enterprises; number of employed persons; gross output value of the construction industry; floor space of buildings under construction; profits and taxes ; and labour productivity etc.

II. Scope of Statistics

In view of the development of the construction industry, starting from 2002 the scope of construction statistics has been adjusted to include all the construction enterprises of various types of ownership with qualification certificates and independent accounting systems, replacing the previous criteria that required construction enterprises of various types of ownership to have qualification certificates at or above Class 4 with independent accounting systems.

III. Sources of Data and Methods of Survey

Data on construction enterprises are collected in accordance with the Reporting Form System of Construction Statistics stipulated by the National Bureau of Statistics. The annual reporting forms on construction statistics are designed in accordance with local situations for comprehensive collection by statistical bureaus of each region and conveyance level by level upwards.

12－1 建筑施工企业概况
Basic Statistics on Construction Enterprises

年份 Year	总计 Total	国有经济 State-owned	地方 Local-owned	部属 Central-owned	城镇集体经济 Urban Collective-owned	乡镇企业及其它经济 Rural and Township Enterprises and Others
企业单位个数 （个） Number of Enterprises (unit)						
1985	2360	114	86	28	148	2098
1989	2408	175	144	31	204	2029
1990	2284	162	138	24	201	1921
1991	2316	173	147	26	209	1934
1992	2417	203	176	27	251	1963
1993	2810	308	273	35	429	2073
1994	3348	389	353	36	513	2446
1995	3426	406	370	36	505	2515
1996	3528	589	554	35	868	2071
1997	3546	564	525	39	884	2098
1998	3587	573	535	38	881	2133
1999	3994	550	514	36	980	2464
2000	3948	529	485	44	903	2516
2001	3872	469	424	45	631	2772
2002	4084	489	438	51	440	3155
2003	4267	358	322	36	326	3583
2004	5241	318	279	39	266	4657
2005	5909	556	524	32	220	5133
2006	6371	444	439	5	206	5721
2007	7017	453	449	4	204	6360
2008	8389	413	380	33	213	7763
2009	8664	391	362	29	181	8092
2010	8949	375	347	28	392	8182
2011	9164	392	359	33	380	8392
2012	9254	383	350	33	324	8547
全部职工平均人数 （万人） Average Number of Staff and Workers (10000 persons)						
1985	124.09	17.60	13.82	3.78	14.05	92.44
1989	128.55	22.08	15.10	6.98	20.30	86.17
1990	124.31	21.53	15.24	6.29	23.94	78.44
1991	126.44	22.06	15.83	6.23	25.46	78.92
1992	143.44	24.67	17.66	7.01	30.07	88.70
1993	175.06	34.58	27.50	7.08	34.00	106.48
1994	212.17	44.60	31.60	13.00	34.37	133.20
1995	232.94	45.42	38.58	6.84	51.56	135.96
1996	220.71	59.55	52.14	7.41	55.26	105.90
1997	215.69	51.20	44.57	6.63	61.70	102.78

12－1 续表 1 Continued 1

年 份 Year	总 计 Total	国有经济 State-owned	地 方 Local-owned	部 属 Central-owned	城镇集体经济 Urban Collective-owned	乡镇企业及其它经济 Rural and Township Enterprises and Others
1998	232.32	50.52	42.22	8.30	83.97	97.83
1999	222.80	46.30	38.85	7.45	63.59	112.91
2000	221.48	43.85	36.41	7.44	59.73	117.9
2001	239.52	41.74	35.33	6.41	44.11	153.67
2002	251.36	45.96	39.26	6.70	30.27	175.13
2003	277.91	30.37	23.85	6.52	23.62	223.92
2004	305.64	30.06	23.31	6.75	15.84	259.74
2005	342.24	60.77	53.98	6.79	13.50	267.97
2006	379.77	50.24	48.44	1.80	17.49	312.04
2007	437.10	54.50	52.81	1.69	16.08	366.52
2008	488.67	44.49	34.90	9.60	22.22	421.96
2009	540.52	40.43	28.30	12.13	17.25	482.84
2010	598.98	40.23	31.09	9.14	34.48	524.27
2011	607.55	38.41	29.09	9.33	37.65	531.48
2012	700.96	40.23	29.74	10.49	38.89	621.84
建筑业总产值 （亿元） Gross Output Value of Construction Enterprises (100 million yuan)						
1985	82.63	14.32	10.92	3.39	10.80	57.52
1989	142.05	30.94	9.52	11.42	23.97	87.14
1990	147.23	32.00	21.49	10.51	29.76	85.47
1991	176.21	37.84	26.04	11.80	34.35	104.02
1992	265.80	58.20	40.07	18.12	55.99	151.62
1993	449.99	104.73	82.40	22.33	86.87	258.40
1994	738.60	171.60	131.04	40.56	178.46	388.53
1995	998.11	257.36	207.39	49.97	259.76	480.98
1996	1049.42	377.92	318.79	59.13	253.63	417.88
1997	1102.12	352.86	294.21	58.65	308.08	441.18
1998	1224.42	335.16	272.55	62.61	387.29	501.97
1999	1338.46	343.12	282.03	61.09	346.97	648.37
2000	1546.17	376.59	308.3	68.29	377.31	792.27
2001	1859.41	414.58	339.7	74.88	284.9	1159.93
2002	2199.52	492.90	414.84	78.06	222.35	1484.27
2003	2794.94	345.39	258.10	87.29	194.75	2254.80
2004	3656.66	436.40	299.08	137.32	134.09	3086.17
2005	4368.95	865.07	727.50	137.57	154.46	3349.42
2006	5424.85	812.35	770.02	42.33	190.51	4421.99
2007	7010.57	1075.79	1038.81	36.98	222.50	5712.28
2008	8547.94	917.82	620.31	297.51	328.16	7301.96
2009	10264.92	981.35	618.32	363.03	291.15	8992.42
2010	12405.90	1206.68	703.69	502.99	668.42	10530.80
2011	15122.74	1411.67	799.54	612.13	955.45	12755.61
2012	18423.55	1595.37	951.82	643.55	1081.19	15746.99

12－1 续表 2 Continued 2

年　份 Year	总　计 Total	国有经济 State-owned	地　方 Local-owned	部　属 Central-owned	城镇集体经济 Urban Collective-owned	乡镇企业及其它经济 Rural and Township Enterprises and Others
房屋建筑施工面积（万平方米）Housing Construction Area（10000 sq. m）						
1985	5570.32	619.94	536.58	83.36	690.92	4259.46
1989	5447.40	672.60	547.40	125.20	927.70	3847.10
1990	5240.98	699.10	580.30	118.80	1070.40	3471.48
1991	5711.13	778.71	660.44	118.27	1143.12	3789.30
1992	7780.32	1049.90	901.00	148.90	1688.30	5042.12
1993	10229.96	1801.32	1573.13	228.19	2045.54	6383.10
1994	13201.21	2356.00	2062.20	293.90	3269.60	7575.61
1995	16646.14	3470.96	3135.28	335.68	4621.48	8553.70
1996	15672.95	5032.00	4663.09	368.91	3723.69	6917.26
1997	16191.85	4407.38	4031.04	376.34	4344.53	7439.94
1998	17803.33	3831.67	3593.61	238.06	5887.35	8084.31
1999	18748.25	3830.22	3633.96	196.26	4710.61	10207.42
2000	21287.10	4096.75	3871.42	225.33	4982.85	12207.50
2001	24319.01	3706.55	3380.84	325.71	4060.51	16551.95
2002	27753.39	3669.91	3301.01	368.90	3113.95	20969.53
2003	33949.95	1893.32	1503.56	389.76	2369.63	29687.00
2004	43170.57	2815.09	2273.46	541.63	1655.20	38700.28
2005	52242.23	7706.17	7383.99	322.18	1966.09	42569.97
2006	63140.49	6553.90	6329.13	224.77	2248.13	54338.46
2007	79901.63	9386.76	9092.19	294.57	2833.32	67681.55
2008	90144.64	5437.75	4655.54	782.21	4115.15	80591.74
2009	99659.92	3580.73	2684.79	895.94	3416.26	92662.93
2010	119035.52	4465.90	3273.48	1192.42	5966.74	108602.88
2011	145451.48	6273.08	4486.17	1786.91	8661.59	130516.81
2012	166779.12	7006.79	5281.84	1724.95	8567.65	151204.68
房屋建筑竣工面积（万平方米）Buildings Completed（10000 sq. m）						
1985	3527.20	272.55	245.03	27.52	382.94	2871.71
1989	3446.50	284.50	246.40	38.10	502.10	2659.90
1990	3307.93	354.40	302.20	52.20	617.00	2336.53
1991	3422.75	361.35	322.27	39.08	618.49	2442.91
1992	4387.99	446.60	395.90	50.70	837.40	3103.99
1993	5767.78	772.59	705.11	67.48	1077.09	3918.10
1994	9336.28	903.20	838.60	64.60	1620.00	6813.08
1995	8739.38	1304.03	1243.04	60.99	2056.55	5378.80
1996	8252.13	1946.38	1872.36	74.02	2141.69	4164.06
1997	8787.36	1678.84	1601.39	77.46	2600.34	4508.18
1998	9958.90	1748.46	1686.40	62.05	3497.35	4713.10
1999	10558.22	1692.42	1636.92	55.50	2751.61	6114.19

年 份 Year	总 计 Total	国有经济 State-owned	地 方 Local-owned	部 属 Central-owned	城镇集体经济 Urban Collective-owned	乡镇企业及其它经济 Rural and Township Enterprises and Others
2000	12329.65	1961.86	1896.93	64.93	2986.11	7381.68
2001	14268.89	1822.02	1718.15	103.87	2622.17	9824.70
2002	15478.58	1877.94	1773.00	104.94	1867.91	11732.73
2003	17730.02	879.14	786.81	92.33	1490.80	15360.08
2004	21756.82	1246.57	1084.82	161.75	1040.82	19469.43
2005	25391.86	3696.89	3526.71	170.18	1113.19	20581.78
2006	28715.39	2517.69	2448.11	69.58	1244.15	24953.55
2007	34992.20	3610.75	3505.88	104.87	1580.78	29800.67
2008	40272.98	2182.40	1948.24	234.16	2350.51	35740.07
2009	43307.52	1294.73	1063.59	231.15	1763.20	40249.59
2010	48560.07	1388.19	1034.71	353.48	2826.55	44345.33
2011	54650.20	1505.31	1291.08	214.23	4139.90	49004.99
2012	61241.69	1788.25	1539.63	248.62	3922.45	55530.99
房屋建筑面积竣工率 (%) Rate of Buildings Completed (%)						
1985	66.2	44.0	45.7	33.0	55.4	67.4
1989	63.3	42.3	45.0	30.4	54.1	69.1
1990	63.1	50.7	52.1	43.9	57.6	67.3
1991	59.9	46.4	48.8	33.0	54.1	64.5
1992	56.4	42.5	43.9	34.0	49.6	61.6
1993	56.4	42.9	44.8	29.6	52.7	61.4
1994	70.7	38.3	40.7	22.0	49.5	89.9
1995	52.5	34.9	39.6	18.2	44.5	62.9
1996	52.7	38.7	40.2	20.1	57.5	60.2
1997	54.3	38.1	39.7	20.6	59.9	60.6
1998	55.9	45.6	46.9	26.1	59.4	58.3
1999	56.3	44.2	45.0	28.3	58.4	59.9
2000	57.9	47.9	49.0	28.8	59.9	60.5
2001	58.7	49.2	50.8	31.9	64.6	59.4
2002	55.8	51.2	53.7	28.4	60.0	56.0
2003	52.2	46.4	52.3	23.7	62.9	51.7
2004	50.4	44.3	47.7	29.9	62.9	50.3
2005	48.6	48.0	47.8	52.8	56.6	48.3
2006	45.5	38.4	38.7	31.0	55.3	45.9
2007	43.8	38.5	38.6	35.6	55.8	44.0
2008	44.7	40.1	41.8	29.9	57.1	44.3
2009	43.5	36.2	39.6	25.8	51.6	43.4
2010	40.8	31.1	31.6	29.6	47.4	40.8
2011	37.6	24.0	28.8	12.0	47.8	37.5
2012	36.7	25.5	29.1	14.4	45.8	36.7

注:本表资料包括施工总承包和专业承包企业,不含劳务分包企业(下同)。

a) In this table, the data including general contract and specilized contract enterprises under construction, excluding labor divided contract (the same as in the following tables).

12-2 建筑业企业主要经济指标
Main Economic Indicators on Construction Enterprises

单位:亿元 (100 million yuan)

指标	Item	2000	2005	2010	2011	2012
施工企业个数 (个)	Number of Construction Enterprises (unit)	3948	5909	8949	9164	9254
建筑业总产值 (亿元)	Gross Product of Construction Industry (100 million yuan)	1546.17	4368.95	12405.90	15122.74	18423.55
#建筑工程	Construction	1356.76	3914.22	11483.20	14136.16	17298.82
安装工程	Installation	159.64	388.38	842.73	877.59	983.17
固定资产折旧	Depreciation of Fixed Assets	18.58	40.51	78.94	90.01	115.67
本年应付职工薪酬	Workers Salary Paid in this Year	236.62	652.55	1760.64	2199.71	2802.85
工程结算税金及附加	Taxes and Added Taxes of Settle Accounts	36.18	120.40	357.45	433.76	531.08
竣工产值 (亿元)	Output Value of Completion (100 million yuan)	1142.69	3490.42	9851.91	11225.40	13857.12
房屋建筑施工面积 (万平方米)	Floor Space of Buildings under Construction (10000 sq. m)	21287.10	52242.23	119035.52	145451.48	166779.12
#本年新开工	Newly Started Projects this Year	13398.70	31885.45	62250.40	69732.86	75120.88
#投标承包面积	Floor Space of Bidding System	14987.55	45874.76	107026.96	127662.52	149296.98
房屋建筑竣工面积 (万平方米)	Floor Space of Completed Buildings (10000 sq. m)	12329.65	25391.86	48560.07	54650.20	61241.69
自有施工机械设备总台数 (万台)	Number of Owned Construction Machinery Equipments (10000 sets)	65.55	85.93	143.29	158.99	166.36
自有施工机械设备总功率 (万千瓦)	Total Power of Owned Construction Machinery Equipments (10000 kW)	756.70	1386.93	3058.54	3717.78	4015.20
自有施工机械设备净值 (亿元)	Net Value of Owned Construction Machinery Equipments (100 million yuan)	126.39	258.15	507.61	631.61	677.42
职工平均人数 (万人)	Annual Average Number of Staff and Workers (10000 persons)	221.03	342.24	598.98	607.55	700.96
全员劳动生产率 (元/人)	Overall Labor Productivity (yuan/person)	69953	127658	207117	248914	262833
技术装备率 (元/人)	Rate of Technical Equipment (yuan/person)	5718.23	7598.44	8577.83	10172.49	9151.80
动力装备率 (千瓦/人)	Rate of Power Equipment (kW/person)	3.42	4.08	5.17	5.99	5.42
利润总额 (亿元)	Total Profits (100 million yuan)	20.66	111.95	496.87	594.29	727.17
利税总额 (亿元)	Total Pre-tax Profits (100 million yuan)	58.67	237.95	875.72	1061.27	1297.41

12-3 按登记注册类型分建筑业企业主要经济指标(2012年)

指标	Item	合计 Total	内资企业 Domestic	国有 State-owned	集体 Collective-owned	股份合作 Cooperative
施工企业个数 (个)	Number of Construction Enterprises (unit)	9254	9146	236	200	118
#亏损企业个数	Number of Loss-making Enterprises	504	492	20	7	7
年末从业人员数 (万人)	Number of Employed Persons at Year-end (10000 persons)	740.20	737.74	15.86	13.04	3.86
建筑业总产值 (亿元)	Gross Output Value of Construction (100 million yuan)	18423.55	18324.07	785.84	265.56	102.29
#建筑工程	Construction	17298.82	17222.94	683.80	249.57	94.97
安装工程	Installation	983.17	960.57	84.29	15.43	6.47
竣工产值 (亿元)	Output Value of Completed Building (100 million yuan)	13857.12	13788.70	406.73	208.01	71.07
房屋建筑施工面积 (万平方米)	Floor Space of Building under Construction (10000 sq. m)	166779.12	166360.33	1934.13	1882.49	475.55
#本年新开工	Newly Started Projects in this Year	75120.88	74941.94	784.02	1055.61	234.97
#投标承包面积	Floor Space of Bidding System	149296.98	148974.47	1864.59	1539.80	377.33
房屋建筑竣工面积 (万平方米)	Floor Space of Building Completed (10000 sq. m)	61241.69	61115.76	577.16	909.70	208.20
自有施工机械设备总台数 (万台)	Total Number of Construction Machinery and Equipment (10000 sets)	166.36	165.47	8.26	3.63	1.98
自有施工机械设备总功率 (万千瓦)	Total Power of Construction Machinery and Equipment (10000 kW)	4015.20	3971.87	227.54	75.34	22.22
自有施工机械设备净值 (亿元)	Net Value of Construction Machinery and Equipment (100 million yuan)	677.42	674.53	42.39	13.38	5.20
职工平均人数 (万人)	Annual Average Number of Staff and Workers (10000 persons)	700.96	697.42	18.24	12.17	4.27
全员劳动生产率 (元/人)	Overall Labor Productivity (yuan/person)	262833	262742	430884	218165	239803
技术装备率 (元/人)	Value of Machines per Laborer (yuan/person)	9151.80	9143.15	26721.11	10260.39	13477.49
动力装备率 (千瓦/人)	Power of Machines per Laborer (kW/person)	5.42	5.38	14.34	5.78	5.76

Main Economic Indicators on Construction Enterprises by Registration Status (2012)

联营 Joint Ownership Enterprises	有限责任公司 Limited Liabilit Corporations	股份有限公司 Share-holding Corporations Limited	私营 Private Enterprises	其他 Others	港澳台商投资企业 Enterprises with Funds from Hong Kong, Macao and Taiwan	外商投资企业 Foreign Funded Enterprises
55	2413	424	5590	110	50	58
3	103	18	331	3	5	7
2.50	335.41	63.07	292.10	11.90	1.35	1.11
104.12	8398.34	1680.70	6637.12	350.10	47.10	52.39
102.28	7936.94	1593.49	6215.85	346.05	38.83	37.04
1.58	396.06	82.58	370.23	3.92	7.76	14.84
66.48	6463.76	1231.26	5149.66	191.73	31.87	36.54
262.86	84237.99	18171.09	56045.79	3350.44	225.70	193.09
143.15	35562.21	7992.83	27637.06	1532.11	105.38	73.55
202.60	77462.90	16266.94	48052.50	3207.82	176.06	146.45
99.85	30125.95	5802.74	22495.20	896.96	75.00	50.93
0.84	74.13	16.45	57.97	2.21	0.39	0.51
20.20	1533.78	368.00	1646.55	78.25	10.51	32.83
4.31	273.04	48.87	276.32	11.02	1.87	1.02
2.13	306.17	56.33	286.56	11.55	1.73	1.81
489409	274307	298360	231612	302997	271837	289506
17201.73	8140.36	7748.68	9460.04	9262.97	13856.21	9167.36
8.07	4.57	5.83	5.64	6.58	7.77	29.65

12－4 按登记注册类型分建筑业企业财务状况(2012年)

单位:亿元

指标	Item	合计 Total	内资企业 Domestic Funded	国有 State-owned	集体 Collective-owned	股份合作 Cooperative Enterprises
资本金合计	Total Capital Assets	2228.25	2195.04	109.34	34.13	17.80
流动资产合计	Circulating Funds	9387.70	9266.81	699.81	160.86	65.18
#存货	Stock	2315.85	2298.37	159.00	48.18	15.85
固定资产合计	Total Fixed Asstes	1264.38	1253.74	80.63	23.72	7.94
固定资产原价合计	Total Original Value of Fixed Assets	1640.37	1626.34	132.67	33.72	9.74
累计折旧	Accumulated Depreciation	590.88	585.49	62.88	13.32	4.47
#本年折旧	Depreciation this Year	115.67	114.85	10.52	1.76	0.60
在建工程	Project under Construction	138.98	137.46	8.74	1.88	0.96
资产总计	Total Assets	11621.26	11467.03	844.38	197.22	95.43
流动负债合计	Liquid Liability	6692.80	6607.51	582.82	122.97	47.77
长期负债合计	Long Term Liability	257.87	253.81	25.02	1.45	1.45
所有者权益合计	Owners Equity	4478.92	4415.49	229.38	71.14	42.57
工程结算收入	Revenue of Project Settlement Accounts	15227.67	15119.84	885.65	225.79	93.44
工程结算成本	Costs of Project Settlement Accounts	13308.57	13217.52	788.83	190.95	79.07
工程结算税金及附加	Taxes and Extra Charges on Project Settlement Accounts	531.08	528.46	24.73	7.74	3.06
工程结算利润	Profits of Project Settlement Accounts	1318.24	1305.19	71.01	25.05	10.69
其他业务利润	Profits from Other Businesses	18.10	17.78	1.35	0.65	0.16
经营费用	Business Expenses	69.79	68.67	1.09	2.05	0.61
管理费用	Management Expenses	485.68	480.19	35.49	12.82	4.36
#税金	Taxes	25.37	25.21	1.15	0.53	0.21
利润总额	Total Profits	727.17	719.41	33.12	12.45	5.53
应交所得税	Payable Income Taxes	158.25	156.71	7.29	3.16	1.22
本年应付职工薪酬	Workers Salary Paid in this Year	2802.85	2794.01	75.14	41.89	9.57

Financial Indicators on Construction Enterprises by Registration Status (2012)

(100 million yuan)

联营 Joint Ownership Enterprises	有限责任公司 Limited Liability Corporations	股份有限公司 Share-holding Corporations Limited	私营 Private Enterprises	其他 Others	港澳台商投资企业 Enterprises with Funds from Hong Kong, Macao and Taiwan	外商投资企业 Foreign Funded Enterprises
13.94	672.49	114.79	1209.66	22.89	14.12	19.09
64.86	3820.21	703.21	3551.64	201.04	58.58	62.31
12.13	993.12	153.35	891.44	25.29	8.18	9.30
7.20	455.34	86.26	577.75	14.90	4.75	5.90
10.19	600.38	101.26	722.52	15.85	6.43	7.61
4.75	228.01	32.11	234.54	5.41	2.77	2.62
0.56	39.12	5.86	55.38	1.05	0.46	0.37
1.17	54.58	10.43	56.40	3.29	0.62	0.90
76.39	4648.31	851.17	4531.11	223.01	67.03	87.21
52.02	2803.47	520.89	2317.07	160.51	39.88	45.41
0.11	68.52	20.32	134.30	2.63	1.40	2.66
23.38	1694.21	303.46	1992.09	59.26	25.22	38.22
90.23	6650.40	1310.32	5516.31	347.69	47.72	60.12
79.61	5832.45	1160.73	4787.75	298.13	41.46	49.59
3.19	234.96	46.10	197.28	11.41	1.00	1.62
7.14	561.75	97.04	495.98	36.52	4.64	8.41
0.00	8.30	1.26	6.05	0.00	0.01	0.31
0.30	21.24	6.46	35.30	1.62	0.61	0.50
3.59	199.66	28.17	186.02	10.08	2.06	3.43
0.29	10.19	1.39	9.94	1.51	0.08	0.08
3.22	331.88	57.17	258.00	18.04	2.45	5.31
0.76	73.13	11.69	55.53	3.93	0.44	1.10
9.47	1386.44	264.81	961.64	45.06	4.14	4.70

12-5 按行业分建筑业企业主要经济指标和财务状况(2012年)
Main Economic Indicators on Construction Enterprises by Sector (2012)

单位:亿元 (100 million yuan)

指标	Item	房屋和土木工程建筑业 Building and Civil Engineering Construction	房屋工程 Building	土木工程 Civil Engineering	建筑安装业 Construction Installation	建筑装饰业 Construction Decoration
企业个数 (个)	Number of Construction Enterprises (unit)	5135	3303	1832	1599	1619
#亏损企业	Number of Loss-making Enterprises	200	96	104	122	111
建筑业总产值	Gross Output Value of Construction	16131.52	13565.21	2566.30	1142.24	863.46
#建筑工程	Construction	15763.70	13299.45	2464.25	490.47	839.91
安装工程	Installation	246.48	178.41	68.07	648.49	16.22
竣工产值	Output Value of Completed Building	12032.21	10324.99	1707.22	924.73	693.58
房屋建筑施工面积 (万平方米)	Floor Space of Building under Construction (10000 sq. m)	162748.67	160928.48	1820.19	3560.33	189.86
#本年新开工	Newly Started Projects in this Year	74073.40	73263.56	809.84	713.09	169.89
#投标承包面积	Floor Space of Bidding System	147785.33	146337.11	1448.22	1164.81	162.32
房屋建筑竣工面积 (万平方米)	Floor Space of Building Completed (10000 sq. m)	60411.75	59578.11	833.63	664.23	14.41
自有施工机械设备总台数 (万台)	Total Number of Construction Machinery and Enquipment (10000 sets)	129.18	106.51	22.68	25.51	8.37
自有施工机械设备总功率 (万千瓦)	Total Power of Construction Machinery and Enquipment (10000 kW)	3400.72	2426.14	974.58	282.45	184.06
自有施工机械设备净值	Net Value of Construction Machinery and Enquipment	585.17	392.21	192.96	47.19	21.49
职工平均人数(万人)	Annual Average Number of Staff and Workers (10000 persons)	610.76	520.77	89.99	42.28	38.27
全员劳动生产率 (元/人)	Overall Labor Productivity (yuan/person)	264121	260482	285185	270185	225607
技术装备率(元/人)	Value of Machines per Laborer (yuan/person)	8854.95	6733.88	24613.33	11556.01	7726.91
动力装备率 (千瓦/人)	Power of Machines per Laborer (kW/person)	5.15	4.17	12.43	6.92	6.62
资本金合计	Total Capital Assets	1661.06	1155.11	505.95	209.76	246.78
流动资产合计	Circulating Funds	7770.85	5276.57	2494.28	810.78	539.21
#存货	Stock	1978.22	1466.25	511.97	199.77	87.53
固定资产合计	Total Fixed Asstes	1045.33	719.42	325.92	113.63	53.23

12－5 续 表 Continued

单位:亿元 (100 million yuan)

指 标	Item	房屋和土木工程建筑业 Building and Civil Engineering Construction	房屋工程 Building	土木工程 Civil Engineering	建筑安装业 Construction Installation	建筑装饰业 Construction Decoration
固定资产原价合计	Total Original Value of Fixed Assets	1367.54	868.88	498.66	142.19	67.99
累计折旧	Accumulated Depreciation	495.66	278.10	217.56	50.04	23.61
#本年折旧	Depreciation this Year	97.52	64.41	33.11	9.82	4.41
在建工程	Project Under Construction	114.73	86.17	28.56	14.85	5.27
资产总计	Total Assets	9550.53	6486.90	3063.63	1003.80	718.96
流动负债合计	Liquid Liability	5556.19	3716.02	1840.17	612.13	352.61
长期负债合计	Long Term Liability	228.38	145.89	82.49	10.28	14.60
所有者权益合计	Owners Equity	3628.21	2549.23	1078.98	369.21	340.20
工程结算收入	Revenue of Project Settlement Accounts	13035.02	10440.47	2594.55	1095.85	801.87
工程结算成本	Costs of Project Settlement Accounts	11458.40	9238.53	2219.87	933.40	672.55
工程结算税金及附加	Taxes and Extra Charges on Project Settlement Accounts	460.65	376.44	84.21	34.22	26.88
工程结算利润	Profits of Project Settlement Accounts	1068.24	790.61	277.63	119.18	92.56
其他业务利润	Profits from Other Businesses	12.97	7.94	5.03	3.26	0.71
经营费用	Business Expenses	47.73	34.88	12.85	9.05	9.89
管理费用	Management Expenses	367.78	254.28	113.50	61.88	36.63
#税金	Taxes	20.56	15.26	5.30	2.31	1.77
利润总额	Total Profits	603.35	466.73	136.61	56.23	48.91
利税总额	Total Pre-tax Profits	1097.48	868.43	229.05	93.20	77.75
应交所得税	Payable Income Taxes	131.93	103.26	28.66	11.99	9.86
本年应付职工薪酬	Workers Salary Paid in this Year	2515.90	2237.09	278.82	147.64	106.70

12－6 按地区分建筑业企业主要指标

地 区 Region		建筑施工企业个数(个) Number of Construction Enterprises (unit)			从业人员数(万人) Number of Employed Persons(10000 persons)		
		2010	2011	2012	2010	2011	2012
全 省	Total	8949	9164	9254	591.77	620.90	740.20
南京市	Nanjing	1517	1579	1605	60.35	64.85	77.39
无锡市	Wuxi	598	619	574	25.47	24.49	25.48
徐州市	Xuzhou	364	382	390	33.75	40.90	46.70
常州市	Changzhou	564	577	594	36.12	30.78	43.41
苏州市	Suzhou	1454	1479	1476	56.28	54.62	54.79
南通市	Nantong	890	931	946	107.19	121.81	157.27
连云港市	Lianyungang	214	223	231	17.89	20.42	24.60
淮安市	Huaian	624	623	579	37.81	44.44	48.33
盐城市	Yancheng	668	692	709	42.41	43.77	51.43
扬州市	Yangzhou	743	728	763	70.70	69.32	79.14
镇江市	Zhenjiang	374	368	381	15.40	13.40	14.66
泰州市	Taizhou	640	656	673	66.67	55.51	79.76
宿迁市	Suqian	299	307	333	21.72	36.58	37.24
苏 南	Southern Jiangsu	4507	4622	4630	193.63	188.14	215.73
苏 中	Middle Jiangsu	2273	2315	2382	244.56	246.64	316.17
苏 北	Northern Jiangsu	2169	2227	2242	153.58	186.12	208.30

Main Indicators on Construction Enterprises by Region

建筑业总产值(亿元) Gross Output Value of Construction (100 million yuan)			房屋建筑施工面积(万平方米) Floor Space of Building under Construction (10000 sq. m)			房屋建筑竣工面积(万平方米) Floor Space of Building Completed (10000 sq. m)		
2010	2011	2012	2010	2011	2012	2010	2011	2012
12405.90	15122.74	18423.55	119035.52	145451.48	166779.12	48560.07	54650.20	61241.69
1643.31	2006.60	2647.31	10639.05	13479.02	16636.91	3962.71	4288.39	5076.74
499.50	540.61	570.69	4146.27	4192.57	4430.64	1894.48	1864.70	1852.81
535.72	648.07	881.66	4872.40	5517.02	7702.88	2530.61	2584.80	3247.33
735.49	883.87	1050.20	6225.53	7657.71	8765.07	2659.14	2849.49	3067.89
1275.58	1530.81	1743.71	8323.86	10105.76	10999.47	3344.18	3945.09	4056.02
2731.22	3571.78	4423.51	35745.28	49322.87	54420.45	10912.19	12783.23	16294.79
330.16	367.75	431.53	2637.24	3052.39	3451.11	1454.53	1653.76	1584.53
571.88	679.21	838.99	6716.36	6083.98	8054.09	3127.22	3411.01	3316.22
649.44	814.79	945.45	7030.32	8280.46	8942.53	3120.42	4065.04	3979.24
1553.43	1894.38	2241.78	13578.07	15495.91	17651.69	6749.26	7010.33	7507.02
321.19	349.55	370.91	1682.19	1863.85	1904.81	653.32	915.18	772.88
1264.10	1436.35	1751.16	14830.48	16859.29	18977.08	6755.31	7451.74	8317.65
294.90	398.95	526.66	2608.46	3540.66	4842.38	1396.69	1827.44	2168.58
4475.07	5311.44	6382.81	31016.90	37298.91	42736.91	12513.83	13862.85	14826.34
5548.74	6902.51	8416.46	64153.83	81678.06	91049.22	24416.77	27245.30	32119.45
2382.10	2908.78	3624.28	23864.79	26474.51	32992.99	11629.47	13542.06	14295.89

主要统计指标解释

建筑业统计单位 指从事房屋、构筑物建造、装饰装修、设备安装活动和工程准备、提供施工设备服务等其他建筑活动的、具有建筑业资质的法人企业。建筑业法人企业应同时具备的条件是:①依法成立,有自己的名称、组织机构和场所,能够承担民事责任;②独立拥有和使用资产,承担负债,有权与其他单位签订合同;③独立核算盈亏,能够编制资产负债表。

建筑业总产值(即自行完成施工产值) 是以货币表现的建筑业企业在一定时期内生产的建筑业产品和服务的总和。建筑业总产值包括:

(1)建筑工程产值:指列入建筑工程预算内的各种工程价值。

(2)安装工程产值:指设备安装工程价值,不包括被安装设备本身价值。

(3)其他产值:指建筑业总产值中除建筑工程、安装工程以外的产值。包括房屋、构筑物修理所完成的产值(不包括被修理的房屋、构筑物本身的价值)、非标准设备制造产值、总包企业向分包企业收取的管理费和不能明确划分的施工活动所完成的产值。

房屋建筑施工面积 指在报告期内施过工的全部房屋建筑面积,包括本期新开工的房屋面积、上期跨入本期继续施工的房屋面积、上期停缓建在本期恢复施工的房屋面积、本期竣工的房屋面积及本期施工后又停缓建的房屋面积。

房屋建筑竣工面积 指在报告期内房屋建筑按照设计要求全部完工,达到了住人和使用条件,经检查验收鉴定合格的房屋建筑面积。

自有施工机械设备年末总台数 指归本企业(或单位)所有,属于本企业(或单位)固定资产的直接用于工程施工的各种机械设备年末总台数。但不包括附属辅助生产机械设备、运输机械设备、生产试验机械设备的台数。

自有施工机械设备年末总功率 指本企业(或单位)自有施工机械设备年末总功率,按设定能力或查定能力计算。包括机械本身的动力和为该机械服务的单独动力设备,如电动机等。计算单位用千瓦,动力换算可按 1 马力 =0.735 千瓦折合成千瓦数。电焊机、变压器、锅炉不计算动力。

工程结算收入 指企业承包工程实现的工程价款结算收入,以及向发包单位收取的除工程价款以外按规定列作营业收入的各种款项,如临时设施费、劳动保险费、施工机械调迁费等以及向发包单位收取的各种索赔款。

工程结算利润 指已结算工程实现的利润,如亏损以"-"号表示。计算公式为:

工程结算利润 = 工程结算收入 - 工程结算成本 - 工程结算税金及附加 - 经营费用

企业总收入 指与企业生产经营直接有关的各项收入,包括工程结算收入和其他业务收入。计算公式为:

企业总收入 = 工程结算收入 + 其他业务收入

计算建筑业劳动生产率的平均人数 指建筑业企业(或单位)报告期实际拥有的、与建筑施工活动有关的人员的平均人数,包括参加本企业(或单位)建筑施工活动的非本企业(或单位)人员,但不包括企业内部社会服务性机构的人员以及由本企业支付工资但所从事的工作与本企业生产基本无关的人员。

Explanatory Notes on Main Statistical Indicators

Statistical Unit in Construction refers to corporate enterprise engaged in the construction of buildings、structures in the installation of equipment and with constrution qualifications. A corporate constrnction enterprise should meet the following 3 requirements: ①being set up in line with relevant legal basis, having its full name, organization and location, and capable of taking civil liabilities; ② independently possessing and using its assets and assuming its liabilities, and entitled to sign contracts with other institutions; ③making independent accounts of its profits and losses, and capable of compiling its own balance sheet.

Gross Output Value of Construction (Output Value of Projects Under Construction) refers to total of construction products and services expressed in money terms, completed by construction enterprises during a given period of time. It includes:

(1) Output: value of construction projects, that is the value of projects covered by the project budgets;

(2) Output value of installation projects, that is the value of the installation of equipment (excluding the value of the equipment to be installed);

(3) Other Output Value refers to the total output of construction industry except the output value of constrution projects, output value of installation projects. It covered the output value of buildings and strucutres repairing (excluding the value of buildings and structures being repaired); output value of manufactured non-standard equipment; management expenses collected by general contracted enterprises from branch contracted enterprises, and the output value of const ruction activities which can't to be divided definitely.

Housing Construction area refers to floor space of buildings under construction during the reference period, including newly started buildings, buildings started earlier and continued during the reference period, and buildings suspended earlier but restarted during the reference period, buildings completed during the reference period, and buildings under construction and then suspended during the reference period.

Buildings Completed refers to the floor space of buildings that are completed in the reference period in accordance with the requirements of the design, up to the standard for putting them into use, and have been checked and accepted by concerned departments as qualified ones.

Total Number of Machinery and Equipment Owned by the End of Year refers to the number of machines and equipment owned by the enterprises, directly used the prodution by the end of the year, but not including auailiary, transport and test equipment.

Total Power of Machinery and Equipment Owned by the End of Year refers to the total power of machinery and equipment owned by the enterprises, including machinery and equipment for construction. The power of the machinery is calculated on basis of the designed or verified capacity, covering the power of the machinery/equipment and the separate power equipment serving the machinery/equipment (such as electric motors), but excluding welders, transformers and boilers. The unit used for the calculation of power is kilowatt, with horsepower converted to kilowatt by 1 horsepower = 0.735 kilowatt.

Income from Settlement of Projects refers to the income received by the construction enterprise from the contracted project through settlement procedures, and other charges to the contractoree as operational costs in addition to the value of the project, such as temporary facility fee, labour insurance premium, moving cost of construction equipment, as well as various types of claims to the contractee.

Profit from Settlement of Projects refers to profit realized through settled projects. It is calculated with the following formula:

Profit from Settlement of Projects = Income from Settlement of Projects − Settled Cost − Settled Taxes and Other Cost − cost of Operation.

Total Revenue of Enterprises refers to the sum of income from production and operation of enterprises, including income from settlement of projects and other operational income, namely:

Total Revenue of Enterprises = Income from Settlement of Projects + Other Operational Income.

Number of Average Personnels of Labor Productivity refers to the average personnels actually held by construction enterprises (units) and related to construction activities in the reference period, including the personnels of other enterprises, who took part in the construction activities of these enterprises, but excluding the personnels of the inner social service institutions, and the personnels their wages were paid by the enterprises but did not take part in the construction activities basically.

13

运输、邮电

Transport, Postal and Telecommunication Services

简 要 说 明

本篇反映我省交通运输业和邮政、通信业发展情况。

一、交通运输邮政电信业部分的主要内容

1. 交通运输业资料主要包括：五种运输方式的线路里程、各种运输方式完成的货物运输量和旅客运输量，全社会港口码头泊位和通过能力，主要港口吞吐量以及民用车辆拥有量等资料。

2. 邮电通信业资料主要包括：邮电业务总量、业务收入情况，电信主要通信能力，邮电主要业务完成情况，邮电通信发展水平等资料。

二、交通运输邮政电信业部分的资料来源和相关说明

1. 铁路资料：由上海铁路局提供。范围是江苏境内国家铁路（含控股合资）、地方铁路和非控股合资铁路运营情况，不含军用铁路及由厂矿企事业单位自建的铁路专用线和专用铁道。

2. 公路、水运、港口资料：由江苏省交通运输厅以及南京港、连云港、南通港、苏州港提供。(1)公路和水路线路里程为年末通车和通航里程数，不含未正式投入使用的公路和航道里程；(2)民用汽车拥有量及机动车和汽车驾驶员人数，根据江苏省公安厅交通管理局登记注册的车辆资料和驾驶员资料整理，不含军用车辆，不含拖拉机数量。(3)公路营运汽车拥有量，根据各省辖市道路运输主管部门登记注册的从事公路运输的营业性运输车辆资料整理，从 2010 年起，不含出租车数辆；(4)营业性运输船舶拥有量，根据各省辖市交通运输主管部门登记注册的从事水上客、货运输的营业性船舶资料整理，不含非运输船舶及农业、渔业生产船舶；(5)公路、水路客货运输量资料，由省交通运输厅负责收集整理；(6)公路、水路运输量统计包括全面调查和非全面调查两种方式，统计范围是在各省辖市交通运输主管部门登记注册的从事公路、水路客、货运输的营业性的车辆和船舶所完成的运输量，由交通部门组织实施。(7)规模以上港口的统计范围为年通过能力在 1000 万吨以上的沿海港口和 200 万吨以上的内河港口，以及从事外贸、集装箱装卸的港口，具体范围由交通运输部划定。江苏港口数量为 15 个，沿海 1 个，内河港口 14 个。

3. 管道运输资料：由中国石油化工股份有限公司徐州管道储运分公司提供。包括输原油、输成品油、输天然气及输其他气体的运输量。

4. 民航运输资料：由中国民航江苏安全监督管理局提供。统计对象为在江苏省境内注册从事民用航空运输飞行和通用飞行的航空运输企业和民用航空机场。统计范围为民航运输企业及东航公司从事国内运输、港澳台运输、国际运输的定期航班航线条数及里程、运输量及运营情况，飞行完成情况等。

5. 邮政通信资料：由江苏省邮政管理局和江苏省通信管理局提供。包括邮政企业和年业务收入 200 万元以上快递企业，以及所有从事电信运营的企业（即中国电信、中国移动、中国联通三家基础电信企业），不含专用网业务资料。邮电业务量按业务种类分为邮政业务量和电信业务量；按业务范围分为国内业务量和国际及港澳业务量（对台业务量统计在港澳中）。

Brief Introduction

Data in this chapter present the development of transportation, post and telecommunications in Jiangsu Province.

I. Main Contents

1. Data on transport cover mainly the length of the routes of five means of transportation, freight traffic and passenger traffic accomplished by various means of transportation, number of berths and traffic capacity in all ports, volume of freight and passenger handled at major ports, and number of civil motor vehicles.

2. Data on business volume of post and telecommunication services, revenue from post and telecommunication services, telephone lines, tele-

graph lines and the possession of telecommunication facilities; business volume of postal and telecommunication services achieved; and the level of development of postal and telecommunication services.

Ⅱ. Scope of Statistics

1. Data on railway transportation: from Shanghai Railway Bureau. Including the operation and management of the national, local and joint-venture railways in Jiangsu Province but not including railways for military purpose, lines built by industrial and mining enterprises and special railways.

2. Data on highways, waterways and ports: from Jiangsu Provincial Communications Department and Nanjing, Lianyungang, Nantong. (1) The length of highways and waterways refer to the length open to traffic or navigation at the end of the year, but not including the highways and waterways under construction or not officially having been put into use. (2) Data on the possession of civil motor vehicles and the number of drivers are provided by the divisions of vehicle management under the provincial departments of public security, subordinate to the Traffic Management Bureau, Ministry of Public Security, but not including vehicles for military use. (3) Data on possession of highway vehicles are provided by the divisions of vehicle management under provincial departments of public security, which are subordinate to the Traffic Management Bureau, Ministry of Public Security, including vehicles for business use and non-business use. From 2010, possession of taxies are not included. (4) Data on possession of ships are provided by the divisions of navigation or ports management under municipal departments of communications, which are subordinate to the Ministry of Transport. However, fishing boats, boats for constructions in water and boats for military use are not included. (5) Data on passenger traffic and freight traffic by highways and waterways are collected and prepared by Jiangsu Provincial Communications Department. (6) Data on highway and waterway transportation are collected through both comprehensive reporting system and non-comprehensive reporting system. The statistical scope encompasses all the enterprises, institutional units and individuals (including joint-households) registered in municipal departments of communications and engaged in highway or waterway freight or passenger transport business. (7) Data on production capacity and handling capacity include the seaports handling cargo more than 1 million tons, inland river ports with turnover over 2 million tons and ports with operation in foreign trade and containing shipping. The specific scope are decided by the Administration of Transportation. There are 15ports in Jiangsu Province: 1 coastal port and 14 ports of inland rivers.

3. Data on pipeline transport: Data are from Xuzhou PSTC of China Petroleum & Chemical Corporation. The data on pipeline transport cover the volume transported of petroleum (crude oil) pipelines, petroleum products pipelines, natural gas pipelines and other gas pipelines.

4. Data on civil aviation transport: Data are from Jiangsu Provincial Bureau of Safety Administration of Civil Aviation. The targets of statistical collection are enterprises registered for engagement in civil aviation transport flights and flights for general purposes and civil airports in Jiangsu Province. The scope of statistics encompasses number of lines, mileage flown, transport volume, composition of the fleets operational situation of the airlines, performance of general purpose flights in respect of domestic transport, transport between China mainland and Hong Kong, Macao and Taiwan,

and international transport. .

5. Data on post and telecommunications: Data are from JiangSu Provincial Postal Administration and Jiangsu Communication Administration. Data in this category include postal enterprises express delivery company with revenue above 2 million yuan and all telecommunication enterprises (i. e. the three major enterprises of telecommunication China Telecom, China Mobile and China Unicom), but exclude services provided through dedicated networks. The business volume of post and telecommunications is classified by type of business into postal and telecommunication services, and by customers into domestic service, international service, and service between the Mainland and Hong Kong, Macao (business volume of the service to Taiwan is covered in that for Hong Kong and Macao).

13－1 交通运输业基本情况
Basic Statistics of Transport

指 标	Item	1995	2000	2005	2010	2011	2012
运输线路长度（公里）	**Length of Transport Routes (km)**						
铁路营业里程	Railways in Operation	747	752	1599	1908	2348	2348
铁路正线延展长度	Extended Raitways	1290	1439	2301	2922	3720	3725
公路通车里程	Highways in Operation	25970	58013	82739	150307	152247	154118
#等级公路里程	Expressway and Class Ⅰ to Ⅳ Highway		47718	74957	141706	144113	146100
#高速公路	Expressways		1105	2886	4059	4122	4371
一级公路	Class Ⅰ Highways		2863	4214	9514	9949	10476
二级公路	Class Ⅱ Highways		10184	13998	21328	21779	22144
内河航道里程	Navigable Inland Waterways	23803	23943	24800	24248	24272	24280
输油管道里程	Petroleum Pipelines	334	334	760	5557	6067	6264
公路桥梁（座）	Highway Bridges (unit)	9793	20678	25239	64675	65815	67159
公路桥梁长度（米）	Length of Highway Bridges (m)	337978	840649	1321763	2829872	2910978	3050891
客运量总计（万人）	**Total Passenger Traffic (10000 persons)**	**84803**	**107244**	**145204**	**226627**	**247405**	**268371**
铁路	Railways	5185	4891	6658	9711	10598	11757
公路	Highways	78947	101713	138287	215850	235673	255358
水运	Waterways	623	514	37	590	579	594
民用航空	Civil Aviation	48	126	222	476	555	662
旅客周转量（亿人公里）	**Total Passenger-kilometers (100 million person-km)**	**630.56**	**776.26**	**1222.03**	**1604.00**	**1777.80**	**1949.80**
货运量总计（万吨）	**Total Freight Traffic (10000 tons)**	**81830**	**90436**	**112909**	**188565**	**212594**	**231295**
#铁 路	Railways	4143	4077	5090	6374	7282	7223
公 路	Highways	49578	59056	76301	123500	140803	153696
水 运	Waterways	27161	25902	29277	48702	54012	58639
输油管道	Petroleum Pipelines	946	1395	2236	9977	10491	11730
货物周转量（亿吨公里）	**Total Freight Ton-kilometers (100 million ton-km)**	**1376.88**	**1505.57**	**3068.88**	**6111.57**	**7514.00**	**8474.63**
民用车辆拥有量（万辆）	**Possession of Civil Motor Vehicles (10000 coaches)**		**588.73**	**969.66**	**1381.88**	**1535.17**	**1604.18**
#民用汽车拥有量	Civil Vehicles	51.19	74.51	231.11	567.71	688.38	813.12
#载客汽车	Passenger Vehicles	21.99	41.16	144.63	472.78	586.59	706.27
#载货汽车	Trucks	27.83	31.46	43.35	72.50	82.39	89.29
#营运汽车	Motor Vehicles in Operation		28.64	37.89	76.26	82.08	82.15
#私人汽车	Private Vehicles	5.22	18.94	147.47	434.57	541.68	657.27
民用运输船舶拥有量（万艘）	**Possession of Civil Transport Vessels (10000 units)**	**14.09**	**7.27**	**5.13**	**4.90**	**4.93**	**4.88**
机动船	Motor Vessels		5.39	3.45	3.83	3.94	3.96
驳船	Barges		1.88	1.68	1.07	0.99	0.92
港口货物吞吐量（万吨）	**Volume of Freight Handled at Ports (10000 tons)**	**20177**	**41364**	**75548**	**158977**	**180683**	**195417**
#外 贸	Foreign Trade				23937	27865	31390

13 – 2 客 运 量
Passenger Traffic

单位:万人 (10000 persons)

年份 Year	总计 Total	铁路 Railway	公路 Highway	水运 Waterway	民用航空 Civil Aviation
1978	25621	2752	18694	4175	
1980	34002	3364	26463	4175	
1985	53935	4819	45751	3365	
1990	48339	4788	41850	1701	
1991	50264	4932	43764	1568	
1992	55400	5035	48748	1617	
1993	59666	5533	53331	797	5
1994	61104	5471	54930	677	26
1995	84803	5185	78947	623	48
1996	91870	4502	86801	499	68
1997	93684	4433	88826	341	84
1998	97033	4451	92215	273	94
1999	101000	4824	95564	504	108
2000	107244	4891	101713	514	126
2001	110713	5029	105105	430	149
2002	115889	5297	110139	284	170
2003	123462	5104	118046	147	165
2004	128516	5997	122218	91	210
2005	145204	6658	138287	37	222
2006	161425	7293	153824	27	280
2007	187241	7658	179206	27	350
2008	208237	8846	199008	32	351
2009	201262	9167	191001	686	408
2010	226627	9711	215850	590	476
2011	247405	10598	235673	579	555
2012	268371	11757	255358	594	662

注：民用航空客运量仅指省内航空公司完成数。
a) The passenger traffic by civil aviation only referred to the fulfillment in our province.

13-3 旅客周转量
Turnover Volume of Passenger Traffic

单位:亿人公里 (100 million person-km)

年份 Year	总计 Total	铁路 Railway	公路 Highway	水运 Waterway	民用航空 Civil Aviation
1978	105.29	46.35	49.93	9.01	
1980	140.15	61.60	68.25	10.30	
1985	273.76	107.46	156.30	10.00	
1990	324.94	124.13	195.24	5.57	
1991	342.12	132.57	204.11	5.44	
1992	515.08	147.53	361.28	6.27	
1993	520.86	161.36	355.50	3.42	0.58
1994	541.09	166.94	367.98	3.28	2.89
1995	630.56	163.69	459.08	3.42	4.37
1996	647.73	143.85	495.70	2.51	5.67
1997	657.93	144.68	504.05	1.64	7.56
1998	680.02	141.15	527.62	1.12	10.13
1999	725.66	157.65	554.04	1.40	12.57
2000	776.25	165.87	594.48	1.45	14.45
2001	874.63	173.40	682.25	1.06	17.93
2002	924.31	183.80	719.08	0.70	20.71
2003	978.03	182.88	774.11	0.50	20.53
2004	1109.19	226.73	855.41	0.27	26.78
2005	1222.03	245.37	948.10	0.11	28.45
2006	1366.95	267.99	1062.61	0.10	36.25
2007	1596.06	309.83	1241.13	0.33	44.77
2008	1766.00	319.14	1400.80	0.37	45.69
2009	1423.33	311.29	1058.01	1.29	52.74
2010	1604.00	351.00	1196.59	1.50	54.00
2011	1777.80	398.10	1307.30	1.50	70.90
2012	1949.80	446.40	1418.40	1.40	83.60

13－4 货 运 量
Freight Traffic

单位:万吨 （10000 tons）

年份 Year	总计 Total	铁路 Railway	公路 Highway	水运 Waterway	内河 Inland Waterway	沿海、远洋 Seashipping	输油管道 Petroleum Pipeline
1978	14626	3224	4488	6557	6557		357
1980	16527	3420	4427	6482	6452	30	2198
1985	46842	4037	23255	18117	18067	50	1433
1990	49399	4235	27904	15908	15809	99	1352
1991	49298	4078	27948	16064	15884	180	1208
1992	56953	4343	30730	20751	20533	218	1129
1993	66339	4344	35060	25915	25610	305	1020
1994	69470	4318	36899	27279	26920	359	974
1995	81830	4143	49578	27161	26728	433	948
1996	84666	4361	50571	28819	28429	390	915
1997	82290	4131	52441	24826	24424	402	892
1998	80429	3793	54328	21363	21059	304	945
1999	81529	3941	54803	21596	20045	1551	1188
2000	90436	4077	59056	25902	24275	1627	1395
2001	87505	4239	59058	22583	21030	1553	1622
2002	88588	4407	60299	22411	20681	1730	1468
2003	93511	4462	64321	23320	20845	2475	1405
2004	100093	4665	69058	24812	21239	3573	1554
2005	112909	5090	76301	29277	25061	4216	2236
2006	125114	5169	84319	32862	25779	7083	2759
2007	143804	5177	97473	37858	29567	8291	3292
2008	166322	5118	110302	42799	27154	15645	8098
2009	160966	6137	104002	42016	30221	11795	8807
2010	188565	6374	123500	48702	35713	12989	9977
2011	212594	7282	140803	54012	37783	16229	10491
2012	231295	7223	153696	58639	41007	17632	11730

13-5 货物周转量
Turnover Volume of Freight Traffic

单位:亿吨公里 (100 million ton-km)

年份 Year	总计 Total	铁路 Railway	公路 Highway	水运 Waterway	内河 Inland Waterway	沿海、远洋 Seashipping	输油管道 Petroleum Pipeline
1978	283.85	172.72	11.24	87.97	87.97		11.92
1980	382.77	186.31	11.45	93.56	91.51	2.05	91.45
1985	575.58	240.48	81.30	205.90	194.83	11.07	47.90
1990	730.22	297.44	154.01	233.65	209.53	24.12	45.12
1991	788.41	301.73	166.21	280.59	240.23	40.36	39.88
1992	963.94	333.85	179.92	400.78	361.87	38.91	49.39
1993	1193.87	346.49	235.07	578.01	520.51	57.50	34.30
1994	1246.12	372.13	243.33	598.02	523.21	74.81	32.64
1995	1376.88	393.51	281.04	670.75	585.84	84.91	31.58
1996	1412.56	380.09	289.44	712.33	635.20	77.13	30.70
1997	1370.63	355.73	303.40	681.42	617.18	64.24	30.08
1998	1353.23	343.41	316.14	661.85	579.51	82.34	31.71
1999	1400.55	342.65	319.75	704.01	436.89	267.12	33.91
2000	1505.57	371.32	340.72	746.39	463.17	283.22	46.84
2001	1524.96	371.97	340.73	757.58	489.01	268.57	54.37
2002	1549.12	377.17	351.95	770.03	395.05	374.98	49.63
2003	1817.44	408.69	365.01	995.34	444.98	550.36	47.97
2004	2398.64	434.72	386.91	1523.63	468.13	1055.50	52.87
2005	3068.88	480.49	459.18	2056.90	631.98	1424.92	71.73
2006	3644.79	497.42	542.09	2515.09	583.94	1931.15	89.54
2007	4099.16	424.00	638.59	2930.08	634.65	2295.43	105.75
2008	4707.50	346.50	723.60	3179.30	598.29	2581.01	457.67
2009	5154.46	323.90	971.13	3372.05	638.45	2733.60	486.74
2010	6111.57	336.86	1149.10	4095.70	694.11	3401.59	529.13
2011	7514.00	398.57	1315.27	5236.91	748.30	4488.61	562.40
2012	8474.63	391.53	1452.45	6052.95	823.60	5229.35	576.80

13－6　全社会港口码头泊位和通过能力

指　　标		Item		2010		
				合　计 Total	沿海港口 Coastal Ports	内河港口 Ports of Inland Rivers
生产用码头泊位		Number of Berths of Ports				
泊位个数	（个）	Number of Berths	(unit)	7304	130	7174
泊位长度	（米）	Length of Ports Line	(m)	424145	15577	408568
泊位年通过能力		Comprehensive Traffic Capacity				
货物	（万吨）	Freight	(10000 tons)	128836	8242	120594
旅客	（万人）	Passenger	(10000 persons)	993		
非生产用码头泊位		Ports for Nonproductive Use				
泊位个数	（个）	Number of Berths	(unit)	56		
泊位长度	（米）	Length of Ports Line	(m)	3481		

13－7　主要港口吞吐量

港　　口	Ports	2010	
		旅客吞吐量（万人） Passenger (10000 persons)	货物吞吐量（万吨） Freight (10000 tons)
总　计	**Total**	**13.51**	**158976.79**
沿海港口	Coastal Ports	13.51	15139.59
#连云港	Lianyungang	13.51	13506.39
内河港口	Ports of Inland Rivers		143837.19
#长江干流水系	Yangtze River Mainstream System		101983.90
长江支流水系	Yangtze River Tributary System		8334.92
京杭运河水系	Jinghang Canal System		24819.03
淮河水系	Huaihe River System		5651.36

Number of Berths and Traffic Capacity in All Ports

2011			2012		
合 计 Total	沿海港口 Coastal Ports	内河港口 Ports of Inland Rivers	合 计 Total	沿海港口 Coastal Ports	内河港口 Ports of Inland Rivers
7239	129	7110	7300	136	7164
431056	16833	414223	443396	18697	424699
138120	10381	127739	148097	12364	135733
993			992		
56			53		
3481			3175		

Volume of Freight and Passenger Handled at Major Ports

2011		2012	
旅客吞吐量(万人) Passenger (10000 persons)	货物吞吐量(万吨) Freight (10000 tons)	旅客吞吐量(万人) Passenger (10000 persons)	货物吞吐量(万吨) Freight (10000 tons)
14.16	180683.31	12.19	195417.07
14.16	19785.11	12.19	23245.41
14.16	16628.02	12.19	18527.53
	160898.20		172171.66
	115554.05		126369.77
	8933.75		9906.08
	26938.26		26445.54
	6517.14		6807.42

13－8 全省民用车辆拥有量(2012年)
Number of Civil Motor Vehicles(2012)

单位:辆 (coach)

指标	Item	总计 Total	#营运 Working	#进口 Import	#个人 Individual
合 计	**Total**	**15281230**	**1300866**	**332504**	**13624128**
汽车	Civil Vehicles	8131208	889311	331692	6572682
载客汽车	Passenger Vehicles	7062709	159335	329563	6005133
#大型	Large Scale	88943	66586	775	1910
中型	Medium Scale	105406	11257	3275	46334
小型	Small Scale	6662605	80921	320990	5769034
#轿车	Cars	5168435	78635	191529	4559240
载货汽车	Trucks	892911	635116	1094	443303
#重型	Heavy Scale	302925	271893	508	124053
中型	Medium Scale	178120	130734	21	76276
轻型	Light Scale	409841	231809	565	241390
#普通载货	Ordinary Trucks	476546	298317	565	241390
其他汽车	Other Vehicles	175588	94860	1035	124246
#三轮汽车	Tricycle Motors	85800	66760	9	83930
低速汽车	Lowspeed Vehicles	23426	17071	11	21902
摩托车	Motor	7064483	328085	801	7025815
#普通	Ordinary Motor	6878362	327839	785	6839936
轻便	Light Motors	186121	246	16	185879
挂车	Freight Trailers	85504	83457	11	25625
其他类型车	Other Motor Vehicles	35	13		6
拖拉机	Lowspeed Vehicles	760582			

注:合计数中不含拖拉机数量。
a) Total do not include number of louspeed vehicles.

13－9 私人车辆拥有量
Number of Private-owned Vehicles

单位:辆 (coach)

指标	Item	2005	2007	2008	2009	2010	2011	2012
合 计	**Total**	**8778943**	**10847059**	**11567448**	**12426271**	**12401784**	**13030125**	**13624122**
民用汽车	Civil Vehicles	1474688	2268743	2632743	3382248	4345668	5416833	6572682
载客汽车	Passenger Vehicles	942143	1754100	2197417	2911931	3839416	4881307	6005133
#大型	Large Scale	905	1260	1579	1776	1982	2147	1910
轿车	Cars	607462	1248332	1601572	2165102	2886147	3696667	4559240
载货汽车	Ordinary Trucks	146146	172800	190742	252910	328679	391099	443303
#重型	Large Scale	17523	25135	28448	54859	84235	107613	124053
其他汽车	Other	386399	341843	244584	217407	177573	144427	124246
摩托车	Motors	7045361	8570804	8926383	9031100	8037707	7590819	7025815
挂车	Freight Trailers	4756	7509	8320	12920	18404	22467	25625

13－10　全省公路运输汽车拥有量
Number of Transport Motor Vehicles

单位：辆　　　(coach)

指　　　标	Item	2005	2007	2008	2009	2010	2011	2012
合　　计	**Total**	**410338**	**409339**	**709129**	**786861**	**790417**	**696443**	**659825**
载客汽车	Passenger Vehicles							
辆数	Number	86038	84832	88261	92566	39614	40935	44221
客位　(万客位)	Seats　(10000 seats)	124	159	173	200	145	155	164
载货汽车	Trucks							
辆数	Number	324300	324507	620868	694295	750803	655508	615604
#普通载货汽车	Ordinary Trucks	309874	299541	324502	430347	520226	517568	535764
吨位　(万吨)	Tonnages　(10000 tons)	148	174	255	346	475	482	525
#普通载货汽车	Ordinary Trucks	130	146	166	277	380	387	402

13－11　全社会运输船舶拥有量
Number of Transport Vessels

指　　　标	Item	2011			2012		
		艘 Number (unit)	载客量(客位) Passenger Capacity (seat)	净载重量(万吨位) Dead Weight Tonnage (10000 tons)	艘 Number (unit)	载客量(客位) Passenger Capacity (seat)	净载重量(万吨位) Dead Weight Tonnage (10000 tons)
总　　计	**Total**	**49299**	**55236**	**3727.20**	**48818**	**41121**	**3984.93**
#内河船舶	Inland Waterway Vessels	48039	54808	2280.71	47532	40593	2350.60
沿海船舶	Coastal Vessels	1123	428	639.61	1148	528	771.94
远洋船舶	Oceanic Vessels	137		806.89	138		862.39
#机动船	Motor Vessels	39374	55236	3356.85	39645	41121	3624.13
客船	Passenger Ships	364	55236	8.14	227	16197	1.16
客货船	Passenger Cargo Ships				60	24924	1.29
货船	Cargo Ships	37785		3348.72	38193		3621.68
拖轮	Tugboats	1225			1165		
驳船	Cargo Barges	9925		370.35	9173		360.80

13-12 邮电业务基本情况
Basic Conditions of Post and Telecommunication Services

指　标	Item	2000	2005	2010	2011	2012
邮电业务总量　（亿元）	Business Volume of Postal & Telecommunication Services (100 million yuan)	323.45	728.08	2194.60	974.30	1120.37
邮政业务总量	Postal Services	20.13	52.95	188.30	145.50	205.75
电信业务总量	Telecommunicatoin Services	303.32	675.13	2006.33	828.80	914.62
邮电业务收入　（亿元）	Revenue from Post and Telecommunication Services (100 million yuan)		459.58	789.20	882.60	1000.48
邮政业务收入	Postal Revenue		44.50	111.10	133.10	178.75
电信业务收入	Telecommunication Revenue		415.08	687.11	749.50	821.73
函件　（亿件）	Letters (100 million pcs)	5.74	4.21	9.36	9.45	8.95
包件　（万件）	Parcels (10000 pcs)	534.00	610.14	401.40	422.14	416.80
快递　（万件）	Special Express (10000 pcs)	938.57	1719.24	23796.50	38500.00	63870.50
报刊期发数　（万份）	Newspapers and Magazines Circulation (10000 pcs)	1730.00	1294.38	1091.63	1198.65	1168.04
长途电话通话量　（万分钟）	Long-distance Calls (10000 minutes)		676618	582494	477714	433597
移动短信业务量　（亿条）	Short Message Services (100 million messages)		312.95	680.80	689.71	633.31
年末固定电话用户　（万户）	Fixed Telephone Subscribers at Year-end (10000 subscribers)	1138.06	3059.35	2498.80	2370.94	2387.20
#城市	Urban	535.43	2089.54	1527.80	1392.53	1341.00
乡村	Rural	602.63	969.81	971.00	978.41	1046.20
#住宅电话用户	Household Fixed Telephone Subscribers		2325.33	1759.01	1658.28	1574.00
城市	Urban	424.43	1457.62	949.11	856.17	733.70
乡村	Rural		867.71	809.90	802.11	840.30
年末移动电话用户　（万户）	Mobile Telephone Subscribers at Year-end (10000 subscribers)	619.50	2550.00	5923.10	6684.83	7471.40
固定宽带接入用户　（万户）	Fixed Broadband Users (10000 subscribers)	183.31	449.46	1062.20	1221.19	1406.40
邮政局所　（个）	Number of Post Offices (unit)	5091	2866	2540	2508	2470

13 - 12 续表 Continued

指标	Item	2000	2005	2010	2011	2012
邮路及农村投递路线总长度 （万公里）	Length of Postal Routes and Rural Delivery Routes (10000 km)	35.92	37.85	32.64	33.00	33.32
#汽车邮路	Highway Routes	5.94	8.05	5.91	5.67	6.11
铁路邮路	Railway Routes	0.48	0.48	0.59	0.58	0.58
长途电话业务电路 （2M）	Long Distance Telephone Lines (2M)		20588	14046	12954	6000006
局用电话交换机容量 （万门）	Capacity of Local Office Telephone Exchanges (10000 lines)	1725	4188	4288	2197.81	3768.00
移动电话交换机容量 （万门）	Capacity of Mobile Telephone Exchanges (10000 lines)	620	3397	8795	9536	9666
固定长途电话交换机容量 （万路端）	Capacity of Long-distance Fixed Telephone Exchanges (10000 circuits)	1138	93	110	110	110
长途光缆线路长度 （公里）	Length of Long Distance Optical Cable Lines (km)		25699	33034	33318	32820
邮政通信水平	**Level of Postal and Telecommunication**					
每局所服务面积 （平方公里）	Per Bureau (Office) Service Area (sq. km)		35.80	40.39	40.91	41.53
人均邮电业务量 （元/人）	Per Capita Business Volume of Post (yuan/person)	441.43	974.09	2788.95	1225.50	1414.61
每百人平均函件量 （件/百人）	Number of Letters Mailed Per 100 Persons (unit/100 persons)	783.38	563.25	1189.00	1198.53	1053.89
每百人平均订阅报刊量 （份/百人）	Number of Newspaper and Magazine Subscribed Per 100 Persons (unit/100 persons)	23.61	17.32	13.87	15.23	13.76
每百人平均包件（件/百人）	Number of Parcels Per 100 Persons (unit/100 persons)	7.29	8.16	5.10	5.36	4.91
每百人长途电话时长 （分钟/百人）	Number of Long Distance Telephone Calls Per 100 Persons (minute/100 persons)	1613.16	7885.48	7323.38	6047.00	5474.72
每百人移动短信量 （条/百人）	Number of Short Messages Per 100 Persons (unit/person)		41869	86517	87305	79964
电话普及率 （部/百人）	Popularization Rate of Telephones (unit/100 persons)	23.99	75.05	109.00	115.08	125.00
固定电话普及率	Popularization Rate of Fixed Telephones	15.53	40.93	32.35	30.13	30.00
移动电话普及率	Popularization Rate of Mobile Telephones	8.45	34.12	76.68	84.95	95.00

注：2008 年起邮政业业务总量、邮政业业务收入及快递包含国有、民营、外资各类企业的快递业务活动；2011 年起，电信由 2000 年不变单价调整为 2010 年不变单价。

a) Postal services, postal revenue and express services contain express state-owned, services of private and foreign enterprises from 2008; telecommunication Revenue is caculated at 2010 constant prices ratner than 2000 constant prices.

主要统计指标解释

铁路营业里程 又称营业长度(包括正式营业和临时营业里程),指办理客货运输业务的铁路正线总长度。凡是全线或部分建成双线及以上的线路,以第一线的实际长度计算;复线、站线、段管线、岔线和特殊用途线以及不计算运费的联络线都不计算营业里程。铁路营业里程是反映铁路运输业基础设施发展水平的重要指标,也是计算客货周转量、运输密度和机车车辆运用效率等指标的基础资料。

铁路正线延展里程 指正线第一线、第二线、第三线和其他正线建筑里程之和,不包括站线、段管线、岔线及特殊用途线的延展里程。它是作为计算铁路线上钢轨、枕木及路基砂石需要量的主要依据。

公路里程 指在一定时期内实际达到《公路工程技术标准 JTJ01-88》规定的等级公路,并经公路主管部门正式验收交付使用的公路里程数。包括大中城市的郊区公路以及通过小城镇街道部分的公路里程和桥梁、渡口的长度,不包括大中城市的街道、厂矿、林区生产用道和农业生产用道的里程。两条或多条公路共同经由同一路段,只计算一次,不得重复计算里程长度。它是反映公路建设发展规模的重要指标,也是计算运输网密度等指标的基础资料。

内河航道里程 也称内河通航里程,指在一定时期内,能通航运输船舶及排筏的天然河流、湖泊水库、运河及通航渠道的长度。包括全年季节性通航累计三个月以上的航道,不包括仅供零散流放竹、木排的河道。它是反映内河水运网规模、水平和发展情况的主要指标。

输油(气)管道长度 也称输油(气)里程,指油品(或天然气)的实际输送距离,一般按输油(气)管道的单线长度计算。若包括复线和备用线长度则称为输油(气)管道延展长度,是指管道铺设的实际长度。我们通常使用的是不包括复线的"输油(气)管道里程",它是反映管道运输发展规模和水平的主要指标。

货(客)运量 指在一定时期内,各种运输工具实际运送的货物(旅客)数量。它是反映运输业为国民经济和人民生活服务的数量指标,也是制定和检查运输生产计划、研究运输发展规模和速度的重要指标。货运按吨计算,客运按人计算。货物不论运输距离长短、货物类别,均按实际重量统计。旅客不论行程远近或票价多少,均按一人一次客运量统计;半价票、小孩票也按一人统计。

货物(旅客)周转量 指在一定时期内,由各种运输工具运送的货物(旅客)数量与其相应运输距离的乘积之总和。它是反映运输业生产总成果的重要指标,也是编制和检查运输生产计划,计算运输效率、劳动生产率以及核算运输单位成本的主要基础资料。计算货物周转量通常按发出站与到达站之间的最短距离,也就是计费距离计算。计算公式为:

货物(旅客)周转量 = ∑货物(旅客)运输量 × 运输距离

沿海主要港口货物吞吐量 指经水运进出沿海主要港区范围,并经过装卸的货物数量,包括邮件及办理托运手续的行李、包裹以及补给运输船舶的燃、物料和淡水。货物吞吐量按货物流向分为进口、出口吞吐量,按货物交流性质分为外贸货物吞吐量和国内贸易货物吞吐量。货物吞吐量的货类构成及其流向,是衡量港口生产能力大小的重要指标。

邮电业务总量 指以价值量形式表现的邮电通信企业为社会提供各类邮电通信服务的总数量。邮电业务量按专业分类包括函件、包件、汇票、报刊发行、邮政快件、特快专递、邮政储蓄、集邮、公众电报、用户电报、传真、长途电话、出租电路、无线寻呼、移动电话、分组交换数据通信、出租代维等。计算方法为各类产品乘以相应的平均单价(不变价)之和,再加上出租电路和设备、代用户维护电话交换机和线路等的服务收入。它综合反映了一定时期邮电业务发展的总成果,是研究邮电业务量构成和发展趋势的重要指标。计算公式为:

邮电业务总量 = ∑(各类邮电业务量 × 不变单价) + 出租代维及其他业务收入

移动电话用户 是指通过移动电话交换机进入移动电话网、占用移动电话号码的电话用户。用户数量以报告期末在移动电话营业部门实际办理登记手续进入移动电话网的户数进行计算,一部移动电话统计为一户。

电话用户 指接入国家公众固定电话网,并按固定电话业务进行经营管理的电话用户。1997 年以前,电话用户分为市内电话用户和农村电话用户。"市内电话用户"是指接入县城及县以上城市的电话网上的电话用户;"农村电话用户"是指接入县邮电局农话台及县以下农村电话交换点,以县城为中心(除市话用户外)联通县、乡(镇)、行政村、村民小组的用户。从 1997 年起,电话用户数分组调整为以用户所在区域划分为"城市电话用户"和"乡村电话用户",与过去的按市内电话和农村电话划分方法不同。而电话用户总数、电话机总部数统计范围不变。

城市电话用户 指直辖市、省辖市、地级市、县级市的市区、市郊区及县城(包括县人民政府所在地的县城关区或行政建制相当于县人民政府所在地的镇)范围内接入局用交换机的电话用户数,包括分布在农村地区的独立工矿区、林区、驻军等接入局用交换机的电话用户数。

乡村电话用户 指县城关区以下的集镇和农村接入局用交换机的电话用户数。

住宅电话用户　是指安装在居民住宅或农民家里并按照住宅电话用户登记注册和收费的电话用户。包括私人付费、单位付费和按规定免费安装的住宅电话用户。

局用交换机容量　是指安装在本地电信运营商内用于接续本地固定电话的电话交换机容量，有倍增设备按倍增后的数量计数。包括现用和备用的人工或自动交换机的全部容量。

Explanatory Notes on Main Statistical Indicators

Length of Railways in Operation　refers to the total length of the trunk line under passenger and freight transportation(including both full operation and temporary operation). The calculation is based on the actual length of the first line even if this line has a full or partial double track or more tracks, excluding double tracks, station sidings, tracks under the charge of stations, branch lines, special-purpose lines and the non-payable connecting lines. The length of railways in operation is an important indicator to show the development of the infrastructure for the railway transport, and also the essential data to calculate volume of passenger freight transport, traffic density and utilization efficiency of the locomotives and carriages.

Extenuation Length of Trunk Lines　refers to the sum of the first, the second, the third lines and other constructed length of the trunk railways, excluding the extenuation length of the station lines, lines under the jurisdiction depots, siding and lines for special purpose. It provides important information for the calculation of the needs for rails, sleepers, sand and stone for the construction ot railways.

Length of Highways　refers to the length of highways which are built in conformity with the grades specified by the highway engineering standard formulated by the Ministry of Communications, and have been formally checked and accepted by the departments of highways and put into use. The length of highways includes that of the suburb highways at large and medium-sized cities, highways passing through streets at small cities and towns, and also the length of bridges and ferries. It does not include the length of streets in big and medium-sized cities and highways built for the production purpose at factories, mines, forest areas and agricultural areas. If two or more highways go the same section of the way, the length of the section is only calculated for once and no duplication is allowed. The length of highways is an important indicator to show the development of the highway construction and to provide essential information to calculate the transport network density.

Length of Navigable Inland Waterways　an indicator reflecting the size and development of inland water network, it refers to the length of the natural rivers, lakes, reservoirs, canals, and ditches open to navigation during a given period, which enables the transport by ships and rafts. It includes the channels open to navigation for over an accumulative 3 months in a year, yet this does not include the river courses which are only used to float odd logs and bamboo rafts.

Length of Oil(Gas) Pipelines　used as an indicator to show the development, scale and level of the pipeline transportation, it refers to the actual transport distance of oil (or gas) products, and is in general calculated in the length of single pipe line. If the length of the double pipelines and alternate pipeline are included, it is called the extension length of the oil (gas) pipelines, which indicates the actual length of the pipelines built, excluding double pipelines.

Freight(Passenger) Traffic　refers to the volume of freight (passenger) transported with various means. Freight transport is calculated in tons and passenger traffic is calculated in the number of persons. Despite the type of freight and travelling distance, the freight transport is calculated in the actual weight of the goods; and despite the travelling distance and ticket price, the passenger traffic is calculated by the principle that one person can be counted only once in one travel. The passenger who travel with a half price ticket or a child ticket is also calculated as one person. The freight(passenger) traffic provides a quantitative measure to show how the transport industry serves the national economy and people, and is also an important indicator for planning the transport industry and for studying the development scale and speed of the transport industry.

Freight Ton-kilometers (Passenger-kilometers)　refer to the sum of the products of the volume of transported cargo (passengers) multiplying by the transport distance, usually using ton-kilometer and passenger-kilometer as units for measurement. Normally, the shortest distance between the departure station and the destination station(i. e. , the payable distance) is the basis to calculate the freight ton-kilometers. This is an important indicator to show the total results of the transport industry, to prepare and examine the transport plan and to measure the efficiency, the labour productivity and the unit cost of transport. The formula is as follows:

Freight Ton-kilometers(Passenger-kilometers) = { fFreight(Passenger) Traffic × Distance of Transportation}

Volume of Freight Handled in Major Coastal Ports　refers to the volume of cargo passing in and out the harbor area of the major coastal ports and having been loaded and unloaded. The volume includes that of the postal matters, registered luggage and fuels, materials and fresh water as supplies of the ships. The volume of freight handled may be classified by direction of flow as freight for import and freight for export, or by nature of cargo as freight for domestic trade and freight for foreign trade. As an important indicator, the volume of freight handled by type of cargo and by main flow direction reflects the production capacity of ports.

Business Volume of Post and Telecommunications refers to the total amount of post and telecommunications services, expressed in value terms, provided by the post and telecommunications departments for the society. Post and telecommunication services can be classified as letters, parcels, remittance, issue of newspapers and magazines, fast mail service, express mail service, savings deposits, stamps for collection, public and individual telegraph service, facsimiles, long-distance telephone service, leasing of telephone lines, urban paging service, mobile telephone service, data transfer and transmission, etc. The accounting approach is to multiply the service products of all types with their average unit price (constant price) to get sum of business value, plus income from other services such as leasing of telephone lines and equipment, maintenance of telephone switchboards and lines on behalf of customers. This indicator reflects the overall results of post and telecommunications service during a given period, and is important to study the composition of business service and the development of post and telecommunications service. The formula is as follows:

Business Volume of Post and Telecommunications = $\sum$ (Transaction of Post and Telecommunication Service × Constant Price) + Income from Leasing, Maintenance and other Services.

Mobile Telephone Subscribers refer to the persons who own mobile telephone numbers and are connected with the mobile telephone communication network through the mobile telephone switchboards. The number of subscribers is calculated by the subscribers who have completed registration at mobile communication business centers and entered into the mobile telephone network. One mobile telephone is taken as a subscriber.

Telephone Subscribers refer to subscribers that are connected to the public line telephone network provided with telephone services. Before 1997, telephone subscribers were classified as city subscribers and village subscribers. City subscribers referred to those connected to city telephone networks in county towns and cities, while village subscribers referred to those connected to village telephone stations at and below counties. Since 1997, the classification of telephone subscribers was modified on the basis of physical location of the subscribers as rban telephone subscribers and ural telephone subscribers, which is different from the previous classification of catgorizing local telephones and ural telephones, while the definition of total subscribers and total number of telephones remain unchanged.

Urban Telephone Subscribers refer to subscribers telephone subscribers, located at municipalities, cities under the jurisdiction of province, cities at prefectural level, downtown and suburb of city at county level town and county towns (including country towns where county government located, and towns of county level according to the administrative organizational system), that are connected to the public line telephone network, including rural mineral area, forest area, military area.

Rural Telephone Subscribers refer to telephone subscribers, located at towns under county town and country, that are connected to the public line telephone network.

Household Telephone Subscribers refer to telephone sets installed in the dwelling units of urban or rural residents, and registered as residence subscribers for payment, including 3 types of payment for the service: private payment, public payment and free service.

Capacity of Office Telephone Exchanges refers to the capacity (measured in gate) of telephone exchanges installed in the offices of local telecommunication service providers for communication between fixed telephones. It includes the capacity of both manual and automatic exchanges in use and for stand-by purpose. Equipment with expansion function is to be counted by the expanded capacity.

14

批发零售、住宿餐饮和旅游

Wholesale and Retail Trade, Hotels, Catering Services and Tourism

简要说明

一、本篇资料的主要内容

本篇资料主要反映江苏消费品市场、批发和零售业、住宿和餐饮业以及旅游业的发展状况。主要内容包括社会消费品零售总额；批发和零售业、住宿和餐饮业全行业经营情况；限额以上批发和零售业、住宿和餐饮业的基本情况、财务状况、连锁经营情况；亿元以上商品交易市场基本情况和成交情况；旅行社、星级饭店基本情况；入境旅游人数、国内居民旅游人数以及国际、国内旅游收入。

二、本篇资料的统计范围

社会消费品零售总额的统计范围为参与市场商品零售或餐饮经营活动的各行业法人企业、产业活动单位和个体经营户；批发和零售业、住宿和餐饮业全行业经营情况的统计范围为全部批发和零售业、住宿和餐饮业法人企业、产业活动单位和个体经营户；限额以上批发和零售业基本情况、财务状况和连锁经营情况的统计范围为年主营业务收入达到2000万元及以上的批发业、年主营业务收入达到500万元及以上的零售业法人企业、产业活动单位和个体经营户；限额以上住宿和餐饮业基本情况、财务状况和连锁经营情况的统计范围为年主营业务收入达到200万元及以上的住宿和餐饮业法人企业、产业活动单位和个体经营户；亿元以上商品交易市场基本情况和成交情况统计范围为年商品成交额达到亿元及以上的现货商品交易市场；旅行社和星级饭店基本情况、入境旅游人数、国内居民旅游人数以及国际、国内旅游收入的统计范围为全省范围内的旅行社、星级饭店和旅游者。

三、本篇资料的来源

本篇资料中社会消费品零售总额以及批发和零售业、住宿和餐饮业发展情况根据《批发和零售业统计报表制度》《住宿和餐饮业统计报表制度》规定的有关统计内容进行加工整理；旅游业发展情况根据旅游局提供的有关资料编制。

四、本篇资料的统计调查方法

本篇资料中社会消费品零售总额以及批发和零售业、住宿和餐饮业发展情况方面资料涉及限额以上法人企业、产业活动单位和个体经营户以及亿元及以上商品交易市场的采用全面调查方法；涉及限额以下法人企业、产业活动单位和个体经营户的采用抽样调查方法推算。旅游业发展情况数据中国际、国内旅游收入和国内居民旅游人数等指标采用抽样调查方法，其余数据均为全面调查统计取得。

Brief Introduction

Ⅰ. Main Contents

Data in this chapter reflect the development of markets of consumer goods, wholesale and retail trades, hotels and catering services and tourism. Main contents include the total sales of consumer goods, the operation of wholesale and retail trades and hotel and catering services, the basic conditions, financial status and chain operation of the wholesale and retail trades and hotel and catering services above designated size, the basic condition and turnover of large commodity transaction markets with transaction over 100 million yuan, the basic conditions of travel agencies and star-rated hotels, number of international tourists and Chinese residents going abroad, number of domestic tourists and income from international and domestic tourism.

Ⅱ. Scope of Statistics

The scope of statistics of the total sales of consumer goods include corporate enterprises, establishments, and self-employed individuals involved in wholesale and retail trades and hotels and catering services. The scope of statistics of the operation of wholesale and retail trades and hotel and catering services include all corporate enterprises, establishments, and self-employed individuals involved in wholesale and retail trades and hotels and catering services. The scope of statistics of the basic conditions, financial status and chain operation of the wholesale and retail trades above designated size include corporate enterprises, establishments, and self-employed individuals involved in wholesale trade with annual principal business sales over 20 million yuan, retail trade with annual principal business sales over 5 million yuan. The scope of statistics of the basic conditions, financial status and chain operation of the hotel and catering services above designated size include corporate enterprises, establishments, and self-employed individuals involved in the hotel and catering services with annual principal business sales over 2 million yuan. The scope of statistics of the basic condition and turnover of large commodity transaction markets with transaction over 100 million yuan include all transaction markets with the total sales value of commodities over 100 million yuan. The scope of statistics of the basic conditions of travel agencies and star-rated hotels, number of international tourists and Chinese residents going abroad, number of domestic tourists and income from international and domestic tourism include all travel agencies, star-rated hotels and tourists in Jiangsu Province.

Ⅲ. Sources of Data

The total sales of consumer goods and the development of wholesale and retail trades, hotels and catering services are collected and processed in accordance with The Statistical Reporting Form System on Wholesale and Retail Trades and The Satistical Reporting Form System on Hotels and Catering Services. The data on tourism are from the Ministry of Public Security and State Tourism Administration.

Ⅳ. Methods of Survey

Data on corporate enterprises above designated

size, establishments, self-employed individuals and commodity transaction markets with transaction over 100 million yuan are collected through comprehensive reporting system. Data on enterprises and self-employed individuals below the designated size are collected by sample surveys. Data on tourism are from the comprehensive reporting form system except those on the earnings from international and domestic tourism and number of domestic tourists going abroad from sample surveys.

14－1 国内贸易基本情况
Basic Conditions of Domestic Trade

指 标	Item	2000	2005	2009	2010	2011	2012
限额以上法人企业 （个）	**Number of Corporation Enterprises above Designated Size （unit）**		**3751**	**13388**	**14835**	**14923**	**16358**
#批发业	Wholesale Trade	990	1202	7005	7968	7399	7871
零售业	Retail Trade	582	1256	3962	4406	4865	5740
住宿业	Hotels		512	916	906	940	935
餐饮业	Catering Services	209	781	1505	1555	1719	1812
限额以上产业活动单位 （个）	**Industry Activity Units （unit）**		**10272**	**25541**	**27047**	**27431**	**28452**
#批发业	Wholesale Trade	1567	2754	10517	11531	10952	11221
零售业	Retail Trade	1278	5798	11570	11827	12486	13052
住宿业	Hotels		544	1028	1029	1083	1072
餐饮业	Catering Services	262	1176	2426	2660	2910	3107
限额以上企业（单位）从业人数 （人）	**Engaged Persons （person）**		**539212**	**998638**	**1061028**	**1157919**	**1229898**
#批发业	Wholesale Trade	195820	112991	284172	310026	326716	347101
零售业	Retail Trade	176249	242059	422222	433942	455492	515393
住宿业	Hotels		81512	126810	134782	171029	144273
餐饮业	Catering Services	43384	102650	165434	182278	204682	223131
限额以上批发和零售业	**Wholesale and Retail Trades**						
商品购进总额 （亿元）	Total Purchases （100 million yuan）	2715.80	5268.60	17107.82	24075.96	29794.97	32972.76
商品销售总额 （亿元）	Total Sales （100 million yuan）	2952.54	5936.71	19728.20	26994.90	33834.05	35792.88
商品库存总额 （亿元）	Total Stock （100 million yuan）	278.23	336.91	1167.20	1537.13	1854.40	2108.28
社会消费品零售总额 （亿元）	**Total Retail Sales of Consumer Goods （100 million yuan）**	**2908.46**	**5735.50**	**11484.10**	**13606.80**	**15988.38**	**18331.30**

14－2　商品交易市场情况
Transaction Markets

项　　目	Item	1995	2000	2005	2009	2010	2011	2012
商品交易市场数（个）	**Number of Commodity Exchange Markets (unit)**	**5111**	**6268**	**4934**	**4061**	**4032**	**3879**	**3890**
按地区分	**Groups by Area**							
城市	Urban	1293	2027	2279	2153	2215	2113	2176
农村	Rural	3818	4241	2655	1908	1817	1766	1714
按市场类型分	**Groups by Market Type**							
消费品市场	Markets of Consumer Goods	4711	5548	4293	3579	3576	3451	3492
城市	Urban	1102	1675	1830	1845	1927	1842	1924
农村	Rural	3609	3873	2463	1734	1649	1609	1568
生产资料市场	Markets of Production Material	400	720	641	482	456	428	398
城市	Urban	191	352	449	308	288	271	252
农村	Rural	209	368	192	174	168	157	146

14－3 按行业分社会消费品零售总额
Total Retail Sales of Consumer Goods by Sector

单位:亿元 (100 million yuan)

年 份 Year	社会消费品零售总额 Total Retail Sales of Consumer Goods	批发和零售业 Wholesale and Retail Sales Trade	住 宿 业 Hotel	餐 饮 业 Catering Services	其他行业 Others
1978	84.79	79.18		3.24	2.37
1979	99.16	91.61		3.90	3.65
1980	122.56	114.35		4.72	3.49
1981	134.79	125.16		5.17	4.46
1982	150.01	138.87		5.49	5.65
1983	169.12	156.28		6.14	6.70
1984	205.05	188.80		7.61	8.64
1985	262.57	240.69		10.45	11.43
1986	304.58	279.25		12.53	12.80
1987	360.74	329.31		15.84	15.59
1988	471.83	432.06		20.33	19.44
1989	509.56	467.11		22.47	19.98
1990	515.43	472.72		24.17	18.54
1991	578.12	529.94		27.86	20.32
1992	704.52	644.61		33.64	26.27
1993	967.77	888.24		44.74	34.79
1994	1359.61	1238.30		71.44	49.87
1995	1741.92	1573.01		95.21	73.70
1996	2080.44	1901.47		135.64	43.33
1997	2300.61	2082.71		167.92	49.99
1998	2453.84	2208.24		192.52	53.08
1999	2649.56	2367.59		227.58	54.39
2000	2908.46	2583.19		269.59	55.69
2001	3233.35	2845.89		326.71	60.76
2002	3656.57	3179.23		410.83	66.52
2003	4194.50	3613.67		510.94	69.88
2004	4892.18	4333.18	41.67	496.10	21.22
2005	5735.50	5051.70	49.81	583.09	50.91
2006	6706.19	5898.79	67.68	678.83	60.89
2007	7985.90	7023.48	82.48	810.56	69.38
2008	9905.10	8890.30	99.80	826.10	88.90
2009	11484.10	10312.81	107.66	957.23	106.40
2010	13606.80	12207.18	127.15	1147.99	124.50
2011	15988.38	14320.87	161.94	1359.27	146.30
2012	18331.30	16448.83	178.42	1588.08	115.97

注:1. 1996 年及以后社会消费品零售总额及各分组指标中不含售给城乡居民生活用住房的零售额。
2. 2004 年为第一次经普数据,2005 年为按经普口径统计数据,1993－2003 年原则根据原各年环比发展速度和 2004 年经济普查数据调整。
3. 2008 年为第二次经普数据,2009 年为按经普口径统计数据,2005－2007 年根据趋势离差法和 2008 年经济普查数据调整。
4. 批发零售业中包括原制造业和其他行业中原农民对非农业居民的零售额。
5. 2003 年前住宿业包括在餐饮业和其他行业中。

a) Since 1996, the residential house was excluded from the total retail sales of consumer goods and all the targets by groups.
b) Figures of 2004 refer to the First National Economic Census, Figures of 2005 have been adjusted according to the Economic Census. Figures of 1993—2003 have been adjusted in principle according to chain growth rates of every year and the First National Economic Census.
c) Figures of 2008 refer to the Second National Economic Census, Figures of 2009 have been adjusted according to the Economic Census. Figures of 2005—2007 have been adjusted to Trend Deviation Method and the Second Economic Sensus.
d) Wholesale and retail sales trade includes the retail sales of mannufacturing industry and retail sales of the farmers to nonagricultural residents which was included in the original other industry.
e) Before 2003, the retail sales of hotel industry was involved in other industries.

14-4 限额以上批发和零售业基本情况(2012 年)
Basic Conditions of Enterprises above Designated Size in Wholesale and Retail Trades(2012)

项目	Item	法人企业(个) Number of Corporation Enterprises (unit)	产业活动单位数(个) Number of Establishments (unit)	零售营业面积(平方米) Floor Space of Retail Business (sq. m)	从业人员(人) Persons Engaged (person)
总计	**Total**	**13611**	**24273**	**23680004**	**862494**
#国有控股	State-owned and State Share Holding	757	4287	2445525	119670
批发业	**Wholesale Trade**	**7871**	**11221**	**2509207**	**347101**
#国有控股	State-owned and State Share Holding	487	2920	1043858	78390
按登记注册类型分	**Grouped by Status of Registration**				
内资企业	Domestic Funded Enterprises	7646	10912	2406465	290315
国有企业	State-owned Enterprises	315	445	303773	29672
集体企业	Collective-owned Enterprises	57	66	21867	1709
股份合作企业	Cooperative Enterprises	26	30	15310	3152
联营企业	Joint Ownership Enterprises	8	10	9611	820
国有联营企业	State Joint Ownership Enterprises	5	6	100	801
集体联营企业	Collective Joint Ownership Enterprise	1	2	9511	12
国有与集体联营企业	Joint State-collective Enterprises				
其他联营企业	Other Joint Ownership Enterprises	2	2		7
有限责任公司	Limited Liability Corporations	1103	1510	426358	63302
国有独资公司	State Solely Funded Corporations	15	52	3152	1944
其他有限责任公司	Other Limited Liability Corporations	1088	1458	423206	61358
股份有限公司	Share-holding Corporations Ltd.	148	2333	677889	52358
私营企业	Private Enterprises	5854	6381	903211	135086
私营独资企业	Private-funded Enterprises	355	371	145944	9860
私营合伙企业	Private Partnership Enterpises	55	57	7245	1184
私营有限责任公司	Private Limited Liability Corporations	5262	5770	709221	118983
私营股份有限公司	Private Share-holding Corporations Ltd.	182	183	40801	5059
其他企业	Other Enterprises	135	137	48446	4216
港、澳、台商投资企业	Enterprises with Funds from Hong Kong, Macao and Taiwan	106	158	77372	21873
合资经营企业	Joint-venture Enterprises	20	61	6409	3008
合作经营企业	Cooperative Enterprises	2	2		42
独资经营企业	Enterprises with Sole Fund	78	88	70863	11205
港、澳、台商投资股份有限公司	Share-holding Corporations Ltd.	6	7	100	7618
其他港澳台投资	Other Funds from Hong Kong, Macao and Taiwan				
外商投资企业	Foreign Funded Enterprises	119	151	25370	34913
合资经营企业	Joint-venture Enterprises	17	25	5748	1781
合作经营企业	Cooperative Enterprises	1	3	100	544
独资经营企业	Enterprises with Sole Fund	100	120	19322	32426
外商投资股份有限公司	Share-holding Corporations Ltd.		1	200	42
其他外商投资	Other Foreign Funds	1	2		120
按行业分	**Grouped by Sector**				
农、林、牧产品批发	Wholesale of Farm Products and Livestock Products	358	425	286281	11072

14－4 续 表 1 Continued 1

项 目	Item	法人企业(个) Number of Corporation Enterprises (unit)	产业活动单位数(个) Number of Establishments (unit)	零售营业面积(平方米) Floor Space of Retail Business (sq. m)	从业人员(人) Persons Engaged (person)
食品、饮料及烟草制品批发	Wholesale of Food, Beverages and Tobaccos	432	630	204228	41390
纺织、服装及日用品批发	Wholesale of Textiles, Garments and Daily Consumer Articals	1229	1323	249267	91673
文化、体育用品及器材批发	Wholesale of Culture, Sports Appliances and Equipment	140	152	17443	11172
医药及医疗器材批发	Wholesale of Medicines and Medical Appliances	172	263	105726	29686
矿产品、建材及化工产品批发	Wholesale of Mineral Products, Building Material and Chemical Products	4038	6784	1320553	107275
机械设备、五金交电及电子产品批发	Wholesale of Machinery, Hardware and Electronic Equipment	984	1084	223448	43055
贸易经纪与代理	Trade Broker and Agency	106	107	9424	2193
其他批发	Others	412	453	92837	9585
零售业	**Retail Trade**	**5740**	**13052**	**21170797**	**515393**
#国有控股	State-owned and State Share Holding	270	1367	1401667	41280
按登记注册类型分	**Grouped by Status of Registration**				
内资企业	Domestic Funded Enterprises	5577	11736	16575381	389854
国有企业	State-owned Enterprises	140	440	418807	14006
集体企业	Collective-owned Enterprises	119	176	191791	5350
股份合作企业	Cooperative Enterprises	34	96	118983	3185
联营企业	Joint Ownership Enterprises	10	27	40122	836
国有联营企业	State Joint Ownership Enterprises	3	4	7746	205
集体联营企业	Collective Joint Ownership Enterprise	1	1	1870	30
国有与集体联营企业	Joint State-collective Enterprises	2	2	13592	81
其他联营企业	Other Joint Ownership Enterprises	4	20	16914	520
有限责任公司	Limited Liability Corporations	1037	4278	5638169	128537
国有独资公司	State Solely Funded Corporations	6	47	14052	951
其他有限责任公司	Other Limited Liability Corporations	1031	4231	5624117	127586
股份有限公司	Share-holding Corporations Ltd.	151	396	1365843	30235
私营企业	Private Enterprises	3972	6000	8531030	199554
私营独资企业	Private-funded Enterprises	631	723	1114613	20404
私营合伙企业	Private Partnership Enterpises	69	73	61104	1771
私营有限责任公司	Private Limited Liability Corporations	3108	4941	6926775	168242
私营股份有限公司	Private Share-holding Corporations Ltd.	164	263	428538	9137
其他企业	Other Enterprises	114	323	270636	8151
港、澳、台商投资企业	Enterprises with Funds from Hong Kong, Macao and Taiwan	84	239	1935784	63948
合资经营企业	Joint-venture Enterprises	21	29	357929	6882
合作经营企业	Cooperative Enterprises	1	1	154	20
独资经营企业	Enterprises with Sole Fund	60	205	1565421	56474

14－4 续 表 2 Continued 2

项 目	Item	法人企业(个) Number of Corporation Enterprises (unit)	产业活动单位数(个) Number of Establishments (unit)	零售营业面积(平方米) Floor Space of Retail Business (sq. m)	从业人员(人) Persons Engaged (person)
港、澳、台商投资股份有限公司	Share-holding Corporations Ltd.	2	3	11780	536
其他港澳台投资	Other Funds from Hong Kong, Macao and Taiwan		1	500	36
外商投资企业	Foreign Funded Enterprises	79	1077	2659632	61591
合资经营企业	Joint-venture Enterprises	20	803	1272726	34303
合作经营企业	Cooperative Enterprises	2	9	77099	2641
独资经营企业	Enterprises with Sole Fund	56	261	1292990	24333
外商投资股份有限公司	Share-holding Corporations Ltd.	1	4	16817	314
其他外商投资	Other Foreign Funds				
按行业分	**Grouped by Sector**				
综合零售	Integrated Retail	799	3311	10242281	233284
食品、饮料及烟草制品专门零售	Retail of Food, Beverages and Tobaccos	453	1790	392436	23397
纺织、服装及日用品专门零售	Retail of Textiles, Garments and Daily Consumer Articles	330	437	690895	25081
文化、体育用品及器材专门零售	Retail of Culture, Sports Appliances and Equipment	387	812	664398	26412
医药及医疗器材专门零售	Retail of Medicines and Medica Appliances	329	2208	541651	32371
汽车、摩托车、燃料及零配件专门零售	Retail of Motor Vehicles, Motorcycles, Fuel and Parts	2097	2490	5474292	104546
家用电器及电子产品专门零售	Special Retail of Household Electric Appliances and Electronic Products	780	1336	1677473	45533
五金、家具及室内装饰材料专门零售	Special Retail of Hardware, Furniture and Decoration Materials	367	396	998977	10251
摊货无店铺及其他零售业	Non-shop and Other Retail	198	272	488394	14518
按经营方式分	**Grouped by Business Mode**				
独立商店	Independent Stores	4718	5884	13873725	281629
连锁商店总店	Chain Stores	159	4947	3691375	122500
连锁商店分店	Branches of Chain Stores	224	1173	2551824	55284
其他	Others	639	1048	1053873	55980
按零售业态分	**Grouped by Store Type**				
百货商店	Department Stores	376	490	4554758	74181
超级市场	Supermarkets	477	2396	5700802	165793
专业店	Specialty Stores	3100	6944	5852268	150493
专卖店	Franchised Stores	1437	2232	3550864	88083
家居建材店	Building Material Stores	106	114	680495	3772
其他	Others	244	876	831610	33071

注:产业活动单位数包括本省限额上批零住餐法人所属的全部(包括在外省的)产业活动单位和其他行业及外省法人所属在本省的限额以上批发和零售业产业活动单位。营业面积、从业人数为法人在地口径。

a) The number of establishments include the number of enterprises above designated size in wholesale and retail trades of Jiangsu and other province eatablished in Jiangsu. The data of persons engaged and floor space of retail business base on the data of corporation enterprises.

14－5 批发和零售业商品购销存总额(2012年)
Total Value of Commodity Purchasing, Sales and Inventory of Enterprises above Designated Size in Wholesale and Retail Sale Trade(2012)

单位:亿元 (100 million yuan)

项目	Item	商品购进总额 Total Purchaes Value	商品销售总额 Total Sales Value	批发 Whole-sale Value	零售 Retail Sale Value	商品库存总额 Stock
总计	**Total**		**67309.1**	**50955.6**	**16353.6**	
限额以上企业和单位	**Above Designated Size Enterprises and Units**	**32972.8**	**35792.9**	**27568.7**	**8224.2**	**2108.3**
#国有控股	State-owned and State Share Holding	7043.1	7682.0	6237.1	1444.9	444.1
批发业	**Wholesale Trade**	**26162.4**	**28258.5**	**26896.6**	**1361.8**	**1478.4**
#国有控股	State-owned and State Share Holding	6376.9	6949.0	6118.5	830.6	390.0
按登记注册类型分	**Grouped by Status of Registration**					
内资企业	Domestic Funded Enterprises	23807.1	25427.3	24126.4	1300.9	1325.5
国有企业	State-owned Enterprises	2372.0	2676.7	2632.6	44.0	178.5
集体企业	Collective-owned Enterprises	112.9	125.3	120.9	4.4	10.9
股份合作企业	Cooperative Enterprises	114.2	117.7	111.0	6.7	52.6
联营企业	Joint Ownership Enterprises	73.9	74.1	68.5	5.6	2.1
国有联营企业	State Joint Ownership Enterprises	67.6	67.7	62.2	5.5	2.1
集体联营企业	Collective Joint Ownership Enterprise	0.3	0.3	0.2	0.1	0.0
国有与集体联营企业	Joint State-collective Enterprises					
其他联营企业	Other Joint Ownership Enterprises	6.1	6.1	6.1		0.1
有限责任公司	Limited Liability Corporations	6606.7	7066.9	6837.7	229.2	284.9
国有独资公司	State Solely Funded Corporations	270.3	276.9	275.7	1.2	25.6
其他有限责任公司	Other Limited Liability Corporations	6336.4	6790.0	6562.0	228.0	259.4
股份有限公司	Share-holding Corporations Ltd.	3777.9	4010.9	3290.2	720.6	286.5
私营企业	Private Enterprises	10376.8	10966.2	10689.0	277.2	495.8
私营独资企业	Private-funded Enterprises	428.3	458.0	424.2	33.9	14.4
私营合伙企业	Private Partnership Enterpises	61.0	64.4	56.4	8.0	2.8
私营有限责任公司	Private Limited Liability Corporations	9433.0	9940.1	9726.5	213.6	455.3
私营股份有限公司	Private Share-holding Corporations Ltd.	454.4	503.7	481.9	21.8	23.3
其他企业	Other Enterprises	372.6	389.6	376.5	13.1	14.0
港、澳、台商投资企业	Enterprises with Funds from Hong Kong, Macao and Taiwan	798.8	998.8	970.7	28.1	77.2
合资经营企业	Joint-venture Enterprises	226.1	245.3	243.0	2.3	22.6
合作经营企业	Cooperative Enterprises	0.8	0.8	0.8		0.1
独资经营企业	Enterprises with Sole Fund	556.2	729.9	704.3	25.5	47.3
港、澳、台商投资股份有限公司	Share-holding Corporations Ltd.	15.7	22.8	22.6	0.2	7.2
其他港澳台投资	Other Funds from Hong Kong, Macao and Taiwan					
外商投资企业	Foreign Funded Enterprises	1556.5	1832.3	1799.5	32.9	75.8
合资经营企业	Joint-venture Enterprises	87.8	92.9	84.6	8.3	10.4
合作经营企业	Cooperative Enterprises	700.5	743.1	743.1	0.0	0.2
独资经营企业	Enterprises with Sole Fund	766.8	994.9	970.4	24.5	65.1

14－5 续 表 1 Continued 1

单位：亿元 (100 million yuan)

项 目	Item	商品购进总额 Total Purchaes Value	商品销售总额 Total Sales Value	批发 Whole-sale Value	零售 Retail Sale Value	商品库存总额 Stock
外商投资股份有限公司	Share-holding Corporations Ltd.	0.5	0.5	0.5	0.0	0.0
其他外商投资	Other Foreign Funds	1.0	1.0	1.0		0.1
按行业分	**Grouped by Sector**					
农、林、牧产品批发	Wholesale of Farm Products and Live-stock Products	412.6	436.7	422.2	14.5	56.3
食品、饮料及烟草制品批发	Wholesale of Food, Beverages and Tobaccos	1338.5	1671.2	1612.9	58.3	97.4
纺织、服装及日用品批发	Wholesale of Textiles, Garments and Daily Consumer Articals	3734.0	4260.7	4148.0	112.7	404.0
文化、体育用品及器材批发	Wholesale of Culture, Sports Appliances and Equipment	286.8	304.3	290.5	13.8	59.8
医药及医疗器材批发	Wholesale of Medicines and Medical Appliances	605.0	788.3	711.9	76.3	54.5
矿产品、建材及化工产品批发	Wholesale of Mineral Products, Building Material and Chemical Products	16562.8	17263.5	16252.0	1011.5	589.8
机械设备、五金交电及电子产品批发	Wholesale of Machinery, Hardware and Electronic Equipment	2259.3	2515.8	2459.1	56.6	176.9
贸易经纪与代理	Trade Broker and Agency	205.1	210.4	208.9	1.5	9.7
其他批发	Others	758.2	807.7	791.0	16.7	30.0
零售业	**Retail Trade**	**6810.4**	**7534.4**	**672.1**	**6862.3**	**629.9**
#国有控股	State-owned and State Share Holding	666.2	732.9	118.6	614.3	54.2
按登记注册类型分	**Grouped by Status of Registration**					
内资企业	Domestic Funded Enterprises	5521.5	6044.5	437.5	5606.9	505.4
国有企业	State-owned Enterprises	157.4	172.6	25.8	146.8	24.0
集体企业	Collective-owned Enterprises	82.5	88.8	14.6	74.1	4.7
股份合作企业	Cooperative Enterprises	53.6	59.2	17.9	41.3	3.3
联营企业	Joint Ownership Enterprises	17.7	19.0	0.7	18.4	1.1
国有联营企业	State Joint Ownership Enterprises	3.6	3.8	0.0	3.8	0.1
集体联营企业	Collective Joint Ownership Enterprise	0.1	0.1		0.1	0.0
国有与集体联营企业	Joint State-collective Enterprises	1.9	2.4		2.4	0.2
其他联营企业	Other Joint Ownership Enterprises	12.1	12.8	0.7	12.1	0.8
有限责任公司	Limited Liability Corporations	1699.7	1872.3	106.8	1765.5	154.5
国有独资公司	State Solely Funded Corporations	5.2	5.6	0.4	5.2	0.8
其他有限责任公司	Other Limited Liability Corporations	1694.5	1866.7	106.4	1760.3	153.7
股份有限公司	Share-holding Corporations Ltd.	478.8	583.9	49.4	534.5	33.2
私营企业	Private Enterprises	2941.3	3149.5	213.4	2936.1	275.8
私营独资企业	Private-funded Enterprises	250.3	279.5	10.4	269.1	19.9
私营合伙企业	Private Partnership Enterpises	16.7	17.9	0.7	17.2	1.8
私营有限责任公司	Private Limited Liability Corporations	2561.8	2723.8	188.4	2535.4	234.6
私营股份有限公司	Private Share-holding Corporations Ltd.	112.5	128.3	13.9	114.4	19.5
其他企业	Other Enterprises	90.5	99.1	8.9	90.2	8.8

单位:亿元 (100 million yuan)

项 目	Item	商品购进总额 Total Purchaes Value	商品销售总额 Total Sales Value	批发 Whole-sale Value	零售 Retail Sale Value	商品库存总额 Stock
港、澳、台商投资企业	Enterprises with Funds from Hong Kong, Macao and Taiwan	528.0	674.7	75.9	598.8	66.4
合资经营企业	Joint-venture Enterprises	79.2	83.8	1.6	82.1	6.9
合作经营企业	Cooperative Enterprises	0.5	0.5		0.5	0.0
独资经营企业	Enterprises with Sole Fund	441.4	582.3	73.6	508.7	58.8
港、澳、台商投资股份有限公司	Share-holding Corporations Ltd.	7.0	7.7	0.7	7.0	0.7
其他港澳台投资	Other Funds from Hong Kong, Macao and Taiwan		0.5		0.5	0.0
外商投资企业	Foreign Funded Enterprises	760.9	815.3	158.7	656.6	58.0
合资经营企业	Joint-venture Enterprises	436.6	467.9	153.3	314.6	26.2
合作经营企业	Cooperative Enterprises	13.2	16.3		16.3	1.7
独资经营企业	Enterprises with Sole Fund	301.7	323.7	5.4	318.3	27.6
外商投资股份有限公司	Share-holding Corporations Ltd.	9.3	7.4		7.4	2.5
其他外商投资	Other Foreign Funds					
按行业分	**Grouped by Sector**					
综合零售	Integrated Retail	1876.6	2259.0	207.1	2052.0	173.2
食品、饮料及烟草制品专门零售	Retail of Food, Beverages and Tobaccos	181.4	215.9	20.0	195.9	17.9
纺织、服装及日用品专门零售	Retail of Textiles, Garments and Daily Consumer Articles	195.9	235.9	12.2	223.7	28.5
文化、体育用品及器材专门零售	Retail of Culture, Sports Appliances and Equipment	255.0	284.2	23.6	260.6	63.4
医药及医疗器材专门零售	Retail of Medicines and Medica Appliances	528.0	564.3	117.2	447.1	44.6
汽车、摩托车、燃料及零配件专门零售	Retail of Motor Vehicles, Motorcycles, Fuel and Parts	2736.6	2877.0	126.1	2750.9	236.2
家用电器及电子产品专门零售	Special Retail of Household Electric Appliances and Electronic Products	585.2	625.9	37.8	588.1	47.2
五金、家具及室内装修材料专门零售	Special Retail of Hardware, Furniture and Decoration Materials	208.5	226.1	22.9	203.2	9.9
无店铺及其他零售	Non-shop and Other Retail	243.2	246.1	105.1	141.0	8.9
按经营方式分	**Grouped by Business Mode**					
独立商店	Independent Stores	4518.5	4969.3	204.2	4765.1	414.3
连锁商店总店	Chain Stores	970.4	1135.6	228.9	906.7	95.2
连锁商店分店	Branches of Chain Stores	509.4	548.2	31.0	517.2	50.4
其他	Others	812.2	881.3	208.0	673.3	70.1
按零售业态分	**Grouped by Store Type**					
百货商店	Department Stores	838.9	1050.5	24.5	1026.0	71.5
超级市场	Supermarkets	1055.4	1247.3	185.6	1061.7	112.1
专业店	Specialty Stores	2496.5	2672.5	210.1	2462.4	219.8
专卖店	Franchised Stores	1905.9	2008.3	102.7	1905.7	201.3
家居建材店	Building Material stores	79.3	85.4	16.7	68.7	4.1
其他	Others	434.3	470.3	132.6	337.8	20.9
限额以下企业(单位)和个体	**Enterprises (units) below Designated Size and Individuals**		**31516.3**	**23386.9**	**8129.4**	

14－6 限额以上批发和零售业企业财务状况(2012年)

单位:亿元

项目	Item	资产总计 Total Assets	#流动资产 Crculating Assets	#固定资产 Fixed Assets
总 计	**Total**	**13239.11**	**10408.66**	**1053.65**
#国有控股	State-owned and State Share Holding	3091.68	2341.83	264.53
批发业	**Wholesale Trade**	**9916.96**	**8203.97**	**539.78**
#国有控股	State-owned and State Share Holding	2770.04	2109.88	224.47
按登记注册类型分	**Grouped by status of Registration**			
内资企业	Domestic Funded Enterprises	9017.12	7448.23	500.77
国有企业	State-owned Enterprises	1243.91	1047.63	101.46
集体企业	Collective-owned Enterprises	64.25	45.86	6.33
股份合作企业	Cooperative Enterprises	59.73	55.47	2.34
联营企业	Joint Ownership Enterprises	9.10	7.72	0.89
国有联营企业	State Joint Ownership Enterprises	8.04	6.69	0.88
集体联营企业	Collective Joint Ownership Enterprise	0.25	0.23	0.01
国有与集体联营企业	Joint State-collective Enterprises			
其他联营企业	Other Joint Ownership Enterprises	0.81	0.79	0.00
有限责任公司	Limited Liability Corporations	2207.60	1802.64	109.51
国有独资公司	State Solely Funded Corporations	215.08	114.11	21.66
其他有限责任公司	Other Limited Liability Corporations	1992.52	1688.52	87.85
股份有限公司	Share-holding Corporations Ltd.	1686.37	1340.70	95.06
私营企业	Private Enterprises	3615.96	3076.46	166.86
私营独资企业	Private-funded Enterprises	139.07	96.38	11.54
私营合伙企业	Private Partnership Enterpises	18.33	16.00	0.57
私营有限责任公司	Private Limited Liability Corporations	3070.61	2626.35	139.84
私营股份有限公司	Private Share-holding Corporations Ltd.	387.95	337.73	14.91
其他企业	Other Enterprises	130.20	71.74	18.31
港、澳、台商投资企业	Enterprises with Funds from Hong Kong, Macao and Taiwan	483.57	411.47	27.88
合资经营企业	Joint-venture Enterprises	132.01	105.11	9.63
合作经营企业	Cooperative Enterprises	0.45	0.21	0.00
独资经营企业	Enterprises with Sole Fund	338.39	295.76	17.60
港、澳、台商投资股份有限公司	Share-holding Corporations Ltd.	12.72	10.38	0.65
其他港澳台投资	Other Funds from Hong Kong, Macao and Taiwan			
外商投资企业	Foreign Funded Enterprises	416.26	344.27	11.13
合资经营企业	Joint-venture Enterprises	28.75	26.26	0.95
合作经营企业	Cooperative Enterprises	68.02	61.76	0.69
独资经营企业	Enterprises with Sole Fund	319.44	256.21	9.49
外商投资股份有限公司	Share-holding Corporations Ltd.			
其他外商投资	Other Foreign Funds	0.05	0.05	0.00

Financial Indicators of Enterprises above Designated Size in Wholesale and Retail Trade(2012)

(100 million yuan)

负债合计 Total Liabilities	所有者权益合计 Owner's Equities	主营业务收入 Revenue from Principal Business	主营业务成本 Cost of Principle Business	其他业务利润 Profits from Other Business	营业利润 Profit from Major Business	利润总额 Total Profits
9927.94	**3311.17**	**30452.85**	**28319.16**	**114.44**	**607.97**	**575.52**
1934.96	1156.72	6498.03	5932.67	15.93	280.77	286.65
7481.04	**2435.91**	**24154.65**	**22713.14**	**32.56**	**480.09**	**463.21**
1685.01	1085.04	5897.88	5393.84	10.37	267.31	272.75
6837.58	2179.54	21946.39	20804.39	26.78	394.84	381.70
675.37	568.54	2308.76	2060.26	2.54	136.49	136.48
54.38	9.86	108.89	102.49	0.17	2.26	4.03
52.05	7.68	101.95	93.26	0.17	5.29	5.31
6.11	2.99	28.22	27.03	0.04	0.39	0.52
5.27	2.77	22.69	21.60	0.03	0.35	0.48
0.21	0.04	0.27	0.26		0.00	0.00
0.63	0.18	5.25	5.18	0.01	0.04	0.04
1792.04	415.56	6114.74	5875.44	8.25	62.41	51.95
131.70	83.38	238.04	220.42	0.79	3.55	4.62
1660.34	332.18	5876.70	5655.02	7.47	58.86	47.33
1207.55	478.82	3368.96	3150.89	4.87	103.38	107.53
2937.61	678.36	9583.76	9175.73	10.61	81.62	73.38
105.10	33.98	412.08	380.75	0.18	13.21	12.61
13.42	4.91	55.65	51.82	0.05	1.63	1.58
2466.73	603.88	8667.60	8309.74	10.14	64.63	57.79
352.36	35.59	448.43	433.42	0.24	2.15	1.40
112.47	17.73	331.11	319.29	0.13	2.99	2.48
329.70	153.87	825.51	697.52	1.91	41.76	45.83
89.95	42.06	201.89	186.49	1.57	9.34	9.96
0.24	0.21	0.72	0.62		0.01	0.01
231.17	107.22	603.17	498.36	0.34	30.89	33.99
8.34	4.38	19.73	12.05		1.53	1.87
313.76	102.50	1382.75	1211.23	3.87	43.50	35.68
22.05	6.70	65.46	62.34	0.04	1.10	1.30
52.70	15.32	595.53	585.56	0.01	9.50	0.50
238.96	80.48	721.57	563.16	3.83	32.90	33.89
0.05	0.00	0.18	0.17		-0.01	-0.01

单位:亿元

项　　目	Item	资产总计 Total Assets	#流动资产 Crculating Assets	#固定资产 Fixed Assets
按行业分	**Grouped by Sector**			
农、林、牧产品批发	Wholesale of Farm Products and Livestock Products	206.09	154.93	26.78
食品、饮料及烟草制品批发	Wholesale of Food, Beverages and Tobaccos	944.32	812.96	77.43
纺织、服装及日用品批发	Wholesale of Textiles, Garments and Daily Consumer Articals	2133.71	1816.40	78.35
文化、体育用品及器材批发	Wholesale of Culture, Sports Appliances and Equipment	236.70	186.22	10.48
医药及医疗器材批发	Wholesale of Medicines and Medical Appliances	414.80	346.50	17.42
矿产品、建材及化工产品批发	Wholesale of Mineral Products, Building Material and Chemical Products	4535.91	3645.01	243.95
机械设备、五金交电及电子产品批发	Wholesale of Machinery, Hardware and Electronic Equipment	1126.59	967.61	69.13
贸易经纪与代理	Trade Broker and Agency	98.79	89.11	3.00
其他批发	Others	220.05	185.23	13.23
零售业	**Retail Trade**	**3322.16**	**2204.69**	**513.86**
#国有控股	State-owned and State Share Holding	321.64	231.95	40.06
按登记注册类型分	**Grouped by Status of Registration**			
内资企业	Domestic Funded Enterprises	2724.12	1806.49	410.55
国有企业	State-owned Enterprises	82.89	65.14	11.32
集体企业	Collective-owned Enterprises	22.44	10.67	7.99
股份合作企业	Cooperative Enterprises	13.38	7.59	1.87
联营企业	Joint Ownership Enterprises	4.62	1.91	1.20
国有联营企业	State Joint Ownership Enterprises	0.35	0.29	0.05
集体联营企业	Collective Joint Ownership Enterprise	0.07	0.04	0.04
国有与集体联营企业	Joint State-collective Enterprises	0.39	0.29	0.08
其他联营企业	Other Joint Ownership Enterprises	3.81	1.29	1.04
有限责任公司	Limited Liability Corporations	748.27	516.52	124.86
国有独资公司	State Solely Funded Corporations	2.53	1.16	0.82
其他有限责任公司	Other Limited Liability Corporations	745.73	515.36	124.04
股份有限公司	Share-holding Corporations Ltd.	570.02	289.67	79.64
私营企业	Private Enterprises	1238.72	881.97	179.19
私营独资企业	Private-funded Enterprises	118.64	88.98	19.06
私营合伙企业	Private Partnership Enterpises	9.05	6.06	1.46
私营有限责任公司	Private Limited Liability Corporations	1052.78	742.67	151.30
私营股份有限公司	Private Share-holding Corporations Ltd.	58.25	44.26	7.36
其他企业	Other Enterprises	43.78	33.02	4.49

Continued 1

(100 million yuan)

负债合计 Total Liabilities	所有者权益合计 Owner's Equities	主营业务收入 Revenue from Principal Business	主营业务成本 Cost of Principle Business	其他业务利润 Profits from Other Business	营业利润 Profit from Major Business	利润总额 Total Profits
160.89	45.20	412.16	391.52	0.41	3.05	6.01
414.48	529.84	1415.68	1100.10	3.01	188.01	188.80
1666.40	467.32	3721.79	3360.98	5.31	84.90	88.99
126.42	110.27	264.96	238.62	0.17	12.10	10.91
335.17	79.63	685.54	585.35	7.25	10.89	11.94
3643.03	892.88	14558.02	14097.42	11.48	136.21	107.79
885.83	240.76	2193.21	2070.34	4.30	39.76	39.90
84.09	14.70	198.06	190.45	0.36	0.72	0.16
164.72	55.32	705.22	678.37	0.27	4.44	8.71
2446.89	**875.26**	**6298.20**	**5606.02**	**81.88**	**127.88**	**112.31**
249.95	71.69	600.16	538.83	5.56	13.46	13.89
2042.36	681.76	5108.56	4575.62	49.50	100.45	89.61
64.25	18.63	130.26	114.61	2.06	4.55	4.65
13.29	9.15	70.90	62.34	0.30	4.10	3.25
9.66	3.72	50.45	47.46	0.37	0.60	0.60
1.81	2.81	15.57	14.73	0.03	0.12	0.14
0.13	0.22	2.50	2.43	0.00	0.01	0.02
0.04	0.04	0.08	0.05		0.01	0.01
0.27	0.11	2.06	1.96		-0.01	0.00
1.37	2.44	10.94	10.28	0.03	0.11	0.12
593.24	155.02	1586.96	1414.26	20.93	29.68	28.42
1.11	1.43	4.26	3.23	0.04	0.18	0.21
592.14	153.59	1582.70	1411.02	20.89	29.50	28.21
374.30	195.72	478.86	410.07	7.62	17.71	18.50
950.27	288.45	2690.60	2436.23	17.54	42.77	33.11
89.98	28.67	247.35	220.11	0.94	7.97	6.82
6.26	2.79	16.13	14.14	0.06	-0.43	-0.64
813.82	238.96	2320.95	2109.20	15.85	31.93	23.95
40.21	18.04	106.17	92.78	0.68	3.30	2.98
35.52	8.26	84.95	75.93	0.65	0.92	0.93

单位:亿元

项 目	Item	资产总计 Total Assets	#流动资产 Crculating Assets	#固定资产 Fixed Assets
港、澳、台商投资企业	Enterprises with Funds from Hong Kong, Macao and Taiwan	248.90	163.11	51.54
合资经营企业	Joint-venture Enterprises	35.41	16.79	12.64
合作经营企业	Cooperative Enterprises	0.09	0.04	0.05
独资经营企业	Enterprises with Sole Fund	211.29	144.61	38.44
港、澳、台商投资股份有限公司	Share-holding Corporations Ltd.	2.11	1.67	0.41
其他港澳台投资	Other Funds from Hong Kong, Macao and Taiwan			
外商投资企业	Foreign Funded Enterprises	349.13	235.09	51.77
合资经营企业	Joint-venture Enterprises	149.47	110.82	20.06
合作经营企业	Cooperative Enterprises	4.73	2.20	1.42
独资经营企业	Enterprises with Sole Fund	194.23	121.80	30.04
外商投资股份有限公司	Share-holding Corporations Ltd.	0.70	0.27	0.25
其他外商投资	Other Foreign Funds			
按行业分	**Grouped by Sector**			
综合零售	Integrated Retail	1159.72	700.96	241.74
食品、饮料及烟草制品专门零售	Retail of Food, Beverages and Tobaccos	73.16	48.66	12.98
纺织、服装及日用品专门零售	Retail of Textiles, Garments and Daily Consumer Articles	87.67	64.11	8.49
文化、体育用品及器材专门零售	Retail of Culture, Sports Appliances and E-quipment	144.35	109.41	16.22
医药及医疗器材专门零售	Retail of Medicines and Medica Appliances	230.53	203.86	15.43
汽车、摩托车、燃料及零配件专门零售	Retail of Motor Vehicles, Motorcycles, Fu-el and Parts	963.12	681.62	134.11
家用电器及电子产品专门零售	Special Retail of Household Electric Appli-ances and Electronic Products	495.48	294.24	48.02
五金、家具及室内装修材料专门零售	Special Retail of Hardware, Furniture and Decoration Materials	85.70	42.69	24.59
无店铺及其他零售	Non-shop and Other Retail	82.43	59.14	12.29
按经营方式分	**Grouped by Business Mode**			
独立商店	Independent Stores	2161.99	1434.17	367.54
连锁商店总店	Chain Stores	674.93	403.95	86.76
连锁商店分店	Branches of Chain Stores	192.10	133.93	33.19
其他	Others	293.14	232.64	26.38
按零售业态分	**Grouped by Store Type**			
百货商店	Department Stores	747.63	415.79	157.49
超级市场	Supermarkets	439.55	303.90	86.99
专业店	Specialty Stores	1257.79	825.47	162.59
专卖店	Franchised Stores	704.10	535.55	83.40
家居建材店	Building Material Stores	35.98	13.23	14.62
其他	Others	137.10	110.74	8.77

Continued 2

(100 million yuan)

负债合计 Total Liabilities	所有者权益合计 Owner's Equities	主营业务收入 Revenue from Principal Business	主营业务成本 Cost of Principle Business	其他业务利润 Profits from Other Business	营业利润 Profit from Major Business	利润总额 Total Profits
170.52	78.38	568.54	479.77	12.42	16.54	9.22
20.44	14.97	69.44	62.25	2.33	2.20	1.87
0.03	0.05	0.45	0.36		0.10	0.10
148.17	63.12	492.77	411.68	9.87	14.17	7.18
1.87	0.24	5.88	5.47	0.21	0.08	0.08
234.02	115.12	621.10	550.64	19.96	10.90	13.48
113.46	36.02	366.35	333.95	12.94	8.20	8.78
4.32	0.42	9.01	7.15	0.74	-0.17	-0.16
115.87	78.36	244.52	208.39	6.25	2.91	4.90
0.38	0.32	1.22	1.14	0.02	-0.05	-0.05
876.01	283.71	1849.87	1565.87	55.76	55.73	47.36
39.60	33.56	159.17	133.30	0.69	9.44	8.72
59.71	27.96	165.28	132.90	1.61	7.60	7.16
94.11	50.24	216.94	179.62	2.08	7.21	8.04
185.88	44.64	482.17	439.55	1.42	10.14	9.73
746.49	216.63	2501.70	2335.72	12.47	20.17	16.43
325.50	169.98	530.70	464.48	6.20	11.78	10.02
54.11	31.59	190.16	166.91	0.88	6.25	5.60
65.47	16.95	202.22	187.68	0.74	-0.42	-0.75
1608.32	553.67	4219.71	3778.89	44.30	86.97	77.38
470.30	204.63	961.48	830.91	24.82	17.34	13.76
157.00	35.10	396.36	346.22	9.43	6.82	4.94
211.27	81.86	720.65	649.99	3.33	16.75	16.24
501.82	245.81	859.04	711.45	24.24	46.92	46.33
386.75	52.80	1019.68	875.41	31.71	11.95	4.54
882.43	375.36	2279.08	2056.18	15.61	46.49	45.64
541.24	162.86	1703.12	1567.39	8.03	20.71	15.07
23.40	12.58	71.95	62.93	0.39	0.99	0.79
111.25	25.85	365.32	332.67	1.90	0.83	-0.05

14-7 限额以上住宿和餐饮业基本情况(2012年)

Basic Conditions of Enterprises above Designated Size in Hotel and Catering Trade(2012)

项 目	Item	法人企业(个) Number of Corporation Enterprises (unit)	产业活动单位数(个) Number of Establishments(unit)	餐饮营业面积(平方米) Floor Space of Catering Service (sq. m)	从业人员(人) Persons Engaged (person)
总 计	**Total**	**2747**	**4179**	**7483990**	**367404**
#国有控股	State-owned and State Share Holding	270	345	942804	51470
住宿业	**Hotel Service**	**935**	**1072**	**2945839**	**144273**
#国有控股	State-owned and State Share Holding	195	225	642227	39869
按登记注册类型分组	**Grouped by Status of Registration**				
内资企业	Domestic Funded Enterprises	871	981	2759772	127202
国有企业	State-owned Enterprises	143	165	316508	25147
集体企业	Collective-owned Enterprises	36	38	71987	3449
股份合作企业	Cooperative Enterprises	1	2	2430	167
联营企业	Joint Ownership Enterprises	5	6	43500	1026
国有联营企业	State Joint Ownership Enterprises	1	2	34000	618
集体联营企业	Collective Joint Ownership Enterprise	2	2	6000	192
国有与集体联营企业	Joint State-collective Enterprises	2	2	3500	216
其他联营企业	Other Joint Ownership Enterprises				
有限责任公司	Limited Liability Corporations	192	219	672474	34377
国有独资公司	State Solely Funded Corporations	5	5	13420	1072
其他有限责任公司	Other Limited Liability Corporations	187	214	659054	33305
股份有限公司	Share-holding Corporations Ltd.	28	35	270256	6980
私营企业	Private Enterprises	451	500	1358283	54472
私营独资企业	Private-funded Enterprises	75	80	168976	6453
私营合伙企业	Private Partnership Enterpises	10	11	23360	768
私营有限责任公司	Private Limited Liability Corporations	343	385	1025719	44012
私营股份有限公司	Private Share-holding Corporations Ltd.	23	24	140228	3239
其他企业	Other Enterprises	15	16	24334	1584
港、澳、台商投资企业	Enterprises with Funds from Hong Kong, Macao and Taiwan	24	32	93806	8247
合资经营企业	Joint-venture Enterprises	11	16	52591	4502
合作经营企业	Cooperative Enterprises				
独资经营企业	Enterprises with Sole Fund	13	16	41215	3745
港、澳、台商投资股份有限公司	Share-holding Corporations Ltd.				
其他港澳台投资	Other Funds from Hong Kong, Macao and Taiwan				
外商投资企业	Foreign Funded Enterprises	40	59	92261	8824
合资经营企业	Joint-venture Enterprises	10	13	23383	2585
合作经营企业	Cooperative Enterprises	3	5	15480	464
独资经营企业	Enterprises with Sole Fund	24	38	44357	4991
外商投资股份有限公司	Share-holding Corporations Ltd.	3	3	9041	784
其他外商投资	Other Foreign Funds				
按行业分组	**Grouped by Sector**				
旅游饭店	Tourist Restaurants	695	801	2583825	130999
一般旅馆	Ordinary Hotels	214	244	315928	11337
其他住宿服务	Other Hotel Service	26	27	46086	1937
按星级等级分组	**Grouped by Star Glass**				
一星	One-star Class	6	6	18630	711
二星	Two-star Class	57	63	100217	3986
三星	Three-star Class	238	260	647266	24866
四星	Four-star Class	157	173	560888	36326

项目	Item	法人企业（个）Number of Corporation Enterprises (unit)	产业活动单位数（个）Number of Establishments (unit)	餐饮营业面积（平方米）Floor Space of Catering Service (sq. m)	从业人员（人）Persons Engaged (person)
五星	Five-star Class	70	94	745955	34885
其他	Others	407	476	872883	43499
餐饮业	**Catering Service**	**1812**	**3107**	**4538151**	**223131**
#国有控股	State-owned and State Share Holding	75	120	300577	11601
按登记注册类型分组	**Grouped by Status of Registration**				
内资企业	Domestic Funded Enterprises	1731	2125	4028255	156413
国有企业	State-owned Enterprises	55	96	154537	7295
集体企业	Collective-owned Enterprises	20	22	25946	1391
股份合作企业	Cooperative Enterprises	4	6	15294	1035
联营企业	Joint Ownership Enterprises	2	3	6158	222
国有联营企业	State Joint Ownership Enterprises				
集体联营企业	Collective Joint Ownership Enterprise	1	1	806	55
国有与集体联营企业	Joint State-collective Enterprises				
其他联营企业	Other Joint Ownership Enterprises	1	2	5352	167
有限责任公司	Limited Liability Corporations	215	271	777812	29756
国有独资公司	State Solely Funded Corporations	4	4	22260	575
其他有限责任公司	Other Limited Liability Corporations	211	267	755552	29181
股份有限公司	Share-holding Corporations Ltd.	31	42	167253	4209
私营企业	Private Enterprises	1354	1629	2744878	108890
私营独资企业	Private-funded Enterprises	322	350	550114	18026
私营合伙企业	Private Partnership Enterprises	33	34	43146	1649
私营有限责任公司	Private Limited Liability Corporations	940	1180	2011863	83539
私营股份有限公司	Private Share-holding Corporations Ltd.	59	65	139755	5676
其他企业	Other Enterprises	50	56	136377	3615
港、澳、台商投资企业	Enterprises with Funds from Hong Kong, Macao and Taiwan	46	150	153019	13078
合资经营企业	Joint-venture Enterprises	20	108	62311	4809
合作经营企业	Cooperative Enterprises	1	1	1200	76
独资经营企业	Enterprises with Sole Fund	25	41	89508	8193
港、澳、台商投资股份有限公司	Share-holding Corporations Ltd.				
其他港澳台投资	Other Funds from Hong Kong, Macao and Taiwan				
外商投资企业	Foreign Funded Enterprises	35	832	356877	53640
合资经营企业	Joint-venture Enterprises	10	307	128352	22711
合作经营企业	Cooperative Enterprises		2	2560	85
独资经营企业	Enterprises with Sole Fund	22	519	224573	30766
外商投资股份有限公司	Share-holding Corporations Ltd.	3	4	1392	78
其他外商投资	Other Foreign Funds				
按行业分组	**Grouped by Sector**				
正餐服务	Dinner Service	1668	1948	3911564	146423
快餐服务	Snack Service	74	948	474910	62214
饮料及冷饮服务	Beverage and Cool Drink Service	14	108	51355	4354
其他餐饮服务	Other Catering Service	56	103	100322	10140
按经营方式分组	**Grouped by Business Mode**				
独立商店	Independent Stores	1662	1863	3691788	143340
连锁商店总店	Chain Stores	21	966	436939	61821
连锁商店分店	Branches of Chain Stores	61	188	277622	11591
其他	Others	68	90	131802	6379

注：产业活动单位数包括本省限额上批零住餐法人所属的全部（包括在外省的）产业活动单位和其他行业及外省法人所属在本省的限额以上住宿和餐饮业产业活动单位。营业面积、从业人数为法人在地口径。

a) The number of establishments include the number of enterprises above designated size in wholesale and retail trades of Jiangsu and other province eatablished in Jiangsu. The data of persons engaged and floor space of retail business base on the data of corporation enterprises.

14－8 住宿和餐饮业经营情况(2012 年)

单位:万元

项　目	Item	营业额 Business Revenue	客房收入 Hotel Rooms
总　计	**Total**	**24498198**	
限额以上企业和单位	**Above Designated Size Enterprises and Units**	**6221882**	**1317478**
#国有控股	State-owned and State Share Holding	939004	300264
住宿业	**Hotel Service**	**2561846**	**1019262**
#国有控股	State-owned and State Share Holding	747250	260192
按登记注册类型分组	**Grouped by Status of Registration**		
内资企业	Domestic Funded Enterprises	2217743	856704
国有企业	State-owned Enterprises	439139	153735
集体企业	Collective-owned Enterprises	58891	20351
股份合作企业	Cooperative Enterprises	2590	1267
联营企业	Joint Ownership Enterprises	25900	7780
国有联营企业	State Joint Ownership Enterprises	14614	4985
集体联营企业	Collective Joint Ownership Enterprise	2527	1077
国有与集体联营企业	Joint State-collective Enterprises	8759	1718
其他联营企业	Other Joint Ownership Enterprises		
有限责任公司	Limited Liability Corporations	630364	259600
国有独资公司	State Solely Funded Corporations	10853	4404
其他有限责任公司	Other Limited Liability Corporations	619511	255196
股份有限公司	Share-holding Corporations Ltd.	155657	49752
私营企业	Private Enterprises	873555	351330
私营独资企业	Private-funded Enterprises	115649	48162
私营合伙企业	Private Partnership Enterpises	14620	4279
私营有限责任公司	Private Limited Liability Corporations	691304	276977
私营股份有限公司	Private Share-holding Corporations Ltd.	51982	21913
其他企业	Other Enterprises	31647	12890
港、澳、台商投资企业	Enterprises with Funds from Hong Kong, Macao and Taiwan	159765	73143
合资经营企业	Joint-venture Enterprises	98531	41199
合作经营企业	Cooperative Enterprises		
独资经营企业	Enterprises with Sole Fund	61234	31944
港、澳、台商投资股份有限公司	Share-holding Corporations Ltd.		
其他港澳台投资	Other Funds from Hong Kong, Macao and Taiwan		
外商投资企业	Foreign Funded Enterprises	184338	89415
合资经营企业	Joint-venture Enterprises	47410	19399
合作经营企业	Cooperative Enterprises	9849	1712
独资经营企业	Enterprises with Sole Fund	106110	59764
外商投资股份有限公司	Share-holding Corporations Ltd.	20969	8540
其他外商投资	Other Foreign Funds		
按行业分组	**Grouped by Sector**		
旅游饭店	Tourist Restaurants	2339975	886470
一般旅馆	Ordinary Hotels	190153	112939
其他住宿服务	Other Hotel Service	31717	19853
按星级等级分组	**Grouped by Star Glass**		
一星	One-star Class	17323	5981

Business of Enterprises of Hotels and Catering Services(2012)

(10000 yuan)

餐费收入 Catering Service	商品销售收入 Sales of Commodities	其他收入 Other Revenue	年末拥有床位数(个) Number of Bedsat Year-end (unit)	年末拥有餐位数(位) Number of Dining-seats at Year-end (unit)
4436010	**189362**	**279033**	**324154**	**1452405**
489641	51566	97532	66538	188641
1246532	**85208**	**210845**	**233920**	**478680**
357212	44528	85317	57195	128722
1091375	82267	187398	206725	433310
212708	14225	58471	38282	86536
30986	2019	5535	6107	12789
583		740	340	270
14689	2381	1050	1570	3134
9118	22	490	954	1679
1450			260	700
4121	2360	560	356	755
307962	13121	49680	54405	111756
5618	79	752	1087	2754
302344	13042	48928	53318	109002
59179	28842	17884	9029	18876
450706	18768	52751	93362	194538
55028	6293	6166	12470	26966
9426	493	423	1599	2404
360165	10313	43849	72913	152566
26086	1670	2312	6380	12602
14561	2911	1286	3630	5411
77521	800	8301	11458	21621
51672	90	5570	6413	11550
25849	710	2731	5045	10071
77636	2141	15146	15737	23749
23646	383	3982	4056	8695
7870	210	57	517	2620
36114	1237	8994	10166	9612
10006	310	2113	998	2822
1174693	81537	197275	193295	444099
62339	3496	11379	35634	29757
9500	175	2191	4991	4824
9439	289	1613	1348	1697

单位:万元

项 目	Item	营业额 Business Revenue	客房收入 Hotel Rooms
二星	Two-star Class	57813	19472
三星	Three-star Class	367967	118887
四星	Four-star Class	674893	233429
五星	Five-star Class	774104	301801
其他	Others	669746	339690
餐饮业	**Catering Service**	**3660037**	**298216**
#国有控股	State-owned and State Share Holding	191754	40072
按登记注册类型分组	**Grouped by Status of Registration**		
内资企业	Domestic Funded Enterprises	2649152	275867
国有企业	State-owned Enterprises	117241	18209
集体企业	Collective-owned Enterprises	24231	3311
股份合作企业	Cooperative Enterprises	28116	10393
联营企业	Joint Ownership Enterprises	2624	652
国有联营企业	State Joint Ownership Enterprises		
集体联营企业	Collective Joint Ownership Enterprise	976	
国有与集体联营企业	Joint State-collective Enterprises		
其他联营企业	Other Joint Ownership Enterprises	1647	652
有限责任公司	Limited Liability Corporations	501028	80255
国有独资公司	State Solely Funded Corporations	5996	805
其他有限责任公司	Other Limited Liability Corporations	495032	79450
股份有限公司	Share-holding Corporations Ltd.	86513	5311
私营企业	Private Enterprises	1829147	153126
私营独资企业	Private-funded Enterprises	338469	27458
私营合伙企业	Private Partnership Enterpises	32828	3459
私营有限责任公司	Private Limited Liability Corporations	1375218	111777
私营股份有限公司	Private Share-holding Corporations Ltd.	82633	10432
其他企业	Other Enterprises	60252	4610
港、澳、台商投资企业	Enterprises with Funds from Hong Kong, Macao and Taiwan	181821	14290
合资经营企业	Joint-venture Enterprises	89370	5964
合作经营企业	Cooperative Enterprises	696	
独资经营企业	Enterprises with Sole Fund	91755	8326
港、澳、台商投资股份有限公司	Share-holding Corporations Ltd.		
其他港澳台投资	Other Funds from Hong Kong, Macao and Taiwan		
外商投资企业	Foreign Funded Enterprises	829064	8059
合资经营企业	Joint-venture Enterprises	336439	5505
合作经营企业	Cooperative Enterprises	2548	
独资经营企业	Enterprises with Sole Fund	486913	2555
外商投资股份有限公司	Share-holding Corporations Ltd.	3165	
其他外商投资	Other Foreign Funds		
按行业分组	**Grouped by Sector**		
正餐服务	Dinner Service	2517170	291494
快餐服务	Snack Service	967272	359
饮料及冷饮服务	Beverage and Cool Drink Service	48451	
其他餐饮服务	Other Catering Service	127144	6363
按经营方式分组	**Grouped by Business Mode**		
独立商店	Independent Stores	2397741	278804
连锁商店总店	Chain Stores	910117	
连锁商店分店	Branches of Chain Stores	224697	11991
其他	Others	127483	7421
限额以下企业(单位)和个体	**Enterprises(units) below Designated Size and Individuals**	**18276316**	

Continued

(10000 yuan)

餐费收入 Catering Service	商品销售收入 Sales of Commodities	其他收入 Other Revenue	年末拥有床位数(个) Number of Bedsat Year-end (unit)	年末拥有餐位数(位) Number of Dining-seats at Year-end (unit)
29371	3529	5441	8366	17445
207418	11105	30557	46192	116320
358304	15636	67523	50409	130038
375764	38514	58026	38427	99646
266235	16135	47685	89178	113534
3189478	**104154**	**68188**	**90234**	**973725**
132429	7038	12215	9343	59919
2238872	75668	58745	85513	831132
86367	6151	6515	5940	44932
19750	730	439	1436	7558
17334	29	360	746	4231
1784	114	74	247	750
862	114			160
922		74	247	590
394058	10254	16461	21361	130950
5090	5	95	433	2880
388968	10249	16366	20928	128070
76699	1400	3103	2113	36341
1590471	54837	30713	51782	589567
286005	21437	3569	9166	128869
27619	1417	332	2956	12203
1209799	30788	22855	35709	420916
67048	1196	3957	3951	27579
52409	2153	1080	1888	16803
135390	27824	4318	2961	29399
80870	2051	485	1274	12489
696				200
53824	25773	3832	1687	16710
815216	663	5126	1760	113194
330371	64	500	1309	43296
2548				351
479134	598	4626	451	68794
3165				753
2093242	71741	60692	88431	808941
962957	1386	2570	253	129638
43539	828	4083		8306
89740	30199	843	1550	26840
1967467	93647	57823	82555	763860
904698	951	4468		112546
209939	1976	791	3377	59214
107374	7581	5107	4302	38105

14－9 限额以上住宿和餐饮业企业财务状况(2012 年)

单位:亿元

项　目	Item	资产总计 Total Assets	#流动资产 Crculating Assets	#固定资产 Fixed Assets
总　计	**Total**	**968.05**	**342.98**	**362.82**
#国有控股	State-owned and State Share Holding	240.00	68.65	104.57
住宿业	**Hotel Service**	**629.18**	**201.11**	**252.20**
#国有控股	State-owned and State Share Holding	215.96	55.12	97.57
按登记注册类型分组	**Grouped by Status of Registration**			
内资企业	Domestic Funded Enterprises	541.37	176.40	207.83
国有企业	State-owned Enterprises	133.69	31.11	68.57
集体企业	Collective-owned Enterprises	12.28	5.77	3.92
股份合作企业	Cooperative Enterprises	0.21	0.05	0.10
联营企业	Joint Ownership Enterprises	1.09	0.35	0.49
国有联营企业	State Joint Ownership Enterprises	0.10	0.02	0.03
集体联营企业	Collective Joint Ownership Enterprise	0.07	0.07	0.00
国有与集体联营企业	Joint State-collective Enterprises	0.92	0.26	0.46
其他联营企业	Other Joint Ownership Enterprises			
有限责任公司	Limited Liability Corporations	186.54	63.97	62.27
国有独资公司	State Solely Funded Corporations	0.86	0.76	0.04
其他有限责任公司	Other Limited Liability Corporations	185.68	63.22	62.23
股份有限公司	Share-holding Corporations Ltd.	32.15	8.36	11.89
私营企业	Private Enterprises	170.26	65.18	58.04
私营独资企业	Private-funded Enterprises	15.96	8.55	5.52
私营合伙企业	Private Partnership Enterpises	1.83	0.35	0.81
私营有限责任公司	Private Limited Liability Corporations	139.04	52.47	47.04
私营股份有限公司	Private Share-holding Corporations Ltd.	13.44	3.81	4.67
其他企业	Other Enterprises	5.15	1.61	2.55
港、澳、台商投资企业	Enterprises with Funds from Hong Kong, Macao and Taiwan	32.98	8.08	16.98
合资经营企业	Joint-venture Enterprises	18.93	5.18	10.10
合作经营企业	Cooperative Enterprises			
独资经营企业	Enterprises with Sole Fund	14.04	2.90	6.88
港、澳、台商投资股份有限公司	Share-holding Corporations Ltd.			
其他港澳台投资	Other Funds from Hong Kong, Macao and Taiwan			
外商投资企业	Foreign Funded Enterprises	54.84	16.63	27.39
合资经营企业	Joint-venture Enterprises	12.11	3.82	5.36
合作经营企业	Cooperative Enterprises	0.91	0.42	0.15
独资经营企业	Enterprises with Sole Fund	34.88	11.87	17.14
外商投资股份有限公司	Share-holding Corporations Ltd.	6.93	0.52	4.74
其他外商投资	Other Foreign Funds			
按行业分组	**Grouped by Sector**			
旅游饭店	Tourist Restaurants	591.55	188.71	240.41
一般旅馆	Ordinary Hotels	33.63	10.51	10.79
其他住宿服务	Other Hotel Service	4.00	1.89	1.00
按星级等级分组	**Grouped by Star Glass**			
一星	One-star Class	5.64	4.05	1.27
二星	Two-star Class	9.73	3.71	4.01
三星	Three-star Class	66.43	28.13	23.38
四星	Four-star Class	159.53	55.64	61.26
五星	Five-star Class	242.76	55.95	109.75
其他	Others	145.10	53.63	52.54
餐饮业	**Catering Service**	**338.87**	**141.87**	**110.62**
#国有控股	State-owned and State Share Holding	24.04	13.52	7.00
按登记注册类型分组	**Grouped by Status of Registration**			

Financial Indicators of Enterprises above Designated Size in Hotel and Catering Industry (2012)

(100 million yuan)

负债合计 Total Liabilities	所有者权益合计 Owner's Equities	主营业务收入 Revenue from Principal Business	主营业务成本 Cost of Principle Business	其他业务利润 Profits from Other Business	营业利润 Profit from Major Business	利润总额 Total Profits
703.74	**264.32**	**548.44**	**246.36**	**3.04**	**-4.71**	**-6.85**
136.41	103.58	77.62	30.33	0.77	-3.69	-1.58
448.51	**180.67**	**218.86**	**80.68**	**1.50**	**-11.77**	**-12.84**
115.84	100.12	65.05	25.03	0.76	-2.76	-1.12
385.14	156.23	194.56	73.59	1.32	-9.09	-10.10
65.67	68.02	38.89	14.91	0.56	-2.07	-1.08
10.60	1.69	5.45	2.70	0.25	-0.06	-0.10
0.20	0.01	0.17	0.03		0.01	0.01
1.25	-0.17	1.37	0.65	0.00	0.01	0.01
0.26	-0.16	0.31	0.08		0.03	0.03
0.15	-0.08	0.19	0.07	0.00	-0.03	-0.03
0.84	0.07	0.88	0.50		0.00	0.01
142.37	44.17	54.47	18.18	0.10	-4.88	-3.87
0.15	0.71	1.08	0.30	0.00	-0.13	0.06
142.22	43.46	53.39	17.88	0.10	-4.75	-3.93
15.84	16.31	13.67	6.39	0.04	0.71	-1.53
145.60	24.66	77.47	29.52	0.29	-2.85	-3.53
12.58	3.38	10.05	4.46	0.01	-0.02	-0.05
1.33	0.50	1.20	0.62	0.00	0.03	0.02
120.39	18.65	61.18	22.39	0.26	-2.76	-3.41
11.30	2.14	5.04	2.06	0.03	-0.10	-0.09
3.61	1.54	3.07	1.22	0.07	0.04	-0.01
25.53	7.45	11.01	3.11	0.09	-0.87	-0.93
20.23	-1.30	6.27	1.57	0.06	-0.24	-0.30
5.29	8.75	4.74	1.54	0.04	-0.63	-0.63
37.84	17.00	13.29	3.97	0.09	-1.81	-1.80
8.52	3.59	3.34	1.07	0.06	-0.32	-0.41
0.87	0.04	0.98	0.45		0.02	0.02
24.99	9.89	6.88	2.05	0.03	-1.56	-1.47
3.45	3.48	2.09	0.40		0.06	0.06
419.87	171.68	199.18	73.02	1.48	-10.73	-11.68
24.94	8.70	16.73	6.84	0.09	-0.87	-0.92
3.70	0.29	2.95	0.82	-0.06	-0.17	-0.24
4.93	0.71	1.72	0.63		0.03	-0.04
7.41	2.31	5.32	2.39	0.02	0.01	0.00
48.63	17.81	34.15	14.72	0.52	0.24	0.01
107.54	51.98	63.35	24.13	0.79	-2.43	-1.38
178.77	63.99	58.94	18.94	0.18	-5.57	-7.16
101.23	43.87	55.38	19.86	-0.01	-4.04	-4.26
255.23	**83.65**	**329.58**	**165.69**	**1.54**	**7.06**	**5.99**
20.57	3.46	12.57	5.30	0.01	-0.93	-0.46

单位:亿元

项目	Item	资产总计 Total Assets	#流动资产 Crculating Assets	#固定资产 Fixed Assets
内资企业	Domestic Funded Enterprises	284.67	126.91	94.26
国有企业	State-owned Enterprises	17.13	10.46	5.26
集体企业	Collective-owned Enterprises	3.07	1.43	0.70
股份合作企业	Cooperative Enterprises	0.27	0.09	0.10
联营企业	Joint Ownership Enterprises	0.08	0.04	0.03
国有联营企业	State Joint Ownership Enterprises			
集体联营企业	Collective Joint Ownership Enterprise	0.02	0.02	0.00
国有与集体联营企业	Joint State-collective Enterprises			
其他联营企业	Other Joint Ownership Enterprises	0.06	0.03	0.03
有限责任公司	Limited Liability Corporations	61.19	22.39	21.61
国有独资公司	State Solely Funded Corporations	0.60	0.14	0.08
其他有限责任公司	Other Limited Liability Corporations	60.60	22.25	21.52
股份有限公司	Share-holding Corporations Ltd.	10.39	6.82	0.95
私营企业	Private Enterprises	182.71	79.52	62.97
私营独资企业	Private-funded Enterprises	28.77	10.12	13.81
私营合伙企业	Private Partnership Enterpises	1.99	1.22	0.55
私营有限责任公司	Private Limited Liability Corporations	142.68	63.60	47.21
私营股份有限公司	Private Share-holding Corporations Ltd.	9.28	4.58	1.39
其他企业	Other Enterprises	9.82	6.16	2.63
港、澳、台商投资企业	Enterprises with Funds from Hong Kong, Macao and Taiwan	21.38	6.08	8.19
合资经营企业	Joint-venture Enterprises	5.81	2.08	1.65
合作经营企业	Cooperative Enterprises	0.01	0.01	0.00
独资经营企业	Enterprises with Sole Fund	15.56	4.00	6.54
港、澳、台商投资股份有限公司	Share-holding Corporations Ltd.			
其他港澳台投资	Other Funds from Hong Kong, Macao and Taiwan			
外商投资企业	Foreign Funded Enterprises	32.82	8.87	8.18
合资经营企业	Joint-venture Enterprises	11.09	3.01	2.96
合作经营企业	Cooperative Enterprises			
独资经营企业	Enterprises with Sole Fund	21.68	5.84	5.20
外商投资股份有限公司	Share-holding Corporations Ltd.	0.05	0.03	0.02
其他外商投资	Other Foreign Funds			
按行业分组	**Grouped by Sector**			
正餐服务	Dinner Service	289.75	124.90	98.67
快餐服务	Snack Service	37.88	12.60	8.81
饮料及冷饮服务	Beverage and Cool Drink Service	4.60	1.67	1.15
其他餐饮服务	Other Catering Service	6.64	2.70	1.99
按经营方式分组	**Grouped by Business Mode**			
独立商店	Independent Stores	270.05	112.96	95.99
连锁商店总店	Chain Stores	40.64	13.16	9.71
连锁商店分店	Branches of Chain Stores	20.29	12.43	2.33
其他	Others	7.90	3.32	2.59

14 –9 Continued

(100 million yuan)

负债合计 Total Liabilities	所有者权益合计 Owner's Equities	主营业务收入 Revenue from Principal Business	主营业务成本 Cost of Principle Business	其他业务利润 Profits from Other Business	营业利润 Profit from Major Business	利润总额 Total Profits
222.80	61.88	238.46	122.49	0.93	1.42	0.10
15.24	1.88	8.48	3.91	0.01	-0.71	-0.12
2.87	0.20	2.27	1.15	0.00	-0.10	-0.12
0.17	0.11	0.50	0.26	0.00	-0.01	-0.01
0.06	0.02	0.22	0.11		-0.01	-0.01
0.01	0.01	0.10	0.05		0.00	0.00
0.05	0.01	0.12	0.05		-0.02	-0.01
49.08	12.11	44.60	19.07	0.08	-0.67	-0.85
0.34	0.26	0.60	0.29	0.00	-0.13	-0.09
48.75	11.85	44.01	18.79	0.08	-0.53	-0.76
8.84	1.56	5.82	3.06	0.01	0.15	0.06
138.95	43.77	170.91	91.90	0.80	2.93	1.38
16.74	12.03	31.18	18.90	0.10	2.18	1.70
1.38	0.61	2.83	1.53	0.01	0.11	0.03
113.93	28.75	129.30	67.94	0.47	0.60	-0.33
6.90	2.39	7.61	3.53	0.22	0.04	-0.03
7.59	2.23	5.65	3.03	0.02	-0.14	-0.23
10.62	10.76	15.10	6.16	0.03	-0.13	-0.12
2.51	3.30	8.02	3.46	0.03	0.41	0.41
-0.03	0.04	0.07	0.04		0.00	0.00
8.13	7.43	7.01	2.66	0.00	-0.54	-0.54
21.82	11.01	76.02	37.04	0.59	5.77	6.01
6.93	4.16	32.51	16.65	-0.02	2.86	2.91
14.84	6.84	43.34	20.28	0.61	2.89	3.07
0.05	0.01	0.18	0.11		0.03	0.03
224.27	65.48	221.47	113.13	0.92	-1.48	-2.67
25.46	12.42	92.95	45.24	0.58	7.69	7.74
1.95	2.65	3.27	0.96		-0.06	0.06
3.55	3.09	11.89	6.35	0.04	0.92	0.85
205.86	64.19	214.10	110.40	0.89	-0.71	-1.71
26.43	14.21	90.72	43.17	0.60	7.40	7.67
17.05	3.24	16.61	7.33	0.05	0.27	0.00
5.88	2.02	8.15	4.80	0.00	0.10	0.02

14－10 批发和零售业、住宿和餐饮业连锁总店经营情况（2012 年）

项　目	Item	连锁总店数（个）Number of Chain Shops (unit)	连锁门店数（个）Number of Chain Stores (unit)
总　计	**Total**	**200**	**19641**
批发和零售业	**Retail Trade**	**177**	**18300**
#外商及港、澳、台投资	Enterprises Prisese with Funds from Hong Kong, Macao Taiwan and Foreign Fanded	21	2844
按零售业态分	Grouped by Store Type		
百货商店	Department Store	7	1242
超级市场	Supermarket	42	4409
专业店	Specialty Store	89	5359
专卖店	Franchised Store	18	1164
便利店	Convenience Store	12	395
家居建材店	Building Material Store	2	3
其他	Other Store	7	5728
住宿业	**Hotel Service**	**2**	**8**
餐饮业	**Catering Service**	**21**	**1333**
#外商及港、澳、台投资	Enterprises Prisese with Funds from Hong Kong, Macao Taiwan and Foreign Fanded	9	912
按行业分	Grouped by Sector		
正餐	Dinner	5	51
快餐	Fast Food Snack	11	1183
其他	Others	5	99

Management Conditions of General Chain Stores of Wholesale and Retail Sale Trade, Hotel and Catering Trade Service (2012)

商品销售总额（或营业总收入）（亿元） Total Sales of Commodities (100 million yuan)	#商品零售额 Retail Sales	零售或餐饮营业面积（万平方米） Business Area for Retail and Catering Service (10000 sq. m)	从业人员（万人） Employees (10000 persons)
4943.78	**3128.33**	**1918.69**	**45.14**
4851.52	**3036.54**	**1873.08**	**38.82**
1042.45	880.86	539.30	12.45
212.74	158.42	83.25	2.34
921.03	757.08	518.63	13.82
1852.89	1255.70	737.41	18.14
32.94	22.11	9.71	0.54
9.59	9.55	4.49	0.27
3.10	3.07	8.54	0.03
1819.23	830.61	511.05	3.68
0.49	**0.01**	**0.04**	**0.02**
91.77	**91.77**	**45.57**	**6.30**
77.49	77.49	33.98	5.24
2.57	2.57	3.16	0.11
85.34	85.34	38.20	5.76
3.86	3.86	4.21	0.43

14－11　亿元以上商品交易市场基本情况（2012 年）

项　目	Item	市场个数（个）Number of Markets (unit)	年末摊位数（个）Number of Booths at Year-end (unit)
总　计	**Total**	**562**	**390154**
按经营环境分	**Grouped by Business Environment**		
露天式	Open Air	67	26202
封闭式	Close	411	310366
其他	Others	84	53586
按经营方式分	**Grouped by Business Mode**		
批发	Whole Sale	293	249319
零售	Retail Sale	269	140835
按市场类别分	**Grouped by Catergary of Market**		
综合市场	Integrated Market	171	127331
综合贸易市场	Integrated Trade Market	171	127331
生产资料综合市场	Integrated Production Material Market	8	10556
工业消费品综合市场	Integrated Industrial Consumer Goods Market	24	34868
农产品综合市场	Integrated Farm Products Market	123	65792
其他综合市场	Others	16	16115
专业市场	Specialty Market	391	262823
生产资料市场	Production Goods Market	107	62356
农业生产用具市场	Agricultural Production Appliances Market	1	460
农用生产资料市场	Means of Agricultural Production	3	400
煤炭市场	Coal		
木材市场	Wood	10	5498
建材市场	Building Material	31	23482
化工材料及制品市场	Chemical Material and Products	8	8005
金属材料市场	Matel Materials	48	22010
机械设备市场	Machinery	4	1151
其他生产资料市场	Others	2	1350
农产品市场	Farm Products Market	81	34873
粮油市场	Grain and Oil	7	1041
肉禽蛋市场	Meat, Poultry and Eggs	17	3527
水产品市场	Aquatic Products	24	9220
蔬菜市场	Vegetables	14	6724
干鲜果品市场	Dried and Fresh Fruits	8	6575
棉麻土畜、烟叶市场	Cotton, Hemp, Livestock and Tobacco Leaf	1	2098
其他农产品市场	Others	10	5688
食品、饮料及烟酒市场	Food, Beverage, Tobacco and Alcohol Market	22	13471
食品饮料市场	Food and Beverage	8	3298
茶叶市场	Tea	1	420
烟酒市场	Tobacco and Alcohol	1	200
其他食品、饮料及烟酒市场	Others	12	9553
纺织、服装、鞋帽市场	Textile Products, Garment, Footware and Headgear Market	31	77211
布料及纺织市场	Cloth and Testile Products	8	21140
服装市场	Garment	9	33056

Basic Condition of Transaction Markets with Transaction Value over 100 Million Yuan (2012)

年末已出租摊位 (个) Number of Rented Booths at Year-end (unit)	商品成交额 (亿元) Transaction Value (100 million yuan)	营业面积 (万平方米) Business Area (10000 sq. m)	交易业主从业人员 (万人) Persons Engaged by Transaction Proprietor (10000 persons)
355612	**15659.24**	**3314.69**	**112.40**
24420	1592.74	330.54	17.23
284451	9712.30	2446.82	81.43
46741	4354.20	537.33	13.74
222054	13661.28	2426.46	83.03
133558	1997.96	888.23	29.36
119610	2224.91	714.20	30.06
119610	2224.91	714.20	30.06
10134	153.16	150.21	2.01
32600	639.08	216.17	7.21
61487	978.71	185.50	16.45
15389	453.95	162.32	4.39
236002	13434.33	2600.48	82.34
49506	6493.27	764.85	15.64
460	5.36	4.59	0.13
356	21.45	13.66	0.26
4989	82.72	61.14	0.88
18261	226.78	247.66	4.63
4371	1112.00	34.70	1.11
19021	5005.07	392.27	8.16
898	29.04	8.05	0.29
1150	10.85	2.80	0.18
32120	1152.72	299.82	16.09
941	146.91	29.50	0.38
3225	179.79	16.60	0.96
8030	251.34	77.31	9.19
6542	194.56	37.60	1.60
6545	133.06	38.68	1.04
2098	204.21	42.60	1.10
4739	42.86	57.54	1.81
11334	429.10	97.90	3.53
2409	57.68	15.50	0.94
400	2.30	4.00	0.02
180	2.21	0.32	0.03
8345	366.91	78.08	2.54
73320	3455.57	455.74	25.34
20707	2101.00	224.96	8.34
30192	1054.33	129.51	10.83

14－11 续 表

项　目 Item		市场个数（个）Number of Markets (unit)	年末摊位数（个）Number of Booths at Year-end (unit)
鞋帽市场	Footware and Headgear	3	3024
其他纺织服装鞋帽市场	Others	11	19991
日用品及文化用品市场	Commodity and Culture Articles Market	9	5696
小商品市场	Small Commodities	4	4537
箱包市场	Boxes and Bags		
玩具市场	Toyes		
文具市场	Stationeries		
图书、报刊杂志市场	Books, Newspapers and Magazines	2	149
音像制品及电子出版物市场	Audio and Video Products and E-journal	1	305
体育用品市场	Sports Goods		
其他日用品及文化用品市场	Others	2	705
黄金、珠宝、玉器等首饰市场	Gold, Jewelry and Jade Article Market	4	2053
黄金、珠宝、玉器等首饰市场	Gold, Jewelry and Jade Article Market	4	2053
电器、通讯器材、电子设备市场	Electrical Appliances, Communications Equipments and Electronic Equipment Market	9	3848
家电市场	Electric Household Appliances	1	400
通讯器材市场	Communications Equipments	1	1731
照相、摄像器材市场	Photographic and Video Equipments		
计算机及辅助设备市场	Computers and Ancillary Equipments	7	1717
其他电器、通讯器材、电子设备市场	Others		
医药、医疗用品及器材市场	Medicine, Medical Articles and Appliances		
中药材市场	Chinese Traditional Medicine Material		
其他医药、医疗用品及器材市场	Others		
家具、五金及装饰材料市场	Furniture, Hardware and Decorating Material Market	94	53544
家具市场	Furniture	26	13648
装饰材料市场	Decorating Material	39	19019
灯具市场	Lamps and Lanterns	4	2333
厨具、盥洗设备市场	Kitchenware and Toilet Facility		
五金材料市场	Hardware Material	14	12465
其他装修市场	Others	11	6079
汽车、摩托车及零配件市场	Motor Vehicles, Motorcycles and Spare Parts Market	25	5497
汽车市场	Motor Vehicles	19	2817
摩托车市场	Motorcycles		
机动车零配件市场	Spare Parts for Motor－driven Vehicles	6	2680
花、鸟、鱼、虫市场	Flowers, Birds, Fish and Insects Market	3	3130
花卉市场	Flowers	3	3130
鸟市场	Birds		
观赏鱼市场	Display Fish		
其他花鸟鱼虫市场	Others		
旧货市场	Secondhand Goods	1	73
古玩、古董、字画市场	Antiques, Calligraphy and Painting		
邮票、硬币市场	Stamps and Coins		
其他旧货市场	Others	1	73
其他专业市场	Other Speciality Markets	5	1071

14－11 Continued

年末已出租摊位（个）Number of Rented Booths at Year-end (unit)	商品成交额（亿元）Transaction Value (100 million yuan)	营业面积（万平方米）Business Area (10000 sq. m)	交易业主从业人员（万人）Persons Engaged by Transaction Proprietor (10000 persons)
2868	32.97	53.22	0.36
19553	267.28	48.05	5.82
5632	29.63	12.40	1.34
4530	19.57	8.44	1.05
149	4.26	1.30	0.08
305	2.51	1.10	0.12
648	3.28	1.56	0.09
1951	76.83	11.67	0.65
1951	76.83	11.67	0.65
3630	54.68	10.76	1.20
400	5.93	1.10	0.09
1731	8.61	4.43	0.45
1499	40.15	5.23	0.67
49502	1016.13	677.89	15.51
12931	200.83	204.51	6.18
17963	301.97	255.74	3.91
2321	77.08	36.56	0.66
10279	254.15	110.76	1.88
6008	182.11	70.32	2.88
4752	523.25	187.65	2.65
2612	446.41	152.43	1.64
2140	76.83	35.22	1.01
3120	148.47	64.30	0.17
3120	148.47	64.30	0.17
64	1.70	2.50	0.00
64	1.70	2.50	0.00
1071	52.99	15.01	0.24

14－12 省外批发和零售业、住宿和餐饮业连锁总店在江苏分店经营情况(2012)
Management Conditions of Branch Stores of Wholesale and Retail Sale Trade Hotel and Catering Trade of General Chain Stores of Other Province in Jiangsu(2012)

项目	Item	连锁门店数(个) Number of Chain Stores (unit)	商品销售总额(或营业总收入)(亿元) Total Sales of Commodities (100 million yuan)	#商品零售额 Retail Sales	零售或餐饮营业面积(万平方米) Business Area for Retail and Catering Service (10000 sq. m)	从业人员(万人) Employees (10000 persons)
总计	**Total**	**105**	**122.18**	**92.50**	**61.71**	**1.26**
批发和零售业	**Retail Trade**	**67**	**117.24**	**88.92**	**57.82**	**1.04**
#外商及港、澳、台投资	Enterprisese with Funds from Hong Kong, Macao Taiwan and Foreign Fanded	21	35.24	31.35	18.95	0.30
按零售业态分	Grouped by Store Type					
百货商店	Department Store	2	2.66	2.66	5.35	0.02
超级市场	Supermarket	36	59.54	58.04	40.81	0.75
专业店	Specialty Store	8	15.13	15.13	7.96	0.11
专卖店	Franchised Store	7	4.66	3.48	0.58	0.02
便利店	Convenience Store	1	0.26	0.26	0.02	0.00
家居建材店	Building Material Store					
其他	Other Store	13	34.98	9.35	3.09	0.14
住宿业	**Hotel Service**	**10**	**1.09**	**0.06**	**0.52**	**0.05**
餐饮业	**Catering Service**	**28**	**3.85**	**3.52**	**3.37**	**0.16**
#外商及港、澳、台投资	Enterprisese with Funds from Hong Kong, Macao, Taiwan and Foreign Funded	20	2.53	2.27	0.95	0.09
按行业分	Grouped by Sector					
正餐	Dinner	14	2.01	1.94	2.77	0.12
快餐	Fast Food Snack	4	0.80	0.54	0.26	0.02
其他	Others	10	1.04	1.04	0.34	0.02

14－13 旅游业发展情况
Development of Tourism

指 标	Item	2000	2005	2007	2008
旅行社数 （个）	Number of Travel Agencies (unit)	646	1307	1582	1661
星级饭店数 （个）	Number of Star－rated Hotel (unit)	408	722	850	895
入境旅游人数 （万人次）	Number of Overseas Visitor Arrivals (10000 person-times)	160.94	378.30	512.55	544.30
外国人	Foreigners	98.15	262.15	369.20	396.11
香港同胞	Chinese Compatriots from Hong Kong	24.89	41.34	48.91	49.75
澳门同胞	Chinese Compatriots from Macao	2.17	3.65	5.02	5.47
台湾同胞	Chinese Compatriots from Taiwan	35.73	71.16	89.42	92.97
国内旅游人数 （亿人次）	Number of Domestic Visitors (100 million person-times)	0.72	1.72	2.32	2.61
旅游收入	Tourism Earnings				
旅游外汇收入 （亿美元）	Foreign Exchange Earnings from International Tourism (USD 100 million)	7.24	22.60	34.69	38.80
国内旅游收入 （亿元）	Earnings from Domestic Tourism (100 million yuan)	587.52	1625.62	2508.30	2933.21

14－13 续表 Continued

指 标	Item	2009	2010	2011	2012
旅行社数 （个）	Number of Travel Agencies (unit)	1704	1857	1986	2117
星级饭店数 （个）	Number of Star－rated Hotel (unit)	944	902	893	890
入境旅游人数 （万人次）	Number of Overseas Visitor Arrivals (10000 person-times)	556.83	653.55	737.33	791.54
外国人	Foreigners	396.07	473.50	537.91	575.22
香港同胞	Chinese Compatriots from Hong Kong	54.04	56.96	65.60	71.51
澳门同胞	Chinese Compatriots from Macao	7.04	7.17	7.45	8.14
台湾同胞	Chinese Compatriots from Taiwan	99.68	115.92	126.37	136.67
国内旅游人数 （亿人次）	Number of Domestic Visitors (100 million person-times)	2.97	3.55	4.12	4.64
旅游收入	Tourism Earnings				
旅游外汇收入 （亿美元）	Foreign Exchange Earnings from International Tourism (USD 100 million)	40.16	47.83	56.53	63.00
国内旅游收入 （亿元）	Earnings from Domestic Tourism (100 million yuan)	3449.5	4287.86	5161.47	6055.8

14－14 接待海外旅游者人数和收入
Number of Overseas Tourists Received and Earnings

指 标	Item	2000	2005	2010	2011	2012
接待人数 （人次）	**Number of Received Tourists (person-times)**	**1609439**	**3783023**	**6535498**	**7373266**	**7915366**
外国人	Foreigners	981486	2621472	4734996	5379065	5752148
亚洲	Asia	630705	1597371	2624108	2904932	3003718
日本	Japan	299176	635260	1129775	1249206	1219303
菲律宾	Philippines	4436	21791	38971	41954	45548
新加坡	Singapore	58513	133521	218380	239092	270166
泰国	Thailand	19623	63427	85253	84927	99093
印度尼西亚	Indonesia	14548	36298	64835	78389	95112
马来西亚	Malaysia	115748	232236	235926	231752	267864
韩国	Korea	96849	353345	553331	637006	649399
其他	Others	21812	121493	297637	342606	357233
美洲	America	131620	388015	827525	944871	1050400
美国	United States	108455	303362	548192	609512	651505
加拿大	Canada	17388	65294	171362	197170	247105
其他	Others	5777	19359	107971	138189	151790
欧洲	Europe	168221	496143	967371	1160257	1277659
英国	United Kingdom	28567	77726	182089	205710	230102
法国	France	32960	77917	122234	142915	159688
德国	Germany	30394	119195	244057	312351	347216
意大利	Italy	19239	51965	73654	100078	115336
瑞士	Switzerland	4842	14938	24371	32177	32419
瑞典	Sweden	5652	21332	29155	31235	36151
俄罗斯	Russia Fed.	7024	21867	45431	52231	54369
西班牙	Spain	7162	29474	30800	32082	36986
其他	Others	32381	81729	215580	251478	265392
大洋洲	Oceania	24537	100238	214226	263499	301358
澳大利亚	Australia	20522	73928	158935	188832	212149
其他	Others	4015	26310	55291	74667	89209
非洲及其他	Africa and Others	26403	39705	101766	105506	119013
香港同胞	Chinese Compatriots from Hong Kong	248958	413467	569562	655964	715111
澳门同胞	Chinese Compatriots from Macao	21653	36501	71677	74495	81436
台湾同胞	Chinese Compatriots from Taiwan	357342	711583	1159263	1263742	1366671
接待人天数 （人天）	**Number of Received (person-days)**	**6103764**	**14369090**	**27433741**	**31057691**	**33912453**
外国人	Foreigners	3669436	10071313	19668542	22262771	24287413
香港同胞	Chinese Compatriots from Hong Kong	557459	1387882	2530030	3028140	3321504
澳门同胞	Chinese Compatriots from Macao	65491	121217	224431	232428	266955
台湾同胞	Chinese Compatriots from Taiwan	1811378	2788678	5010738	5534352	6036581
旅游外汇收入 （万美元）	**Foreign Exchange Earnings From Tourism (USD 10000)**	**72384**	**225974**	**478343**	**565297**	**629972**

14－15 分市接待海外旅游者人数和收入

Number of Overseas Tourists Received by Cities

指标	Item	2000	2005	2010	2011	2012
接待人数（人次）	**Number of Received Tourists (person-times)**	**1609439**	**3783023**	**6535498**	**7373266**	**7915366**
南京市	Nanjing City	419006	876279	1308791	1506642	1627142
无锡市	Wuxi City	283739	616786	791592	908324	981947
徐州市	Xuzhou City	17825	73010	158277	182180	199488
常州市	Changzhou City	33067	181966	359067	413101	455706
苏州市	Suzhou City	566672	1185892	2075299	2326318	2492157
南通市	Nantong City	58257	151305	355133	404852	440788
连云港市	Lianyungang City	11518	53758	116663	132289	144684
淮安市	Huaian City	6307	21634	28313	32328	34699
盐城市	Yancheng City	10903	40710	62100	72008	80077
扬州市	Yangzhou City	85477	238649	560113	622012	660160
镇江市	Zhenjiang City	104906	306482	613277	650074	663075
泰州市	Taizhou City	9082	29249	79016	91632	101323
宿迁市	Suqian City	2680	7303	27857	31506	34120
旅游外汇收入（万美元）	**Foreign Exchange Earnings From Tourism (USD 10000)**	**72384**	**225974**	**478343**	**565297**	**629972**
南京市	Nanjing City	22107	57557	98062	119960	136216
无锡市	Wuxi City	9787	26323	48146	59839	68138
徐州市	Xuzhou City	1307	5658	15287	18694	21045
常州市	Changzhou City	2412	14364	34707	42138	47439
苏州市	Suzhou City	20136	63905	125059	146998	164723
南通市	Nantong City	4803	13531	36066	39916	42995
连云港市	Lianyungang City	791	4601	10747	12869	14434
淮安市	Huaian City	418	1322	2475	2703	3056
盐城市	Yancheng City	809	2125	4535	5556	6477
扬州市	Yangzhou City	3935	15177	45988	52348	55921
镇江市	Zhenjiang City	4988	17988	46966	52181	55819
泰州市	Taizhou City	676	2899	7931	9440	10855
宿迁市	Suqian City	217	524	2375	2655	2854

14－16　国内旅游人数和收入
Total Number of Domestic Tourists and Earnings from Domestic Tourism

项　目	Item	2000	2005	2010	2011	2012
接待人数　（万人次）	**Number of Received Tourists (10000 person-times)**	**7191.53**	**17234.26**	**35518.60**	**41150.01**	**46437.41**
南 京 市	Nanjing City	1272.70	3189.66	6365.50	7180.54	7950.45
无 锡 市	Wuxi City	1127.77	2637.50	5067.27	5725.23	6365.25
徐 州 市	Xuzhou City	360.09	993.59	2049.40	2457.31	2752.56
常 州 市	Changzhou City	428.33	1282.78	2802.43	3360.88	3958.27
苏 州 市	Suzhou City	1496.05	3656.87	7004.88	7775.38	8624.43
南 通 市	Nantong City	319.88	743.08	1756.79	2108.97	2407.46
连云港市	Lianyungang City	308.49	700.28	1392.73	1655.93	1894.27
淮 安 市	Huaian City	280.89	549.85	1156.29	1398.21	1610.73
盐 城 市	Yancheng City	328.80	529.91	1105.39	1325.07	1536.80
扬 州 市	Yangzhou City	436.66	1113.05	2647.22	3166.65	3572.47
镇 江 市	Zhenjiang City	442.75	1166.97	2607.45	3100.83	3502.86
泰 州 市	Taizhou City	286.02	488.28	1072.83	1284.66	1457.04
宿 迁 市	Suqian City	103.10	182.44	490.42	610.35	804.82
国内旅游收入　（亿元）	**Earnings from Domestic Tourism (100 million yuan)**	**587.52**	**1625.62**	**4287.86**	**5161.47**	**6055.80**
南 京 市	Nanjing City	101.08	328.20	852.41	1013.43	1169.01
无 锡 市	Wuxi City	101.75	280.07	703.92	844.83	974.92
徐 州 市	Xuzhou City	23.87	76.81	215.84	264.83	311.82
常 州 市	Changzhou City	36.10	114.42	320.75	391.66	481.96
苏 州 市	Suzhou City	125.22	380.28	917.76	1084.82	1254.38
南 通 市	Nantong City	28.24	65.13	202.26	252.20	299.29
连云港市	Lianyungang City	24.21	61.06	153.58	188.32	221.59
淮 安 市	Huaian City	12.48	34.55	118.59	146.17	172.65
盐 城 市	Yancheng City	29.46	38.04	99.10	120.34	142.79
扬 州 市	Yangzhou City	37.26	92.36	271.84	330.23	392.50
镇 江 市	Zhenjiang City	41.93	103.48	285.59	345.63	410.14
泰 州 市	Taizhou City	20.46	41.01	113.34	136.91	160.88
宿 迁 市	Suqian City	5.46	10.21	32.88	42.12	63.85

主要统计指标解释

社会消费品零售总额 指各种经济类型的批发和零售业、住宿和餐饮业及其他行业对城乡居民和社会集团的消费品零售额总和。这个指标反映通过各种商品流通渠道向居民和社会集团供应的生活消费品来满足他们的生活需要，是研究人民生活、社会消费品购买力、货币流通等问题的重要指标。对居民的消费品零售额：指售给城乡居民用于生活消费的商品。对社会集团的消费品零售额：指售给机关、团体、部队、学校、企业、事业单位和城市街道居民委员会、农村村民委员会用公款购买的用作非生产、非经营使用的消费品。

社会消费品零售总额包括：(1)售给城乡居民作为生活用的商品及修建房屋用的建筑材料；(2)售给机关、团体、学校、部队、企业、事业单位的职工食堂和旅店(招待所)附设专门供本店旅客食用，不对外营业的食堂的各种食品、燃料；企业、单位和国营农场直接售给本单位职工和职工食堂的自己生产的产品；(3)售给部队干部、战士生活用的粮食、副食品、衣着品、日用品、燃料；(4)售给来华的外国人、华侨、港澳台同胞的消费品(包括友谊商店、在海关前后设立的免税商店、外轮供应公司等)；(5)居民自费购买的中、西药品，中药材及医疗用品；(6)报社、出版社直接售给居民和社会集团的报纸、图书、杂志，集邮公司(包括邮局集邮专柜)出售的新、旧(盖销的)纪念邮票、特种邮票、首日封、集邮册、集邮工具等；(7)旧货寄售商店(信托商店)自购、自销部分的商品零售额；(8)煤气公司、液化石油气站售给居民和社会集团的的煤气灶具和灌装液化石油气；(9)售给社会集团的办公用品、纸张、帐册、文印用品、计算工具、书报杂志和奖品；公共用品和纺织品、针织品；学校用的教学用具；文体用品；非专用的劳动保护用品，如工作服、套袖、围裙、手套、毛巾、肥皂等；日用百货和杂品，包括职工食堂用的餐具、炊具、设备和清洁卫生工具等；家具、设备、日用电器、电讯设备、电影器材和照相器材等；取暖用的设备和燃料，防暑、降温的饮料；非生产经营用的交通工具，如小轿车、面包车、工具车、卡车和油料；零星修理用的各种零配件、材料、工具，建筑材料等；举办各种招待会、茶话会、宴会用的烟酒茶和各种食品及馈赠的礼品；从公费医疗经费中开支的中、西药品、中药材和医疗器材以及其他非生产性设备和用品。

社会消费品零售额不包括：(1)农民之间相互买卖的商品；(2)城市居民通过市场或其他形式在城市居民中相互转让出售旧的生活用品；(3)售给农民或村办的生产单位各种生产工具、原材料和辅助材料；(4)售给国有农场、国有拖拉机站、排灌站、农村集体、农业生产单位和农民的各种农业生产资料和燃料；(5)售给工业(包括科研单位附属的工厂、学校办工厂)、交通运输业、建筑安装企业和建筑单位用的各种生产资料和建筑材料；(6)售给饮食业加工用的粮食、副食品、调味品、燃料等；(7)售给批发和零售业、住宿和餐饮业、居民服务业(旅行社、理发店、旅馆、照相馆、日用品修理业等)、公共事业等单位直接用于业务经营活动方面的设备、工具、器材、原料、材料、燃料和印制各种票证用的纸张等；(8)售给各种经济类型的批发和零售业、餐饮业作为转卖或加工后专卖的商品；(9)旧货寄售商店(信托商店)受居民委托寄售卖出的商品；(10)公用事业的营业收入(如市内公共汽车、电车、轮渡的车船票收入、公园门票收入等)、服务业的营业收入(如旅店的房租收入、理发店的理发收入、日用品修理行业的修理费收入等)、文化艺术事业收入(如电影、戏剧票收入、博物馆门票收入等)；(11)邮电局出售邮票(包括普通邮票、纪念邮票、特种邮票)、汇款单、电报稿纸的收入；(12)自来水、电力、煤气热力生产(供应)单位的产品通过管道、输电线路供应给居民和社会集团的水、电、煤气、暖气的收入；(13)售给对外营业影剧院的设备和器材；(14)售给自然科学研究单位直接用于科学研究的各种仪器仪表、化学试剂。元器件，工具和其它有关设备；(15)售给消防队、清洁队、出租汽车公司等单位用于业务活动的设备、车辆和燃料；(16)售给企业单位生产上专用的劳动保护用品，包括绝缘、防毒、耐酸、耐油，防烧、隔热以及高空、水下作业用的专用防护设备和用品；(17)售给民政部门救灾用的商品，售给人防工程的设备和材料。

批发和零售业商品购、销、存总额 指各种登记注册类型的批发和零售企业、产业活动单位、个体经营者以本单位为总体的商品购进、销售、库存总额。

商品购进总额 指从本单位以外的单位和个人购进(包括从境外直接进口)作为转卖或加工后转卖的商品总额。

商品销售总额 指对本单位以外的单位和个人出售(包括对境外直接出口)本单位经营的商品总额(含增值税)。

商品批发额 指商品零售额以外的一切商品销售额。包括售给生产经营单位用于生产或经营用的商品销售额；售给批发和零售业、餐饮业用于转卖或加工后转卖的商品销售额；直接向国(境)外出口和委托外贸部门代理出口的商品销售额。

商品零售额 指售给城乡居民用于生活消费、售给社会集团用公款购买用作非生产、非经营使用的商品销售额。

商品库存总额 指报告期末各种登记注册类型的批发和零售业企业、产业活动单位、个体经营者已取得所有权的商品。

商品交易市场 指有固定场所、设施，有若干经营者人场实行集中、公开交易各类实物商品的市场。

商品交易市场成交额 指商品交易市场内所有经营者所实现的商品销售金额。商品交易市场包括消费品市场和生产资料市场。

旅游者人数

(1)入境国际旅游者人数：指来中国参观、访问、旅行、探亲、访友、休养、考察、参加会议和从事经济、科技、文化、教育、宗教等活动的外国人、华侨、港澳同胞和台湾同胞的人数。不包括外国在我国的常驻机构,如使领馆、通讯社、企业办事处的工作人员;来我国常住的外国专家、留学生以及在岸逗留不过夜人员。

(2)出境居民人数:指大陆居民因公务活动或私人事务短期出境的人数。公务活动出境居民人数包括在国际交通工具上的中国服务员工,因私出境居民人数不包括在国际交通工具上的中国服务员工。

(3)国内旅游者人数:指我国大陆居民和在我国常住1年以上的外国人、华侨、港澳台同胞离开常住地在境内其他地方的旅游设施内至少停留一夜,最长不超过6个月的人数。

国际旅游(外汇)收入 指入境旅游的外国人、华侨、港澳同胞和台湾同胞在中国大陆旅游过程中发生的一切旅游支出,对于国家来说就是国际旅游(外汇)收入。

Explanatory Notes on Main Statistical Indicators

Total Retail Sales of Consumer Goods refers to the sum of consumer goods sold by various economic ownerships of wholesale, retail sales, hotel and catering trade and other sectors to urban and rural residents and social groups. This indicator is used to show the supply of consumer goods through various channels to residents and social groups. It is a very important indicator for the study on problem of people's livelihood, social consumer goods purchasing power and currency circulation etc.. Retail sales of consumer goods sold to residents, refers to the commodities sold to urban and rural residents for their daily use. Retail sales of consumer goods sold to social groups, refers to the commodities sold to agencies, social groups, military units, schools, enterprises, institutions, urban sub-district committee and village committee for non-production and non-operation use, and purchased by public money of these units.

The Retail Sales of Consumer Goods Include: (1) commodities sold to urban and rural residents for their daily use, and building materials sold to them for the construction and repair of houses. (2) food and fuel sold to canteens of hotels and hostels that only serve their guests not the outside customers; commodities produced by enterprises, institutions or state farms and sold directly to their employees or their canteens; (3) grain and non-staple food, clothing, daily articles and fuels sold to cadres and soldiers of military units; (4) consumer goods sold to foreigners, overseas Chinese, and Chinese compatriots from Hong Kong, Macao and Taiwan (include friendship stores, tax-free shops), shops established in front of or behind the customs houses, foreign shipping supply companies; (5) Chinese and western medicines, herbs and medical facilities purchased by residents; (6) newspapers, books and magazines directly sold to residents and social groups by publishers, new and old commemorative stamps, special stamps, first-day covers, stamp albums and other stamp-collection articles sold by stamp companies (include stamp collection special cupboard of the post office); (7) consumer goods purchased and then sold by second-hand shops; (8) stoves and other heating facilities and liquefied gas sold to residents and social group by gas companies and liquefied gas stations; (9) Consumer goods sold to social groups and purchased by public money of these units including: office appliance and supplies, paper, account books, printers, counters, books, newspapers, magazines and awards, articles for common use, textile goods, knitting goods, teaching tools, stationery and sports goods, non-special use labor protection articles, such as working coat, over sleeves, aprons, gloves, towels and soaps, daily use articles and miscellaneous goods, include table ware, cook utensils, equipments, cleaning and hygiene tools of canteens, furniture, equipments, electric appliances, dispatch equipment, film and photo equipments; equipments and fuels for warm oneself, beverage for heatstroke prevention and temperature lowering; non-production transport tools, such as cars, mini-buses, tool vehicles, trunks and petroleum; spar parts and fitting, materials, tools and construction materials for old repairing user; tobacco, liquor, tea and foods of all kinds for reception, tea party, banquet, presentation of gifts; Chinese and western medicines, herb and medical facilities, and other non-production equipments and articles paid by expenditure for free medical services.

The Retail Sales of Consumer Goods Exclude: (1) Sales of commodities among the farmers; (2) daily use articles transferred and sold from each other through market or other types; (3) various production tools, raw materials and subsidiary materials sold to farmers or production units run by village; (4) various means of agricultural production and fuels sold to state-owned farms, state-owned tractor stations, irrigation and drainage stations, rural collective units and farmers and agricultural production units; (5) various mesa of production and building materials sold to factories (include attached factories of scientific research institutions, and factories run by schools), transportation industry, construction installation enterprises, construction units and residents; (6) grain non-staples foods, flavorings, fuels sold to catering trade for processing; (7) equipments, tools, facilities, raw materials, materials, fuels, paper for printing various cards, notes, certificates, and tickets, sold to wholesale and retail sales trade, hotel and catering trade, services (travel service, barber shops, hotels, photo studios, daily use articles repairing industries etc.), public services for the use of direct operational activities, (8) commodities sold to wholesale and retail sales trade, hotel and catering trade for the purpose of re-selling or re-selling after further processing;(9)commodities sold by second-hand combination shops (trust shops)trusted by residents;(10)operational revenue of public services(revenue by sold tickets of urban buses,trolley buses,furry;entrance tickets of parks),operational revenue of services (such as rent of hotels,hair-cutting of barbershops,repairing of daily use articles);revenue of art and cultural industries (such as revenue by sold the tickets of films and dramas, and the entrance tickets of museums); (11) stamps (include ordinary stamps, commemorative stamps,special stamps),money orders,telegram papers sold by post and telecommunication offices;(12)revenue from tap water,electricity,gas,central heating sold to residents and social groups through pipe line,and transmission line by tap water,electricity,gas,gas heating production(supply) units;(13) revenue from equipments and facilities sold to operational theaters;(14) revenue from instruments,meters,chemical reagent,components,tools and other relative equipments sold to natural scientific research institutions for the use of direct scientific research; (15) revenue from equipments,vehicles and fuels sold to fire brigades,cleaning squads,taxi-companies for their business activities; (16) revenue from special labor protection radicals (include special protection equipments and article of insulation,gas defense,acid proof, oil-resisting,burning prevention,heat insulation,high altitude works and under water works) sold to production units;(17) revenue from disaster relief commodities sold to civil administration department;equipments and materials sold to civil defense projects.

Purchase, Sales and Stock of Commodities by Wholesale and Retail Trade refers to the purchase, sales and stock of commodities by wholesale and retail enterprises, industrial activity units and individual sellers of different status of registration.

Total Purchases of Commodities refers to the total value of purchases of commodities by the establishments from other establishments or individuals (including direct import from abroad) for the purpose of re-selling.

Total Sales of Commodities refers to the total value (included added tax) of commodities sold by the establishments to other establishments and individuals(including direct export).

Wholesale of Commodities refers to all the total sales of commodities except the retail sales of consumer goods. Included the sales of commodities to production or operation units for the purpose of production and operation;the sales of commodities to wholesale and retail sale trade and catering industry for the purpose of re-selling or re-selling after further processing;the sales of commodities for direct export to abroad or export on a commission basis by entrusted the foreign trade department.

Retail Sale of Commodities refers to the commodities sold to urban and rural residents for their daily use, to social groups for the use of non-production and non-operation and purchased by public money of the social groups.

Total Value of Commodity Stock refers to the total commodities owned by wholesale and retail sale enterprises, economic active units and individual sellers of various types of registration status at the end of the reference period.

Commodity Transaction Markets refers to the markets provided with fixed place and equipments, and there are some operators who engaged in transaction of various substantial commodities in the markets by public and concentrating transaction.

Value of Transaction at Transaction Markets refers to the total sales value of commodities realized by the operators in the transaction market. Commodity transaction markets include consumer good markets and means of production markets.

Number of Tourists

(1) International tourists refer to foreigners, overseas Chinese, Chinese compatriots from Hong Kong, Macao and Taiwan coming to China for sight-seeing, visits, tours, family reunions, vacations, study tours, conferences and other activities of a business, scientific and technological, cultural, educational and religious nature. It does not include representatives and employees of resident institutions of foreign countries in China such as embassies, consulates, news agencies and offices of foreign companies and organizations, nor does it include long-term foreign experts or students residing in China, or persons in transition without spending a night in China.

(2) Chinese residents going abroad refer to Chinese residents going abroad for short terms for either public business or private purposes. Chinese employees working on international transport carriers are included in those going abroad for public business purpose, not in those for private purpose.

(3) Domestic tourists refer to residents of the mainland of China who stay for one night at least but no more than 6 months at tourist facilities in other places than their permanent residence within the territory of the mainland China, including foreigners, overseas Chinese and Chinese compatriots from Hong Kong, Macao and Taiwan who have resided in China for over one year.

Foreign Exchange Earnings from International Tourism refer to the total expenditures of foreigners, overseas Chinese, Chinese compatriots from Hong Kong, Macao and Taiwan during their stay in the mainland of China, which are earnings of foreign exchange from international tourism from the point of view from China.

15

教育、科技

Education, Science and Technology

简要说明

一、本篇资料的主要内容

本篇主要反映科技、人才、专利、产品质量、教育情况等内容。

科技部分主要包括科技活动、研究与发展课题情况，县级以上政府部门所属研究与开发机构情况，大中型工业企业、高等学校科技活动情况；人才部分包括工程、农业、科研、卫生等各类专业技术人员数，各类人才资源情况；专利部分主要包括三种专利申请受理量，三种专利授权量；教育事业部分包括各级各类教育事业情况，各级各类学校招生、在校生、专任教师人数等情况。

二、本篇的资料来源

根据各部门制定的统计报表制度汇总加工整理而成。科技资料主要来自省科技厅、省教育厅、省统计局；人才资料来自省人力资源和社会保障厅；专利资料来自省知识产权局；产品质量资料来自省质量技术监督局；教育事业资料来自省教育厅。

Brief Introduction

Ⅰ. Main Contents

Data in this chapter show statistics on science and technology, talents, patents, quality of products, education.

Data on technology mainly include: data on scientific and technical activities, research and development (R&D) projects, state-owned R&D institutions above county level, large and medium-sized industrial enterprises, scientific and technical activities of institutions of higher education; data on talents mainly include: number of scientific and technical personnel of engineering, agriculture, scientific research, health care and so on, all kinds of human resources; data on patents mainly include: application of three kinds of patents accepted, three kinds of patents granted; data on education consist of education by level and type, new student enrolment, student enrolment full-time teachers of all kinds of school.

Ⅱ. Sources of Data

Data are collected and tabulated in accordance with the statistic reporting schemes stipulated by the departments concerned. Data on scientific and technical are mainly from Provincial Science and Technology Department, Education Department and Statistics Bureau; data on talents are from Provincial Human Resources and Social Security Department; data on patents are provided by Provincial Intellectual Property Office, data on product quality supervision are from Provincial Pledges Inspect Bureau; data on education are from Provincial Education Department.

15－1　科技活动基本情况
Basic Statistics on Scientific and Technical Activities

指　　标	Item	2000	2005	2009	2010	2011	2012
科技机构数　（个）	Number of Scientific and Technical Research Institutions (unit)	1784	3751	7521	6798	9061	17776
科研单位	Research Institutions	355	159	135	135	148	148
规模以上工业企业	Industrial Engineers above Designated size					6518	16417
#大中型工业企业	Large and Medium-sized Industrial Enterprises	968	1193	2249	2734	3166	7395
高等院校	Institutions of Higher Education	461	541	578	579	647	761
其他	Others		1858	4559	3350	1748	450
科技活动人员数　（万人）	Persons Engaged in Scientific and Technical Activities (10000 persons)	19.42	38.17	67.17	73.69	81.62	98.23
#大学本科及以上学历	Bechelor and Above Education Regree	11.03	23.08	24.41	25.54	32.72	44.96
研究与发展经费内部支出（亿元）	Internal Expenses of Research and Development (100 million yuan)	50.83	270.30	717.12	857.95	1071.96	1288.02
研究与发展经费支出占地区生产总值比重　（%）	Ratio of Internal Expenses of Research and Development to GDP (%)	0.59	1.48	2.08	2.1	2.2	2.3

注：规模以上工业企业科技统计从2011年开始实施。

a) Statistics of science and technology of industry enterprises above designated size.

15－2　研究与发展课题情况
Research and Development Projects

单位：项　　　　(unit)

指　　标	Item	2000	2005	2009	2010	2011	2012
研究与发展课题	Research and Development Projects	12962	29610	67590	71815	79100	97602
#科研单位	Research Institutions	2477	1946	3003	3583	3989	4831
高等院校	Institutes of Higher Education	7857	13503	31334	44668	39700	44383
规模以上工业企业	Industrial Engineers above Designated size					31933	44575
#大中型工业企业	Large and Medium-sized Industrial Enterprises	2628	9241	15647	10234	19005	24545
其他	Others		4920	17606	13330	3478	3813
#基础研究	Basic Research	2214	5152	14700	16594	17609	19736
应用研究	Applied Research	5538	8034	18062	22650	22743	25708
实验发展	Experiment al Development	5210	16424	26595	32571	33640	52158

15－3 县级以上政府部门所属研究与开发机构(2012 年)

项　　目	Item	机构数(个) Institutions (unit)	从业人员总数(人) Employees (person)
总　　计	**Total**	**136**	**16797**
按隶属关系分	by Administrative Relationship		
地方部门属	Local Departments	119	11801
省级部门属	Provincial Departments	52	9489
副省级部门属	Departments of Municipalities Directly under the Central Government in Plan	9	399
地市级部门属	Departments of City and Region Under Province	58	1913
中央部门属	Central Departments	17	4996
#中国科学院	Academy of Science of China	6	1662
按国民经济行业分	by Sector		
农、林、牧、渔业	Agriculture, Forestry, Animal Husbandry and Fishery	36	3787
农业	Farming	21	2636
林业	Forestry	3	372
畜牧业	Animal Husbandry	2	232
渔业	Fishery	7	439
农、林、牧、渔服务业	Service far Support of Agriculture	3	108
制造业	Manufacturing	14	2251
纺织服装、鞋、帽制造业	Manufacture of Textile Wearing, Apparel, Footwear and Caps		
印刷业和记录媒介的复制	Printing, Reproduction of Recording Media	1	25
化学原料和化学制品制造业	Manufacture of Raw Chemical Material and Chemical Products	1	219
医药制造业	Manufacture of Medicines	5	1309
非金属矿物制品业	Mining and Processing of Nonmental ores	1	9
通用设备制造业	Manufacture of General Purpose Machinery	3	397
专用设备制造业	Manufacture of Transport Equipment	1	196
电气机械及器材制造业	Manufacture of Electrical Machinery and Equipment		
通信设备、计算机及其他电子设备制造业	Manufacture of Communication Equipment, Computers and Other Electronic Equipment	1	76
仪器仪表及文化、办公用机械制造业	Manufacture of Measuring Instruments and Machinery for Cultural Activity and Office Work	1	20
电力、燃气及水的生产和供应业	Production and Supply of Electricity, Gas and Water	3	54
电力、热力的生产和供应业	Production and Supply of Electric Power and Heat Power	3	54
建筑业	Construction	2	132
房屋和土木工程建筑业	Housing and Civil Engineering Construction	2	132
交通运输、仓储和邮政业	Transport, Storage and Post	1	185
道路运输业	Road Transport	1	185
信息传输、计算机服务和软件业	Information Transmission, Computer Services and Software	1	11
计算机服务业	Computer Services	1	11
科学研究、技术服务和地质勘查业	Scientific Research, Technical Service and Geologic Prospecting	40	5380
研究与试验发展	Research and Experimental Development	14	1798
专业技术服务业	Professional Technology Service	22	2893
科技交流和推广服务业	Science & Technology Exchage and Popularization Service	4	689
地质勘查业	Gealogical Prospecting		
水利、环境和公共设施管理业	Water Conservancy, Environment and Public Facility Management	16	1998
水利管理业	Water Conservancy Management	6	1376
环境管理业	Environmental Manegement	9	586
公共设施管理业	Public Facility Management	1	36
教育	Education	3	113
教育	Education	3	113
卫生、社会保障和社会福利业	Health Care, Social Security and Social Welfare	17	2800
卫生	Health Care	17	2800
文化、体育和娱乐业	Culture, Sports and Recreation	3	86
文化艺术业	Cultural and Artistic Industry	2	48
体育	Sports	1	38

State-owned Research and Development Institutions above County Level(2012)

#单位在职科技活动人员 Personnels Engaged in Scientific and Technical Activities	经费收入总额（千元） Total Funds Revenue (1000 yuan)	#政府资金 Government Appropriated	经费支出总额（千元） Total Expenditure (1000 yuan)	#科技经费支出 Expenditure for Science & Technology
13378	**8975065**	**4952046**	**8763499**	**5750935**
9013	5548049	2796713	5138786	3038457
7220	4810741	2384154	4464318	2608836
287	131776	104981	131769	104172
1506	605532	307578	542699	325449
4365	3427016	2155333	3624713	2172478
1546	1357388	1222401	1521316	1279454
2888	1475446	1193103	1647051	1443385
1958	1038674	847696	1191865	1111465
345	110332	94608	116359	80604
155	50586	42884	48492	43870
339	221257	189493	240376	187334
91	54597	18422	49959	20112
1846	1056432	540734	1046998	575412
25	5879	4532	6678	5332
192	120646	102538	108549	107623
1134	534392	65557	521078	67833
9	871	200	804	627
210	185434	172341	205268	193001
194	142143	139143	161957	161957
73	62122	56423	37720	36634
9	4945		4944	2405
51	88880	88285	88872	88872
51	88880	88285	88872	88872
132	139884	6481	99372	25690
132	139884	6481	99372	25690
157	283060	57919	279456	133265
157	283060	57919	279456	133265
10	1050	951	1141	1141
10	1050	951	1141	1141
4786	2931327	2272778	2911948	2259513
1612	1230089	1103673	1185637	891198
2507	1390711	929194	1219821	875861
667	310527	239911	506490	492454
1767	1045288	386431	1100767	833852
1247	766442	291678	843593	625538
508	272869	90342	251197	202809
12	5977	4411	5977	5505
103	62285	41171	52587	28937
103	62285	41171	52587	28937
1553	1861327	339513	1506395	337862
1553	1861327	339513	1506395	337862
85	30086	24680	28912	23006
48	11094	8770	8931	5254
37	18992	15910	19981	17752

15-4 县级以上政府部门所属研究与开发机构课题情况(2012年)

指　标	Item	课题数（个）Number of Projects (unit)	#R&D课题 R&D Projects	课题经费内部支出（千元）Intramural Expenditures on Projects (1000 yuan)
总　计	**Total**	**6283**	**4544**	**3189227**
中央政府部门下达课题	Projects Assigned by Central Governmental Departments	2296	1943	1384933
国家重大科技专项	Major National Science and Technology and Special	56	37	94928
自然科学基金课题	Natural Scientific Foundation	713	713	190684
863计划课题	863 Plan	59	54	49078
国家科技支撑(攻关)计划课	National S&T Support Plan	100	81	123772
国家火炬计划课题	National Torch Plan	6	1	3227
国家星火计划课题	National Spark Plan	2	1	349
国家973计划课题	National 973 Plan	43	43	29571
公益性行业科研专项	Public Welfare Industry Research Speical	168	132	170877
国家社会科学基金课题	National Social Scientific Fundation	21	21	9395
其它课题	Other Projects	1128	860	713053
地方政府部门下达课题	Projects Assigned by Local Governmental Depurtments	2547	1631	1042377
地方自然科学基金课题	Local Natural Scientific Fundation	253	242	62603
地方科技攻关计划课题	Local Key Tackling Plan Items	504	427	228195
地方火炬计划课题	Local Torch Plan	5	1	684
地方星火计划课题	Local Spark Plan	3	1	2757
地方社会科学基金课题	Local Social Scientific Fundation	61	44	46728
其它课题	Other Projects	1721	916	701410
企业委托课题	Projects Entrusted by Enterprises	790	414	370496
自选课题	Optional	315	288	183014
国际合作课题	International Coorperation	59	42	25520
其它课题	Others	276	226	182887

Projects of State-owned Research and Development Institutions above County Level(2012)

#政府资金 Government Appropriation	#R&D 课题经费 Funds for R&D Projects	课题投入人员（人年） Project Personnels (man-years)	#R&D 人员 R&D Personnels	#外聘的流动研究人员 Floating Research Personnels Invited from Outside	#在读研究生 Postgraduates (studying)
2232545	**2234242**	**9672**	**7010**	**390**	**1120**
1155239	1104076	4352	3488	211	649
90942	59786	191	143	2	23
172509	190684	1043	1043	85	294
46509	41180	75	65	3	10
73957	101449	306	238	7	39
3207	2500	9	5		
349	344	1			
24911	29571	63	63	9	19
144066	147847	403	331	6	82
8170	9395	59	59	1	
590618	521321	2202	1542	98	182
716828	660400	3649	2443	68	304
40437	58875	375	357	10	54
200574	197626	628	513	10	87
454	114	13			
1000	57	9			
21727	30631	319	226	3	4
452636	373098	2304	1346	46	160
29970	145197	729	342	51	77
172241	151629	468	372	41	57
17707	21216	103	75	5	10
140561	151723	371	291	14	23

15－5 县级以上政府部门所属研究与开发机构基本情况
Basic Statistics on State-owned Research and Development Institutions above County Level

指　标	Item	2000	2005	2009	2010	2011	2012
机构数　（个）	Number of Institutions　(unit)	313	146	138	135	136	136
职工总数　（人）	Employees　(person)	44071	13482	16189	15720	16280	16797
#大学本科及以上学历	Bachelor degree or above					9982	10360
经费收入总额　（亿元）	Funds Revenue　(100 million yuan)	56.09	20.09	59.43	67.22	77.12	89.75
#政府拨款	Government Appropriations	24.88	13.67	34.02	38.11	41.22	49.52
经费支出总额　（亿元）	Expenditures　(100 million yuan)	51.53	17.16	55.82	64.77	72.91	87.63
#科研基建支出	Expenditures for Capital Construction	4.14	3.28	8.23	6.66	5.95	6.29

15－6 县级以上政府部门所属研究与开发机构成果
Achievements of State-owned Research and Development Institutions above County Level

年　份 Year	科学著作(种) Scientific Works	科学论文(篇) Scientific Papers (piece)
1978	2138(万字)	2532
1989	1717(万字)	3263
1990	2540(万字)	3728
1991	2454(万字)	3392
1992	2086(万字)	3962
1993	2273(万字)	4629
1994	2783(万字)	4049
1995	4196(万字)	4662
1996	107(部)	4378
1997	93	4906
1998	92	4798
1999	139	4782
2000	113	4774
2001	139	4872
2002	129	5502
2003	116	5463
2004	106	5214
2005	110	4306
2006	153	4920
2007	169	5396
2008	147	6259
2009	240	6779
2010	145	6919
2011	167	7020
2012	135	7877

15－7 大中型工业企业科技情况
Basic Statistics on Scientific and Technical Activities of Large and Medium-sized Industrial Enterprises

单位:亿元 (100 million yuan)

指标	Item	2000	2005	2010	2011	2012
企业数 (个)	Number of Enterprise (unit)	2091	3374	5418	6726	7128
#有科技机构的企业数	Enterprises Having S&T Institutions	779	1695	2257	2984	4503
企业办科技机构数 (个)	Science and Technology Institutions of Enterprises (unit)	968	1193	2734	4545	7395
从事科技的人员数 (万人)	Personnel Engaed in S&T Activities (10000 persons)	14.71	20.25	40.51	47.09	56.70
#科技机构中的人员	Personnel in Science and Technology Institutions	4.46	6.20	16.57	24.19	34.78
#有高中级职称或大学本科及以上学历的人员	Personnel with Senior or Medium, Professional Title or over Regular College Schooling	2.65	3.89	10.07	15.07	21.80
R&D 经费内部支出总额	Funding for S&T Activities	33.15	175.84	551.35	700.75	802.73
经常性支出	Appropriations from Higher Authorities	30.95	164.15	484.36	604.39	698.03
#R&D 人员劳务费	Loans from Financial Institutions	8.15	43.24	119.38	157.57	209.22
资产性支出	Seff-raised Funds by Enterprise	2.20	11.69	66.99	96.36	104.70
#土建工程	Total Expenditures on S&T Activities	0.17	0.89	3.26	3.40	3.22
仪器设备	Intramural Expenditures	2.04	10.80	63.73	92.96	101.48
R&D 经费来源	Raw Materials					
#政府资金	Purchases or Construction of Fixed Assets	0.91	4.81	10.24	13.83	16.19
企业资金	Expenditures on New Product Development	30.66	162.62	525.63	671.02	768.78
境外资金	External Expenditures	1.00	5.31	8.69	8.26	7.17
其它资金	Expenditures for Technical Reconstruction	0.58	3.10	6.78	7.64	10.59
R&D 经费外部支出经费	Expenditune for Acquisition of Foreign Technology			23.12	36.90	31.04
技术改造支出总额	Expenditure for Assimilation of Technology	100.52	279.57	483.95	524.45	583.63
技术引进支出总额	Expenditure for Purchase of Domestic Technology	20.97	41.55	36.05	66.89	53.48
#用于消化吸收的经费	S&T Activities Output	0.99	6.06	13.10	22.91	23.43
购买国内技术用款	New Product Sales Revenue	3.39	9.62	14.78	20.76	24.61
科技活动支出	Science and Technology Activities Spending					
新产品销售收入	Number of Invention Patents	973.30	2679.67	9387.21	13217.37	15486.97
企业专利申请数 (件)	Total Number of Owning Inventive Patents (unit)	1183	5226	31132	43645	47397
#发明专利数	New Product Sales Revenue		1408	8194	12781	15247
企业拥有有效发明专利数(件)	Total Number of Owning Inventive Patents (unit)		2868	13976	17077	28202

15-8 大中型工业企业研究与发展经费内部支出

Basic Statistics on Intramural R&D Expenditure of Large and Medium-sized Industrial Enterprises

单位:亿元　　　　(100 million yuan)

项　　目	Item	2000	2005	2010	2011	2012
总计	**Total**	**33.15**	**175.84**	**551.35**	**700.75**	**802.73**
按登记注册类型分	**Grouped by Statys of Registration**					
内资企业	Domestic Funded Enterprises	29.26	123.04	335.85	410.89	471.16
国有企业	State-owned Enterprises	11.37	14.29	32.38	33.48	39.88
集体企业	Collective-owned Enterprises	4.63	6.19	1.15	1.90	2.61
股份合作企业	Cooperative Enterprises	0.99	1.32	2.94	3.57	1.95
联营企业	Joint Ownership Enterprises	0.3	0.12		0.17	0.13
有限责任公司	Limited Liability Corporations	7.06	51.03	132.74	147.55	164.86
#国有独资	State Solely Funded Corporatios	3.52	15.88	21.93	27.07	29.08
股份有限公司	Share-holding Corporations Ltd.	4.65	30.45	49.61	71.97	79.43
私营企业	Private Enterprises	0.25	19.56	116.22	149.88	177.86
其他企业	Other Enterprises	0	0.08	0.59	2.36	4.44
港、澳、台商投资企业	Enterprises with Funds from Hong Kong, Macao and Taiwan	1.42	16.63	64.81	82.04	105.18
外商投资企业	Foreign Funded Enterprises	2.48	36.17	150.68	207.83	226.38
按企业规模分	**Grouped by Size of Enterprises**					
大型企业	Large Enterprises	22.16	85.90	294.17	459.62	488.48
中型企业	Medium-sized Enterprises	10.99	89.94	257.17	241.13	314.25
按行业分	**Grouped by Sector**					
采矿业	**Mining**	**0.75**	**2.65**	**6.22**	**8.91**	**7.73**
煤炭开采和洗选业	Mining and Washing of Coal	0.43	1.85	4.70	6.28	4.55
石油和天然气开采业	Extraction of Petroleum and Natural Gas	0.21	0.61	0.94	1.15	1.97
黑色金属矿采选业	Mining and Processing of Ferrous Metal Ores	0.05	0.01	0.00	0.10	0.07
有色金属矿采选业	Mining and Processing of Non-ferrous Metals Ores	0.01	0.02	0.12	0.11	0.19
非金属矿采选业	Mining and Processing of Nonmetal Ores	0.05	0.14	0.47	1.27	0.94
其他矿采选业	Mining of Other Ores					
制造业	**Manufacturing**	**31.88**	**172.26**	**543.29**	**689.51**	**792.87**
农副食品加工业	Processing of Food from Agricultural Products	0.13	0.27	1.54	2.32	3.27
食品制造业	Manufacture of Food	0.05	0.83	1.01	1.71	3.78
饮料制造业	Manufacture of Beverage	0.69	0.49	5.36	6.73	4.35
烟草制品业	Manufacture of Tobacco	0.09	0.15	0.18	0.35	0.29
纺织业	Manufacture of Textile	2.7	6.85	21.11	25.90	30.29
纺织服装、鞋、帽制造业	Manufacture of Textile Wearing, Apparel, Footwear and Caps	0.23	4.44	5.11	7.46	17.57
皮革、毛皮、羽毛(绒)及其制品业	Manufacture of Textile, Fur, Feather and Related Products	0.04	0.25	0.61	0.65	2.81

15－8 续表 Continued

单位:亿元 (100 million yuan)

项目	Item	2000	2005	2010	2011	2012
木材加工及木、竹、藤、棕、草制品业	Processing of Timber, Manufacture of Wood, Bamboo, Rattan, Palm and Straw Products	0.01	2.94	0.90	2.78	4.21
家具制造业	Manufacture of Furniture	0	0.02	0.27	0.07	0.52
造纸及纸制品业	Manufacture of Paper and Paper Products	0.33	1.22	5.07	8.03	9.48
印刷业和记录媒介的复制	Printing, Reproduction of Recording Media	0.05	0.17	0.66	2.06	3.47
文教体育用品制造业	Manufacture of Articles for Culture, Education and Sport Activities	0	0.27	1.73	1.66	6.36
石油加工、炼焦及核燃料加工业	Processing of Petroleum, Coking, Processing of Nuclear Fuel	0.43	0.57	0.70	0.82	3.87
化学原料及化学制品制造业	Manufacture of Raw Chemical Materials and Chemical Products	5.07	29.01	56.37	70.03	79.63
医药制造业	Manufacture of Medicines	1.34	6.38	20.64	24.68	34.50
化学纤维制造业	Manufacture of Chemical Fibers	1.36	4.33	11.62	19.52	22.21
橡胶制品业	Manufacture of Rubber	0.17	0.60	3.81	4.23	25.34
塑料制品业	Manufacture of Plastics	0.33	2.26	4.08	5.58	0.00
非金属矿物制品业	Manufacture of Non-metallic Mineral Products	0.53	1.98	6.44	9.74	13.50
黑色金属冶炼及压延加工业	Smelting and Pressing of Ferrous Metals	1.03	12.39	50.61	59.90	59.39
有色金属冶炼及压延加工业	Smelting and Pressing of Non-ferrous Metals	0.35	1.15	6.20	10.02	9.70
金属制品业	Manufacture of Metal Products	0.65	3.75	18.78	21.30	23.67
通用设备制造业	Manufacture of General Purpose Machinery	3.8	18.58	44.00	51.04	56.96
专用设备制造业	Manufacture of Special Purpose Machinery	1.42	6.12	23.03	26.05	37.42
交通运输设备制造业	Manufacture of Transport Equipment	3.24	14.89	47.55	53.33	67.64
电气机械及器材制造业	Manufacture of Electrical Machinery and Equipment	2.77	20.50	92.85	121.96	132.26
通信设备、计算机及其他电子设备制造业	Manufacture of Communication Equipment, Computers and Other Electronic Equipment	4.16	28.59	94.49	124.29	126.26
仪器仪表及文化、办公用机械制造业	Manufacture of Measuring Instruments and Machinery for Cultural Activity and Office Work	0.67	2.83	17.41	25.60	26.71
工艺品及其他制造业	Manufacture of Artwork and Other Manufacturing		0.42	1.13	1.71	0.75
废弃资源和废旧材料回收加工业	Recycling and Disposal of Waste					0.05
金属制品、机械和设备修理业	Manufacture of Metal Products, Machinery and Equipment Repair					0.11
电力、燃气及水的生产和供应业	**Production and Supply of Electricity, Gas and Water**	**0.52**	**0.93**	**1.84**	**2.33**	**2.12**
电力、热力的生产和供应业	Production and Supply of Electric Power and Heat Power	0.47	0.92	1.52	1.88	1.36
燃气生产和供应	Production and Supply of Gas	0.01	0.00	0.04	0.06	0.41
水的生产和供应业	Production and Supply of Water	0.04	0.01	0.28	0.39	0.35

15－9 高等学校科技活动情况
Basic Statistics on Scientific and Technical Activities of Institutions of Higher Education

指　　标	Item	2000	2005	2009	2010	2011	2012
参加科技统计的高校（所）	**Institutions of Higher Education in Statistics (unit)**	**48**	**39**	**58**	**58**	**61**	**102**
从事科技活动人数（人）	**Personnel in Scientific and Technical Activities (person)**	**59252**	**39003**	**49188**	**51374**	**52776**	**61939**
教　师	Teachers	30497	22999	32085	33672	34898	42185
其他技术人员	Other Technical Persons	26174	15315	17103	17702	17878	19754
辅助人员	Assistants	2581	689	612	588	685	731
从事研究与发展活动人员（人）	**Perssonnel in Research and Development (person)**	**18919**	**22999**	**32085**	**33672**	**34898**	**42185**
#正教授	Professors	1832	3741	5095	5413	5804	6545
副教授	Vice-professors	4100	6590	9450	10086	10802	13350
讲　师	Lecturers	6761	7486	13651	14640	15219	18446
助　教	Assistants	1380	4616	3612	3444	3033	3767
研究与发展机构（个）	**Institution of Research and Development (unit)**	**469**	**361**	**365**	**390**	**447**	**521**
机构中研究与发展人员（人）	Personnel (person)	5901	7265	9946	10886	13207	15266
当年研究与开发经费收入（万元）	**Funds Revenue of Research and Development (10000 yuan)**	**142685**	**390441**	**709125**	**935840**	**1044550**	**1211365**
#科技事业费	Scientific and Technical Funds	8915	31608	44940	55727	48503	57310
主管部门专项费	Speical Funds of Responsible Department for the Work	14835	47648	75705	93634	164674	177115
国务院各部门专项费	Speical Funds of State Council Department	10807	59097	110748	199110	137764	168465
省专项费	Provincial Special Foundation	11405	25956	50187	52707	57220	80368
企事业单位委托经费	Entrusting Funds of Enterprises and Institutions	70874	181625	331538	407228	478370	524513
国家自然科学基金	State Natural Sciences Foundation	6640	23256	49999	74767	106308	136205
各种收入转入科研经费	Funds from Other Revenues	4101	18045	42736	49661	48434	64777
研究与发展课题（项）	**Projects of Research and Development (unit)**	**8412**	**13503**	**19069**	**21760**	**31158**	**33489**
#基础研究	Fundamental Research	2007	4723	7689	8895	8941	10181
应用研究	Applied Research	5084	6861	9321	9224	11751	11740
实验发展	Experimental Development	1321	1919	2059	3641	3488	3069
研究与发展成果	**Achievements of Research and Development**						
出版科学专著（部）	Published Scientific Works (book)	449	153	248	239	216	212
发表学术论文（篇）	Published Papers (piece)	24303	39868	62636	68563	75298	77244
#国外发表	Abroad	2710	5436	16944	20020	22838	25592
科技成果转让（项）	**Scientific Achievements Transfered (unit)**	**660**	**558**	**993**	**1231**	**1977**	**1573**
获奖成果数（项）	**Prized Achievements (unit)**	**262**	**360**	**437**	**427**	**436**	**480**
#国家级	National Level	11	36	30	32	41	32
部省级	Provincial Level	251	170	240	221	247	280

15－10　高新技术产业产值

Output Value in High-tech Industry

单位：亿元　(100 million yuan)

项　目	Item	2005	2008	2009	2010	2011	2012
总计	**Total**	**7928.17**	**18402.19**	**21987.23**	**30354.84**	**38377.76**	**45041.48**
按行业分	**Grouped by Sector**						
航空航天制造业	Aviation and Aircrafts Manufacturing	10.42	52.58	53.73	64.84	76.42	218.30
电子计算机及办公设备制造业	Electronic Computers and Office Equipments	1447.91	2174.27	2209.28	2634.34	2940.80	2260.06
电子及通信设备制造业	Electronic and Communication Equipments	2607.55	6082.13	5667.39	7411.99	9114.40	11367.89
生物医药制造业	Medical and Pharmaceutical Products	427.26	821.77	1266.26	1656.94	2123.22	2651.73
仪器仪表制造业	Manufactune of Special purpose Scientific Eqaipment	309.92	1004.17	1097.68	1697.01	2233.28	1084.99
高端装备制造业	Manufacture of Eleetrical Machinary & Equipment	1488.58	3844.16	4395.76	5724.60	7332.90	12123.94
新材料制造业	Manufacture of New Material	1636.54	4423.11	5627.22	7486.61	9791.83	12214.01
新能源制造业	Manufacture of New Energy			1669.91	3678.51	4764.90	3120.55
按地区分	**Grouped by Region**						
南京市	Nanjing City	1236.80	2673.19	2706.66	3383.41	4260.40	4739.55
无锡市	Wuxi City	1312.16	2671.87	3288.65	4429.91	5337.22	5665.21
徐州市	Xuzhou City	85.14	292.22	518.74	1061.13	2000.01	3016.11
常州市	Changzhou City	609.05	1515.07	1842.30	2370.12	3100.55	3555.22
苏州市	Suzhou City	3085.17	6501.80	6921.52	9022.65	10530.84	11888.80
南通市	Nantong City	426.15	1401.01	1847.78	2599.99	3250.83	3822.80
连云港市	Lianyungang City	62.04	206.96	381.05	646.28	868.70	1144.58
淮安市	Huaian City	46.93	140.61	245.83	479.17	580.70	956.49
盐城市	Yancheng City	126.73	401.88	485.31	687.54	908.46	1302.54
扬州市	Yangzhou City	272.07	870.36	1533.31	2341.29	3093.06	3106.72
镇江市	Zhenjiang City	324.97	851.29	1040.15	1654.37	2251.51	2814.42
泰州市	Taizhou City	334.82	853.22	1137.55	1591.51	2063.19	2639.27
宿迁市	Suqian City	6.15	22.71	38.37	87.46	132.30	389.76

注：2012 年起，高新技术产业行业目录调整。

a) Industry direct of high-tech industry has been adjusted since 2012.

15－11 各类专业技术人员数

Number of Scientific and Technical Personnels

单位:万人 (10000 persons)

年 份 Year	各类专业技术人员 Total	#工程技术人员 Engineering	#农业技术人员 Agriculture	#科学研究人员 Scientific Research	#卫生技术人员 Health Care	#教学人员 Teaching
1980	43.87	9.63	1.13	1.47	9.02	17.13
1985	83.41	20.70	1.76	1.59	13.35	35.90
1989	150.56	34.08	2.37	1.86	17.42	49.88
1990	158.86	31.84	2.35	1.84	13.87	44.50
1991	166.02	25.86	2.39	0.67	13.54	44.57
1992	174.70	27.36	2.53	0.73	14.17	44.98
1993	172.71	41.72	2.50	2.19	19.90	50.83
1994	179.94	27.88	2.21	0.60	14.99	47.57
1995	184.97	28.38	2.65	0.60	15.48	50.72
1996	189.49	44.82	3.68	1.90	21.75	59.15
1997	193.46	44.51	3.90	1.94	22.13	62.46
1998	202.15	47.53	4.45	1.74	22.72	63.83
1999	198.20	45.67	4.51	1.48	22.86	64.94
2000	194.24	44.84	4.61	1.81	23.04	66.15
2001	186.05	40.11	4.18	1.75	23.19	66.95
2002	175.79	35.79	3.74	1.56	22.96	67.56
2003	163.20	29.19	3.74	1.82	22.07	68.01
2004	147.23	22.16	3.25	1.77	20.86	69.25
2005	148.67	20.96	3.18	1.83	23.45	69.33
2006	142.20	20.54	3.11	1.69	21.35	69.27
2007	142.18	20.03	2.92	1.64	21.86	69.00
2008	142.26	19.72	3.06	1.68	22.04	69.89
2009	141.61	19.67	2.99	1.64	21.88	69.48
2010	140.53	19.00	2.72	1.53	21.21	66.69
2011	140.51	19.82	2.85	1.71	22.04	69.09
2012	140.65	19.79	2.69	1.77	22.30	68.93

注：本表数据含辖区内的全民所有制单位和集体所有制单位。

a) Figures in the table are the data of state-owned and collective-owned units.

15－12 三种专利申请受理量
Application for Three Kinds of Patents Accepted

单位:件 (unit)

项 目	Item	1990	1995	2000	2005	2010	2011	2012
申请受理量合计	**Applications Accepted**	**2706**	**4078**	**8210**	**34811**	**235873**	**348381**	**472656**
#发　明	Inventions	384	538	1159	6582	50298	84678	110091
实用新型	Utility Models	2085	2708	4590	11071	51436	81097	107091
外观设计	Designs	237	832	2461	17158	134139	182606	255474
#非职务	Non-official	1620	2665	4530	20693	97222	130334	135058
职　务	Official	886	1413	3680	14118	138651	218047	337598
大专院校	Universities and Colleges	135	164	212	2529	11290	17821	23329
科研单位	Scientific Resarch Institutions	112	104	129	382	1743	2944	4086
工矿企业	Industrial and Mineral Enterprises	522	887	3296	11157	125089	196198	308801
机关团体	Government Agencies and Organizations	117	258	43	50	529	1084	1382

15－13 三种专利授权量
Three Kinds of Patents Granted

单位:件 (unit)

项 目	Item	1990	1995	2000	2005	2010	2011	2012
申请授权量合计	**Patents Granted**	**1455**	**2413**	**6432**	**13580**	**138382**	**199814**	**269944**
#发　明	Inventions	69	72	341	1241	7210	11043	16242
实用新型	Utility Models	1236	1884	4095	6483	41161	53414	77944
外观设计	Designs	150	457	1996	5856	90011	135357	175758
#非职务	Non-official	916	1506	3125	7021	59588	71061	68424
职务	Officia	539	907	3307	6559	78794	128753	201520
大专院校	Universities and Colleges	104	112	139	896	6038	8373	11234
科研单位	Scientific Resarch Institutions	78	73	106	182	688	1033	1128
工矿企业	Industrial and Mineral Enterprises	297	447	3022	5436	71781	118919	186220
机关团体	Government Agencies and Organizations	60	275	40	45	287	428	2938

15－14 全省产品质量监督检查情况（2012 年）
Results of Sampling Check on the Quality of Products under Provincial Supervision（2012）

产 品 名 称	Item	监督检查批次数 Batches of Supervision and Inspection	监督检查合格批次数 Qualified Batches	批 次 合格率（%） Rate of Batch-times Qualified（%）
合 计	**Total**	**33632**	**32835**	**97.6**
食品	**Food**	**15046**	**14790**	**98.3**
大米	Rice	2443	2443	100.0
乳制品	Dairy	226	226	100.0
小麦粉	Wheat Flour	577	575	99.7
肉制品	Meat Products	903	896	99.2
水产加工品	Aquatic Products	561	554	98.8
白酒	Distilled Spirit	552	541	98.0
食用植物油	Edible Vegertable Oil	134	131	97.8
炒货及坚果制品	Stir-fry	266	260	97.7
糕点	Cake	1040	1013	97.4
纯净水	Drink	1526	1415	92.7
其它	Others	6818	6736	98.8
日用消费品	**Consumer Goods**	**6793**	**6577**	**96.8**
车用汽油	Gasoline	40	40	100.0
家用电冰箱和食品冷冻箱	Housenold Rofrigerators and Food Freezers	16	16	100.0
电风扇	Fan	13	13	100.0
太阳能热水器	Solar Water Heater	156	156	100.0
皮鞋	Shoes	77	77	100.0
食品用塑料包装、容器	Plastic Food Packaging	446	444	99.6
休闲服装	Casual Clothing	430	418	97.2
配装眼镜	Glasses	1293	1252	96.8
电动自行车	Electric Bicycle	135	127	94.1
液化石油气	LPG	110	102	92.7
不锈钢制品	Stainless Steel Products	68	61	89.7
其他	Others	4009	3871	96.6
建筑装饰装修材料	**Building Raw Materials**	**4537**	**4399**	**97.0**
水泥	Cement	255	254	99.6
铝合金建筑型材	Aluminum Building Materials	87	86	98.9

15－14 续表 Continued

产品名称	Item	监督检查批次数 Batches of Supervision and Inspection	监督检查合格批次数 Qualified Batches	批次合格率（%） Rate of Batch-times Qualified（%）
溶剂型涂料	Solvent－based Paints	137	135	98.5
胶粘剂	Mastics	145	142	97.9
钢筋混凝土用热轧钢筋	Hot Rolled Steel Reinforced Concrete	44	43	97.7
浸渍纸层压木质地板	Laminate Wood Flooring	214	209	97.7
新型节能环保墙体材料	New Energy Saving Wall Materials	924	901	97.5
内、外墙涂料	Inferior and Exterior Paint	294	284	96.6
预拌混凝土	Ready－mixed Concrete	353	340	96.3
安全网	Safety Net	43	37	86.0
其他	Others	2041	1968	96.4
工业生产资料	**Industrial Production**	**6401**	**6230**	**97.3**
瓦楞纸箱	Corrugated Boxes	30	30	100.0
压缩、液化气体	Compressed and Liquefied Gases	163	163	100.0
防爆电气	Explosion－off Electrcal	67	67	100.0
低压成套设备	Low－voltage Equipment	897	876	97.7
无机类危险化学品	Inorganic Hazards Chemical	155	154	99.4
轴承	Bearings	129	128	99.2
有机类危险化学品	Organic Hazards Chemical	230	228	99.1
危险化学品包装物、容器	Packaging of Dangerous Chemicals	206	204	99.0
铜及铜合金制品	Copper and Alloy Products	131	124	94.7
阀门	Valve	64	55	85.9
中小型电机	Small Motors	95	75	78.9
其他	Others	4237	4126	97.4
农业生产资料	**Aqricultural Production**	**855**	**839**	**98.1**
农用塑料薄膜	Aqricultural Plastic Film	20	20	100.0
磷肥	Phosphate	25	25	100.0
泵	Pumps	213	212	99.5
复混肥料	Fertilizer	206	205	99.5
农药	Pesticide	153	151	98.7
植物保护机械	Plant Protection Machinery	24	23	95.8
旋耕机	Tiller	29	27	93.1
其他	Others	185	176	95.1

15－15 教育事业基本情况
Basic Statistics on Education

项　　目	Item	1995	2000	2005	2010	2011	2012
学校数　（所）	**Number of Schools　(unit)**						
普通高等学校	Regular Institutions of Higher Education	67	71	115	124	126	128
普通中等学校	Secondary Schools	5093	4222	3530	3058	2975	2903
中等专业学校	Specialized Schools	213	185	150	160	169	168
普通中学	Regular Secondary Schools	4439	3675	3141	2776	2721	2660
#高　中	Senior Secondary Shools	963	859	849	653	620	594
职业高中	Vocational Senior Secondary Schools	441	362	239	122	85	75
小　学	Primary Schools	27062	19110	6261	4498	4328	4128
特殊教育	Special Schools	132	123	109	112	108	107
专任教师　（万人）	**Number of Fulltime Teachers (10000 persons)**						
普通高等学校	Regular Institutions of Higher Education	2.73	3.31	6.73	10.20	10.40	10.60
普通中等学校	Secondary Schools	22.16	25.02	31.13	32.36	32.14	31.94
中等专业学校	Specialized Schools	1.30	1.37	1.42	2.43	2.71	2.80
普通中学	Regular Secondary Schools	18.91	21.59	27.98	28.46	28.23	27.95
#高　中	Senior Secondary Shools	3.59	5.46	8.88	9.82	9.71	9.72
职业高中	Vocational Senior Secondary Schools	1.95	2.06	1.73	1.47	1.20	1.19
小　学	Primary Schools	27.35	28.90	26.16	24.96	25.01	25.26
特殊教育	Special Schools	0.27	0.27	0.25	0.30	0.30	0.31
招生数　（万人）	**New Student Enrollment　(10000 persons)**						
普通高等教育	Regular Higher Education	7.13	18.22	39.02	47.52	48.03	48.13
研究生	Postgraduates	0.38	0.97	2.87	4.25	4.42	4.62
本专科	University and College Students	6.75	17.25	36.15	43.27	43.61	43.50
普通中等学校	Secondary Schools	136.80	157.94	197.19	147.67	132.83	126.37
中等专业学校	Specialized Secondary Schools	12.27	10.64	24.45	22.78	20.61	19.70
普通中学	Regular Secondary Schools	114.03	141.44	157.55	115.07	105.84	101.72
#高　中	Senior Secondary Shools	18.47	29.93	52.25	44.03	40.88	37.69
职业高中	Vocational Senior Secondary Schools	10.50	5.86	15.19	9.82	6.38	4.95
小　学	Primary Schools	130.42	95.53	61.93	73.13	76.18	79.48
特殊教育	Special Schools	0.71	0.39	0.40	0.48	0.37	0.35
在校学生　（万人）	**Students Enrollment　(10000 persons)**						
普通高等教育	Regular Higher Education	21.95	47.48	123.77	177.49	179.38	181.07
研究生	Postgraduates	1.09	2.29	7.79	12.55	13.44	13.95
本专科生	University and College Students	20.86	45.19	115.98	164.94	165.94	167.12
普通中等学校	Secondary Schools	374.86	433.97	592.97	462.79	423.62	398.58
中等专业学校	Specialized Secondary Schools	31.87	43.62	66.10	68.30	63.59	63.12
普通中学	Regular Secondary Schools	316.75	373.64	491.56	368.61	339.82	317.89
#高　中	Senior Secondary Shools	47.71	80.18	145.34	135.66	128.70	120.87
职业高中	Vocational Senior Secondary Schools	26.24	16.71	35.31	25.88	20.21	17.57
小　学	Primary Schools	644.77	718.55	485.53	398.78	409.60	422.76
特殊教育	Special Schools	3.98	3.59	3.07	2.97	2.55	2.47
毕业生数　（万人）	**Graduates　(10000 persons)**						
普通高等教育	Regular Higher Education	6.17	8.01	24.46	50.88	51.05	50.86
研究生	Postgraduates	0.22	0.44	1.49	2.99	3.34	3.84
本专科生	University and College Students	5.95	7.57	22.97	47.89	47.71	47.03
普通中等学校	Secondary Schools	105.40	117.74	180.99	166.50	157.43	141.67
中等专业学校	Specialized Secondary Schools	5.17	14.49	10.90	16.73	19.59	15.45
普通中学	Regular Secondary Schools	92.62	96.00	162.98	140.04	130.44	119.69
#高　中	Senior Secondary Shools	13.65	22.99	42.65	48.64	46.61	44.48
职业高中	Vocational Senior Secondary Schools	7.61	7.25	7.11	9.73	7.40	6.53
小　学	Primary Schools	99.03	114.78	105.52	70.58	64.97	64.51
特殊教育	Special Schools	0.22	0.36	0.43	0.52	0.33	0.33

15-16 各级各类教育事业(2012年)
Basic Statistics on Education by Level and Type (2012)

单位:人　　　　(person)

指标	Item	学校数(所) Number of Schools (unit)	毕业生数 Graduates	招生数 New Student Enroll-ment	在校学生数 Students Enrollment in schools	教职工数 Teachers and Staff	#专任教师 Full-time Teachers
普通高等教育	Regular Higher Education	128	508606	481106	1810702	163592	106023
研究生	Postgraduates		38352	46214	139529		
本专科学生	Undergraduate and Specialized Courses		470254	434892	1671173		
普通中等专业学校	Regular Specialized Secondary Schools	168	154510	197037	631204	34919	28049
普通中学	Regular Secondary Schools	2660	1196948	1017248	3178866	349851	279454
高　中	Senior Secondary Schools	594	444765	376936	1208697		97223
初　中	Junior Secondary Schools	2066	752183	640312	1970169		182231
职业高中	Vocational Senior Secondary Schools	75	65269	49498	175718	14239	11912
技工学校	Technical Schools	126	86911	105525	280292		12955
小　学	Primary Schools	4128	645061	794802	4227557	252300	252580
特殊教育学校	Special Education	107	3271	3534	24702	3911	3124
幼儿园	Kindergartens	4392	725378	793156	2204476	152982	94680
成人高等教育	Adult Higher Education	12	196579	118090	276700	2408	1401
#广播电视大学	Radio and TV Universities	2	3246	3019	6588	493	239
管理干部学院	Colleges for Training Managerial Person-nel	3	2943	2460	6354	818	543
职工高等学校	Schools of Higher Education for Staff	5	1289	556	1366	313	187
教育学院	Pedagogical College	2	6329	6876	7634	784	432
成人中等专业学校	Specialized Secondary Schools for Adults	42	28864	28690	77627	3192	1900
成人中学	Secondary Schools for Adults	527	30377		19542	1660	1200
网络教育	Internet-based Education	3	12899	22606	45524		

15－17 全省研究生数
Number of Postgraduates

单位:人 (person)

指标	Item	1995	2000	2005	2010	2011	2012
高等学校	**Institutions of Higher Education**						
招生数	New Student Enrollment	3730	21705	28306	42070	43827	45807
在读人数	Student Enrollment	10700	52875	76783	124209	133171	138284
#女 性	Female	2384	19409	31608	57225	62049	66868
毕业生数	Graduates	2202	8918	14699	29553	33038	37998
研究所(院)	**Research Institutions (Academies)**						
招生数	New Student Enrollment	65	318	379	389	390	407
在读人数	Student Enrollment	191	758	1101	1241	1233	1245
#女 性	Female	27	187	309	416	428	440
毕业生数	Graduates	45	117	184	366	350	354

15－18 各级各类学校女在校学生和女专任教师数
Number of Female Students Enrollment and Teachers by Level and Type of Schools

指标	Item	1995	2000	2005	2010	2011	2012
女在校学生数（万人）	**Number of Female Students in Schools (10000 persons)**						
普通高等教育本、专科	Regular Institutions of Higher Education	6.79	16.32	53.99	81.46	82.21	82.68
普通中等专业学校	Regular Specialized Secondary Schools	16.19	23.17	35.78	33.96	31.82	31.12
普通中学	Regular Secondary Schools	139.72	166.00	224.09	168.64	156.55	147.80
职业高中	Vocational Senior Secondary Schools	12.30	7.23	16.51	11.92	9.31	7.97
小 学	Primary Schools	306.29	338,08	222.77	180.74	185.77	192.28
女在校学生占在校学生总数 (%)	**Percentage of Female Students in Schools to Total Students (%)**						
普通高等教育本、专科	Regular Institutions of Higher Education	32.6	38.1	46.6	49.4	49.5	49.4
普通中等专业学校	Regular Specialized Secondary Schools	50.8	53.1	54.1	49.7	50.1	49.3
普通中学	Regular Secondary Schools	44.1	44.4	45.6	45.8	46.1	46.5
职业高中	Vocational Senior Secondary Schools	46.9	43.3	46.8	46.1	46.1	45.3
小 学	Primary Schools	47.5	47.1	45.9	45.3	45.4	45.5
女专任教师数（万人）	Number of Full Time Female Teachers (10000 persons)						
普通高等学校	Regular Institutions of Higher Education	0.76	1.14	2.77	4.55	4.65	4.77
普通中等专业学校	Regular Specialized Secondary Schools	0.52	0.58	0.69	1.26	1.43	1.50
普通中学	Regular Secondary Schools	5.58	7.69	11.86	13.35	13.40	13.42
职业高中	Vocational Senior Secondary Schools	0.63	0.81	0.75	0.71	0.58	0.57
小 学	Primary Schools	11.64	13.93	14.08	14.77	15.03	15.40
女专任教师占专任教师总数 (%)	**Percentage of Full Time Female Teachers to Total Teachers (%)**						
普通高等学校	Regular Institutions of Higher Education	27.8	34.5	41.2	44.6	44.8	44.9
普通中等专业学校	Regular Specialized Secondary Schools	39.9	42.0	48.6	52.0	52.6	53.4
普通中学	Regular Secondary Schools	29.5	35.6	42.4	46.9	47.5	48.0
职业高中	Vocational Senior Secondary Schools	32.4	39.4	43.6	47.9	48.4	47.9
小 学	Primary Schools	42.5	48.2	53.8	59.2	60.1	61.0

15－19　普通高等教育分科学生数(2012 年)
Student Enrollment in Regular Higher Education by Field of Study (2012)

单位:人　　(person)

项　　目	Item	毕业生数 Graduates	招生数 New Enrollment	在校生数 Total Enrollment
本科合计	**Total**	**231751**	**255389**	**984577**
#女生	Female	114949	131047	487342
哲　学	Philosophy	135	134	464
经济学	Economics	15388	14460	56405
法　学	Law	5730	7021	26314
教育学	Education	4607	6255	22619
文　学	Literature	36784	37305	143826
#外语	Foreign Language	12479	11381	45603
#艺术	Art	13106	15522	58952
历史学	History	716	694	2888
理　学	Science	19653	22441	85299
工　学	Engineering	90333	102877	395646
农　学	Agriculture	2990	3509	13581
医　学	Medicine	10817	12670	54827
管理学	Management	44598	48023	182708
专科合计	**Specialist**	**238503**	**252633**	**686596**
#女生	Female	123522	116103	339469
农林牧渔大类	Animou Husbandry and Fishery	4545	5915	14833
交通运输大类	Transportation	11164	11322	32865
生化与药品大类	Biochemical and Drug	8230	8637	22063
资源开发与测绘大类	Resource Develpment and Mapping	740	867	2138
材料与能源大类	Material and Energy	1642	2422	6081
土建大类	Civil Construction	19572	24959	68776
水利大类	Water Conservation	118	119	380
制造大类	Manufacture	44172	47395	127731
电子信息大类	Electronic Information	37075	33691	93088
环保、气象与安全大类	Meteorology and Environmental Safety	1867	1488	4999
轻纺食品大类	Textile, Food	7386	6481	19819
财经大类	Finance and Economices	42232	48394	131098
医药卫生大类	Medicine and Health	11744	13229	33261
旅游大类	Tourism	7249	8502	22409
公共事业大类	Public Utilities	1485	1451	4568
文化教育大类	Public Education	22808	21906	57849
艺术设计传媒大类	Art Design and Media	13392	14678	40414
公安大类	Public Security	1765	137	1359
法律大类	Law	1317	1040	2865

15-20 每万人口在校学生数和中小学升学情况
Number of Students Per 10000 Population and Enrollment Rate of Secondary and Primary Schools

年份 Year	平均每万人口中 Number of Students per 10000 Population			小学学龄儿童入学率(%) Enrollment Rate of School-age Children (%)	小学毕业生升学率(%) Primary school Graduates Entering into Junior Secondary Schools (%)	初中毕业生升学率(%) Junior Secondary Graduates Entering into Senior Secondary Schools (%)
	大学生(人) University and College Students (person)	中学生(人) Secondary School Students (person)	小学生(人) Primary School Students (person)			
1978	10.4	667.9	1489.3	96.7	90.3	42.3
1980	14.2	553.8	1409.4	97.1	81.3	28.4
1985	19.2	492.3	1091.1	99.5	74.2	29.5
1989	23.0	426.4	980.9	98.8	79.8	38.2
1990	21.7	460.3	904.8	99.9	82.0	39.6
1991	21.1	467.4	869.1	99.3	84.2	40.0
1992	22.1	476.6	846.5	99.5	85.9	41.8
1993	25.9	481.3	853.9	99.4	88.0	45.4
1994	28.7	503.8	877.7	99.4	93.5	51.1
1995	29.5	530.5	912.5	99.8	96.6	56.8
1996	31.0	549.1	967.4	99.8	96.6	61.2
1997	33.4	547.9	1024.6	99.8	97.1	63.8
1998	38.0	550.3	1046.8	99.8	97.5	62.4
1999	49.8	565.8	1027.6	99.8	97.2	65.1
2000	61.7	592.3	980.7	99.8	97.2	68.5
2001	79.6	643.1	933.4	98.7	97.9	73.9
2002	94.9	710.7	860.6	99.6	98.2	78.6
2003	116.1	761.3	782.3	99.6	98.7	83.2
2004	133.8	795.3	710.7	99.7	98.8	84.8
2005	155.2	793.3	649.6	99.8	99.8	89.6
2006	173.0	775.1	603.7	99.9	100.0	93.5
2007	193.1	740.8	562.9	99.6	100.0	95.7
2008	204.9	697.7	531.6	99.9	100.0	96.0
2009	214.0	642.6	512.7	99.9	100.0	97.3
2010	209.6	588.1	506.8	99.9	100.0	97.5
2011	227.1	430.2	518.6	99.9	100.0	97.7
2012	228.6	401.4	533.8	100.0	100.0	98.0

15－21 各级学校教师负担学生数
Student-teacher Ratio by Level of School

年 份 Year	普通高等学校 Institutions of Regular Higher Education		普通中等学校 Regular Secondary Schools		小 学 Primary Schools	
	教师数（万人）Number of Teachers (10000 persons)	平均每个教师负担学生数（人）Student-teacher Ratio (person)	教师数（万人）Number of Teachers (10000 persons)	平均每个教师负担学生数（人）Student-teacher Ratio (person)	教师数（万人）Number of Teachers (10000 persons)	平均每个教师负担学生数（人）Student-teacher Ratio (person)
1978	1.34	4.5	16.75	23.3	27.07	32.1
1980	1.59	5.3	16.83	19.5	27.97	29.9
1985	2.30	5.2	16.53	18.5	25.91	26.2
1989	2.79	5.3	19.00	16.0	26.74	23.6
1990	2.76	5.3	19.63	15.9	26.95	22.7
1991	2.76	5.2	20.06	15.9	27.00	22.0
1992	2.70	5.7	20.32	16.2	26.66	21.9
1993	2.70	6.7	20.71	16.2	25.59	23.2
1994	2.73	7.4	21.28	16.6	26.95	22.9
1995	2.73	7.6	22.16	16.9	27.35	23.6
1996	2.74	8.1	22.82	17.1	27.96	24.6
1997	2.79	8.6	23.26	16.8	28.32	25.9
1998	2.86	9.6	23.57	16.8	28.20	26.7
1999	3.04	11.8	24.10	16.9	28.41	26.1
2000	3.31	13.7	25.02	17.3	28.90	24.9
2001	3.80	15.4	25.96	18.2	28.84	23.8
2002	4.43	15.8	27.38	19.2	27.95	22.7
2003	4.98	18.3	28.74	19.6	26.84	21.6
2004	5.90	18.0	30.19	19.6	29.22	19.9
2005	6.73	18.4	31.14	19.0	26.16	18.6
2006	7.84	17.8	31.92	18.3	26.05	17.5
2007	8.86	17.7	32.30	17.5	25.83	16.6
2008	9.63	17.4	32.51	16.5	25.47	16.0
2009	9.99	17.7	32.54	15.3	25.47	15.6
2010	10.20	17.4	32.36	14.3	24.96	16.0
2011	10.39	17.3	32.14	13.2	25.01	16.4
2012	10.60	17.1	31.94	12.5	25.26	16.7

主要统计指标解释

科技活动 指在自然科学、农业科学、医药科学、工程与技术科学、人文与社会科学领域（简称科学技术领域）中，与科技知识的产生、发展、传播和应用密切相关的有组织的活动。可分为研究与试验发展（R&D）、研究与试验发展成果应用及相关的科技服务三类活动。

科技活动人员 指直接从事科技活动、以及专门从事科技活动管理和为科技活动提供直接服务的人员。累计从事科技活动的实际工作时间占全年制度工作时间10%及以上的人员。（1）直接从事科技活动的人员包括：在独立核算的科学研究与技术开发机构、高等学校、各类企业及其他事业单位内设的研究室、实验室、技术开发中心及中试车间（基地）等机构中从事科技活动的研究人员、工程技术人员、技术工人及其它人员；虽不在上述机构工作，但编入科技活动项目（课题）组的人员；科技信息与文献机构中的专业技术人员；从事论文设计的研究生等。（2）专门从事科技活动管理和为科技活动提供直接服务的人员包括：独立核算的科学研究与技术开发机构、科技信息与文献机构、高等学校、各类企业及其他事业单位主管科技工作的负责人，专门从事科技活动的计划、行政、人事、财务、物资供应、设备维护、图书资料管理等工作的各类人员，但不包括保卫、医疗保健人员、司机、食堂人员、茶炉工、水暖工、清洁工等为科技活动提供间接服务的人员。

科学家与工程师 指科技活动人员中具有高、中级技术职称（职务）的人员和不具有高、中级技术职称（职务）的大学本科及以上学历人员。

研究与试验发展（R&D） 指在科学技术领域，为增加知识总量、以及运用这些知识去创造新的应用而进行的系统的创造性的活动，包括基础研究、应用研究、试验发展三类活动。

基础研究 指为了获得关于现象和可观察事实的基本原理的新知识（揭示客观事物的本质、运动规律，获得新发现、新学说）而进行的实验性或理论性研究，它不以任何专门或特定的应用或使用为目的。其成果以科学论文和科学著作为主要形式。

应用研究 指为获得新知识而进行的创造性研究，主要针对某一特定的目的或目标。应用研究是为了确定基础研究成果可能的用途，或是为达到预定的目标探索应采取的新方法（原理性）或新途径。其成果形式以科学论文、专著、原理性模型或发明专利为主。

试验发展 指利用从基础研究、应用研究和实际经验所获得的现有知识，为产生新的产品、材料和装置，建立新的工艺、系统和服务，以及对已产生和建立的上述各项作实质性的改进而进行的系统性工作。其成果形式主要是专利、专有技术、具有新产品基本特征的产品原型或具有新装置基本特征的原始样机等。在社会科学领域，试验发展是指把通过基础研究、应用研究获得的知识转变成可以实施的计划（包括为进行检验和评估实施示范项目）的过程。人文科学领域没有对应的试验发展活动。

研究与试验发展人员 指参与研究与试验发展项目研究、管理和辅助工作的人员，包括项目（课题）组人员，企业科技行政管理人员和直接为项目（课题）活动提供服务的辅助人员。

研究与试验发展人员全时当量 指全时人员数加非全时人员按工作量折算为全时人员数的总和。例如：有两个全时人员和三个非全时人员（工作时间分别为20%、30%和70%），则全时当量为2+0.2+0.3+0.7=3.2人年。

专业技术人员 指从事专业技术工作和专业技术管理工作的人员，即企事业单位中已经聘任专业技术职务从事专业技术工作和专业技术管理工作的人员，以及未聘任专业技术职务，现在专业技术岗位上工作的人员。包括工程技术人员，农业技术人员，科学研究人员，卫生技术人员，教学人员，经济人员，会计人员，统计人员，翻译人员，图书资料、档案、文博人员，新闻出版人员，律师、公证人员，广播电视播音人员，工艺美术人员，体育人员，艺术人员及企业政治思想工作人员，共十七个专业技术职务类别。

科技活动经费筹集 指从各种渠道筹集到的计划用于科技活动的经费，包括政府资金、企业资金、事业单位资金、金融机构贷款、国外资金和其他资金等。

政府资金 指从各级政府部门获得的计划用于科技活动的经费，包括科学事业费、科技三项费、科研基建费、科学基金、教育等部门事业费中计划用于科技活动的经费以及政府部门预算外资金中计划用于科技活动的经费等。

企业资金 指从自有资金中提取或接受其他企业委托的、科研院所和高校等事业单位接受企业委托获得的，计划用于科研和技术开发的经费。不包括来自政府、金融机构及国外的计划用于科技活动的资金。

金融机构贷款 指从各类金融机构获得的用于科技活动的贷款。

科技活动经费内部支出 指报告年内用于科技活动的实际支出包括劳务费、科研业务费、科研管理费，非基建投资购建的固定资产、科研基建支出以及其他用于科技活动的支出。不包括生产性活动支出、归还贷款支出及转拨外单位支出。

劳务费 指以货币或实物形式直接或间接支付给从事科技活动人员的劳动报酬及各种费用。包括各种形式的工资、津贴、奖金、福利、离退休人员费用、人民助学金等。

固定资产购建费　指报告年内使用非基建投资购建的固定资产和用于科研基建投资的实际支出额，即固定资产实际支出和科研基建投资实际完成额之和。固定资产是指长期使用而不改变原有实物形态的主要物资设备、图书资料、实验材料和标本以及其他设备和家具、房屋、建筑物。

新产品　指采用新技术原理、新设计构思研制、生产的全新产品，或在结构、材质、工艺等某一方面比原有产品有明显改进，从而显著提高了产品性能或扩大了使用功能的产品。既包括政府有关部门认定并在有效期内的新产品，也包括企业自行研制开发，未经政府有关部门认定，从投产之日起一年之内的新产品。

专利　是专利权的简称，是对发明人的发明创造经审查合格后，由专利局依据专利法授予发明人和设计人对该项发明创造享有的专有权。包括发明、实用新型和外观设计。

发明　指对产品、方法或者其改进所提出的新的技术方案。

实用新型　指对产品的形状、构造或者其结合所提出的适于实用的新的技术方案。

外观设计　指对产品的形状、图案、色彩或者其结合所作出的富有美感并适于工业上应用的新设计。

普通高等学校　指按照国家规定的设置标准和审批程序批准举办，通过国家统一招生考试，招收高中毕业生为主要培养对象，实施高等学历教育的全日制大学、独立设置的学院和高等专科学校、高等职业学校和其他机构。

成人高等学校　指按照国家规定的设置标准和审批程序批准举办的，通过全国成人高等教育统一招生考试，招收具有高中毕业或同等学历的人员为主要培养对象，利用脱产、业余或函授等多种形式对其实施高等学历教育的学校。包括广播电视大学、职工高等学校、农民高等学校、管理干部学院、教育学院、独立函授学院、其他机构。

小学学龄儿童入学率　指调查范围内已入小学学习的学龄儿童占校内外学龄儿童总数（包括弱智儿童，不包括盲聋哑儿童）的比重。计算公式为：

小学学龄儿童入学率＝已入学的小学学龄儿童数/校内外小学学龄儿童总数×100%

Explanatory Notes on Main Statistical Indicators

Scientific and Technological Activities(S&T Activities)　refer to organized activities which are closely related with the creation, development, dissemination and application of the scientific and technical knowledge in the fields of natural sciences, agricultural science, medical science, engineering and technological science, humanities and social sciences (referred to as scientific and technological fields). S&T activities can be classified in to 3 categories: research and development(R&D) activities, application of R&D results, and related S&T services.

Personnel Engaged in S&T Activities　refer to personnel directly engaged in S&T activities, in the management of S&T activ—ities, and in providing direct service to S&T activities, who spend over 10% of the total working hours in a year in S&T activities. (1) Personnel directly engaged in S&T activities include researchers, engineers, technicians and other related personnel engaged in S&T activities in independent—accounting R&D institutions, institutions of higher learning, and in research institutes, laboratories, technology development centers and central experiment workshops under enterprises and institutions. Also included are people working in S&T research project teams, professional and technical personnel working in S&T information archiving institutes, and graduate students working on the design of their thesis. (2) Personnel engaged in the management of S&T activities and in providing direct service to S&T activities include senior management people responsible for S&T activities in independent-accounting R&D institutions, S&T infor-mation archiving institutes, institutions of higher learning, and in enterprises and institutions where S&T activities are undertaken. Also included are people responsible for the planning, administration, personnel management, financial management, logistics supply, equipment maintenance, information and library management that are related with S&T activities. People providing indirect services are excluded, such as security, medical service, drivers, plumbers, cleaners and those providing catering and related service.

Scientists and Engineers　refer to persons engaged in S&T activities who have obtained titles of senior and middle level professional positions, and those without such position but have completed university or higher education.

Research and Development(R&D)　refers to systematic and creative activities in the field of science and technology aiming at increasing the knowledge and using the knowledge for new application. R&D includes 3 categories of activities: basic research, applied research and experiments and development.

Basic Research　refers to empirical or theoretical research aiming at obtaining new knowledge on the fundamental principles of phenomena of observable facts to reveal the nature and law of movement of objects and to acquire new discoveries or new theories. Basic research takes no specific or designated application as the aim of the research. Results of basic research are mainly released or disseminated in the form of scientific papers or monographs.

Applied research refers to creative research aiming at obtaining new knowledge on a specific objective or target. Purpose of the applied research is to identify the possible use of results from basic research, or to explore new (fundamental) methods or new approaches. Results of applied research are expressed in the form of scientific papers, monographs, fundamental models or invention patents.

Experiments and Development refer to systematic activities aiming at using the knowledge from basic and applied researches or from practical experience to develop new products, materials and equipment, to establish new production process, systems and services, or to make substantial improvement on the existing products, process or services. Results of experiment and development activities are embodied in patents, exclusive technology, monotype of new products or equipment. In social sciences, experiment and development activities refer to the process of converting the knowledge from basic or applied researches into feasible programmes (including conduct of demonstration projects for assessment and evaluation). There is no experiment and development activities in the science of humani-ties. R&D Personnel refer to persons engaged in research, management and supporting activities of R&D, including persons in the project teams, persons engaged in the management of S&T activities of enterprises and supporting staff providing direct service to the research projects.

R&D Personnel refer to persons engaged in reasearch, management and supporting activities of R&D, including persons in project teams, persons engaged in management of S&T activities of enterprises and supporting staff providing direct service to the research projects.

Full-time Equivalent of R&D Personnel refers to the sum of the full-time persons and the full-time equivalent of part-time persons converted by workload. For instance, if there are 2 full-time persons and 3 part-time workers (20%, 30% and 70% of working hours respectively on R&D activities), the full-time equivalent is $2 + 0.2 + 0.3 + 0.7 = 3.2$ person-years.

Professional and Technical Personnel refer to person engaged in professional and technical work or in the management of professional and technical activities, i. e., people with professional or technical positions who are engaged in professional and technical work or in the management of professional and technical activities, and people without professional or technical positions but are working on professional or technical posts. They include professionals and technicians working in 17 categories of technical occupations including engineering, agriculture, scientific researches, medical service, teaching, economic research and application, accounting, statistics, translation, libraries, archives, cultural and museum service, journalism and publication, lawyers, notarization service, radio and television broadcasting, handicraft and fine arts, sports, performing art, and political workers in enterprises.

Funding for S&T Activities refers to funds obtained from various sources for S&T activities, including government funds, self-raised funds by enterprises, self-raised funds by institutions, loans from financial institutions, foreign funds and other funds.

Government Funds refer to funds obtained from government agencies at all levels to be used for S&T activities, including fund for scientific undertakings, 3 kinds of fund for S&T activities, fund for capital construction for scientific researches, science fund, funds from education expenditures by education departments for S&T activities, and extra-budget fund from government agencies for S&T activities.

Self-raised Funds by Enterprises refers to self-raised funds by enterprises from their own expenditure or from other enterprises and funds received by universities or research institutions from enterprises for scientific research or technical development projects. Excluded in this category are funds from government agencies, financial institutions or from foreign institutions. Loans from Financial Institutions refer to loans from various financial institutions for S&T activities.

Loans from Financial Institutions refer to loans from various financial institutions for S&T activities.

Total Internal Expenditure of Funds on R&D refers to the real expenditure of surveyed units on their own R&D activities (basic research, application study, test and development) including direct expenditure on R&D activities, indirect expendure of management and services on R&D activities, expenditure on capital construction and material processing by others. Excluding the expenditure on production activities, return of loan, and fees transferred to cooperated and entrusted agencies on R&D activities.

Service Fees refer to direct or indirect payment, in cash or in kind, made to personnel engaged in S&T activities as remuneration and other fees. They include, in various forms, salaries, subsidies, bonus, benefits, retirement pension, stipend, etc.

Purchase or Construction of Fixed Assets refers to the fixed assets purchased or constructed using funds other than the investment in capital construction, and the actual expenditure on capital construction for scientific researches. In other words, it is the sum of the actual expenditure on fixed assets and the accomplished investment in capital construction for scientific researches. Fixed assets refer to main materials and equipment, literatures and documents in libraries, materials for experiments, specimen, instruments, furniture, buildings and constructions that can be used for a long time without changing the form and shape of those articles or constructions.

New Products refer to new products produced with new technology and new design, or products that represent noticeable improvement in terms of structure, material, or production process so as to improve significantly the character or function of the older versions. They include new products certified by relevant government agencies within the period of certification, as well as new products designed and produced by enterprises within a year without certification by government agencies.

Patent is an abbreviation for the patent right and refers to the exclusive right of ownership by the inventors or designers for the creation or inventions, given from the patent offices after due process of assessment and approval in accordance with the Patent Law.

Patents are granted for inventions, utility models and designs.

Inventions refer to the new technical proposals to the products or methods or their modifications.

Utility Models refer to the practical and new technical proposals on the shape and structure of the product or the combination of both.

Designs refer to the aesthetics and industrially applicable new designs for the shape, pattern and color of the product, or their combinations.

Regular Institutions of Higher Learning refer to educational establishments set up according to the government evaluation and approval procedures, enrolling graduates from senior secondary schools and providing higher education courses and training for senior professionals. They include full-time universities, colleges, high professional schools, high vocatoinal universities and other institutions.

Institutions of Higher Learning for Adults refer to educational establishments, set up in line with the government evalution and approval procedures, enrolling personnels with senior secondary school or equivalent education as main training objects, and providing higher education courses in many forms of full time, spare time, or correspondence for adults. Institutions of higher learning for adults include Radio and TV universities, schools of high education for staff and workers and peasants, colleges for management cadres, pedagogical colleges, independent correspondence colleges and other institutions.

Enrollment Rate of Primary School Age Children refers to the proportion of school age children enrolled at schools to the total number of school age children both in and outside schools (including retarded children, but excluding blind, deaf and mute children). The formula is:

Enrollment Rate of Primary School-age Children = (Total Primary School—age Children at Schools) (Total Primary School age Children Both at and outside Schools) 100%

16

文化、体育、卫生

Culture, Sports and Public Health

简　要　说　明

一、本篇资料的主要内容

本篇主要反映文化、新闻出版、广播电影电视、体育、卫生事业的发展情况。

文化部分主要包括文化艺术和文物机构人员情况，群众艺术馆、文化馆站、公共图书馆业务活动及经费情况；新闻出版部分包括报纸、期刊、图书出版情况；广播电影电视部分包括广播、电视事业发展情况，广播、电视节目制作时间；体育部分主要内容包括体育系统职工人数，等级运动员、裁判员人数，运动员在各级比赛中获奖牌情况；卫生部分主要内容有卫生机构、人员、床位数，医院诊疗人次及入院人数，主要疾病死亡原因及构成，传染病的发病及死亡等情况。

二、本篇的资料来源

根据各部门制定的统计报表制度汇总加工整理而成。文化艺术业、文物业、图书馆业、群众文化服务业的资料主要来自省文化厅；新闻出版资料来自省新闻出版局；广播、电视资料来自省广播电影电视局；体育资料来自省体育局；卫生部分的资料来自省卫生厅。

Brief Introduction

I. Main Contents

Data in this chapter mainly reflect the development of culture; news and publication; radio broadcasting; films and television; sports; and public health.

Data on culture cover mainly information on institution and personnel of cultural and cultural relics; mass art centers; cultural centers (stations); facilities, services and expenditures of public libraries; Press and Publication section includes newspaper, periodicals and books published; Part of Radio, Film and TV includes broadcasting and television stations; production of broadcasting and TV programs.

Data on sports cover number of staff and workers in sports commissions, athletes and referees in grades and awards for athletes in competitions of all levels.

Data on public health include mainly the number of institutions; personnel, hospital beds; number of patients treated and in – patients; major diseases as the causes of death and their proportions in total deaths; the incidence of and the deaths caused by infections diseases.

II. Sources of Data

Data are collected and tabulated in accordance with the statistic reporting schemes stipulated by the departments concerned. Data on cultural and arts, Cultural relics, libraries and mass culture are mainly from Provincial Department of Culture; data on journalism are from Provincial bureau of Press and Publication; data on broadcasting and television are from provincial Administration of Radio, Film and Television; data on sports are from Province sports bureau; data on public heath are from provincial bureau of health.

16－1 文化艺术和文物事业机构、人员情况
Number of Cultural Institution and Personnel

项目	Item	机构数(个) Institution (unit)		从业人员(人) Personnel (person)	
		2011	2012	2011	2012
总计	**Total**	**17903**	**19189**	**131072**	**155264**
艺术业	Art	544	284	12425	11918
#艺术创作机构	Art Creation Institutions	64	56	399	335
#艺术表演团体	Art Performance Troupes	370	116	9159	5768
话剧、儿童剧、滑稽剧团	Drama, Plays for Children and Comedy Troupes	6	4	205	166
歌剧、舞剧、歌舞剧团	Opera, Ballet and Dance Troupes	2	0	134	0
歌舞团、轻音乐团	Song and Dance Troupes, Light Music Troupes	116	15	2106	933
乐团	Philharmonic and Chorus Troupes	6	4	194	123
戏曲剧团	Local Opera Troupes	127	70	3355	2382
曲、杂、木、皮团	Recitation and Ballad Troupes, Acrobatics and Circus Troupes, Puppet Show Troupes and Shadow Play Troupes	48	16	972	577
综合性剧团	Comprehensive Art Centers	65	7	2193	1587
#艺术表演场馆	Art Centers	110	112	2867	5815
#剧场、影剧院	Theaters and Music Halls	88	92	1800	4853
图书馆业	Libraries	112	111	2932	2901
#少儿图书馆	Children's Libraries	6	7	52	88
群众文化服务业	Mass Culture	1429	1419	6557	6775
群众艺术馆、文化馆	Mass Art Centers	117	119	1990	2005
文化站	Cultural Stations	1312	1300	4567	4770
#乡镇文化站	Township Cultural Stations	992	969	3509	3585
艺术教育业	Art Education	16	14	892	870
中等专业学校	Secondary Art Schools	8	8	751	705
其他教育机构	Others	8	6	141	165
文化市场经营单位	Business Units Deding in Cultural Market	15074	16583	82485	90743
文艺科研	Art Research Institutions	11	10	110	110
其他文化产业	Others	387	419	20311	36160
艺术展览机构	Art Exhibition Agency	10	16	145	211
其他	Others	377	403	20166	35949
非文化产业	Non-cultural Industry	2	2	24	23
文物业	Cultural Relic Industry	328	347	5336	5764
文物保护管理机构	Agencies of Historical Relics Preservation	59	58	356	397
文物科研及其他文物机构	Research and Other Historical Relics Agencies	16	15	153	171
博物馆	Museums	245	266	4593	4966
综合类	Comprehensive	63	73	1712	1964
历史类	History	114	121	2098	2217
艺术类	Arts	49	53	583	591
自然科技类	Natural Science and Technology	8	8	75	63
其他	Other	11	11	125	131
文物商店	Cultural Relics Shops	8	8	234	230

16 - 2 群众艺术馆、文化馆站业务活动及经费情况（2012 年）

Basic Statistics on Activities and Expenditures of Mass Art Centers and Cultural Centers (2012)

项目 Item		总计 Total	群众艺术馆、文化馆 Mass Art Centers	文化站 Cultural Stations
单位数 （个）	Number of Units (unit)	1419	119	1300
举办展览 （个）	Number of Exhibitions (unit)	7308	1157	6151
组织文艺活动 （次）	Art Performances and Story - telling Sessions (times)	39352	8257	31095
举办训练班班次 （次）	Number of Training Classes (times)	19016	5242	13774
举办训练班结业人次 （万人次）	Number of Persons Completing Courses (10000 person-times)	149	29	121
由群众艺术馆、文化馆（站）指导的单位 （个）	Units Responsible for Guiding Mass Art Center and Cultural Centers (unit)	16121	2949	13172
馆办文艺团体 （个）	Art Groups Run by Cultural Centers (unit)	337	337	
馆办老年大学 （个）	Colleges for Senior Citizens Run by Cultural Centers (unit)	41	41	
群众业余文艺团队 （个）	Part-time Art Groups (unit)	15743	2571	13172
总支出 （万元）	Total Expenditures (10000 yuan)	98533	41845	56688

注：本表仅为文化系统内。

a) The data in this table only refer to those under the administration of the cultural departments.

16 - 3 公共图书馆业务活动及经费情况（2012 年）

Facilities, Services and Expenditures of Public Libraries (2012)

项目 Item		总计 Total	#省级公共图书馆 Public Libraries at Provincial Level	#县（区）级公共图书馆 Public Libraries at County Level
总藏量 （万册、件）	Total Collections (10000 volumes)	6705.96	1092.32	3245.28
书架单层总长度 （万米）	Total Length of Bookshelves (10000 m)	137.67	26.00	54.34
累计发放有效借书证数 （万个）	Number of Library Cards Distributed Accumulately (10000 units)	290.90	42.96	121.19
书刊文献外借人次 （万人次）	Total Number of Circulation Borrowed by the Readers (10000 person-times)	2039.83	66.68	1305.29
书刊文献外借册次 （万册次）	Number of Books Borrowed by the Readers (10000 volume-times)	3430.04	174.00	2030.00
组织各类讲座次数 （次）	Number of Activities Provided for Readers (times)	2556	122	1648
参加人数 （万人次）	Number of Readers Involved in Activities (10000 person-times)	52.14	5.17	31.09
举办展览 （个）	Number of Show (unit)	787	79	511
参观人次 （万人次）	Visitors (10000 person-times)	148.20	42.02	73.81
举办培训班 （个）	Number of Training Classes (unit)	1955	582	997
培训人次 （万人次）	Training Persons (10000 person-times)	14.23	6.45	6.42
总支出 （万元）	Total Expenditures (10000 yuan)	61977	13412	24326
#藏量购置费	Purchase Expenses	12174	3503	3790
本年新购藏量 （万册、件）	Number of Books Purchased During the Year (10000 volumes)	1090.62	37.87	303.07
公用房屋建筑面积 （万平方米）	Floor Space of Public Buildings (10000 sq. m)	82.59	9.60	43.54
#书库	Stack Rooms	13.80	1.03	7.50
阅览室座席 （个）	Seating Capacity of Reading Rooms (seats)	42085	3000	8698

16－4 报纸、期刊出版情况（2012 年）
Basic Statistics on Newspaper and Periodicals Published（2012）

指　标	Item	种　数（种）Number of Publications（kind）	总印数（万册、万份）Printed Copies（10000 volumes）	总印张（万印张）Printed Sheets（10000 sheets）
报　纸	**Newspapers**	**143**	**289408**	**1405435**
期　刊	**Periodicals**	**441**	**12559**	**47836**
#综　合	Comprehensiveness	22	31	299
哲学、社会科学	Philosophy and Social Sciences	75	1228	7186
自然科学、技术	Natural Sciences and Technology	252	3907	12791
文化、教育	Culture and Education	55	3899	15819
文学、艺术	Literature and Art	27	879	5296
画　刊	Pictorials	1	17.76	60.55
少年儿童读物	**Children's Reading Material**	**9**	**2599**	**6384**

16－5 图书出版情况（2012 年）
Basic Statistics on Books Published（2012）

指　标	Item	出版图书种数（种）Number of Publications（kind）	总印数（万册）Printed Copies（10000 volumes）	总印张（万印张）Printed Sheets（10000 sheets）
总　计	**Total**	**20254**	**51851.23**	**354397**
马列主义、毛泽东思想	Marxism-leninism，Mao Zedong Thought	14	6.46	92
哲学	Philosophy	356	322.96	4177
社会科学总论	General Social Sciences	125	162.14	2053
政治、法律	Politics and Law	367	370.74	4278
军事	Military Affairs	34	52.09	909
经济	Economics	583	245.29	3871
文化、科学、教育、体育	Culture，Science，Education and Sports	11193	43657.12	261702
语言、文字	Languages	638	458.06	6146
文学	Literature	2323	3227.55	38124
艺术	Arts	1225	1378.01	7569
历史、地理	History and Geography	655	489.20	6485
自然科学总论	General Natural Sciences	19	5.89	73
数理科学、化学	Mathematics and Chemistry	263	128.15	1831
天文学、地理科学	Astronomy and Geology	58	29.04	309
生物科学	Biology	59	32.48	340
医药、卫生	Medicine and Health Care	569	368.16	4906
农业科学	Agricultural Science	204	192.30	1006
工业技术	Industrial Technology	1408	656.70	9488
交通运输	Transportation	47	18.22	198
航空、航天	Aeronautics and Aerospace	3	1.48	17
环境科技	Environmental Science	53	25.45	217
综合性图书	General Books	58	23.74	607

注：该表为使用中国标准书号部分。
a）In this table，the data were used according to the standard serial number of China.

16－6　广播、电视事业发展情况
Basic Statistics on Broadcasting and Television Stations

项　　目	Item	1995	2000	2005	2010	2011	2012
职工人数（人）	Number of Staff and Workers (person)	21505	28208	33551	48790	52399	51291
广播电台（座）	Number of Broadcasting Stations (set)	61	14	14	14	14	14
中短波发射台及转播台（座）	Number of Transmission and Relaying Stations of Medium and Short Ware Broadcast (set)	21	21	21	21	21	21
中短波发射机功率（千瓦）	Power of Transmitters of Medium and Short Ware Broadcast (kW)	458	505	542	718	711	618
广播人口覆盖率（%）	Radio Coverage of Population (%)	86.9	99.6	99.7	100.0	100.0	100.0
电视台（座）	Number of Television Stations (set)	52	14	14	14	14	14
电视发射及转播台（座）	Television Transmission Stations and Relaying Stations (set)	153	147	111	96	83	83
发射机功率（千瓦）	Power of Transmitters (kW)	419	429	463	520	520	520
电视人口覆盖率（%）	TV Coverage of Population (%)	93.5	99.5	99.5	99.9	99.9	99.9
有线电视用户数（万户）	Users of Cable TV (10000 households)		526	1076	1886	1988	2178
数字电视用户数（万户）	Users of Digital TV (10000 households)			14	1008	1196	1450
有线电视入户率（%）	Cable TV Coverage of Households (%)		23.8	46.1	78.5	82.2	89.8

16－7　广播、电视节目制作时间
Time of Production of Broadcasting and TV Programs

单位：小时　　　　(hour)

项　　目	Item	1995	2000	2005	2010	2011	2012
广播节目制作	**Production of Broadcasting Programs**	**197793**	**335483**	**491458**	**569636**	**580799**	**582066**
#新闻	News Programs	24574	42722	69994	100216	102619	106333
专题	Special Subject Programs	40465	61658	148229	156430	147870	151635
文艺(综艺)	General Entertainment Programs	90838	129893	148248	135887	150640	138443
广告	Advertising Programs		31440	57666	78699	73825	84744
电视节目制作	**Production of TV Programs**	**28738**	**42404**	**212222**	**226743**	**191070**	**205738**
#新闻	News Programs	4659	9460	49939	46154	50623	58072
专题	Special Subject Programs	3854	8111	36679	52894	53195	50250
文艺(综艺)	General Entertainment Programs	544	10311	14131	54994	20453	23289
广告	Advertising Programs		7739	33596	43630	32434	48722

16－8　体育系统职工人数（2012 年）
Number of Staff and Workers in Sports Commissions（2012）

单位:人　　　　(person)

项　目	Item	总　计 Total	体　育 行政机关 Sports Adminis-tration	优　秀 运动队 Excellent Sports Teams	体育运动学校 Physical Education and Sports Schools	业　余 体　校 Spare-time Sports Schools	体育场馆 Public Stadiums and Gym-nasiums	其　他 Others
总　计	**Total**	**8862**	**837**	**1789**	**1160**	**1068**	**733**	**3275**
公务员	Orderly	837	837					
教练员	Coaches	1069		172	305	274	46	272
运动员	Athletes	1538		723	59	42		714
科研人员	Scientific and Technical Personnel	137		12	27	21	4	73
医务人员	Medical Personnel	95		46	18	15	1	15
文化教师	Teachers	969		303	368	234	1	63
管理人员	Administrative Staff	1908		246	199	239	331	893
其他人员	Others	2309		287	184	243	350	1245

16－9　等级运动员、裁判员人数
Number of Athletes and Referees in Grades

单位:人　　　　(person)

项　目	Item	1995	2000	2005	2010	2011	2012
等级运动员发展人数	**Number of Athletes in Grades**						
运动健将	Master of Sports	54	76	104	72	170	155
一级	First Grade	88	200	212	632	206	507
二级	Second Grade	441	1028	1992	1573	1112	1915
等级裁判员发展人数	**Number of Referees in Grades**						
国家(际)级	National（International）Referees	16	30	48	39	42	53
一级	First Grade	157	194	242	782	782	465
二级	Second Grade	408	779	1780	3438	2468	3740

注：2011 年始运动健将包含国际级运动健将。
a）From the 2011，Athlete inculdes World－Class.

16－10　运动员在各级比赛中获奖牌情况(2012 年)
Awards for Athletes in Competitions of All Levels（2012）

单位:个　　　　(unit)

项　目	Item	冠　军 Champion	亚　军 Second Place	季　军 Third Place
世界最高比赛	World Highest Competition	12	5	4
亚洲最高比赛	Asian Highest Competition	24	3	6
全国最高比赛	National Highest Competition	101	75	74

16－11　卫生事业基本情况（2012年）
Basic Statistics on Health Care (2012)

项　　目	Item	机构数（个）Institutions (unit)	床位数（张）Hospital Beds (bed)	卫生工作人员（人）Personnel (person)	#卫生技术人员 Medical Technical Personnel	#医师 Doctors
总　计	**Total**	**31054**	**333135**	**520234**	**396071**	**157960**
医　院	**Total Hospitals**	**1426**	**255888**	**295421**	**246463**	**84688**
综合医院	General Hospitals	964	171030	200735	169959	58366
中医医院	Hospitals Specialized in Traditional Chinese Medicine	89	31864	40870	34749	13022
中西结合医院	Hospitals of Integrated Traditional Chinese and Western Medicine	17	3117	4456	3687	1362
专科医院	Specialized Hospitals	321	43809	46637	36751	11670
护理院	Nursing Hospitals	35	6068	2723	1317	268
基层医疗卫生机构	**Primary Health Care Institutions**	**28886**	**69513**	**192500**	**126081**	**64629**
社区卫生服务中心(站)	Health Service Center for Community	2613	17371	38979	32761	13890
卫生院	Township Hospitals	1117	51795	69546	57157	25416
村卫生室	Village Health Stations	15835		54759	9504	9040
门诊部	Outpatient Departments	813	241	9473	7956	4114
诊所、卫生所、医务室	County (District) Chinics, Sanitation Offices and Medical Matter Centers Sanitation Service Station	8508	106	19743	18703	12169
专业公共卫生机构	**Professional Public Health Agencies**	**511**	**4939**	**26331**	**20537**	**7547**
疾病预防控制中心	Disease Prevention and Controlling Centers	128		8117	6208	3621
专科疾病防治院(所、站)	Specilized Disease Prevention and Treatment Institutes	48	1303	1566	1163	535
健康教育所(站、中心)	Health Education Centers	3		41	19	7
妇幼保健院(所、站)	Maternity and Child Care Centers	110	3636	8834	7308	2930
急救中心(站)	Emergency Treatment Centers (Stations)	39		1069	430	265
采供血机构	Blood Collection and Supply Institutions	30		1873	1279	128
卫生监督所(中心)	Sanitation Supervision Agenicies	120		4151	3897	
计划生育技术服务机构	Family Planning Technical Services Institutions	33		680	233	61
其他卫生机构	**Other Health Care Institutions**	**231**	**2795**	**5982**	**2990**	**1096**
疗养院	Sanatoriums	16	2795	1431	749	268
医学科学研究机构	Institutions of Medical Sciences Research	8		433	157	80
医学在职培训机构	In-service Training of Medical Science	36		1593	368	158
临床检验中心(所、站)	Clinical Laboratory Center and Stations	18		983	585	25
其他	Other	153		1542	1131	565

注:本表项目根据卫生部新统计制度设置。本表人员合计中包括乡村医生和卫生员,不含乡镇卫生院在村卫生室工作的执业(助理)医师、注册护士数。

a) Items in this table are seted by the new statistical system of Ministry of Health. Total personeels of this table contain rural doctors and health workers, don't contain certified (assistant) doctors and registered nurses of township hospitals who work in village health stations.

16－12 卫生机构数

Number of Health Care Institutions

单位：个 (unit)

年份 Year	总计 Total	医院 Hospitals	卫生院 Township Hospitals	疗养院 Sanatoriums	门诊部 Clinics
1978	9277	2428		7	
1980	9943	2457		11	
1985	11515	2460		32	
1989	12325	4463		34	
1990	12366	2491		35	
1991	12377	2495		36	
1992	12277	2493		36	
1993	12074	2483		36	
1994	12067	2559		36	
1995	12039	2534		35	
1996	14944	2617		35	
1997	13386	2620		33	
1998	14572	2610		30	
1999	13699	2641		30	
2000	12813	634	1877	29	106
2001	13208	662	1771	29	119
2002	12368	891	1625	28	293
2003	12733	920	1602	21	313
2004	14447	995	1493	24	371
2005	15324	1014	1472	26	372
2006	17143	1061	1407	25	395
2007	19129	1087	1384	19	458
2008	13451	1093	1448	18	474
2009	13388	1112	1440	17	484
2010	30961	1157	1276	16	535
2011	31680	1283	1223	17	708
2012	31054	1426	1117	16	813

16－12 续表 Continued

单位：个 (unit)

年份 Year	妇幼保健院（所、站） Maternity and Child Care Conters	专科疾病防治院（所、站） Specialized Disease Prevention and Treatment Institutes	疾病预防控制中心（防疫站） Disease Prevention and Controlling Centers	医学科学研究机构 Institutions of Medical Sciences Research
1978	84	9	107	12
1980	99	17	119	11
1985	105	84	127	16
1989	114	95	135	16
1990	114	108	135	16
1991	114	112	137	14
1992	115	114	135	14
1993	117	120	141	18
1994	117	121	141	17
1995	117	122	141	17
1996	115	121	142	18
1997	114	121	143	18
1998	114	120	144	18
1999	116	122	147	18
2000	112	118	142	17
2001	112	113	147	17
2002	111	80	145	14
2003	106	59	136	13
2004	107	45	143	12
2005	107	49	154	12
2006	107	48	153	10
2007	106	49	166	9
2008	104	49	170	9
2009	105	47	170	9
2010	103	46	130	9
2011	106	53	129	8
2012	110	48	128	8

注：从2010年起卫生机构数包括村卫生室的数字（以下表同）。

a) Number of health care institutions have involved the figure of village health stations (the same below).

16－13 卫生机构人员数

Number of Persons Engaged in Health Care Institutions

单位:万人 （10000 persons）

年 份 Year	卫生工作人员 Medical Personnel	卫生技术人员 MedicalTechnical Personnel	#执业(助理)医师 Doctors	#注册护士 Registered Nurses	每万人拥有医师数(人) Number of Doctors per 10000 Population (person)
1978	17.45	14.00	5.70	1.79	9.7
1980	19.03	15.04	6.10	2.08	10.2
1985	23.68	18.28	7.65	3.61	12.3
1989	26.82	20.75	9.67	5.06	14.7
1990	27.58	21.35	9.94	5.34	14.6
1991	28.63	22.22	10.20	5.61	14.9
1992	29.39	22.89	10.43	5.76	15.1
1993	30.20	23.44	10.63	5.99	15.3
1994	30.85	24.05	10.94	6.28	15.6
1995	31.57	24.55	11.22	6.44	15.9
1996	31.90	25.02	11.34	6.69	16.0
1997	32.42	25.48	11.58	6.95	16.2
1998	32.61	25.67	11.61	7.13	16.2
1999	32.64	25.60	11.59	7.26	16.1
2000	32.18	25.36	11.44	7.39	15.6
2001	32.08	25.36	11.46	7.54	16.2
2002	30.08	24.00	10.22	7.25	14.3
2003	30.37	24.37	10.40	7.37	14.5
2004	30.95	25.01	10.60	7.70	14.7
2005	31.61	25.71	10.87	8.05	15.0
2006	33.45	27.54	11.46	8.59	15.7
2007	35.53	28.62	11.87	9.45	16.1
2008	36.13	29.16	11.97	10.09	15.6
2009	37.76	30.65	12.32	11.06	15.9
2010	45.93	32.84	12.90	12.26	16.4
2011	48.18	35.05	13.47	13.56	17.1
2012	52.02	39.61	15.80	15.53	19.9

16－14 卫生机构床位数

Number of Beds in Health Care Institutions

单位:万张 （10000 beds）

年 份 Year	总 计 Total	医 院 Hospitals	卫生院 Township Hospitals	疗养院 Sanatoriums	社区卫生服务中心 Health Service Center for Community	专科疾病防治院(所、站) Specialized Disease Prevention and Treatment Institutes	每万人拥有医院、卫生院床位数(张) Number of Hospital Beds per 10000 Population (bed)
1978	12.29	11.07		0.13			19.0
1980	12.75	11.62		0.23			19.6
1985	14.29	12.65		0.55			20.4
1989	16.08	14.22		0.64		0.01	21.7
1990	16.45	14.54		0.67			21.5
1991	16.77	14.85		0.74			21.7
1992	17.02	15.07		0.73			21.8
1993	17.33	15.29		0.73			21.9
1994	17.45	15.42		0.72			22.0
1995	17.46	15.48		0.71			21.9
1996	17.03	15.78		0.69			22.2
1997	17.03	15.90		0.62			22.2
1998	17.01	15.91		0.59			22.2
1999	17.25	16.17		0.55			22.4
2000	17.31	10.01	6.18	0.56		0.13	22.1
2001	17.32	10.14	6.13	0.55		0.09	22.9
2002	17.45	11.38	5.58	0.44		0.10	23.8
2003	17.99	11.54	5.63	0.37		0.08	24.0
2004	18.90	12.31	5.42	0.39		0.14	24.6
2005	19.75	13.18	5.41	0.49		0.10	25.6
2006	21.16	14.27	5.31	0.36		0.10	26.8
2007	22.00	15.15	5.30	0.30	0.92	0.10	27.8
2008	23.51	16.39	5.70	0.26	0.82	0.07	28.8
2009	25.15	17.76	5.71	0.22	1.07	0.07	30.4
2010	26.97	19.55	5.20	0.22	1.58	0.09	31.5
2011	29.64	22.17	5.13	0.26	1.57	0.11	34.6
2012	33.31	25.59	5.18	0.28	1.67	0.13	38.8

16－15 医疗机构门诊情况（2012 年）
Service of Health Institutions（2012）

指　　　　标	Item	诊疗人次（万人次）Total Number of Patients Treated (10000 person-times)	门　诊 Out-patients Service	急　诊 Emergency Patients
合　计	**Total**	**45288.91**	**41102.42**	**2622.14**
医　院	Hospitals	19370.37	17164.55	1819.64
综合医院	General Hospitals	13518.92	11886.79	1413.76
中医医院	Hospitals Specialized in Traditional Chinese Medicine	3243.54	2921.89	213.11
中西医结合医院	Hospitals of Integrated Traditional Chinese and Western Medicine	295.62	259.67	33.92
专科医院	Specialized Hospitals	2300.33	2087.70	158.74
基层医疗卫生机构	**Primary Health Care Institutions**	**24826.88**	**23024.34**	**718.24**
社区卫生服务中心	Health Service Center for Commnunity	6194.74	5516.92	329.42
卫生院	Township Hospitals	7384.93	6809.16	388.82
乡镇卫生院	Rural Township Hospitals	7383.00	6807.89	388.82
村卫生室	Village Health Stations	7967.46	7508.86	0.00
门诊部	Qutpatient Departments	611.43	546.12	0.00
诊所、卫生所、医务室	County(District) Chinics, Sanitation Offices and Medical Matter Centers Sanitation Service Station	2668.32	2643.27	0.00
专业公共卫生机构	**Professional Public Health Agencies**	**1022.57**	**846.17**	**83.38**
专科疾病防治院（所、站）	Specialized Disease Prevention and Treatment Institutes	132.08	115.93	0.64
妇幼保健院(所、站)	Maternity and Child Care Centers	846.09	730.24	38.34
急救中心(站)	Emergency Treatment Centers (Stations)	44.40	0.00	44.40
其他卫生机构	**Other Health Care Institutions**	**69.09**	**67.36**	**0.88**
疗养院	Sanatoriums	27.80	26.08	0.88

16-16 医疗机构住院服务、病床使用情况（2012年）
Situation of Hospitalization Service and Beds Utilization of Health Institutions (2012)

指标	Item	病床使用率（%） Utilization Rate of Beds (%) 合计 Total	非营利 Non-profit	营利 Profit	入院人数（万人） Hospital Admissions (10000 persons) 合计 Total	非营利 Non-profit	营利 Profit	每百门急诊人次的入院人数（人） Hospital Admissions per 100 Patient-times (person)
合计	**Total**	**84.08**	**85.03**	**65.78**	**952.52**	**912.09**	**40.43**	**2.89**
医院	**Hospitals**	**91.88**	**93.63**	**66.06**	**759.92**	**719.50**	**40.42**	**4.00**
综合医院	General Hospitals	92.65	94.29	69.85	559.37	530.22	29.15	4.21
中医医院	Hospitals Specialized in Traditional Chinese Medicine	93.41	93.93	69.96	101.53	99.70	1.82	3.24
中西结合医院	Hospitals of Integrated Traditional Chinese and Western Medicine	87.01	90.92	73.97	9.26	6.96	2.30	3.15
专科医院	Specialized Hospitals	90.68	94.00	50.92	88.37	81.23	7.14	3.93
基层医疗卫生机构	**Primary Health Care Institutions**	**55.71**	**55.76**	**26.10**	**167.89**	**167.89**	**0.01**	**1.28**
社区卫生服务中心	Health Service Center for Community	48.91	48.99	32.98	27.94	27.94		0.60
卫生院	Township Hospitals	58.09	58.09		139.48	139.48		1.94
乡镇卫生院	Rural Township Hospitals	58.09	58.09		139.44	139.44		1.94
专业公共卫生机构	**Professional Public Health Agencies**	**87.96**	**87.96**		**18.02**	**18.02**		**2.04**
专科疾病防治院（所、站）	Specialized Disease Prevention and Treatment Institutes	58.61	58.61		0.81	0.81		0.69
妇幼保健院（所、站）	Maternity and Child Care Centers	97.34	97.34		17.21	17.21		2.24
其他机构	**Other Health Care Institutions**	**52.48**	**52.48**		**6.68**	**6.68**		**9.79**
疗养院	Sanatoriums	52.48	52.48		6.68	6.68		24.78

16－17 法定报告传染病发病及死亡情况（2012 年）
Legal Report on Infection Disease Incidence and Death（2012）

病名	Item	发病率（1/10 万）Incidence（1/100 thousand）	死亡率（1/10 万）Rate of Death（1/100 thousand）	病死率（%）Rate of Death from illness（%）
鼠疫	Pestilence			
霍乱	Cholera	0.0051		
传染性非典型肺炎	SARS			
艾滋病	AIDS	1.2382	0.2076	16.77
病毒性肝炎	Viral Hepatitis	27.6599	0.0114	0.04
脊髓灰质炎	Polio			
人感染高致病性禽流感	Highly Pathogenic Avian Influenza to Humans			
甲型 H1N1 流感	Influenza A Virus Subtype HIM	0.0013		
麻疹	Measles	0.0646		
流行性出血热	Hemorrhage Fever	0.3203	0.0101	3.16
狂犬病	Hydrophobia	0.0785	0.0772	98.39
流行性乙型脑炎	Epidemic Encephalitis B	0.0354		
登革热	Pengue	0.0076		
炭疽	Anthrax	0.0025		
细菌性和阿米巴性痢疾	Dysentery	7.3239		
肺结核	Pulmonary Tuberculosis	47.3553	0.1431	0.30
伤寒、副伤寒	Typhoid and Paralyphoid Fever	0.2557		
流行性脑脊髓膜炎	Epidemic Cerebrospinal Meningitis	0.0063	0.0025	40.00
百日咳	Pertussis	0.0658		
白喉	Diphtheria			
新生儿破伤风	Newborn Tetanus	0.0274	0.0115	42.11
猩红热	Scarlet Fever	1.3787		
布鲁氏菌病	Brucellosis	0.0152		
淋病	Gonorrhea	6.782		
梅毒	Syphilis	29.0399	0.0025	0.0087
钩端螺旋体病	Leptospirosis			
血吸虫病	Bilharziasis			
疟疾	Malaria	0.2507	0.0013	0.51

16－18 孕产妇及婴儿死亡率
Death Rate of Pregnant Women and Babies

指标	Item	2000	2005	2009	2010	2011	2012
孕产妇死亡率（1/10 万）	Death Rate of Pregnant Women（1/100 thousand）	28.51	18.56	7.02	6.24	6.00	5.28
婴儿死亡率（‰）	Death Rate of Babies（‰）	11.20	6.69	4.43	4.21	4.04	3.81
5 岁以下儿童死亡率（‰）	Death Rate of Children Aged 5 and Below（‰）	14.61	8.56	5.86	5.60	5.44	4.91

主要统计指标解释

文化事业机构 指从事专业文化工作和为专业文化工作服务的独立建制的单位。不包括这些单位另外举办独立核算的其他机构和各部门的业余文化组织。

艺术表演团体 指从事戏曲、音乐、舞蹈、杂技等专业艺术表演,有独立帐户的单位,不包括半工半艺、半农半艺和民间职业剧团。

等级运动员人数 指经考核正式批准授予等级运动员称号的人数。运动员等级分为国际级运动健将、运动健将、一级运动员、二级运动员、三级运动员、少年级运动员。

等级裁判员人数 指经考核正式批准授予等级裁判员称号的人数。裁判员等级分为国际裁判、国家级裁判、一级裁判、二级裁判、三级裁判。

卫生机构 指从卫生行政部门取得《医疗机构执业许可证》,或从民政、工商行政、机构编制管理部门取得法人单位登记证书,为社会提供医疗保障、疾病控制、卫生监督服务或从事医学科研和教育等工作的单位。

卫生技术人员 指卫生事业机构支付工资的全部职工中现任职务为卫生技术工作的专业人员,包括执业医师、执业助理医师、注册护士、药剂人员、检验人员和其他卫生技术人员。

执业(助理)医师和注册护士 指领取医师执业证书和注册护士证书的人员。

Explanatory Notes on Main Statistical Indicators

Cultural Institutions refer to units which have their own organizational system and independent accounting system and specilize in or serve cultural development. They exclude other establishment runed by these cultural institutions and amateur groups established by various departments.

Art Troupe refer to the troupe which is engaged in drama, opera, music, dance, acrobatics or other art performance, opens independent accounts with banks and has self-accounting system; excluding the troupes which are engaged partly in industrial or agricultural activities, partly in art performance and the professional troupes organized by the people.

Number of Athletes in Grades refers to the number of athletes who have been given titles through examination. The titles of athlets include international masters of sports, masters of sports, first grade, second grade and third grade sportsmen and young athletes.

Number of Referees in Grades refers to the number of referees who have been given titles after examination. They are classified as international referees, national referees and referees of the first, second and third grades.

Health Care Institutions refers to the units which have received the "Practitioner Licence Certification of Medical and Health Institutions" from health administration, or the registered certification of corporation units from the civil, industrial and commercial, and establishment administration. They provide the services of medical security, disease controlling, health supervision, or engaged in medical scientific research and education.

Medical Technical Personnel refer to all medical staff and workers employed by medical institutions, including doctor of Chinese and Western medicine, senior doctors who integrated traditional Chinese therapeutics with Western therapeutics in practice, senior nurses, pharmacists of Chinese and Western medicine, laboratory specialists, other specialists, paramedics of Chinese and Western medicine, nurses, midwives, druggists in Chinese and Western medicine, laboratory technicians, other technicians, other practitioners of Chinese medicine, nursing attendants, pharmacological workers of Chinese and Western medicine, laboratory workers and other primary medical personnel.

Practitioner(Assistant) Doctor and Registered Nurse refer to the doctors and nurses who have received the practitioner doctor certification and registered nurse certification respectively.

17

公共管理、社会服务及其他

Public Management, Social Services and Others

简 要 说 明

一、本篇资料的主要内容

本篇主要反映档案、民政、残疾人、社会保障、工会妇联、公检法司情况等内容。

档案部分主要包括档案机构人员，档案馆档案资料馆藏和利用情况；民政事业部分主要包括民政行业单位情况，民政事业经费情况，收养类单位情况，办理结婚、离婚情况；社会保障部分主要包括社会保险基本情况，社会保险基金收支及累计结余情况；公检法司部分主要包括公安机关的刑事案件立案情况和治安案件查处情况，交通、火灾事故情况，人民检察院的办案情况，人民法院审理案件和收结案情况，以及律师、公证、调解工作等情况。

二、本篇的资料来源

根据各部门制定的统计报表制度汇总加工整理而成。档案资料来自省档案局；民政事业资料来自省民政厅；残疾人事业资料来自省残疾人联合会；社会保障资料来自省人力资源和社会保障厅；工会妇联资料分别来自省妇女联合会和省总工会；公检法司资料分别来自省公安厅、省人民检察院、省高级人民法院、省司法厅。

Brief Introduction

I. Main Contents

Data in this chapter show statistics on archives, civil affairs, disabled persons, social security, labour union, woman's federation, public security, procuratorial, legal and judicial affairs and so on.

Data on archives, cover mainly information on persons and institutions of archives, conditions of files stored and used in archives; data on civil affairs include: basic conditions of affairs agencies, expenses for civil administration, statistics on adoptive homes, marriages and divorces; data on social security cover information such as basic statistics of social insurance, revenue, expenses and balance of social insurance fund; data on public security, procuratorial, legal and judicial affairs covering information on criminal cases registered and offense cases handled by the public security agencies, traffic or fire accidents, cases handled by procuratorate's offices, cases accepted and settled by the people's courts, and statistics on lawyers, notarization and mediation.

II. Sources of Data

Data are collected and tabulated in accordance with the statistic reporting schemes stipulated by the departments concerned. data on archives are provided by the Province Archives; data on civil affairs are from Provincial Department of Civil Affairs; data on disabled persons are from Province Disabled Persons' Federation; data on social security are from Provincial Department of Human Resources and Social Security; data on labour union and woman's federation are respectively from Province Women's Federation and Federation of Trade Unions. data on public security, procuratorial, legal and judicial affairs are respectively from Provincial Public Security Bureau, People's Procuratorate, Higher people's court and Justice Department.

17－1 档案事业机构人员数（2012年）
Number of Persons and Institutions of Archives（2012）

项 目	Item	机构数（个）Number of Institutions（unit）	专职人员数（人）Full-time Personnel（person）	#女 性 Female	#大专以上文化程度 College and Higher Level
总 计	**Total**	**3272**	**5252**	**3455**	**4903**
档案行政管理部门	Administrative Department of Archives	115	1164	485	1088
档案馆	Archives	172	1238	753	1175
档案室（处、科）	Archives Offices（Sections）	2985	2850	2217	2640

17－2 档案馆档案资料馆藏和利用情况
Conditions of Files Stored and Used in Archives

项 目	Item	1995	2000	2005	2010	2011	2012
馆藏档案	**Archives Stored**						
全 宗（个）	Whole Volume（unit）	13018	13756	15363	17030	17700	18771
案 卷（万卷/万件）	Files（10000 volumes）	569.60	769.02	913.74	1593	1845	2226
录音录像影片档案（盘）	Records, Films of Videotape Files（copy）	10002	20270	52498	75292	76637	81210
照片档案（万张）	Photos（10000 pieces）	37.05	51.08	38.42	72.17	99	127
馆藏资料（万册）	**Number of Material Stored（10000 volumes）**	**128.00**	**120.00**	**122.04**	**131.69**	**137**	**141**
档案馆面积（平方米）	**Areas of Archives（sq. m）**	**159532**	**213419**	**209148**	**363823**	**468391**	**532830**
#库房面积	Areas of Storerooms	918532	111336	114737	161740	176151	195364
档案资料利用	**Use of Material**						
利用档案人次（万人次）	Number of Person-times Using Files Material（10000 person-times）	9.28	12.61	12.14	33	38	42
利用档案卷次（万卷/万件次）	Number of Archives Used（10000 volume-times）	42.52	46.40	37.48	78.56	83.5	85.4
利用资料（万册/万件次）	Number of Data Used（10000 volumes-times）	12.54	3.70	4.14	5.1	5.50	2.81
开放档案	**Opening archives**						
全 宗（个）	Whole Volume（unit）	6716	7852	9523	10593	10796	10940
案 卷（万卷/件）	Files（10000 volumes）	98	184	163	234	236	261

注：本表档案馆指综合档案馆。
a）Archives in this table refer to comprehensive archives.

17－3 律师、公证及调解工作基本情况
Basic Statistics on Lawyers, Notarization and Mediation

项　　目		Item		1995	2000	2005	2010	2011	2012
律师工作		**Lawyers**							
律师事务所	（个）	Number of Lawyer Offices	(unit)	414	579	709	1112	1180	1238
律师所工作人员	（人）	Number of Lawyers	(person)	3150	6766	9829	11903	13018	13874
担任法律顾问	（家）	Number of Units with Legal Advisors	(unit)	22054	23355	30796	57670	67160	74212
民事案件诉讼代理	（件）	Agent of Civil Cases	(case)	9236	46023	85107	180151	207173	196469
刑事诉讼辩护及代理	（件）	Defender and Agent of Criminal Cases	(case)	13254	17117	20301	28472	31319	33310
非诉讼法律事务	（件）	Agent of Non-litigious Legal Affairs	(case)	52002	26746	41451	31780	36547	45630
解答法律咨询	（人次）	Agent of Legal Advisory Services	(person-times)	272809	214560	326291	317252	319079	313569
代写法律事务文书	（件）	Agent of Legal Document Written on Behalf of Clients	(case)	39390	52386	59474	29612	31031	34242
行政诉讼	（件）	Administrative Lawsuit	(case)				2703	2973	2364
公证工作		**Notarization**							
公证处	（个）	Number of Notary Offices	(unit)	110	118	112	110	110	109
公证人员	（人）	Notarial Personnel	(person)	654	784	1023	1230	1262	1312
#公证员		Notaries		526	595	550	574	604	614
助理公证员		Assistant Notaries		43	73	256	343	362	384
办理国内公证文书	（件）	Number of Domestic Notarized Documents	(case)	302248	362896	542289	570380	558835	507842
#经济公证		Notarized Documents on Economic Affairs		156650	214708	364424	276614	266057	229307
人民调解工作		**People's Mediation**							
人民调解委员会	（个）	Number of People's Mediation Committees	(unit)	57607	50509	33327	32189	32987	33233
调解人员	（人）	Number of Mediators	(person)	1003238	786300	374810	226714	200776	170141
调解民事纠纷	（件）	Number of Civil Disputes Mediated	(case)	303718	327622	255647	355671	538044	580968

17－4 涉外公证文书分类
Foreign-related Notarial Documents by Type

单位：件　　　　(case)

指　　标	Item	2000	2005	2009	2010	2011	2012
合　　计	**Total**	**107747**	**124690**	**186244**	**191226**	**190004**	**192882**
出　　生	Births	15292	16414	23604	22685	23989	25622
学　　历	Schooling	13901	13745	18894	18117	17651	19573
经　　历	Personal Histories	6315	3967	2284	1547	1906	1217
生存、居住	Survival and Residence	238	514	1528	1850	1821	826
死　　亡	Deaths	257	477	939	256	578	382
收　　养	Child Adoption	635	494	135	159	163	392
亲属关系	Kinship Confirmation	9673	10145	14018	14343	15223	16560
婚姻状况	Marital Status	9928	5816	6724	6654	6845	5401
继 承 权	Rights of Inheritance	335	2	103	42	741	30
遗　　嘱	Testaments	45	6	39	65	66	155
委 托 书	Proxy	735	1886	1624	1316	3609	2480
声 明 书	Announcement	699	2545	3829	4173	4212	4451
受、未受刑事处分	Criminal Records	13420	16237	19244	20140	21471	23567
文本相符	Confirmation of Copies and Photo-offset Copies to Originals	10287	19045	32633	37670	40160	43282
其　　他	Others	25987	33397	37205	37255	25850	26388

17－5 国内公证文书分类
Domestic Notarial Documents by Type

单位:件 (case)

项目	Item	2000	2005	2010	2011	2012
总　　计	**Total**	**362896**	**542289**	**570380**	**558953**	**507523**
经济公证	**Notarized Documents on Economic Affairs**	**214708**	**364424**	**276614**	**266057**	**229307**
购　　销	Purchases and Sales of Products	15637	1760	17684	490	379
联　　营	Joint Business	1076	66	5124	17	38
拍　　卖	Auctions	2624	4762	1567	21497	823
贷　　款	Loans	56836	222922	105975	100991	80971
担　　保	Guarantees	1850	5924	2845	10579	7565
招标、投标	Bidding	6128	11397	8568	12163	12539
科技协作	Coordination of Science and Technology	94	159	20		1
供用电	Supply and Use of Electric Power	1089	113	28		
劳务合同	Labor Contracts	11251	1875	1411	2056	1394
建筑工程承包	Construction Project Contracts	1832	301	4277	2847	1940
工商服务业承包	Industrial and Commercial Service Contracts	4352	647	151	33	19
农林牧副渔业承包	Farming, Forestry, Animal Husbandry, Sideline Production and Fishery Contracts	7070	766	282	55	113
财产租赁	Property Leases	6597	500	206	184	205
企业租赁	Enterprise Leases	1403	272	11	83	10
资产经营责任制	System of Assets Business Responsibility	581	114	9	178	172
其他经济合同	Other Business Contracts	15347	15614	12326	11337	12080
法人(代表人)资格	Legal Person (agent) Identification	1282	863	1959	2072	2207
法人委托书	Legal Person Trust Deeds	3310	9007	14108	14257	28472
公司章程	Corporation Constitutions	706	107	288	740	231
执行许可证明	Operating Permits	236	1153	360	589	432
其　　他	Others	75407	86102	60336	53517	56608
民事公证	**Notarized Documents on Civil Relations**	**148188**	**177865**	**293766**	**292778**	**278216**
收　　养	Child Adoption	842	205	149	82	139
解除收养	Adoption Renouncements	174	11	16	10	3798
继 承 权	Rights of Inheritance	6627	17044	30251	34468	35328
遗　　嘱	Testaments	4494	5651	4966	4706	5510
产　　权	Property Rights	1638	1508	2356	4231	2139
亲属关系	Kinship Confirmation	3255	2579	1790	2621	2594
死　　亡	Death Certificates	93	42	53	80	218
房屋买卖	Purchases and Sales of Houses	4870	13339	4923	3399	2552
房屋租赁	House Leases	2548	757	368	839	96
留学协议	Foreign Study Contracts	709	763	790	632	593
遗赠扶养协议	Donations and Family Fostering	670	517	4447	714	335
其他民事协议	Other Civil Agreements	31211	24778	17826	18518	11109
委托书	Trust Deeds	4236	25626	81005	78816	75352
赠与书	Presentaton Documents	5464	9084	10588	10808	3553
声明书	Declarations	6227	13407	41332	37790	35868
现场监督	Field Supervision	10325	6250	5225	3261	3610
文本相符	Confirmation of Copies and Photo-offset Copies to Originals	729	2993	17371	17154	16388
宅基地使用权	Rights to Housing Site	551	30	797	74	186
证据保全	Evidence Preservation	2366	8257	7341	8045	7355
计划生育协议	Birth Control Contracts	9555	698	270	143	205
其　　他	Others	51604	44326	42559	35284	32388

17－6 民政行业单位基本情况
Basic Conditions of Affairs Agencies

指　标	Item	单位数(个) Number of Institutions (unit)		职工人数(人) Number of Staff and Workers(person)	
		2011	2012	2011	2012
民政行业单位	**Civil Affairs Agencies**	**66525**	**72387**	**834291**	**838393**
民政行政机关	Civil Affairs Administrative Departments	125	124	3395	3509
民政事业单位	Civil Affairs Institutions	4625	4607	44322	46176
优抚安置单位	Agencies for Serviceman	242	234	2181	2160
救灾储备单位	Salvation and Institutions	5	7	14	18
社区服务中心	Community Service Centers	1601	1048	11446	8253
婚姻登记服务类单位	Marriage Registration Institutions	74	78	470	501
收养类单位	Residential Institutions	2140	2671	23868	28885
救助类单位	Salvation Institutions	77	86	646	710
殡仪类单位	Funeral and Interment Institutions	237	241	4193	4095
福利彩票发行单位	Welfare Lottery Issuing Institutions	80	81	627	663
老龄事业单位	Aging Population Institutions	81	79	260	274
其他事业单位	Other Institutions	88	82	617	617
民间组织	Non-governmental Organizations	36661	43119	339391	386851
社会团体	Social Organization	19398	21843	136482	154569
基金会	Fund Organization	376	415	846	1183
民办非企业单位	Non-enterprise Units Run by NGO	16887	20861	202063	231099
基层群众自治组织	Grass Roots Autonomy Organizations	21708	21510	108602	108952
社区居委会	Neighborhood Committee	6083	6337	32723	34688
村委会	Village Committee	15625	15173	75879	74264
福利企业	Social Welfare Enterprises	3406	3027	338581	292905

17－7 民政事业费支出情况
Operating Expenses for Civil Administration

单位：万元 (10000 yuan)

年份 Year	民政事业费实际支出合计 Actual Operating Expenses for Civil Administration	#抚恤事业费 Commiserate	#社会救济福利事业费 Subsidies of Social Welfare	#自然灾害救济费 Subsidies of Natural Calamity
1980	15208	5138	7188	2882
1985	24095	11115	10976	2004
1989	27647	9098	7396	4203
1990	46657	20676	20333	5648
1991	69567	20530	27005	22032
1992	60808	22548	23267	14993
1993	60972	25920	27448	7605
1994	72276	31933	34078	6265
1995	87470	38966	39544	8961
1996	104278	48874	46470	8935
1997	119396	57247	52304	9846
1998	141192	67183	63207	10803
1999	157082	78084	69053	9945
2000	175738	86088	78046	11604
2001	187786	89952	87732	10102
2002	205763	54223	72244	8918
2003	255690	58221	91748	27724
2004	309196	72157	117935	13954
2005	419996	103882	178157	14999
2006	502744	118955	229594	17130
2007	632560	137177	274117	17801
2008	811832	161662	372348	13468
2009	996449	200052	450462	8037
2010	1265312	238040	559834	15339
2011	1726189	290324	926602	14140
2012	1970956	346611	748848	23477

注：社会救济福利事业费包含：城乡低保、农村社会救济、其他城镇社会救济、社会福利。

a) Subsidies of social welfare consists of urban and rural low, sucial relief of country, other town social relief and social welfare.

17－8 收养类单位基本情况（2012 年）
Basic Statistics on Adoptive Homes (2012)

项目	Item	院数（个）Homes (unit)	工作人员（人）Staff (person)	床位（张）Beds (unit)	年末收养人员（人）Inmates at Year-end (person)
总计	**Total**	**2671**	**28885**	**362089**	**231658**
#工商登记	State Run	11	410	2668	1452
编制部门登记	Collective Run	258	6915	63165	41676
民政部门登记	Civilian Run	1912	18921	253268	162493
未登记	Unregistered	490	2639	42988	26037
#优抚类收养性单位	Gencies for Service man	20	739	2408	1843
荣誉军人康复医院	Convalescent Hospitals for Honorable Serviceman	1	173	140	106
复员军人疗养院	Sanatoriums for Ex-serviceman	4	93	420	246
复退军人精神病院	Mental Hospitals for Ex-serviceman	1	299	905	905
光荣院	Homes for Disabled Veteran	14	174	943	586
福利类收养性单位	Social Welfare Institutions	2627	27913	356484	229109
社会福利院	Social Welfare Homes	74	2347	22989	11875
儿童福利院	Baby Welfare Homes	14	500	2468	1665
社会福利医院	Social Welfare Hospitals	11	1583	5920	5379
城镇收养性老年福利机构	Unban Welfare Homes for Aged persons	888	12486	128702	65837
农村五保供养服务机构	Rural Welfare Homes for Aged persons	1640	10997	196405	144353
其他收养性机构	Other Adoptive Homes	24	233	3197	706

17－9 残疾人事业基本情况

Basic Statistics of People with Disabilities

项　　目	Item	2005	2007	2008	2009	2010	2011	2012
康　复	**Rehabilitation**							
视力残疾康复	Rehabilitation of Persons with Sight Disability							
白内障复明手术　（万例）	Sight-restoring Cataract Surgeries (10000 cases)	3.2	4.7	5.7	5.6	5.7	5.7	6.0
#贫困白内障患者免费手术	Free Surgeries for Poor Cataract Patients		1.4	1.5	1.8	1.6	1.6	1.7
低视力者配用助视器　（人）	Vision-aids Provided for Persons of Low-vision (person)	2122	1795	1316	1795	1543	1857	6501
盲人定向行走训练数　（人）	Blind People Trained with Direction Walking (person)		1510	1170	1272	1094	824	8081
听力语言残疾康复	Rehabilitation of Children with Hearing Disability							
新收训聋儿　（人）	Hearing and Speech Training (person)	1019	1189	1153	1096	1270	1396	1179
培训家长　（人）	Parents Trained (person)	1279	1556	1153	1289	1270	1940	2309
肢体残疾康复　（人）	Rehabilitation of Persons with Physical Disability (person)							
肢体残疾儿童康复训练	Persons Rehabilitated at Institutions	1408	1557	2218	2162	3345	4430	5430
成人肢体残疾人社区、家庭康复训练	Persons Rehabilitated at Community	7194	11208	9307	12570	16071	19030	27989
智力残疾康复　（人）	Rehabilitation of Persons with Intellectual Disability (person)							
智残儿童康复训练	Children Rehabilitated	2261	2124	2358	1982	2135	2232	11359
精神病防治康复	Prevention and Treatment of Psychiatric Diseases							
开展精神病防治康复工作市县数　（个）	Counties Carried on the Works of Prevention and Treatment of Psychiatric Diseases (unit)	86	106	108	109	108	109	108
监护精神病人　（万人）	Prevention and Treatment Provided for Patients with Severe Psychiatric Diseases (10000 persons)	31	44	44	44	44	45	43
监护率　（%）	Guardianship Rate (%)	90	93	96	96	96	94	81
显好率　（%）	Significant Improvement Rate (%)	60	61	69	74	74	71	74
社会参与率　（%）	Social Involvement Rate (%)	50	51	58	60	61	58	63
孤独症儿童训练数　（人）	Trained Persons with Infantile Autism (person)		325	310	402	533	668	821

17－9 续表 Continued

项 目	Item	2000	2007	2008	2009	2010	2011	2012
教 育	**Education**							
未入学适龄残疾儿童少年（万人）	School-age Disabled Children without Schooling (10000 persons)	0.4	0.3	0.3	0.3	0.2	0.2	0.1
特殊教育普通高中在校生	Special Ordinary High Schol Students	110	242	276	347	288	381	392
残疾人中等职业教育在校生	Disabled Stadents in Vocational Education Focus	539	207	609	902	1010	989	944
高等院校录取残疾考生	Bisabled Stadents in High Learning of Institutions	271	623	344	488	519	563	523
就 业	**Employment**							
城镇残疾人就业状况	Employment of Urban Handicapped							
当年安排就业（万人）	Persons Employed in the Year (10000 persons)	1.9	2.8	2.4	1.9	1.7	1.7	2.1
#按比例就业	Employed by Quota Scheme	0.5	0.7	0.7	0.7	0.5	0.5	0.7
集中就业	Employed at Welfare Enterprises	0.9	1.6	1.0	0.7	0.7	0.6	0.7
个体及其他形式就业	Self-employed	0.5	0.5	0.7	0.5	0.5	0.6	0.7
社会保障（万人）	**Social Security (10000 persons)**							
城镇残疾职工参加社会保险	Urban Workes with Disabilities in Insurance	14.7	26.1	24.1	25.5	24.0	25.4	18.9
残疾居民参加新型农村合作医疗保险	Pisabilities with New Rural Cooperative Medical Insurance				140.5	166.3	113.1	121.7
城乡残疾人纳入最低生活保障	Disabilities with Subsistenle Allowanle	25.5	30.5	31.6	35.9	30.7	32.6	32.7
扶 贫	**Poverty Alleviation**							
扶贫开展情况（万人次）	Poverty Alleviation and Development							
扶持贫困残疾人	Emp Owering Poor People with Disabilities	7.5	5.1	5.2	4.4	5.8	4.5	4.1
实用技术培训	Practical Technical	1.7	2.2	2.0	2.0	1.7	2.3	1.8
农村贫困残疾人危房改造	Renovation Buildirgs with Disabilities in Rural							
危房改造（户）	Renovation Buildirgs		1422	455	300	351	542	1072
受益残疾人（人）	Benefct People with Disabilities		2706	647	725	809	630	1247
残联组织建设	**Organization of the Disabled Persons 'Federation**							
残疾人工作者数（万人）	Workers for the Disabled (10000 persons)	0.3	0.4	0.4	0.4	0.5	0.5	0.5

17－10 婚姻登记和离婚情况

Number of Marriages and Divorces

年份 Year 地区 Region	结婚登记对数(万对) Total Number of Registered Marriages (10000 couples)	内地居民登记结婚(万人) Registered Marriages in the Mainland (10000 persons)	涉外及港澳台居民登记结婚(万人) Registered Marriages with Foreigner or the Citizen of Hong Kong, Macao, Taiwan (10000 persons)	初婚(万人) First Marriages (10000 persons)	再婚(万人) Re-marriages (10000 persons)	离婚(万对) Divorces (10000 couples)
1985	43.01	86.01	0.01	84.51	1.51	2.11
1989	56.17	112.33	0.03	107.68	4.51	4.55
1990	52.72	105.40	0.04	102.88	2.56	4.63
1991	54.73	109.42	0.06	106.91	2.56	5.09
1992						
1993	54.91	109.74	0.08	107.33	2.48	5.61
1994						
1995	57.51	114.93	0.10	112.00	3.03	6.76
1996	54.71	109.32	0.10	106.01	3.41	7.36
1997	52.81	105.52	0.11	102.00	3.62	8.05
1998						
1999	51.35	102.59	0.11	97.80	4.68	8.11
2000	49.81	99.50	0.12	94.43	4.95	8.19
2001	44.42	88.60	0.13	83.25	5.35	8.62
2002	48.14	96.15	0.13	89.41	6.60	9.70
2003	46.15	92.17	0.13	85.84	6.20	9.65
2004	51.64	103.13	0.14	93.98	9.00	11.74
2005	47.20	94.26	0.14	84.94	9.66	12.38
2006	59.23	118.30	0.16	105.70	12.76	13.80
2007	57.14	114.11	0.17	99.93	14.36	16.04
2008	62.47	123.64	0.17	110.60	14.30	13.55
2009	73.09	145.99	0.17	129.51	16.66	14.37
2010	75.71	151.42	0.16	137.41	14.02	16.02
2011	86.75	173.34	0.17	152.53	20.97	16.68
2012	88.76	177.18	0.17	159.03	18.50	18.12
南 京 市 Nanjing	7.81	15.62		12.91	2.71	2.62
无 锡 市 Wuxi	4.65	9.30		8.26	1.04	1.29
徐 州 市 Xuzhou	12.73	25.46		24.08	1.38	1.87
常 州 市 Changzhou	3.77	7.54		6.27	1.27	1.07
苏 州 市 Suzhou	6.25	12.49		10.88	1.61	1.67
南 通 市 Nantong	7.03	14.05		11.97	2.09	1.55
连云港市 Lianyugang	6.71	13.42		12.28	1.14	1.15
淮 安 市 Huaian	7.48	14.95		13.75	1.20	1.09
盐 城 市 Yancheng	9.11	18.22		16.70	1.52	1.61
扬 州 市 Yangzhou	4.93	9.87		8.73	1.14	0.98
镇 江 市 Zhenjiang	2.76	5.51		4.69	0.82	0.76
泰 州 市 Taizhou	5.53	11.05		9.82	1.23	1.03
宿 迁 市 Suqian	9.85	19.70		18.46	1.24	1.42

17－11 社会保险基本情况

Basic Statistics of Social Insurance

单位:万人 (10000 persons)

年份 Year	失业保险 Unemployment Insurance			城镇职工基本医疗保险 Basic Medical Care Insurance		工伤保险 Work Injury Insurance		年末参加生育保险人数 Maternity Insurance Contributors at Year-end
	年末参保人数 Contributors at Year-end	全年发放失业保险金人数 Beneficiaries of Unemployment Insurance Fund	全年发放失业保险金(亿元) Unemployment Relief (100 million yuan)	年末参保职工人数 Contributors at Year-end	年末参保退休人员 Retirees Contributors at Year-end	年末参保人数 Contributors at Year-end	年末享受工伤待遇的人数 Beneficiaries at Year-end	
2001	750.90	53.70	9.16	367.64	122.65	473.94	0.79	483.46
2002	733.87	76.71	13.00	507.69	183.24	480.00	1.44	486.06
2003	761.62	88.25	13.92	608.41	226.67	503.02	1.68	504.06
2004	797.09	85.98	14.73	715.11	261.62	577.20	2.28	552.68
2005	838.48	67.02	12.03	821.07	303.02	680.21	3.22	630.92
2006	901.08	51.63	9.36	935.77	338.51	812.69	5.06	711.49
2007	968.48	48.65	9.37	1070.34	365.45	920.98	5.84	794.11
2008	1052.24	48.83	11.57	1213.90	390.35	1055.71	7.90	907.23
2009	1079.14	49.98	14.17	1282.50	418.63	1118.10	9.34	962.46
2010	1153.78	46.51	13.95	1405.06	443.20	1205.52	9.79	1086.44
2011	1238.16	57.70	19.83	1541.55	470.89	1327.46	10.66	1199.21
2012	1332.18	64.14	28.73	1646.53	508.94	1420.74	12.29	1276.25

17－12 社会保险基金收支及累计结余

Revenue, Expenses and Balance of Social Insurance Fund

单位:亿元 (100 million yuan)

年份 Year	合计 Total	基本养老保险 Basic Pension Insurance	失业保险 Unemployment Insurance	城镇职工基本医疗保险 Basic Medical Care Insurance	工伤保险 Work Injury Insurance	生育保险 Maternity Insurance
基金收入 Revenue						
2001	205.03	148.53	18.28	33.43	2.18	2.61
2002	271.46	194.12	20.10	51.27	2.67	3.30
2003	344.49	238.86	24.97	73.32	3.32	4.01
2004	413.75	283.40	26.69	94.40	4.25	5.01
2005	519.83	356.23	31.63	117.99	6.66	7.32
2006	667.93	456.36	39.23	154.62	9.05	8.67
2007	874.11	598.45	48.71	203.65	12.12	11.19
2008	1107.35	749.30	62.88	264.07	16.12	14.98
2009	1251.93	865.28	63.00	291.67	15.74	16.24
2010	1450.34	999.80	72.46	339.90	18.77	19.41
2011	1854.94	1269.20	105.71	421.94	32.29	25.80
2012	2295.10	1566.17	121.63	531.60	43.70	32.00
基金支出 Expenses						
2001	187.12	145.79	16.50	21.60	1.48	1.75
2002	251.47	192.36	20.09	35.42	1.68	1.92
2003	289.96	207.41	22.05	55.55	2.80	2.15
2004	339.98	243.75	21.13	69.35	2.82	2.92
2005	401.03	281.85	20.22	90.60	4.01	4.34
2006	493.45	355.28	20.06	107.73	5.41	4.96
2007	586.98	419.36	19.81	133.83	7.05	6.93
2008	751.91	524.33	31.00	178.56	9.85	8.17
2009	913.13	617.65	40.77	231.80	11.92	10.99
2010	1075.73	737.91	41.37	270.26	13.89	12.29
2011	1337.14	884.20	74.92	338.01	24.19	15.82
2012	1615.07	1078.06	57.35	418.74	38.70	22.22
累计结余 Balance at Year-end						
2001	104.48	56.99	18.46	18.37	6.08	4.59
2002	124.37	58.74	18.37	34.22	7.07	5.97
2003	178.03	90.25	20.37	52.00	7.59	7.83
2004	249.39	127.58	25.83	77.05	9.02	9.91
2005	368.71	201.96	37.76	104.44	11.66	12.89
2006	550.51	305.40	58.26	154.95	15.31	16.59
2007	837.51	484.54	87.16	224.57	20.38	20.85
2008	1192.97	709.52	119.04	310.08	26.67	27.66
2009	1531.68	957.14	141.18	369.95	30.50	32.91
2010	1906.24	1219.03	172.27	439.60	35.32	40.03
2011	2424.02	1604.03	203.03	523.52	43.42	50.02
2012	3104.13	2092.14	267.30	636.40	48.50	59.79

17-13 工会、妇联基本情况
Basic Statistics on Labour Union and Women's Federation

单位：个 (unit)

项目	Item	1995	2000	2005	2010	2011	2012
工会基本情况	**Basic Condition of Labour Union**						
基层工会组织数	Number of Grassroot Labour Unions	36215	37160	224605	350068	397350	431393
职工人数 （万人）	Number of Staff and Workers (10000 persons)	714.26	691.97	1017.65	1648.03	1817.45	1962.39
#女职工人数	Women Workers	305.53	288.81	424.14	692.46	762.08	819.81
会员人数 （万人）	Number of Members (10000 persons)	645.48	626.67	1002.25	1575.11	1743.15	1887.4
#女会员人数	Women Members	275.81	262.26	411.46	666.03	735.66	792.69
女职工工作委员会	Number of Women Workers Working Committees	22843	24743	42342	73223	82067	99924
建立工会经费审查组织	Number of Units Established with Funds Examing by Labour Union			38390	83607	86204	103453
建立职工代表大会制度的单位	Number of Units Established with Workers Delegating Congress System	23194	17684	30075	65815	70131	117272
实行厂务公开的单位	Number of Units Carried Out the Factory Business to Public			23355	59208	60405	111380
建立工会劳动保护监督检查委员会	Number of Units Established with Labour Protection, Supervisting and Examing Committees			21018	57087	57536	80085
建立工会劳动法律监督组织	Number of Organizations Established with Law of Labour Supervising Committees by Labour Union			18641	47111	45645	81421
建立劳动争议调解委员会的单位	Number of Units Established with Mediating Committee of Labour Disputes	18292	13418	21687	52540	49521	78524
建有职工技协组织	Number of Organizations Established with Technical Association of Staff and Workers			1818	3669	3856	5024
职工董事人数 （人）	Staff Sensible				6262	6418	8490
#女性	Femel				2759	2762	3125
职工监事人数 （人）	Staff Supervisor				6542	6272	8289
#女性	Femel				3166	3134	2886
妇联基本情况	**Basic Condition of Women's Federation**						
基层妇代会数 （个）	Number of Grassroot Dlegating Congress (unit)			32520	22702	22271	23740
妇联干部数 （人）	Number of Cadres of Women's Federation (person)	3265	3231	2532	1237	2293	3006
按年龄分	Grouped by Age						
35岁以下	Aged 35 and Below	881		1045	333	781	1051
36-45岁	Aged 36-45	1553		888	558	812	1053
46-55岁	Aged 46-55	790		542	291	620	790
56岁以上	Aged 56 and Above	41		57	55	80	112
按文化程度分	Grouped by Educational Attainment						
研究生	Postgraduates	12		66	177	28	153
大学本科、大专学历	University or College	1824		2215	1025	2169	2719
高中、中专及以下	Senior Middle School, Specialized Secondary School and Below	1429		251	35	96	134

注：2011年起，基层妇代会包括乡镇街道、村社区；干部人数统计到县、乡镇街道，含行政、事业和其他。

a) From 2011, Grassroots Women's Congress inluding township and village communities; the number of cadres statistics to country, township, including administrative, institution and others.

17－14　公安机关立案的刑事案件情况
Criminal Cases Registered in Public Security Organs

案件类别	Category of Cases	立案（起） Number of Cases Registered(case)		构成（%） Composition(%)	
		2011	2012	2011	2012
合　计	**Total**	**405143**	**403123**	**100**	**100**
杀　人	Homicide	463	370	0.11	0.09
伤　害	Injury	5303	5177	1.31	1.28
抢　劫	Robbery	2528	2154	0.62	0.53
强　奸	Rape	1792	1664	0.44	0.41
拐卖人口	Bduction	77	48	0.02	0.01
盗　窃	Larceny	320198	296106	79.03	73.45
诈　骗	Fraud	31680	32719	7.82	8.12
持有使用伪造货币	Holding and Using Counterfeit Currency	30	52	0.01	0.01
其　他	Others	43072	64833	10.64	16.10

17－15　公安机关受理、查处治安案件情况
Offense Cases Against Public Order Handled by Public Security Organs

案件类别	Category of Cases	2011		2012	
		受理 Number of Cases Accepted to be Treated	查处 Number of Cases Investigated and Treated	受理 Number of Cases Accepted to be Treated	查处 Number of Cases Investigated and Treated
合　计　（起）	**Total　(case)**	**936236**	**929057**	**904086**	**895718**
扰乱公共场所秩序	Disturbing the Orders in Public Places	19120	19011	14215	14067
寻衅滋事	Causing Quarrels and Making Troubles	6944	6924	5351	5320
非法携带枪支、弹药、管制刀具	Violation of Firearms Control Regulations	4028	4012	4089	4083
违反危险物品管理规定	Violation of Explosives Control Regulations	2154	2154	1499	1499
殴打他人	Battering Other Persons	325714	324882	326671	325545
盗　窃	Stealing Property	278899	274578	259636	254884
骗取、抢夺、敲诈勒索	Swindling, Robbery and Extortion	28523	28232	24274	23863
伪造、变造、倒卖有价票证、凭证	Forge, Alter, Scalp Valuable Coupons or Certificates	213	213	215	214
利用迷信活动危害社会	Endangering the Society through Superstition	74	74	149	146
卖淫、嫖娼	Prostitution or Soliciting Prostitutes	21297	21308	21604	21585
赌　博	Gambling	42421	42349	40479	40438
其　他	Others	206849	205320	205904	204074

17－16　交通事故情况(2012 年)
Basic Statistics on Traffic Accidents (2012)

类别	Item	发生数(起) Number of Traffic Accidents (case)	死亡人数(人) Number of Deaths (person)	受伤人数(人) Number of Injuries (person)	损失折款(万元) Losses Coverted into Cash (10000 yuan)
总计	**Total**	**13300**	**4731**	**12459**	**7095.5**
#一次死亡3人以上事故	Accident with More than Three Persons' Death at one Time	16	67	34	114.2
机动车	Vehicles	11567	4354	10599	6787.5
#汽车	Motor Vehicles	8569	3290	7394	5992.2
摩托车	Motorcycles	2523	747	2809	568.8
非机动车	Non-motor-driven Vehicles	1607	314	1790	432.4
#自行车	Bicycles	1393	228	1480	321.6
行人乘车人	Pedestrians and Passengers	107	56	73	74.5

17－17　火灾事故情况(2012 年)
Basic Statistics on Fire Accidents (2012)

项目	Item	合计 Total	按事故发生程度分 By Degree	
			重大 Serious	一般 Ordinary
发生 (起)	Fire Accidents (case)	7753	0	7753
死亡 (人)	Deaths (person)	75	0	75
受伤 (人)	Injuries (person)	65	0	65
损失折款 (万元)	Losses Converted into Cash (10000 yuan)	9954	0	9954
平均每起事故损失 (万元)	Average Loss per Fire (10000 yuan)	1.28	0	1.28

17－18　检察机关直接立案侦查案件情况（2012 年）
Cases under Direct Investigation by Procurator's Offices(2012)

案件分类	Case Item	受案（件） Cases Accepted (case)	立案件数（件） Number of Cases Registered (case)	立案人数（人） Person of Cases Registered (person)	#要案 Key Case	结案件数（件） Number of Cases Settled (case)	结案人数（人） Person of Cases Settled (person)
合计	**Total**	3247	1649	2054	113	1702	2078
贪污贿赂案件	**Sub-total of Cases on Corruption and Bribery**	2527	1303	1549	103	1374	1609
贪污	Corruption	699	175	302	7	186	306
贿赂	Bribery	1650	1027	1106	87	1074	1149
挪用公款	Misappropriation of Public Funds	131	96	125	5	107	132
集体私分	Collective Illegal Possession of Public Funds	26	5	16	4	7	22
巨额财产 来源不明	Unstated Source of Large Properities	21	0	0	0	0	0
其他	Others	0	0	0	0	0	0
渎职案件	**Sub-total of Cases on Abuse and Dereliction of Duty**	720	346	505	10	328	469
滥用职权	Abuse of Power	355	163	248	8	154	234
玩忽职守	Dereliction of Duty	237	125	159	1	119	150
徇私舞弊	Fraudulent Practice	77	33	48	0	31	43
其他	Others	51	25	50	1	24	42

注:结案中含上年旧存（以下各表同）。

a) Data of cases settled include cases turned over from previous year. (The same as in the following tables).

17－19　检察机关审查批准、决定逮捕犯罪嫌疑人和提起公诉被告人情况（2012 年）
Arrests of Criminal Suspects and Defendants under Public Prosecution Approved by Procurator's Offices(2012)

案件分类	Item	批捕、决定逮捕合计 Total of Arrests		决定起诉合计 Total of Public Prosecutions	
		件 (case)	人 (person)	件 (case)	人 (person)
合计	**Total**	**38418**	**52904**	**69317**	**96268**
公安、安全、监狱机关提请	**Sub-total of Requests by Departments of State and Public Security and Prisons**	**37618**	**52062**	**67688**	**94295**
危害国家安全案	Offences Against State Security	1	1	1	1
危害公共安全案	Offences Against Public Security	2537	2659	17595	17830
破坏社会主义市场经济秩序案	Offences Against Socialist Economic Order	2575	3618	5588	8865
侵犯公民人身、民主权利案	Offences Against Citizens' Personal and Democratic Rights	5609	6869	8359	10678
侵犯财产案	Offences Against Properties	18180	25105	23504	32989
妨害社会管理秩序案	Offences Against Social Management of Order	8709	13801	12629	23914
危害国防利益案	Offences Against National Defense	7	9	12	18
检察机关直接立案侦查案件	**Sub -total of Cases Directly Handled by Procuratorate officess**	**800**	**842**	**1629**	**1973**
贪污贿赂案	Offences on Corruption and Bribery	735	772	1343	1577
渎职案	Offences on Abuse and Dereliction of Duty	65	70	286	396

17-20 检察机关处理申诉案件情况（2012年）
Appeals Handled by Procurator's Offices(2012)

案件分类 Cases		受案(件) Cases Accepted (case)	立案复查(件) Cases Registered for Reinvestigation (case)	结案(件) Cases Settled (case)	#改变原决定 Original Decision Changed
合计	**Total**	**2434**	**1170**	**1133**	**50**
不服检察机关处理决定	Appeals against Decision of Procurator's Offices	396	202	200	48
不服不批捕	Appeals against Rejection of Arrest	173	73	76	10
不服不起诉	Appeals against Rejection of Prosecuting	119	74	73	5
不服撤案	Appeals against Withdrawal of the Case	9	3	2	0
不服原免予起诉	Appeals against Original Exemption of Lawsuit	3	2	2	1
其他	Others	92	50	47	32
不服法院刑事判决裁定	Appeals against Judgment of Criminal Case	2038	968	933	2
刑罚执行中被害人申诉	Appeals of the Victim at the Punishment	696	346	345	2
刑罚执行中被告人申诉	Appeals of the Defendant at the Punishment	838	418	390	0
刑罚执行完毕后被害人申诉	Appeals of the Victim after the Punishment	106	53	55	0
刑罚执行完毕后被告人申诉	Appeals of the Defendant after the Punishment	398	151	143	0

17-21 人民法院审理刑事一审案件收结案情况
First Trial Criminal Cases Accepted and Settled by Courts

单位:件 (case)

项目	Item	2011 收案 Cases Accepted	2011 结案 Cases Settled	2012 收案 Cases Accepted	2012 结案 Cases Settled
合计	**Total**	**60966**	**60725**	**70630**	**70449**
危害公共安全罪	Offences Against Public Security	10704	10646	17467	17437
破坏社会主义市场经济秩序罪	Offences Against Socialist Economic Order	3416	3383	5679	5555
侵犯公民人身权利民主权利罪	Offences Against Citizens's Personal and Democratic Rights	8994	8965	9052	9068
侵犯财产罪	Offences Against Properties	22493	22437	24009	23966
妨害社会管理秩序罪	Offences Against Social Management of Order	13877	13850	12780	12786
危害国防利益罪	Offences Against National Defense	19	18	10	10
贪污贿赂罪	Offences on Corruption and Bribery	1241	1224	1396	1376
渎职罪	Offences on Dereliction of Duty	214	192	236	251
其他	Others	8	10	1	
合计中含自诉案件	Private Prosecution Among the Total	642	660	622	619

注:结案含上年旧存(下同)。

a) Data of cases Settled include cases turned over from previous year (The same as the following tables).

17－22 人民法院审理婚姻家庭、继承一审案件收结案情况（2012 年）
First Trial Civil Cases of Marriages, Family Affairs and Inheritance Accepted and Settled by Courts(2012)

单位:件 (case)

项目	Item	收案 Cases Accepted	结案 Cases Settled	调解 Mediation	判决 Judgement	驳回 Reject	撤诉 With-drawal	其他 Other
合计	**Total**	**99367**	**99084**	**54568**	**22815**	**195**	**20468**	**1038**
婚姻家庭	Marriages and Family Affairs	96022	95731	52398	22142	173	20018	1000
离婚	Divorce	80550	80315	43315	19116	127	16960	797
赡养纠纷	Support Disputes	1962	1936	1076	395	2	442	21
抚养、扶养关系纠纷	Upbringing Disputes	2745	2749	1983	315	5	414	32
抚育费纠纷	Upbringing Fee Disputes	2192	2163	1153	480	2	495	33
其他	Others	73651	73467	39103	17926	118	15609	711
继承	Inheritance	3345	3353	2170	673	22	450	38
法定继承	Legal Inheritance	2120	2138	1479	346	11	285	17
遗嘱继承	Testament Inheritance	426	429	245	104	6	70	4
其他	Others	799	786	446	223	5	95	17

17－23 人民法院审理合同纠纷一审案件收结案情况（2012 年）
First Trial Cases of Contracts Disputes Accepted and Settled by Courts (2012)

单位:件 (case)

项目	Item	收案 Cases Accepted	结案 Cases Settled	调解 Mediation	判决 Judgement	驳回 Reject	撤诉 With-drawal	其他 Other
合计	**Total**	**362196**	**356009**	**187660**	**89412**	**2262**	**70120**	**6555**
借款合同	Loan Contracts	133434	129003	58671	44120	741	22975	2496
买卖合同	Trade Contracts	56254	56113	28143	14379	412	12062	1117
电信合同	Telecom Contracts	7859	7756	5560	40	3	2147	6
租赁合同	Lease Contracts	13536	13503	6319	3654	99	3230	201
劳动争议	Work Disputes	47306	46663	34013	6257	260	5636	497
劳务合同	Service contracts	10528	10525	7962	1176	30	1199	158
房地产合同	Real Estate Contracts	10091	10090	6052	1873	72	1756	337
供用动力合同	Labor Contracts	2432	2404	2203	76	4	117	4
建设工程合同	Construction Contracts	10364	10155	3742	3199	105	2748	361
农村承包合同	Rural Contracts	1643	1622	1113	223	17	254	15
承揽合同	Contracts for Work	10294	10363	4897	2361	60	2726	319
保险合同	Insurance Contracts	11407	11321	6008	3804	80	1299	130
服务合同	Service Contracts	19945	19849	9647	1920	30	8076	176
信用卡纠纷	Credit Card Dispute	6501	6472	3861	827	107	1665	12
经营合同	Work Disputes	2373	2350	802	778	38	635	97
其他	Others	18229	17820	8667	4725	204	3595	629

17－24　人民法院审理权属、侵权纠纷及其他民事一审收结案情况（2012 年）

First Trial Cases of Disputes of Right, Infringement of Right and Other Civil Affairs Accepted and Settled by Courts(2012)

单位:件　　　　(case)

项目	Item	收案 Cases Accepted	结案 Cases Settled	调解 Mediation	判决 Judgement	驳回 Reject	撤诉 With-drawal	其他 Other
合计	**Total**	**185653**	**185404**	**101744**	**40107**	**936**	**22961**	**19656**
所有权及其相关权利	Ownership and Related Rights	16369	16597	6854	4447	321	4705	270
票据、证券、股票纠纷	Disputes of Bill, Securities and Stocks	730	708	125	243	29	233	78
股东权纠纷	Stockholder's Right Disputes	2225	2178	773	725	49	528	103
知识产权案件	Intellectual Rights	7988	7835	2453	1054	22	4198	108
人身权纠纷	Personal Rights	127248	127122	87786	27870	133	10589	744
特殊侵权纠纷	Disputes of Special Infringement of Right	4691	4643	2454	1117	27	970	75
不当得利	Unjustified Enrichment	1385	1387	424	475	25	423	40
特别程序	Special Proceedings	24166	24068	394	3984	320	1168	18202
其他	Others	851	866	481	192	10	147	36

17－25　人民法院行政一审案件收结案情况（2012 年）

First Trial Administrative Cases Accepted and Settled by Courts(2012)

单位:件　　　　(case)

项目	Item	收案 Cases Accepted	结案 Cases Settled	维持 Affirmation of Original Judgement	撤销 Cancel	驳回 Reject	撤诉 With-drawal	单独赔偿 Separate Compen-sation	其他 Other
合计	**Total**	**5954**	**5932**	**146**	**81**	**1129**	**3920**	**12**	**644**
土地等资源	Land	451	453	1	9	77	332		34
公安	Public Security	821	815	19	8	128	632		28
城建	City Construction	1371	1395	37	26	311	887	4	130
交通运输	Traffic and Transport	118	90	1		13	70	1	5
工商	Industry and Commerce	128	122		4	26	88		4
环保	Environment Protection	50	55		1	10	36		8
计划生育	Family Planning	134	134			1	89		44
税务	Tax	31	29			3	25		1
卫生	Health	41	39		2	7	29		1
乡政府	Townships Government	87	78		1	8	61		8
劳动和社会保障	Labour and Social Security	1250	1242	53	13	345	803		28
其他	Other	1472	1480	35	17	200	868	7	353

主要统计指标解释

民政事业费支出　指报告期内本辖区各项民政事业费实际支出的总数额。包括抚恤事业费、军队移交地方安置的离退休人员费用、社会救济福利事业费、救灾支出以及其它民政事业费。

城镇居民最低生活保障人数　指在报告期末家庭平均收入在当地规定的最低生活保障线以下的城镇居民数。包括"三无"对象、失业人员和在职、下岗、退休人员等。

农村居民最低生活保障人数　指报告期末在建立农村最低生活保障制度的地区,得到当地政府或集体给予最低生活保障的农业人口数。

农村传统救济人数　指末开展最低生活保障制度的农村地区,仍沿用传统救济制度救济贫困人口数。

收养性福利单位　指荣誉军人康复医院、复员军人疗养院、复退军人精神病院、光荣院、社会福利院、儿童福利院、精神病福利院、城镇老年福利机构、农村老年福利机构以及其它收养性单位的总称。

社会福利企业　指以集中安置有一定劳动能力的残疾人就业为目的(残疾职工占生产人员10%以上)、带有社会福利性质的特殊企业的总称。

律师　指受聘参加法律顾问处工作,担任法律顾问、刑(民)事代理人、刑事辩护人,办理非诉讼事件、解答法律询问,代写法律事务文书等主要从事律师业务的专职法律工作者和兼职律师。

公证人员　指在国家公证机关依法办理公证事务的司法人员,包括公证员、助理公证员和在公证处工作的其他人员。

办理公证文书　指公证处在一定时期内办结的公证文书件数。公证文书按司法部规定或批准的格式制作,包括国内公证和涉外公证两部分。国内公证分为经济合同公证和民事法律关系公证两大类。

调解人员　指在人民调解委员会担负调解民间一般民事纠纷和轻微违法行为引起纠纷的工作人员,包括调解委员会的委员和调解小组的调解员。

调解民间纠纷　指调解委员会依照法律规定,根据自愿原则,用说服教育的方法调解民间发生的有关民事权利和义务的争执,促成当事双方达到协议和谅解,解决纠纷。包括婚姻家庭纠纷,财产权益纠纷等,不包括法院受理调解的民事案件数。

受理劳动争议案件数　指劳动争议仲裁委员会根据国家有关规定,对劳动争议当事人的申请予以审查,符合受理条件而正式立案、准备处理的劳动争议案件数。

决定逮捕　指检察机关对直接受理、自行侦查的案件,认为需要逮捕犯罪嫌疑人时,依据法律作出的逮捕决定。

批准逮捕　指检察机关对公安机关、国家安全机关、监狱管理机关提出逮捕的犯罪嫌疑人进行审查,根据事实,依法作出逮捕决定。

决定起诉　指检察机关对公安机关、国家安全机关、监狱管理机关和检察机关内设机构反贪污贿赂部门移送起诉的刑事犯罪嫌疑人进行审查,根据事实,依法向人民法院提起公诉。

Explanatory Notes on Main Statistical Indicators

Operation Expenses for Civil Adiministration　refer to the total actual expenditures for all the operating expenses of civil administration in this jurisdiction district at reference period, including pensions, settlement allowance for the retirees who are transfered from P. L. A. units to the local government to be settled down, social welfare, disaster relief and other civil administration expenses.

Number of Persons Receiving Lowest-Lost-Living in Urban Area　refer to the number of urban residents their family average income is below the lowest living standard insurance line at the year end, according to the local regulation; including "three proverty-striken people", unemployment, employees, laid off and retired personnels.

Number of Persons Receiving Lowest-Cost-Living in Rural Area　refer the number of rural population in rural area with the system of lowest living standard insurance has been established, they are being insured by the local government and collective units.

Number of Traditional Relief Persons in Rural Areas　refer to the rural areas which has not been established the system of lowest living standard insurance, the poor people are still succoured according to the traditional relief system.

Adopting Social Welfare Institutions　refer to the all names of social welfare homes and adopting social welfare institutions, including homes for disabled soldiers, convalescent homes for demobilized soldiers, psychopathy welfare homes for demobilized soldiers, homes for disabled veterancs, social welfare homes, children welfare homes, urban eldery welfare units, rural elderly welfare units.

Social Welfare Enterprises　refer the all names of special enterprises with the social welfare character, for the aim of employment of the disabled persons who still provide certain labor capacity, and are settled down concentratively (10% above are disabled staff and workers).

Lawyers are legal workers who are employed full time by legal counseling firms to act as a legal adivisers, agents in criminal civil lawsuits or defenders in criminal lawsuits, or to handle non-liligious legal affairs, to advise on matters of law or to write legal papers for others. Both full time and part time lawyers are included.

Notary Personnel refer to judicial workers of the state notary offices handling notarization work according to law. They include notaries and other people working for notary offices.

Notarized Documents refer to documents settled by notary offices in a year. The notary documents are drawn up in accordance with the regulations of the Ministry of Justice, including domestic documents and foreign-related documents. Domestic documents are divided into two major categories, documents on economic contracts and documents on civil legal relation.

Mediators refer to workers on peoples mediation committees responsible for mediating in civil disputes and cases of slight infraction of the law. They include members of the mediation committees and mediators of mediation groups.

Mediatoin of Civil Disputes refers to mediation committees work in mediating in civil disputes concerning civil rights and duties through persuasion and education in accordance with the provisions of law on a voluntary basis, so as to solve disputes by helping the parties involved come to an agreement and understanding. These disputes include divora cases and disputes over property ownership, but exclude the civil cases to be handled by the court.

Number of Labour Dispute Cases Accepted refer to the number of cases of labour dispute submitted that, after being reviewed by the labour dispute arbitraction committees in line with relevant state regulations, are accepted and registered for treatment.

Decision on Arrest refers to decision made by procurators office, in accordance: e with laws, to arrest the suspect(s) in the cases that are accepted and to be investigated by procurators office.

Approval for Arrest refers to the decision made b procurators office, in accordance with laws and relevant facts, to approve the arrest of the suspect(s) that is proposed by the public security departments or authority of prisons.

Decision on Prosecution refers to the decision made by procurators office, in accordance with laws and relevent facts, to institute proeedings to the people court against the suspect(s) of criminal cases handed by the public security departments, state security departments or authority of prisons, or by the anti-corruption departments within the procurators office.

18

城市经济与建设

Urban Economy and Construction

简 要 说 明

一、本篇资料的主要内容

本篇资料反映城市建设基本情况、城市经济社会发展情况。

二、资料来源

城市建设数据来自住房与城乡建设部门及交通运输部门,城市经济社会发展统计数据来自市县社会经济基本情况统计年报。

Brief Introduction

I. Main Contents

Data in this chapter reflect the basic situation of cities construction, cities economic and social development.

Ⅱ. Date Source

Data of city construction provided by Ministry of Housing and Urban – rural Development, Ministry of communications. Data of City economic and social development come from cities and counties in basic socio – economic statistics annual report.

18－1　城市公用事业基本情况
Basic Statisics on Urban Public Utilities

指　　标	Item	1995	2000	2005	2010	2011	2012
城市基本情况	**Basic Condition of City**						
建成区面积(平方公里)	Developed Areas (sq. km)	1109	1382	2379	3271	3494	3655
城市人口密度 (人/平方公里)	Population Density of Urban Districts (person/sq. km)	1743	2260	1321	2027	2013	2002
供水、供气	**Water Supply and Gas Supply**						
自来水年供水量 (亿吨)	Annual Supply of Tap Water (100million tons)	38.23	35.34	39.05	48.28	47.70	49.28
#生活用水量	Residential Consumption	10.52	14.57	18.59	20.23	20.61	21.90
平均每人日生活用水 (升)	Per Capita Day (litre)	225.6	265.6	211.47	220.37	212.26	215.44
用水普及率 (%)	Population with Access to Tap Water (%)	98.9	99.2	96.3	99.6	99.6	99.7
煤气(天燃气)供气量 (亿立方米)	Coal Gas Supply (100 million cu. m)	28.22	36.26	129.08	240.43	60.18	69.67
#家庭用量	Residential Use	3.09	3.91	2.78	8.88	10.84	12.59
煤气(天燃气)管道长度 (公里)	Length of Gas Pipelines (km)	2041	4277	5320	30091	37062	44567
液化气家庭用量 (万吨)	Residential Consumption of Liquefied Gas (10000 tons)	43.61	49.24	64.99	47.17	46.71	50.23
燃气普及率 (%)	Population with Access to Gas (%)	81.8	95.8	93.3	99.1	99.0	99.4
市政工程	**Municipal Engineering**						
年末实有道路长度 (公里)	Length of Road (year end) (km)	8163	11011	28674	31899	32491	34966
平均每万人拥有道路长度 (公里)	Per 10000 Population (km)	8.3	8.7	11.46	12.62	12.16	12.52
年末实有道路面积 (万平方米)	Area of Road(year end) (10000 sq. m)	8669	13357	40830	53723	58405	62438
平均每万人拥有道路面积 (平方米)	Per 10000 Population (sq. m)	8.3	10.6	16.32	21.26	21.86	22.35
排水管道长度 (公里)	Length of Sewer Pipelines (km)	8262	11097	28568	46867	51735	56887
建成区排水管道密度 (公里/平方公里)	Density of Drainage Pipelines (km/sq. km)	7.5	8.0	12.01	14.33	14.81	15.56
公共交通	**Public Traffic**						
公共汽(电)车总数 (辆)	Operating Public Transportation Vehicles (unit)	8101	14838	22197	28687	30867	32105
平均每万人拥有公共汽(电)车 (辆)	Per 10000 Population (unit)	7.1	10.6	9.1	11.5	11.3	11.3
出租汽车 (万辆)	Taxi (10000 units)	1.8	3.7	4.10	5.30	5.34	5.45
城市绿化	**Landscaping in Cities**						
公园绿地面积 (公顷)	Public Green Areas (hectare)	7402	10248	25687	33585	35634	38069
人均公园绿地面积 (平方米)	Public Green Areas Per Capita (sq. m)	6.9	8.1	10.27	13.29	13.34	13.63
公园面积 (公顷)	Area of of Parks (hectare)	5648	5159	9924	12433	15687	16465
环境卫生	**Sanitation and Hygiene**						
清运生活垃圾 (万吨)	Garbage Disposal (10000 tons)	398	515	834.8	1017.05	1119.77	1210.07
清运粪便 (万吨)	Disposal of Night Soil (10000 tons)	209	309	388.4	84.93	95.17	72.92
每万人拥有公厕 (座)	Public Restrooms Per 10000 Population (unit)	7.0	5.9	4.23	3.75	3.79	3.59

注：2011 年起，煤气、天燃气供气量统计口径调整。

a) From 2011, Gas, Natural gas supply statistical adjustment.

18－2 城市自来水情况
Basic Statistics on Tap Water Supply in Cities

年份 Year 城市 City	综合生产能力（万吨/日）General Production Capacity（10000 tons/day）	全年供水总量（万吨）Total Aunual Supply of Tap Water（10000 tons）	#生产用水量 Productive Use	#生活用水量 Residential Use	用水人口（万人）Residents with Access to Tap Water（10000 persons）	人均日生活用水量（升）Daily Per Capita Residential Tap Water Comsuption（liter）	城市人口用水普及率（%）Population with Access to Tap Water（%）
1978	112.3	35056	20073	12013	347.2	94.8	83.6
1980	142.6	45221	26005	16323	463.0	89.0	92.2
1985	218.9	76609	40908	29280	585.4	137.0	89.0
1989	856.3	233848	167472	54326	896.6	166.0	88.3
1990	941.7	256664	181543	62369	968.0	176.4	91.3
1991	1056.1	282691	201088	68287	1049.2	178.3	93.8
1992	1191.4	317812	224575	77010	1158.6	182.1	96.0
1993	1299.5	342780	239520	83041	1238.6	183.7	97.1
1994	1368.9	358696	243332	93030	1212.3	210.2	98.7
1995	1388.7	382325	190471	105192	1277.5	225.6	98.9
1996	1424.4	349423	192948	135429	1300.7	285.3	99.0
1997	1457.1	343106	189889	131650	1346.1	267.9	99.3
1998	1543.6	358999	199055	137663	1388.0	271.8	99.2
1999	1585.5	339066	173487	138264	1425.4	265.8	99.1
2000	1641.6	353366	172552	145707	1503.1	265.6	99.2
2001	1698.5	332155	156019	156717	1745.2	246.0	91.0
2002	1803.7	380991	182591	168929	2048.7	225.9	89.0
2003	1835.0	380395	174834	171830	2167.7	217.2	91.9
2004	1871.4	392462	179602	179068	2273.7	215.8	94.0
2005	1977.6	390460	161320	185906	2408.5	211.5	96.3
2006	2166.8	472128	225805	164928	2209.1	204.6	99.2
2007	2334.7	452628	198647	167341	2300.9	199.5	99.5
2008	2356.9	436597	187915	173506	2331.5	205.0	99.9
2009	2534.1	449037	185461	183641	2443.9	207.2	99.7
2010	2714.7	482821	204878	197408	2515.6	220.4	99.6
2011	2757.2	477044	198830	206120	2660.5	212.3	99.6
2012	2749.8	492791	200532	219008	2785.1	215.4	99.7
南京市区 Nanjing	633.8	121401	44083	61806	567.3	298.5	100.0
无锡市区 Wuxi	260.0	45257	21323	18149	243.3	204.4	100.0
徐州市区 Xuzhou	95.5	22029	11910	7914	148.1	146.4	98.1
常州市区 Changzhou	197.5	27416	12240	11662	140.9	226.8	100.0
苏州市区 Suzhou	348.9	79575	39007	32380	278.5	318.6	100.0
南通市区 Nantong	132.5	20803	6784	9506	148.6	175.3	100.0
连云港市区 Lianyungang	39.1	10099	4014	4238	82.3	141.1	100.0
淮安市区 Huaian	69.9	19257	9152	8619	136.0	173.6	99.2
盐城市区 Yancheng	34.0	7328	950	4807	76.9	171.4	100.0
扬州市区 Yangzhou	80.7	16819	3875	8226	106.2	212.2	99.0
镇江市区 Zhenjiang	68.0	16096	6088	6934	87.6	216.9	100.0
泰州市区 Taizhou	42.0	7038	2035	3106	66.5	127.9	100.0
宿迁市区 Suqian	26.0	6108	2766	2532	56.1	123.7	100.0

18－3　城市煤气、液化石油气情况

Basic Statistics on Supply of Gas and Liquefied Petroleum Gas in Cities

年份 Year 城市 City	全年供气总量 Total Gas Supply			家庭用气量 Residential Use			用气人口(万人) Population with Access to Gas (10000 persons)			燃气普及率(%)
	人工煤气(万立方米) Coal Gas (10000 cu. m)	天然气(万立方米) Gas (10000 cu. m)	液化石油气(吨) Liquefied Petroleum Gas(ton)	人工煤气(万立方米) Coal Gas (10000 cu. m)	天然气(万立方米) Gas (10000 cu. m)	液化石油气(吨) Liquefied Petroleum Gas(ton)	人工煤气 Coal Gas	天然气 Gas	液化石油气 Liquefied Petroleum Gas	Percentage of Population Using Gas for Household Use (%)
1978	11756		23666	1592		22043	15.7		48.4	15.7
1980	11401		32591	2215		31350	20.0		69.6	17.8
1985	13155		42495	3851		38834	39.9		76.2	17.9
1989	140497		190471	13429		105671	93.0		186.1	32.5
1990	142681		216936	15902		122691	101.2		219.3	36.8
1991	142665		252342	17750		137780	116.3		261.2	41.9
1992	147625		337456	20943		190861	131.0		373.1	53.3
1993	153994		442089	23774		258003	150.6		498.0	63.5
1994	184552		574191	26281		337126	180.3		558.8	74.1
1995	282227		436131	30877		361990	213.4		637.3	81.8
1996	271852		543989	35837		468838	243.3		701.2	86.6
1997	274853		468106	34055		392574	244.1		746.2	87.8
1998	331580		620344	34797		430131	271.1		798.3	93.0
1999	350299		667556	41206		427971	323.9		814.1	94.9
2000	362606		705010	39141		492377	324.7		882.9	95.8
2001	376025		780527	44685		523600	373.2		1200.3	82.0
2002	788537		1252001	38761		632199	361.1		1600.0	85.2
2003	802430		1357710	47369		687358	405.8		1673.5	88.6
2004	1027886		1226675	40926		708033	333.8		1712.1	92.0
2005	1290834		1110300	27831		649936	234.1		1720.0	93.3
2006	1420015	155940	1042278	18120	22710	591415	177.1	574.9	1408.8	97.1
2007	1633281	254507	999243	13228	39383	548113	146.1	699.8	1407.3	97.4
2008	1554953	299726	931734	12518	62207	578762	123.2	841.7	1328.2	98.2
2009	1728890	343544	865663	11741	53244	531023	135.5	1029.6	1248.1	98.4
2010	1931995	472309	766586	9664	79160	471731	89.8	1299.7	1115.0	99.1
2011	10310	591493	766635	9270	99133	464117	45.8	1557.5	1042.6	99.0
2012	4889	691763	735757	3883	121988	502258	27.5	1743.6	1006.5	99.4
南京市区 Nanjing		82413	114673		22007	62231		346.0	219.3	99.7
无锡市区 Wuxi		56521	65988		10689	40344		209.4	33.4	99.8
徐州市区 Xuzhou		23270	31030		4620	23450		93.6	56.3	99.3
常州市区 Changzhou		55209	7043		11251	1776		137.0	3.5	99.7
苏州市区 Suzhou	4449	90312	62000	3524	14405	53800	24.7	224.9	28.9	100.0
南通市区 Nantong	440	9670	39821	359	2679	28761	2.9	74.9	70.9	100.0
连云港市区 Lianyungang		8485	10500		2627	7500		56.2	23.0	96.3
淮安市区 Huaian		13489	38206		6856	33881		53.4	83.7	100.0
盐城市区 Yancheng		8050	29000		2262	24600		45.0	31.5	99.5
扬州市区 Yangzhou		12636	42871		3445	20890		66.8	40.0	99.5
镇江市区 Zhenjiang		27119	38269		3275	15405		53.9	33.7	100.0
泰州市区 Taizhou		13785	18025		1172	15000		24.2	41.9	99.3
宿迁市区 Suqian		8487	16150		420	11890		17.0	38.9	99.8

18－4 城市市政工程情况
Basic Statistics on Municipal Engineering in Cities

年 份 Year 城 市 City	年末实有道路长度（公里）Length of Roads (year-end) (km)	年末实有道路面积（万平方米）Area of Roads (10000 sq. m)	排水管道长度（公里）Length of Drainage Pipelines (km)	城市污水日处理能力（万吨）Day Capacity of Sewerage Disposal (10000 tons)	城市路灯盏数（千盏）Number of Street Light (1000 units)	人均拥有道路面积（平方米/人）Per Capita of Road Areas (sq. m /person)	排水管道密度（公里/平方公里）Density of Drainage Pipelines (km/sq. km)	污水处理率（%）Rate of Sewerage Disposal (%)
1978	1893	1154	1503					
1980	1881	1160	1650	0.1	48	2.3		0.2
1985	2437	1623	2277	1.8	71	2.5	5.3	0.6
1989	5272	6607	3782	91.3	122	7.7	5.7	23.0
1990	5812	5672	4099	103.5	129	6.3	5.7	16.4
1991	5658	5216	4872	133.2	144	5.8	5.4	13.4
1992	6781	6587	5721	155.5	165	7.0	5.6	16.7
1993	7090	7581	6653	160.7	194	7.4	4.7	22.9
1994	6150	7094	7019	236.7	194	7.1	6.0	31.8
1995	8163	8669	8262	273.5	215	8.3	7.5	38.7
1996	8552	9711	8860	390.3	256	8.9	7.5	42.7
1997	9440	10438	8812	434.3	290	9.3	7.1	47.5
1998	9618	11336	9574	589.3	328	9.8	7.6	49.3
1999	10066	12283	10382	632.9	381	10.2	8.0	58.1
2000	11011	13357	11097	712.9	437	10.6	8.0	61.8
2001	16702	20309	13974	736.7	549	10.6	9.0	65.3
2002	22656	26987	16744	800.4	753	11.7	8.6	66.0
2003	25541	31859	20343	906.6	971	13.5	9.6	69.9
2004	26598	35596	25537	1017.8	1169	14.7	11.3	76.1
2005	28674	40830	28568	1084.7	1296	16.3	12.0	77.7
2006	27058	41623	31215	1224.9	1501	18.7	12.1	81.8
2007	28456	44595	34050	1184.1	1701	19.3	12.6	84.4
2008	28761	47330	38062	1432.2	1660	20.3	13.1	84.1
2009	30003	50075	42826	1411.2	1982	20.4	14.1	85.4
2010	31899	53723	46867	1590.0	2174	21.3	14.3	87.6
2011	32491	58405	51735	1555.5	2331	21.9	14.8	89.9
2012	34966	62438	56887	1564.5	2727	22.4	15.6	90.7
南京市区 Nanjing	6615	11424	5982	437.3	264	20.1	9.2	94.6
无锡市区 Wuxi	3306	5936	12250	143.6	285	24.4	38.8	95.5
徐州市区 Xuzhou	2110	3239	1569	54.5	267	21.5	6.2	87.0
常州市区 Changzhou	1892	3451	4214	106.8	173	24.5	23.0	93.8
苏州市区 Suzhou	3571	7698	7321	254.4	371	27.7	16.8	91.9
南通市区 Nantong	1680	3364	2148	55.5	132	22.6	13.8	90.0
连云港市区 Lianyungang	1058	1711	1371	24.8	57	20.8	9.8	83.2
淮安市区 Huaian	1642	2632	1941	37.5	103	19.2	14.3	78.6
盐城市区 Yancheng	661	1641	1041	27.9	106	21.4	11.0	85.4
扬州市区 Yangzhou	1457	2217	2170	44.4	122	20.7	17.0	93.0
镇江市区 Zhenjiang	1306	1971	1906	45.0	96	22.5	15.9	90.0
泰州市区 Taizhou	959	1733	906	23.5	87	26.1	12.9	85.2
宿迁市区 Suqian	732	1535	771	21.5	54	27.4	11.0	85.0

18-5 城市园林绿化情况

Basic Statistics on Parks, Gardens and Green Areas in Cities

年份 Year 城市 City	园林绿地面积（公顷）Total Area of Parks, Gardens and Green Areas in Cities (hectare)	#公园绿地 Park Green Areas	建成区绿化覆盖面积（公顷）Coverage Space of Green Areas Developed (hectare)	公园 Park 个数（个）Number (unit)	公园 Park 面积（公顷）Area (hectare)	人均公园绿地面积（平方米）Per Capita Park Green Areas (sq. m)	建成区面积（平方公里）Developed Areas (sp. m)	建成区绿化覆盖率（%）Coverage Rate of Green Area Developed (%)
1978	7303			59	786			
1980	6582	1341		72	944	2.7		19.3
1985	7998	1450		83	1030	2.3		20.6
1989	18148	3214	12804	172	2725	3.7		19.2
1990	20337	3447	14112	184	2991	3.8		19.5
1991	19096	3841	16423	201	3071	4.3		18.4
1992	20898	4283	21726	217	2958	4.5		21.4
1993	30174	5882	31133	242	5179	5.8		22.1
1994	33089	6124	34728	241	5396	6.1		29.6
1995	48564	7226	34093	264	5648	6.9		30.8
1996	50558	7528	35964	283	5263	6.9		30.3
1997	52349	8175	38356	287	4831	7.3		30.9
1998	54756	8891	40513	295	4920	7.7		32.3
1999	57386	9581	43725	303	5027	8.0		33.7
2000	60064	10248	45925	313	5159	8.1		33.2
2001	94175	12724	49456	374	5549	6.6	1549	31.9
2002	137702	16252	68413	403	6374	7.1	1939	35.3
2003	145956	18743	74929	446	7317	7.9	2120	35.4
2004	172563	21617	85367	489	9098	8.9	2253	37.9
2005	189070	25687	94778	539	9924	10.3	2379	39.8
2006	152885	25868	107752	492	10608	11.6	2583	41.7
2007	180784	29125	116157	601	11787	12.6	2714	42.8
2008	195460	30645	123801	628	13026	13.1	2904	42.6
2009	214989	32403	127930	590	13740	13.2	3046	42.0
2010	227584	33585	137623	584	12433	13.3	3271	44.1
2011	237486	35634	147157	701	15687	13.3	3494	42.1
2012	247001	38069	154135	783	16465	13.6	3655	42.2
南京市区 Nanjing	82597	7908	28756	83	5941	13.9	653	44.0
无锡市区 Wuxi	17958	3554	13483	38	1290	14.6	316	42.7
徐州市区 Xuzhou	14436	2430	10679	70		16.1	253	42.2
常州市区 Changzhou	7914	1759	7735	26	553	12.5	183	42.2
苏州市区 Suzhou	20904	4271	18286	157	1904	15.3	437	41.9
南通市区 Nantong	6405	1905	6449	23	364	12.8	156	41.3
连云港市区 Lianyungang	19464	1129	5588	18	364	13.7	140	39.9
淮安市区 Huaian	5916	1650	5446	9	289	12.0	136	40.0
盐城市区 Yancheng	3963	921	3802	30	702	12.0	95	40.2
扬州市区 Yangzhou	6540	1858	5508	9	262	17.3	128	43.0
镇江市区 Zhenjiang	7059	1483	5075	20	598	16.9	120	42.3
泰州市区 Taizhou	2578	634	2874	13	379	9.5	70	41.0
宿迁市区 Suqian	7933	703	2893	15	333	12.5	70	41.3

18－6　城市环境卫生情况

Basic Statistics on Urban Environmental Sanitation

年　份 Year 城　市 City	清扫面积（万平方米）Sweeping Areas (10000 sq. m)	生活垃圾清运量（万吨）Residential Garbages Disposal Cleared (10000 tons)	粪便清运量（万吨）Night Soil Disposal Cleared (10000 tons)	无害化处理厂日处理能力（吨）Day Disposal Capacities of No Harmful Disposal Factory (ton)	垃圾粪便年处理量（万吨）Annual Garbages and Night Soil Disposal Cleared (10000 tons)	环卫机械（辆）Machines of Environment Sanitation (unit)	公共厕所（座）Public Toilet (unit)
1978	503	79	229			223	3545
1980	601	158	232			296	3712
1985	1078	159	147	20		734	4700
1989	2136	262	260	162		1735	7910
1990	2445	288	221	385		1322	8072
1991	3068	341	271	1588	357.3	1604	9974
1992	3432	409	419	7622	531.7	1785	9265
1993	4095	408	441	14014	654.1	1998	9162
1994	4240	360	388	16442	658.8	1736	7095
1995	5429	398	209	13810	532.5	2072	7263
1996	6252	426	198	13125	523.9	2144	6932
1997	7085	479	196	15813	606.0	2351	7675
1998	7589	486	302	18570	721.4	2407	7486
1999	8221	505	310	43419	756.0	2458	7337
2000	8773	515	309	17392	762.9	2569	7393
2001	10971	634	338	17324	868.1	3800	9532
2002	16101	723	400	19997	985.9	4573	11016
2003	20874	775	406	20728	1060.9	4456	10660
2004	22505	808	389	23569	1106.6	4494	10260
2005	27101	835	388	24000	1030.5	5094	10591
2006	29409	851	126.9	24545	915.7	5447	9165
2007	31072	898	140.2	24192	942.8	5589	8520
2008	35418	934	159.9	27985	1024.8	5939	9050
2009	36160	957	116.1	34570	1048.4	6923	9654
2010	44088	1017	84.9	37637	1064.3	7481	9475
2011	46162	1120	95.2	42170	1142.0	7984	10134
2012	48098	1210	72.9	43113	1258.4	8709	10035
南京市区 Nanjing	7409	225	12.1	5800	224.5	1126	1166
无锡市区 Wuxi	4835	109	9.6	2875	110.5	840	1686
徐州市区 Xuzhou	1609	52		2200	51.6	372	488
常州市区 Changzhou	2543	58	0.6	2960	58.7	276	796
苏州市区 Suzhou	8648	183	3.0	7300	197.1	2119	793
南通市区 Nantong	2647	53	7.2	910	55.8	294	197
连云港市区 Lianyungang	1795	24	3.2	1400	27.2	254	481
淮安市区 Huaian	2142	40	2.1	1100	31.2	207	446
盐城市区 Yancheng	1450	23	0.7	1220	23.3	49	225
扬州市区 Yangzhou	1572	43		2110	47.5	196	474
镇江市区 Zhenjiang	1372	26	0.9	1130	26.5	235	313
泰州市区 Taizhou	915	19	1.2	680	20.6	119	263
宿迁市区 Suqian	1058	19	0.9	1100	19.5	215	290

18－7　城市公共汽(电)车、出租汽车情况

Basic Statistics on Buses（Trolley Buses）and Taxis in Cities

年　份 Year 城　市 City	年末实有公共汽(电)车营运车数(辆) Operating Public Transit Vehicles at Year-end (unit)	实有公共汽(电)车营运标准车台(标台) Operating Standard Public Transit Vehicles (Standardized) (unit)	公共汽(电)车营运线路长度(公里) Length of Public Transit Route (km)	公共汽(电)车客运总量(万人次) Passengers Carried by Transit (10000 person-times)	每万人拥有公共交通车辆(标台) Public Transit Vehicales Per 10000 Population (Standard sets)	出租汽车营运车数(辆) Operating Taxis (unit)
1978	1407		1772			
1980	1605		1920	100671		150
1985	2237		2904	143146		605
1989	2826	3167	4603	135947	3.7	4555
1990	2827	3210	3991	130641	3.6	5775
1991	2968	3727	4229	124409	4.1	5005
1992	4578	4855	6939	120282	5.1	8133
1993	6384	5954	7570	109248	5.8	9838
1994	7367	6808	10127	110921	6.8	12307
1995	8019	7215	13642	95362	7.1	18073
1996	7962	7144	3544	104583	6.6	25403
1997	9665	7916	5684	124805	7.0	32493
1998	12411	10080	5198	157600	8.9	34661
1999	14136	11625	5858	191831	9.7	36613
2000	14838	13341	6896	246314	10.6	36603
2001	16244	14871	7296	224582	7.8	41480
2002	16902	15874	12397	245227	6.9	41933
2003	17822	17015	14696	233586	7.2	40073
2004	19079	19098	15888	263088	7.9	40746
2005	22197	22484	18077	283760	9.1	41476
2006	22002	22898	12121	304669	10.4	42032
2007	23874	26419	16133	322230	11.6	44993
2008	25369	28664	14657	352597	12.4	44708
2009	30432	34335	18881	389293	11.7	52282
2010	28687	32927	44941	391856	11.2	52957
2011	30867	35715	50971	424699	11.3	53409
2012	32105	37743	52887	444148	11.3	54464
南京市 Nanjing	6396	8055	7588	107118	13.6	10643
无锡市 Wuxi	4520	5282	7456	59823	16.3	4961
徐州市 Xuzhou	2598	2948	4704	35135	10.0	6150
常州市 Changzhou	2821	3442	3961	44339	19.3	3180
苏州市 Suzhou	6306	7490	11624	91246	17.7	8132
南通市 Nantong	1600	1847	4670	14507	6.9	3052
连云港市 Lianyungang	953	1043	1697	13487	6.2	2276
淮安市 Huaian	1146	1328	1372	17188	6.2	2171
盐城市 Yancheng	930	950	1554	9904	4.1	2846
扬州市 Yangzhou	1526	1707	2528	19395	9.9	3620
镇江市 Zhenjiang	1289	1497	2400	13525	9.7	2342
泰州市 Taizhou	1043	1100	1596	10076	7.1	2902
宿迁市 Suqian	977	1054	1737	8406	6.7	2189

18－8 主要城市土地面积、人口情况（2012 年）

Land Area and Population of Major Cities(2012)

城市 City		土地面积（平方公里） Land Area (sq. km)	年末户籍人口（万人） Regjstered Population at Year-end (10000 persons)	#女 Female	当年出生人口（万人） Births (10000 persons)	当年死亡人口（万人） Deaths (10000 persons)	年末常住人口（万人） Permanent Population at Year-end (10000 persons)
南京市区	Nanjing	4733	553.34	275.47	5.67	3.62	732.33
无锡市区	Wuxi	1643	241.08	121.75	2.21	1.62	359.32
徐州市区	Xuzhou	3038	320.86	155.60	5.87	1.01	313.49
常州市区	Changzhou	1862	230.47	116.41	2.09	1.60	336.81
苏州市区	Suzhou	4467	328.99	166.48	3.89	2.14	545.45
南通市区	Nantong	1521	211.88	107.88	1.80	2.01	232.30
连云港市区	Lianyungang	1200	96.65	47.32	1.53	0.67	109.74
淮安市区	Huaian	3110	282.83	136.90	4.36	1.73	265.82
盐城市区	Yancheng	1862	166.80	80.80	2.08	1.21	161.16
扬州市区	Yangzhou	2351	230.13	115.47	2.04	2.02	241.43
镇江市区	Zhenjiang	1082	103.30	51.66	0.83	1.03	121.85
泰州市区	Taizhou	640	83.26	41.51	0.92	0.83	88.48
宿迁市区	Suqian	2108	164.39	79.11	3.96	0.79	147.30

18－9 主要城市就业情况（2012 年）

Employment of Major Cities(2012)

单位:万人 (10000 persons)

城市 City		年末从业人员数 Employment at Year-end	#城镇非私营单位在岗职工人数 Staff and Workers Employed in Urban Units (Excluded Private)	#城镇私营和个体人数 Employment in Private Enterprises and Self-employed Individuals of Urban Areas	从业人员按三次产业分 Employment Grouped by Type of Industry		
					第一产业 Primary Industry	第二产业 Secondary Industry	第三产业 Tertiary Industry
南京市区	Nanjing	418.50	112.69	167.82	33.61	142.28	242.61
无锡市区	Wuxi	215.20	53.60	116.32	3.86	118.68	92.66
徐州市区	Xuzhou	163.90	35.82	51.59	38.99	47.99	76.92
常州市区	Changzhou	193.88	34.68	120.42	9.18	107.45	77.25
苏州市区	Suzhou	318.64	72.60	140.50	12.32	150.70	155.61
南通市区	Nantong	138.07	30.79	38.80	21.93	59.47	56.67
连云港市区	Lianyungang	51.88	19.32	19.38	9.14	18.43	24.31
淮安市区	Huaian	188.34	26.27	39.00	44.44	69.19	74.71
盐城市区	Yancheng	97.60	15.09	41.36	20.34	34.62	42.64
扬州市区	Yangzhou	138.94	23.86	46.48	18.07	64.43	56.44
镇江市区	Zhenjiang	68.71	19.28	34.75	6.41	30.40	31.90
泰州市区	Taizhou	54.24	14.40	24.01	3.72	27.92	22.59
宿迁市区	Suqian	78.77	9.45	23.18	26.09	27.05	25.63

18－10　主要城市地区生产总值及指数（2012 年）
Gross Domestic Product of Major Cities(2012)

单位:亿元　　(100 million yuan)

城市 City		地区生产总值 Gross Domestic Product	第一产业 Primary Industry	第二产业 Secondary Industry	第三产业 Tertiary Industry	人均地区生产总值（元） Per Capita GDP (yuan)	地区生产总值指数（上年＝100） GDP Index (preceding year＝100)
南京市区	Nanjing	6466.92	125.44	2755.36	3586.12	88625	110.7
无锡市区	Wuxi	3946.79	41.85	1986.90	1918.04	110164	109.8
徐州市区	Xuzhou	2402.93	67.79	1307.01	1028.13	76923	112.9
常州市区	Changzhou	3021.64	59.70	1633.15	1328.79	90108	111.6
苏州市区	Suzhou	6047.99	72.47	3221.30	2754.22	111628	110.3
南通市区	Nantong	1758.13	54.08	922.61	781.44	76058	111.7
连云港市区	Lianyungang	564.00	31.69	286.41	245.90	52392	111.6
淮安市区	Huaian	1172.91	114.37	573.73	484.81	44250	113.1
盐城市区	Yancheng	855.10	71.12	517.18	266.80	53039	113.4
扬州市区	Yangzhou	1949.19	73.16	1069.10	806.93	80824	112.0
镇江市区	Zhenjiang	1151.97	27.77	601.83	522.37	94880	112.8
泰州市区	Taizhou	742.63	16.85	444.22	281.56	84093	113.4
宿迁市区	Suqian	549.88	55.99	287.22	206.67	37491	114.1

18－11　主要城市固定资产投资（2012 年）
Investment in Fixed Assets of Major Cities(2012)

单位:亿元　　(100 million yuan)

城市 City		固定资产投资 Investment in Fixed Assers	房地产开发投资 Investment in Real Estate Development	#住宅 Resdential Building	新增固定资产 Newly Increased Fixed Assets	商品房屋销售建筑面积（万平方米） Construction Floor Space of Commercial House Sold (10000 sq. m)	#住宅 Resdential Building
南京市区	Nanjing	3906.36	925.13	619.21	2447.91	890.24	818.13
无锡市区	Wuxi	2303.23	685.47	423.73	1494.07	642.49	550.34
徐州市区	Xuzhou	1448.50	199.58	146.50	1052.00	413.89	373.90
常州市区	Changzhou	2028.39	531.74	367.44	1433.53	659.34	583.06
苏州市区	Suzhou	2621.76	778.69	540.34	1952.32	815.59	737.52
南通市区	Nantong	1192.76	330.32	268.85	747.29	436.73	393.62
连云港市区	Lianyungang	561.71	102.42	75.46	546.22	192.70	171.48
淮安市区	Huaian	757.65	162.71	122.86	407.35	403.52	360.68
盐城市区	Yancheng	607.54	139.15	104.02	380.94	228.30	196.61
扬州市区	Yangzhou	1104.21	184.54	137.64	825.53	416.56	359.99
镇江市区	Zhenjiang	898.73	114.49	86.53	772.45	222.17	205.69
泰州市区	Taizhou	505.20	108.93	76.51	397.32	128.57	110.44
宿迁市区	Suqian	422.29	92.81	66.41	320.68	163.42	137.28

18－12　主要城市工业基本情况（2012 年）
Basic Statistics on Industry of Major Cities(2012)

单位:亿元　　(100 million yuan)

城市 City		工业企业单位数(个) Number of Industrial Enterprises (unit)	#大中型企业 Enterprises of Large and Medium Size	资产总计 Total Assets	负债合计 Total Liabilities	主营业务收入 Major Business Income	利税总额 Total Pretax Profits
南京市区	Nanjing	1910	440	7908.37	4606.91	10026.30	1195.83
无锡市区	Wuxi	2921	422	5453.42	2840.71	5738.86	500.36
徐州市区	Xuzhou	873	203	3691.76	2074.76	4583.95	684.41
常州市区	Changzhou	3152	453	5421.55	3203.35	7156.86	562.24
苏州市区	Suzhou	4708	2164	9829.51	5412.17	11287.35	735.19
南通市区	Nantong	1588	208	2641.21	1462.85	3419.86	379.22
连云港市区	Lianyungang	291	57	1260.08	760.65	1270.03	200.62
淮安市区	Huaian	879	102	1034.68	533.81	2369.79	236.92
盐城市区	Yancheng	625	131	983.18	517.99	1963.48	316.94
扬州市区	Yangzhou	1467	401	2443.89	1325.85	4718.70	599.54
镇江市区	Zhenjiang	789	108	1972.24	1119.45	2336.74	245.07
泰州市区	Taizhou	530	63	1256.36	731.44	2168.73	283.70
宿迁市区	Suqian	516	73	834.19	436.13	834.48	147.08

18－13　主要城市工业总产值（2012 年）
Gross Output Value of Industry of Major Cities(2012)

单位:亿元　　(100 million yuan)

城市 City		工业总产值 Tatal Output Value of Industry	内资企业 Inner Funded Enterprises	外商港澳台投资企业 Foreign, Hong Kong, Macao and Taiwan Funded Enterprises	#国有控股企业 State-owned Share Holding Enterprises	#大中型企业 Large and Medium-sized Enterprises	#制造业 Manufacturing
南京市区	Nanjing	10171.97	5669.57	4502.40	3721.42	7818.97	9858.93
无锡市区	Wuxi	5836.82	2479.98	3356.84	387.84	3772.55	5792.57
徐州市区	Xuzhou	4611.08	4089.52	521.55	1160.26	3244.23	4143.85
常州市区	Changzhou	7043.25	4889.22	2154.04	317.46	4135.92	6942.12
苏州市区	Suzhou	11157.07	2783.31	8373.76	312.15	8191.24	10970.77
南通市区	Nantong	3446.13	1759.63	1686.51	470.23	2023.63	3371.25
连云港市区	Lianyungang	1312.88	655.02	657.85	224.66	1021.77	1198.81
淮安市区	Huaian	2363.01	1640.22	722.79	308.17	1299.86	2262.50
盐城市区	Yancheng	1945.22	1110.29	834.93	55.26	1303.03	1921.78
扬州市区	Yangzhou	4814.17	3458.38	1355.79	578.95	3404.55	4727.27
镇江市区	Zhenjiang	2399.90	1335.26	1064.63	418.92	1441.24	2229.58
泰州市区	Taizhou	2213.47	1638.80	574.67	329.51	1301.18	2156.99
宿迁市区	Suqian	840.89	742.29	98.60	49.79	555.62	815.38

18-14 主要城市财政、金融(2012年)
Government Revenue and Expenditures of Major Cities(2012)

单位:亿元 (100 million yuan)

城市 City		公共财政预算收入 Local Financial General Budgetary Revenue	#税收收入 Taxes	公共财政预算支出 Local Financial General Budgetary Expenditure	存款余额 Deposits Balance	#居民储蓄存款 Savings Deposits from Residents	贷款余款 Loans Balance
南京市区	Nanjing	681.82	561.81	702.95	15744.41	4253.59	11996.78
无锡市区	Wuxi	412.46	334.10	412.09	6455.46	2290.70	4539.81
徐州市区	Xuzhou	202.34	151.93	251.32	2250.06	1029.23	1378.53
常州市区	Changzhou	315.38	249.76	313.66	4558.74	1911.14	3109.26
苏州市区	Suzhou	616.14	535.17	560.98	10184.63	2969.51	8161.57
南通市区	Nantong	192.60	154.02	216.64	3030.97	1413.05	1956.33
连云港市区	Lianyungang	100.81	75.63	127.96	896.52	331.15	755.44
淮安市区	Huaian	156.39	118.09	202.18	929.32	487.05	748.93
盐城市区	Yancheng	105.21	88.04	127.68	1038.68	412.37	741.29
扬州市区	Yangzhou	157.90	126.69	184.34	2418.69	1127.99	1491.71
镇江市区	Zhenjiang	117.80	92.77	119.72	1455.38	554.25	1030.05
泰州市区	Taizhou	94.00	75.34	108.91	1074.90	407.64	756.87
宿迁市区	Suqian	67.81	58.72	107.78	558.95	216.06	462.29

18-15 主要城市贸易、外经(2012年)
Domestic Trade and Foreign Economy of Major Cities(2012)

单位:亿美元 (USD 100 million)

城市 City		社会消费品零售总额(亿元) Total Retail Sales of Consumer Goods (100 million yuan)	进出口总额 Total Imports and Exports			实际外商直接投资 Actual Foreign Direct Investment	星级饭店数(个) Star Class Hotel (unit)
				出口 Exports	进口 Imports		
南京市区	Nanjing	2880.57	546.09	312.87	233.21	38.99	107
无锡市区	Wuxi	1556.48	465.48	276.09	189.39	27.42	33
徐州市区	Xuzhou	837.16	51.85	36.06	15.79	9.67	49
常州市区	Changzhou	1058.35	262.95	177.39	85.55	27.05	38
苏州市区	Suzhou	1682.02	1547.91	877.79	670.12	46.93	76
南通市区	Nantong	639.41	162.12	114.56	47.56	10.59	53
连云港市区	Lianyungang	226.62	69.41	27.62	41.79	3.87	42
淮安市区	Huaian	391.62	29.87	22.25	7.63	12.05	19
盐城市区	Yancheng	343.74	30.48	14.31	16.17	7.20	17
扬州市区	Yangzhou	637.20	83.23	69.46	13.77	15.88	43
镇江市区	Zhenjiang	380.45	76.69	47.45	29.24	11.45	21
泰州市区	Taizhou	236.53	34.69	24.27	10.42	6.89	12
宿迁市区	Suqian	151.08	13.13	9.22	3.91	2.24	12

18－16 主要城市邮电、电力（2012 年）

Post and Telecommunication Service and Power Consumption of Major Cities(2012)

城　市	City	邮电业务收入（亿元）Revenue from Posts and Telecommunication Services (100 million yuan)	本地电话用户（万户）Telephones (10000 Subscribers)	年末移动电话用户（万户）Mobile Telephones (10000 Subscribers)	国际互联网用户（万户）Internet Service (10000 Subscribers)	全年用电量（亿千瓦小时）Power Consumption (100 million kWh)	#城乡居民生活用电 Urban and Rural Residents Power Consumption
南京市区	Nanjing	109.82	268.43	1137.00	756.41	403.93	56.01
无锡市区	Wuxi	64.84	122.34	548.20	119.84	260.46	27.36
徐州市区	Xuzhou	30.33	107.61	391.60	93.18	195.16	17.94
常州市区	Changzhou	52.24	118.05	395.03	102.64	254.14	24.36
苏州市区	Suzhou	136.47	177.52	840.82	164.30	514.08	45.62
南通市区	Nantong	29.59	87.96	317.39	68.92	85.83	9.20
连云港市区	Lianyungang	13.77	39.58	136.01	29.92	43.12	7.49
淮安市区	Huaian	16.48	56.86	172.90	28.91	82.91	12.56
盐城市区	Yancheng	19.98	34.15	179.05	23.64	42.07	8.56
扬州市区	Yangzhou	29.28	84.02	300.90	57.57	98.98	15.88
镇江市区	Zhenjiang	13.37	47.05	155.16	34.70	101.47	8.47
泰州市区	Taizhou	10.91	25.78	105.42	14.15	45.80	5.70
宿迁市区	Suqian	8.83	28.74	135.54	66.69	56.00	5.88

18－17 主要城市居民收支情况（2012 年）

Household Income and Expenditure of Major Cities(2012)

单位:元 (yuan)

城　市	City	城镇非私营单位在岗职工年平均工资 Average Wage of Employed Staff and Workers (Excluded Private)	城市居民人均可支配收入 Per Capita Disposable Income of Urban Residents	城市居民人均消费性支出 Per Capita Living Expenditure of Urban Residents	#食　品 Food	#衣着用品 Clothing Articles	#居　住 Residence
南京市区	Nanjing	64937	36322	23493	8157	2182	1415
无锡市区	Wuxi	57417	34740	22682	7827	1820	2370
徐州市区	Xuzhou	50715	26818	15705	5724	1575	1616
常州市区	Changzhou	59441	33587	20519	7406	1993	1317
苏州市区	Suzhou	59692	37531	23092	8503	1883	1456
南通市区	Nantong	52572	30206	18981	7000	2115	1444
连云港市区	Lianyungang	48007	24342	15615	5787	1684	1333
淮安市区	Huaian	44707	22995	14863	5598	1613	1122
盐城市区	Yancheng	46720	25867	17107	5543	2071	1630
扬州市区	Yangzhou	50657	28001	17550	6733	2064	1142
镇江市区	Zhenjiang	49884	29454	18519	7278	2192	1256
泰州市区	Taizhou	48832	27460	17071	6153	1961	1450
宿迁市区	Suqian	48861	18311	12348	4586	1384	666

18－18　主要城市居民消费支出、物价（2012年）
Household Living Expenditure and Price of Major Cities(2012)

单位:元　(yuan)

城　市 City		城市居民人均消费性支出 Per Capita Living Expenditures for Consumption of Urban Residents				人均住房建筑面积（平方米）Per Capita Construction Floor Space of Residential Building (sq. m)	居民消费价格指数（上年=100）Consumer Price Index (preceding year=100)
		#家庭设备、用品及服务 Household Facilities, Articles and Services	#医疗保健 Medicine and Medical Services	#交通和通讯 Transportation and Telecommunication	#娱乐、教育、文化服务 Recreation, Education and Cultural Services		
南京市区	Nanjing	1857	1696	2919	4410	29.7	101.5
无锡市区	Wuxi	1688	1351	3634	3002	33.2	102.3
徐州市区	Xuzhou	1121	1160	1810	2055	27.8	103.2
常州市区	Changzhou	1383	1449	3253	3107	35.3	102.2
苏州市区	Suzhou	1608	1161	3690	3915	31.3	102.6
南通市区	Nantong	1398	1058	2768	2564	36.0	101.7
连云港市区	Lianyungang	1185	1033	2124	1940	32.7	101.1
淮安市区	Huaian	1000	836	1582	2510	35.6	103.2
盐城市区	Yancheng	993	825	3181	2019	36.2	102.3
扬州市区	Yangzhou	1214	825	1667	3275	38.0	102.6
镇江市区	Zhenjiang	1214	949	2216	2500	34.7	102.9
泰州市区	Taizhou	1053	865	2165	2709	41.8	104.0
宿迁市区	Suqian	755	849	1951	1734	39.5	102.4

18－19　主要城市文教、科技、卫生(2012年)
Culture, Education, Science and Technology and Public Health of Major Cities(2012)

城　市 City		高等学校在校学生数（万人）Number of Students Enrollement in Regular Institutions of High Education (10000 persons)	专利申请受理量（件）Applications Accepted (unit)	公共图书馆图书藏量（万册）Total Volume of Collections of Public Libraries (10000 volumes)	卫生机构数（个）Number of Health Care Institutions (unit)	卫生机构床位数（万张）Number of Beds in Health Care Institutions (10000 units)	执业(助理)医师（万人）Practitioner Doctors (Assistant) (10000 persons)
南京市区	Nanjing	65.19	39283	1518	2021	3.49	1.79
无锡市区	Wuxi	9.45	54923	386	1072	1.96	0.82
徐州市区	Xuzhou	11.58	11105	128	1454	2.19	0.72
常州市区	Changzhou	8.82	31742	317	731	1.59	0.74
苏州市区	Suzhou	14.22	76214	1099	1471	2.54	1.16
南通市区	Nantong	7.54	18230	198	1072	1.35	0.62
连云港市区	Lianyungang	3.38	2144	133	608	0.66	0.32
淮安市区	Huaian	6.71	4092	242	1122	1.24	0.57
盐城市区	Yancheng	5.46	4140	110	656	0.84	0.37
扬州市区	Yangzhou	7.18	10986	220	1084	1.18	0.55
镇江市区	Zhenjiang	8.23	9377	198	400	0.73	0.36
泰州市区	Taizhou	4.85	6506	78	358	0.50	0.24
宿迁市区	Suqian	1.71	1326	44	787	0.52	0.23

18－20 市辖区主要指标（2012 年）
Major Indicators of Municipal Districts(2012)

市 辖 区 Municipal District	年末户籍人口（万人） Population at Year-end (10000 persons)	土地面积（平方公里） Land Area (sq. m)	地区生产总值（亿元） Gross Domestic Product (100 million yuan)	固定资产投资（亿元） Investment in Fixed Assets (100 million yuan)	公共财政预算收入（亿元） Public Budget Revenues (100 million yuan)	实际外商直接投资（万美元） Actual Foreign Direct Investment (USD 10000)
南京市 Nanjing City						
玄武区 Xuanwu District	50.77	75	516.71	93.55	34.71	13183
白下区 Baixia District	45.99	26	457.88	100.07	34.02	13195
秦淮区 Qinhuai District	25.43	23	161.03	75.79	14.18	13003
建邺区 Jianye District	26.32	83	326.11	296.85	33.83	30495
鼓楼区 Gulou District	63.47	25	549.52	86.63	50.14	19304
下关区 Xiaguan District	31.09	28	269.11	69.79	16.71	9613
浦口区 Pukou District	59.49	910	498.98	635.06	63.41	44435
栖霞区 Qixia District	43.18	395	932.00	360.63	45.56	75039
雨花台区 Yuhuatai District	23.76	132	292.46	240.81	31.95	14034
江宁区 Jiangning District	94.59	1563	945.70	781.20	135.81	100349
六合区 Luhe District	89.25	1471	772.03	607.71	49.66	57216
无锡市 Wuxi City						
崇安区 Chongan District	18.53	16	432.01	135.02	25.09	16561
南长区 Nanchang District	32.65	24	213.18	106.13	21.75	21040
北塘区 Beitang District	25.48	31	236.03	93.03	21.32	1040
锡山区 Xishan District	42.30	399	535.12	454.94	50.02	41266
惠山区 Huishan District	43.19	325	567.10	376.43	60.07	17263
滨湖区 Binhu District	46.15	628	648.08	378.50	72.16	28507
徐州市 Xuzhou City						
鼓楼区 Gulou District	49.40	68	152.02	204.47	14.09	4111
云龙区 Yunlong District	31.36	118	178.27	212.76	19.49	12215
贾汪区 Jiawang District	51.10	834	192.91	156.55	13.44	4936
泉山区 Quanshan District	55.34	108	362.69	212.68	21.27	4876
铜山区 Tongshan District	133.66	1909	647.60	426.69	50.08	10225
常州市 Changzhou City						
天宁区 Tianning District	37.40	65	393.20	247.65	40.07	12009
钟楼区 Zhonglou District	35.62	67	360.14	260.63	33.50	22880
戚墅堰区 Qishuyan District	7.89	32	90.12	68.66	9.59	6408
新北区 Xinbei District	46.94	453	700.32	564.29	82.66	84612
武进区 Wujin District	102.62	1246	1536.69	802.77	117.05	90010
苏州市 Suzhou City						
虎丘区 Huqiu District	34.57	335	830.11	359.13	82.04	90020

18－20 续 表 Continued

市 辖 区 Municipal District	年末户籍人口（万人） Population at Year-end（10000 persons）	土地面积（平方公里） Land Area（sq. m）	地区生产总值（亿元） Gross Domestic Product（100 million yuan）	固定资产投资（亿元） Investment in Fixed Assets（100 million yuan）	公共财政预算收入（亿元） Public Budget Revenues（100 million yuan）	实际外商直接投资（万美元） Actual Foreign Direct Investment（USD 10000）
吴中区 Wuzhong District	60.92	2043	801.26	359.99	85.41	50000
相城区 Xiangcheng District	38.72	490	480.01	300.99	53.43	37195
姑苏区 Gushu District	75.12	83	500.06	149.11	51.68	830
吴江区 Wujiang District	80.49	1238	1321.49	626.70	119.32	95155
南通市 Nantong City						
崇川区 Chongchuan District	52.44	100	470.02	301.21	56.84	12108
港闸区 Gangzha District	19.04	134	231.38	171.15	27.66	13234
通州区 Tongzhou District	125.74	1166	680.12	377.99	52.52	23109
连云港市 Lianyungang City						
连云区 Lianyun District	25.33	579	78.70	126.07	14.84	8092
新浦区 Xinpu District	47.49	462	108.27	143.77	22.18	5053
海州区 Haizhou District	23.83	159	64.60	51.01	7.88	4607
淮安市 Huaian City						
清河区 Qinghe District	23.79	32	102.21	86.75	25.89	20006
淮安区 Huaian District	118.74	1452	285.51	147.28	23.46	23103
淮阴区 Huaiyin District	90.99	1264	280.03	150.13	28.63	21102
清浦区 Qingpu District	32.54	277	125.49	72.98	17.89	20058
盐城市 Yancheng City						
亭湖区 Tinghu District	71.02	732	268.26	193.50	29.68	18525
盐都区 Yandu District	71.51	1047	317.44	175.14	33.09	18517
扬州市 Yangzhou City						
广陵区 Guangling District	49.79	335	454.70	224.18	30.15	37578
邗江区 Hanjiang District	56.17	553	470.40	303.59	44.46	34765
江都区 Jiangdu District	106.88	1330	639.06	403.64	34.54	22857
镇江市 Zhenjiang City						
京口区 Jingkou District	31.83	118	355.56	218.86	13.80	13482
润州区 Runzhou District	24.71	130	251.20	218.86	18.91	15081
丹徒区 Dantu District	28.73	611	255.15	173.15	18.04	15235
泰州市 Taizhou City						
海陵区 Hailing District	42.21	237	365.07	209.31	33.51	19668
高港区 Gaogang District	26.29	287	266.04	138.53	21.29	23267
宿迁市 Suqian City						
宿城区 Sucheng District	92.00	854	228.16	106.45	18.54	5201
宿豫区 Suyu District	72.40	1254	226.60	138.07	17.63	5008

18－21　市辖区法人单位数（2012 年）
Number of Corporations of Municipal District(2012)

单位：个　　　　(unit)

市辖区 Municipal District	合计 Total	企业 Enterprises	事业单位 Institutions	机关 Agencies& Organizations	社会团体 Social Organizations	民办非企业单位 Non-enterprise Units Run by NGO	其他组织机构 Others
南京市 Nanjing City							
玄武区 Xuanwu District	13970	12771	284	150	438	189	138
白下区 Baixia District	12805	12002	262	83	74	168	216
秦淮区 Qinhuai District	5766	5398	103	59	27	48	131
建邺区 Jianye District	6899	6401	171	70	35	83	139
鼓楼区 Gulou District	12906	11439	475	139	431	211	211
下关区 Xiaguan District	7847	7373	128	71	50	116	109
浦口区 Pukou District	8460	7494	259	92	118	95	402
栖霞区 Qixia District	10383	9709	164	78	63	110	259
雨花台区 Yuhuatai District	4805	4400	132	68	24	62	119
江宁区 Jiangning District	18853	17597	372	55	82	107	640
六合区 Luhe District	7237	6121	422	86	96	56	456
无锡市 Wuxi City							
崇安区 Chongan District	9220	8602	191	90	134	89	114
南长区 Nanchang District	7777	7192	222	68	87	105	103
北塘区 Beitang District	7700	7298	137	48	43	53	121
锡山区 Xishan District	13511	12771	273	70	133	46	218
惠山区 Huishan District	16713	16028	246	67	135	71	166
滨湖区 Binhu District	30459	28938	540	110	135	151	585
徐州市 Xuzhou City							
鼓楼区 Gulou District	9674	8985	235	108	48	92	206
云龙区 Yunlong District	7451	6668	234	128	96	115	210
贾汪区 Jiawang District	2948	2282	211	47	69	37	302
泉山区 Quanshan District	11954	10932	330	111	214	127	240
铜山区 Tongshan District	7685	6070	389	100	234	160	732
常州市 Changzhou City							
天宁区 Tianning District	12584	11612	263	59	318	164	168
钟楼区 Zhonglou District	10556	9400	339	71	393	134	219
戚墅堰区 Qishuyan District	2192	1992	77	45	23	8	47
新北区 Xinbei District	18274	17314	291	128	195	54	292
武进区 Wujin District	30419	28412	802	119	246	82	758
苏州市 Suzhou City							
虎丘区 Huqiu District	15473	14955	186	42	61	56	173

单位:个 (unit)

市 辖 区 Municipal District	合 计 Total	企业 Enterprises	事业单位 Institutions	机 关 Agencies& Organizations	社会团体 Social Organizations	民办非企业单位 Non-enterprise Units Run by NGO	其他组织机构 Others
吴中区 Wuzhong District	23680	22737	325	93	132	33	360
相城区 Xiangcheng District	14367	13930	137	52	24	76	148
姑苏区 Gushu District	47571	45041	671	257	661	484	457
吴江区 Wujiang District	30784	29395	443	97	224	55	570
南通市 Nantong City							
崇川区 Chongchuan District	17425	15938	447	132	404	188	316
港闸区 Gangzha District	8677	8286	79	52	94	67	99
通州区 Tongzhou District	12726	11028	552	116	241	435	354
连云港市 Lianyungang City							
连云区 Lianyun District	5823	5406	165	72	55	36	89
新浦区 Xinpu District	11429	9914	341	142	450	150	432
海州区 Haizhou District	3210	2832	115	62	43	21	137
淮安市 Huaian City							
清河区 Qinghe District	8745	7573	370	174	334	98	196
淮安区 Huaian District	6277	4914	479	120	159	73	532
淮阴区 Huaiyin District	5371	3886	470	90	170	121	634
清浦区 Qingpu District	4062	3397	219	84	110	110	142
盐城市 Yancheng City							
亭湖区 Tinghu District	14667	13288	490	132	94	111	552
盐都区 Yandu District	6843	5880	311	114	96	23	419
扬州市 Yangzhou City							
广陵区 Guangling District	8926	7838	298	112	173	131	374
邗江区 Hanjiang District	15663	14247	377	143	286	205	405
江都区 Jiangdu District	11467	9449	658	74	365	91	830
镇江市 Zhenjiang City							
京口区 Jingkou District	11957	10376	536	133	476	140	296
润州区 Runzhou District	5637	4913	256	79	157	69	163
丹徒区 Dantu District	4855	4138	288	84	89	25	231
泰州市 Taizhou City							
海陵区 Hailing District	10800	9144	608	151	366	172	359
高港区 Gaogang District	5178	4633	156	57	80	52	200
宿迁市 Suqian City							
宿城区 Sucheng District	8791	7371	410	153	264	291	302
宿豫区 Suyu District	3474	2637	327	95	42	51	322

18－22 市辖区人口、面积(2012 年)
Population and Land Area of Municipal District(2012)

市辖区	Municipal District	年末总人口(万人) Total Population at Year-end (10000 persons)	出生人口(人) Births (person)	死亡人口(人) Deaths (person)	年末总户数(万户) Total Households at Year-end (10000 household)	土地面积(平方公里) Land Area (sq. m)	人口密度(人/平方公里) Population Density (person/sq. m)
南京市浦口区	Nanjing Pukou District	59.49	7552	3834	19.58	910	654
南京市栖霞区	Nanjing Qixia District	43.18	4009	2461	14.47	395	1093
南京市雨花台区	Nanjing Yuhuatai District	23.76	2713	1241	8.43	132	1800
南京市江宁区	Nanjing Jiangning District	94.59	11407	6780	32.88	1563	605
南京市六合区	Nanjing Luhe District	89.25	8867	8111	28.98	1471	607
无锡市锡山区	Wuxi Xishan District	42.30	3786	3019	12.58	399	1060
无锡市惠山区	Wuxi Huishan District	43.19	4088	2761	13.26	325	1329
无锡市滨湖区	Wuxi Binhu District	46.15	4473	2868	16.75	628	735
徐州市贾汪区	Xuzhou Jiawang District	51.10	8819	1391	14.18	834	613
徐州市铜山区	Xuzhou Tongshan District	133.66	31514	5041	38.06	1909	700
常州市新北区	Changzhou Xinbei District	46.94	5352	3198	15.13	453	1037
常州市武进区	Changzhou Wujin District	102.62	8600	7761	36.33	1246	824
苏州市吴中区	Suzhou Wuzhong District	60.92	7671	3741	18.63	2043	298
苏州市相城区	Suzhou Xiangcheng District	38.72	5141	2601	12.48	490	790
苏州市吴江区	Suzhou Wujiang District	80.49	7861	6078	25.62	1238	650
南通市崇川区	Nantong Chongchuan District	52.44	4649	3813	18.66	100	5244
南通市港闸区	Nantong Gangzha District	19.04	1620	3049	7.44	134	1421
南通市通州区	Nantong Tongzhou District	125.74	10343	12090	47.64	1166	1078
连云港市连云区	Lianyungang Lianyun District	25.33	3591	2032	8.23	579	437
淮安市淮安区	Huaian Huaian District	118.74	18112	7381	33.61	1452	818
淮安市淮阴区	Huaian Huaiyin District	90.99	15138	4798	27.29	1264	720
盐城市盐都区	Yancheng Yandu District	71.51	8079	6768	24.83	1047	683
扬州市邗江区	Yangzhou Hanjiang District	56.17	6110	4114	17.87	553	1016
扬州市江都区	Yangzhou Jiangdu District	106.88	8510	10766	36.52	1330	804
镇江市丹徒区	Zhenjiang Dantu District	28.73	2367	3522	10.31	611	470
泰州市海陵区	Taizhou Hailing District	42.21	5880	4590	15.51	237	1778
泰州市高港区	Taizhou Gaogang District	26.29	3310	3677	8.21	287	917
宿迁市宿豫区	Suqian Suyu District	72.40	15844	4001	18.69	1254	577

18－23 市辖区从业人员(2012年)

Employment of Municipal District(2012)

单位:万人 (10000 persons)

市辖区	Municipal District	从业人员 Employment	第一产业 Primary Industry	第二产业 Secondary Industry	第三产业 Tertiary Industry	城镇非私营单位在岗职工人数 Staff and Workers Employed	私营企业和个体从业人员 Employment in Private Enterprises and Self-employed Individuals
南京市浦口区	Nanjing Pukou District	31.31	2.09	17.75	11.47	8.65	14.01
南京市栖霞区	Nanjing Qixia District	34.66	1.82	19.67	13.17	13.86	14.87
南京市雨花台区	Nanjing Yuhuatai District	20.45	0.16	7.52	12.77	6.30	10.32
南京市江宁区	Nanjing Jiangning District	62.72	6.82	33.90	22.00	18.28	28.17
南京市六合区	Nanjing Luhe District	48.46	6.63	27.76	14.07	13.69	22.37
无锡市锡山区	Wuxi Xishan District	45.56	1.82	31.14	12.60	7.85	21.11
无锡市惠山区	Wuxi Huishan District	45.65	1.51	30.26	13.88	2.99	24.51
无锡市滨湖区	Wuxi Binhu District	34.85	0.50	15.71	18.64	7.97	19.70
徐州市贾汪区	Xuzhou Jiawang District	23.89	7.95	8.97	6.97	1.24	8.12
徐州市铜山区	Xuzhou Tongshan District	65.61	28.33	18.14	19.14	5.70	13.35
常州市新北区	Changzhou Xinbei District	36.57	1.74	20.75	14.08	6.79	26.78
常州市武进区	Changzhou Wujin District	91.15	7.22	59.42	24.51	11.74	61.85
苏州市吴中区	Suzhou Wuzhong District	70.48	5.05	34.28	31.15	7.63	44.98
苏州市相城区	Suzhou Xiangcheng District	35.25	1.73	21.39	12.13	5.48	29.60
苏州市吴江区	Suzhou Wujiang District	75.91	4.38	42.98	28.55	11.50	42.39
南通市崇川区	Nantong Chongchuan District	30.29	0.57	8.26	21.46	11.89	19.83
南通市港闸区	Nantong Gangzha District	15.91	1.03	9.82	5.05	6.19	6.86
南通市通州区	Nantong Tongzhou District	71.48	19.18	33.64	18.66	7.56	37.79
连云港市连云区	Lianyungang Lianyun District	7.78	0.48	2.93	4.37	3.51	2.14
淮安市淮安区	Huaian Huaian District	68.26	23.91	22.54	21.82	4.56	15.02
淮安市淮阴区	Huaian Huaiyin District	55.83	14.62	21.68	19.54	3.51	14.24
盐城市盐都区	Yancheng Yandu District	40.17	10.72	14.03	15.42	4.20	15.32
扬州市邗江区	Yangzhou Hanjiang District	37.71	1.45	16.37	19.71	6.84	26.41
扬州市江都区	Yangzhou Jiangdu District	61.42	12.13	27.98	21.13	6.02	27.68
镇江市丹徒区	Zhenjiang Dantu District	19.62	4.30	8.96	6.36	4.26	11.96
泰州市海陵区	Taizhou Hailing District	29.29	2.31	11.95	15.03	8.00	14.05
泰州市高港区	Taizhou Gaogang District	15.44	2.15	7.54	5.75	4.60	8.00
宿迁市宿豫区	Suqian Suyu District	27.98	9.62	10.76	7.60	3.09	7.46

18－24　市辖区地区生产总值(2012 年)

Gross Domestic Product of Municipal District(2012)

市　辖　区 Municipal District		地区生产总值(亿元) Gross Domestic Product (100 million yuan)	第一产业 Primary Industry	第二产业 Secondary Industry	#工　业 Industry	第三产业 Tertiary Industry	地区生产总值指数(上年=100) GDP Index (preceding year=100)
南京市浦口区	Nanjing Pukou District	498.98	30.57	277.04	252.88	191.37	113.3
南京市栖霞区	Nanjing Qixia District	932.00	6.55	679.72	646.25	245.73	113.3
南京市雨花台区	Nanjing Yuhuatai District	292.46	0.32	123.81	109.34	168.33	113.5
南京市江宁区	Nanjing Jiangning District	945.70	43.38	541.02	458.19	361.30	113.7
南京市六合区	Nanjing Luhe District	772.03	43.83	534.53	497.67	193.67	113.3
无锡市锡山区	Wuxi Xishan District	535.12	18.12	297.53	257.96	219.47	110.6
无锡市惠山区	Wuxi Huishan District	567.10	17.07	360.04	330.32	189.99	109.9
无锡市滨湖区	Wuxi Binhu District	648.08	4.12	316.82	277.90	327.14	110.1
徐州市贾汪区	Xuzhou Jiawang District	192.91	15.11	103.54	98.68	74.26	116.3
徐州市铜山区	Xuzhou Tongshan District	647.60	50.70	360.27	307.02	236.63	114.3
常州市新北区	Changzhou Xinbei District	700.32	13.41	436.90	415.13	250.01	111.9
常州市武进区	Changzhou Wujin District	1536.69	46.07	921.89	875.14	568.73	112.0
苏州市吴中区	Suzhou Wuzhong District	801.26	20.86	425.15	391.76	355.25	111.5
苏州市相城区	Suzhou Xiangcheng District	480.01	13.28	252.65	202.39	214.08	110.8
苏州市吴江区	Suzhou Wujiang District	1321.49	34.27	750.14	709.22	537.08	110.9
南通市崇川区	Nantong Chongchuan District	470.02	0.58	192.92	151.04	276.52	111.0
南通市港闸区	Nantong Gangzha District	231.38	2.49	162.87	146.10	66.01	110.6
南通市通州区	Nantong Tongzhou District	680.12	48.75	374.30	310.48	257.07	112.1
连云港市连云区	Lianyungang Lianyun District	78.70	4.15	35.56	30.00	38.99	114.2
淮安市淮安区	Huaian Huaian District	285.51	48.08	118.96	75.33	118.47	113.8
淮安市淮阴区	Huaian Huaiyin District	280.03	53.78	128.19	108.02	98.06	113.2
盐城市盐都区	Yancheng Yandu District	317.44	37.06	181.80	157.60	98.58	113.0
扬州市邗江区	Yangzhou Hanjiang District	470.40	16.77	214.12	171.54	239.51	112.1
扬州市江都区	Yangzhou Jiangdu District	639.06	46.25	341.35	288.00	251.46	111.9
镇江市丹徒区	Zhenjiang Dantu District	255.15	15.52	142.37	134.09	97.26	112.8
泰州市海陵区	Taizhou Hailing District	365.07	6.38	191.33	155.11	167.36	112.5
泰州市高港区	Taizhou Gaogang District	266.04	9.21	178.47	165.55	78.36	113.1
宿迁市宿豫区	Suqian Suyu District	226.60	28.12	137.68	120.93	60.80	113.1

18－25　市辖区投资、财政收支(2012年)

Investment, Government Revenue and Expenditure of Municipal District (2012)

单位:亿元　　(100 million yuan)

市辖区	Municipal District	固定资产投资 Investment in Fixed Assets	房地产开发投资 Investment in Real Estate Development	#住宅 Resdential Building	公共财政预算收入 Public Budget Revenues	#税收收入 Taxes	公共财政预算支出 Public Finance Budget Expenditure
南京市浦口区	Nanjing Pukou District	635.06	111.06	95.16	63.41	53.03	63.33
南京市栖霞区	Nanjing Qixia District	360.63	87.95	74.07	45.56	43.02	36.84
南京市雨花台区	Nanjing Yuhuatai District	240.81	68.96	47.75	31.95	29.79	29.90
南京市江宁区	Nanjing Jiangning District	781.20	85.61	69.69	135.81	113.02	124.79
南京市六合区	Nanjing Luhe District	607.71	56.75	49.64	49.66	40.78	58.68
无锡市锡山区	Wuxi Xishan District	454.94	72.37	49.20	50.02	42.07	45.14
无锡市惠山区	Wuxi Huishan District	376.43	100.79	59.29	60.07	48.06	54.05
无锡市滨湖区	Wuxi Binhu District	378.50	147.66	118.09	72.16	58.21	54.96
徐州市贾汪区	Xuzhou Jiawang District	156.55	5.45	3.88	13.44	10.35	28.15
徐州市铜山区	Xuzhou Tongshan District	426.69	18.78	14.93	50.08	38.75	63.79
常州市新北区	Changzhou Xinbei District	564.29	147.94	99.05	82.66	66.26	48.34
常州市武进区	Changzhou Wujin District	802.77	134.83	94.77	117.05	95.07	111.92
苏州市吴中区	Suzhou Wuzhong District	359.99	111.14	70.43	85.41	77.17	68.76
苏州市相城区	Suzhou Xiangcheng District	300.99	80.25	64.62	53.43	47.07	39.43
苏州市吴江区	Suzhou Wujiang District	626.70	145.10	106.04	119.32	96.12	108.85
南通市崇川区	Nantong Chongchuan District	301.21	151.30	110.28	56.84	51.11	20.96
南通市港闸区	Nantong Gangzha District	171.15	81.41	70.81	27.66	24.93	11.55
南通市通州区	Nantong Tongzhou District	377.99	24.19	22.27	52.52	42.84	66.98
连云港市连云区	Lianyungang Lianyun District	126.07	15.09	10.73	14.84	11.29	11.25
淮安市淮安区	Huaian Huaian District	147.28	31.08	22.90	23.46	18.42	45.22
淮安市淮阴区	Huaian Huaiyin District	150.13	25.37	17.72	28.63	22.33	42.47
盐城市盐都区	Yancheng Yandu District	175.14	34.18	32.41	33.09	28.61	35.97
扬州市邗江区	Yangzhou Hanjiang District	303.59	72.55	55.98	44.46	36.05	36.10
扬州市江都区	Yangzhou Jiangdu District	403.64	47.68	37.36	34.54	29.55	40.66
镇江市丹徒区	Zhenjiang Dantu District	173.15	15.29	9.96	18.04	16.35	17.71
泰州市海陵区	Taizhou Hailing District	209.31	62.60	45.88	33.51	30.54	20.63
泰州市高港区	Taizhou Gaogang District	138.53	23.90	14.19	21.29	17.15	18.88
宿迁市宿豫区	Suqian Suyu District	138.07	29.02	21.45	17.63	15.21	30.68

18－26　市辖区规模以上工业产值(2012年)
Gross Output Value of above Designated Size Industry of Municipal District (2012)

市辖区 Municipal District		规模以上工业企业个数(个) Number of Industrial Enterprises (unit)	工业总产值(亿元) Tatal Output Value of Industry (100 million yuan)	内资企业 Inner Funded Enterprises	港澳台商投资企业 Hong Kong, Macao and Taiwan Funded Enterprises	外商投资企业 Foreign Funded Enterprises
南京市浦口区	Nanjing Pukou District	305	1139.61	812.67	180.11	146.83
南京市栖霞区	Nanjing Qixia District	270	3172.72	1336.90	92.22	1743.60
南京市雨花台区	Nanjing Yuhuatai District	124	480.79	460.28	6.98	13.52
南京市江宁区	Nanjing Jiangning District	640	2139.02	671.03	113.21	1354.78
南京市六合区	Nanjing Luhe District	426	2407.02	1705.90	143.01	558.11
无锡市锡山区	Wuxi Xishan District	676	1026.03	661.98	131.87	232.19
无锡市惠山区	Wuxi Huishan District	834	1110.72	758.26	191.30	161.16
无锡市滨湖区	Wuxi Binhu District	461	462.98	308.55	51.58	102.85
徐州市贾汪区	Xuzhou Jiawang District	197	562.05	532.12	1.40	28.53
徐州市铜山区	Xuzhou Tongshan District	470	2348.23	2198.74	51.78	97.72
常州市新北区	Changzhou Xinbei District	853	1782.52	858.58	277.92	646.02
常州市武进区	Changzhou Wujin District	1731	3559.02	2941.01	347.69	270.32
苏州市吴中区	Suzhou Wuzhong District	922	1187.06	434.67	193.78	558.62
苏州市相城区	Suzhou Xiangcheng District	713	830.95	483.02	105.58	242.35
苏州市吴江区	Suzhou Wujiang District	1590	2986.31	1253.15	921.02	812.13
南通市崇川区	Nantong Chongchuan District	124	364.94	119.54	32.03	213.37
南通市港闸区	Nantong Gangzha District	276	414.85	232.06	47.49	135.29
南通市通州区	Nantong Tongzhou District	732	1455.58	883.23	154.44	417.91
连云港市连云区	Lianyungang Lianyun District	59	154.60	130.13	10.95	13.51
淮安市淮安区	Huaian Huaian District	263	382.28	344.70	22.44	15.14
淮安市淮阴区	Huaian Huaiyin District	336	729.93	690.84	12.42	26.67
盐城市盐都区	Yancheng Yandu District	330	636.12	555.64	31.76	48.72
扬州市邗江区	Yangzhou Hanjiang District	397	918.81	754.73	82.93	81.15
扬州市江都区	Yangzhou Jiangdu District	610	1761.24	1584.94	62.78	113.51
镇江市丹徒区	Zhenjiang Dantu District	302	709.75	518.30	104.07	87.38
泰州市海陵区	Taizhou Hailing District	237	930.79	687.64	22.01	221.14
泰州市高港区	Taizhou Gaogang District	168	969.33	772.66	12.48	184.18
宿迁市宿豫区	Suqian Suyu District	258	344.52	317.76	22.59	4.18

18－27 市辖区规模以上工业效益(2012 年)

Economic Benefit of above Designated Size Industry of Municipal District (2012)

市辖区 Municipal District		主营业务收入(亿元) Major Business Income (100 million yuan)	利润总额(亿元) Total Profits (100 million yuan)	利税总额(亿元) Total Pre-tax Profits (100 million yuan)	本年应交增值税(亿元) Added Value Payable (100 million yuan)	从业人员年平均人数(万人) Annual Average Persons Employed (10000 persons)
南京市浦口区	Nanjing Pukou District	1168.71	90.29	146.78	46.77	9.25
南京市栖霞区	Nanjing Qixia District	3105.15	79.10	335.51	180.58	11.97
南京市雨花台区	Nanjing Yuhuatai District	493.07	-5.32	7.10	10.87	3.35
南京市江宁区	Nanjing Jiangning District	1968.40	172.45	294.51	82.61	18.29
南京市六合区	Nanjing Luhe District	2368.22	31.94	137.15	61.48	14.22
无锡市锡山区	Wuxi Xishan District	1020.71	67.22	90.09	18.62	14.30
无锡市惠山区	Wuxi Huishan District	1083.41	84.56	118.27	29.77	12.27
无锡市滨湖区	Wuxi Binhu District	466.09	37.95	56.24	15.37	7.19
徐州市贾汪区	Xuzhou Jiawang District	563.47	31.01	58.94	19.50	3.99
徐州市铜山区	Xuzhou Tongshan District	2336.23	217.66	343.10	109.78	15.25
常州市新北区	Changzhou Xinbei District	1766.22	66.50	122.77	49.13	17.26
常州市武进区	Changzhou Wujin District	3630.13	168.14	280.33	101.16	39.12
苏州市吴中区	Suzhou Wuzhong District	1163.94	49.27	77.93	24.31	23.87
苏州市相城区	Suzhou Xiangcheng District	867.22	35.52	55.99	17.89	17.49
苏州市吴江区	Suzhou Wujiang District	3028.80	121.94	178.49	48.84	46.02
南通市崇川区	Nantong Chongchuan District	354.53	39.36	48.73	8.16	3.27
南通市港闸区	Nantong Gangzha District	410.79	25.73	35.93	8.47	4.99
南通市通州区	Nantong Tongzhou District	1426.25	93.77	160.03	57.87	16.05
连云港市连云区	Lianyungang Lianyun District	155.15	14.16	20.26	5.34	0.77
淮安市淮安区	Huaian Huaian District	380.51	15.28	31.47	14.49	3.54
淮安市淮阴区	Huaian Huaiyin District	724.92	53.62	73.57	14.64	4.58
盐城市盐都区	Yancheng Yandu District	632.16	52.00	84.93	28.90	14.99
扬州市邗江区	Yangzhou Hanjiang District	890.42	56.46	102.55	40.89	15.57
扬州市江都区	Yangzhou Jiangdu District	1682.13	134.36	235.27	83.26	16.41
镇江市丹徒区	Zhenjiang Dantu District	702.52	50.37	80.94	27.52	5.32
泰州市海陵区	Taizhou Hailing District	905.41	44.25	107.25	50.23	5.74
泰州市高港区	Taizhou Gaogang District	973.94	81.93	134.58	46.95	6.64
宿迁市宿豫区	Suqian Suyu District	330.72	14.04	24.30	9.27	5.07

18－28 市辖区贸易、外资(2012 年)

Trade and Foreign Economy of Municipal District(2012)

单位:亿美元 (USD 100 million)

市辖区	Municipal District	社会消费品零售总额(亿元) Total Retail Sales of Consumer Goods (100 million yuan)	进出口总额 Total Imports and Exports	出口总额 Total Exports	合同外商直接投资 Contract of Foreign Direct Investment	实际外商直接投资 Actual Foreign Direct Investment
南京市浦口区	Nanjing Pukou District	159.80	4.51	13.71	6.02	4.44
南京市栖霞区	Nanjing Qixia District	150.35	136.31	59.75	9.32	7.50
南京市雨花台区	Nanjing Yuhuatai District	174.08	30.27	20.01	3.05	1.40
南京市江宁区	Nanjing Jiangning District	286.54	105.99	65.52	21.74	10.03
南京市六合区	Nanjing Luhe District	235.10	27.06	11.13	7.71	5.72
无锡市锡山区	Wuxi Xishan District	156.69	42.53	31.39	4.39	4.13
无锡市惠山区	Wuxi Huishan District	117.72	22.32	17.99	1.90	1.73
无锡市滨湖区	Wuxi Binhu District	198.96	19.33	14.30	2.45	2.85
徐州市贾汪区	Xuzhou Jiawang District	43.74	4.04	1.39	0.74	0.49
徐州市铜山区	Xuzhou Tongshan District	116.43	5.60	5.18	3.63	1.02
常州市新北区	Changzhou Xinbei District	184.90	114.05	71.43	14.10	8.46
常州市武进区	Changzhou Wujin District	362.46	90.01	55.86	14.10	9.00
苏州市吴中区	Suzhou Wuzhong District	259.38	103.31	61.07	11.14	5.00
苏州市相城区	Suzhou Xiangcheng District	142.54	41.26	26.38	1.52	3.72
苏州市吴江区	Suzhou Wujiang District	308.04	227.12	124.84	22.78	9.52
南通市崇川区	Nantong Chongchuan District	247.92	67.49	45.62	2.56	1.21
南通市港闸区	Nantong Gangzha District	84.52	25.21	20.63	4.46	1.32
南通市通州区	Nantong Tongzhou District	237.18	26.03	23.22	3.74	2.31
连云港市连云区	Lianyungang Lianyun District	45.28	14.62	4.67	0.54	0.81
淮安市淮安区	Huaian Huaian District	97.81	2.59	2.45	3.85	2.31
淮安市淮阴区	Huaian Huaiyin District	66.37	4.42	2.93	4.38	2.11
盐城市盐都区	Yancheng Yandu District	131.63	4.07	2.64	3.28	1.85
扬州市邗江区	Yangzhou Hanjiang District	187.15	15.39	14.23	6.38	3.48
扬州市江都区	Yangzhou Jiangdu District	196.29	12.19	10.63	3.04	2.29
镇江市丹徒区	Zhenjiang Dantu District	43.98	5.42	4.69	1.63	1.52
泰州市海陵区	Taizhou Hailing District	164.95	8.53	7.17	4.69	1.97
泰州市高港区	Taizhou Gaogang District	30.23	15.01	8.82	4.98	2.33
宿迁市宿豫区	Suqian Suyu District	42.41	2.24	1.46	0.11	0.50

18-29 市辖区教育、卫生、收入(2012年)

Education, Public Health and Income of Municipal District(2012)

市辖区 Municipal District		普通中学在校学生(万人) Regular Secondary School Students Enrollment (10000 persons)	小学在校学生(万人) Primary School Student Enrollment (10000 persons)	医院数(个) Number of Hospitals (unit)	医院床位数(张) Number of Beds in Hospitals (unit)	执业(助理)医师(人) Practitioner (Assistant) Doctors (person)	城镇居民人均可支配收入(元) Per Capita Disposable Income of Urban Residents (yuan)
南京市浦口区	Nanjing Pukou District	1.79	2.87	11	1461	905	33885
南京市栖霞区	Nanjing Qixia District	1.21	2.22	17	1260	1188	33678
南京市雨花台区	Nanjing Yuhuatai District	1.16	1.53	6	649	545	33250
南京市江宁区	Nanjing Jiangning District	3.58	5.16	22	3296	1754	34970
南京市六合区	Nanjing Luhe District	2.97	3.94	7	2191	1414	33194
无锡市锡山区	Wuxi Xishan District	2.08	3.21	9	1631	1028	
无锡市惠山区	Wuxi Huishan District	2.31	3.54	3	760	844	
无锡市滨湖区	Wuxi Binhu District	1.44	2.93	18	5111	1742	
徐州市贾汪区	Xuzhou Jiawang District	1.90	2.92	4	1135	665	20717
徐州市铜山区	Xuzhou Tongshan District	4.35	7.31	14	1280	1240	22767
常州市新北区	Changzhou Xinbei District	1.61	2.93	3	250	708	
常州市武进区	Changzhou Wujin District	5.50	8.50	6	2119	2277	34971
苏州市吴中区	Suzhou Wuzhong District	2.10	3.74	18	3014	1689	41109
苏州市相城区	Suzhou Xiangcheng District	1.38	3.09	4	720	792	
苏州市吴江区	Suzhou Wujiang District	3.43	5.04	8	3508	2386	39758
南通市崇川区	Nantong Chongchuan District	0.70	3.74	19	6849	3738	
南通市港闸区	Nantong Gangzha District	0.39	0.98	10	2010	900	
南通市通州区	Nantong Tongzhou District	4.47	4.89	3	1748	1570	29648
连云港市连云区	Lianyungang Lianyun District	1.14	1.50	6	673	643	
淮安市淮安区	Huaian Huaian District	4.75	5.58	6	1740	1522	18535
淮安市淮阴区	Huaian Huaiyin District	3.61	5.42	5	2850	2125	20206
盐城市盐都区	Yancheng Yandu District	2.70	3.09	3	1900	1350	23881
扬州市邗江区	Yangzhou Hanjiang District	2.27	3.30	15	1575	1409	29157
扬州市江都区	Yangzhou Jiangdu District	4.25	4.86	10	2643	1851	26277
镇江市丹徒区	Zhenjiang Dantu District	1.06	1.20	2	330	448	29683
泰州市海陵区	Taizhou Hailing District	1.23	2.38	14	3509	2009	
泰州市高港区	Taizhou Gaogang District	0.57	1.34	3	403	381	
宿迁市宿豫区	Suqian Suyu District	3.27	2.98	28	1827	671	16625

主要统计指标解释

供水综合生产能力 指按供水设施取水、净化、送水、出厂输水干管等环节实际测定计算的综合生产能力。

供水管道长度 指从送水泵到用户水表之间所有管道的长度。在同一条街道埋设两条或两条以上管道时,应按每条管道的长度计算。

供水总量 指报告期供水企业(单位)供出的全部水量。包括有效供水量及损失水量。

生活用水量 指居民日常生活与公共福利设施的用水量,包括居民、饮食店、旅馆、医院、理发店、浴池、洗衣店、游泳池、商店、学校、机关、部队等单位的用水量。

城市人口用水普及率 指城市用水人口数与城市人口总数之比。计算公式为:

用水普及率 = 城市用水人口数/城市人口总数 ×100%

燃气综合生产能力 指报告期末燃气生产厂制气、净化、输送等环节的综合生产能力,不包括备用设备能力。一般按设计能力计算,如果实际生产能力大于设计能力时,应按实际测定的生产能力计算。测定时应以制气、净化、输送三个环节中最薄弱的环节为主。

燃气供气管道长度 指报告期末从气源厂压缩机的出口或门站出口到各类用户引入管之间的全部已经通气投入使用的管道长度。不包括煤气生产厂、输配站、液化气储存站、灌瓶站、储配站、气化站、混气站、供应站等厂(站)内的管道。按不同的材质、压力级别、管径分别统计。

燃气供应总量 指报告期燃气企业(单位)向用户供应的燃气数量。包括销售量及损失量。

燃气普及率 指报告期末使用燃气的城市人口数与城市人口总数的比率。计算公式为:

燃气普及率 = 用气人口数/城市人口总数 ×100%

道路长度 指道路长度和与道路相通的桥梁、隧道的长度,按车行道中心线计算。

排水管道长度 指所有排水总管、干管、支管、检查井及连接井进出口等长度之和。

计算时应按单管计算,即在同一条街道上如有两条或两条以上并排的排水管道时,应按每条排水管道的长度相加计算。

城市污水处理能力 指污水处理厂(或处理装置)每昼夜处理污水量的设计能力。

营运车数 指报告期末公交企业(单位)用于运营业务的全部车辆数。以企业(单位)固定资产台帐中已投入运营的车辆数为准;新购、新制和调入的运营车辆,自投入之日起开始计算;调出、报废和调作他用的运营车辆,自上级主管机关批准之日起不再计入。

园林绿地面积 指报告期末用于园林和绿化的各种绿地面积。包括公共绿地、居住区绿地、单位附属绿地、防护绿地、生产绿地、道路绿地和风景林地面积。不包括:

1. 屋顶绿化、垂直绿化、阳台绿化和室内绿化。
2. 以物质生产为主的林地、耕地、牧草地、果园和竹园等。
3. 城市总体规划中不列入绿地的水域。

公园绿地 指城市中向公众开放的以游憩为主要功能,有一定的游憩设施和服务设施,同时兼有健全生态、美化景观,防灾减灾等综合作用的绿化用地。包括综合公园、社区公园、专类公园、带状公园和街旁绿地。其中综合公园、专类公园和带状公园面积之和为公园面积。

Explanatory Notes on Main Statistical Indicators

Comprehensive Production Capacity of Tap Water refers to the actual comprehensive production capacity of the waterworks, taking the capacity of the main links such as waterflow, purification, conveyance and outflow of the trunk pilelines into account.

Length of Water Pipelines refers to the total length of all the pipelines between the water pumps and the user' s water meters. If there are two or more than two pipelies buried in a same street, the length of every pipeline should be taken into account.

Volume of Water Supply refers to the total volume of water supply by the water supply enterprises(units) during the reference period, including both the effective water supply and loss.

Consumption of Water for Residential Use refers to the water consumption of households for daily life and the water consumption of public welfare facilities, including the consumption of restaurants, hotels, hospitals, barber shops, public bathhouses, laundries, swimming pools, shops, schools, institutions, army units and other units.

Percentage of Urban Population with Access to Tap Water refers to the ratio of the urban population with access to tap water to the total urban population. The formula is:

Percentage of Population with Access to Tap Water = (Urban Population with Access to Tap Water)/(Urban Population) ×100%

Comprehensive Production Capacity of Burning Gas refers to the comprehensive production capacity of the burning gas—works in burning gas generation, purification and delivering, excluding the reserve capacity of the equipment. In general, the capacity is counted in accordance with the designed requirement. If the actual production capacity is larger than designed requirement, it should be counted according to the actual capacity through determination. In determination, the most weak link should be determined as the main one among the three links of burning gas generation, purification and delivering.

Length of Burning Gas Pipelines refers to the total length of pipelines between the outlet of the compressor, blower or burning gas tank of the source factory and the burning gas meters of users, which are all put in use, excluding the pipelines in burning gas—works(stations) and the pipelines of transportation and distribution station, liquefied petroluem gas storage station, pipeline and bottle station, storage and distribution station, gasification station, gas mixed station, supply station. They are counted respectively according to the different quality of materials, level of preasure and the size of bores.

Volume of Burning Gas Supply refers to the volume of burning gas supplied by the burning gas enterprises, including both the sales volume and loss.

Percentage of Urban Population with Access to Burning Gas refers to the ratio of the urban population with access to burning gas to the urban population at the reference period. The formula is:

Percentage of Urban Population with Access to Burning Gas = (Urban Population with Access to Burning Gas)/Urban Population) × 100%

Length of Roads refers to the length of roads, as well as the length of bridges and tunnels, the same as the roads, and taking the middle line of traffic lane into account.

Length of Sewage Pipes refers to the total length of general drainage, trunks, branch and blind drainages, inspection wells, connection wells, inlets and outlets, ete. , taking the single pipe into account. Namely if there are two or more than two pipes standing side by side in a street, the length of every pipe should put into account.

Daily Disposal Capacity of Urban Sewage refers to the designed 24 hour capacity of sewage disposal at the sewage treatment works.

Number of Vehicles(Public Transit) in Working refers to the total of operatoinal vehicles(buses and trolley buses) available at the end of the reference period, taking them as the fixed assets registered in account book of the enterprises and put in operation as the accounting standard. Vehicles, newly bought, newly manufactured and transfered in from other units, should be put into account since the day of putting into operation, while the vehicles, transfered to other units, being scrapped and turned to other use, should not be put into account since the day of permission made by higher responsible department.

Area of Gardens and Green Areas refers to the various green land used for gardening and afforestation at the end of reference period, including public green land, residential area green land, subsidiary green land of the units, protection green land, production green land, roadside green land and scenic forest land, excluding:

1. Roof, perpendicular, balcony and indoor green area.
2. Areas taking the material production as the main aim, such as forest land, cultivated land, pasture, orchard and bamboo forest.
3. Water areas which are not listed in the urban general plan.

Park Green Area refers to green areas open to the public for amusement and rest with the facilities of amusement, rest and services. Its function includes perfecting ecology, beautifying landscape, and preventing and reducing disaster. Park green areas include comprehensive park, community park, topic park, belt – shaped park and green area nearby street. Total areas of comprehensive park, topic park and belt – shaped is the area of park.

19

区域经济

Regional Economy

简 要 说 明

一、本篇资料的主要内容

本篇资料反映苏南苏中苏北、沿江、沿海、沿东陇海线及长江三角洲地区经济社会发展情况。

二、资料来源

本篇资料主要根据市县社会经济基本情况统计年报加工整理。

Brief Introduction

I. Main Contents

Data in this chapter reflect economic and social development of the Southern, Mid and Northern Jiangsu; zone along the Yangtze rive; Coastal region; region along the Long－hai rarlway; Yangtze River Delta

Ⅱ. Date Source

Data in this chapter mainly based on the basic socio－economic situation annual report.

19－1　三大区域主要经济指标（2012年）
Major Economic Indicators of Three Regions (2012)

指　标	Item	苏　南 Southern Jiangsu	苏　中 Mid Jiangsu	苏　北 Northern Jiangsu
年末常住人口（万人）	Permanent Resident Population at Year-end (10000 persons)	3301.71	1639.43	2978.83
土地面积（平方公里）	Land Area (sq. km)	27921	20379	54473
地区生产总值（亿元）	Gross Domestic Product (100 million yuan)	33381.66	10193.55	12182.94
第一产业	Primary Industry	759.50	716.03	1545.77
第二产业	Secondary Industry	17205.36	5403.10	5783.58
#工业	Industry	15731.53	4573.82	4835.17
第三产业	Tertiary Industry	15416.80	4074.42	4853.59
人均地区生产总值（元）	Per Capita GDP (yuan)	101370	62208	40914
地区生产总值指数（上年＝100）	Indices of GDP (preceding year＝100)	110.8	112.0	113.0
粮食产量（万吨）	Grain (10000 tons)	556.07	965.09	2350.64
油料产量（万吨）	Oil-bearing Crops (10000 tons)	23.52	58.23	68.06
棉花产量（万吨）	Cotton (10000 tons)	0.78	7.55	15.17
规模以上工业利税总额（亿元）	Profits and Taxes of above Designated Size Industrial Enterprises (100 million yuan)	5749.33	2926.39	3159.68
固定资产投资额（亿元）	Urban Completed Investment in Fixed Assets (100 million yuan)	17401.28	6124.71	8181.21
社会消费品零售总额（亿元）	Total Retail Sale of Consumer Goods (100 million yuan)	10967.82	3430.82	3932.66
进出口总额（亿美元）	Total Imports and Exports (USD 100 million)	4721.40	468.41	291.12
#出口	Exports	2755.99	339.03	190.35
实际外商直接投资（亿美元）	Actual Foreign Direct Invesment (USD 100 million)	228.80	57.62	71.18
公共财政预算收入（亿元）	Public Finance Budget Revenue (100 million yuan)	3189.85	868.35	1280.22
公共财政预算支出（亿元）	Public Finance Budget Expenditure (100 million yuan)	3158.20	1098.71	1928.33
金融机构存款余额（亿元）	Deposits Balance of Banking Institution (100 million yuan)	52543.72	12640.66	10297.13
#居民储蓄存款	Saving Deposits by Residents	17759.57	6832.09	5465.53
金融机构贷款余额（亿元）	Loans Balance of Banking Institution (100 million yuan)	39314.39	7846.61	7251.30
城镇居民人均可支配收入（元）	Per Capita Disposable Income of Urban Households (yuan)	35827	27095	20822
农村居民人均纯收入（元）	Per Capita Net Income of Rural Households (yuan)	17160	12877	10502
居民人均储蓄存款（元）	Per Capita Saving Deposits of Residents (yuan)	53789	41674	18348

19－2 三大区域经济社会基本情况（2012年）

指标	Item	苏南合计 Southern Jiangsu	南京 Nanjing	无锡 Wuxi	常州 Changzhou	苏州 Suzhou
人口、就业	**Population and Employment**					
土地面积 （平方公里）	Land Area (sq. km)	27921	6587	4627	4372	8488
年末户籍人口 （万人）	Population (Registered) (year-end) (10000 persons)	2392.52	638.48	470.07	364.77	647.81
男	Male	1190.23	321.39	233.41	181.60	318.91
女	Female	1202.29	317.09	236.66	183.18	328.90
年均户籍人口 （万人）	Yearly Average Population(Registered) (10000 persons)	2386.95	637.42	469.02	363.82	645.07
年末常住人口 （万人）	Population(Permanent) (10000 persons)	3301.71	816.10	646.55	468.68	1054.91
城镇化率 （%）	Rate of Urbanization (%)	72.7	80.2	72.9	66.2	72.3
年末总户数 （万户）	Households(year-end) (10000 subs)	815.71	214.42	157.12	128.75	214.04
#乡村户数	Rural Households	353.92	64.22	64.51	76.17	91.42
出生人口 （万人）	Births (10000 persons)	23.42	6.56	4.27	3.44	6.81
死亡人口 （万人）	Deaths (10000 persons)	17.95	4.39	3.34	2.86	4.50
人口自然增长率 （‰）	Natural Growth Rate of Population (‰)	—	2.19	0.60	1.41	0.98
人口密度(按常住人口计算) （人/平方公里）	Density of Population(Permanent) (person/sq. km)	1183	1239	1397	1072	1243
从业人员 （万人）	Employed Persons (10000 persons)	2008.1	451.8	389.1	280.9	694.3
第一产业	Primary Industry	148.7	49.1	18.2	31.7	25.3
第二产业	Secondary Industry	1042.3	151.1	223.8	148.2	427.1
第三产业	Tertiary Industry	817.1	251.6	147.1	101.0	241.9
城镇非私营单位从业人员 （万人）	Number of Employed Persons in Urban Units (Excluded Private) (10000 persons)	458.66	147.39	88.09	48.86	133.65
国有经济	State-owned Units	126.68	53.97	17.77	15.61	23.77
城镇集体经济	Collective Owned Units in Urban Areas	12.17	4.92	1.21	1.42	2.69
其他单位合计	Others	319.80	88.50	69.11	31.84	107.18
内资	Domestic-funded Units	153.20	54.61	35.65	18.89	30.79
港澳台商投资	Economic Units Funded by Entrepreneurs from Hong Kong, Macao and Taiwan	46.05	9.47	5.98	7.06	18.24
外商投资单位	Foreign-funded Economic Units	120.56	24.42	27.47	5.89	58.15
城镇非私营单位在岗职工人数 （万人）	Number of Workers and Staff in Urban Units (Excluded Private) (10000 persons)	438.49	140.97	81.37	46.80	130.40
#国有单位	State-owned Units	115.14	46.59	16.17	15.04	22.61
城镇集体单位	Collective Owned Units in Urban Areas	10.85	4.18	1.05	1.23	2.51
港澳台商投资单位	Economic Units Funded by Entrepreneurs from Hong Kong, Macao and Taiwan	43.65	7.55	5.83	6.94	18.05

Basic Statistics on Economy and Society of Three Regions (2012)

镇 江 Zhenjiang	苏中合计 Mid Jiangsu	南 通 Nantong	扬 州 Yangzhou	泰 州 Taizhou	苏北合计 Northern Jiangsu	徐 州 Xuzhou	连云港 Lianyungang	淮 安 Huaian	盐 城 Yancheng	宿 迁 Suqian
3847	20379	8001	6591	5787	54473	11259	7615	10072	16972	8555
271.40	1729.97	765.20	458.42	506.35	3430.99	990.53	510.99	546.81	822.40	560.26
134.93	866.45	377.78	230.02	258.65	1775.88	513.26	266.62	281.50	423.49	291.01
136.47	863.52	387.42	228.40	247.70	1655.11	477.26	244.38	265.32	398.91	269.25
271.63	1731.02	765.04	459.24	506.74	3415.91	983.60	508.09	545.02	821.55	557.66
315.48	1639.43	729.73	446.72	462.98	2978.83	856.41	440.69	480.30	721.63	479.80
64.2	58.5	58.7	58.8	57.9	54.7	56.7	54.4	53.5	55.8	51.0
101.38	602.77	281.22	151.34	170.21	997.80	274.09	139.81	159.92	277.27	146.69
57.60	427.72	204.58	102.61	120.53	663.01	181.23	90.36	99.17	184.94	107.31
2.35	14.49	5.66	4.04	4.78	61.73	19.38	9.59	8.66	9.60	14.50
2.86	17.54	6.77	4.66	6.10	21.90	4.58	3.60	3.65	6.99	3.09
1.10	—	-0.79	0.13	0.86	—	5.49	4.73	4.75	3.10	8.32
820	804	912	678	800	547	761	579	477	425	561
192.0	1019.1	468.9	265.8	284.4	1732.4	478.7	249.2	280.4	447.7	276.4
24.4	239.9	114.5	52.6	72.8	601.4	180.4	83.0	83.8	140.1	114.1
92.1	454.2	214.1	120.8	119.3	535.8	140.3	77.7	84.9	143.1	89.8
75.5	325.0	140.3	92.4	92.3	595.2	158.0	88.5	111.7	164.5	72.5
40.67	152.35	68.48	42.93	40.94	219.94	63.52	35.50	42.73	53.82	24.37
15.56	55.24	21.96	19.17	14.11	113.87	41.52	16.65	18.08	24.66	12.96
1.93	9.67	2.50	3.17	4.00	8.35	2.86	1.89	1.60	1.66	0.34
23.18	87.44	44.02	20.59	22.83	97.72	19.14	16.96	23.05	27.50	11.08
13.25	54.17	23.75	14.13	16.29	71.52	15.69	11.71	12.31	20.87	10.94
5.30	11.98	7.13	2.70	2.15	14.89	2.23	1.88	8.00	2.72	0.05
4.62	21.30	13.14	3.77	4.39	11.31	1.21	3.37	2.73	3.92	0.08
38.95	145.00	64.95	41.33	38.72	209.07	60.59	33.48	40.70	50.62	23.67
14.73	52.47	21.01	18.35	13.11	107.59	39.50	16.10	17.55	22.57	11.86
1.89	8.74	1.99	2.97	3.78	7.60	2.62	1.67	1.46	1.53	0.32
5.28	11.91	7.08	2.69	2.13	14.71	2.20	1.87	7.87	2.71	0.05

指 标	Item	苏南合计 Southern Jiangsu	南京 Nanjing	无锡 Wuxi	常州 Changzhou	苏州 Suzhou
外商投资单位	Foreign-funded Economic Units	113.20	19.02	26.33	5.82	57.43
私营企业从业人员（万人）	Number of Employed Persons in Private Enterprises (10000 persons)	876.39	167.18	188.37	130.18	306.79
个体从业人员（万人）	Number of Self-employed Individuals (10000 persons)	247.57	58.32	39.61	35.20	80.61
年末城镇登记失业人员（万人）	Registered Unemployed Persons in Urban Areas at Year-end (10000 persons)	20.92	6.63	4.70	3.40	4.43
年末城镇登记失业率（%）	Registered Unemployed Persons in Urban Areas at Year-end (%)	2.53	2.69	2.40	2.37	2.70
国民核算	**National Accounting**					
地区生产总值（亿元）	Gross Domestic Product (100 million yuan)	33381.66	7201.57	7568.15	3969.87	12011.65
第一产业	Primary Industry	759.50	185.06	137.22	126.37	195.08
第二产业	Secondary Industry	17205.36	3170.78	4012.03	2100.76	6502.25
#工业	Industry	15731.53	2748.46	3717.88	1900.55	6055.10
第三产业	Tertiary Industry	15416.80	3845.73	3418.90	1742.74	5314.32
人均地区生产总值（按常住人口计算，元）	Per Capita GDP (Permanent) (yuan)	101370	88525	117357	85040	114029
人均地区生产总值（按户籍人口计算，元）	Per Capita GDP (Registered) (yuan)	139851	112980	161361	109118	186208
地区生产总值指数（上年＝100）	Indices of GDP (preceding year = 100)	110.8	111.7	110.1	111.5	110.1
第一产业	Primary Industry	104.7	104.9	104.6	104.7	104.4
第二产业	Secondary Industry	109.8	111.9	109.3	111.7	107.8
#工业	Industry	109.4	111.0	109.0	111.7	107.4
第三产业	Tertiary Industry	112.3	111.8	111.3	111.6	113.5
地区生产总值构成（%）	Composition of GDP (%)					
第一产业	Primary Industry	2.3	2.6	1.8	3.2	1.6
第二产业	Secondary Industry	51.5	44.0	53.0	52.9	54.2
#工业	Industry	47.1	38.2	49.1	47.9	50.5
第三产业	Tertiary Industry	46.2	53.4	45.2	43.9	44.2
固定资产投资	**Investment in Fixed Assets**					
固定资产投资额（亿元）	Urban Investment in Fixed Assets (100 million yuan)	17401.28	4558.49	3618.07	2621.56	5142.51
#房地产投资	Investment in Real Estate Development	4009.12	971.96	974.37	597.01	1263.36
#住宅	Residence	2699.65	660.94	614.55	416.11	851.65
固定资产投资本年资金来源构成（%）	Grouped by Source of Finance (%)					

Continued 1

镇江 Zhenjiang	苏中合计 Mid Jiangsu	南通 Nantong	扬州 Yangzhou	泰州 Taizhou	苏北合计 Northern Jiangsu	徐州 Xuzhou	连云港 Lianyungang	淮安 Huaian	盐城 Yancheng	宿迁 Suqian
4.60	21.12	13.02	3.74	4.36	11.25	1.21	3.34	2.73	3.89	0.08
83.87	379.25	198.58	97.61	83.06	406.81	105.54	39.30	59.70	134.17	68.10
33.83	127.42	64.55	29.26	33.61	195.44	46.35	16.58	30.51	67.18	34.82
1.75	8.68	3.65	2.97	2.06	10.88	3.54	1.50	2.12	2.39	1.33
2.32	2.43	2.48	2.40	2.40	2.38	2.39	2.44	2.25	2.41	2.50
2630.42	10193.55	4558.67	2933.20	2701.67	12182.94	4016.58	1603.42	1920.91	3120.00	1522.03
115.77	716.03	319.09	205.19	191.75	1545.77	382.46	232.40	247.98	456.13	226.80
1419.54	5403.10	2414.11	1554.46	1434.53	5783.58	1968.52	736.14	889.20	1472.87	716.85
1309.54	4573.82	1992.11	1344.66	1237.05	4835.17	1666.62	583.31	737.20	1258.22	589.82
1095.11	4074.42	1825.47	1173.55	1075.39	4853.59	1665.60	634.88	783.73	1191.00	578.38
83651	62208	62506	65691	58378	40914	46877	36470	39992	43172	31827
96839	58888	59587	63871	53315	35665	40835	31558	35245	37977	27293
112.8	112.0	111.8	111.7	112.5	113.0	113.2	112.7	113.1	112.7	113.0
105.2	104.7	104.6	105.2	104.4	104.6	105.1	105.7	104.3	104.0	104.3
113.1	112.5	112.4	112.1	113.1	115.1	114.5	114.3	115.4	115.2	116.9
112.7	112.4	112.3	111.8	113.2	115.4	114.4	115.4	116.1	115.7	117.5
113.0	112.5	112.3	112.1	113.0	113.1	113.4	113.3	113.2	112.9	112.0
4.4	7.0	7.0	7.0	7.1	12.7	9.5	14.5	12.9	14.6	14.9
54.0	53.0	53.0	53.0	53.1	47.5	49.0	45.9	46.3	47.2	47.1
49.8	44.9	43.7	45.8	45.8	39.7	41.5	36.4	38.4	40.3	38.8
41.6	40.0	40.0	40.0	39.8	39.8	41.5	39.6	40.8	38.2	38.0
1500.67	6124.71	2886.47	1783.65	1454.59	8181.21	2685.89	1280.88	1247.99	1940.89	1025.56
205.48	952.07	481.74	235.84	234.48	1244.91	310.07	162.23	280.55	273.41	218.64
156.39	725.47	387.70	181.71	156.39	929.50	238.37	118.79	211.01	200.61	160.73

指　　标　　Item		苏南合计 Southern Jiangsu	南 京 Nanjing	无 锡 Wuxi	常 州 Changzhou	苏 州 Suzhou
国家预算内资金	State Appropriation	0.9	1.1	0.3	1.5	1.0
国内贷款	Domestic Loans	15.5	21.8	11.3	13.0	13.0
利用外资	Foreign Inventment	4.1	1.2	6.4	2.9	6.6
自筹资金	Fund Raising	62.1	60.4	64.9	63.9	59.3
其他资金	Others	17.3	15.4	17.2	18.7	20.2
新增固定资产（亿元）	Newly Increased Investment in Fixed Assets (100 million yuan)	12492.10	3008.25	2531.71	1831.72	4035.76
商品房销售建筑面积（万平方米）	Floor Space of Selling Commercial Houses (10000 sq. m)	4520.44	950.87	926.27	756.81	1466.29
#住宅	Residencial Buildings	3975.75	876.25	784.56	664.99	1263.11
财政、金融、保险	**Finance, Banking and Insurance**					
财政总收入(新口径)（亿元）	Total Financial Budgetary Revenue (New Statistical Scale) (100 million yuan)	5742.19	1427.25	1165.81	625.37	2197.20
上划中央收入	Turn Over Revenue to the Central Government	2552.34	694.24	507.78	246.38	992.87
公共财政预算收入（亿元）	Public Finance Budget Revenue (100 million yuan)	3189.85	733.02	658.03	378.99	1204.33
#税收收入	Taxes	2644.69	602.79	540.01	303.89	1023.88
#增值税	Value-added Tax	486.94	95.63	107.47	51.57	208.92
营业税	Operation Tax	755.29	190.30	158.10	83.81	256.10
企业所得税	Income Tax of Enterprises	432.38	93.01	88.64	40.67	190.02
个人所得税	Induvidual Income Tax	153.84	38.70	31.60	19.90	56.64
公共财政预算支出（亿元）	Public Finance Budget Expenditure (100 million yuan)	3158.20	769.66	648.61	391.22	1113.47
#科学技术	Science and Technology	160.25	35.00	29.49	18.93	66.59
教育	Education	533.70	124.99	115.89	66.11	180.70
文化体育与传媒	Culture, Sports and Media	76.65	20.88	16.77	10.02	24.94
社会保障和就业	Social Security and Employment	280.91	74.07	46.82	41.66	101.61
医疗卫生	Medical Treatment and Healthcare	172.15	45.34	34.16	22.79	55.29
节能环保	Enrironmental Protection	115.77	15.81	33.21	15.13	41.80
城乡社区事务	Operating Expenses of Urban and Rural Communities	524.59	144.75	100.31	64.63	183.00
农林水事务	Operating Expenses of Agriculture, Forestry and Water	233.27	51.01	44.82	28.61	86.56
金融机构存款余额（亿元）	Deposits Balance of Banking Institutions (100 million yuan)	52543.72	16131.41	10293.40	5604.90	17663.50
#居民储蓄存款	Savings Deposits by Residents	17759.57	4465.37	3731.83	2473.27	5787.75

Continued 2

镇 江 Zhenjiang	苏中合计 Mid Jiangsu	南 通 Nantong	扬 州 Yangzhou	泰 州 Taizhou	苏北合计 Northern Jiangsu	徐 州 Xuzhou	连云港 Lianyungang	淮 安 Huaian	盐 城 Yancheng	宿 迁 Suqian
0.6	2.1	3.4	1.3	0.1	1.3	0.7	1.5	2.2	1.3	1.4
17.4	6.3	8.1	2.3	7.1	9.8	11.0	7.7	8.5	14.9	3.9
1.5	1.5	1.4	2.3	0.6	2.7	2.2	1.9	5.3	3.4	0.5
69.3	82.7	77.8	92.9	81.8	77.7	77.2	78.0	71.8	79.7	82.8
11.1	7.4	9.2	1.1	10.4	8.5	8.9	11.0	12.2	0.7	11.4
1084.66	4718.80	2034.37	1397.75	1286.68	5767.05	2044.77	966.33	740.19	1274.78	740.99
420.20	1638.54	712.49	601.91	324.14	2860.21	698.34	419.05	677.14	548.20	517.48
386.85	1445.37	631.77	537.09	276.51	2502.24	623.84	372.10	598.85	467.77	439.68
326.55	1397.29	647.99	356.54	392.76	1960.71	597.63	284.53	370.92	462.88	244.74
111.07	528.94	228.27	131.54	169.13	680.49	230.87	75.59	137.31	150.10	86.62
215.48	868.35	419.72	225.00	223.62	1280.22	366.76	208.94	233.61	312.78	158.13
174.12	699.85	339.51	180.61	179.73	1007.44	284.14	160.92	180.93	251.38	130.07
23.35	109.58	45.38	28.79	35.41	110.72	34.64	16.59	18.50	27.50	13.50
66.97	247.82	132.74	59.64	55.44	383.70	106.90	67.33	70.80	91.47	47.20
20.05	87.94	42.77	19.71	25.46	82.44	20.01	13.09	11.36	21.95	16.02
6.99	32.76	19.50	6.12	7.13	30.64	8.41	3.70	5.08	8.32	5.13
235.25	1098.71	513.01	284.80	300.90	1928.33	530.05	312.55	339.86	473.48	272.40
10.24	30.00	14.37	9.81	5.82	50.82	12.59	7.49	7.44	16.12	7.17
46.01	227.20	113.79	55.04	58.37	392.76	111.59	57.40	66.73	93.60	63.43
4.04	25.02	11.40	5.98	7.64	27.71	5.44	4.34	5.83	8.68	3.42
16.75	86.80	40.70	20.23	25.86	168.11	50.52	20.62	29.25	38.78	28.94
14.57	79.04	36.65	18.63	23.76	134.81	39.40	17.03	23.56	36.87	17.93
9.82	24.21	10.04	6.74	7.42	46.41	13.38	7.22	6.96	10.74	8.12
31.90	106.64	42.17	33.94	30.53	225.75	70.13	54.73	38.36	44.58	17.95
22.26	138.23	62.90	35.87	39.46	289.69	81.91	43.15	50.42	66.54	47.67
2850.51	12640.66	6297.19	3310.84	3032.63	10297.13	3364.47	1503.66	1502.79	2699.33	1226.87
1301.36	6832.09	3588.06	1697.51	1546.53	5465.53	1794.72	723.59	806.86	1519.33	621.02

指标	Item	苏南合计 Southern Jiangsu	南京 Nanjing	无锡 Wuxi	常州 Changzhou	苏州 Suzhou
金融机构贷款余额（亿元）	Loans Balance of Banking Institutions (100 million yuan)	39314.39	12314.41	7467.03	3832.80	13626.86
保费收入（亿元）	Premium (100 million yuan)	793.59	235.74	153.14	109.44	237.42
财产险	Property Insurance	294.05	84.27	56.51	33.81	104.77
人寿险	Life Insurance	499.53	151.47	96.63	75.63	132.64
赔款和给付（亿元）	Claim and Payment (100 million yuan)	233.01	67.79	50.07	29.93	71.64
财产险	Proparty Insurance	159.81	47.04	31.35	18.97	55.12
人寿险	Life Insurance	73.20	20.76	18.72	10.96	16.52
农业	**Agriculture**					
乡村从业人员（万人）	Rural Employees (10000 persons)	647.24	121.42	117.24	129.93	179.54
#农林牧渔业	Farming, Forestry, Animal Husbandry and Fishery	121.75	27.28	20.04	25.36	24.22
工业	Industry	316.96	37.32	68.91	57.61	106.84
建筑业	Construction	71.35	24.39	8.03	17.28	10.28
农林牧渔业总产值（亿元）	Gross Output Value of Farming, Forestry, Animal Husbandry and Fishery (100 million yuan)	1276.48	318.54	224.15	219.58	337.72
农业	Farming	645.61	183.47	111.41	120.82	135.05
林业	Forestry	51.28	3.39	18.67	1.55	20.48
牧业	Animal Husbandry	186.41	51.17	35.56	34.24	40.20
渔业	Fishery	283.80	65.46	35.08	52.40	106.63
农林牧渔服务业	Service Industry of FFAF	109.38	15.06	23.43	10.57	35.36
农业机械总动力（万千瓦）	Total Power of Agricultural Machinery (10000 kW)	788.11	215.55	107.21	158.54	168.98
化肥施用量（万吨）	Consumption of Chemical Fertilizer (10000 tons)	34.84	8.20	5.97	6.34	8.45
农村用电量（亿千瓦小时）	Electricity Consumed in Rural Areas (100 million kW·h)	1188.97	30.80	372.58	157.35	556.09
农作物总播种面积（千公顷）	Total Sown Area (1000 hectares)	1240.90	328.90	182.85	226.38	263.07
#粮食	Grain	770.89	163.40	115.12	155.65	159.66
主要产品产量（万吨）	Total Output of Major Products (10000 tons)					
粮食	Grain	556.07	117.50	81.65	114.80	116.46
油料	Oil-bearing Crops	23.52	10.63	0.87	3.77	2.59
棉花（吨）	Cotton (ton)	7769	4113		493	1292

Continued 3

镇 江 Zhenjiang	苏中合计 Mid Jiangsu	南 通 Nantong	扬 州 Yangzhou	泰 州 Taizhou	苏北合计 Northern Jiangsu	徐 州 Xuzhou	连云港 Lianyungang	淮 安 Huaian	盐 城 Yancheng	宿 迁 Suqian
2073.29	7846.61	3832.14	2006.50	2007.97	7251.30	2047.23	1196.58	1173.18	1831.44	1002.86
57.85	274.75	130.67	74.20	69.88	255.51	85.86	38.99	35.97	64.42	30.27
14.69	61.58	22.97	20.46	18.14	86.10	28.28	15.52	12.44	17.83	12.03
43.16	213.17	107.70	53.74	51.74	169.41	57.58	23.47	23.53	46.58	18.24
13.58	67.53	33.39	15.79	18.34	75.55	25.74	11.52	9.58	21.12	7.59
7.33	37.72	16.33	12.44	8.96	43.42	14.59	7.01	6.60	9.64	5.59
6.25	29.80	17.06	3.36	9.38	32.13	11.15	4.51	2.99	11.49	2.00
99.11	703.29	312.42	180.62	210.25	1270.29	356.67	175.99	210.71	301.98	224.94
24.85	153.19	71.35	35.63	46.21	521.09	144.45	83.79	88.29	115.47	89.09
46.28	204.81	83.45	62.07	59.29	276.69	93.40	28.95	36.32	57.95	60.07
11.37	132.04	62.40	33.22	36.42	174.26	48.73	28.78	30.39	36.46	29.90
176.49	1240.05	548.86	369.08	322.11	2936.14	712.55	426.24	456.18	925.20	415.98
94.86	585.82	243.70	171.00	171.12	1579.59	438.25	202.44	289.28	399.88	249.75
7.20	15.63	3.38	8.77	3.48	72.41	12.59	12.62	9.18	22.39	15.64
25.24	266.34	130.48	69.49	66.37	760.40	216.22	100.80	105.22	259.38	78.79
24.23	298.35	131.00	102.74	64.61	408.33	29.29	91.53	44.81	179.23	63.46
24.97	73.91	40.29	17.09	16.53	115.41	16.21	18.84	7.70	64.32	8.34
137.84	833.99	350.67	235.82	247.50	2592.55	615.15	474.51	460.40	563.65	478.83
5.88	61.17	23.80	19.45	17.92	234.92	67.13	33.77	38.02	55.71	40.29
72.15	303.09	144.52	52.79	105.77	204.36	59.60	28.81	12.58	69.19	34.19
239.70	1934.95	846.98	507.44	580.53	4707.02	1124.62	621.57	793.05	1460.68	707.10
177.06	1380.14	522.23	418.99	438.92	3419.12	730.53	497.62	653.67	965.44	571.86
125.66	965.09	332.97	308.35	323.77	2350.64	471.73	361.35	456.11	672.71	388.75
5.66	58.23	39.20	7.41	11.63	68.06	10.63	11.78	9.95	30.94	4.75
1871	75450	55275	4695	15480	151660	36709	2834	514	109187	2416

指 标	Item	苏南合计 Southern Jiangsu	南京 Nanjing	无锡 Wuxi	常州 Changzhou	苏州 Suzhou
肉类	Meat	60.39	12.42	10.95	14.32	14.21
#猪肉	Pork	34.30	6.96	7.34	6.65	8.45
牛肉	Beef	0.20	0.11	0.04	0.03	
羊肉	Mutton	0.85	0.40	0.05	0.13	0.15
水产品	Aquatic Products	89.29	20.75	12.61	18.12	28.89
工业(规模以上)	**Industry(above Designated Size)**					
工业企业单位数 (个)	Number of Industrial Enterprises (unit)	24600	2593	5248	3869	10444
#内资企业	Domestic Funded Enterprises	16403	1939	3878	3067	5667
外商港澳台商投资企业	Enterprises Funded by Foreign,Hong Kong, Macao and Taiwan Entrepreneurs	8197	654	1370	802	4777
#国有控股企业	State-owned Share Holding Enterprises	542	210	92	59	113
#大型企业	Large Enterprises	798	102	140	93	422
中型企业	Medium-sized Enterprises	3654	460	664	487	1742
工业总产值 (亿元)	Gross Output Value of Industry (100 million yuan)	69706.19	11437.80	14446.85	8970.30	28745.54
#内资企业	Domestic Funded Enterprises	36118.93	6830.97	9156.39	6203.46	9875.11
外商港澳台商投资企业	Enterprises Funded by Foreign,Hong Kong, Macao and Taiwan Entrepreneurs	33587.26	4606.83	5290.46	2766.84	18870.43
#国有控股企业	State-owned Share Holding Enterprlises	6413.78	3955.66	577.94	370.40	1077.36
#大中型企业	Large and Medium-sized Enterprises	48269.76	8061.64	9711.41	5320.90	21355.03
#轻工业	Light Industry	15983.32	2087.34	3446.20	1929.28	7391.61
#制造业	Manufacturing	68332.41	11121.32	14223.62	8855.01	28225.56
电力、燃气及水的生产和供应业	Electric Power,Gas and Water Production and Supply	1268.13	279.58	223.23	112.44	517.80
资产总计 (亿元)	Total Industrial Assets (100 million yuan)	56253.58	8539.68	13281.51	6754.38	23331.48
#流动资产	Current Assets	33218.23	4550.26	8130.23	4187.59	14154.73
固定资产	Fixed Assets	16631.66	2778.14	3564.29	1848.40	6986.68
负债合计 (亿元)	Total Liabilities (100 million yuan)	32851.04	4958.85	7817.20	4120.79	13474.80
主营业务收入 (亿元)	Major Business Revenue (100 million yuan)	69547.02	11283.26	14191.69	9097.95	28998.80
#主营业务税金及附加	Major Business Tax and Extra	455.44	276.18	49.28	29.94	78.25
利税总额 (亿元)	Total Pre-tax Profits (100 million yuan)	5749.33	1372.78	1261.48	730.30	1817.39
#利润总额	Total Profits	3542.72	604.44	878.69	443.77	1252.70
从业人员平均人数 (万人)	Average Number of Staff and Workers Employed (10000 persons)	686.14	79.71	136.80	84.74	332.99

Continued 4

镇 江 Zhenjiang	苏中合计 Mid Jiangsu	南 通 Nantong	扬 州 Yangzhou	泰 州 Taizhou	苏北合计 Northern Jiangsu	徐 州 Xuzhou	连云港 Lianyungang	淮 安 Huaian	盐 城 Yancheng	宿 迁 Suqian
8.49	92.85	48.11	19.11	25.63	284.31	97.14	29.55	32.03	88.94	36.65
4.90	56.91	26.29	10.51	20.11	154.50	41.17	20.58	20.38	53.88	18.49
0.03	0.13	0.03	0.07	0.04	4.86	0.98	1.92	0.36	0.49	1.12
0.11	3.31	2.81	0.18	0.33	9.40	4.97	0.61	0.59	2.74	0.49
8.92	159.93	84.81	39.20	35.91	244.53	18.14	70.13	25.17	106.11	24.97
2446	10032	4941	2560	2531	11240	2859	1388	1941	2816	2236
1852	7989	3665	2154	2170	10293	2679	1194	1777	2507	2136
594	2043	1276	406	361	947	180	194	164	309	100
68	161	61	67	33	192	43	43	38	51	17
41	230	85	91	54	171	53	22	25	51	20
301	1151	479	470	202	1129	388	104	167	321	149
6105.69	24215.90	9890.12	7198.48	7127.29	24050.90	8882.29	3413.38	3952.61	5554.35	2248.28
4052.99	16859.17	6330.49	5289.51	5239.17	20057.33	8085.55	2591.35	3070.02	4213.00	2097.42
2052.70	7356.73	3559.64	1908.97	1888.12	3993.57	796.74	822.03	882.59	1341.35	150.85
432.41	2253.97	616.50	1154.49	482.98	2071.86	1215.20	256.02	365.45	152.53	82.65
3820.78	13087.79	4775.89	4675.76	3636.15	11780.10	4643.87	1995.02	1675.74	2609.92	855.55
1128.89	6853.96	3344.25	1676.91	1832.80	8197.82	2519.91	951.06	1533.83	1963.97	1229.04
5906.90	23745.04	9714.95	6987.69	7042.40	23101.33	8318.24	3272.88	3830.43	5461.37	2218.41
135.08	354.45	175.17	97.08	82.20	462.37	192.69	88.95	75.53	88.09	17.12
4346.53	13734.68	6247.99	3639.70	3846.99	12976.87	4791.14	1927.74	1635.99	3094.87	1527.13
2195.42	7411.30	3339.98	1852.90	2218.42	5948.40	2154.59	883.79	782.08	1344.03	783.90
1454.15	4456.32	1953.64	1370.49	1132.19	5333.16	1956.81	795.53	636.56	1423.98	520.27
2479.41	7530.56	3469.89	1933.85	2126.82	6992.80	2598.36	1110.17	850.99	1740.86	692.41
5975.34	23647.35	9690.95	7037.79	6918.60	23912.64	8837.26	3346.45	3953.91	5561.88	2213.14
21.79	158.53	38.19	66.79	53.55	352.74	171.12	28.36	79.68	55.60	17.98
567.37	2926.39	1160.15	865.25	900.98	3159.68	1319.96	423.96	378.48	690.89	346.38
363.11	1823.46	786.59	498.81	538.06	1873.44	743.38	273.20	209.13	396.91	250.83
51.89	224.86	93.62	79.21	52.03	218.51	72.94	22.90	34.77	53.59	34.31

指标	Item	苏南合计 Southern Jiangsu	南京 Nanjing	无锡 Wuxi	常州 Changzhou	苏州 Suzhou
建筑业	**Construction**					
建筑企业单位数 （个）	Number of Construction Enterprise (unit)	4630	1605	574	594	1476
建筑企业从业人员 （万人）	Number of Persons Engaged in Construction Enterprises (10000 persons)	215.73	77.39	25.48	43.41	54.79
建筑业总产值 （亿元）	Gross Output Value of Construction (100 million yuan)	6382.49	2645.65	570.69	1050.20	1745.04
房屋建筑施工面积 （万平方米）	Floor Space of Building under Construction (10000 sq. m)	42736.91	16622.57	4430.64	8765.07	11013.82
房屋建筑竣工面积 （万平方米）	Floor Space of Buildings Completed (10000 sq. m)	14826.35	5065.71	1852.81	3067.89	4067.06
交通运输、邮电业	**Transportation, Postal and Telecommunication Sercices**					
公路里程 （公里）	Total Length of Highways (km)	47502	11029	7638	8677	13090
#等级公路	Expressway and Class Ⅰ to Ⅳ Highways	46475	10054	7638	8625	13090
#高速公路	Expressway	1765	507	274	268	535
一级公路	Class Ⅰ Highway	5005	896	824	918	1653
公路客运量 （万人）	Passenger Traffic of Highways (10000 persons)	162020	42519	22931	16030	68895
公路货运量 （万吨）	Freight Traffic of Highways (10000 tons)	80412	22020	14189	15344	16441
民用汽车拥有量 （万辆）	Number of Civil Motor Vehicles Owned (10000 units)	492.55	117.75	100.98	65.93	179.10
#私人汽车拥有量	Number of Private-owned Vehicles	393.00	96.36	76.45	52.34	144.71
邮政业务总量 （亿元）	Total Post Services (100 million yuan)	74.36	8.88	6.61	5.28	50.56
电信业务收入 （亿元）	Telecommunication Revenue (100 million yuan)	474.94	106.29	97.50	59.20	187.35
固定电话用户 （万户）	Number of Fixed Telephone Subscribers (10000 subscribers)	1096.84	288.92	210.08	161.61	330.37
移动电话用户 （万户）	Number of Mobile Telephone Subscribers (10000 subscribers)	4465.82	1153.10	902.14	519.35	1554.52
国际互联网用户 （万户）	Number of Subscribers of Internet Service (10000 subscriber)	759.33	205.32	140.66	101.33	252.25
全年用电量 （亿千瓦小时）	Total Consumption of Electricity (100 million kW·h)	2737.87	424.96	578.01	351.51	1189.93
#工业用电	Consumption of Electricity for Industrial Use	2142.30	265.64	464.51	277.88	982.66
居民生活用电	Consumption of Electricity for Living Use by Residents	245.68	60.07	47.51	32.19	86.49

Continued 5

镇江 Zhenjiang	苏中合计 Mid Jiangsu	南通 Nantong	扬州 Yangzhou	泰州 Taizhou	苏北合计 Northern Jiangsu	徐州 Xuzhou	连云港 Lianyungang	淮安 Huaian	盐城 Yancheng	宿迁 Suqian
381	2382	946	763	673	2242	390	231	579	709	333
14.66	316.17	157.27	79.14	79.76	208.30	46.70	24.60	48.33	51.43	37.24
370.91	8416.79	4423.84	2241.78	1751.16	3624.28	881.66	431.53	838.99	945.45	526.66
1904.81	91049.22	54420.45	17651.69	18977.08	32992.99	7702.88	3451.11	8054.09	8942.53	4842.38
772.88	32119.46	16294.79	7507.02	8317.65	14295.90	3247.33	1584.53	3316.22	3979.24	2168.58
7068	37238	17915	10320	9004	69993	16278	11506	12804	18807	10597
7068	35811	17763	9050	8997	64430	15135	11415	11902	16761	9216
182	872	298	318	256	1738	441	349	380	323	245
714	2101	1079	308	715	3406	1124	335	496	995	455
11646	39876	21350	8878	9649	76222	23168	15630	12275	14243	10905
12418	32485	20199	7645	4641	52436	18697	12305	7787	8150	5497
28.79	137.01	68.22	34.70	34.08	181.23	60.58	27.28	25.30	40.43	27.64
23.13	112.73	57.14	28.17	27.42	151.54	51.70	22.34	20.09	33.33	24.07
3.03	18.64	8.84	5.50	4.30	19.10	6.01	2.31	2.68	5.67	2.42
24.60	138.68	62.81	40.42	35.45	176.89	53.91	29.40	24.07	48.06	21.46
105.86	509.02	259.55	135.91	113.56	608.66	176.47	103.61	93.78	148.73	86.07
336.71	1717.70	809.13	490.95	417.62	2356.76	760.87	383.22	294.94	535.47	382.26
59.77	261.16	116.39	74.18	70.59	330.22	95.82	58.96	47.76	82.53	45.13
193.47	686.72	301.79	173.63	211.31	908.96	318.57	115.97	134.78	225.31	114.34
151.62	510.97	222.96	123.20	164.81	661.87	246.08	75.91	95.50	164.49	79.90
19.43	90.88	40.08	25.99	24.81	132.30	37.95	20.35	21.75	33.69	18.57

指 标	Item	苏南合计 Southern Jiangsu	南京 Nanjing	无锡 Wuxi	常州 Changzhou	苏州 Suzhou
批发零售贸易、餐饮业	**Wholesale and Retail Trade and Catering Services**					
社会消费品零售总额（亿元）	Total Retail Sale of Consumer Goods (100 million yuan)	10967.82	3103.82	2443.24	1413.33	3240.97
#批发和零售业	Wholesale and Retail Trade	9834.50	2793.48	2240.38	1293.16	2830.37
住宿和餐饮业	Catering Services	1066.90	287.09	187.56	120.17	382.73
对外经济贸易、旅游	**Foreign Economy, Trade and Tourism**					
进出口总额（亿美元）	Total Imports and Exports (USD 100 million)	4721.40	552.35	707.72	290.28	3056.92
出口	Exports	2755.99	319.01	413.13	199.60	1746.89
进口	Imports	1965.40	233.34	294.60	90.68	1310.03
实际外商直接投资（亿美元）	Actual Foreign Direct Investment (USD 100 million)	228.80	41.30	40.10	33.61	91.65
接待海外旅游者人数（万人次）	Number of Overseas Recieved Tourists (10000 person-times)	622.00	162.71	98.19	45.57	249.22
星级饭店数（个）	Star Class Hotels (unit)	444	115	62	67	144
旅游外汇收入（亿美元）	Foreign Exchange Earnings from Tourism (USD 100 million)	47.23	13.62	6.81	4.74	16.47
教育	**Education**					
学校总数（所）	Total Number of School (unit)	2368	669	424	382	632
#普通高校	Institutions of Regular Higher Education	94	43	12	9	24
普通中等专业学校	Regular Specialized Secondary Schools	92	24	20	12	24
普通中学	Regular Secondary Schools	924	220	169	162	262
小学	Primary Schools	1151	345	192	187	305
毕业生总数（万人）	Total Number of Graduates (10000 persons)	104.16	39.49	17.89	14.98	22.37
#普通高校	Institutions of Regular Higher Education	31.80	18.96	3.23	2.49	4.97
普通中等专业学校	Regular Specialized Secondary Schools	4.27	1.21	0.98	0.52	1.07

Continued 6

镇江 Zhenjiang	苏中合计 Mid Jiangsu	南通 Nantong	扬州 Yangzhou	泰州 Taizhou	苏北合计 Northern Jiangsu	徐州 Xuzhou	连云港 Lianyungang	淮安 Huaian	盐城 Yancheng	宿迁 Suqian
766.46	3430.82	1719.27	973.97	737.57	3932.66	1312.50	575.49	633.24	1023.20	388.23
677.10	3081.22	1576.34	871.15	633.73	3521.03	1173.31	525.26	567.60	919.46	335.40
89.36	332.89	132.31	96.71	103.87	411.64	139.19	50.24	65.64	103.74	52.83
114.13	468.41	263.01	101.73	103.67	291.12	83.27	80.02	42.38	57.54	27.93
77.37	339.03	187.86	81.72	69.45	190.35	62.88	36.01	33.64	34.65	23.18
36.76	129.37	75.15	20.01	34.22	100.77	20.39	44.01	8.73	22.89	4.75
22.14	57.62	22.05	21.38	14.50	71.18	17.00	7.34	21.21	21.11	4.52
66.31	120.22	44.08	66.02	10.13	49.31	19.95	14.47	3.47	8.01	3.41
56	207	115	63	29	268	87	61	41	54	25
5.58	10.98	4.30	5.59	1.09	4.78	2.10	1.44	0.31	0.65	0.29
261	1384	602	420	362	3615	1225	643	493	713	541
6	20	7	7	6	25	9	3	6	5	2
12	20	6	10	4	56	10	9	12	7	18
111	596	224	170	202	1140	321	179	173	277	190
122	686	334	215	137	2291	860	435	279	397	320
9.43	51.35	21.71	15.68	13.96	111.38	31.82	17.61	18.35	21.57	22.03
2.15	5.95	2.11	2.43	1.41	7.89	3.10	0.97	1.88	1.54	0.40
0.50	1.71	0.34	0.99	0.38	6.01	0.61	0.54	1.16	0.92	2.79

指 标	Item	苏南合计 Southern Jiangsu	南京 Nanjing	无锡 Wuxi	常州 Changzhou	苏州 Suzhou
普通中学	Regular Secondary Schools	33.92	8.21	7.08	5.90	8.69
小学	Primary Schools	21.67	4.86	5.00	3.61	6.08
招生总数 （万人）	Total Number of New Student Enrollment (10000 persons)	111.81	41.15	18.79	16.04	26.50
#普通高校	Institutions of Regular Higher Education	30.47	16.03	3.47	2.86	5.89
普通中等专业学校	Regular Specialized Secondary Schools	6.39	1.69	1.32	1.19	1.61
普通中学	Regular Secondary Schools	32.64	7.64	7.10	5.57	9.03
小学	Primary Schools	25.57	5.46	5.44	4.11	8.28
在校学生数 （万人）	Total Number of Students Enrollment (10000 persons)	412.29	145.10	72.29	59.69	98.84
#普通高校	Institutions of Regular Higher Education	112.41	65.19	10.94	8.82	19.22
普通中等专业学校	Regular Specialized Secondary Schools	20.30	5.33	4.36	3.61	4.92
普通中学	Regular Secondary Schools	97.66	23.07	21.05	16.91	26.18
小学	Primary Schools	143.32	30.72	31.94	23.43	44.04
专任教师总数 （万人）	Total Number of Full-time Teachers (10000 persons)	27.95	10.01	4.96	3.48	6.84
#普通高校	Institutions of Regular Higher Education	7.33	4.73	0.58	0.47	1.04
普通中等专业学校	Regular Specialized Secondary Schools	1.52	0.35	0.38	0.26	0.38
普通中学	Regular Secondary Schools	9.15	2.22	1.94	1.39	2.59
小学	Primary Schools	8.51	2.02	1.82	1.23	2.57
幼儿园数 （所）	Kindergartens (unit)	1915	783	245	232	465
在园幼儿数 （万人）	School-age Children Enrolled in Schools (10000 persons)	71.94	17.06	14.43	10.79	22.97
成人高等学校在校学生数 （万人）	Total Number of Adult Students in Institutions of Higher Education (10000 persons)	28.76	17.83	2.15	2.90	3.40
科技、文化、卫生	**Science, Culture and Public Health**					
专利申请受理量 （件）	Applications Accepted (unit)	321196	42732	79873	39391	139965

Continued 7

镇 江 Zhenjiang	苏中合计 Mid Jiangsu	南 通 Nantong	扬 州 Yangzhou	泰 州 Taizhou	苏北合计 Northern Jiangsu	徐 州 Xuzhou	连云港 Lianyungang	淮 安 Huaian	盐 城 Yancheng	宿 迁 Suqian
4.04	25.91	11.05	7.35	7.52	59.86	17.13	9.90	9.63	11.05	12.14
2.12	13.02	5.41	3.85	3.76	29.81	8.49	5.21	4.80	5.72	5.59
9.32	46.81	19.33	14.73	12.75	113.87	34.13	18.79	19.50	21.41	20.04
2.23	5.83	2.29	2.22	1.33	7.98	3.30	0.93	1.86	1.45	0.44
0.58	2.04	0.57	1.11	0.35	6.59	1.07	1.06	1.21	0.85	2.41
3.31	21.19	8.67	6.38	6.14	47.89	13.38	8.40	7.60	9.32	9.19
2.28	12.33	5.27	3.56	3.50	41.58	14.21	6.64	6.06	7.71	6.96
36.38	213.99	77.86	84.85	51.28	434.56	127.24	72.56	72.98	83.55	78.23
8.23	20.78	7.54	8.38	4.85	28.86	11.58	3.39	6.71	5.46	1.71
2.08	7.01	1.76	3.98	1.28	21.64	3.29	2.47	3.92	3.45	8.52
10.46	67.37	27.96	19.79	19.62	152.85	42.61	26.85	24.21	29.99	29.19
13.19	76.40	31.76	22.44	22.20	203.04	62.85	35.00	31.19	38.37	35.64
2.65	21.10	5.44	11.74	3.92	28.27	8.54	4.79	4.52	5.93	4.50
0.51	1.12	0.40	0.45	0.27	1.56	0.66	0.18	0.34	0.29	0.09
0.16	0.39	0.12	0.16	0.11	0.89	0.16	0.16	0.18	0.12	0.27
1.00	6.19	2.55	1.67	1.97	12.60	3.72	2.10	1.97	2.80	2.01
0.88	4.77	1.95	1.35	1.47	11.97	3.54	2.10	1.87	2.42	2.04
190	874	380	285	209	1603	544	283	234	285	257
6.70	35.22	14.65	9.89	10.67	113.29	35.35	17.63	17.35	24.38	18.57
2.49	3.80	1.17	1.99	0.64	6.44	3.93	0.60	0.92	1.00	
19235	93097	49924	18996	24177	53183	18014	6008	9325	15456	4380

指 标	Item	苏南合计 Southern Jiangsu	南京 Nanjing	无锡 Wuxi	常州 Changzhou	苏州 Suzhou
#发 明	Inventions	81590	16409	17565	10123	31984
专利申请授权量 (件)	Patents Granted (unit)	193047	18561	51442	15379	98430
#发 明	Inventions	13428	4455	2512	1188	4309
公共图书馆 (个)	Public Libraries (unit)	51	17	10	4	12
公共图书馆藏书量 (千册、件)	Total Collections of Public Libraries (1000 volumes)	44543	15736	5653	3755	16629
卫生机构数 (个)	Number of Health Institutions (unit)	9282	2305	1951	1128	2992
#医院	Hospitals	533	174	113	44	163
卫生院	Commune Hospitals	267	28	33	63	88
卫生机构床位数(万张)	Number of Beds in Health Institutions (10000 units)	14.74	3.78	3.05	2.05	4.61
#医院	Hospital	12.04	3.22	2.56	1.41	3.90
卫生院	Commune Hospitals	1.28	0.05	0.10	0.44	0.48
卫生技术人员 (万人)	Number of Medical and Technical Personnel (10000 persons)	18.79	5.40	3.51	2.53	5.72
#执业(助理)医师	Practitioner (Assistant) Doctors	7.24	1.91	1.31	1.01	2.32
注册护士	Registered Nurses	7.66	2.30	1.49	1.02	2.19
人民生活	**People's Livelihood**					
城镇非私营单位在岗职工工资总额 (亿元)	Total Wages of Fully-employed Staff and Workers (Excluded Private) (100 million yuan)	2526.36	845.67	451.89	259.01	783.43
城镇非私营单位在岗职工年平均工资 (元)	Average Wage of Fully-employed Staff and Workers (Excluded Private) (yuan)	57290	60404	56883	55764	57622

Continued 8

镇 江 Zhenjiang	苏中合计 Mid Jiangsu	南 通 Nantong	扬 州 Yangzhou	泰 州 Taizhou	苏北合计 Northern Jiangsu	徐 州 Xuzhou	连云港 Lianyungang	淮 安 Huaian	盐 城 Yancheng	宿 迁 Suqian
5509	18170	9254	4222	4694	10061	4675	1108	1484	2218	576
9235	52750	36245	8091	8414	24139	10000	3940	3140	4964	2095
964	1533	700	482	351	1248	462	218	276	237	55
8	22	9	7	6	39	8	7	8	9	7
2770	10113	5366	2821	1926	11513	2416	2638	2997	2559	903
906	7174	3254	1903	2017	14598	4327	2619	2175	3088	2389
39	306	200	59	47	587	114	65	52	138	218
55	333	127	82	124	517	160	91	130	136	
1.26	6.76	3.15	1.77	1.84	11.82	3.85	1.65	2.03	2.66	1.63
0.95	4.80	2.38	1.28	1.15	8.74	2.71	1.16	1.33	1.92	1.62
0.20	1.55	0.69	0.31	0.55	2.35	0.86	0.35	0.54	0.60	
1.64	7.69	3.47	2.11	2.11	13.13	3.97	1.90	2.35	2.97	1.93
0.69	3.31	1.48	0.88	0.95	5.25	1.45	0.73	0.96	1.39	0.71
0.66	2.82	1.28	0.82	0.72	5.05	1.61	0.79	0.96	0.96	0.74
186.36	669.09	319.85	184.07	165.17	870.56	266.48	146.55	170.19	202.36	84.98
47626	46348	49399	44689	42985	41938	44070	44124	41966	40357	36624

指 标	Item	苏南合计 Southern Jiangsu	南 京 Nanjing	无 锡 Wuxi	常 州 Changzhou	苏 州 Suzhou
#国有单位	State-owned Units	77011	74560	85446	73912	88461
城镇集体单位	Collective Owned Units in Urban Areas	50788	43474	60411	56293	63844
港澳台投资单位	Units Funded by Entrepreneurs from Hong Kong, Macao and Taiwan	42593	40599	47835	42271	44381
外商投资单位	Foreign-funded Economic Units	48879	51712	46843	47454	49482
城镇居民人均可支配收入 (元)	Per Capita Disposable Income of Urban Households (yuan)	35827	35092	35663	33326	39079
城镇居民人均消费支出 (元)	Per Capita Living Expenditure for Consumption of Urban Households (yuan)	22786	22446	23000	20918	25157
#食品支出	Expenditure for Food	7823	7827	8010	7229	8371
恩格尔系数 (城镇)(%)	Engle Coefficient (Urban,%)	34.3	34.9	34.5	34.6	33.3
农村居民人均纯收入 (元)	Per Capita Net Income of Rural Households (yuan)	17160	14786	18509	16737	19396
农村居民人均生活费支出 (元)	Per Capita Living Expenditure for Consumption of Rural Households (yuan)	12427	11114	12795	12027	14381
#食品支出	Expenditure for Food	4438	4147	4655	4337	4875
恩格尔系数 (农村)(%)	Engle Coefficient (Rural,%)	35.7	37.3	36.4	36.1	33.9
居民人均储蓄存款 (元)	Per Capita Saving Deposits of Residents (yuan)	53789	54716	57719	52771	54865
城镇居民人均住房建筑面积 (平方米)	Per Capita Residential Space of Urban Residents (sq. m)	35.7	32.3	36.4	37.5	36.1
农村居民人均住房面积 (平方米)	Per Capita Residential Space of Rural Residents (sq. m)	63.1	59.3	67.6	60.3	68.3
居民消费价格指数 (上年=100)	Consumer Price Indices (preceding year=100)	—	102.7	102.5	102.5	102.7

Continued 9

镇 江 Zhenjiang	苏中合计 Mid Jiangsu	南 通 Nantong	扬 州 Yangzhou	泰 州 Taizhou	苏北合计 Northern Jiangsu	徐 州 Xuzhou	连云港 Lianyungang	淮 安 Huaian	盐 城 Yancheng	宿 迁 Suqian
62087	60276	68887	53754	55814	48543	47890	49535	51456	49231	43956
42475	40763	50892	36401	38758	37088	35540	37499	34851	41900	35331
33887	35033	35251	36685	32174	33996	36672	32226	35123	29966	23805
39341	37681	39236	36017	34455	34903	31146	35224	34588	36142	30593
30045	27095	28292	25712	26574	20822	21716	20816	20950	21941	16991
17897	17103	17858	16492	16499	13837	13730	12726	14458	15430	11864
6589	6084	6211	6037	5927	4907	4820	4689	5126	5288	4438
36.8	35.6	34.8	36.6	35.9	35.5	35.1	36.9	35.5	34.3	37.4
14518	12877	13231	12686	12493	10502	10762	9589	9838	11898	9495
10530	9301	9839	8714	8990	6660	6742	6210	6493	6998	6594
3857	3281	3546	3180	2974	2432	2411	2259	2409	2543	2479
36.6	35.3	36.0	36.5	33.1	36.5	35.8	36.4	37.1	36.3	37.6
41251	41674	49170	37999	33404	18348	20956	16420	16799	21054	12943
39.1	39.0	39.8	37.4	39.3	36.5	35.0	37.4	35.5	37.2	38.9
56.2	54.5	54.6	50.1	56.9	44.0	45.6	42.1	43.3	45.1	42.3
102.4	—	102.5	102.6	101.7	—	102.6	102.3	102.4	102.8	102.8

19－3 江苏主要指标占长江三角洲比重（2012 年）
Proportion of Main Indicators of Jiangsu in Yangtze River Delta（2012）

指标	Item	长江三角洲三省市合计 Yangtze River Delta	长江三角洲占全国比重(%) Proportion of Yangtze River Delta in the Country(%)	江苏占长江三角洲比重（%） Proportion of Jiangsu in Yangtze River Delta（%）
土地面积 （万平方公里）	Land Area （10000 sq. km）	21.1	2.2	48.7
年末总人口 （万人）	Year－end Total Population （10000 persons）	15777.4	11.7	50.2
地区生产总值 （亿元）	Gross Domestic Product （100 million yuan）	108765.9	20.9	49.7
第一产业	Primary Industry	5215.6	10.0	65.5
第二产业	Secondary Industry	52347.1	22.2	51.8
#工业	Industry	46404.1	23.2	51.5
第三产业	Tertiary Industry	51203.2	22.1	45.9
固定资产投资 （亿元）	Total Investment in Fixed Assets （100 million yuan）	53822.2	14.8	58.9
#房地产开发	Investment in Real Estate Development	13813.7	19.2	44.9
公共财政预算收入 （亿元）	Public Finance Budget Revenue （100 million yuan）	12775.6	10.9	45.9
金融机构本外币存款余额 （亿元）	Deposits Balance of Banking Institutions （100 million yuan）	208343.3	22.1	37.5
金融机构本外币贷款余额 （亿元）	Loans Balance of Banking Institutions （100 million yuan）	158144.5	23.5	36.5
货运量 （亿吨）	Freight Traffic （100 million tons）	517150.6	12.6	44.7
客运量 （亿人）	Passenger Traffic （100 million persons）	512345.3	13.5	52.4
社会消费品零售总额（亿元）	Total Rtail Sales of Consumer Goods （100 million yuan）	39332.0	18.7	46.6
进出口总额 （亿美元）	Total Imports and Exports （USD 100 million）	12968.7	33.5	42.3
出口	Exports	7598.5	37.1	43.2
进口	Imports	5370.2	29.5	40.9
实际外商直接投资（亿美元）	Actual Foreign Direct Investment （USD 100 million）	640.2	57.3	55.9
旅游外汇收入 （亿美元）	Foreign Exchange Earnings from Tourism （USD 100 million）	169.4	33.9	37.2
在读研究生 （万人）	Postgraduates （10000 persons）	32.0	18.6	43.3
普通高等学校本专科在校学生 （万人）	University and College Students （10000 persons）	311.0	13.0	53.7
专利申请受理量 （万件）	Applications Accepted （10000 units）	80.4	39.2	58.8
专利申请受权量 （万件）	Patents Granted （10000 units）	50.9	40.6	53.0
图书出版量 （亿册）	Books Pubished （100 million copies）	11.9	14.7	43.5
执业医师数 （万人）	Doctors （10000 persons）	33.1	12.7	47.7

19－4 沿江开发区域主要指标占全省比重（2012年）
Proportion of Main Indicators of Development Zones along the Yangtze River in Jiangsu Province（2012）

指　标	Item	全　省 Province	沿江开发区域 Development Zones along the Yangtze River	沿江开发区域占全省比重（%） Proportion of Development Zones along the Yangtze River in Jiangsu Province（%）
年末户籍人口（万人）	Total Population at Year－end（10000 persons）	7553.48	2544.38	33.7
土地面积（万平方公里）	Land Area（10000 sq. km）	10.26	2.54	24.7
地区生产总值（亿元）	Gross Domestic Product（100 million yuan）	54058.22	27386.39	50.7
第一产业	Primary Industry	3418.34	832.59	24.4
第二产业	Secondary Industry	27121.92	14233.41	52.5
#工业	Industry	23908.44	12881.20	53.9
第三产业	Tertiary Industry	23517.96	12320.40	52.4
规模以上工业总产值（亿元）	Gross Industrial Output Value of Over Scale Enterprises（100 million yuan）	120124.91	57760.58	48.1
#制造业	Manufacturing	114918.17	56372.55	49.1
固定资产投资额（亿元）	Urban Investment in Fixed Assets（100 million yuan）	31706.58	14677.19	46.3
#房地产开发投资	Real Estate avelopment	6206.10	2894.48	46.6
社会消费品零售总额（亿元）	Total Retail Sales of Consumer Goods（100 million yuan）	18331.33	8875.98	48.4
进出口总额（亿美元）	Total Imports and Exports（USD 100 million）	5480.93	2177.04	39.7
#出口	Exports	3285.38	1284.28	39.1
实际外商直接投资（亿美元）	Actual Foreign Direct Investment（USD 100 million）	357.60	171.10	47.8
公共财政预算收入（亿元）	Public Finance Budget Revenue（100 million yuan）	5860.69	2450.99	41.8
公共财政预算支出（亿元）	Public Finance Budget Expenditure（100 million yuan）	7027.67	2584.52	36.8
金融机构存款余额（亿元）	Deposits Balance of Banking Institutions（100 million yuan）	75481.51	40675.06	53.9
#居民储蓄存款	Saving Deposits of Residents	30057.19	15441.42	51.4
金融机构贷款余额（亿元）	Loans Balance of Banking Institutions（100 million yuan）	54412.30	29103.08	53.5

19－5 沿江地区主要指标（2012 年）
Main Indicators of the Region along the Yangtze River（2012）

地　　区	Region	年末户籍人口（万人）Registered Population at Year-end（10000 persons）	土地面积（平方公里）Land Area（sq. km）	人口密度（人/平方公里）Density of Population（person/sq. km）	从业人员（万人）Employed Persons（10000 persons）	#第二产业 Secondary Industry	#第三产业 Tertiary Industry
沿江八市	**Eight Cities**	**4122.49**	**48301**	**854**	**3027.2**	**1496.5**	**1142.1**
沿江开发区域	**Development Regions**	**2544.38**	**25350**	**1004**	**1826.81**	**853.78**	**750.80**
南京市区	Nanjing	553.34	4733	1169	418.50	142.28	242.61
江 阴 市	Jiangyin	121.26	987	1229	99.48	63.27	31.02
常州市区	Changzhou	230.47	1862	1238	193.86	107.45	77.25
常 熟 市	Changshu	106.78	1276	837	100.71	55.26	41.42
张家港市	Zhangjiagang	91.02	990	920	86.09	49.92	32.64
太 仓 市	Taicang	47.26	823	574	45.35	26.77	15.23
南通市区	Nantong	211.88	1521	1393	138.07	59.47	56.67
启 东 市	Qidong	112.38	1208	930	69.17	29.21	18.36
如 皋 市	Rugao	142.50	1492	955	75.68	34.59	18.73
海 门 市	Haimen	99.97	939	1065	67.29	31.43	16.26
扬州市区	Yangzhou	230.13	2351	979	138.94	64.43	56.44
仪 征 市	Yizheng	56.24	857	656	39.55	18.16	11.84
镇江市区	Zhenjiang	103.30	1082	955	68.71	30.40	31.90
丹 阳 市	Danyang	81.17	1047	775	62.63	36.34	19.57
扬 中 市	Yangzhong	28.09	331	849	21.43	12.76	7.14
句 容 市	Jurong	58.84	1387	424	38.78	16.68	11.00
泰州市区	Taizhou	83.26	640	1302	54.24	27.92	22.59
靖 江 市	Jingjiang	66.66	656	1017	42.18	20.48	16.04
泰 兴 市	Taixing	119.83	1170	1025	66.15	26.96	24.09

地　　区	Region	地区生产总　值（亿元）Gross Domectic Product (100 million yuan)	第一产业 Primary Industry	第二产业 Seconary Industry	#工　业 Industry	第三产业 Tertiary Industry	人均地区生产总值（元）Per Capita GDP (yuan)
沿江八市	**Eight Cities**	**43575.20**	**1475.53**	**22608.46**	**20305.35**	**19491.21**	**88358**
沿江开发区域	**Development Regions**	**27386.39**	**832.59**	**14233.41**	**12881.20**	**12320.40**	**91473**
南京市区	Nanjing	6466.92	125.44	2755.36	2405.68	3586.12	88625
江 阴 市	Jiangyin	2535.38	47.69	1443.91	1393.27	1043.78	156471
常州市区	Changzhou	3021.64	59.70	1633.15	1517.22	1328.79	90108
常 熟 市	Changshu	1870.19	37.02	996.95	952.62	836.22	123882
张家港市	Zhangjiagang	2050.58	27.53	1175.51	1129.98	847.54	164441
太 仓 市	Taicang	955.12	33.61	520.36	491.50	401.15	134439
南通市区	Nantong	1758.13	54.08	922.61	764.54	781.44	76058
启 东 市	Qidong	589.14	61.48	306.09	240.62	221.57	61127
如 皋 市	Rugao	590.17	52.77	318.49	269.01	218.90	46801
海 门 市	Haimen	663.10	46.50	377.60	315.74	239.00	73473
扬州市区	Yangzhou	1949.19	73.16	1069.10	944.57	806.93	80824
仪 征 市	Yizheng	370.27	19.30	212.86	187.73	138.11	65842
镇江市区	Zhenjiang	1151.97	27.77	601.83	531.19	522.37	94880
丹 阳 市	Danyang	830.51	44.79	447.76	428.85	337.96	85549
扬 中 市	Yangzhong	360.20	11.50	202.69	195.20	146.01	106269
句 容 市	Jurong	336.86	31.71	177.89	164.64	127.26	54275
泰州市区	Taizhou	742.63	16.85	444.22	384.21	281.56	84093
靖 江 市	Jingjiang	600.85	18.88	335.88	310.80	246.09	87639
泰 兴 市	Taixing	543.55	42.80	291.15	253.82	209.60	50537

19－5 续 表2 Continued 2

地　　区	Region	三次产业占GDP比重(%) Percentage of Three Industries to GDP(%)				公共财政预算收入占GDP比重(%) Percentage of Public Finance Budget Revenue to GDP(%)	外贸依存度(%) Interdependent Level to Foreign Trade (%)
		第一产业 Primary Industry	第二产业 Seconary Industry	#工　业 Industry	第三产业 Tertiary Industry		
沿江八市	**Eight Cities**	**3.4**	**51.9**	**46.6**	**44.7**	**9.3**	**75.2**
沿江开发区域	**Development Regions**	**3.0**	**52.0**	**47.0**	**45.0**	**8.9**	**50.2**
南京市区	Nanjing	1.9	42.6	37.2	55.5	10.5	53.3
江 阴 市	Jiangyin	1.9	57.0	55.0	41.2	6.6	48.0
常州市区	Changzhou	2.0	54.0	50.2	44.0	10.4	54.9
常 熟 市	Changshu	2.0	53.3	50.9	44.7	6.9	66.7
张家港市	Zhangjiagang	1.3	57.4	55.1	41.3	7.3	98.4
太 仓 市	Taicang	3.5	54.5	51.5	42.0	9.4	83.4
南通市区	Nantong	3.1	52.5	43.5	44.4	11.0	58.2
启 东 市	Qidong	10.4	52.0	40.8	37.6	8.9	21.7
如 皋 市	Rugao	8.9	54.0	45.6	37.1	9.1	38.4
海 门 市	Haimen	7.0	56.9	47.6	36.0	7.8	16.1
扬州市区	Yangzhou	3.8	54.8	48.5	41.4	8.1	27.0
仪 征 市	Yizheng	5.2	57.5	50.7	37.3	6.7	15.9
镇江市区	Zhenjiang	2.4	52.2	46.1	45.3	10.2	42.0
丹 阳 市	Danyang	5.4	53.9	51.6	40.7	6.0	20.2
扬 中 市	Yangzhong	3.2	56.3	54.2	40.5	6.3	8.4
句 容 市	Jurong	9.4	52.8	48.9	37.8	7.4	11.5
泰州市区	Taizhou	2.3	59.8	51.7	37.9	12.7	29.5
靖 江 市	Jingjiang	3.1	55.9	51.7	41.0	7.3	36.9
泰 兴 市	Taixing	7.9	53.6	46.7	38.6	6.0	23.6

地　区	Region	规模以上工业企业个数（个）Number of Over Scale Industrial Enterprises (unit)	从业人员平均人数（万人）Average Number of Employees (10000 persons)	工业总产值（亿元）Total Output Value of Industry (100 million yuan)	#制造业 Manufacturing	主营业务收入（亿元）Major Business Revenue (100 million yuan)	利税总额（亿元）Total Pre-tax Profits (100 million yuan)
沿江八市	**Eight Cities**	**34632**	**911.00**	**93922.08**	**92077.45**	**93194.37**	**8675.71**
沿江开发区域	**Development Regions**	**19542**	**498.58**	**57760.58**	**56372.55**	**57147.40**	**5770.33**
南京市区	Nanjing	1910	65.38	10171.97	9858.93	10026.30	1195.83
江阴市	Jiangyin	1436	48.07	5915.23	5770.62	5786.94	565.88
常州市区	Changzhou	3152	68.74	7043.25	6942.12	7156.86	562.24
常熟市	Changshu	1453	37.09	3369.21	3277.21	3356.42	238.60
张家港市	Zhangjiagang	1242	32.75	4700.56	4603.57	4874.35	186.35
太仓市	Taicang	1178	18.76	1831.88	1712.96	1777.51	133.35
南通市区	Nantong	1588	32.96	3446.13	3371.25	3419.86	379.22
启东市	Qidong	514	10.30	1156.90	1094.42	1127.38	142.32
如皋市	Rugao	784	18.48	1360.88	1357.95	1280.49	108.78
海门市	Haimen	584	10.60	1425.03	1421.17	1424.61	233.81
扬州市区	Yangzhou	1467	55.10	4814.17	4727.27	4718.70	599.54
仪征市	Yizheng	301	8.66	1049.86	1041.92	1012.94	133.39
镇江市区	Zhenjiang	789	14.53	2399.90	2229.58	2336.74	245.07
丹阳市	Danyang	807	18.47	1931.79	1927.37	1899.27	141.19
扬中市	Yangzhong	352	7.61	877.53	876.19	846.29	95.99
句容市	Jurong	498	11.28	896.48	873.76	893.04	85.11
泰州市区	Taizhou	530	14.40	2213.47	2156.99	2168.73	283.70
靖江市	Jingjiang	430	14.95	1726.63	1706.05	1626.93	214.64
泰兴市	Taixing	527	10.45	1429.71	1423.23	1414.05	225.32

地 区	Region	固定资产投资（亿元）Investment in Fixed Assets (100 million yuan)	#房地产开发 Real Estate Development	社会消费品零售总额（亿元）Total Retail Sales of Consumer Goods (100 million yuan)	进出口总额（亿美元）Total Imports and Exports (USD 100 million)	#出口 Exports	实际外商直接投资（亿美元）Actual Direct Foreign Investment (USD 100 million)
沿江八市	**Eight Cities**	**23529.06**	**4964.26**	**14398.63**	**5189.81**	**3095.03**	**286.73**
沿江开发区域	**Development Regions**	**14677.19**	**2894.48**	**8875.98**	**2177.04**	**1284.28**	**171.10**
南京市区	Nanjing	3906.36	925.13	2880.57	546.09	312.87	38.99
江阴市	Jiangyin	834.28	181.39	515.48	192.65	105.15	7.98
常州市区	Changzhou	2028.39	531.74	1058.35	262.95	177.39	27.05
常熟市	Changshu	602.12	86.41	499.54	197.49	129.21	9.56
张家港市	Zhangjiagang	691.07	83.76	370.73	319.62	128.11	9.52
太仓市	Taicang	459.93	69.47	195.07	126.21	56.60	8.11
南通市区	Nantong	1192.76	330.32	639.41	162.12	114.56	10.59
启东市	Qidong	359.53	32.20	228.73	20.28	14.43	2.39
如皋市	Rugao	329.86	27.42	229.85	35.88	23.72	2.14
海门市	Haimen	370.86	36.43	237.12	16.92	12.38	1.22
扬州市区	Yangzhou	1104.21	184.54	637.20	83.23	69.46	15.88
仪征市	Yizheng	247.45	14.61	114.75	9.32	4.53	3.52
镇江市区	Zhenjiang	898.73	114.49	380.45	76.69	47.45	11.45
丹阳市	Danyang	280.53	33.61	202.38	26.51	21.84	4.76
扬中市	Yangzhong	147.03	14.06	90.32	4.81	3.63	1.67
句容市	Jurong	174.39	43.32	93.31	6.11	4.45	4.26
泰州市区	Taizhou	505.20	108.93	236.53	34.69	24.27	6.89
靖江市	Jingjiang	283.38	43.43	123.25	35.10	23.44	2.61
泰兴市	Taixing	261.10	33.20	142.95	20.36	10.77	2.52

19－5 续 表5 Continued 5

单位:亿元 (100 million yuan)

地　区	Region	公共财政预算收入 Public Finance Budget Revenue	#税收收入 Taxes	公共财政预算支出 Public Finance Budget Expenditure	年末金融机构存款余　额 Deposits Balance of Banking Institutions (year－end)	#城乡居民储蓄存款 Savings Deposits by Residents	年末金融机构贷款余　额 Loans Balance of Banking Institutions (year－end)
沿江八市	**Eight Cities**	**4058.19**	**3344.54**	**4256.91**	**65184.38**	**24591.66**	**47161.00**
沿江开发区域	**Development Regions**	**2450.99**	**1990.07**	**2584.52**	**40675.06**	**15441.42**	**29103.08**
南京市区	Nanjing	681.82	561.81	702.95	15744.41	4253.59	11996.78
江 阴 市	Jiangyin	167.19	139.24	154.00	2347.59	792.49	1811.65
常州市区	Changzhou	315.38	249.76	313.66	4558.74	1911.14	3109.26
常 熟 市	Changshu	128.15	104.07	128.27	2031.19	907.18	1509.74
张家港市	Zhangjiagang	149.61	122.20	142.92	2064.68	746.76	1490.75
太 仓 市	Taicang	90.15	72.63	86.16	1018.88	377.17	863.41
南通市区	Nantong	192.60	154.02	216.64	3030.97	1413.05	1956.33
启 东 市	Qidong	52.21	42.37	59.59	691.33	481.71	402.73
如 皋 市	Rugao	53.60	44.72	71.08	670.20	436.10	354.53
海 门 市	Haimen	51.61	41.79	55.96	719.57	481.84	421.40
扬州市区	Yangzhou	157.90	126.69	184.34	2418.69	1127.99	1491.71
仪 征 市	Yizheng	24.66	19.89	26.44	333.11	194.23	183.58
镇江市区	Zhenjiang	117.80	92.77	119.72	1455.38	554.25	1030.05
丹 阳 市	Danyang	50.09	41.92	54.31	725.50	372.35	588.11
扬 中 市	Yangzhong	22.57	18.13	25.36	350.86	198.60	239.03
句 容 市	Jurong	25.02	21.29	35.86	318.78	176.17	216.10
泰州市区	Taizhou	94.00	75.34	108.91	1074.90	407.64	756.87
靖 江 市	Jingjiang	44.01	35.28	47.77	654.18	314.65	408.86
泰 兴 市	Taixing	32.61	26.13	50.58	466.13	294.54	272.19

地　区	Region	公路里程（公里）Total Length of Highways (km)	民用汽车拥有量（万辆）Number of Civil Motor Vehicles Owned (10000 units)	公路客运量（万人）Passenger Traffic (10000 persons)	公路货运量（万吨）Freight Traffic (10000 tons)	全社会用电量（亿千瓦时）Total Consumption of Electricity (100 million kW · h)	#工业用电 Consumption of Electricity for Industrial Use
沿江八市	**Eight Cities**	**84740**	**629.56**	**201896**	**112897**	**3424.60**	**2653.27**
沿江开发区域	**Development Regions**	**50659**	**375.46**	**117861**	**78564**	**2016.50**	**1565.03**
南京市区	Nanjing	7943	111.55	40159	19952	403.93	252.08
江 阴 市	Jiangyin	2362	25.43	3213	4108	229.54	205.88
常州市区	Changzhou	4147	52.92	11253	11057	254.14	196.17
常 熟 市	Changshu	3164	23.83	8707	1983	147.34	123.65
张家港市	Zhangjiagang	1527	20.36	7982	2943	265.59	246.75
太 仓 市	Taicang	1265	11.91	3349	2033	81.00	68.79
南通市区	Nantong	3925	28.98	14277	9500	85.83	62.57
启 东 市	Qidong	3514	8.54	1892	1499	24.20	15.96
如 皋 市	Rugao	3160	9.68	951	2787	42.77	31.02
海 门 市	Haimen	2457	8.08	1525	1168	31.39	22.36
扬州市区	Yangzhou	4155	19.39	5831	5297	98.98	65.83
仪 征 市	Yizheng	1483	3.05	631	931	28.80	23.79
镇江市区	Zhenjiang	1589	13.92	5919	6968	101.47	81.13
丹 阳 市	Danyang	2096	8.88	2479	2829	58.23	46.70
扬 中 市	Yangzhong	971	3.49	1172	755	13.67	9.99
句 容 市	Jurong	2412	2.51	2076	1866	20.11	13.80
泰州市区	Taizhou	1168	9.79	2544	1458	45.80	32.26
靖 江 市	Jingjiang	1255	6.74	1933	605	35.61	27.15
泰 兴 市	Taixing	2065	6.41	1968	825	48.09	39.16

19－6　沿海地区主要指标（2012 年）
Main Indicators of the Coastal Regions(2012)

地　区	Region	年末总人口（万人）Total Population at Year-end (10000 persons)	土地面积（平方公里）Land Area (sq. km)	人口密度（人/平方公里）Density of Population (person/sq. km)	从业人员（万人）Employed Persons (10000 persons)	#第二产业 Secondary Industry	#第三产业 Tertiary Industry
沿海三市合计	**Three Cities**	**2098.59**	**32588**	**644**	**1165.8**	**434.9**	**393.3**
沿海地带合计	**Coastal Regions**	**1764.80**	**28497**	**619**	**993.97**	**369.77**	**342.11**
南通市区	Nantong	211.88	1521	1393	138.07	59.47	56.67
海 安 县	Haian	93.87	1108	847	55.36	28.62	13.45
如 东 县	Rudong	104.60	1733	604	63.33	30.78	16.83
启 东 市	Qidong	112.38	1208	930	69.17	29.21	18.36
海 门 市	Haimen	99.97	939	1065	67.29	31.43	16.26
连云港市区	Lianyungang	96.65	1200	806	51.88	18.43	24.31
赣 榆 县	Ganyu	115.58	1514	763	57.16	18.91	19.77
东 海 县	Donghai	118.02	2037	579	56.28	17.61	19.91
灌 云 县	Guanyun	102.01	1840	554	47.63	13.97	13.92
灌 南 县	Guannan	78.73	1025	768	36.25	8.78	10.59
盐城市区	Yancheng	166.80	1862	896	97.60	34.62	42.64
响 水 县	Xiangshui	61.48	1461	421	28.92	8.85	9.56
滨 海 县	Binhai	120.05	1915	627	56.40	16.40	18.98
射 阳 县	Sheyang	96.66	2855	339	56.29	17.10	19.70
东 台 市	Dongtai	113.59	3221	353	66.08	21.63	24.03
大 丰 市	Dafeng	72.53	3059	237	46.26	13.96	17.13

19－6 续 表1 Continued 1

地　区	Region	地区生产总值（亿元）Gross Domectic Product (100 million yuan)	第一产业 Primary Industry	第二产业 Seconary Industry	#工业 Industry	第三产业 Tertiary Industry	人均地区生产总值（元）Per Capita GDP (yuan)
沿海三市合计	**Three Cities**	**9282.09**	**1007.62**	**4623.12**	**3833.64**	**3651.35**	**49069**
沿海地带合计	**Coastal Regions**	**8096.43**	**856.88**	**4142.99**	**3453.05**	**3096.56**	**50362**
南通市区	Nantong	1758.13	54.08	922.61	764.54	781.44	76058
海安县	Haian	480.14	47.69	246.30	204.33	186.15	55443
如东县	Rudong	478.00	56.56	243.03	197.87	178.41	48364
启东市	Qidong	589.14	61.48	306.09	240.62	221.57	61127
海门市	Haimen	663.10	46.50	377.60	315.74	239.00	73473
连云港市区	Lianyungang	564.00	31.69	286.41	228.59	245.90	52392
赣榆县	Ganyu	331.36	50.46	166.07	129.54	114.83	34996
东海县	Donghai	277.30	51.02	127.37	109.04	98.91	29233
灌云县	Guanyun	220.29	50.34	102.23	77.90	67.72	27401
灌南县	Guannan	210.47	39.39	105.28	89.46	65.80	33914
盐城市区	Yancheng	855.10	71.12	517.18	441.81	266.80	53039
响水县	Xiangshui	181.35	35.58	89.85	80.33	55.92	35908
滨海县	Binhai	267.69	49.70	117.89	99.78	100.10	28245
射阳县	Sheyang	320.31	69.59	129.38	117.54	121.34	35841
东台市	Dongtai	506.69	78.33	231.89	204.71	196.47	51342
大丰市	Dafeng	393.36	63.34	173.82	151.25	156.20	56014

19－6 续 表2 Continued 2

地 区	Region	三次产业占GDP比重(%) Percentage of Three Industries to GDP (%) 第一产业 Primary Industry	第二产业 Seconary Industry	#工 业 Industry	第三产业 Tertiary Industry	公共财政预算收入占GDP比重(%) Percentage of Public Finance Budget Revenue to GDP(%)	外贸依存度(%) Interdependent Level to Foreign Trade (%)
沿海三市合计	**Three Cities**	**10.9**	**49.8**	**41.3**	**39.3**	**10.1**	**27.2**
沿海地带合计	**Coastal Regions**	**10.6**	**51.2**	**42.6**	**38.2**	**10.2**	**28.1**
南通市区	Nantong	3.1	52.5	43.5	44.4	11.0	58.2
海 安 县	Haian	9.9	51.3	42.6	38.8	7.8	19.7
如 东 县	Rudong	11.8	50.8	41.4	37.3	6.7	16.9
启 东 市	Qidong	10.4	52.0	40.8	37.6	8.9	21.7
海 门 市	Haimen	7.0	56.9	47.6	36.0	7.8	16.1
连云港市区	Lianyungang	5.6	50.8	40.5	43.6	17.9	77.7
赣 榆 县	Ganyu	15.2	50.1	39.1	34.7	8.8	7.4
东 海 县	Donghai	18.4	45.9	39.3	35.7	9.9	6.3
灌 云 县	Guanyun	22.9	46.4	35.4	30.7	11.7	6.7
灌 南 县	Guannan	18.7	50.0	42.5	31.3	12.2	4.8
盐城市区	Yancheng	8.3	60.5	51.7	31.2	12.3	22.5
响 水 县	Xiangshui	19.6	49.5	44.3	30.8	10.9	15.9
滨 海 县	Binhai	18.6	44.0	37.3	37.4	9.3	5.1
射 阳 县	Sheyang	21.7	40.4	36.7	37.9	6.5	4.8
东 台 市	Dongtai	15.5	45.8	40.4	38.8	8.6	5.6
大 丰 市	Dafeng	16.1	44.2	38.5	39.7	10.2	13.6

地　　区　　Region		规模以上工业企业个数（个）Number of Over Scale Industrial Enterprises (unit)	从业人员平均人数（万人）Average Number of Employees (10000 persons)	工业总产值（亿元）Total Output Value of Industry (100 million yuan)	#制造业 Manufacturing	主营业务收入（亿元）Major Business Revenue (100 million yuan)	利税总额（亿元）Total Pre-tax Profits (100 million yuan)
沿海三市合计	**Three Cities**	**9145**	**170.11**	**18857.86**	**18449.20**	**18599.28**	**2275.01**
沿海地带合计	**Coastal Regions**	**7777**	**160.09**	**16530.23**	**16126.84**	**16352.60**	**2067.34**
南通市区	Nantong	1588	32.96	3446.13	3371.25	3419.86	379.22
海 安 县	Haian	820	10.93	1257.50	1253.92	1206.92	147.71
如 东 县	Rudong	651	10.35	1243.68	1216.25	1231.69	148.32
启 东 市	Qidong	514	10.30	1156.90	1094.42	1127.38	142.32
海 门 市	Haimen	584	10.60	1425.03	1421.17	1424.61	233.81
连云港市区	Lianyungang	291	7.36	1312.88	1198.81	1270.03	200.62
赣 榆 县	Ganyu	373	0.55	816.05	809.05	810.10	71.63
东 海 县	Donghai	344	1.09	481.20	473.22	476.05	58.19
灌 云 县	Guanyun	218	0.61	392.11	380.94	386.36	41.93
灌 南 县	Guannan	162	0.93	410.99	410.71	406.49	51.80
盐城市区	Yancheng	625	32.07	1945.22	1921.78	1963.48	316.94
响 水 县	Xiangshui	141	4.17	438.23	405.08	435.04	55.67
滨 海 县	Binhai	197	9.07	426.55	423.46	430.25	52.68
射 阳 县	Sheyang	299	6.17	465.14	444.89	461.13	38.03
东 台 市	Dongtai	556	13.48	748.45	741.84	746.19	76.01
大 丰 市	Dafeng	414	9.46	564.17	560.05	557.02	52.46

19－6 续 表4 Continued 4

地 区	Region	固定资产投资(亿元) Investment in Fixed Assets (100 million yuan)	#房地产开发 Real Estate Development	社会消费品零售总额(亿元) Total Retail Sales of Consumer Goods (100 million yuan)	进出口总额(亿美元) Total Imports and Exports (USD 100 million)	#出 口 Exports	实际外商直接投资(亿美元) Actual Direct Foreign Investment (USD 100 million)
沿海三市合计	**Three Cities**	**6108.23**	**917.38**	**3317.97**	**400.56**	**258.52**	**50.50**
沿海地带合计	**Coastal Regions**	**5437.62**	**850.51**	**2897.70**	**359.79**	**230.56**	**45.08**
南通市区	Nantong	1192.76	330.32	639.41	162.12	114.56	10.59
海 安 县	Haian	322.66	34.18	181.98	14.99	12.79	2.52
如 东 县	Rudong	310.79	21.19	202.18	12.81	9.99	3.20
启 东 市	Qidong	359.53	32.20	228.73	20.28	14.43	2.39
海 门 市	Haimen	370.86	36.43	237.12	16.92	12.38	1.22
连云港市区	Lianyungang	561.71	102.42	226.62	69.41	27.62	3.87
赣 榆 县	Ganyu	202.31	15.79	108.28	3.91	2.79	1.30
东 海 县	Donghai	189.35	18.09	107.89	2.76	2.12	1.39
灌 云 县	Guanyun	164.46	11.92	78.69	2.35	2.15	0.55
灌 南 县	Guannan	163.04	14.01	54.01	1.62	1.34	0.23
盐城市区	Yancheng	607.54	139.15	343.74	30.48	14.31	7.20
响 水 县	Xiangshui	141.99	10.06	42.18	4.56	3.53	1.32
滨 海 县	Binhai	187.32	19.82	69.98	2.14	1.95	1.50
射 阳 县	Sheyang	168.31	15.16	110.00	2.45	1.82	1.60
东 台 市	Dongtai	278.41	30.26	158.09	4.53	4.10	3.10
大 丰 市	Dafeng	216.56	19.50	108.80	8.46	4.68	3.10

单位:亿元 (100 million yuan)

地 区	Region	公共财政预算收入 Public Finance Budget Revenue	#税收收入 Taxes	公共财政预算支出 Public Finance Budget Expenditure	年末金融机构存款余额 Deposits Balance of Banking Institutions (year－end)	#城乡居民储蓄存款 Savings Deposits by Residents	年末金融机构贷款余额 Loans Balance of Banking Institutions (year－end)
沿海三市合计	**Three Cities**	**941.44**	**751.81**	**1299.03**	**10500.18**	**5830.98**	**6860.16**
沿海地带合计	**Coastal Regions**	**829.43**	**660.27**	**1128.10**	**9396.30**	**5097.28**	**6199.98**
南通市区	Nantong	192.60	154.02	216.64	3030.97	1413.05	1956.33
海安县	Haian	37.53	30.75	55.30	681.06	426.65	454.33
如东县	Rudong	32.17	25.85	54.44	504.06	348.72	247.82
启东市	Qidong	52.21	42.37	59.59	691.33	481.71	402.73
海门市	Haimen	51.61	41.79	55.96	719.57	481.84	421.40
连云港市区	Lianyungang	100.81	75.63	127.96	896.52	331.15	755.44
赣榆县	Ganyu	29.21	22.97	53.69	188.93	121.39	140.69
东海县	Donghai	27.46	21.35	48.00	186.71	121.83	133.41
灌云县	Guanyun	25.86	20.67	41.02	143.28	87.16	97.79
灌南县	Guannan	25.59	20.30	41.88	88.23	62.06	69.26
盐城市区	Yancheng	105.21	88.04	127.68	1038.68	412.37	741.29
响水县	Xiangshui	19.73	15.20	35.86	99.66	57.76	81.40
滨海县	Binhai	24.94	19.49	48.09	158.33	97.14	109.94
射阳县	Sheyang	20.80	16.40	43.83	204.49	132.17	153.51
东台市	Dongtai	43.67	34.57	62.75	442.73	324.20	231.17
大丰市	Dafeng	40.01	30.85	55.42	321.76	198.10	203.48

地　区	Region	公路里程（公里）Total Length of Highways (km)	民用汽车拥有量（万辆）Number of Civil Motor Vehicles Owned (10000 units)	公路客运量（万人）Passenger Traffic (10000 persons)	公路货运量（万吨）Freight Traffic (10000 tons)	全社会用电量（亿千瓦时）Total Consumption of Electricity (100 million kW·h)	#工业用电 Consumption of Electricity for Industrial Use
沿海三市合计	**Three Cities**	**48228**	**135.93**	**51223**	**40654**	**643.06**	**463.36**
沿海地带合计	**Coastal Regions**	**41476**	**119.82**	**48494**	**37918**	**515.25**	**368.79**
南通市区	Nantong	3925	28.98	14277	9500	85.83	62.57
海 安 县	Haian	2355	6.02	1802	3196	38.38	30.61
如 东 县	Rudong	2504	6.86	903	2049	36.79	27.88
启 东 市	Qidong	3514	8.54	1892	1499	24.20	15.96
海 门 市	Haimen	2457	8.08	1525	1168	31.39	22.36
连云港市区	Lianyungang	1426	10.58	9977	6325	43.12	25.31
赣 榆 县	Ganyu	2759	4.84	1538	2343	26.51	19.48
东 海 县	Donghai	2884	5.45	1693	2157	17.17	10.79
灌 云 县	Guanyun	2533	3.87	1495	1283	9.73	5.20
灌 南 县	Guannan	1904	2.56	1220	999	19.43	15.14
盐城市区	Yancheng	2789	12.95	8863	3700	42.07	24.10
响 水 县	Xiangshui	1736	2.28	838	537	32.09	28.44
滨 海 县	Binhai	2094	4.54	352	1122	22.01	16.01
射 阳 县	Sheyang	2466	4.24	370	118	16.29	9.90
东 台 市	Dongtai	3094	5.11	803	275	35.04	27.03
大 丰 市	Dafeng	3036	4.90	946	647	35.20	28.02

19－7 沿东陇海线地区主要指标（2012 年）
Main Indicators of the East Region along the Long-hai Railway(2012)

地区	Region	年末总人口（万人）Total Population at Year-end (10000 persons)	土地面积（平方公里）Land Area (sq. km)	人口密度（人/平方公里）Density of Population (person/sq. km)	从业人员（万人）Employed Persons (10000 persons)	#第二产业 Secondary Industry	#第三产业 Tertiary Industry
东陇海合计	**Total**	**822.54**	**9933**	**828**	**404.35**	**118.77**	**154.96**
徐州市区	Xuzhou	320.86	3038	1056	163.90	47.99	76.92
新 沂 市	Xinyi	107.15	1571	682	54.59	13.89	13.05
邳 州 市	Pizhou	179.86	2088	861	77.70	20.85	20.77
连云港市区	Lianyungang	96.65	1200	806	51.88	18.43	24.31
东 海 县	Donghai	118.02	2037	579	56.28	17.61	19.91

19－7 续表 1 Continued 1

地区	Region	地区生产总值（亿元）Gross Domectic Product (100 million yuan)	第一产业 Primary Industry	第二产业 Seconary Industry	#工业 Industry	第三产业 Tertiary Industry	人均地区生产总值（元）Per Capita GDP (yuan)
东陇海合计	**Total**	**4107.88**	**277.73**	**2093.87**	**1827.76**	**1736.28**	**54797**
徐州市区	Xuzhou	2402.93	67.79	1307.01	1179.21	1028.13	76923
新 沂 市	Xinyi	350.16	47.91	149.44	127.13	152.81	38443
邳 州 市	Pizhou	513.49	79.32	223.64	183.79	210.53	35737
连云港市区	Lianyungang	564.00	31.69	286.41	228.59	245.90	52392
东 海 县	Donghai	277.30	51.02	127.37	109.04	98.91	29233

19－7 续 表2 Continued 2

地　　区	Region	规模以上工业企业个数(个) Number of over Scale Industrial Enterprises (unit)	从业人员平均人数(万人) Average Number of Employees (10000 persons)	工业总产值(亿元) Total Output Value (100 million yuan)	#制造业 Manufacturing	主营业务收入(亿元) Major Business Revenue (100 million yuan)	利税总额(亿元) Total Pre-tax Profits (100 million yuan)
东陇海合计	**Total**	**2502**	**64.14**	**8786.43**	**8127.73**	**8723.56**	**1307.33**
徐州市区	Xuzhou	873	37.35	4611.08	4143.85	4583.95	684.41
新 沂 市	Xinyi	452	6.83	878.41	864.22	907.75	112.41
邳 州 市	Pizhou	542	11.52	1502.86	1447.63	1485.78	251.71
连云港市区	Lianyungang	291	7.36	1312.88	1198.81	1270.03	200.62
东 海 县	Donghai	344	1.09	481.20	473.22	476.05	58.19

19－7 续 表3 Continued 3

地　　区	Region	固定资产投资(亿元) Urban Investment in Fixed Assets (100 million yuan)	#房地产开发 Real Estate Development	社会消费品零售总额(亿元) Total Retail Sales of Consumer Goods (100 million yuan)	进出口总额(亿美元) Total Imports and Exports (USD 100 million)	#出　口 Export	实际外商直接投资(亿美元) Actual Direct Foreign Investment (USD 100 million)
东陇海合计	**Total**	**2864.08**	**380.73**	**1368.79**	**142.75**	**82.34**	**18.58**
徐州市区	Xuzhou	1448.50	199.58	837.16	51.85	36.06	9.67
新 沂 市	Xinyi	270.64	32.38	83.06	4.30	2.51	1.85
邳 州 市	Pizhou	393.88	28.26	114.06	14.43	14.02	1.80
连云港市区	Lianyungang	561.71	102.42	226.62	69.41	27.62	3.87
东 海 县	Donghai	189.35	18.09	107.89	2.76	2.12	1.39

19－7 续 表4 Continued 4

单位:亿元 (100 million yuan)

地　区	Region	公共财政预算收入 Public Finance Budget Revenue	#税收收入 Taxes	公共财政预算支出 Public Finance Budget Expenditure	年末金融机构存款余额 Deposits Balance of Banking Institutions (year－end)	#城乡居民储蓄存款 Savings Deposits by Residents	年末金融机构贷款余额 Loans Balance of Banking Institutions (year－end)
东陇海合计	**Total**	**405.59**	**308.49**	**548.33**	**3764.77**	**1774.07**	**2613.44**
徐州市区	Xuzhou	202.34	151.93	251.32	2250.06	1029.23	1378.53
新 沂 市	Xinyi	32.85	26.32	52.83	180.01	124.10	157.13
邳 州 市	Pizhou	42.12	33.26	68.22	251.48	167.76	188.92
连云港市区	Lianyungang	100.81	75.63	127.96	896.52	331.15	755.44
东 海 县	Donghai	27.46	21.35	48.00	186.71	121.83	133.41

19－7 续 表5 Continued 5

地　区	Region	公路里程(公里) Total Length of Highways (km)	民用汽车拥用量(万辆) Number of Civil Motor Vehicles Owned (10000 units)	公路客运量(万人) Passenger Traffic (10000 persons)	公路货运量(万吨) Freight Traffic (10000 tons)	全社会用电量(亿千瓦时) Total Consumption of Electricity (100 million kW·h)	#工业用电 Consumption of Electricity for Industrial Use
东陇海合计	**Total**	**14050**	**61.02**	**29219**	**21601**	**316.39**	**238.14**
徐州市区	Xuzhou	3920	32.31	12904	7647	195.16	155.70
新 沂 市	Xinyi	2799	4.54	1739	2591	34.04	28.03
邳 州 市	Pizhou	3021	8.13	2906	2882	26.88	18.31
连云港市区	Lianyungang	1426	10.58	9977	6325	43.12	25.31
东 海 县	Donghai	2884	5.45	1693	2157	17.17	10.79

20

市县社会经济

Social Economy of Cities and Counties

简 要 说 明

一、本篇资料的主要内容

本篇资料反映市县经济社会发展情况。

二、资料来源

本篇资料主要根据市县社会经济基本情况统计年报加工整理。

Brief Introduction

I. Main Contents

Data in this chapter reflect the economic and social development of cities and counties.

Ⅱ. Date Source

Data in this chapter mainly based on the basic socio – economic situation annual report.

20－1 人　口（2012年）
Population（2012）

市　县 City and County		年末户籍人口（万人）Registered Population at Year-end (10000 persons)	#女　性 Female	年末常住人口（万人）Permanent Population at Year-end (10000 persons)	出生人口（人）Birth (person)	死亡人口（人）Death (person)	人口密度（人/平方公里）Density of Population (person/sq. km)
南京市	**Nanjing City**	**638.48**	**317.09**	**816.10**	**65575**	**43858**	**1239**
溧水县	Lishui County	41.88	20.59	41.86	4665	3825	393
高淳县	Gaochun County	43.26	21.03	41.91	4183	3848	531
无锡市	**Wuxi City**	**470.07**	**236.66**	**646.55**	**42697**	**33384**	**1397**
江阴市	Jiangyin City	121.26	60.48	162.43	11419	8387	1646
宜兴市	Yixing City	107.73	54.43	124.80	9182	8797	625
徐州市	**Xuzhou City**	**990.53**	**477.26**	**856.41**	**193823**	**45778**	**761**
丰　县	Fengxian County	116.62	55.69	94.93	25436	3592	657
沛　县	Peixian County	128.67	62.01	111.31	25265	6737	825
睢宁县	Suining County	137.36	65.88	102.49	28995	9237	580
新沂市	Xinyi City	107.15	51.70	90.83	27156	3028	578
邳州市	Pizhou City	179.86	86.39	143.36	28291	13045	687
常州市	**Changzhou City**	**364.77**	**183.18**	**468.68**	**34352**	**28625**	**1072**
溧阳市	Liyang City	78.99	39.03	76.03	7502	5939	495
金坛市	Jintan City	55.31	27.74	55.84	5910	6688	572
苏州市	**Suzhou City**	**647.81**	**328.90**	**1054.91**	**68097**	**45010**	**1243**
常熟市	Changshu City	106.78	54.83	150.71	8053	8648	1181
张家港市	Zhangjiagang City	91.02	46.23	124.18	8214	6797	1255
昆山市	Kunshan City	73.76	37.01	163.89	9311	4418	1758
太仓市	Taicang City	47.26	24.34	70.68	3638	3761	859

市 县 City and County		年末户籍人口（万人）Registered Population at Year-end (10000 persons)	#女 性 Female	年末常住人口（万人）Permanent Population at Year-end (10000 persons)	出生人口（人）Birth (person)	死亡人口（人）Death (person)	人口密度（人/平方公里）Density of Population (person/sq. km)
南 通 市	**Nantong City**	**765.20**	**387.42**	**729.73**	**56647**	**67708**	**912**
海 安 县	Haian County	93.87	47.31	86.60	5646	7370	782
如 东 县	Rudong County	104.60	52.99	98.60	6662	10473	569
启 东 市	Qidong City	112.38	57.16	96.00	7631	8278	795
如 皋 市	Rugao City	142.50	71.37	126.00	12244	12528	845
海 门 市	Haimen City	99.97	50.71	90.23	6448	9009	961
连云港市	**Lianyungang City**	**510.99**	**244.38**	**440.69**	**95884**	**35962**	**579**
赣 榆 县	Ganyu County	115.58	54.87	94.81	18972	6995	626
东 海 县	Donghai County	118.02	56.65	94.96	28710	9053	466
灌 云 县	Guanyun County	102.01	48.50	78.99	18662	11259	429
灌 南 县	Guannan County	78.73	37.03	62.19	14212	1918	607
淮 安 市	**Huaian City**	**546.81**	**265.32**	**480.30**	**86602**	**36488**	**477**
涟 水 县	Lianshui County	111.39	53.17	83.78	23161	6244	500
洪 泽 县	Hongze County	38.59	19.12	33.27	4275	2876	239
盱 眙 县	Xuyi County	78.30	38.32	64.30	12518	6124	257
金 湖 县	Jinhu County	35.71	17.81	33.13	3086	3926	238
盐 城 市	**Yancheng City**	**822.40**	**398.91**	**721.63**	**95969**	**69894**	**425**
响 水 县	Xiangshui County	61.48	29.36	50.33	11141	8119	344
滨 海 县	Binhai County	120.05	57.09	94.48	16098	9568	493
阜 宁 县	Funing County	110.88	53.09	83.96	15350	10440	583
射 阳 县	Sheyang County	96.66	47.11	89.22	9780	5244	313

市 县 City and County		年末户籍人口（万人） Registered Population at Year-end (10000 persons)	#女 性 Female	年末常住人口（万人） Permanent Population at Year-end (10000 persons)	出生人口（人） Birth (person)	死亡人口（人） Death (person)	人口密度（人/平方公里） Density of Population (person/ sq. km)
建湖县	Jianhu County	80.41	38.99	73.77	7662	7899	636
东台市	Dongtai City	113.59	56.12	98.59	9529	10207	306
大丰市	Dafeng City	72.53	36.35	70.12	5584	6271	229
扬州市	**Yangzhou City**	**458.42**	**228.40**	**446.72**	**40379**	**46602**	**678**
宝应县	Baoying County	90.31	44.44	75.11	8418	11992	514
仪征市	Yizheng City	56.24	27.78	56.27	5055	6491	657
高邮市	Gaoyou City	81.74	40.71	73.90	6525	7961	385
镇江市	**Zhenjiang City**	**271.40**	**136.47**	**315.48**	**23468**	**28636**	**820**
丹阳市	Danyang City	81.17	40.93	97.40	7078	9870	930
扬中市	Yangzhong City	28.09	14.29	34.01	2799	2511	1027
句容市	Jurong City	58.84	29.58	62.22	5333	5977	449
泰州市	**Taizhou City**	**506.35**	**247.70**	**462.98**	**47829**	**61048**	**800**
兴化市	Xinghua City	157.28	74.72	125.40	16853	19730	524
靖江市	Jingjiang City	66.66	33.60	68.58	4485	10461	1046
泰兴市	Taixing City	119.83	58.71	107.60	11032	14827	920
姜堰市	Jiangyan City	79.31	39.16	72.92	6269	7763	786
宿迁市	**Suqian City**	**560.26**	**269.25**	**479.80**	**145027**	**30923**	**561**
沭阳县	Shuyang County	186.82	89.47	155.30	49548	10346	676
泗阳县	Siyang County	103.60	49.69	84.90	26077	8125	599
泗洪县	Sihong County	105.45	50.99	92.30	29816	4573	338

20－2 户数及土地面积（2012 年）
Number of Households and Land Area（2012）

市　县 City and County		年末总户数（万户） Number of Households at Year-end（10000 households）	#乡村户数 Rural Household	土地面积（平方公里） Land Area（sq. km）	建成区面积（平方公里） Developed Areas（sq. km）	建成区绿化覆盖面积（公顷） Coverage Space of Green Areas Developed（hectare）
南京市	**Nanjing City**	**214.42**	**64.22**	**6587**	**694**	**30423**
溧水县	Lishui County	14.45	10.57	1064	23	976
高淳县	Gaochun County	15.03	11.16	790	17	691
无锡市	**Wuxi City**	**157.12**	**64.51**	**4627**	**441**	**18815**
江阴市	Jiangyin City	36.59	20.64	987	55	2305
宜兴市	Yixing City	37.95	21.55	1997	70	3027
徐州市	**Xuzhou City**	**274.09**	**181.23**	**11259**	**420**	**17342**
丰　县	Fengxian County	31.04	24.42	1446	24	876
沛　县	Peixian County	37.40	23.63	1349	36	1507
睢宁县	Suining County	33.46	26.15	1767	32	1213
新沂市	Xinyi City	31.82	22.31	1571	34	1351
邳州市	Pizhou City	45.10	35.40	2088	42	1716
常州市	**Changzhou City**	**128.75**	**76.17**	**4372**	**230**	**9651**
溧阳市	Liyang City	26.49	20.10	1535	24	1013
金坛市	Jintan City	20.94	14.17	976	22	903
苏州市	**Suzhou City**	**214.04**	**91.42**	**8488**	**720**	**30657**
常熟市	Changshu City	33.19	18.18	1276	98	4373
张家港市	Zhangjiagang City	33.66	19.21	990	67	2942
昆山市	Kunshan City	24.85	10.37	932	72	3135
太仓市	Taicang City	14.63	7.02	823	46	1921

市 县 City and County		年末总户数（万户） Number of Households at Year-end (10000 households)	#乡村户数 Rural Household	土地面积（平方公里） Land Area (sq. km)	建成区面积（平方公里） Developed Areas (sq. km)	建成区绿化覆盖面积（公顷） Coverage Space of Green Areas Developed (hectare)
南通市	**Nantong City**	**281.22**	**204.58**	**8001**	**270**	**10983**
海安县	Haian County	34.47	24.98	1108	24	929
如东县	Rudong County	37.46	30.65	1733	21	842
启东市	Qidong City	45.82	39.02	1208	22	862
如皋市	Rugao City	45.48	35.60	1492	25	1015
海门市	Haimen City	38.30	30.09	939	22	886
连云港市	**Lianyungang City**	**139.81**	**90.36**	**7615**	**246**	**9713**
赣榆县	Ganyu County	34.25	23.72	1514	29	1175
东海县	Donghai County	28.98	23.13	2037	28	1121
灌云县	Guanyun County	26.32	19.47	1840	27	1002
灌南县	Guannan County	20.69	15.24	1025	22	827
淮安市	**Huaian City**	**159.92**	**99.17**	**10072**	**234**	**9396**
涟水县	Lianshui County	28.69	22.30	1676	32	1197
洪泽县	Hongze County	12.32	7.98	1394	17	669
盱眙县	Xuyi County	21.52	15.05	2497	30	1254
金湖县	Jinhu County	12.86	8.12	1394	20	830
盐城市	**Yancheng City**	**277.27**	**184.94**	**16972**	**291**	**11724**
响水县	Xiangshui County	17.56	11.80	1461	21	828
滨海县	Binhai County	34.32	25.32	1915	31	1241
阜宁县	Funing County	37.72	21.81	1439	39	1555
射阳县	Sheyang County	32.26	21.65	2855	22	897

市 县 City and County		年末总户数（万户） Number of Households at Year-end (10000 households)	#乡村户数 Rural Household	土地面积（平方公里） Land Area (sq. km)	建成区面积（平方公里） Developed Areas (sq. km)	建成区绿化覆盖面积（公顷） Coverage Space of Green Areas Developed (hectare)
建湖县	Jianhu County	30.99	19.24	1160	24	946
东台市	Dongtai City	39.95	32.68	3221	34	1398
大丰市	Dafeng City	27.98	20.91	3059	26	1057
扬州市	**Yangzhou City**	**151.34**	**102.61**	**6591**	**222**	**9331**
宝应县	Baoying County	28.66	20.76	1462	30	1253
仪征市	Yizheng City	19.07	11.98	857	39	1590
高邮市	Gaoyou City	26.22	19.21	1922	24	980
镇江市	**Zhenjiang City**	**101.38**	**57.60**	**3847**	**180**	**7533**
丹阳市	Danyang City	28.28	19.69	1047	26	1038
扬中市	Yangzhong City	10.77	7.61	331	12	486
句容市	Jurong City	22.45	15.28	1387	23	934
泰州市	**Taizhou City**	**170.21**	**120.53**	**5787**	**185**	**7520**
兴化市	Xinghua City	53.15	37.66	2395	35	1365
靖江市	Jingjiang City	21.67	14.47	656	34	1370
泰兴市	Taixing City	39.60	31.13	1170	24	971
姜堰市	Jiangyan City	27.47	21.27	928	23	940
宿迁市	**Suqian City**	**146.69**	**107.31**	**8555**	**197**	**7982**
沭阳县	Shuyang County	48.66	38.10	2298	60	2403
泗阳县	Siyang County	26.78	19.95	1418	35	1404
泗洪县	Sihong County	28.43	19.30	2731	32	1282

20 - 3 法人单位数(2012 年)
Number of Corporations (2012)

单位:个 (unit)

地区	City and County	合计 Total	企业 Enterprises	事业单位 Institutions	机关 Agencies & Organizations	社会团体 Social Organizations	民办非企业单位 Non-enterprise Units Run by NGO	其他组织机构 Others
南京市	**Nanjing City**	**121088**	**110210**	**3255**	**1106**	**1532**	**1344**	**3641**
溧水县	Lishui County	6283	5380	236	70	25	31	541
高淳县	Gaochun County	4874	4125	247	85	69	68	280
无锡市	**Wuxi City**	**137352**	**129389**	**2708**	**689**	**1131**	**822**	**2613**
江阴市	Jiangyin City	30361	28667	520	131	231	133	679
宜兴市	Yixing City	21611	19893	579	105	233	174	627
徐州市	**Xuzhou City**	**69618**	**57782**	**3433**	**1012**	**1360**	**1033**	**4998**
丰县	Fengxian County	5143	3841	461	96	120	47	578
沛县	Peixian County	6278	4669	397	111	209	124	768
睢宁县	Suining County	5836	4485	402	89	73	176	611
新沂市	Xinyi City	5391	4181	340	87	144	84	555
邳州市	Pizhou City	7258	5669	434	135	153	71	796
常州市	**Changzhou City**	**90075**	**82068**	**2631**	**614**	**1715**	**648**	**2399**
溧阳市	Liyang City	8307	6845	425	94	272	97	574
金坛市	Jintan City	7743	6493	434	98	268	109	341
苏州市	**Suzhou City**	**249924**	**238567**	**3636**	**916**	**2080**	**1096**	**3629**
常熟市	Changshu City	23071	21430	526	102	266	123	624
张家港市	Zhangjiagang City	26932	25486	421	110	214	59	642
昆山市	Kunshan City	53006	51504	558	81	305	117	441
太仓市	Taicang City	15040	14089	369	82	193	93	214

单位:个 (unit)

地 区	City and County	合 计 Total	企 业 Enterprises	事 业 单 位 Institutions	机 关 Agencies & Organizations	社 会 团 体 Social Organizations	民办非企业单位 Non-enterprise Units Run by NGO	其他组织机构 Others
南 通 市	**Nantong City**	**92384**	**80612**	**3697**	**804**	**1928**	**1753**	**3590**
海 安 县	Haian County	11367	9837	542	73	202	337	376
如 东 县	Rudong County	9840	8379	550	92	255	140	424
启 东 市	Qidong City	10386	8771	435	106	253	127	694
如 皋 市	Rugao City	12195	10251	535	103	197	226	883
海 门 市	Haimen City	9768	8122	557	130	282	233	444
连云港市	**Lianyungang City**	**43182**	**35346**	**2303**	**694**	**1253**	**713**	**2873**
赣 榆 县	Ganyu County	6533	5011	398	93	190	59	782
东 海 县	Donghai County	7613	6167	359	119	145	228	595
灌 云 县	Guanyun County	4494	3194	507	108	208	77	400
灌 南 县	Guannan County	4080	2822	418	98	162	142	438
淮 安 市	**Huaian City**	**42273**	**32729**	**3047**	**898**	**1406**	**617**	**3576**
涟 水 县	Lianshui County	4727	2946	501	134	171	89	886
洪 泽 县	Hongze County	3500	2559	291	89	115	43	403
盱 眙 县	Xuyi County	5014	3760	391	102	225	50	486
金 湖 县	Jinhu County	4577	3694	326	105	122	33	297
盐 城 市	**Yancheng City**	**69429**	**59000**	**3608**	**982**	**1088**	**640**	**4111**
响 水 县	Xiangshui County	4389	3370	319	92	219	41	348
滨 海 县	Binhai County	5923	4837	446	104	104	51	381
阜 宁 县	Funing County	7069	6082	304	107	62	31	483
射 阳 县	Sheyang County	6240	5079	407	118	157	65	414

单位:个 (unit)

地 区	City and County	合计 Total	企业 Enterprises	事业单位 Institutions	机关 Agencies & Organizations	社会团体 Social Organizations	民办非企业单位 Non-enterprise Units Run by NGO	其他组织机构 Others
建湖县	Jianhu County	6326	5026	429	105	160	105	501
东台市	Dongtai City	10227	8869	462	119	79	130	568
大丰市	Dafeng City	7745	6569	440	91	117	83	445
扬州市	**Yangzhou City**	**55407**	**47048**	**2618**	**587**	**1327**	**622**	**3205**
宝应县	Baoying County	5478	4181	440	94	139	46	578
仪征市	Yizheng City	6716	5426	397	76	268	89	460
高邮市	Gaoyou City	7157	5907	448	88	96	60	558
镇江市	**Zhenjiang City**	**48342**	**42325**	**2163**	**574**	**1247**	**370**	**1663**
丹阳市	Danyang City	12227	10989	431	116	222	64	405
扬中市	Yangzhong City	7270	6573	270	84	139	46	158
句容市	Jurong City	6396	5336	382	78	164	26	410
泰州市	**Taizhou City**	**57420**	**48196**	**2933**	**539**	**1374**	**1009**	**3369**
兴化市	Xinghua City	9969	7286	785	99	372	365	1062
靖江市	Jingjiang City	10510	9081	449	76	166	138	600
泰兴市	Taixing City	11590	10077	587	77	192	87	570
姜堰市	Jiangyan City	9373	7975	348	79	198	195	578
宿迁市	**Suqian City**	**33071**	**26649**	**1815**	**588**	**561**	**1066**	**2392**
沭阳县	Shuyang County	10295	8642	402	131	79	337	704
泗阳县	Siyang County	5457	4319	300	104	95	256	383
泗洪县	Sihong County	5054	3680	376	105	81	131	681

20－4　年末从业人员（2012 年）
Number of Employed Persons（Year-end）（2012）

单位：万人　　(10000 persons)

市　县	City and County	从业人员 Total Employed Persons	第一产业 Primary Industry	第二产业 Secondary Industry	第三产业 Tertiary Industry	#城镇非私营单位从业人员 Employed Persons in Urban Units (Excluded Private)
南京市	**Nanjing City**	**451.8**	**49.1**	**151.1**	**251.6**	**147.39**
溧水县	Lishui County	29.06	4.08	17.79	7.19	5.72
高淳县	Gaochun County	30.44	6.31	15.93	8.20	7.05
无锡市	**Wuxi City**	**389.1**	**18.2**	**223.8**	**147.1**	**88.09**
江阴市	Jiangyin City	99.48	5.19	63.27	31.02	17.70
宜兴市	Yixing City	74.42	9.15	41.85	23.42	12.48
徐州市	**Xuzhou City**	**478.7**	**180.4**	**140.3**	**158.0**	**63.52**
丰　县	Fengxian County	56.68	29.87	14.43	12.38	4.35
沛　县	Peixian County	66.39	27.49	22.03	16.87	4.57
睢宁县	Suining County	59.44	20.32	21.11	18.01	4.71
新沂市	Xinyi City	54.59	27.65	13.89	13.05	5.80
邳州市	Pizhou City	77.70	36.08	20.85	20.77	6.48
常州市	**Changzhou City**	**280.9**	**31.7**	**148.2**	**101.0**	**48.86**
溧阳市	Liyang City	50.96	7.84	28.33	14.79	6.52
金坛市	Jintan City	36.17	4.74	19.81	11.62	6.13
苏州市	**Suzhou City**	**694.3**	**25.3**	**427.1**	**241.9**	**133.65**
常熟市	Changshu City	100.71	4.03	55.26	41.42	12.51
张家港市	Zhangjiagang City	86.09	3.53	49.92	32.64	14.85
昆山市	Kunshan City	96.34	2.11	52.33	41.90	19.75
太仓市	Taicang City	45.35	3.35	26.77	15.23	12.22

单位:万人 (10000 persons)

市 县	City and County	从业人员 Total Employed Persons	第一产业 Primary Industry	第二产业 Secondary Industry	第三产业 Tertiary Industry	#城镇非私营单位从业人员 Employed Persons in Urban Units (Excluded Private)
南通市	**Nantong City**	**468.9**	**114.5**	**214.1**	**140.3**	**68.48**
海安县	Haian County	55.36	13.29	28.62	13.45	7.60
如东县	Rudong County	63.33	15.72	30.78	16.83	6.99
启东市	Qidong City	69.17	21.60	29.21	18.36	7.25
如皋市	Rugao City	75.68	22.36	34.59	18.73	6.51
海门市	Haimen City	67.29	19.60	31.43	16.26	6.88
连云港市	**Lianyungang City**	**249.2**	**83.0**	**77.7**	**88.5**	**35.50**
赣榆县	Ganyu County	57.16	18.48	18.91	19.77	4.02
东海县	Donghai County	56.28	18.76	17.61	19.91	3.98
灌云县	Guanyun County	47.63	19.74	13.97	13.92	3.32
灌南县	Guannan County	36.25	16.88	8.78	10.59	3.57
淮安市	**Huaian City**	**280.4**	**83.8**	**84.9**	**111.7**	**42.73**
涟水县	Lianshui County	66.62	22.05	16.39	28.18	4.82
洪泽县	Hongze County	32.01	6.63	15.03	10.35	3.73
盱眙县	Xuyi County	44.25	12.53	13.39	18.33	3.20
金湖县	Jinhu County	25.11	5.76	10.79	8.56	2.90
盐城市	**Yancheng City**	**447.7**	**140.1**	**143.1**	**164.5**	**53.82**
响水县	Xiangshui County	28.92	10.51	8.85	9.56	3.34
滨海县	Binhai County	56.40	21.02	16.40	18.98	3.96
阜宁县	Funing County	51.66	19.11	15.29	17.26	5.21
射阳县	Sheyang County	56.29	19.49	17.10	19.70	5.75

单位:万人 (10000 persons)

市　县 City and County		从业人员 Total Employed Persons	第一产业 Primary Industry	第二产业 Secondary Industry	第三产业 Tertiary Industry	#城镇非私营单位从业人员 Employed Persons in Urban Units (Excluded Private)
建湖县	Jianhu County	44.45	14.04	15.25	15.16	5.59
东台市	Dongtai City	66.08	20.42	21.63	24.03	7.00
大丰市	Dafeng City	46.26	15.17	13.96	17.13	6.55
扬州市	**Yangzhou City**	**265.8**	**52.6**	**120.8**	**92.4**	**42.93**
宝应县	Baoying County	41.91	12.14	18.51	11.26	6.76
仪征市	Yizheng City	39.55	9.55	18.16	11.84	5.96
高邮市	Gaoyou City	45.40	12.84	19.70	12.86	5.60
镇江市	**Zhenjiang City**	**192.0**	**24.4**	**92.1**	**75.5**	**40.67**
丹阳市	Danyang City	62.63	6.72	36.34	19.57	8.85
扬中市	Yangzhong City	21.43	1.53	12.76	7.14	4.60
句容市	Jurong City	38.78	11.10	16.68	11.00	6.92
泰州市	**Taizhou City**	**284.4**	**72.8**	**119.3**	**92.3**	**40.94**
兴化市	Xinghua City	77.07	27.74	20.41	28.92	5.77
靖江市	Jingjiang City	42.18	5.66	20.48	16.04	6.98
泰兴市	Taixing City	66.15	15.10	26.96	24.09	7.56
姜堰市	Jiangyan City	44.76	6.08	23.39	15.29	5.56
宿迁市	**Suqian City**	**276.4**	**114.1**	**89.8**	**72.5**	**24.37**
沭阳县	Shuyang County	101.76	40.54	34.03	27.19	6.53
泗阳县	Siyang County	47.74	19.16	17.88	10.70	3.94
泗洪县	Sihong County	48.13	28.31	10.84	8.98	4.64

20－5 在岗职工及私营个体从业人员(2012 年)

Number of Staff and Workers and Businessmen of Private Units and Individuals (2012)

单位:万人 (10000 persons)

市 县	City and County	城镇非私营单位在岗职工人数 Staff and Workers in Urban Units (Excluded Private)	#国有单位 State-owned Units	#城镇集体单位 Urban Collective-owned Units	#港澳台商投资单位 Units Funded by Entrepreneurs from Hong Kong, Macao & Taiwan	#外商投资单位 Foreign Funded Units	私营企业和个体从业人员 Individuals and Employed Persons in Private Enterprises
南京市	**Nanjing City**	**140.97**	**46.59**	**4.18**	**7.55**	**19.02**	**225.50**
溧水县	Lishui County	5.11	1.19	0.13	0.85	0.50	11.96
高淳县	Gaochun County	6.26	1.73	0.29	0.39	0.19	13.36
无锡市	**Wuxi City**	**81.37**	**16.17**	**1.05**	**5.83**	**26.33**	**227.98**
江阴市	Jiangyin City	16.59	3.17	0.34	2.79	0.83	61.56
宜兴市	Yixing City	11.15	2.62	0.14	0.56	1.22	47.19
徐州市	**Xuzhou City**	**60.59**	**39.50**	**2.62**	**2.20**	**1.21**	**151.89**
丰县	Fengxian County	4.07	2.78	0.26	0.07	0.07	9.79
沛县	Peixian County	4.05	3.41	0.41			17.06
睢宁县	Suining County	4.54	2.85	0.30	0.41	0.04	12.72
新沂市	Xinyi City	5.73	2.39	0.35	0.10	0.26	26.73
邳州市	Pizhou City	6.38	3.55	0.43	0.64	0.60	18.89
常州市	**Changzhou City**	**46.80**	**15.04**	**1.23**	**6.94**	**5.82**	**165.38**
溧阳市	Liyang City	6.30	2.32	0.08	0.41	0.90	24.79
金坛市	Jintan City	5.82	1.59	0.19	0.84	1.28	18.76
苏州市	**Suzhou City**	**130.40**	**22.61**	**2.51**	**18.05**	**57.43**	**387.40**
常熟市	Changshu City	12.22	2.98	0.35	1.77	2.88	58.35
张家港市	Zhangjiagang City	14.47	3.33	0.29	0.56	1.65	54.17
昆山市	Kunshan City	19.21	2.63	0.65	2.95	12.00	59.24
太仓市	Taicang City	11.90	1.94	0.19	1.59	5.95	23.15

单位:万人 (10000 persons)

市 县 City and County		城镇非私营单位在岗职工人数 Staff and Workers in Urban Units (Excluded Private)	#国有单位 State-owned Units	#城镇集体单位 Urban Collective-owned Units	#港澳台商投资单位 Units Funded by Entrepreneurs from Hong Kong, Macao & Taiwan	#外商投资单位 Foreign Funded Units	私营企业和个体从业人员 Individuals and Employed Persons in Private Enterprises
南通市	**Nantong City**	**64.95**	**21.01**	**1.99**	**7.08**	**13.02**	**263.13**
海安县	Haian County	7.40	1.93	0.23	0.65	0.67	29.67
如东县	Rudong County	6.81	2.56	0.17	1.07	0.92	30.94
启东市	Qidong City	7.06	2.03	0.16	0.91	1.55	26.84
如皋市	Rugao City	6.36	2.52	0.27	1.05	1.16	50.35
海门市	Haimen City	6.53	2.18	0.28	1.14	1.66	40.33
连云港市	**Lianyungang City**	**33.48**	**16.10**	**1.67**	**1.87**	**3.34**	**55.88**
赣榆县	Ganyu County	3.74	2.60	0.23	0.14	0.19	8.69
东海县	Donghai County	3.89	2.44	0.14	0.43	0.36	12.58
灌云县	Guanyun County	3.07	1.79	0.27	0.01	0.42	6.85
灌南县	Guannan County	3.45	1.60	0.22	0.19	0.06	7.34
淮安市	**Huaian City**	**40.70**	**17.55**	**1.46**	**7.87**	**2.73**	**90.21**
涟水县	Lianshui County	4.80	2.55	0.34	1.10	0.11	10.41
洪泽县	Hongze County	3.65	0.97	0.39	0.32	0.17	9.65
盱眙县	Xuyi County	3.15	2.23	0.19	0.27	0.09	8.19
金湖县	Jinhu County	2.83	1.33	0.20	0.22	0.35	7.41
盐城市	**Yancheng City**	**50.62**	**22.57**	**1.53**	**2.71**	**3.89**	**201.35**
响水县	Xiangshui County	3.23	2.12	0.17	0.06	0.14	8.75
滨海县	Binhai County	3.75	2.05	0.17	0.15	0.00	27.84
阜宁县	Funing County	5.06	1.77	0.10	0.06	0.34	25.14
射阳县	Sheyang County	5.42	2.66	0.23	0.42	0.13	15.85

20－5 续 表2 Continued 2

单位:万人 (10000 persons)

市 县	City and County	城镇非私营单位在岗职工人数 Staff and Workers in Urban Units (Excluded Private)	#国有单位 State-owned Units	#城镇集体单位 Urban Collective-owned Units	#港澳台商投资单位 Units Funded by Entrepreneurs from Hong Kong, Macao & Taiwan	#外商投资单位 Foreign Funded Units	私营企业和个体从业人员 Individuals and Employed Persons in Private Enterprises
建湖县	Jianhu County	5.32	1.62	0.28	0.35		22.97
东台市	Dongtai City	6.55	2.44	0.22	0.45	0.78	26.95
大丰市	Dafeng City	6.19	2.12	0.17	0.56	1.25	25.89
扬州市	**Yangzhou City**	**41.33**	**18.35**	**2.97**	**2.69**	**3.74**	**126.87**
宝应县	Baoying County	6.37	2.23	0.72	0.14	0.54	14.48
仪征市	Yizheng City	5.88	2.16	0.14	1.05	0.67	13.70
高邮市	Gaoyou City	5.22	2.07	1.19	0.69	0.36	20.08
镇江市	**Zhenjiang City**	**38.95**	**14.73**	**1.89**	**5.28**	**4.60**	**117.70**
丹阳市	Danyang City	8.50	3.51	0.43	1.93	1.07	36.16
扬中市	Yangzhong City	4.40	1.06	0.49	0.43	0.17	13.63
句容市	Jurong City	6.77	2.04	0.38	1.86	1.33	20.90
泰州市	**Taizhou City**	**38.72**	**13.11**	**3.78**	**2.13**	**4.36**	**116.67**
兴化市	Xinghua City	5.40	2.59	0.41	0.31	0.87	22.85
靖江市	Jingjiang City	6.43	2.02	0.56	0.53	1.25	19.88
泰兴市	Taixing City	7.20	2.50	1.19	0.24	0.42	24.84
姜堰市	Jiangyan City	5.29	1.89	0.26	0.42	0.91	19.27
宿迁市	**Suqian City**	**23.67**	**11.86**	**0.32**	**0.05**	**0.08**	**102.92**
沭阳县	Shuyang County	6.39	3.35	0.23	0.05	0.08	48.14
泗阳县	Siyang County	3.71	2.02	0.06			13.87
泗洪县	Sihong County	4.12	2.54	0.03			12.49

20－6 乡村从业人员（2012年）
Rural Employment（2012）

单位:万人 （10000 persons）

市 县	City and County	乡村从业人员 Total Employment	#农林牧渔业 Farming, Forestry, Animal Husbandry and Fishery	#工 业 Industry	#建筑业 Construction	#交通运输、仓储及邮政业 Transportation, Storage, and Postal Services	#批发和零售业 Wholesale and Retail Trade
南京市	**Nanjing City**	**121.42**	**27.28**	**37.32**	**24.39**	**7.58**	**7.67**
溧水县	Lishui County	18.14	4.08	5.62	3.80	1.06	1.13
高淳县	Gaochun County	22.63	6.00	5.38	6.82	1.71	1.05
无锡市	**Wuxi City**	**117.24**	**20.04**	**68.91**	**8.03**	**3.79**	**5.95**
江阴市	Jiangyin City	39.28	5.84	23.40	2.76	1.57	2.22
宜兴市	Yixing City	35.68	10.15	16.68	3.55	1.15	1.63
徐州市	**Xuzhou City**	**356.67**	**144.45**	**93.40**	**48.73**	**14.61**	**21.16**
丰县	Fengxian County	51.98	26.57	11.75	6.72	1.39	1.99
沛县	Peixian County	48.58	17.21	13.51	9.67	1.76	2.44
睢宁县	Suining County	58.51	24.52	15.44	8.20	1.33	2.59
新沂市	Xinyi City	42.77	19.12	8.80	7.50	1.75	2.52
邳州市	Pizhou City	66.90	23.00	20.78	6.50	3.70	5.60
常州市	**Changzhou City**	**129.93**	**25.36**	**57.61**	**17.28**	**5.36**	**6.78**
溧阳市	Liyang City	31.99	8.37	8.62	8.99	1.77	1.76
金坛市	Jintan City	20.33	5.41	7.05	4.38	0.87	0.91
苏州市	**Suzhou City**	**179.54**	**24.22**	**106.84**	**10.28**	**5.62**	**10.30**
常熟市	Changshu City	39.74	3.91	24.38	2.15	1.26	2.47
张家港市	Zhangjiagang City	31.61	3.42	20.41	1.73	1.34	1.68
昆山市	Kunshan City	21.21	1.88	13.52	1.00	0.54	1.29
太仓市	Taicang City	16.16	3.24	10.07	0.60	0.34	0.41

单位:万人 (10000 persons)

市 县 City and County		乡 村 从业人员 Total Employment	#农林牧渔业 Farming, Forestry, Animal Husbandry and Fishery	#工 业 Industry	#建筑业 Construction	#交通运输、仓储及邮政业 Transportation, Storage, and Postal Services	#批发和零售业 Wholesale and Retail Trade
南 通 市	**Nantong City**	**312.42**	**71.35**	**83.45**	**62.40**	**17.91**	**29.23**
海 安 县	Haian County	38.16	7.68	10.99	8.46	2.90	3.38
如 东 县	Rudong County	47.48	8.90	14.87	8.95	2.96	3.12
启 东 市	Qidong City	51.87	13.85	12.39	9.44	2.64	5.90
如 皋 市	Rugao City	60.70	14.80	16.60	11.30	2.80	3.20
海 门 市	Haimen City	49.67	12.52	11.38	11.42	2.36	6.54
连云港市	**Lianyungang City**	**175.99**	**83.79**	**28.95**	**28.78**	**7.20**	**7.79**
赣 榆 县	Ganyu County	42.59	19.02	7.48	9.71	1.53	1.60
东 海 县	Donghai County	45.16	20.68	7.59	8.35	2.09	1.85
灌 云 县	Guanyun County	37.52	19.40	6.09	4.12	1.03	1.29
灌 南 县	Guannan County	32.05	16.88	4.05	3.99	1.78	1.43
淮 安 市	**Huaian City**	**210.71**	**88.29**	**36.32**	**30.39**	**6.89**	**8.46**
涟 水 县	Lianshui County	50.44	21.78	4.71	4.73	1.05	1.70
洪 泽 县	Hongze County	17.55	6.52	5.08	2.79	0.71	0.62
盱 眙 县	Xuyi County	31.89	11.94	5.60	3.19	1.14	1.30
金 湖 县	Jinhu County	13.44	5.41	3.39	2.45	0.43	0.56
盐 城 市	**Yancheng City**	**301.98**	**115.47**	**57.95**	**36.46**	**13.43**	**13.51**
响 水 县	Xiangshui County	21.23	9.31	5.37	1.25	0.69	0.79
滨 海 县	Binhai County	44.96	17.81	5.75	4.56	2.38	1.83
阜 宁 县	Funing County	37.20	15.90	4.66	5.59	1.36	1.33
射 阳 县	Sheyang County	34.91	13.21	5.23	3.70	1.70	1.95

单位:万人 (10000 persons)

市 县 City and County		乡村从业人员 Total Employment	#农林牧渔业 Farming, Forestry, Animal Husbandry and Fishery	#工业 Industry	#建筑业 Construction	#交通运输、仓储及邮政业 Transportation, Storage, and Postal Services	#批发和零售业 Wholesale and Retail Trade
建湖县	Jianhu County	30.24	9.55	8.93	3.53	1.34	1.66
东台市	Dongtai City	48.81	20.77	9.30	6.69	2.01	2.11
大丰市	Dafeng City	31.34	10.52	7.23	2.72	1.43	1.36
扬州市	**Yangzhou City**	**180.62**	**35.63**	**62.07**	**33.22**	**7.67**	**12.05**
宝应县	Baoying County	41.70	10.62	10.71	9.80	2.02	3.50
仪征市	Yizheng City	22.82	3.50	7.23	4.73	0.81	1.07
高邮市	Gaoyou City	35.85	8.96	13.57	6.59	1.39	1.99
镇江市	**Zhenjiang City**	**99.11**	**24.85**	**46.28**	**11.37**	**3.52**	**3.42**
丹阳市	Danyang City	36.10	8.26	19.87	3.13	1.12	1.14
扬中市	Yangzhong City	12.84	2.27	7.80	0.70	0.37	0.49
句容市	Jurong City	25.09	8.48	7.31	5.30	0.93	0.65
泰州市	**Taizhou City**	**210.25**	**46.21**	**59.29**	**36.42**	**12.96**	**16.21**
兴化市	Xinghua City	60.94	20.08	9.75	5.85	4.01	5.45
靖江市	Jingjiang City	26.78	5.66	13.10	2.35	1.68	1.39
泰兴市	Taixing City	56.39	10.38	15.26	11.61	3.28	5.41
姜堰市	Jiangyan City	34.46	6.08	10.35	9.68	2.36	1.92
宿迁市	**Suqian City**	**224.94**	**89.09**	**60.07**	**29.90**	**8.01**	**13.40**
沭阳县	Shuyang County	83.77	29.42	26.25	8.87	3.52	4.74
泗阳县	Siyang County	39.58	15.58	10.88	5.79	1.09	1.94
泗洪县	Sihong County	38.69	22.91	5.98	4.63	0.89	1.69

20－7 地区生产总值(2012年)
Gross Domestic Product (2012)

单位:亿元 (100 million yuan)

市 县	City and County	地区生产总值 Gross Domestic Product	第一产业 Primary Industry	第二产业 Secondary Industry	#工 业 Industry	第三产业 Tertiary Industry	人均地区生产总值(按常住人口计算,元) Per Capita GDP(yuan)
南 京 市	**Nanjing City**	**7201.57**	**185.06**	**3170.78**	**2748.46**	**3845.73**	**88525**
溧 水 县	Lishui County	369.38	29.33	222.11	188.41	117.94	88168
高 淳 县	Gaochun County	365.27	30.29	193.31	154.37	141.67	87135
无 锡 市	**Wuxi City**	**7568.15**	**137.22**	**4012.03**	**3717.88**	**3418.90**	**117357**
江 阴 市	Jiangyin City	2535.38	47.69	1443.91	1393.27	1043.78	156471
宜 兴 市	Yixing City	1085.98	47.68	581.22	497.48	457.08	87168
徐 州 市	**Xuzhou City**	**4016.58**	**382.46**	**1968.52**	**1666.62**	**1665.60**	**46877**
丰 县	Fengxian County	228.73	46.39	103.82	73.42	78.52	24021
沛 县	Peixian County	431.30	67.91	203.81	165.73	159.58	38633
睢 宁 县	Suining County	302.45	57.18	132.34	105.68	112.93	29414
新 沂 市	Xinyi City	350.16	47.91	149.44	127.13	152.81	38443
邳 州 市	Pizhou City	513.49	79.32	223.64	183.79	210.53	35737
常 州 市	**Changzhou City**	**3969.87**	**126.37**	**2100.76**	**1900.55**	**1742.74**	**85040**
溧 阳 市	Liyang City	559.20	39.02	306.58	278.79	213.60	73768
金 坛 市	Jintan City	373.81	27.64	197.80	169.83	148.37	67129
苏 州 市	**Suzhou City**	**12011.65**	**195.08**	**6502.25**	**6055.10**	**5314.32**	**114029**
常 熟 市	Changshu City	1870.19	37.02	996.95	952.62	836.22	123882
张家港市	Zhangjiagang City	2050.58	27.53	1175.51	1129.98	847.54	164441
昆 山 市	Kunshan City	2725.32	24.46	1631.25	1551.28	1069.61	165291
太 仓 市	Taicang City	955.12	33.61	520.36	491.50	401.15	134439

20－7 续 表1 Continued 1

单位:亿元 (100 million yuan)

市 县	City and County	地区生产总值 Gross Domestic Product	第一产业 Primary Industry	第二产业 Secondary Industry	#工 业 Industry	第三产业 Tertiary Industry	人均地区生产总值(按常住人口计算,元) Per Capita GDP(yuan)
南通市	**Nantong City**	**4558.67**	**319.09**	**2414.11**	**1992.11**	**1825.47**	**62506**
海安县	Haian County	480.14	47.69	246.30	204.33	186.15	55443
如东县	Rudong County	478.00	56.56	243.03	197.87	178.41	48364
启东市	Qidong City	589.14	61.48	306.09	240.62	221.57	61127
如皋市	Rugao City	590.17	52.77	318.49	269.01	218.90	46801
海门市	Haimen City	663.10	46.50	377.60	315.74	239.00	73473
连云港市	**Lianyungang City**	**1603.42**	**232.40**	**736.14**	**583.31**	**634.88**	**36470**
赣榆县	Ganyu County	331.36	50.46	166.07	129.54	114.83	34996
东海县	Donghai County	277.30	51.02	127.37	109.04	98.91	29233
灌云县	Guanyun County	220.29	50.34	102.23	77.90	67.72	27401
灌南县	Guannan County	210.47	39.39	105.28	89.46	65.80	33914
淮安市	**Huaian City**	**1920.91**	**247.98**	**889.20**	**737.20**	**783.73**	**39992**
涟水县	Lianshui County	228.64	45.01	93.66	73.68	89.97	27138
洪泽县	Hongze County	155.09	25.17	66.89	55.55	63.03	46707
盱眙县	Xuyi County	221.88	40.49	96.50	75.39	84.89	34267
金湖县	Jinhu County	142.39	22.94	58.42	50.43	61.03	43077
盐城市	**Yancheng City**	**3120.00**	**456.13**	**1472.87**	**1258.22**	**1191.00**	**43172**
响水县	Xiangshui County	181.35	35.58	89.85	80.33	55.92	35908
滨海县	Binhai County	267.69	49.70	117.89	99.78	100.10	28245
阜宁县	Funing County	274.99	46.34	131.61	98.40	97.04	32731
射阳县	Sheyang County	320.31	69.59	129.38	117.54	121.34	35841

20－7 续 表2 Continued 2

单位:亿元 (100 million yuan)

市 县	City and County	地区生产总值 Gross Domestic Product	第一产业 Primary Industry	第二产业 Secondary Industry	#工业 Industry	第三产业 Tertiary Industry	人均地区生产总值(按常住人口计算,元) Per Capita GDP(yuan)
建湖县	Jianhu County	324.47	42.13	154.35	133.83	127.99	43916
东台市	Dongtai City	506.69	78.33	231.89	204.71	196.47	51342
大丰市	Dafeng City	393.36	63.34	173.82	151.25	156.20	56014
扬州市	**Yangzhou City**	**2933.20**	**205.19**	**1554.46**	**1344.66**	**1173.55**	**65691**
宝应县	Baoying County	323.03	55.43	151.85	121.50	115.75	42981
仪征市	Yizheng City	370.27	19.30	212.86	187.73	138.11	65842
高邮市	Gaoyou City	336.00	55.96	156.05	126.29	123.99	45435
镇江市	**Zhenjiang City**	**2630.42**	**115.77**	**1419.54**	**1309.54**	**1095.11**	**83651**
丹阳市	Danyang City	830.51	44.79	447.76	428.85	337.96	85549
扬中市	Yangzhong City	360.20	11.50	202.69	195.20	146.01	106269
句容市	Jurong City	336.86	31.71	177.89	164.64	127.26	54275
泰州市	**Taizhou City**	**2701.67**	**191.75**	**1434.53**	**1237.05**	**1075.39**	**58378**
兴化市	Xinghua City	512.36	81.54	222.50	190.40	208.32	40853
靖江市	Jingjiang City	600.85	18.88	335.88	310.80	246.09	87639
泰兴市	Taixing City	543.55	42.80	291.15	253.82	209.60	50537
姜堰市	Jiangyan City	405.86	31.68	210.80	172.44	163.38	55635
宿迁市	**Suqian City**	**1522.03**	**226.80**	**716.85**	**589.82**	**578.38**	**31827**
沭阳县	Shuyang County	480.50	71.76	220.49	194.31	188.25	31000
泗阳县	Siyang County	273.74	46.21	137.97	113.88	89.56	32357
泗洪县	Sihong County	264.63	49.17	111.14	89.17	104.32	28780

20－8 地区生产总值构成(2012 年)

Composition and Indices of Gross Domestic Product (2012)

市县 City and County		地区生产总值指数(上年=100) GDP Index (preceding year=100)	三次产业占 GDP 比重(%) Percentage of Three Industries to GDP			公共财政预算收入占 GDP 比重(%) Percentage of Public Budget Revenue to GDP(%)	外贸依存度(%) Interdependent Level to Foreign Trade(%)
			第一产业 Primary Industry	第二产业 Secondary Industry	第三产业 Tertiary Industry		
南京市	**Nanjing City**	**111.7**	**2.6**	**44.0**	**53.4**	**10.2**	**48.4**
溧水县	Lishui County	113.1	7.9	60.1	31.9	7.9	5.8
高淳县	Gaochun County	113.2	8.3	52.9	38.8	6.0	5.8
无锡市	**Wuxi City**	**110.1**	**1.8**	**53.0**	**45.2**	**8.7**	**59.0**
江阴市	Jiangyin City	110.6	1.9	57.0	41.2	6.6	48.0
宜兴市	Yixing City	110.7	4.4	53.5	42.1	7.2	28.8
徐州市	**Xuzhou City**	**113.2**	**9.5**	**49.0**	**41.5**	**9.1**	**13.1**
丰县	Fengxian County	113.7	20.3	45.4	34.3	10.9	4.7
沛县	Peixian County	113.9	15.7	47.3	37.0	9.0	5.5
睢宁县	Suining County	113.7	18.9	43.8	37.3	8.5	15.1
新沂市	Xinyi City	114.1	13.7	42.7	43.6	9.4	7.8
邳州市	Pizhou City	114.1	15.4	43.6	41.0	8.2	17.7
常州市	**Changzhou City**	**111.5**	**3.2**	**52.9**	**43.9**	**9.5**	**46.2**
溧阳市	Liyang City	111.5	7.0	54.8	38.2	7.2	12.7
金坛市	Jintan City	110.2	7.4	52.9	39.7	6.2	27.1
苏州市	**Suzhou City**	**110.1**	**1.6**	**54.1**	**44.2**	**10.0**	**160.7**
常熟市	Changshu City	110.2	2.0	53.3	44.7	6.9	66.7
张家港市	Zhangjiagang City	110.9	1.3	57.4	41.3	7.3	98.4
昆山市	Kunshan City	111.2	0.9	59.9	39.2	8.1	200.5
太仓市	Taicang City	110.3	3.5	54.5	42.0	9.4	83.4

市 县 City and County		地区生产总值指数(上年＝100) GDP Index (preceding year＝100)	三次产业占GDP比重(％) Percentage of Three Industries to GDP			公共财政预算收入占GDP比重(％) Percentage of Public Budget Revenue to GDP(％)	外贸依存度(％) Interdependent Level to Foreign Trade(％)
			第一产业 Primary Industry	第二产业 Secondary Industry	第三产业 Tertiary Industry		
南通市	**Nantong City**	**111.8**	**7.0**	**53.0**	**40.0**	**9.2**	**36.4**
海安县	Haian County	112.2	9.9	51.3	38.8	7.8	19.7
如东县	Rudong County	111.9	11.8	50.8	37.3	6.7	16.9
启东市	Qidong City	111.8	10.4	52.0	37.6	8.9	21.7
如皋市	Rugao City	111.8	8.9	54.0	37.1	9.1	38.4
海门市	Haimen City	112.0	7.0	56.9	36.0	7.8	16.1
连云港市	**Lianyungang City**	**112.7**	**14.5**	**45.9**	**39.6**	**13.0**	**31.5**
赣榆县	Ganyu County	114.7	15.2	50.1	34.7	8.8	7.4
东海县	Donghai County	112.6	18.4	45.9	35.7	9.9	6.3
灌云县	Guanyun County	112.8	22.9	46.4	30.7	11.7	6.7
灌南县	Guannan County	112.6	18.7	50.0	31.3	12.2	4.8
淮安市	**Huaian City**	**113.1**	**12.9**	**46.3**	**40.8**	**12.2**	**13.9**
涟水县	Lianshui County	112.7	19.7	41.0	39.4	9.5	9.1
洪泽县	Hongze County	113.3	16.2	43.1	40.6	11.0	7.8
盱眙县	Xuyi County	113.5	18.2	43.5	38.3	10.4	12.0
金湖县	Jinhu County	113.3	16.1	41.0	42.9	10.8	13.7
盐城市	**Yancheng City**	**112.7**	**14.6**	**47.2**	**38.2**	**10.0**	**11.6**
响水县	Xiangshui County	112.7	19.6	49.5	30.8	10.9	15.9
滨海县	Binhai County	112.7	18.6	44.0	37.4	9.3	5.1
阜宁县	Funing County	113.0	16.9	47.9	35.3	9.3	3.9
射阳县	Sheyang County	112.6	21.7	40.4	37.9	6.5	4.8

市 县 City and County		地区生产总值指数（上年＝100）GDP Index (preceding year＝100)	三次产业占GDP比重(％) Percentage of Three Industries to GDP			公共财政预算收入占GDP比重(％) Percentage of Public Budget Revenue to GDP(％)	外贸依存度(％) Interdependent Level to Foreign Trade(％)
			第一产业 Primary Industry	第二产业 Secondary Industry	第三产业 Tertiary Industry		
建湖县	Jianhu County	112.7	13.0	47.6	39.4	10.2	6.3
东台市	Dongtai City	113.2	15.5	45.8	38.8	8.6	5.6
大丰市	Dafeng City	113.6	16.1	44.2	39.7	10.2	13.6
扬州市	**Yangzhou City**	**111.7**	**7.0**	**53.0**	**40.0**	**7.7**	**21.9**
宝应县	Baoying County	110.5	17.2	47.0	35.8	6.4	12.1
仪征市	Yizheng City	111.7	5.2	57.5	37.3	6.7	15.9
高邮市	Gaoyou City	110.4	16.7	46.4	36.9	6.5	6.1
镇江市	**Zhenjiang City**	**112.8**	**4.4**	**54.0**	**41.6**	**8.2**	**27.4**
丹阳市	Danyang City	113.1	5.4	53.9	40.7	6.0	20.2
扬中市	Yangzhong City	114.2	3.2	56.3	40.5	6.3	8.4
句容市	Jurong City	112.5	9.4	52.8	37.8	7.4	11.5
泰州市	**Taizhou City**	**112.5**	**7.1**	**53.1**	**39.8**	**8.3**	**24.2**
兴化市	Xinghua City	112.3	15.9	43.4	40.7	5.8	7.2
靖江市	Jingjiang City	112.6	3.1	55.9	41.0	7.3	36.9
泰兴市	Taixing City	112.8	7.9	53.6	38.6	6.0	23.6
姜堰市	Jiangyan City	112.1	7.8	51.9	40.3	5.8	12.0
宿迁市	**Suqian City**	**113.0**	**14.9**	**47.1**	**38.0**	**10.4**	**11.6**
沭阳县	Shuyang County	112.6	14.9	45.9	39.2	10.2	7.0
泗阳县	Siyang County	112.9	16.9	50.4	32.7	8.0	13.7
泗洪县	Sihong County	112.8	18.6	42.0	39.4	7.5	8.5

20－9 农林牧渔业总产值(2012 年)

Gross Output Value of Agriculture, Forestry, Animal Husbandry and Fishery (2012)

单位:亿元 (100 million yuan)

市 县	City and County	农林牧渔业总产值 Total Output Value of Agriculture, Forestry, Animal Husbandry and Fishery	农 业 Farming	林 业 Forestry	畜牧业 Animal Husbandry	渔 业 Fishery	农林牧渔服务业 Service in Support of Agriculture
南京市	**Nanjing City**	**318.54**	**183.47**	**3.39**	**51.17**	**65.46**	**15.06**
溧水县	Lishui County	50.03	30.46	0.42	7.90	7.55	3.70
高淳县	Gaochun County	52.53	20.42	0.52	6.36	22.37	2.86
无锡市	**Wuxi City**	**224.15**	**111.41**	**18.67**	**35.56**	**35.08**	**23.43**
江阴市	Jiangyin City	78.67	32.26	6.99	18.77	10.38	10.27
宜兴市	Yixing City	77.38	40.15	5.06	8.96	17.00	6.22
徐州市	**Xuzhou City**	**712.55**	**438.25**	**12.59**	**216.22**	**29.29**	**16.21**
丰　县	Fengxian County	88.69	65.50	0.67	19.37	0.77	2.38
沛　县	Peixian County	120.72	76.01	0.67	37.30	2.44	4.30
睢宁县	Suining County	104.69	57.22	1.88	39.88	3.58	2.12
新沂市	Xinyi City	91.62	45.85	3.17	28.44	11.42	2.74
邳州市	Pizhou City	149.44	92.60	2.88	43.63	7.13	3.20
常州市	**Changzhou City**	**219.58**	**120.82**	**1.55**	**34.24**	**52.40**	**10.57**
溧阳市	Liyang City	69.75	38.08	0.94	6.75	21.47	2.51
金坛市	Jintan City	51.84	22.50	0.33	10.98	15.24	2.80
苏州市	**Suzhou City**	**337.72**	**135.05**	**20.48**	**40.20**	**106.63**	**35.36**
常熟市	Changshu City	62.68	32.72	2.08	6.72	14.23	6.93
张家港市	Zhangjiagang City	48.73	26.31	6.15	4.82	4.82	6.63
昆山市	Kunshan City	41.65	11.97	3.85	2.35	21.52	1.96
太仓市	Taicang City	57.52	24.40	2.28	13.75	12.00	5.10

20－9 续 表1 Continued 1

单位:亿元 (100 million yuan)

市 县 City and County		农林牧渔业总产值 Total Output Value of Agriculture, Forestry, Animal Husbandry and Fishery	农 业 Farming	林 业 Forestry	畜牧业 Animal Husbandry	渔 业 Fishery	农林牧渔服务业 Service in Support of Agriculture
南 通 市	**Nantong City**	**548.86**	**243.70**	**3.38**	**130.48**	**131.00**	**40.29**
海 安 县	Haian County	87.57	35.82	0.28	38.98	6.82	5.67
如 东 县	Rudong County	109.79	41.49	0.78	27.75	34.11	5.67
启 东 市	Qidong City	108.91	37.91	0.61	11.34	52.96	6.08
如 皋 市	Rugao City	85.02	47.08	0.18	28.30	4.53	4.94
海 门 市	Haimen City	73.70	36.85	0.54	10.30	18.00	8.01
连云港市	**Lianyungang City**	**426.24**	**202.44**	**12.62**	**100.80**	**91.53**	**18.84**
赣 榆 县	Ganyu County	116.73	37.47	3.51	18.73	55.73	1.29
东 海 县	Donghai County	95.34	54.12	3.96	23.27	8.74	5.27
灌 云 县	Guanyun County	90.85	44.39	2.30	29.20	8.85	6.12
灌 南 县	Guannan County	69.91	40.56	1.53	19.25	5.29	3.29
淮 安 市	**Huaian City**	**456.18**	**289.28**	**9.18**	**105.22**	**44.81**	**7.70**
涟 水 县	Lianshui County	85.81	63.19	1.93	16.75	2.29	1.66
洪 泽 县	Hongze County	50.49	23.94	2.73	13.89	8.85	1.08
盱 眙 县	Xuyi County	75.26	46.64	1.07	14.71	11.68	1.17
金 湖 县	Jinhu County	41.54	23.84	1.32	5.76	9.35	1.28
盐 城 市	**Yancheng City**	**925.20**	**399.88**	**22.39**	**259.38**	**179.23**	**64.32**
响 水 县	Xiangshui County	63.50	30.59	1.18	15.88	10.02	5.84
滨 海 县	Binhai County	88.58	42.59	3.75	20.39	18.68	3.16
阜 宁 县	Funing County	91.46	34.59	3.19	31.12	15.08	7.49
射 阳 县	Sheyang County	154.26	58.96	3.91	37.59	41.06	12.74

单位:亿元 (100 million yuan)

市 县	City and County	农林牧渔业总产值 Total Output Value of Agriculture, Forestry, Animal Husbandry and Fishery	农 业 Farming	林 业 Forestry	畜牧业 Animal Husbandry	渔 业 Fishery	农林牧渔服务业 Service in Support of Agriculture
建湖县	Jianhu County	77.25	28.55	1.05	22.64	18.34	6.67
东台市	Dongtai City	169.14	78.07	3.62	50.63	25.07	11.76
大丰市	Dafeng City	145.54	70.32	3.10	34.72	27.84	9.56
扬州市	**Yangzhou City**	**369.08**	**171.00**	**8.77**	**69.49**	**102.74**	**17.09**
宝应县	Baoying County	99.33	36.73	1.48	17.02	40.34	3.76
仪征市	Yizheng City	35.00	20.78	1.67	8.60	1.30	2.64
高邮市	Gaoyou City	102.96	38.88	1.55	18.57	38.44	5.54
镇江市	**Zhenjiang City**	**176.49**	**94.86**	**7.20**	**25.24**	**24.23**	**24.97**
丹阳市	Danyang City	63.89	36.39	1.30	8.45	8.77	8.99
扬中市	Yangzhong City	18.32	8.89	0.72	2.78	2.36	3.56
句容市	Jurong City	48.83	28.07	3.47	5.68	4.92	6.68
泰州市	**Taizhou City**	**322.11**	**171.12**	**3.48**	**66.37**	**64.61**	**16.53**
兴化市	Xinghua City	138.06	64.16	1.51	15.73	48.91	7.76
靖江市	Jingjiang City	31.66	17.18	0.48	7.97	3.04	2.99
泰兴市	Taixing City	71.26	41.28	0.99	22.80	4.10	2.08
姜堰市	Jiangyan City	52.97	31.83	0.29	12.89	5.54	2.42
宿迁市	**Suqian City**	**415.98**	**249.75**	**15.64**	**78.79**	**63.46**	**8.34**
沭阳县	Shuyang County	136.74	104.28	4.50	24.30	2.35	1.31
泗阳县	Siyang County	82.40	46.65	6.24	12.49	14.05	2.96
泗洪县	Sihong County	98.24	45.34	1.25	15.57	34.75	1.34

20－10 农业生产情况(2012年)
Basic Conditions of Agricultural Production (2012)

市县 City and County		农作物总播种面积(千公顷) Total Sown Area (1000 hectares)	#粮食作物 Grain Grops	农业机械总动力(万千瓦) Total Power of Agricultural Machinery (10000 kW)	农用化肥施用量(万吨) Consumption of Chemical Fertilizer (10000 tons)	农村用电量(亿千瓦小时) Electricity Consumed in Rural Area (100 million kW·h)
南京市	**Nanjing City**	**328.90**	**163.40**	**215.55**	**8.20**	**30.80**
溧水县	Lishui County	58.69	34.18	30.11	1.09	6.15
高淳县	Gaochun County	49.76	25.03	51.05	1.91	3.73
无锡市	**Wuxi City**	**182.85**	**115.12**	**107.21**	**5.97**	**372.58**
江阴市	Jiangyin City	47.76	28.83	24.92	1.55	161.28
宜兴市	Yixing City	95.93	68.58	52.41	2.72	84.57
徐州市	**Xuzhou City**	**1124.62**	**730.53**	**615.15**	**67.13**	**59.60**
丰县	Fengxian County	146.04	85.50	76.77	10.00	3.51
沛县	Peixian County	147.90	88.08	92.41	8.83	6.58
睢宁县	Suining County	188.04	149.88	103.00	11.14	7.76
新沂市	Xinyi City	156.18	98.91	77.18	8.30	3.16
邳州市	Pizhou City	229.79	125.01	116.04	14.27	12.81
常州市	**Changzhou City**	**226.38**	**155.65**	**158.54**	**6.34**	**157.35**
溧阳市	Liyang City	95.03	70.67	52.64	2.30	41.55
金坛市	Jintan City	56.73	39.41	41.18	2.25	18.27
苏州市	**Suzhou City**	**263.07**	**159.66**	**168.98**	**8.45**	**556.09**
常熟市	Changshu City	74.67	43.26	35.50	3.02	70.63
张家港市	Zhangjiagang City	55.81	40.44	33.15	1.19	134.06
昆山市	Kunshan City	25.23	17.30	17.90	1.09	99.98
太仓市	Taicang City	49.99	29.65	18.54	1.12	50.51

市 县 City and County		农作物总播种面积（千公顷） Total Sown Area (1000 hectares)	#粮食作物 Grain Grops	农业机械总动力（万千瓦） Total Power of Agricultural Machinery (10000 kW)	农用化肥施用量（万吨） Consumption of Chemical Fertilizer (10000 tons)	农村用电量（亿千瓦小时） Electricity Consumed in Rural Area (100 million kW·h)
南 通 市	**Nantong City**	**846.98**	**522.23**	**350.67**	**23.80**	**144.52**
海 安 县	Haian County	102.88	78.97	59.50	4.11	18.07
如 东 县	Rudong County	171.91	131.98	80.70	4.31	18.33
启 东 市	Qidong City	153.34	73.48	50.09	3.55	9.14
如 皋 市	Rugao City	150.38	108.78	75.13	3.52	31.95
海 门 市	Haimen City	107.93	38.92	33.52	4.85	24.16
连云港市	**Lianyungang City**	**621.57**	**497.62**	**474.51**	**33.77**	**28.81**
赣 榆 县	Ganyu County	108.65	78.58	100.03	4.89	9.11
东 海 县	Donghai County	202.49	157.91	119.74	6.77	9.21
灌 云 县	Guanyun County	128.99	109.99	110.89	10.10	4.84
灌 南 县	Guannan County	107.99	87.12	90.55	4.62	1.64
淮 安 市	**Huaian City**	**793.05**	**653.67**	**460.40**	**38.02**	**12.58**
涟 水 县	Lianshui County	166.40	131.66	83.16	6.01	1.49
洪 泽 县	Hongze County	68.87	58.17	63.52	4.66	0.79
盱 眙 县	Xuyi County	166.75	141.12	94.61	4.61	2.11
金 湖 县	Jinhu County	81.66	73.71	63.75	3.54	2.01
盐 城 市	**Yancheng City**	**1460.68**	**965.44**	**563.65**	**55.71**	**69.19**
响 水 县	Xiangshui County	113.55	78.33	62.54	4.58	2.71
滨 海 县	Binhai County	173.88	123.85	76.82	6.16	7.45
阜 宁 县	Funing County	168.70	125.36	68.23	4.05	6.65
射 阳 县	Sheyang County	205.34	152.66	78.12	11.16	8.60

市 县 City and County		农作物总播种面积（千公顷）Total Sown Area (1000 hectares)	#粮食作物 Grain Grops	农业机械总动力（万千瓦）Total Power of Agricultural Machinery (10000 kW)	农用化肥施用量（万吨）Consumption of Chemical Fertilizer (10000 tons)	农村用电量（亿千瓦小时）Electricity Consumed in Rural Area (100 million kW·h)
建湖县	Jianhu County	116.70	99.84	45.22	3.26	9.98
东台市	Dongtai City	244.16	139.19	79.51	6.29	14.00
大丰市	Dafeng City	254.33	118.99	72.02	11.57	10.83
扬州市	**Yangzhou City**	**507.44**	**418.99**	**235.82**	**19.45**	**52.79**
宝应县	Baoying County	137.72	120.52	45.49	3.55	8.55
仪征市	Yizheng City	60.87	48.91	31.46	1.08	3.38
高邮市	Gaoyou City	140.15	115.38	64.39	4.99	10.54
镇江市	**Zhenjiang City**	**239.70**	**177.06**	**137.84**	**5.88**	**72.15**
丹阳市	Danyang City	84.88	70.23	40.49	1.64	48.51
扬中市	Yangzhong City	19.13	14.21	12.64	0.43	8.15
句容市	Jurong City	77.74	50.16	51.18	2.22	5.64
泰州市	**Taizhou City**	**580.53**	**438.92**	**247.50**	**17.92**	**105.77**
兴化市	Xinghua City	229.43	183.83	109.77	6.75	34.32
靖江市	Jingjiang City	54.20	45.96	24.76	2.15	15.96
泰兴市	Taixing City	136.73	96.28	55.04	2.88	29.35
姜堰市	Jiangyan City	109.23	74.85	39.68	4.38	12.80
宿迁市	**Suqian City**	**707.10**	**571.86**	**478.83**	**40.29**	**34.19**
沭阳县	Shuyang County	248.76	184.16	179.40	15.17	15.90
泗阳县	Siyang County	112.60	89.70	80.25	3.93	4.16
泗洪县	Sihong County	185.98	164.53	121.62	11.33	2.70

20－11 农产品产量(2012年)
Output of Agricultural Products (2012)

单位:万吨 (10000 tons)

市县	City and County	粮食产量 Grain	油料产量 Oil-bearing Crops	棉花产量(吨) Cotton (ton)	肉类总产量 Meat	#猪牛羊肉 Pork, Beef and Mutton	水产品产量 Aquatic Products
南京市	**Nanjing City**	**117.50**	**10.63**	**4113**	**12.42**	**7.46**	**20.75**
溧水县	Lishui County	24.46	2.11	864	1.92	1.05	2.80
高淳县	Gaochun County	18.70	1.97	690	1.67	0.96	4.18
无锡市	**Wuxi City**	**81.65**	**0.87**		**10.95**	**7.42**	**12.61**
江阴市	Jiangyin City	20.35	0.20		4.93	2.98	2.68
宜兴市	Yixing City	48.72	0.63		3.98	2.84	7.91
徐州市	**Xuzhou City**	**471.73**	**10.63**	**36709**	**97.14**	**47.12**	**18.14**
丰县	Fengxian County	52.89	0.47	15396	15.14	6.97	0.46
沛县	Peixian County	61.17	0.20	3893	19.49	6.20	1.40
睢宁县	Suining County	91.62	1.66	1496	13.20	7.55	2.24
新沂市	Xinyi City	65.69	5.83		13.18	7.88	5.00
邳州市	Pizhou City	82.77	1.63	7366	20.45	8.48	2.82
常州市	**Changzhou City**	**114.80**	**3.77**	**493**	**14.32**	**6.82**	**18.12**
溧阳市	Liyang City	54.52	2.58	470	2.45	1.37	6.74
金坛市	Jintan City	28.26	0.86	23	4.57	1.65	4.47
苏州市	**Suzhou City**	**116.46**	**2.59**	**1292**	**14.21**	**8.61**	**28.89**
常熟市	Changshu City	32.22	0.80	812	2.14	1.75	3.80
张家港市	Zhangjiagang City	28.05	0.40	53	1.30	0.99	1.78
昆山市	Kunshan City	12.42	0.18	43	0.63	0.56	5.32
太仓市	Taicang City	21.48	0.55	384	5.93	1.63	3.91

单位:万吨 (10000 tons)

市 县 City and County		粮食产量 Grain	油料产量 Oil-bearing Crops	棉花产量(吨) Cotton (ton)	肉类总产量 Meat	#猪牛羊肉 Pork, Beef and Mutton	水产品产量 Aquatic Products
南 通 市	**Nantong City**	**332.97**	**39.20**	**55275**	**48.11**	**29.12**	**84.81**
海 安 县	Haian County	63.29	1.48	229	9.26	6.26	3.20
如 东 县	Rudong County	91.89	4.69	16743	10.00	6.19	28.34
启 东 市	Qidong City	26.39	9.50	16534	5.88	2.66	35.62
如 皋 市	Rugao City	74.02	3.68	181	10.87	7.41	2.42
海 门 市	Haimen City	18.43	9.28	13063	4.24	1.55	8.39
连云港市	**Lianyungang City**	**361.35**	**11.78**	**2834**	**29.55**	**23.11**	**70.13**
赣 榆 县	Ganyu County	56.47	6.87	488	7.26	5.65	43.01
东 海 县	Donghai County	114.33	4.59	84	7.52	6.19	5.45
灌 云 县	Guanyun County	80.49	0.09	303	5.36	4.61	4.83
灌 南 县	Guannan County	62.90	0.22	39	4.99	4.56	3.22
淮 安 市	**Huaian City**	**456.11**	**9.95**	**514**	**32.03**	**21.33**	**25.17**
涟 水 县	Lianshui County	90.84	3.51	374	7.44	5.58	1.77
洪 泽 县	Hongze County	42.06	0.27		2.27	1.32	5.42
盱 眙 县	Xuyi County	97.20	2.67	140	7.29	3.25	5.11
金 湖 县	Jinhu County	50.67	0.83		1.42	0.81	4.81
盐 城 市	**Yancheng City**	**672.71**	**30.94**	**109187**	**88.94**	**57.10**	**106.11**
响 水 县	Xiangshui County	53.17	2.53	5895	4.73	3.52	6.26
滨 海 县	Binhai County	91.16	4.21	1314	10.76	7.11	9.41
阜 宁 县	Funing County	92.25	1.97	109	19.04	13.33	6.87
射 阳 县	Sheyang County	107.93	3.53	24010	8.36	5.38	19.46

单位:万吨 (10000 tons)

市 县 City and County		粮食产量 Grain	油料产量 Oil-bearing Crops	棉花产量（吨） Cotton (ton)	肉类总产量 Meat	#猪牛羊肉 Pork, Beef and Mutton	水产品产量 Aquatic Products
建湖县	Jianhu County	69.19	1.61	2160	6.08	3.79	9.59
东台市	Dongtai City	91.13	7.18	10453	14.24	8.00	17.10
大丰市	Dafeng City	77.64	7.11	42687	12.24	6.54	16.52
扬州市	**Yangzhou City**	**308.35**	**7.41**	**4695**	**19.11**	**10.76**	**39.20**
宝应县	Baoying County	91.13	1.45		4.87	3.03	14.82
仪征市	Yizheng City	33.71	0.98	127	2.41	1.36	0.61
高邮市	Gaoyou City	86.04	2.28	3456	4.83	2.65	16.03
镇江市	**Zhenjiang City**	**125.66**	**5.66**	**1871**	**8.49**	**5.04**	**8.92**
丹阳市	Danyang City	50.48	1.11	10	2.45	1.83	3.76
扬中市	Yangzhong City	10.78	0.15		0.96	0.72	0.68
句容市	Jurong City	34.77	3.30	1838	1.50	0.98	2.49
泰州市	**Taizhou City**	**323.77**	**11.63**	**15480**	**25.63**	**20.47**	**35.91**
兴化市	Xinghua City	139.31	3.46	13598	5.72	3.99	27.25
靖江市	Jingjiang City	33.53	0.40		3.00	2.63	0.99
泰兴市	Taixing City	69.43	3.92		8.28	7.42	2.33
姜堰市	Taixing City	54.78	2.74	1850	5.63	4.25	3.75
宿迁市	**Suqian City**	**388.75**	**4.75**	**2416**	**36.65**	**20.10**	**24.97**
沭阳县	Shuyang County	131.84	1.41	25	10.14	7.29	1.82
泗阳县	Siyang County	60.59	1.18	27	5.32	3.64	7.53
泗洪县	Sihong County	102.79	1.65	2227	7.56	4.58	9.55

20-12 工业企业单位数(2012年)
Number of Industrial Enterprises (2012)

单位:个 (unit)

市县 City and County		工业企业个数 Number of Industrial Enterprises	内资企业 Domestic Funded Enterprises	外商港澳台商投资企业 Foreign, Hong Kong Macao and Taiwan Invested Enterprises	#国有控股企业 State-owned Share Holding Enterprises	#大中型企业 Large and Medium Scale Enterprises	#轻工业 Light Industry
南京市	**Nanjing City**	**2593**	**1939**	**654**	**210**	**562**	**754**
溧水县	Lishui County	351	296	55	7	35	101
高淳县	Gaochun County	253	222	31	5	67	122
无锡市	**Wuxi City**	**5248**	**3878**	**1370**	**92**	**804**	**1503**
江阴市	Jiangyin City	1436	1145	291	11	253	588
宜兴市	Yixing City	891	731	160	14	129	196
徐州市	**Xuzhou City**	**2859**	**2679**	**180**	**43**	**441**	**1037**
丰县	Fengxian County	261	235	26	3	11	121
沛县	Peixian County	473	462	11		74	247
睢宁县	Suining County	258	244	14		26	120
新沂市	Xinyi City	452	436	16	1	25	164
邳州市	Pizhou City	542	508	34	4	102	109
常州市	**Changzhou City**	**3869**	**3067**	**802**	**59**	**580**	**1207**
溧阳市	Liyang City	349	303	46	8	58	76
金坛市	Jintan City	368	268	100	7	70	159
苏州市	**Suzhou City**	**10444**	**5667**	**4777**	**113**	**2164**	**4266**
常熟市	Changshu City	1453	1087	366	16	265	771
张家港市	Zhangjiagang City	1242	961	281	12	181	570
昆山市	Kunshan City	1863	567	1296	16	540	496
太仓市	Taicang City	1178	715	463	18	144	633

单位:个 (unit)

市 县	City and County	工业企业个数 Number of Industrial Enterprises	内资企业 Domestic Funded Enterprises	外商港澳台商投资企业 Foreign, Hong Kong Macao and Taiwan Invested Enterprises	#国有控股企业 State-owned Share Holding Enterprises	#大中型企业 Large and Medium Scale Enterprises	#轻工业 Light Industry
南通市	**Nantong City**	**4941**	**3665**	**1276**	**61**	**564**	**2407**
海安县	Haian County	820	669	151	1	69	378
如东县	Rudong County	651	495	156	4	69	411
启东市	Qidong City	514	378	136	6	60	164
如皋市	Rugao City	784	656	128	3	109	376
海门市	Haimen City	584	316	268	1	49	274
连云港市	**Lianyungang City**	**1388**	**1194**	**194**	**43**	**126**	**543**
赣榆县	Ganyu County	373	345	28	2	21	177
东海县	Donghai County	344	301	43	2	16	132
灌云县	Guanyun County	218	207	11	3	19	93
灌南县	Guannan County	162	143	19	2	13	38
淮安市	**Huaian City**	**1941**	**1777**	**164**	**38**	**192**	**921**
涟水县	Lianshui County	268	247	21	2	33	169
洪泽县	Hongze County	259	241	18	5	18	103
盱眙县	Xuyi County	337	315	22	3	24	139
金湖县	Jinhu County	198	183	15		15	70
盐城市	**Yancheng City**	**2816**	**2507**	**309**	**51**	**372**	**1198**
响水县	Xiangshui County	141	133	8	2	27	61
滨海县	Binhai County	197	192	5	2	31	63
阜宁县	Funing County	247	227	20	2	18	76
射阳县	Sheyang County	299	268	31	7	18	187

20－12 续 表2 Continued 2

单位：个 (unit)

市 县 City and County		工业企业个数 Number of Industrial Enterprises	内资企业 Domestic Funded Enterprises	外商港澳台商投资企业 Foreign, Hong Kong Macao and Taiwan Invested Enterprises	#国有控股企业 State-owned Share Holding Enterprises	#大中型企业 Large and Medium Scale Enterprises	#轻工业 Light Industry
建湖县	Jianhu County	337	328	9	1	45	128
东台市	Dongtai City	556	481	75	9	47	265
大丰市	Dafeng City	414	339	75	14	55	203
扬州市	**Yangzhou City**	**2560**	**2154**	**406**	**67**	**561**	**909**
宝应县	Baoying County	322	282	40	4	49	115
仪征市	Yizheng City	301	240	61	18	47	110
高邮市	Gaoyou City	470	427	43		64	192
镇江市	**Zhenjiang City**	**2446**	**1852**	**594**	**68**	**342**	**783**
丹阳市	Danyang City	807	600	207	7	110	319
扬中市	Yangzhong City	352	275	77	2	50	47
句容市	Jurong City	498	404	94	8	74	240
泰州市	**Taizhou City**	**2531**	**2170**	**361**	**33**	**256**	**665**
兴化市	Xinghua City	588	554	34	4	28	152
靖江市	Jingjiang City	430	356	74	8	66	76
泰兴市	Taixing City	527	436	91	7	70	141
姜堰市	Jiangyan City	456	391	65	1	29	125
宿迁市	**Suqian City**	**2236**	**2136**	**100**	**17**	**169**	**1070**
沭阳县	Shuyang County	760	737	23	1	50	286
泗阳县	Siyang County	501	489	12	1	25	208
泗洪县	Sihong County	459	437	22	6	21	306

注：统计范围为年主营业务收入2000万元以上工业企业(下同)。

a) The statistical scope of industry covers industrial enterprises with major business revenue of over 20 million yuan. (Similarly in following tables.)

20－13 工业总产值(2012年)
Gross Output Value of Industry (2012)

单位:亿元 (100 million yuan)

市县	City and County	工业总产值 Gross Output Value of Industry	内资企业 Domestic Funded Enterprises	外商港澳台商投资企业 Foreign, Hong Kong Macao and Taiwan Invested Enterprises	#国有控股企业 State-owned Share Holding Enterprises	#大中型企业 Large and Medium Scale Enterprises	#轻工业 Light Industry
南京市	**Nanjing City**	**11437.80**	**6830.97**	**4606.83**	**3955.66**	**8061.64**	**2087.34**
溧水县	Lishui County	621.67	524.60	97.07	10.00	202.20	154.48
高淳县	Gaochun County	611.48	549.62	61.86	124.78	381.31	213.30
无锡市	**Wuxi City**	**14446.85**	**9156.39**	**5290.46**	**577.94**	**9711.41**	**3446.20**
江阴市	Jiangyin City	5915.23	4436.12	1479.11	121.46	4697.99	1664.46
宜兴市	Yixing City	2694.80	2240.29	454.51	68.64	1240.87	273.06
徐州市	**Xuzhou City**	**8882.29**	**8085.55**	**796.74**	**1215.20**	**4643.87**	**2519.91**
丰县	Fengxian County	328.83	302.61	26.22	29.39	90.40	142.91
沛县	Peixian County	1001.24	987.03	14.22		439.53	360.63
睢宁县	Suining County	559.86	484.18	75.69		225.13	280.52
新沂市	Xinyi City	878.41	838.75	39.66	0.20	136.80	278.99
邳州市	Pizhou City	1502.86	1383.46	119.40	25.35	507.78	325.67
常州市	**Changzhou City**	**8970.30**	**6203.46**	**2766.84**	**370.40**	**5320.90**	**1929.28**
溧阳市	Liyang City	1355.68	902.80	452.88	21.27	856.95	87.21
金坛市	Jintan City	571.37	430.24	141.12	31.68	330.68	150.40
苏州市	**Suzhou City**	**28745.54**	**9875.11**	**18870.43**	**1077.36**	**21355.03**	**7391.61**
常熟市	Changshu City	3369.21	1930.78	1438.43	72.13	2366.05	1487.58
张家港市	Zhangjiagang City	4700.56	3526.05	1174.51	421.86	3620.86	1157.86
昆山市	Kunshan City	7686.82	721.60	6965.21	123.37	6288.17	1012.12
太仓市	Taicang City	1831.88	913.37	918.52	147.86	958.31	738.87

单位:亿元 (100 million yuan)

市 县 City and County		工业总产值 Gross Output Value of Industry	内资企业 Domestic Funded Enterprises	外商港澳台商投资企业 Foreign, Hong Kong Macao and Taiwan Invested Enterprises	#国有控股企业 State-owned Share Holding Enterprises	#大中型企业 Large and Medium Scale Enterprises	#轻工业 Light Industry
南通市	**Nantong City**	**9890.12**	**6330.49**	**3559.64**	**616.50**	**4775.89**	**3344.25**
海安县	Haian County	1257.50	1010.53	246.97	0.52	623.38	527.51
如东县	Rudong County	1243.68	824.70	418.98	17.61	501.33	567.34
启东市	Qidong City	1156.90	800.39	356.51	96.20	413.77	242.28
如皋市	Rugao City	1360.88	1021.72	339.16	30.14	733.79	369.92
海门市	Haimen City	1425.03	913.51	511.51	1.78	479.99	443.72
连云港市	**Lianyungang City**	**3413.38**	**2591.35**	**822.03**	**256.02**	**1995.02**	**951.06**
赣榆县	Ganyu County	816.05	770.51	45.54	16.15	472.25	149.30
东海县	Donghai County	481.20	387.72	93.48	3.58	66.73	185.58
灌云县	Guanyun County	392.11	376.69	15.42	8.53	162.34	120.86
灌南县	Guannan County	410.99	401.26	9.74	3.10	271.92	30.31
淮安市	**Huaian City**	**3952.61**	**3070.02**	**882.59**	**365.45**	**1675.74**	**1533.83**
涟水县	Lianshui County	433.06	383.66	49.41	34.82	122.76	275.90
洪泽县	Hongze County	367.28	331.75	35.53	10.55	52.52	131.43
盱眙县	Xuyi County	485.65	458.31	27.34	11.91	85.59	177.27
金湖县	Jinhu County	303.60	256.21	47.39		115.02	116.28
盐城市	**Yancheng City**	**5554.35**	**4213.00**	**1341.35**	**152.53**	**2609.92**	**1963.97**
响水县	Xiangshui County	438.23	367.38	70.85	2.11	255.08	118.64
滨海县	Binhai County	426.55	416.26	10.29	3.97	186.86	167.39
阜宁县	Funing County	436.90	394.57	42.33	1.45	97.20	163.35
射阳县	Sheyang County	465.14	405.66	59.48	22.36	82.59	314.44

单位:亿元 (100 million yuan)

市 县	City and County	工业总产值 Gross Output Value of Industry	内资企业 Domestic Funded Enterprises	外商港澳台商投资企业 Foreign, Hong Kong Macao and Taiwan Invested Enterprises	#国有控股企业 State-owned Share Holding Enterprises	#大中型企业 Large and Medium Scale Enterprises	#轻工业 Light Industry
建湖县	Jianhu County	529.69	451.80	77.89	0.29	228.50	223.82
东台市	Dongtai City	748.45	624.30	124.15	37.01	230.89	317.79
大丰市	Dafeng City	564.17	442.74	121.43	30.08	225.77	256.45
扬州市	**Yangzhou City**	**7198.48**	**5289.51**	**1908.97**	**1154.49**	**4675.76**	**1676.91**
宝应县	Baoying County	607.60	549.33	58.27	157.71	333.07	122.01
仪征市	Yizheng City	1049.86	669.82	380.04	417.83	658.23	154.69
高邮市	Gaoyou City	726.84	611.98	114.87		279.90	281.64
镇江市	**Zhenjiang City**	**6105.69**	**4052.99**	**2052.70**	**432.41**	**3820.78**	**1128.89**
丹阳市	Danyang City	1931.79	1379.67	552.12	8.48	1306.68	365.59
扬中市	Yangzhong City	877.53	771.34	106.19	1.15	686.96	39.67
句容市	Jurong City	896.48	566.72	329.76	3.86	385.90	316.58
泰州市	**Taizhou City**	**7127.29**	**5239.17**	**1888.12**	**482.98**	**3636.15**	**1832.80**
兴化市	Xinghua City	957.08	851.82	105.26	7.20	156.38	218.06
靖江市	Jingjiang City	1726.63	975.54	751.09	126.92	1319.27	237.31
泰兴市	Taixing City	1429.71	1137.32	292.39	19.06	625.18	350.91
姜堰市	Jiangyan City	800.41	635.70	164.70	0.28	234.14	236.10
宿迁市	**Suqian City**	**2248.28**	**2097.42**	**150.85**	**82.65**	**855.55**	**1229.04**
沭阳县	Shuyang County	683.82	653.03	30.80	0.92	161.93	315.46
泗阳县	Siyang County	377.88	368.05	9.83	0.72	64.57	164.12
泗洪县	Sihong County	345.68	334.04	11.63	31.23	73.42	238.09

20－14 工业企业主要经济指标(2012 年)
Major Economic Indicators on Industrial Enterprises (2012)

单位:亿元 (100 million yuan)

市 县	City and County	资产合计 Total Assets	负债合计 Total Liabilities	主营业务收入 Major Business Revenue	利税总额 Total Pre-tax Profits	#利润总额 Total Profits	从业人员年平均人数(万人) Annual Average Employed Persons (10000 persons)
南京市	**Nanjing City**	**8539.68**	**4958.85**	**11283.26**	**1372.78**	**604.44**	**79.71**
溧水县	Lishui County	333.23	198.56	620.81	97.45	66.27	6.35
高淳县	Gaochun County	297.89	153.38	636.15	79.50	49.93	7.97
无锡市	**Wuxi City**	**13281.51**	**7817.20**	**14191.69**	**1261.48**	**878.69**	**136.80**
江阴市	Jiangyin City	5377.04	3365.22	5786.94	565.88	385.29	48.07
宜兴市	Yixing City	2451.05	1611.27	2665.89	195.24	135.97	18.44
徐州市	**Xuzhou City**	**4791.14**	**2598.36**	**8837.26**	**1319.96**	**743.38**	**72.94**
丰县	Fengxian County	133.22	68.88	319.38	48.11	27.25	3.58
沛县	Peixian County	218.86	122.43	996.88	138.07	75.27	9.16
睢宁县	Suining County	155.31	72.06	543.52	85.26	60.00	4.77
新沂市	Xinyi City	262.38	148.09	907.75	112.41	67.64	6.83
邳州市	Pizhou City	329.62	112.14	1485.78	251.71	163.27	11.52
常州市	**Changzhou City**	**6754.38**	**4120.79**	**9097.95**	**730.30**	**443.77**	**84.74**
溧阳市	Liyang City	857.19	591.70	1364.32	109.85	67.39	7.61
金坛市	Jintan City	475.64	325.74	576.77	58.21	34.59	8.39
苏州市	**Suzhou City**	**23331.48**	**13474.80**	**28998.80**	**1817.39**	**1252.70**	**332.99**
常熟市	Changshu City	3239.55	1989.45	3356.42	238.60	172.30	37.09
张家港市	Zhangjiagang City	4059.82	2633.53	4874.35	186.35	84.48	32.75
昆山市	Kunshan City	4464.03	2399.39	7703.16	522.86	401.64	84.68
太仓市	Taicang City	1738.57	1040.25	1777.51	133.35	85.40	18.76

20－14 续 表1 Continued 1

单位:亿元 (100 million yuan)

市 县	City and County	资产合计 Total Assets	负债合计 Total Liabilities	主营业务收入 Major Business Revenue	利税总额 Total Pre-tax Profits	#利润总额 Total Profits	从业人员年平均人数(万人) Annual Average Employed Persons (10000 persons)
南通市	**Nantong City**	**6247.99**	**3469.89**	**9690.95**	**1160.15**	**786.59**	**93.62**
海安县	Haian County	696.44	338.69	1206.92	147.71	113.09	10.93
如东县	Rudong County	601.43	289.79	1231.69	148.32	102.55	10.35
启东市	Qidong City	799.19	475.40	1127.38	142.32	93.59	10.30
如皋市	Rugao City	985.57	633.37	1280.49	108.78	65.91	18.48
海门市	Haimen City	524.15	269.78	1424.61	233.81	153.80	10.60
连云港市	**Lianyungang City**	**1927.74**	**1110.17**	**3346.45**	**423.96**	**273.20**	**22.90**
赣榆县	Ganyu County	224.53	111.46	810.10	71.63	43.63	0.55
东海县	Donghai County	162.51	75.65	476.05	58.19	38.26	1.09
灌云县	Guanyun County	113.19	51.48	386.36	41.93	30.42	0.61
灌南县	Guannan County	167.27	110.87	406.49	51.80	31.06	0.93
淮安市	**Huaian City**	**1635.99**	**850.99**	**3953.91**	**378.48**	**209.13**	**34.77**
涟水县	Lianshui County	127.97	64.13	421.52	30.49	19.01	4.55
洪泽县	Hongze County	151.76	74.76	359.86	34.21	22.51	3.62
盱眙县	Xuyi County	163.18	92.61	498.82	25.95	17.44	3.81
金湖县	Jinhu County	131.24	81.83	300.13	18.47	12.40	2.12
盐城市	**Yancheng City**	**3094.87**	**1740.86**	**5561.88**	**690.89**	**396.91**	**53.59**
响水县	Xiangshui County	283.46	160.08	435.04	55.67	41.50	4.17
滨海县	Binhai County	205.46	107.45	430.25	52.68	31.63	9.07
阜宁县	Funing County	196.73	118.90	443.67	39.48	19.70	14.69
射阳县	Sheyang County	287.56	180.31	461.13	38.03	18.35	6.17

单位:亿元 (100 million yuan)

市 县 City and County		资 产 合 计 Total Assets	负 债 合 计 Total Liabilities	主营业务 收 入 Major Business Revenue	利 税 总 额 Total Pre-tax Profits	#利润总额 Total Profits	从业人员 年平均 人数(万人) Annual Average Employed Persons (10000 persons)
建湖县	Jianhu County	223.22	113.95	525.10	59.62	32.10	11.46
东台市	Dongtai City	472.17	305.53	746.19	76.01	40.85	13.48
大丰市	Dafeng City	443.09	236.65	557.02	52.46	28.41	9.46
扬州市	**Yangzhou City**	**3639.70**	**1933.85**	**7037.79**	**865.25**	**498.81**	**79.21**
宝应县	Baoying County	310.84	157.52	588.65	51.81	28.96	6.24
仪征市	Yizheng City	567.61	302.60	1012.94	133.39	92.59	8.66
高邮市	Gaoyou City	317.36	147.89	717.50	80.51	46.81	9.21
镇江市	**Zhenjiang City**	**4346.53**	**2479.41**	**5975.34**	**567.37**	**363.11**	**51.89**
丹阳市	Danyang City	1184.11	747.08	1899.27	141.19	92.91	18.47
扬中市	Yangzhong City	695.33	381.90	846.29	95.99	60.09	7.61
句容市	Jurong City	494.85	230.99	893.04	85.11	40.73	11.28
泰州市	**Taizhou City**	**3846.99**	**2126.82**	**6918.60**	**900.98**	**538.06**	**52.03**
兴化市	Xinghua City	372.20	168.84	950.94	93.38	53.59	6.51
靖江市	Jingjiang City	1229.58	679.53	1626.93	214.64	148.20	14.95
泰兴市	Taixing City	663.16	370.35	1414.05	225.32	139.49	10.45
姜堰市	Jiangyan City	325.68	176.66	757.96	83.94	53.11	5.72
宿迁市	**Suqian City**	**1527.13**	**692.41**	**2213.14**	**346.38**	**250.83**	**34.31**
沭阳县	Shuyang County	332.59	115.52	676.76	100.35	67.10	9.54
泗阳县	Siyang County	156.84	53.62	379.42	45.42	33.12	6.61
泗洪县	Sihong County	203.51	87.14	322.47	53.54	36.30	5.42

20－15 交 通 运 输（2012年）

Transportation（2012）

市 县 City and County		公路里程（公里） Total Length of Highway (km)	#等级公路 Grade Highway	公路客运量（万人） Passenger Traffic of Highways (10000 persons)	公路货运量（万吨） Freight Traffic of Highways (10000 tons)	民用汽车拥有量（万辆） Civil Vehicles Owned (10000 units)	#私人汽车 Private Vehicles
南京市	**Nanjing City**	**11029**	**10054**	**42519**	**22020**	**117.75**	**96.36**
溧水县	Lishui County	1592	1563	1177	1100	3.50	3.01
高淳县	Gaochun County	1495	1440	1183	968	2.69	2.18
无锡市	**Wuxi City**	**7638**	**7638**	**22931**	**14189**	**100.98**	**76.45**
江阴市	Jiangyin City	2362	2362	3213	4108	25.43	19.69
宜兴市	Yixing City	2321	2321	3405	2712	16.72	12.85
徐州市	**Xuzhou City**	**16278**	**15135**	**23168**	**18697**	**60.58**	**51.70**
丰县	Fengxian County	1808	1808	1575	1832	4.95	4.41
沛县	Peixian County	2287	2287	2303	1759	5.19	4.40
睢宁县	Suining County	2443	2262	1742	1987	5.47	4.91
新沂市	Xinyi City	2799	2295	1739	2591	4.54	3.91
邳州市	Pizhou City	3021	2682	2906	2882	8.13	7.32
常州市	**Changzhou City**	**8677**	**8625**	**16030**	**15344**	**65.93**	**52.34**
溧阳市	Liyang City	2509	2509	2797	2804	7.80	6.42
金坛市	Jintan City	2021	1970	1980	1483	5.22	4.20
苏州市	**Suzhou City**	**13090**	**13090**	**68895**	**16441**	**179.10**	**144.71**
常熟市	Changshu City	3164	3164	8707	1983	23.83	19.80
张家港市	Zhangjiagang City	1527	1527	7982	2943	20.36	17.01
昆山市	Kunshan City	2011	2011	8669	1962	26.71	21.04
太仓市	Taicang City	1265	1265	3349	2033	11.91	9.77

市 县 City and County		公路里程（公里）Total Length of Highway (km)	#等级公路 Grade Highway	公路客运量（万人）Passenger Traffic of Highways (10000 persons)	公路货运量（万吨）Freight Traffic of Highways (10000 tons)	民用汽车拥有量（万辆）Civil Vehicles Owned (10000 units)	#私人汽车 Private Vehicles
南 通 市	**Nantong City**	**17915**	**17763**	**21350**	**20199**	**68.22**	**57.14**
海 安 县	Haian County	2355	2331	1802	3196	6.02	5.14
如 东 县	Rudong County	2504	2420	903	2049	6.86	6.05
启 东 市	Qidong City	3514	3502	1892	1499	8.54	7.66
如 皋 市	Rugao City	3160	3159	951	2787	9.68	8.66
海 门 市	Haimen City	2457	2439	1525	1168	8.08	7.09
连云港市	**Lianyungang City**	**11506**	**11415**	**15630**	**12305**	**27.28**	**22.34**
赣 榆 县	Ganyu County	2759	2759	1538	2343	4.84	4.27
东 海 县	Donghai County	2884	2884	1693	2157	5.45	4.81
灌 云 县	Guanyun County	2533	2533	1495	1283	3.87	3.43
灌 南 县	Guannan County	1904	1873	1220	999	2.56	2.26
淮 安 市	**Huaian City**	**12804**	**11902**	**12275**	**7787**	**25.30**	**20.09**
涟 水 县	Lianshui County	2525	2265	1912	1312	3.49	2.99
洪 泽 县	Hongze County	1455	1346	994	216	1.30	1.01
盱 眙 县	Xuyi County	2636	2636	1823	1263	2.35	1.82
金 湖 县	Jinhu County	1349	1172	1192	201	1.29	1.00
盐 城 市	**Yancheng City**	**18807**	**16761**	**14243**	**8150**	**40.43**	**33.33**
响 水 县	Xiangshui County	1736	1653	838	537	2.28	1.82
滨 海 县	Binhai County	2094	1806	352	1122	4.54	3.56
阜 宁 县	Funing County	1832	1476	1052	174	3.59	3.16
射 阳 县	Sheyang County	2466	1900	370	118	4.24	3.82

市　县 City and County		公路里程（公里）Total Length of Highway (km)	#等级公路 Grade Highway	公路客运量（万人）Passenger Traffic of Highways (10000 persons)	公路货运量（万吨）Freight Traffic of Highways (10000 tons)	民用汽车拥有量（万辆）Civil Vehicles Owned (10000 units)	#私人汽车 Private Vehicles
建 湖 县	Jianhu County	1760	1641	930	434	2.79	2.30
东 台 市	Dongtai City	3094	2884	803	1275	5.11	4.37
大 丰 市	Dafeng City	3036	2671	946	647	4.90	4.22
扬 州 市	**Yangzhou City**	**10320**	**9050**	**8878**	**7645**	**34.70**	**28.17**
宝 应 县	Baoying County	2193	1839	1224	442	2.85	1.62
仪 征 市	Yizheng City	1483	1482	631	931	3.05	2.10
高 邮 市	Gaoyou City	2489	2026	1192	975	3.10	1.92
镇 江 市	**Zhenjiang City**	**7068**	**7068**	**11646**	**12418**	**28.79**	**23.13**
丹 阳 市	Danyang City	2096	2096	2479	2829	8.88	7.42
扬 中 市	Yangzhong City	971	971	1172	755	3.49	2.94
句 容 市	Jurong City	2412	2412	2076	1866	2.51	1.96
泰 州 市	**Taizhou City**	**9004**	**8997**	**9649**	**4641**	**34.08**	**27.42**
兴 化 市	Xinghua City	2631	2630	1779	798	5.80	5.05
靖 江 市	Jingjiang City	1255	1255	1933	605	6.74	5.43
泰 兴 市	Taixing City	2065	2065	1968	825	6.41	5.22
姜 堰 市	Jiangyan City	1885	1885	1425	955	5.35	4.31
宿 迁 市	**Suqian City**	**10597**	**9216**	**10905**	**5497**	**27.64**	**24.07**
沭 阳 县	Shuyang County	3388	2529	2635	2536	7.48	6.64
泗 阳 县	Siyang County	1670	1626	2248	632	4.16	3.75
泗 洪 县	Sihong County	2387	2379	3829	572	3.98	3.26

20－16 邮电、电力（2012年）
Postal and Telecommunications, Power Services (2012)

市　县	City and County	邮电业务总量（亿元）Post & Telecommunication Services (100 million yuan)	固定电话用户（万户）Telephone Subscribers (10000 subscribers)	移动电话用户（万户）Number of Mobile Telephones Subscribers at Year-end (10000 subscribers)	国际互联网用户（万户）International Exchange Network Users (10000 subscribers)	全年用电量（亿千瓦时）Total Consumption of Electricity of the Year (100 million kW·h)	#工业用电 Consumption of Electricity for Industrial Use
南京市	**Nanjing City**	**129.16**	**288.92**	**1153.10**	**205.32**	**424.96**	**265.64**
溧水县	Lishui County	3.34	10.68	8.44	12.78	14.19	10.36
高淳县	Gaochun County	3.16	9.81	7.66	11.82	6.83	3.21
无锡市	**Wuxi City**	**100.80**	**210.08**	**902.14**	**140.66**	**578.01**	**464.51**
江阴市	Jiangyin City	23.27	50.23	211.87	39.03	229.54	205.88
宜兴市	Yixing City	14.93	37.50	142.07	32.14	88.00	70.66
徐州市	**Xuzhou City**	**62.38**	**176.47**	**760.87**	**95.82**	**318.57**	**246.08**
丰　县	Fengxian County	5.20	10.08	63.14	7.39	15.67	9.61
沛　县	Peixian County	6.48	14.60	78.42	10.26	27.73	21.32
睢宁县	Suining County	5.80	15.57	69.13	9.70	19.08	13.10
新沂市	Xinyi City	5.72	13.20	65.81	10.06	34.04	28.03
邳州市	Pizhou City	7.43	15.41	92.76	11.45	26.88	18.31
常州市	**Changzhou City**	**64.48**	**161.61**	**519.35**	**101.33**	**351.51**	**277.88**
溧阳市	Liyang City	7.56	23.50	71.09	14.02	59.57	50.54
金坛市	Jintan City	5.71	20.06	53.23	11.20	37.80	31.17
苏州市	**Suzhou City**	**237.90**	**330.37**	**1554.52**	**252.25**	**1189.93**	**982.66**
常熟市	Changshu City	25.47	42.76	192.08	36.00	147.34	123.65
张家港市	Zhangjiagang City	20.90	36.79	162.30	33.70	265.59	246.75
昆山市	Kunshan City	41.27	52.72	279.75	48.27	181.91	146.47
太仓市	Taicang City	12.38	20.58	79.57	18.33	81.00	68.79

市 县 City and County		邮电业务总量(亿元) Post & Telecommunication Services (100 million yuan)	固定电话用户(万户) Telephone Subscribers (10000 subscribers)	移动电话年末用户(万户) Number of Mobile Telephones Subscribers at Year-end (10000 subscribers)	国际互联网用户(万户) International Exchange Network Users (10000 subscribers)	全年用电量(亿千瓦时) Total Consumption of Electricity of the Year (100 million kW·h)	#工业用电 Consumption of Electricity for Industrial Use
南通市	**Nantong City**	**71.65**	**259.55**	**809.13**	**116.39**	**301.79**	**222.96**
海安县	Haian County	7.25	33.09	83.36	19.55	38.38	30.61
如东县	Rudong County	7.37	30.43	90.89	15.29	36.79	27.88
启东市	Qidong City	8.36	36.52	94.50	19.78	24.20	15.96
如皋市	Rugao City	11.01	37.14	128.66	22.65	42.77	31.02
海门市	Haimen City	8.31	34.41	94.33	19.40	31.39	22.36
连云港市	**Lianyungang City**	**33.31**	**103.61**	**383.22**	**58.96**	**115.97**	**75.91**
赣榆县	Ganyu County	5.97	20.94	76.25	13.63	26.51	19.48
东海县	Donghai County	6.16	18.72	73.19	12.28	17.17	10.79
灌云县	Guanyun County	4.38	13.40	55.02	7.47	9.73	5.20
灌南县	Guannan County	3.46	10.96	42.74	6.49	19.43	15.14
淮安市	**Huaian City**	**26.75**	**93.78**	**294.94**	**47.76**	**134.78**	**95.50**
涟水县	Lianshui County	3.68	13.66	42.59	4.86	13.24	8.26
洪泽县	Hongze County	1.81	6.25	21.41	3.73	14.47	11.81
盱眙县	Xuyi County	3.16	10.39	36.15	4.47	13.95	8.81
金湖县	Jinhu County	2.02	6.61	21.89	3.59	10.22	7.30
盐城市	**Yancheng City**	**53.73**	**148.73**	**535.47**	**82.53**	**225.31**	**164.49**
响水县	Xiangshui County	2.84	8.50	30.98	4.23	32.09	28.44
滨海县	Binhai County	4.60	16.86	46.55	6.52	22.01	16.01
阜宁县	Funing County	4.78	15.36	49.02	6.98	26.61	20.48
射阳县	Sheyang County	5.31	17.07	60.17	7.68	16.29	9.90

市 县 City and County		邮电业务总量（亿元）Post & Telecommunication Services (100 million yuan)	固定电话用户（万户）Telephone Subscribers (10000 subscribers)	移动电话年末用户（万户）Number of Mobile Telephones Subscribers at Year-end (10000 subscribers)	国际互联网用户（万户）International Exchange Network Users (10000 subscribers)	全年用电量（亿千瓦时）Total Consumption of Electricity of the Year (100 million kW·h)	#工业用电 Consumption of Electricity for Industrial Use
建湖县	Jianhu County	4.76	12.99	50.69	6.73	16.01	10.50
东台市	Dongtai City	6.13	25.32	63.26	10.66	35.04	27.03
大丰市	Dafeng City	5.40	18.48	55.75	8.96	35.20	28.02
扬州市	**Yangzhou City**	**45.93**	**135.91**	**490.95**	**74.18**	**173.63**	**123.20**
宝应县	Baoying County	5.36	17.79	63.27	9.37	14.63	8.95
仪征市	Yizheng City	5.38	15.67	61.18	9.83	28.80	23.79
高邮市	Gaoyou City	5.75	18.43	65.60	10.70	18.66	12.07
镇江市	**Zhenjiang City**	**31.73**	**105.86**	**336.71**	**59.77**	**193.47**	**151.62**
丹阳市	Danyang City	8.14	28.67	91.18	18.70	58.23	46.70
扬中市	Yangzhong City	3.51	13.18	37.43	8.34	13.67	9.99
句容市	Jurong City	4.37	16.96	52.94	10.64	20.11	13.80
泰州市	**Taizhou City**	**39.75**	**113.56**	**417.62**	**70.59**	**211.31**	**164.81**
兴化市	Xinghua City	7.77	24.99	89.43	10.59	55.51	46.08
靖江市	Jingjiang City	7.09	19.11	68.57	10.14	35.61	27.15
泰兴市	Taixing City	8.45	26.36	88.06	10.62	48.09	39.16
姜堰市	Jiangyan City	5.80	17.32	66.14	7.87	26.30	20.17
宿迁市	**Suqian City**	**23.88**	**86.07**	**382.26**	**45.13**	**114.34**	**79.90**
沭阳县	Shuyang County	6.95	22.99	111.15	12.01	32.20	22.48
泗阳县	Siyang County	4.31	18.88	68.16	9.86	13.40	7.57
泗洪县	Sihong County	4.10	15.45	67.42	8.40	12.74	6.19

20－17 固定资产投资完成额（2012年）
Completed Investment in Fixed Assets (2012)

单位：亿元 (100 million yuan)

市县	City and County	固定资产投资 Investment in Fixed Assets	房地产开发投资 Investment in Real Estate Development	#住宅 Residential Buildings	新增固定资产 Newly Added Fixed Assets	商品房屋销售建筑面积（万平方米）Constraction Floor Space of the Commercial Houses Sold (10000 sq. m)	#住宅 Residential Buildings
南京市	**Nanjing City**	**4558.49**	**971.96**	**660.94**	**3008.25**	**950.87**	**876.25**
溧水县	Lishui County	350.11	22.88	20.15	304.79	41.57	41.03
高淳县	Gaochun County	302.01	23.95	21.59	255.56	19.06	17.09
无锡市	**Wuxi City**	**3618.07**	**974.37**	**614.55**	**2531.71**	**926.27**	**784.56**
江阴市	Jiangyin City	834.28	181.39	115.27	660.89	148.71	118.75
宜兴市	Yixing City	480.56	107.51	75.55	376.75	135.07	115.47
徐州市	**Xuzhou City**	**2685.89**	**310.07**	**238.37**	**2044.77**	**698.34**	**623.84**
丰县	Fengxian County	127.33	15.97	12.13	110.56	42.41	35.99
沛县	Peixian County	292.32	20.03	14.71	274.13	68.68	59.32
睢宁县	Suining County	153.22	13.85	11.16	144.18	43.33	38.44
新沂市	Xinyi City	270.64	32.38	27.19	143.94	63.19	50.44
邳州市	Pizhou City	393.88	28.26	26.68	319.95	66.85	65.76
常州市	**Changzhou City**	**2621.56**	**597.01**	**416.11**	**1831.72**	**756.81**	**664.99**
溧阳市	Liyang City	373.24	37.62	28.24	257.14	46.64	39.38
金坛市	Jintan City	219.93	27.64	20.44	141.05	50.84	42.54
苏州市	**Suzhou City**	**5142.51**	**1263.36**	**851.65**	**4035.76**	**1466.29**	**1263.11**
常熟市	Changshu City	602.12	86.41	57.52	557.36	155.79	121.37
张家港市	Zhangjiagang City	691.07	83.76	53.62	549.77	89.44	72.36
昆山市	Kunshan City	767.62	245.02	162.69	593.73	321.59	269.10
太仓市	Taicang City	459.93	69.47	37.48	382.59	83.88	62.76

20－17 续 表1 Continued 1

单位:亿元 (100 million yuan)

市 县	City and County	固定资产投资 Investment in Fixed Assets	房地产开发投资 Investment in Real Estate Development	#住宅 Residential Buildings	新增固定资产 Newly Added Fixed Assets	商品房屋销售建筑面积(万平方米) Constraction Floor Space of the Commercial Houses Sold (10000 sq. m)	#住宅 Residential Buildings
南通市	**Nantong City**	**2886.47**	**481.74**	**387.70**	**2034.37**	**712.49**	**631.77**
海安县	Haian County	322.66	34.18	27.05	135.91	61.97	50.66
如东县	Rudong County	310.79	21.19	15.06	276.93	20.68	15.99
启东市	Qidong City	359.53	32.20	29.17	409.79	66.71	65.86
如皋市	Rugao City	329.86	27.42	18.84	222.91	56.35	42.43
海门市	Haimen City	370.86	36.43	28.73	241.54	70.06	63.21
连云港市	**Lianyungang City**	**1280.88**	**162.23**	**118.79**	**966.33**	**418.84**	**371.89**
赣榆县	Ganyu County	202.31	15.79	10.90	21.50	50.40	45.97
东海县	Donghai County	189.35	18.09	12.92	133.71	70.57	63.66
灌云县	Guanyun County	164.46	11.92	7.98	119.49	43.36	37.11
灌南县	Guannan County	163.04	14.01	11.53	145.42	61.81	53.67
淮安市	**Huaian City**	**1247.99**	**280.55**	**211.01**	**740.19**	**677.14**	**598.85**
涟水县	Lianshui County	139.31	36.35	28.92	87.79	99.72	84.86
洪泽县	Hongze County	92.34	17.64	12.69	68.55	32.16	27.07
盱眙县	Xuyi County	173.33	44.63	32.87	123.86	91.02	81.77
金湖县	Jinhu County	85.37	19.22	13.67	52.63	50.71	44.48
盐城市	**Yancheng City**	**1940.89**	**273.41**	**200.61**	**1274.78**	**548.20**	**467.77**
响水县	Xiangshui County	141.99	10.06	8.68	118.27	24.06	22.09
滨海县	Binhai County	187.32	19.82	13.04	130.55	57.51	49.33
阜宁县	Funing County	163.00	19.74	16.02	112.03	46.74	44.44
射阳县	Sheyang County	168.31	15.16	8.76	117.59	51.11	43.23

单位:亿元 (100 million yuan)

市 县 City and County		固定资产投资 Investment in Fixed Assets	房地产开发投资 Investment in Real Estate Development	#住宅 Residential Buildings	新增固定资产 Newly Added Fixed Assets	商品房屋销售建筑面积(万平方米) Constraction Floor Space of the Commercial Houses Sold (10000 sq. m)	#住宅 Residential Buildings
建湖县	Jianhu County	177.75	19.71	12.68	100.06	41.79	34.36
东台市	Dongtai City	278.41	30.26	24.26	185.32	49.96	37.68
大丰市	Dafeng City	216.56	19.50	13.14	130.02	48.74	40.05
扬州市	**Yangzhou City**	**1783.65**	**235.84**	**181.71**	**1397.75**	**601.91**	**537.09**
宝应县	Baoying County	197.69	16.44	12.92	179.57	49.75	44.90
仪征市	Yizheng City	247.45	14.61	14.47	271.56	52.74	52.30
高邮市	Gaoyou City	234.29	20.25	16.69	121.09	82.85	79.90
镇江市	**Zhenjiang City**	**1500.67**	**205.48**	**156.39**	**1084.66**	**420.20**	**386.85**
丹阳市	Danyang City	280.53	33.61	26.36	118.31	71.87	64.14
扬中市	Yangzhong City	147.03	14.06	7.56	105.16	16.14	11.57
句容市	Jurong City	174.39	43.32	35.95	88.75	110.01	105.45
泰州市	**Taizhou City**	**1454.59**	**234.48**	**157.33**	**1286.68**	**326.68**	**278.48**
兴化市	Xinghua City	189.30	16.10	10.85	203.30	40.56	31.74
靖江市	Jingjiang City	283.38	43.43	19.61	276.77	40.53	35.52
泰兴市	Taixing City	261.10	33.20	26.71	224.02	61.86	53.18
姜堰市	Jiangyan City	215.62	32.82	23.66	185.27	55.16	47.61
宿迁市	**Suqian City**	**1025.56**	**218.64**	**160.73**	**740.99**	**517.48**	**439.68**
沭阳县	Shuyang County	258.16	51.51	36.30	145.28	123.03	105.26
泗阳县	Siyang County	184.46	39.31	31.87	171.40	110.20	91.39
泗洪县	Sihong County	160.65	35.01	26.15	103.63	120.83	105.75

20－18 国内贸易、对外经济(2012年)
Domestic and Foreign Trade and Foreign Economy (2012)

市县	City and County	社会消费品零售总额(亿元) Total Retail of Consumer Goods (100 million Yuan)	#批发和零售业 Wholesale and Retail Trade	进出口总额(亿美元) Total Imports and Exports (USD 100 million)	出口 Exports	进口 Imports	实际外商直接投资(亿美元) Actual Foreign Direct Investment (USD 100 million)
南京市	**Nanjing City**	**3103.82**	**2793.48**	**552.35**	**319.01**	**233.34**	**41.30**
溧水县	Lishui County	103.18	84.34	3.37	3.17	0.20	1.51
高淳县	Gaochun County	120.07	75.72	3.38	3.12	0.26	0.81
无锡市	**Wuxi City**	**2443.24**	**2240.38**	**707.72**	**413.13**	**294.60**	**40.10**
江阴市	Jiangyin City	515.48	479.88	192.65	105.15	87.50	7.98
宜兴市	Yixing City	371.28	349.47	49.59	31.89	17.70	4.70
徐州市	**Xuzhou City**	**1312.50**	**1173.31**	**83.27**	**62.88**	**20.39**	**17.00**
丰县	Fengxian County	68.58	59.24	1.71	1.71	0.00	0.69
沛县	Peixian County	124.42	113.62	3.76	3.69	0.07	1.70
睢宁县	Suining County	85.22	77.16	7.22	4.89	2.33	1.29
新沂市	Xinyi City	83.06	75.78	4.30	2.51	1.79	1.85
邳州市	Pizhou City	114.06	91.69	14.43	14.02	0.41	1.80
常州市	**Changzhou City**	**1413.33**	**1293.16**	**290.28**	**199.60**	**90.68**	**33.61**
溧阳市	Liyang City	198.26	179.95	11.29	8.55	2.74	4.05
金坛市	Jintan City	156.73	140.70	16.03	13.65	2.39	2.51
苏州市	**Suzhou City**	**3240.97**	**2830.37**	**3056.92**	**1746.89**	**1310.03**	**91.65**
常熟市	Changshu City	499.54	452.24	197.49	129.21	68.28	9.56
张家港市	Zhangjiagang City	370.73	320.75	319.62	128.11	191.50	9.52
昆山市	Kunshan City	493.62	390.14	865.68	555.17	310.51	17.54
太仓市	Taicang City	195.07	168.89	126.21	56.60	69.61	8.11

市县 City and County		社会消费品零售总额（亿元）Total Retail of Consumer Goods (100 million Yuan)	#批发和零售业 Wholesale and Retail Trade	进出口总额（亿美元）Total Imports and Exports (USD 100 million)	出口 Exports	进口 Imports	实际外商直接投资（亿美元）Actual Foreign Direct Investment (USD 100 million)
南通市	**Nantong City**	**1719.27**	**1576.34**	**263.01**	**187.86**	**75.15**	**22.05**
海安县	Haian County	181.98	166.34	14.99	12.79	2.21	2.52
如东县	Rudong County	202.18	186.43	12.81	9.99	2.83	3.20
启东市	Qidong City	228.73	208.83	20.28	14.43	5.85	2.39
如皋市	Rugao City	229.85	210.72	35.88	23.72	12.16	2.14
海门市	Haimen City	237.12	217.55	16.92	12.38	4.54	1.22
连云港市	**Lianyungang City**	**575.49**	**525.26**	**80.02**	**36.01**	**44.01**	**7.34**
赣榆县	Ganyu County	108.28	98.52	3.91	2.79	1.12	1.30
东海县	Donghai County	107.89	99.77	2.76	2.12	0.64	1.39
灌云县	Guanyun County	78.69	73.71	2.35	2.15	0.19	0.55
灌南县	Guannan County	54.01	48.08	1.62	1.34	0.27	0.23
淮安市	**Huaian City**	**633.24**	**567.60**	**42.38**	**33.64**	**8.73**	**21.21**
涟水县	Lianshui County	64.48	57.28	3.31	3.04	0.27	2.10
洪泽县	Hongze County	58.88	52.31	1.93	1.36	0.56	2.25
盱眙县	Xuyi County	62.52	55.23	4.21	3.97	0.24	2.80
金湖县	Jinhu County	55.75	49.92	3.09	3.04	0.05	2.00
盐城市	**Yancheng City**	**1023.20**	**919.46**	**57.54**	**34.65**	**22.89**	**21.11**
响水县	Xiangshui County	42.18	38.48	4.56	3.53	1.03	1.32
滨海县	Binhai County	69.98	63.50	2.14	1.95	0.19	1.50
阜宁县	Funing County	82.09	76.38	1.69	1.45	0.24	1.68
射阳县	Sheyang County	110.00	96.54	2.45	1.82	0.63	1.60

市 县 City and County		社会消费品零售总额（亿元）Total Retail of Consumer Goods (100 million Yuan)	#批发和零售业 Wholesale and Retail Trade	进出口总额（亿美元）Total Imports and Exports (USD 100 million)	出 口 Exports	进口 Imports	实际外商直接投资（亿美元）Actual Foreign Direct Investment (USD 100 million)
建 湖 县	Jianhu County	108.32	90.72	3.22	2.81	0.41	1.60
东 台 市	Dongtai City	158.09	141.67	4.53	4.10	0.43	3.10
大 丰 市	Dafeng City	108.80	99.52	8.46	4.68	3.78	3.10
扬 州 市	**Yangzhou City**	**973.97**	**871.15**	**101.73**	**81.72**	**20.01**	**21.38**
宝 应 县	Baoying County	105.35	98.89	6.20	4.72	1.48	1.00
仪 征 市	Yizheng City	114.75	104.00	9.32	4.53	4.79	3.52
高 邮 市	Gaoyou City	110.57	98.44	3.27	3.01	0.26	0.98
镇 江 市	**Zhenjiang City**	**766.46**	**677.10**	**114.13**	**77.37**	**36.76**	**22.14**
丹 阳 市	Danyang City	202.38	180.60	26.51	21.84	4.67	4.76
扬 中 市	Yangzhong City	90.32	77.88	4.81	3.63	1.19	1.67
句 容 市	Jurong City	93.31	80.07	6.11	4.45	1.66	4.26
泰 州 市	**Taizhou City**	**737.57**	**633.73**	**103.67**	**69.45**	**34.22**	**14.50**
兴 化 市	Xinghua City	112.69	96.74	5.82	4.65	1.17	1.35
靖 江 市	Jingjiang City	123.25	102.03	35.10	23.44	11.66	2.61
泰 兴 市	Taixing City	142.95	118.18	20.36	10.77	9.59	2.52
姜 堰 市	Jiangyan City	122.15	112.65	7.71	6.32	1.39	1.12
宿 迁 市	**Suqian City**	**388.23**	**335.40**	**27.93**	**23.18**	**4.75**	**4.52**
沭 阳 县	Shuyang County	108.34	94.40	5.29	4.76	0.54	1.01
泗 阳 县	Siyang County	63.58	53.76	5.93	5.78	0.15	0.64
泗 洪 县	Sihong County	65.24	59.67	3.58	3.42	0.16	0.64

20－19 财政、金融（2012 年）
Government Finance, Financial Intermediation (2012)

单位:亿元 (100 million yuan)

市 县 City and County		公共财政预算收入 Public Finance Budget Revenue	#税收收入 Taxes	公共财政预算支出 Public Finance Budget Expenditure	年末金融机构存款余额 Deposits Balance of Banking Institutions (Year-end)	#居民储蓄存款 Savings Deposits of Residents	年末金融机构贷款余额 Loans Balance of Banking Institutions (Year-end)
南京市	**Nanjing City**	**733.02**	**602.79**	**769.66**	**16131.41**	**4465.37**	**12314.41**
溧水县	Lishui County	29.20	23.36	34.97	210.12	111.20	160.84
高淳县	Gaochun County	22.00	17.62	31.73	176.88	100.58	156.79
无锡市	**Wuxi City**	**658.03**	**540.01**	**648.61**	**10293.40**	**3731.83**	**7467.03**
江阴市	Jiangyin City	167.19	139.24	154.00	2347.59	792.49	1811.65
宜兴市	Yixing City	78.38	66.66	82.52	1490.35	648.64	1115.57
徐州市	**Xuzhou City**	**366.76**	**284.14**	**530.05**	**3364.47**	**1794.72**	**2047.23**
丰县	Fengxian County	24.92	20.34	47.26	174.42	129.26	96.64
沛县	Peixian County	38.96	31.73	61.81	292.91	191.81	108.77
睢宁县	Suining County	25.56	20.56	48.62	215.60	152.56	117.23
新沂市	Xinyi City	32.85	26.32	52.83	180.01	124.10	157.13
邳州市	Pizhou City	42.12	33.26	68.22	251.48	167.76	188.92
常州市	**Changzhou City**	**378.99**	**303.89**	**391.22**	**5604.90**	**2473.27**	**3832.80**
溧阳市	Liyang City	40.50	34.42	45.84	645.20	332.54	436.64
金坛市	Jintan City	23.11	19.70	31.72	400.96	229.59	286.90
苏州市	**Suzhou City**	**1204.33**	**1023.88**	**1113.47**	**17663.50**	**5787.75**	**13626.86**
常熟市	Changshu City	128.15	104.07	128.27	2031.19	907.18	1509.74
张家港市	Zhangjiagang City	149.61	122.20	142.92	2064.68	746.76	1490.75
昆山市	Kunshan City	220.28	189.82	195.15	2364.12	787.13	1601.39
太仓市	Taicang City	90.15	72.63	86.16	1018.88	377.17	863.41

20－19 续 表1 Continued 1

单位：亿元 （100 million yuan）

市 县	City and County	公共财政预算收入 Public Finance Budget Revenue	#税收收入 Taxes	公共财政预算支出 Public Finance Budget Expenditure	年末金融机构存款余额 Deposits Balance of Banking Institutions (Year-end)	#居民储蓄存款 Savings Deposits of Residents	年末金融机构贷款余额 Loans Balance of Banking Institutions (Year-end)
南通市	**Nantong City**	**419.72**	**339.51**	**513.01**	**6297.19**	**3588.06**	**3832.14**
海安县	Haian County	37.53	30.75	55.30	681.06	426.65	454.33
如东县	Rudong County	32.17	25.85	54.44	504.06	348.72	247.82
启东市	Qidong City	52.21	42.37	59.59	691.33	481.71	402.73
如皋市	Rugao City	53.60	44.72	71.08	670.20	436.10	354.53
海门市	Haimen City	51.61	41.79	55.96	719.57	481.84	421.40
连云港市	**Lianyungang City**	**208.94**	**160.92**	**312.55**	**1503.66**	**723.59**	**1196.58**
赣榆县	Ganyu County	29.21	22.97	53.69	188.93	121.39	140.69
东海县	Donghai County	27.46	21.35	48.00	186.71	121.83	133.41
灌云县	Guanyun County	25.86	20.67	41.02	143.28	87.16	97.79
灌南县	Guannan County	25.59	20.30	41.88	88.23	62.06	69.26
淮安市	**Huaian City**	**233.61**	**180.93**	**339.86**	**1502.79**	**806.86**	**1173.18**
涟水县	Lianshui County	21.62	17.92	43.66	176.46	104.47	107.17
洪泽县	Hongze County	17.10	13.66	28.43	97.25	48.70	78.65
盱眙县	Xuyi County	23.15	18.01	40.26	171.07	89.96	134.80
金湖县	Jinhu County	15.35	13.25	25.33	128.70	76.69	103.64
盐城市	**Yancheng City**	**312.78**	**251.38**	**473.48**	**2699.33**	**1519.33**	**1831.44**
响水县	Xiangshui County	19.73	15.20	35.86	99.66	57.76	81.40
滨海县	Binhai County	24.94	19.49	48.09	158.33	97.14	109.94
阜宁县	Funing County	25.48	20.28	46.55	202.08	135.70	138.82
射阳县	Sheyang County	20.80	16.40	43.83	204.49	132.17	153.51

单位:亿元 (100 million yuan)

市 县 City and County		公共财政预算收入 Public Finance Budget Revenue	#税收收入 Taxes	公共财政预算支出 Public Finance Budget Expenditure	年末金融机构存款余额 Deposits Balance of Banking Institutions (Year-end)	#居民储蓄存款 Savings Deposits of Residents	年末金融机构贷款余额 Loans Balance of Banking Institutions (Year-end)
建湖县	Jianhu County	32.94	26.54	53.29	231.59	161.89	171.83
东台市	Dongtai City	43.67	34.57	62.75	442.73	324.20	231.17
大丰市	Dafeng City	40.01	30.85	55.42	321.76	198.10	203.48
扬州市	**Yangzhou City**	**225.00**	**180.61**	**284.80**	**3310.84**	**1697.51**	**2006.50**
宝应县	Baoying County	20.71	16.61	37.04	262.79	171.88	163.41
仪征市	Yizheng City	24.66	19.89	26.44	333.11	194.23	183.58
高邮市	Gaoyou City	21.72	17.41	36.98	296.25	203.41	167.79
镇江市	**Zhenjiang City**	**215.48**	**174.12**	**235.25**	**2850.51**	**1301.36**	**2073.29**
丹阳市	Danyang City	50.09	41.92	54.31	725.50	372.35	588.11
扬中市	Yangzhong City	22.57	18.13	25.36	350.86	198.60	239.03
句容市	Jurong City	25.02	21.29	35.86	318.78	176.17	216.10
泰州市	**Taizhou City**	**223.62**	**179.73**	**300.90**	**3032.63**	**1546.53**	**2007.97**
兴化市	Xinghua City	29.46	24.08	58.68	412.47	275.48	264.26
靖江市	Jingjiang City	44.01	35.28	47.77	654.18	314.65	408.86
泰兴市	Taixing City	32.61	26.13	50.58	466.13	294.54	272.19
姜堰市	Jiangyan City	23.54	18.90	34.95	424.96	254.23	305.79
宿迁市	**Suqian City**	**158.13**	**130.07**	**272.40**	**1226.87**	**621.02**	**1002.86**
沭阳县	Shuyang County	48.79	38.30	78.20	280.00	183.96	223.84
泗阳县	Siyang County	21.76	17.79	42.00	206.18	111.75	157.32
泗洪县	Sihong County	19.76	15.26	44.42	181.74	109.26	159.41

20-20 人民生活(一)(2012年)
People's Living Condition(Ⅰ)(2012)

市县	City and County	城镇非私营单位在岗职工年平均工资(元) Average Wages of Fully Employed Staff and Workers (Excluded Prirate)(yuan)	城镇居民人均可支配收入(元) Per Capita Disposable Income of Urban Households (yuan)	城镇居民人均生活消费支出(元) Per Capita Comsumption Expaniture of Urban Households (yuan)	#食品 Food	城镇居民恩格尔系数(%) Engle Coefficient of Urban Residents (%)	城镇居民人均住房建筑面积(平方米) Per Capital Construction Floor Space of Urban Residential Building (sq. m)
南京市	**Nanjing City**	**60404**	**35092**	**22446**	**7827**	**34.9**	**32.3**
溧水县	Lishui County	45820	31602	18295	6070	33.2	39.2
高淳县	Gaochun County	45332	33032	19061	6397	33.6	42.2
无锡市	**Wuxi City**	**56883**	**35663**	**23000**	**8010**	**34.8**	**36.4**
江阴市	Jiangyin City	58973	39437	26643	8920	33.5	38.0
宜兴市	Yixing City	51361	33210	19133	7557	39.5	39.9
徐州市	**Xuzhou City**	**44070**	**21716**	**13730**	**4820**	**35.1**	**35.0**
丰县	Fengxian County	34189	16186	11768	3796	32.3	37.5
沛县	Peixian County	35433	19227	13062	4259	32.6	40.6
睢宁县	Suining County	31094	16447	11051	4399	39.8	50.1
新沂市	Xinyi City	35337	17617	15210	5172	34.0	40.5
邳州市	Pizhou City	35535	20542	11301	4106	36.3	34.7
常州市	**Changzhou City**	**55764**	**33326**	**20918**	**7229**	**34.6**	**37.5**
溧阳市	Liyang City	47577	29852	19741	7017	35.5	40.5
金坛市	Jintan City	43249	31738	21009	6666	31.7	40.1
苏州市	**Suzhou City**	**57622**	**39079**	**25157**	**8371**	**33.3**	**36.1**
常熟市	Changshu City	53982	39561	25003	7420	29.7	38.2
张家港市	Zhangjiagang City	56591	39695	27695	8177	29.5	39.9
昆山市	Kunshan City	53461	39740	27634	8608	31.2	38.2
太仓市	Taicang City	57037	39422	27129	9159	33.8	44.8

市县 City and County		城镇非私营单位在岗职工年平均工资(元) Average Wages of Fully Employed Staff and Workers (Excluded Pirate)(yuan)	城镇居民人均可支配收入(元) Per Capita Disposable Income of Urban Households (yuan)	城镇居民人均生活消费支出(元) Per Capita Comsumption Expaniture of Urban Households (yuan)	#食品 Food	城镇居民恩格尔系数(%) Engle Coefficient of Urban Residents (%)	城镇居民人均住房建筑面积(平方米) Per Capital Construction Floor Space of Urban Residential Building (sq. m)
南通市	**Nantong City**	**49399**	**28292**	**17858**	**6211**	**34.8**	**39.8**
海安县	Haian County	46226	26771	16742	5352	32.0	44.1
如东县	Rudong County	46063	26768	16734	5952	35.6	44.4
启东市	Qidong City	45604	26875	17575	5746	32.7	39.4
如皋市	Rugao City	46686	26010	15889	5436	34.2	39.4
海门市	Haimen City	48578	29631	18996	6602	34.8	39.3
连云港市	**Lianyungang City**	**44124**	**20816**	**12726**	**4689**	**36.9**	**37.4**
赣榆县	Ganyu County	41450	19533	11165	4156	37.2	39.1
东海县	Donghai County	37839	19726	11819	4259	36.0	39.4
灌云县	Guanyun County	38117	15943	9553	3636	38.1	38.3
灌南县	Guannan County	38020	18535	10650	3739	35.1	47.0
淮安市	**Huaian City**	**41966**	**20950**	**14458**	**5126**	**35.5**	**35.5**
涟水县	Lianshui County	33535	18116	12651	4013	31.7	34.6
洪泽县	Hongze County	39144	21717	14414	5684	39.4	34.2
盱眙县	Xuyi County	38259	22230	13887	4373	31.5	36.1
金湖县	Jinhu County	38715	22075	13419	5172	38.5	36.4
盐城市	**Yancheng City**	**40357**	**21941**	**15430**	**5288**	**34.3**	**37.2**
响水县	Xiangshui County	34503	18207	14503	5503	37.9	36.4
滨海县	Binhai County	37387	19090	11975	4721	39.4	33.9
阜宁县	Funing County	34097	18253	13955	5127	36.7	33.2
射阳县	Sheyang County	36325	19373	16028	5500	34.3	35.6

市 县 City and County		城镇非私营单位在岗职工年平均工资(元) Average Wages of Fully Employed Staff and Workers (Excluded Pirate)(yuan)	城镇居民人均可支配收入(元) Per Capita Disposable Income of Urban Households (yuan)	城镇居民人均生活消费支出(元) Per Capita Comsumption Expaniture of Urban Households (yuan)	#食 品 Food	城镇居民恩格尔系数(%) Engle Coefficient of Urban Residents (%)	城镇居民人均住房建筑面积(平方米) Per Capital Construction Floor Space of Urban Residential Building (sq. m)
建湖县	Jianhu County	38191	21215	14115	5033	35.7	37.1
东台市	Dongtai City	40450	23867	14617	4819	33.0	37.7
大丰市	Dafeng City	40055	22471	14704	5016	34.1	39.2
扬州市	**Yangzhou City**	**44689**	**25712**	**16492**	**6037**	**36.6**	**37.4**
宝应县	Baoying County	39976	18988	12730	4958	38.9	34.6
仪征市	Yizheng City	41813	26658	16529	6059	36.7	34.1
高邮市	Gaoyou City	42595	22588	15196	5884	38.7	35.5
镇江市	**Zhenjiang City**	**47626**	**30045**	**17897**	**6589**	**36.8**	**39.1**
丹阳市	Danyang City	45844	30120	16136	5970	37.0	40.9
扬中市	Yangzhong City	48569	33442	18008	5547	30.8	53.3
句容市	Jurong City	42863	29626	18132	6643	36.6	40.8
泰州市	**Taizhou City**	**42985**	**26574**	**16499**	**5927**	**35.9**	**39.3**
兴化市	Xinghua City	36266	24165	14262	5326	37.3	34.3
靖江市	Jingjiang City	43073	28803	19669	6566	33.4	56.1
泰兴市	Taixing City	40703	26338	16456	5771	35.1	41.1
姜堰市	Jiangyan City	37187	26714	15688	6009	38.3	36.9
宿迁市	**Suqian City**	**36624**	**16991**	**11864**	**4438**	**37.4**	**38.9**
沭阳县	Shuyang County	33960	17215	12181	4784	39.3	37.5
泗阳县	Siyang County	32205	16474	11208	3971	35.4	40.8
泗洪县	Sihong County	38508	15934	11939	4437	37.2	42.0

20-21 人民生活(二)(2012年)
People's Living Condition(Ⅱ)(2012)

市县	City and County	人均居民储蓄存款(元) Per Capita Balance of Saving Deposit (yuan)	农村居民人均纯收入(元) Per Capita Net Income of Rural Households (yuan)	农村居民人均生活消费支出(元) Per Capita Living Expenditure of Rural Households (yuan)	#食品 Food	农村居民恩格尔系数(%) Engle Coefficient of Rural Residents (%)	农村居民人均住房面积(平方米) Per Capita Living Space of Housing of Rural Residents (sq. m)
南京市	**Nanjing City**	**54716**	**14786**	**11114**	**4147**	**37.3**	**59.3**
溧水县	Lishui County	26565	14356	10780	3720	34.5	59.0
高淳县	Gaochun County	23999	14816	10945	4162	38.0	60.1
无锡市	**Wuxi City**	**57719**	**18509**	**12795**	**4655**	**36.4**	**67.6**
江阴市	Jiangyin City	48789	19660	11991	4268	35.6	68.4
宜兴市	Yixing City	51974	16862	12523	4824	38.5	66.0
徐州市	**Xuzhou City**	**20956**	**10762**	**6742**	**2411**	**35.8**	**45.6**
丰县	Fengxian County	13616	9783	7095	2666	37.6	42.0
沛县	Peixian County	17232	11351	8558	2661	31.1	47.4
睢宁县	Suining County	14885	9541	5616	2276	40.5	44.0
新沂市	Xinyi City	13663	9808	6481	2351	36.3	45.8
邳州市	Pizhou City	11702	11282	5866	2054	35.0	50.3
常州市	**Changzhou City**	**52771**	**16737**	**12027**	**4337**	**36.1**	**60.3**
溧阳市	Liyang City	43738	15261	12957	4599	35.5	49.8
金坛市	Jintan City	41115	15608	12401	4348	35.1	48.1
苏州市	**Suzhou City**	**54865**	**19396**	**14381**	**4875**	**33.9**	**68.3**
常熟市	Changshu City	60194	19467	14685	4745	32.3	82.4
张家港市	Zhangjiagang City	60135	19460	15129	4599	30.4	67.4
昆山市	Kunshan City	48028	19563	16122	5394	33.5	58.7
太仓市	Taicang City	53363	19411	13091	4447	34.0	73.5

市 县 City and County		人均居民储蓄存款（元） Per Capita Balance of Saving Deposit (yuan)	农村居民人均纯收入（元） Per Capita Net Income of Rural Households (yuan)	农村居民人均生活消费支出（元） Per Capita Living Expenditure of Rural Households (yuan)	#食 品 Food	农村居民恩格尔系数（%） Engle Coefficient of Rural Residents (%)	农村居民人均住房面积（平方米） Per Capita Living Space of Housing of Rural Residents (sq. m)
南通市	**Nantong City**	**49170**	**13231**	**9839**	**3546**	**36.0**	**54.6**
海安县	Haian County	49267	12663	9988	3682	36.9	51.3
如东县	Rudong County	35367	12156	9309	3165	34.0	52.9
启东市	Qidong City	50178	14127	10619	4025	37.9	53.3
如皋市	Rugao City	34611	11663	8165	2700	33.1	51.3
海门市	Haimen City	53401	15162	11117	4120	37.1	57.1
连云港市	**Lianyungang City**	**16420**	**9589**	**6210**	**2259**	**36.4**	**42.1**
赣榆县	Ganyu County	12803	10310	6790	2339	34.5	40.7
东海县	Donghai County	12830	9910	6432	2296	35.7	41.6
灌云县	Guanyun County	11035	8929	4921	1857	37.7	40.9
灌南县	Guannan County	9979	8472	5948	2307	38.8	40.3
淮安市	**Huaian City**	**16799**	**9838**	**6493**	**2409**	**37.1**	**43.3**
涟水县	Lianshui County	12469	9185	5751	2214	38.5	41.1
洪泽县	Hongze County	14637	10838	5862	2279	38.9	42.0
盱眙县	Xuyi County	13990	10031	5099	1994	39.1	40.2
金湖县	Jinhu County	23150	10624	8167	3165	38.8	59.8
盐城市	**Yancheng City**	**21054**	**11898**	**6998**	**2543**	**36.3**	**45.1**
响水县	Xiangshui County	11476	9861	5630	2231	37.5	34.6
滨海县	Binhai County	10281	10429	5820	2210	38.0	40.2
阜宁县	Funing County	16163	10545	5490	2048	37.3	41.7
射阳县	Sheyang County	14814	11726	6039	2234	37.0	41.0

市 县 City and County		人均居民储蓄存款(元) Per Capita Balance of Saving Deposit (yuan)	农村居民人均纯收入(元) Per Capita Net Income of Rural Households (yuan)	农村居民人均生活消费支出(元) Per Capita Living Expenditure of Rural Households (yuan)	#食 品 Food	农村居民恩格尔系数(%) Engle Coefficient of Rural Residents (%)	农村居民人均住房面积(平方米) Per Capita Living Space of Housing of Rural Residents (sq. m)
建湖县	Jianhu County	21945	11705	7014	2455	35.0	43.3
东台市	Dongtai City	32884	13647	7982	2778	34.8	54.6
大丰市	Dafeng City	28252	13517	8729	3160	36.2	51.2
扬州市	**Yangzhou City**	**37999**	**12686**	**8714**	**3180**	**36.5**	**50.1**
宝应县	Baoying County	22883	11670	8269	2978	36.0	45.4
仪征市	Yizheng City	34516	12244	8533	3095	36.3	59.0
高邮市	Gaoyou City	27523	11828	8405	2758	32.8	44.7
镇江市	**Zhenjiang City**	**41251**	**14518**	**10530**	**3857**	**36.6**	**56.2**
丹阳市	Danyang City	38229	15171	11722	4150	35.4	61.8
扬中市	Yangzhong City	58394	16631	10158	3843	37.8	64.0
句容市	Jurong City	28314	13235	9486	3622	38.2	45.9
泰州市	**Taizhou City**	**33404**	**12493**	**8990**	**2974**	**33.1**	**56.9**
兴化市	Xinghua City	21968	11827	7658	2652	34.6	49.8
靖江市	Jingjiang City	45880	13715	11176	3956	35.4	73.5
泰兴市	Taixing City	27373	12505	8209	2683	32.7	60.6
姜堰市	Jiangyan City	34864	12228	8785	2649	30.2	46.3
宿迁市	**Suqian City**	**12943**	**9495**	**6594**	**2479**	**37.6**	**42.3**
沭阳县	Shuyang County	11845	9557	7060	2782	39.4	41.3
泗阳县	Siyang County	13163	9541	7109	2534	35.6	42.8
泗洪县	Sihong County	11837	9327	4720	1803	38.2	43.1

20－22 科技、教育（2012年）
Science, Technology and Education (2012)

市县 City and County		专利申请受理量（件） Applications Accepted (unit)	专利申请受权量（件） Patents Granted (unit)	在校学生总数（万人） Student Enrollment (10000 persons)	#普通中学 Regular Secondary Schools	#小学 Primary Schools	专任教师总数（万人） Full-time Teachers (10000 persons)
南京市	**Nanjing City**	**42732**	**18561**	**145.10**	**23.07**	**30.72**	**10.01**
溧水县	Lishui County	1849	624	4.01	1.64	1.88	0.31
高淳县	Gaochun County	1600	849	3.71	1.61	1.84	0.30
无锡市	**Wuxi City**	**79873**	**51442**	**72.29**	**21.05**	**31.94**	**4.96**
江阴市	Jiangyin City	15925	8306	16.69	5.69	8.89	1.23
宜兴市	Yixing City	9025	7121	12.50	4.52	6.17	0.87
徐州市	**Xuzhou City**	**18014**	**10000**	**127.24**	**42.61**	**62.85**	**8.54**
丰县	Fengxian County	1295	490	13.12	5.80	6.81	0.93
沛县	Peixian County	1647	1323	14.40	5.25	7.70	0.93
睢宁县	Suining County	1840	468	15.98	7.42	7.85	1.12
新沂市	Xinyi City	1305	497	11.75	3.85	7.44	0.78
邳州市	Pizhou City	822	628	22.94	7.94	14.18	1.44
常州市	**Changzhou City**	**39391**	**15379**	**59.69**	**16.91**	**23.43**	**3.48**
溧阳市	Liyang City	4337	3033	7.86	3.20	3.74	0.57
金坛市	Jintan City	3312	609	5.10	2.16	2.47	0.44
苏州市	**Suzhou City**	**139965**	**98430**	**98.84**	**26.18**	**44.04**	**6.84**
常熟市	Changshu City	15024	13366	13.98	4.12	6.76	0.96
张家港市	Zhangjiagang City	9196	8469	11.86	3.61	5.89	0.81
昆山市	Kunshan City	31515	20495	12.14	3.34	6.37	0.77
太仓市	Taicang City	8016	6380	5.74	1.92	3.02	0.40

市　县 City and County		专利申请受理量（件） Applications Accepted (unit)	专利申请受权量（件） Patents Granted (unit)	在校学生总数（万人） Student Enrollment (10000 persons)	#普通中学 Regular Secondary Schools	#小学 Primary Schools	专任教师总数（万人） Full-time Teachers (10000 persons)
南通市	**Nantong City**	**49924**	**36245**	**77.86**	**27.96**	**31.76**	**5.44**
海安县	Haian County	7983	5054	8.42	3.23	3.56	0.64
如东县	Rudong County	2076	1975	7.42	3.45	3.16	0.62
启东市	Qidong City	5248	3562	8.06	3.55	3.82	0.66
如皋市	Rugao City	7515	3344	13.11	5.32	6.23	0.90
海门市	Haimen City	8872	6126	9.24	4.00	4.44	0.71
连云港市	**Lianyungang City**	**6008**	**3940**	**72.56**	**26.85**	**35.00**	**4.79**
赣榆县	Ganyu County	1218	697	15.79	6.61	8.01	1.17
东海县	Donghai County	1528	715	15.78	5.87	8.67	0.98
灌云县	Guanyun County	547	483	12.76	5.54	6.49	0.71
灌南县	Guannan County	571	468	10.04	3.87	5.56	0.63
淮安市	**Huaian City**	**9325**	**3140**	**72.98**	**24.21**	**31.19**	**4.52**
涟水县	Lianshui County	977	340	14.37	5.16	7.52	0.81
洪泽县	Hongze County	1878	335	4.13	1.50	1.88	0.28
盱眙县	Xuyi County	1551	465	10.01	3.59	4.39	0.69
金湖县	Jinhu County	827	330	3.30	1.31	1.46	0.22
盐城市	**Yancheng City**	**15456**	**4964**	**83.55**	**29.99**	**38.37**	**5.93**
响水县	Xiangshui County	490	74	6.24	2.15	3.83	0.47
滨海县	Binhai County	1046	186	10.27	3.70	6.05	0.73
阜宁县	Funing County	1371	202	9.20	3.68	4.97	0.68
射阳县	Sheyang County	1146	196	8.50	3.50	4.53	0.64

市 县 City and County		专利申请受理量（件） Applications Accepted (unit)	专利申请受权量（件） Patents Granted (unit)	在校学生总数（万人） Student Enrollment (10000 persons)	#普通中学 Regular Secondary Schools	#小 学 Primary Schools	专任教师总数（万人） Full-time Teachers (10000 persons)
建湖县	Jianhu County	1955	670	7.34	2.85	3.87	0.57
东台市	Dongtai City	2749	1036	8.11	4.02	3.74	0.66
大丰市	Dafeng City	2559	1480	6.08	2.78	2.85	0.52
扬州市	**Yangzhou City**	**18996**	**8091**	**84.85**	**19.79**	**22.44**	**11.74**
宝应县	Baoying County	2527	731	13.46	3.66	4.20	2.11
仪征市	Yizheng City	2272	965	8.83	2.25	2.44	1.35
高邮市	Gaoyou City	3211	973	12.02	3.46	3.16	1.96
镇江市	**Zhenjiang City**	**19235**	**9235**	**36.38**	**10.46**	**13.19**	**2.65**
丹阳市	Danyang City	4377	1849	8.86	3.59	4.58	0.69
扬中市	Yangzhong City	1894	1169	2.66	1.04	1.37	0.24
句容市	Jurong City	3587	1605	4.74	1.97	2.28	0.34
泰州市	**Taizhou City**	**24177**	**8414**	**51.28**	**19.62**	**22.20**	**3.93**
兴化市	Xinghua City	3647	1607	10.89	4.62	5.41	0.94
靖江市	Jingjiang City	5042	1151	6.52	2.59	3.24	0.55
泰兴市	Taixing City	5212	2050	11.88	5.41	5.48	0.92
姜堰市	Jiangyan City	3770	1162	7.48	3.53	3.50	0.53
宿迁市	**Suqian City**	**4380**	**2095**	**78.23**	**29.19**	**35.64**	**4.50**
沭阳县	Shuyang County	1576	995	23.00	10.30	11.00	1.35
泗阳县	Siyang County	943	406	13.75	5.05	7.02	0.82
泗洪县	Sihong County	535	249	15.22	5.47	7.80	0.82

20－23 文化、卫生(2012年)
Culture and Public Health (2012)

市 县	City and County	公共图书馆(个) Public Libraries (unit)	公共图书馆图书藏量(千册) Total Collections of Public Libraries (1000 volumes)	卫生机构数(个) Number of Health Institutions (unit)	卫生机构床位数(张) Number of Hospital Beds (unit)	卫生技术人员(人) Medical Technical Personnel (person)	#执业(助理)医师 Practitioner (Assistant) Doctors
南京市	**Nanjing City**	**17**	**15736**	**2305**	**37775**	**53967**	**19101**
溧水县	Lishui County	2	359	119	1230	1489	582
高淳县	Gaochun County	1	195	165	1632	1928	628
无锡市	**Wuxi City**	**10**	**5653**	**1951**	**30453**	**35105**	**13092**
江阴市	Jiangyin City	1	1343	482	6872	7210	2712
宜兴市	Yixing City	1	455	397	4010	5797	2193
徐州市	**Xuzhou City**	**8**	**2416**	**4327**	**38489**	**39703**	**14457**
丰县	Fengxian County	1	161	521	3322	3415	1750
沛县	Peixian County	1	271	506	3786	3752	1540
睢宁县	Suining County	1	367	629	2882	2806	973
新沂市	Xinyi City	1	124	439	2490	3396	1250
邳州市	Pizhou City	1	210	778	4124	5633	1707
常州市	**Changzhou City**	**4**	**3755**	**1128**	**20497**	**25274**	**10094**
溧阳市	Liyang City	1	333	220	2591	3521	1617
金坛市	Jintan City	1	251	177	2047	2475	1073
苏州市	**Suzhou City**	**12**	**16629**	**2992**	**46070**	**57168**	**23194**
常熟市	Changshu City	1	1669	453	6454	7493	3193
张家港市	Zhangjiagang City	1	1411	410	6013	7440	3062
昆山市	Kunshan City	1	1756	435	5043	9166	3845
太仓市	Taicang City	1	807	223	3184	3646	1468

市县 City and County		公共图书馆(个) Public Libraries (unit)	公共图书馆图书藏量(千册) Total Collections of Public Libraries (1000 volumes)	卫生机构数(个) Number of Health Institutions (unit)	卫生机构床位数(张) Number of Hospital Beds (unit)	卫生技术人员(人) Medical Technical Personnel (person)	#执业(助理)医师 Practitioner (Assistant) Doctors
南通市	**Nantong City**	**9**	**5366**	**3254**	**31495**	**34749**	**14835**
海安县	Haian County	1	562	404	3791	3459	1480
如东县	Rudong County	1	555	458	2832	3416	1512
启东市	Qidong City	1	463	376	3301	3425	1559
如皋市	Rugao City	1	929	525	4666	4783	2469
海门市	Haimen City	1	881	419	3383	3495	1607
连云港市	**Lianyungang City**	**7**	**2638**	**2619**	**16504**	**19040**	**7333**
赣榆县	Ganyu County	1	199	701	2668	3218	1239
东海县	Donghai County	1	710	529	2545	2844	1217
灌云县	Guanyun County	1	228	428	2332	2353	843
灌南县	Guannan County	1	167	353	2355	2266	825
淮安市	**Huaian City**	**8**	**2997**	**2175**	**20266**	**23468**	**9604**
涟水县	Lianshui County	1	111	466	3226	3404	1582
洪泽县	Hongze County	1	204	134	1254	1386	567
盱眙县	Xuyi County	1	89	320	2559	2913	1219
金湖县	Jinhu County	1	169	133	875	1283	529
盐城市	**Yancheng City**	**9**	**2559**	**3088**	**26598**	**29749**	**13945**
响水县	Xiangshui County	1	105	214	1576	1656	768
滨海县	Binhai County	1	205	427	2431	2986	1490
阜宁县	Funing County	1	200	390	2610	2359	1259
射阳县	Sheyang County	1	195	325	2555	3320	1732

市 县 City and County		公共图书馆（个）Public Libraries (unit)	公共图书馆图书藏量（千册）Total Collections of Public Libraries (1000 volumes)	卫生机构数（个）Number of Health Institutions (unit)	卫生机构床位数（张）Number of Hospital Beds (unit)	卫生技术人员（人）Medical Technical Personnel (person)	#执业(助理)医师 Practitioner (Assistant) Doctors
建湖县	Jianhu County	1	177	357	2301	2526	1333
东台市	Dongtai City	1	260	389	4242	4210	2154
大丰市	Dafeng City	1	321	330	2492	2892	1482
扬州市	**Yangzhou City**	**7**	**2821**	**1903**	**17704**	**21087**	**8818**
宝应县	Baoying County	1	130	352	1922	2364	1104
仪征市	Yizheng City	1	313	191	1804	2407	951
高邮市	Gaoyou City	1	179	276	2142	2579	1277
镇江市	**Zhenjiang City**	**8**	**2770**	**906**	**12574**	**16402**	**6881**
丹阳市	Danyang City	2	356	242	2876	3701	1661
扬中市	Yangzhong City	1	277	77	845	1502	687
句容市	Jurong City	1	162	187	1525	2103	897
泰州市	**Taizhou City**	**6**	**1926**	**2017**	**18361**	**21053**	**9461**
兴化市	Xinghua City	1	224	673	3946	4007	1908
靖江市	Jingjiang City	1	421	309	3162	3459	1685
泰兴市	Taixing City	1	295	377	3482	4468	2059
姜堰市	Jiangyan City	1	209	300	2755	3161	1419
宿迁市	**Suqian City**	**7**	**903**	**2389**	**16349**	**19306**	**7145**
沭阳县	Shuyang County	1	140	678	4888	5820	2242
泗阳县	Siyang County	1	246	413	2953	3307	1158
泗洪县	Sihong County	1	79	511	3259	3779	1489

21

县(市)社会经济发展序列

Social Economy Development Alignment of Counties (Cities)

简 要 说 明

一、本篇资料的主要内容

本篇资料反映县(市)经济社会发展水平序列情况。

二、资料来源

本篇资料主要根据市县社会经济基本情况统计年报加工整理。

Brief Introduction

I. Main Contents

Data in this chapter reflects the counties (cities) rankings of economic and social development

Ⅱ. Date Source

Data in this chapter mainly based on the basic socio – economic situation annual report.

21－1　年末户籍人口(2012年)

Total Registered Population at the Year-end (2012)

位次 No.	县(市)名称 County (City)		绝对数(万人) Absolute Figure (10000 persons)	位次 No.	县(市)名称 County (City)		绝对数(万人) Absolute Figure (10000 persons)
1	沭阳县	Shuyang County	186.82	25	射阳县	Sheyang County	96.66
2	邳州市	Pizhou City	179.86	26	海安县	Haian County	93.87
3	兴化市	Xinghua City	157.28	27	张家港市	Zhangjiagang City	91.02
4	如皋市	Rugao City	142.50	28	宝应县	Baoying County	90.31
5	睢宁县	Suining County	137.36	29	高邮市	Gaoyou City	81.74
6	沛县	Peixian County	128.67	30	丹阳市	Danyang City	81.17
7	江阴市	Jiangyin City	121.26	31	建湖县	Jianhu County	80.41
8	滨海县	Binhai County	120.05	32	姜堰市	Jiangyan City	79.31
9	泰兴市	Taixing City	119.83	33	溧阳市	Liyang City	78.99
10	东海县	Donghai County	118.02	34	灌南县	Guannan County	78.73
11	丰县	Fengxian County	116.62	35	盱眙县	Xuyi County	78.30
12	赣榆县	Ganyu County	115.58	36	昆山市	Kunshan City	73.76
13	东台市	Dongtai City	113.59	37	大丰市	Dafeng City	72.53
14	启东市	Qidong City	112.38	38	靖江市	Jingjiang City	66.66
15	涟水县	Lianshui County	111.39	39	响水县	Xiangshui County	61.48
16	阜宁县	Funing County	110.88	40	句容市	Jurong City	58.84
17	宜兴市	Yixing City	107.73	41	仪征市	Yizheng City	56.24
18	新沂市	Xinyi City	107.15	42	金坛市	Jintan City	55.31
19	常熟市	Changshu City	106.78	43	太仓市	Taicang City	47.26
20	泗洪县	Sihong County	105.45	44	高淳县	Gaochun County	43.26
21	如东县	Rudong County	104.60	45	溧水县	Lishui County	41.88
22	泗阳县	Siyang County	103.60	46	洪泽县	Hongze County	38.59
23	灌云县	Guanyun County	102.01	47	金湖县	Jinhu County	35.71
24	海门市	Haimen City	99.97	48	扬中市	Yangzhong City	28.09

21－2　地区生产总值（2012年）
Gross Domestic Product (2012)

位次 No.	县（市）名称 County (City)		绝对数（亿元）Absolute Figure (100 million yuan)	位次 No.	县（市）名称 County (City)		绝对数（亿元）Absolute Figure (100 million yuan)
1	昆山市	Kunshan City	2725.32	25	溧水县	Lishui County	369.38
2	江阴市	Jiangyin City	2535.38	26	高淳县	Gaochun County	365.27
3	张家港市	Zhangjiagang City	2050.58	27	扬中市	Yangzhong City	360.20
4	常熟市	Changshu City	1870.19	28	新沂市	Xinyi City	350.16
5	宜兴市	Yixing City	1085.98	29	句容市	Jurong City	336.86
6	太仓市	Taicang City	955.12	30	高邮市	Gaoyou City	336.00
7	丹阳市	Danyang City	830.51	31	赣榆县	Ganyu County	331.36
8	海门市	Haimen City	663.10	32	建湖县	Jianhu County	324.47
9	靖江市	Jingjiang City	600.85	33	宝应县	Baoying County	323.03
10	如皋市	Rugao City	590.17	34	射阳县	Sheyang County	320.31
11	启东市	Qidong City	589.14	35	睢宁县	Suining County	302.45
12	溧阳市	Liyang City	559.20	36	东海县	Donghai County	277.30
13	泰兴市	Taixing City	543.55	37	阜宁县	Funing County	274.99
14	邳州市	Pizhou City	513.49	38	泗阳县	Siyang County	273.74
15	兴化市	Xinghua City	512.36	39	滨海县	Binhai County	267.69
16	东台市	Dongtai City	506.69	40	泗洪县	Sihong County	264.63
17	沭阳县	Shuyang County	480.50	41	丰县	Fengxian County	228.73
18	海安县	Haian County	480.14	42	涟水县	Lianshui County	228.64
19	如东县	Rudong County	478.00	43	盱眙县	Xuyi County	221.88
20	沛县	Peixian County	431.30	44	灌云县	Guanyun County	220.29
21	姜堰市	Jiangyan City	405.86	45	灌南县	Guannan County	210.47
22	大丰市	Dafeng City	393.36	46	响水县	Xiangshui County	181.35
23	金坛市	Jintan City	373.81	47	洪泽县	Hongze County	155.09
24	仪征市	Yizheng City	370.27	48	金湖县	Jinhu County	142.39

21-3 第一产业增加值（2012年）
Value-added of the Primary Industry (2012)

位次 No.	县（市）名称 County (City)		绝对数（亿元）Absolute Figure (100 million yuan)	位次 No.	县（市）名称 County (City)		绝对数（亿元）Absolute Figure (100 million yuan)
1	兴化市	Xinghua City	81.54	25	阜宁县	Funing County	46.34
2	邳州市	Pizhou City	79.32	26	泗阳县	Siyang County	46.21
3	东台市	Dongtai City	78.33	27	涟水县	Lianshui County	45.01
4	沭阳县	Shuyang County	71.76	28	丹阳市	Danyang City	44.79
5	射阳县	Sheyang County	69.59	29	泰兴市	Taixing City	42.80
6	沛县	Peixian County	67.91	30	建湖县	Jianhu County	42.13
7	大丰市	Dafeng City	63.34	31	盱眙县	Xuyi County	40.49
8	启东市	Qidong City	61.48	32	灌南县	Guannan County	39.39
9	睢宁县	Suining County	57.18	33	溧阳市	Liyang City	39.02
10	如东县	Rudong County	56.56	34	常熟市	Changshu City	37.02
11	高邮市	Gaoyou City	55.96	35	响水县	Xiangshui County	35.58
12	宝应县	Baoying County	55.43	36	太仓市	Taicang City	33.61
13	如皋市	Rugao City	52.77	37	句容市	Jurong City	31.71
14	东海县	Donghai County	51.02	38	姜堰市	Jiangyan City	31.68
15	赣榆县	Ganyu County	50.46	39	高淳县	Gaochun County	30.29
16	灌云县	Guanyun County	50.34	40	溧水县	Lishui County	29.33
17	滨海县	Binhai County	49.70	41	金坛市	Jintan City	27.64
18	泗洪县	Sihong County	49.17	42	张家港市	Zhangjiagang City	27.53
19	新沂市	Xinyi City	47.91	43	洪泽县	Hongze County	25.17
20	江阴市	Jiangyin City	47.69	44	昆山市	Kunshan City	24.46
21	海安县	Haian County	47.69	45	金湖县	Jinhu County	22.94
22	宜兴市	Yixing City	47.68	46	仪征市	Yizheng City	19.30
23	海门市	Haimen City	46.50	47	靖江市	Jingjiang City	18.88
24	丰县	Fengxian County	46.39	48	扬中市	Yangzhong City	11.50

21-4 第二产业增加值（2012 年）
Value-added of the Secondary Industry (2012)

位次 No.	县（市）名称 County (City)		绝对数（亿元）Absolute Figure (100 million yuan)	位次 No.	县（市）名称 County (City)		绝对数（亿元）Absolute Figure (100 million yuan)
1	昆山市	Kunshan City	1631.25	25	金坛市	Jintan City	197.80
2	江阴市	Jiangyin City	1443.91	26	高淳县	Gaochun County	193.31
3	张家港市	Zhangjiagang City	1175.51	27	句容市	Jurong City	177.89
4	常熟市	Changshu City	996.95	28	大丰市	Dafeng City	173.82
5	宜兴市	Yixing City	581.22	29	赣榆县	Ganyu County	166.07
6	太仓市	Taicang City	520.36	30	高邮市	Gaoyou City	156.05
7	丹阳市	Danyang City	447.76	31	建湖县	Jianhu County	154.35
8	海门市	Haimen City	377.60	32	宝应县	Baoying County	151.85
9	靖江市	Jingjiang City	335.88	33	新沂市	Xinyi City	149.44
10	如皋市	Rugao City	318.49	34	泗阳县	Siyang County	137.97
11	溧阳市	Liyang City	306.58	35	睢宁县	Suining County	132.34
12	启东市	Qidong City	306.09	36	阜宁县	Funing County	131.61
13	泰兴市	Taixing City	291.15	37	射阳县	Sheyang County	129.38
14	海安县	Haian County	246.30	38	东海县	Donghai County	127.37
15	如东县	Rudong County	243.03	39	滨海县	Binhai County	117.89
16	东台市	Dongtai City	231.89	40	泗洪县	Sihong County	111.14
17	邳州市	Pizhou City	223.64	41	灌南县	Guannan County	105.28
18	兴化市	Xinghua City	222.50	42	丰县	Fengxian County	103.82
19	溧水县	Lishui County	222.11	43	灌云县	Guanyun County	102.23
20	沭阳县	Shuyang County	220.49	44	盱眙县	Xuyi County	96.50
21	仪征市	Yizheng City	212.86	45	涟水县	Lianshui County	93.66
22	姜堰市	Jiangyan City	210.80	46	响水县	Xiangshui County	89.85
23	沛县	Peixian County	203.81	47	洪泽县	Hongze County	66.89
24	扬中市	Yangzhong City	202.69	48	金湖县	Jinhu County	58.42

21－5　全部工业增加值(2012 年)
Value-added of All Industries (2012)

位　次 No.	县（市）名称 County (City)		绝对数（亿元） Absolute Figure (100 million yuan)	位　次 No.	县（市）名称 County (City)		绝对数（亿元） Absolute Figure (100 million yuan)
1	昆　山　市	Kunshan City	1551.28	25	沛　　县	Peixian County	165.73
2	江　阴　市	Jiangyin City	1393.27	26	句　容　市	Jurong City	164.64
3	张家港市	Zhangjiagang City	1129.98	27	高　淳　县	Gaochun County	154.37
4	常　熟　市	Changshu City	952.62	28	大　丰　市	Dafeng City	151.25
5	宜　兴　市	Yixing City	497.48	29	建　湖　县	Jianhu County	133.83
6	太　仓　市	Taicang City	491.50	30	赣　榆　县	Ganyu County	129.54
7	丹　阳　市	Danyang City	428.85	31	新　沂　市	Xinyi City	127.13
8	海　门　市	Haimen City	315.74	32	高　邮　市	Gaoyou City	126.29
9	靖　江　市	Jingjiang City	310.80	33	宝　应　县	Baoying County	121.50
10	溧　阳　市	Liyang City	278.79	34	射　阳　县	Sheyang County	117.54
11	如　皋　市	Rugao City	269.01	35	泗　阳　县	Siyang County	113.88
12	泰　兴　市	Taixing City	253.82	36	东　海　县	Donghai County	109.04
13	启　东　市	Qidong City	240.62	37	睢　宁　县	Suining County	105.68
14	东　台　市	Dongtai City	204.71	38	滨　海　县	Binhai County	99.78
15	海　安　县	Haian County	204.33	39	阜　宁　县	Funing County	98.40
16	如　东　县	Rudong County	197.87	40	灌　南　县	Guannan County	89.46
17	扬　中　市	Yangzhong City	195.20	41	泗　洪　县	Sihong County	89.17
18	沭　阳　县	Shuyang County	194.31	42	响　水　县	Xiangshui County	80.33
19	兴　化　市	Xinghua City	190.40	43	灌　云　县	Guanyun County	77.90
20	溧　水　县	Lishui County	188.41	44	盱　眙　县	Xuyi County	75.39
21	仪　征　市	Yizheng City	187.73	45	涟　水　县	Lianshui County	73.68
22	邳　州　市	Pizhou City	183.79	46	丰　　县	Fengxian County	73.42
23	姜　堰　市	Jiangyan City	172.44	47	洪　泽　县	Hongze County	55.55
24	金　坛　市	Jintan City	169.83	48	金　湖　县	Jinhu County	50.43

21－6 第三产业增加值（2012年）
Value-added of the Tertiary Industry (2012)

位次 No.	县（市）名称 County (City)		绝对数（亿元）Absolute Figure (100 million yuan)	位次 No.	县（市）名称 County (City)		绝对数（亿元）Absolute Figure (100 million yuan)
1	昆山市	Kunshan City	1069.61	25	扬中市	Yangzhong City	146.01
2	江阴市	Jiangyin City	1043.78	26	高淳县	Gaochun County	141.67
3	张家港市	Zhangjiagang City	847.54	27	仪征市	Yizheng City	138.11
4	常熟市	Changshu City	836.22	28	建湖县	Jianhu County	127.99
5	宜兴市	Yixing City	457.08	29	句容市	Jurong City	127.26
6	太仓市	Taicang City	401.15	30	高邮市	Gaoyou City	123.99
7	丹阳市	Danyang City	337.96	31	射阳县	Sheyang County	121.34
8	靖江市	Jingjiang City	246.09	32	溧水县	Lishui County	117.94
9	海门市	Haimen City	239.00	33	宝应县	Baoying County	115.75
10	启东市	Qidong City	221.57	34	赣榆县	Ganyu County	114.83
11	如皋市	Rugao City	218.90	35	睢宁县	Suining County	112.93
12	溧阳市	Liyang City	213.60	36	泗洪县	Sihong County	104.32
13	邳州市	Pizhou City	210.53	37	滨海县	Binhai County	100.10
14	泰兴市	Taixing City	209.60	38	东海县	Donghai County	98.91
15	兴化市	Xinghua City	208.32	39	阜宁县	Funing County	97.04
16	东台市	Dongtai City	196.47	40	涟水县	Lianshui County	89.97
17	沭阳县	Shuyang County	188.25	41	泗阳县	Siyang County	89.56
18	海安县	Haian County	186.15	42	盱眙县	Xuyi County	84.89
19	如东县	Rudong County	178.41	43	丰县	Fengxian County	78.52
20	姜堰市	Jiangyan City	163.38	44	灌云县	Guanyun County	67.72
21	沛县	Peixian County	159.58	45	灌南县	Guannan County	65.80
22	大丰市	Dafeng City	156.20	46	洪泽县	Hongze County	63.03
23	新沂市	Xinyi City	152.81	47	金湖县	Jinhu County	61.03
24	金坛市	Jintan City	148.37	48	响水县	Xiangshui County	55.92

21－7 人均地区生产总值（2012 年）
Per Capita Gross Domestic Product（2012）

位次 No.	县（市）名称 County（City）		绝对数（元）Absolute Figure（yuan）	位次 No.	县（市）名称 County（City）		绝对数（元）Absolute Figure（yuan）
1	昆山市	Kunshan City	165291	25	洪泽县	Hongze County	46707
2	张家港市	Zhangjiagang City	164441	26	高邮市	Gaoyou City	45435
3	江阴市	Jiangyin City	156471	27	建湖县	Jianhu County	43916
4	太仓市	Taicang City	134439	28	金湖县	Jinhu County	43077
5	常熟市	Changshu City	123882	29	宝应县	Baoying County	42981
6	扬中市	Yangzhong City	106269	30	兴化市	Xinghua City	40853
7	溧水县	Lishui County	88168	31	沛县	Peixian County	38633
8	靖江市	Jingjiang City	87639	32	新沂市	Xinyi City	38443
9	宜兴市	Yixing City	87168	33	响水县	Xiangshui County	35908
10	高淳县	Gaochun County	87135	34	射阳县	Sheyang County	35841
11	丹阳市	Danyang City	85549	35	邳州市	Pizhou City	35737
12	溧阳市	Liyang City	73768	36	赣榆县	Ganyu County	34996
13	海门市	Haimen City	73473	37	盱眙县	Xuyi County	34267
14	金坛市	Jintan City	67129	38	灌南县	Guannan County	33914
15	仪征市	Yizheng City	65842	39	阜宁县	Funing County	32731
16	启东市	Qidong City	61127	40	泗阳县	Siyang County	32357
17	大丰市	Dafeng City	56014	41	沭阳县	Shuyang County	31000
18	姜堰市	Jiangyan City	55635	42	睢宁县	Suining County	29414
19	海安县	Haian County	55443	43	东海县	Donghai County	29233
20	句容市	Jurong City	54275	44	泗洪县	Sihong County	28780
21	东台市	Dongtai City	51342	45	滨海县	Binhai County	28245
22	泰兴市	Taixing City	50537	46	灌云县	Guanyun County	27401
23	如东县	Rudong County	48364	47	涟水县	Lianshui County	27138
24	如皋市	Rugao City	46801	48	丰县	Fengxian County	24021

21－8 固定资产投资（2012 年）
Completed Investment in Fixed Assetes（2012）

位次 No.	县（市）名称 County（City）		绝对数（亿元） Absolute Figure（100 million yuan）	位次 No.	县（市）名称 County（City）		绝对数（亿元） Absolute Figure（100 million yuan）
1	江阴市	Jiangyin City	834.28	25	金坛市	Jintan City	219.93
2	昆山市	Kunshan City	767.62	26	大丰市	Dafeng City	216.56
3	张家港市	Zhangjiagang City	691.07	27	姜堰市	Jiangyan City	215.62
4	常熟市	Changshu City	602.12	28	赣榆县	Ganyu County	202.31
5	宜兴市	Yixing City	480.56	29	宝应县	Baoying County	197.69
6	太仓市	Taicang City	459.93	30	东海县	Donghai County	189.35
7	邳州市	Pizhou City	393.88	31	兴化市	Xinghua City	189.30
8	溧阳市	Liyang City	373.24	32	滨海县	Binhai County	187.32
9	海门市	Haimen City	370.86	33	泗阳县	Siyang County	184.46
10	启东市	Qidong City	359.53	34	建湖县	Jianhu County	177.75
11	溧水县	Lishui County	350.11	35	句容市	Jurong City	174.39
12	如皋市	Rugao City	329.86	36	盱眙县	Xuyi County	173.33
13	海安县	Haian County	322.66	37	射阳县	Sheyang County	168.31
14	如东县	Rudong County	310.79	38	灌云县	Guanyun County	164.46
15	高淳县	Gaochun County	302.01	39	灌南县	Guannan County	163.04
16	沛县	Peixian County	292.32	40	阜宁县	Funing County	163.00
17	靖江市	Jingjiang City	283.38	41	泗洪县	Sihong County	160.65
18	丹阳市	Danyang City	280.53	42	睢宁县	Suining County	153.22
19	东台市	Dongtai City	278.41	43	扬中市	Yangzhong City	147.03
20	新沂市	Xinyi City	270.64	44	响水县	Xiangshui County	141.99
21	泰兴市	Taixing City	261.10	45	涟水县	Lianshui County	139.31
22	沭阳县	Shuyang County	258.16	46	丰县	Fengxian County	127.33
23	仪征市	Yizheng City	247.45	47	洪泽县	Hongze County	92.34
24	高邮市	Gaoyou City	234.29	48	金湖县	Jinhu County	85.37

21－9 公共财政预算收入（2012 年）
Public Finance Budget Revenue (2012)

位次 No.	县（市）名称 County (City)		绝对数（亿元）Absolute Figure (100 million yuan)	位次 No.	县（市）名称 County (City)		绝对数（亿元）Absolute Figure (100 million yuan)
1	昆山市	Kunshan City	220.28	25	溧水县	Lishui County	29.20
2	江阴市	Jiangyin City	167.19	26	东海县	Donghai County	27.46
3	张家港市	Zhangjiagang City	149.61	27	灌云县	Guanyun County	25.86
4	常熟市	Changshu City	128.15	28	灌南县	Guannan County	25.59
5	太仓市	Taicang City	90.15	29	睢宁县	Suining County	25.56
6	宜兴市	Yixing City	78.38	30	阜宁县	Funing County	25.48
7	如皋市	Rugao City	53.60	31	句容市	Jurong City	25.02
8	启东市	Qidong City	52.21	32	滨海县	Binhai County	24.94
9	海门市	Haimen City	51.61	33	丰县	Fengxian County	24.92
10	丹阳市	Danyang City	50.09	34	仪征市	Yizheng City	24.66
11	沭阳县	Shuyang County	48.79	35	姜堰市	Jiangyan City	23.54
12	靖江市	Jingjiang City	44.01	36	盱眙县	Xuyi County	23.15
13	东台市	Dongtai City	43.67	37	金坛市	Jintan City	23.11
14	邳州市	Pizhou City	42.12	38	扬中市	Yangzhong City	22.57
15	溧阳市	Liyang City	40.50	39	高淳县	Gaochun County	22.00
16	大丰市	Dafeng City	40.01	40	泗阳县	Siyang County	21.76
17	沛县	Peixian County	38.96	41	高邮市	Gaoyou City	21.72
18	海安县	Haian County	37.53	42	涟水县	Lianshui County	21.62
19	建湖县	Jianhu County	32.94	43	射阳县	Sheyang County	20.80
20	新沂市	Xinyi City	32.85	44	宝应县	Baoying County	20.71
21	泰兴市	Taixing City	32.61	45	泗洪县	Sihong County	19.76
22	如东县	Rudong County	32.17	46	响水县	Xiangshui County	19.73
23	兴化市	Xinghua City	29.46	47	洪泽县	Hongze County	17.10
24	赣榆县	Ganyu County	29.21	48	金湖县	Jinhu County	15.35

21－10 人均公共财政预算收入（2012年）
Per Capita Public Finance Budget Revenue（2012）

位次 No.	县（市）名称 County（City）		绝对数（元）Absolute Figure（yuan）	位次 No.	县（市）名称 County（City）		绝对数（元）Absolute Figure（yuan）
1	昆山市	Kunshan City	13360	25	句容市	Jurong City	4031
2	太仓市	Taicang City	12689	26	响水县	Xiangshui County	3907
3	张家港市	Zhangjiagang City	11998	27	新沂市	Xinyi City	3606
4	江阴市	Jiangyin City	10318	28	盱眙县	Xuyi County	3576
5	常熟市	Changshu City	8489	29	沛县	Peixian County	3490
6	溧水县	Lishui County	6970	30	如东县	Rudong County	3255
7	扬中市	Yangzhong City	6660	31	姜堰市	Jiangyan City	3227
8	靖江市	Jingjiang City	6420	32	灌云县	Guanyun County	3217
9	宜兴市	Yixing City	6291	33	沭阳县	Shuyang County	3148
10	海门市	Haimen City	5718	34	赣榆县	Ganyu County	3085
11	大丰市	Dafeng City	5697	35	阜宁县	Funing County	3032
12	启东市	Qidong City	5418	36	泰兴市	Taixing City	3032
13	溧阳市	Liyang City	5342	37	高邮市	Gaoyou City	2938
14	高淳县	Gaochun County	5249	38	邳州市	Pizhou City	2931
15	丹阳市	Danyang City	5159	39	东海县	Donghai County	2895
16	洪泽县	Hongze County	5150	40	宝应县	Baoying County	2756
17	金湖县	Jinhu County	4645	41	滨海县	Binhai County	2632
18	建湖县	Jianhu County	4458	42	丰县	Fengxian County	2617
19	东台市	Dongtai City	4425	43	泗阳县	Siyang County	2573
20	仪征市	Yizheng City	4385	44	涟水县	Lianshui County	2566
21	海安县	Haian County	4333	45	睢宁县	Suining County	2486
22	如皋市	Rugao City	4251	46	兴化市	Xinghua City	2349
23	金坛市	Jintan City	4150	47	射阳县	Sheyang County	2328
24	灌南县	Guannan County	4124	48	泗洪县	Sihong County	2149

21－11 粮食产量（2012年）
Output of Grain (2012)

位次 No.	县（市）名称 County (City)		绝对数（万吨） Absolute Figure (10000 tons)	位次 No.	县（市）名称 County (City)		绝对数（万吨） Absolute Figure (10000 tons)
1	兴 化 市	Xinghua City	139.31	25	泗 阳 县	Siyang County	60.59
2	沭 阳 县	Shuyang County	131.84	26	赣 榆 县	Ganyu County	56.47
3	东 海 县	Donghai County	114.33	27	姜 堰 市	Jiangyan City	54.78
4	射 阳 县	Sheyang County	107.93	28	溧 阳 市	Liyang City	54.52
5	泗 洪 县	Sihong County	102.79	29	响 水 县	Xiangshui County	53.17
6	盱 眙 县	Xuyi County	97.20	30	丰 县	Fengxian County	52.89
7	阜 宁 县	Funing County	92.25	31	金 湖 县	Jinhu County	50.67
8	如 东 县	Rudong County	91.89	32	丹 阳 市	Danyang City	50.48
9	睢 宁 县	Suining County	91.62	33	宜 兴 市	Yixing City	48.72
10	滨 海 县	Binhai County	91.16	34	洪 泽 县	Hongze County	42.06
11	东 台 市	Dongtai City	91.13	35	句 容 市	Jurong City	34.77
12	宝 应 县	Baoying County	91.13	36	仪 征 市	Yizheng City	33.71
13	涟 水 县	Lianshui County	90.84	37	靖 江 市	Jingjiang City	33.53
14	高 邮 市	Gaoyou City	86.04	38	常 熟 市	Changshu City	32.22
15	邳 州 市	Pizhou City	82.77	39	金 坛 市	Jintan City	28.26
16	灌 云 县	Guanyun County	80.49	40	张家港市	Zhangjiagang City	28.05
17	大 丰 市	Dafeng City	77.64	41	启 东 市	Qidong City	26.39
18	如 皋 市	Rugao City	74.02	42	溧 水 县	Lishui County	24.46
19	泰 兴 市	Taixing City	69.43	43	太 仓 市	Taicang City	21.48
20	建 湖 县	Jianhu County	69.19	44	江 阴 市	Jiangyin City	20.35
21	新 沂 市	Xinyi City	65.69	45	高 淳 县	Gaochun County	18.70
22	海 安 县	Haian County	63.29	46	海 门 市	Haimen City	18.43
23	灌 南 县	Guannan County	62.90	47	昆 山 市	Kunshan City	12.42
24	沛 县	Peixian County	61.17	48	扬 中 市	Yangzhong City	10.78

21－12 油料产量（2012年）
Output of Oil-bearing Crops（2012）

位次 No.	县（市）名称 County（City）	绝对数（万吨）Absolute Figure（10000 tons）	位次 No.	县（市）名称 County（City）	绝对数（万吨）Absolute Figure（10000 tons）
1	启东市 Qidong City	9.50	25	泗洪县 Sihong County	1.65
2	海门市 Haimen City	9.28	26	邳州市 Pizhou City	1.63
3	东台市 Dongtai City	7.18	27	建湖县 Jianhu County	1.61
4	大丰市 Dafeng City	7.11	28	海安县 Haian County	1.48
5	赣榆县 Ganyu County	6.87	29	宝应县 Baoying County	1.45
6	新沂市 Xinyi City	5.83	30	沭阳县 Shuyang County	1.41
7	如东县 Rudong County	4.69	31	泗阳县 Siyang County	1.18
8	东海县 Donghai County	4.59	32	丹阳市 Danyang City	1.11
9	滨海县 Binhai County	4.21	33	仪征市 Yizheng City	0.98
10	泰兴市 Taixing City	3.92	34	金坛市 Jintan City	0.86
11	如皋市 Rugao City	3.68	35	金湖县 Jinhu County	0.83
12	射阳县 Sheyang County	3.53	36	常熟市 Changshu City	0.80
13	涟水县 Lianshui County	3.51	37	宜兴市 Yixing City	0.63
14	兴化市 Xinghua City	3.46	38	太仓市 Taicang City	0.55
15	句容市 Jurong City	3.30	39	丰县 Fengxian County	0.47
16	姜堰市 Jiangyan City	2.74	40	张家港市 Zhangjiagang City	0.40
17	盱眙县 Xuyi County	2.67	41	靖江市 Jingjiang City	0.40
18	溧阳市 Liyang City	2.58	42	洪泽县 Hongze County	0.27
19	响水县 Xiangshui County	2.53	43	灌南县 Guannan County	0.22
20	高邮市 Gaoyou City	2.28	44	沛县 Peixian County	0.20
21	溧水县 Lishui County	2.11	45	江阴市 Jiangyin City	0.20
22	阜宁县 Funing County	1.97	46	昆山市 Kunshan City	0.18
23	高淳县 Gaochun County	1.97	47	扬中市 Yangzhong City	0.15
24	睢宁县 Suining County	1.66	48	灌云县 Guanyun County	0.09

21－13 肉类总产量（2012年）
Total Output of Meat（2012）

位次 No.	县（市）名称 County（City）		绝对数（万吨）Absolute Figure（10000 tons）	位次 No.	县（市）名称 County（City）		绝对数（万吨）Absolute Figure（10000 tons）
1	邳州市	Pizhou City	20.45	25	姜堰市	Jiangyan City	5.63
2	沛县	Peixian County	19.49	26	灌云县	Guanyun County	5.36
3	阜宁县	Funing County	19.04	27	泗阳县	Siyang County	5.32
4	丰县	Fengxian County	15.14	28	灌南县	Guannan County	4.99
5	东台市	Dongtai City	14.24	29	江阴市	Jiangyin City	4.93
6	睢宁县	Suining County	13.20	30	宝应县	Baoying County	4.87
7	新沂市	Xinyi City	13.18	31	高邮市	Gaoyou City	4.83
8	大丰市	Dafeng City	12.24	32	响水县	Xiangshui County	4.73
9	如皋市	Rugao City	10.86	33	金坛市	Jintan City	4.57
10	滨海县	Binhai County	10.76	34	海门市	Haimen City	4.24
11	沭阳县	Shuyang County	10.14	35	宜兴市	Yixing City	3.98
12	如东县	Rudong County	10.00	36	靖江市	Jingjiang City	3.00
13	海安县	Haian County	9.26	37	丹阳市	Danyang City	2.45
14	射阳县	Sheyang County	8.36	38	溧阳市	Liyang City	2.45
15	泰兴市	Taixing City	8.28	39	仪征市	Yizheng City	2.41
16	泗洪县	Sihong County	7.55	40	洪泽县	Hongze County	2.27
17	东海县	Donghai County	7.52	41	常熟市	Changshu City	2.14
18	涟水县	Lianshui County	7.44	42	溧水县	Lishui County	1.92
19	盱眙县	Xuyi County	7.29	43	高淳县	Gaochun County	1.67
20	赣榆县	Ganyu County	7.26	44	句容市	Jurong City	1.50
21	建湖县	Jianhu County	6.08	45	金湖县	Jinhu County	1.42
22	太仓市	Taicang City	5.93	46	张家港市	Zhangjiagang City	1.30
23	启东市	Qidong City	5.88	47	扬中市	Yangzhong City	0.96
24	兴化市	Xinghua City	5.72	48	昆山市	Kunshan City	0.63

21－14 规模以上工业企业利税总额（2012年）
Profits and Taxes of above Designated Size Industrial Enterprises（2012）

位次 No.	县（市）名称 County（City）		绝对数（亿元）Absolute Figure（100 million yuan）	位次 No.	县（市）名称 County（City）		绝对数（亿元）Absolute Figure（100 million yuan）
1	江阴市	Jiangyin City	565.88	25	句容市	Jurong City	85.11
2	昆山市	Kunshan City	522.86	26	姜堰市	Jiangyan City	83.94
3	邳州市	Pizhou City	251.71	27	高邮市	Gaoyou City	80.51
4	常熟市	Changshu City	238.60	28	高淳县	Gaochun County	79.50
5	海门市	Haimen City	233.81	29	东台市	Dongtai City	76.01
6	泰兴市	Taixing City	225.32	30	赣榆县	Ganyu County	71.63
7	靖江市	Jingjiang City	214.64	31	建湖县	Jianhu County	59.62
8	宜兴市	Yixing City	195.24	32	金坛市	Jintan City	58.21
9	张家港市	Zhangjiagang City	186.35	33	东海县	Donghai County	58.19
10	如东县	Rudong County	148.32	34	响水县	Xiangshui County	55.67
11	海安县	Haian County	147.71	35	泗洪县	Sihong County	53.54
12	启东市	Qidong City	142.32	36	滨海县	Binhai County	52.68
13	丹阳市	Danyang City	141.19	37	大丰市	Dafeng City	52.46
14	沛县	Peixian County	138.07	38	宝应县	Baoying County	51.81
15	仪征市	Yizheng City	133.39	39	灌南县	Guannan County	51.80
16	太仓市	Taicang City	133.35	40	丰县	Fengxian County	48.11
17	新沂市	Xinyi City	112.41	41	泗阳县	Siyang County	45.42
18	溧阳市	Liyang City	109.85	42	灌云县	Guanyun County	41.93
19	如皋市	Rugao City	108.78	43	阜宁县	Funing County	39.48
20	沭阳县	Shuyang County	100.35	44	射阳县	Sheyang County	38.03
21	溧水县	Lishui County	97.45	45	洪泽县	Hongze County	34.21
22	扬中市	Yangzhong City	95.99	46	涟水县	Lianshui County	30.49
23	兴化市	Xinghua City	93.38	47	盱眙县	Xuyi County	25.95
24	睢宁县	Suining County	85.26	48	金湖县	Jinhu County	18.47

21－15 社会消费品零售总额（2012 年）
Total Retail Sale of Consumer Goods（2012）

位次 No.	县（市）名称 County（City）		绝对数（亿元）Absolute Figure（100 million yuan）	位次 No.	县（市）名称 County（City）		绝对数（亿元）Absolute Figure（100 million yuan）
1	江阴市	Jiangyin City	515.48	25	射阳县	Sheyang County	110.00
2	常熟市	Changshu City	499.54	26	大丰市	Dafeng City	108.80
3	昆山市	Kunshan City	493.62	27	沭阳县	Shuyang County	108.34
4	宜兴市	Yixing City	371.28	28	建湖县	Jianhu County	108.32
5	张家港市	Zhangjiagang City	370.73	29	赣榆县	Ganyu County	108.28
6	海门市	Haimen City	237.12	30	东海县	Donghai County	107.89
7	如皋市	Rugao City	229.85	31	宝应县	Baoying County	105.35
8	启东市	Qidong City	228.73	32	溧水县	Lishui County	103.18
9	丹阳市	Danyang City	202.38	33	句容市	Jurong City	93.31
10	如东县	Rudong County	202.18	34	扬中市	Yangzhong City	90.32
11	溧阳市	Liyang City	198.26	35	睢宁县	Suining County	85.22
12	太仓市	Taicang City	195.07	36	新沂市	Xinyi City	83.06
13	海安县	Haian County	181.98	37	阜宁县	Funing County	82.09
14	东台市	Dongtai City	158.09	38	灌云县	Guanyun County	78.69
15	金坛市	Jintan City	156.73	39	滨海县	Binhai County	69.98
16	泰兴市	Taixing City	142.95	40	丰县	Fengxian County	68.58
17	沛县	Peixian County	124.42	41	泗洪县	Sihong County	65.24
18	靖江市	Jingjiang City	123.25	42	涟水县	Lianshui County	64.48
19	姜堰市	Jiangyan City	122.15	43	泗阳县	Siyang County	63.58
20	高淳县	Gaochun County	120.07	44	盱眙县	Xuyi County	62.52
21	仪征市	Yizheng City	114.75	45	洪泽县	Hongze County	58.88
22	邳州市	Pizhou City	114.06	46	金湖县	Jinhu County	55.75
23	兴化市	Xinghua City	112.69	47	灌南县	Guannan County	54.01
24	高邮市	Gaoyou City	110.57	48	响水县	Xiangshui County	42.18

21－16 出口总额（2012年）
Total Exports（2012）

位次 No.	县（市）名称 County（City）		绝对数（亿美元）Absolute Figure（100 million USD）	位次 No.	县（市）名称 County（City）		绝对数（亿美元）Absolute Figure（100 million USD）
1	昆山市	Kunshan City	555.17	25	仪征市	Yizheng City	4.53
2	常熟市	Changshu City	129.21	26	句容市	Jurong City	4.45
3	张家港市	Zhangjiagang City	128.11	27	东台市	Dongtai City	4.10
4	江阴市	Jiangyin City	105.15	28	盱眙县	Xuyi County	3.97
5	太仓市	Taicang City	56.60	29	沛县	Peixian County	3.69
6	宜兴市	Yixing City	31.89	30	扬中市	Yangzhong City	3.63
7	如皋市	Rugao City	23.72	31	响水县	Xiangshui County	3.53
8	靖江市	Jingjiang City	23.44	32	泗洪县	Sihong County	3.42
9	丹阳市	Danyang City	21.84	33	溧水县	Lishui County	3.17
10	启东市	Qidong City	14.43	34	高淳县	Gaochun County	3.12
11	邳州市	Pizhou City	14.02	35	涟水县	Lianshui County	3.04
12	金坛市	Jintan City	13.65	36	金湖县	Jinhu County	3.04
13	海安县	Haian County	12.79	37	高邮市	Gaoyou City	3.01
14	海门市	Haimen City	12.38	38	建湖县	Jianhu County	2.81
15	泰兴市	Taixing City	10.77	39	赣榆县	Ganyu County	2.79
16	如东县	Rudong County	9.99	40	新沂市	Xinyi City	2.51
17	溧阳市	Liyang City	8.55	41	灌云县	Guanyun County	2.15
18	姜堰市	Jiangyan City	6.32	42	东海县	Donghai County	2.12
19	泗阳县	Siyang County	5.78	43	滨海县	Binhai County	1.95
20	睢宁县	Suining County	4.89	44	射阳县	Sheyang County	1.82
21	沭阳县	Shuyang County	4.76	45	丰县	Fengxian County	1.71
22	宝应县	Baoying County	4.72	46	阜宁县	Funing County	1.45
23	大丰市	Dafeng City	4.68	47	洪泽县	Hongze County	1.36
24	兴化市	Xinghua City	4.65	48	灌南县	Guannan County	1.34

21－17 实际外商直接投资（2012 年）
Actual Foreign Direct Investment（2012）

位次 No.	县（市）名称 County（City）		绝对数（亿美元）Absolute Figure（100 million USD）	位次 No.	县（市）名称 County（City）		绝对数（亿美元）Absolute Figure（100 million USD）
1	昆山市	Kunshan City	17.54	25	邳州市	Pizhou City	1.80
2	常熟市	Changshu City	9.56	26	沛县	Peixian County	1.70
3	张家港市	Zhangjiagang City	9.52	27	阜宁县	Funing County	1.68
4	太仓市	Taicang City	8.11	28	扬中市	Yangzhong City	1.67
5	江阴市	Jiangyin City	7.98	29	建湖县	Jianhu County	1.60
6	丹阳市	Danyang City	4.76	30	射阳县	Sheyang County	1.60
7	宜兴市	Yixing City	4.70	31	溧水县	Lishui County	1.51
8	句容市	Jurong City	4.26	32	滨海县	Binhai County	1.50
9	溧阳市	Liyang City	4.05	33	东海县	Donghai County	1.39
10	仪征市	Yizheng City	3.52	34	兴化市	Xinghua City	1.35
11	如东县	Rudong County	3.20	35	响水县	Xiangshui County	1.32
12	东台市	Dongtai City	3.10	36	赣榆县	Ganyu County	1.30
13	大丰市	Dafeng City	3.10	37	睢宁县	Suining County	1.29
14	盱眙县	Xuyi County	2.80	38	海门市	Haimen City	1.22
15	靖江市	Jingjiang City	2.61	39	姜堰市	Jiangyan City	1.12
16	泰兴市	Taixing City	2.52	40	沭阳县	Shuyang County	1.01
17	海安县	Haian County	2.52	41	宝应县	Baoying County	1.00
18	金坛市	Jintan City	2.51	42	高邮市	Gaoyou City	0.98
19	启东市	Qidong City	2.39	43	高淳县	Gaochun County	0.81
20	洪泽县	Hongze County	2.25	44	丰县	Fengxian County	0.69
21	如皋市	Rugao City	2.14	45	泗阳县	Siyang County	0.64
22	涟水县	Lianshui County	2.10	46	泗洪县	Sihong County	0.64
23	金湖县	Jinhu County	2.00	47	灌云县	Guanyun County	0.55
24	新沂市	Xinyi City	1.85	48	灌南县	Guannan County	0.23

21－18 城镇非私营单位在岗职工年平均工资(2012年)
Average Wage of Staff and Workers(Excluded Private)(2012)

位次 No.	县(市)名称 County (City)		绝对数(元) Absolute Figure (yuan)	位次 No.	县(市)名称 County (City)		绝对数(元) Absolute Figure (yuan)
1	江阴市	Jiangyin City	58973	25	大丰市	Dafeng City	40055
2	太仓市	Taicang City	57037	26	宝应县	Baoying County	39976
3	张家港市	Zhangjiagang City	56591	27	洪泽县	Hongze County	39144
4	常熟市	Changshu City	53982	28	金湖县	Jinhu County	38715
5	昆山市	Kunshan City	53461	29	泗洪县	Sihong County	38508
6	宜兴市	Yixing City	51361	30	盱眙县	Xuyi County	38259
7	海门市	Haimen City	48578	31	建湖县	Jianhu County	38191
8	扬中市	Yangzhong City	48569	32	灌云县	Guanyun County	38117
9	溧阳市	Liyang City	47577	33	灌南县	Guannan County	38020
10	如皋市	Rugao City	46686	34	东海县	Donghai County	37839
11	海安县	Haian County	46226	35	滨海县	Binhai County	37387
12	如东县	Rudong County	46063	36	姜堰市	Jiangyan City	37187
13	丹阳市	Danyang City	45844	37	射阳县	Sheyang County	36325
14	溧水县	Lishui County	45820	38	兴化市	Xinghua City	36266
15	启东市	Qidong City	45604	39	邳州市	Pizhou City	35535
16	高淳县	Gaochun County	45332	40	沛县	Peixian County	35433
17	金坛市	Jintan City	43249	41	新沂市	Xinyi City	35337
18	靖江市	Jingjiang City	43073	42	响水县	Xiangshui County	34503
19	句容市	Jurong City	42863	43	丰县	Fengxian County	34189
20	高邮市	Gaoyou City	42595	44	阜宁县	Funing County	34097
21	仪征市	Yizheng City	41813	45	沭阳县	Shuyang County	33960
22	赣榆县	Ganyu County	41450	46	涟水县	Lianshui County	33535
23	泰兴市	Taixing City	40703	47	泗阳县	Siyang County	32205
24	东台市	Dongtai City	40450	48	睢宁县	Suining County	31094

21－19 农村居民人均纯收入(2012年)
Per Capita Net Income of Rural Households(2012)

位次 No.	县(市)名称 County (City)		绝对数(元) Absolute Figure (yuan)	位次 No.	县(市)名称 County (City)		绝对数(元) Absolute Figure (yuan)
1	江阴市	Jiangyin City	19660	25	兴化市	Xinghua City	11827
2	昆山市	Kunshan City	19563	26	射阳县	Sheyang County	11726
3	常熟市	Changshu City	19467	27	建湖县	Jianhu County	11705
4	张家港市	Zhangjiagang City	19460	28	宝应县	Baoying County	11670
5	太仓市	Taicang City	19411	29	如皋市	Rugao City	11663
6	宜兴市	Yixing City	16862	30	沛县	Peixian County	11351
7	扬中市	Yangzhong City	16631	31	邳州市	Pizhou City	11282
8	金坛市	Jintan City	15608	32	洪泽县	Hongze County	10838
9	溧阳市	Liyang City	15261	33	金湖县	Jinhu County	10624
10	丹阳市	Danyang City	15171	34	阜宁县	Funing County	10545
11	海门市	Haimen City	15162	35	滨海县	Binhai County	10429
12	高淳县	Gaochun County	14816	36	赣榆县	Ganyu County	10310
13	溧水县	Lishui County	14356	37	盱眙县	Xuyi County	10031
14	启东市	Qidong City	14127	38	东海县	Donghai County	9910
15	靖江市	Jingjiang City	13715	39	响水县	Xiangshui County	9861
16	东台市	Dongtai City	13647	40	新沂市	Xinyi City	9808
17	大丰市	Dafeng City	13517	41	丰县	Fengxian County	9783
18	句容市	Jurong City	13235	42	沭阳县	Shuyang County	9557
19	海安县	Haian County	12663	43	睢宁县	Suining County	9541
20	泰兴市	Taixing City	12505	43	泗阳县	Siyang County	9541
21	仪征市	Yizheng City	12244	45	泗洪县	Sihong County	9327
22	姜堰市	Jiangyan City	12228	46	涟水县	Lianshui County	9185
23	如东县	Rudong County	12156	47	灌云县	Guanyun County	8929
24	高邮市	Gaoyou City	11828	48	灌南县	Guannan County	8472

21－20 城镇居民人均可支配收入(2012 年)
Per Capita Annual Disposable Income of Urban Households(2012)

位次 No.	县（市）名称 County (City)		绝对数（元） Absolute Figure (yuan)	位次 No.	县（市）名称 County (City)		绝对数（元） Absolute Figure (yuan)
1	昆山市	Kunshan City	39740	25	高邮市	Gaoyou City	22588
2	张家港市	Zhangjiagang City	39695	26	大丰市	Dafeng City	22471
3	常熟市	Changshu City	39561	27	盱眙县	Xuyi County	22230
4	江阴市	Jiangyin City	39437	28	金湖县	Jinhu County	22075
5	太仓市	Taicang City	39422	29	洪泽县	Hongze County	21717
6	扬中市	Yangzhong City	33442	30	建湖县	Jianhu County	21215
7	宜兴市	Yixing City	33210	31	邳州市	Pizhou City	20542
8	高淳县	Gaochun County	33032	32	东海县	Donghai County	19726
9	金坛市	Jintan City	31738	33	赣榆县	Ganyu County	19533
10	溧水县	Lishui County	31602	34	射阳县	Sheyang County	19373
11	丹阳市	Danyang City	30120	35	沛县	Peixian County	19227
12	溧阳市	Liyang City	29852	36	滨海县	Binhai County	19090
13	海门市	Haimen City	29631	37	宝应县	Baoying County	18988
14	句容市	Jurong City	29626	38	灌南县	Guannan County	18533
15	靖江市	Jingjiang City	28803	39	阜宁县	Funing County	18253
16	启东市	Qidong City	26875	40	响水县	Xiangshui County	18207
17	海安县	Haian County	26771	41	涟水县	Lianshui County	18116
18	如东县	Rudong County	26768	42	新沂市	Xinyi City	17617
19	姜堰市	Jiangyan City	26714	43	沭阳县	Shuyang County	17215
20	仪征市	Yizheng City	26658	44	泗阳县	Siyang County	16474
21	泰兴市	Taixing City	26338	45	睢宁县	Suining County	16447
22	如皋市	Rugao City	26010	46	丰县	Fengxian County	16186
23	兴化市	Xinghua City	24165	47	灌云县	Guanyun County	15943
24	东台市	Dongtai City	23867	48	泗洪县	Sihong County	15934

21－21 居民储蓄存款余额（2012年）
Savings Deposit Balance of Residents(2012)

位次 No.	县（市）名称 County（City）		绝对数（亿元） Absolute Figure (100 million yuan)	位次 No.	县（市）名称 County（City）		绝对数（亿元） Absolute Figure (100 million yuan)
1	常熟市	Changshu City	907.18	25	沭阳县	Shuyang County	183.96
2	江阴市	Jiangyin City	792.49	26	句容市	Jurong City	176.17
3	昆山市	Kunshan City	787.13	27	宝应县	Baoying County	171.88
4	张家港市	Zhangjiagang City	746.76	28	邳州市	Pizhou City	167.76
5	宜兴市	Yixing City	648.64	29	建湖县	Jianhu County	161.89
6	海门市	Haimen City	481.84	30	睢宁县	Suining County	152.56
7	启东市	Qidong City	481.71	31	阜宁县	Funing County	135.70
8	如皋市	Rugao City	436.10	32	射阳县	Sheyang County	132.17
9	海安县	Haian County	426.65	33	丰县	Fengxian County	129.26
10	太仓市	Taicang City	377.17	34	新沂市	Xinyi City	124.10
11	丹阳市	Danyang City	372.35	35	东海县	Donghai County	121.83
12	如东县	Rudong County	348.72	36	赣榆县	Ganyu County	121.39
13	溧阳市	Liyang City	332.54	37	泗阳县	Siyang County	111.75
14	东台市	Dongtai City	324.20	38	溧水县	Lishui County	111.20
15	靖江市	Jingjiang City	314.65	39	泗洪县	Sihong County	109.26
16	泰兴市	Taixing City	294.54	40	涟水县	Lianshui County	104.47
17	兴化市	Xinghua City	275.48	41	高淳县	Gaochun County	100.58
18	姜堰市	Jiangyan City	254.23	42	滨海县	Binhai County	97.14
19	金坛市	Jintan City	229.59	43	盱眙县	Xuyi County	89.96
20	高邮市	Gaoyou City	203.41	44	灌云县	Guanyun County	87.16
21	扬中市	Yangzhong City	198.60	45	金湖县	Jinhu County	76.69
22	大丰市	Dafeng City	198.10	46	灌南县	Guannan County	62.06
23	仪征市	Yizheng City	194.23	47	响水县	Xiangshui County	57.76
24	沛县	Peixian County	191.81	48	洪泽县	Hongze County	48.70

21－22 居民人均储蓄存款（2012 年）
Per Capita Savings Deposit of Residents(2012)

位次 No.	县（市）名称 County (City)		绝对数（元） Absolute Figure (yuan)	位次 No.	县（市）名称 County (City)		绝对数（元） Absolute Figure (yuan)
1	常熟市	Changshu City	60194	25	高淳县	Gaochun County	23999
2	张家港市	Zhangjiagang City	60135	26	金湖县	Jinhu County	23150
3	扬中市	Yangzhong City	58394	27	宝应县	Baoying County	22883
4	海门市	Haimen City	53401	28	兴化市	Xinghua City	21968
5	太仓市	Taicang City	53363	29	建湖县	Jianhu County	21945
6	宜兴市	Yixing City	51974	30	沛县	Peixian County	17232
7	启东市	Qidong City	50178	31	阜宁县	Funing County	16163
8	海安县	Haian County	49267	32	睢宁县	Suining County	14885
9	江阴市	Jiangyin City	48789	33	射阳县	Sheyang County	14814
10	昆山市	Kunshan City	48028	34	洪泽县	Hongze County	14637
11	靖江市	Jingjiang City	45880	35	盱眙县	Xuyi County	13990
12	溧阳市	Liyang City	43738	36	新沂市	Xinyi City	13663
13	金坛市	Jintan City	41115	37	丰县	Fengxian County	13616
14	丹阳市	Danyang City	38229	38	泗阳县	Siyang County	13163
15	如东县	Rudong County	35367	39	东海县	Donghai County	12830
16	姜堰市	Jiangyan City	34864	40	赣榆县	Ganyu County	12803
17	如皋市	Rugao City	34611	41	涟水县	Lianshui County	12469
18	仪征市	Yizheng City	34516	42	沭阳县	Shuyang County	11845
19	东台市	Dongtai City	32884	43	泗洪县	Sihong County	11837
20	句容市	Jurong City	28314	44	邳州市	Pizhou City	11702
21	大丰市	Dafeng City	28252	45	响水县	Xiangshui County	11476
22	高邮市	Gaoyou City	27523	46	灌云县	Guanyun County	11035
23	泰兴市	Taixing City	27373	47	滨海县	Binhai County	10281
24	溧水县	Lishui County	26565	48	灌南县	Guannan County	9979

22

乡镇基本情况

Basic Conditions of Villages and Towns

简　要　说　明

一、本篇资料的主要内容

本篇资料反映乡镇经济社会基本情况。

二、资料来源

本篇资料根据乡镇社会经济基本情况统计年报加工整理。

Brief Introduction

I. Main Contents

Data in this chapter reflect economic and social basic conditions of villages and Towns

Ⅱ. Date Source

Data in this chapter mainly based on the basic conditions of villages and Towns annual report.

22-1 乡镇基本情况(2012年)
Basic Conditions of Villages and Towns(2012)

名称 Name		总人口(人) Total Population (person)	从业人员(人) Employment (person)	土地面积(公顷) Land Area (hectare)	耕地面积(公顷) Cultivated Area (hectare)	财政收入(万元) Financial Revenue (10000 yuan)	粮食产量(吨) Output of Grain (ton)
南京市	**Nanjing City**						
市辖区	**Municipal District**						
永宁镇	Yongning Town	38721	20004	10860	4034	25892	18377
冶山镇	Yeshan Town	44843	23185	10274	4930	5429	22351
竹镇镇	Zhuzhen Town	64824	31548	21105	9469	10941	42975
溧水县	**Lishui County**						
永阳镇	Yongyang Town	106439	69378	13297	3469	155730	2564
白马镇	Baima Town	40202	20705	12400	4948	22100	33993
东屏镇	Dongping Town	40204	19757	11953	4271	14095	36702
柘塘镇	Zhetang Town	34628	25078	4600	3523	13429	26685
石湫镇	Shiqiu Town	49311	25882	11900	3113	22510	30077
洪蓝镇	Honglan Town	46688	27365	10900	2884	20965	27893
晶桥镇	Jingqiao Town	38276	21587	13233	2778	20364	32291
和凤镇	Hefeng Town	51155	27232	19000	3267	21728	32490
高淳县	**Gaochun County**						
淳溪镇	Chunxi Town	114513	74733	8357	2854	39279	7374
阳江镇	Yangjiang Town	70564	46090	12503	5527	18129	21131
砖墙镇	Zhuanqiang Town	34331	22441	6888	3463	18347	4616
古柏镇	Gubai Town	37822	23181	5068	1923	21749	10988
漆桥镇	Qiqiao Town	25683	15860	5370	1659	14355	15920
固城镇	Gucheng Town	39869	23973	8346	3463	17402	22550
东坝镇	Dongba Town	45070	27585	10432	3892	19982	38970
桠溪镇	Yaxi Town	58350	33993	14900	5272	15286	64922
无锡市	**Wuxi City**						
市辖区	**Municipal District**						
羊尖镇	Yangjian Town	55464	35020	5057	2419	48823	19598
鹅湖镇	Ehu Town	70458	40953	5456	1915	55845	11807
锡北镇	Xibei Town	89128	52432	6238	2331	62216	13147
东港镇	Donggang Town	119134	85113	8431	3232	144265	18429
洛社镇	Luoshe Town	174402	100483	7757	1343	214564	2243
阳山镇	Yangshan Town	52570	30594	3287	534	43656	0
胡埭镇	Hudai Town	57473	30142	3608	796	75548	1213
江阴市	**Jiangyin City**						
璜土镇	Huangtu Town	88275	50464	6449	1226	121563	12638

名 称	Name	总人口（人）Total Population (person)	从业人员（人）Employment (person)	土地面积（公顷）Land Area (hectare)	耕地面积（公顷）Cultivated Area (hectare)	财政收入（万元）Financial Revenue (10000 yuan)	粮食产量（吨）Output of Grain (ton)
利港镇	Ligang Town	82462	57643	5942	2168	127624	22444
月城镇	Yuecheng Town	50352	31183	3853	823	61633	6273
青阳镇	Qingyang Town	97603	58121	6756	2060	44511	24530
徐霞客镇	Xuxiake Town	155471	82438	11017	3760	131106	27688
华士镇	Huashi Town	130904	88349	7458	1226	187783	10150
周庄镇	Zhouzhuang Town	143776	87990	7596	2683	167371	11911
新桥镇	Xinqiao Town	51603	45795	2000	542	174386	1785
长泾镇	Changjing Town	93856	73399	5330	1721	60453	18249
顾山镇	Gushan Town	85262	62612	4971	1056	83712	15616
祝塘镇	Zhutang Town	138224	78035	5959	2457	97745	21689
宜兴市	**Yixing City**						
张渚镇	Zhangzhu Town	72822	44185	17651	3716	47556	21361
西渚镇	Xizhu Town	28019	16323	6666	3127	11664	17332
太华镇	Taihua Town	24719	12707	9157	657	7675	2207
徐舍镇	Xushe Town	100025	54105	17991	9414	60550	93904
官林镇	Guanlin Town	104787	51781	10458	4280	132362	34087
杨巷镇	Yangxiang Town	50396	23307	8642	3971	16062	36884
新建镇	Xinjian Town	31907	18908	4500	2311	33158	7354
和桥镇	Heqiao Town	81498	48195	10510	3486	46992	42024
高塍镇	Gaocheng Town	59528	32554	8118	3671	114396	40226
万石镇	Wanshi Town	26411	13443	4377	2403	39404	30824
周铁镇	Zhoutie Town	56702	26138	7300	3822	65137	30707
芳桥镇	Fangqiao Town	27715	12228	4980	2603	21951	32805
丁蜀镇	Dingshu Town	197479	100382	19185	3442	154783	29308
湖父镇	Hufu Town	23586	12803	9324	1205	25063	3194
徐州市	**Xuzhou City**						
市辖区	**Municipal District**						
大庙镇	Damiao Town	79140	36927	8346	2688	74038	37625
大黄山镇	Dahuangshan Town	50249	23942	4300	1085	56449	13896
贾汪镇	Jiawang Town	52457	22350	7956	2350	19188	23478
青山泉镇	Qingshanquan Town	57592	35297	8366	4120	63246	26723
大吴镇	Dawu Town	86819	40447	6620	1758	59824	24640
紫庄镇	Zizhuang Town	50736	25586	6668	3200	3126	43731
塔山镇	Tashan Town	74870	29012	9468	5507	4644	51358

续 表 2 Continued 2

名 称 Name		总人口（人）Total Population (person)	从业人员（人）Employment (person)	土地面积（公顷）Land Area (hectare)	耕地面积（公顷）Cultivated Area (hectare)	财政收入（万元）Financial Revenue (10000 yuan)	粮食产量（吨）Output of Grain (ton)
汴塘镇	Biantang Town	53226	19249	10500	4568	2358	36148
江庄镇	Jiangzhuang Town	34940	12898	7496	4228	22043	29648
铜山镇	Tongshan Town	157369	74359	5000	773	370800	2359
何桥镇	Heqiao Town	51211	30429	7400	5326	6064	33515
黄集镇	Huangji Town	58126	31465	8340	4566	8312	50446
马坡镇	Mapo Town	49803	24178	6900	3342	9155	59200
郑集镇	Zhengji Town	51048	28547	6800	5062	10428	50132
柳新镇	Liuxin Town	74158	36960	8500	4085	51635	54204
刘集镇	Liuji Town	64045	28909	8360	4052	12343	41597
大彭镇	Dapeng Town	65315	42874	7600	3029	12455	35102
汉王镇	Hanwang Town	55089	24037	9300	2945	31915	24210
三堡镇	Sanbao Town	46222	23545	7157	3656	19742	28659
棠张镇	Tangzhang Town	58585	35500	8500	4567	12175	24737
张集镇	Zhangji Town	74920	33748	14800	7933	14515	60183
房村镇	Fangcun Town	74752	37830	13600	7987	8794	68191
伊庄镇	Yizhuang Town	47200	21025	8560	3340	4569	37197
单集镇	Shanji Town	66701	28558	13210	7384	6980	59820
利国镇	Liguo Town	57406	23576	7769	2586	71196	25483
徐庄镇	Xuzhuang Town	66807	32405	13259	6260	7805	84061
大许镇	Daxu Town	83708	33551	12900	6284	8987	79588
茅村镇	Maocun Town	71695	32614	8396	3856	14966	33694
柳泉镇	Liuquan Town	62723	32466	10520	3420	27289	43307
丰县	**Fengxian City**						
凤城镇	Fengcheng Town	63120	34265	6197	2602	118212	25075
首羡镇	Shouxian Town	93774	49902	12176	7800	19823	13300
顺河镇	Shunhe Town	57712	31960	8648	5831	8536	30926
常店镇	Changdian Town	66146	29924	7727	5019	11540	43135
欢口镇	Huankou Town	101590	60295	10500	6561	13947	82387
师寨镇	Shizhai Town	80025	47106	10450	6781	9707	75040
华山镇	Huashan Town	88846	53965	11300	4076	11000	26685
梁寨镇	Liangzhai Town	64970	30650	8680	4550	11219	38149
范楼镇	Fanlou Town	82769	40513	11610	7331	9985	43265
孙楼镇	Sunlou Town	53598	29498	6608	3940	9444	30011
宋楼镇	Songlou Town	91820	46081	12214	3510	7889	31584

名称	Name	总人口（人）Total Population (person)	从业人员（人）Employment (person)	土地面积（公顷）Land Area (hectare)	耕地面积（公顷）Cultivated Area (hectare)	财政收入（万元）Financial Revenue (10000 yuan)	粮食产量（吨）Output of Grain (ton)
大沙河镇	Dashahe Town	61586	26391	8150	1539	6739	13809
王沟镇	Wanggou Town	103059	56718	12621	8088	8487	63443
赵庄镇	Zhaozhuang Town	70687	42658	9100	5096	6867	30007
沛县	**Peixian City**						
龙固镇	Longgu Town	62596	29422	5302	2659	36425	31970
杨屯镇	Yangtun Town	60301	32657	4100	2070	19552	35323
大屯镇	Datun Town	66644	33655	5540	3036	73633	44855
沛城镇	Peicheng Town	191200	93816	10560	4260	90718	52504
胡寨镇	Huzhai Town	40352	23081	4594	2731	10847	41029
魏庙镇	Weimiao Town	58656	34230	5200	3950	8131	52826
五段镇	Wuduan Town	45962	24399	4700	2855	9964	59337
张庄镇	Zhangzhuang Town	100279	60427	11200	6149	17387	52798
张寨镇	Zhangzhai Town	100103	39257	10634	7004	9441	61230
敬安镇	Jingan Town	63348	32805	9600	5006	22170	34030
河口镇	Hekou Town	58870	32683	8257	5332	7701	22490
栖山镇	Qishan Town	64446	31414	8951	6225	7872	36100
鹿楼镇	Lulou Town	76276	47626	12540	5996	10071	70816
朱寨镇	Zhuzhai Town	66026	27072	7900	4700	13901	38532
安国镇	Anguo Town	82708	44290	13328	5535	17056	48954
睢宁县	**Suining City**						
睢城镇	Suicheng Town	249564	162038	9600	3045	83710	36528
王集镇	Wangji Town	77935	46368	13152	7163	4918	51565
双沟镇	Shuanggou Town	58621	33847	9827	5139	9688	45261
岚山镇	Lanshan Town	87515	47234	12837	8368	5902	64267
李集镇	Liji Town	54303	29243	6368	3457	6252	35998
桃园镇	Taoyuan Town	74203	36131	10900	5989	8595	55331
官山镇	Guanshan Town	76556	49612	12528	7216	5106	75848
高作镇	Gaozuo Town	60972	36760	6227	3510	17453	33018
沙集镇	Shaji Town	61002	29035	4000	3408	5083	38861
凌城镇	Lingcheng Town	79419	38916	9365	5381	5530	60721
邱集镇	Qiuji Town	107918	53817	14079	8875	5357	90034
古邳镇	Gupi Town	73982	47999	10666	4800	4780	53900
姚集镇	Yaoji Town	94915	46012	16700	6700	5067	65408
魏集镇	Weiji Town	74107	39604	12938	6903	12401	61028

名　称 Name		总人口（人）Total Population (person)	从业人员（人）Employment (person)	土地面积（公顷）Land Area (hectare)	耕地面积（公顷）Cultivated Area (hectare)	财政收入（万元）Financial Revenue (10000 yuan)	粮食产量（吨）Output of Grain (ton)
梁 集 镇	Liangji Town	87123	41425	11036	6158	13693	87129
庆 安 镇	Qingan Town	74391	50010	11571	6178	6886	55350
新 沂 市	**Xinyi City**						
新 安 镇	Xinan Town	235305	139640	7856	3550	88764	29860
瓦 窑 镇	Wayao Town	37625	25081	6172	3404	23612	31655
港 头 镇	Gangtou Town	42731	20983	7818	3607	22986	48831
唐 店 镇	Tangdian Town	49121	28401	8260	3928	16076	42586
合 沟 镇	Hegou Town	60046	30554	6172	2845	12035	25094
草 桥 镇	Caoqiao Town	70857	37954	10025	3653	13520	50742
窑 湾 镇	Yaowan Town	65430	30342	11597	4366	14677	54226
棋 盘 镇	Qipan Town	75972	40891	16735	8054	13710	60488
马陵山镇	Malingshan Town	56904	28831	10600	4100	9862	62921
新 店 镇	Xindian Town	53549	28489	12800	4855	8094	57391
邵 店 镇	Shaodian Town	38958	17722	5845	2654	11945	26140
北 沟 镇	Beigou Town	62125	26390	3400	1242	9196	10860
时 集 镇	Shiji Town	52710	27326	12119	6552	9299	68140
高 流 镇	Gaoliu Town	56742	30329	12190	8143	11077	42820
阿 湖 镇	Ahu Town	61717	33669	12545	5500	11748	63158
双 塘 镇	Shuangtang Town	37872	26310	9200	3548	21600	38150
邳 州 市	**Pizhou City**						
运 河 镇	Yunhe Town	241165	111572	7565	2767	106348	24667
邳 城 镇	Picheng Town	73623	36617	9028	5034	7114	25719
官 湖 镇	Guanhu Town	106531	69015	8880	2338	53249	17125
四 户 镇	Sihu Town	54424	26704	8100	4880	14580	48517
宿羊山镇	Suyangshan Town	76021	40023	9013	4543	11394	31421
八义集镇	Bayiji Town	77463	44431	9112	8103	6700	49036
土 山 镇	Tushan Town	53336	33408	6380	3542	5100	32820
碾 庄 镇	Nianzhuang Town	87029	36957	12100	7117	26264	43113
港 上 镇	Gangshang Town	60017	31210	6400	3200	15240	9180
邹 庄 镇	Zouzhuang Town	57890	34114	7366	5690	9876	34560
占 城 镇	Zhancheng Town	41913	19520	8900	4200	4180	32900
新 河 镇	Xinhe Town	60080	33200	9797	4500	6227	45600
八 路 镇	Balu Town	45707	26000	6695	3650	4961	32420
炮 车 镇	Paoche Town	52994	33402	6225	2932	33152	21501

名 称 Name		总人口（人）Total Population (person)	从业人员（人）Employment (person)	土地面积（公顷）Land Area (hectare)	耕地面积（公顷）Cultivated Area (hectare)	财政收入（万元）Financial Revenue (10000 yuan)	粮食产量（吨）Output of Grain (ton)
铁富镇	Tiefu Town	116405	56493	12444	6020	26042	37167
岔河镇	Chahe Town	43600	21772	7030	3450	11365	45895
戴圩镇	Daiwei Town	23760	13555	3478	2110	7000	18931
陈楼镇	Chenlou Town	45416	26442	3667	1766	18302	6112
邢楼镇	Xinglou Town	51392	33550	9650	5510	9000	34300
戴庄镇	Daizhuang Town	50890	30285	7373	3486	5105	34694
车辐山镇	Chefushan Town	55160	32370	9500	5260	5680	19130
燕子埠镇	Yanzibu Town	36353	23980	7700	4000	4819	38496
赵墩镇	Zhaodun Town	94450	52330	12000	5600	12407	51575
议堂镇	Yitang Town	35055	17421	5760	2633	16816	30279
常州市	**Changzhou City**						
市辖区	**Municipal District**						
春江镇	Chunjiang Town	154705	63323	17100	4352	159357	46068
孟河镇	Menghe Town	92360	44723	8824	3748	48262	44795
新桥镇	Xinqiao Town	30321	12219	2714	647	63452	6533
薛家镇	Xuejia Town	46821	22455	3757	450	108575	4891
罗溪镇	Luoxi Town	52453	25115	5351	2045	37388	18270
西夏墅镇	Xixiashu Town	56065	20560	5196	2515	45412	24796
湖塘镇	Hutang Town	270377	123859	8406	94	266158	129
牛塘镇	Niutang Town	81529	39905	3460	543	58200	653
洛阳镇	Luoyang Town	88346	55560	5570	1761	49527	8885
遥观镇	Yaoguan Town	107238	59933	4468	704	120687	4454
横林镇	Henglin Town	93108	49271	4668	912	63342	5201
横山桥镇	Hengshanqiao Town	86186	55320	5791	1238	57619	7659
郑陆镇	Zhenglu Town	117220	41737	8893	2759	75279	19489
雪堰镇	Xueyan Town	98661	42850	10438	3310	70472	26176
前黄镇	Qianhuang Town	83941	37392	10240	3521	32648	38916
礼嘉镇	Lijia Town	58480	31250	5822	2269	43100	19681
邹区镇	Zouqu Town	93164	45886	6086	2415	69002	3567
嘉泽镇	Jiaze Town	86861	52116	10430	4587	25624	131
湟里镇	Huangli Town	75961	40235	8715	3525	41496	1057
奔牛镇	Benniu Town	66156	32877	5578	2514	37178	26237
溧阳市	**Liyang City**						
溧城镇	Licheng Town	333785	173568	15520	5606	196881	49481

续 表 6 Continued 6

名 称 Name		总人口（人）Total Population (person)	从业人员（人）Employment (person)	土地面积（公顷）Land Area (hectare)	耕地面积（公顷）Cultivated Area (hectare)	财政收入（万元）Financial Revenue (10000 yuan)	粮食产量（吨）Output of Grain (ton)
埭头镇	Daitou Town	27664	19230	4369	2006	30607	18441
上黄镇	Shanghuang Town	26248	13243	4760	2122	19947	15516
戴埠镇	Daibu Town	52188	31620	13630	3684	27084	28306
天目湖镇	Tianmuhu Town	73211	34618	23897	5705	51752	33068
别桥镇	Bieqiao Town	70052	44678	11265	6554	18647	56703
上兴镇	Shangxing Town	79525	37725	22696	9722	33205	103461
竹箦镇	Zhuze Town	62577	32614	18360	6762	26766	61852
南渡镇	Nandu Town	75892	39719	11540	6784	32348	71688
社渚镇	Shezhu Town	72578	40082	20700	7866	30128	105559
金坛市	**Jintan City**						
金城镇	Jincheng Town	187708	149478	19251	6669	117644	62970
儒林镇	Rulin Town	34406	17137	10500	1580	17906	13262
尧塘镇	Yaotang Town	57877	42563	9880	3429	29389	25037
直溪镇	Zhixi Town	58787	40992	10662	4285	21776	48422
朱林镇	Zhulin Town	37799	26153	7699	3410	12063	34901
薛埠镇	Xuebu Town	67623	47160	23610	6494	80652	44878
指前镇	Zhiqian Town	41469	24836	9172	3051	15969	33692
苏州市	**Suzhou City**						
市辖区	Municipal District						
浒墅关镇	Hushuguan Town	51080	20930	3200	700	95491	1480
通安镇	Tongan Town	46054	25530	3698	1104	64574	2600
东渚镇	Dongzhu Town	24667	16015	2020	1033	8433	640
甪直镇	Luzhi Town	177900	135173	9799	2085	143882	6312
木渎镇	Mudu Town	273738	232456	6228	80	241512	400
胥口镇	Xukou Town	93614	65541	3800	307	158778	860
东山镇	Dongshan Town	57069	32515	9600	474	33315	187
光福镇	Guangfu Town	63497	42168	6156	1340	46086	497
金庭镇	Jinting Town	48270	27241	8342	779	22886	1001
临湖镇	Linhu Town	71068	50591	5430	1795	68842	6615
望亭镇	Wangting Town	76643	49822	4406	1563	62200	6828
黄埭镇	Huangdai Town	139540	88742	5600	948	140145	9607
渭塘镇	Weitang Town	98904	55680	3669	706	107826	144
阳澄湖镇	Yangchenghu Town	65827	43205	6284	1701	54379	809
滨湖新城镇	Binhuxincheng Town	371107	361674	26152	3181	874510	12781

名 称 Name		总人口（人）Total Population (person)	从业人员（人）Employment (person)	土地面积（公顷）Land Area (hectare)	耕地面积（公顷）Cultivated Area (hectare)	财政收入（万元）Financial Revenue (10000 yuan)	粮食产量（吨）Output of Grain (ton)
同 里 镇	Tongli Town	53827	33260	10291	2928	71922	9234
平 望 镇	Pingwang Town	95934	58951	13565	4342	101169	32940
盛 泽 镇	Shengze Town	200323	145732	14774	4429	623814	34222
七 都 镇	Qidu Town	69816	43607	8620	1922	85481	4613
震 泽 镇	Zhenze Town	78793	46599	9561	2985	90624	21566
桃 源 镇	Taoyuan Town	77397	45081	9060	3635	84891	9654
汾 湖 镇	Fenhu Town	174538	104673	25800	8473	344294	36844
常 熟 市	**Changshu City**						
虞 山 镇	Yushan Town	294016	220558	18900	3876	781977	49222
梅 李 镇	Meili Town	111199	61173	8084	3317	101941	24241
海 虞 镇	Haiyu Town	135906	96879	10997	3868	144255	46162
古 里 镇	Guli Town	105303	86152	9646	2630	164224	36543
沙家浜镇	Shajiabang Town	74533	50444	6500	2294	116771	4264
支 塘 镇	Zhitang Town	109800	52147	12896	5598	66465	55584
董 浜 镇	Dongbang Town	65663	47811	6261	3319	50664	10743
辛 庄 镇	Xinzhuang Town	115086	74494	10426	3365	87575	24054
尚 湖 镇	Shanghu Town	128123	75781	11260	4179	79638	52197
张家港市	**Zhangjiagang City**						
杨 舍 镇	Yangshe Town	276598	228551	15309	3756	735928	27618
塘 桥 镇	Tangqiao Town	149690	96578	9427	3894	162977	41361
金 港 镇	Jingang Town	296894	203603	13161	3951	713881	35536
锦 丰 镇	Jinfeng Town	169892	103096	11434	4688	449341	40476
乐 余 镇	Leyu Town	93858	54031	9338	4326	77528	45835
凤 凰 镇	Fenghuang Town	102968	63461	7877	2525	144153	24878
南 丰 镇	Nanfeng Town	72298	38633	4750	2020	147876	22339
大 新 镇	Daxin Town	69162	34008	4048	1708	45347	14026
昆 山 市	**Kunshan City**						
玉 山 镇	Yushan Town	203189	141082	11800	895	1120797	16204
巴 城 镇	Bacheng Town	91045	73969	15700	1138	291078	8685
周 市 镇	Zhoushi Town	140228	102192	8156	544	371704	9504
陆 家 镇	Lujia Town	91007	79383	3558	372	227919	5170
花 桥 镇	Huaqiao Town	111825	83877	5000	534	498054	5893
淀山湖镇	Dianshanhu Town	50032	37652	6587	813	150966	11443
张 浦 镇	Zhangpu Town	133088	98711	10904	2398	323511	20607

续 表 8 Continued 8

名 称 Name		总人口(人) Total Population (person)	从业人员(人) Employment (person)	土地面积(公顷) Land Area (hectare)	耕地面积(公顷) Cultivated Area (hectare)	财政收入(万元) Financial Revenue (10000 yuan)	粮食产量(吨) Output of Grain (ton)
周 庄 镇	Zhouzhuang Town	28182	20076	3605	497	56799	5455
千 灯 镇	Qiandeng Town	149690	94742	7853	1283	297210	15568
锦 溪 镇	Jinxi Town	51273	51062	9069	1106	155315	13569
太 仓 市	**Taicang City**						
城 厢 镇	Chengxiang Town	327649	204578	15341	3926	1038216	32183
沙 溪 镇	Shaxi Town	136464	88926	12580	5932	103282	49571
浏 河 镇	Liuhe Town	89986	71071	6459	3297	73177	17690
浮 桥 镇	Fuqiao Town	129421	86684	13720	4467	392977	43837
璜 泾 镇	Huangjing Town	88509	57315	7963	4436	69967	40251
双 凤 镇	Shuangfeng Town	57177	41021	6250	2678	43319	17592
南 通 市	**Nantong City**						
市 辖 区	**Municipal Distric**						
金 沙 镇	Jinsha Town	242840	124095	16858	8131	283962	41052
西 亭 镇	Xiting Town	36810	26194	5691	3151	13190	30849
二 甲 镇	Erjia Town	61404	44143	6601	3422	10768	9514
东 社 镇	Dongshe Town	47684	37676	7215	4276	8247	20970
三 余 镇	Sanyu Town	94999	80315	18734	11571	17576	33030
十 总 镇	Shizong Town	29180	19914	5233	2928	10176	23677
骑 岸 镇	Qian Town	37135	26963	8084	4420	7670	49076
五 甲 镇	Wujia Town	26836	18173	4293	2382	7823	15803
石 港 镇	Shigang Town	58734	43012	11015	5685	17000	67306
四 安 镇	Sian Town	32932	24826	5070	3027	12780	33194
刘 桥 镇	Liuqiao Town	67392	41176	10728	5547	17894	68258
平 潮 镇	Pingchao Town	77521	45325	6196	2571	43464	29840
平 东 镇	Pingdong Town	42830	21297	4764	2302	15522	24354
五 接 镇	Wujie Town	40899	22569	3894	1582	36753	21087
兴 仁 镇	Xingren Town	46153	27695	3916	1501	34728	15237
兴 东 镇	Xingdong Town	28840	18561	3046	1196	35231	13262
张芝山镇	Zhangzhishan Town	59191	30130	4982	2711	22310	12226
川 姜 镇	Chuanjiang Town	73065	36836	4986	2144	68487	10620
先 锋 镇	Xianfeng Town	37618	23076	2654	991	22112	3911
海 安 县	**Haian County**						
海 安 镇	Haian Town	262081	178536	21434	7704	526598	87524
城 东 镇	Chengdong Town	137863	81059	16388	6559	248107	84784

名 称 Name		总人口（人） Total Population (person)	从业人员（人） Employment (person)	土地面积（公顷） Land Area (hectare)	耕地面积（公顷） Cultivated Area (hectare)	财政收入（万元） Financial Revenue (10000 yuan)	粮食产量（吨） Output of Grain (ton)
曲塘镇	Qutang Town	90824	41739	11552	6327	22885	81064
李堡镇	Libao Town	74334	44836	9453	5018	17049	54268
角斜镇	Jiaoxie Town	56912	31666	12800	5038	17645	53879
大公镇	Dagong Town	57522	27398	8928	4877	19413	58466
雅周镇	Yazhou Town	49760	29988	8330	4490	5861	53356
白甸镇	Baidian Town	26955	16236	5305	2826	13583	28350
南莫镇	Nanmo Town	48327	26127	7420	3897	8835	50220
墩头镇	Duntou Town	59353	38295	11556	6170	11067	76460
如东县	**Rudong County**						
拼茶镇	Bingcha Town	48748	24874	9570	4172	10852	40648
洋口镇	Yangkou Town	71307	38904	12583	6650	34940	80279
县苴镇	Xianju Town	42240	16912	8550	4058	53232	30320
长沙镇	Changsha Town	36521	23461	9500	3581	43600	21383
大豫镇	Dayu Town	81834	52439	19547	11054	14891	35748
掘港镇	Juegang Town	213236	72905	26314	10800	128299	98094
马塘镇	Matang Town	76699	32970	14083	8016	25537	97842
丰利镇	Fengli Town	78902	33876	14037	7624	8823	82808
曹埠镇	Caobu Town	43034	24893	9236	4307	11905	58663
岔河镇	Chahe Town	76964	36011	14163	7458	22000	99737
双甸镇	Shuangdian Town	69031	33549	11233	6198	12205	81315
新店镇	Xindian Town	35154	19444	8069	3331	6906	44739
河口镇	Hekou Town	58116	33307	11610	5282	30837	60477
袁庄镇	Yuanzhuang Town	54111	29470	9919	5020	12598	60458
启东市	**Qidong City**						
汇龙镇	Huilong Town	256352	116108	13463	6384	138191	23920
北新镇	Beixin Town	59172	45658	9720	6085	15080	22058
惠萍镇	Huiping Town	77938	58878	10785	7083	20800	21048
寅阳镇	Yinyang Town	71395	49391	10058	6316	56280	24258
东海镇	Donghai Town	52143	43477	8540	5443	8567	16091
近海镇	Jinhai Town	51560	40707	7990	5280	9364	21584
南阳镇	Nanyang Town	82937	68259	12680	7789	10968	32009
海复镇	Haifu Town	43048	36045	7380	4105	6626	15247
合作镇	Hezuo Town	52568	41927	8870	4636	7794	21211
王鲍镇	Wangbao Town	69928	59537	12600	6928	17100	29914

名称	Name	总人口（人）Total Population (person)	从业人员（人）Employment (person)	土地面积（公顷）Land Area (hectare)	耕地面积（公顷）Cultivated Area (hectare)	财政收入（万元）Financial Revenue (10000 yuan)	粮食产量（吨）Output of Grain (ton)
吕四港镇	Lusigang Town	139051	110668	15280	7280	68279	28327
启隆乡	Qilong Country	3908	2451	3431	1248	11439	8187
如皋市	**Rugao City**						
如城镇	Rucheng Town	185947	127186	14069	4796	348590	27945
柴湾镇	Chaiwan Town	101350	44502	7634	4084	150831	36459
雪岸镇	Xuean Town	28907	15407	5084	2593	7341	22471
东陈镇	Dongchen Town	39883	24374	6148	3629	22488	33502
丁堰镇	Dingyan Town	46793	27850	7048	3996	22604	47387
白蒲镇	Baipu Town	70087	39880	8540	4519	23075	54124
林梓镇	Linzi Town	38996	22743	5949	3281	9774	40088
下原镇	Xiayuan Town	53888	30637	7076	3847	12533	41300
九华镇	Jiuhua Town	58707	43602	6961	4036	12951	40282
郭园镇	Guoyuan Town	49223	28830	5348	2797	19931	27272
石庄镇	Shizhuang Town	54846	33998	6106	3123	17589	22902
长江镇	Changjiang Town	86200	78636	6861	4778	403998	39897
吴窑镇	Wuyao Town	54485	35317	6436	3276	11740	28181
江安镇	Jiangan Town	71917	40835	8655	4744	22358	44600
高明镇	Gaoming Town	42979	23672	6657	3039	6695	25096
常青镇	Changqing Town	40151	26789	5900	3230	4120	26937
搬经镇	Banjing Town	67358	37258	10509	6215	15525	57790
磨头镇	Motou Town	68216	40401	10315	5411	16014	47920
桃园镇	Taoyuan Town	57192	34616	7361	3143	47262	40050
袁桥镇	Yuanqiao Town	42875	25969	6581	3699	13278	35973
海门市	**Haimen City**						
海门镇	Haimen Town	173200	112580	14238	4055	255215	17987
德胜镇	Desheng Town	39507	22679	5462	2892	14000	5321
三厂镇	Sanchang Town	71990	45796	6329	3584	26370	12920
常乐镇	Changle Town	38268	23874	6001	2822	40023	11410
麒麟镇	Qilin Town	26243	14325	3809	1944	3817	8000
悦来镇	Yuelai Town	40002	24001	5426	3270	7943	6050
万年镇	Wannian Town	22015	12309	2800	1904	3456	9572
三阳镇	Sanyang Town	23652	13267	4500	1906	4113	6150
四甲镇	Sijia Town	44681	26042	5990	3116	10585	10393
货隆镇	Huolong Town	24822	14436	3706	2030	6853	5953

名 称	Name	总人口（人）Total Population (person)	从业人员（人）Employment (person)	土地面积（公顷）Land Area (hectare)	耕地面积（公顷）Cultivated Area (hectare)	财政收入（万元）Financial Revenue (10000 yuan)	粮食产量（吨）Output of Grain (ton)
余东镇	Yudong Town	22885	12879	3000	1511	10164	6865
正余镇	Zhengyu Town	29036	15489	3580	1640	11597	8756
包场镇	Baochang Town	44057	25641	4358	2320	21486	7650
刘浩镇	Liuhao Town	39297	24562	4430	3876	7204	10103
王浩镇	Wanghao Town	20271	11284	2028	1695	3325	7554
树勋镇	Shuxun Town	25753	14594	3791	1881	5738	5166
海永乡	Haiyong Country	4150	2647	800	425	4446	1536
连云港市	**Lianyungang City**						
市辖区	**Municipal District**						
朝阳镇	Chaoyang Town	20396	10910	2446	622	32480	6015
宿城乡	Sucheng Country	4643	2982	1800	25	1409	227
高公岛乡	Gaogongdao Country	3078	2156	807	0	1885	0
南城镇	Nancheng Town	7792	3351	380	42	3390	381
浦南镇	Punan Town	53586	29124	10850	4550	12551	71930
云台乡	Yuntai Country	31141	19096	5812	1623	2984	22565
花果山乡	Huaguoshan Country	16798	8480	3330	383	15090	5327
新坝镇	Xinba Town	31620	20304	6946	4484	3302	75155
锦屏镇	Jinping Town	30543	14176	5214	2221	5650	26825
板浦镇	Banpu Town	66963	42037	8064	4917	8090	44802
宁海乡	Ninghai Country	26067	12715	4600	2400	24415	33100
赣榆县	**Ganyu County**						
青口镇	Qingkou Town	196831	87830	9080	2222	68324	30415
柘汪镇	Zhewang Town	55776	26380	7230	2033	36747	18803
石桥镇	Shiqiao Town	67030	27612	7343	3118	8930	21240
金山镇	Jinshan Town	49882	19980	7000	3584	11595	26745
黑林镇	Heilin Town	44932	20322	8798	2615	1626	20172
厉庄镇	Lizhuang Town	36861	14155	6130	2901	3335	16789
海头镇	Haitou Town	85557	34020	7900	2955	33827	27950
塔山镇	Tashan Town	62060	27156	8498	4456	3918	39498
赣马镇	Ganma Town	85777	37997	8430	4550	12701	61707
班庄镇	Banzhuang Town	58944	26355	9167	4700	2379	27492
城头镇	Chengtou Town	51857	22874	6670	3513	4351	32248
门河镇	Menhe Town	38265	17169	4854	2935	2685	26631
城西镇	Chengxi Town	47882	20061	4527	3113	3053	32146

续 表 12 Continued 12

名 称 Name		总人口（人） Total Population (person)	从业人员（人） Employment (person)	土地面积（公顷） Land Area (hectare)	耕地面积（公顷） Cultivated Area (hectare)	财政收入（万元） Financial Revenue (10000 yuan)	粮食产量（吨） Output of Grain (ton)
欢墩镇	Huandun Town	41619	17210	7900	2369	3041	14327
宋庄镇	Songzhuang Town	33417	15007	3320	1501	3006	17511
沙河镇	Shahe Town	120137	52665	13156	7341	7445	87085
墩尚镇	Dunshang Town	39020	20465	4744	2133	2489	28300
罗阳镇	Luoyang Town	38272	22320	3733	2310	8083	33730
东海县	**Donghai County**						
牛山镇	Niushan Town	157733	87686	9279	2338	33569	30983
白塔埠镇	Baitabu Town	59927	30580	10329	6053	7856	66282
黄川镇	Huangchuan Town	62437	31983	9383	4665	4214	55978
石梁河镇	Shilianghe Town	43804	21839	7166	2936	2901	29346
青湖镇	Qinghu Town	59562	25171	9433	6131	3709	55440
石榴镇	Shiliu Town	63002	31880	7040	4984	6805	49421
温泉镇	Wenquan Town	17681	7817	3582	1348	11091	8760
双店镇	Shuangdian Town	51900	30300	11700	7000	3511	36257
桃林镇	Taolin Town	73514	34197	16978	9551	6700	46187
洪庄镇	Hongzhuang Town	35971	17554	6719	4450	3473	28643
安峰镇	Anfeng Town	67025	33904	13417	7428	10605	82160
房山镇	Fangshan Town	78782	44652	14972	9211	8356	104882
平明镇	Pingming Town	73771	30555	15731	10160	12728	142573
驼峰乡	Tuofeng Country	62708	32516	10425	7152	6107	72528
南辰乡	Nanchen Country	18975	8741	3050	560	2511	7038
横沟乡	Henggou Country	35962	15927	6689	2684	2680	25338
李埝乡	Linian Country	39094	14242	7009	2892	2751	13278
山左口乡	Shanzuokou Country	44840	17835	8906	4571	6435	27295
石湖乡	Shihu Country	33372	16953	7226	4499	3884	31857
曲阳乡	Quyang Country	38803	16089	7542	3967	3397	36514
张湾乡	Zhangwan Country	34156	18564	9500	5821	3644	69054
灌云县	**Guanyun County**						
伊山镇	Yishan Town	156152	64375	7675	3552	22228	48328
杨集镇	Yangji Town	70818	39673	7673	5579	12581	54016
燕尾港镇	Yanweigang Town	13936	8667	2580	78	17860	1276
同兴镇	Tongxing Town	42045	19299	5378	3805	5090	33559
四队镇	Sidui Town	35588	12704	4154	2794	4068	33235
圩丰镇	Weifeng Town	46530	24079	6901	5114	6048	68223

名称	Name	总人口（人）Total Population（person）	从业人员（人）Employment（person）	土地面积（公顷）Land Area（hectare）	耕地面积（公顷）Cultivated Area（hectare）	财政收入（万元）Financial Revenue（10000 yuan）	粮食产量（吨）Output of Grain（ton）
龙苴镇	Longju Town	52064	24103	6400	4512	6749	41860
伊芦乡	Yilu Country	39637	17089	5228	5044	6021	44928
鲁河乡	Luhe Country	34197	13323	4673	3195	4950	29200
图河乡	Tuhe Country	61779	32368	9500	4026	5360	72507
沂北乡	Yibei Country	48100	20944	4462	3950	4943	36224
下车乡	Xiache Country	51529	26324	4871	4531	4687	51850
白蚬乡	Baixian Country	41322	19632	5497	3623	4950	52057
东王集乡	Dongwangji Country	65866	33912	9197	5653	7337	68465
侍庄乡	Shizhuang Country	51543	19190	6610	2400	56496	31360
小伊乡	Xiaoyi Country	64938	24397	7952	5454	4370	66450
穆圩乡	Muwei Country	33314	19383	6240	4023	6614	47404
陡沟乡	Dougou Country	63280	21866	7317	5298	7709	59940
南岗乡	Nangang Country	43950	18100	6055	4380	5164	33150
灌南县	**Guannan County**						
新安镇	Xinan Town	195800	88045	14327	7624	35973	86582
堆沟港镇	Duigougang Town	39998	21633	6172	2453	17885	30402
长茂镇	Changmao Town	42168	22587	5943	3178	9030	32954
北陈集镇	Beichenji Town	39300	21924	5526	3437	5552	35950
张店镇	Zhangdian Town	39001	21026	5918	3791	6952	31940
三口镇	Sankou Town	62102	31472	8702	5516	8866	61921
孟兴庄镇	Mengxingzhuang Town	61021	26497	7809	4852	8506	47485
汤沟镇	Tanggou Town	30360	14871	3260	2006	9288	21673
百禄镇	Bailu Town	64413	33621	10516	6323	9004	50040
五队乡	Wudui Country	46168	23628	7543	3684	8970	59990
田楼乡	Tianlou Country	35680	20245	5201	2586	8887	40284
李集乡	Liji Country	71760	35130	8819	5053	19012	53243
新集乡	Xinji Country	34432	16974	5858	3774	7729	35587
花园乡	Huayuan Country	36815	16488	6881	4353	6902	40645
淮安市	**Huaian City**						
市辖区	**Municipal Distric**						
钵池乡	Bochi Country	7017	4496	655	115	58862	0
徐杨乡	Xuyang Country	52230	34508	3327	950	85800	2510
南马厂乡	Nanmachang Country	25856	12700	3600	1450	11768	16040
淮城镇	Huaicheng Town	189250	87125	4200	578	30877	3367

名 称 Name		总人口（人）Total Population (person)	从业人员（人）Employment (person)	土地面积（公顷）Land Area (hectare)	耕地面积（公顷）Cultivated Area (hectare)	财政收入（万元）Financial Revenue (10000 yuan)	粮食产量（吨）Output of Grain (ton)
平 桥 镇	Pingqiao Town	37615	19084	4600	2985	2315	35585
上 河 镇	Shanghe Town	28898	13694	3375	2207	1275	23623
马 甸 镇	Madian Town	31518	15008	3400	1948	3820	20461
朱 桥 镇	Zhuqiao Town	46405	21632	5158	3172	3274	37146
溪 河 镇	Xihe Town	29162	17834	4308	2533	3033	31458
施 河 镇	Shihe Town	43977	20902	5775	3843	21636	35763
车 桥 镇	Cheqiao Town	65758	30368	6400	3629	5305	47057
泾 口 镇	Jingkou Town	46105	19729	5680	3369	5012	6785
流 均 镇	Liujun Town	63412	26542	8860	2857	5131	35755
博 里 镇	Boli Town	48116	25616	7191	4220	4500	52566
仇 桥 镇	Qiuqiao Town	45445	20596	7447	4607	4001	57131
复 兴 镇	Fuxing Town	42100	19885	6454	3438	3282	46646
苏 嘴 镇	Suzui Town	39278	24927	5987	3192	1521	24356
钦 工 镇	Qingong Town	31398	13965	4141	1990	3452	28800
顺 河 镇	Shunhe Town	44932	22886	7756	3744	2586	44356
季 桥 镇	Jiqiao Town	34731	18793	5140	2937	5002	35578
席 桥 镇	Xiqiao Town	22188	9479	2510	1684	4150	13780
林 集 镇	Linji Town	22356	9309	3660	1962	2970	31030
南 闸 镇	Nanzha Town	32449	18921	3457	2404	2153	41145
范 集 镇	Fanji Town	18847	10556	5990	2976	17023	49039
建 淮 乡	Jianhuai Country	37589	17959	3479	2112	6465	20736
茭 陵 乡	Jiaoling Country	34232	17631	3546	2041	4621	26038
宋 集 乡	Songji Country	41603	17694	5723	2669	3532	36294
城 东 乡	Chengdong Country	50860	21957	3724	1023	11558	11103
三 堡 乡	Sanbao Country	31432	14920	3708	1722	2890	20067
王 营 镇	Wangying Town	162657	30055	6139	982	5208	8669
赵 集 镇	Zhaoji Town	43085	20042	9825	3062	12786	21622
吴 城 镇	Wucheng Town	34484	19304	5312	3099	4458	30302
南陈集镇	Nanchenji Town	63388	38860	13468	5012	4982	58506
码 头 镇	Matou Town	25315	12661	4200	1928	4796	18812
王 兴 镇	Wangxing Town	34051	19350	6100	2778	3146	45020
棉花庄镇	Mianhuazhuang Town	42016	21602	7078	2980	5208	28725
丁 集 镇	Dingji Town	32371	12215	4030	2873	6698	22104
五 里 镇	Wuli Town	29907	16403	5100	3321	3546	30765

名称 Name		总人口(人) Total Population (person)	从业人员(人) Employment (person)	土地面积(公顷) Land Area (hectare)	耕地面积(公顷) Cultivated Area (hectare)	财政收入(万元) Financial Revenue (10000 yuan)	粮食产量(吨) Output of Grain (ton)
徐溜镇	Xuliu Town	39496	19207	6430	3891	5260	28426
渔沟镇	Yugou Town	57100	26617	9700	4466	5110	54142
吴集镇	Wuji Town	35935	17700	5700	3910	2078	32971
西宋集镇	Xisongji Town	50914	24866	7390	3534	4810	41960
三树镇	Sanshu Town	40075	18569	7968	6063	3392	44256
韩桥乡	Hanqiao Country	33436	18789	5400	1926	3817	25141
新渡乡	Xindu Country	29731	13376	4650	2208	4271	17494
老张集乡	Laozhangji Country	28330	18062	5088	3086	6024	31260
凌桥乡	Lingqiao Country	29676	14897	6856	3674	4063	49167
袁集乡	Yuanji Country	27419	13796	3940	2488	2252	24992
刘老庄乡	Liulaozhuang Country	26484	12704	3279	2175	4541	36050
古寨乡	Guzhai Country	22147	11852	3885	2530	2263	18381
和平镇	Heping Town	32553	19722	7202	3142	8688	40870
武墩镇	Wudun Town	20402	9574	4078	2021	10341	19633
盐河镇	Yanhe Town	21356	13392	3283	1531	8107	18948
城南乡	Chengnan Country	31421	15234	2825	484	56123	2740
黄码乡	Huangma Country	29958	13926	4020	2078	8625	26545
涟水县	**Lianshui County**						
涟城镇	Liancheng Town	147313	57141	3960	1520	17647	9760
高沟镇	Gaogou Town	106120	55640	9176	5844	11650	50120
唐集镇	Tangji Town	34988	22189	6051	3793	2249	58142
保滩镇	Baotan Town	25177	11678	4082	2095	7377	15631
大东镇	Dadong Town	27909	16800	3888	3078	3140	31220
五港镇	Wugang Town	62985	37791	9512	5353	5797	44450
梁岔镇	Liangcha Town	39034	16911	3978	3647	1693	41965
石湖镇	Shihu Town	45986	29206	5359	3675	5893	24853
朱码镇	Zhuma Town	38256	15977	5496	3001	12915	35967
岔庙镇	Chamiao Town	44486	25905	6238	4158	3302	24802
东胡集镇	Donghuji Town	32526	19318	4654	4127	2200	32810
南集镇	Nanji Town	32148	13952	5847	3117	3931	31522
义兴镇	Yixing Town	22545	9562	3670	1770	4686	19590
成集镇	Chengji Town	45162	22785	6167	4821	2958	32652
红窑镇	Hongyao Town	68533	35145	8725	5212	4859	70525
陈师镇	Chenshi Town	29961	18936	3706	2477	6741	22065

续 表 16 Continued 16

名 称	Name	总人口（人）Total Population (person)	从业人员（人）Employment (person)	土地面积（公顷）Land Area (hectare)	耕地面积（公顷）Cultivated Area (hectare)	财政收入（万元）Financial Revenue (10000 yuan)	粮食产量（吨）Output of Grain (ton)
前进镇	Qianjin Town	30256	14523	5087	2475	3010	25700
徐集乡	Xuji Country	39828	23156	3979	3778	4284	39210
黄营乡	Huangying Country	57216	25140	7811	5546	6519	31615
洪泽县	**Hongze County**						
高良涧镇	Gaoliangjian Town	127139	85421	12100	3862	20593	51171
蒋坝镇	Jiangba Town	10093	4071	326	230	9342	4414
仁和镇	Renhe Town	27413	19035	7468	2906	5632	45236
岔河镇	Chahe Town	36777	23710	12500	4390	5312	63235
西顺河镇	Xishunhe Town	9282	5025	1900	307	14186	3450
老子山镇	Laozishan Town	17901	9097	1750	120	7080	1873
三河镇	Sanhe Town	21749	17413	2938	2799	1084	30943
朱坝镇	Zhuba Town	29447	16999	3760	2980	8319	41906
黄集镇	Huangji Town	20813	12956	5100	2495	6619	30898
万集镇	Wanji Town	26614	11299	5562	3351	3851	47156
东双沟镇	Dongshuanggou Town	34474	23630	4300	3910	7177	49421
共和镇	Gonghe Town	23315	13828	3850	2985	9363	48342
盱眙县	**Xuyi County**						
盱城镇	Xucheng Town	122243	55874	10612	1587	52657	11382
马坝镇	Maba Town	66054	47137	19500	10131	50411	89213
官滩镇	Guantan Town	39389	19578	13425	6627	26256	15659
旧铺镇	Jiupu Town	35727	17974	14979	4354	11800	73441
桂五镇	Guiwu Town	36545	16358	15850	3314	8653	39452
管镇镇	Guanzhen Town	32500	7890	6750	2183	9749	23895
河桥镇	Heqiao Town	38148	13927	17080	3465	8486	51290
鲍集镇	Baoji Town	54836	26671	13200	4017	7271	48631
黄花塘镇	Huanghuatang Town	31920	17399	13121	4981	8128	80737
明祖陵镇	Mingzuling Town	35686	19484	13500	3691	9653	50127
铁佛镇	Tiefo Town	40525	19120	10800	5620	10800	71860
淮河镇	Huaihe Town	30523	11428	10895	2242	9463	31587
仇集镇	Qiuji Town	31432	20504	16556	2498	8764	38603
观音寺镇	Guanyinsi Town	28525	13455	12197	4536	9293	62062
维桥乡	Weiqiao Country	20420	10906	6647	2873	5100	39633
穆店乡	Mudian Country	27678	16100	10270	3485	6810	59215
王店乡	Wangdian Country	38290	19687	15958	5862	4156	50527

名 称	Name	总人口（人）Total Population (person)	从业人员（人）Employment (person)	土地面积（公顷）Land Area (hectare)	耕地面积（公顷）Cultivated Area (hectare)	财政收入（万元）Financial Revenue (10000 yuan)	粮食产量（吨）Output of Grain (ton)
古桑乡	Gusang Country	21859	13135	9310	2887	13363	30563
兴隆乡	Xinglong Country	33296	20816	10100	2898	5828	39872
金湖县	**Jinhu County**						
黎城镇	Licheng Town	104523	81511	6600	1222	36510	18210
金南镇	Jinnan Town	35348	21788	10201	4550	9359	58101
闵桥镇	Minqiao Town	22667	11138	6791	2890	7149	33523
塔集镇	Taji Town	24630	12310	4221	2857	4099	33656
银集镇	Yinji Town	20310	11010	5109	2648	7595	38996
涂沟镇	Tugou Town	24292	10301	5898	2492	7405	41448
前锋镇	Qianfeng Town	26764	14964	7329	2794	17259	64219
吕良镇	Luliang Town	19788	12501	7480	2873	8007	50884
陈桥镇	Chenqiao Town	25292	15811	5486	4254	7021	50901
金北镇	Jinbei Town	20891	9219	6667	2978	10506	41423
戴楼镇	Dailou Country	22336	12566	7596	3208	16941	41859
盐城市	**Yancheng City**						
市辖区	**Municipal District**						
南洋镇	Nanyang Town	77745	49850	12942	7589	18265	52887
新兴镇	Xinxing Town	65162	27310	7496	4576	15265	54204
便仓镇	Biancang Town	37256	15741	7197	3650	6010	42200
盐东镇	Yandong Town	56567	25656	14195	5669	9330	28313
黄尖镇	Huangjian Town	37652	18700	10500	4120	4070	37966
步凤镇	Bufeng Town	56699	25515	12790	6291	5170	44950
大纵湖镇	Dazonghu Town	53214	25428	9498	3977	9805	43989
楼王镇	Louwang Town	72346	45023	15073	5349	9400	76424
学富镇	Xuefu Town	43515	19392	8336	4009	5200	59326
尚庄镇	Shangzhuang Town	67948	29705	10336	5362	5277	78350
秦南镇	Qinnan Town	89675	34400	12780	7492	7996	104954
龙冈镇	Longgang Town	77448	31209	9339	4846	20267	64422
郭猛镇	Guomeng Town	49004	23146	6242	3350	8767	48012
大冈镇	Dagang Town	86826	28500	13081	6084	22100	75398
响水县	**Xiangshui County**						
响水镇	Xiangshui Town	117792	66820	5121	1787	31989	18263
陈家港镇	Chenjiagang Town	52747	28965	8518	2781	12567	31392
小尖镇	Xiaojian Town	100559	41359	18815	8882	22416	80069

名　称 Name		总人口（人）Total Population (person)	从业人员（人）Employment (person)	土地面积（公顷）Land Area (hectare)	耕地面积（公顷）Cultivated Area (hectare)	财政收入（万元）Financial Revenue (10000 yuan)	粮食产量（吨）Output of Grain (ton)
黄圩镇	Huangwei Town	32010	15681	6877	3476	6886	35548
大有镇	Dayou Town	56891	30384	11612	6203	14470	75282
双港镇	Shuanggang Town	59482	32104	10372	6456	17389	55027
南河镇	Nanhe Town	57573	22858	11674	7335	6891	82140
运河镇	Yunhe Town	73345	34821	13130	8255	12969	62357
滨海县	**Binhai County**						
东坎镇	Dongkan Town	220713	112174	15007	3603	72792	44018
五汛镇	Wuxun Town	86406	32063	15267	7420	17344	95981
蔡桥镇	Caiqiao Town	61020	19502	9212	4464	10631	62806
正红镇	Zhenghong Town	106973	36405	14500	7582	10350	98392
通榆镇	Tongyu Town	41028	21029	5600	2582	12040	35405
界牌镇	Jiepai Town	78079	34654	12194	5463	16987	73085
八巨镇	Baju Town	52008	20649	6893	3780	11912	45108
八滩镇	Batan Town	89998	35808	11185	4937	17819	59399
滨淮镇	Binhuai Town	106022	51264	20132	8864	29997	97769
天场镇	Tianchang Town	48523	21253	8150	3626	12904	37132
陈涛镇	Chentao Town	68586	33617	11091	4890	8455	51639
滨海港镇	Binhaigang Town	58212	28815	10440	3881	12586	47276
阜宁县	**Funing County**						
阜城镇	Fucheng Town	237196	126059	15095	7202	51022	68678
沟墩镇	Goudun Town	62879	42577	11166	6904	10142	86315
陈良镇	Chenliang Town	42572	15395	6752	3949	6121	52397
三灶镇	Sanzao Town	54850	21704	9120	5986	2908	55389
郭墅镇	Guoshu Town	42184	17732	7071	4320	27721	36772
新沟镇	Xingou Town	50348	20400	7742	4647	6555	63610
陈集镇	Chenji Town	46997	22966	8727	5500	4018	54063
羊寨镇	Yangzhai Town	57384	21780	9420	5101	3951	51348
芦蒲镇	Lupu Town	50282	20109	8673	4400	2867	35029
板湖镇	Banhu Town	48008	25360	6906	4581	4163	60062
东沟镇	Donggou Town	115253	48754	16968	9790	10729	121612
益林镇	Yilin Town	95236	48941	10918	5024	30062	58329
古河镇	Guhe Town	57655	23506	8979	5889	3007	43999
罗桥镇	Luoqiao Town	59544	25333	8810	5500	3036	54343
射阳县	**Sheyang County**						
合德镇	Hede Town	286010	103618	30200	14225	51079	121767

名 称	Name	总人口（人）Total Population (person)	从业人员（人）Employment (person)	土地面积（公顷）Land Area (hectare)	耕地面积（公顷）Cultivated Area (hectare)	财政收入（万元）Financial Revenue (10000 yuan)	粮食产量（吨）Output of Grain (ton)
临海镇	Linhai Town	78764	33463	18628	7125	19769	88523
千秋镇	Qianqiu Town	60799	26058	15750	7012	5061	72447
四明镇	Siming Town	83257	41852	17341	8860	5512	106283
海河镇	Haihe Town	105236	47055	24243	12103	8368	173781
海通镇	Haitong Town	33812	20713	7333	4096	23520	22792
兴桥镇	Xingqiao Town	55164	24553	12914	5070	7759	63872
新坍镇	Xintan Town	51127	23152	9816	4661	5978	50238
长荡镇	Changdang Town	46111	20739	9591	4347	5746	41318
盘湾镇	Panwan Town	40646	23200	9504	4231	12148	35646
特庸镇	Teyong Town	41539	16260	10295	4250	7568	21549
洋马镇	Yangma Town	31956	14845	9600	4100	5929	42862
黄沙港镇	Huangshagang Town	26576	13985	5922	1450	11307	11121
建湖县	**Jianhu County**						
近湖镇	Jinhu Town	195995	153969	7797	2622	112009	32977
建阳镇	Jianyang Town	53447	18833	7200	4417	35696	58174
九龙口镇	Jiulongkou Town	33963	15183	7480	3613	9799	39064
恒济镇	Hengji Town	31723	16966	8008	2859	12867	40182
颜单镇	Yandan Town	22811	12820	8974	1990	14409	21493
沿河镇	Yanhe Town	38472	20200	8181	3660	6971	41812
芦沟镇	Lugou Town	43956	20308	8586	4504	7691	53672
庆丰镇	Qingfeng Town	60106	33248	9400	5135	20312	61412
上冈镇	Shanggang Town	152851	67115	23127	11620	30489	142246
冈西镇	Gangxi Town	33951	19813	6811	4103	4933	47436
宝塔镇	Baota Town	27592	15867	5078	3133	5484	33260
高作镇	Gaozuo Town	36413	20016	7010	4046	9856	48795
东台市	**Dongtai City**						
溱东镇	Qindong Tow	42562	20540	7574	3956	30434	39926
时堰镇	Shiyan Town	69953	34707	10228	5986	29616	55768
五烈镇	Wulie Town	87197	46037	13218	7679	17307	80406
梁垛镇	Liangduo Town	82833	44155	13221	7686	37240	67094
安丰镇	Anfeng Town	51218	25125	7121	3589	17500	41727
南沈灶镇	Nanshenzao Town	52477	24671	10323	6555	7820	43823
富安镇	Fuan Town	95368	47057	16998	10015	24398	86849
唐洋镇	Tangyang Town	49462	27460	10748	5700	5897	27222

名称 Name		总人口（人）Total Population (person)	从业人员（人）Employment (person)	土地面积（公顷）Land Area (hectare)	耕地面积（公顷）Cultivated Area (hectare)	财政收入（万元）Financial Revenue (10000 yuan)	粮食产量（吨）Output of Grain (ton)
新 街 镇	Xinjie Town	41183	23416	10289	4811	5413	13972
许 河 镇	Xuhe Town	47906	21154	10698	5654	6114	50177
三 仓 镇	Sancang Town	69836	27734	15700	7480	14302	41984
头 灶 镇	Touzao Town	75944	35876	20682	11292	18680	87470
弶 港 镇	Jianggang Town	45172	25972	17491	6230	7561	39333
东 台 镇	Dongtai Town	255421	140596	26807	11607	133305	94675
大 丰 市	**Dafeng City**						
大 中 镇	Dazhong Town	182928	102948	20012	10593	125570	48085
草 堰 镇	Caoyan Town	39598	18445	9589	6125	7037	52267
白 驹 镇	Baiju Town	40151	20420	11300	6975	11902	77175
刘 庄 镇	Liuzhuang Town	43594	21963	9624	5552	8902	57099
西 团 镇	Xituan Town	29435	15011	8681	5632	20741	40593
小 海 镇	Xiaohai Town	39406	20021	12114	8220	4287	45238
大 桥 镇	Daqiao Town	32735	15994	10254	6444	7602	45422
草 庙 镇	Caomiao Town	27718	17322	12279	7857	8233	51298
万 盈 镇	Wanying Town	48082	24719	14256	9388	11134	36642
南 阳 镇	Nanyang Town	36941	17299	9352	5182	16299	24082
新 丰 镇	Xinfeng Town	106327	48092	27431	16229	19694	62455
三 龙 镇	Sanlong Town	55354	30924	15257	10074	6650	44690
扬 州 市	**Yangzhou City**						
市 辖 区	**Municipal District**						
杭 集 镇	Hangji Town	37132	23379	4026	948	38490	12689
李 典 镇	Lidian Town	42022	25053	7045	1932	62041	26624
沙 头 镇	Shatou Town	36339	21147	5606	2162	18393	22849
头 桥 镇	Touqiao Town	43777	23445	6421	2644	12175	32016
泰 安 镇	Taian Town	20564	12992	3209	1004	3762	11150
湾 头 镇	Wantou Town	28134	16682	2756	446	11416	5533
汤 汪 乡	Tangwang Country	15580	6182	1030	66	15900	0
公 道 镇	Gongdao Town	36156	18726	10605	2483	11650	29225
方 巷 镇	Fangxiang Town	43307	23004	8936	2742	12487	34605
槐 泗 镇	Huaisi Town	48500	23150	6725	2504	24255	27383
瓜 洲 镇	Guazhou Town	17086	8319	1602	294	8437	2670
杨 寿 镇	YangshouTown	21803	16657	3940	1590	10559	18465
杨 庙 镇	Yangmiao Town	22651	13510	3102	1333	10516	11427

名 称 Name		总人口（人）Total Population (person)	从业人员（人）Employment (person)	土地面积（公顷）Land Area (hectare)	耕地面积（公顷）Cultivated Area (hectare)	财政收入（万元）Financial Revenue (10000 yuan)	粮食产量（吨）Output of Grain (ton)
西湖镇	Xihu Town	35771	19004	2700	734	29500	5015
施桥镇	Shiqiao Town	34921	21501	3099	703	15296	6862
八里镇	Bali Town	23405	14095	2326	358	6454	1949
朴席镇	Puxi Town	32114	17386	4301	2387	2602	24000
平山乡	Pingshan Country	13748	6964	856	169	13177	315
双桥乡	Shuangqiao Country	9547	4604	639	0	41400	0
城北乡	Chengbei Country	41032	27620	1800	300	12235	2971
仙女镇	Xiannu Town	139145	84664	14158	3785	171760	53550
小纪镇	Xiaoji Town	92950	45743	17778	7521	28720	99020
武坚镇	Wujian Town	44426	27618	6180	3517	16600	41664
樊川镇	Fanchuan Town	68797	45123	11758	5876	11635	76020
真武镇	Zhenwu Town	55541	34991	6712	3323	13950	46971
宜陵镇	Yiling Town	53664	25672	5986	2294	17751	28952
丁沟镇	Dinggou Town	61280	44352	10232	4702	13098	61688
郭村镇	Guocun Town	88627	37702	10450	4212	6850	56042
邵伯镇	Shaobo Town	76369	63933	11465	3108	36236	53639
丁伙镇	Dinghuo Town	45409	39855	8020	3535	21783	33412
大桥镇	Daqiao Town	137625	106874	15566	4844	68000	67832
吴桥镇	Wuqiao Town	47606	23811	5596	2761	8360	30986
浦头镇	Putou Town	43251	24170	4290	1893	7439	23907
宝应县	**Baoying County**						
安宜镇	Anyi Town	131800	94779	14135	4212	56129	51137
氾水镇	Fanshui Town	95902	51746	17200	7148	17039	103611
夏集镇	Xiaji Town	62010	30605	12200	5840	14248	89221
柳堡镇	Liubao Town	51683	30295	11740	4738	13990	77581
射阳湖镇	Sheyanghu Town	88363	41279	19650	7583	11330	109306
广洋湖镇	Guangyanghu Town	35514	20689	9020	3179	9461	50927
鲁垛镇	Luduo Town	32856	20157	6148	3080	5383	46279
小官庄镇	Xiaoguanzhuang Town	28920	18632	4600	2857	5356	39797
望直港镇	Wangzhigang Town	63526	40739	9000	4497	21564	71093
曹甸镇	Caodian Town	62434	36300	10000	4194	12334	64417
西安丰镇	Xianfeng Town	29259	16130	5839	1850	5875	31236
山阳镇	Shanyang Town	53253	30488	12277	4281	9179	67750
黄塍镇	Huangcheng Town	26808	15938	4200	1870	7609	27462

名称	Name	总人口（人）Total Population (person)	从业人员（人）Employment (person)	土地面积（公顷）Land Area (hectare)	耕地面积（公顷）Cultivated Area (hectare)	财政收入（万元）Financial Revenue (10000 yuan)	粮食产量（吨）Output of Grain (ton)
泾河镇	Jinghe Town	55973	27053	8317	3941	4870	56404
仪征市	**Yizheng City**						
真州镇	Zhenzhou Town	141216	72650	6084	1432	157235	11696
青山镇	Qingshan Town	32587	21040	4603	1413	8545	5827
新集镇	Xinji Town	43062	24840	6389	3341	14297	36543
新城镇	Xincheng Town	47940	28731	7822	3063	18216	24937
马集镇	Maji Town	30069	17971	6573	3242	11580	28345
刘集镇	Liuji Town	46475	26080	9065	5171	21379	43637
陈集镇	Chenji Town	37762	19398	8155	4617	7300	42025
大仪镇	Dayi Town	46185	28170	10863	6397	15209	61843
月塘镇	Yuetang Town	56886	28556	14446	6782	12255	57923
高邮市	**Gaoyou City**						
高邮镇	Gaoyou Town	153752	98632	4313	850	66279	21222
龙虬镇	Longqiu Town	34004	17548	3987	2040	6721	35063
马棚镇	Mapeng Town	18380	12165	2266	1854	2141	22207
车逻镇	Cheluo Town	33044	14601	3644	2604	10185	40708
八桥镇	Baqiao Town	21587	13760	4000	2243	7873	25245
汉留镇	Hanliu Town	29078	15959	6670	3448	9322	44119
汤庄镇	Tangzhuang Town	32944	22670	4633	3620	13071	56178
卸甲镇	Xiejia Town	58237	32011	12387	5760	16130	99214
三垛镇	Sanduo Town	54722	32791	7537	5019	9929	65062
甘垛镇	Ganduo Town	37535	17956	8839	4150	5340	41765
司徒镇	Situ Town	21502	15807	7478	1904	2156	26475
横泾镇	Hengjing Town	22843	13790	6133	2207	2930	21075
界首镇	Jieshou Town	33145	16128	8580	2462	5887	38909
周山镇	Zhoushan Town	26991	15287	6202	2986	3258	46055
周巷镇	Zhouxiang Town	32256	16170	8130	3369	4240	58024
临泽镇	Linze Town	59098	33385	11810	4532	9645	77932
送桥镇	Songqiao Town	25219	14555	4750	1838	8201	30193
郭集镇	Guoji Town	22643	19783	5400	2453	12805	36401
天山镇	Tianshan Town	21768	16326	4672	2300	7204	28985
菱塘回族乡	Lingtang Huizu Country	23366	14460	5392	1961	18228	25899
镇江市	**Zhenjiang City**						
市辖区	**Municipal District**						
姚桥镇	Yaoqiao Town	44482	28124	5588	2581	10504	35991

名 称	Name	总人口（人）Total Population (person)	从业人员（人）Employment (person)	土地面积（公顷）Land Area (hectare)	耕地面积（公顷）Cultivated Area (hectare)	财政收入（万元）Financial Revenue (10000 yuan)	粮食产量（吨）Output of Grain (ton)
大路镇	Dalu Town	30332	15601	1750	1237	7650	19635
丁岗镇	Dinggang Town	24190	13171	3536	1958	10099	17425
高桥镇	Gaoqiao Town	20144	12723	4022	1279	8864	15827
辛丰镇	Xinfeng Town	53900	31726	7488	5019	21960	29813
谷阳镇	Guyang Town	30081	18840	4675	1900	10039	19459
上党镇	Shangdang Town	52379	28661	11263	3665	16500	35251
宝堰镇	Baoyan Town	25206	13879	4019	1786	4999	22445
世业镇	Shiye Town	14563	8557	2930	1244	5146	19480
丹阳市	**Danyang City**						
司徒镇	Situ Town	61625	39205	10177	5050	44625	39419
延陵镇	Yanling Town	75491	45286	11552	5796	22729	66691
珥陵镇	Erling Town	51666	28610	8367	4836	11655	48446
导墅镇	Daoshu Town	50110	27055	8060	4644	21973	51052
皇塘镇	Huangtang Town	58510	37902	8044	4199	29980	45352
吕城镇	Lucheng Town	51068	30310	6799	3963	27301	41983
陵口镇	Lingkou Town	44192	26756	6440	3921	18694	40426
访仙镇	Fangxian Town	51199	29743	7379	4403	18214	47730
界牌镇	Jiepai Town	54517	34725	2363	721	52366	8955
新桥镇	Xinqiao Town	38396	23329	2618	1017	48343	9258
后巷镇	Houxiang Town	57706	36432	4965	1686	74559	15193
埤城镇	Picheng Town	24130	14994	3929	1563	32853	15799
云阳镇	Yunyang Town	173697	110168	7201	3674	182903	33332
扬中市	**Yangzhong City**						
新坝镇	Xinba Town	55420	31798	4920	1926	103379	20954
油坊镇	Youfang Town	46296	27181	4593	2172	41690	26132
八桥镇	Baqiao Town	37338	21520	3458	1545	26120	18352
西来桥镇	Xilaiqiao Town	20095	10923	1950	848	10233	8341
句容市	**Jurong City**						
华阳镇	Huayang Town	44761	25065	11600	3328	46826	27924
下蜀镇	Xiashu Town	40315	18341	12200	2108	40491	21397
白兔镇	Baitu Town	40914	23102	11550	4450	6948	45206
边城镇	Biancheng Town	35378	17898	10900	2955	22030	30186
茅山镇	Maoshan Town	29391	17570	8100	2948	4142	26240
后白镇	Houbai Town	52573	31959	14328	4816	14462	52507

续 表 24 Continued 24

名 称	Name	总人口（人）Total Population (person)	从业人员（人）Employment (person)	土地面积（公顷）Land Area (hectare)	耕地面积（公顷）Cultivated Area (hectare)	财政收入（万元）Financial Revenue (10000 yuan)	粮食产量（吨）Output of Grain (ton)
郭庄镇	Guozhuang Town	55875	27522	11700	4588	11128	51439
天王镇	Tianwang Town	56740	29368	13154	4704	15746	45957
宝华镇	Baohua Town	23496	11824	10000	830	28015	10410
泰州市	**Taizhou City**						
市辖区	**Municipal District**						
九龙镇	Jiulong Town	24379	15473	2680	837	24100	11434
罡杨镇	Gangyang Town	23238	15093	3400	1743	17516	24185
苏陈镇	Suchen Town	42498	25470	4580	2645	11704	31594
永安洲镇	Yonganzhou Town	29734	17331	5291	1193	78927	16987
白马镇	Baima Town	21973	12817	2402	1250	8090	13949
胡庄镇	Huzhuang Town	43418	23876	4530	3047	3285	30801
大泗镇	Dasi Town	33285	17276	3670	2024	6958	20478
野徐镇	Yexu Town	23467	12843	2267	793	7951	9173
兴化市	**Xinghua City**						
戴窑镇	Daiyao Town	68107	30120	10045	5675	19293	65657
合陈镇	Hechen Town	54828	25280	9928	5939	6924	65118
永丰镇	Yongfeng Town	50548	21234	7802	4425	5219	53252
新垛镇	Xinduo Town	26813	10568	4908	2520	2677	27137
安丰镇	Anfeng Town	80126	36147	9900	5380	13731	49934
海南镇	Hainan Town	37176	15780	7209	4141	4924	47438
钓鱼镇	Diaoyu Town	44710	18733	7552	4190	3222	58190
大邹镇	Dazou Town	27852	10518	4656	2719	2465	26182
沙沟镇	Shagou Town	27578	10148	7003	2030	5625	23538
中堡镇	Zhongbao Town	34879	15148	8320	2835	3527	45744
李中镇	Lizhong Town	32397	15731	8100	2600	3058	33095
西郊镇	Xijiao Town	29614	14232	7024	3416	5628	31370
临城镇	Lincheng Town	51431	26414	9247	5292	52205	50978
垛田镇	Duotian Town	53841	27784	5955	2132	13992	1880
竹泓镇	Zhuhong Town	39723	17651	6450	2946	3872	40235
沈沦镇	Shenlun Town	28374	11475	4959	3019	5798	30837
大垛镇	Daduo Town	42852	18953	7363	3650	12765	53798
荻垛镇	Diduo Town	42420	18571	7200	3469	6750	62634
陶庄镇	Taozhuang Town	44194	17696	6960	4028	5897	55811
昌荣镇	Changrong Town	37711	17698	6180	3500	4172	56088

名 称	Name	总人口（人）Total Population (person)	从业人员（人）Employment (person)	土地面积（公顷）Land Area (hectare)	耕地面积（公顷）Cultivated Area (hectare)	财政收入（万元）Financial Revenue (10000 yuan)	粮食产量（吨）Output of Grain (ton)
茅山镇	Maoshan Town	30367	11674	4304	2760	4516	31064
周庄镇	Zhouzhuang Town	55830	27446	9100	5200	9672	66536
陈堡镇	Chenbao Town	45350	19051	8068	4433	17669	54885
戴南镇	Dainan Town	126766	55662	10770	5093	147400	68817
张郭镇	Zhangguo Town	63619	37313	8450	4126	53669	50840
昭阳镇	Zhaoyang Town	160201	102206	5100	1011	87835	10256
大营镇	Daying Town	28233	11153	5067	3350	2053	36018
下圩镇	Xiawei Town	24876	12517	4912	3140	2072	36398
城东镇	Chengdong Town	30628	14538	5547	3424	6017	27165
老圩乡	Laowei Country	27595	10304	5243	2997	2013	33426
周奋乡	Zhoufen Country	27613	12300	5730	2524	870	23870
缸顾乡	Ganggu Country	20962	9656	4633	2045	3586	24566
西鲍乡	Xibao Country	28842	16568	5241	3092	2319	35224
林湖乡	Linhu Country	37637	14679	6638	3487	3905	36614
靖江市	**Jingjiang City**						
新桥镇	Xinqiao Town	73263	30145	6135	2957	68431	41944
东兴镇	Dongxing Town	34920	21518	3568	2010	19192	25903
斜桥镇	Xieqiao Town	91028	48065	7345	3104	19239	36710
西来镇	Xilai Town	48765	22620	4666	2524	21551	33045
季市镇	Jishi Town	48594	22073	4163	1998	14386	28491
孤山镇	Gushan Town	63286	35715	4799	3189	14385	41115
生祠镇	Shengci Town	49356	27290	7019	4194	15142	54366
马桥镇	Maqiao Town	36817	21746	5031	2936	10166	38386
泰兴市	**Taixing City**						
黄桥镇	Huangqiao Town	192048	89258	17501	8800	43814	108316
分界镇	Fenjie Town	60289	31350	7088	3753	3759	49589
古溪镇	Guxi Town	59071	32652	7082	3795	6698	47977
元竹镇	Yuanzhu Town	39515	22788	4754	2386	4822	29484
珊瑚镇	Shanhu Town	51611	29788	4951	2736	8258	36521
广陵镇	Guangling Town	56519	30632	5866	2903	5383	36535
曲霞镇	Quxia Town	32743	17815	3526	1987	2075	25474
张桥镇	Zhangqiao Town	57020	30622	6177	3225	10370	34299
河失镇	Heshi Town	56419	29325	6456	3210	7583	44079
新街镇	Xinjie Town	60435	33256	7214	3606	9600	41340

续 表 26 Continued 26

名 称 Name		总人口（人）Total Population (person)	从业人员（人）Employment (person)	土地面积（公顷）Land Area (hectare)	耕地面积（公顷）Cultivated Area (hectare)	财政收入（万元）Financial Revenue (10000 yuan)	粮食产量（吨）Output of Grain (ton)
姚王镇	Yaowang Town	53536	30187	6688	2429	34509	35125
宣堡镇	Xuanbao Town	33295	17617	3216	1769	5128	19970
滨江镇	Binjiang Town	99534	53505	13257	4415	189111	60143
虹桥镇	Hongqiao Town	80029	41193	9542	4458	72730	66358
根思乡	Gensi Country	50428	26491	5065	3236	8914	39168
姜堰市	**Jiangyan City**						
姜堰镇	Jiangyan Town	203834	93625	9103	3584	288182	35405
溱潼镇	Qintong Town	33555	20099	3861	1279	16593	12761
蒋垛镇	Jiangduo Town	50070	29500	6505	4171	9256	43163
顾高镇	Gugao Town	29968	16473	3820	2438	8226	23306
大伦镇	Dalun Town	39367	17668	5503	3479	8489	36055
张甸镇	Zhangdian Town	77016	40501	9360	5768	18668	66421
梁徐镇	Liangxu Town	52399	26744	6557	3951	22676	41659
桥头镇	Qiaotou Town	24653	15482	3799	2032	7602	25406
淤溪镇	Yuxi Town	41642	26229	7168	3589	8937	23600
白米镇	Baimi Town	44178	28585	5488	3251	32116	37467
娄庄镇	Louzhuang Town	46427	23788	6792	3859	17123	52651
沈高镇	Shengao Town	36262	22624	5673	2813	18072	36071
兴泰镇	Xingtai Town	24801	15857	3691	2048	8518	28217
俞垛镇	Yuduo Town	46793	25428	7980	4379	10802	47287
华港镇	Huagang Town	40577	22832	6977	3645	15596	35871
宿迁市	**Suqian City**						
市辖区	**Municipal District**						
双庄镇	Shuangzhuang Town	35626	20856	4178	1012	9392	7518
耿车镇	Gengche Town	34455	18471	3501	1328	5696	14413
埠子镇	Buzi Town	54372	33165	5242	2379	4722	26224
龙河镇	Longhe Town	49425	25589	5800	2600	3410	30223
洋北镇	Yangbei Town	29108	16928	4400	2249	2865	23170
仓集镇	Cangji Town	43816	24363	4683	3252	2299	33158
中扬镇	Zhongyang Town	51079	29140	9315	5562	2583	58967
郑楼镇	Zhenglou Town	44275	23108	6086	2628	3766	31894
陈集镇	Chenji Town	46432	16261	6867	3695	2596	38869
洋河镇	Yanghe Town	105645	48597	8998	3861	65515	31980

名 称 Name		总人口（人）Total Population (person)	从业人员（人）Employment (person)	土地面积（公顷）Land Area (hectare)	耕地面积（公顷）Cultivated Area (hectare)	财政收入（万元）Financial Revenue (10000 yuan)	粮食产量（吨）Output of Grain (ton)
罗圩乡	Luowei Country	35692	23176	4379	2573	3268	24136
南蔡乡	Nancai Country	33028	17804	3890	2052	2775	18085
屠园乡	Tuyuan Country	36171	20558	6298	4214	1426	52156
三棵树乡	Sankeshu Country	37373	18746	3623	1867	12250	23078
顺河镇	Shunhe Town	77562	38650	6880	1806	18047	17429
蔡集镇	Caiji Town	43492	23375	4900	2613	4589	21100
王官集镇	Wangguanji Town	49946	23180	6270	2973	2807	38568
仰化镇	Yanghua Town	36750	20750	5236	2575	2604	29165
大兴镇	Daxing Town	50658	30327	5838	3162	4325	27594
丁嘴镇	Dingzui Town	34963	17761	5300	2390	2460	24800
来龙镇	Lailong Town	38644	20333	7496	4214	4030	55825
黄墩镇	Huangdun Town	25832	11231	5125	2460	2758	39850
陆集镇	Luji Town	24143	13670	4208	2270	2863	22143
关庙镇	Guanmiao Town	40632	22335	7946	4310	3186	46300
侍岭镇	Shiling Town	33785	14603	5806	2755	3169	34378
新庄镇	Xinzhuang Town	23956	11914	5368	2870	1805	44583
晓店镇	Xiaodian Town	49972	25682	14546	2879	24100	32663
皂河镇	Zaohe Town	48950	22039	26409	2152	3568	32569
曹集乡	Caoji Country	31954	16423	4700	2525	2503	26912
保安乡	Baoan Country	22377	12754	4460	3026	2400	35342
井头乡	Jingtou Country	23424	11240	4013	1403	14500	15200
沭阳县	**Shuyang City**						
沭城镇	Shucheng Town	404031	223160	27715	13360	115000	118500
陇集镇	Longji Town	26947	17726	4688	3260	12443	25800
胡集镇	Huji Town	55095	30912	6868	3584	10250	30694
钱集镇	Qianji Town	33982	18226	4949	2980	2940	33280
塘沟镇	Tanggou Town	44019	22796	5795	3996	6520	37282
马厂镇	Machang Town	70288	38695	8412	5484	7805	60889
沂涛镇	Yitao Town	74529	40161	9456	5984	6047	68551
庙头镇	Miaotou Town	49170	24731	5847	3609	7392	27644
韩山镇	Hanshan Town	43993	20348	6557	4111	10498	46860
华冲镇	Huachong Town	49445	25400	5455	3750	6882	44123
桑墟镇	Sangxu Town	54253	25914	5319	2719	11350	27000

续 表 28 Continued 28

名称	Name	总人口（人）Total Population (person)	从业人员（人）Employment (person)	土地面积（公顷）Land Area (hectare)	耕地面积（公顷）Cultivated Area (hectare)	财政收入（万元）Financial Revenue (10000 yuan)	粮食产量（吨）Output of Grain (ton)
悦来镇	Yuelai Town	46132	24318	8803	5772	3520	57459
刘集镇	Liuji Town	40463	21863	7200	4968	8325	48726
李恒镇	Liheng Town	43312	21712	6688	4400	4250	28220
扎下镇	Zhaxia Town	58382	29634	5534	2900	12630	8008
颜集镇	Yanji Town	57492	35120	9968	6539	7530	11020
潼阳镇	Tongyang Town	51543	26486	9968	6539	4830	44370
龙庙镇	Longmiao Town	52272	31568	4860	2510	4650	28444
高墟镇	Gaoxu Town	37831	20238	6115	3856	5706	53155
耿圩镇	Gengwei Town	36914	21180	7044	3925	4605	53629
汤涧镇	Tangjian Town	40918	17397	5500	3032	6450	34530
新河镇	Xinhe Town	42763	24379	4860	2650	6805	0
贤官镇	Xianguan Town	52889	31731	5029	3394	18560	26873
吴集镇	Wuji Town	46058	20687	7305	4067	4950	38654
湖东镇	Hudong Town	42447	22473	6343	4530	5200	67431
青伊湖镇	Qingyihu Town	43050	19277	5000	2760	7350	35878
北丁集乡	Beidingji Country	28164	13288	3880	2021	3605	24757
周集乡	Zhouji Country	29573	15185	4387	2673	3250	36796
东小店乡	Dongxiaodian Country	33909	17196	5099	3139	4250	35721
张圩乡	Zhangwei Country	26845	17836	3902	2450	2980	21335
茆圩乡	Maowei Country	42470	25050	7223	5180	6500	36981
西圩乡	Xiwei Country	31535	17857	4776	3820	3500	7250
万匹乡	Wanpi Country	36463	16323	3500	2508	4250	24675
官墩乡	Guandun Country	30920	16600	5603	3635	3502	38509
泗阳县	**Siyang County**						
众兴镇	Zhongxing Town	341913	146437	26200	9606	54532	119865
爱园镇	Aiyuan Town	56310	31745	6501	3514	6125	43350
王集镇	Wangji Town	75846	35164	8531	5089	11150	46477
裴圩镇	Peiwei Town	60318	34817	7686	4582	8736	40123
新袁镇	Xinyuan Town	45915	29158	5359	3691	6299	26455
李口镇	Likou Town	51032	29101	6585	3803	5632	29710
临河镇	Linhe Town	49485	28015	5872	2683	7296	24685
穿城镇	Chuancheng Town	40067	23360	5436	3332	4525	35851
张家圩镇	Zhangjiawei Town	39721	23726	5764	3535	4987	31461

续 表 29 Continued 29

名称	Name	总人口（人）Total Population (person)	从业人员（人）Employment (person)	土地面积（公顷）Land Area (hectare)	耕地面积（公顷）Cultivated Area (hectare)	财政收入（万元）Financial Revenue (10000 yuan)	粮食产量（吨）Output of Grain (ton)
高渡镇	Gaodu Town	36847	20034	5271	2916	4630	28460
卢集镇	Luji Town	42602	25210	8002	6030	4502	50500
庄圩乡	Zhuangwei Country	41305	18625	4876	3386	4792	33482
里仁乡	Liren Country	38186	20825	4482	2783	4358	25250
三庄乡	Sanzhuang Country	43195	22691	6588	4389	4378	43500
南刘集乡	Nanliuji Country	39000	20203	5828	4304	3932	27500
八集乡	Baji Country	28047	15717	3865	2092	3123	18596
泗洪县	**Sihong County**						
青阳镇	Qingyang Town	234074	139121	25322	11513	42892	99878
双沟镇	Shuanggou Town	50199	29504	7428	2782	17773	17568
上塘镇	Shangtang Town	53004	31471	13299	6632	4194	61604
魏营镇	Weiying Town	37732	17953	10615	4574	5015	51586
临淮镇	Linhuai Town	17249	8745	2100	91	3236	891
半城镇	Bancheng Town	19151	8897	8300	741	1764	6912
孙园镇	Sunyuan Town	47871	18657	9604	5163	2410	68158
梅花镇	Meihua Town	34718	20362	9350	4651	6897	51887
归仁镇	Guiren Town	63497	25055	11459	6028	2745	62682
金锁镇	Jinsuo Town	44857	25314	8073	4429	2187	43178
朱湖镇	Zhuhu Town	41556	23020	7370	3500	3744	44880
界集镇	Jieji Town	43775	21946	8960	5862	4980	51789
太平镇	Taiping Town	35199	17061	7251	3638	1659	46916
龙集镇	Longji Town	44134	16685	8741	2835	2152	37796
四河乡	Sihe Country	35555	16434	5983	2247	1742	12826
峰山乡	Fengshan Country	30737	13493	5684	1835	4027	13055
天岗湖乡	Tianganghu Country	34218	15483	8918	3830	3070	29500
车门乡	Chemen Country	30481	12989	8436	3495	2163	36717
瑶沟乡	Yaogou Country	26524	13986	5664	2915	3865	37945
石集乡	Shiji Country	24420	11384	8940	3244	2692	41538
城头乡	Chengtou Country	21754	11324	7817	4864	4820	56900
陈圩乡	Chenwei Country	38370	18048	8821	3825	3010	61398
曹庙乡	Caomiao Country	37401	18940	9185	4857	4500	56550

附录

全国分省主要指标

Appendix. Major Indicators by Region

简 要 说 明

一、主要内容

包括全国各省、自治区、直辖市经济社会主要指标。

二、资料来源

资料均来自中国统计出版社出版的《中国统计摘要2013》，部分数据为初步统计数。其中江苏的数据与相应篇章内容保持一致。

Brief Introduction

I. Main Content

Data in this charter include social and economic indicators of provinces, autonomous regions and municipalities.

II. Source of Data

Data in this charter come from *china statistics abstract 2013* published by china statistics press, and part of the data are preliminary statistics. Data of Jiangsu province are consistent with corresponding chapter.

附录1－1 人口及地区生产总值（2012年）

Population and Gross Domestic Product（2012）

地区 Region		常住人口（万人）Permanent Population（10000 persons）	地区生产总值（亿元）Gross Domestic Products（100 million yuan）	第一产业 Primary Industry	第二产业 Secondary Industry	#工业 Industry	第三产业 Tertiary Industry	人均地区生产总值（元）Per Capita GDP（yuan）
全国	**National Total**	**135404**	**519322**	**52377**	**235319**	**199860**	**231626**	**38449**
北京	Beijing	2069	17801.0	150.3	4058.3	3294.3	13592.5	87091
天津	Tianjin	1413	12885.2	171.5	6663.7	6122.9	6050.0	93110
河北	Hebei	7288	26575.0	3186.7	14001.0	12511.6	9387.3	36584
山西	Shanxi	3611	12112.8	697.9	7009.1	6302.7	4405.9	33628
内蒙古	Inner Mongolia	2490	15988.3	1447.4	9032.5	7966.6	5508.4	64319
辽宁	Liaoning	4389	24801.3	2155.8	13338.7	11712.7	9306.8	56547
吉林	Jilin	2750	11937.8	1412.1	6374.5	5582.5	4151.3	43412
黑龙江	Heilongjiang	3834	13691.6	2113.7	6456.4	5659.3	5121.4	35711
上海	Shanghai	2380	20101.3	127.8	7912.8	7159.4	12060.8	85033
江苏	**Jiangsu**	**7920**	**54058.2**	**3418.3**	**27121.9**	**23908.4**	**23518.0**	**68347**
浙江	Zhejiang	5477	34606.3	1669.5	17312.4	15336.3	15624.4	63266
安徽	Anhui	5988	17212.1	2178.7	9404.0	8025.8	5629.3	28792
福建	Fujian	3748	19701.8	1776.5	10288.6	8644.2	7636.7	52763
江西	Jiangxi	4504	12948.5	1520.2	6967.5	5854.6	4460.8	28799
山东	Shandong	9685	50013.2	4281.7	25735.7	22798.3	19995.8	51768
河南	Henan	9406	29810.1	3772.3	17020.2	15357.4	9017.6	31723
湖北	Hubei	5779	22250.2	2848.8	11190.5	9735.2	8210.9	38572
湖南	Hunan	6639	22154.2	3004.2	10506.4	9140.0	8643.6	33480
广东	Guangdong	10594	57067.9	2848.9	27825.3	25937.2	26393.7	54095
广西	Guangxi	4682	13031.0	2172.4	6333.1	5364.9	4525.6	27943
海南	Hainan	887	2855.3	711.5	803.7	521.2	1340.1	32374
重庆	Chongqing	2945	11459.0	940.0	6172.3	5181.0	4346.7	39083
四川	Sichuan	8076	23849.8	3297.2	12587.8	10800.5	7964.8	29579
贵州	Guizhou	3484	6802.2	890.0	2655.4	2196.1	3256.8	19566
云南	Yunnan	4659	10309.8	1654.6	4419.1	3450.7	4236.1	22195
西藏	Tibet	308	695.6	80.4	241.7	55.1	373.5	22757
陕西	Shanxi	3753	14451.2	1370.2	8075.4	6847.4	5005.6	38557
甘肃	Gansu	2578	5650.2	780.4	2600.6	2074.2	2269.2	21978
青海	Qinghai	573	1884.5	176.8	1092.0	895.9	615.8	33023
宁夏	Ningxia	647	2326.6	200.2	1158.6	878.6	967.9	36166
新疆	Xinjiang	2233	7466.3	1320.6	3560.8	2929.9	2585.0	33621

注：地区生产总值为初步核算数。

a) Data of gross domestic products are preliminary verification data.

附录1－2 地区生产总值构成及增速（2012年）

Structure and Growth Rate of Gross Domestic Product (2012)

地 区 Region		地区生产总值构成（%）Structure of GDP（%）	第一产业 Primary Industry	第二产业 Secondary Industry	#工 业 Industry	第三产业 Tertiary Industry	地区生产总值比上年增长（%）Growth Rate of GDP Over Preceding Year（%）
全 国	**National Total**	**100.0**	**10.1**	**45.3**	**38.5**	**44.6**	**7.8**
北 京	Beijing	100.0	0.8	22.8	18.5	76.4	7.7
天 津	Tianjin	100.0	1.3	51.7	47.5	47.0	13.8
河 北	Hebei	100.0	12.0	52.7	47.1	35.3	9.6
山 西	Shanxi	100.0	5.8	57.9	52.0	36.4	10.1
内蒙古	Inner Mongolia	100.0	9.1	56.5	49.8	34.5	11.7
辽 宁	Liaoning	100.0	8.7	53.8	47.2	37.5	9.5
吉 林	Jilin	100.0	11.8	53.4	46.8	34.8	12.0
黑龙江	Heilongjiang	100.0	15.4	47.2	41.3	37.4	10.0
上 海	Shanghai	100.0	0.6	39.4	35.6	60.0	7.5
江 苏	**Jiangsu**	**100.0**	**6.3**	**50.2**	**44.2**	**43.5**	**10.1**
浙 江	Zhejiang	100.0	4.8	50.0	44.3	45.1	8.0
安 徽	Anhui	100.0	12.7	54.6	46.6	32.7	12.1
福 建	Fujian	100.0	9.0	52.2	43.9	38.8	11.4
江 西	Jiangxi	100.0	11.7	53.8	45.2	34.5	11.0
山 东	Shandong	100.0	8.6	51.5	45.6	40.0	9.8
河 南	Henan	100.0	12.7	57.1	51.5	30.3	10.1
湖 北	Hubei	100.0	12.8	50.3	43.8	36.9	11.3
湖 南	Hunan	100.0	13.6	47.4	41.3	39.0	11.3
广 东	Guangdong	100.0	5.0	48.8	45.4	46.2	8.2
广 西	Guangxi	100.0	16.7	48.6	41.2	34.7	11.3
海 南	Hainan	100.0	24.9	28.1	18.3	46.9	9.1
重 庆	Chongqing	100.0	8.2	53.9	45.2	37.9	13.6
四 川	Sichuan	100.0	13.8	52.8	45.3	33.4	12.6
贵 州	Guizhou	100.0	13.1	39.0	32.3	47.9	13.6
云 南	Yunnan	100.0	16.0	42.9	33.5	41.1	13.0
西 藏	Tibet	100.0	11.6	34.7	7.9	53.7	11.8
陕 西	Shanxi	100.0	9.5	55.9	47.4	34.6	12.9
甘 肃	Gansu	100.0	13.8	46.0	36.7	40.2	12.6
青 海	Qinghai	100.0	9.4	57.9	47.5	32.7	12.3
宁 夏	Ningxia	100.0	8.6	49.8	37.8	41.6	11.5
新 疆	Xinjiang	100.0	17.7	47.7	39.2	34.6	12.0

附录1－3 固定资产投资完成额（2012年）
Completed Investment in Fixed Assets（2012）

单位：亿元　　　　（100 million yuan）

地区	Region	固定资产投资（含农户） Investment in Fixed Assets (Including Farm Households)	固定资产投资（不含农户） Investment in Fixed Assets (Excluding Farm Households)	#房地产开发 Real Estate Developoment	商品房销售额 Sales Value of Commercial Housing	#住宅 Residence	商品房竣工面积（万平方米） Floor Space of Commercial Housing Completed (10000 sq. m)	商品房销售面积（万平方米） Sales Floor Space of Commercial Residence (10000 sq. m)
全　国	**National Total**	**374675.7**	**364835.1**	**71803.8**	**64455.8**	**53467.2**	**99425.0**	**111303.6**
北　京	Beijing	6111.7	6064.1	3153.4	3308.6	2455.5	2390.9	1943.7
天　津	Tianjin	7934.8	7913.3	1260.0	1365.5	1210.6	2542.7	1661.7
河　北	Hebei	19661.3	19104.6	3086.5	2303.9	1914.6	4894.6	5144.9
山　西	Shanxi	8863.3	8584.9	1010.5	579.9	513.2	1733.0	1497.9
内蒙古	Inner Mongolia	11858.2	11732.2	1291.4	1022.8	769.4	2449.1	2523.5
辽　宁	Liaoning	21836.3	21535.4	5455.8	4362.8	3611.2	6438.2	8827.9
吉　林	Jilin	9711.4	9462.1	1310.0	1016.9	836.8	1927.9	2452.4
黑龙江	Heilongjiang	9695.4	9376.1	1535.8	1548.3	1201.9	3245.7	3806.8
上　海	Shanghai	5117.6	5114.6	2381.4	2669.5	2209.0	2305.1	1898.5
江　苏	**Jiangsu**	**32087.1**	**31706.6**	**6206.1**	**6067.0**	**5089.1**	**9848.4**	**9019.2**
浙　江	Zhejiang	17554.4	17001.0	5226.3	4262.7	3541.6	4292.9	4005.3
安　徽	Anhui	15384.3	14902.3	3151.6	2329.9	1921.9	3965.4	4828.8
福　建	Fujian	12423.1	12165.6	2824.1	2817.7	2293.9	2232.8	3258.9
江　西	Jiangxi	11784.7	11388.9	969.6	1137.3	931.4	1747.5	2397.1
山　东	Shandong	31256.0	30319.8	4708.3	4111.8	3529.5	7325.0	8632.8
河　南	Henan	21761.5	20870.2	3035.3	2286.7	1915.6	5870.5	5968.5
湖　北	Hubei	15591.8	15162.2	2539.5	2036.2	1689.9	3273.7	4037.8
湖　南	Hunan	14523.2	13966.3	2210.5	2085.2	1711.5	4458.0	5150.5
广　东	Guangdong	18749.4	18248.0	5352.8	6407.8	5488.4	6356.1	7899.0
广　西	Guangxi	9808.6	9345.2	1554.9	1159.8	995.8	2333.6	2759.3
海　南	Hainan	2126.3	2045.4	886.6	735.6	701.7	856.4	931.8
重　庆	Chongqing	8732.3	8606.5	2508.4	2297.3	1972.4	3990.6	4522.4
四　川	Sichuan	17036.5	16526.9	3266.4	3517.7	2816.5	5866.6	6455.9
贵　州	Guizhou	5517.8	5304.9	1467.6	900.1	740.0	1416.8	2186.9
云　南	Yunnan	7831.1	7553.5	1782.1	1362.8	1077.1	1851.6	3237.7
西　藏	Tibet	670.5	670.5	6.9	7.4	6.2	9.2	22.5
陕　西	Shanxi	12044.5	11705.8	1835.9	1420.7	1215.6	1653.9	2755.6
甘　肃	Gansu	5145.5	5040.5	561.0	349.3	301.6	844.5	978.4
青　海	Qinghai	1848.4	1773.7	189.7	106.5	91.1	416.2	263.0
宁　夏	Ningxia	2096.9	2033.0	429.2	317.6	256.2	1152.0	804.4
新　疆	Xinjiang	6158.4	5857.6	606.1	560.5	458.1	1736.2	1430.3

附录1－4　城镇居民家庭人均收支情况（2012年）

Per Capita Income and Expenditure of Urban Household（2012）

单位：元　　　　（yuan）

地　区 Region		总收入 Total Income	#可支配收入 Disposable Income	总支出 Total Expenditure	消费性支出 Living Expenditure	非消费性支出 Non-living Expenditure	恩格尔系数（%）Engle Coefficient（%）
全　国	**National Total**	**26959**	**24565**	**22341**	**16674**	**5667**	**36.2**
北　京	Beijing	41103	36469	30828	24046	6782	31.3
天　津	Tianjin	32944	29626	29425	20024	9401	36.7
河　北	Hebei	21899	20543	16117	12531	3586	33.6
山　西	Shanxi	22100	20412	17105	12212	4893	31.6
内蒙古	Inner Mongolia	24791	23150	22563	17717	4845	30.8
辽　宁	Liaoning	25916	23223	23457	16594	6863	35.0
吉　林	Jilin	21660	20208	19728	14614	5114	31.7
黑龙江	Heilongjiang	19368	17760	17229	12984	4245	36.1
上　海	Shanghai	44755	40188	35432	26253	9179	36.8
江　苏	**Jiangsu**	**32519**	**29677**	**26129**	**18825**	**7303**	**35.4**
浙　江	Zhejiang	37995	34550	30640	21545	9095	35.1
安　徽	Anhui	23525	21024	21421	15012	6409	38.7
福　建	Fujian	30878	28055	25274	18593	6681	39.4
江　西	Jiangxi	21150	19860	16190	12776	3415	39.7
山　东	Shandong	28006	25755	20657	15778	4879	33.0
河　南	Henan	21897	20443	17300	13733	3568	33.6
湖　北	Hubei	22904	20840	20107	14496	5611	40.3
湖　南	Hunan	22805	21319	20121	14609	5512	37.2
广　东	Guangdong	34044	30227	29129	22396	6733	36.9
广　西	Guangxi	23209	21243	18889	14244	4645	39.0
海　南	Hainan	22810	20918	18290	14457	3833	45.4
重　庆	Chongqing	24811	22968	20984	16573	4411	41.5
四　川	Sichuan	22328	20307	19496	15050	4446	40.4
贵　州	Guizhou	20043	18701	17313	12586	4727	39.7
云　南	Yunnan	23000	21075	18447	13884	4564	39.4
西　藏	Tibet	20224	18028	14205	11184	3021	49.3
陕　西	Shanxi	22606	20734	20003	15333	4670	36.2
甘　肃	Gansu	18498	17157	16767	12847	3920	35.8
青　海	Qinghai	19747	17566	16633	12346	4287	37.8
宁　夏	Ningxia	21902	19831	19240	14067	5173	33.9
新　疆	Xinjiang	20195	17921	18448	13892	4556	37.7

附录1-5　农村居民家庭人均收支情况(2012年)
Per Capita Income and Expenditure of Rural Household (2012)

单位:元　　(yuan)

地　区 Region	总收入 Total Income	#纯收入 Net Income	#现金收入 Cash Income	总支出 Total Expenditure	#生活消费支出 Living Expenditure	#现金支出 Cash Expenditure	恩格尔系数(%) Engle Coefficient (%)
全　国 National Total	**10991**	**7917**	**9787**	**9606**	**5908**	**8962**	**39.3**
北　京 Beijing	19132	16476	18902	15293	11879	15156	33.2
天　津 Tianjin	18019	14026	17609	12663	8337	12625	36.2
河　北 Hebei	11189	8081	10226	8927	5364	8665	33.9
山　西 Shanxi	8204	6357	7066	7946	5566	7588	33.4
内蒙古 Inner Mongolia	13647	7611	11065	13380	6382	12021	37.3
辽　宁 Liaoning	15275	9384	14171	13327	5998	12762	38.3
吉　林 Jilin	15019	8598	12675	14480	6186	13669	36.7
黑龙江 Heilongjiang	16558	8604	13397	14225	5718	13791	37.9
上　海 Shanghai	19078	17804	18868	14727	11971	14490	40.5
江　苏 Jiangsu	**15069**	**12202**	**14306**	**12397**	**8655**	**11941**	**37.4**
浙　江 Zhejiang	18631	14552	18382	15794	10653	15586	37.1
安　徽 Anhui	9630	7160	8505	8563	5556	8095	39.3
福　建 Fujian	12137	9967	11374	10132	7402	9683	46.0
江　西 Jiangxi	10040	7829	8797	7872	5129	7174	43.5
山　东 Shandong	13645	9447	12758	11463	6776	11116	34.3
河　南 Henan	9829	7525	8445	7852	5032	7586	33.8
湖　北 Hubei	10526	7852	9337	8924	5727	8149	37.6
湖　南 Hunan	10030	7440	8727	9357	5870	8378	43.9
广　东 Guangdong	12521	10543	11777	9796	7459	9173	49.1
广　西 Guangxi	8459	6008	7381	7753	4934	6828	42.3
海　南 Hainan	9844	7408	9337	7379	4776	7022	50.5
重　庆 Chongqing	9552	7383	8122	7942	5019	6974	44.2
四　川 Sichuan	9498	7001	8091	8366	5367	7174	46.8
贵　州 Guizhou	6444	4753	5078	6370	3902	5390	44.6
云　南 Yunnan	8188	5417	6693	7746	4561	6534	45.6
西　藏 Tibet	6986	5719	5395	3968	2968	3101	53.6
陕　西 Shanxi	7999	5763	7209	8071	5115	7734	29.7
甘　肃 Gansu	6705	4507	5668	6657	4146	6056	39.8
青　海 Qinghai	7040	5364	6155	7407	5339	6678	34.8
宁　夏 Ningxia	9486	6180	8247	9707	5351	8961	35.3
新　疆 Xinjiang	13676	6394	12596	13536	5301	12872	35.7

附录1-6 农林牧渔业总产值和增速(2012年)

Gross Output Value and Growth Rate of Agriculture, Forestry, Animal Husbandry and Fishery (2012)

地　区	Region	农林牧渔业总产值(亿元) Gross Output Value of Agriculture, Forestry, Animal Husbandryand Fishery (100 million yuan)	#农业 Farming	#林业 Forestry	#畜牧业 Animal Husbandry	#渔业 Fishery	农林牧渔业总产值比上年增长(%) Grouth Rate of Gross Output Value of Agriculture, Forestry, Animal Husbandry and Fishery Over Preceding Year(%)
全　国	**National Total**	**89453.0**	**46940.5**	**3447.1**	**27189.4**	**8706.0**	**4.9**
北　京	Beijing	395.7	166.3	54.8	154.2	13.0	2.9
天　津	Tianjin	375.6	196.0	2.8	105.0	61.7	3.2
河　北	Hebei	5340.1	3095.3	77.9	1747.7	177.7	4.0
山　西	Shanxi	1304.3	847.4	79.1	298.8	8.4	5.6
内蒙古	Inner Mongolia	2449.3	1172.0	97.8	1118.9	26.1	5.7
辽　宁	Liaoning	4062.4	1539.6	128.7	1621.2	618.7	4.9
吉　林	Jilin	2502.0	1166.6	98.1	1130.4	34.1	5.9
黑龙江	Heilongjiang	3952.3	2315.6	134.5	1350.7	77.9	6.7
上　海	Shanghai	321.7	171.5	9.5	72.6	57.5	0.5
江　苏	**Jiangsu**	**5808.8**	**2966.7**	**99.7**	**1226.2**	**1235.4**	**4.8**
浙　江	Zhejiang	2658.7	1229.4	142.1	549.0	687.0	1.8
安　徽	Anhui	3728.3	1867.6	209.5	1119.7	384.4	5.6
福　建	Fujian	3007.4	1263.7	256.5	481.3	903.4	4.3
江　西	Jiangxi	2399.3	1003.2	228.9	752.7	333.1	4.6
山　东	Shandong	7945.8	3960.6	107.0	2285.9	1267.1	4.5
河　南	Henan	6679.0	3958.9	140.9	2255.6	86.4	4.5
湖　北	Hubei	4732.1	2488.1	100.1	1334.0	626.2	5.6
湖　南	Hunan	4904.1	2651.7	260.0	1488.6	279.9	3.0
广　东	Guangdong	4656.8	2229.3	222.7	1134.1	914.0	3.7
广　西	Guangxi	3490.7	1724.0	245.3	1072.8	331.7	5.7
海　南	Hainan	1082.1	460.7	137.9	214.1	236.3	6.3
重　庆	Chongqing	1402.0	841.8	43.5	453.9	45.0	5.1
四　川	Sichuan	5433.1	2764.9	151.5	2269.9	163.8	4.5
贵　州	Guizhou	1436.6	864.9	54.2	421.5	28.2	9.3
云　南	Yunnan	2680.2	1398.2	225.8	913.0	63.1	7.0
西　藏	Tibet	118.3	53.4	2.6	59.0	0.2	3.6
陕　西	Shanxi	2303.2	1526.3	58.4	598.7	14.6	6.0
甘　肃	Gansu	1358.2	984.2	20.1	231.7	1.8	6.4
青　海	Qinghai	263.9	117.1	4.6	137.1	0.6	5.4
宁　夏	Ningxia	385.1	240.5	9.8	105.7	13.4	6.0
新　疆	Xinjiang	2275.7	1675.0	43.0	485.4	15.3	7.4

注：本表绝对数按当年价格计算，增速按可比价格计算。

a) In this table the absolute value is counted with current price, while the growth rate is counted with comparable price.

附录1－7　主要农产品产量（2012年）
Output of Major Agricultural Products (2012)

单位:万吨　　(10000 tons)

地区 Region		粮食 Grain	油料 Oil-bearing Crops	棉花 Cotton	肉类 Meat	奶类 Milk	水果 Fruit
全国	**National Total**	**58958.0**	**3436.8**	**683.6**	**8387.2**	**3868.6**	**24056.8**
北京	Beijing	113.8	1.3		43.2	65.1	113.6
天津	Tianjin	161.8	0.6	5.8	45.8	68.2	58.2
河北	Hebei	3246.6	142.8	56.4	442.9	479.0	1814.9
山西	Shanxi	1274.1	19.6	4.7	77.4	81.0	677.3
内蒙古	Inner Mongolia	2528.5	145.1	0.2	245.8	930.7	283.5
辽宁	Liaoning	2070.5	120.9	0.1	418.7	130.2	894.3
吉林	Jilin	3343.0	80.7	0.8	260.0	49.1	217.5
黑龙江	Heilongjiang	5761.5	22.5	0.0	216.2	565.0	268.6
上海	Shanghai	122.4	1.7	0.4	25.8	30.2	87.2
江苏	**Jiangsu**	**3372.5**	**146.9**	**22.0**	**396.5**	**61.3**	**796.0**
浙江	Zhejiang	769.8	38.3	3.0	180.8	19.3	703.8
安徽	Anhui	3289.1	227.7	29.4	397.7	24.1	885.4
福建	Fujian	659.3	28.1	0.0	200.8	15.4	708.8
江西	Jiangxi	2084.8	117.1	15.2	311.1	12.6	571.3
山东	Shandong	4511.4	351.0	69.8	764.2	294.1	2924.5
河南	Henan	5638.6	569.5	25.7	677.4	330.4	2535.0
湖北	Hubei	2441.8	319.7	54.5	412.3	15.7	885.7
湖南	Hunan	3006.5	207.8	25.1	515.3	8.5	909.2
广东	Guangdong	1396.3	96.6	0.0	443.2	13.9	1390.1
广西	Guangxi	1484.9	54.5	0.2	411.0	9.4	1325.0
海南	Hainan	199.5	10.4	0.0	79.5	0.2	428.7
重庆	Chongqing	1138.5	50.1		201.2	7.7	291.2
四川	Sichuan	3315.0	287.8	1.3	670.2	72.2	821.6
贵州	Guizhou	1079.5	87.4	0.1	190.3	5.1	147.7
云南	Yunnan	1749.1	62.8		348.7	58.0	581.1
西藏	Tibet	94.9	6.3	0.0	25.2	25.6	1.4
陕西	Shanxi	1245.1	60.3	6.7	107.1	189.1	1693.8
甘肃	Gansu	1109.7	67.0	8.1	87.8	38.6	565.0
青海	Qinghai	101.5	35.2	0.0	30.5	29.4	3.7
宁夏	Ningxia	375.0	18.0	0.0	26.5	103.5	250.5
新疆	Xinjiang	1273.0	59.0	353.9	134.2	136.3	1222.1

附录1－8 规模以上工业企业主要经济指标(2012年)
Main Economic Indicators of above Designated Size Industrial Enterprises (2012)

单位:亿元 (100 million yuan)

地区	Region	主营业务收入 Revenue from Principal Business	利税总额 Total Profits and Taxes	利润总额 Total Profits	应收账款 Accounts Receivalble	产成品 Finished Goods	全部从业人员平均人数(万人) Annual Average Employed Persons (10000 persons)
全国	**National Total**	**915915**	**96517**	**55578**	**82190**	**30183**	**9273**
北京	Beijing	16851.2	1942.0	1216.6	2961.3	627.7	118.9
天津	Tianjin	23570.4	2962.2	1940.0	2697.6	791.3	153.8
河北	Hebei	43466.9	3795.1	2296.9	2441.5	1152.1	376.6
山西	Shanxi	17788.4	1770.7	806.5	1811.5	706.3	214.9
内蒙古	Inner Mongolia	17898.7	2657.5	1754.2	1369.0	563.6	127.1
辽宁	Liaoning	47965.1	3871.4	1906.3	3140.9	1232.3	383.0
吉林	Jilin	19727.3	2144.6	1161.7	982.2	443.6	151.6
黑龙江	Heilongjiang	12295.6	2497.0	1201.0	1067.7	470.2	138.9
上海	Shanghai	33738.3	3768.6	2131.3	4978.0	1296.9	258.1
江苏	**Jiangsu**	**119286.8**	**11934.3**	**7250.2**	**13577.7**	**3986.1**	**1131.8**
浙江	Zhejiang	56729.9	4988.8	2899.8	7808.8	2828.4	700.0
安徽	Anhui	27911.2	2543.0	1470.2	2290.3	903.1	281.7
福建	Fujian	28892.9	2889.5	1779.2	2904.1	1078.7	396.6
江西	Jiangxi	22267.6	2129.8	1285.1	885.3	520.8	209.0
山东	Shandong	116222.0	12090.7	7443.3	5496.0	2917.2	909.3
河南	Henan	51558.3	5855.9	3889.1	2902.2	1094.1	580.4
湖北	Hubei	31372.8	3005.1	1602.9	2288.7	1079.8	294.2
湖南	Hunan	27575.5	3049.3	1322.7	1772.8	661.4	295.7
广东	Guangdong	92089.6	7770.5	4635.9	11836.5	3279.3	1370.6
广西	Guangxi	14324.4	1462.3	749.0	956.3	608.5	151.9
海南	Hainan	1686.1	287.8	123.7	157.8	80.9	12.0
重庆	Chongqing	12715.7	1187.8	608.3	1283.8	408.3	151.8
四川	Sichuan	31065.7	3892.1	2142.7	2769.9	1053.0	386.3
贵州	Guizhou	5686.2	997.7	466.0	474.6	220.7	84.4
云南	Yunnan	8662.8	1639.2	507.7	733.0	482.7	95.6
西藏	Tibet	89.6	21.5	13.1	12.0	3.5	1.6
陕西	Shanxi	16101.3	3324.4	1982.6	1450.9	717.0	164.0
甘肃	Gansu	7587.8	730.6	259.2	482.4	502.7	60.9
青海	Qinghai	1951.4	284.0	152.4	148.8	87.7	18.9
宁夏	Ningxia	2972.6	260.3	107.0	282.1	222.6	30.6
新疆	Xinjiang	7375.3	1482.9	841.7	540.2	380.5	62.1

附录 1－9 主要工业产品产量(2012 年)
Output of Major Industrial Products (2012)

地区 Region		发电量(亿千瓦小时) Electricity (100 million kW·h)	生铁(万吨) Pig Irom (10000 tons)	粗钢(万吨) Rough Steel (10000 tons)	钢材(万吨) Steel Products (10000 tons)	水泥(万吨) Cement (10000 tons)	农用化肥(万吨) Chemical Fertilizers (10000 tons)	汽车(万辆) Truck (10000 units)	布(亿米) Cloth (100 million meter)
全 国	**National Total**	**49378**	**65791**	**71716**	**95318**	**221000**	**7296**	**1928**	**841**
北 京	Beijing	290.9	0.0	2.6	253.8	874.5	0.0	166.2	0.0
天 津	Tianjin	589.7	1974.6	2124.2	5708.6	784.3	11.8	63.8	2.0
河 北	Hebei	2372.9	16350.2	18048.4	20995.2	12809.8	184.3	82.5	65.7
山 西	Shanxi	2534.9	3996.5	3950.1	3797.6	4720.4	389.1	0.7	0.5
内 蒙 古	Inner Mongolia	3116.9	1326.4	1734.1	1661.8	5872.1	123.0	2.1	0.4
辽 宁	Liaoning	1420.0	5311.2	5177.0	5916.1	5557.7	82.2	83.6	4.0
吉 林	Jilin	691.6	1000.8	1174.2	1229.5	3242.0	49.5	156.5	0.4
黑 龙 江	Heilongjiang	846.8	674.7	697.6	610.2	3872.9	71.6	9.8	0.1
上 海	Shanghai	886.2	1800.4	1970.9	2340.8	794.7	2.6	202.4	1.7
江 苏	**Jiangsu**	**3928.4**	**5871.9**	**7419.7**	**10989.2**	**16777.9**	**267.2**	**88.7**	**80.3**
浙 江	Zhejiang	2773.9	1006.1	1305.2	3361.3	11539.6	27.8	32.7	143.2
安 徽	Anhui	1767.5	1926.6	2147.0	2765.4	10869.8	309.8	104.2	9.7
福 建	Fujian	1622.6	725.3	1318.6	2034.4	7197.6	45.9	18.3	48.2
江 西	Jiangxi	728.2	2027.0	2140.9	2368.9	7420.9	93.7	34.4	9.3
山 东	Shandong	3195.2	6013.1	5957.0	7817.9	15386.0	1265.9	90.3	132.5
河 南	Henan	2643.0	2116.0	2215.8	3481.4	14805.1	403.8	37.6	27.8
湖 北	Hubei	2204.1	2407.1	2806.7	3558.4	10255.5	1142.9	118.9	69.2
湖 南	Hunan	1318.7	1706.4	1679.7	1847.5	10445.4	209.7	17.3	3.5
广 东	Guangdong	3753.7	842.0	1228.5	2993.0	11384.3	41.6	138.5	23.5
广 西	Guangxi	1187.8	1298.1	1338.1	2142.4	9864.1	116.4	167.3	0.2
海 南	Hainan	198.5	0.0	0.0	20.9	1672.4	60.0	12.9	0.0
重 庆	Chongqing	597.7	517.3	545.6	1150.2	5499.6	206.4	191.0	4.6
四 川	Sichuan	2152.4	1670.2	1674.3	2281.6	13342.1	425.3	39.7	14.2
贵 州	Guizhou	1607.8	552.9	531.3	560.2	6100.5	499.5	0.5	0.1
云 南	Yunnan	1745.5	1582.8	1526.7	1600.0	7793.7	345.4	10.9	0.0
西 藏	Tibet	26.2	0.0	0.0	0.0	286.7	0.0	0.0	0.0
陕 西	Shanxi	1341.3	803.1	828.7	1283.6	7552.7	97.9	54.5	6.5
甘 肃	Gansu	1103.0	746.6	810.2	883.0	3615.1	78.9	2.4	0.0
青 海	Qinghai	589.2	150.8	141.2	139.5	1371.0	357.0	0.0	0.0
宁 夏	Ningxia	1007.6	80.7	21.7	109.1	1605.3	88.0	0.0	0.0
新 疆	Xinjiang	1135.5	1311.7	1138.2	1284.6	4025.8	295.6	0.2	0.3

附录 1－10 全社会客货运量及货物周转量（2012 年）

Passenger and Freight Traffic and Turnover Volume of Freight Traffic（2012）

地区 Region		客运量（万人）Total Passenger Traffic（10000 persons）	#铁路 Railway	#公路 Highway	货运量（万吨）Total Freight Traffic（10000 tons）	#铁路 Railway	#公路 Highway	货物周转量（亿吨公里）Turnover Volume of Freight Traffic（100 million ton-km）	#铁路 Railway
全　国	**National Total**	**3804035**	**189337**	**3557010**	**4099400**	**390438**	**3188475**	**173771**	**29187**
北　京	Beijing	142731	10398	132333	26162	1237	24925	1001	861
天　津	Tianjin	27529	2970	24483	46015	7909	27735	7844	513
河　北	Hebei	105064	7846	97218	219130	21010	195530	10605	3962
山　西	Shanxi	39987	6208	33662	144608	71428	73150	3341	2139
内蒙古	Inner Mongolia	27630	4320	23310	189942	64682	125260	5870	2571
辽　宁	Liaoning	103283	12045	90650	206789	19803	174355	11564	1405
吉　林	Jilin	72679	6263	66175	54808	7347	47130	1596	621
黑龙江	Heilongjiang	52404	10524	41551	65231	16591	47465	2002	1066
上　海	Shanghai	10859	6758	3748	94038	825	42911	20373	18
江　苏	**Jiangsu**	**268371**	**11757**	**255358**	**231295**	**7223**	**153696**	**8475**	**392**
浙　江	Zhejiang	233115	9144	220517	191817	4607	113393	9183	291
安　徽	Anhui	213432	6385	206888	312437	12260	259461	9818	937
福　建	Fujian	82041	5295	75044	84345	3814	59431	3871	177
江　西	Jiangxi	84240	6335	77650	127196	5562	113703	3434	666
山　东	Shandong	265632	8347	254711	333603	23145	296754	11078	1580
河　南	Henan	207247	9213	197785	272115	12638	251772	9490	2143
湖　北	Hubei	127079	8266	118369	122945	5882	97136	4440	917
湖　南	Hunan	184336	8601	174386	191052	5677	166670	3977	1022
广　东	Guangdong	574266	15031	556510	256077	9306	189034	9566	311
广　西	Guangxi	90229	3310	86449	161356	6846	135112	4111	860
海　南	Hainan	47117	1162	44374	26880	752	16600	1548	10
重　庆	Chongqing	156545	3040	152249	86474	2328	71272	2653	182
四　川	Sichuan	277611	7997	266338	174349	8793	158396	2238	809
贵　州	Guizhou	83527	3902	77172	52655	6665	44892	1175	694
云　南	Yunnan	48456	2762	44839	68735	5031	63239	1123	412
西　藏	Tibet	3849	110	3739	1127	85	1042	46	18
陕　西	Shanxi	111773	5757	105647	136727	31942	104593	3192	1447
甘　肃	Gansu	64361	2383	61884	45832	6290	39517	2352	1457
青　海	Qinghai	12692	544	12100	13484	3784	9700	528	247
宁　夏	Ningxia	16343	535	15666	41113	8467	32646	1066	366
新　疆	Xinjiang	38331	2125	36206	58794	6840	51954	1614	791

附录1－11　国内外贸易及旅游（2012年）
Domestic and Foreign Trade, Tourism (2012)

单位:亿美元　　　　(USD 100 million)

地区	Region	社会消费品零售总额（亿元）Total Ratail Sales of Consumer Goods (100 million yuan)	进出口总额 Total Value of Imports and Exports Through Customs	出口 Exports	进口 Imports	国际旅游人数（万人次）Total Number of International Tourists (10000 person-times)	#外国人 Foreigners	旅游外汇收入 Earnings from International Tourism
全国	**National Total**	**210307.0**	**38667.6**	**20489.3**	**18178.3**	**13240.5**	**2719.2**	**500.3**
北京	Beijing	7702.8	4079.2	596.5	3482.7	500.9	434.4	51.5
天津	Tianjin	3921.4	1156.2	483.1	673.1	73.7	63.7	22.3
河北	Hebei	9254.0	505.5	296.0	209.4	129.3	106.7	5.4
山西	Shanxi	4506.8	150.4	70.2	80.3	189.2	120.4	7.2
内蒙古	Inner Mongolia	4572.5	112.6	39.7	72.9	159.2	151.5	7.7
辽宁	Liaoning	9346.6	1039.9	579.5	460.4	473.1	388.6	32.6
吉林	Jilin	4772.9	245.7	59.8	185.9	118.3	100.9	4.9
黑龙江	Heilongjiang	5491.0	378.2	144.4	233.9	207.6	194.7	8.4
上海	Shanghai	7412.3	4365.4	2067.4	2298.0	651.2	539.6	54.9
江苏	**Jiangsu**	**18331.3**	**5480.9**	**3285.4**	**2195.6**	**791.5**	**575.2**	**63.0**
浙江	Zhejiang	13588.3	3122.3	2245.7	876.7	865.9	570.5	51.5
安徽	Anhui	5736.6	393.3	267.5	125.7	331.5	190.4	15.6
福建	Fujian	7256.5	1559.3	978.4	580.9	493.7	167.0	42.3
江西	Jiangxi	4027.2	334.1	251.1	83.0	156.2	50.4	4.8
山东	Shandong	19651.9	2455.4	1287.3	1168.1	469.9	342.2	29.2
河南	Henan	10915.6	517.5	296.8	220.7	190.8	118.7	6.1
湖北	Hubei	9562.5	319.6	194.0	125.6	264.7	193.0	12.0
湖南	Hunan	7921.9	219.4	126.0	93.4	224.6	90.6	9.3
广东	Guangdong	22677.1	9838.2	5741.4	4096.8	3489.4	773.0	156.1
广西	Guangxi	4516.6	294.7	154.7	140.1	350.3	192.7	12.8
海南	Hainan	870.8	143.3	31.4	111.9	81.6	52.0	3.5
重庆	Chongqing	4033.7	532.0	385.7	146.3	224.3	152.6	11.7
四川	Sichuan	9268.6	591.3	384.6	206.6	227.3	151.3	8.0
贵州	Guizhou	2027.6	66.3	49.5	16.8	70.5	30.4	1.7
云南	Yunnan	3511.6	210.0	100.2	109.9	457.8	329.8	19.5
西藏	Tibet	254.6	34.2	33.6	0.7	19.5	17.5	1.1
陕西	Shanxi	4383.8	148.0	86.5	61.5	335.2	233.7	16.0
甘肃	Gansu	1906.5	89.0	35.7	53.3	10.2	6.7	0.2
青海	Qinghai	476.0	11.6	7.3	4.3	4.7	3.8	0.2
宁夏	Ningxia	548.8	22.2	16.4	5.8	1.9	1.4	0.1
新疆	Xinjiang	1858.6	251.7	193.5	58.2	62.5	49.0	5.5

中国统计出版社最新图书简目

（仅供参考，以最后出书为准）

统计资料

中国统计年鉴－2013
2013 中国发展报告
中国劳动统计年鉴－2013
中国建筑业统计年鉴－2013
中国商品交易市场统计年鉴－2013
中国民政统计年鉴－2013
中国科技统计年鉴－2013
中国高技术产业统计年鉴－2013
全国农产品成本收益资料汇编－2013
大中型批发零售和住宿餐饮企业统计年鉴－2013
第二次全国 R&D 资源清查资料汇编－工业企业卷
第二次全国 R&D 资源清查资料汇编－综合卷

中国统计摘要－2013
中国第三产业统计年鉴－2013
中国社会统计年鉴－2013
中国人口和就业统计年鉴－2013
中国房地产统计年鉴－2013
中国贸易外经统计年鉴－2013
中国农村统计年鉴－2013
中国教育经费统计年鉴－2013
中国科学技术协会统计年鉴－2013
中国住户调查年鉴－2013
中国县域统计年鉴－2013
中国人才资源统计报告－2011
中国民族统计年鉴－2013

国际统计年鉴－2013
中国区域经济统计年鉴－2013
中国城市统计年鉴－2013
中国工业经济统计年鉴－2013
中国能源统计年鉴－2013
2013 中国地区经济监测报告
中国农产品价格调查年鉴－2013
中国农村贫困监测报告－2013
工业企业科技活动资料－2013
中国价格统计年鉴－2013
中国农村全面建设小康监测报告－2013
中国零售和餐饮连锁企业统计年鉴－2013
2010 年中国第六次人口普查公报

2013 年省级综合统计年鉴系列

北京　天津　河北　山西　内蒙古　辽宁　吉林　黑龙江　上海　江苏　浙江　安徽　福建　江西　山东
河南　湖北　湖南　广东　广西　海南　重庆　四川　贵州　云南　西藏　陕西　甘肃　青海　宁夏
新疆　新疆生产建设兵团

2013 年市（县）级综合统计年鉴系列

天津滨海新区　石家庄　唐山　邯郸　太原　大同　长治　阳泉　晋城　朔州　晋中
运城　忻州　临汾　呼和浩特　包头　沈阳　大连　长春　吉林市　四平　哈尔滨　黑龙江垦区
上海浦东新区　南京　苏州　无锡　常州　徐州　南通　盐城　镇江　江阴　丹阳
杭州　宁波　绍兴　台州　温州　金华　嘉兴　衢州　福州　福州经济技术开发区
厦门经济特区　南昌　上饶　济南　青岛　潍坊　郑州　洛阳　三门峡　南阳　武汉　宜昌
十堰　荆州　咸宁　长沙　广州　东莞　惠州　深圳　桂林　南宁　柳州　来宾　河池　海口　成都　绵阳
贵阳　昆明　庆阳　西安　兰州　银川　乌鲁木齐

2010 年人口普查资料系列

中国 2010 年人口普查资料　北京　天津　河北　山西　内蒙古　辽宁　吉林　黑龙江　上海　江苏
浙江　安徽　福建　江西　山东　河南　湖北　湖南　广东　广西　海南　重庆　四川　贵州　云南
西藏　陕西　甘肃　青海　宁夏　新疆　新疆生产建设兵团　河南省各市 2010 年人口普查资料丛书
中国分县 2010 年人口普查资料　中国分乡镇、街道 2010 年人口普查资料　中国分民族 2010 年人口普查资料

“十一五”规划教材

统计学（“十二五”规划，黄良文）
统计学（“十二五”规划，单微）
统计学：从数据到结论（十二五规划，吴喜之）
非参数统计（吴喜之）
多元统计分析（任雪松）
经济计量学教程（贺铿）
社会统计学（蒋萍）
国民经济核算教程（杨灿）

抽样调查理论与实践（“十二五”规划，冯士雍）
试验设计（“十二五”规划，茆诗松）
概率论与数理统计（茆诗松）
应用时间序列分析（王振龙）
质量管理统计方法（茆诗松）
市场调查与预测（蒋志华）
概率论与数理统计（经济、管理类专业使用，朱胜）

贝叶斯统计（“十二五”规划，茆诗松）
医学统计学（陆守曾）
现代金融投资统计分析（李腊生）
统计指数理论及应用（徐国祥）
统计实验系列教材（许涤龙）
统计学原理（非统计专业用，朱胜）

重点图书

挑大学选专业 2013—高考志愿填报指南　　挑大学选专业 2013—考研择校指南

中国统计出版社发行部电话：（010）63376907，63376908　　同榍行书店电话：68783171，68783172
通讯地址：北京市西城区三里河月坛南街 57 号　　邮政编码：100826
网址：http://csp.stats.gov.cn

求真务实　改革创新

江苏着力构建现代化服务型统计

江苏省统计局

为贯彻落实省政府《关于进一步加强统计工作的意见》以及国家统计局加快建设现代化服务型统计的总体要求，2012年江苏省统计局结合统计发展实际，提出了构建全省统计“六大体系”的战略构想并付诸实施，着力在健全统计监测服务体系、创新数据质量管理体系、构建基层基础工作体系、打造先进技术应用体系、完善统计调查制度体系、强化统计能力提升体系等六个方面下功夫，积极研究建立统计新形势下的管理体制、运行机制和工作方式，在打造现代化服务型统计道路上迈出了扎实有力的步伐。

经过一年的实践，江苏统计工作在发挥统计信息、咨询和监督职能以及实现统计“三个提高”方面取得了显著成效，进一步完善了统计服务工作机制，提升了统计服务水平。目前，江苏统计数据质量管理体系建设、统计基层基础工作、统计监测服务等多项工作均走在了全国前列。

江苏省统计局全体干部职工将在局党组带领下，大力巩固统计“六大体系”建设成果，开拓创新、奋发进取，扎实推进现代化服务型统计建设，努力为推进全省“两个率先”提供优质高效服务。

国家统计局马建堂局长（右一）在江苏调研统计“四大工程”建设

徐劼局长（右二）在高淳县淳溪镇统计办调研

“中国统计开放日”之际，省统计局领导在“中国江苏”网举办“统计连着您和我”为主题在线访谈活动，并和广大网友进行交流。

江苏省统计机构成立60周年暨全省统计文化建设成果汇报演出

江苏省常州市

桃花映红大石山

十思园

规划馆博物馆

素有“三吴重镇、八邑名都”美誉的常州，是一座古老而现代的城市。有着2500多年的历史文化、先进的制造业和蓬勃发展的现代服务业，先后获得全国文明城市、全国生态城市、国家卫生城市、国家园林城市、全国科技进步先进城市等国家级荣誉称号。现辖金坛、溧阳两个县级市和武进、新北、天宁、钟楼、戚墅堰五个行政区，总面积4372平方公里，常住人口469万人。

2012年，全市国民经济和社会发展保持稳中有进的良好态势，在基本现代化建设新征程上迈出了新的步伐。

经济实力日益增强。全市实现地区生产总值（GDP）3969.9亿元，增长11.5%，人均生产总值达85039元，按平均汇率折算达13472美元；实现公共财政预算收入379.0亿元，比上年增长8%；完成全社会固定资产投资2760.1亿元，比上年增长18.0%。全市完成规模以上工业总产值8970.3亿元，同比增长12.1%，产值超10亿元的工业企业达124家，超100亿元工业企业8家。

春秋淹城

科技创新卓有成效。加快推进科技创新，创新能力持续加强。全年政府科技经费投入19.33亿元，比上年增长39.4%，经认定的国家高新技术企业797家。全市市级以上孵化器、加速器累计达64家，其中国家级孵化器10家，省级孵化器22家，省级加速器2家。产学研用结合更显特色，成功举办“5.18”展洽会，签约34个重大项目，其中16个重大产业化项目的技术合同总金额达2.39亿元。全市累计引进领军人才1200名，其中国家“千人计划”108名，省“双创”145名，形成了“搭建平台，引进人才，孵化企业，培育产业”的良好创新创业氛围。

社会事业蓬勃发展。全面建立学前教育生均公用经费财政拨款制度，推进义务教育均衡化，义务教育阶段省优质学校占比达84.2%、高考本二上线率56.34%。文化精品创作硕果累累，电影《秋之白华》、儿童剧《留守小孩》和广播剧《君子史良》荣获全国“五个一工程”奖。卫生服务水平不断提升，年末全市共有各级各类医疗卫生机构1128个，拥有总床位20497张，每千常住人口拥有卫生技术人员5.39人。

人民生活持续改善。全市大力实施收入倍增计划，城乡居民生活质量继续改善。全年城镇居民人均可支配收入33326元，农民人均纯收入16737元，分别比上年增长12.7%、12.8%。城镇家庭人均现住房屋使用面积26.5平方米，农村居民人均住房面积60.31平方米。全市新开工各类保障房25103套（户），竣工各类保障性住房7371套（户）。全市城乡养老、医疗、失业三大基本社会保险覆盖率均达到98%以上。

城乡建设日新月异。全市基础设施日益完善，现代综合交通体系不断升级。在全省率先实现市（区）所有公共文化设施、所有大型公园绿地免费开放；率先实行城乡公交一体化，在全国地级市中首家开通BRT快速公交系统；公园绿地建设管理新体制和老小区整治改造获“中国人居环境范例奖”。2012年城市轨道交通建设规划获国家批准，全面启动国家生态文明示范市建设，水环境与空气质量保护工作切实加强，供电、供水、供气、污水处理、垃圾处理等公共服务水平进一步提升，成为长三角地区生态宜居、文明和谐的幸福之城。

红梅公园

中国医药城

江苏省泰州市

2012年10月，省委、省政府下发《关于推进泰州转型升级综合改革试点的意见》，将泰州确定为“全省转型升级综合改革试点”，掀开了加快发展的新篇章，率先打响了转型升级的攻坚战。

2012年，泰州主要经济指标增速超过全省平均水平，持续保持沿江地区领先；完成地区生产总值2702亿元，公共财政预算收入233亿元，分别居全国地级市第30位和第20位。

推进产业转型，致力打造具有竞争力的现代产业体系。形成了以先进装备制造业这一传统优势产业，以生物医药、电子信息、新能源三大新兴产业，以及智能电网、新材料、节能环保等若干优势产品集群为主体的“1+3+N”现代产业体系。2012年，“1+3+N”产业产值、销售、利税、利润均占全市规模以上工业的70%以上。

举全市之力建设中国医药城。阿斯利康、勃林格殷格翰等489家企业相继落户，吸引国内外知名大学研发机构56家，落地申报医药创新成果472项，1460名海内外高层次人才（团队）前来创业，21人入选国家“千人计划”，中国医药城正加快向“中国第一、世界知名”的医药名城迈进。

船舶产业是泰州装备制造业高端化的突出代表。泰州已成为中国主要的民营船舶生产基地，造船完工量全国第二，占全省的1/3，新扬子、新世纪等一批高端造船企业名扬世界。目前，泰州船舶业正在向1万标箱集装箱轮、大型游轮、特种船舶和海洋工程装备等整体转型。

推进园区转型，致力打造具有集聚力的特色园区。项目集群式聚合、产业链条化延伸、资源循环化利用、功能集成化完善，以“一城一区一园一带一块”为主体的20个特色园区成为泰州产业转型的主阵地、辐射源。

泰州大桥

推进企业转型，致力打造具有创新力的现代企业集群。实施“千企升级百企示范工程”，规模企业、优势企业群峰竞秀，成为转型升级的骨干力量。2012年销售超10亿元的企业125家，其中超50亿元的22家、超100亿元的6家，扬子江药业集团超过300亿元。

推进社会转型，致力让发展成果惠及百姓。坚持富民优先，2012年新增城乡创业人员5.76万、城镇就业人员9.10万，城乡居民收入可比增长10.7%和11.2%。民生大于天，市级财政支出的70%、新增财力的80%以上投向民生和各项社会事业。

围绕全面建成小康社会的新目标新要求，泰州正加快推进转型升级综合改革试点，力争高起点融入苏南，转型中接轨苏南，升级中辐射苏中苏北，以产业转型带动经济社会发展转型，实现后发快进、跨越发展，为苏中快速崛起探索新路子，为全省转型升级积累新经验。

1 梅兰芳纪念馆
2 科学发展观展示馆
3 望海楼
4 千垛菜花黄
5 溱湖湿地公园

扬子江工业园区全景图

南京经济技术开发区

南京市栖霞区

2012年，栖霞区以科学发展观为指导，紧紧围绕率先基本实现现代化，全力推进经济社会持续稳定发展，圆满完成了各项目标任务。全区经济运行质效稳步提升，实现地区生产总值625亿元，规模以上工业总产值2258亿元，分别增长13%和15%。

坚持创新突破，地区发展活力不断增强。举办首届仙林科技城“三创”嘉年华，与东南大学等高校共建大学科技园，与清华大学、中科院等高校、科研院所实施产学研合作项目55项。新增高新技术企业19家，液晶面板十代线、龙潭综合保税区获得国家批准，南京经济技术开发区被评为“中国光电产业最佳投资园区”。江苏生命科技创新园、紫东国际创意园正式开园，诺贝尔奖得主阿龙工作室、英国赛尔公司国际生物医药孵化器等一批重点项目入驻园区。人才科技工作成效显著，新引进和自主培养“千人计划”专家11名、省“双创”人才11名、市“321计划”人才65名，引进项目270个，总投资752亿元。

坚持建管并重，区域环境面貌显著改善。新尧新城商业核心区建设提速，燕子矶滨江新城化工企业搬迁稳步实施，迈皋桥地区环境改造和城市更新步伐加快，龙潭新城依托综保区规划建设，综合型港口新城建设加快启动。全面推进“动迁拆违治乱整破”专项行动，拆除违建50万平方米；启动京沪高铁沿线环境综合整治工程，完成长江四桥沿线、明外郭百里风光带、紫东创意园段等绿化整治任务，新增绿化造林2150亩。

坚持民生为先，群众生活质量日益提高。千方百计抓就业促增收。全年投入培训资金超过1000万元，新建技能实训基地6个，开展各类技能培训1万余人次，实现稳定就业近1.5万人，荣获“江苏省就业先进工作单位”称号。城镇居民人均可支配收入增长14.8%、农民人均纯收入增长15%。开工保障性住房面积55万平方米，竣工27万平方米。强化社会管理创新，“仙林模式”荣获“中国幸福城市社会管理创新最佳实践案例奖”，社会服务管理网格化模式在全市推广。全面落实二十项惠民工程，开展惠民利民服务活动1000余场。

现代服务业

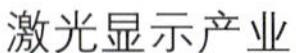

激光显示产业

光电显示产业

仙林科学城发展联盟

佛顶真骨　盛世重光

仙林新市区

坚持统筹兼顾，各项社会事业协调共进。通过全国义务教育发展基本均衡区省级验收。完善全区文化产业发展规划，成功举办第二届“动漫嘉年华”、第十三届金秋栖霞艺术节等，文化产业增加值占GDP比重达8%，旅游总收入预计突破1.5亿元。全区35%社区建成城市社区“10分钟体育健身圈”，成功举办中国南京环八卦洲自行车公路赛。医疗卫生改革深入推进，新型农村合作医疗人均筹资达450元，参合率99.5%、覆盖率100%。

2013年栖霞将全面推进“一城两区”的建设，即国家级仙林科技城、世界级光电显示产业集聚区和国家级龙潭海港枢纽经济区的建设。并以光电显示、生物医药、装备制造、现代物流、科技服务等产业为重点，构建现代服务业与先进制造业“双轮驱动”的产业体系。着力提高经济增长的质量和效益，着力推进环境综合整治和生态文明建设，着力实施创新驱动发展战略，着力改善民生和创新管理，着力提升文化综合实力，舞出栖霞经济社会发展Style。

大学城全景

南京市江宁区

繁华都市

江宁是南京 "三大新市区"之一，面积1563平方公里，辖10个街道，常住人口117.2万人。作为中国最早的建制县之一，江宁距今已有2200多年历史，境内汤山温泉、阳山碑材、南唐二陵、牛首山等众多名胜古迹闻名中外，谢安"东山再起"等人文典故广为流传。江宁地处长江与沿海两大经济带交汇点，拥有21.5公里长江岸线并已建成10个万吨级泊位，沪宁、宁杭、宁马、绕越等高速公路穿境而过，禄口国际机场坐落境内，宁杭城际于2013年7月1日正式开通，地铁三号线、机场轻轨线正加快建设，是长三角重要区域交通枢纽之一。改革开放30多年来，江宁已初步建成一个高端要素集聚、创业活力充沛、现代风貌彰显的新城区。

2012年，江宁区紧紧围绕迎接党的十八大召开、学习贯彻十八大精神和推进基本现代化建设工作主线，大力践行"三争一创"，深入实施"四大行动战略"，整体协调推进经济、政治、文化、社会建设以及生态文明建设和党的建设，在加快转型中保持了科学发展的好势头，迈出了争先率先的新步伐。全年实现地区生产总值945.7亿元，增长13.7%；地方财政总收入269.3亿元，增长24%，其中公共财政预算收入135.8亿元，增长18%；全社会固定资产投资791亿元，增长13%；实际利用外资突破10亿美元；城乡居民收入分别达34970元、15018元，分别增长12.8%和12.7%；"千人计划"人才总数达39人，集聚度居全省第二；市"321引进计划"101人，位居全市前列。江宁蝉联南京率先基本实现现代化区县综合考核第一名，江宁开发区在新设国家级经开区综合发展水平评价中夺得经济发展、科技创新、体制创新"三项第一"，东山街道、秣陵街道、谷里街道包揽全市郊县镇街分类考核现代服务业主导型、先进制造业主导型、现代农业主导型街镇第一名。

鸟瞰新江宁

目前，江宁区正全面贯彻落实党的十八大和省市全会精神，紧扣苏南现代化建设示范区目标，深化“四大行动战略”，按照市委打赢“三大攻坚战”要求，着力增强创新驱动发展新动力、构建现代产业新体系、提升城市现代化新水平、构筑生态文明新优势、形成城乡一体发展新格局、激发体制机制新活力，努力创造人民幸福美好的生活，全力以赴加快创新型国际化高科技产业新城区和幸福乐居生态品质新城区建设，切实以更好更快更优的改革发展业绩，为争当苏南现代化建设先行区、样板区奠定坚实基础。

博物馆

创业大厦

上海大众

小龙湾大桥

石塘人家

生态高速

江苏省江阴市

江阴位于中国江苏省东南部，东经120° 16′，北纬31° 53′，是自上海溯江而上的第一座滨江港口城市。市辖10个镇、5个街道办事处、1个国家级开发区、2个省级开发区，总面积987平方公里，总人口121万人。

江阴自古钟灵毓秀，已有7000年人文史、5000年文明史和2500年文字记载的历史，是良渚文化重要的发祥地之一。明清以来，江阴涌现了地理学家徐霞客、“中国近代图书馆之父”缪荃孙、现代文学家刘半农、民族音乐家刘天华、佛学家巨赞等一大批杰出的人物，拥有近百名大学校长、近20名院士和40多位共和国将军。

2012年江阴经济社会继续实现稳中有进发展，连续多年领跑中国县域经济。全市实现地区生产总值2535.4亿元，比上年增长10.6%；完成全口径财政收入426亿元，其中公共财政预算收入167.2亿元。

经济总量跃上新台阶。2012年全市完成工业总产值6461亿元，比上年增长2.5%；规模经济优势明显，全市规模以上工业企业完成工业产值6003亿元，占全市工业总产值的92.9%。10家企业跻身中国企业500强，16家企业营业收入超100亿元，是全国拥有超百亿企业较多的县（市）。

“江阴板块”年内新增3只股票，目前累计拥有34家上市公司、35只股票，其中境外上市企业达11家，上市公司数量和募集资金总量在全国县级市中继续保持领先地位。

商贸消费继续扩大。全年实现社会消费品零售总额512.2亿元，同比增长14.4%，连续三年蝉联“长三角地区县（市）商业十强”。

“十二五”期间，江阴以科学发展观为指导，全力打造现代化滨江花园城市。总体构思：充分发挥“枕山负水”的环境优势，打造“北依长江，中环群山，南涵湿地”的城市形态。以市域内的“江、河、湖、山”为依托，营造气净、地绿、水清的区域空间环境，最大限度地聚集、整合和统筹城乡资源，突破行政区划限制，科学保护利用山体、水系等自然资源，优化人居环境，提升产业结构，增强城市竞争力。

丰县

丰县地处江苏省西北部苏鲁豫皖四省七县接壤处，下辖14个镇、1个省级开发区和一个大沙河林场，面积1446平方公里，人口116.6万。

历史悠久，人文厚重。丰县古称丰邑，春秋时为宋王偃国都，后相继属魏、楚。秦汉时期属泗水郡、沛郡。是汉高祖刘邦，汉相萧何，道教创始人张道陵等几十位著名人物的故乡；自古有“汉高故里，古宋遗风”和“千古龙飞地，帝王将相神仙乡”的美誉。丰县是汉文化的起源地之一，境内文化旅游资源丰富。丰县还是一方情义水土，古有“纪信救母”、“丁兰刻木”的典故，今有全国道德模范张玲兴、李影、渠立强的凡人义举，感天动地、名扬全国。

县委书记邱成查看福丰纺织车间设备安装情况

生态优美，资源丰富。丰县拥有江苏一流的空气，一流的水质，一流的森林。空气优良天数年均在360天以上，森林覆盖率达39.8%，是“全国平原绿化先进县”、“国家级生态示范县”、“联合国生态示范区”。生活在这里的人民多健康长寿，平均寿命比全国高4.1岁，比全国长寿之乡高1.1岁。境内矿产资源丰富，其中盐矿储量220亿吨，钾矿资源占全国钾矿储量的五分之一。丰县农业产业化水平位于全国前列，是全国果蔬十强县、粮棉大县、养殖强县、乳业强县，“红富士之乡”、“牛蒡之乡”、“薹蒜之乡”、“毛木耳之乡”、“木线条之乡” 享誉中外。

县委副书记、县长郭学习视察重点工程

交通便利，设施完善。丰县交通便利，有高速公路直接通达陇海铁路、京沪铁路、京九铁路、徐州观音机场、商丘机场和济宁机场。境内复新河航道和丰沛运河均直通京杭大运河。千万吨级内河港口正加快建设。经济开发区供水、电、气、通信等综合服务功能非常完善。

渠立强荣获2012感动中国江苏十大人物

经济社会发展迅速。2012年，丰县上下紧紧围绕“三年崛起达小康，五年倍增冲百强”的奋斗目标，经济社会发展实现新跨越。全年累计实现地区生产总值228.73亿元，同

汉源广场

丰县鸟瞰图

比增长13.7%；规模以上工业企业实现总产值328.83亿元，同比增长43%；公共财政预算收入完成24.92亿元，增长26.7%；城镇居民人均可支配收入16186元，同比增长13.5%；农民人均纯收入9783元，同比增长13.5%。全面小康社会4大类25项指标已达标22项，总体达标率88%。成功入选全国宜居宜业典范城市，连续六次进入最具投资潜力中小城市百强。

2013年，是丰县实现“全面达小康、冲刺百强县、开启现代化”的关键之年，全县上下将以时不我待的紧迫感和加快发展的责任感，以加快转变经济发展方式为主线，以改革创新为动力，以改善民生为宗旨，全面落实“八项工程”，积极推进新型工业化、农业现代化、城乡一体化，全面建成小康社会、开启更高水平小康建设新征程。

丰县电动车产业园鸟瞰图

苏鲁豫皖边界果蔬批发市场

徐丰铁路丰县段建设工程

汉皇祖陵

德尔重工系列挖掘机

绚丽四月

江苏省溧阳市

溧阳位于苏浙皖三省交界处，是江苏西南的门户城市，是宁杭经济带区域中心城市，是长三角都市圈重要节点城市。总面积1535平方公里，总人口78.99万，辖10个镇（2个省级开发区）。溧阳从秦时设县，历史悠久，人文荟萃，素有“鱼米之乡”、“丝茶之府”等美誉。近年来，溧阳先后被评为《福布斯》中国大陆最佳商业城市、全国农村综合实力百强县（市）、全国县域经济基本竞争力百强县（市）、国家卫生城市、国家环保模范城市、中国优秀旅游城市、中国长寿之乡、中国建筑之乡，江苏省全面小康达标的县级市。

历史悠久，人文底蕴深厚。溧阳于公元前221年建县，迄今已有2230多年历史，历来是商贾云集、人文荟萃之地，民风质朴、人杰地灵。溧阳上黄水母山发现的“中华曙猿”等大量古生物化石，经中外科学家联合考证，距今已有4500万年，是包括人类在内的高级灵长类动物的共同祖先。春秋时代伍子胥亡楚奔吴途经溧阳，留下了史贞女舍命相救的动人故事；历代文人李白、孟郊、陆游、朱熹等都曾在溧阳留下过足迹和名篇，《猛虎行》、《游子吟》就是分别由李白、孟郊在溧阳时所作；抗日战争期间，陈毅、粟裕等老一辈革命家曾在这里创建茅山抗日根据地，新四军江南指挥部就设在竹箦镇水西村。溧阳人才辈出，拥有中科院、中国工程院溧阳籍院士10名。

交通便捷，区位优势明显。位于长三角几何中心，素有“三省通衢”之美誉，距上海200多公里，离南京禄口机场和常州机场均只要半个小时车程，扬溧高速、宁杭高速、104国道、241省道、239省道贯穿全境，芜太运河直达长江码头。宁杭城际铁路已于今年7月1日正式开通，在溧阳设有2个站台，溧阳将步入“高铁时代”，长三角1小时经济圈正式形成。“十二五”期间，溧阳还将规划建设淮扬镇溧阳铁路客运专线，溧阳至广德、芜湖、常州3条高速公路和S265、S341省道干线公路，届时溧阳区位优势将更为凸显。

山清水秀，生态环境优美。溧阳山水田林兼备，生态环境得天独厚，地貌特征为“三山一水六分田”，有“山水绝佳天目湖，感恩信义溧阳城”之美誉。全市实现“全国环境优美乡镇”全覆盖，是国家生态城市、全国绿化模范县（市）、江苏省园林城市。全市拥有3家国家4A级景区、7个国家级工农业旅游示范点，220多家旅游农庄遍布全市，荣获“中国优秀旅游城市”、“中国旅游竞争力二十强县（市）”称号，是国内外知名、长三角都市圈著名的旅游城市。2012年，全年接待游客1050万人次，旅游总收入105亿元。溧阳天目湖凭借其周边良好的生态和81%的森林覆盖率，每年吸引众多游客来此观光，并常年保持湖水Ⅱ类水质，被誉为“华东游憩首选地”和“江南明珠”，成功跻身4个国家旅游度假区试点行列，荣膺“2012中国最佳节庆旅游目的地”。

经济发达，产业基础扎实。国民经济继续保持平稳较快发展。2012年，全市实现地区生产总值（GDP）559.2亿元，人均GDP达11685美元；财政总收入达到113亿元，规模工业总产值达1356亿元；城镇居民人均可支配收入29852元，农民人均纯收入15261

南山风光

天目湖全景

上齿集团

为南非必和必拓BBA公司生产的SFP-20000-132三相风冷强迫油循环电力变压器

元。全市拥有工业应税销售超亿元企业146家，其中超10亿元企业15家，超50亿元企业5家，超百亿元企业4家。近年来，溧阳加快工业经济转型升级步伐，形成了金属冶炼及加工、机械装备制造、输变电设备制造、新型建材四大传统支柱产业，其中输变电产业集群入选江苏省100个特色产业集群，同时，先进装备、新能源、新材料、动力电池、生物医药、健康养老等新兴产业加速崛起。申特钢铁、上上电缆、金峰集团、新时代控股、江苏国强、华朋集团入选“2012中国民营企业制造业500强”。

特色彰显，优势产业先行。现代农业颇具特色，是江苏省唯一的全国丘陵山区综合开发示范市，被评为全国农田水利基本建设先进单位、全国茶叶标准化示范县（市）、“全国粮食生产先进县”和“中国名茶之乡”。2012年，稻麦两熟亩产之和达到1005.9公斤，粮食亩产实现“吨粮”；拥有高效农业面积48.98万亩，累计建成高标准农田49.52万亩，建成千亩以上现代农业园区64个；农业产业化龙头企业达166家，各类农民专业合作社达到666家，农机合作社经验全国推广。天目湖白茶、溧阳白芹、溧阳三黄鸡荣获国家地理标志保护产品。同时，溧阳还是著名的“中国建筑之乡”、“吊装之乡”、“电梯安装之乡”和“江苏省建筑强市”。2012年，全市建安企业建设项目获国家市政工程金杯奖2项、国家安装科技进步一等奖1项。江苏天目集团等5家企业入选“全省建筑业竞争力百强企业”，正方园集团承建工程再获“鲁班奖”。

创新驱动，投资前景广阔。全力实施创新驱动核心战略，成功引进江苏中关村科技产业园落户溧阳，是中关村在北京市外设立的唯一一家高新技术产业园区，被纳入国家战略层面的苏南现代化建设示范区和苏南自主创新示范区总体规划。目前，园区正处于大力扶持培育新兴产业发展的关键时期，规划总面积为40平方公里，将着力打造以“高端装备及通用航空产业园、健康产业园、电子信息产业园、绿色能源产业园和文化创意园”构成的产业园区和以“软件园、研发区、科教区、总部经济和RBD”构成的科技创新园区，将重点吸引中关村2万多家高新技术企业进行技术成果的产业化，目标成为华东一流、全国知名的科技创新中心和高新技术产业基地。

目前，溧阳将坚持以科学发展观统领全局，紧紧围绕“紧跟苏锡常、同步现代化”战略目标，牢牢把握“总体不滞后、局部当先行、特色更彰显”总要求，突出转型发展主题，坚持稳中求进、又好又快工作导向，全力推进率先基本现代化建设工程，不断推动溧阳经济社会发展迈上崭新的台阶。

常州市武进区

武进区位于中国经济发展最具竞争力的长三角地理中心，距上海、南京、杭州各百余公里，北望长江，南临太湖，西衔滆湖（西太湖）。地域总面积1246平方公里，现辖14个镇、2个街道、1个国家级高新区、1个国家级出口加工区、1个省级经济开发区、1个省级旅游度假区和1个省级现代农业产业园区，户籍人口102万，常住人口约160万。

不断挖掘内涵，武进精神加快形成。武进有2500多年的历史，位于中心城区的淹城是全国最古老、保存最完好的“三城三河”地面古城池遗址，自古人文荟萃、才俊辈出，是全国有名的状元之乡、院士之乡，先后形成了诚信礼让的季子文化、勇争一流的阳湖文化和“四千四万”的创业文化。2012年，根据文化积淀和时代特征，概括提炼出“实干领先，大气和谐”的新时期武进精神，并以新的精神为支撑和引领，推动武进实现跨越争先。

不断创新实践，经济实力大幅攀升。作为“苏南模式”的发源地之一，武进民营经济发达，发展活力强劲，目前全区各类市场主体超过9万户。近年来，武进坚持改造传统产业、壮大新兴产业、发展现代服务业

①科教城
②武进出口加工区
③环球动漫嬉戏谷
④武进区体育馆
⑤区文化艺术中心

春秋淹城

的思路，集中力量培育各类平台载体，加大力度推动科学技术创新，智能装备、新材料、风电、半导体照明、医疗器械等特色产业迅速集聚壮大，产业转型升级步伐进一步加快，实现了经济发展速度与质量、效益的同步提升，综合实力连续多年稳居全国2700多个县(市、区)前十位。2012年，完成地区生产总值1537亿元，公共财政预算收入117亿元，规模以上工业产值3559亿元；工商登记注册外资14亿美元，实际到账外资9亿美元。荣获中国市辖区综合实力百强第六名、全国产业发展典型县区等多项综合性荣誉。

不断扩容提质，美丽形象集中呈现。按照“南建北联、东拓西进、完善中心”的思路，不断加快城市化进程，中心城区5.6平方公里重点核心区渐趋成熟，16.6平方公里核心区加快完善，72平方公里城区框架全面拉开，文化旅游、商业商贸、公共服务等城市功能不断完善，小城镇和新农村建设亮点纷呈，一座现代之城、宜居之城、魅力之城加速崛起。同时，坚持环保优先发展战略，围绕“空气清新，河湖清澈；生态宜人，环境宜居”的目标，大力开展生态创建、村庄环境整治、清水工程等行动，“低碳武进”建设取得显著成效，“花都水城，浪漫武进”的城市品牌进一步打响。

不断加大投入，幸福蓝图加快绘制。根据群众实际需求，连续6年实施30件为民实事工程，较好地解决百姓关心的突出民生问题。大力发展教育、卫生、文化、体育等社会事业，广大群众享受到更加便捷高效的基本公共服务，2012年城镇居民人均可支配收入和农民人均纯收入分别达到3.5万元和1.84万元，城乡居民收入比缩小为1.9:1，阳湖大地展现出和谐稳定、安居乐业的全新景象。

不断登高望远，跨越征程全面开启。如今，武进正深入实施产业转型加速、创新强区建设、资源要素整合、重点园区提升、城乡环境美丽和社会管理创新等“六大工程”，紧盯标杆，奋力追赶，在率先基本实现现代化征程中阔步前进。

⑥新天地公园
⑦延政路新貌
⑧西太湖揽月湾

江苏省张家港市

基本概况

张家港市是长江下游南岸一座新兴的港口工业城市，总面积999平方公里，其中陆域面积777平方公里，下辖8个镇、1个现代农业示范园区、1个双山岛旅游度假区，175个行政村，总人口124万，其中户籍人口91万。东倚上海，南连苏州，西邻无锡，北与南通隔江相望。地理位置优越，交通四通八达。截止2012年底，等级公路通车里程达1527公里，其中：高速公路36公里，一级公路210公里，二级公路545公里，三级公路162公里，四级公路574公里。公路网密度达1.98公里/平方公里。全市各地可在10分钟内进入二级主干道，15分钟内进入一级主干道，20分钟以内进入对外快速通道。

经济实力

张家港市在全国县域经济基本竞争力百强县（市）排名保持前三位。2012年全市实现地区生产总值2051亿元，公共财政预算收入150亿元，规模以上工业总产值4700亿元。全市拥有上市企业19家，有8家企业入选中国民营企业500强，其中，沙钢集团位居世界500强企业第346位。

城市荣誉

全国文明城市
联合国人居奖
国家生态市
全国环境保护模范城市
国家卫生城市
国家园林城市
全国文化先进市
全国科技进步先进市

对外开放

张家港市坚持全方位对外开放政策，全市共有外资企业1300多家，2012年完成进出口总额320亿美元。张家港港口岸线长63.6km，其中宜港深水岸线约35.8km，已开发利用26.1km。至2012年12月，张家港口岸建有泊位118个，其中万吨级以上泊位为65个。张家港口岸完成货物吞吐量2.5亿吨，集装箱运量150万标箱，成为首批世界卫生组织口岸核心能力达标口岸及单位。我国目前唯一位于县域口岸的保税港区张家港保税港区，为长江经济带连接国内外市场发挥着平台钮带作用；全国江苏化工品交易所已成为华东地区最大的专业市场。

科技创新

张家港科技创新实力雄厚，技术创新体系健全，是国家可持续发展实验区、国家知识产权示范创建市。建有省级以上企业研发机构200余家，在全省率先实现大中型工业企业研发机构建设全覆盖。在苏州市率先建成国家可持续发展实验区，荣获国家知识产权创建示范市，全国科技进步先进市“六连冠”。引进领军型创新创业人才170名，引进和培育国家“千人计划”人才33人。540家企业与226家高校院所建立产学研合作关系，建成企业研究生工作站104家，大中型企业建有研发机构的比例达95%，位全省前列。

昆山市

昆山市文化艺术中心

2012年，昆山坚持以科学发展观为指导，紧紧围绕打造“三大名城”的总定位，牢固树立“改革、创新、责任、担当”的理念，大力弘扬“敢于争第一、勇于创唯一”的新昆山精神，全力增创“七大领先优势”，经济社会发展呈现“运行平稳、转型加快、质量提升、民生改善”的良好态势。全年实现地区生产总值2725.3亿元，增长12%；工业总产值8520.5亿元，增长6.5%；公共财政预算收入220.3亿元，增长10%；服务业增加值1069.6亿元，增长18.8%；实际利用外资18亿美元，注册内资251亿元；城乡居民人均收入实现两位数增长。实现台湾电电公会大陆地区“综合实力极力推荐城市”四连冠。连续四年位列福布斯中国大陆最佳县级城市排行榜。

一、全力保持经济平稳较快发展。强化经济运行组织。组织开展春季、夏季、秋季重大产业项目联合开工开业活动，推进158个市级重大项目加快建设，项目开工数和开工率均创近年最好水平。全年完成固定资产投资770亿元，增长19.2%。突出抓好外贸工作，实现进出口总额865.7亿美元，其中出口555.2亿美元，分别增长1.2%和4.1%。加快培育新的消费热点，社会消费品零售总额495亿元，增长17.5%。提高服务企业水平。研究出台推进企业转型升级的新28条政策，创新实施“168”服务机制，深入开展“解决问题月”、“诚信服务月”活动，成立台资中小企业融资担保基金，加强能源、土地、劳动力等要素调控保供。

二、大力推进经济转型升级。新兴产业快速发展。通过整合资源、政策倾斜，推动新兴产业快速成长，新显示、高端装备制造等新兴产业实现产值2860.6亿元，增长12.1%，占规模以上工业比重达37%，比上年提高7.3个百分点。服务经济量质齐升。全市服务业增加值占地区生产总值比重较上年提高2.2个百分点。成功举办首届中国国际进口产品博览会、第七届中国零售商大会、第七届国际发明展览会、世界电子竞技大赛全球总决赛等系列展会。成立昆山创新股权投资母基金，累计引进各类基金320亿元。创业科技小额贷款公司建立运营。全市上市企业增至10家。载体功能加快完善。积极推进深化两岸产业合作试验区申报工作。综合保税区二期通过验收。高新区机器人产业基地成为国家火炬计划特色产业基地。花桥经济开发区跃居“中国服务外包园区十强”第二名。

三、着力增强创新驱动能力。协同创新能力增强。工业技术研究院获批国家技术转移示范机构，阳澄湖科技园获批筹建省级大学科技园。新增产学研联合体68家、企业研发机构157家，全社会研发投入占地区生产总值比重提高到2.8%。高新技术产业产值占规模以上工业的比重达43.7%。创新成果不断显现。新增省级以上科技项目125个，其中国家级项目67个。获批国家级企业技术中心1家。新增专利申请3.15万件、授权2.05万件，其中发明专利授权884件，增长90.9%，万人发明专利拥有量突破12件。高端人才加速集聚。新增国家“千人计划”人才28人（累计59人）、省“双创”人才9人（累计43人）。新增院士工作站2家、国家级博士后科研工作站分站3家。

四、扎实推进文化强市建设。精心塑造文化品牌。全力建设“道德之城、乐仁昆山”，12人荣登“中国好人”榜。成功举办昆台文化交流月活动，精心打造台商大陆“精神家园”。实景园林昆曲《牡丹亭》演出获得成功。举办国际文化旅游节、国际啤酒节、昆剧艺术节等活动，全民健身行动项目荣获世界卫生组织健康城市最佳实践奖。完善公共文化服务体系。深化国家公共文化服务体系示范区创建，基本形成覆盖城乡的三级公共文化设施网络。全市人均拥有公共文化体育设施面积4.9平方米。大力发展文化创意产业。成功举办2012中国动画年会，全国版权示范城市创建工作通过验收，3家企业被认定为国家文化出口重点企业。

五、切实加强社会建设管理。突出“学有优教、病有良医、老有颐养、住有宜居、劳有厚得”和“收入多元、保障多重、生活多彩”的“五有三多”目标，形成社会和谐发展新优势。扎实推进富民增收。完善低收入群体增收政策措施，发放

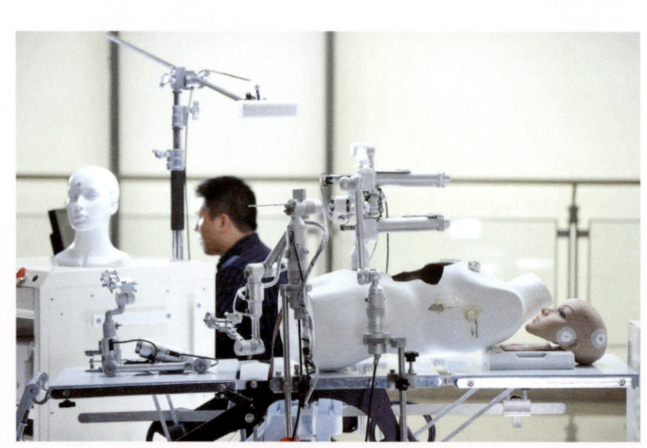

机器人研究所

创业小额贷款3.1亿元，城乡居民收入比缩小到1.71：1。进一步推广村级联合发展方式。全面实施民生保险，稳步提高养老、医疗等保障水平，低保标准提高到每人每月590元，失地进城保退休人员全部纳入社会化管理服务。不断完善公共服务。实施教育惠民工程，建成中小学校、幼儿园18所，开工建设30所，深入开展教师置换式轮岗交流，教育均衡化水平不断提升。大力推进养老服务，新建养老机构2家、社区日间照料中心40家，新增养老床位1706张。加快完善城乡住房保障体系，开工建设农村动迁安置房373万平方米，发放住房公积金贷款19.4亿元。率先在全国县级市实现自动取款机“村村通”。

六、不断提升城市功能品质。规划体系加快完善。市域控规基本实现全覆盖，城市公共交通、高铁公共走廊带、养老服务设施等一批专项规划编制完成。功能设施加快建设。昆山杜克大学获批挂牌，文化艺术中心一期、体育中心游泳综合馆建成试运行，老年大学主体完工，西部高级中学等一批功能项目启动建设。交通体系加快优化。上海轨道交通11号线花桥段完成土建施工，中环快速化工程扎实推进。新投放出租车120辆、公共自行车3000辆。环境面貌加快改善。老居住小区改造有序推进，自然村庄环境整治全面完成。新增绿化面积1600万平方米。昆山被评为“长三角最佳慢生活旅游名城”。

2012世界电子竞技大赛（WCG）全球总决赛

2013年，我们将以党的十八大精神为指引，深入贯彻落实科学发展观，大力弘扬“敢于争第一、勇于创唯一”的新昆山精神，始终秉承“开放、融合、创新、卓越”的城市精神，进一步提振精气神，深化改革创新，扩大对外开放，强化责任担当，更高层次统筹推进经济、政治、文化、社会、生态文明建设，更高水平推进率先基本实现现代化，继续走在现代化建设的前列。

全民健身中心

公共自行车

开发区夏驾河公园

太仓图博中心

江苏省太仓长江口旅游度假区揭牌仪式

全国首家中德中小企业合作示范区在太仓成立

2012太仓德国啤酒节

太仓市

太仓，位于江苏省东南端，东濒长江，南邻上海，是中国经济最为发达的长江三角洲上的一颗璀璨明珠。市域面积823平方公里，下辖国家级太仓港经济技术开发区（港区、新区）、科教新城、6个镇、娄东街道、76个村民委员会、70个社区居民委员会。2012年末全市户籍人口47.3万人，在册流动人口45.8万人。

近年来，我市以率先基本实现现代化为目标，充分发挥沿江沿沪优势，大力实施创新引领、以港强市、接轨上海、城乡一体、可持续发展五大战略，全市经济社会继续保持又好又快的发展态势。**一是经济实力持续增强。**综合实力连年处于全国百强县（市）前十位。2012年，完成地区生产总值955.1亿元，全口径财政收入230.2亿元，公共财政预算收入90.2亿元，工业总产值2436亿元，全社会固定资产投资472亿元。**二是产业转型升级加速。**基本形成特色明显的现代产业体系。新兴产业产值、高新技术产业产值占规上工业产值比重分别为46%、超过25%，服务业增加值占GDP比重42%，成为国家级现代农业示范区。累计引进培育国家“千人计划”人才5个。省级长江口旅游度假区、大学科技园和8个特色经济产业园区等载体建设加快。**三是改革开放深入推进。**省经济发达镇行政管理体制改革试点工作深入推进，区镇（街）合一、农村社区股份合作制改革不断深化。上市企业累计达5家。太仓港开辟航线108条，去年货物和集装箱吞吐量分别完成1.2亿吨和401万标箱，成为全国第一个享受海港待遇的内河港口。180家德企、20多家世界500强企业、25家央企落户太仓。获批国家级中德（太仓）中小企业合作示范区。**四是城市功能品质提升。**主城区、新港城和三个中心镇等“一市双城三片区”建设加快，现代田园城市雏形初步形成。56.2%的农民实现集中居住，合作农场达到100家，村均可支配收入达603万元，城乡发展一体化成效显著。林木覆盖率达17%，荣获国家园林城市、国家卫生城市、国家级环保模范城市等称号。**五是社会民生和谐幸福。**城乡居民收入分别达到39422元、19411元，增长13.0%和12.8%。全民大病再保险成为国家医保新政蓝本，社保综合水平全国领先。“政社互动”等社会管理创新实践扎实推进。第九次获评省平安市，连续4年获评中国最具幸福感城市。

太仓港集装箱码头

Jiangsuhaian

海纳百川 安居乐业

南通市政协副主席，海安县人大常委会主任、中共海安县委书记单晓鸣

中共海安县委副书记、县长陆卫东

海安是江海文明发源地，有着6000多年悠久历史，地处南通、盐城、泰州三市交界处，东临黄海，南望长江，靠江靠海靠上海，是苏中水陆交通要冲，面积1108平方公里，人口93.9万人，辖10个区镇，其中，1个国家级开发区，1个省级高新区。2012年，全县实现GDP480.14亿元，完成财政总收入100.14亿元，公共财政预算收入37.53亿元，城镇居民人均可支配收入26771元，农民人均纯收入12663元。

近年来，海安深入贯彻落实科学发展观，抢抓机遇，聚力跨越，走出了一条统筹协调、又好又快的发展新路。装备制造之乡，建筑之乡，茧丝绸之乡，河豚之乡，纺织之乡，紫菜之乡，花鼓之乡，教育之乡，长寿之乡，让海安大地尽显绰约风姿。新型工业化、城市化进程稳步推进，工业崛起，产业支撑，

■ 纺织之乡——联发集团生产车间

■ 茧丝绸之乡——鑫缘集团研发中心

■ 装备制造之乡——江海集团机械车间

■ 河豚之乡——中洋集团养殖河豚

■ 建筑之乡——苏中集团获“鲁班奖”工程

■ 化纤之乡——中山合纤生产车间

科技先行，生产性服务业和工业转型升级相得益彰。建成国家火炬计划电梯部件、建材机械、锻压装备三大特色产业基地，被认定为省装备制造业特色产业基地、省新型工业化示范基地；建成全省第一条完整光伏产业链。“枢纽海安、物流天下”、“河豚之乡、休闲海安”品牌日渐叫响，2012年，被江苏省确定为苏中苏北县级城市中重要的省级枢纽城市。七星湖畔徜徉，花鼓丛中漫步，这里天蓝，地绿，水清，宜居宜家，是苏中、苏北首家国家生态县。

创业之城，创新之城，生态之城，和谐之城，迈向现代化的海安活力四射，张力无限，绘就着一幅大美海安新画卷。

■ 花鼓之乡——海安花鼓

江苏省东海县

东海水晶

地处黄海之滨、横跨陇海铁路的江苏东海县，是闻名世界的“中国水晶之都”，素有“秀甲苏鲁、海天福地”之美誉。全县辖17个乡镇、2个街道、2个国营场、1个省级开发区和1个省级旅游度假区，总面积2037平方公里，人口118万。近年来，先后获得全国粮食生产先进县标兵、全国文化先进县、全国科技进步考核先进县、国家级生态示范区、国家首批绿色能源先进县、江苏省文明城市、园林城市、卫生城市等50项国家和省部级荣誉称号。2012年，实现地区生产总值277.3亿元，全口径财政收入69.98亿元，公共财政预算收入27.46亿元，城镇居民人均可支配收入19726元，农村居民人均纯收入9910元，在全市率先实现全面小康，跨入全国县域经济基本竞争力百强县行列。

悠久的文化历史。境内的大贤庄旧石器文化遗址、温泉尹湾汉墓群、房山摩崖石刻、曲阳汉代古城遗址等古址古迹是东海悠久文化历史的见证。现代著名散文家朱自清、当代著名画家彦涵都出生在东海，老一辈无产阶级革命家刘少奇等都曾在东海战斗和生活过。

丰富的资源禀赋。东海温泉，水质透明滑润，富含30多种对人体有益的矿物质和微量元素，是中国难得的返老还童泉，有“华东第一温泉”的美誉。东海是重要的世界水晶集散地和东方石英中心，拥有全国最大的水晶交易市场，硅微粉、石英玻璃管、石英玻璃原料产量在全国举足轻重。“东海水晶”、“东海大米”、“东海（老）淮猪肉”、“黄川草莓”获批国家级地理标志保护产品。

美丽的滨湖城市。东海是全国为数不多的集海运、铁运、空运、陆运、水运于一体的沿海开放县。连云港民航机场坐落境内，陇海铁路横贯全境，公路运输交织成网，2条高速公路、2条国道、3条省道交汇穿越。东海依托西双湖这颗面积8.1平方公里的城市明珠，按照建设“70平方公里，60万人口”规模城市目标，高水平、高质量建设商务新区、滨河新区、科教创业园区、温泉旅游度

双湖新城

少儿版画创作现场

122民生热线暨应急联动指挥中心

硅工业生产车间

假区等城市组团，城市功能配套齐全，基础设施完善，极富现代气息、文化品位和生态特色，连续三年获得全省24个建制县生态环境综合评比前列，努力打造江苏沿海城市群中最美的新兴城市。

强劲的发展势头。坚持以发展创新经济为先导，更加注重经济转型，构建与实现全面小康相匹配的现代产业体系。

——**工业经济实力不断发展壮大**。获批建设新材料国家高技术产业基地西核心区，连续两年被评为中国百佳产业集群，工业增加值年均增长20%。加快打造以硅材料为主导的千亿新材料产业集群及食品工业、机械汽配、新型建材三大特色百亿产业集群，发展优势和潜力持续增强。深入推进国家级可持续发展实验区创建，成功进入省第二批创新型试点城市，创新能力、人才引育保持苏北领先。

——**现代服务业持续优化升级**。不断擦亮“东海水晶”品牌，水晶市场销售额突破60亿元，“大姐吴兆娥”商标荣获中国驰名商标，全国首家水晶文化创意产业园一期投入使用，水晶博物馆、新水晶交易市场开工建设。精品旅游加快构建，全力打响“华东第一温泉”品牌，温泉旅游度假区获批省级旅游度假区、国家4A级旅游景区，福如东海大酒店荣膺五星级酒店，“东海水晶”获评长三角地区最具影响力旅游地理标志称号，李埝林场青松岭森林公园获批国家3A级旅游景区。商贸金融、科技研发、现代物流等服务业集聚区同步快速发展，东海现代服务业特色鲜明、优势突出、辐射强劲。

——**农业经济形势喜人**。深入开展省农业现代化试点县建设，粮食生产连续九年丰产丰收，高效农业面积近60万亩，鲜切花、优质稻米、设施蔬菜、生态草莓等特色产业不断壮大。

华东第一温泉

江苏省首批文化科技产业园——东海水晶文化创意产业园

设施花卉培育场

淮安市淮阴区

中共淮安市淮阴区委书记
淮阴区人大常委会主任　刘学军

中共淮安市淮阴区委副书记
淮安市淮阴区人民政府区长　徐东海

淮阴是敬爱的周恩来总理的故乡——淮安市的直辖行政区，因古时地处淮河之南而得名，秦时置县，至今已有2200多年历史。淮阴是汉代大军事家韩信的故乡，“一饭千金”的故事流传至今，享有“千年古县”、“母爱之都”之美誉。淮阴还是革命老区，新四军八十二勇士御敌三千、全部以身殉国的英雄壮举就发生在淮阴区刘老庄乡。2001年撤县建区，区域面积1264平方公里，现辖21个乡镇、1个国家级淮安淮阴台湾农民创业园、1个省级高新技术产业开发区，91万人口。

近年来，淮阴区紧紧围绕“建设更有尊严更加幸福新淮阴”的目标定位，坚持城市发展和新农村建设“两副重担一肩挑”，大力实施“工业淮阴、生态淮阴、开放淮阴、爱心淮阴、创新淮阴、阳光淮阴”六大战略，扎实推进“新型工业化、城乡一体化、经济外向化、成果普惠化、社会文明化”五大进程，以高新区、工业新区和乡镇工业集中区“三区”引领工业加速崛起，以“一体两翼”战略引领城市建设，以打造乡镇工业长廊、美丽集镇组团和现代农业片区的新要求引领镇域经济发展，以集中签约、开工和竣工“三集中”活动引领重大项目建设，有力地推动了全区经济社会持续健康发展。

通过多年的努力和奋斗，淮阴经济社会发展有了较好的基础，多项指标位居全市前列，部分指标在苏北县区也处于第一方阵。2012年，全区实现地区生产总值280亿元，公共财政预算收入28.6亿元，完成规模以上固定资产投资150.1亿元，完成规模以上工业开票销售收入268.2亿元，城镇居民人均可支配收入、农民人均纯收入分别达到20206元、9195元，全面小康社会建设25项指标已有20项达标。其中，公共财政预算收入、规模工业开票销售总额、净增列统企业数等主要经济指标位居全市县区第一，地区生产总值、规模以上固定资产投资等指标位居全市第二，在2012年全市科学发展目标综合考核中获得一等奖。2012年省统计局评价的10项指标中，淮阴在苏北5市25个县区中，人均GDP、公共财政预算收入、规模以上工业增加值、外贸出口总额、实际到账外资、城镇居民人均可支配收入等6项指标进入苏北前十，农民人均纯收入增幅位居苏北县区前列。

目前，淮阴区正奋力主攻“建成全面小康”这一决胜目标，奋力冲刺，全力赶超，确保2013年建成全面小康，让90万淮阴人民共圆“小康梦”。今后3-5年，淮阴区将紧紧围绕“淮安领先、苏北前十、全

热火朝天的振达钢管生产车间

生态新北城

中国淮阴东方母爱文化博物馆
——凝固的建筑语言

淮阴人民多姿多彩的文化生活

国百强”的发展追求，矢志跨越，奋勇前行，继续扩大全市领先优势，努力走在全市前列；通过三年努力，力争主要经济指标全部进入苏北前十行列；通过五年努力，在巩固苏北前十的基础上，从经济发展、社会进步、生态文明和政府效率等方面持续发力，向全国百强县市看齐，争取主要指标进入全国百强行列。

八十二烈士纪念馆

“爱心淮阴”普惠百姓

和谐家园

江苏大丰市

JIANGSUD

麋鹿故乡

湿地之都

黄海港城

上海"飞地"

大丰位于江苏省中部、上海市北翼，总人口72.5万，总面积3059平方公里，辖12个镇、两个省级开发区，境内有上海市属农场和江苏省属农场各3家，是国家首批可持续发展先进示范区、国家首批生态示范区、国家卫生城市、中国优秀旅游城市、国家科技进步先进县（市），是江苏省文明城市、社会治安安全县（市），在苏北首批通过全面小康社会验收。

大丰是麋鹿故乡，建有世界最大的麋鹿自然保护区，被授予"中国麋鹿之乡"称号。大丰是湿地之都，拥有太平洋西岸最大的湿地，被列入世界重要湿地保护名录。大丰是黄海港城，大丰港是江苏中部唯一的出海通道、国家一类对外开放口岸、对台直航港口。上海驻大丰农场辖区面积307平方公里，是上海域外面积最大的"飞地"。

2012年，全市实现GDP393.4亿元，财政总收入突破100亿元，公共财政预算收入突破40亿元，城镇居民人均可支配收入22471元、农民人均纯收入13517元。GDP、公共财政预算收入、规模以上工业增加值、服务业增加值、工业投资、城镇居民人均可支配收入等指标增幅以及实际到账外资、出口总额、银行新增贷款、全社会用电量等指标盐城前列，列"全国县域经济基本竞争力百强县（市）"第55位。

NGSHI

大气 包容 创新 争先

盐城市盐都区

物联大厦

盐都区地处江苏沿海、苏北平原中部，是盐城的两个城市区之一，现辖11个镇（街道）、7个社区街道、1个省级高新区和1个农村经济开发区，拥有250个村（居），面积1047平方公里，户籍人口71.5万人。

历史悠久，人杰地灵。诞生过“建安七子”之一的陈琳、南宋节臣陆秀夫、明初贤达朱升（“高筑墙、广积粮、缓称王”进言者）、明末清初大书法家宋曹、“苏北的鲁迅”宋泽夫、“中共一枝笔”胡乔木、国民党元老郝柏村、全国知青的榜样董加耕等一批杰出人物。抗日战争中，震惊中外的皖南事变之后，新四军在盐城重建军部，重振旗鼓，开创了华中抗日根据地，人民领袖刘少奇、开国元帅陈毅等许多老一辈革命家在此留下过战斗的足迹。2004年3月，撤销盐都县设立盐都区。

在这片土地上， 生态独特，资源丰富。境内沟河纵横，水网密布，水绿特色独树一帜，被评为国家级生态示范区。农业生产的自然条件优越，素有“鱼米之乡”的美誉，粮、棉、肉类产量均位列全国百强。近年来，推动传统农业向高效农业、设施农业、观光农业和都市农业转型，使步湖路城乡统筹示范带成为生态观光旅游产业带，用里下河水乡特色的生态之美、人文之美、民风之美尽显盐都田园秀美。

近几年来，盐都区积极策应市委、市政府建设沿海中心城市的战略决策，着力打造“以城市生活功能为主，融商务贸易、行政办公、现代物流、生产制造等功能于一体、具有浓郁水乡风情的现代化新城区”。与此同时，科技、教育、文化、卫生等各项社会事业全面协调发展。全区上下全力抓好风电装备、电子信息、新材料三大新兴产业园建设，“对外互通、内部循环”的基础设施框架基本建成。风电装备产业方面，总投资50亿元的华锐风电盐城产业基地形成规模，形成了1.5MW、3MW、5MW和6MW风电机组的生产能力，其中6MW风电机组是目前我国单机容量最大的风电机组，标志着我国成为继德国之后第二个能自主生产单机容量为6MW风电机组的国家。国家能源海上风电技术装备研发中心、风电装备检测中心和江苏省海上风电研究院等新特产业创新平台积极在建。电子信息产业方面，莱迪斯特SMT、汉奇光电（中联发电子触摸屏）、锐毕利通讯电子一、二期工程、百斯特控制系统一期工程等项目已建

重庆啤酒盐城公司

悦达纺织园

盐都区博物馆

成运营。新材料产业方面，江苏六甲高分子材料有限公司是中国唯一能提供超高分子量聚乙烯纤维工程设计、成套装备制造、安装、调试开车、人员培训一条龙技术服务的企业，已拥有20多项自主知识产权，打破了国外在高性能高科技纤维技术上的封锁。目前公司已建3万多平方米的大型厂房，4条超强PE纤维生产线已安装调试完备，正处于试生产阶段，将逐步投产达效。

近年来，全区在“双新”（打造创业、宜居、水绿特色现代化新城区，建设富庶、文明、田园秀美城镇化新农村）目标引领下，经济社会实现了超常规跨越发展，连续七年获全市目标任务绩效考核综合先进奖。2012年，全区实现GDP317亿元、全社会固定资产投资168亿元、财政总收入53亿元、一般预算收入33亿元、城镇居民人均可支配收入23881元、农民人均纯收入12837元。

充满生机活力、蕴含无限希望的魅力盐都，热忱欢迎海内外宾朋、各界人士视察指导！

4A级风景区大纵湖风光

盐都郭猛台湾农民创业园

江苏翡翠湾花卉交易中心

华锐风电产业园

江苏省高邮市

中共高邮市委书记韩方

高邮市市长方桂林

高邮是全国2000多个县市中唯一以“邮”命名的城市，公元前223年，秦王嬴政在境内筑高台、置邮亭，故名高邮。高邮位于江苏中部，京沪高速公路和京杭大运河纵贯南北，全市总面积1922平方公里，水域面积约占40%，耕地面积118万亩，总人口82万。辖19个镇和全省唯一的1个少数民族乡（菱塘回族乡）、1个省级经济开发区。

自然资源丰富。高邮土地肥沃，物产丰富，素有“鱼米之乡”之称。盛产优质粳米，也是全国罗氏沼虾养殖标准示范区。高邮麻鸭为全国三大优良鸭系之一，高邮咸鸭蛋被列为国家原产地域保护产品。境内有国家级农业综合开发高新科技示范区、国家级农产品加工中心禽蛋分中心、海峡两岸合作试验区水产水禽产业园。

生态秀美宜居。烟波浩淼的高邮湖面积780平方公里，是全国第六大淡水湖、江苏省第三大淡水湖。京杭大运河高邮段遗址全长43公里，自然、人文风貌均得到完整保存。高邮服务业繁荣，各类商业设施齐全，蝶园市民广场、文游市民广场、净土寺塔广场等人文设施配套完善。初步形成了融水乡景色、历史景点、现代景观为一体的大旅游格局。

发展活力迸发。改革开放以来，特别是近几年来，高邮经济社会发展迅速，形成了以太阳能光伏、绿色照明、超高压电缆和特种电缆、机电制造、品牌服装、新材料新医药为代表的优势特色产业，是中国羽绒服装制造名城、中国路灯制造基地、全国高纯度硅材料生产基地和全球最大的手提电脑软板生产基地。

新河河南岸风光带

净土寺夜色

2012年，高邮全市实现地区生产总值336亿元，财政收入50.99亿元，其中公共财政预算收入21.72亿元，实现了3年翻番，全社会固定资产投资237.79亿元，城镇居民人均可支配收入22588元、增长12.5%，农民人均纯收入11828元、增长13.2%。近年来，高邮先后被评为国家级生态示范区、国家生态市、全国科技先进市、全国文化先进市、全国平原绿化先进市、全国集邮之乡、江苏省双拥模范城、江苏省首批历史文化名城、江苏省卫生城市、江苏省文明城市等荣誉称号。

2013年是落实十八大精神的开局之年，高邮将把握“稳中求进”的总基调，突出“提振信心、提质转型、提速跨越”主题，坚持创新驱动提升经济质态，坚持先进方向提升文化活力，坚持以人为本提升民生幸福，全面实现经济社会的跨越式发展。

大淖河

高邮麻鸭

城市商务大厦

城市街景

桥

概况

镇江市委常委
丹阳市委书记——童国祥

丹阳市市长——斎玉乾

DANYANG OVERVIEW

丹阳，丹凤朝阳之意，位于江苏省南部，东邻常州市武进区、新北区，西接镇江市丹徒区、句容市，南与金坛市接壤，北接镇江新区，并与扬中市隔江相望。总面积1047平方公里，户籍人口81.2万人，辖13个镇和1个省级开发区。

丹阳历史悠久，是董永与七仙女传说的发源地，境内的凤凰山遗址表明6000多年前就有先民在此生活。战国时期设云阳邑，公元前221年秦朝建立后，设云阳县，不久改名为曲阿县。唐天宝元年（742年），因当时境内生长着众多的“赤杨树”，“赤”与“丹”同义，“杨”与“阳”谐音，后取“丹凤朝阳”之意，定名丹阳。西晋玉乳泉、唐中和铜钟、南朝石刻、北宋嘉山寺、明朝万善塔等众多名胜古迹是丹阳悠久历史的有效见证。丹阳人杰地灵、人文荟萃，名人志士，贤臣良将，代不乏人。丹阳是春秋时期伟大德者、智者和贤者——季子的隐居之地，也是南朝齐梁两代帝王的故里。唐代大诗人许浑，近现代著名教育家、上海复旦大学创始人马相伯，著名社会科学家、教育家戴伯韬，著名书画家、美术教育家吕凤子，语言学泰斗吕叔湘，以及对革命事业作出过贡献的共产党人夏霖、黄竞西、管文蔚和匡亚明等一大批名人志士均出自丹阳。

通过多年的努力，丹阳已成为沪宁线上新兴的工贸城市，经济基本竞争力位居全国百强县（市）第16位，综合实力居江苏省十强县（市）第8位，先后荣获“中国和谐城市”、“中国特色魅力城市200强”等称号，是全国首家“国家旅游产业创新发展实验市”。

1．发展提速、质量提升、效益提高正成为丹阳发展的主趋势。2012年全市实现地区生产总值830.5亿元，增长13.1%；一般预算收入50.09亿元，增长21.8%；工业销售收入2086.25亿元，增长19.2%；全社会固定资产投资395.41亿元，增长21.3%；财政总收入118.16亿元，增长15.2%。企业和产业规模不断壮大，目前拥有亿元企业171家，10亿企业15家，百亿企业4家，相继建成“中国眼镜生产基地”、“中国眼镜出口基地”、“江苏省五金工具出口基地”和“国家级车辆灯具检测重点实验室”、“中国汽车零部件制造基地”、“全国汽车零部件出口基地”、“中国鞋业基地”、“国家汽摩配件生产示范区”。眼镜产业成为国家行业标准的制定者，五金工具产业正从普通工具钢向模具钢、特钢发展，木业产业夺得国内同行业10大品牌中的三块，汽车零部件产业正从零部件制造走向整车制造。同时，新材料、新能源、装备制造、新医药等新兴产业逐步形成规模，成为新的亮点。尤其是新材料产业，与国家大飞机项目形成了紧密的合作关系，解决了国内主要行业许多急需的功能纤维、高性能金属和新型化工等材料，并创建了航空航天产业园和院士工作站，正打造我市第一个千亿级产业群。为进一步促进产业集聚集约发展，丹阳正在全力打造“6+1”重点产业园区，其中“6”是指高新技术产业园、生命科学产业园、航空航天产业园、家纺产业园、汽车零部件产业园、先进装备制造产业园，“1”是指开发区。

2．创新驱动、人才带动、金融推动已成为丹阳发展的主动力。丹阳连续8年被评为全国科技进步先进县（市），是国家知识产权示范城市创建市，科技创新专项资金设立、争取省重大科技成果转化专项扶持资金、“国家科技兴贸基地”建设等多个方面在全省县级市领先，煤制乙二醇、平面转立体电影、商用陀螺仪、大型熔模铸造、第三代消防车、光扩散综合膜、玻纤单丝连续毡、高速工具钢水平连铸等200多项技术和成果

DANYANG OVERVIEW

填补国内空白，20多项技术达到国际先进水平。加快引进高层次人才，目前拥有108个海归创业创新团队、238多名高层次人才，其中6人入选国家“千人计划”，43人入选省“双创计划”，被评为省高层次人才创新创业基地。与中科院排名前10位的研究所中的7家建立了战略合作关系，40多名院士在丹阳担任特别顾问。同时，构建起科技型企业、科研院所、金融机构三者强强联合的“金三角”模式，在金融创新上形成亮点。积极鼓励企业上市，共有上市企业9家，总市值突破600亿元，还有拟上市企业34家，立足于上市的企业70多家。在全省首创天工惠农小额贷款公司，目前共有10家小额贷款组织，农民资金互助合作社15家，并成立了1家村镇银行。积极发展风投、担保公司，年担保能力突破100亿元。

3．优化服务、强化开放、深化改革已成为丹阳发展主抓手。强化服务环境建设，在行政审批过程中推行“一站式服务、一票制收费、一车制勘察、一表制审批”制度，成为沪宁线上收费项目最少、收费标准最低的城市，吸引德国汉高、法国欧尚、美国AIG、德国贺利氏等世界500强企业先后落户。2012年实现进出口总额26.51亿美元，增长13.1%。同时，积极鼓励企业“走出去”，全市境外投资规模继续保持全省县（市）前列。坚持以制度建设为发展“保驾护航”，近年来相继形成了大项目领导挂钩扶持、“飞地”工业、“万人问卷”、党务公开目录、领导班子和领导干部绩效考核等一批有创新、有特色的制度。

4．统筹发展、共享发展、和谐发展正成为丹阳发展的主基调。城镇化率由48%提高到58%，形成“一城两区、一体两翼”的城市布局。2009年获得了“国家卫生城市”称号，国家生态市创建工作已通过环保部考核验收。在加快城市建设的基础上，创新举措，加快新农村建设，构建“新市区—新市镇—新社区”三级城镇体系。以练湖为代表的新市区建设，以界牌为代表的“全镇一体化”新市镇建设，金桥村、群楼村等为代表的一批新社区建设正在加快推进。同时，积极解决社会发展和民生领域的突出问题，集中力量办好公开承诺的民生实事。2012年城镇居民可支配收入30120元，增长13.1％；农民人均纯收入15171元，增长13％。社会保障体系日趋完善，全面实施新型农村社会养老保险制度，累计参保人数达22万余人，建立了覆盖城乡、惠及全民的社会养老保障体系，基本做到了“应保尽保”。基本医疗保险人数超过16万人，农村合作医疗人数超过60万人。城镇劳动保障三大保险参保率达到99%以上。各项社会事业走在全省前列，是全省首批教育基本现代化县市，连续9次被授予“江苏省平安县（市、区）”荣誉称号。

全国最大的眼镜交易市场——中国眼镜城

开发区科技创业园

沪宁高铁丹阳站

新农村建设

江苏省淮安市

淮安是一代伟人周恩来总理的故乡。秦时置县，明清鼎盛时期，与扬州、苏州、杭州并称京杭大运河沿线“四大都市”。目前下辖清河、清浦、淮安、淮阴四区和涟水、洪泽、金湖、盱眙四县，总人口546.81万人，总面积1.01万平方公里。拥有国家历史文化名城、国家卫生城市、国家园林城市、国家环保模范城市、中国淮扬菜之乡、中国运河之都、中国优秀旅游城市、全国双拥模范城市、江苏省文明城市等称号。

2012年，淮安积极抢抓省委、省政府支持加快建设苏北重要中心城市机遇，强力推进“五大建设”，全市经济实现持续平稳较快发展。完成地区生产总值1920.91亿元，增长13.1%；财政总收入、公共财政预算收入分别达438.36亿元、233.61亿元，分别增长7.5%和14.2%；规模以上工业增加值958.88亿元，增长17.2%；规模以上固定资产投资1247.99亿元，增长22.3%；社会消费品零售总额633.24亿元，增长15.6%；进出口总额42.41亿美元，增长48.6%；注册外资实际到账21.21亿美元，增长30.9%；城镇居民人均可支配收入22995元、农民人均纯收入9838元，分别增长13.5%和13.8%；省定全面小康四大类25个监测指标中21个达标。在经济发展的同时，转型升级加速推进。三次产业结构优化调整到12.9:46.3:40.8。特钢、盐化工、电子信息、食品和节能环保等五大主导产业实现产值2051亿元，占规模以上工业产值53%；新材料、生物技术和新医药、新能源和环保、软件和新一代信息技术、高端装备制造、新能源汽车、智能电网等七大战略性新兴产业实现产值650亿元，增长32.1%。软件信息业销售收入突破30亿元。新认定省级新型工业化示范基地、省级特色产业集群3个。高新技术产业实现产值956.5亿元，占规模以上工业产值的24.5%。

江苏省涟水县

涟水县地处淮安市东北部，县域面积1676平方公里，下辖19个乡镇、1个省级经济开发区，户籍人口111万。涟水历史悠久、文脉厚重。自公元前117年建县至今，已有2100多年的历史，养育过鲍照等古代文化名人和吴强等当代作家，米芾、吴昌硕两位书画大家曾经先后在此任职。涟水环境优美、景色宜人。涟水因水而得名，古黄河、涟河、盐河穿境而过，兼具自然和人文景观的五岛湖公园镶嵌城区，“城在水中、水在城中”的特色非常鲜明。涟水教育发达、文教昌明。涟水人历来崇文尚学，勤学苦读的社会风气非常浓郁，素有“安东出才子”的美誉。涟水交通便捷、物流畅达。公路、水道、空运方便快捷，“水陆空”的大交通格局初具雏形，涟水机场和盐河三级航道的开通，为项目落户、产业集聚创造了有利条件。涟水革命老区、历史光荣。涟水是全国著名的革命老区，苏北“抗日第一枪”、“涟水保卫战”等在这里打响，无数仁人志士为了人民的自由解放前仆后继、英勇献身。

2012年，面对复杂严峻的宏观形势，涟水县坚持“稳中求进、又好又快”的工作基调，全力以赴保增长、促转型、惠民生，经济社会保持了平稳健康发展的良好态势。经济发展稳中求进。完成地区生产总值228.6亿元、财政总收入38.8亿元、公共财政预算收入21.6亿元，全年实际到账注册外资2.1亿美元。城乡建设强势推进。实施了一批重点城建项目和交通项目，城区路网完善、市政设施扩容等工程有序推进，城市的功能和形态得到了优化。大力开展村庄环境整治，农村人居环境不断提升。群众生活持续改善。城镇居民和农民“两项收入”分别达到18116元、9185元。扎实推进社保扩面提标工作，五大社会保险参保人数超过60万。

当前，涟水县以贯彻落实党的十八大和全国“两会”精神为指引，围绕“建设更高水平全面小康”的总体目标，确立主要经济指标、民生指标增幅高于淮安、高于苏北、高于全省“三个高于”的工作追求，坚持以工业化、城镇化“双轮驱动”为主要抓手，加快把涟水打造成为工商繁荣、生态宜居、文明和谐的新兴中等城市，在苏北建设更高水平全面小康进程中争先进位。

酒香古镇　生态高沟
传承灿烂文化　再创幸福明天

中共淮安市委常委
涟水县委书记　董平

涟水县人民政府县长
吕春雷

中共淮安市委常委、涟水县委书记董平、县长吕春雷在淮安源通制帽有限公司调研

中共淮安市委常委、涟水县委书记董平、县长吕春雷在淮安强凌照明有限公司调研

涟水县红窑镇龙兴中心村

涟水县五岛湖公园

金湖

荷花荡景区

农民水上运动会

金湖简介

县委书记肖进方

县长龚晓琴

金湖县位于江苏省中部，地处淮安、扬州、安徽滁州两省三市交界处，上连洪泽湖，下接长江，被誉为江湖要塞上的“小江南”。县域总面积1394平方公里，其中水面420平方公里。人口36万，现设11个镇，1个省级开发区，7个国有农林场圃，3个部队农场，获得了国家科普示范县、国家园林县城、省文明城、省卫生县城、省生态县、省教育现代化先进县、省法治建设示范县等称号。基本情况可以概括为“四个好”：

一是自然禀赋好。水生资源多，高邮湖、宝应湖、白马湖三湖环绕，淮河入江水道横穿腹地，水域面积约占县域面积的1/3，盛产龙虾、大闸蟹、荷藕等水生动植物，是“鱼米之乡”、“中国湖鲜美食之乡”，1959年建县时，周恩来总理在国务院第100次常务会议上亲自定名金湖，即取湖中“日出斗金”之意。土地资源多，拥有耕地75万亩、滩涂40万亩，耕地和滩涂人均拥有量位居全省前列。油气资源多，已探明石油储量4000多万吨，天然气储量5亿多立方米，建有“西气东输”工程国家储气库。

二是生态环境好。环境质量优，绿色生态是最显著的特色，林网化率99.9%，森林覆盖率20.5%，2010-2012连续三年生态环境状况全省排名第一，是中国绿色名县。旅游景点优，拥有国家3A级景区万亩荷花荡、荷花广场、白马湖生态渔村、水上森林公园等生态旅游景点，是中国最佳休闲水乡。绿色产品优，拥有中国地理标志商标7个，无公害农产品、有机食品、绿色食品品牌334个、生产面积占比位居全省第一，是国家生态农业示范区、江苏省无公害农产品产地整体推进县。

三是人文风气好。渊源深厚，1998年商务印书馆出版的《中华人民共和国地名大词典》，明确记录金湖塔集是尧帝出生地。底蕴丰厚，每到盛夏，到处呈现“接天莲叶无穷碧、映日荷花别样红”的胜景，被命名为中国荷文化之乡、中国荷文化传承基地，正在打造具有苏北特色的、令人向往的“中国荷花之都”。民风淳厚，受尧文化、荷文化、水文化的熏陶和齐鲁文化、淮河文化、吴楚文化等地域文化的影响，金湖人秉性中和、热情包容、诚实守信，连续14年未发生重大刑事案件，被表彰为首批“全国法治县创建先进单位”，连续10年被命名为省“平安县”。

四是发展前景好。工业基础强，初步形成以石油机械、汽车及零部件、工业物联网、煤矿机械为主导的高端装备制造产业，以纳米材料、新型防火材料、光伏产品为主体的新能源新材料产业，建成国家石油机械特色产业基地、省汽摩配产业园、省仪表线缆产业集群品牌培育基地等8个产业平台，省级经济开发区在苏北综合排名第三、是江苏省新型工业化产业示范基地。交通区位优，全面实施交通十大工程，金宝一级公路东连京沪高速、西接宁淮高速，淮金线贯穿南北，正在施工的金马高速直达南京，县城距南京禄口机场只有1.5小时车程，距淮安涟水机场、扬州泰州机场只有1小时车程，连接京杭大运河的金宝航道“六改三”工程有效推进。精神面貌佳，广大干群围绕“率先全面达小康、率先建成生态县、奋力推动金湖实现新起点上的充分发展”奋斗目标，聚精会神抓建设，一心一意谋发展，以综合实现程度和群众满意率在全市领先、圆满通过2003版省定全面小康达标验收和公示，在苏北率先率先通过国家级生态县省级考核验收、创成省级生态县。

2012年，实现地区生产总值142.39亿元，增长16.8%；公共财政预算收入15.35亿元，增长18.1%、税收占比86.3%，全省第一；全社会固定资产投资169亿元，增长29%；城镇居民人均可支配收入22075元、农村居民人均纯收入10624元，分别增长13%、13.8%；首次跻身“中国最具投资潜力中小城市百强县”行列。

在新的发展起点上，金湖将按照“发展领先苏北、水平比肩苏中”目标定位，紧扣“扩量提质、充分发展”主题主线，抢抓新型城镇化建设机遇，以打造提升一个主城区、繁荣发展四个辅助中心为基本路径，协调推进新型工业化、信息化、城镇化、农业现代化、环境生态化同步发展，加快建设高端产业名县、生态园林水城、富足安乐家园、创新发展热土，努力建成长三角北部高端装备制造业基地、水乡生态园林、宜居宜业宜游的现代化中等城市。

水乡园林城市　金湖印象旅游城　装备制造产业　经济开发区

江苏省射阳县

鹤乡湿地

射阳县是全国首批沿海对外开放县，连续多年跻身全国最具投资潜力百强中小城市前十强，被评为中国产业百强县、中国承接产业转移最具优势县。

射阳区位条件优越，地处中国南北地理分界线东部起点，二类开放口岸射阳港河海联运优势明显，进港航道整治一期工程和2座万吨级码头工程即将竣工，2013年将形成万吨级通航能力。沿海高速贯穿全境，正在建设的盐连铁路、临海高等级公路经过县境。

射阳资源禀赋突出，拥有土地2605平方公里、海岸线103公里、滩涂726平方公里，每年还以近万亩左右的成陆速度向大海淤长。建成江苏最大的有机菊花、南美白对虾、水产育苗生产基地，“射阳大米”被评为中国名牌产品、中国驰名商标。

射阳产业特色鲜明，是国家级毛绒生产基地、磁粉探伤机生产基地、纺织机械生产基地、包装和生活用纸研发生产基地和江苏省纺织产业基地县。

射阳生态环境优良，拥有太平洋西海岸最大的生态湿地和2个国际标准高尔夫球场，世界珍禽丹顶鹤有60%在此越冬，是国家级生态示范区、国家级园林县城、国家级文明县城、省级卫生城市。

射阳海滨高尔夫球场

射中新校区

射阳港口

徐州经济技术开发区

开发区工程机械产品集群

徐州经济技术开发区创建于1992年7月，2010年3月晋升为国家级经济技术开发区，辖区面积152.8平方公里，常住人口20余万，是“中国工程机械之都核心区”、国家新能源特色产业基地、国家级品牌示范区、江苏省国际服务外包示范区，是淮海经济区重要的国家级开发区。

中国工程机械行业标兵徐工集团以及美国卡特彼勒、德国蒂森克虏伯、香港协鑫等一批世界500强企业和跨国公司在开发区投资建厂。已形成以徐工、卡特等龙头企业为骨干，从主机到关键零部件较为完整的高端工程机械产业链；形成了以工程机械为龙头，矿山机械、建材机械、风电设备、节能环保设备为特色，国内一流的装备制造业基地。开发区还拥有中能硅业和协鑫硅材料厂，基本形成从多晶硅到太阳能电站完整的光伏产业链。装备制造、新能源、现代服务业三大主导产业支撑带动作用持续增强，生物医药、新材料、电子信息及高端家电、节能环保、新能源汽车五大新兴产业加快崛起。

徐州经济技术开发区高度重视生态建设和环境保护工作，是江苏省首批低碳试点园区，国家级生态工业示范园区、低碳经济示范园区。政务环境建设已成为开发区最具影响力的靓丽品牌，建立了重大项目审批“一站式”、项目建设“一条龙”和企业投产“保姆式”三个服务体系，“全区所有干部职工不是招商人员，就是项目和企业建设服务人员”的理念深入人心，“马上办、办到位”成为全区上下的自觉追求，形成了以项目和企业为中心的服务链。社会和谐稳定，是治安环境优秀地区。

卡特彼勒全景图

佛教文化景区

开发区高铁生态商务区一

扬州高新技术产业开发区

创业服务中心

领导班子

扬州高新区前身为邗江工业园，2001年开始建设，2006年被省政府批准为省级经济开发区，2008年与汊河街道合署办公，2011年代管原运西八村一居委会，2012年获批更名为江苏省扬州高新技术产业开发区。目前，高新区总规划面积60平方公里，北至江阳西路、南至沿江高等级公路、西至乌塔沟、东至古运河，初步形成北园、南园、汊河片区、运西片区、建华片区五个板块，辖10村1社区1居委会（蒋庄与红庙、东石与戚桥、高桥与柏圩分别合署办公），已开发面积达20.2平方公里。

汇金谷商业街

吉安大桥

2012年，扬州高新区实现工业总产值1138亿元、规模以上工业总产值949亿元、服务业增加值40亿元、入库税收33亿元，园区最新省级开发区综合排名位列第12位。

牧羊新厂区

通过转型升级，形成了以牧羊、扬力、扬锻、金方圆为龙头的数控装备产业，该行业先后获得“国家火炬计划邗江数控金属板材加工设备产业基地”、“江苏省机械装备制造之都”、“江苏省金属板材加工设备出口基地”、“江苏省邗江数控装备科技产业园”称号；培植了以华扬太阳能、华鼎电器、强凌电子、德豪LED等为代表的新能源新光源与智能电网产业；形成了以完美日化、联博制药、威克生物、伯克生物医药为代表的生物科技产业；同时，结合城市建设大力推进以科技研发、信息软件、文化创意为重点的现代服务业，该产业先后获得“江苏省文化创意产业示范基地”和“国家文化产业示范基地”称号。

2012年，迈安德智能装备、联创扬州国际软件园、伯克生物医药等项目相继签约落户，全年完成协议注册外资38000万美元、外资实际到帐28903.39万美元，新增私企注册资本金12.8亿元，新发展私营企业152个，新增亿元以上项目5个、总投入10亿元以上大项目3个。

国家文化产业示范基地

2012年，高新区被授予“省数控装备特色产业基地”、“省知识产权试点园区”，智谷创业园被认定为省级企业科技孵化器，文化创意产业园被评为“市级现代服务业集聚区”。新增国家高新技术企业3家，新增省以上高新技术产品数47个，其中国家重点新产品3个，新认定省民营科技企业125家，申请专利648件，其中发明专利204件，专利授权375件，其中发明专利授权41件，产学研合作正式签约项目数28个，申报省以上科技计划项目82个，获省科技进步奖2项。

新编大学科技城概念规划、邗江健康生物医药产业园建设规划、市政基础设施规划、建华片区防洪排涝规划，修编“运河新城”和建华片区概念规划、汊河片区控制性规划、开发西路“退二进三”控制性规划。新328国道开发区段等7条道路和吉安大桥建成通车，怡园路开工建设，丰支河等4条河道完成整治；吉安路南延伸段等道路绿化和青年公寓、创富工场亮化工程按期完成；创业服务中心主体封顶。建华、胡庄安置区竣工验收。新建泵站7座，疏浚河道45条。全年植树5万株，造林6200亩，荣获“市绿化先进街办”称号。推进“六路一边”29个自然村庄环境整治，建华村被评为“市社会主义新农村建设优美乡村”。

我们的节日——春节

汊河集镇全貌

海安经济技术开发区

海安经济技术开发区地处江苏沿海，集沪通城际北翼枢纽、苏中地区“公、铁、水”综合枢纽、江淮平原出海通道枢纽“三大枢纽”于一体，拥有江苏沿海开发、长三角经济一体化发展两大国家战略优势。

全区形成高端装备制造、汽车及零部件、新能源新材料、现代纺织、现代商贸物流、软件及服务外包、高档家具等七大特色产业，建有上海杨浦（海安）工业园、上海奉贤（海安）工业园、现代纺织常安科技园、中德高新技术产业示范园等共建园区，已成为吸纳先进发展要素的优势载体和承接高端产业转移的强劲平台。

海安经济技术开发区将致力于特色集聚、高端发展，精心打造长三角北翼制造业高地、商贸物流集散地，目标建成江苏沿海一流的创新型、国际型、生态型国家级开发区。

海安开发区七星湖

亚太轻合金(南通)科技有限公司

海安开发区西蒙电气模具制作车间一角

江苏联发集团染色工厂

海安开发区